LUCIA BARALE, LUCIA NAZZARO, GIOVANNA RICCI

# Impresa, marketing e mondo *più*

## CORSO DI ECONOMIA AZIENDALE E GEOPOLITICA
per la classe terza

TRAMONTANA

**PROGETTI EDITORIALI**

- LIBRI DI TESTO
- MULTIMEDIALITÀ
- MATERIALI PER IL DOCENTE

**FORMAZIONE**

- EVENTI E CONVEGNI
- COLLANA *STRATEGIE DIDATTICHE*
- FORMAZIONE SU MISURA

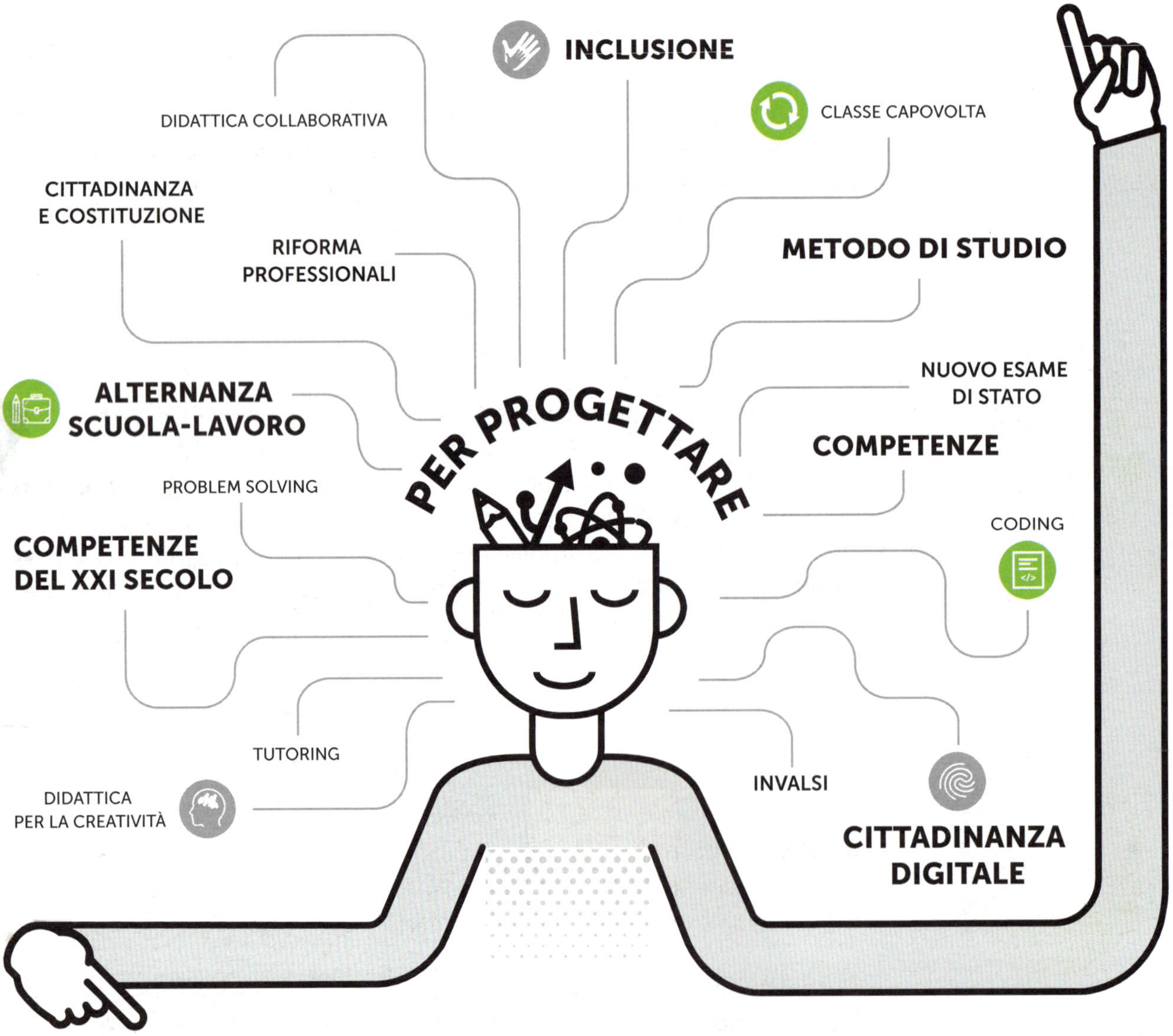

INCLUSIONE
DIDATTICA COLLABORATIVA
CLASSE CAPOVOLTA
CITTADINANZA E COSTITUZIONE
RIFORMA PROFESSIONALI
METODO DI STUDIO
NUOVO ESAME DI STATO
ALTERNANZA SCUOLA-LAVORO
PER PROGETTARE
COMPETENZE
PROBLEM SOLVING
CODING
COMPETENZE DEL XXI SECOLO
TUTORING
DIDATTICA PER LA CREATIVITÀ
INVALSI
CITTADINANZA DIGITALE

**INSIEME A VOI**

# Innovare insieme

**Docenti, studenti, genitori, dirigenti scolastici** sono i protagonisti di una scuola che propone sempre nuove sfide: per esempio, le nuove metodologie didattiche, la valorizzazione delle differenze e degli stili di apprendimento, le nuove tecnologie e la multimedialità, la necessità di strumenti per aiutare i giovani nello studio e per accompagnarli nel loro percorso di apprendimento.

**Rizzoli Education** propone un'offerta editoriale completa ed efficace per affrontare queste e altre sfide. L'offerta parte innanzitutto dall'ascolto di docenti, studenti e genitori ed è articolata per rispondere a tutte le loro esigenze. Soltanto così è possibile **innovare insieme** e rimanere al centro della scuola che cambia.

## * Progetti editoriali

I progetti **Rizzoli Education** non offrono soltanto libri di testo, ma anche strumenti digitali e supporti per i docenti e gli studenti. I progetti sono sviluppati in collaborazione con partner quali **Erickson**, **Oxford** e **Università Ca' Foscari**, per offrire il meglio della ricerca didattica e dell'innovazione. Sono studiati per promuovere l'inclusione e valorizzare le specificità di ciascuno studente, garantire il successo formativo, sviluppare le competenze del futuro, far crescere i cittadini di domani.

## * Formazione

***Strategie didattiche***, una collana di aggiornamento sui temi fondamentali della scuola che cambia, riservata ai docenti delle scuole di ogni ordine e grado. Supporti essenziali per i docenti e la pratica didattica in classe.

*Primaria Day, Matematica Day, Italiano Day, Tramontana Day, Language Day*... **grandi convegni ed eventi** con relatori e temi che esplorano le nuove metodologie didattiche e consentono ai docenti di essere parte attiva nel cambiamento, nella ricerca e nella sperimentazione.

**Formazione su Misura**, una proposta formativa costituita da percorsi personalizzati, disegnata intorno ai bisogni degli insegnanti e aggiornata rispetto alle priorità del Piano Nazionale per la Formazione dei Docenti.

hub SCUOLA

**MENU**
Qui puoi trovare i tuoi prodotti, le tue Classi, le verifiche e gli strumenti per ogni tipo di attività.

**I TUOI LIBRI E PRODOTTI**
Da qui puoi visualizzare i libri e i prodotti acquistati.

**PANNELLO DI CONTROLLO**
L'assistenza di HUB Scuola, il calendario, le notifiche e l'accesso al tuo profilo.

**STRUMENTI**

- FAI DA TE
- BLOG
- E-PUB MAKER
- LESSON PLAN

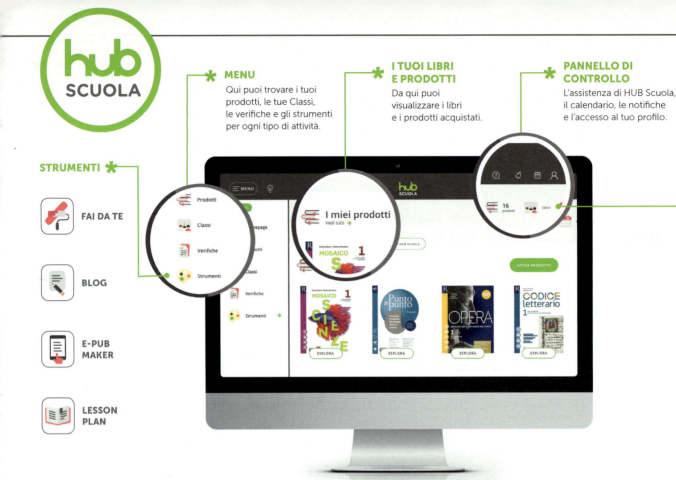

# HUB Scuola è la piattaforma per la didattica digitale di Rizzoli Education. Semplice, gratuita, innovativa.

Un sistema digitale nato per rispondere alle esigenze di una scuola sempre più inclusiva e multimediale, ricco di contenuti d'autore, servizi innovativi e una nuova generazione di funzionalità per espandere i percorsi di apprendimento e favorire una didattica stimolante e collaborativa, adatta alle tue esigenze.

## Una miniera di risorse, per te e i tuoi studenti

Con HUB Scuola puoi condividere oggetti digitali, aggregare contenuti multimediali disponibili in Rete, e disporre di moltissime risorse e altrettanti strumenti, tutti in un unico luogo: video, audio, mediagallery, mappe concettuali, verifiche interattive e autocorrettive. Da HUB Scuola puoi accedere ai tuoi **libri digitali** e alle **Classi virtuali**.

## Tanti strumenti per personalizzare i percorsi di apprendimento!

Il **Fai da te**, per realizzare in autonomia oggetti didattici multimediali. Il **blog**, uno spazio per confrontarsi e discutere su quanto appreso in classe. L'**ePub Maker**, uno strumento di autoproduzione che permette di realizzare pubblicazioni digitali in formato ePub, e il **Lesson Plan**, per creare lezioni e percorsi di studio aggregando risorse multimediali di qualsiasi tipologia.

## Come accedere ad HUB Scuola?

Vai su www.hubscuola.it e accedi con le tue credenziali Rizzoli Education.

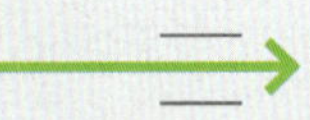

**Non sei registrato?**
Vai su www.hubscuola.it, clicca su "registrati" e compila il form.

## CLASSI VIRTUALI

### Uno strumento fondamentale per la didattica collaborativa!

L'ambiente che permette di suddividere gli studenti in gruppi di studio e assegnare loro le prove di verifica digitali predisposte dall'editore e quelle che tu stesso hai creato o modificato.

### HUB Kit, un universo di risorse multimediali.

Tutti i contenuti digitali che arricchiscono ed espandono il corso sono raccolti in HUB Kit, accessibile dalla piattaforma HUB Scuola.

**AUDIO**
Brani da ascoltare, come letture espressive, contenuti CLIL, sintesi

**VIDEO**
Contenuti coinvolgenti, come video lezioni, interviste, filmati d'epoca, animazioni

**ESERCIZI INTERATTIVI**
Verifiche e test interattivi e autocorrettivi

**MULTIMEDIA**
Materiali aggiuntivi e contenuti scaricabili, come mappe concettuali, laboratori digitali e gallerie di immagini

### HUB Young è il libro digitale di Rizzoli Education. Intuitivo, interattivo e inclusivo.

Il libro di testo si arricchisce con video, animazioni ed esercizi interattivi e autocorrettivi; uno strumento da personalizzare con note, audio e disegni, che facilita l'apprendimento di tutti gli alunni, compresi quelli con BES, per esempio grazie alla versione accessibile. Le funzioni social, inoltre, favoriscono il confronto e l'interattività tra classe e insegnante.

**Lo studente, per attivare e scaricare HUB Young, può consultare il retro della copertina del libro.**

## Scarica l'app HUB Young

**Scarica l'app HUB Young da HUB Scuola o dal portale Rizzoli Education per utilizzare il libro offline!**

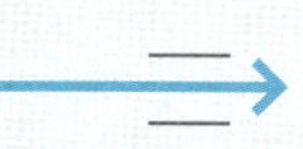

Lancia l'app, effettua il login e nella libreria **troverai tutti i libri che hai attivato.**

# Presentazione

Per preparare questa nuova edizione di *Impresa, marketing e mondo più* abbiamo ascoltato, raccolto e trasferito nel testo le riflessioni, i suggerimenti e le richieste provenienti da tanti colleghi di tutta Italia e dai collaboratori della casa editrice, che ringraziamo sentitamente.

Dovendo sintetizzare in poche righe il lavoro fatto, possiamo dire che, mantenendo inalterati l'impianto e l'indice dei contenuti della precedente edizione e senza snaturare il progetto didattico a domanda/risposta finalizzato a *imparare facendo*, abbiamo arricchito in maniera significativa l'apparato didattico e abbiamo aggiornato il testo inserendo, con le necessarie semplificazioni, sia le varie norme civili e fiscali approvate fino alla messa in stampa del volume, sia i contenuti collegati ai cambiamenti avvenuti nell'operatività delle imprese.

Tornando all'apparato didattico, *Impresa, marketing e mondo più* presenta alcune importanti novità:
- le lezioni sono state arricchite dai box "Nel mondo", brevi casi aziendali ed esempi tratti da imprese nazionali e internazionali e corredati di domande;
- particolare attenzione, in tutte le sezioni del libro, è stata rivolta ai "Casi aziendali", che permettono di dare uno sguardo alla "vita aziendale" con cui gli studenti si confronteranno durante gli stage nell'ambito dell'Alternanza scuola-lavoro e una volta terminato il percorso di studi.

A completamento di ciascun modulo sono state inserite nuove sezioni didattiche:
- "Ripassa i concetti chiave", una sintesi dei saperi di base del modulo per agevolare la memorizzazione e l'apprendimento. La sezione è stata scritta con carattere ad alta leggibilità ed è corredata dalla lettura espressiva del testo;
- "Diventa cittadino digitale", per rispondere all'esigenza sempre più incalzante di acquisire le competenze digitali necessarie a muoversi nel mondo utilizzando il web in maniera consapevole e responsabile;
- "Palestra per l'Esame di Stato" che, a partire dalla classe terza, offre allo studente la possibilità di esercitarsi con analisi di documenti, simulazioni aziendali e casi aziendali;

È stato aumentato in maniera significativa il numero di esercizi da svolgere collocati a fine libro.

**Aggiornamenti**

- Effetti della globalizzazione sulle scelte di internazionalizzazione delle imprese
- Sharing economy
- Industria 4.0
- Rilocalizzazione dei processi produttivi (*reshoring*)
- Lean organization
- Fatturazione elettronica obbligatoria anche nelle operazioni tra privati e non solo nelle operazioni con la Pubblica amministrazione
- Meccanismo IVA dell'inversione contabile (*reverse charge*) e della scissione del pagamento (*split payment*)
- Comunicazioni periodiche IVA
- Comunicazioni Intrastat
- Adempimenti per la costituzione di un'impresa
- Contabilizzazione degli interessi passivi maturati sul conto corrente bancario (decreto del Ministro dell'Economia e delle Finanze n. 343/2016 sul divieto di anatocismo bancario)
- Tassazione del reddito delle imprese individuali (Imposta sul reddito d'impresa – IRI)
- Aliquota 26% ritenuta fiscale su interessi attivi bancari e postali
- Aliquota 17% imposta sostitutiva rivalutazione TFR
- Riforma del bilancio d'esercizio civilistico (d.lgs. n. 139/2015): tipi di bilancio (bilancio in forma ordinaria, bilancio in forma abbreviata, bilancio delle micro-imprese); schemi di Stato patrimoniale e di Conto economico del bilancio delle micro-imprese; principi di redazione

Da ultimo, considerata l'importanza di far comprendere agli studenti che il percorso formativo porta all'acquisizione di competenze (riportate nel Supplemento Europass che viene consegnato agli studenti insieme al diploma finale), abbiamo messo chiaramente in evidenza, quando sono verificate (per esempio nei *Prova tu* e in *Verifica le tue competenze*), le conoscenze, le abilità e le competenze previste dalla normativa ministeriale.

*Gli Autori*

# Piano di lavoro

Riportiamo l'elenco delle Competenze, Conoscenze e Abilità, ordinate secondo i moduli del corso, che riprendono quelle delle Linee guida RIM sviluppandole in base agli argomenti affrontati.

| Modulo | Competenze | Conoscenze | Abilità |
|---|---|---|---|
| **Modulo A** L'organizzazione e la gestione dell'impresa | ◆ Riconoscere e interpretare:<br>– le tendenze dei mercati nazionali e globali per coglierne le ripercussioni in un dato contesto;<br>– i macrofenomeni economici per connetterli alla specificità di un'azienda;<br>– i cambiamenti nei sistemi economici attraverso il confronto tra epoche, aree geografiche e culture diverse<br>◆ Riconoscere i diversi modelli organizzativi aziendali, documentare le procedure e ricercare soluzioni efficaci rispetto a situazioni date<br>◆ Interpretare i sistemi aziendali nei loro modelli, processi e flussi informativi con riferimento alle differenti tipologie di imprese<br>◆ Utilizzare i sistemi informativi aziendali e gli strumenti di comunicazione integrata d'impresa, per realizzare attività comunicative con riferimento a differenti contesti | ◆ Concetto di impresa e sue classificazioni<br>◆ Cambiamenti geopolitici mondiali e globalizzazione<br>◆ Contesto ambientale interno ed esterno all'impresa<br>◆ Scelte imprenditoriali per i mercati nazionali e internazionali<br>◆ Sistemi produttivi locali, nazionali e internazionali<br>◆ Concetto di organizzazione<br>◆ Modelli e strutture organizzative per le imprese che operano nei mercati nazionali e internazionali<br>◆ Operazioni e cicli della gestione aziendale<br>◆ Aspetto finanziario ed economico della gestione<br>◆ Fonti e impieghi di finanziamenti<br>◆ Componenti del reddito e del patrimonio<br>◆ Situazione economica e patrimoniale<br>◆ Equilibrio patrimoniale, finanziario ed economico | ◆ Individuare gli effetti dei cambiamenti geopolitici<br>◆ Analizzare i diversi aspetti dello sviluppo globale<br>◆ Individuare i macro fenomeni internazionali e coglierne l'interdipendenza<br>◆ Reperire, rappresentare e commentare dati economici in funzione di specifiche esigenze conoscitive<br>◆ Riconoscere le interdipendenze tra i sistemi economici e le strategie di localizzazione, delocalizzazione e globalizzazione<br>◆ Rappresentare e documentare procedure e flussi informativi<br>◆ Riconoscere l'assetto strutturale di un'impresa attraverso i suoi organigrammi e funzionigrammi<br>◆ Individuare e analizzare le operazioni di gestione<br>◆ Individuare le fonti di finanziamento<br>◆ Correlare finanziamenti e impieghi<br>◆ Redigere e interpretare i documenti aziendali<br>◆ Analizzare e commentare i risultati ottenuti in funzione delle specifiche esigenze conoscitive |
| **Modulo B** Il sistema informativo aziendale | ◆ Interpretare i sistemi aziendali nei loro modelli, processi e flussi informativi con riferimento alle differenti tipologie di imprese<br>◆ Individuare e accedere alla normativa pubblicistica, civilistica e fiscale con particolare riferimento alle attività aziendali<br>◆ Gestire il sistema delle rilevazioni aziendali con l'ausilio di programmi di contabilità integrata<br>◆ Utilizzare i sistemi informativi aziendali e gli strumenti di comunicazione integrata d'impresa, per realizzare attività comunicative con riferimento a differenti contesti | ◆ Strumenti di rappresentazione, descrizione e documentazione delle procedure e dei flussi informativi<br>◆ Finalità, concetti e tipologie della comunicazione d'impresa<br>◆ Architettura del sistema informativo aziendale<br>◆ Adempimenti della compravendita internazionale<br>◆ Regole e tecniche di contabilità generale<br>◆ Modelli, strumenti e forme di comunicazione aziendale integrata | ◆ Rappresentare e documentare procedure e flussi informativi<br>◆ Riconoscere e rappresentare l'architettura di un sistema informativo aziendale<br>◆ Redigere i documenti e la contabilità IVA per le operazioni di compravendita internazionale<br>◆ Redigere la contabilità utilizzando programmi applicativi integrati |
| **Modulo C** La rilevazione contabile delle operazioni aziendali | ◆ Interpretare i sistemi aziendali nei loro flussi informativi<br>◆ Individuare e accedere alla normativa civilistica e fiscale con particolare riferimento alle attività aziendali<br>◆ Gestire il sistema delle rilevazioni aziendali | ◆ Princìpi contabili<br>◆ Regole e tecniche di contabilità generale<br>◆ Contabilizzazione della costituzione e delle operazioni di gestione | ◆ Individuare le fonti e analizzare i contenuti dei princìpi contabili<br>◆ Individuare e analizzare sotto il profilo finanziario ed economico le operazioni delle aree gestionali<br>◆ Tenere la contabilità aziendale |
| **Modulo D** Il bilancio d'esercizio | ◆ Interpretare i sistemi aziendali nei loro flussi informativi<br>◆ Individuare e accedere alla normativa civilistica e fiscale con particolare riferimento alle attività aziendali<br>◆ Gestire il sistema delle rilevazioni aziendali | ◆ Princìpi contabili<br>◆ Regole e tecniche di contabilità generale<br>◆ Scritture di assestamento, epilogo e chiusura dei conti<br>◆ Normativa civilistica in materia di bilancio in relazione alla forma giuridica di azienda<br>◆ Scritture di riapertura dei conti | ◆ Individuare le fonti e analizzare i contenuti dei princìpi contabili<br>◆ Individuare e analizzare le operazioni di assestamento<br>◆ Tenere la contabilità aziendale<br>◆ Redigere i prospetti di Stato patrimoniale e di Conto economico in forma abbreviata |
| | **Casi aziendali** | **CLIL e Business Engliush** | **Laboratorio** |
| **Competenze** | Individuare e utilizzare gli strumenti di comunicazione e di team working più appropriati per intervenire nei contesti organizzativi e professionali di riferimento | Padroneggiare la lingua inglese per scopi comunicativi e utilizzare i linguaggi settoriali relativi ai percorsi di studio, per interagire in diversi ambiti e contesti professionali, al livello B2 del quadro comune europeo di riferimento per le lingue (QCER) | Utilizzare le reti e gli strumenti informatici nelle attività di studio, ricerca e approfondimento disciplinare<br>Redigere relazioni tecniche e documentare le attività individuali e di gruppo relative a situazioni professionali |
| **Conoscenze** | | Lessico e fraseologia specifici di settore, anche in lingua inglese | |
| **Abilità** | | Utilizzare lessico e fraseologia specifici di settore, anche in lingua inglese | |

# Come è fatto questo corso

Il **modulo** si apre con una mappa concettuale in italiano e in inglese.

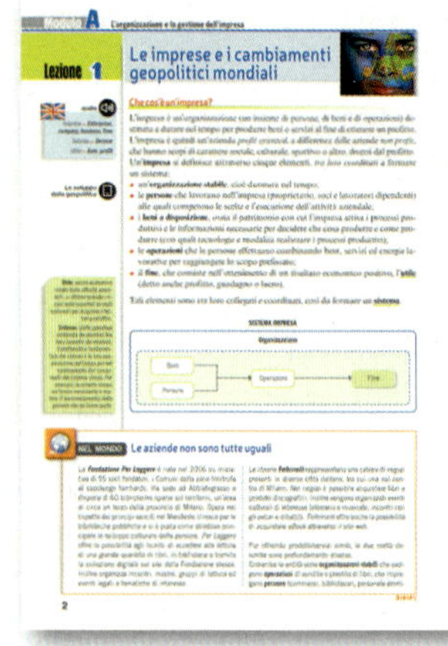

Ciascun modulo è suddiviso in una serie di **lezioni** e ogni lezione è impostata a domanda-risposta. La domanda nella sua immediatezza individua subito i concetti fondamentali che verranno sviluppati.

Nel testo i numerosi **esempi** guidano lo studente nello svolgimento di esercizi che successivamente dovrà svolgere in autonomia e numerosi "Nel mondo" lo avvicinano alla realtà aziendale.

Ogni lezione si chiude con la sezione **Prova tu**, che comprende esercizi strutturati per testare in maniera rapida ed efficace quanto appreso nella teoria. All'inizio dei **Prova tu** sono riepilogate le **Conoscenze** e le **Abilità** che vengono testate.

Un **ricco glossario di vocaboli italiani** sia di settore sia di uso comune accompagna lo studente nello studio della materia. **Vocaboli tecnici in lingua inglese** con relativo speakeraggio completano gli strumenti trasversali del corso.

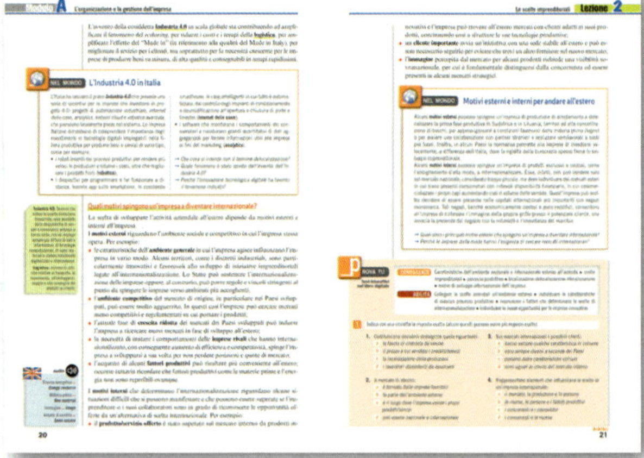

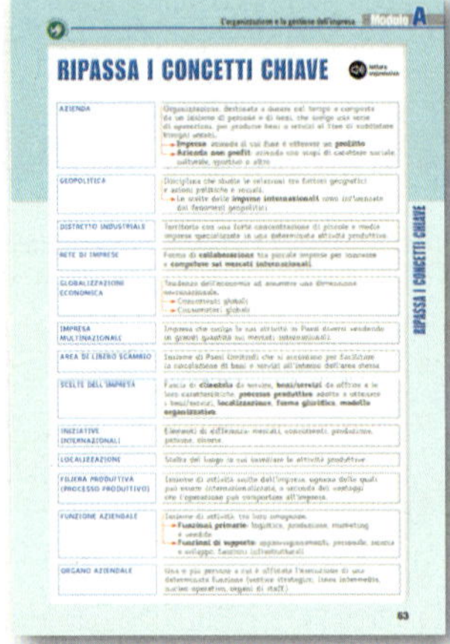

La sezione **Ripassa i concetti chiave** è in carattere ad alta leggibilità per favorire l'apprendimento di tutti.

I **Casi aziendali**, corredati da apparato didattico, consentono agli studenti di familiarizzare con la realtà aziendale in vista dell'Alternanza scuola-lavoro e di una futura occupazione.

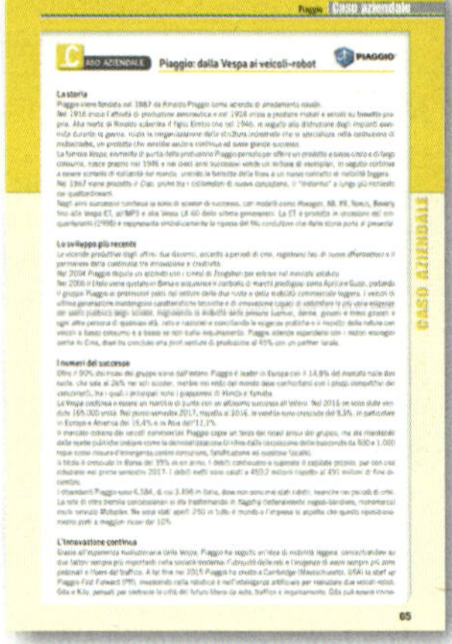

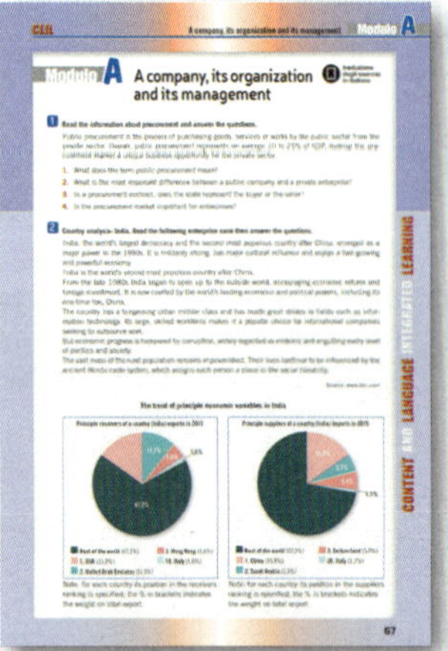

A fine modulo si trova anche la sezione **CLIL** che avvicina maggiormente lo studente alla realtà aziendale sempre più inserita in un contesto internazionale. Altri esercizi di economia in lingua inglese si trovano alla fine dei **Prova tu**.

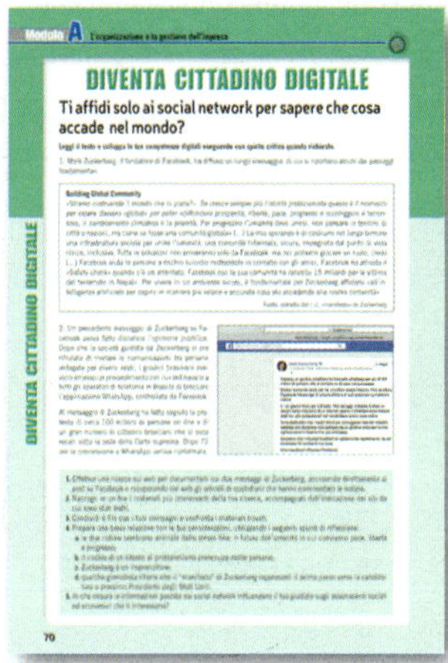

La rubrica **Diventa cittadino digitale** propone attività che consentono di sviluppare la competenza di cittadinanza digitale richiesta dalle "Competenze Europee".

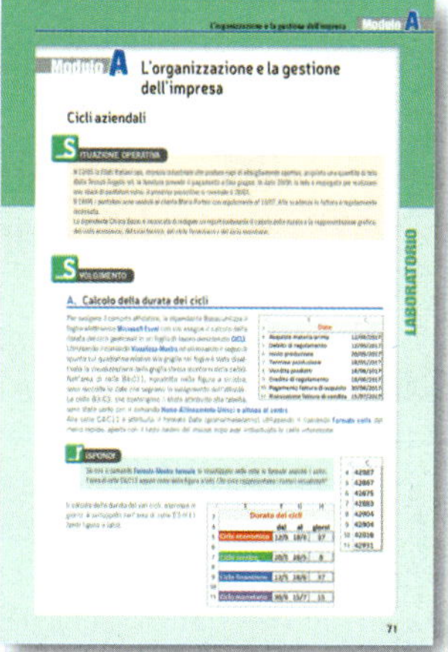

Il **Laboratorio**, posto a fine modulo, contiene esercitazioni costruite a partire da situazioni operative che vengono affrontate e sviluppate con il pacchetto Microsoft Office (Word, Excel, PowerPoint e Access).

La nuova sezione **Palestra per l'Esame di Stato** consente di familiarizzare con le tipologie di esercizi della seconda prova.

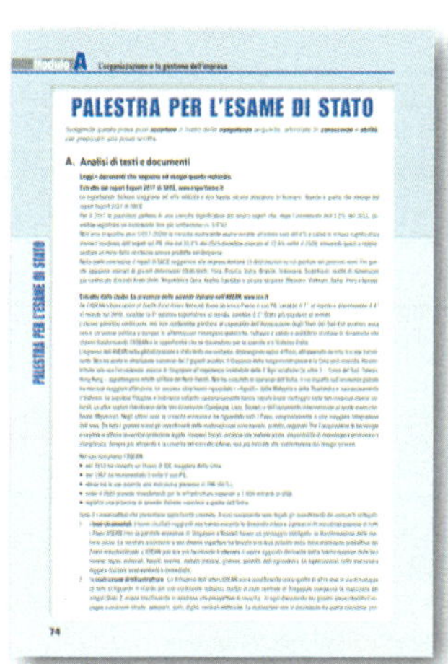

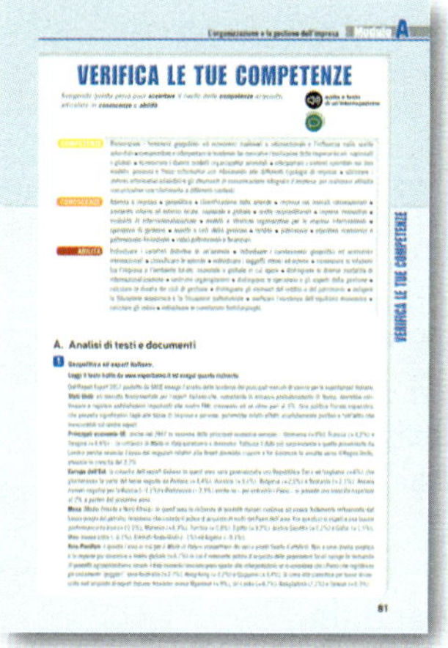

La sezione **Verifica le tue competenze** si sviluppa a partire da un documento aziendale, una situazione operativa, un semplice caso aziendale, una lettura particolarmente significativa; è composta da prove strutturate e non.

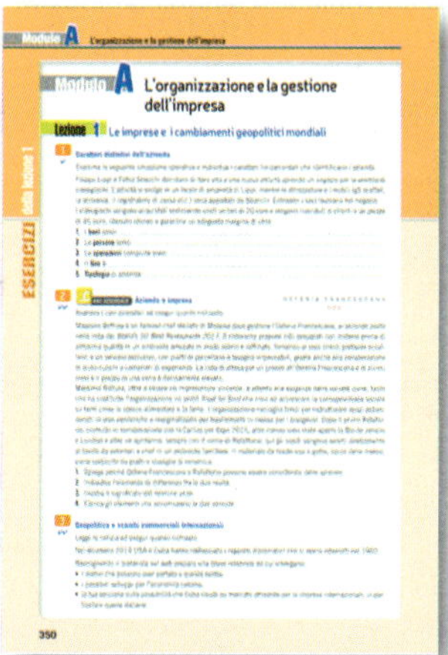

Una **raccolta di esercizi numerici**, arricchita rispetto alla precedente edizione, suddivisa per moduli e per lezioni, completa la trattazione.

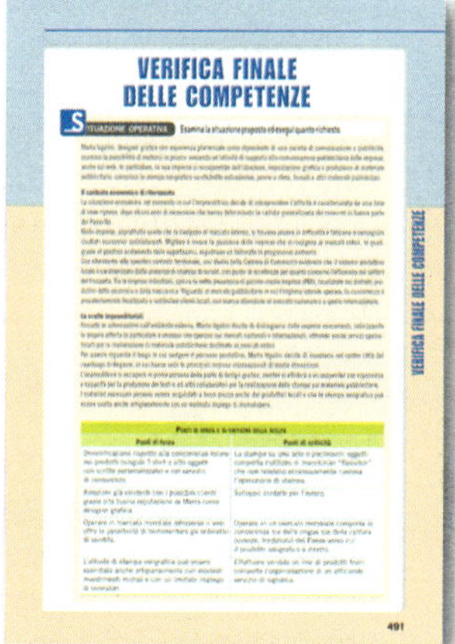

Al termine del percorso di studio lo studente sarà in grado di svolgere una **verifica di tutte le competenze** acquisite con esercizi di varia natura.

Oltre ai contenuti digitali, descritti nelle successive pagine di indice, **HUB Young** contiene il **kit per l'alternanza scuola-lavoro** che propone esempi e istruzioni per aiutare gli studenti a documentare le attività svolte in azienda. Gli strumenti forniti nel kit e i consigli su come usarli guidano ragazze e ragazzi nella compilazione consapevole del diario di bordo per trarne materiale utile all'elaborazione di uno *storytelling* personale, basato sull'osservazione e sull'analisi del proprio percorso di alternanza scuola-lavoro.
Il **kit** include: modelli e consigli per produrre presentazioni efficaci con PowerPoint o altri software analoghi; suggerimenti per preparare un'esposizione orale coinvolgente, realizzare un portfolio digitale di competenze maturate a scuola e in azienda e scrivere un curriculum vitae vincente.

# Indice

## Modulo A L'organizzazione e la gestione dell'impresa

Contenuti digitali

lettura espressiva
traduzione degli esercizi in italiano
audio e testo di un'interrogazione

## Modulo B Il sistema informativo aziendale

video con spunti per cominciare
audio della mappa in inglese
mappa personalizzabile



audio dei termini in inglese nel colonnino
test interattivi nel libro digitale



audio dei termini in inglese nel colonnino
Il registro dei beni strumentali
test interattivi nel libro digitale



audio dei termini in inglese nel colonnino
Acconto IVA
test interattivi nel libro digitale



audio dei termini in inglese nel colonnino
test interattivi nel libro digitale
lettura espressiva
traduzione degli esercizi in italiano

**Contenuti digitali**

**Contenuti digitali**

- Lezione 4: audio dei termini in inglese nel colonnino; test interattivi nel libro digitale
- Lezione 5: audio dei termini in inglese nel colonnino; test interattivi nel libro digitale
- Lezione 6: audio dei termini in inglese nel colonnino; test interattivi nel libro digitale
- Lezione 7: audio dei termini in inglese nel colonnino; test interattivi nel libro digitale
- Lezione 8: audio dei termini in inglese nel colonnino; test interattivi nel libro digitale
- Ripassa i concetti chiave: lettura espressiva
- CLIL: traduzione degli esercizi in italiano
- Verifica le tue competenze: audio e testo di un'interrogazione

**Ulteriori materiali digitali www.rizzolieducation.it**

- Glossario italiano dei termini tecnici
- Glossario di Business English con speakeraggio
- Modulistica
- Kit per ASL

# Modulo A

# L'organizzazione e la gestione dell'impresa

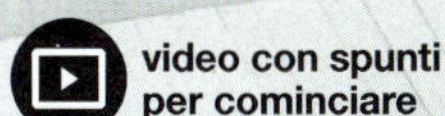

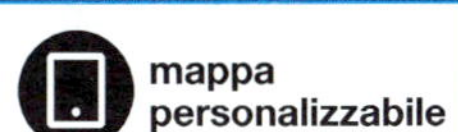


**Quali sono le caratteristiche dell'ambiente in cui operano le imprese?**
*What are the characteristics of the environment in which the businesses operate?*

- Sistema produttivo italiano (▸ *Italian production system*)
- Cambiamenti geopolitici internazionali (▸ *International geopolitical changes*)
- Apertura dei mercati (▸ *Market opening*)
- Integrazione economica internazionale (▸ *International economic integration*)

**Quali sono le scelte strategiche delle imprese?**
*What are the businesses' strategic choices?*

- Localizzazione e internazionalizzazione (▸ *Localization and internationalization*)
- Mercati da servire (▸ *Markets to serve*)
- Concorrenti da affrontare (▸ *Dealing with competitors*)
- Beni/servizi da produrre (▸ *Goods/services to be produced*)
- Processo produttivo (▸ *Production process*)

**Quali scelte organizzative attuano le imprese?**
*What organizational decisions do the companies implement?*

- Produzione interna (▸ *Domestic production*)
- Decentramento produttivo (▸ *Decentralization of production*)
- Esportazione (▸ *Exports*)
- Accordi di collaborazione (▸ *Inter-company collaboration agreements*)
- Investimenti diretti all'estero (▸ *Direct foreign investments*)

**Attraverso quali operazioni si svolge la gestione?**
*Through which operations is management performed?*

- Finanziamenti (▸ *Funding*)
- Investimenti (▸ *Investment*)
- Trasformazione tecnico-economica (▸ *Technical-economic transformation*)
- Disinvestimenti (▸ *Disinvestment*)

**Che cosa provocano le operazioni di gestione?**
*What is the outcome of management operation?*

- Entrate e uscite monetarie (▸ *Cash inflows and outflows*)

- Costi per l'acquisizione dei fattori produttivi (▸ *Costs for the acquisition of production factors*)

- Ricavi di vendita delle merci e altri ricavi (▸ *Revenues from the sale of goods and other revenues*)

**Quali grandezze vengono calcolate alla fine del periodo amministrativo?**
*Which parameters are calculated at the end of the accounting period?*

- Reddito (▸ *Income*)
- Patrimonio (▸ *Equity*)

# Le imprese e i cambiamenti geopolitici mondiali

audio

Impresa = ***Enterprise, company, business, firm***
Servizio = ***Service***
Utile = ***Gain, profit***

## Che cos'è un'impresa?

L'impresa è un'organizzazione (un insieme di persone, di beni e di operazioni) destinata a durare nel tempo per produrre beni o servizi al fine di ottenere un profitto. L'impresa è quindi un'azienda *profit oriented*, a differenza delle aziende *non profit*, che hanno scopi di carattere sociale, culturale, sportivo o altro, diversi dal profitto.
Un'**impresa** si definisce attraverso cinque elementi, *tra loro coordinati* a formare un sistema:

- un'**organizzazione stabile**, cioè duratura nel tempo;
- le **persone** che lavorano nell'impresa (proprietario, soci e lavoratori dipendenti) alle quali competono le scelte e l'esecuzione dell'attività aziendale;
- i **beni a disposizione**, ossia il patrimonio con cui l'impresa attiva i processi produttivi e le informazioni necessarie per decidere che cosa produrre e come produrre (con quali tecnologie e modalità realizzare i processi produttivi);
- le **operazioni** che le persone effettuano combinando beni, servizi ed energie lavorative per raggiungere lo scopo prefissato;
- il **fine**, che consiste nell'ottenimento di un risultato economico positivo, l'**utile** (detto anche profitto, guadagno o lucro).

Tali elementi sono tra loro collegati e coordinati, così da formare un **sistema**.

**Utile:** valore economico creato dalle attività aziendali; si ottiene quando i ricavi sono superiori ai costi sostenuti per acquisire i fattori produttivi.

**Sistema:** unità operativa composta da elementi tra loro connessi da relazioni. Caratteristica fondamentale dei sistemi è la loro conservazione nel tempo pur nel cambiamento dei componenti del sistema stesso. Per esempio, le aziende vivono nel tempo nonostante il mutare (l'avvicendamento) delle persone che ne fanno parte.

**SISTEMA IMPRESA**

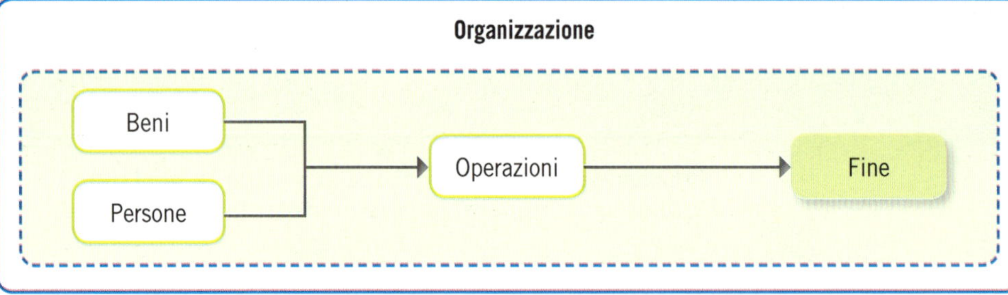

NEL MONDO

## Le aziende non sono tutte uguali

La ***Fondazione Per Leggere*** è nata nel 2006 su iniziativa di 55 soci fondatori, i Comuni della zona limitrofa al capoluogo lombardo. Ha sede ad Abbiategrasso e dispone di 60 biblioteche sparse sul territorio, un'area di circa un terzo della provincia di Milano. Opera nel rispetto dei principi sanciti nel Manifesto Unesco per le biblioteche pubbliche e si è posta come obiettivo principale lo sviluppo culturale della persona. *Per Leggere* offre la possibilità agli iscritti di accedere alla lettura di una grande quantità di libri, in biblioteca o tramite la collezione digitale sul sito della Fondazione stessa. Inoltre organizza incontri, mostre, gruppi di lettura ed eventi legati a tematiche di interesse.

Le librerie ***Feltrinelli*** rappresentano una catena di negozi presenti in diverse città italiane, tra cui una nel centro di Milano. Nei negozi è possibile acquistare libri e prodotti discografici; inoltre vengono organizzati eventi culturali di interesse letterario o musicale, incontri con gli autori e dibattiti. *Feltrinelli* offre anche la possibilità di acquistare *eBook* attraverso il sito web.

Pur offrendo prodotti/servizi simili, le due realtà descritte sono profondamente diverse.
Entrambe le entità sono **organizzazioni stabili** che svolgono **operazioni** di vendita o prestito di libri, che impiegano **persone** (commessi, bibliotecari, personale ammi-

nistrativo) e **beni** (denaro, libri, mobili e arredi, computer e software, strutture di distribuzione e magazzini) svolgendo attività tra loro coordinate per raggiungere un fine. Sono entrambe **aziende**, ma solo *Feltrinelli* è un'**impresa** perché, pur soddisfacendo il bisogno di cultura delle persone, il suo **fine** è il **profitto** (azienda *profit oriented*). *Fondazione Per Leggere*, invece, ha come fine il soddisfacimento di bisogni collettivi, in questo caso la crescita culturale (azienda *non profit*, come le altre aziende che hanno finalità umanitarie, sportive, sociali o culturali, chiamate anche aziende del **terzo settore**).

→ *Osserva lo schema del SISTEMA IMPRESA che precede il caso proposto e costruisci uno schema simile sia per la* Fondazione Per leggere *sia per* Feltrinelli, *sostituendo gli elementi generici con quelli specifici delle due aziende.*

**Terzo settore:** è composto da enti (ETS, enti del terzo settore) quali le organizzazioni di volontariato, le associazioni di promozione sociale, gli enti filantropici, le imprese sociali e altri enti di carattere privato diversi dalle società costituiti per il perseguimento, senza scopo di lucro, di finalità civiche, solidaristiche e di utilità sociale mediante lo svolgimento di una o più attività di interesse generale in forma volontaria, compresi la produzione e lo scambio di beni o servizi.

## Che legame esiste tra impresa e geopolitica?

La **geopolitica** è una disciplina che studia le relazioni tra fattori geografici e azioni politiche e sociali.

Il campo di applicazione delle analisi geopolitiche è principalmente lo Stato con le sue relazioni interne ed esterne, considerato come un organismo vivente che ha bisogno di uno spazio vitale. Tuttavia in tempi recenti gli studi geopolitici si sono ampliati verso alcuni ambiti di interesse come:

- i temi demografici e dello sviluppo umano, come per esempio il problema del flusso di sbarchi di persone provenienti dall'Africa e dirette verso l'Europa;
- le questioni relative alla diversa distribuzione delle risorse, in particolare tra **Paesi del Sud del mondo**, più poveri, e **Paesi del Nord del mondo** in cui il benessere è più diffuso;
- le crescenti richieste di maggiore autonomia locale delle attività amministrative ed economiche provenienti da alcuni gruppi sociali;
- il fenomeno sempre più diffuso dei flussi di materie prime, capitali, informazioni;
- la competizione per le risorse naturali, presenti solo in alcuni territori, spesso nelle zone più depresse del mondo, e necessarie alla produzione di beni e servizi nei Paesi industrializzati;
- le politiche ambientali.

Qualsiasi fenomeno di interesse internazionale può essere analizzato usando la chiave di lettura geopolitica.

Le due guerre mondiali del Novecento e gli avvenimenti politici a esse successivi hanno determinato un processo di integrazione e trasformazione continua degli assetti geopolitici e geoeconomici, configurando un contesto globale sempre diverso, alla costante ricerca di nuovi equilibri. Il mondo di alcuni anni fa, incentrato sul ruolo prevalente degli Stati Uniti e del Giappone, è ben diverso dalla realtà attuale, caratterizzata da numerose aree in progressivo sviluppo, in grado di comunicare e di confrontarsi con il resto del mondo in tempo reale. Oggi tra i Paesi più attivi nel commercio internazionale si trovano la Cina, l'India e numerosi altri Paesi caratterizzati da un intenso sviluppo economico ma anche da difficili condizioni socio-politiche interne e da tensioni internazionali. In questi Paesi, insieme alla ricchezza e al benessere, crescono spesso anche complessità e tensioni sociali.

Le **imprese internazionali** sono direttamente interessate a questi cambiamenti, avendo l'esigenza di individuare nuovi mercati di sbocco e di comprendere meglio i mercati in cui sono già presenti, mettendo in atto le strategie più utili al proprio successo e cercando nello stesso tempo di evitare i rischi di insuccessi dovuti a fenomeni politici e sociali.

La questione oggetto di interesse geopolitico può quindi essere una guerra di uno o più Stati contro un altro, oppure una guerra civile interna a uno Stato, ma anche un problema economico. Per esempio, l'interesse allo sfruttamento di un giacimento petrolifero o di un'area di mare può scatenare conflitti i cui esiti riguardano non solo le popolazioni ma anche gli interessi commerciali delle imprese internazionali.

Le dinamiche geopolitiche possono quindi essere considerate parte integrante dello studio della gestione delle imprese, le cui scelte sono influenzate dal contesto generale, in continuo cambiamento, dove esse operano.

### NEL MONDO La geopolitica condiziona lo sviluppo internazionale delle imprese

L'export ha trainato l'economia italiana degli ultimi anni, anche se ha dovuto confrontarsi con una serie di crisi geopolitiche vecchie e non risolte, come quelle con la Russia e il Nord Africa, e nuove e insidiose, come quella con la Turchia. Inoltre, alcuni mercati emergenti hanno mostrato segni di rallentamento, come il Brasile, mentre si sono manifestati nuovi timori per il neo-protezionismo del presidente americano Donald Trump e la gestione dell'uscita del Regno Unito dall'Unione europea (la cosiddetta Brexit).
Per esempio, la crisi geopolitica del Nord Africa, che ormai si trascina da diversi anni, ha messo in difficoltà alcune imprese italiane del settore delle infrastrutture, stabilmente presenti in Libia in seguito all'aggiudicazione di appalti pubblici per la costruzione di strade, autostrade e ponti. Le tensioni e i conflitti civili che si sono susseguiti nell'ultimo decennio nei Paesi del Nord Africa si sono particolarmente aggravati in Libia. Le imprese presenti in tale territorio sono state costrette a ritirarsi dal Paese, in quanto non vi erano più le condizioni necessarie per lavorare in sicurezza, ma anzi era in grave pericolo la vita dei dipendenti operanti in quei luoghi.

→ *Rifletti sugli sbarchi sulle coste italiane di persone provenienti dai Paesi africani. Quali sono le cause della fuga dai Paesi di origine?*
→ *Come può incidere la presenza di queste persone sui luoghi che li accolgono e sulle imprese del territorio?*

## Come possono essere classificate le imprese?

Artigianato = ***Craftsmanship***
Commercio = ***Commerce***
Industria = ***Industry***
Piccola impresa = ***Small business***

Le imprese possono essere classificate sulla base:

- delle dimensioni: **piccole**, **medie** e **grandi imprese**, a seconda delle dimensioni da esse assunte, misurate da parametri quali l'importo dei capitali investiti, il numero dei dipendenti, l'entità del fatturato e/o dei ricavi di vendita ecc.;
- del settore di attività economico di appartenenza:
  - primario: imprese **agricole**, estrattive e di caccia e pesca;
  - secondario: imprese **industriali** e **artigianali**, che trasformano le materie prime in semilavorati e prodotti finiti, oppure svolgono l'assemblaggio di parti componenti, acquistate da altre aziende, per ottenere il prodotto finito da immettere sul mercato (per esempio una fabbrica di automobili che acquista i vetri e le gomme per poi assemblarli sulla carrozzeria delle auto che venderà);
  - terziario: **commerciali** all'ingrosso e al dettaglio, di **servizi** (come per esempio le imprese di trasporti, di assicurazione, bancarie e molte altre).

Imprenditore = ***Entrepreneur***
Fornitori = ***Suppliers***
Clienti = ***Customers***
Finanziatori = ***Lenders***

## Quali soggetti ricevono benefici dall'attività aziendale?

Le aziende *profit oriented* possono appartenere a un unico proprietario (**impresa individuale**) o a più proprietari (**imprese collettive** o **società**).
L'imprenditore o i soci sono i soggetti (le persone) che hanno il potere di governare l'azienda e a essi spettano i benefici economici (per esempio gli utili) direttamente conseguiti con l'attività aziendale. Per tale motivo il proprietario o i soci costituiscono il **soggetto economico di fatto**.
All'interno dell'impresa, tuttavia, vi sono anche i lavoratori dipendenti che mettono a disposizione dell'azienda le proprie energie lavorative. Anche questi soggetti ricevono una serie di benefici economici diretti (il compenso per il lavoro prestato) e partecipano, sia pure in misura limitata, all'amministrazione aziendale influenzando le decisioni imprenditoriali.

In senso allargato, quindi, il proprietario (o i soci) e i lavoratori dipendenti costituiscono il **soggetto economico di diritto**, vale a dire l'insieme delle persone direttamente interessate alla vita dell'azienda e che hanno il potere di assumere le decisioni sull'attività aziendale.

Il proprietario (o i soci) e i lavoratori dipendenti operano affinché l'azienda ottenga risultati economici positivi e si mantenga in vita; solo così il capitale investito dal proprietario (o dai soci) potrà essere remunerato, mentre i lavoratori dipendenti potranno conservare la stabilità del posto di lavoro e quindi delle retribuzioni (salari e stipendi) loro corrisposte.
Oltre ai soggetti interni (soggetto economico), beneficiano delle produzioni aziendali tutti i membri della collettività dove le produzioni hanno luogo (**soggetti esterni**) in quanto il benessere economico e sociale di un territorio dipende anche dalla presenza di attività imprenditoriali che favoriscono la creazione di posti di lavoro.
Anche i soggetti esterni sono quindi interessati alla vita delle aziende. Sono soggetti esterni coinvolti nelle attività aziendali:

- i **fornitori**, dai quali l'impresa acquista materie prime, semilavorati, parti componenti e servizi necessari allo svolgimento dell'attività produttiva;
- i **clienti**, ai quali l'impresa vende i prodotti/servizi e che si attendono di ricevere la completa soddisfazione dei propri bisogni;
- i **finanziatori** (in particolare le **banche**), disposti ad apportare capitali di debito, ossia a prestare somme di denaro all'azienda in cambio di un'adeguata remunerazione (interessi);
- le **istituzioni della Pubblica amministrazione** e la **collettività** in generale, che si attendono dall'azienda un comportamento improntato alla **responsabilità sociale**, garantendo livelli di occupazione stabili, condizioni di lavoro rispettose della persona umana, al fine di evitare azioni dannose nei confronti della collettività e dell'ambiente naturale.

**Responsabilità sociale:** presa di coscienza che le azioni compiute possono avere riflessi sulla collettività e/o sull'ambiente. Per esempio da un processo produttivo possono scaturire sostanze che inquinano l'ambiente e danneggiano la collettività.

Tutti i soggetti (interni ed esterni) interessati alla vita dell'azienda sono denominati **stakeholder** (o portatori d'interesse) e costituiscono gli interlocutori sociali con cui l'impresa si deve relazionare.

L'**assetto istituzionale** è l'insieme degli stakeholder e delle relazioni che intercorrono tra essi e l'impresa.

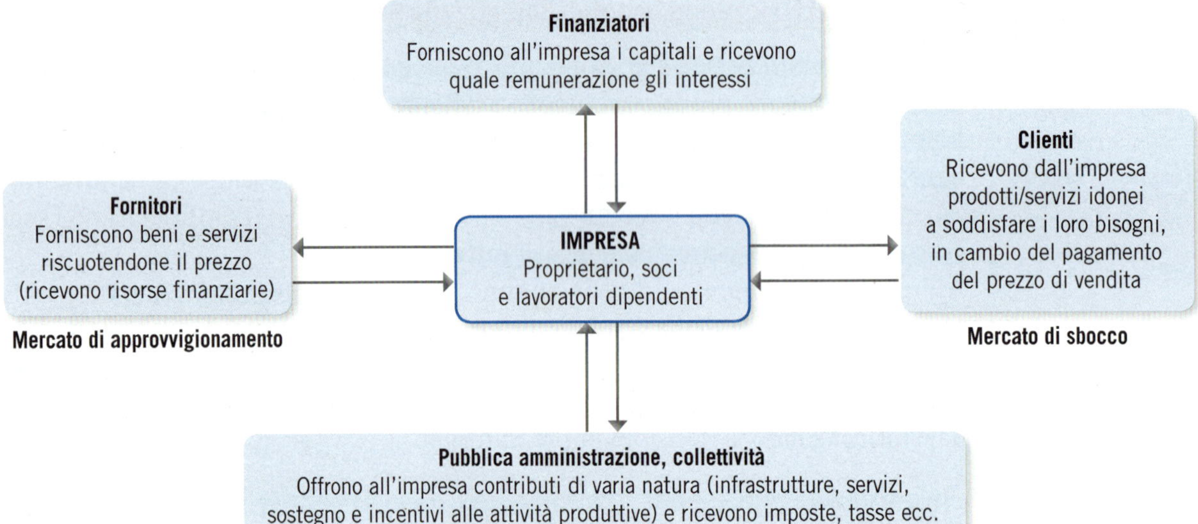


**Risorse:** sono i fattori produttivi necessari alla produzione rappresentati da beni, servizi, energie lavorative, mezzi finanziari e informazioni.

**Sistema produttivo:** insieme di imprese che operano in un determinato territorio.

Come si osserva, l'impresa rappresenta un **sistema aperto** all'ambiente esterno, da cui viene influenzata e che a sua volta influenza. Dall'ambiente esterno, in particolare dai **mercati di approvvigionamento**, essa ottiene le **risorse** necessarie a produrre e scambiare beni sui **mercati di sbocco** dietro un prezzo remunerativo, cioè maggiore dell'insieme dei costi sostenuti e tale da garantire un margine di utile.

L'**ambiente competitivo** con cui l'impresa si relaziona è rappresentato dall'insieme dei soggetti e dei rapporti che si instaurano sui mercati ed è sempre più vasto, comprendendo mercati di approvvigionamento e di sbocco anche molto lontani e caratterizzati da **sistemi produttivi** anche molto diversi tra loro.

Ambiente competitivo = ***Competitive environment***

Approvvigionamento = ***Supplying***

Mercato di sbocco = ***Sales Market***

Sistema produttivo = ***Productive system***

## NEL MONDO Gli *stakeholder* aziendali

Dolomite Franchi è un'impresa della provincia di Brescia che produce materiale refrattario destinato ai forni per l'acciaio.

Il personale della Dolomite Franchi è composto da 185 unità tra impiegati, operai, quadri e dirigenti capaci e competenti, che condividono principi e valori etici.

L'impresa compie un'attenta selezione delle aziende da cui acquista i materiali per verificarne le caratteristiche qualitative. A parte le materie prime, non reperibili sul territorio, gli altri fattori produttivi sono acquisiti nelle zone limitrofe.

In questo lungo periodo di crisi, Dolomite Franchi ha registrato qualche segnale di ripresa, testimoniato dall'aumento degli ordini ricevuti dalle grandi imprese siderurgiche che utilizzano direttamente i loro prodotti nei processi produttivi.

Nel comune di Marone, in cui ha sede lo stabilimento, la reputazione della fabbrica e dei suoi occupati è considerevole: pur operando su scala mondiale, Dolomite Franchi destina importanti risorse al territorio, finanziando progetti, eventi e manifestazioni che contribuiscono alla crescita del paese e al benessere della comunità.

L'azienda, per svilupparsi e creare ricchezza, deve poter remunerare in maniera equa i suoi finanziatori, sia finanziatori esterni sia soci, a cui distribuisce l'utile dopo aver versato le imposte dovute allo Stato e all'Amministrazione locale.

- *Quali sono gli stakeholder descritti nel caso?*
- *Quali stakeholder sono considerati soggetti interni?*
- *In quali mercati sono reperite le risorse produttive?*

Catena produttiva = ***Supply chain***

Collaborazione = ***Partnership***

Condividere = ***To share***

Processo produttivo = ***Productive process***

## Quali sono le caratteristiche del sistema produttivo italiano?

Il sistema produttivo italiano è caratterizzato dall'insieme delle imprese che operano nel nostro Paese, mediamente di *piccole e medie dimensioni*, appartenenti in maggior numero al **settore produttivo** secondario.

L'attuale sistema produttivo si forma a partire dagli anni Cinquanta e Sessanta del secolo scorso, periodo in cui cresce il benessere e si assiste a un forte fermento imprenditoriale e creativo. L'attività produttiva si sposta dalle campagne alle città; intorno a poche grandi imprese industriali (come per esempio FIAT, Olivetti e Marzotto) nascono e si sviluppano numerose imprese artigiane che collaborano con la grande industria, diventandone fornitori di beni di alta qualità.

In questo periodo nascono i **distretti industriali**, aree territoriali circoscritte, con una forte concentrazione di piccole e medie imprese specializzate in una determinata attività produttiva.

Queste imprese di solito sono ben integrate con l'ambiente socio-economico locale, caratterizzato da condivisione di valori e stili di comportamento e dalla presenza di infrastrutture adeguate all'attività produttiva specifica. Ciascuna impresa è fortemente specializza nella produzione di un bene/servizio oppure nella realizzazione di singole fasi del processo produttivo.

Il **processo produttivo** è l'insieme coordinato di tutte le attività e le operazioni necessarie per ottenere il prodotto/servizio da vendere sul mercato con l'obiettivo di ottenere un utile. Viene indicato anche con i termini **filiera produttiva** o **catena produttiva**.

Anziché accentrare tutte le fasi e le operazioni necessarie per ottenere il prodotto/servizio all'interno di una stessa impresa (**verticalizzazione produttiva**), le imprese distrettuali decentrano alcune produzioni o fasi produttive presso altre imprese esterne che diventano fornitrici di parti componenti il prodotto finito e/o di servizi. In tale caso il processo produttivo è deverticalizzato e viene svolto con la collaborazione tra più aziende (**produzione in outsourcing**).
Le produzioni deverticalizzate comportano la riduzione delle attività che ciascuna impresa deve compiere e pertanto i capitali necessari a finanziarne l'attività e le dimensioni aziendali risultano minori.
La scelta tra processi verticalizzati o deverticalizzati dipende anche da altri fattori: la necessità di risparmiare sui costi di fabbricazione (in particolare di ridurre il costo della manodopera) può spingere verso l'outsourcing; al contrario, il desiderio di mantenere "segreta" una particolare tecnologia può spingere a conservare tutte le fasi lavorative all'interno di una stessa impresa.

**NEL MONDO**

### Il distretto del marmo di Carrara

Il distretto del marmo di Carrara è uno dei distretti italiani più competitivi per redditività e performance di crescita. I marmi estratti e lavorati nel distretto di Carrara spiccano per le percentuali dell'export in continua crescita, che rappresenta circa il 90% del fatturato, in particolare verso i mercati del Nord America, dell'Europa e dei Paesi emergenti come l'Arabia Saudita. I risultati conseguiti spronano le imprese a seguire la linea di sviluppo internazionale, nella consapevolezza di muoversi in uno scenario estremamente volubile.

Il mercato nordamericano sta confermando i risultati, ma il calo del prezzo del petrolio e le guerre in Medio Oriente potrebbero portare a una contrazione degli ordinativi internazionali.
Per quanto riguarda i trend estetici, il mercato del marmo è abbastanza simile a quello della moda: si tratta di marmi lavorati la cui vendita dipende dalle scelte degli architetti, che variano in relazione alle tendenze del design.

→ *Le imprese distrettuali sono di grandi dimensioni?*
→ *Le imprese distrettuali svolgono tutte le fasi del processo produttivo della lavorazione del marmo?*
→ *Per quale motivo la vocazione all'esportazione dimostrata dal distretto è un elemento positivo?*

Distretto produttivo = ***Productive cluster***
Internazionalizzazione = ***Internationalization***
Innovazione = ***Innovation***

Dagli anni Settanta del secolo scorso i prodotti italiani sono sempre più richiesti in tutto il mondo, apprezzati per le caratteristiche di qualità, artigianalità e buongusto, distinguendosi per il design elegante e semplice, l'*italian style*, lo stile italiano frutto di secoli di arte e cultura.
Questi caratteri hanno portato alla definizione dei prodotti Made in Italy, cioè prodotti italiani conosciuti nel mondo; il termine stesso Made in Italy è arrivato a rappresentare un marchio, già di per sé indice di bellezza e qualità. In particolare l'impresa italiana viene apprezzata e ottiene un notevole successo principalmente in quattro settori, definiti "le 4 A del Made in Italy":

- Alimentari – vini;
- Abbigliamento – moda;
- Arredo – casa;
- Automazione – meccanica – gomma – plastica.

Con l'intensificarsi degli scambi internazionali, il modello di successo dei distretti produttivi non sembra più sufficiente e, per poter competere, le piccole imprese italiane si trovano nella necessità di cercare forme di collaborazione e alleanze produttive o commerciali anche con *partner* lontani fisicamente, slegate dal distretto produttivo.
Le imprese più dinamiche si sono aggregate in reti di imprese, a volte formalizzate in veri **contratti di rete**.
Si tratta di forme di collaborazione molto utili per la sopravvivenza in un contesto internazionale altamente competitivo.

Il **contratto di rete** è un accordo in forma scritta con cui due o più imprese si impegnano a svolgere in comune una o più attività economiche allo scopo di favorire l'innovazione e la capacità di competere sui mercati internazionali.

Grazie ai contratti di rete, le piccole imprese italiane realizzano collaborazioni strette senza modificare la composizione della società, mantenendo la propria autonomia.
Attualmente più della metà delle reti è composta da micro-imprese e un terzo è di piccole dimensioni. La maggior parte dei contratti viene conclusa da imprese specializzate in comparti produttivi diversi e spesso complementari.
Le imprese del settore dei servizi, da quelli professionali (contabilità, attività legali) al commercio, rappresentano quasi la metà delle imprese in rete.
Rispetto alle loro concorrenti che operano da sole, le imprese che scelgono la rete raggiungono una migliore posizione competitiva in termini sia di **internazionalizzazione** sia di **innovazione**. Presentano una maggiore quota di export e hanno una quota di brevetti richiesti quasi doppia rispetto alle altre.

NEL MONDO

## Distribuzione geografica dei contratti di rete in Italia

I contratti di rete in Italia sono in continua crescita. Nel mese di novembre 2016 le imprese che hanno deciso di aggregarsi in 54 nuove reti sono state 539, con una media di 10 imprese per ogni contratto. Tra i dati significativi, a livello di distribuzione delle imprese in rete per Regione, si nota un grande incremento nel Veneto (1.459) e nel Lazio (1.524), che si avvicinano all'Emilia (1.584), la terza Regione per numerosità di imprese aggregate in rete, mentre la Toscana resta al secondo posto (1.615) dopo la Lombardia, che primeggia nettamente con 2.827 imprese in rete.
Le Regioni del Centro Sud sono ancora in ritardo; tuttavia, se i dati vengono riaggregati calcolando le reti presenti rapportate al totale delle imprese del territorio, i valori sono tendenzialmente più alti rispetto alle Regioni del Nord, con la Calabria al quarto posto. Infatti il 13,45% delle imprese calabresi ha aderito ad almeno un contratto di rete, dimostrando una nuova consapevolezza dell'esigenza di cambiare modello di business rispetto a quello tradizionale delle imprese del Sud.

→ *Che dimensioni hanno le imprese che aderiscono alle reti?*
→ *Quali vantaggi può dare all'imprese l'adesione a una rete?*
→ *Perché se nelle Regioni del Sud si calcola il totale delle reti rapportandolo al totale delle imprese i valori in esame sono più alti?*

audio

Globalizzazione = ***Globalization***
Consumatore = ***Comsumer***
Concorrente = ***Competitor***

## Com'è cambiata la presenza dell'impresa nei mercati internazionali?

La presenza dell'impresa nei mercati internazionali è cambiata nel tempo; si è infatti assistito a una tendenza crescente a operare con l'estero. Le scoperte scientifiche e le innovazioni tecnologiche – come il telefono o il telegrafo prima, i computer e i mezzi di trasporto sempre più veloci e sicuri poi – hanno permesso di comunicare e di spostarsi in tempi sempre più brevi, eliminando le barriere alla circolazione delle persone, dei beni e dei servizi, ma anche delle idee e della conoscenza tra le diverse aree del mondo. Mentre in passato le imprese potevano crescere e svilupparsi disinteressandosi del comportamento dei soggetti di altri Paesi, oggi l'integrazione economica e sociale è sempre più spinta. Questo processo evolutivo va sotto il nome di **globalizzazione**.
I due conflitti mondiali del secolo scorso hanno temporaneamente rallentato il processo di globalizzazione e hanno determinato alcuni radicali **cambiamenti geopolitici**. In seguito le organizzazioni e le imprese hanno ripreso e aumentato i contatti con l'estero, cercando i modi migliori per comunicare e migliorare gli scambi internazionali, favorendo di conseguenza la **globalizzazione economica**, cioè la tendenza dell'economia a superare i confini nazionali e assumere una dimensione sovranazionale.
Questa tendenza determina adattamenti a livello sociale, culturale, ambientale e politico tanto da creare vere e proprie aree di mercato "globale", aree in cui **consumatori globali** possono scegliere tra prodotti su scala mondiale e **concorrenti globali** sono in grado di competere con le imprese del resto del mondo.

La globalizzazione porta con sé effetti positivi e negativi; in ogni caso aumenta la *complessità di gestione* delle attività e delle relazioni. Confrontarsi con operatori di Paesi diversi permette all'impresa di aumentare il livello delle conoscenze e le opportunità di scambio di informazioni, con conseguente crescita culturale. Tuttavia, il fenomeno aumenta anche l'obbligo di relazionarsi con concorrenti e clienti spesso molto diversi da quelli locali, costringendo le persone a mettere in

**Routine:** procedura che viene preservata nel tempo e ripetuta per ridurre l'incertezza e i conflitti all'interno delle organizzazioni.

discussione tutto ciò che prima davano per scontato. I meccanismi di **routine**, che spesso nelle imprese permettono lo svolgimento di attività ripetitive in modo più semplice e sicuro, possono essere controproducenti in contesti internazionali caratterizzati da abitudini, stili di comportamento e modelli di relazione completamente diversi.

NEL MONDO

### Pericolosità dei concorrenti locali per le imprese internazionali

Procter&Gamble è una grande multinazionale americana che domina i mercati internazionali con i suoi prodotti. Fino agli anni Settanta del secolo scorso la multinazionale offriva prodotti uguali su tutti i mercati, realizzando solo in alcuni casi piccoli adattamenti di marketing. Negli anni Settanta l'impresa rilevava che questa strategia non sembrava più efficace. In particolare in Giappone, dove la P&G deteneva l'80% del mercato dei pannolini *usa e getta*, negli anni Ottanta la quota di mercato si era ridotta all'8%: i suoi pannolini, prodotti negli Stati Uniti, erano troppo ingombranti per i gusti giapponesi. L'impresa giapponese Kao aveva sviluppato e introdotto sul mercato con una decisa campagna di marketing pannolini più adatti alle richieste dei consumatori locali, raggiungendo rapidamente il 30% del mercato. P&G capì di dover cambiare immediatamente la propria offerta se intendeva rimanere in Giappone; infatti ha recuperato e ora detiene il 30% del mercato. Questo ha permesso anche di migliorare la produzione dei suoi pannolini anatomici, che sono diventati i più venduti degli Stati Uniti.

→ *Procter&Gamble ha potuto conservare inalterata la sua offerta nel mercato giapponese?*
→ *Quale caratteristica positiva avevano i pannolini offerti dalla concorrente Kao?*
→ *Che cosa devono fare le imprese che vogliono portare i prodotti all'estero?*

## Come svolgono le attività di commercio internazionale le imprese?

Fino a qualche tempo fa le imprese praticavano il commercio internazionale scegliendo i Paesi in cui internazionalizzare a seconda delle diverse esigenze:

- nei Paesi in via di sviluppo si collocavano le fasi iniziali del **processo produttivo**, quali l'acquisizione di materie prime e le trasformazioni tecniche a più elevato contenuto di manodopera non specializzata; tale scelta di **localizzazione** comportava alcuni vantaggi, come i costi del lavoro e dell'energia più bassi o le norme giuridiche meno rigorose (per esempio per quanto riguarda l'inquinamento dell'ambiente);
- nei Paesi più industrializzati si collocavano invece le fasi del processo produttivo ad alto contenuto scientifico e tecnologico (ricerca e sviluppo) e la fase delle vendite per raggiungere i mercati più ricchi.

**Localizzazione:** consiste nella scelta del luogo più adatto in cui collocare l'attività produttiva per ottenere vantaggi organizzativi ed economici, legati ai costi di produzione e di distribuzione.

**Impresa multinazionale:** svolge la sua attività in Paesi diversi, attraverso la realizzazione di investimenti diretti all'estero e la creazione di filiali o società controllate in altri Paesi.

Gli Stati Uniti erano i protagonisti dell'espansione internazionale, portando prodotti innovativi in grandi quantitativi sui mercati occidentali grazie allo sviluppo delle **imprese multinazionali**.

In tempi più recenti si è assistito a una lenta e costante integrazione sociale ed economica tra i diversi Paesi e anche a una significativa crescita delle economie dei Paesi in via di sviluppo.
Nascono nuove opportunità di mercato per le imprese dei Paesi sviluppati che si avvicinano a *consumatori molto diversi* per cultura, lingua, abitudini e tradizioni rispetto ai consumatori dei mercati occidentali, costringendo le imprese a rivedere le tradizionali strategie di ingresso in un nuovo mercato. Al tempo stesso, le im-

Localizzazione = ***Localization***

Impresa multinazionale = ***Multinational company***

prese dei Paesi emergenti assumono un ruolo più attivo nel commercio internazionale, imparando a confrontarsi con le imprese occidentali e diventando i nuovi *concorrenti globali*.
All'inizio del ventunesimo secolo alcuni Paesi si sono distinti per l'elevata crescita economica e per la capacità di competere sui mercati internazionali. Questi Paesi rappresentano i nuovi attori del mercato globale e si caratterizzano per una popolazione mediamente più giovane e in crescita rispetto all'Occidente, area geografica dove l'età media si sta alzando e si affaccia il problema del progressivo invecchiamento della popolazione, con un conseguente aumento della spesa sociale (previdenza e assistenza sanitaria). In un primo momento sono stati i cosiddetti Paesi BRIC (acronimo di Brasile, Russia, India e Cina), poi diventati **BRICS** (con l'aggiunta del Sud Africa). Dopo i BRICS altri Paesi sono entrati a far parte della competizione globale, dimostrando di essere preparati e di poter diventare concorrenti globali. Vengono identificati come il gruppo dei **Next 11** e sono: Bangladesh, Corea del Sud, Egitto, Filippine, Indonesia, Iran, Messico, Nigeria, Pakistan, Turchia e Vietnam.
Le **Quattro tigri asiatiche**, le economie di Hong Kong, Singapore, Corea del Sud e Taiwan, si sono affermate a vario titolo nel mercato globale: Hong Kong e Singapore come centri finanziari e logistici di importanza mondiale, Corea del Sud e Taiwan raggiungendo posizioni di leadership per alcuni importanti prodotti industriali e nel settore delle tecnologie informatiche.
Di recente si sono affermati i cosiddetti **TICKS**, in sostituzione dei BRICS, con i supertecnologici Taiwan e Corea del Sud che sembrano prendere il posto di Brasile e Russia, colpiti da una lunga recessione. In questi e altri Paesi che si stanno affacciando sul mercato internazionale risiede la maggior parte della popolazione mondiale, che sta progressivamente diventando parte attiva del commercio internazionale, sia come concorrenza sia come mercato di sbocco.

## In che modo si è sviluppata l'integrazione economica internazionale?

L'integrazione economica viene spinta dalle imprese che hanno l'esigenza di semplificare il commercio con l'estero. Per favorire gli scambi e lo sviluppo economico, dagli accordi tra Stati nascono alcuni organismi internazionali, come il **WTO** e altre aggregazioni economiche tra Paesi limitrofi. Lo sviluppo dell'Unione europea, iniziato negli anni Cinquanta del secolo scorso e progredito con l'adozione dell'euro come moneta unica, rappresenta il caso più completo di integrazione economico-politica tra Stati geograficamente vicini. Si sono realizzati altri casi di aggregazioni regionali significative che, all'interno di **aree di libero scambio**, hanno favorito la circolazione delle risorse, l'abolizione dei **dazi**, l'armonizzazione delle normative in materia produttiva e commerciale, la conoscenza e il rispetto di usi e tradizioni diverse.

**WTO:** World Trade Organization. È l'Organizzazione Mondiale del Commercio, di cui fanno parte circa 160 Paesi che rappresentano il 97% del commercio mondiale. Si occupa di armonizzare le iniziative dei diversi Paesi in ambito commerciale, per facilitare gli scambi internazionali.

**Dazio:** imposta a cui sono assoggettate le merci al momento dell'importazione in alcuni Paesi.

L'**area di libero scambio** rappresenta un territorio composto da Paesi, spesso limitrofi, che si accordano per facilitare la circolazione di beni e servizi all'interno dell'area stessa.

Accordo di libero scambio = ***Free trade agreement***
Area di libero scambio = ***Free trade area***

Gli **accordi di libero scambio** si stanno estendendo anche a Paesi geograficamente distanti tra loro permettendo alle imprese di effettuare scambi internazionali con minori ostacoli e migliorando le economie dei Paesi interessati.

## NEL MONDO Accordi di libero scambio

Le aree di libero scambio sono sempre più numerose. I principali accordi di libero scambio tra Paesi limitrofi sono i seguenti:

- NAFTA (*North American Free Trade Agreement*, Accordo nordamericano per il libero scambio): entrato in vigore nel 1994 come accordo tra Stati Uniti, Canada e Messico;
- MERCOSUR (Mercato comune dell'America meridionale): ne fanno parte Argentina, Brasile, Paraguay, Venezuela e Uruguay come Paesi membri a pieno titolo, ma l'accordo si sta allargando ad altri Paesi del Sudamerica;
- ASEAN (*Association of South East Asian Nations*, Associazione delle nazioni dell'Asia sud-orientale): nata nel 1967 come organizzazione volta a promuovere la cooperazione tra gli Paesi membri per sostenere lo sviluppo economico. Ne fanno parte dieci Paesi, i cinque fondatori (Indonesia, Malesia, Filippine, Singapore, Thailandia) e altri cinque Paesi entrati successivamente (Vietnam, Laos, Cambogia, Brunei e Myanmar);
- GAFTA (*Greater Arab Free Trade*, Area Grande zona araba di libero scambio): fondata nel 1997 da 14 Paesi arabi a cui se ne sono aggiunti altri successivamente.

Altri importanti accordi di libero scambio sono stati firmati tra Paesi geograficamente lontani tra loro, come quello concluso nel 2013 tra Svizzera e Cina, che liberalizza il commercio di merci e contiene disposizioni sul mercato dei servizi, sulla promozione degli investimenti, sulla protezione della proprietà intellettuale e su diverse questioni commerciali rilevanti per l'ambiente e il lavoro. Nel gennaio 2010 Russia, Bielorussia e Kazakistan hanno stipulato un accordo di libero scambio che ha dato luogo a un'unica area economica euroasiatica trasformata poi, a partire da gennaio 2012, in uno spazio economico comune che prevede la libera circolazione di cittadini, merci, servizi e capitali.

→ *Il CETA,* Comprehensive Economic and Trade Agreement, *è l'accordo di libero scambio realizzato tra Unione europea e Canada, attivo in via provvisoria dal settembre 2017 in attesa della piena validità che si raggiungerà quando tutti i governi dei Paesi dell'UE l'avranno approvato; rappresenta una grande opportunità per lo sviluppo del commercio di una vasta area. Quali sono i vantaggi che ne possono trarre i Paesi interessati?*

**PROVA TU**
**test interattivi nel libro digitale**

**CONOSCENZE** Concetto di azienda e sue classificazioni • soggetti interni e soggetti esterni • sistemi produttivi • geopolitica • globalizzazione economica • accordi di libero scambio.

**ABILITÀ** Distinguere le diverse tipologie di aziende • individuare le relazioni tra stakeholder e impresa • riconoscere le caratteristiche del sistema produttivo nazionale e locale • riconoscere gli effetti della geopolitica e della globalizzazione sull'impresa internazionale.

**1** Indica con una crocetta la risposta esatta (alcuni quesiti possono avere più risposte esatte).

**1.** Il sistema produttivo italiano è caratterizzato dalla presenza prevalente di imprese:
- a *di medio-grandi dimensioni*
- b *di medio-piccole dimensioni*
- c *del settore secondario*
- d *del settore terziario*

**2.** La geopolitica:
- a *riguarda gli equilibri tra gli Stati*
- b *può influire sulle decisioni aziendali*
- c *non coinvolge gli interessi delle imprese*
- d *riguarda esclusivamente le politiche degli Stati*

**3.** I contratti di rete di imprese:
- a *vengono stipulati principalmente tra imprese di grandi dimensioni*
- b *si realizzano all'interno dello stesso distretto produttivo*
- c *riguardano imprese dello stesso settore*
- d *favoriscono l'internazionalizzazione e l'innovazione delle imprese*

**4.** La globalizzazione economica rappresenta:
- a *un fenomeno ormai superato*
- b *la tendenza economica a uniformare le leggi dei diversi Paesi*
- c *la tendenza dell'economia ad assumere una dimensione sovranazionale*
- d *la tendenza dei mercati a diventare globali*

**5.** Gli accordi di libero scambio si realizzano:
- a *tra Paesi diversi*
- b *tra imprese di Paesi diversi*
- c *per difendere i commerci interni dai concorrenti internazionali*
- d *per facilitare gli scambi internazionali*

6. L'azienda è un sistema perché:
   a *è formata da un insieme di elementi tra loro collegati*
   b *fa parte di un sistema produttivo*
   c *ha quale obiettivo il soddisfacimento dei bisogni umani*
   d *intrattiene relazioni con più soggetti (stakeholder)*

**2** Indica se i soggetti elencati sono interni o esterni all'azienda e individua il contributo offerto all'impresa e la remunerazione che ciascun soggetto si attende di ricevere.

| Soggetti | Interni | Esterni | Contributo offerto | Ricompensa ricevuta |
|---|---|---|---|---|
| Proprietario o soci | X | | capitale iniziale | ricavo |
| Fornitori | | X | merce | liquidazione della fattura |
| Lavoratori dipendenti | X | | manodopera | stipendio |
| Finanziatori | | X | finanziamenti | interessi |
| Istituzioni della Pubblica amministrazione | | X | ? | ? |

**3** Analizza la situazione operativa e completa le frasi che seguono.

Aldo Caresi è titolare (proprietario) di un negozio che vende articoli sportivi alla cui gestione collaborano tre dipendenti:
- Matteo responsabile del magazzino;
- Luisa e Marco addetti alle vendite.

Aldo Caresi vende direttamente ai consumatori e acquista la propria merce da tre fornitori:
- Abbigliamento Sorit srl;
- Attrezzi & Altro di Mario e Sandro Veronesi snc;
- Limet spa.

All'inizio dell'esercizio l'imprenditore ha ottenuto un mutuo dalla banca Intesa Sanpaolo per rinnovare e ampliare il magazzino.

1. Aldo Caresi è titolare di un'impresa di tipo ...individuale...
2. Il soggetto economico di fatto è ...il proprietario, Aldo Caresi...
3. Il soggetto economico di diritto è formato da ...il proprietario e i tre dipendenti, (Aldo Caresi, Matteo, Luisa e Marco)...
4. Aldo Caresi acquista dai ...Fornitori... le merci che successivamente vende ai clienti.
5. La banca Intesa Sanpaolo rappresenta un ...finanziatore...
6. Gli stakeholder dell'impresa sono ...i fornitori (Abbigliamento Sorit srl, Attrezzi e altro di Mario e Sandro Verones snc e Limet spa) ed i clienti...

**4** Indica se le seguenti affermazioni sono vere o false; in quest'ultimo caso suggerisci sul quaderno la formulazione corretta.

1. Una questione economica interna a un Paese può essere oggetto di interesse geopolitico. V F
2. La geopolitica analizza le ragioni geografiche dei problemi politici. V F
3. L'impresa è un'organizzazione stabile per cui è difficile che si muova verso mercati esteri. V F
4. Sul mercato di approvvigionamento l'impresa acquisisce i fattori produttivi. V F
5. I concorrenti globali sono imprese che sanno competere con imprese di altri Paesi. V F
6. Le imprese si spostano nei Paesi in via di sviluppo solo per delocalizzare le fasi iniziali del processo di produzione. V F
7. Le prime imprese multinazionali sono state americane. V F
8. Il contratto di rete è un accordo stipulato tra più imprese con il quale si definiscono le forme e le modalità di collaborazione reciproca. V F

**5** Associa i termini della colonna di sinistra con le corrispondenti caratteristiche della colonna di destra.

| Termini | Caratteristiche | | |
|---|---|---|---|
| **a.** Distretto industriale | **1.** Fornitori | a | |
| **b.** Rete di imprese | **2.** Proprietario e soci | b | |
| **c.** Globalizzazione economica | **3.** Collaborazione tra imprese | c | |
| **d.** Accordo di libero scambio | **4.** Dimensione sovranazionale | d | |
| **e.** Verticalizzazione produttiva | **5.** Territorio circoscritto | e | |
| **f.** Outsourcing | **6.** Luogo adatto all'attività produttiva | f | |
| **g.** Stakeholder | **7.** Semplificazioni commerciali | g | |
| **h.** Soggetto economico di fatto | **8.** Produzione esterna | h | |
| **i.** Mercati di approvvigionamento | **9.** Portatore di interessi | i | |
| **l.** Localizzazione | **10.** Produzione interna | l | |

**6** Associa le espressioni della colonna di sinistra con quelle della colonna di destra.

| Termini | Caratteristiche | | |
|---|---|---|---|
| **a.** Internazionalizzazione | **1.** Stabilità politica del territorio, occasioni per risparmiare sui costi di produzione (livello del costo del lavoro, normative meno rigide ecc.). | a | |
| **b.** Scelte di delocalizzazione | **2.** Vicinanza dei mercati di sbocco dei prodotti, esistenza di manodopera qualificata e di infrastrutture (strade, porti, aeroporti). | b | |
| **c.** Distretti industriali | **3.** Insediamenti di reti di imprese su un territorio delimitato che si dedicano alla produzione di uno stesso bene e/o di beni complementari. | c | |
| **d.** Mercato globale | **4.** Accordo tra più imprese che si impegnano a collaborare per lo svolgimento in comune di attività produttive. | d | |
| **e.** Scelte di localizzazione | **5.** Espansione dell'impresa all'estero con iniziative produttive e commerciali. | e | |
| **f.** Contratto di rete | **6.** Possibilità di distribuire prodotti simili sui mercati di molti Paesi. | f | |
| **g.** Geopolitica | **7.** Ragioni geografiche di problemi politici. | g | |

**7** **CLIL** Match the definitions with the related type of profit-oriented enterprise.

| Definitions | Enterprises | | |
|---|---|---|---|
| | Industrial | Commercial | Services |
| Process raw materials or assemble components in order to obtain a finished product | | | |
| Purchase goods for resale to other enterprises or final consumers | | | |
| Sell intangible goods, e.g. transport, advertising, telecommunications | | | |

**Proposta di lavoro** **Indica alcune imprese che quotidianamente incontri nel tragitto che compi andando a scuola, distinguendole in imprese industriali, imprese commerciali e imprese di servizi. Individuane qualcuna che a tuo avviso può aver cambiato qualcosa nell'offerta di prodotti/servizi per attirare anche i consumatori stranieri residenti (per esempio, il negozio di pizza al taglio offre anche il *kebab*).**

**Lezione 2**

# Le scelte imprenditoriali

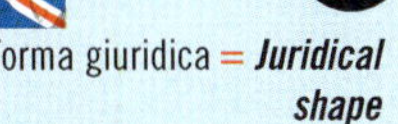

audio

Forma giuridica = ***Juridical shape***

Cliente = ***Customer***

Fattori produttivi = ***Inputs***

## Quali sono le principali scelte che un'impresa deve compiere?

Per vivere e svilupparsi nell'ambiente, l'azienda deve effettuare scelte strategiche, cioè prendere decisioni di particolare importanza, che coinvolgono la sua attività per periodi di tempo medio-lunghi. Tali scelte riguardano principalmente:

- la **fascia di clientela** da soddisfare, ossia a quali gruppi di clienti (suddivisi per categorie omogenee in base a sesso, età anagrafica, stili di vita ecc.) destinare i prodotti/servizi;
- le **tipologie di beni/servizi da produrre** e le **caratteristiche** che essi devono possedere per sconfiggere le imprese concorrenti;
- le **modalità di realizzazione dei processi produttivi**, ossia come combinare i fattori produttivi (materie, impianti, macchinari, lavoro umano ecc.) per ottenere i prodotti/servizi;
- la **localizzazione** delle produzioni, ossia in quale luogo insediare gli stabilimenti produttivi;
- la **forma giuridica**;
- il **modello organizzativo** con cui operare.

**Forma giuridica:** riguarda la scelta del soggetto a cui fanno capo i diritti e gli obblighi che sorgono in conseguenza all'attività aziendale. Si possono avere imprese individuali oppure collettive; queste ultime possono essere società di persone (società in nome collettivo e società in accomandita semplice), società di capitali (società a responsabilità limitata, società per azioni e società in accomandita per azioni) e società cooperative. Nelle imprese individuali e nelle società di persone il soggetto giuridico è costituito dall'imprenditore e/o dai soci; nelle società di capitali il soggetto giuridico è la società stessa.

**Modello organizzativo:** forma di organizzazione utilizzata dall'azienda.

Le scelte imprenditoriali sono tra loro collegate. La decisione riguardante i clienti a cui indirizzare i prodotti/servizi influisce sulla determinazione della tipologia di beni/servizi da produrre (che cosa produrre per soddisfare la clientela). Dopo avere definito l'oggetto della produzione occorre individuare i fattori produttivi necessari, come effettuare le produzioni e come reperire i capitali necessari per svolgerla. Infine, da queste decisioni dipendono le scelte della forma giuridica (impresa individuale o impresa collettiva) e dell'area geografica in cui situare le fabbriche. Se un'impresa decide di destinare i propri prodotti/servizi a un mercato estero, le scelte risultano più complesse rispetto al commercio interno per alcune **differenze**, quali quelle linguistiche, politiche, giuridiche, monetarie e culturali.

**e SEMPIO** Scelte imprenditoriali diverse

Un'importante impresa italiana di produzione di abbigliamento giovane per il tempo libero è riuscita a competere sui mercati internazionali, compreso quello nord-americano, grazie all'offerta di capi in tessuti innovativi dal design raffinato, tipico del Made in Italy. Questa impresa sceglie di affidare la produzione a collaboratori collocati nei Paesi a basso costo della manodopera ai quali fornisce i tessuti e le indicazioni produttive.
Un'altra impresa dello stesso settore produttivo, che si sta espandendo sui mercati internazionali, ha deciso di distinguersi dalla prima, con la quale non potrebbe competere direttamente essendo molto più piccola, facendo scelte produttive impostate sull'elevata qualità delle materie prime e affidando la produzione a imprese italiane specializzate. La qualità del prodotto finito le permette di presentarsi sui mercati internazionali in modo differenziato, con capi integralmente realizzati in Italia con materiali italiani.

## Quali elementi influenzano le scelte di un'impresa internazionale?

Le differenze esistenti tra i Paesi comportano che un'impresa internazionale debba considerare con attenzione i vari elementi che possono influenzare le sue scelte. Gli elementi da valutare per effettuare le scelte sono principalmente:

audio
Risorsa = ***Source***

Le differenze culturali

**Delocalizzare:** trasferire una parte del processo produttivo in Paesi esteri per risparmiare sull'acquisto delle materie prime o sui costi di produzione, in particolare sul costo del lavoro.

- i **mercati**, intesi come mercati di sbocco raggiungibili all'estero, che possono essere molto diversi per gusti e abitudini di consumo rispetto a quelli nazionali;
- i **concorrenti**, costituiti dall'insieme delle imprese estere le cui diverse tecniche di produzione o di vendita possono generare difficoltà nel confronto competitivo;
- la **produzione**, intesa come insieme di attività del processo produttivo che portano alla trasformazione delle materie in prodotti finiti e che possono essere collocate in differenti aree del globo;
- le **persone**, siano esse clienti, collaboratori o dipendenti, le cui differenze culturali, linguistiche, religiose e comportamentali implicano l'esigenza di adeguare la comunicazione e l'offerta;
- le **risorse**, che possono essere diversamente disponibili all'estero. Per esempio, la manodopera dei Paesi del Sud-Est asiatico risulta reperibile a costi più bassi e la sua incidenza sul prezzo finale del prodotto può determinare la decisione di **delocalizzare** una parte dell'attività produttiva all'estero.

## NEL MONDO Delocalizzare l'acquisizione delle risorse

I fattori produttivi non sono disponibili nel mondo in modo uniforme: le risorse naturali sono spesso reperibili in Paesi poveri dell'Africa o dell'America Latina, la manodopera specializzata è talvolta disponibile nei Paesi dell'Est europeo o del Sud-Est asiatico a costi inferiori rispetto ai Paesi industrializzati. Anche le risorse intellettuali e della conoscenza non sono distribuite in modo omogeneo nel mondo. Esistono aree ad alta concentrazione di conoscenza tecnologica e informatica, come la zona degli Stati Uniti a sud di San Francisco detta *Silicon Valley*, nota per l'elevata presenza di imprese di computer e software. In India, nella regione del Bangalore, si concentrano numerose imprese informatiche dotate di personale molto preparato (spesso sono ingegneri formati in università occidentali): molte imprese occidentali hanno delocalizzato qui la gestione degli adempimenti amministrativi o dei call center, potendo usufruire di servizi legati alle nuove tecnologie a costi inferiori.

→ *Quali sono gli elementi che possono influenzare le scelte delle imprese internazionali?*
→ *Perché un'impresa può decidere di delocalizzare all'estero?*

audio
Libera circolazione = ***Free movement***
Segmento di mercato = ***Market segment***

## Quali sono le caratteristiche dei mercati internazionali?

L'apertura dei mercati internazionali e la conseguente libera circolazione di persone, beni e conoscenze favoriscono le opportunità di crescita all'estero delle imprese. Prima di avviare un'iniziativa all'estero, è necessario conoscere i potenziali mercati per comprendere le eventuali diversità dei consumatori, quali:

- le preferenze e i gusti;
- le tradizioni culturali e religiose;
- le abitudini di acquisto, come per esempio i vari modi di definire gli accordi di compravendita o di organizzare i tempi dedicati all'acquisto;
- la capacità di spesa, che nei Paesi più poveri è molto limitata;
- il grado di utilizzo degli strumenti tecnologici e informatici.

**Segmenti di mercato transnazionali:** parti di mercato che presentano elementi simili a livello internazionale. Anche se singolarmente piccoli, se vengono aggregati possono rappresentare un mercato di dimensioni consistenti.

Conoscere gli elementi di diversità può aiutare l'impresa a capire se il prodotto/servizio offerto sia adatto al mercato che interessa, se siano necessari aggiustamenti per riuscire a venderlo o se viceversa convenga abbandonare l'idea per evitare l'insuccesso dell'iniziativa.
Inoltre, l'impresa può scoprire che in più Paesi esistono fasce di mercato singolarmente piccole che, se sommate al mercato interno, possono rappresentare un mercato globale di consistenti dimensioni. In questo caso anche una piccola impresa ha l'opportunità di crescere sfruttando i **segmenti di mercato transnazionali**.

## SEMPIO Segmento di mercato transnazionale

Una piccola impresa ha ideato e produce tappi in vetro dalle eccellenti prestazioni per la conservazione del vino: il prodotto è altamente innovativo ma è destinato a una nicchia di mercato e l'impresa si trova nella necessità di aumentare le vendite per raggiungere un buon livello di redditività. L'impresa può verificare la possibilità di espandere l'offerta nei Paesi produttori di vino che abbiano una buona cultura vitivinicola, nei quali si possano trovare produttori di nicchia interessati all'acquisto dei tappi di vetro. Questi mercati, anche se singolarmente piccoli, possono complessivamente permettere all'impresa di raggiungere dimensioni tali da competere con maggiore successo.

→ *Come si chiamano i mercati singolarmente molto piccoli che presentano caratteristiche simili tra loro anche se lontani geograficamente?*

→ *Quale scopo permettono di raggiungere alle imprese?*

→ *Quali sono in generale le diversità principali dei consumatori di Paesi diversi?*

Mercato di apprendimento = ***Learning market***

## Quali sono i concorrenti di un'impresa internazionale?

Un'impresa internazionale è chiamata a confrontarsi con altre imprese che producono e commercializzano prodotti simili o alternativi sugli stessi mercati, assumendo comportamenti e **strategie competitive** diversi tra loro, tali da rendere più complesso il confronto. I concorrenti locali, già presenti sul **mercato obiettivo** dell'impresa, che spesso godono della fiducia dei clienti in quanto ne conoscono le esigenze, si mostrano diffidenti nei confronti dei nuovi entranti esteri. In questi casi all'impresa può essere conveniente insediarsi ricercando la collaborazione di un'impresa locale, per superare la diffidenza dei clienti e far conoscere la propria produzione. In alternativa, l'impresa può cercare di acquisire un'impresa locale per crescere più rapidamente.

In alcuni mercati le imprese italiane si trovano di fronte a concorrenti di dimensioni molto superiori che possono offrire prodotti a prezzi più convenienti grazie alle **economie di scala**, come accade per numerosi prodotti di largo consumo.

Su altri mercati, detti ***learning markets***, operano imprese altamente innovative che offrono prodotti nuovi grazie alla intensa attività di ricerca e sviluppo: nel percorso di internazionalizzazione può essere molto istruttivo per l'impresa confrontarsi con questi concorrenti evoluti, che stimolano al miglioramento continuo per sopravvivere nella competizione.

**Strategie competitive:** scelte di comportamento e azioni da sviluppare per competere efficacemente nel mercato al fine di ottenere un vantaggio rispetto ai concorrenti.

**Mercato obiettivo:** mercato di sbocco che l'impresa vuole raggiungere con i suoi prodotti.

**Economie di scala:** minori costi per la produzione su larga scala (in grandi quantitativi) grazie alla possibilità di distribuire tra un maggior numero di prodotti i costi dei beni strumentali utilizzati (costi fissi).

## NEL MONDO L'atteggiamento nei confronti dei concorrenti

Nel secolo scorso le grandi multinazionali americane dell'automobile hanno a lungo sottovalutato la concorrenza dei produttori giapponesi e successivamente sudcoreani, che offrivano auto meno costose, più piccole, all'apparenza meno solide, costruite con tecniche innovative. Questo atteggiamento nei confronti della concorrenza ha determinato una progressiva crescita della quota di mercato globale delle industrie automobilistiche giapponese e sudcoreana, a discapito di quella statunitense, che ha risposto con ritardo all'avanzata sul mercato globale dei concorrenti orientali.

→ *Perché i concorrenti stranieri possono essere difficili da capire?*

→ *Quali differenze nelle automobili giapponesi e sudcoreane le hanno rese vincenti nella competizione?*

In questi ultimi anni la condivisione delle informazioni e l'uso massiccio dei *social network* e delle piattaforme digitali hanno fatto sorgere nuove opportunità di business per *start up* innovative, che rendono disponibili prodotti o servizi in tempi molto brevi e con modalità in precedenza impensabili. Le persone, soprattutto nelle grandi città, hanno ritmi di lavoro e abitudini di vita che rendono difficili alcune attività, come fare la spesa, fare shopping o cucinare. Grazie all'intuizione di giovani intraprendenti sono sorte attività di servizi utili a semplificare il soddisfacimento di bisogni nuovi. Sul web sono nate piattaforme digitali che permettono di selezionare prodotti di ogni tipo, alimentari o di abbigliamento, libri o film, e di acquistarli *on line*, vedendoseli consegnare in tempi brevissimi nel luogo indicato.

## NEL MONDO Il cibo in bici

I "riders", o fattorini come vengono chiamati in Italia, sono ragazzi che consegnano in bicicletta il cibo a domicilio nelle grandi città per conto di *Foodora*, società nata nel 2011 e oggi *player* globale di settore, che connette trecentomila ristoranti al mondo con oltre cinquemila persone di staff in 53 Paesi, partendo dalla Germania e arrivando in Corea del Sud, Cina e Sudamerica. *Foodora* vanta già concorrenti agguerriti, come *Deliveroo, Takeaway* o *Just eat* e il settore si sta allargando, tanto che società come *Uber*, impresa di trasporto automobilistico, ha deciso di ampliare il business alle consegne a domicilio.

→ *Quali recenti innovazioni facilitano la condivisione delle informazioni?*
→ *Quali nuove esigenze soddisfano i beni e servizi offerti da Foodora?*

Condividere = ***To share***
Su richiesta = ***On demand***

Si assiste allo spostamento dell'offerta dai prodotti ai servizi, attraverso nuove attività che permettono ai consumatori di accedere alla disponibilità di prodotti utilizzandoli senza acquistarli o di condividere beni di proprietà con altri consumatori che ne facciano richiesta. Tale fenomeno viene chiamato *sharing economy*.

La ***sharing economy*** consente ai privati di condividere beni o servizi, in modo gratuito o a pagamento, attraverso internet.

La ***sharing economy***, termine inglese traducibile con **economia della condivisione**, viene spesso individuata con altre parole come ***peer economy***, economia collaborativa, economia *on demand* o consumo collaborativo. Grazie alla *sharing economy* si possono dare a noleggio o in locazione la propria auto, il proprio appartamento, la propria bicicletta o anche la propria rete *wifi* quando non vengono utilizzati. Gli imprenditori innovativi hanno colto le opportunità offerte da questa tendenza e sono sorte start up dedicate all'offerta di servizi condivisi, come *Uber*, *Airbnb*, *car2go*, *BlaBlaCar*. Nei casi in cui queste nuove forme di business sono gestite da privati che non si preoccupano di regolarizzare la propria attività economica, il rischio di evasione fiscale è molto alto, determinando forme di concorrenza sleale nei confronti di altre imprese tradizionali. Per questo motivo sono allo studio norme per regolare l'imposizione fiscale sui redditi derivanti da queste attività.

## NEL MONDO La *sharing economy* e le imprese tradizionali

La piattaforma digitale *Airbnb* permette ai privati di mettere a disposizione dietro compenso una camera non utilizzata nel proprio appartamento.
*Uber* permette alle persone di accedere al servizio di trasporto fornito da autisti con automobile propria, in alternativa all'uso del taxi.
Il diffondersi di questi fenomeni ha messo in crisi interi settori, come l'alberghiero e i servizi di trasporto, ma anche i produttori di alcuni beni, come per esempio le biciclette o le auto. In molte città, i Comuni stessi mettono a disposizione un servizio di noleggio di biciclette, accessibile con semplicità ai cittadini e ai turisti grazie ad aree di parcheggio distribuite sul territorio e alla possibilità di pagare il noleggio a mezzo smartphone. Molti utenti preferiscono questo servizio alla bicicletta di proprietà, soggetta al rischio di furto sempre più diffuso.

→ *Con quali altri termini viene indicata la* sharing economy*?*
→ *La* sharing economy *riguarda solo le imprese?*

Decentramento produttivo = ***Outsourcing***

Delocalizzazione = ***Offshoring***

Assemblaggio = ***Assembly***

## Come si svolge un processo produttivo su scala internazionale?

Il **processo produttivo** è l'insieme coordinato di tutte le attività e le operazioni necessarie per ottenere il prodotto/servizio da vendere sul mercato con l'obiettivo di ottenere un utile.

Ciascuna impresa organizza il proprio processo produttivo, oltre che in relazione al bene/servizio oggetto della produzione, anche considerando i molteplici cambiamenti che si verificano nell'ambiente.
In passato le imprese italiane sceglievano la **localizzazione** internazionale della parte finale del processo produttivo, vale a dire la vendita dei prodotti finiti nei mercati esteri.
L'attività produttiva in senso stretto, cioè la **trasformazione economico-tecnica**, era svolta accentrando le varie fasi produttive in un'unica sede nel proprio Paese, o affidando singole fasi dell'attività produttiva ad altre imprese del distretto produttivo (**decentramento produttivo** o **sub-fornitura**). Negli anni Ottanta-Novanta del secolo scorso si è diffusa la tendenza a ***delocalizzare*** alcune fasi della lavorazione nei Paesi più poveri aventi un costo della manodopera nettamente inferiore (Paesi dell'Europa orientale e Paesi del Sud-Est asiatico). La **delocalizzazione** si realizza sia affidando la trasformazione a imprese di **sub-fornitori stranieri**, sia investendo in un **insediamento produttivo** di proprietà all'estero. Più recentemente, la tendenza a insediarsi in un Paese estero unicamente per sfruttare i minori costi dei fattori produttivi si riduce e le imprese comprendono che i diversi Paesi offrono opportunità interessanti per le varie fasi del processo produttivo, ognuna delle quali può essere internazionalizzata: dalla ricerca e sviluppo, più avanzata in alcuni Paesi, all'acquisto di materie prime non sempre reperibili sul territorio nazionale, alle specializzazioni produttive dei lavoratori, all'acquisizione di nuovi mercati di sbocco. Le imprese pertanto distribuiscono su scala internazionale le varie fasi del processo produttivo, collocandole in aree geografiche diverse a seconda della possibilità di sfruttare le opportunità offerte dai contesti, coordinando tra loro le attività per massimizzare i risultati.

**Assemblaggio:** fase del processo produttivo in cui le parti componenti vengono unite per realizzare il prodotto finito.

### eSEMPIO Filiera produttiva distribuita a livello internazionale

Un calzaturificio italiano può decidere di distribuire le varie attività produttive in diversi Paesi a seconda della convenienza e delle opportunità offerte. Sapendo che il Vietnam è il quarto produttore mondiale di pellami e di calzature, l'impresa valuta l'opportunità di delocalizzare l'intera produzione in questo Paese. Successivamente decide di:

- approvvigionarsi del pellame in Vietnam;
- affidare la prima parte della produzione a imprese rumene, più vicine territorialmente e più facilmente controllabili, con manodopera preparata e meno costosa rispetto a quella italiana;
- mantenere in Italia l'**assemblaggio**, il controllo qualità del prodotto, il marketing e la gestione finanziaria e amministrativa;
- commercializzare i prodotti in diversi mercati internazionali, in alcuni dei quali può ritenere utile insediarsi con un'unità di vendita o un magazzino per avvicinare i prodotti finiti ai clienti.

Così facendo, l'impresa si dimostra in grado di cogliere gli aspetti positivi di ciascun contesto territoriale e di volgerli a proprio favore.

Attualmente si sta assistendo a un fenomeno di rientro in Italia delle attività produttive di alcune imprese del Made in Italy che non trovano più conveniente produrre all'estero. Tale fenomeno viene definito "*reshoring*" ed è causato dall'aumento sia del costo del petrolio (che incide notevolmente sui costi di trasporto dei prodotti finiti) sia del costo del lavoro nei Paesi asiatici.

L'avvento della cosiddetta **Industria 4.0** su scala globale sta contribuendo ad amplificare il fenomeno del *reshoring*, per ridurre i costi e i tempi della **logistica**, per amplificare l'effetto del "Made in" (in riferimento alla qualità del Made in Italy), per migliorare il sevizio per i clienti, ma soprattutto per la necessità crescente per le imprese di produrre beni su misura, di alta qualità e consegnabili in tempi rapidissimi.

NEL MONDO

## L'Industria 4.0 in Italia

L'Italia ha lanciato il piano ***Industria 4.0*** che prevede una serie di incentivi per le imprese che investono in progetti 4.0: progetti di *automazione industriale*, *internet delle cose*, *analytics*, *sistemi cloud* e *robotica avanzata*, che prendono finalmente piede nel sistema. Le imprese italiane dimostrano di comprendere l'importanza degli investimenti in tecnologie digitali impiegabili nella filiera produttiva per produrre beni e servizi di vario tipo, come per esempio:

- i robot inseriti nei processi produttivi per rendere più veloci le produzioni e ridurne i costi, oltre che migliorare i prodotti finiti (**robotica**);
- i dispositivi per programmare e far funzionare a distanza, tramite *app* sullo smartphone, le cosiddette *smarthouse*, le case intelligenti in cui tutto è automatizzato, dal controllo degli impianti di condizionamento e deumidificazione all'apertura e chiusura di porte e finestre (**internet delle cose**);
- i software che monitorano i comportamenti dei consumatori e rielaborano grandi quantitativi di dati aggregandoli per fornire informazioni utili alle imprese ai fini del marketing (***analytics***).

→ *Che cosa si intende con il termine delocalizzazione?*
→ *Quale fenomeno è stato spinto dall'avvento dell'Industria 4.0?*
→ *Perché l'innovazione tecnologica digitale ha favorito il fenomeno indicato?*

**Industria 4.0:** Termine che indica la quarta rivoluzione industriale, resa possibile dalla disponibilità di sensori e connessioni wireless a basso costo, con un impiego sempre più diffuso di dati e informazioni, di tecnologie computazionali, di nuovi materiali e sistemi totalmente digitalizzati e interconnessi.

**Logistica:** insieme di attività relative al trasporto, al ricevimento, all'immagazzinaggio e alla consegna dei prodotti ai clienti.

## Quali motivi spingono un'impresa a diventare internazionale?

La scelta di sviluppare l'attività aziendale all'estero dipende da motivi esterni e interni all'impresa.

I **motivi esterni** riguardano l'ambiente sociale e competitivo in cui l'impresa stessa opera. Per esempio:

- le caratteristiche dell'**ambiente generale** in cui l'impresa agisce influenzano l'impresa in vario modo. Alcuni territori, come i distretti industriali, sono particolarmente innovativi e favorevoli allo sviluppo di iniziative imprenditoriali legate all'internazionalizzazione. Lo Stato può sostenere l'internazionalizzazione delle imprese oppure, al contrario, può porre regole e vincoli stringenti al punto da spingere le imprese verso ambienti più accoglienti;
- l'**ambiente competitivo** del mercato di origine, in particolare nei Paesi sviluppati, può essere molto agguerrito. In questi casi l'impresa può cercare mercati meno competitivi e regolamentati su cui portare i prodotti;
- l'attuale fase di **crescita ridotta** dei mercati dei Paesi sviluppati può indurre l'impresa a ricercare nuovi mercati in fase di sviluppo all'estero;
- la necessità di imitare i comportamenti delle **imprese rivali** che hanno internazionalizzato, con conseguente aumento di efficienza e competitività, spinge l'impresa a svilupparsi a sua volta per non perdere posizioni e quote di mercato;
- l'acquisto di alcuni **fattori produttivi** può risultare più conveniente all'estero; occorre tuttavia ricordare che fattori produttivi come le materie prime e l'energia non sono reperibili ovunque.

Risorsa energetica = ***Energy resource***
Materia prima = ***Raw material***
Immagine = ***Image***
Volume di vendita = ***Sales volume***

I **motivi interni** che determinano l'internazionalizzazione riguardano alcune situazioni difficili che si possono manifestare e che possono essere superate se l'imprenditore o i suoi collaboratori sono in grado di riconoscere le opportunità offerte da un'alternativa di scelta internazionale. Per esempio:

- il **prodotto/servizio offerto** è stato superato sul mercato interno da prodotti in-

novativi e l'impresa può trovare all'estero mercati con clienti adatti ai suoi prodotti, continuando così a sfruttare le sue tecnologie produttive;
- un **cliente importante** avvia un'iniziativa con una sede stabile all'estero e può essere necessario seguirlo per evitare che trovi un altro fornitore sul nuovo mercato;
- l'**immagine** percepita dal mercato per alcuni prodotti richiede una visibilità sovranazionale, per cui è fondamentale distinguersi dalla concorrenza ed essere presenti in alcuni mercati strategici.

NEL MONDO

## Motivi esterni e interni per andare all'estero

Alcuni **motivi esterni** possono spingere un'impresa di produzione di arredamento a delocalizzare la prima fase produttiva in Sudafrica o in Lituania, territori ad alta concentrazione di boschi, per approvvigionarsi a condizioni favorevoli della materia prima (legno) o per avviare una collaborazione con partner stranieri e realizzare semilavorati a costi più bassi. Inoltre, in alcuni Paesi la normativa permette alle imprese di insediarsi velocemente, a differenza dell'Italia, dove la rigidità della burocrazia spesso frena lo sviluppo imprenditoriale.

Alcuni **motivi interni** possono spingere un'impresa di prodotti esclusivi e costosi, come l'abbigliamento d'alta moda, a internazionalizzare. Essa, infatti, non può vendere solo sul mercato nazionale, considerato troppo piccolo, ma deve individuare dei mercati esteri in cui siano presenti consumatori con notevoli disponibilità finanziarie, in cui commercializzare i propri capi aumentando così il volume delle vendite. Quest'impresa può inoltre decidere di essere presente nelle capitali internazionali più importanti con negozi monomarca. Tali negozi, benché economicamente costosi e poco redditizi, consentono all'impresa di rinforzare l'immagine della propria griffe presso il potenziale cliente, che associa la presenza del negozio con la notorietà e l'importanza del marchio.

→ *Quali sono i principali motivi esterni che spingono un'impresa a diventare internazionale?*
→ *Perché le imprese della moda hanno l'esigenza di cercare mercati internazionali?*

PROVA TU

test interattivi nel libro digitale

**CONOSCENZE** Caratteristiche dell'ambiente nazionale e internazionale esterno all'azienda • scelte imprenditoriali • processo produttivo • localizzazione-delocalizzazione-rilocalizzazione • motivi di sviluppo internazionale dell'impresa.

**ABILITÀ** Collegare le scelte aziendali all'ambiente esterno • individuare le caratteristiche di ciascun processo produttivo • riconoscere i fattori che determinano le scelte di internazionalizzazione • individuare le nuove opportunità per le imprese innovative.

**1** Indica con una crocetta la risposta esatta (alcuni quesiti possono avere più risposte esatte).

**1.** Costituiscono decisioni strategiche quelle riguardanti:
- a *la fascia di clientela da servire*
- b *il prezzo a cui vendere i prodotti/servizi*
- c *la localizzazione delle produzioni*
- d *i lavoratori dipendenti da assumere*

**2.** Il mercato di sbocco:
- a *è formato dalle imprese fornitrici*
- b *fa parte dell'ambiente esterno*
- c *è il luogo dove l'impresa vende i propri prodotti/servizi*
- d *può essere nazionale e internazionale*

**3.** Sui mercati internazionali i possibili clienti:
- a *hanno sempre qualche caratteristica in comune*
- b *sono sempre diversi a seconda dei Paesi*
- c *possono avere caratteristiche comuni*
- d *sono uguali ai clienti del mercato interno*

**4.** Rappresentano elementi che influenzano le scelte di un'impresa internazionale:
- a *il mercato, la produzione e le persone*
- b *le risorse, le persone e i fattori produttivi*
- c *i concorrenti e i competitor*
- d *i concorrenti e le risorse*

5. I concorrenti di un'impresa internazionale:
   a *adottano le stesse strategie dei concorrenti locali*
   b *sono sempre di dimensioni maggiori*
   c *sono spesso di dimensioni minori*
   d *possono adottare strategie competitive diverse*

6. La delocalizzazione nei Paesi del Sud del mondo è effettuata principalmente:
   a *per risparmiare sul costo del lavoro*
   b *per internazionalizzare le produzioni*
   c *per sfruttare le infrastrutture presenti*
   d *per sfruttare legislazioni spesso più permissive*

7. Attraverso il reshoring, le imprese:
   a *trasferiscono le produzioni nei Paesi extra UE*
   b *verticalizzano il processo produttivo*
   c *localizzano il processo produttivo nei distretti*
   d *riportano le produzioni nei luoghi di origine*

8. La rilocalizzazione è generalmente effettuata per:
   a *risparmiare sul costo del lavoro*
   b *penetrare in nuovi mercati internazionali*
   c *sfruttare la notorietà del Made in Italy*
   d *offrire ai clienti un servizio migliore*

9. La *sharing economy*:
   a *permette ai privati di vendere beni on line*
   b *è diffusa nei Paesi più poveri perché consente di ottenere notevoli risparmi*
   c *riguarda i beni ma non i servizi*
   d *prevede la possibilità di condividere l'uso di beni di proprietà*

10. L'industria 4.0:
   a *non è ancora presente in Italia*
   b *riguarda l'innovazione nei processi produttivi*
   c *è adatta solo alle imprese di maggiori dimensioni*
   d *permette di ridurre i costi di produzione*

**2** Analizza la situazione operativa e rispondi alle domande.

Funny Sport spa e Modaitalia srl operano entrambe nel settore della produzione di abbigliamento sportivo. Funny Sport spa è dotata di stabilimenti all'avanguardia e realizza al proprio interno tutte le fasi del processo produttivo, mentre Modaitalia srl affida le lavorazioni di parti componenti il prodotto finito a una rete di piccole imprese artigianali che producono per suo conto. Funny Sport spa sostiene costi per l'acquisto di materie prime, per l'utilizzo dei macchinari impiegati nel processo produttivo, per le retribuzioni agli operai e al responsabile della produzione; inoltre essa deve tener conto dei rischi interni di produzione (unità difettose, sprechi di materie ecc.). Modaitalia srl sostiene invece costi per la selezione delle imprese artigianali fornitrici, l'emissione degli ordini e il controllo di qualità dei semilavorati (parti componenti il prodotto finito) acquistati dalle imprese fornitrici esterne; essa deve inoltre sostenere costi per le retribuzioni degli addetti all'assemblaggio delle parti componenti.

1. Quale delle due aziende realizza il processo produttivo verticalizzato e quale in outsourcing?

   ..................................................

2. Quali sono le differenze tra le due modalità di svolgimento del processo produttivo?

   ..................................................

3. Quali sono i principali costi di produzione sostenuti dalla Funny Sport spa?

   ..................................................

4. Quali sono i principali costi di produzione sostenuti dalla Modaitalia srl?

   ..................................................

**3** Indica se i motivi di internazionalizzazione riportati nella prima colonna sono esterni o interni all'impresa.

| Motivi di internazionalizzazione | Esterni | Interni |
|---|---|---|
| Evitare una concorrenza nazionale agguerrita. | | |
| Fronteggiare la stagnazione del mercato interno. | | |
| Approvvigionarsi di materie prime di difficile reperimento. | | |
| Ampliare i volumi di vendita. | | |
| Sfruttare il costo della manodopera inferiore. | | |
| Evitare vincoli giuridici e burocratici presenti nel Paese di origine. | | |
| Mantenere elevato il livello dell'immagine del prodotto. | | |
| Seguire un cliente nel suo percorso internazionale. | | |

**Lezione 3**

# L'organizzazione aziendale

Efficacia = *Effectiveness*
Efficienza = *Efficiency*

## Perché le attività aziendali devono essere organizzate?

Per realizzare il processo produttivo non è sufficiente avere i beni materiali necessari (per esempio i macchinari, le materie da trasformare in prodotto finito) e le persone disposte a lavorare nell'azienda. Per svolgere con **efficacia** ed **efficienza** le produzioni occorre definire:

- le funzioni da attivare e gli organi a cui assegnarle;
- i compiti da attribuire a ciascun individuo (che cosa ciascun lavoratore deve fare) e le relative responsabilità;
- come posizionare e utilizzare i beni all'interno degli spazi aziendali;
- come comunicare, ossia con quali modalità e strumenti far circolare le informazioni all'interno dell'azienda.

Tali decisioni sono proprie dell'organizzazione.

**Efficacia:** capacità di raggiungere l'obiettivo. La produzione è efficace quando ha le caratteristiche desiderate.

**Efficienza:** impiego ottimale dei fattori produttivi affinché possa essere conseguito il risultato desiderato con minori costi.

**Ruolo:** comportamento (l'azione) che una persona esercita su altri, per esempio il ruolo di un insegnante è quello di rendere istruiti (educare) gli studenti.

L'**organizzazione** stabilisce le funzioni, studia la predisposizione e analizza le combinazioni economicamente più convenienti delle risorse (lavoro e beni) disponibili.

L'organizzazione si deve occupare sia delle modalità di utilizzo dei beni materiali (organizzazione tecnica) sia delle risorse umane (organizzazione del lavoro).
L'azienda è una comunità di persone che devono lavorare insieme: il compito principale dell'organizzazione consiste nel coordinare i **rapporti** tra le persone (i **ruoli**) al fine di favorire la loro integrazione nell'ambiente lavorativo.

## Che cosa sono le funzioni aziendali?

Il primo passo per creare un'organizzazione consiste nel dividere le attività che l'impresa deve compiere in gruppi omogenei. Ciascun aggregato costituisce una funzione aziendale.

Una **funzione aziendale** è un insieme di attività finalizzate al raggiungimento di obiettivi comuni e riguardanti lo stesso oggetto operativo.

Le funzioni aziendali si possono suddividere in **funzioni primarie** e **funzioni di supporto**.

**CATENA DEL VALORE**

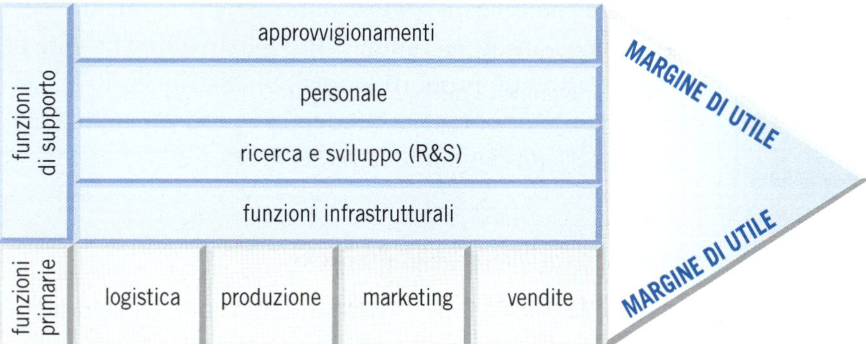


**Catena del valore:** modello che permette di rappresentare in modo schematico la struttura di una organizzazione come un insieme limitato di funzioni.

| | Funzioni primarie |
|---|---|
| **Logistica** | Collega tra loro le fasi della gestione aziendale, dall'acquisizione dei fattori produttivi al processo di trasformazione economico-tecnica, alla vendita dei beni e servizi prodotti. Comprende sia le attività di ricevimento, stoccaggio e passaggio alla produzione delle materie (*logistica in entrata*) sia le attività riguardanti il magazzinaggio dei prodotti e la loro distribuzione ai clienti (*logistica in uscita*). |
| **Produzione** | Organizza e coordina i fattori produttivi per realizzare il processo di trasformazione economico-tecnica che avviene all'interno dell'azienda. |
| **Marketing** | Studia il mercato per analizzare le preferenze dei consumatori e determinare le politiche di vendita che possono rendere i prodotti interessanti per i clienti (campagne pubblicitarie, sponsorizzazioni di eventi sportivi e culturali, promozioni ecc.). La funzione marketing orienta le decisioni relative ai beni/servizi da produrre al fine di aumentare le vendite. |
| **Vendite** | Si occupa dei problemi connessi alla **commercializzazione** e alla **distribuzione** dei beni/servizi offerti. È strettamente collegata al marketing. |
| | **Funzioni di supporto** |
| **Approvvigionamenti** | Si occupa di tutte le operazioni che permettono all'azienda di procurarsi i beni e i servizi necessari allo svolgimento della sua attività, dalle materie prime e dai semilavorati fino ai beni strumentali, come impianti, fabbricati, macchinari ecc. |
| **Personale** | Comprende tutte le attività che interessano i rapporti con i lavoratori dipendenti, dal momento della loro assunzione fino allo scioglimento del rapporto di lavoro a seguito di dimissioni, licenziamento o pensionamento. |
| **Ricerca e sviluppo (R&S)** | Cura la progettazione, la sperimentazione e la realizzazione di nuovi prodotti e di nuove tecniche di produzione. |
| **Funzioni infrastrutturali** | Comprendono le attività di direzione generale, amministrazione e finanza. |

**Commercializzazione:** deriva da "commercio" e indica l'attività necessaria per vendere un prodotto/servizio.

**Distribuzione:** riguarda le attività necessarie per far giungere il prodotto/servizio al consumatore finale.

**Casa madre:** sede centrale dell'impresa (detta anche quartiere generale) collocata nel Paese di origine, presso cui sono accentrate alcune funzioni decisionali strategiche, come la Direzione generale e la funzione Finanza.

**Nicchia di mercato:** segmento di mercato molto piccolo.

## Quali funzioni aziendali possono essere internazionalizzate?

Tutte le funzioni aziendali in teoria possono essere trasferite all'estero. In pratica ogni impresa deve valutare quali attività sia conveniente internazionalizzare senza compromettere l'organizzazione aziendale e mantenendo il **coordinamento** con le attività accentrate presso la sede principale. Le realtà economiche internazionali offrono infatti opportunità diverse che possono essere sfruttate per migliorare le fasi produttive o aumentare le vendite; risulta in tal modo possibile collocare le varie attività in diversi Paesi, per esempio, la funzione Approvvigionamento può essere situata in un Paese in cui la qualità della materia prima è migliore, la funzione Produzione può trovarsi in un Paese dove il costo della manodopera è più basso oppure dove il personale è altamente specializzato. La Direzione generale e la Finanza sono solitamente accentrate presso la **casa madre**.

Alcune imprese italiane, per affrontare la competizione internazionale, si sono organizzate distribuendo le fasi del processo produttivo a livello internazionale, in modo da cogliere da ogni territorio le opportunità che esso può offrire. Sono chiamate "**multinazionali tascabili**", perché abbinano il carattere multinazionale a una dimensione non grande. Il modello risulta vincente nei casi in cui permette di crescere offrendo prodotti innovativi, distribuendo le fasi del processo produttivo nei Paesi più opportuni e vendendo i prodotti sul mercato globale, spesso in **nicchie di mercato** raggiunte in molti Paesi.

Coordinamento = ***Coordination***

Casa madre = ***Headquarter***

Mercato globale = ***Global market***

Nicchia di mercato = ***Market niche***

## Quali sono gli organi aziendali?

Definite le funzioni da avviare all'interno dell'azienda, occorre individuare i soggetti a cui affidare le attività a esse corrispondenti.

Vertice strategico = ***Top management***

Linea intermedia = ***Middle management***

Nucleo operativo = ***Operations personnel***

Un **organo aziendale** (o **unità organizzativa**) è formato da una o più persone a cui è affidata l'esecuzione di determinate funzioni, sono concessi determinati poteri decisionali e sono attribuite specifiche responsabilità.

In un'impresa possiamo distinguere tre categorie di organi:

- il **vertice strategico** (**organo volitivo**), dotato dei massimi poteri decisionali; è formato dai soggetti che stabiliscono gli obiettivi di massimo livello e la strategia da utilizzare; sono responsabili dell'intera organizzazione. Nelle imprese individuali il vertice strategico coincide con l'imprenditore (unico proprietario); nelle società è invece costituito dai soci e dai soggetti che hanno il compito di amministrare l'azienda (*organo di amministrazione*);
- la **linea intermedia** (**organi direttivi**), dotata dei poteri decisionali conferiti dal vertice strategico; è formata dai dirigenti (*manager*) responsabili di funzione; i direttori di funzione hanno il compito di attuare le linee strategiche e di assumere le decisioni inerenti alle **scelte tattiche** di gestione;
- il **nucleo operativo** (**organi esecutivi**), formato dai dipendenti che eseguono le decisioni degli organi direttivi e si occupano materialmente delle attività operative di gestione.

**Scelte tattiche:** decisioni relative alle modalità di attuazione degli obiettivi strategici (per esempio le decisioni inerenti gli investimenti necessari per realizzare un determinato prodotto/servizio). Si collocano "a metà strada" tra le decisioni strategiche e quelle operative (di basso livello).

**Scala gerarchica:** articolazione per livelli di potere e di responsabilità. Ai massimi livelli si ha il direttore generale, via, via scendendo la scala il vice direttore generale, i direttori di ciascuna funzione o divisione ecc.

Nelle aziende di medio-grandi dimensioni possono essere presenti anche gli **organi di staff** che affiancano gli organi direttivi fornendo consulenze sulle principali decisioni. Per esempio, sono organi di staff gli esperti della produzione che danno consigli circa le modalità con cui aumentare l'efficienza del processo produttivo, gli esperti di sistemi comunicativi che hanno il compito di offrire consulenze per migliorare le comunicazioni interne ed esterne all'impresa.
La **scala gerarchica** presenta una forma *triangolare*, in quanto tradizionalmente esiste un vertice ristretto costituito da poche persone con qualifiche elevate e una base ampia con numerose persone che svolgono compiti esecutivi. Nelle aziende moderne però non vi è più una netta distinzione tra attività direttive e attività esecutive, in quanto ciascuna unità operativa si occupa non solo di attività meramente esecutive, ma ha anche il compito di assumere decisioni, risolvere problemi e controllare i risultati del lavoro svolto.

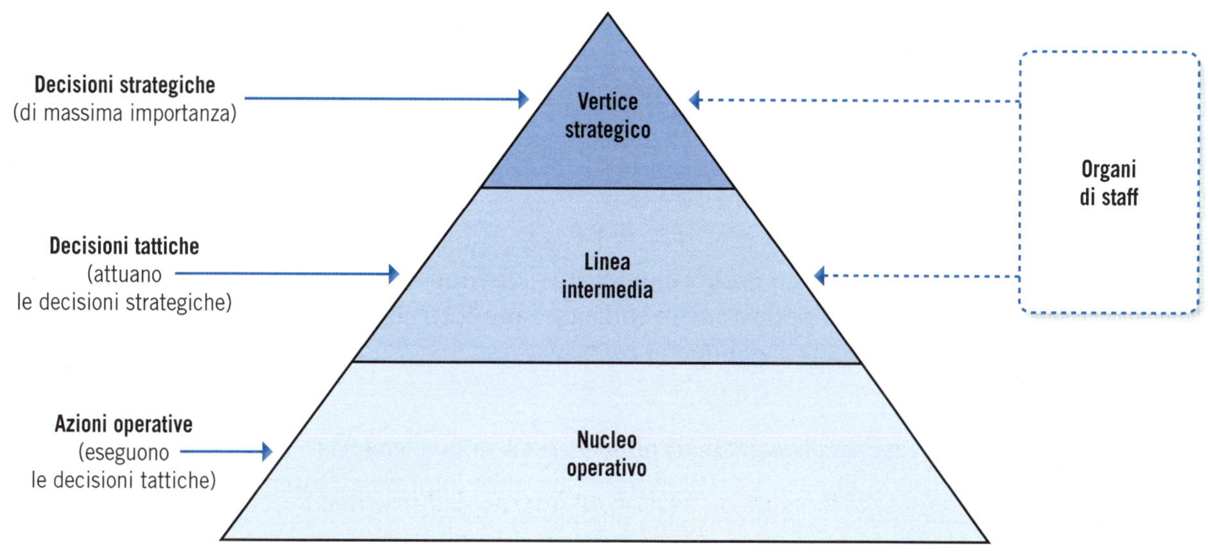

**Modalità:** soluzione organizzativa che permette di collocare una o più attività della filiera produttiva nel Paese prescelto.

**Strategia:** sistema di scelte e di azioni che consente all'impresa di sopravvivere e svilupparsi nel mercato selezionato, raggiungendo e mantenendo obiettivi di equilibrio economico, finanziario e patrimoniale.

**Barriere all'ingresso:** ostacoli di varia natura all'ingresso dell'impresa nel Paese estero. Si può trattare di barriere naturali, come le condizioni climatiche o geologiche del territorio, di barriere competitive nel caso di concorrenti molto agguerriti, oppure artificiali, quando i governi limitano l'ingresso delle imprese straniere e/o dei loro prodotti nel territorio dello Stato, attraverso dazi doganali o richieste di certificazioni dei prodotti.

## Come si può organizzare un'impresa internazionale?

Un'impresa internazionale si organizza secondo **modalità** diverse a seconda delle **strategie** che ha adottato.

Prima di individuare la **modalità organizzativa** più idonea per internazionalizzare, l'impresa deve scegliere il Paese adatto all'iniziativa, considerando il **tipo di attività** che intende realizzare e la **collaborazione con imprese estere**, nel caso in cui decida di non affrontare lo sviluppo internazionale da sola. La scelta dei Paesi in cui operare deve essere fondata su informazioni attendibili in relazione all'**attrattività** del Paese, esaminando elementi come gli equilibri socio-politici, le dimensioni e le caratteristiche della domanda, le possibilità che il prodotto sia gradito. Inoltre, l'impresa deve valutare l'**accessibilità** del Paese, analizzando le eventuali **barriere all'ingresso**, quali una concorrenza agguerrita o elevati dazi doganali.

Una volta definito il problema, l'impresa può scegliere una delle seguenti soluzioni organizzative:

- esportazione indiretta;
- esportazione diretta;
- accordi di collaborazione interaziendale;
- investimenti diretti esteri.

Attraverso l'**esportazione** l'impresa colloca sui mercati esteri i prodotti realizzati nel Paese d'origine.

È una modalità organizzativa preferita dalle imprese di piccole dimensioni; viene definita *home based* in quanto l'attività produttiva rimane nel Paese d'origine.

L'esportazione può essere diretta o indiretta. Con l'**esportazione indiretta** l'impresa vende all'estero avvalendosi di soggetti del suo stesso Paese. L'**esportazione diretta** è invece effettuata direttamente dall'impresa, eventualmente supportata da soggetti presenti nel Paese di destinazione.

| Esportazione indiretta | Esportazione diretta |
|---|---|
| L'impresa assume rischi limitati e non gestisce la vendita all'estero. Una volta affidato il prodotto al partner l'impresa perde il controllo dell'operazione. | L'impresa gestisce la vendita all'estero. I rischi sono maggiori ma vi è un maggior contatto diretto. È una soluzione organizzativa adatta nei casi di prodotti specializzati che richiedono servizi post-vendita. |
| Si attua con la collaborazione di imprese italiane che si incaricano di portare i prodotti all'estero. | Si attua portando direttamente i prodotti all'estero, con l'eventuale collaborazione di partner nel Paese di destinazione. |
| Le imprese partner possono essere:<br>• società specializzate come le **trading company**;<br>• strutture che aggregano piccole imprese per rendere conveniente la vendita all'estero, come i consorzi per l'esportazione;<br>• professionisti che svolgono attività di intermediazione tra acquirenti esteri e l'impresa italiana che vuole esportare, come i *buyer*. | All'estero l'impresa può essere presente direttamente sul mercato attraverso:<br>• uffici di rappresentanza;<br>• agenti di commercio;<br>• filiali di vendita;<br>• iniziative di commercio elettronico.<br>Può inoltre affidare le vendite a imprese partner estere (importatori o *dealer*), spesso rappresentate da grossisti di grandi dimensioni. |

**Trading company:** impresa specializzata nel commercio internazionale; acquista i prodotti sul mercato interno e successivamente li rivende sui mercati internazionali, assumendosi i rischi derivanti dall'operazione commerciale. Svolge anche altre funzioni, quali la collaborazione per l'introduzione del prodotto nel mercato estero e la valutazione della fattibilità e convenienza del progetto di internazionalizzazione.

Attraverso gli **accordi di collaborazione interaziendale** (o **accordi strategici**) l'impresa si impegna a collaborare con altre imprese all'estero per raggiungere risultati che portino benefici alle parti coinvolte.

Questi accordi permettono all'impresa di realizzare attività che difficilmente potrebbe svolgere da sola, di tipo commerciale e/o produttivo, con partner collocati in altri Paesi. I vantaggi della *partnership* sono rappresentati in particolare dai risparmi che si conseguono rispetto allo svolgimento dell'attività in prima persona, mentre gli svantaggi possono riguardare la perdita di controllo sull'operazione o la minore qualità nell'esecuzione dell'attività.

**Know how:** insieme di conoscenze e abilità che portano a saper svolgere una determinata attività produttiva.

**Royalty:** compenso, di solito espresso come percentuale sul valore dei beni oggetto dell'accordo, per lo sfruttamento di un brevetto o di una proprietà intellettuale.

| Principali tipologie di accordi di collaborazione interaziendale | |
|---|---|
| **Contratto di *licencing* (Accordo produttivo e/o commerciale)** | L'impresa licenziante concede a un'impresa del Paese estero, detta licenziataria, il diritto di utilizzare un ***know how*** o una specifica tecnologia per fabbricare un prodotto ed eventualmente commercializzarlo con il marchio del licenziante, in cambio del pagamento di un compenso (***royalty***). |
| **Contratto di *franchising* (Accordo commerciale)** | L'impresa *franchisor* cede all'impresa *franchisee* l'uso della propria formula organizzativa e commerciale, compreso il diritto di avvalersi del suo *know how*, del marchio e delle insegne dietro il versamento di un compenso costituito da un diritto d'ingresso e/o da royalties. |
| **Contratto *joint venture* (Accordo produttivo e/o commerciale)** | Gli accordi di ***joint venture*** possono essere legati alla conclusione di un singolo affare (*joint venture* contrattuale) oppure può trattarsi di una *joint venture* societaria (*equity joint venture*).<br>In quest'ultimo caso si costituisce una nuova società, detta *newco* (*new company*), tra la società che vuole internazionalizzare e una società del Paese obiettivo dell'iniziativa. La nuova società è destinata allo svolgimento di un'attività produttiva/commerciale sotto il controllo di entrambe le società (*parent companies*), ognuna delle quali offre un contributo sostanziale al successo dell'iniziativa. |

L'**investimento diretto estero** (**IDE**) consente all'impresa di effettuare in modo autonomo un *insediamento produttivo*.

Rispetto alle altre scelte organizzative, un investimento diretto espone l'impresa a rischi di varia natura (politici, economici, commerciali ecc.) e richiede un impegno finanziario iniziale particolarmente elevato, il sostenimento di costi di gestione continuativi e la disponibilità di personale qualificato.
L'IDE può essere realizzato sia attraverso un **investimento *greenfield*** (con la costruzione di una sede nuova) sia con l'**acquisizione** di un'impresa funzionante.

**Perché realizzare un IDE**

- Realizzare una **presenza diretta** in mercati dove l'impresa è già presente con altre modalità organizzative (esportazione o accordi strategici) con la possibilità di fornire ai clienti una serie di servizi accessori alla vendita (assistenza, consulenza, manutenzione, ricambi di parti componenti e altro).
- Cogliere le opportunità offerte dallo Stato estero, che può offrire agevolazioni burocratiche, fiscali o finanziarie, oppure concedere terreni e aree industriali attrezzate a costi contenuti, per attrarre nuovi investimenti nel proprio Paese.
- Seguire nei Paesi esteri clienti importanti con cui l'impresa ha stretto stabili rapporti di fornitura, per continuare a servirli direttamente.
- Ottenere vantaggi dai minori costi dei fattori produttivi, in particolare delle materie prime e della manodopera, avvicinandosi con la struttura produttiva al Paese di acquisizione delle risorse.

**Mansione:** insieme di compiti lavorativi (manuali o intellettuali) che ciascuna persona deve svolgere. Per esempio la mansione di un addetto alla segreteria può consistere nei seguenti compiti: rispondere al telefono, programmare appuntamenti, fare fotocopie ecc.

**Cultura organizzativa:** idee, valori e convinzioni personali dei soggetti che predispongono la struttura organizzativa.

## Quali tipologie di strutture organizzative possono essere scelte dalle imprese?

La **struttura organizzativa** di un'azienda consente di individuare i criteri di divisione del lavoro, le **mansioni** e le responsabilità di ciascun individuo o unità organizzativa e l'insieme dei collegamenti tra le posizioni aziendali.

Si possono avere differenti strutture organizzative a seconda delle modalità con cui vengono suddivisi i compiti e coordinati i rapporti tra le persone. Non esiste una struttura organizzativa valida in assoluto, per sempre e per tutte le imprese; ciascuna impresa utilizza il modello che ritiene più adatto in relazione alle proprie dimensioni, ai mercati in cui opera, alla **cultura organizzativa** della direzione generale ecc. Inoltre, a seconda dell'evoluzione del contesto esterno, la struttura organizzativa può subire cambiamenti e, nel corso della propria vita, l'impresa può passare da un modello organizzativo a un altro.
I principali modelli organizzativi sono:
- la struttura elementare;
- la struttura funzionale;
- la struttura divisionale;
- la struttura a matrice.

La **struttura elementare** è adatta alle aziende di piccole dimensioni, che hanno un numero limitato di dipendenti e operano in mercati non particolarmente vasti. In queste aziende una sola persona (l'imprenditore nel caso di imprese individuali) o poche persone (i soci di una società di persone) sono in grado di assumere tutte le decisioni inerenti all'attività aziendale, accentrando il potere nelle proprie mani.
Nella scala gerarchica sono presenti due soli livelli:
- il responsabile aziendale (imprenditore o soci);
- le unità operative (impiegati e operai).

| **Struttura elementare** | |
|---|---|
| **Punti di forza** | **Punti di debolezza** |
| Definisce in modo chiaro i compiti e le responsabilità degli organi aziendali. | Richiede la presenza di un responsabile aziendale con competenze molto ampie (marketing, produzione, logistica, approvvigionamenti ecc.). |
| Facilita il controllo e la corretta esecuzione dei compiti assegnati a ciascun individuo. | Il modello gerarchico provoca lentezza nelle decisioni: ogni scelta deve essere infatti approvata dal vertice strategico. |

La **struttura funzionale** è tipica delle aziende di medie dimensioni che operano in contesti ambientali non particolarmente complessi. È caratterizzata dalla presenza di organi della linea intermedia (direttori di funzione) ai quali il vertice strategico ha delegato lo svolgimento delle attività comprese nelle funzioni di cui sono titolari. Per le imprese che svolgono all'estero singole attività, la **struttura funzionale a internazionalizzazione diffusa** rappresenta la soluzione più semplice e permette alla **casa madre** di tenere accentrati il controllo e il potere decisionale.

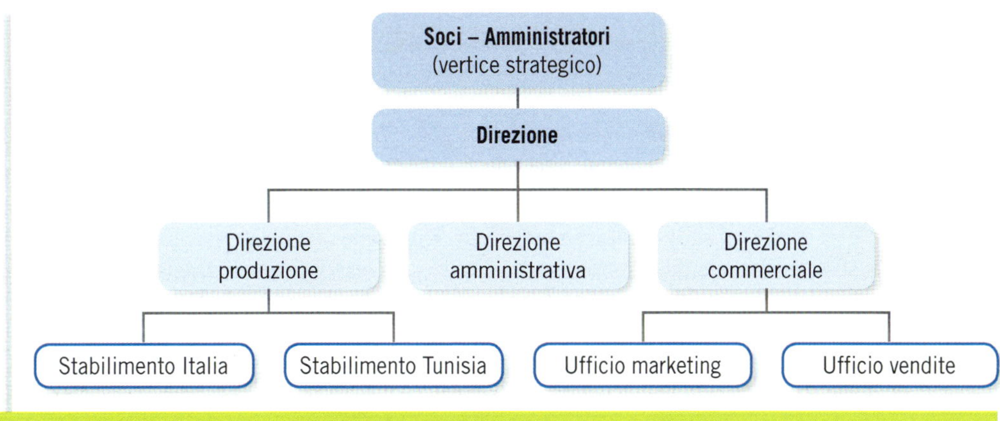


| **STRUTTURA FUNZIONALE** | |
|---|---|
| **PUNTI DI FORZA** | **PUNTI DI DEBOLEZZA** |
| Definisce in modo chiaro i compiti e le responsabilità degli organi aziendali. | La presenza di organi diversi che possono impartire disposizioni a una stessa persona o a uno stesso ufficio può determinare:<br>• il sorgere di conflitti di competenza;<br>• la difficoltà a mantenere una direzione unitaria. |
| Presenta un'impostazione più moderna rispetto alla struttura elementare in quanto è basata sulla specializzazione dei compiti e delle responsabilità dei direttori delle varie funzioni. | |

La **struttura divisionale** trova generalmente applicazione nelle aziende di grandi dimensioni che operano in più aree geografiche, con più stabilimenti di produzione o con diverse linee di prodotti. Tale struttura può essere articolata su due livelli:

- a un primo livello si indicano le divisioni che possono corrispondere a linee di prodotti, ad aree geografiche, a fasce di clientela, a specifici progetti da realizzare ecc.;
- a un secondo livello, ciascuna divisione è articolata in funzioni.

Ogni divisione è dotata di propria autonomia decisionale e deve raggiungere propri obiettivi di vendita; le divisioni sono quindi strutture quasi a se stanti che progettano, realizzano e commercializzano proprie linee di prodotti e sviluppano le attività nelle proprie aree di vendita.

Alcune grandi imprese internazionali possono prevedere una divisione specifica che si occupa dell'intera attività internazionale, gestita da un manager a cui sono assegnate ampie responsabilità, oppure un numero di divisioni corrispondente al numero di aree geografiche coinvolte.

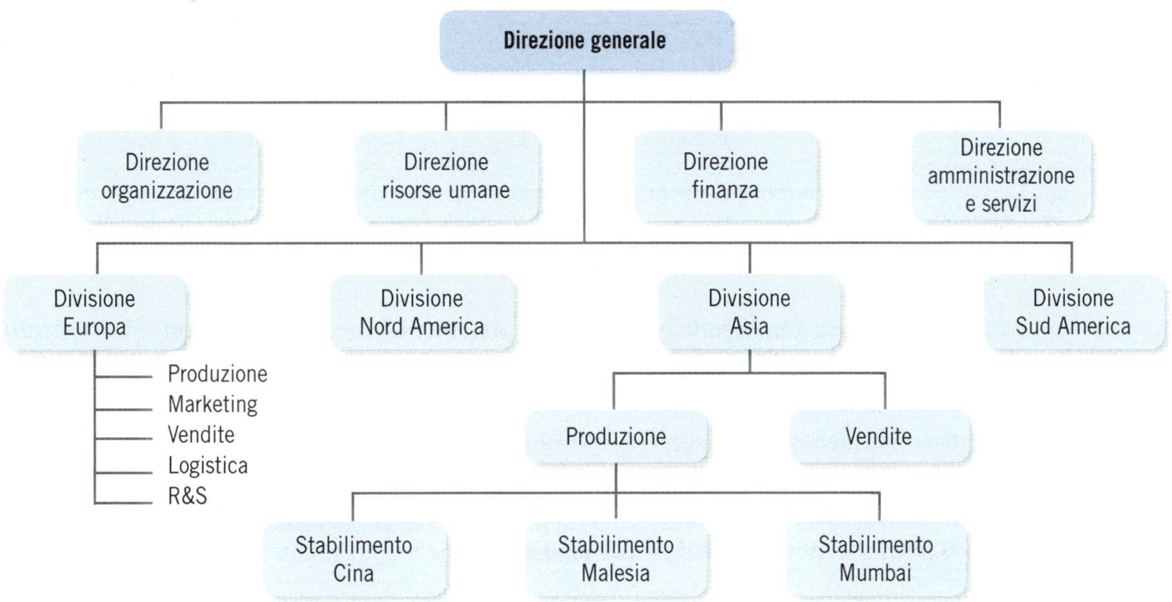

| Struttura divisionale | |
|---|---|
| **Punti di forza** | **Punti di debolezza** |
| Si adatta alle aziende di grandi dimensioni caratterizzate da una diversificazione per linee di prodotti, presenti in aree geografiche diverse o che servono segmenti di clientela differenti. | Determina una duplicazione di posizioni organizzative che svolgono uguali funzioni e che hanno le medesime competenze. |
| Favorisce la specializzazione dei direttori responsabili di divisione. | I responsabili di divisione possono essere portati a privilegiare il proprio settore perdendo di vista l'unitarietà aziendale. |
| Permette al vertice strategico di concentrarsi sullo sviluppo dell'azienda, in quanto le decisioni operative sono assunte dai singoli responsabili di divisione. | |

La **struttura a matrice** è tipica delle imprese internazionali con sedi stabili in un numero significativo di aree geografiche e aree di business. Tale struttura unisce gli elementi dell'organizzazione divisionale con gli elementi dell'organizzazione funzionale. Per esempio nell'organigramma sotto riportato si hanno in senso orizzontale le divisioni, mentre in senso verticale le responsabilità degli organi aziendali sono attribuiti in base alle funzioni loro assegnate.
Per esempio, come si osserva nell'organigramma, un'impresa può avere più sedi produttive collocate in tre diverse macro-aree geografiche, in ognuna delle quali vengono svolte una o più fasi del processo produttivo.

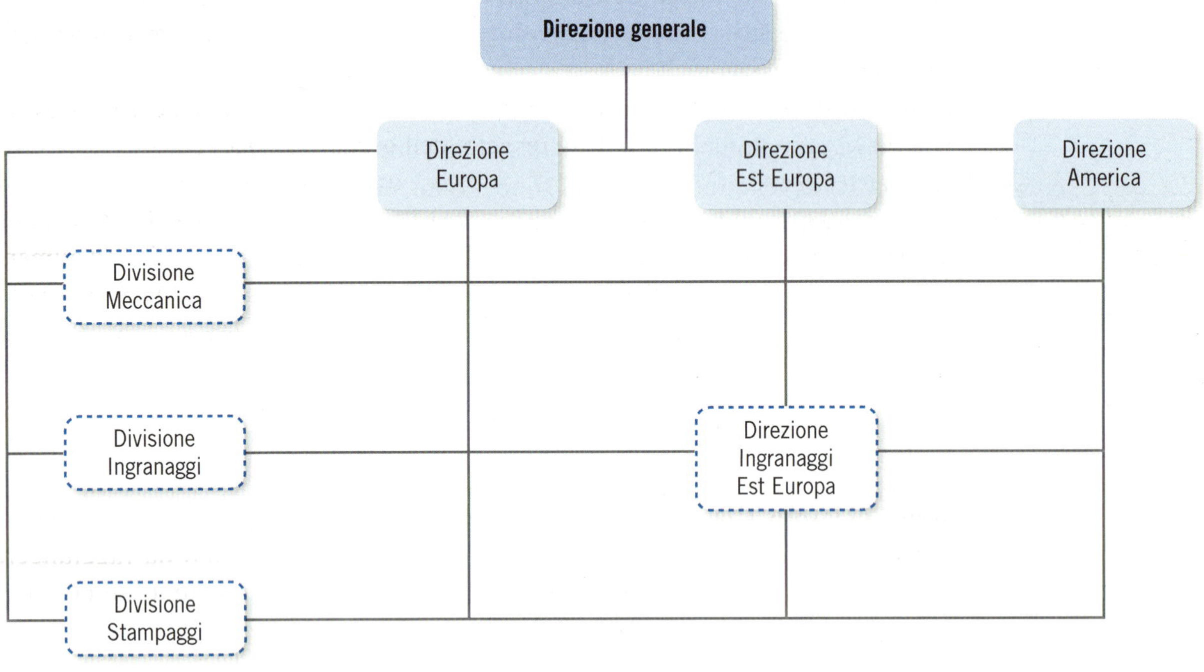


| Struttura a matrice | |
|---|---|
| **Punti di forza** | **Punti di debolezza** |
| Permette un utilizzo più razionale delle risorse rispetto al modello divisionale. | Si possono creare conflitti di competenza; tale inconveniente può tuttavia essere superato con riunioni collegiali di coordinamento tra i responsabili di funzione e i responsabili di prodotto, dell'area geografica ecc. |
| Consente di perseguire contemporaneamente la specializzazione funzionale e il raggiungimento degli obiettivi specifici di prodotto, mercato ecc. | |

NEL MONDO

## L'organizzazione delle imprese del settore farmaceutico

Le farmacie sono imprese commerciali che vendono farmaci e prodotti di vario tipo: articoli sanitari, omeopatici, di erboristeria, cosmetici, veterinari e alimenti senza glutine. L'organizzazione di queste imprese è di solito di tipo elementare e gli organi aziendali sono rappresentati dal vertice strategico (il farmacista che gestisce l'impresa) e dal nucleo operativo (i dipendenti: eventuali altri farmacisti, commessi e il magazziniere).
Le imprese farmaceutiche sono invece imprese industriali che si occupano di ricercare e sviluppare nuovi farmaci, di produrli e venderli sul mercato. L'organizzazione è diversa a seconda dell'area geografica in cui l'impresa si sviluppa, della normativa del Paese in cui ha sede e delle dimensioni. La struttura organizzativa è più complessa e assume di solito la forma divisionale internazionale, con la casa madre che si occupa di coordinare le attività e prendere le decisioni strategiche, mentre le divisioni sono filiali distribuite nei singoli Paesi, con funzioni aziendali proprie: ricerca e sviluppo, produzione, risorse umane, marketing, vendite, amministrazione.

→ *Costruisci un organigramma che rappresenti la struttura organizzativa di una farmacia e uno che rappresenti la struttura di un'impresa farmaceutica.*

## Che cos'è la *lean organization*?

Attualmente la competitività dei mercati e il progresso fatto registrare nell'ambito delle tecnologie di comunicazione (ICT) hanno comportato un'evoluzione delle strutture organizzative.
Molte imprese, soprattutto quelle che operano in settori tecnologicamente avanzati, utilizzano modelli basati sui principi dell'**organizzazione snella** (*lean organization*), spostando l'attenzione dalle funzioni aziendali ai **processi**.

**Processo:** sequenza di attività, anche di diversa natura, tra loro connesse al fine di ottenere un risultato finale (prodotto/servizio) destinato a soggetti interni o esterni.

La *lean organization* è un modello organizzativo nato in Giappone, fondato su un insieme di metodi e tecniche di gestione dei processi operativi che mira ad aumentare il valore dei prodotti/servizi percepito dal cliente finale e a ridurre sistematicamente gli sprechi (lavori inutili, eccesso di scorte in magazzino, tempi di attesa troppo lunghi ecc.).
La struttura organizzativa snella è caratterizzata da un limitato numero di livelli gerarchici e dalla suddivisione del sistema produttivo in sottosistemi che costituiscono unità organizzative elementari nelle quali si lavora in *team*, formando **gruppi di lavoro**. Ciascun gruppo di lavoro è dotato di una propria *autonomia decisionale* a cui corrispondono precise responsabilità nei risultati da raggiungere (per esempio quanti prodotti fabbricare, quale fatturato ottenere in un determinato periodo di tempo ecc.).

## Quale meccanismo consente all'organizzazione di funzionare correttamente?

Operativamente qualsiasi struttura organizzativa è in grado di funzionare solo se al suo interno viene stabilito un efficiente sistema di comunicazione tra le persone.

Il **sistema comunicativo** è l'insieme degli strumenti e dei canali utilizzati per trasmettere messaggi ai diversi destinatari e per condividere idee e decisioni da prendere.

Le comunicazioni si rivolgono sia ai soggetti interni sia ai soggetti esterni all'impresa, dando vita a differenti modalità espressive.
A livello di organizzazione aziendale riveste una particolare importanza la **comunicazione interna**, il cui obiettivo principale è di garantire la conoscenza dei ruoli che ciascun individuo assume nell'azienda, degli obiettivi da perseguire e degli obblighi da rispettare.
La comunicazione permette alle persone di coordinare il proprio lavoro con quello delle altre, perciò un efficiente sistema comunicativo deve garantire la presenza costante e tempestiva di informazioni a tutte le posizioni organizzative.
Gli strumenti e i canali comunicativi sono però diversi a seconda del contenuto del messaggio e del soggetto che lo riceve.
Va tuttavia chiarito che le modalità comunicative sono strettamente legate allo **stile di direzione**, ossia all'atteggiamento che gli organi in posizione di supremazia hanno nei confronti dei loro subordinati. Se lo *stile di direzione è autoritario*, il coordinamento delle attività avviene principalmente attraverso rigidi ordini di servizio, che non possono essere discussi; viceversa, se lo *stile di direzione è partecipativo*, il coordinamento è fondato sulla condivisione delle decisioni, facendo leva sulla responsabilizzazione dei dipendenti.

**Stile di direzione:** riguarda le modalità di comportamento della direzione nei confronti dei dipendenti, il modo con cui vengono impartiti gli ordini e viene esercitato il controllo sull'esecuzione delle attività.

## La comunicazione interna

Le comunicazioni interne possono contenere "ordini di servizio" ed essere destinate a persone che devono eseguire un determinato compito, oppure possono essere interlocutorie, ossia la comunicazione viene effettuata per ascoltare opinioni e condividere una determinata scelta.
Tale diversità di contenuti e di destinatari fa sì che nel primo caso si utilizzino canali e strumenti comunicativi "formali", per esempio il dirigente invia lettere scritte (anche via mail) per impartire ordini al personale subordinato. Nel secondo caso, invece, è possibile ricorrere a canali e strumenti informali (incontri in presenza, non necessariamente ufficializzati come "riunioni").

| | |
|---|---|
| **Contenuto del messaggio** | • Comunicazioni *informative* e di *servizio* rivolte al personale subordinato; procedure da seguire, orari da rispettare, compiti da svolgere ecc.<br>• Comunicazioni per *condividere obiettivi*, strategie e azioni; per individuare e risolvere problemi, motivare il personale, sviluppare il senso di appartenenza all'organizzazione. |
| **Strumenti di comunicazione** | • Lettere, e-mail, *newsletter* scritte in forma chiara, manuale delle procedure, funzionigrammi e mansionari.<br>• Strumenti relazionali quali riunioni periodiche, incontri in presenza (*face to face*), **team briefing**, gruppi di discussione che attraverso **brainstorming** cercano soluzioni ottimali a problemi da risolvere e così via. |
| **Canali comunicativi** | • Bacheca aziendale, reti telematiche (internet, extranet).<br>• Canali formali (convocazioni tramite lettere) oppure informali, per esempio conversazioni in presenza o telefoniche, ma anche semplici "passa parola". |

**Team briefing:** incontro volto a definire obiettivi comuni e scegliere le modalità più opportune per realizzarli.

**Brainstorming:** letteralmente "tempesta di cervelli", tecnica che fa leva sulla creatività del gruppo di persone per far emergere idee e risolvere problemi.

test interattivi nel libro digitale

**CONOSCENZE** Funzioni e organi aziendali • concetto di organizzazione • modalità organizzative di un'impresa internazionale • organigrammi e funzionigrammi • modelli e strutture organizzative nazionali e internazionali • sistema comunicativo.

**ABILITÀ** Individuare le attività svolte dagli organi aziendali • distinguere i diversi modelli organizzativi • distinguere le diverse modalità di internazionalizzazione • costruire e interpretare organigrammi.

**1** Indica con una crocetta la risposta esatta (alcuni quesiti possono avere più risposte esatte).

**1.** La *lean organization*:
- a *è caratterizzata dall'elevato numero di livelli gerarchici*
- b *è caratterizzata dal ridotto numero di livelli gerarchici*
- c *ha quale presupposto l'autonomia decisionale dei lavoratori*
- d *ha quale presupposto l'accentramento di tutte le decisioni nelle mani del vertice strategico*

**2.** Il sistema comunicativo aziendale:
- a *è l'insieme dei messaggi trasmessi dal vertice strategico al nucleo operativo*
- b *è caratteristico delle strutture organizzative funzionali*
- c *è l'insieme degli strumenti e dei canali utilizzati per trasmettere messaggi*
- d *è caratteristico della struttura a matrice*

**3.** L'organigramma aziendale:
- a *descrive le mansioni di ciascun lavoratore*
- b *rappresenta graficamente la struttura organizzativa*
- c *visualizza i compiti assegnati a ciascun organo*
- d *visualizza la posizione gerarchica di ciascun organo*

**4.** Il funzionigramma aziendale:
- a *rappresenta la macrostruttura organizzativa*
- b *rappresenta la microstruttura organizzativa*
- c *indica la posizione gerarchica di ciascun lavoratore*
- d *indica i compiti e le responsabilità di ciascun lavoratore*

**5.** Una funzione aziendale:
- a *è un insieme di attività omogenee*
- b *è un insieme di obiettivi da raggiungere*
- c *mette in evidenza il modello organizzativo*
- d *esprime la macrostruttura organizzativa*

**6.** L'organizzazione aziendale:
- a *predispone le combinazioni economicamente più convenienti delle risorse interne all'azienda*
- b *si occupa di coordinare le attività delle persone che lavorano in azienda*
- c *predispone i piani di carriera dei lavoratori*
- d *si occupa di studiare l'andamento economico dell'ambiente esterno all'azienda*

**2** Collega le attività con le modalità organizzative di internazionalizzazione.

| Attività | Esportazione | Accordo di collaborazione | Investimento diretto all'estero |
|---|---|---|---|
| Vendita diretta sui mercati esteri. | | | |
| Produzione di parti componenti presso un fornitore estero. | | | |
| Costruzione di un sito produttivo. | | | |
| Vendita a una trading company. | | | |
| Apertura di negozi in franchising in varie città. | | | |
| Acquisizione di un'impresa funzionante. | | | |
| Costituzione di una società con partner straniero. | | | |
| Commercializzare la merce all'estero tramite un consorzio per l'esportazione. | | | |
| Effettuare un investimento *greenfield*. | | | |

**3** Collega a ciascuna attività il relativo organo aziendale.

| ATTIVITÀ | VERTICE STRATEGICO | LINEA INTERMEDIA | NUCLEO OPERATIVO | ORGANO DI STAFF |
|---|---|---|---|---|
| Dare consulenze per risolvere problemi specifici. | | | | |
| Decidere sulla delocalizzazione della produzione. | | | | |
| Compilare e registrare le fatture. | | | | |
| Assemblare le parti componenti un prodotto finito. | | | | |
| Collocare i prodotti in magazzino. | | | | |
| Selezionare il personale. | | | | |
| Definire le condizioni contrattuali con i fornitori. | | | | |
| Valutare l'opportunità di entrare in mercati esteri. | | | | |
| Coordinare l'attività dei reparti produttivi. | | | | |

**4** Associa le caratteristiche di seguito descritte alla struttura organizzativa (alcune caratteristiche sono comuni a più strutture organizzative).

**a.** Si adatta alle imprese internazionali con sedi stabili all'estero in molte aree geografiche.
**b.** Il potere di assumere decisioni è concentrato nelle mani dell'imprenditore o dei soci, che generalmente sono in numero limitato.
**c.** In orizzontale è articolata in relazione alle divisioni ma attua contemporaneamente una suddivisione verticale per funzioni.
**d.** La presenza di organi diversi che possono impartire ordini a una stessa persona può provocare conflitti di competenze.
**e.** Si sviluppa per unità di business (linee di prodotti, aree geografiche, tipo di clientela ecc.); all'interno di ciascuna unità le attività sono articolate in funzioni.
**f.** Vi sono due soli livelli gerarchici: l'organo volitivo che assume anche le funzioni proprie della direzione e l'organo esecutivo.
**g.** Consente di raggiungere contemporaneamente la specializzazione. funzionale e gli obiettivi specifici (di prodotto, di quote di mercato ecc.).
**h.** È tipica delle aziende di medio-piccole dimensioni che operano in mercati non particolarmente complessi.
**i.** Concentra l'attenzione delle risorse umane su uno specifico progetto da realizzare, una particolare area geografica da servire, un particolare gruppo di clienti.
**l.** Si adatta alle imprese internazionali di grandi dimensioni.

1. Struttura elementare
2. Struttura funzionale
3. Struttura divisionale
4. Struttura a matrice

| | |
|---|---|
| a | |
| b | |
| c | |
| d | |
| e | |
| f | |
| g | |
| h | |
| i | |
| l | |

**5** Completa gli organigrammi, tenendo conto delle informazioni di seguito riportate.

L'impresa Giallo Motori srl produce scooter dal design innovativo. Una parte dei componenti, in una prima fase, veniva realizzata da un'impresa polacca specializzata. Grazie a questa collaborazione, nel tempo le vendite si sono allargate ai mercati dell'Europa dell'Est e alla Russia, tanto che la Giallo Motori ha deciso di creare una divisione polacca separata che, oltre a fornire parti componenti alla casa madre italiana, attua l'intero processo produttivo e si occupa di collocare sui mercati locali gli scooter fabbricati.
Completa i due organigrammi dell'impresa, prima e dopo il cambio di strategia, tenendo presente che nella prima fase la Giallo Motori era organizzata con una struttura funzionale.

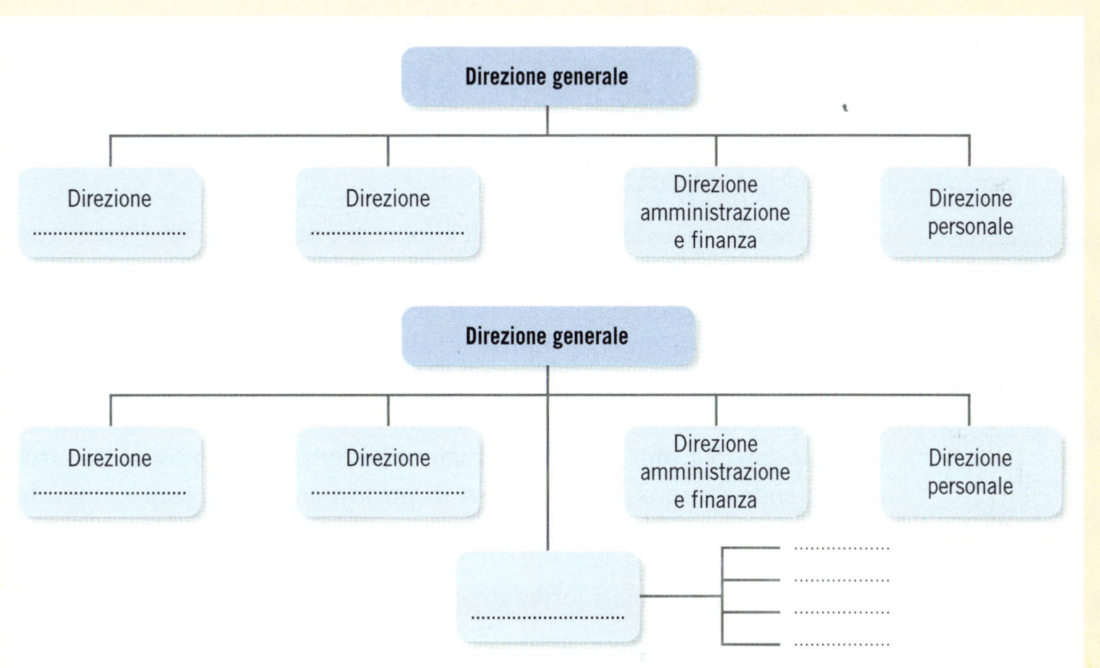


**6** **CLIL** Match each sentence with the related corporate body.

| | Corporate body | | |
|---|---|---|---|
| | Top management | Middle management | Operation level employees |
| He carries out the orders assigned by the top management | | | |
| All the managers in charge of the functions that run the business activity | | | |
| He has the widest decision-making powers and makes strategic decisions that involve the entire organisational structure of the enterprise | | | |

**7** **CLIL** Complete the organisational chart by writing the corporate bodies and managers in the right boxes.

*General management* • *Head of Logistics* • *Head of Production* • *Head of Sales & Marketing* • *Shareholders* • *Directors Strategic bodies*

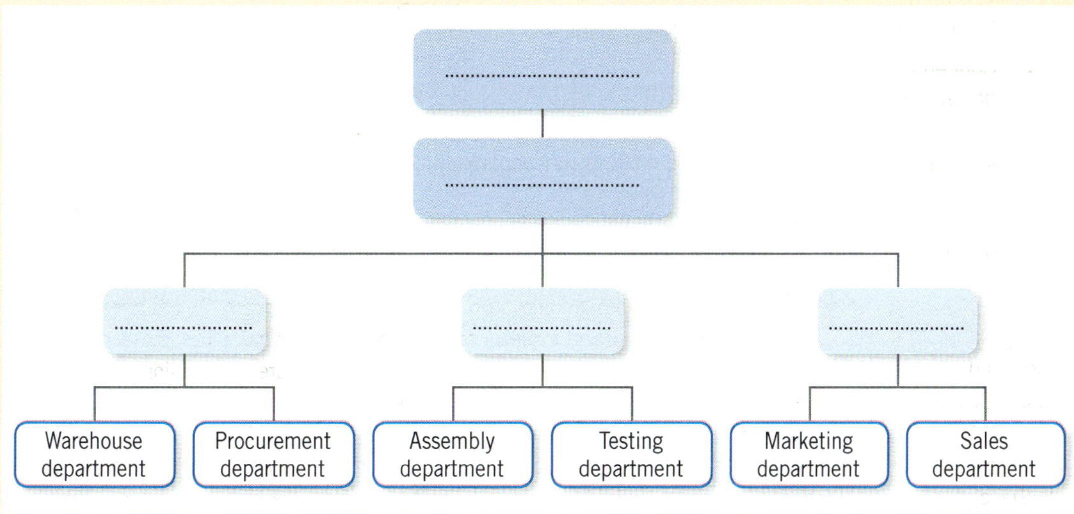

Lezione 4

# Le operazioni della gestione aziendale

## Che cos'è la gestione aziendale?

**Scelte iniziali:** scelte strategiche che l'impresa deve compiere nella fase di start up, prima di iniziare l'attività. Sono tali quelle inerenti alla fascia di clientela, al bene/servizio da immettere sul mercato, al luogo dove svolgere i processi produttivi, alla forma giuridica, alla localizzazione e alla struttura organizzativa.

**Fattori produttivi:** beni e risorse utilizzati per realizzare il processo produttivo.

Dopo aver effettuato le **scelte iniziali** l'impresa è pronta per svolgere l'attività economica.

Prima di tutto occorre raccogliere il denaro necessario per acquistare i **fattori produttivi**; successivamente si procede all'acquisto dei beni (fabbricati, impianti, macchinari, attrezzature, merci da rivendere o materie da trasformare), si arredano gli uffici e i locali adibiti alla vendita, si assumono le persone. Si dà in tal modo inizio a una serie di operazioni (accensione di prestiti, acquisti, pagamenti, vendite, riscossioni, rimborsi di prestiti ecc.) che costituiscono le operazioni di gestione.

La **gestione** è l'insieme coordinato di operazioni che l'impresa compie per raggiungere gli obiettivi prefissati.

Fattori produttivi = ***Factors of production***

Gestione = ***Business management***

Le operazioni di **gestione** si classificano in:

- **operazioni di finanziamento**, tipiche della funzione finanza, che permettono all'impresa di ottenere i capitali necessari per lo svolgimento della propria attività;
- **operazioni di investimento**, attraverso le quali vengono acquisiti i fattori produttivi (tali operazioni si collegano alle funzioni approvvigionamenti e logistica);
- **operazioni di trasformazione tecnico-economica**, svolte all'interno della funzione produzione e riguardanti le attività con le quali l'impresa attua il processo produttivo;
- **operazioni di disinvestimento**, con le quali l'impresa vende i prodotti/servizi (sono realizzate dalle funzioni marketing e vendite).

| ACQUISIZIONI DI BENI/SERVIZI NEI MERCATI DI APPROVVIGIONAMENTO | |
|---|---|
| **Beni strumentali** | Beni che servono per produrre altri beni. Vengono anche definiti beni a utilità pluriennale perché possono essere utilizzati in più processi produttivi e per periodi di tempo medio-lunghi. I beni strumentali possono essere materiali, se dotati del requisito della materialità, o immateriali se sono beni "non tangibili" (know-how, brevetti, software, marchi ecc.). |
| **Beni destinati al consumo immediato o alla vendita** | Sono beni che partecipano a un unico processo produttivo perché una volta consumati non possono essere più riutilizzati. Ne sono esempi le materie prime, gli imballaggi, le parti componenti i prodotti finiti, le merci. |
| **Servizi** | Prestazioni che provengono da altre aziende, quali la fornitura di energia elettrica, lo smaltimento dei rifiuti, il trasporto, l'incasso e il pagamento di fatture tramite il conto corrente bancario e, in generale, tutti i servizi e le prestazioni bancarie e assicurative; sono servizi anche le consulenze di professionisti (quali per esempio i commercialisti, i notai ecc.). |
| **Energie lavorative** | Prestazioni manuali e intellettuali di lavoro prestato dai lavoratori dipendenti, assunti dall'impresa a tempo determinato o indeterminato. |

## Qual è la differenza tra operazioni interne e operazioni esterne di gestione?

Le operazioni di gestione possono dare origine a rapporti di scambio con soggetti esterni (clienti, fornitori, lavoratori, finanziatori), oppure possono svolgersi all'interno dell'azienda.

Entrata di denaro = ***Cash in***

Pertanto le operazioni di gestione possono essere distinte in:

- **operazioni esterne**: si svolgono nei mercati nazionali e internazionali (ambiente esterno) e riguardano le operazioni di finanziamento, investimento e disinvestimento attraverso le quali l'impresa entra in contatto con i soggetti esterni, stipula contratti e realizza atti di scambio dai quali possono derivare debiti, crediti, uscite ed entrate di denaro;
- **operazioni interne**: si svolgono unicamente all'interno dell'organizzazione aziendale, senza coinvolgere i soggetti esterni. Ne sono esempi la lavorazione dei materiali per la fabbricazione dei prodotti finiti, l'assemblaggio di parti componenti, lo **stoccaggio** delle merci e il loro trasferimento nei magazzini dell'azienda ecc. Le operazioni interne sono costituite, in generale, da tutte le operazioni di **trasformazione**, sia fisico-tecnica, sia **economica**.

**Stoccaggio:** conservazione nel magazzino di materie, merci, parti componenti e prodotti finiti.

**Trasformazione economica:** accrescimento dell'utilità di un bene attraverso il suo trasferimento da un luogo all'altro o grazie alla sua conservazione nel tempo. Il processo di trasformazione economica è tipico delle imprese commerciali che, per esempio, acquistano un bene a Torino (per esempio le automobili) per rivenderlo a Roma (trasferimento nello spazio) e/o anche che acquistano un certo quantitativo di merci per rivenderlo gradualmente in futuro (trasferimento nel tempo), come fatto dalle imprese commerciali all'ingrosso e al dettaglio.

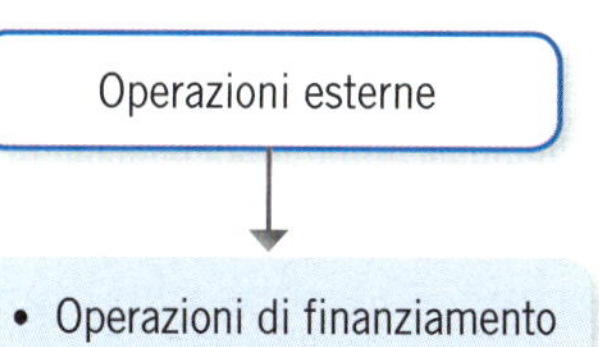


- Operazioni di finanziamento (acquisizione di capitali)
- Operazioni di investimento (acquisto di fattori produttivi)

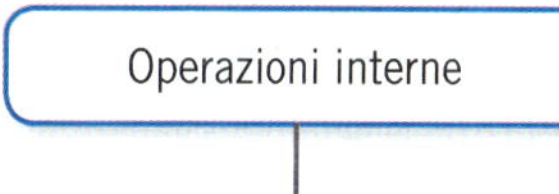


- Processo di lavorazione
- Trasformazione sia fisico-tecnica sia economica

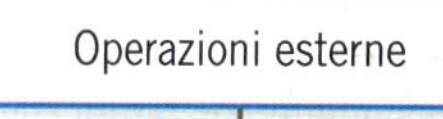


Operazioni di disinvestimento (vendita dei beni/servizi prodotti)

## In quali aspetti può essere analizzata la gestione?

Le operazioni della gestione possono essere considerate negli aspetti tecnico, finanziario ed economico.

L'**aspetto tecnico** riguarda tutte le operazioni inerenti alla trasformazione delle materie prime in prodotti finiti oppure all'assemblaggio di parti componenti, tipiche della gestione delle aziende industriali.

L'**aspetto finanziario** è costituito:

- dall'**uscita di denaro** o dal sorgere di **debiti** in conseguenza degli acquisti effettuati;
- dall'**entrata di denaro** o dal sorgere di **crediti** in conseguenza delle vendite effettuate.

Costi = ***Costs***

Ricavi = ***Revenues***

Le entrate e le uscite di denaro si hanno immediatamente nei regolamenti per pronta cassa; i crediti o i debiti sorgono invece quando il regolamento è dilazionato nel tempo (regolamento differito); in ogni caso alla scadenza tali crediti e debiti danno luogo a entrate e uscite monetarie.

L'**aspetto economico** è rappresentato:

- dai **costi** sostenuti per effettuare gli investimenti (operazioni di acquisto dei fattori produttivi);
- dai **ricavi** conseguiti disinvestendo i beni o prestando servizi (operazioni di vendita).

**Disponibilità liquide:** denaro in cassa, c/c bancari e postali.

| Operazioni della gestione | |
|---|---|
| **Aspetto tecnico** | Riguarda le operazioni di trasformazione che avvengono all'interno (operazioni interne di gestione), che non provocano movimenti di denaro né la formazione di debiti o di crediti. |
| **Aspetto finanziario** | Riguarda la formazione e l'estinzione di debiti e di crediti e i movimenti nelle **disponibilità liquide** (le uscite e le entrate di denaro). L'aspetto finanziario è riconducibile alle operazioni esterne di gestione. |
| **Aspetto economico** | Riguarda il sostenimento dei costi e dei ricavi che hanno origine con le operazioni di investimento e disinvestimento. |

## Che cosa sono i cicli di gestione?

**Ciclo:** periodo di tempo che intercorre tra due eventi.

Cicli di gestione = ***Management cycles***

Le operazioni di gestione si ripetono nel tempo con continuità, dando vita a un susseguirsi di **cicli** gestionali.

### Ciclo economico

Il *ciclo economico* ha inizio con il sostenimento dei costi di acquisto dei fattori produttivi e termina con il conseguimento dei ricavi di vendita del prodotto/servizio; esso è pertanto direttamente collegato alle operazioni di investimento in cui si sostengono i costi e a quelle di disinvestimento da cui si generano i ricavi. Per esempio, considerando un'impresa commerciale all'ingrosso di tessuti che il 3 giugno acquista 100 metri di stoffa e li rivende il 23 giugno, il ciclo economico inizia il 3 giugno, giorno in cui si sostiene il costo, e termina il 23 giugno, giorno in cui si ottiene il ricavo.

### Ciclo tecnico

Il *ciclo tecnico* è rappresentato dal periodo di tempo che l'impresa impiega per la trasformazione fisico-tecnica. Esso inizia con l'immissione dei beni nel processo produttivo e termina con la realizzazione del prodotto finito.
La durata del ciclo tecnico può essere breve, media o lunga a seconda delle caratteristiche del bene/servizio prodotto. Per esempio occorrono poche ore per produrre un paio di jeans, mentre possono essere impiegati anni per realizzare una infrastruttura, come una rete ferroviaria o stradale. Tale ciclo non è presente nelle imprese commerciali perché queste acquistano e rivendono gli stessi beni (merci) senza far subire loro una vera e propria trasformazione in senso fisico o tecnico.

### Ciclo finanziario

Il *ciclo finanziario* è il periodo di tempo che intercorre tra il sorgere del debito verso il fornitore dei beni o servizi acquistati e il sorgere del credito verso il cliente a cui sono stati venduti i prodotti o servizi. Tale ciclo è parallelo al ciclo economico di cui ha la medesima durata.

### Ciclo monetario

Il *ciclo monetario* ha inizio con l'uscita di denaro per il pagamento del debito verso i fornitori e si conclude con l'entrata di denaro derivante dalla riscossione del credito verso i clienti. Le durate del ciclo finanziario e del ciclo monetario coincidono nel caso in cui i pagamenti e le riscossioni sono immediati (regolamento per pronta cassa); la durata non coincide, invece, quando pagamenti e riscossioni sono anticipati o posticipati.

| **I CICLI DI GESTIONE** | |
|---|---|
| **Ciclo economico** | Inizia con il sostenimento dei costi e termina con il conseguimento dei ricavi. |
| **Ciclo tecnico** | Inizia con l'immissione dei beni nel processo produttivo e termina con la realizzazione del prodotto finito. |
| **Ciclo finanziario** | Inizia con il sorgere del debito e termina con il sorgere del credito. |
| **Ciclo monetario** | Inizia con l'uscita di denaro per il pagamento del debito e termina con l'entrata del denaro derivante dal credito. |

## esempio — Calcolo della durata dei cicli aziendali

Il 10/09 la Manifatture srl, impresa industriale che produce maglie, acquista 50 matasse di filato di lana. Il pagamento della fattura di acquisto è stabilito a fine settembre. Il 15/09 inizia la lavorazione che si conclude il 25/09. Le maglie prodotte sono vendute a un cliente nordamericano il 12/10 e la fattura di vendita viene riscossa a fine ottobre.
Calcoliamo la durata dei cicli aziendali.

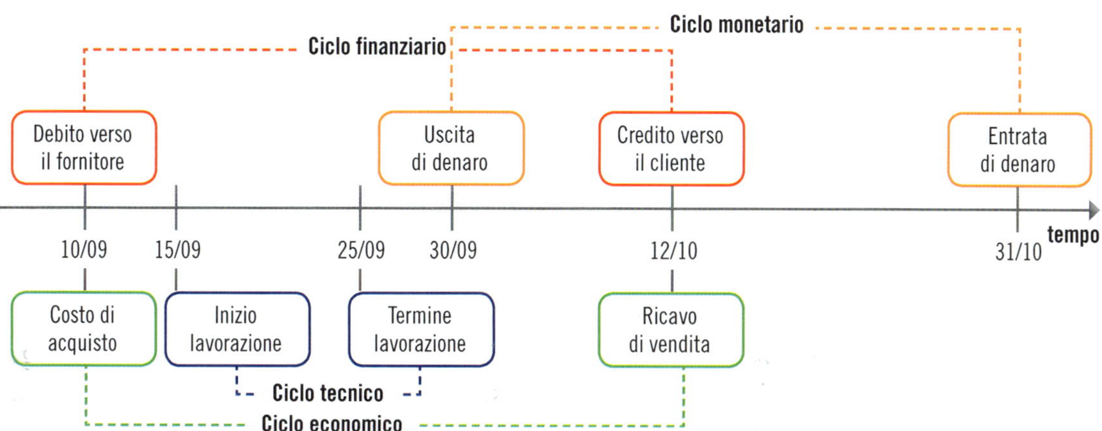


1. La durata del **ciclo economico** è di **32** giorni: dal 10/09, giorno in cui si sostiene il costo di acquisto del filato (investimento), al 12/10, data in cui si ottiene il ricavo di vendita delle maglie (disinvestimento).
2. La durata del **ciclo tecnico** è di **10** giorni: dal 15/09, giorno in cui inizia la lavorazione del filato, al 25/09, giorno in cui la lavorazione delle maglie è completata.
3. La durata del **ciclo finanziario**, analogamente al ciclo economico, è di **32** giorni: inizia infatti il 10/09, giorno in cui sorge il debito verso il fornitore dei filati, e termina il 12/10, giorno in cui sorge il credito verso il cliente.
4. La durata del **ciclo monetario** è di **31** giorni: inizia il 30/09, giorno in cui si ha l'uscita di denaro per il pagamento del debito verso il fornitore, e si conclude il 31/10, giorno in cui l'impresa ottiene l'entrata di denaro collegata alla riscossione del credito verso il cliente.

Pur se di durata diversa da azienda ad azienda, il ciclo economico precede sempre il ciclo tecnico perché prima di iniziare la lavorazione occorre avere acquistato i fattori produttivi (le materie da trasformare e/o le merci da vendere). Inoltre nella realtà i cicli aziendali si intrecciano: può infatti accadere che prima che un ciclo economico si concluda ne inizi un altro, così come contemporaneamente al termine di un ciclo monetario può iniziare un nuovo ciclo finanziario o anche un nuovo ciclo tecnico e, parallelamente, aver termine un ciclo economico.

## prova tu

test interattivi nel libro digitale

**CONOSCENZE** Operazioni di gestione • aspetti della gestione • cicli di gestione.

**ABILITÀ** Classificare le operazioni di gestione • individuare gli aspetti (tecnico, finanziario ed economico) delle operazioni di gestione • calcolare la durata dei cicli di gestione.

**1** Indica con una crocetta la risposta esatta (alcuni quesiti possono avere più risposte esatte).

**1.** Il ciclo di trasformazione fisico-tecnica:
- a *precede l'inizio del ciclo economico*
- b *ha durata inferiore rispetto al ciclo economico*
- c *inizia dopo aver concluso il ciclo monetario*
- d *termina prima del ciclo economico*

**2.** L'acquisto di macchinari è un'operazione di:
- a *investimento*
- b *disinvestimento*
- c *trasformazione fisico-tecnica*
- d *finanziamento*

**3.** Il ciclo economico:
- a *inizia con la trasformazione tecnica delle materie prime*
- b *inizia con l'acquisto delle materie prime*
- c *termina con la vendita dei prodotti*
- d *termina con l'ottenimento del prodotto finito*

**4.** La restituzione di materie prime difettose ai fornitori è un'operazione:
- a *interna*
- b *di investimento*
- c *esterna*
- d *di finanziamento*

5. Il ciclo monetario:
   - a *coincide sempre con il ciclo finanziario*
   - b *inizia con la riscossione di crediti e finisce con il pagamento dei debiti*
   - c *coincide sempre con il ciclo economico*
   - d *inizia con il pagamento dei debiti e si conclude con la riscossione dei crediti*

6. La consulenza che l'impresa riceve da un commercialista:
   - a *è un'operazione di investimento*
   - b *si riferisce all'acquisto di un servizio*
   - c *è un'operazione di disinvestimento*
   - d *si riferisce alla vendita di un servizio*

7. Le operazioni esterne di gestione riguardano:
   - a *gli investimenti*
   - b *i finanziamenti*
   - c *la trasformazione fisico-tecnica*
   - d *i disinvestimenti*

 Con riferimento a un'impresa commerciale al dettaglio (negozio di abbigliamento), correla ciascun bene/servizio con la relativa categoria.

| Bene/servizio | Categoria | | |
|---|---|---|---|
| a. Abbonamento a riviste di moda. 4 | 1. Beni strumentali immateriali | a | 4 |
| b. Software relativo ai computer/registratori di cassa. 1 | 2. Beni strumentali materiali | b | 1 |
| c. Vestiti, maglie, T-shirt. 3 | 3. Beni destinati alla vendita | c | 3 |
| d. Prestazioni della commessa addetta alle vendite. 5 | 4. Servizi | d | 5 |
| e. Mobili e arredamento del negozio. 2 | 5. Energie lavorative | e | 2 |

 Classifica le operazioni elencate nella prima colonna indicando se sono interne o esterne.

| Operazioni | Finanziamento | Investimento | Trasformazione tecnico-economica | Disinvestimento |
|---|---|---|---|---|
| Acquisto dell'arredamento | | X | | |
| Conservazione delle merci nel magazzino | | | X | |
| Trasferimento delle merci dal magazzino all'espositore nel reparto vendite | | | X | |
| Vendita di merci | | | | X |
| Ottenimento di un mutuo bancario | X | | | |
| Apporto di denaro da parte del proprietario | X | | | |
| Vendita di prodotti finiti | | | | X |
| Acquisto di merci e materie di consumo | | X | | |
| Passaggio delle materie prime ai processi di lavorazione | | | X | |

 Correla le operazioni con i cicli aziendali (alcune operazioni coinvolgono due cicli).

| Operazioni | Ciclo tecnico | Ciclo economico | Ciclo finanziario | Ciclo monetario |
|---|---|---|---|---|
| Pagamento di una fattura | | | | X |
| Passaggio delle materie prime ai processi di lavorazione | X | | | |
| Ricevimento di una fattura di acquisto materie prime | | X | X | |
| Conclusione del processo di lavorazione | X | | | |
| Emissione di una fattura di vendita di prodotti finiti | | X | X | |
| Riscossione di una fattura | | | | X |

Analizza la situazione operativa di seguito descritta ed esegui quanto richiesto.

L'impresa industriale Frantoio srl, che produce olio, il 15 novembre acquista 6.000 kilogrammi di olive, con regolamento della fattura a fine novembre. Il 16 novembre inizia la molitura delle olive che si conclude lo stesso giorno (i macchinari utilizzati consentono di versare l'olio ottenuto dalla frantumazione delle olive direttamente nei recipienti). Il successivo 17 novembre l'olio viene travasato dai recipienti alle bottiglie.
Il 30 novembre l'olio imbottigliato è venduto a un supermercato svizzero; la fattura è riscossa il 20 dicembre.

1. *Calcola la durata dei cicli aziendali.*
   - **a.** Ciclo tecnico: 16/11 - 17/11 = 1 g.
   - **b.** Ciclo economico: 15/11 - 30/11 = 15 gg.
   - **c.** Ciclo finanziario: 15/11 - 30/11 = 15 gg.
   - **d.** Ciclo monetario: 30/11 - 20/12 = 20 gg.
2. *Rispondi alle domande.*
   - **a.** Quanti giorni dura lo stoccaggio dell'olio imbottigliato? 13 giorni
   - **b.** Quali operazioni esterne di gestione ha compiuto la Frantoio srl? Operazioni di investimento, di finanziamento e di disinvestimento
3. *Completa la tabella descrivendo le operazioni che hanno coinvolto gli aspetti della gestione.*

| | |
|---|---|
| **Aspetto tecnico** | lavorazione della materia prima e preparazione alla vendita |
| **Aspetto finanziario** | pagamento e riscossione delle fatture |
| **Aspetto economico** | acquisto della materia prima e vendita del prodotto finito |

Correla le operazioni con gli aspetti della gestione specificando se si verificano accensioni/estinzioni di crediti o di debiti, entrate/uscite di disponibilità liquide, costi o ricavi (segui l'esempio riportato nella prima riga).

| **OPERAZIONI** | **ASPETTO TECNICO** | **ASPETTO FINANZIARIO** | | **ASPETTO ECONOMICO** | |
|---|---|---|---|---|---|
| | | **CREDITI/DEBITI** | **DISPONIBILITÀ LIQUIDE** | **COSTI** | **RICAVI** |
| Ricevuta fattura per acquisto di materie prime. | | *Accensione di debiti* | | *Costi per l'acquisto delle materie prime* | |
| Pagata fattura con bonifico bancario. | | estinzione debito | | | |
| Ricevuta fattura per acquisto di un macchinario. | | | | costi per acquisto di macchinari | |
| Immessi prodotti finiti nel magazzino. | X | | | | |
| Trasferite materie prime dal magazzino ai reparti di lavorazione. | X | | | | |
| Emessa fattura per vendita di prodotti finiti. | | accensione crediti | | | |
| Riscossa fattura a mezzo bonifico bancario. | | | | | ricavo vendite |
| Ricevuta fattura per trasporto merci. | | accensione debiti | | | |
| Allestito reparto di esposizione con merci provenienti dal magazzino. | X | | | | |
| Emessa fattura per vendita di merci. | | accensione crediti | | | |
| Ricevuta fattura per acquisto di un computer. | | accensione debiti | | | |
| Pagato canone di locazione di un magazzino. | | | | costo | |
| Riscossa cambiale pagherò a saldo nostra fattura. | | | | | ricavo |
| Ricevuto assegno circolare a saldo fattura di vendita. | | accensione crediti | | | |

Lezione 5

# Gli aspetti della gestione

audio

Autofinanziamento = *Self-financing*
Capitale proprio = *Equity*
Capitale di debito = *Debt capital*
Debiti commerciali = *Trade payables*
Intermediari finanziari = *Financial intermediaries*

## Quali soggetti finanziano l'attività aziendale?

Il denaro costituisce un indispensabile fattore produttivo, senza il quale non è possibile svolgere l'attività aziendale.
L'impresa ha la necessità di ricevere finanziamenti sia quando si costituisce, sia successivamente durante il suo funzionamento.

Il **fabbisogno finanziario** è l'ammontare del denaro necessario per acquistare i fattori produttivi.

A seconda della fonte di provenienza, i finanziamenti possono essere distinti in:

- **finanziamenti interni**, originati dall'azienda stessa attraverso le operazioni di gestione. Gli utili realizzati di anno in anno generano risorse finanziarie che, se non vengono prelevate dal proprietario (o dai soci), servono per finanziare l'attività aziendale (**autofinanziamento**);
- **finanziamenti esterni**, effettuati dal proprietario (o dai soci se si tratta di un'impresa collettiva), oppure da altri soggetti, quali per esempio le banche e i fornitori.

**Autofinanziamento:** capacità dell'azienda di generare da sé risorse finanziarie attraverso le operazioni di gestione. L'autofinanziamento si verifica quando gli utili non vengono prelevati ma restano investiti nell'attività aziendale.

I finanziamenti derivanti da apporti in denaro o di beni del proprietario rappresentano il **capitale proprio** dell'impresa.
Nel momento della sua accensione un finanziamento di capitale proprio dà luogo a un'entrata monetaria o a un apporto di beni. Alla sua estinzione, invece, dà origine a un'uscita di denaro, oppure all'assegnazione di beni al proprietario o ai soci.

**Accensione**

Entrata di denaro o apporto di beni ← Aumenti di capitale proprio

**Estinzione**

Diminuzioni di capitale proprio → Uscita di denaro o assegnazione di beni

I finanziamenti ottenuti da altri soggetti costituiscono il **capitale di debito** e devono essere rimborsati, a seconda di quanto stabilito, a breve, medio e lungo termine.
I finanziamenti di capitale di debito vengono distinti in:

- **debiti di regolamento** (o **debiti commerciali**), che sorgono in relazione ad acquisti con regolamento dilazionato della fattura; secondo gli usi commerciali le dilazioni sono di *breve durata* (30, 60, 90 giorni, fino a un massimo di 1 anno). Il soggetto che finanzia l'impresa è il fornitore del bene/servizio, perciò tali prestiti sono rappresentati da **debiti verso fornitori**;
- **debiti di finanziamento** (o **debiti finanziari**), che rappresentano prestiti di denaro con i quali le banche o altri **intermediari finanziari** procurano all'impresa il denaro di cui ha necessità. I debiti di finanziamento possono avere durata breve (il rimborso deve avvenire entro 1 anno), media (il rimborso deve avvenire entro 5 anni), oppure lunga (oltre 5 anni). Tali debiti, inoltre, possono assumere forme tecniche diverse quali **mutuo**, **sovvenzioni**, scoperti di c/c ecc.

**Intermediari finanziari:** soggetti che esercitano attività di concessione di finanziamenti sotto qualsiasi forma al pubblico (imprese o privati cittadini).

**Mutuo:** contratto nel quale un soggetto, di solito la banca, presta una somma di denaro da restituire secondo piani prestabiliti che di solito prevedono un rimborso graduale nel tempo.

**Sovvenzione:** finanziamento che assume caratteristiche diverse a seconda del soggetto che presta il denaro. Per esempio una sovvenzione concessa dalla banca può essere accompagnata da una cambiale pagherò firmata dal beneficiario del prestito.

Al momento dell'accensione i debiti di regolamento danno luogo a un'entrata di beni o alla prestazione di servizi, mentre l'estinzione richiede un'uscita monetaria.

L'accensione dei debiti di finanziamento comporta un'entrata monetaria, a cui corrisponde un impegno finanziario futuro, ossia l'uscita monetaria al momento del rimborso.

| **Le caratteristiche delle fonti di finanziamento esterne all'azienda** | |
|---|---|
| **Capitale proprio** | **Capitale di debito** |
| Non ha una scadenza prefissata in quanto rimane investito nell'azienda a tempo indeterminato. | Deve essere rimborsato alla scadenza secondo piani prestabiliti. |
| Non comporta un obbligo predeterminato di remunerazione. La remunerazione è variabile in quanto dipende dalla capacità dell'azienda di ottenere utili. | Comporta l'obbligo di remunerazione indipendentemente dal risultato della gestione, attraverso un tasso di interesse. |
| È soggetto al rischio d'impresa in quanto può aumentare e produrre alti rendimenti, ma può anche ridursi o annullarsi se l'impresa presenta un cattivo andamento gestionale, registra perdite molto elevate o, addirittura, fallisce. | È soggetto in misura limitata al rischio d'impresa in quanto il finanziatore può perdere il capitale prestato solo in caso di dissesto (*default*), che non consenta all'impresa di estinguere i propri debiti. |
| Aumenta in seguito all'autofinanziamento, ossia quando gli utili realizzati restano investiti nell'azienda. | A seconda del soggetto che presta il denaro può essere costituito da debiti di regolamento e debiti di finanziamento. |

## Come si determina il fabbisogno finanziario?

L'importo dei finanziamenti è strettamente collegato agli investimenti da effettuare. Per comprendere questo legame, gli investimenti e i finanziamenti possono essere rappresentati attraverso un prospetto nel quale gli impieghi (investimenti + disponibilità liquide) si iscrivono nella colonna di sinistra, mentre le fonti di finanziamento nella colonna di destra.

### Compilazione del prospetto degli impieghi e delle fonti di finanziamento

Giovanni Coppetta decide di aprire un negozio al dettaglio di frutta e verdura. Per iniziare l'attività commerciale l'imprenditore deve acquistare i seguenti beni strumentali: il fabbricato (locale) dove svolgere la sua attività, l'arredamento (bancone, sedie ecc.), le attrezzature (frigorifero, scaffali, cassette, registratore di cassa), la frutta e la verdura (merce) da vendere, i sacchetti e la carta (materie di consumo) da utilizzare per la consegna della merce ai clienti. Il costo dei fattori produttivi è il seguente:

- fabbricato 90.000 euro;
- attrezzature 15.000 euro;
- materiali di consumo 2.000 euro;
- arredamento 10.000 euro;
- merci 5.000 euro.

I finanziamenti di cui l'impresa ha necessità corrispondono a 122.000 euro. L'imprenditore Giovanni Coppetta può apportare mezzi propri per 56.000 euro; pertanto chiede e ottiene un prestito dalla banca Intesa Sanpaolo di 70.000 euro; 2.000 euro necessari per l'acquisto delle materie di consumo sono finanziati attraverso la concessione di dilazioni di pagamento ottenuta dai fornitori; 5.500 euro sono depositati sul c/c bancario per far fronte a eventuali necessità e 500 euro sono depositati in cassa per esigenze di liquidità immediata.

Gli investimenti, le disponibilità liquide e i finanziamenti possono essere rappresentati nel seguente prospetto.

**Prospetto degli impieghi e delle fonti di finanziamento**

| **Impieghi** | | **Finanziamenti** | |
|---|---|---|---|
| *Investimenti* | | *Capitale proprio* | |
| Fabbricati | 90.000 | Apporto del proprietario | 56.000 |
| Arredamento | 10.000 | *Capitale di debito* | |
| Attrezzature | 15.000 | Prestito bancario | 70.000 |
| Merci | 5.000 | Debiti verso fornitori | 2.000 |
| Materie di consumo | 2.000 | | |
| *Disponibilità liquide* | | | |
| C/c bancario | 5.500 | | |
| Denaro in cassa | 500 | | |
| Totale impieghi | 128.000 | Totale finanziamenti | 128.000 |

**Azioni:** titoli che rappresentano il capitale sociale di una spa o di una sapa. Ciascuna azione è una frazione del capitale sociale che, pertanto, si determina moltiplicando il numero delle azioni in circolazione per il valore nominale di ciascuna.

**Partecipazioni:** azioni o quote di capitale (in gergo tecnico interessenze) di una società possedute da un'altra impresa.

**Gruppo aziendale:** insieme di società giuridicamente indipendenti, coordinate da un unico soggetto economico (società capogruppo o holding) che esercita il controllo sulle altre imprese del gruppo in virtù delle partecipazioni possedute.

## Quali tipi di finanziamento può concedere l'impresa?

I finanziamenti che l'impresa può concedere ad altre imprese possono essere a titolo di capitale proprio o di capitale di prestito:

- con la concessione di un finanziamento a titolo di **capitale proprio** l'impresa acquista **azioni** o quote di capitale di altre società. Tali investimenti finanziari effettuati dall'impresa prendono il nome di **partecipazioni** e sono in genere attuati per integrare il processo produttivo tramite il controllo di imprese fornitrici, dando luogo alla formazione di **gruppi aziendali**;
- attraverso i finanziamenti a titolo di **capitale di prestito** l'impresa finanzia altre imprese o altri operatori economici nei confronti dei quali diventa creditrice. In questo caso i finanziamenti concessi danno luogo a **crediti di regolamento** (o **crediti commerciali**) o a **crediti di finanziamento** in senso stretto.

I crediti di regolamento riguardano i clienti (**crediti verso clienti**) ai quali l'impresa ha venduto beni o servizi concedendo dilazioni di pagamento.

Alla loro concessione i crediti di regolamento danno luogo all'uscita dei beni/servizi venduti; la riscossione comporta l'estinzione del credito e la corrispondente entrata monetaria.

I crediti di finanziamento sono prestiti di denaro concessi ad altre imprese sotto varie forme tecniche (mutui, sovvenzioni ecc.) e possono avere durate diverse (breve, media o lunga).

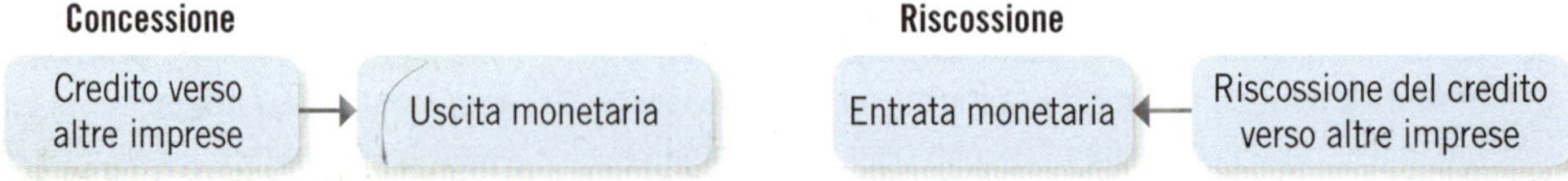


## Quali sono i costi e i ricavi sostenuti durante lo svolgimento della gestione?

L'**aspetto economico** della gestione aziendale è collegato ai costi e ai ricavi.

I **costi** sono gli oneri che l'azienda sostiene per acquistare i fattori produttivi.

I **ricavi** sono il corrispettivo derivante dalla vendita di beni o dalla prestazione di servizi.

I costi e i ricavi possono essere classificati a seconda della loro **natura**, ossia secondo l'oggetto o la motivazione per la quale sono stati sostenuti.

## Classificazione dei costi e dei ricavi

### Costi

**Costi pluriennali**

Derivano dall'acquisto di fattori produttivi a lungo ciclo di utilizzo; sono relativi a beni strumentali immateriali e materiali che vengono impiegati più volte nel processo produttivo, quali per esempio:

- costi di impianto;
- costi di sviluppo;
- brevetti;
- marchi;
- diritti di concessione;
- software;
- avviamento;
- diritti d'autore;
- terreni e fabbricati;
- impianti e macchinari;
- attrezzature industriali e commerciali;
- macchine d'ufficio;
- automezzi;
- arredamento.

**Costi per merci e materie**

Sono sostenuti per acquistare dai fornitori le merci, le materie prime, le materie di consumo, i semilavorati, le parti componenti il prodotto finito.

**Costi per servizi**

Riguardano i servizi acquistati per il funzionamento dell'impresa nel suo complesso. Costituiscono un insieme di costi piuttosto eterogeneo:

- costi di ricerca;
- costi di elaborazione dati;
- costi per le assicurazioni;
- costi per le consulenze;
- commissioni e servizi bancari;
- abbonamenti a giornali e riviste;
- lavorazioni presso terzi;
- costi di pubblicità;
- costi di vigilanza;
- costi di trasporto;
- costi telefonici;
- costi postali;
- costi di energia.

**Costi per godimento di beni di terzi**

Sono i costi relativi ai canoni pagati per contratti di locazione di beni immobili e mobili di proprietà di terzi. Vi rientrano i fitti passivi e i canoni di **leasing**.

**Costi del personale**

Sono i costi relativi al personale dipendente (costi del lavoro) e comprendono i salari e gli stipendi, gli oneri sociali a carico dell'impresa per le assicurazioni presso gli istituti previdenziali, le quote di trattamento fine rapporto e altri costi per il personale (per esempio costi per addestramento, formazione e aggiornamento).

**Costi finanziari**

Sono generati dalle operazioni di finanziamento, riguardano la remunerazione dei capitali presi a prestito. Consistono in:

- interessi passivi sui c/c bancari;
- interessi passivi a fornitori;
- interessi passivi su mutui;
- sconti passivi e oneri finanziari diversi.

**Costi straordinari**

Sono costi che si riferiscono a operazioni di gestione "estranee" alla gestione ordinaria dell'impresa. Sono spesso legati a eventi occasionali, non prevedibili o eccezionali (per esempio i danni provocati da furti, inondazioni o incendi). Si possono considerare straordinari anche i costi derivanti da risarcimenti a terzi per i danni provocati dall'attività aziendale (per esempio fuoriuscite di sostanze inquinanti). Tecnicamente assumono denominazioni diverse quali **sopravvenienze** e **insussistenze**.

**Costi fiscali**

Comprendono le imposte e le tasse che l'impresa deve versare allo Stato, alle regioni e ai comuni (per esempio IRAP ecc.).

### Ricavi

**Ricavi originati da merci e prodotti**

Sono relativi alle vendite ai clienti di merci, prodotti finiti, sottoprodotti ecc. Sono costituiti da:

- ricavi di vendita di merci e prodotti;
- ricavi accessori di vendita.

**Ricavi originati da prestazioni di servizi**

Riguardano le imprese che producono servizi e sono relativi alle prestazioni di servizi ai clienti. Per esempio servizio pulizie, servizio trasporti, servizio manutenzioni e riparazioni di beni, lavorazioni eseguite per conto di terzi committenti ecc.

**Proventi vari**

Derivano da operazioni di varia natura. Sono:

- fitti attivi;
- provvigioni attive;
- risarcimenti di danni subiti;
- rimborsi costi di vendita.

**Proventi da disinvestimenti di beni a lungo ciclo di utilizzo**

Derivano dalla vendita di beni strumentali (fabbricati, macchinari, automezzi ecc.) e/o non ricorrenti. Le operazioni di disinvestimento vengono di solito effettuate quando il bene non è più considerato idoneo alla produzione a causa del logoramento fisico o della **obsolescenza**, in occasione per esempio di **rinnovi fisiologici**.

**Ricavi finanziari**

Derivano dall'attività finanziaria dell'impresa quando la stessa concede finanziamenti a titolo di capitale proprio o di capitale di prestito. Sono costituiti da:

- interessi attivi su c/c bancari e postali;
- interessi attivi verso clienti;
- interessi attivi su mutui;
- dividendi su partecipazioni;
- interessi attivi su titoli.

**Ricavi straordinari**

Derivano da operazioni estranee alla gestione ordinaria dell'azienda. Sono dovuti a eventi occasionali o imprevedibili, per esempio l'ottenimento di un contributo da terzi senza obbligo di restituzione, il condono di un debito tributario o la restituzione di imposte riconosciute come non dovute.

**Leasing:** locare, affittare.

**Sopravvenienze:** costi (sopravvenienze passive) o ricavi (sopravvenienze attive) originati da operazioni di gestione che comportano il sorgere di una passività o di un'attività. Per esempio sono sopravvenienze passive straordinarie (costi) quelle derivanti da importi da pagare a terzi per danni provocati e non coperti da assicurazione; sono sopravvenienze attive straordinarie (ricavi) le donazioni ricevute da terzi, le vincite di premi ecc.

**Insussistenze:** diminuzioni di passività o diminuzioni di attività. Per esempio sono insussistenze passive straordinarie (costi) quelle derivanti da furti e rapine che fanno venir meno il denaro in cassa e la perdita di un macchinario per un incendio; è insussistenza attiva straordinaria il condono di un debito da parte del creditore.

**Obsolescenza:** perdita di valore di un bene per effetto del progresso tecnologico. Per esempio un computer o un cellulare diventano presto obsoleti perché vengono continuamente immessi sul mercato nuovi computer o nuovi modelli di cellulari dotati di migliori caratteristiche tecniche.

**Rinnovo fisiologico:** sostituzione di un bene diventato "vecchio" per cause legate al naturale logorio (consumo) fisico dovuto all'utilizzo nel tempo.

I **costi** sono misurati dalle uscite monetarie, se il pagamento è immediato, o dall'ammontare dei debiti di regolamento accesi all'atto del loro sostenimento, se l'impresa ottiene dilazioni di pagamento.

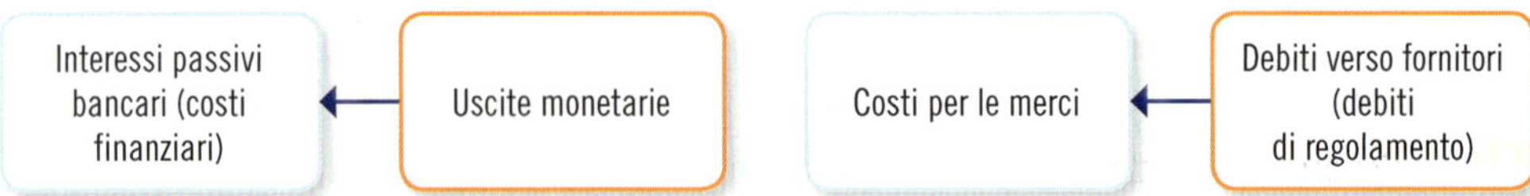


I **ricavi** sono misurati da entrate monetarie o, nel caso l'impresa abbia concesso dilazioni di pagamento ai clienti, da crediti di regolamento.

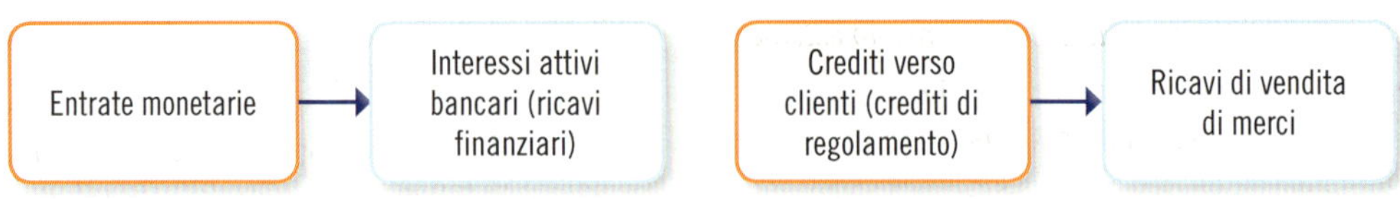

## Analisi dell'aspetto finanziario ed economico delle operazioni di gestione

L'impresa individuale Matteo Lippi, che commercia prodotti elettronici, ha effettuato le seguenti operazioni:

- acquisto di un nuovo scaffale (espositore), sostenendo un costo di 6.000 euro e concordando il pagamento della fattura dopo 90 giorni;
- acquisto di 10 tablet aventi un costo complessivo di 2.000 euro con pagamento immediato (pronta cassa);
- vendita di 8 tablet realizzando ricavi di 2.400 euro con riscossione immediata.

I pagamenti e le riscossioni avvengono mediante c/c bancario.

L'impresa commerciale Matteo Lippi ha compiuto due operazioni di investimento: l'una relativa all'acquisto di un bene strumentale (lo scaffale), l'altra relativa all'acquisto di un bene destinato alla vendita (i tablet).
Il costo sostenuto per l'acquisto dello scaffale ha dato luogo a un debito di regolamento che sarà estinto dopo 90 giorni.

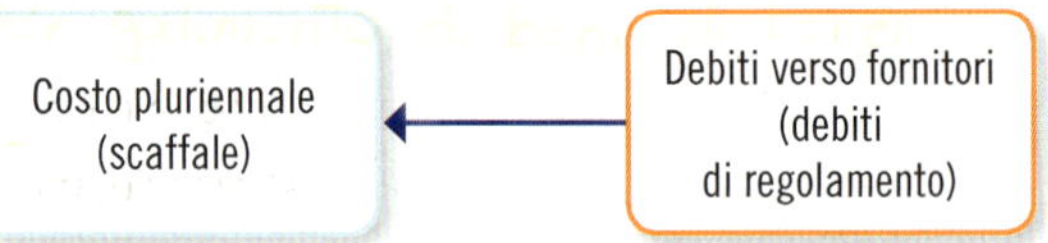


Il costo sostenuto per l'acquisto dei tablet (costo per le merci) ha invece comportato un'uscita immediata di denaro.

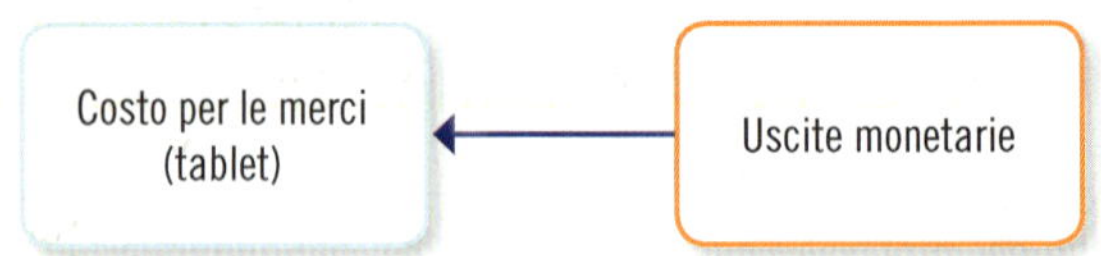


Il ricavo di vendita della merce (gli stessi tablet) ha comportato un'entrata di denaro in quanto la riscossione è immediata.

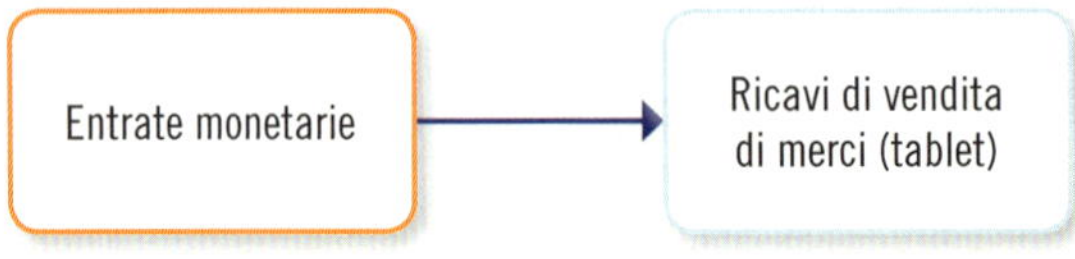


Entrate e uscite di denaro, crediti e debiti sono operazioni che afferiscono all'aspetto finanziario della gestione; i ricavi e i costi fanno invece parte dell'aspetto economico.
Esaminiamo le operazioni nell'aspetto finanziario e nell'aspetto economico nel preciso momento in cui avvengono.

| | **Aspetto finanziario** | **Aspetto economico** |
|---|---|---|
| Acquisto del bene strumentale (scaffale) | Debito verso fornitori di 6.000 euro | Costo pluriennale di 6.000 euro |
| Acquisto della merce (tablet) | Uscita di denaro di 2.000 euro | Costo per le merci di 2.000 euro |
| Vendita della merce (tablet) | Entrata di denaro nel c/c bancario 2.400 euro | Ricavi di vendita merci per 2.400 euro |

test interattivi nel libro digitale

**CONOSCENZE** Fonti di finanziamento • capitale proprio e capitale di debito • costi e ricavi.

**ABILITÀ** Individuare le caratteristiche delle fonti di finanziamento • distinguere i costi e i ricavi in base alla loro natura • analizzare l'aspetto finanziario ed economico delle operazioni di gestione.

1 Indica con una crocetta la risposta esatta (alcuni quesiti possono avere più risposte esatte).

1. L'apporto di denaro nell'impresa da parte del proprietario rappresenta:
   - a *una fonte di finanziamento interna*
   - b *una fonte di finanziamento esterna*
   - c *un autofinanziamento*
   - d *un debito finanziario*
2. L'impresa si autofinanzia quando:
   - a *non viene prelevato l'utile*
   - b *il proprietario apporta dei beni*
   - c *si ottiene una dilazione di pagamento dai fornitori*
   - d *si ottiene un prestito da un'altra impresa*
3. Un costo è collegato a:
   - a *formazione di crediti*
   - b *formazione di debiti*
   - c *uscite di denaro*
   - d *entrate di denaro*
4. Il pagamento alla scadenza di una fattura comporta:
   - a *l'aumento di un debito di regolamento*
   - b *la diminuzione di un debito di regolamento*
   - c *l'aumento di un debito finanziario*
   - d *la diminuzione di un debito finanziario*

2 Per ciascuna operazione individua la fonte di finanziamento a cui l'azienda ha fatto ricorso specificandone la natura (segui l'esempio riportato nella prima riga).

| Operazioni | Fonte interna | Fonte esterna |
|---|---|---|
| Acquisto di merci con pagamento posticipato | | *Debito di regolamento* |
| Utili conseguiti e non prelevati dal proprietario | autofinanziamento | |
| Accensione di un mutuo bancario | | debito finanziario |
| Acquisto di personal computer con regolamento a 60 giorni | | debito commerciale |
| Finanziamento erogato da una società finanziaria | | debito finanziario |
| Acquisto di materie di consumo con regolamento a tre mesi | | debito commerciale |
| Ottenimento di sovvenzione bancaria | | debito finanziario |
| Apporto di un fabbricato da parte del proprietario | | capitale proprio |
| Conferimento di denaro da parte del proprietario | | capitale proprio |
| Acquisto di arredamento concordando una dilazione di pagamento a 12 mesi | | debito commerciale |

3 Analizza le operazioni di seguito riportate e individuane i riflessi nell'aspetto finanziario della gestione (alcune operazioni possono comportare sia movimenti di denaro, sia movimenti nei crediti/debiti).

| Operazioni di gestione | Entrate monetarie | Uscite monetarie | Aumenti/diminuzioni | |
|---|---|---|---|---|
| | | | Crediti di regolamento | Debiti di regolamento |
| Vendute merci con riscossione a 60 giorni | | | X | |
| Acquistate materie di consumo con pagamento a 30 giorni | | | | X |
| Vendute merci con riscossione per pronta cassa | X | | | |
| Acquistate merci con pagamento per pronta cassa | | X | | |
| Pagato con bonifico bancario debito verso un fornitore | | | | X |
| Riscosso tramite c/c postale credito verso un cliente | | | X | |
| Acquistato arredamento con pagamento a 90 giorni | | | | X |
| Accreditati sul c/c bancario interessi attivi | X | | | |
| Pagate imposte con addebito del c/c bancario | | X | | |

**4** Indica se le operazioni di seguito riportate danno origine a entrate/uscite monetarie o a crediti/debiti (specificando se di regolamento o di finanziamento).

| Operazioni di gestione | Entrate/uscite monetarie | Crediti/debiti |
|---|---|---|
| Vendute merci con riscossione a 30 giorni | | credito di regolamento |
| Ottenuto un mutuo con accredito del c/c bancario | | debito di finanziamento |
| Acquistati macchinari con pagamento a 90 giorni | | debito di regolamento |
| Addebitato il c/c per il pagamento di interessi passivi sul mutuo | uscita monetaria (di finanziamento) | |
| Acquistate materie di consumo con pagamento a 60 giorni | | debito di regolamento |
| Addebitato il c/c bancario per la concessione di una sovvenzione a un'altra impresa | | credito di finanziamento |
| Ricevuta fattura relativa a costi di pubblicità con pagamento a 30 giorni | | debito di regolamento |

**5** Scrivi a fianco dei seguenti costi/ricavi la natura a essi relativa.

| | |
|---|---|
| Fabbricati | costi pluriennali |
| Costi di pubblicità | costi per servizi |
| Ricavi di vendita di merci | ricavi originati da merci e prodotti |
| Software | costi pluriennali |
| Costi di acquisto di merci | costi per merci e materie |
| Canoni di leasing | costi per godimento di beni di terzi |
| Interessi attivi bancari | ricavi finanziari |
| Interessi passivi su mutui | costi finanziari |
| Imposte e tasse | costi fiscali |
| Fitti attivi | proventi vari |
| Risarcimenti di danni subiti | proventi vari |
| Costi di trasporto | costi per servizi |
| Salari e stipendi | costi del personale |
| Ricavi di vendita di un automezzo | ricavi originati da merci e prodotti |

**6** Completa le frasi inserendo i termini mancanti, scegliendoli tra quelli proposti.

*occasionali* • *debito* • *costo* • *ricavo* • *riscossione* • *rimborso* • *utile* • *credito* • *gestione aziendale* • *proprio* • *remunerazione* • *positivo*

1. L'impresa rileva un'entrata monetaria in seguito alla .......................................... di un .......................................... oppure in presenza di un .......................................... con regolamento immediato.
2. L'impresa rileva un'uscita monetaria quando estingue un .................................. oppure sostiene un ............................ con regolamento immediato.
3. I costi e i ricavi straordinari sorgono in relazione a operazioni estranee alla normale .............................................., in presenza di eventi .........................................., spesso fortuiti.
4. Il capitale .................................. è esposto al "rischio d'impresa" perché non ha una scadenza per il ........................ ................, non è soggetto all'obbligo di una .................................. prestabilita in quanto il proprietario può prelevare "........................... solo se dalla gestione si ottiene un risultato economico ..........................................

**7** In relazione alle operazioni di seguito descritte, completa lo schema inserendo le parole che mancano al posto dei puntini.

**a.** Acquistate merci con regolamento a 30 giorni.

**b.** Vendute merci con regolamento immediato.

Costi per le merci ← ..................................

.................................. → Ricavi di vendita di merci

**Lezione 6**

# Il reddito e il patrimonio

Reddito = ***Income***
Perdita = ***Loss***

## Che cos'è il reddito d'esercizio?

L'obiettivo principale delle imprese è quello di ottenere risultati economici positivi. Il risultato economico, chiamato reddito, è calcolato come differenza tra i ricavi conseguiti e i costi sostenuti in un determinato periodo di tempo.
Il reddito è positivo (**utile**) se i ricavi sono maggiori dei costi; negativo (**perdita**), se i ricavi sono minori dei costi.
Il calcolo del reddito può essere riferito:

- all'intera gestione dell'azienda (da quando si costituisce fino a quando cessa di esistere), ottenendo in tal modo il **reddito globale**;
- a un periodo di gestione più breve, che per la maggior parte delle imprese coincide con l'anno solare (1 gennaio-31 dicembre).

Tale periodo di tempo è detto periodo amministrativo e il reddito a esso riferito è denominato **reddito d'esercizio**.

**Esercizio:** l'insieme delle operazioni di gestione compiute in un periodo amministrativo della durata di 365 giorni.

**Bilancio d'esercizio:** documento redatto al termine del periodo amministrativo con il quale si rappresentano il patrimonio di funzionamento e il reddito dell'esercizio.

**Dichiarazione dei redditi:** documento attraverso il quale i contribuenti (cittadini persone fisiche e imprese dotate di personalità giuridica) comunicano agli uffici fiscali i redditi percepiti.

Il **reddito d'esercizio** è il risultato economico ottenuto per effetto della gestione aziendale svolta in un periodo amministrativo.

Il primo esercizio di vita di un'azienda varia a seconda della data di costituzione: può coincidere con l'anno solare se l'azienda si costituisce il 1° gennaio, ma può essere più corto, se l'avvio dell'attività avviene successivamente. Analogamente, l'ultimo esercizio di vita può avere una durata minore di 365 giorni, in quanto termina alla data in cui si concludono le operazioni di liquidazione. Tutti gli altri esercizi sono invece sempre riferiti a un anno sia per esigenze di legge (ogni anno le aziende sono tenute a redigere il **bilancio di esercizio** e a presentare la **dichiarazione dei redditi**) sia per rendere confrontabili tra loro i risultati economici conseguiti.

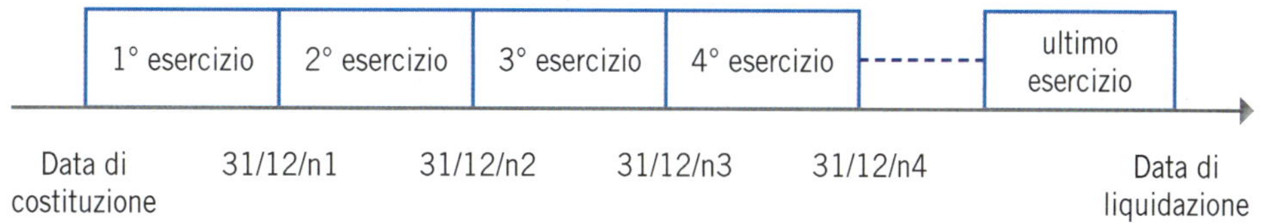


I componenti positivi (ricavi) e negativi (costi) del reddito si riportano in un prospetto chiamato **Situazione economica**.
Tale prospetto viene di solito presentato nella **forma a due sezioni divise** (o contrapposte), dove per convenzione a sinistra si iscrivono i costi e a destra i ricavi.

È tuttavia possibile costruire il prospetto in **forma scalare** o progressiva, dove in una sola sezione si iscrivono i ricavi con segno positivo e i costi con segno negativo.
Il reddito (utile o perdita) è determinato sottraendo a gruppi omogenei di ricavi gruppi omogenei di costi, in modo da evidenziare sia i risultati economici intermedi sia il risultato economico dell'esercizio.

## SEMPIO Redazione della Situazione economica e calcolo del reddito d'esercizio

Durante il primo esercizio amministrativo un'impresa ha compiuto le seguenti operazioni, tutte regolate tramite c/c bancario:

- acquistate merci per 460.000 euro;
- sostenuti costi per il personale per 30.000 euro;
- sostenuti costi per servizi (energia elettrica, trasporti ecc.) per 25.000 euro;
- sostenuti costi per godimento di beni di terzi (fitti passivi e canoni di locazione) per 18.000 euro;
- vendute tutte le merci acquistate realizzando ricavi per 690.000 euro;
- riscossi interessi attivi sul c/c bancario per 650 euro e pagati interessi passivi per 1.200 euro;
- sostenuti costi fiscali per 6.450 euro.

Presentiamo la Situazione economica e calcoliamo il reddito dell'esercizio.

La Situazione economica a due sezioni contrapposte si presenta come segue:

**Situazione economica**

| **Costi** | | **Ricavi** | |
|---|---|---|---|
| Costi per acquisto di merci | 460.000 | Ricavi per vendita di merci | 690.000 |
| Costi per il personale | 30.000 | Ricavi finanziari (interessi attivi) | 650 |
| Costi per servizi | 25.000 | | |
| Costi per godimento di beni di terzi | 18.000 | | |
| Costi finanziari (interessi passivi) | 1.200 | | |
| Costi fiscali | 6.450 | | |
| Totale costi | 540.650 | | |
| Utile d'esercizio | 150.000 | | |
| Totale a pareggio | 690.650 | Totale ricavi | 690.650 |

Il risultato economico dell'esercizio (in questo caso un utile) si iscrive nella sezione opposta a quella in cui si ha il totale maggiore, in modo da far pareggiare (ossia rendere di uguale importo) le due sezioni.

Se la Situazione economica viene presentata in forma scalare, il prospetto utilizzato è quello che segue.

**Situazione economica in forma scalare**

| | | |
|---|---|---|
| Ricavi per vendita di merci | | 690.000 |
| Costo per acquisto di merci | | – 460.000 |
| Costi per servizi | | – 25.000 |
| Costi per godimento di beni di terzi | | – 18.000 |
| Costi per il personale | | – 30.000 |
| Risultato della gestione della produzione | | 157.000 |
| Ricavi finanziari (interessi attivi) | 650 | |
| Costi finanziari (interessi passivi) | – 1.200 | |
| | | – 550 |
| Risultato della gestione finanziaria | | |
| Utile prima delle imposte | | 156.450 |
| Costi fiscali | | – 6.450 |
| Utile dell'esercizio | | **150.000** |

Il risultato economico della gestione della produzione (utile o perdita) comprende i ricavi e i costi che derivano dalle operazioni di gestione che caratterizzano l'attività esercitata e ne costituiscono l'attività principale. Per esempio nella FCA (Fiat Chrysler Automobiles) la gestione caratteristica è costituita dalla produzione e dalla vendita di automobili, mentre in un negozio di alimentari la stessa gestione caratteristica è costituita dalle operazioni di acquisto e di vendita dei generi alimentari. Tale risultato può però comprendere anche costi e ricavi non propriamente appartenenti al **core business**, tuttavia aventi carattere ordinario, cioè che sono sostenuti con regolarità.

**Core business:** letteralmente "cuore degli affari", è l'attività principale esercitata da un'impresa.

## Come si calcola il reddito d'esercizio?

Il calcolo del reddito d'esercizio non è così semplice come nell'esempio presentato. La gestione è un processo unitario e continuo nel tempo (i cicli economici, finanziari e monetari si susseguono nel tempo, le operazioni di investimento e di disinvestimento interessano più esercizi); accade quindi che alcune operazioni di gestione devono essere riferite a più anni e, conseguentemente, i costi e i ricavi da esse originati sono comuni a due o più esercizi.
Per esempio il costo sostenuto per un fabbricato preso in locazione (fitto passivo) potrebbe non coincidere con il periodo 01/01-31/12 (un fitto mensile potrebbe essere pagato anticipatamente il 15 dicembre e quindi l'impresa ha la disponibilità dei locali fino al 15/01 dell'esercizio successivo).
In maniera analoga i costi sostenuti per acquistare i beni a utilità pluriennale, come per esempio un fabbricato, sono comuni a più esercizi in quanto utilizzati per più anni.

Competenza economica = ***Accrual***

Il **reddito d'esercizio** deve essere calcolato esclusivamente con riferimento ai costi e ai ricavi che sono attribuiti al periodo amministrativo, ossia che ricadono economicamente in tale periodo di tempo.

Per il calcolo del reddito d'esercizio è necessario separare i componenti di reddito che si riferiscono esclusivamente al periodo amministrativo in considerazione da quelli che invece sono comuni a più periodi amministrativi.
Tale ripartizione avviene applicando il **principio della competenza economica**, in relazione al quale i costi e ricavi sono suddivisi in due gruppi:

**Principio della competenza economica:** principio in base al quale i costi e i ricavi concorrono a formare il reddito d'esercizio solo se si riferiscono economicamente al periodo amministrativo in esame, indipendentemente dal fatto che si sia avuta o meno la loro manifestazione finanziaria.

1. **costi e ricavi** che sono attribuiti al periodo amministrativo in quanto sono riferiti a operazioni in esso interamente maturate e compiute;
2. **costi e ricavi** che si riferiscono a operazioni ancora in fase di svolgimento e che non sono riferibili esclusivamente al periodo amministrativo in considerazione.

Supponiamo, per esempio, l'acquisto effettuato nell'esercizio n di 100 quintali di merci, che al 31/12 risultano vendute solo per 80 quintali. Rappresentiamo il concetto di competenza economica utilizzando la figura che segue.

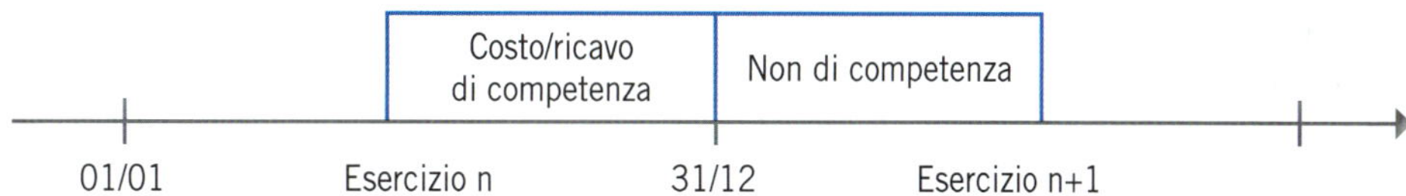


L'operazione di investimento (acquisto delle merci) è iniziata nell'esercizio n, ma al 31/12 non è interamente conclusa. Il costo delle merci entra nel calcolo del reddito dell'esercizio n solo limitatamente alla parte corrispondente alle vendite effettuate nello stesso esercizio (80 quintali); 20 quintali in rimanenza saranno venduti nell'esercizio futuro e, pertanto, il costo a essi corrispondente sarà considerato nel calcolo del reddito dell'esercizio n+1.
La spiegazione del principio della competenza economica sarà completata nel modulo D, insieme alla trattazione delle scritture contabili compilate a fine esercizio.

## Quando l'impresa è in equilibrio economico?

L'**equilibrio economico** si verifica quando le operazioni di gestione generano ricavi in grado di coprire tutti i costi dei fattori produttivi utilizzati e di assicurare un'adeguata remunerazione all'imprenditore (o ai soci).

La condizione indispensabile affinché la gestione sia in equilibrio economico è che vi sia un utile (i ricavi devono essere superiori ai costi) in quanto in caso di perdita l'imprenditore non ottiene alcuna remunerazione, anzi subisce una diminuzione del capitale originariamente apportato.
È tuttavia necessario considerare che l'utile realizzato deve essere tale da ricompensare sia il capitale investito nell'impresa, sia il lavoro svolto personalmente dall'imprenditore, per cui deve:

- essere superiore al rendimento di investimenti alternativi meno rischiosi (per esempio all'acquisto di titoli del debito pubblico);
- consentire al titolare di percepire un compenso per l'attività svolta in impresa.

Poiché l'imprenditore investe i propri capitali nell'attività aziendale, rinunciando ad altri impieghi alternativi (per esempio all'acquisto di titoli del debito pubblico), deve ottenere un compenso (**interesse di computo**) commisurato ai tassi d'interesse di mercato.
Inoltre, come spesso accade nelle piccole e medie imprese, l'imprenditore presta la sua attività lavorativa in azienda, rinunciando allo stipendio che avrebbe ottenuto lavorando in qualità di dipendente presso altri enti.
L'utile realizzato dalle operazioni di gestione deve quindi essere tale da consentirgli un compenso (**stipendio direzionale**) commisurato alla qualità e alla quantità del lavoro svolto.
L'interesse di computo e lo stipendio direzionale sono denominati **oneri figurativi** (o, in economia politica, costi opportunità) in quanto non danno luogo a uscite di denaro o a debiti, ma si traducono semplicemente in "mancate opportunità di guadagno".
La convenienza a gestire l'impresa si verifica quando l'utile supera gli oneri figurativi e genera un profitto.

**Interesse di computo:** interesse "figurativo", ossia onere che non comporta uscite di denaro ma di cui occorre tener conto per valutare il profitto effettivamente realizzabile da un investimento.

**Stipendio direzionale:** remunerazione che spetta a chi esercita la funzione imprenditoriale, ossia predispone la struttura organizzativa e coordina i processi produttivi e i cicli della gestione.

| Profitto | = | Utile | – | (Interesse di computo + stipendio direzionale) |
|---|---|---|---|---|

## eSEMPIO L'equilibrio economico della gestione

L'imprenditore Francesco Nardi ha iniziato un'attività commerciale con un apporto iniziale di 150.000 euro. Al termine dell'esercizio i costi di competenza sono 40.000 euro e i ricavi di competenza sono 95.000 euro. L'attività lavorativa che Francesco Nardi svolge nell'impresa (stipendio direzionale) è stimata in 30.000 euro annui. Sui capitali investiti, in relazione ai tassi di interesse correnti di mercato, si sarebbe potuto ottenere un rendimento annuo del 2%.
Verifichiamo se l'impresa è in equilibrio economico.

L'utile d'esercizio realizzato è di euro (95.000 – 40.000) = 55.000 euro.

| | | |
|---|---|---|
| Utile dell'esercizio | | 55.000 euro |
| Stipendio direzionale | 30.000 euro | |
| Interesse di computo: $\frac{150.000 \times 2}{100}$ = | 3.000 euro | |
| | | – 33.000 euro |
| Profitto | | 22.000 euro |

L'impresa è in equilibrio economico in quanto l'utile realizzato riesce a coprire gli oneri figurativi, consentendo all'imprenditore di ottenere un profitto di 22.000 euro.

audio

Immobilizzazioni = ***Fixed assets***

Immobilizzazioni immateriali = ***Intangibile assets***

Immobilizzazioni materiali = ***Tangible fixed assets***

Immobilizzazioni finanziarie = ***Financial assets***

Attivo circolante = ***Net working capital/Net current assets***

Rimanenze = ***Inventories***

Crediti commerciali = ***Trade accounts receivable***

## Che cos'è il patrimonio di funzionamento?

La suddivisione della vita aziendale in periodi amministrativi consente di determinare, oltre al reddito d'esercizio, anche il patrimonio di funzionamento dell'azienda.

Il **patrimonio** è l'insieme dei beni a disposizione dell'azienda in un dato momento. Se la data di riferimento è il termine di un periodo amministrativo il patrimonio prende il nome di **patrimonio di funzionamento**.

Gli elementi del patrimonio di funzionamento sono formati da numerosi beni, quali fabbricati, impianti, macchinari, attrezzature, merci, materie di consumo, materie prime, crediti verso clienti, depositi in c/c, denaro in cassa ecc.
L'insieme di tali beni è gravato dai debiti che l'impresa estingue utilizzando le risorse ottenute da operazioni di disinvestimento o da nuovi finanziamenti.
Gli elementi del patrimonio possono quindi avere segno positivo (**attività**) e segno negativo (**passività**).
È opportuno ordinare gli elementi del patrimonio, sia attivi sia passivi, in gruppi omogenei.
Le attività (che costituiscono gli impieghi) sono classificate secondo la loro destinazione economica in due raggruppamenti, chiamati immobilizzazioni e attivo circolante.

Le **immobilizzazioni** (o **attivo immobilizzato**) sono formate dagli investimenti che danno la loro utilità in più esercizi (beni pluriennali) e da crediti con scadenza superiore a dodici mesi (crediti a medio-lunga scadenza).
Gli elementi dell'attivo immobilizzato si suddividono in:

- **immobilizzazioni immateriali**: brevetti, software, diritti di concessione, marchi e in generale tutti i fattori produttivi che cedono la loro utilità in più periodi amministrativi sprovvisti del requisito della materialità (beni non tangibili); ne fanno parte anche gli **oneri pluriennali**;
- **immobilizzazioni materiali**: sono i beni strumentali che formano la struttura tecnico-organizzativa dell'azienda, quali terreni e fabbricati, impianti, macchinari, attrezzature, automezzi e, in generale, tutti i fattori produttivi pluriennali dotati del requisito della materialità;
- **immobilizzazioni finanziarie**: sono gli investimenti finanziari di media e lunga durata; sono rappresentate dai prestiti che l'impresa concede con scadenza oltre i 12 mesi (per esempio i mutui attivi) e le partecipazioni, ossia le azioni o quote di capitale di altre imprese che sono state acquistate con l'obiettivo di detenerle per periodo di tempo medio-lungo.

**Oneri pluriennali:** Costi aventi utilità pluriennale che comprendono i costi di impianto sostenuti per costituire l'impresa, i costi di ricerca e sviluppo ecc. Si tratta di fattori produttivi immateriali a lungo ciclo di utilizzo che non si configurano come "beni" in quanto non hanno un mercato di riferimento (non è possibile vendere un costo di impianto né tanto meno un costo di sviluppo).

L'**attivo circolante** è formato da investimenti di breve periodo, da crediti di breve scadenza e da disponibilità liquide.
Fanno parte dell'attivo circolante:

- le **rimanenze** di merci, materie prime, materiali di consumo, prodotti e, in generale, i beni che sono destinati alla vendita (merci e/o prodotti) o ai processi produttivi (materie prime e di consumo) entro i 12 mesi;
- i **crediti** commerciali (crediti verso clienti) e i crediti finanziari che scadono entro i 12 mesi;
- le **attività finanziarie che non costituiscono immobilizzazioni**, ossia investimenti a carattere finanziario effettuati per impiegare temporaneamente il denaro. Tali investimenti finanziari hanno scadenza breve e, in generale, sono costituiti da titoli di Stato, obbligazioni private e azioni o quote di capitale di altre imprese che sono destinate a essere rivendute entro l'anno;

Disponibilità liquide = ***Cash***
Capitale proprio = ***Equity***
Passività consolidate = ***Medium and long term liabilities***
Passività correnti = ***Short term liabilities***

- le **disponibilità liquide**, quali il denaro in cassa e quello depositato nei c/c bancari e postali.

Le passività, che rappresentano i finanziamenti ricevuti, sono classificate secondo la loro provenienza in:

- **capitale proprio**, comprendente gli apporti effettuati dal proprietario e l'utile mantenuto in azienda (autofinanziamento) o, con segno negativo, la perdita d'esercizio;
- **capitale di debito**, comprendente i debiti a breve scadenza e i debiti a medio-lunga scadenza. Si considerano debiti a medio-lunga scadenza quelli esigibili oltre i 12 mesi dalla chiusura dell'esercizio (**passività consolidate**) e debiti a breve scadenza quelli esigibili entro 12 mesi (**passività correnti**).

**Passività improprie:** passività che non corrispondono a debiti, ma sono solo valutazioni contabili che servono per rettificare alcuni valori attivi. Per esempio i beni strumentali (iscritti nell'attivo) sono soggetti a deprezzamenti derivanti dal loro utilizzo: un automezzo acquistato e utilizzato per un anno non può mantenere invariato lo stesso valore nel tempo. Il deprezzamento (consumo) di tali beni viene stimato attraverso l'iscrizione tra le passività di un fondo ammortamento che tuttavia non è una vera e propria passività.

È possibile includere insieme ai finanziamenti anche alcune **passività improprie** che non rappresentano impegni veri e propri verso terzi, ma sono rettifiche di voci iscritte nell'attivo.
La suddivisione degli elementi del patrimonio in immobilizzazioni e attivo circolante varia da impresa a impresa e, all'interno della stessa, può modificarsi nel tempo. Per esempio in FCA le automobili rappresentano beni dell'attivo circolante (prodotti), ma lo stesso non può dirsi se sono utilizzate come beni strumentali da imprese di trasporto o da imprese che operano in altri settori di attività come le imprese commerciali che vendono calzature, elettrodomestici generi alimentari ecc.

## Come si calcola il patrimonio netto?

La differenza tra il totale delle attività e il totale della passività costituisce il **patrimonio netto**.

| Patrimonio netto | = | Attività | – | Passività |
|---|---|---|---|---|

Se le attività sono minori delle passività l'azienda si trova in una situazione di **deficit patrimoniale**.

| Deficit patrimoniale | = | Passività | – | Attività |
|---|---|---|---|---|

Il **deficit patrimoniale** indica che l'impresa è in *dissesto* in quanto, anche riscuotendo tutti i crediti e vendendo tutti i beni, non ricaverebbe i mezzi monetari sufficienti a rimborsare i debiti.

Il patrimonio netto **aumenta** se la gestione aziendale ha prodotto un utile d'esercizio, **diminuisce** se invece la gestione aziendale ha prodotto una perdita d'esercizio.
Nelle imprese individuali l'importo del capitale proprio coincide con quello del patrimonio netto. L'apporto effettuato dal proprietario al momento della costituzione rappresenta la dotazione iniziale di capitale proprio (o patrimonio netto iniziale). Successivamente durante la gestione, il patrimonio netto varia per effetto sia di nuovi apporti del proprietario o di prelevamenti sia del reddito realizzato al termine del periodo amministrativo.

Patrimonio netto finale = Patrimonio netto iniziale + Nuovi apporti
– Prelevamenti extragestione ± Reddito d'esercizio

Il patrimonio netto risultante alla fine dell'esercizio amministrativo può quindi essere scomposto in una serie di voci (parti ideali).

| PARTI IDEALI POSITIVE DEL PATRIMONIO NETTO | PARTI IDEALI NEGATIVE DEL PATRIMONIO NETTO |
|---|---|
| Patrimonio netto esistente all'inizio dell'esercizio amministrativo | Prelevamenti per spese extragestione |
| Apporti effettuati durante la gestione | |
| Utile d'esercizio | Perdita d'esercizio |

## Come si rappresenta il patrimonio?

La determinazione del patrimonio fa sempre riferimento a un preciso momento in quanto gli elementi che lo compongono variano continuamente nel tempo per effetto delle operazioni di gestione. Per esempio un debito verso fornitori risulta tra gli elementi passivi nella data in cui si è ricevuta la fattura di acquisto dei beni/servizi, ma non sarà più presente se il patrimonio viene calcolato dopo il pagamento della fattura.
Nella stessa maniera l'importo delle merci in magazzino varia continuamente nel tempo (aumenta con gli acquisti, diminuisce con le vendite) e incide sul patrimonio a seconda del valore delle merci esistente nella data in cui si rappresenta il patrimonio.
Il prospetto con cui si rappresenta il patrimonio nei diversi momenti è denominato Situazione patrimoniale.

La **Situazione patrimoniale** è un prospetto a sezioni divise dove nella sezione di sinistra si iscrivono le attività e in quella di destra le passività e il patrimonio netto.

La Situazione patrimoniale può essere redatta al momento della costituzione dell'impresa, alla fine dell'esercizio amministrativo (31/12) o, per esigenze informative, anche in date intermedie tra l'01/01 e il 31/12.
La Situazione patrimoniale redatta al termine del periodo amministrativo mostra la composizione del patrimonio di funzionamento.

### Redazione della Situazione patrimoniale e calcolo del patrimonio netto

L'impresa individuale Nazzareno Bigiarini presenta al 31/12 i seguenti elementi patrimoniali:

- Fabbricati 300.000 euro
- Impianti e macchinari 125.000 euro
- Attrezzature commerciali 50.000 euro
- Merci 100.000 euro
- Materie di consumo 5.000 euro
- Crediti verso clienti 280.000 euro
- C/c bancari attivi 15.000 euro
- Denaro in cassa 5.000 euro
- Debiti verso fornitori 200.000 euro
- Debiti verso fornitori esteri 50.000 euro
- Mutui passivi 150.000 euro

Presentiamo la Situazione patrimoniale e determiniamo il patrimonio netto, sapendo che l'impresa ha realizzato un utile d'esercizio di 80.000 euro, non ancora prelevato dall'imprenditore.

Nella Situazione patrimoniale gli elementi di segno attivo (gli investimenti effettuati ancora in attesa di utilizzo, i beni destinati al consumo e alla vendita, i crediti e le disponibilità liquide) si iscrivono nella colonna di sinistra; gli elementi di segno passivo (i debiti) in quella di destra.
Il patrimonio netto è calcolato facendo la differenza tra il totale delle attività e il totale delle passività. Trattandosi di un'impresa individuale il patrimonio netto coincide con il capitale proprio (l'apporto del proprietario + utile d'esercizio non prelevato).
Se vi fosse stata una perdita il patrimonio netto sarebbe invece diminuito per l'importo corrispondente.

**Situazione patrimoniale al 31/12**

| **Attività** | | **Passività e netto** | | |
|---|---|---|---|---|
| Fabbricati | 300.000 | Debiti verso fornitori | | 200.000 |
| Impianti e macchinari | 125.000 | Debiti verso fornitori esteri | | 50.000 |
| Attrezzature commerciali | 50.000 | Mutui passivi | | 150.000 |
| Merci | 100.000 | Totale passività | | 400.000 |
| Materie di consumo | 5.000 | | | |
| Crediti verso clienti | 280.000 | *Patrimonio netto:* | | 480.000 |
| C/c bancari attivi | 15.000 | Capitale proprio | 400.000 | |
| Denaro in cassa | 5.000 | Utile d'esercizio | 80.000 | |
| Totale attività | 880.000 | Totale passività e netto | | 880.000 |

Gli stessi elementi possono essere esposti secondo il criterio della destinazione economica (per le attività) e la fonte di provenienza dei finanziamenti (per le passività).
Nel caso dell'impresa Bigiarini le immobilizzazioni immateriali, le immobilizzazioni finanziarie e le attività finanziarie che non costituiscono immobilizzazioni non appaiono in quanto l'imprenditore non ha effettuato tali tipologie di investimenti, che invece sono generalmente presenti nelle imprese costituite in forma di società di capitali.

**Situazione patrimoniale al 31/12**

| **Attività** | | **Passività e netto** | |
|---|---|---|---|
| **Immobilizzazioni** | | **Patrimonio netto** | |
| *Immobilizzazioni materiali* | | Capitale proprio iniziale | 400.000 |
| Fabbricati | 300.000 | Utile d'esercizio | 80.000 |
| Impianti e macchinari | 125.000 | Totale patrimonio netto | 480.000 |
| Attrezzature commerciali | 50.000 | | |
| Totale attivo immobilizzato | 475.000 | **Capitale di debito** | |
| | | *Passività consolidate* | |
| **Attivo circolante** | | Mutui passivi | 150.000 |
| *Rimanenze* | | *Passività correnti* | |
| Merci | 100.000 | Debiti verso fornitori | 200.000 |
| Materie di consumo | 5.000 | Debiti verso fornitori esteri | 50.000 |
| *Crediti* | | | |
| Crediti verso clienti | 280.000 | | |
| *Disponibilità liquide* | | | |
| C/c bancari attivi | 15.000 | | |
| Denaro in cassa | 5.000 | | |
| Totale attivo circolante | 405.000 | | |
| **Totale attività** | 880.000 | **Totale passività e netto** | 880.000 |

## Quando l'impresa è in equilibrio patrimoniale e finanziario?

Per esprimere un giudizio sulle condizioni di equilibrio patrimoniale e finanziario occorre prendere in considerazione:

- la relazione tra gli impieghi e le fonti di finanziamento a cui l'impresa ha fatto ricorso;
- la composizione degli impieghi e delle fonti di finanziamento;
- il rapporto tra capitale proprio e capitale di debito.

La struttura patrimoniale si considera in equilibrio quando i fattori produttivi a lungo ciclo di utilizzo (attivo immobilizzato) sono coperti da finanziamenti da rimborsare a medio-lungo termine. Per esempio, se l'acquisto di un fabbricato fosse stato finanziato con capitali da rimborsare a breve scadenza, al momento del rimborso l'impresa non avrebbe ancora recuperato i mezzi monetari sufficienti a estinguere il debito.

La soluzione ottimale per finanziare l'attivo immobilizzato è di poter usufruire esclusivamente di finanziamenti a titolo di capitale proprio, non soggetti ad alcun obbligo di rimborso; tuttavia poiché tale situazione è di difficile realizzazione, si può ricorrere al capitale di debito rimborsabile in un periodo di tempo sufficientemente lungo (passività consolidate).
Il capitale proprio e le passività consolidate costituiscono il capitale permanente.

| Capitale permanente | = | Capitale proprio | + | Passività consolidate |
|---|---|---|---|---|

La **relazione tra impieghi e fonti di finanziamento** è corretta quando:
- il capitale permanente è superiore alle immobilizzazioni;
- le passività correnti (debiti a breve scadenza) sono inferiori all'attivo circolante.

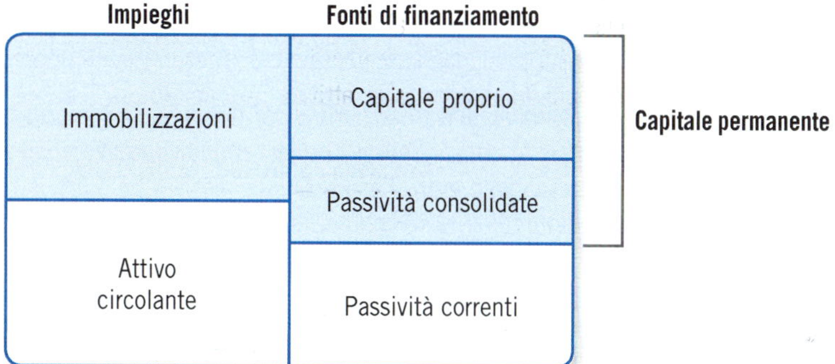


In generale la **struttura del patrimonio** è tanto più elastica e flessibile quanto più è maggiore l'attivo circolante rispetto all'attivo immobilizzato. Per verificare il grado di elasticità e di rigidità occorre calcolare la composizione (di solito espressa in percentuale) degli impieghi, costruendo i seguenti indici:

$$\text{Grado di rigidità} = \frac{\text{Immobilizzazioni}}{\text{Totale impieghi}} \times 100$$

$$\text{Grado di elasticità} = \frac{\text{Attivo circolante}}{\text{Totale impieghi}} \times 100$$

Non esiste un vero e proprio valore ottimale degli indici di rigidità/elasticità in quanto la composizione degli impieghi dipende dall'attività esercitata (industriale, commerciale o di servizi) e dalla struttura organizzativa che caratterizza le scelte imprenditoriali proprie di ciascuna impresa.

Per esprimere un giudizio sull'equilibrio patrimoniale occorre considerare anche il **rapporto tra capitale proprio e capitale di debito**:

$$\text{Grado di capitalizzazione} = \frac{\text{Capitale proprio}}{\text{Capitale di debito}}$$

Un'impresa è **capitalizzata** quando il grado di capitalizzazione assume un valore uguale o maggiore di 1, ossia quando il capitale proprio è almeno uguale al capitale di debito.

**Equilibrio finanziario:** l'impresa è in equilibrio finanziario quando è in grado di far fronte economicamente e tempestivamente ai propri impegni con i mezzi monetari di cui dispone.

Il capitale di debito (passività correnti + passività consolidate) non dovrebbe essere maggiore del capitale proprio; un'impresa sottocapitalizzata (grado di capitalizzazione < 1) potrebbe non essere in grado di rimborsare alla scadenze stabilite i debiti contratti, facendo venir meno l'**equilibrio finanziario**.

## SEMPIO Analisi delle condizioni di equilibrio patrimoniale e finanziario di un'impresa

L'impresa individuale Corrado Capriotti, che svolge attività commerciale, presenta la seguente Situazione patrimoniale.

**Situazione patrimoniale**

| **Attività** | | **Passività e netto** | |
|---|---|---|---|
| Fabbricati | 320.000 | Mutui passivi | 230.000 |
| Attrezzature commerciali | 12.000 | Debiti v/fornitori | 415.000 |
| Arredamento | 10.000 | Cambiali passive | 15.000 |
| Automezzi | 175.500 | Banche c/c passivi | 7.000 |
| Merci | 291.000 | Patrimonio netto | 483.000 |
| Crediti v/clienti | 320.000 | | |
| Denaro in cassa | 21.500 | | |
| Totale attività | 1.150.000 | Totale passività e netto | 1.150.000 |

Esaminiamo la struttura patrimoniale e finanziaria e verifichiamo se l'impresa è in equilibrio, considerando che il mutuo fa parte delle passività consolidate e che le cambiali passive e i debiti verso fornitori rientrano nelle passività correnti in quanto scadono entro l'esercizio successivo. Le merci e i crediti verso clienti costituiscono impieghi di breve periodo e quindi si iscrivono nell'attivo circolante.

Per verificare l'esistenza di una corretta relazione tra fonti e impieghi è opportuno presentare la Situazione patrimoniale in forma sintetica, utilizzando un prospetto dove le attività (impieghi) vengono esposte in relazione al tempo di permanenza nell'azienda (attivo immobilizzato e attivo circolante); analogamente, le passività (fonti di finanziamento) vengono esposte in relazione alla scadenza. In questo prospetto si evidenzia il capitale proprio che, nell'impresa individuale, coincide con il patrimonio netto (apporti del proprietario + utili non prelevati – perdita dell'esercizio).

**Situazione patrimoniale**

| Impieghi | Importi | % | Fonti di finanziamento | Importi | % |
|---|---|---|---|---|---|
| Immobilizzazioni | 517.500 | 45 | Patrimonio netto | 483.000 | 42 |
| Attivo circolante | 632.500 | 55 | Passività consolidate | 230.000 | 20 |
| | | | Passività correnti | 437.000 | 38 |
| Totale impieghi | 1.150.000 | 100 | Totale finanziamenti | 1.150.000 | 100 |

La composizione percentuale degli impieghi e delle fonti di finanziamento consente di verificare immediatamente la correlazione a la durata degli investimenti e le scadenze dei finanziamenti, nonché il grado di elasticità e di rigidità.

Il capitale permanente (capitale proprio + passività consolidate) copre ampiamente gli investimenti in immobilizzazioni (impieghi di lunga durata): euro (483.000 + 230.000) = 713.000 (capitale permanente) risulta maggiore delle immobilizzazioni pari a 517.500.

Ciò indica che l'impresa è riuscita a correlare correttamente la durata degli investimenti con le scadenze dei finanziamenti. La composizione degli impieghi evidenzia che si ha una prevalenza dell'attivo circolante rispetto all'attivo immobilizzato; la struttura patrimoniale dell'impresa è perciò elastica.

Grado di rigidità $\dfrac{\text{Immobilizzazioni}}{\text{Totale impieghi}} \times 100 = 45\%$

Grado di elasticità $\dfrac{\text{Attivo circolante}}{\text{Totale impieghi}} \times 100 = 55\%$

Grado di capitalizzazione $\dfrac{\text{Capitale proprio}}{\text{Capitale di debito}} = \dfrac{483.000}{667.000} = 0,72$

L'impresa, pur se sottocapitalizzata, è tuttavia in equilibrio finanziario poiché l'attivo circolante (632.500 euro) è superiore ai debiti a breve termine (437.000 euro). L'impresa riesce a rimborsare i debiti di prossima scadenza utilizzando le proprie disponibilità liquide e quelle prontamente liquidabili (le merci e i crediti).

test interattivi nel libro digitale

**CONOSCENZE** Esercizio amministrativo • reddito globale e reddito d'esercizio • equilibrio economico della gestione • patrimonio di funzionamento • elementi patrimoniali attivi e passivi • patrimonio netto • equilibrio patrimoniale e finanziario • indici patrimoniali e finanziari.

**ABILITÀ** Calcolare il reddito globale • redigere la Situazione economica e calcolare il reddito d'esercizio • individuare le condizioni di equilibrio economico di un'impresa • calcolare il patrimonio netto • distinguere gli elementi patrimoniali • redigere la Situazione patrimoniale • calcolare gli indici • individuare le condizioni di equilibrio patrimoniale e finanziario di un'impresa.

**1** Indica con una crocetta la risposta esatta (alcuni quesiti possono avere più risposte esatte).

**1.** L'utile d'esercizio rappresenta:
- a *il decremento del capitale proprio causato dalle operazioni di gestione*
- b *l'incremento del denaro esistente in cassa e nei c/c bancari o postali*
- c *l'incremento del capitale proprio causato dalle operazioni di gestione*
- d *il risultato economico riferito all'intera vita aziendale*

**2.** L'esercizio amministrativo:
- a *è il periodo di tempo che va dall'01/01 al 31/12*
- b *è un periodo di tempo della durata di un anno solare*
- c *è l'insieme delle operazioni compiute in un periodo amministrativo*
- d *è l'insieme dei costi e dei ricavi determinati alla fine del periodo amministrativo*

**3.** L'impresa è in equilibrio economico quando:
- a *ottiene utili d'esercizio*
- b *l'utile è idoneo a remunerare tutti i fattori della produzione*
- c *ottiene ricavi d'esercizio*
- d *i ricavi sono uguali o superiore ai costi*

**4.** Gli oneri figurativi
- a *rappresentano mancati proventi*
- b *sono costi legati all'acquisto di beni immateriali*
- c *non risultano iscritti nella Situazione economica*
- d *danno luogo alla formazione di debiti*

**5.** Un periodo amministrativo:
- a *ha sempre durata di 365 giorni*
- b *può avere durate diverse, a seconda dell'attività esercitata dall'impresa*
- c *può avere durata inferiore a 365 giorni nel caso sia il primo anno di attività dell'impresa*
- d *può avere durata inferiore a 365 giorni nel caso sia l'anno in cui l'impresa cessa l'attività*

**6.** Il patrimonio di funzionamento è l'insieme dei beni:
- a *a disposizione dell'impresa alla data della costituzione*
- b *di proprietà dell'impresa alla fine del periodo amministrativo*
- c *a disposizione dell'impresa alla fine del periodo amministrativo*
- d *a disposizione dell'impresa nel momento in cui cessa di esistere*

**7.** Il deficit patrimoniale:
- a *si manifesta quando le immobilizzazioni sono minori delle passività*
- b *si manifesta quando le attività sono minori delle passività*
- c *segnala che l'impresa non riesce a rimborsare tutti i debiti*
- d *segnala che l'azienda non si trova in condizioni di equilibrio economico*

**8.** Il patrimonio netto:
- a *aumenta se il reddito dell'esercizio è positivo*
- b *diminuisce se il reddito dell'esercizio è negativo*
- c *non è influenzato dal risultato economico conseguito dall'impresa*
- d *aumenta se il reddito d'esercizio è negativo*

**9.** Il capitale permanente è dato da:
- a *capitale proprio + passività consolidate*
- b *passività consolidate + passività correnti*
- c *capitale proprio + passività correnti*
- d *capitale proprio + capitale di debito*

**10.** L'impresa è ben capitalizzata quando il rapporto tra il capitale proprio e il capitale di debito è:
- a *uguale a 1*
- b *maggiore di 1*
- c *minore di 1*
- d *minore o uguale a 1*

**11.** La struttura patrimoniale è elastica quando l'attivo circolante è:
- a *minore delle immobilizzazioni*
- b *minore delle passività correnti*
- c *maggiore delle passività correnti*
- d *maggiore delle immobilizzazioni*

**12.** La struttura patrimoniale è in equilibrio quando l'attivo immobilizzato è finanziato:
- a *interamente con capitale proprio*
- c *con capitale proprio + passività consolidate*
- b *interamente con passività consolidate*
- d *con passività correnti + passività consolidate*

Separa i costi dai ricavi e completa la Situazione economica, redatta sia a sezioni contrapposte sia in forma scalare.

- Acquisti di merci 500.000 euro; vendite di merci 719.000 euro.
- Retribuzioni al personale dipendente 58.000 euro, oneri sociali 17.800 euro, trattamento fine rapporto 5.400 euro.
- Interessi attivi su c/c bancari 400 euro, interessi passivi su mutui 6.000 euro.
- Fitti passivi 9.600 euro; canoni di leasing sui macchinari 10.800 euro.
- Trasporto 12.000 euro, assicurazioni 15.000 euro, energia elettrica 8.000 euro, pubblicità 5.000 euro, consulenze 10.000 euro, commissioni bancarie 3.000 euro.
- Rimborsi costi di vendita 600 euro.
- Imposte dell'esercizio 28.000 euro.

**Situazione economica**

| Costi | | Ricavi | |
|---|---|---|---|
| ................................ | ................ | ................................ | ................ |
| ................................ | ................ | ................................ | ................ |
| ................................ | ................ | ................................ | ................ |
| ................................ | ................ | | |
| ................................ | ................ | | |
| ................................ | ................ | | |
| Totale costi | 688.600 | | |
| Utile d'esercizio | ................ | | |
| Totale a pareggio | 720.000 | Totale ricavi | 720.000 |

**Situazione economica in forma scalare**

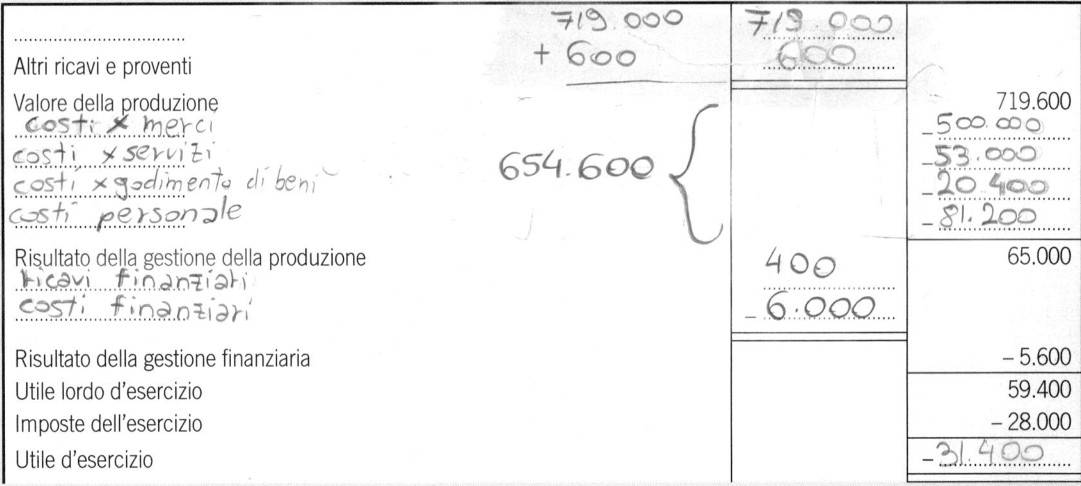

| | | |
|---|---|---|
| ................................ | ................ | |
| Altri ricavi e proventi | ................ | |
| Valore della produzione | | 719.600 |
| ................................ | | ................ |
| ................................ | | ................ |
| ................................ | | ................ |
| ................................ | | ................ |
| Risultato della gestione della produzione | | 65.000 |
| ................................ | ................ | |
| ................................ | ................ | |
| Risultato della gestione finanziaria | | - 5.600 |
| Utile lordo d'esercizio | | 59.400 |
| Imposte dell'esercizio | | - 28.000 |
| Utile d'esercizio | | ................ |

Indica se le seguenti affermazioni sono vere o false; in quest'ultimo caso suggerisci sul quaderno la formulazione corretta.

1. La Situazione economica è un prospetto utilizzato per evidenziare esclusivamente il reddito d'esercizio. V F
2. Il reddito d'esercizio è il risultato economico positivo realizzato attraverso le operazioni di gestione. V F
3. Il principio della competenza economica richiede che nel calcolo del risultato economico vengano inclusi soltanto i costi e i ricavi relativi a operazioni interamente concluse nel periodo amministrativo, senza considerare i movimenti monetari e i debiti/crediti dai quali hanno avuto origine. V F
4. Il profitto si ottiene sottraendo all'utile dell'esercizio gli oneri figurativi. V F
5. Il risultato della gestione della produzione e il risultato della gestione finanziaria sono messi in evidenza nella Situazione economica a sezioni divise e contrapposte. V F
6. L'imprenditore ha convenienza a mantenere in vita l'azienda solo se la gestione è in grado di assicurare un profitto. V F
7. Gli oneri figurativi sono i costi che riguardano lo stipendio direzionale e gli interessi di computo che risultano iscritti tra i costi per servizi soltanto nella Situazione economica in forma scalare. V F

**4** Indica a quali raggruppamenti appartengono gli elementi del patrimonio di seguito riportati. Segui l'esempio riportato nella prima riga.

| | Attività | Passività |
|---|---|---|
| Denaro in cassa | *Attivo circolante, disponibilità liquide* | |
| Debiti verso fornitori | | |
| Mutui passivi | | |
| Banche c/c attivi | | |
| Crediti verso clienti | | |
| Fabbricati | | |
| Brevetti | | |
| Merci | | |
| Sovvenzione bancaria da rimborsare entro 12 mesi | | |
| Cambiali attive | | |
| Cambiali passive | | |
| Mutui attivi | | |
| Titoli di Stato a breve termine | | |

**5** Esamina la Situazione patrimoniale di due imprese individuali che operano nello stesso settore di attività ed esegui quanto richiesto.

**Situazione patrimoniale al 31/12 /n impresa individuale Maria Dancianu**

| Impieghi | | Fonti di finanziamento | |
|---|---|---|---|
| **Immobilizzazioni** | | **Passività consolidate** | |
| Fabbricati | 286.800 | Mutui passivi | 170.000 |
| Attrezzature commerciali | 148.400 | | |
| Arredamento | 28.600 | **Passività correnti** | |
| Automezzi | 30.000 | Debiti verso fornitori | 290.000 |
| | | Debiti verso banche | 3.400 |
| | | Altri debiti | 4.600 |
| | 493.800 | | 298.000 |
| **Attivo circolante** | | | |
| Merci | 144.000 | Totale capitale di debito | 468.000 |
| Crediti verso clienti | 259.090 | | |
| Banca X c/c | 15.720 | **Patrimonio netto** | |
| Denaro in cassa | 5.870 | Capitale proprio | 400.000 |
| | | Utile dell'esercizio | 50.480 |
| | 424.680 | | |
| Totale impieghi | 918.480 | Totale fonti | 918.480 |

**Situazione patrimoniale al 31/12 /n impresa individuale Lisa Hincu**

| Impieghi | | Fonti di finanziamento | |
|---|---|---|---|
| **Immobilizzazioni** | | **Passività consolidate** | |
| Fabbricati | 286.800 | Mutui passivi | 60.000 |
| Attrezzature commerciali | 148.400 | | |
| Arredamento | 28.600 | **Passività correnti** | |
| Automezzi | 30.000 | Debiti verso fornitori | 250.000 |
| | | Debiti verso banche | 218.000 |
| | | Altri debiti | 3.660 |
| | 493.800 | | 471.660 |
| **Attivo circolante** | | | |
| Merci | 97.000 | | |
| Crediti verso clienti | 168.000 | Totale capitale di debito | 531.660 |
| Banca X c/c | 72.000 | | |
| Denaro in cassa | 860 | **Patrimonio netto** | |
| | | Capitale proprio | 276.000 |
| | 337.860 | Utile dell'esercizio | 24.000 |
| Totale impieghi | 831.660 | Totale fonti | 831.660 |

1. *Calcola il grado di capitalizzazione, il grado di elasticità e il grado di rigidità degli impieghi.*

| | Impresa Dancianu | Impresa Hincu |
|---|---|---|
| Grado di capitalizzazione (*) | | |
| Grado di elasticità degli impieghi | | |
| Grado di rigidità degli impieghi | | |

(*) Il capitale proprio comprende anche l'utile d'esercizio.

2. *Rispondi alle domande.*
   - **a.** Quale impresa opera con un maggior patrimonio lordo?
   - **b.** Quale impresa è maggiormente indebitata?
   - **c.** Pur avendo il medesimo totale dell'attivo immobilizzato, le due imprese presentano una diversa situazione patrimoniale. Quale delle due imprese si trova in una situazione di equilibrio patrimoniale? Motiva la risposta. ..........
   - **d.** Come definiresti la struttura patrimoniale dell'impresa Hincu?

**6** **CLIL** Separate assets from liabilities and complete the balance sheet shown below.

| | | | |
|---|---|---|---|
| Buildings | € 240.000 | Loans | € 200.000 |
| Trade creditors | € 190.000 | Software | € 80.000 |
| Sundry creditors | € 38.000 | Raw materials | € 60.000 |
| Plant and machinery | € 150.000 | Motor vehicles | € 20.000 |
| Finished products | € 95.000 | Equity capital | € 400.000 |
| Profit for the year | € 52.000 | Trade debtors | € 185.000 |
| Cash | € 18.000 | Bank current account | € 32.000 |

**Balance sheet**

| **Assets** | | **Liabilities and equity** | |
|---|---|---|---|
| **Fixed assets** | | **Payables** | |
| *Intangible* | | *medium and long-term* | |
| .......... | ..........,..... | .......... | ..........,..... |
| *Tangible* | | *short-term* | |
| .......... | ..........,..... | .......... | ..........,..... |
| .......... | ..........,..... | .......... | ..........,..... |
| .......... | ..........,..... | | |
| **Working capital** | | Total debt capital | 428.000,00 |
| *Inventories* | | | |
| .......... | ..........,..... | **Net equity** | |
| .......... | ..........,..... | .......... | ..........,..... |
| *Debtors* | | .......... | ..........,..... |
| .......... | ..........,..... | | |
| *Cash and cash equivalents* | | Total net equity | 452.000,00 |
| .......... | ..........,..... | | |
| .......... | ..........,..... | | |
| *Total* | 880.000,00 | *Total* | ..........,..... |

**7** **CLIL** Complete the following equations.

*Assets • Liabilities • Net equity • Profit for the year*

1. .......... = Assets – Liabilities
2. Negative net equity = .......... – ..........
3. .......... = Revenues – Costs

# RIPASSA I CONCETTI CHIAVE

| | |
|---|---|
| AZIENDA | Organizzazione, destinata a durare nel tempo e composta da un insieme di persone e di beni, che svolge una serie di operazioni, per produrre beni o servizi al fine di soddisfare bisogni umani.<br>→ **Impresa**: azienda il cui fine è ottenere un **profitto**<br>→ **Azienda non profit**: azienda con scopi di carattere sociale, culturale, sportivo o altro |
| GEOPOLITICA | Disciplina che studia le relazioni tra fattori geografici e azioni politiche e sociali.<br>→ Le scelte delle **imprese internazionali** sono influenzate dai fenomeni geopolitici |
| DISTRETTO INDUSTRIALE | Territorio con una forte concentrazione di piccole e medie imprese specializzate in una determinata attività produttiva. |
| RETE DI IMPRESE | Forma di **collaborazione** tra piccole imprese per innovare e **competere sui mercati internazionali.** |
| GLOBALIZZAZIONE ECONOMICA | Tendenza dell'economia ad assumere una dimensione sovranazionale.<br>→ Concorrenti globali<br>→ Consumatori globali |
| IMPRESA MULTINAZIONALE | Impresa che svolge la sua attività in Paesi diversi vendendo in grandi quantità sui mercati internazionali. |
| AREA DI LIBERO SCAMBIO | Insieme di Paesi limitrofi che si accordano per facilitare la circolazione di beni e servizi all'interno dell'area stessa. |
| SCELTE DELL'IMPRESA | Fascia di **clientela** da servire, **beni/servizi** da offrire e le loro caratteristiche, **processo produttivo** adatto a ottenere i beni/servizi, **localizzazione**, **forma giuridica**, **modello organizzativo**. |
| INIZIATIVE INTERNAZIONALI | Elementi di differenza: mercati, concorrenti, produzione, persone, risorse. |
| LOCALIZZAZIONE | Scelta del luogo in cui insediare le attività produttive. |
| FILIERA PRODUTTIVA (PROCESSO PRODUTTIVO) | Insieme di attività svolte dall'impresa, ognuna delle quali può essere *internazionalizzata*, a seconda dei *vantaggi* che l'operazione può comportare all'impresa. |
| FUNZIONE AZIENDALE | Insieme di attività, tra loro omogenee.<br>→ **Funzioni primarie**: logistica, produzione, marketing e vendite<br>→ **Funzioni di supporto**: approvvigionamenti, personale, ricerca e sviluppo, funzioni infrastrutturali |
| ORGANO AZIENDALE | Una o più persone a cui è affidata l'esecuzione di una determinata funzione (vertice strategico, linea intermedia, nucleo operativo, organi di staff). |

| | |
|---|---|
| MODALITÀ DI INTERNAZIONALIZZAZIONE | **Esportazione**, rappresentata dalla vendita di prodotti all'estero; può essere **indiretta** (tramite un collaboratore esterno **nazionale**) o **diretta** (con la propria organizzazione o tramite collaboratori **all'estero**).<br>**Accordi di collaborazione interaziendale**, come *licensing, franchising* e *joint venture*.<br>**Investimenti diretti all'estero**, realizzati con insediamenti produttivi all'estero. |
| ORGANIGRAMMA | Rappresentazione grafica della **struttura organizzativa** dell'impresa. |
| MODELLI ORGANIZZATIVI | Struttura elementare, struttura funzionale, struttura divisionale, struttura a matrice. |
| GESTIONE AZIENDALE | Insieme coordinato di operazioni attraverso le quali l'impresa persegue gli obiettivi prefissati. |
| OPERAZIONI DI GESTIONE | **Finanziamento** (ottenimento dei capitali necessari per svolgere la propria attività); **investimento** (acquisizione dei fattori produttivi); **trasformazione fisico-tecnica** (combinazione produttiva da cui si ottiene il bene o il servizio); **disinvestimento** (vendita del prodotto/servizio).<br>Possono essere **interne**, se riguardano i processi produttivi aziendali (operazioni di trasformazione fisico-tecnica) ed **esterne**, se effettuate con l'ambiente esterno (finanziamenti, investimenti e disinvestimenti). |
| ASPETTI DELLE OPERAZIONI ESTERNE DI GESTIONE | **Finanziario** (movimenti nelle disponibilità liquide, nei crediti e nei debiti).<br>**Economico** (sostenimento dei **costi** per l'acquisizione dei fattori produttivi - investimenti; conseguimento dei **ricavi** - disinvestimenti). |
| FONTI DI PROVENIENZA DEI FINANZIAMENTI RICEVUTI DA UNA IMPRESA | **Fonti interne**, rappresentate dagli utili non prelevati (**autofinanziamento**).<br>**Fonti esterne** (**capitale proprio**, detto anche **capitale di rischio**, cioè capitale apportato dal proprietario o dai soci; **capitale di debito**, cioè capitale ricevuto da altri soggetti esterni all'impresa). |
| REDDITO D'ESERCIZIO | Risultato economico, **utile** o **perdita**, che si ottiene per effetto della gestione aziendale svolta in un periodo amministrativo (differenza tra i ricavi e i costi di competenza economica dell'esercizio, ossia riferiti allo stesso **periodo amministrativo**). |
| PATRIMONIO DI FUNZIONAMENTO | Insieme dei beni di cui il soggetto aziendale dispone al termine del periodo amministrativo.<br>→ **Attivo patrimoniale** (**immobilizzazioni**: immateriali, materiali, finanziarie)<br>→ **Attivo circolante** (rimanenze, ossia scorte di merci, prodotti finiti, semilavorati, materie di consumo ecc. presenti nel magazzino; crediti a breve scadenza; attività finanziarie che non costituiscono immobilizzazioni; disponibilità liquide)<br>→ **Passivo patrimoniale** (**capitale proprio** - nell'impresa individuale coincide con il **patrimonio netto** - che corrisponde ai mezzi propri dell'impresa; **capitale di debito**, rappresentato dai debiti dell'impresa) |

## Piaggio: dalla Vespa ai veicoli-robot

### La storia

Piaggio viene fondata nel 1887 da Rinaldo Piaggio come azienda di arredamento navale.
Nel 1916 inizia l'attività di produzione aeronautica e nel 1924 inizia a produrre motori e veicoli su brevetto proprio. Alla morte di Rinaldo subentra il figlio Enrico che nel 1946, in seguito alla distruzione degli impianti avvenuta durante la guerra, inizia la riorganizzazione della struttura industriale che si specializza nella costruzione di motoscooter, un prodotto che avrebbe avuto e continua ad avere grande successo.
La famosa *Vespa,* elemento di punta della produzione Piaggio pensato per offrire un prodotto a basso costo e di largo consumo, nasce proprio nel 1946 e nei dieci anni successivi vende un milione di esemplari. In seguito continua a essere simbolo di italianità nel mondo, unendo la bellezza della linea a un nuovo concetto di mobilità leggera.
Nel 1967 viene prodotto il *Ciao,* primo tra i ciclomotori di nuova concezione, il "motorino" a lungo più richiesto dai quattordicenni.
Negli anni successivi continua la serie di scooter di successo, con modelli come Hexagon, X8, X9, Nexus, Beverly fino alle Vespa ET, all'MP3 e alla Vespa LX 60 delle ultime generazioni. La ET è prodotta in occasione del cinquantenario (1996) e rappresenta simbolicamente la ripresa del filo conduttore che dalla storia porta al presente.

### Lo sviluppo più recente

Le vicende produttive degli ultimi due decenni, accanto a periodi di crisi, registrano fasi di nuove affermazioni e il permanere della continuità tra innovazione e creatività.
Nel 2004 Piaggio stipula un accordo con i cinesi di Zongshen per entrare nel mercato asiatico.
Nel 2006 il titolo viene quotato in Borsa e acquisisce il controllo di marchi prestigiosi come Aprilia e Guzzi, portando il gruppo Piaggio ai primissimi posti del settore delle due ruote e della mobilità commerciale leggera. I veicoli di ultima generazione mantengono caratteristiche tecniche e di innovazione capaci di soddisfare le più varie esigenze del vasto pubblico degli scooter, migliorando la mobilità delle persone (uomini, donne, giovani e meno giovani e ogni altra persona di qualsiasi età, ceto e nazione) e conciliando le esigenze pratiche e il rispetto della natura con veicoli a basso consumo e a basso se non nullo inquinamento. Piaggio intende espandersi con i motori ecologici anche in Cina, dove ha concluso una joint venture di produzione al 45% con un partner locale.

### I numeri del successo

Oltre il 90% dei ricavi del gruppo viene dall'estero: Piaggio è leader in Europa con il 14,8% del mercato nelle due ruote, che sale al 26% nei soli scooter, mentre nel resto del mondo deve confrontarsi con i prezzi competitivi dei concorrenti, tra i quali i principali sono i giapponesi di Honda e Yamaha.
La Vespa continua a essere un marchio di punta con un altissimo successo all'estero. Nel 2016 ne sono state vendute 165.000 unità. Nel primo semestre 2017, rispetto al 2016, le vendite sono cresciute del 9,3%, in particolare in Europa e America del 16,4% e in Asia dell'11,1%.
Il mercato indiano dei veicoli commerciali Piaggio copre un terzo dei ricavi annui del gruppo, ma sta risentendo delle scelte politiche indiane come la demonetizzazione (il ritiro dalla circolazione delle banconote da 500 e 1.000 rupie come misura d'emergenza contro corruzione, falsificazione ed evasione fiscale).
Il titolo è cresciuto in Borsa del 35% in un anno. I debiti continuano a superare il capitale proprio, pur con una riduzione nel primo semestre 2017: i debiti netti sono calati a 450,2 milioni rispetto ai 491 milioni di fine dicembre.
I dipendenti Piaggio sono 6.584, di cui 3.496 in Italia, dove non sono mai stati ridotti, neanche nei periodi di crisi.
La rete di oltre tremila concessionari si sta trasformando in *flagship* (letteralmente negozi-bandiera, monomarca) multi servizio *Motoplex.* Ne sono stati aperti 250 in tutto il mondo e l'impresa si aspetta che questo riposizionamento porti a maggiori ricavi del 10%.

### L'innovazione continua

Grazie all'esperienza rivoluzionaria della Vespa, Piaggio ha seguito un'idea di mobilità leggera, concentrandosi su due fattori sempre più importanti nella società moderna: l'ubiquità delle reti e l'esigenza di avere sempre più zone pedonali e libere dal traffico. A tal fine nel 2015 Piaggio ha creato a Cambridge (Massachusetts, USA) la *start up* Piaggio Fast Forward (Pff), investendo nella robotica e nell'intelligenza artificiale per realizzare due veicoli-robot: Gita e Kilo, pensati per costruire la città del futuro libera da auto, traffico e inquinamento. Gita può essere imma-

ginato come il bagagliaio di un'automobile staccato dall'auto, che si muove in modo indipendente, segue a poca distanza come un cagnolino, grazie a un collegamento wifi, ma è capace di auto-mappare il percorso e ripeterlo autonomamente. Può trasportare fino a 20 chili, muoversi in uno spazio chiuso o all'aperto, a una velocità media di 20 km/h, con un'autonomia di circa 8 ore (funziona con batterie al litio). Kilo è il fratello maggiore: ha 3 ruote e può trasportare fino a 115 chili.
I prototipi, costruiti interamente in fibra di carbonio, con molte parti stampate in 3D dovrebbero essere sviluppati in prodotti da portare a breve sul mercato. Sono dotati di telecamera a 360 gradi anteriore e posteriore, di sensori per rilevare gli ostacoli, luci led per indicare quando sono in movimento (diventano rosse in caso di frenata). Possono trasmettere musica, ma anche proiettare un film.
Le applicazioni di questi veicoli sono svariate: negli ospedali, nei centri commerciali, allo stadio, nelle scuole, in fabbrica.

CASO AZIENDALE

**1** **Rispondi alle domande.**

**a.** Quali possono essere i clienti dei veicoli Piaggio attualmente in commercio?
**b.** Quali potranno essere i clienti dei nuovi veicoli robot?
**c.** Quali tra gli stakeholder hanno ricevuto benefici diretti dal successo di Piaggio?
**d.** Perché Piaggio può essere considerata un'impresa multinazionale?
**e.** Quali sono i principali competitor di Piaggio?
**f.** Quali elementi fanno pensare che Piaggio stia adottando scelte da Industria 4.0?

**2** **Indica se le affermazioni sono vere o false; in quest'ultimo caso suggerisci la formulazione corretta.**

**1.** Piaggio è leader di mercato in Europa. V F
**2.** Il mercato indiano non è un mercato importante per Piaggio. V F
**3.** La funzione Vendite di Piaggio viene internazionalizzata. V F
**4.** Tutte le funzioni aziendali possono essere internazionalizzate. V F
**5.** La vendita all'estero tramite concessionari rappresenta una forma di esportazione. V F
**6.** La joint venture stipulata con i partner cinesi rappresenta un investimento diretto all'estero. V F
**7.** L'apertura di negozi monomarca di proprietà rappresenta una forma di contratto di collaborazione aziendale. V F
**8.** La struttura organizzativa di un'impresa come Piaggio può essere di tipo funzionale. V F
**9.** Il calcolo del rapporto tra capitale proprio e capitale di debito permette di esprimere una valutazione sull'equilibrio patrimoniale dell'impresa. V F
**10.** I debiti molto elevati rischiano di non poter essere rimborsati alla scadenza. V F
**11.** Il capitale permanente è dato dalla somma di capitale proprio e immobilizzazioni. V F

**3** **Lavoro di gruppo.**

**a.** Individuate le modalità di internazionalizzazione adottate dalla Piaggio.
**b.** Anche attraverso una ricerca sul web, individuate quali possono essere le caratteristiche dei concorrenti asiatici che non permettono alla Piaggio di raggiungere i risultati ottenuti in Europa.
**c.** Dopo esservi confrontati, spiegate perché la nuova strategia di apertura di negozi multi servizio *Motoplex* può far aumentare i ricavi. (Riflettete per esempio sulla notorietà del marchio Vespa.)
**d.** Ogni componente del gruppo individui in modo autonomo le caratteristiche dei due veicoli robot che ritiene più innovative. Successivamente confrontatevi e motivate le vostre scelte.

# A company, its organization and its management

**1** **Read the information about procurement and answer the questions.**

Public procurement is the process of purchasing goods, services or works by the public sector from the private sector. Overall, public procurement represents on average 10 to 25% of GDP, making the procurement market a unique business opportunity for the private sector.

1. What does the term *public procurement* mean?
2. What is the most important difference between a public company and a private enterprise?
3. In a procurement contract, does the state represent the buyer or the seller?
4. Is the procurement market important for enterprises?

**2** **Country analysis: India. Read the following enterprise case then answer the questions.**

India, the world's largest democracy and the second most populous country after China, emerged as a major power in the 1990s. It is militarily strong, has major cultural influence and enjoys a fast-growing and powerful economy.
India is the world's second most populous country after China.
From the late 1980s India began to open up to the outside world, encouraging economic reform and foreign investment. It is now courted by the world's leading economic and political powers, including its one-time foe, China.
The country has a burgeoning urban middle class and has made great strides in fields such as information technology. Its large, skilled workforce makes it a popular choice for international companies seeking to outsource work.
But economic progress is hampered by corruption, widely regarded as endemic and engulfing every level of politics and society.
The vast mass of the rural population remains impoverished. Their lives continue to be influenced by the ancient Hindu caste system, which assigns each person a place in the social hierarchy.

Source: www.bbc.com

**The trend of principle economic variables in India**

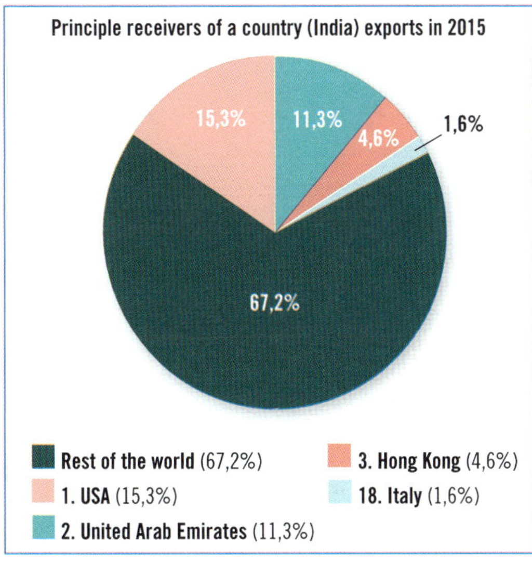


Note: for each country its position in the receivers ranking is specified; the % in brackets indicates the weight on total export.

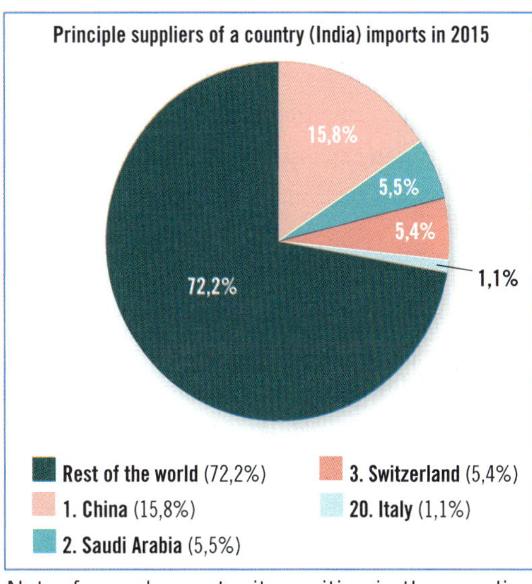


Note: for each country its position in the suppliers ranking is specified; the % in brackets indicates the weight on total import.

CONTENT AND LANGUAGE INTEGRATED LEARNING

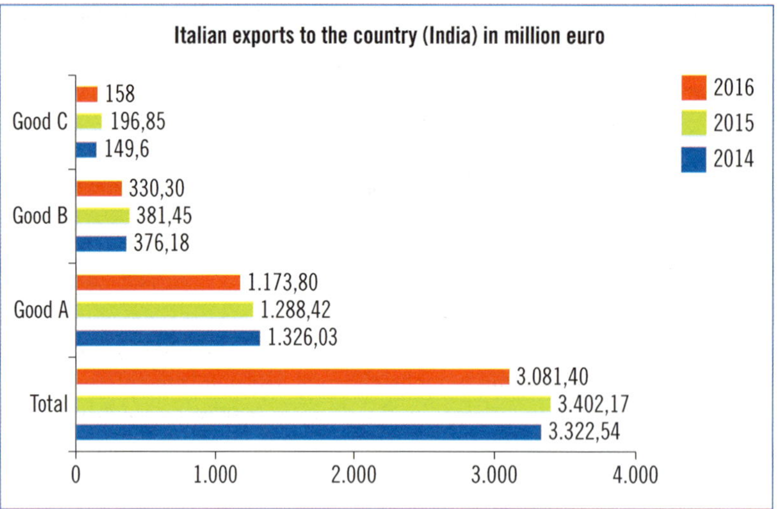


Good A = Machinery and equipment
Good B = Chemicals
Good C = Metallurgy products

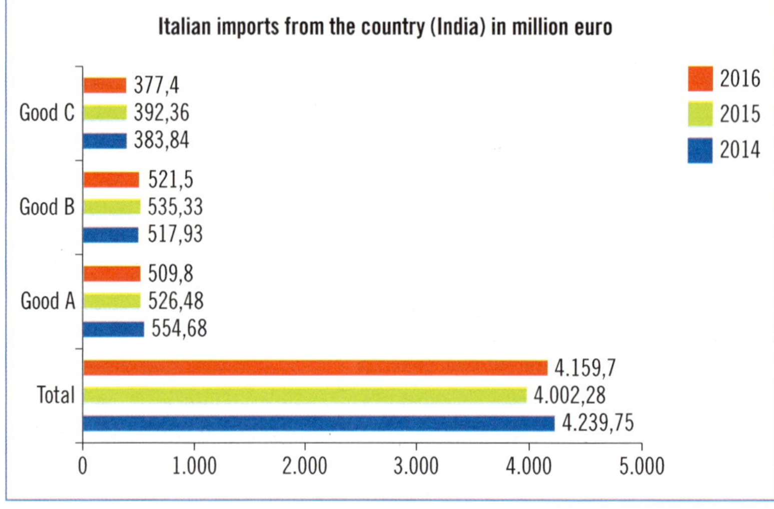


Good A = Chemicals
Good B = Metallurgy products
Good C = Clothing (also leather and fur clothing)

Source: www.infomercatiesteri.it

1. From when is Indian economy growing in the international markets? ..................
2. Describe the urban middle class and the rural population ..................
3. Why is India an attractive choice for international companies seeking to outsource work? ..................
4. Which countries import most from India? ..................
5. Which countries export most to India? ..................
6. Which economic sectors are more interesting for Italian companies? ..................

CONTENT AND LANGUAGE INTEGRATED LEARNING

**3** **Value chain. Read the text and answer the questions.**

The operations of a firm can be thought of as a value chain made up of a series of distinct value creation activities, including production, marketing and sales, material management, R&D, human resources, IT and infrastructure. These value creation activities, or operations, can be categorized either as primary or support activities.

1. What are the primary activities in the supply chain model you have studied? ..................
2. Explain what research and development is concerned with. ..................
3. Do you think human resources are the same worldwide? Give reasons for your answer. ..................

**4** **Read the extract from "*Made in Italy" export keeps accelerating: 4% growth in the next four years, up to € 490 billion*, L. Cavestri, and complete the task required.**

**Italian exports**

Italian exports are set to grow at an annual rate of 4% until 2020, when they are expected to amount to nearly € 490 billion.

This is a step-up compared to the 1.7% growth seen in the previous four years. The picture is outlined by the "Italy Unchained" report that SACE presented at the Italian stock exchange in Milan.

*Growth drivers*

Italian exports will grow thanks to traditional markets in Europe, North America and Asia. The best performance is expected in North America (+4,9%), driven by the United States – and followed by Asia (+4,6%), where the best prospects will be in China, India, and Indonesia. Advanced markets in Europe also hold good prospects (+3,4%, with € 41 billion in exports estimated from now up to 2020), and emerging markets in Europe (+2,9%). Growth is seen at 2,1% in the Middle East and North Africa, despite the geopolitical and economic difficulties.

*The 15 high-potential markets*

There are 15 markets that – based on risk indicators, growth in the economy and demand, the opening to imports, the dynamics of Italian exports in recent years and competitive position compared to traditional competitors of Italy – can be identified as "high potential" places.

A basket of target markets – both emerging and advanced – which accounted for € 85 billion of Italian sales in 2016 (equal to 20% of overall exports) and which could take in more than € 100 billion in 2020, in light of the increasing demand for imported goods (+5,7% on average annually in the next four years). These markets are Saudi Arabia, Brazil, China, Arab Emirates, India, Indonesia, Kenya, Mexico, Peru, Qatar, Czech Republic, Russia, the US, South Africa and Vietnam.

*The most dynamic sectors*

But which sectors will grow the most in the next four years? The chemical sector (€ 42 billion of exports in 2016) will register the most sustained rate of growth in foreign sales (6,3% in 2017 and 5,8% in 2018-2020), thanks to the recovery of investments in the industrial sectors in which chemicals are used, from the petrochemical to the pharmaceutical industry.

Industrial machinery (the top Italian sector for foreign sales, with more than € 85 billion worth of exports in 2016) will manage to maintain a competitive advantage which will allow it to replicate 2016's 2,2% rate of growth this year as well, with growth rates then expected accelerate in the subsequent three-year period.

Means of transport (€ 45,2 billion of exports in 2016) will see foreign growth of 5,4% in 2018-2020, thanks to the performance of all segments – cars, ships and aircraft – destined for retail clients or linked to strategic sectors of the economy.

«We are not heading toward the end of globalization, rather toward a new phase of globalization», said Roberta Marracino, director of SACE's study and communication center. «This is an even more interconnected phase, in which some markets close off, but many open, moving the focal point of global competition from single states to the global value chain.»

Source: www.italy24.ilsole24ore.com

**a. True or false.**

1. Italian exports are set to grow until 2020 more than in the past four years. T F
2. Geopolitical and economic difficulties help Italian exports grow. T F
3. The best performance for Italian exports is expected in USA. T F
4. Saudi Arabia and Singapore are two of the 15 high-potential markets. T F
5. The pharmaceutical industry is one of the industrial sectors in which chemicals are used. T F
6. The global value chain is a focal point of global competition. T F

**b. Answer the questions.**

1. Can you give an example of the present geopolitical and economic difficulties?
2. What is new about the phase of globalization we are heading toward?
3. What are the indicators the scorecard of the 15 high-potential markets is based on?

# DIVENTA CITTADINO DIGITALE

## Ti affidi solo ai social network per sapere che cosa accade nel mondo?

**Leggi il testo e sviluppa le tue competenze digitali eseguendo con spirito critico quando richiesto.**

1. Mark Zuckerberg, il fondatore di Facebook, ha diffuso un lungo messaggio, di cui si riportano alcuni dei passaggi fondamentali.

**Building Global Community**

«Stiamo costruendo il mondo che ci piace?». *Se cresce sempre più l'istinto protezionista questo è il momento per essere davvero* «global» *per poter* «diffondere prosperità, libertà, pace, progresso e sconfiggere il terrorismo, il cambiamento climatico e la povertà. Per progredire l'umanità deve unirsi, non pensare in termini di città o nazioni, ma come se fosse una comunità globale» [...] La mia speranza è di costruire nel lungo termine una infrastruttura sociale per unire l'umanità, una comunità informata, sicura, impegnata dal punto di vista civico, inclusiva. Tutte le soluzioni non arriveranno solo da Facebook, ma noi potremo giocare un ruolo, credo [...] Facebook aiuta le persone a rischio suicidio mettendole in contatto con gli amici, Facebook ha attivato il «Safety check» quando c'è un attentato, Facebook con la sua comunità ha raccolto 15 miliardi per le vittime del terremoto in Nepal». Per vivere in un ambiente sicuro, è fondamentale per Zuckerberg affidarsi «all'intelligenza artificiale per capire in maniera più veloce e accurata cosa sta accadendo alla nostra comunità».

Fonte: estratto dal c.d. «manifesto» di Zuckerberg

2. Un precedente messaggio di Zuckerberg su Facebook aveva fatto discutere l'opinione pubblica. Dopo che la società guidata da Zuckerberg si era rifiutata di rivelare le comunicazioni tra persone indagate per diversi reati, i giudici brasiliani avevano emesso un provvedimento con cui ordinavano a tutti gli operatori di telefonia in Brasile di bloccare l'applicazione WhatsApp, controllata da Facebook.

Al messaggio di Zuckerberg ha fatto seguito la protesta di circa 100 milioni di persone on line e di un gran numero di cittadini brasiliani che si sono recati sotto la sede della Corte suprema. Dopo 72 ore la connessione a WhatsApp veniva ripristinata.

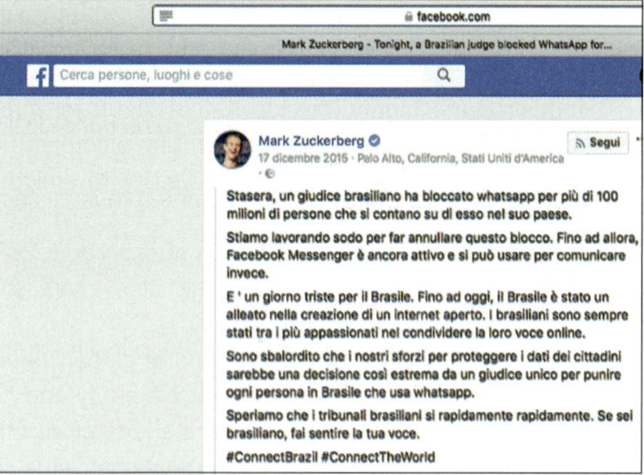
facebook.com
Mark Zuckerberg - Tonight, a Brazilian judge blocked WhatsApp for...
Cerca persone, luoghi e cose
Mark Zuckerberg
Segui
17 dicembre 2015 · Palo Alto, California, Stati Uniti d'America

Stasera, un giudice brasiliano ha bloccato whatsapp per più di 100 milioni di persone che si contano su di esso nel suo paese.

Stiamo lavorando sodo per far annullare questo blocco. Fino ad allora, Facebook Messenger è ancora attivo e si può usare per comunicare invece.

E ' un giorno triste per il Brasile. Fino ad oggi, il Brasile è stato un alleato nella creazione di un internet aperto. I brasiliani sono sempre stati tra i più appassionati nel condividere la loro voce online.

Sono sbalordito che i nostri sforzi per proteggere i dati dei cittadini sarebbe una decisione così estrema da un giudice unico per punire ogni persona in Brasile che usa whatsapp.

Speriamo che i tribunali brasiliani si rapidamente rapidamente. Se sei brasiliano, fai sentire la tua voce.

#ConnectBrazil #ConnectTheWorld

1. Effettua una ricerca sul web per documentarti sui due messaggi di Zuckerberg, accedendo direttamente ai post su Facebook e recuperando dal web gli articoli di quotidiani che hanno commentato le notizie.
2. Raccogli in un file i materiali più interessanti della tua ricerca, accompagnati dall'indicazione dei siti da cui sono stati tratti.
3. Condividi il file con i tuoi compagni e confronta i materiali trovati.
4. Prepara una breve relazione con le tue considerazioni, utilizzando i seguenti spunti di riflessione:
   - **a.** le due notizie sembrano animate dallo stesso fine: il futuro dell'umanità in cui convivano pace, libertà e progresso;
   - **b.** il rischio di un ritorno al protezionismo preoccupa molte persone;
   - **c.** Zuckerberg è un imprenditore;
   - **d.** qualche giornalista ritiene che il "manifesto" di Zuckerberg rappresenti il primo passo verso la candidatura a prossimo Presidente degli Stati Uniti.
5. In che misura le informazioni postate sui social network influenzano il tuo giudizio sugli avvenimenti sociali ed economici che ti interessano?

# L'organizzazione e la gestione dell'impresa

## Cicli aziendali

ITUAZIONE OPERATIVA

Il 12/05 la Filati Italiani spa, impresa industriale che produce capi di abbigliamento sportivo, acquista una quantità di tela dalla Tessuti Angelis srl; la fornitura prevede il pagamento a fine giugno. In data 20/05 la tela è impiegata per realizzare uno stock di pantaloni estivi; il processo produttivo si conclude il 28/05.

Il 18/06 i pantaloni sono venduti al cliente Mario Portesi con regolamento al 15/07. Alla scadenza la fattura è regolarmente incassata.

La dipendente Chiara Basso è incaricata di redigere un report contenente il calcolo della durata e la rappresentazione grafica: del ciclo economico, del ciclo tecnico, del ciclo finanziario e del ciclo monetario.

VOLGIMENTO

### A. Calcolo della durata dei cicli

| | B | C |
|---|---|---|
| 3 | Date | |
| 4 | Acquisto materia prima | 12/05/2017 |
| 5 | Debito di regolamento | 12/05/2017 |
| 6 | Inizio produzione | 20/05/2017 |
| 7 | Termine produzione | 28/05/2017 |
| 8 | Vendita prodotti | 18/06/2017 |
| 9 | Credito di regolamento | 18/06/2017 |
| 10 | Pagamento fattura di acquisto | 30/06/2017 |
| 11 | Riscosssione fattura di vendita | 15/07/2017 |

Per svolgere il compito affidatole, la dipendente Basso utilizza il foglio elettronico **Microsoft Excel** con cui esegue il calcolo della durata dei cicli gestionali in un foglio di lavoro denominato **CICLI**. Utilizzando il comando **Visualizza-Mostra** ed eliminando il segno di spunta sul quadratino relativo alla griglia nel foglio è stata disattivata la visualizzazione della griglia stessa (contorni delle celle). Nell'area di celle B4:C11, riprodotta nella figura a sinistra, sono raccolte le date che segnano lo svolgimento dell'attività. Le celle B3:C3, che contengono il titolo attribuito alla tabella, sono state unite con il comando **Home-Allineamento-Unisci e allinea al centro**.

Alle celle C4:C11 è attribuito il formato Data (giorno/mese/anno) utilizzando il comando **Formato celle** del menu rapido, aperto con il tasto destro del mouse dopo aver individuato le celle interessate.

ISPONDI

Se con il comando **Formule-Mostra formule** si visualizzano nelle celle le formule anziché i valori, l'area di celle C4:C11 appare come nella figura a lato. Che cosa rappresentano i numeri visualizzati?

| | C |
|---|---|
| 4 | 42867 |
| 5 | 42867 |
| 6 | 42875 |
| 7 | 42883 |
| 8 | 42904 |
| 9 | 42904 |
| 10 | 42916 |
| 11 | 42931 |

Il calcolo della durata dei vari cicli, espressa in giorni, è sviluppato nell'area di celle E3:H11 (vedi figura a lato).

| | E | F | G | H |
|---|---|---|---|---|
| 3 | Durata dei cicli | | | |
| 4 | | dal | al | giorni |
| 5 | Ciclo economico | 12/5 | 18/6 | 37 |
| 6 | | | | |
| 7 | Ciclo tecnico | 20/5 | 28/5 | 8 |
| 8 | | | | |
| 9 | Ciclo finanziario | 12/5 | 18/6 | 37 |
| 10 | | | | |
| 11 | Ciclo monetario | 30/6 | 15/7 | 15 |

LABORATORIO

| | F | G |
|---|---|---|
| 5 | =C4 | =C8 |
| 7 | =C6 | =C7 |
| 9 | =C5 | =C9 |
| 11 | =C10 | =C11 |

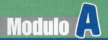

Nelle celle delle colonne F e G, adiacenti ai nomi dei cicli, sono richiamate con opportune formule le date di inizio e di fine del ciclo:

- **ciclo economico**: dall'acquisto della materia prima alla vendita del prodotto;
- **ciclo tecnico**: dall'inizio al termine della produzione;
- **ciclo finanziario**: dal sorgere del debito di regolamento al sorgere del credito di regolamento;
- **ciclo monetario**: dal pagamento della fattura di acquisto della materia prima alla riscossione della fattura di vendita dei prodotti.

Nella colonna H sono inserite le formule per il calcolo dei giorni, costituite dalla differenza fra due date.

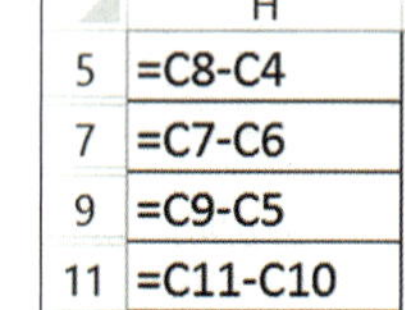

| | H |
|---|---|
| 5 | =C8-C4 |
| 7 | =C7-C6 |
| 9 | =C9-C5 |
| 11 | =C11-C10 |

Perché nelle celle H5-H7-H9-H11 la differenza tra due date dà come risultato un numero?

## B. Il report e la rappresentazione grafica dei cicli

Completato il foglio **CICLI** con **Microsoft Excel**, la dipendente Basso copia il suo contenuto all'interno di un documento di **Microsoft Word**, per realizzare un sintetico report sull'argomento. Dopo aver individuato l'area di celle da copiare (B3:H11), il risultato si ottiene con un'operazione di copia-incolla dal foglio Excel al documento Word.

Il report prosegue con il seguente commento ai dati forniti:

- la durata del **ciclo economico** di 37 giorni indica il tempo che intercorre tra l'investimento e il disinvestimento realizzato con la vendita. L'azienda deve puntare a ridurre la durata del ciclo economico, cercando di vendere al più presto i prodotti ottenuti;
- il **ciclo finanziario**, essendo parallelo al ciclo economico, presenta la stessa durata;
- il **ciclo tecnico** è di 8 giorni, periodo che si potrebbe abbreviare migliorando l'organizzazione del lavoro all'interno del reparto di produzione e utilizzando macchinari tecnologicamente avanzati;
- il **ciclo monetario** dura 15 giorni; la durata di tale ciclo può essere ridotta posticipando il pagamento delle forniture e/o accorciando i termini di riscossione delle fatture di vendita.

Infine, all'interno del report è inserito lo schema illustrativo per visualizzare graficamente la durata dei cicli e la loro disposizione temporale.

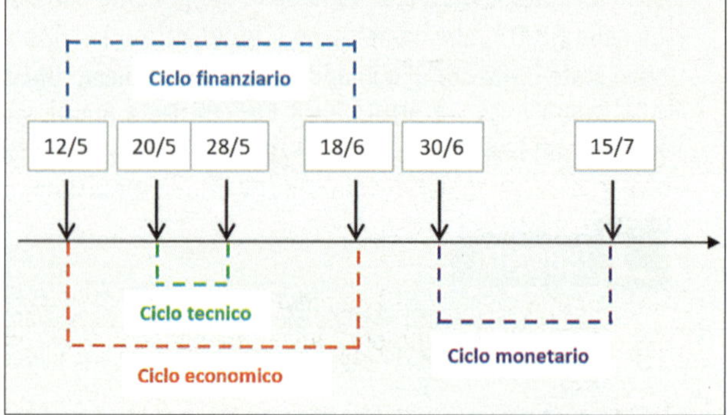


Lo schema è realizzato con gli strumenti resi disponibili dal comando **Inserisci-Illustrazioni-Forme**, che consente di tracciare linee, forme geometriche, frecce, elementi decorativi, diagrammi di flusso e di inserire caselle di testo.

I vari elementi sono collocati all'interno di una **Nuova area disegno**; il relativo comando è collocato in fondo alla finestra degli strumenti di disegno. L'area di disegno, con gli elementi in essa inseriti, può essere copiata, spostata e ridimensionata come un'unica figura.

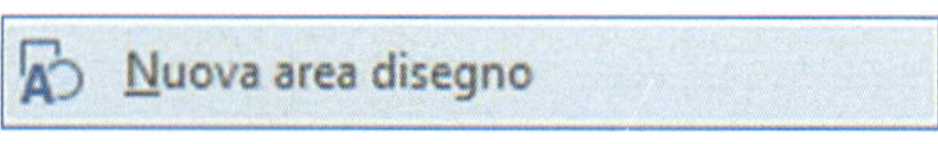


Le scritte (Ciclo economico, Ciclo monetario ecc.) sono contenute all'interno di caselle di testo il cui contorno è reso invisibile con il comando **Formato-Contorno forma-Nessun contorno**. Analogamente le date sono contenute in caselle di testo, a cui è assegnato un riempimento bianco.

In Microsoft Word quale pulsante permette di inserire una casella di testo?

## C. Presentazione multimediale

Terminata la stesura del report, con **Microsoft PowerPoint** viene realizzata una presentazione da utilizzare nel corso di una riunione aziendale per esporre gli stessi contenuti.

La *prima diapositiva* contiene il titolo "Filati Italiani spa" e il sottotitolo "Abbigliamento sportivo".

Filati Italiani spa

Abbigliamento sportivo

**Diapositiva 1**

La *seconda e la terza diapositiva* contengono ciascuna una tabella in cui sono state copiate le date dell'attività e la durata dei cicli gestionali, presenti nel foglio **CICLI** realizzato con Excel.

**Diapositiva 2**

**Le date dell'attività**

| | |
|---|---|
| Acquisto materia prima | 12/05/2017 |
| Debito di regolamento | 12/05/2017 |
| Inizio produzione | 20/05/2017 |
| Termine produzione | 28/05/2017 |
| Vendita prodotti | 18/06/2017 |
| Credito di regolamento | 18/06/2017 |
| Pagamento fattura di acquisto | 30/06/2017 |
| Riscossione fattura di vendita | 15/07/2017 |

**Diapositiva 3**

**La durata dei cicli**

| | dal | al | giorni |
|---|---|---|---|
| Ciclo economico | 12/5 | 18/6 | 37 |
| Ciclo tecnico | 20/5 | 28/5 | 8 |
| Ciclo finanziario | 12/5 | 18/6 | 37 |
| Ciclo monetario | 30/6 | 15/7 | 15 |

Dopo l'operazione di copia-incolla le tabelle possono essere adeguatamente formattate utilizzando i comandi delle schede **Strumenti tabella-Progettazione**, che contiene molti Stili di tabelle predisposti, e **Strumenti tabella-Layout**.

Nella *quarta diapositiva* è riprodotto lo schema della durata dei cicli realizzato con **Microsoft Word**; la *quinta diapositiva* contiene il report, inserito all'interno di una casella di testo.

**Diapositiva 4**

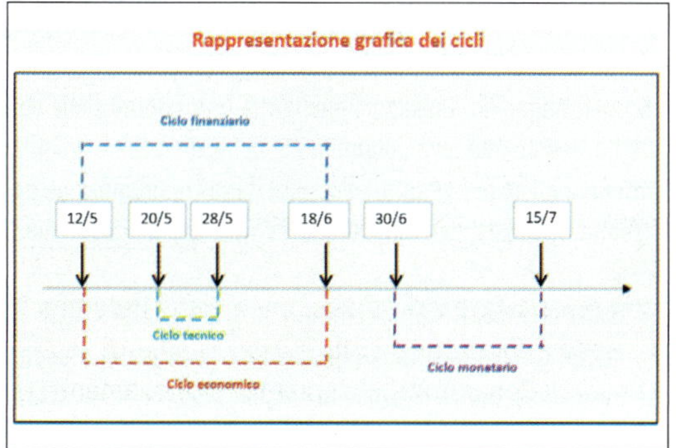


**Diapositiva 5**

**Commento**

*La durata del ciclo economico di 37 giorni indica il tempo che intercorre tra l'investimento e il disinvestimento realizzato con la vendita. L'azienda deve puntare a ridurre la durata del ciclo economico, cercando di vendere al più presto i prodotti ottenuti.*

*Il ciclo finanziario, essendo parallelo al ciclo economico, presenta la stessa durata.*

*Il ciclo tecnico è di 8 giorni, periodo che si potrebbe abbreviare migliorando l'organizzazione del lavoro all'interno del reparto di produzione e utilizzando macchinari tecnologicamente avanzati.*

*Il ciclo monetario dura 15 giorni; la durata di tale ciclo può essere ridotta posticipando il pagamento delle forniture e/o accorciando i termini di riscossione delle fatture di vendita.*

LABORATORIO

# PALESTRA PER L'ESAME DI STATO

*Svolgendo questa prova puoi* ***accertare*** *il livello delle* ***competenze*** *acquisite, articolate in* ***conoscenze*** *e* ***abilità****, per prepararti alla prova scritta.*

## A. Analisi di testi e documenti

**Leggi i documenti che seguono ed esegui quanto richiesto.**

**Estratto dal report Export 2017 di SACE, www.exportiamo.it**

Le esportazioni italiane viaggiano ad alta velocità e non hanno alcuna intenzione di fermarsi. Questo è quello che emerge dal report Export 2017 di SACE.

Per il 2017 le previsioni parlano di una crescita significativa del nostro export che, dopo l'incremento dell'1,2% del 2016, dovrebbe registrare un incremento ben più sostanzioso (+ 3/4%).

Nell'arco di quattro anni (2017-2020) la crescita media delle nostre vendite all'estero sarà del 4% e salirà in misura significativa anche l'incidenza dell'export sul PIL che dal 30,4% del 2016 dovrebbe passare al 32,4% entro il 2020, arrivando quasi a rappresentare un terzo della ricchezza annua prodotta nel Belpaese.

Nella parte conclusiva il report di SACE suggerisce alle imprese italiane 15 destinazioni su cui puntare nei prossimi anni. Fra queste appaiono mercati di grandi dimensioni (Stati Uniti, Cina, Russia, India, Brasile, Indonesia, Sudafrica), realtà di dimensioni più contenute (Emirati Arabi Uniti, Repubblica Ceca, Arabia Saudita) e alcune sorprese (Messico, Vietnam, Qatar, Perù e Kenya).

**Estratto dallo studio *La presenza delle aziende italiane nell'ASEAN*, www.ice.it**

Se l'ASEAN (*Association of South-East Asian Nations*) fosse un unico Paese il suo PIL sarebbe il 7° al mondo e diventerebbe il 4° al mondo nel 2050, sarebbe la 4ª potenza esportatrice al mondo, sarebbe il 3° Stato più popoloso al mondo.

L'elenco potrebbe continuare, ma non renderebbe giustizia al caposaldo dell'Associazione degli Stati del Sud-Est asiatico: essa non è un'unione politica e dunque le affermazioni rimangono ipotetiche: tuttavia è valido e redditizio studiare le dinamiche che stanno trasformando l'ASEAN e le opportunità che ne discendono per le aziende e il Sistema Italia.

L'ingresso dell'ASEAN nella globalizzazione è stato lento ma costante, disomogeneo eppur diffuso, attraversato da crisi ma mai barcollante. Non ha avuto lo straripante successo dei 2 giganti asiatici, il Giappone della lunga ricostruzione e la Cina post maoista. Ha contributo solo con l'eccezionale ascesa di Singapore all'esperienza invidiabile delle 4 Tigri asiatiche (le altre 3 – Corea del Sud, Taiwan, Hong Kong – appartengono infatti all'Asia del Nord-Ovest). Non ha suscitato le speranze dell'India, il cui impatto sull'economia globale ha riscosso maggiore attenzione. Le *success story* hanno riguardato i «tigrotti» della Malaysia e della Thailandia e successivamente il Vietnam. Le popolose Filippine e Indonesia soltanto successivamente hanno saputo trarre vantaggio dalle loro cospicue risorse naturali. Le altre nazioni risentivano delle loro dimensioni (Cambogia, Laos, Brunei) o dell'isolamento internazionale al quale erano confinate (Myanmar). Negli ultimi anni la crescita economica ha riguardato tutti i Paesi, congiuntamente a una maggiore integrazione dell'area. Da tutti i governi ormai gli investimenti delle multinazionali sono banditi, protetti, negoziati. Per l'acquisizione di tecnologie e capitali si offrono in cambio protezione legale, riduzioni fiscali, accesso alle materie prime, disponibilità di manodopera economica e disciplinata. Sempre più attraente è la crescita del mercato interno, non più limitato alla soddisfazione dei bisogni primari.

Nel suo complesso l'ASEAN:
- nel 2013 ha ricevuto un flusso di IDE maggiore della Cina;
- dal 1967 ha incrementato 5 volte il suo PIL;
- rileva tra le sue aziende una massiccia presenza di PMI (96%);
- entro il 2020 prevede investimenti per le infrastrutture superiori a 1.000 miliardi di USD;
- registra una presenza di aziende italiane superiore a quella dell'India.

Sono 3 i macrosettori che presentano opportunità concrete. A essi ovviamente sono legati gli investimenti dei comparti collegati:

1. i **beni strumentali**. I buoni risultati raggiunti non hanno esaurito la domanda interna. I processi di industrializzazione di tutti i Paesi ASEAN (con la parziale eccezione di Singapore e Brunei) hanno un passaggio obbligato: la trasformazione delle materie prime. La secolare ambizione a non doverle esportare ha trovato una leva potente nella delocalizzazione produttiva dei Paesi industrializzati. L'ASEAN può ora più facilmente trattenere il valore aggiunto derivante dalla trasformazione delle loro risorse: legno, minerali, fossili, marmo, metalli preziosi, gomma, prodotti dell'agricoltura. Le ripercussioni sulla meccanica leggera italiana sono evidenti e immediate;
2. la **costruzione di infrastrutture**. La dotazione dell'intero ASEAN non è insufficiente come quella di altre aree in via di sviluppo (è noto al riguardo il ritardo del sub-continente indiano). Inoltre il ruolo centrale di Singapore compensa la mancanza dei singoli Stati. È invece insufficiente in relazione alle prospettive di crescita. In ogni documento dei governi viene ribadito l'impegno a costruire strade, aeroporti, porti, dighe, centrali elettriche. Le motivazioni non si discostano da quelle classiche: pro-

durre senza poter distribuire è un'operazione incompleta; la libera circolazione di merci e persone offre vitalità all'intero sistema economico. Anche in questo caso la tradizione delle aziende italiane di costruzione, progettazione e gestione potrebbe trovare riscontri superiori a quelli finora registrati;

3. i **beni di consumo**. La produzione italiana – con il traino delle grandi firme, ma non limitata a esse – è conosciuta per prestigio, qualità, status sociale che trasmette. La crescita di una classe media è un fenomeno economico e demografico di dimensioni impressionanti nel Sud-Est asiatico. Affrancata da condizioni di sussistenza, esposta al marketing internazionale, rappresenta un approdo insostituibile per il Made in Italy. Le sue 3 articolazioni – Sistema Moda, Sistema Persona, Agroalimentare – rappresentano le ambizioni di un ceto medio urbano, sensibile a nuovi gusti, dotato di una capacità di spesa ormai rilevante.

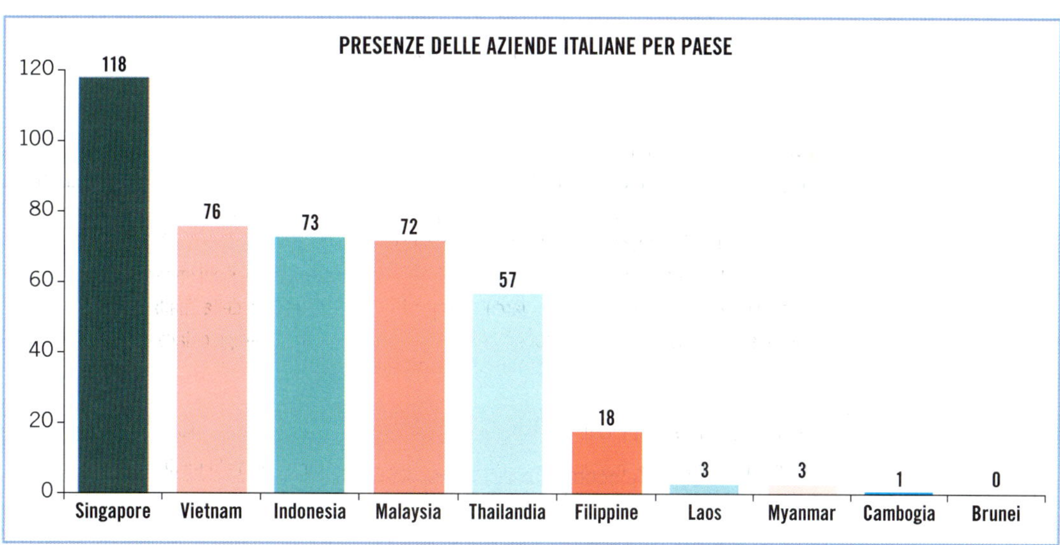


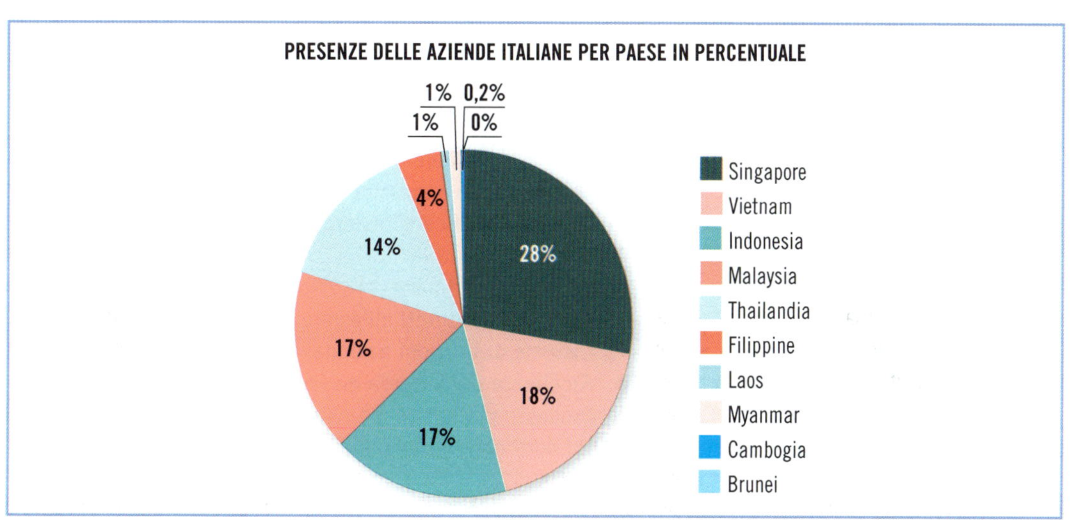

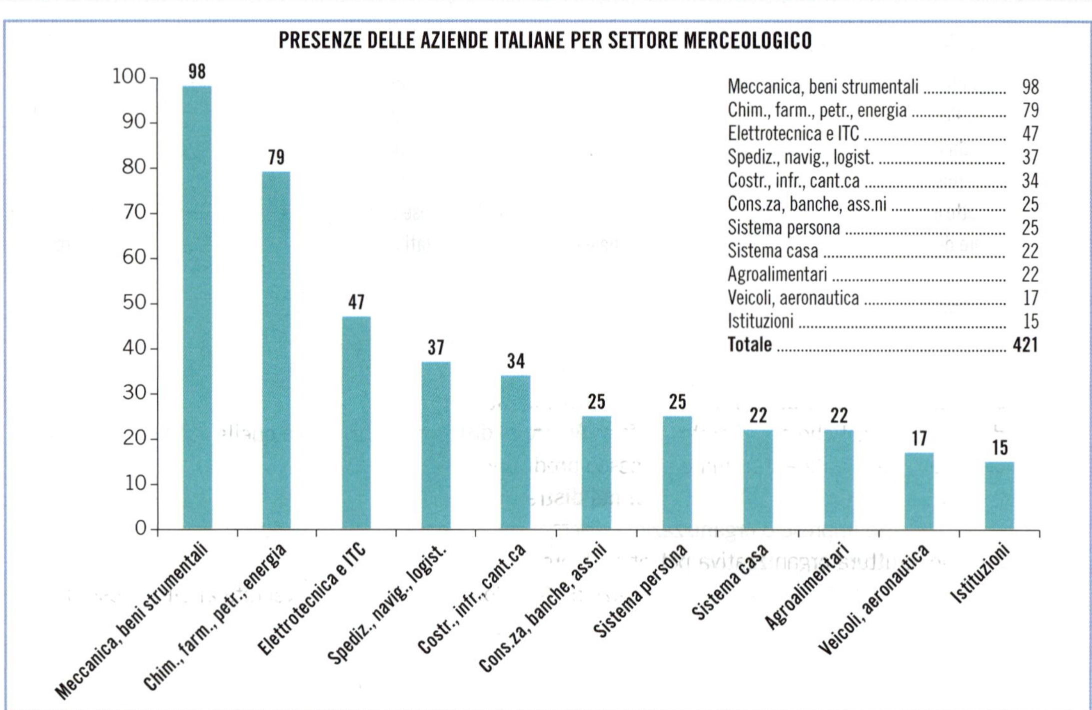


1. *Rispondi alle domande.*
   a. Qual è la tendenza delle esportazioni italiane per il periodo 2017-2020?
   b. Che cosa significa che l'incidenza dell'export sul PIL italiano aumenta?
   c. ASEAN è un unico Paese?
   d. Che tipo di aggregazione rappresenta ASEAN?
   e. Nei confronti di quali Paesi l'ingresso dei Paesi ASEAN nella globalizzazione è stato lento?
   f. Quali sono i Paesi che aderiscono all'ASEAN?
   g. Questi Paesi sono cresciuti allo stesso ritmo?
   h. Quale tra i Paesi indicati nel report Export 2017 di SACE appartiene all'ASEAN?
   i. Per quale motivo i governi dei Paesi ASEAN sono disponibili a offrire vantaggi pur di acquisire tecnologie e capitali?
   l. Che cosa offrono i vari governi per acquisire tecnologie e capitali stranieri?

2. *Leggi le informazioni relative ai tre macro settori e dopo esserti confrontato con i tuoi compagni individua per ognuno di essi:*
   a. perché sono importanti per le economie dei Paesi ASEAN;
   b. quali opportunità concrete rappresentano per lo sviluppo internazionale delle imprese italiane.

3. *Osserva i grafici proposti e immagina di essere un'impresa italiana interessata a internazionalizzare nei Paesi ASEAN. Indica verso quale Paese e in quale settore ti potresti orientare; scegli quale prodotto del settore individuato offrire e spiega i motivi della scelta.*

4. *Associa le espressioni della colonna di sinistra con quelle della colonna di destra.*

| | | | |
|---|---|---|---|
| a. Bisogni primari | 1. Accordo commerciale tra Paesi | a | |
| b. Beni strumentali | 2. Beni di prima necessità | b | |
| c. Beni di consumo | 3. Vendita di merce all'estero | c | |
| d. Catena del valore | 4. Mercati di vendita | d | |
| e. Area di libero scambio | 5. Consumatore finale | e | |
| f. Made in Italy | 6. Investimenti diretti all'estero | f | |
| g. Esportazione | 7. Insieme di funzioni aziendali | g | |
| h. IDE | 8. Ricchezza prodotta da un Paese | h | |
| i. Mercati di sbocco | 9. Processo produttivo | i | |
| l. PIL | 10. Prodotti noti nel mondo | l | |

## B. Simulazione aziendale

L'imprenditore Tommaso Carletti di Arezzo vende alle imprese orafe bilance di precisione per i metalli preziosi sui mercati italiani ed esteri. Per i mercati esteri Carletti si serve di un *buyer*, l'intermediario italiano Lapo Gobetti. La sua impresa fa parte del distretto industriale orafo di Arezzo, che si caratterizza per la presenza diffusa di imprese di dimensioni medio-piccole, per l'elevato livello di qualità e flessibilità della produzione e per la presenza di *know-how* e competenze diffuse.

Nel distretto è rappresentata la filiera completa che comprende, oltre alle imprese a monte e a valle del processo produttivo, una fiera del settore di fama internazionale e centri di formazione e di ricerca specializzati per il comparto della lavorazione metalli preziosi.

**1.** *Rispondi alle domande.*

**a.** L'impresa di Tommaso Carletti vende beni di consumo o beni strumentali?
**b.** Di che settore produttivo fa parte l'impresa di Tommaso Carletti?
**c.** Quali sono le caratteristiche dei distretti industriali?
**d.** Le caratteristiche del distretto orafo di Arezzo si distinguono rispetto a quelle dei distretti italiani?
**e.** Che cosa significa il termine processo produttivo?
**f.** Che cosa significa l'affermazione: nel distretto è rappresentata la filiera completa?
**g.** Quali altre imprese o organizzazioni diverse da quelle citate possono essere presenti nella filiera?
**h.** Che struttura organizzativa potrebbe avere l'impresa individuale Tommaso Carletti?
**i.** Quale modalità di internazionalizzazione ha adottato Carletti nella vendita ai clienti esteri?
**l.** Quali altre modalità di internazionalizzazione conosci?

**2.** *Esamina la seguente situazione operativa e, dopo aver rappresentato graficamente il ciclo economico, finanziario e monetario, calcola sul quaderno la durata di ciascuno.*

L'impresa Tommaso Carletti compie le seguenti operazioni di gestione (per semplicità sono stati trascurati gli aspetti fiscali).

12/07: riceve dalla Steelflash srl la fattura n. 45 per l'acquisto di materie prime di 15.000 euro che, come da accordi, deve essere pagata tramite banca a fine mese. Le materie acquistate vengono immediatamente immesse in magazzino;
15/07: le materie prime vengono trasferite nel reparto di lavorazione; il processo produttivo termina il 16/07 con l'ottenimento degli scatoloni, subito trasferiti in magazzino;
30/07: i prodotti vengono venduti al cliente italiano Goldenstar srl e al cliente vietnamita Hoàng per un importo complessivo di 37.500 euro, regolamento a 30 giorni;
31/07: viene pagata la fattura n. 45 al fornitore Steelflash srl;
29/08: vengono riscosse le fatture dai clienti Goldenstar e Hoàng.

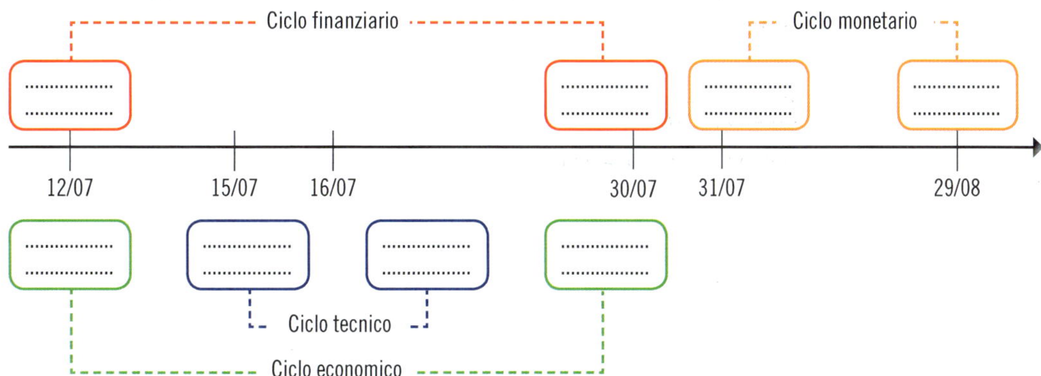


**b.** Analizza gli aspetti della gestione riguardanti le operazioni compiute dall'impresa Tommaso Carletti, specificando la tipologia del debito/credito, la natura dei costi/ricavi e il relativo importo.

| Operazioni di gestione | Aspetto finanziario | Aspetto economico |
|---|---|---|
| Ricevimento fattura n. 45 per l'acquisto di materie prime di 15.000 euro | | |
| Emissione fattura n. 96 per la vendita dei prodotti finiti di 37.500 euro | | |
| Pagamento fattura n. 45 al fornitore Steelflash srl | | |
| Riscossione fattura dal cliente Huàng | | |

**3.** *Dopo aver separato i costi dai ricavi realizzati da Tommaso Carletti nel corso dell'anno n, completa la Situazione economica nelle due forme indicate.*

| | | | |
|---|---|---|---|
| Acquisti di merci | 956.000 | Trattamento di fine rapporto | 1.078 |
| Acquisti di materie di consumo | 24.000 | Interessi attivi sul c/c bancario | 850 |
| Vendite Italia | 800.00 | Canoni di leasing | 9.600 |
| Vendite estero | 225.00 | Interessi passivi su mutui | 7.500 |
| Retribuzioni al personale dipendente | 15.600 | Imposte dell'esercizio | 17.300 |
| Fitti passivi | 6.000 | Trasporti | 24.500 |
| Rimborsi costi di vendita | 2.470 | Oneri sociali | 4.992 |

**Situazione economica a sezioni divise**

| Costi | | Ricavi | |
|---|---|---|---|
| Costi per acquisti ............ e materie di consumo | | ............ | |
| ............ | | ............ | |
| Costi per godimento di beni di terzi | | Proventi vari | |
| Costi per il personale | | ............ | |
| ............ | | | |
| ............ | | | |
| Totale costi | 1.066.570 | | |
| Utile d'esercizio | | | |
| Totale a pareggio | | Totale ricavi | |

**Situazione economica in forma scalare**

| | |
|---|---|
| ............ | |
| ............ | |
| ............ | |
| ............ | |
| ............ | |
| ............ | |
| Risultato della gestione della produzione | 85.700 |
| ............ | |
| ............ | |
| Risultato della gestione finanziaria | – 6.650 |
| Utile prima delle imposte | |
| Costi fiscali | |
| Utile d'esercizio | |

**4.** *L'impresa Daniela Pasquini vende imballaggi per le bilance di precisione. Di seguito vengono riportati gli elementi che formano il patrimonio dell'impresa al 31/12. Dopo aver separato le attività dalle passività, presenta la Situazione patrimoniale ed esegui quanto richiesto.*

| | | | |
|---|---|---|---|
| Mutui passivi | 250.000 | Utile d'esercizio | 98.850 |
| Fabbricati | 400.000 | Debiti verso fornitori | 225.000 |
| Merci | 47.500 | Software | 125.000 |
| Capitale proprio iniziale | 320.000 | Crediti verso clienti | 268.000 |
| Cambiali passive | 48.650 | Banca c/c attivo | 28.400 |
| Arredamento | 26.000 | Attrezzature commerciali | 35.000 |
| Denaro in cassa | 600 | Cambiali attive | 12.000 |

**Situazione patrimoniale al 31/12**

| Attività Immob. materiali | | Passività e netto | |
|---|---|---|---|
| fabbricati € | 400.000 | Mutui passivi € | 250.000 |
| arredamento € | 26.000 | Deb. v/fornitore € | 225.000 |
| attrezzature commerciali € | 35.000 | Cambiali passive € | 48.650 |
| software → imb. immater. € | 125.000 | Totale passività | 523.650 |
| merci Attivo circolante € | 47.500 | Patrimonio netto | |
| crediti v/cliente € | 268.000 | Cap. proprio iniziale € | 320.000 |
| denaro in cassa € | 600 | Utile d'esercizio € | 98.850 |
| cambiali attive € | 12.000 | Totale patrimonio netto € | 418.850 |
| banca c/c attivo € | 28.400 | | |
| Totale attività | 942.500 | Totale passività e netto | 942.500 |

**a.** Rispondi alle domande.

1. Qual è l'importo del patrimonio lordo? ..........
2. L'impresa dispone di immobilizzazioni immateriali? Se sì, quali? ..........
3. A quanto ammontano i finanziamenti di capitale di debito? ..........

**b.** Completa la Situazione patrimoniale sintetica dell'impresa Daniela Pasquini, calcola i rapporti di seguito indicati e inserisci nel commento finale i termini mancanti.
Tieni presente che l'intero utile dell'esercizio rimane in azienda a titolo di autofinanziamento.

Grado di rigidità ..........
Grado di elasticità ..........
Grado di capitalizzazione ..........

**Situazione patrimoniale al 31/12**

| Impieghi | | Fonti | |
|---|---|---|---|
| Immobilizzazioni € | 586.000 | Capitale proprio € | 418.850 |
| Attivo circolante € | 356.500 | Passività consolidate € | 250.000 |
| | | Passività correnti € | 273.650 |
| Totale impieghi | 942.500 | Totale fonti € | 942.500 |

**Commento**

L'impresa è lievemente .......... in quanto il rapporto ........../capitale di debito è inferiore a 1; l'impresa si trova in una condizione di equilibrio .......... in quanto l'attivo circolante è superiore ai .......... . La struttura dell'impresa è .......... in quanto il relativo rapporto risulta superiore al .......... .

## C. Analisi di caso aziendale

**Leggi il caso aziendale ed esegui quanto richiesto.**

**Bottero spa: innovazione per dominare i mercati internazionali**

Bottero spa è un'impresa di Cuneo specializzata nella produzione di impianti e macchinari per la lavorazione del vetro, unica al mondo a disporre della tecnologia sia per le lavorazioni del vetro cavo (bottiglie e contenitori) sia del vetro piano (settore edile e altri settori compresa la produzione di lastre primarie per l'*automotive*). La Bottero è nata 60 anni fa e da circa 50 anni è tra le prime imprese al mondo nel suo settore, grazie anche a una rete capillare di vendita e assistenza con cui è in grado di soddisfare le esigenze dei propri clienti e di assisterli costantemente durante tutto il ciclo di vita del prodotto. Oltre che sulla cura del cliente, la Bottero ha scelto di concentrare i propri sforzi sull'innovazione aumentando gli investimenti in **Ricerca e Sviluppo**, per proporre nuove soluzioni in grado di migliorare le prestazioni, l'efficienza e l'usabilità dei prodotti. L'impresa sta sviluppando alcune tecnologie innovative, come:

*(segue)*

- le macchine per la produzione di vetro ultrasottile, destinato a telefoni e protezioni;
- il comparto delle tecnologie rinnovabili di ultima generazione, con moduli bi-facciali;
- la produzione di macchinari per il vetro cavo a risparmio energetico.

Inoltre la Bottero effettua costanti verifiche di robustezza e affidabilità dei prodotti al fine di mantenere alti i suoi standard qualitativi e di professionalità. Un'altra scelta importante della Bottero è stata quella di sviluppare la sua presenza internazionale: oggi l'export in un centinaio di Paesi ha raggiunto il 95% del fatturato con 40.000 macchine installate, per le quali si occupa di progettazione, produzione e assistenza sui macchinari in attività.

Di recente la Bottero ha ricevuto una richiesta di produzione dallo Stato del Turkmenistan al quale fornirà una linea produttiva di macchinari in grado di realizzare 250 tonnellate di vetro al giorno per la produzione di lastre destinate al mercato edile e due macchine in grado di produrre 10 milioni di bottiglie all'anno. Questa fornitura rafforza la presenza della Bottero sui mercati dell'Asia centrale e va ad aggiungersi a un altro ordinativo da 1,5 milioni di euro nel vicino Uzbekistan, dove a fine 2015 è entrata in funzione una linea completa per il processo del vetro piano con una capacità annua di 11 milioni di pezzi prodotti.

Il fatturato della Bottero è cresciuto dai circa 121 milioni di euro del 2014 ai 133 milioni di euro del 2015, per arrivare nel 2016 ai 160 milioni di euro con 800 addetti tra i due stabilimenti in Italia – Cuneo e Trana, in provincia di Torino – e il terzo polo, in Cina. La posizione debitoria è ancora pesante e supera il capitale proprio anche se si assiste a una progressiva riduzione, con l'obiettivo di riportare la struttura patrimoniale a una posizione di maggiore equilibrio.

**1.** *Indica la risposta esatta. (Ci possono essere più risposte esatte.)*

**1.** Bottero spa è un'impresa di dimensioni:
- a *piccole*
- b *medie*
- c *medio-piccole*
- d *grandi*

**2.** La forma giuridica è:
- a *impresa individuale*
- b *società di capitali*
- c *società di persone*
- d *società cooperativa*

**3.** Con lo sviluppo internazionale:
- a *aumenta il fatturato*
- b *diminuisce il fatturato*
- c *aumentano le possibilità di successo*
- d *aumentano i rischi*

**4.** I clienti della Bottero:
- a *sono solo imprese*
- b *sono solo enti pubblici*
- c *possono essere sia imprese sia enti pubblici*
- d *sono soggetti privati*

**5.** Il ciclo tecnico della Bottero inizia con:
- a *l'immissione della materia prima nel processo produttivo*
- b *l'acquisto della materia prima*
- c *il sostenimento del costo di acquisto*
- d *l'ottenimento del ricavo di vendita*

**6.** La struttura patrimoniale è in equilibrio quando:
- a *il capitale di debito supera il capitale proprio*
- b *le immobilizzazioni superano il capitale proprio*
- c *il capitale proprio supera il capitale di debito*
- d *il capitale proprio è almeno uguale al capitale di debito*

**2.** *Indica se le seguenti affermazioni sono vere o false; in quest'ultimo caso suggerisci sul quaderno la formulazione corretta.*

1. La Bottero è un'azienda *profit oriented* del settore industriale. V F
2. Il processo produttivo è realizzato interamente in Italia. V F
3. Il modello organizzativo può essere rappresentato da un organigramma funzionale. V F
4. La funzione ricerca e sviluppo è compresa tra le funzioni di supporto. V F
5. L'innovazione è collegata alla funzione del personale. V F
6. Per competere sui mercati internazionali l'impresa deve proporre prodotti innovativi di qualità. V F
7. Le tre principali scelte strategiche sono: soddisfazione del cliente, innovazione e internazionalizzazione. V F
8. La Bottero risulta capitalizzata. V F

# VERIFICA LE TUE COMPETENZE

*Svolgendo questa prova puoi **accertare** il livello delle **competenze** acquisite, articolate in **conoscenze** e **abilità**.*

**COMPETENZE** Riconoscere i fenomeni geopolitici ed economici nazionali e internazionali e l'influenza sulle scelte aziendali • comprendere e interpretare le tendenze dei mercati e l'evoluzione delle imprese locali, nazionali e globali • riconoscere i diversi modelli organizzativi aziendali • interpretare i sistemi aziendali nei loro modelli, processi e flussi informativi con riferimento alle differenti tipologie di imprese • utilizzare i sistemi informativi aziendali e gli strumenti di comunicazione integrata d'impresa, per realizzare attività comunicative con riferimento a differenti contesti.

**CONOSCENZE** Azienda e impresa • geopolitica • classificazione delle aziende • impresa nei mercati internazionali • ambiente interno ed esterno locale, nazionale e globale • scelte imprenditoriali • imprese innovative • modalità di internazionalizzazione • modelli e strutture organizzative per le imprese internazionali • operazioni di gestione • aspetti e cicli della gestione • reddito • patrimonio • equilibrio economico e patrimoniale-finanziario • indici patrimoniali e finanziari.

**ABILITÀ** Individuare i caratteri distintivi di un'azienda • individuare i cambiamenti geopolitici ed economici internazionali • classificare le aziende • individuare i soggetti interni ed esterni • riconoscere le relazioni tra l'impresa e l'ambiente locale, nazionale e globale in cui opera • distinguere le diverse modalità di internazionalizzazione • costruire organigrammi • distinguere le operazioni e gli aspetti della gestione • calcolare la durata dei cicli di gestione • distinguere gli elementi del reddito e del patrimonio • redigere la Situazione economica e la Situazione patrimoniale • verificare l'esistenza dell'equilibrio economico • calcolare gli indici • individuare le correlazioni fonti/impieghi.



## A. Analisi di testi e documenti

**1 Geopolitica ed export italiano.**

**Leggi il testo tratto da www.exportiamo.it ed esegui quanto richiesto.**

Dal Report Export 2017 prodotto da SACE emerge l'analisi delle tendenze dei principali mercati di sbocco per le esportazioni italiane.

**Stati Uniti**: un mercato fondamentale per l'export italiano che, nonostante le minacce protezionistiche di Trump, dovrebbe continuare a regalare soddisfazioni importanti alle nostre PMI, crescendo ad un ritmo pari al 5%. Una politica fiscale espansiva, che preveda significativi tagli alle tasse di imprese e persone, porterebbe infatti effetti assolutamente positivi e tutt'altro che trascurabili sul nostro export.

**Principali economie UE**: anche nel 2017 in nessuna delle principali economie europee – Germania (+4%), Francia (+3,2%) e Spagna (+6,8%) – la richiesta di *Made in Italy* accennerà a diminuire. Tuttavia il dato più sorprendente è quello proveniente da Londra perché neanche l'avvio dei negoziati relativi alla Brexit dovrebbe riuscire a far diminuire le vendite verso il Regno Unito, previste in crescita del 2,3%.

**Europa dell'Est**: la crescita dell'export italiano in quest'area sarà generalizzata con Repubblica Ceca ed Ungheria (+6%) che giocheranno la parte del leone seguite da Polonia (+4,4%), Ucraina (+3,1%), Bulgaria (+2,5%) e Romania (+2,1%). Ancora numeri negativi per la Russia (–3,1%) e Bielorussia (–2,5%) anche se – per entrambi i Paesi – si prevede una crescita superiore al 2% a partire dal prossimo anno.

**Mena** (Medio Oriente e Nord Africa): in quest'area la richiesta di prodotti italiani continua ad essere fortemente influenzata dal basso prezzo del petrolio, fenomeno che corrode il potere d'acquisto di molti dei Paesi dell'area. Fra questi ci si aspetta una buona *performance* da Iran (+11,1%), Marocco (+6,2%), Turchia (+3,8%), Egitto (+3,2%), Arabia Saudita (+2,1%) e Qatar (+1,5%). Male invece Libia (–6,1%), Emirati Arabi Uniti (–1%) ed Algeria (–0,1%).

**Asia-Pacifico**: è questa l'area in cui per il *Made in Italy* si prospettano dei veri e propri fuochi d'artificio. Non a caso quella asiatica è la regione più dinamica a livello globale (+6,1%) in cui il crescente potere d'acquisto delle popolazioni locali spinge la domanda di prodotti agroalimentari e servizi. I dati numerici lasciano poco spazio alle interpretazioni se si considera che i Paesi che registrano gli andamenti "peggiori" sono Australia (+2,7%), Hong Kong (+3,2%) e Giappone (+3,4%). In cima alla classifica per tasso di crescita nell'acquisto di export italiano troviamo invece Myanmar (+9%), Sri Lanka (+8,7%), Bangladesh (7,1%) e Taiwan (+6,3%).

**America Latina**: dopo un 2016 da dimenticare l'area sudamericana dovrebbe rilanciarsi nel 2017. Bene l'Argentina (+2,8%) che con le sue riforme sta aprendo il Paese agli investimenti delle imprese straniere. Le economie più virtuose tuttavia saranno Messico (+4,6%) e Cile (+4,4%) mentre ancora un calo è previsto per il Brasile (–2,8%), gigante attraversato da una pesante incertezza politica ed economica che dovrebbe attenuarsi solo a partire dal 2018.
**Africa subsahariana**: l'intera regione non gode di ottima salute (nel complesso il PIL del 2017 sarà negativo: –0,4%) ed il futuro dell'area sarà fortemente condizionato dalla capacità di Paesi leader come Angola, Nigeria e Sudafrica di tornare a crescere a ritmi elevati. In controtendenza si segnalano Senegal (+7,2%), Ghana (+5,9%) e Kenya (+5,7%), in virtù di una struttura economica maggiormente diversificata e per questo meno legata all'andamento del mercato delle materie prime, energetiche e minerarie.

1. Illustra il significato del termine geopolitica.
2. Individua i fattori geopolitici che influiscono sui risultati delle diverse aree geografiche considerate.
3. Spiega perché gli eventi geopolitici sono di grande interesse per le imprese che operano sui mercati internazionali.
4. Indica gli elementi che un'impresa italiana che vuole internazionalizzare deve prendere in attenta considerazione.
5. Osserva i dati riportati e, attraverso una ricerca in internet, scegli un Paese nel quale internazionalizzare per ognuna delle macro-aree indicate, motivando la scelta.

## 2 Elementi distintivi dei distretti industriali italiani.

**Leggi il testo estratto da *Economia e finanza dei distretti industriali – Rapporto annuale Intesa Sanpaolo*, www.group.intesasanpaolo.com ed esegui quanto richiesto.**

Nel biennio 2015-16 i distretti industriali hanno ottenuto buoni risultati tanto che il fatturato e i margini unitari sono ormai su livelli superiori a quelli pre-crisi. Al contrario, nelle aree non distrettuali il divario è ancora significativo.
Nel biennio 2017-18 è prevista un'accelerazione della crescita (+4,3%), trainata nuovamente dai mercati esteri e sostenuta dalla domanda interna, con un maggior ruolo per i **beni di investimento**. I margini unitari sono attesi in ulteriore rafforzamento.
Svettano alcuni distretti e, in particolare, il prosecco di Conegliano-Valdobbiadene, l'occhialeria di Belluno, i salumi di Parma, i vini dei colli fiorentini e senesi.
Più fattori sono premianti:

- un territorio attrattivo (riscoperto come luogo di produzione), che vede sempre più ingressi di imprese estere e il rientro di imprese italiane che avevano delocalizzato;
- la buona diffusione tra le imprese di brevetti, marchi, attività di export, investimenti diretti esteri, tutti su valori più elevati nei distretti rispetto alle aree non distrettuali;
- la presenza di grandi imprese consolidate e di nuovi protagonisti, tra cui medie imprese in forte crescita che possono diventare le grandi imprese di domani.

In un contesto in rapido mutamento tali fattori andranno integrati e rinnovati. La rivoluzione digitale offre diverse opportunità anche ai territori distrettuali, grazie alla presenza di:

- molti produttori di macchinari 4.0 (da un'indagine pilota risulta che quasi la metà delle imprese meccaniche distrettuali già produce questa tipologia di macchinari);
- una buona diffusione dell'e-commerce (utilizzato nel sistema moda dal 70% delle imprese capofila distrettuali);
- poli ICT ad alta intensità di ricerca, potenzialmente più coinvolti nei processi di trasferimento tecnologico verso i settori manifatturieri;
- un crescente numero di **start up** innovative (in Italia ormai quasi 7.000), in parte localizzate negli stessi territori distrettuali e nella loro stessa filiera (circa 600).

La sfida del digitale può essere vinta solo attraverso un'accelerazione degli investimenti, finora frenati dall'incertezza che domina i mercati. L'ambiente è favorevole, grazie alla presenza di significative misure governative a sostegno degli investimenti innovativi, di buone condizioni di finanziamento e di un bacino di risorse interne.
La diffusione del digitale richiede peraltro il rafforzamento della *cyber security*: nel 2015 quasi il 60% delle imprese italiane dichiara di non aver adottato al proprio interno una buona politica di sicurezza informatica.

**Beni di investimento**: beni acquistati dalle imprese al fine di impiegarli nel processo produttivo per un periodo superiore all'anno.
**Start up**: viene indicata come start up un'impresa nei suoi primi anni di vita.

1. *Rispondi alle domande.*
   a. Che cosa traina la crescita prevista per le imprese?
   b. Individua quali sono i distretti che hanno ottenuto i risultati migliori ed esprimi le tue considerazioni in merito al successo dei prodotti di questi distretti.
   c. Che cosa caratterizza il territorio dei distretti vincenti?
   d. Quali sono i nuovi protagonisti dei distretti?
   e. La presenza di start up innovative all'interno della stessa filiera corrisponde a una caratteristica delle imprese distrettuali?
   f. Che cosa ha determinato il rallentamento degli investimenti negli ultimi anni?
   g. Perché è importante il rafforzamento della *cyber security*?
2. *Rifletti sul significato del concetto di start up innovativa e individuane una presente sul territorio in cui vivi.*
3. *Spiega che cosa significa che nei distretti di successo sono presenti «poli ICT ad alta intensità di ricerca, potenzialmente più coinvolti nei processi di trasferimento tecnologico verso i settori manifatturieri». Collega l'affermazione con quanto appreso sul tema dell'Industria 4.0.*
4. *Definisci i seguenti termini:*
   - investimento;
   - finanziamento;
   - distretto industriale;
   - delocalizzazione;
   - export;
   - investimenti diretti esteri.
5. *Indica quali sono le modalità organizzative delle imprese internazionali, quali di esse sono citate nel testo e con quale modalità sono quasi certamente presenti in Italia le imprese estere.*

## B. Simulazione aziendale

La SmartEye di Rossana Bedin & C. snc, con sede ad Agordo, commercializza parti componenti per gli occhiali prevalentemente sul mercato locale, costituito dalle occhialerie del distretto di Belluno presenti nella zona che esportano occhiali sui mercati esteri. La società è composta da due soci, Rossana Bedin e Marco Zordan, che si occupano della direzione generale. Rossana Bedin inoltre si occupa personalmente degli acquisti ed è la responsabile della logistica dove lavorano due addetti, Giovanni Bordi, che cura il ricevimento dei prodotti ed effettua i controlli di qualità, e Marco Renzi, che ha in carico la conservazione delle merci nel magazzino e gestisce la rete di trasportatori (corrieri indipendenti) per le consegne ai clienti.
Marco Zordan è invece il responsabile delle vendite dove è occupata Lucia Rossi, addetta all'ufficio e ai rapporti diretti con i clienti. La società si appoggia alla locale Banca di credito cooperativo delle Prealpi tramite la quale svolge le operazioni di regolamento dei debiti e dei crediti commerciali.

1. *Rispondi alle domande.*
   a. Qual è l'attività esercitata dalla SmartEye? Qual è la fascia di clientela servita?
   b. Quali soggetti costituiscono il soggetto economico? Qual è la forma giuridica con cui l'impresa opera?
2. *Fornendo le opportune motivazioni, ipotizza la struttura organizzativa che ritieni maggiormente idonea e costruisci l'organigramma della SmartEye di Rossana Bedin & C. snc.*
3. *Correla ciascun soggetto alla specifica categoria di stakeholder, come riportato nella prima riga della tabella.*

| Soggetto | Soggetti interni | Soggetti esterni |
|---|---|---|
| Rossana Bedin | *Soci* | |
| Marco Zordan | | |
| Comune di Agordo | | |
| Giovanni Bordi | | |
| Marco Renzi | | |
| Trasportatori | | |
| Occhialerie | | |
| Lucia Rossi | | |
| Banca di credito cooperativo delle Prealpi | | |

## C. Simulazione aziendale

Elena Tognon è titolare di un'impresa di comunicazione e pubblicità specializzata nei servizi alle imprese del distretto dell'occhialeria di Belluno che esportano sui mercati europei e asiatici. L'impresa, nata all'inizio di gennaio con un apporto di 10.000 euro, ha appena compiuto il suo primo anno di attività. Durante il periodo amministrativo, l'imprenditrice non ha effettuato prelevamenti di denaro, tuttavia, considerando che il numero dei clienti serviti è progressivamente aumentato, alla fine dell'esercizio si attende di ricevere un adeguato profitto.

Per limitare i rischi l'imprenditrice all'inizio dell'esercizio ha preso in locazione tutti i beni strumentali necessari a svolgere l'attività di comunicazione e pubblicità. Ha pertanto stipulato un contratto di locazione per un fabbricato, adibito a sede operativa, concordando un fitto mensile di 600 euro e ha sottoscritto due contratti di leasing per un automezzo e macchine d'ufficio (computer completi di stampanti e software) sostenendo costi annui di 9.600 euro.

Lo svolgimento della gestione ha inoltre comportato:

- l'ottenimento di un prestito bancario di 20.000 euro, da restituire dopo due anni; interessi al tasso 6% da versare con addebito in c/c bancario il 31/12 di ciascun anno;
- acquisti di carburante, materiale di cancelleria, toner e accessori per computer e stampanti per 8.600 euro e acquisti di altre materie di consumo per 12.000 euro;
- pagamenti di utenze telefoniche 4.000 euro e per l'energia elettrica 2.000 euro; pagamenti di premi di assicurazione per 1.200 euro;
- pagamenti di 16.500 euro a favore di un dipendente, un grafico assunto con contratto a tempo parziale (part time) che collabora con la titolare nel prestare servizi ai clienti.

I corrispettivi di competenza per i servizi prestati nell'esercizio ammontano a 98.000 euro, ma al 31/12 sono stati riscossi solo 58.000 euro. Alla stessa data sia il carburante sia gli altri materiali acquistati risultano interamente utilizzati, tuttavia si devono ancora versare ad alcuni fornitori 12.600 euro.

I costi per godimento di beni di terzi e i costi per servizi sono interamente di competenza dell'esercizio; i costi fiscali ammontano a 5.700 euro e saranno pagati nell'esercizio successivo.

1. *Rispondi alle domande.*
   a. Quali fonti sono state utilizzate per finanziare l'attività aziendale?
   b. A quale titolo sono stati ottenuti i finanziamenti iniziali?

2. *Classifica le operazioni di gestione compiute dall'impresa.*

| | Finanziamento | Investimento | Disinvestimento |
|---|---|---|---|
| Apporto della titolare dell'impresa | | | |
| Ottenimento del prestito bancario | | | |
| Stipulazione di contratti di locazione e leasing | | | |
| Acquisto di materie di consumo | | | |
| Acquisto di servizi | | | |
| Prestazione di servizi | | | |

3. *Considerando che tutti i pagamenti e le riscossioni sono avvenuti tramite c/c bancario, calcola le disponibilità liquide al 31/12.*

**C/c bancario**

| | Entrate | Uscite |
|---|---|---|
| Conferimento iniziale dell'imprenditore | .......................... | |
| Entrate per l'ottenimento del prestito bancario | .......................... | |
| Uscite per pagamento delle spese (*) | | .......................... |
| Entrate per riscossione delle fatture | .......................... | |
| Disponibilità in c/c al 31/12 | | 38.300 |
| Totale | 88.000 | 88.000 |

(*) I costi comprendono i fitti passivi di ............. euro (............. × 12) e gli interessi passivi bancari di ............. euro (............. × 6%).

4. *Completa la Situazione economica e calcola il reddito d'esercizio.*

**Situazione economica dell'esercizio n**

| **Costi** | | **Ricavi** | |
|---|---|---|---|
| Costi per acquisto di materie di consumo | .................. | Ricavi per prestazione di servizi | .................. |
| Costi per servizi | .................. | | |
| Costi per godimento di beni di terzi | .................. | | |
| Costi per il personale | .................. | | |
| Costi finanziari (interessi passivi) | .................. | | |
| Costi fiscali | .................. | | |
| Totale costi | 68.000 | | |
| Utile d'esercizio | .................. | | |
| Totale a pareggio | .................. | Totale ricavi | .................. |

## D. Simulazione aziendale

L'impresa Pomotto srl, fornitrice di SmartEye, svolge operazioni di gestione riportate nella tabella seguente.

1. *Associa le operazioni di gestione alla relativa tipologia. Per ciascuna operazione indica se dà luogo ad accensioni o estinzioni di crediti/debiti o entrate/uscite di denaro.*

| Operazioni di gestione | Finanziamenti | Investimenti | Trasformazione fisico-tecnica | Disinvestimenti | Movimenti di denaro |
|---|---|---|---|---|---|
| Acquistate merci con regolamento differito | | | | | |
| Ottenuto mutuo bancario | | | | | |
| Acquistati impianti regolamento a 30 giorni | | | | | |
| Vendute merci con regolamento immediato | | | | | |
| Trasferite le materie prime nei reparti di lavorazione | | | | | |
| Acquistate materie prime, regolamento per pronta cassa | | | | | |
| Regolato con bonifico bancario debito commerciale | | | | | |
| Apporto del proprietario tramite versamento di denaro nel c/c bancario | | | | | |
| Riscossa fattura di vendita merci | | | | | |
| Rimborsata quota di mutuo in scadenza | | | | | |
| Ricevuta fattura per costi telefonici | | | | | |
| Trasferiti i prodotti ottenuti nel magazzino prodotti finiti | | | | | |

2. *Al termine dell'anno n la SmartEye di Rossana Bedin & C. snc presenta una Situazione patrimoniale caratterizzata dalle voci indicate.*

| | | | |
|---|---|---|---|
| Fabbricati | 180.000 euro | Mutui passivi | 250.000 euro |
| Arredamento | 93.600 euro | Debiti diversi | 117.900 euro |
| Automezzi | 50.000 euro | Merci | 135.000 euro |
| Attrezzature commerciali | 53.000 euro | Materie di consumo | 35.000 euro |
| Software | 12.000 euro | Denaro in cassa | 7.500 euro |
| Brevetti | 8.000 euro | C/c postale | 15.500 euro |
| Crediti verso clienti | 360.000 euro | Banca X c/c passivo | 30.000 euro |
| Debiti verso fornitori | 334.000 euro | Capitale proprio iniziale | 200.000 euro |
| Cambiali attive | 10.000 euro | Utile dell'esercizio | 24.000 euro |
| Cambiali passive | 3.700 euro | | |

a. Dopo aver separato le attività dalle passività, calcola il patrimonio netto e completa la Situazione patrimoniale.

**Situazione patrimoniale al 31/12/n+1**

| Impieghi | | Fonti di finanziamento | |
|---|---|---|---|
| **Immobilizzazioni immateriali** | | **Passività consolidate** | |
| ............................................ | .................. | ............................................ | .................. |
| ............................................ | .................. | **Passività correnti** | |
| **Immobilizzazioni materiali** | | ............................................ | .................. |
| ............................................ | .................. | ............................................ | .................. |
| ............................................ | .................. | ............................................ | .................. |
| ............................................ | .................. | ............................................ | .................. |
| ............................................ | .................. | | 485.600 |
| | 396.600 | | |
| **Attivo circolante** | | **Patrimonio netto** | |
| | | ............................................ | .................. |
| **Rimanenze** | | ............................................ | .................. |
| ............................................ | .................. | | .................. |
| ............................................ | .................. | | |
| **Crediti** | | | |
| ............................................ | .................. | | |
| ............................................ | .................. | | |
| **Disponibilità liquide** | | | |
| ............................................ | .................. | | |
| ............................................ | .................. | | |
| | .................. | | |
| Totale impieghi | 959.600 | Totale fonti di finanziamento | 959.600 |

b. Calcola il grado di capitalizzazione, il grado di elasticità e il grado di rigidità.

| | |
|---|---|
| Grado di capitalizzazione | ........................................ |
| Grado di elasticità degli impieghi | ........................................ |
| Grado di rigidità degli impieghi | ........................................ |

c. Esprimi una valutazione sulle condizioni di equilibrio patrimoniale e finanziario dell'impresa SmartEye.

..............................................................................................................................................................

..............................................................................................................................................................

VERIFICA LE TUE COMPETENZE

# Modulo B

# Il sistema informativo aziendale

**Perché le informazioni sono indispensabili?**
*Why is information vital?*

- Monitorare le preferenze dei clienti (▸ *Monitor customer preferences*)
- Definire strategie e azioni (▸ *Define strategies and actions*)
- Controllare i risultati (▸ *Check results*)
- Comunicare con soggetti esterni e interni (▸ *Communicate with external and internal parties*)

**Quali sono gli elementi del sistema informativo?**
*What is included in the information system?*

- Mezzi tecnici (▸ *Technical means*)
- Risorse umane (▸ *Human resources*)
- Procedure (▸ *Procedures*)

**Come si articola il sistema informativo?**
*How is the information system structured?*

- Contabile (▸ *Accounting*)
- Non contabile (▸ *Non-accounting*)

**Quali adempimenti contabili sono obbligatori?**
*Which accounting procedures are mandatory?*

- Norme civili, fiscali, del lavoro (▸ *Civil, tax, labour*)

**Gli obblighi IVA sono diversi a seconda del Paese della controparte?**
*Do VAT obligations differ depending on the country of the counter-party?*

- Operazioni intracomunitarie (▸ *Intra-Community transactions*)
- Esportazioni (▸ *Exports*)
- Importazioni (▸ *Imports*)

**Che cosa occorre definire per la tenuta della contabilità generale?**
*What needs to be defined for the purposes of keeping the general accounts?*

- L'oggetto delle scritture (▸ *The object of accounting entries*)
- Le regole da seguire (▸ *The rules to be followed*)

**Su che cosa si basa il metodo contabile della P.D.?**
*Double entry accounting method is based on?*

- Esame e analisi dell'aspetto finanziario e dell'aspetto economico (▸ *Examination and analysis of financial and economic issues*)
- Utilizzo di due serie di conti (conti finanziari ed economici) (▸ *Use of two sets of accounts (financial and economic accounts)*)
- Uguaglianza tra addebitamenti e accreditamenti (▸ *Equality of debits and credits*)

Lezione 1

# Le informazioni aziendali

## Perché le informazioni sono indispensabili per l'impresa?

Gli scambi di informazioni tra l'impresa e l'ambiente circostante si sono fatti, nel tempo, sempre più intensi. Tali informazioni non riguardano soltanto i beni e i servizi offerti ma anche l'azienda nel suo complesso e la gestione aziendale.
L'impresa ha bisogno di informazioni per:

- i gusti e le aspettative dei clienti;
- definire le strategie e le azioni da realizzare;
- tenere sotto controllo i risultati della gestione, verificando il proprio andamento economico e finanziario.

Inoltre l'azienda comunica una serie di informazioni sulla propria attività e sui risultati raggiunti agli interlocutori esterni con cui intrattiene rapporti o che a essa guardano con interesse (**comunicazione verso l'esterno**); essi sono:

- i potenziali soci, interessati ad avere informazioni sull'andamento della gestione e sul potenziale rischio per il capitale che intendono investire nell'impresa;
- i finanziatori, interessati a verificare la capacità dell'impresa di rimborsare i prestiti concessi e di remunerare il finanziamento versando gli interessi alle scadenze concordate;
- i fornitori, interessati a ottenere garanzie, attraverso informazioni finanziarie sulla puntualità dei pagamenti e il rispetto degli impegni assunti;
- i clienti, a cui l'impresa comunica informazioni sulle caratteristiche dei prodotti e dei servizi offerti per orientare le scelte di acquisto e per garantire la certezza di una fornitura tempestiva e regolare. I clienti sono attenti anche alle tematiche sociali e ambientali e quindi ricercano informazioni sulla tutela della sicurezza sul lavoro, dell'ambiente e sul rispetto delle regole etiche nella produzione aziendale;
- la Pubblica amministrazione, enti pubblici statali e locali interessati a conoscere il contributo che l'attività aziendale può apportare allo sviluppo del territorio e al rispetto delle norme sulla tutela dei lavoratori e dei valori ambientali. L'Amministrazione finanziaria è interessata a conoscere le informazioni economico-finanziarie, in quanto ha il compito di controllare l'osservanza da parte dell'impresa degli **obblighi fiscali**.

**Obblighi fiscali:** le imprese devono presentare annualmente la dichiarazione dei redditi e la dichiarazione IVA e versare le imposte sul reddito prodotto.

**Stakeholder:** soggetti portatori di interessi nell'impresa: proprietario, soci, dipendenti, finanziatori, fornitori, clienti e Pubblica amministrazione.

L'azienda tende a realizzare una efficace **strategia comunicativa** verso l'esterno per costruire e mantenere un'immagine positiva nei confronti dell'opinione pubblica, sviluppare i processi produttivi in un ambiente favorevole, rafforzare la fiducia e l'appoggio degli **stakeholder**, influenzando in modo positivo atteggiamenti e comportamenti degli interlocutori sociali. In particolare, una buona comunicazione è fondamentale nelle imprese che operano all'estero, per ottenere informazioni utili alle decisioni aziendali e per fornire gli strumenti necessari per conoscere e valutare positivamente l'impresa a tutti gli interlocutori interessati.
In alcuni casi le informazioni rivolte all'esterno sono regolamentate dalla legge, che ne stabilisce le modalità e i contenuti; in altri casi si tratta di informazioni trasmesse volontariamente dall'azienda (per esempio le comunicazioni pubbli-

citarie). L'impresa sceglie le forme comunicative e i canali di trasmissione più idonei per raggiungere il soggetto a cui è indirizzato il messaggio (per esempio in forma digitale mediante avvisi e notizie pubblicate nel sito web o attraverso i social network oppure in forma cartacea, seguendo modalità più tradizionali quali la posta).

La comunicazione delle informazioni non è rivolta soltanto all'esterno ma anche ai soggetti che operano all'interno dell'azienda. La **comunicazione verso l'interno** persegue le seguenti finalità:

- diffondere informazioni e messaggi tra i dipendenti per sviluppare il senso di appartenenza e la partecipazione alla vita aziendale;
- garantire il coordinamento tra le attività svolte dai lavoratori o dai gruppi di lavoro mediante flussi comunicativi costanti a tutti i livelli organizzativi;
- migliorare le relazioni interne e il clima organizzativo.

Per svolgere una funzione di coordinamento e di coesione la comunicazione interna deve essere coerente con gli obiettivi che l'azienda si prefigge di raggiungere: non deve essere "a senso unico" ma deve garantire anche l'ascolto delle persone che prestano la loro attività all'interno dell'organizzazione aziendale.

Le informazioni destinate al vertice strategico (top manager) provengono prevalentemente dall'elaborazione di dati raccolti dai dirigenti interni e da fonti esterne all'impresa, utili a individuare i fenomeni sui quali l'azienda deve focalizzare le strategie e gli obiettivi aziendali.

NEL MONDO

### Andare all'estero informati

Le imprese italiane possono rivolgersi ad agenzie governative come l'*ICE* (*Agenzia per il commercio e l'internazionalizzazione delle imprese italiane*), che svolge attività di informazione, assistenza e promozione alle imprese che intendono avviare un'iniziativa all'estero. Nella scelta del Paese destinatario dell'iniziativa di internazionalizzazione, il vertice aziendale delle piccole e medie imprese spesso sottovaluta l'importanza di una raccolta completa di informazioni, sia di carattere generale politico, economico, sociale e culturale, sia di carattere specifico del settore, come i concorrenti o le abitudini d'acquisto della popolazione. L'ICE è in grado di supportare le imprese fornendo le informazioni che permettono di effettuare le scelte strategiche più adatte all'iniziativa e aiutando le imprese nei primi contatti con i possibili interlocutori nel Paese estero, utili a farsi conoscere e apprezzare.

→ *Chi sono i destinatari delle informazioni dell'impresa?*
→ *A chi sono rivolte le informazioni relative a una scelta di internazionalizzazione?*
→ *Le informazioni rivolte all'esterno dell'impresa sono sempre volontarie?*

Le informazioni destinate alla linea intermedia (dirigenti e quadri intermedi) provengono prevalentemente dalla gestione interna; basandosi su di esse, i collaboratori del vertice aziendale possono assumere le decisioni operative necessarie per attuare le strategie aziendali.

Le informazioni rivolte ai nuclei operativi (impiegati e operai) provengono da dati più analitici ricavati dalle attività ripetitive, come i rapporti dell'azienda con i fornitori, i clienti, i dipendenti. Tali informazioni servono per i processi tecnico-produttivi e per le attività amministrative come la fatturazione, la predisposizione delle paghe e la tenuta dei libri contabili.

**Bilancio socio-ambientale:** documento informativo che ha la funzione di illustrare, in linguaggio comprensibile anche a lettori non specializzati, le azioni compiute e i risultati ottenuti in campo sociale: tutela ambientale, pari opportunità uomo-donna, superamento di diseguaglianze socio-economiche.

Comunicazione aziendale = ***Company communication***

Comunicazione integrata = ***Integrated communication***

## Quali sono i principali settori della comunicazione aziendale?

La comunicazione aziendale interessa principalmente tre settori:

1. la **comunicazione economico-finanziaria** riguarda i risultati prodotti dalla gestione. Il documento principale è il bilancio di esercizio, obbligatorio e regolamentato dalle norme del codice civile;
2. la **comunicazione socio-ambientale**, rivolta alla collettività per illustrare i valori cui si ispira e le finalità dell'azione aziendale (mission), gli impegni nei comportamenti con cui si manifesta la sensibilità sociale dell'azienda (codice etico), le azioni e gli impegni assunti per uno sviluppo economico sostenibile del territorio. Il documento che sintetizza l'azione dell'azienda in tale ambito è il **bilancio socio-ambientale**;
3. la **comunicazione pubblicitaria** (o **comunicazione di marketing**), indirizzata al mercato e finalizzata a far apprezzare i prodotti e i servizi offerti per mantenere e allargare la clientela.

In molti casi le stesse informazioni possono essere utilizzate per comunicare con diversi destinatari, sia interni sia esterni all'azienda. Per esempio, le informazioni contenute nel bilancio d'esercizio possono servire ai lavoratori dipendenti (soggetti interni) ma anche alle banche finanziatrici dell'azienda (soggetti esterni). In questi casi si parla di **comunicazione integrata**.

## Quali sono i componenti del sistema informativo aziendale?

La produzione, il trattamento e la comunicazione delle informazioni sono realizzati attraverso il sistema informativo aziendale.

**Procedure:** serie di operazioni da effettuare per ottenere un preciso risultato.

Il **sistema informativo aziendale** è l'insieme dei mezzi tecnici, delle risorse umane e delle **procedure** con cui si raccolgono, si memorizzano e si elaborano i dati per produrre e distribuire le informazioni ai soggetti interni ed esterni all'azienda.

Sistema informativo aziendale = ***Company information system***

Procedura = ***Procedure***

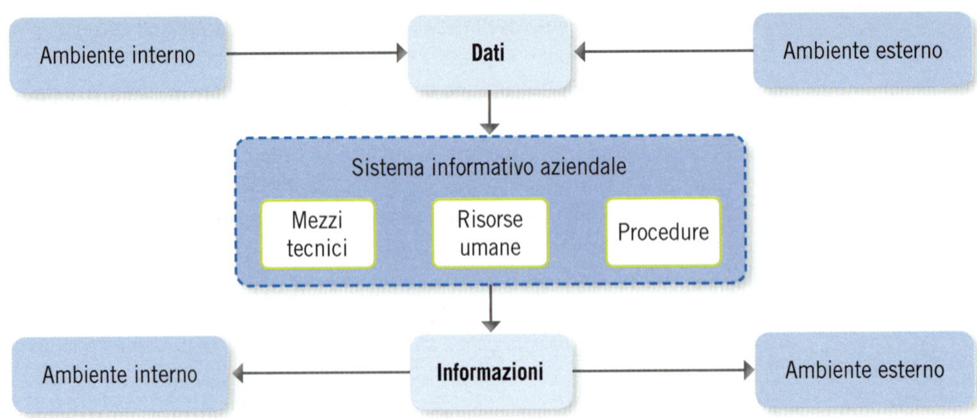


Il sistema informativo acquisisce dati e fornisce informazioni. I dati, che possono arrivare sia dall'interno dell'azienda sia dall'ambiente esterno, costituiscono la "materia prima" del processo, il cui "prodotto finito" sono le informazioni.

**I dati** sono elementi conoscitivi, oggettivi e grezzi, che contribuiscono alla descrizione di una situazione, un fenomeno o un processo.

I dati sono elementi indispensabili, ma si presentano frammentari e, come tali, non forniscono di per sé risposte adeguate ai bisogni informativi; è quindi necessario realizzare un processo di elaborazione e interpretazione dei dati acquisiti. I dati rappresentano la base di partenza per la produzione delle informazioni: dopo essere stati elaborati, i dati diventano informazioni che permettono di assumere decisioni.

Le **informazioni** sono elementi sintetici ottenuti elaborando i dati disponibili per fornire al destinatario conoscenze utili per produrre valutazioni, controlli e decisioni.

NEL MONDO

## Raccogliere dati per ottenere informazioni utili

Due recenti notizie possono risultare di grande interesse per i produttori di pasta che intendono esportare. Si tratta di uno studio italiano che ha sfatato il mito per cui la pasta farebbe ingrassare e della notizia secondo la quale alcuni ricercatori americani avrebbero scoperto l'esistenza del gusto della pasta, l'"amidoso", associato al sapore dei carboidrati. L'interesse per la pasta è in costante crescita anche sul web: secondo l'ultimo *Food Trends Report*, su Google la pasta è più ricercata di carne, riso, ortaggi e frutta in Italia, Turchia, Giappone, Scandinavia, Polonia, Germania, Australia e Canada. Negli Stati Uniti il formato di pasta che piace di più a chi naviga in rete sono i "rigatoni" (sostenuti dalla versione USA Rigatoni Pie, una sorta di timballo di gran moda) davanti a tortellini, linguine, penne e fusilli.

Il mercato russo registra una crescita eccezionale: secondo uno studio di Romir Monitoring, ormai il 94% della popolazione russa consuma la pasta, con una forte preferenza (79%) per quella di grano duro. I consumatori russi di Mosca e San Pietroburgo sono i più "evoluti": per loro la pasta di grano duro rappresenta un prodotto di eccellenza a un prezzo accessibile, a differenza di come veniva considerata la pasta negli anni Ottanta del secolo scorso, quando sono iniziate le prime esportazioni consistenti verso il mercato russo. Allora era considerata soltanto un alimento economico e nutriente, mentre ora il costo è rimasto più o meno lo stesso ma la percezione del prodotto è cambiata.

→ *Che differenza c'è tra dati e informazioni?*

→ *Quali tra i dati indicati possono diventare informazioni utili?*

## Come avviene la produzione delle informazioni?

Il **processo informativo** è composto da una successione di operazioni: acquisizione dei dati, elaborazione dei dati e comunicazione delle informazioni prodotte, in forma comprensibile e utile, ai destinatari.

La **produzione delle informazioni** è articolata nelle seguenti fasi:

- la **raccolta** dei dati, che può essere effettuata all'interno o all'esterno dell'azienda. Al suo interno l'azienda può raccogliere dati qualitativi e quantitativi, utili per elaborare piani di riorganizzazione o di contenimento dei costi: il numero di dipendenti presenti in ogni ufficio e reparto, i consumi di carta dei singoli uffici, le merci disponibili in magazzino in un certo momento ecc. Si tratta solitamente di dati facilmente reperibili e sottoposti a rilevazione sistematica, in modo da garantire aggiornamenti continui e confronti nel tempo. Richiede maggior impegno la raccolta di dati all'esterno dell'azienda sia di carattere generale e macroeconomico (tasso di inflazione, prodotto interno lordo, produzione industriale, andamento delle esportazioni e importazioni, comportamento della concorrenza sui mercati esteri ecc.) sia attinenti allo specifico contesto aziendale (tempi necessari per ottenere la fornitura delle materie, andamento delle vendite, condizioni di regolamento dei crediti verso clienti nei diversi Paesi, condizioni offerte dalle banche per un finanziamento ecc.);
- l'**archiviazione** dei dati, che consente di utilizzarli in momenti successivi. Con gli strumenti informatici è possibile un'archiviazione molto efficiente, che riduce gli spazi necessari, garantisce la possibilità di modifiche e integrazioni, riduce le probabilità di errore e facilita il compito di recuperare i dati al momento

opportuno per elaborazioni e comunicazioni. I dati pervengono all'azienda prevalentemente in formato elettronico digitale rendendone più efficiente l'archiviazione, l'elaborazione e la diffusione. Lo strumento informatico più idoneo per realizzare l'archiviazione e la successiva gestione di dati è il **database**. Per esempio, un ordine di acquisto può essere inoltrato da un agente di commercio dopo aver compilato a mano un modulo prestampato oppure può pervenire in azienda compilato dall'agente in formato elettronico oppure direttamente dal cliente via e-mail;

- la **selezione** dei dati, in base a criteri di affidabilità e di coerenza con l'obiettivo informativo prefissato;
- la **classificazione** dei dati, con il raggruppamento di dati omogenei; una prima sostanziale distinzione è realizzata classificando i **dati** in **qualitativi** e **quantitativi**;
- l'**elaborazione** dei dati con strumenti contabili, matematici, statistici o grafici che consentono di offrire al destinatario sintesi utili per una interpretazione rapida ed efficace dei dati. Per le informazioni quantitative (per esempio l'andamento delle vendite) è spesso di grande aiuto il calcolo di indici (per esempio le medie) e la rappresentazione mediante grafici (a torta, istogrammi ecc.);
- la **comunicazione** delle informazioni ai soggetti che dovranno utilizzare le informazioni per assumere le **decisioni**.

**Database:** raccolta organizzata di archivi tra loro collegati e gestiti da appositi software che consentono l'inserimento, la cancellazione, la modifica, l'elaborazione e la ricerca dei dati.

**Dati qualitativi:** dati espressi in forma verbale, che definiscono la qualità di un oggetto, una situazione, una realtà.

**Dati quantitativi:** dati espressi con valori numerici che misurano quantità (kg, metri ecc.) o valori monetari (espressi in euro o altra valuta).

**IL PROCESSO INFORMATIVO**

Ambiente esterno
Ambiente interno
Raccolta dei dati
Archiviazione
Selezione e classificazione
Elaborazione
Comunicazione delle informazioni
Esigenze informative dei soggetti esterni
Esigenze informative dei soggetti interni

## NEL MONDO Dalla raccolta alla comunicazione dei dati

Un'impresa produttrice di abbigliamento intende produrre una nuova linea di capi per il mercato giapponese e deve decidere quale fascia di clientela soddisfare (adulti, giovani o bambini) e quali modelli realizzare. Ha bisogno quindi di informazioni utili per compiere queste scelte. Il processo informativo prende avvio con la raccolta dei dati, già disponibili o ricercati specificamente. Potrebbe trattarsi per esempio di una ricerca sulla composizione della popolazione giapponese (adulti, ragazzi e bambini). Poiché, come spesso accade, i dati disponibili sono in quantità eccessiva (ridondanza dei dati), occorre selezionarli e provvedere alla loro eliminazione o archiviazione per eventuali successive elaborazioni. Se l'azienda decide di realizzare la nuova produzione per gli adulti, i dati raccolti su giovani e bambini non sono utili e possono essere archiviati per successivi utilizzi. I dati sui consumatori adulti sono invece disaggregati considerando il sesso dei consumatori e successivamente ulteriormente rielaborati. La sintesi dei risultati è messa a disposizione del management aziendale chiamato ad assumere la decisione finale sul lancio della nuova produzione.

→ *Quali sono le fasi del processo informativo descritto?*
→ *Perché è utile la sintesi dei risultati messa a disposizione del management aziendale?*

Contabile = ***Accounting***

Non contabile = ***Unaccounting***

**Contabilità gestionale:** parte del sistema informativo che consente di attuare il controllo della gestione nell'aspetto economico attraverso l'analisi dei costi e dei ricavi.

**Budget:** strumento di controllo della gestione formato da un insieme di programmi che l'azienda si prefigge di realizzare nel successivo esercizio.

## Come si articola il sistema informativo aziendale?

Il sistema informativo aziendale – che ha come oggetto l'intera attività aziendale – può essere articolato in due sottosistemi che si integrano a vicenda:

- il **sistema informativo contabile**, che raccoglie dai documenti originari le informazioni quantitative relative alle operazioni esterne e interne di gestione. Rientrano in questo sottosistema le scritture elementari, le contabilità sezionali, la contabilità generale, la **contabilità gestionale** e il **budget**;
- il **sistema informativo non contabile**, che raccoglie dai dati e documenti di vario tipo informazioni quantitative e qualitative relative all'impresa, al mercato e al contesto socio-ambientale generale. Rientrano in questo sottosistema le elaborazioni sintetiche dei risultati contabili, le statistiche interne ed esterne, l'analisi del mercato, le informazioni sul settore di attività in cui opera l'impresa, le rilevazioni relative agli impatti sull'ambiente.

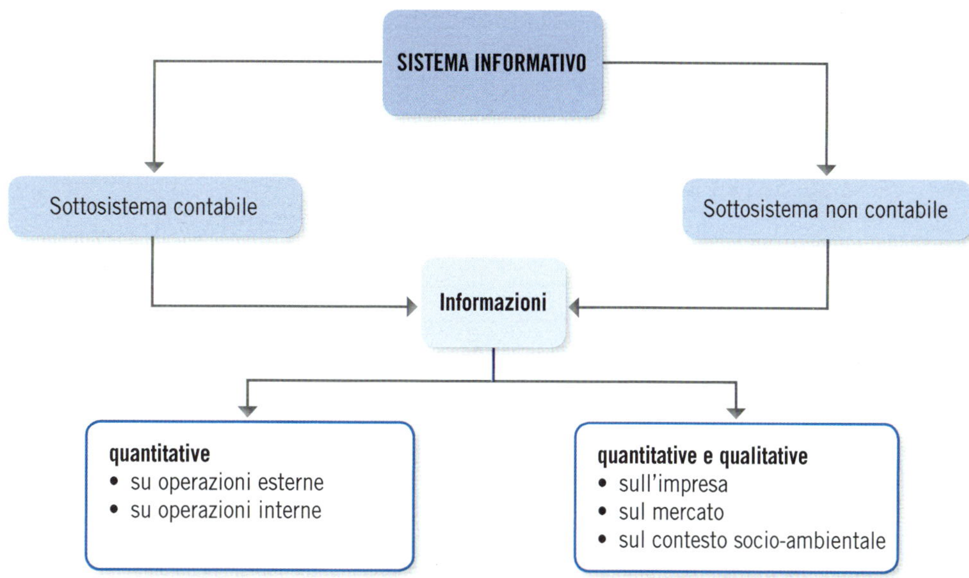


## Come le reti telematiche sono di aiuto alle imprese?

L'**Information Technology** (IT) consente la diffusione in tempo reale delle informazioni annullando le distanze geografiche.

L'uso delle reti telematiche consente di realizzare collegamenti per lo scambio di informazioni all'interno dell'impresa e all'esterno con clienti e fornitori. La principale rete di comunicazione mondiale è internet.

I sistemi informativi avanzati permettono di collegare sia le funzioni aziendali con internet, sia i processi aziendali con fornitori e clienti.

Attraverso la rete internet si effettuano le operazioni di e-commerce: utilizzando il proprio portale, l'impresa non solo pubblicizza i propri prodotti ma è anche in grado di raccogliere ordini di acquisto.

**test interattivi nel libro digitale**

**CONOSCENZE** Elementi del sistema informativo aziendale • settori della comunicazione aziendale • fasi del processo informativo.

**ABILITÀ** Collegare le informazioni ai soggetti interni ed esterni destinatari • associare le caratteristiche delle comunicazioni al relativo settore • associare il documento aziendale al sistema informativo contabile e non contabile.

**1** Indica con una crocetta la risposta esatta (alcuni quesiti possono avere più risposte esatte).

1. Le informazioni prodotte per la linea intermedia servono per:
   - a *le decisioni strategiche*
   - b *le decisioni operative*
   - c *i processi produttivi*
   - d *le attività amministrative*

2. Le informazioni sono:
   - a *grezze e da rielaborare*
   - b *esclusivamente qualitative*
   - c *esclusivamente quantitative*
   - d *qualitative e quantitative*

3. I dati sono:
   - a *soggettivi e grezzi*
   - b *soggettivi e rielaborati*
   - c *oggettivi e grezzi*
   - d *oggettivi e rielaborati*

4. La sequenza di operazioni che consente di passare dai dati alle informazioni è:
   - a *elaborazione, selezione, decisione*
   - b *classificazione, selezione, archiviazione*
   - c *selezione, elaborazione, classificazione*
   - d *selezione, classificazione, elaborazione*

5. I dati raccolti dall'azienda vengono:
   - a *trasmessi ai nuclei operativi*
   - b *utilizzati per assumere decisioni*
   - c *utilizzati per effettuare le registrazioni contabili*
   - d *trasformati in informazioni*

6. Il sistema informativo contabile produce informazioni utilizzando:
   - a *i documenti originari*
   - b *le contabilità sezionali*
   - c *la contabilità generale*
   - d *le scritture elementari*

7. Le informazioni trasmesse al vertice aziendale:
   - a *servono per prendere decisioni strategiche*
   - b *servono per realizzare la produzione*
   - c *consentono l'attuazione delle decisioni strategiche*
   - d *consentono l'attuazione delle decisioni operative*

8. La comunicazione economico-finanziaria:
   - a *fornisce informazioni sui prodotti offerti dall'impresa*
   - b *fornisce informazioni sui risultati della gestione aziendale*
   - c *è disciplinata dalle norme civilistiche e fiscali*
   - d *è disciplinata dalle norme elaborate dai dottori commercialisti e degli esperti contabili*

9. Il sistema informativo contabile:
   - a *raccoglie informazioni qualitative*
   - b *raccoglie informazioni quantitative*
   - c *utilizza documenti originari*
   - d *utilizza documenti di vario tipo*

**2** Associa le informazioni con i potenziali soggetti utilizzatori.

| Informazioni | Soggetti interni | Soggetti esterni |
|---|---|---|
| Andamento delle vendite delle imprese concorrenti | | |
| Impatto sull'ambiente naturale delle produzioni aziendali | | |
| Reddito conseguito dall'impresa in un determinato periodo | | |
| Numero dei consumatori dei beni/servizi offerti dall'azienda | | |
| Capacità di rispettare i tempi di consegna delle merci | | |

**3** Indica se le seguenti informazioni sono vere o false; in quest'ultimo caso suggerisci sul quaderno la formulazione corretta.

1. I dati sono elementi oggettivi e rielaborati. V F
2. Le informazioni prodotte per il vertice aziendale servono per decisioni correnti. V F
3. Le informazioni tratte dall'elaborazione dei dati sono esclusivamente quantitative. V F
4. Le informazioni prodotte per le unità operative sono analitiche e riguardano fornitori, clienti e dipendenti. V F
5. I dati raccolti dall'azienda vengono trasformati in informazioni. V F
6. Le informazioni sono utilizzate dai soggetti esterni per controllare il rispetto di obblighi contrattuali. V F

7. Gli investitori in capitale di rischio utilizzano le informazioni per valutare esclusivamente l'andamento economico della gestione aziendale. V F
8. La selezione dei dati viene eseguita dopo l'elaborazione. V F
9. La comunicazione pubblicitaria mira a far conoscere e apprezzare i prodotti/servizi offerti. V F
10. La comunicazione istituzionale è rivolta ai soggetti interni all'azienda. V F
11. Le comunicazioni realizzate verso l'interno permettono il miglioramento delle relazioni. V F
12. L'azienda raccoglie al proprio interno dati qualitativi e quantitativi. V F

**4** Associa le caratteristiche delle comunicazioni con il relativo settore.

| Caratteristica della comunicazione | Comunicazione | | |
|---|---|---|---|
| | Economico-finanziaria | Socio-ambientale | Pubblicitaria |
| È rivolta al consumatore finale | | | |
| È regolamentata dalla legge | | | |
| È rivolta alla collettività | | | |
| È obbligatoria | | | |
| È finalizzata a far conoscere i prodotti aziendali | | | |

**5** Associa il documento con il corrispondente sottosistema del sistema informativo aziendale.

| Documento | Sistema informativo aziendale | |
|---|---|---|
| | Sistema contabile | Sistema non contabile |
| Statistiche sulle vendite nelle diverse aree di mercato | | |
| Budget degli investimenti | | |
| Scritture elementari | | |
| Contabilità gestionale | | |
| Analisi del settore operativo | | |
| Contabilità sezionali | | |
| Analisi macroeconomica | | |
| Analisi socio-economica del mercato | | |
| Inventario di magazzino | | |
| Contabilità generale | | |
| Statistiche sui tassi di assenteismo del personale | | |
| Statistiche sui difetti di qualità dei prodotti aziendali | | |

**6** **CLIL** Number the production phases chronologically from 1 to 6.

| | |
|---|---|
| Data selection | |
| Communication of information | |
| Data collection | |
| Data classification | |
| Data storage | |
| Data processing | |

Lezione 2

# I documenti e la contabilità aziendale

## Perché i documenti originari rappresentano la "memoria" delle operazioni aziendali?

Per ogni impresa conservare memoria delle operazioni effettuate costituisce un'esigenza fondamentale.

Per far fronte a tale compito è necessario tenere una traccia scritta dei dati che interessano la vita aziendale, conservando i **documenti originari** emessi o ricevuti e registrando su carta o su supporto elettronico (*file*) gli impegni, gli obblighi, gli acquisti, le vendite, le riscossioni, i pagamenti, i consumi derivanti delle operazioni aziendali.

I documenti originari, su cui si basa la contabilità di una impresa, costituiscono:

- la **prova** delle operazioni compiute con i terzi. Contratti, **fatture elettroniche**, note di accredito, cambiali, assegni ecc. hanno rilevanza giuridica e fiscale;
- l'**autorizzazione** data ad alcuni dipendenti di eseguire operazioni sui valori e sui beni aziendali (ordini di pagamento e di incasso, bolle di carico e di scarico delle merci, delle materie e dei prodotti ecc.);
- la **memoria** o il **controllo** di tutte le operazioni compiute, per esempio attraverso la matrice degli assegni e gli estratti conto.

**Fattura elettronica:** dal 1° gennaio 2019, le cessioni di beni e le prestazioni di servizi effettuate tra soggetti residenti, stabiliti o identificati nel territorio dello Stato devono essere documen[illegible]tture elettroniche. [illegible]di fatturazione elet[illegible]à in vigore per le op[illegible]on la Pubblica am[illegible]one, viene pertan[illegible]alle operazioni tra i[illegible] quelle verso i consumatori finali. Per questi ultimi, le imprese devono indirizzare il documento emesso ai servizi telematici dell'Agenzia delle entrate e devono mettere a disposizione una copia della fattura in formato elettronico o analogico, fatta salva la facoltà dell'acquirente di rinunciarvi. Le fatture elettroniche devono essere prodotte, trasmesse, archiviate e conservate nel formato digitale XML (*eXtensible Markup Language*); si tratta di un linguaggio informatico che consente di definire e controllare il significato degli elementi contenuti in un documento, verificando così le informazioni ai fini dei controlli previsti per legge. Dopo la compilazione della fattura, il soggetto emittente appone la firma digitale in modo da garantire al destinatario l'origine di emissione della fattura. Successivamente, la fattura firmata digitalmente deve transitare dal Sistema di Interscambio, che costituisce il punto di passaggio obbligato per tutte le fatture elettroniche emesse; il Sistema di Interscambio, verificata la correttezza del formato del documento ricevuto e la completezza dei dati inseriti, provvede a inviare la fattura al soggetto destinatario. L'obbligo della fatturazione elettronica anche nelle operazioni tra imprese e nei confronti dei consumatori finali consentirà di aumentare la capacità dell'Amministrazione finanziaria di prevenire e contrastare efficacemente l'evasione fiscale e le frodi IVA.

I documenti originari si definiscono esterni quando provengono da soggetti esterni che hanno rapporti con l'azienda (banche, clienti, fornitori ecc.) e interni se sono stati prodotti all'interno dell'azienda e successivamente emessi. Esempi di documenti esterni sono le fatture immediate o differite, le **note di accredito**, i **documenti di trasporto o consegna** ecc.; esempi di documenti interni sono gli ordini di pagamento e di incasso.

## Con quali scopi si effettuano le rilevazioni aziendali?

A partire dai documenti originari, derivanti dalle operazioni di gestione compiute, l'azienda effettua le rilevazioni aziendali (o scritture aziendali).

Mediante le **rilevazioni aziendali** l'azienda analizza e rielabora i dati contenuti nei documenti originari per scopi di controllo e programmazione.

Le rilevazioni aziendali sono effettuate per:

- *verificare* e *controllare* lo svolgimento della gestione;
- *registrare* e *classificare* le operazioni aziendali per calcolare risultati *parziali* (esito di un'operazione o di un'area di attività) e *generali*, come il reddito d'esercizio e il patrimonio di funzionamento;
- *valutare* gli elementi del patrimonio aziendale;
- *elaborare* e *rappresentare* dati interni e dati esterni all'azienda, utili per interpretare situazioni e determinare gli indirizzi e le tendenze future;
- *individuare* e *prospettare* soluzioni convenienti per eseguire le operazioni aziendali.

## SEMPIO Rilevazione cronologica e sistematica

Durante la costruzione di un edificio un'impresa edile annota giornalmente i costi sostenuti indicando la data, la causa e l'importo; realizza in tal modo una **rilevazione cronologica** (in ordine di data). Se i costi sostenuti vengono successivamente raggruppati in base all'oggetto (personale, materiali, macchinari ecc.) si realizza una **rilevazione sistematica**.

| **Classificazione delle scritture aziendali** | |
|---|---|
| ***Complessità*** **dell'oggetto di rilevazione e** ***collegamenti*** **tra le diverse scritture** | • **Scritture elementari**, redatte in forma libera su schede o moduli; sono utilizzate per preparare, analizzare e completare le scritture complesse; ne sono esempi la prima nota e gli scadenzari.<br>• **Scritture sezionali**, che rappresentano sottosistemi delle scritture complesse: ne sono esempi la contabilità con le banche, la contabilità delle vendite e la contabilità degli acquisti, la contabilità di magazzino, la contabilità del personale.<br>• **Scritture complesse**, che raccolgono i dati dell'intera gestione aziendale e sono composte con lo scopo di determinare il reddito d'esercizio e il patrimonio di funzionamento (*contabilità generale* formata dal libro giornale e dai conti di mastro). |
| ***Norme di legge*** | • **Scritture obbligatorie**, redatte in quanto imposte dal codice civile, da disposizioni fiscali o da altre leggi speciali; ne sono esempi il libro giornale e il libro degli inventari, i registri delle fatture emesse e ricevute, il libro unico del lavoro, il registro degli infortuni.<br>• **Scritture facoltative**, compilate per soddisfare esigenze informative dei soggetti interni o esterni all'impresa (per esempio la prima nota e gli scadenzari). |
| ***Strumento utilizzato*** **per la registrazione** | • **Scritture contabili**, redatte sulla base di prospetti denominati conti.<br>• **Scritture extracontabili**, compilate sulla base di strumenti diversi dai conti, per esempio tabelle e grafici. |
| ***Momento*** **in cui sono redatte** | • **Scritture antecedenti**, compilate prima dell'effettuazione delle operazioni aziendali o del verificarsi di particolari eventi (per esempio i preventivi e i budget).<br>• **Scritture concomitanti**, redatte man mano che si effettuano le operazioni aziendali (per esempio l'emissione della fattura immediata o del documento di trasporto o consegna).<br>• **Scritture consuntive**, composte dopo l'effettuazione delle operazioni (per esempio il libro giornale e i conti di mastro). |

## Come funziona un conto?

Il conto è lo strumento su cui si basa la maggior parte delle rilevazioni aziendali; da esso deriva il termine contabilità.

Il **conto** è un insieme di scritture relative a un determinato oggetto, mediante il quale si evidenziano la grandezza iniziale e le successive variazioni.

Il conto è contraddistinto da un **codice** numerico o alfanumerico e da una **denominazione**, che ne indica sinteticamente l'oggetto; per esempio il conto Denaro in cassa è l'insieme delle scritture relative ai movimenti (entrate e uscite) intervenuti nei valori presenti nella cassa aziendale.
Con l'attribuzione del codice e della denominazione il conto è **intestato**; successivamente il conto si **accende** con la prima registrazione.
Il conto è **movimentato** da *addebitamenti* (iscrizione di una quantità nella sezione di *sinistra,* indicata con espressioni diverse: Dare, Carico, Entrate) e da *accreditamenti* (iscrizione di una quantità nella sezione di *destra,* indicata con: Avere, Scarico, Uscite).

**Nota di accredito:** documento di rettifica emesso dal venditore per ridurre l'importo di una precedente fattura; può essere compilato per correggere fatture emesse con importo errato oppure in relazione a resi, a sconti mercantili o ad abbuoni previsti in contratto. Può essere emessa con o senza variazione IVA.

**Documento di trasporto o di consegna:** documento emesso dall'impresa venditrice prima della consegna o dell'inizio del trasporto delle merci e dei prodotti, che consente alla stessa di emettere successivamente la fattura differita in sostituzione della fattura immediata.

## Accensione e movimentazione di un conto

L'imprenditore Mauro Barra in data 01/04 avvia un'azienda e versa in cassa 800 euro. Nella contabilità dell'azienda intestiamo un conto al quale attribuiamo il codice 08.20 e la denominazione Denaro in cassa. Tale conto riporta la data, la descrizione e il valore dell'operazione registrata nelle colonne intestate con Entrate (Dare) e Uscite (Avere).

08.20 DENARO IN CASSA

| Data | Descrizione | Dare | Data | Descrizione | Avere |
|---|---|---|---|---|---|
| | | | | | |

Tale conto viene acceso con la registrazione del primo movimento nella sezione delle Entrate (Dare) per l'importo del conferimento per cui si presenta come segue:

08.20 DENARO IN CASSA

| Data | Descrizione | Dare | Data | Descrizione | Avere |
|---|---|---|---|---|---|
| 01/04 | Conferimento iniziale | 800, 00 | | | |

La differenza tra il totale degli importi registrati nella sezione di sinistra (Dare) e il totale degli importi iscritti nella sezione di destra (Avere) rappresenta il **saldo**.

L'**eccedenza** di un conto risulta dalla differenza tra il totale delle quantità iscritte in una sezione e quelle iscritte nell'altra sezione. L'eccedenza esprime, in un determinato momento, la grandezza dell'oggetto a cui è intestato il conto.

Per **chiudere** un conto occorre calcolare il **saldo** e iscriverlo nella sezione in cui il totale è minore in modo che gli importi delle due sezioni pareggino. Dopo questa operazione le due sezioni *bilanciano*.

Un conto è **spento** quando il saldo è pari a zero.

## 1 Eccedenza e saldo di un conto

Ipotizziamo che in data 30/04 il conto Denaro in cassa dell'impresa Mauro Barra (vedi esempio precedente) contenga i seguenti valori e calcoliamo l'eccedenza e il saldo.

08.20 DENARO IN CASSA

| Data | Descrizione | Dare | Data | Descrizione | Avere |
|---|---|---|---|---|---|
| 01/04 | Conferimento iniziale | 800, 00 | 18/04 | Pagata fattura n. 82 | 300, 00 |
| 15/04 | Riscossa fattura n. 33 | 500, 00 | | | |

Per determinare l'eccedenza del conto al 30/04 dobbiamo calcolare il totale Dare (1.300 euro), il totale Avere (300 euro) e, successivamente, eseguire la differenza:

totale Dare – totale Avere = euro (1.300,00 – 300,00) = euro 1.000,00 eccedenza.

Il saldo consente di chiudere il conto; in questo caso viene iscritto nell'Avere per bilanciare le due sezioni un saldo di 1.000 euro.

08.20 DENARO IN CASSA

| Data | Descrizione | Dare | Data | Descrizione | Avere |
|---|---|---|---|---|---|
| 01/04 | Conferimento iniziale | 800, 00 | 18/04 | Pagata fattura n. 82 | 300, 00 |
| 15/04 | Riscossa fattura n. 33 | 500, 00 | 30/04 | Saldo | 1.000, 00 |
| 30/04 | Totale | 1.300, 00 | 30/04 | Totale | 1.300, 00 |

L'eccedenza del conto Denaro in cassa è di 1.000 euro ed esprime la quantità di denaro presente in quel momento (30/04) nella cassa dell'azienda.

## 2 Calcolo del saldo e chiusura del conto

Il conto 20.15 Fitti attivi presenta le seguenti movimentazioni registrate durante l'esercizio:

20.15 FITTI ATTIVI

| Data | Descrizione | Dare | Data | Descrizione | Avere |
|---|---|---|---|---|---|
| | | | 01/01 | Riscosso affitto su autorimessa | 1.200, 00 |
| | | | 01/04 | Riscosso affitto su capannone | 2.400, 00 |
| | | | 01/09 | Riscosso affitto su autorimessa | 1.200, 00 |

Determiniamo il saldo e procediamo alla chiusura del conto.

Il saldo del conto è determinato facendo la somma di tutte le registrazioni iscritte in Avere durante l'esercizio: euro (1.200,00 + 2.400,00 + 1.200,00) = euro 4.800,00

Il saldo corrisponde al totale dei canoni di locazione riscossi dall'impresa nel corso dell'esercizio. Il conto presenta un'eccedenza Avere, in quanto il totale Avere è maggiore del totale Dare (che in questo caso risulta pari a zero). Successivamente il saldo viene iscritto nella sezione in cui il totale risulta minore, nel nostro caso in Dare, in modo che i totali delle due sezioni siano uguali e il conto risulti chiuso.

20.15 FITTI ATTIVI

| Data | Descrizione | Dare | Data | Descrizione | Avere |
|---|---|---|---|---|---|
| 31/12 | Saldo | 4.800, 00 | 01/01 | Riscosso affitto su autorimessa | 1.200, 00 |
| | | | 01/04 | Riscosso affitto su capannone | 2.400, 00 |
| | | | 01/09 | Riscosso affitto su autorimessa | 1.200, 00 |
| | Totale | 4.800, 00 | | Totale | 4.800, 00 |

I conti si definiscono **bilaterali** quando accolgono movimenti sia nella sezione di sinistra (intestata con Dare, Carico, Entrate) sia in quella di destra (intestata con Avere, Scarico, Uscite). I conti si definiscono invece **unilaterali** quando accolgono movimenti esclusivamente in una sezione (di destra o di sinistra).

SEMPIO

## 1 Conto bilaterale

Il conto Cambiali attive accoglie nella sezione di sinistra le cambiali tratte emesse sui clienti e le cambiali pagherò ricevute dai clienti, nella sezione di destra l'importo delle cambiali incassate.

05.06 CAMBIALI ATTIVE

| Data | Descrizione | Dare | Data | Descrizione | Avere |
|---|---|---|---|---|---|
| 05/07 | Pagherò ricevuto da Ravi a saldo fattura n. 34 | 6.800, 00 | 31/07 | Riscossione pagherò Ravi | 6.800, 00 |
| 07/07 | Tratta su Baldi a saldo fattura n. 52 | 14.200, 00 | | | |

## 2 Conto unilaterale

Il conto Fitti passivi accoglie nella sezione di sinistra i costi sostenuti per i canoni relativi ai fabbricati per i quali sono stati stipulati contratti di locazione.

32.01 FITTI PASSIVI

| Data | Descrizione | Dare | Data | Descrizione | Avere |
|---|---|---|---|---|---|
| 01/03 | Pagato affitto su capannone | 18.000, 00 | | | |
| 01/09 | Pagato affitto su negozio | 24.000, 00 | | | |

I conti possono essere classificati, oltre che in conti bilaterali e conti unilaterali, secondo vari criteri.

| Classificazione dei conti | |
|---|---|
| **Quantità rilevate** | • **Conti a quantità fisiche**, che rilevano le quantità fisiche (chilogrammi, metri, libri) di un determinato oggetto; per esempio, i conti accesi alle merci e ai prodotti depositati in magazzino.<br>• **Conti a quantità monetarie (valori)**, che rilevano le variazioni intervenute nel denaro in cassa, nei crediti, nei debiti, nei costi e nei ricavi. |
| **Estensione dell'oggetto** | • **Conti analitici**, accesi a un oggetto elementare che non può essere ulteriormente scomposto; per esempio, il conto corrente aperto presso una determinata banca, il conto intestato a un fornitore o a un cliente, il conto intestato a una specifica merce.<br>• **Conti sintetici**, accesi a un oggetto che risulta dall'insieme di più oggetti elementari; per esempio, il conto acceso alle banche, che riassume i movimenti dei conti correnti aperti presso più banche, oppure il conto Debiti v/fornitori, che riepiloga i movimenti intervenuti nei diversi conti analitici intestati ai singoli fornitori. |
| **Informazioni fornite** | • **Conti descrittivi**, che contengono diverse informazioni sull'oggetto quali la data, la descrizione dell'operazione e il valore.<br>• **Conti sinottici**, che forniscono ridotte informazioni sull'oggetto, riportando solo la data e il valore oppure solo il valore. |
| **Forma del prospetto** | • **Conti a una sezione** (o conti a forma scalare), che presentano la data, la descrizione, il segno dell'operazione e una sola colonna per gli importi.<br>• **Conti a due sezioni**, che contengono due colonne per gli importi oltre alle colonne della data, della descrizione e le eventuali annotazioni. Tali conti possono avere:<br>**a)** **forma a sezioni divise** (o **contrapposte**): prevede la separazione delle colonne contenenti gli importi, la data e la descrizione. La sezione di sinistra è dedicata agli **addebitamenti** (**Dare**), la sezione di destra agli **accreditamenti** (**Avere**);<br>**b)** **forma a sezioni accostate**: prevede la separazione delle sole colonne Dare e Avere contenenti gli importi, mentre le colonne della data e della descrizione sono comuni. |

## Come si effettuano le registrazioni nei conti?

Per effettuare le registrazioni nei conti bisogna rispettare alcune **regole** che cambiano a seconda dell'oggetto a cui è intestato il conto.
Di seguito analizziamo le regole di registrazione nei conti accesi al denaro in cassa, ai crediti, ai debiti, ai valori economici.

### Conto acceso al denaro in cassa

I valori della cassa, rappresentati da monete metalliche e banconote, assegni bancari e circolari ricevuti, valori bollati (francobolli, marche da bollo, marche per cambiali) sono registrati in conti bilaterali che evidenziano le entrate, le uscite e la consistenza in un determinato momento.
Le entrate di valori nella cassa sono registrate in Dare e le uscite di valori dalla cassa in Avere.
La consistenza finale della cassa si ottiene calcolando la differenza tra l'importo delle entrate e l'importo delle uscite. Lo schema è il seguente.

| Denaro in cassa | |
|---|---|
| **Entrate (o Dare)** | **Uscite (o Avere)** |
| *Variazioni finanziarie attive*<br>• Consistenza iniziale<br>• Entrate di denaro | *Variazioni finanziarie passive*<br>• Uscite di denaro<br>• Consistenza finale (saldo) |

## SEMPIO Funzionamento del conto Denaro in cassa

La Marteni spa rileva nel conto Denaro in cassa le movimentazioni sotto riportate e determina il saldo alla fine di gennaio:
01/01: consistenza iniziale 420 euro;
05/01: pagata fattura n. 887 di 280 euro;
08/01: incassata cambiale di 300 euro;
12/01: pagata fattura n. 930 di 420 euro;
15/01: incassata fattura n. 6 di 250 euro;
18/01: inviato anticipo di 302,50 euro a un fornitore;
20/01: incassata fattura n. 13 di 420 euro.

08.20 DENARO IN CASSA

| Data | Entrate | Dare | Data | Uscite | Avere |
|---|---|---|---|---|---|
| 01/01 | Saldo iniziale | 420, 00 | 05/01 | Pagata fattura n. 887 | 280, 00 |
| 08/01 | Riscossa cambiale | 300, 00 | 12/01 | Pagata fattura n. 930 | 420, 00 |
| 15/01 | Incassata ns/fattura n. 6 | 250, 00 | 18/01 | Anticipo a fornitore | 302, 50 |
| 20/01 | Incassata ns/fattura n. 13 | 420, 00 | | | |
| | | | 31/01 | *Saldo finale* | 1.002, 50 |
| | Totale | 1.390, 00 | | Totale | 1.390, 00 |

### Conti accesi ai crediti e ai debiti

I conti che accolgono le variazioni relative ai crediti e ai debiti sono conti bilaterali e registrano le variazioni finanziarie attive in Dare e le variazioni finanziarie passive in Avere.
Il funzionamento dei conti accesi ai crediti e ai debiti è rappresentato negli schemi che seguono.

| **Crediti** | |
|---|---|
| **Dare** | **Avere** |
| *Variazioni finanziarie attive*<br>• Crediti iniziali<br>• Aumento di crediti | *Variazioni finanziarie passive*<br>• Diminuzione di crediti<br>• Crediti finali (saldo) |

| **Debiti** | |
|---|---|
| **Dare** | **Avere** |
| *Variazioni finanziarie attive*<br>• Diminuzione di debiti<br>• Debiti finali (saldo) | *Variazioni finanziarie passive*<br>• Debiti iniziali<br>• Aumento di debiti |

## SEMPIO Funzionamento del conto Debiti v/fornitori esteri

La Nartex spa rileva nel conto Debiti v/fornitori esteri le movimentazioni sotto riportate e determina il saldo alla fine di marzo.
01/01: consistenza iniziale 14.200 euro;
20/02: ricevuta fattura n. 22 del fornitore Marbiniev di 8.600 euro;
25/03: pagata al fornitore Vladiskof tratta in scadenza di 8.000 euro.

14.04 DEBITI V/FORNITORI ESTERI

| Data | Descrizione delle operazioni | Dare | Avere |
|---|---|---|---|
| 01/01 | Saldo iniziale | | 14.200, 00 |
| 20/02 | Ricevuta fattura n. 22 del fornitore Marbiniev | | 8.600, 00 |
| 25/03 | Effettuato bonifico a favore del fornitore Vladiskof | 8.000, 00 | |
| 31/03 | Saldo finale | 14.800, 00 | |
| | | 22.800, 00 | 22.800, 00 |

### Conti accesi ai valori economici

I conti accesi ai valori economici rilevano nella sezione Dare le variazioni economiche negative e nella sezione Avere le variazioni economiche positive. Normal-

mente i conti economici sono conti unilaterali; se accolgono costi, funzionano solo in Dare (variazioni economiche negative); se accolgono ricavi, funzionano solo in Avere (variazioni economiche positive).
Le eventuali rettifiche ai costi e ai ricavi si registrano in conti specifici: le rettifiche di costi (resi su acquisti, ribassi e abbuoni attivi, premi su acquisti) vengono registrate in Avere; le rettifiche di ricavi (resi su vendite, ribassi e abbuoni passivi, premi su vendite) vengono registrate in Dare.

| Costi | |
|---|---|
| **Dare** | **Avere** |
| *Variazioni economiche negative*<br>Costi | |

| Rettifiche di costi | |
|---|---|
| **Dare** | **Avere** |
| | *Variazioni economiche positive*<br>Rettifiche a costi |

| Rettifiche di ricavi | |
|---|---|
| **Dare** | **Avere** |
| *Variazioni economiche negative*<br>Rettifiche a ricavi | |

| Ricavi | |
|---|---|
| **Dare** | **Avere** |
| | *Variazioni economiche positive*<br>Ricavi |

Prima nota = ***Petty cash book***
Scadenzari = ***Bill book***

## Che cosa sono le scritture elementari?

Le scritture elementari si riferiscono a singoli elementi o aspetti della gestione aziendale e sono tenute dalle imprese in forma libera. Ne sono un esempio la prima nota e gli scadenzari.
La **prima nota** è una scrittura che elenca in ordine cronologico le operazioni aziendali, comprovate da documenti originari, man mano che esse vengono compiute. Si tratta di una scrittura contabile facoltativa utilizzata per annotare le operazioni di gestione a scopo di memoria e in preparazione delle altre scritture aziendali.

### Esempio – Compilazione della prima nota

Nei primi giorni del mese di giugno l'impresa Aldo Beri compie le seguenti operazioni:
01/06: ricevuto assegno bancario di 1.085 euro a saldo fattura n. 132 emessa il 10/05;
04/06: ricevuto pagamento a mezzo banca di 5.780,40 euro a parziale regolamento fattura n. 134;
06/06: emessa fattura n. 142 sul cliente Matteo Simoni di 6.600 euro, IVA ordinaria;
12/06: prelevati 200 euro dal c/c bancario aperto presso la Banca Nazionale del Lavoro.

Presentiamo la prima nota compilata dall'impresa.

**Prima nota**

| Data | N. | Descrizione | Parziali | Totali |
|---|---|---|---|---|
| 01/06 | 175 | Ricevuto assegno bancario a saldo fattura n. 132 | | 1.085,00 |
| 04/06 | 176 | Ricevuto pagamento a mezzo banca a parziale regolamento fattura n. 134 | | 5.780,40 |
| 06/06 | 177 | Emessa fattura n. 142 su Matteo Simoni: | | |
| | | importo della merce | 6.600,00 | |
| | | IVA su vendite | 1.452,00 | 8.052,00 |
| 12/06 | 178 | Prelevato denaro contante dal c/c bancario presso BNL | | 200,00 |

Gli **scadenzari** sono scritture elementari che riportano le scadenze dei crediti e dei debiti derivanti dalle operazioni di vendita e acquisto; rappresentano un utile supporto per controllare la regolare riscossione dei crediti e per programmare l'acquisizione delle risorse finanziarie necessarie per pagare i debiti.

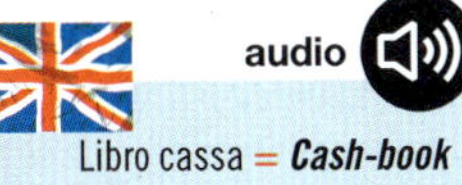


Libro cassa = ***Cash-book***

## Quali contabilità sezionali tengono le imprese?

Le **contabilità sezionali** sono scritture coordinate, relative a un determinato oggetto, integrate e collegate alla contabilità generale di cui rappresentano dei sottosistemi.

Fanno parte delle contabilità sezionali: la contabilità di cassa, la contabilità delle banche, la contabilità delle vendite (o contabilità clienti), la contabilità degli acquisti (o contabilità fornitori), la contabilità di magazzino, la contabilità del personale, la contabilità dei beni strumentali ecc.

La **contabilità di cassa** registra i movimenti intervenuti nei valori in cassa che derivano da riscossioni e pagamenti in denaro contante; consente di determinare la consistenza della cassa in un determinato momento attraverso la seguente uguaglianza:

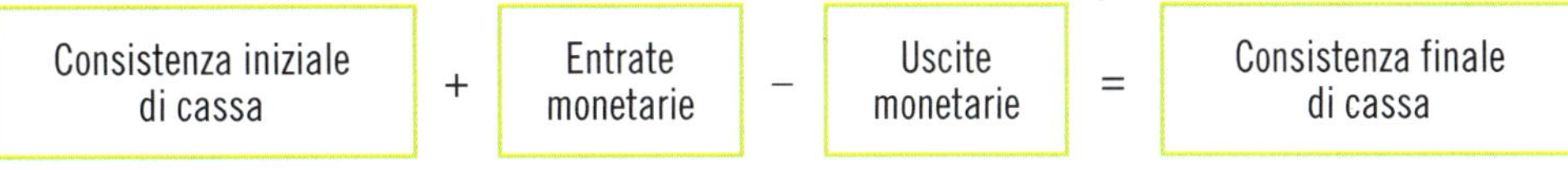


**Bonifico:** operazione che consente il trasferimento di una somma di denaro dal c/c di un soggetto (ordinante) al c/c di un altro soggetto (beneficiario).

L'utilizzo del denaro contante nel regolamento delle operazioni è notevolmente diminuito in questi anni sia per la diffusione di strumenti bancari di pagamento (**bonifici**, carte di debito, carte di credito) sia per l'introduzione di norme sulla tracciabilità dei pagamenti, dirette a contrastare il riciclaggio di denaro proveniente da attività illecite e l'evasione fiscale.

### eSEMPIO Compilazione del libro cassa

In data 12/05 dal libro cassa dell'impresa Simone Venturi risulta una consistenza iniziale di cassa di 720,50 euro. Durante la giornata l'impresa regola in contanti le seguenti operazioni: pagata fattura ENEL n. 952 di 363,00 euro; riscossa fattura n. 159 sul cliente Sartelli di 302,50 euro; versato anticipo di 400 euro al fornitore Nossi; pagata fattura di 181,50 euro al vettore Sprint per costi di trasporto.

**Libro cassa**

| Data | N. | Descrizione | Entrate | Uscite | Saldo |
|---|---|---|---|---|---|
| 12/05 | 185 | Consistenza iniziale | | | 720,50 |
| 12/05 | 186 | Pagata fattura ENEL n. 952 | | 363,00 | 357,50 |
| 12/05 | 187 | Riscossa fattura Sartelli n. 159 | 302,50 | | 660,00 |
| 12/05 | 188 | Versato anticipo al fornitore Nossi | | 400,00 | 260,00 |
| 12/05 | 189 | Pagata fattura al vettore Sprint | | 181,50 | 78,50 |

**Assegno bancario:** titolo di credito con cui un soggetto (traente) ordina alla banca (trattario), presso cui dispone di un c/c, di pagare a vista un certo importo a un beneficiario.

**Assegno circolare:** titolo di credito con cui una banca (emittente) promette di pagare a vista un determinato importo a un beneficiario.

La **contabilità delle banche** registra i movimenti dei conti correnti bancari derivanti dalle operazioni aziendali. Tali operazioni sono comprovate da assegni, ricevute di versamento, lettere contabili di addebito e di accredito, estratti conto. Il conto, compilato dall'azienda e intestato alla banca, accoglie:

- nella sezione Dare le entrate per versamenti di denaro e di **assegni bancari** e **circolari**, bonifici disposti da terzi a favore dell'azienda, riscossioni di cambiali attive, interessi a credito capitalizzati sul c/c;
- nella sezione Avere le uscite per emissione di assegni bancari, richiesta di assegni circolari, ordini di pagamento a favore di terzi, pagamenti di cambiali passive, interessi a debito capitalizzati sul c/c.

## Compilazione della scheda di conto corrente bancario

L'impresa Federico Mornesi & C. snc è in rapporto di c/c con la sede di Brescia della banca Intesa Sanpaolo. Durante il mese di ottobre l'impresa ha registrato le seguenti movimentazioni:
01/10: residuo debito di 8.650 euro;
05/10: riscossa cambiale in scadenza 3.340 euro;
08/10: pagata cambiale in scadenza 2.350 euro;
12/10: riscossa Ri.Ba. di 2.270 euro;
16/10: versamento in contanti di 420 euro;
22/10: ricevuto bonifico di 7.520 euro a saldo nostra fattura di vendita;
25/10: richiesto rilascio di assegno circolare di 968 euro a favore di un fornitore.
Presentiamo la scheda di conto corrente bancario.

**Intesa Sanpaolo – Filiale di Brescia c/c n. 56748/90**

| Data | Operazioni | Dare | Avere | Saldo | |
|---|---|---|---|---|---|
| | | | | Segno | Importo |
| 01/10 | Saldo iniziale | | 8.650, 00 | A | 8.650, 00 |
| 05/10 | Riscossa cambiale in scadenza | 3.340, 00 | | A | 5.310, 00 |
| 08/10 | Pagata cambiale in scadenza | | 2.350, 00 | A | 7.660, 00 |
| 12/10 | Riscossa Ri.Ba. | 2.270, 00 | | A | 5.390, 00 |
| 16/10 | Versamento denaro contante | 420, 00 | | A | 4.970, 00 |
| 22/10 | Ricevuto bonifico da cliente | 7.520, 00 | | D | 2.550, 00 |
| 25/10 | Richiesto assegno circolare | | 968, 00 | D | 1.582, 00 |

La sezione Avere del conto intestato alla banca accoglie il debito iniziale e le successive uscite monetarie, mentre nella sezione Dare sono registrate le entrate monetarie.

Nel corso del mese di ottobre il conto corrente ha presentato un'alternanza di saldi, prima a debito e poi a credito dell'impresa nei confronti della banca.

Assegno bancario = ***Cheque***

Assegno circolare = ***Bank draft***

Conto corrente = ***Current account***

La **contabilità delle vendite** (o contabilità clienti) è relativa alla gestione delle vendite dell'impresa e ai rapporti con i clienti. Si basa su documenti originari (fatture immediate e differite, note di accredito, assegni, cambiali, lettere contabili di accredito bonifici bancari). La contabilità delle vendite è costituita da:

- **registro delle fatture emesse**, in cui sono annotate in ordine cronologico le fatture di vendita;
- **partitario clienti**, formato dai conti intestati ai clienti che evidenziano i crediti, le riscossioni e il saldo a credito;
- **scadenzario dei crediti e delle cambiali**, in cui sono annotati, in ordine di scadenza, gli importi dei crediti commerciali da riscuotere;
- **registro delle cambiali attive**, in cui sono annotati il carico e lo scarico dei pagherò ricevuti e delle cambiali tratte emesse.

Il conto, tenuto dall'azienda e intestato ai Crediti verso clienti, accoglie:

- nella sezione Dare l'importo delle fatture emesse, l'addebito degli interessi di mora per il ritardato pagamento, la restituzione di cambiali risultate insolute;
- nella sezione Avere la diminuzione dei crediti per effetto dei pagamenti eseguiti dai clienti, la girata di cambiali, l'emissione di pagherò, l'accettazione di tratte, i bonifici bancari ordinati dai clienti, le note di accredito emesse dall'azienda a favore del cliente per resi o abbuoni.

## Compilazione del conto intestato a un cliente

La Luigi Parri srl di Verona ha effettuato le seguenti operazioni con il cliente Aldo Gerrosi di Verona:
20/03: venduti prodotti per 8.000 euro come da fattura n. 252, sconto incondizionato 10% + 5%, spese di trasporto e imballo addebitate forfetariamente 1.210 euro, IVA ordinaria;

10/04: ricevuto assegno bancario n. 9844781 della banca Intesa Sanpaolo di 4.000 euro a parziale regolamento fattura n. 252;
15/05: ricevuto un pagherò di 2.000 euro per girata scadente a fine giugno;
12/06: venduti prodotti per 12.000 euro come da fattura n. 385, sconto incondizionato 10%, costi di trasporto e imballo addebitati forfetariamente 800 euro, IVA ordinaria;
16/06: concesso al cliente un abbuono di 900 euro per prodotti difettosi (fattura n. 385), con emissione di nota di variazione;
25/06: ricevuto assegno circolare del Credito Valtellinese di 10.000 euro;
30/06: emessa tratta con scadenza a vista a carico del cliente per l'importo del credito residuo.

Presentiamo il conto intestato al cliente.

| *Cliente* Aldo Gerrosi<br>*Indirizzo* Via Roma 271 – Verona | | *Conto* H<br>*Partita IVA* 00145720239 | | *Scheda* 1 | |
|---|---|---|---|---|---|
| Data | Operazioni | Dare | Avere | Segno | Saldo |
| 20/03 | Ns/fattura n. 252 | 9.821, 00 | | D | 9.821, 00 |
| 10/04 | Vs/assegno bancario n. 9844781 | | 4.000, 00 | D | 5.821, 00 |
| 15/05 | Vs/girata cambiale | | 2.000, 00 | D | 3.821, 00 |
| 12/06 | Ns/fattura n. 385 | 14.152, 00 | | D | 17.973, 00 |
| 16/06 | Abbuono su fattura n. 385 | | 1.098, 00 | D | 16.875, 00 |
| 25/06 | Vs/assegno circolare | | 10.000, 00 | D | 6.875, 00 |
| 30/06 | Tratta a vista a saldo | 6.875, 00 | | | – |

La **contabilità degli acquisti** è relativa alla gestione degli approvvigionamenti dell'impresa e ai rapporti con i fornitori. Si basa su documenti originari (fatture ricevute, note di accredito per resi, assegni, cambiali, ricevute bancarie e per bonifici). La contabilità degli acquisti è costituita da:

- **registro delle fatture ricevute**, in cui sono annotate, in ordine cronologico, le fatture pervenute di acquisto;
- **partitario fornitori**, formato dai conti intestati ai fornitori, in cui si evidenziano l'ammontare dei debiti, i pagamenti e il saldo a debito;
- **scadenzario dei debiti e delle cambiali**, in cui sono annotati in ordine di scadenza gli importi dei debiti commerciali da estinguere;
- **registro delle cambiali passive**, in cui sono annotati il carico e lo scarico dei pagherò emessi e delle cambiali tratte accettate.

Il conto tenuto dall'azienda e intestato ai Debiti verso fornitori accoglie:

- nella sezione Dare la diminuzione dei debiti per effetto dei pagamenti effettuati, la girata di cambiali attive, l'emissione di pagherò, l'accettazione di tratte, i bonifici bancari, le note di accredito emesse dai fornitori a favore dell'azienda per abbuoni o resi;
- nella sezione Avere l'importo delle fatture di acquisto ricevute, l'addebito degli interessi di mora per il ritardato pagamento, la restituzione di cambiali risultate insolute.

## SEMPIO Compilazione del conto intestato a un fornitore

La Parresi spa di Parma intrattiene rapporti commerciali con la Forez srl di Piacenza con la quale compie le seguenti operazioni:

12/03: ricevuta fattura n. 281 per acquisto di materie prime per 992,20 euro, regolamento a fine mese;
30/03: inviato alla Forez srl a/b n. 667711 tratto sulla banca Intesa Sanpaolo a saldo fattura n. 281;
14/04: ricevuta fattura n. 392 per acquisto di materie prime per 1.452 euro, regolamento 600 euro a fine aprile e il resto a fine maggio;
30/04: inviato assegno circolare n. 5678143 di 600 euro della banca UniCredit a parziale regolamento fattura n. 392;
31/05: inviato assegno bancario n. 7878144 sulla banca UniCredit a saldo fattura n. 392.

Il conto di partitario intestato al fornitore Forez srl, nella forma a sezioni accostate con colonna del saldo, presenta le registrazioni che seguono.

| *Fornitore* Forez srl<br>*Indirizzo* Via Torino 471 – Piacenza | | *Conto n.* 4/85<br>*Partita IVA* 00143420331 | | | *Scheda* 1 |
|---|---|---|---|---|---|
| **Data** | **Operazioni** | **Dare** | **Avere** | **Segno** | **Saldo** |
| 12/03 | Vs/fattura n. 281 | | 992,20 | A | 992,20 |
| 30/03 | Ns/assegno bancario n. 667711 | 992,20 | | | – |
| 14/04 | Vs/fattura n. 392 | | 1.452,00 | A | 1.452,00 |
| 30/04 | Ns/assegno circolare n. 5678143 | 600,00 | | A | 852,00 |
| 31/05 | Ns/assegno bancario n. 7878144 | 852,00 | | | – |

**Magazzino:** scorte di merci, materie prime, prodotti finiti, pezzi di ricambio ecc.; con questo termine si definiscono anche i locali in cui tali beni sono conservati.

**Parti componenti:** elementi da sottoporre ad assemblaggio per ottenere un prodotto finito.

**Semilavorati:** beni che costituiscono il risultato intermedio di un processo di lavorazione.

**Livello di riordino:** quantità di beni presenti in magazzino che segnalano la necessità di inviare un ordine di acquisto al fornitore.

**Scorta di sicurezza:** livello di scorta al di sotto del quale l'impresa rischia di interrompere o rallentare la produzione o la vendita.

**Costo del prodotto:** costo attribuito ai beni ottenuti dal processo tecnico di trasformazione; si ottiene sommando i costi sostenuti per i diversi fattori produttivi impiegati. Si tratta di un costo stimato in quanto contribuiscono a formarlo alcuni elementi stimati, per esempio le quote di costi relativi all'uso di beni strumentali che vengono utilizzati per più tempo e quindi per la produzione di più beni.

La **contabilità di magazzino** rileva i movimenti in entrata (*carico*) e in uscita (*scarico*) di merci, materie di consumo, materie prime, parti componenti, semilavorati e prodotti finiti.
Nel **magazzino** delle *aziende commerciali* sono presenti le merci e le materie di consumo; nel magazzino delle *aziende industriali* sono presenti le *materie prime*, le **parti componenti**, i **semilavorati**, le materie di consumo e i prodotti finiti.
L'entrata di merci e materie prime in magazzino è originata da consegne pervenute dai fornitori e resi dai clienti per difetti o differenze rispetto a quanto indicato nel contratto. L'uscita di merci e prodotti dal magazzino è dovuta a consegne ai clienti e resi ai fornitori per difetti o differenze da quanto definito nel contratto.

La contabilità di magazzino si compone:
- del **giornale di magazzino**, su cui sono registrati in ordine cronologico i movimenti in entrata e in uscita degli articoli trattati, comprovati da documenti di consegna e trasporto, fatture immediate, bolle di carico e scarico, bolle di reso da lavorazione ecc.;
- delle **schede di magazzino**, su cui sono annotati, per singolo articolo, i movimenti in entrata e uscita.

La contabilità di magazzino può essere tenuta a quantità fisiche o a quantità fisiche e valori e consente di:
- *controllare i movimenti* di tutti i beni che transitano nel magazzino;
- *verificare il livello delle scorte* al fine di segnalare il raggiungimento del **livello di riordino** per evitare di intaccare la **scorta di sicurezza**;
- *fornire i dati* necessari per il calcolo del **costo del prodotto**;
- *conoscere la consistenza delle merci, delle materie, dei prodotti a fine anno* e altre informazioni utili per la valutazione delle rimanenze finali;
- *assolvere* agli obblighi fiscali.

audio

Magazzino = ***Warehouse***

Semilavorati = ***Semi-finished***

Scorta di magazzino = ***Stock***

## eSEMPIO Compilazione del giornale di magazzino e della scheda di magazzino

La Frasseri spa, impresa che commercializza abbigliamento, presenta nel giornale di magazzino le movimentazioni relative ad alcuni articoli (abiti, pantaloni, giacche) e nella scheda di magazzino le movimentazioni relative all'abito in lana modello senior di cui dispone di esistenze iniziali pari a 24 unità.

**Giornale di magazzino**

| Data | Nominativo | Causale | Codice | Carico | Scarico |
|---|---|---|---|---|---|
| ....... | ............................... | ............................... | .......... | .......... | .......... |
| 13/05 | Nardoni Davide | Acquisto abiti | AH71 | 24 | |
| 14/05 | Varsi Carlo & C. snc | Vendita pantaloni | BP84 | | 12 |
| 18/05 | Varsi Carlo & C. snc | Reso pantaloni | BP84 | 1 | |
| 22/05 | Garesi Stefano | Acquisto giacche | CG66 | 12 | |
| 23/05 | MTN spa | Vendita abiti | AH71 | | 6 |
| 26/05 | Favole Liliana | Vendita giacche | CG66 | | 4 |
| 29/05 | Nardoni Davide | Acquisto abiti | AH71 | 20 | |
| 31/05 | Zanoletti Luisa | Vendita giacche | CG66 | | 2 |
| ....... | ............................... | ............................... | .......... | .......... | .......... |

**Scheda di magazzino**

*Scheda n.* 1 — *Gruppo merceologico* Abbigliamento
*Articolo* abito in lana modello senior — *Codice articolo* AH71
*Livello di riordino* 10 unità — *Tempo di approvvigionamento* 10 giorni

| Data | Nominativo | Causale | Carico | Scarico | Esistenze |
|---|---|---|---|---|---|
| 01/01 | | Esistenze iniziali | | | 24 |
| 13/05 | Nardoni Davide | Vs/fattura n. 427 | 24 | | 48 |
| 23/05 | MTN spa | Ns/fattura n. 244 | | 6 | 42 |
| 29/05 | Nardoni Davide | Vs/fattura n. 512 | 20 | | 62 |

La contabilità del personale è costituita dal complesso delle scritture riguardanti i rapporti con i lavoratori. Tra i diversi adempimenti che l'imprenditore deve assolvere per la normativa sul lavoro vi è l'obbligo della compilazione del **libro unico del lavoro (LUL)**, che riporta, in ordine cronologico di assunzione, le generalità di ciascun lavoratore e i dati inerenti alla retribuzione, alle somme erogate, alle trattenute effettuate e il calendario delle presenze di ciascun lavoratore subordinato.

Il registro dei beni strumentali

La **contabilità dei beni strumentali** rileva le operazioni relative ai beni strumentali (impianti, macchinari, attrezzature, fabbricati, automezzi ecc.) dal momento dell'acquisizione a quello della dismissione.
Per ciascun bene strumentale l'azienda deve intestare una scheda sulla quale annota le informazioni relative all'acquisizione e all'utilizzo.

## Quali sono le scritture obbligatorie?

Le **scritture obbligatorie** vigenti in Italia sono imposte da norme civili e fiscali e dalla legislazione a tutela del lavoro. Se un'impresa si insedia all'estero deve informarsi sulle norme e sugli obblighi contabili locali, che possono variare da Stato a Stato.

La tenuta delle scritture obbligatorie consente di raggiungere le seguenti finalità:

- documentare la composizione del patrimonio di funzionamento dell'azienda;
- documentare le operazioni di gestione secondo l'ordine in cui si succedono;
- garantire i terzi (creditori, Amministrazione finanziaria ecc.) che chi amministra l'azienda non possa alterare o far alterare le scritture precedentemente compilate, sia perché è necessario seguire un ordine cronologico, sia perché è vietato fare abrasioni o inserimenti, sia infine perché deve esserci corrispondenza tra scritture e documenti originari;
- attribuire data certa a gruppi di scritture, in quanto i dati riportati nei libri obbligatori si incrociano tra loro e affluiscono alle liquidazioni e alle dichiarazioni a cui le imprese sono tenute.

Scritture obbligatorie = *Mandatory accounting records/Compulsory accounting records*

Il **codice civile** prevede la tenuta obbligatoria del libro giornale, del libro degli inventari e delle altre scritture contabili richieste dalla natura e dalle dimensioni dell'impresa.
Il codice civile stabilisce inoltre per le società di capitali l'obbligo di tenere i libri sociali, quali il libro dei soci, il libro delle adunanze e delle deliberazioni del consiglio di amministrazione, il libro delle adunanze e delle deliberazioni dal collegio sindacale, se tale organo è previsto.

| La tenuta delle scritture obbligatorie secondo il codice civile | |
|---|---|
| **Art. 2214 Libri obbligatori e altre scritture contabili** | L'imprenditore che esercita attività commerciale deve tenere il **libro giornale** e il **libro degli inventari**; deve altresì tenere le altre scritture contabili richieste dalla natura e dalle dimensioni dell'impresa e conservare ordinatamente, per ciascun affare, gli originali delle lettere, dei telegrammi e delle fatture ricevute, nonché delle copie delle lettere, dei telegrammi e delle fatture spedite. Le disposizioni di questo paragrafo non si applicano ai piccoli imprenditori. |
| **Art. 2215 Modalità di tenuta delle scritture obbligatorie** | I libri contabili, prima di essere messi in uso, devono essere *numerati progressivamente* in ogni pagina e, qualora sia previsto l'obbligo della *bollatura* o della *vidimazione*, devono essere bollati in ogni foglio dall'ufficio del registro delle imprese o da un notaio secondo le disposizioni delle leggi speciali. L'ufficio del registro o il notaio devono dichiarare nell'ultima pagina dei libri il numero dei fogli che li compongono. Il libro giornale e il libro degli inventari devono essere numerati progressivamente e non sono soggetti a bollatura né a vidimazione. |
| **Art. 2216 Contenuto del libro giornale** | Il libro giornale deve indicare giorno per giorno le operazioni relative all'esercizio dell'impresa. |
| **Art. 2217 Redazione dell'inventario** | L'inventario deve redigersi all'inizio dell'esercizio e successivamente ogni anno, e deve contenere l'indicazione e la valutazione delle attività e delle passività relative all'impresa, nonché delle attività e delle passività dell'imprenditore estranee alla medesima.<br>L'inventario si chiude con il bilancio e con il conto dei profitti e delle perdite, il quale deve dimostrare con evidenza e verità gli utili conseguiti e le perdite subite. Nelle valutazioni di bilancio l'imprenditore deve attenersi ai criteri stabiliti per i bilanci delle società per azioni, in quanto applicabili.<br>L'inventario deve essere sottoscritto dall'imprenditore entro tre mesi dal termine per la presentazione della dichiarazione dei redditi ai fini delle imposte dirette. |
| **Art. 2219 Tenuta della contabilità** | Tutte le scritture devono essere tenute secondo le norme di una ordinata contabilità, senza spazi in bianco, senza interlinee e senza trasporti in margine. Non si possono fare abrasioni e, se è necessaria qualche cancellazione, questa deve eseguirsi in modo che le parole cancellate siano leggibili. |

La **normativa fiscale** impone alle imprese di tenere scritture ordinate che consentano agli uffici fiscali di accertare i redditi dichiarati dai contribuenti e di instaurare rapporti più trasparenti con l'Amministrazione finanziaria. Tali adempimenti dipendono dal **regime contabile** applicato che determina i libri, i registri e le scritture che l'impresa deve tenere per documentare le operazioni di gestione.
I regimi contabili previsti dalle norme fiscali sono:

- il **regime di contabilità ordinaria**, per tutte le società di capitali e per le società di persone e le imprese individuali con ricavi annui superiori a 400.000 euro, se imprese di servizi, e a 700.000 euro se imprese aventi per oggetto altre attività. Questi contribuenti sono obbligati a tenere i libri previsti dal codice civile e le scritture di magazzino nel caso in cui per un biennio abbiano realizzato ricavi superiori a determinate soglie previste dalla normativa fiscale;
- il **regime di contabilità semplificata**, per le imprese individuali e le società di persone con ricavi annui inferiori ai limiti precedentemente indicati;
- il **regime di contabilità forfetario**, accessibile esclusivamente alle imprese individuali e ai lavoratori autonomi la cui attività rientra nei parametri minimi stabiliti dalla legge; tale regime, oltre a consentire notevoli semplificazioni ai fini IVA e ai fini contabili, prevede la determinazione forfetaria del reddito da assoggettare a un'unica imposta in sostituzione di quelle ordinariamente previste.

I documenti originari emessi e ricevuti, le scritture contabili, i libri e i registri previsti dalla normativa fiscale devono essere conservati fino a quando non siano definiti gli accertamenti relativi al corrispondente periodo di imposta. La conservazione dei documenti obbligatori può avvenire su supporti di tipo analogico (carta, film, nastri magnetici ecc.) o ottici (CD-Rom).

La **normativa sul lavoro** richiede, come già visto, la compilazione del libro unico del lavoro.

test interattivi nel libro digitale

**CONOSCENZE** Tipologie di documenti aziendali • scritture aziendali • classificazione dei conti • regole di registrazione nei conti.

**ABILITÀ** Associare i documenti originari alla categoria di appartenenza • applicare le regole di registrazione nei conti.

**1** Indica con una crocetta la risposta esatta.

1. Tra i documenti di controllo rientrano:
   - a *le fatture*
   - b *le cambiali*
   - c *gli ordini di pagamento*
   - d *la matrice degli assegni*
2. La bolla di carico del magazzino costituisce un documento:
   - a *di prova*
   - b *di autorizzazione*
   - c *di memoria*
   - d *di controllo*
3. Le scritture elementari sono utilizzate per:
   - a *determinare il patrimonio di funzionamento*
   - b *determinare il reddito di esercizio*
   - c *preparare, analizzare e completare le scritture complesse*
   - d *preparare le contabilità sezionali*
4. Il conto risulta spento quando:
   - a *il totale Dare è uguale al totale Avere*
   - b *l'eccedenza è iscritta nella sezione di sinistra*
   - c *l'eccedenza è iscritta nella sezione di destra*
   - d *il saldo è pari a zero*
5. L'eccedenza di un conto:
   - a *si ottiene con la somma tra il totale delle quantità iscritte nella sezione di sinistra e quelle iscritte nella sezione di destra*
   - b *si ottiene con la differenza tra il totale delle quantità iscritte nella sezione di sinistra e quelle iscritte nella sezione di destra*
   - c *esprime gli importi accreditati nel conto*
   - d *esprime la grandezza dell'oggetto a cui è intestato il conto in un certo momento*
6. Le scritture elementari sono utilizzate per:
   - a *sostituire le scritture sezionali*
   - b *determinare il reddito dell'esercizio*
   - c *preparare e integrare le contabilità sezionali*
   - d *preparare, analizzare e completare le scritture complesse*
7. Sono scritture obbligatorie:
   - a *il libro unico del lavoro*
   - b *il libro giornale*
   - c *la prima nota*
   - d *le statistiche delle vendite*

**2** Indica se le seguenti affermazioni sono vere o false; in quest'ultimo caso suggerisci sul quaderno la formulazione corretta.

1. Le rilevazioni aziendali poggiano sui documenti originari. V F
2. I documenti originari non vengono sempre compilati dall'azienda. V F
3. Gli assegni bancari emessi rientrano tra i documenti di prova. V F

4. Gli estratti conto ricevuti dalle banche rientrano tra i documenti di autorizzazione. V F

5. Le fatture emesse sono documenti di memoria. V F

6. La contabilità del personale è una scrittura sezionale. V F

| | | |
|---|---|---|
| 7. Il grafico che rappresenta l'andamento delle vendite è una scrittura extracontabile. | V | F |
| 8. Il conto è contraddistinto da un codice e una denominazione. | V | F |
| 9. Il conto è spento quando il saldo è pari a zero. | V | F |
| 10. Il saldo del conto si scrive nella sezione in cui il totale è minore. | V | F |
| 11. I conti accesi ai valori economici sono unilaterali. | V | F |
| 12. Le scritture elementari sono redatte in forma libera. | V | F |
| 13. Le scritture cronologiche classificano i dati in base all'oggetto. | V | F |
| 14. Il partitario fornitori rientra nelle contabilità sezionali. | V | F |
| 15. Il codice civile indica il contenuto del libro giornale. | V | F |
| 16. Il giornale di magazzino è una scrittura cronologica. | V | F |
| 17. Le rilevazioni aziendali si prefiggono lo scopo di controllare lo svolgimento della gestione. | V | F |

**3** Calcola l'importo riscosso in data 31/03 dalla Tirfer spa a saldo di tutti i crediti verso i clienti e completa le frasi che seguono.

05.01 CREDITI V/CLIENTI

| Data | Descrizione | Dare | Data | Descrizione | Avere |
|---|---|---|---|---|---|
| 10/01 | Ns. fattura n. 1 | 24.200, 00 | 10/03 | Riscossione totale fattura n. 1 | 24.200, 00 |
| 25/01 | Ns. fattura n. 2 | 21.780, 00 | 15/03 | Riscossione parziale fattura n. 2 | 12.100, 00 |
| 28/02 | Ns. fattura n. 3 | 4.840, 00 | 31/03 | ................................ | ..........., .... |
| | ................................ | ..........., .... | | ................................ | ..........., .... |

Il saldo va scritto nella sezione dove il totale degli importi è ........................ (nel nostro esempio in ........................), facendo ........................ le sezioni.

Dopo la riscossione avvenuta il 31/03 il conto Crediti v/clienti risulta .................... in quanto presenta un saldo pari a ........................

**4** Individua il conto movimentato nella sezione Avere dalle operazioni elencate.

| OPERAZIONI | DENARO IN CASSA | BANCA X C/C | DEBITI V/FORNITORI |
|---|---|---|---|
| Pagata fattura in scadenza con bonifico bancario | | X | |
| Rilasciato assegno bancario a un fornitore | | X | |
| Acquistato automezzo con regolamento differito | | | X |
| Pagato in contanti premio di assicurazione | X | | |
| Liquidati interessi passivi sul c/c bancario | | X | |
| Pagato in contanti debito verso fornitore | X | | |
| Pagata in contanti cambiale in scadenza | X | | |
| Acquistate merci con regolamento a 60 giorni | | | X |
| Pagato canone di locazione con bonifico bancario | | X | |
| Pagati in contanti costi di trasporto | X | | |
| Ordinato bonifico a favore di un fornitore | | X | |
| Acquistati in contanti valori bollati | X | | |
| Acquistate materie di consumo con regolamento a fine mese | | | X |
| Depositato denaro contante sul conto corrente bancario | | X | |
| Pagata cambiale in scadenza a mezzo banca | | X | |
| Prelevato contante dal conto corrente bancario | | X | |

**5** Completa la scheda di conto corrente tenuta dalla Zefis spa intestata alla Banca Monte dei Paschi di Siena, filiale di Parma.

**MPS – Filiale di Parma c/c 471891/92**

| Data | Operazioni | Dare | Avere | Saldo | |
|---|---|---|---|---|---|
| | | | | Segno | Importo |
| 01/06 | Ripresa saldo | 2.240, 00 | | ..... | ............, .... |
| 03/06 | Versamento assegno circolare | 3.240, 00 | | ..... | ............, .... |
| 08/06 | Pagata cambiale in scadenza | | ............, .... | D | 3.580, 00 |
| 12/06 | ............................................. | ............, .... | | D | 4.000, 00 |
| 16/06 | Richiesta di assegno circolare | | ............, .... | ..... | ............, .... |

**6** Associa le rilevazioni aziendali con la categoria di appartenenza.

| Rilevazioni aziendali | Contabilità | | | | | | |
|---|---|---|---|---|---|---|---|
| | di cassa | con le banche | delle vendite | degli acquisti | di magazzino | del personale | dei beni strumentali |
| Libro unico del lavoro | | | | | | | |
| Libro cassa | | | | | | | |
| Giornale di magazzino | | | | | | | |
| Scheda di conto corrente | | | | | | | |
| Scheda di magazzino | | | | | | | |
| Registro degli infortuni | | | | | | | |
| Estratto conto bancario | | | | | | | |
| Registro delle fatture emesse | | | | | | | |
| Registro delle cambiali passive | | | | | | | |
| Partitario fornitori | | | | | | | |
| Scadenzario delle cambiali attive | | | | | | | |
| Partitario clienti | | | | | | | |
| Registro dei beni strumentali | | | | | | | |
| Scadenzario dei debiti | | | | | | | |
| Registro delle cambiali attive | | | | | | | |
| Registro delle fatture ricevute | | | | | | | |

**7** Associa i libri, i registri e i prospetti alla tipologia di scrittura (SO = scritture obbligatorie, SF = scritture facoltative).

| Libri, registri e prospetti | SO | SF | Libri, registri e prospetti | SO | SF |
|---|---|---|---|---|---|
| Prima nota | | | Libro soci | | |
| Libro unico del lavoro | | | Libro degli inventari | | |
| Scadenzario dei crediti | | | Statistiche delle vendite | | |
| Scadenzario cambiali passive | | | Registro degli infortuni | | |
| Libro giornale | | | Registro delle fatture emesse | | |
| Registro delle cambiali attive | | | Partitario clienti | | |

**8** **CLIL** Complete the extract by filling in the blanks.

*balance • code • left-hand • object • right-and • zero*

The account is the tool used to record most business entries; it represents the set of entries relating to a given .................................... The account has a specific ................................ and a name. The account is used to record any debit amounts on the ................................ side and credit amounts on the ................................ side. The difference between the debit amounts and the credit amounts represents the .................................. An account is considered cleared if its balance is .........................................

# Lezione 3 Gli adempimenti IVA nel commercio internazionale

## Quali sono gli obblighi IVA per le imprese?

L'imposta sul valore aggiunto (IVA) è un'imposta proporzionale che si calcola applicando alla base imponibile un'aliquota percentuale.
Le aliquote attualmente in vigore sono:

| Aliquote IVA | | |
|---|---|---|
| | In vigore | In vigore dal ... |
| **Aliquota super-ridotta** | 4% | ........................ |
| **Aliquota ridotta** | 10% | ........................ |
| **Aliquota ordinaria** | 22% | ........................ |

Per le prestazioni sociosanitarie ed educative rese dalle cooperative sociali e i loro consorzi, per i servizi di trasporto urbano marittimo, lacuale, fluviale e lagunare e per le cessioni di basilico, rosmarino e salvia freschi destinati all'alimentazione si applica l'aliquota IVA 5%.

**Agenzia delle Entrate:** ente pubblico che svolge funzioni relative alla gestione, all'accertamento e al contenzioso dei tributi. È sottoposto alla vigilanza del Ministero dell'Economia e delle Finanze.

**Volume annuo di affari:** l'ammontare complessivo derivante dalle cessioni di beni e prestazioni di servizi effettuate, registrate o soggette a registrazione con riferimento a un anno solare.

audio

Adempimento = ***Fulfillment***
Liquidazione = ***Severance pay***
IVA = ***VAT***

Le norme IVA impongono alle imprese una serie di **adempimenti**:

- **adempimenti straordinari**: comunicazione unica d'impresa, comunicazione in caso di variazione e cessazione di attività da presentare per via telematica all'**Agenzia delle Entrate** territorialmente competente;
- **adempimenti periodici**: liquidazione, versamenti, comunicazioni e dichiarazioni effettuati entro le scadenze stabilite dalla legge;
- **adempimenti continuativi**: emissione di fatture, ricevute e scontrini fiscali ogni volta che l'impresa compie un'operazione di cessione di beni o di prestazioni di servizi sul territorio dello Stato.

La **liquidazione IVA** avviene con periodicità mensile per le imprese in **regime IVA ordinario**, e trimestrale per le imprese in **regime IVA semplificato** riservato ai contribuenti che nell'anno precedente non hanno superato il **volume di affari** di 400.000 euro, se imprese di servizi, e di 700.000 euro, se esercenti altre attività. Tali contribuenti possono optare per la liquidazione e il versamento IVA trimestrale versando una maggiorazione dell'imposta dell'1% come interessi.
L'IVA da versare periodicamente è calcolata come differenza tra l'IVA a debito, riscossa sulle vendite di beni o servizi, e l'IVA a credito, pagata sugli acquisti di beni o servizi (meccanismo **deduzione imposta da imposta**).

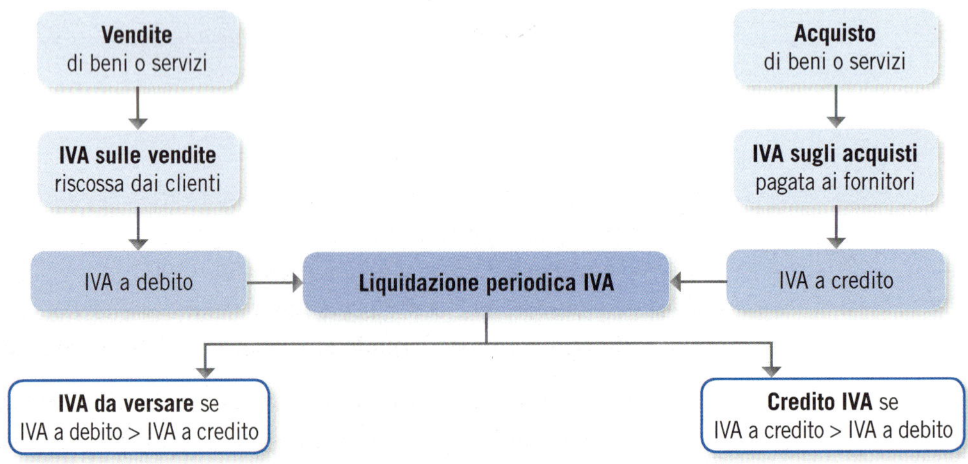

## SEMPIO Liquidazione mensile IVA da versare

L'impresa Giulio Cavani presenta, relativamente al mese di marzo, i seguenti dati: IVA a credito 17.884 euro, IVA a debito 18.441 euro.
Calcoliamo l'importo dell'IVA da versare o del credito IVA.

| | |
|---|---|
| IVA a debito | euro 18.441,00 |
| IVA a credito | euro 17.884,00 |
| IVA da versare | euro 557,00 |

Se l'IVA a credito fosse stata maggiore dell'IVA a debito, l'impresa avrebbe utilizzato il saldo a credito nella liquidazione IVA del mese successivo portandolo in diminuzione dell'importo da versare.

Oltre al meccanismo della *deduzione di imposta da imposta*, che è quello previsto per la maggior parte delle operazioni, la normativa stabilisce che in certi casi, per contrastare le frodi fiscali, l'applicazione dell'IVA e il suo pagamento vengano effettuati con questi altri meccanismi:

- **inversione contabile** (*reverse charge*) con cui il fornitore emette la fattura senza applicare l'imposta e quindi non ha IVA a debito da versare. Da parte sua il compratore, dopo aver ricevuto la fattura, la integra con l'IVA, pagherà l'imponibile al fornitore e verserà l'imposta allo Stato. Questo meccanismo è stabilito dalla legge per alcuni settori di attività (appalti di edilizia, demolizione e installazione di impianti, prestazioni di servizi di pulizia ecc.);
- **scissione del pagamento** (*split payment*) con cui il fornitore emette la fattura aggiungendo l'IVA che però non fa concorrere al calcolo periodico da versare allo Stato. Da parte sua il compratore, dopo aver ricevuto la fattura, provvederà al versamento dell'imposta allo Stato e pagherà al fornitore solamente l'imponibile. Questo meccanismo è obbligatorio per le vendite di beni e per le prestazioni di servizi agli enti della Pubblica amministrazione (amministrazioni statali, enti pubblici territoriali ecc.).

Il **versamento dell'IVA** deve essere effettuato per via telematica entro:

- il giorno 16 del mese successivo, se la liquidazione è mensile;
- il giorno 16 del secondo mese successivo al trimestre di riferimento, se la liquidazione è trimestrale.

Le imprese devono, entro il 27 dicembre, eseguire il versamento dell'**acconto IVA** sulla liquidazione dell'imposta relativa al mese di dicembre (o all'ultimo trimestre).

Le imprese devono presentare con periodicità trimestrale una **comunicazione dei dati delle fatture emesse e ricevute** indicando i dati identificativi dei soggetti coinvolti nelle operazioni, data e numero della fattura, base imponibile, aliquota applicata, imposta, tipologia dell'operazione.

Sempre con periodicità trimestrale le imprese devono presentare una **comunicazione dei dati contabili riepilogativi delle liquidazioni periodiche IVA**; tale comunicazione deve essere presentata anche nell'ipotesi di liquidazione con eccedenza a credito. Tutte le comunicazioni trimestrali IVA devono essere trasmesse entro l'ultimo giorno del secondo mese successivo a ciascun trimestre, con l'eccezione del secondo trimestre per il quale la scadenza è il 16 settembre.

Le imprese hanno, infine, l'obbligo di presentare la **dichiarazione annuale IVA**, separata dalla dichiarazione dei redditi, tra il 1° febbraio e il 30 aprile.

## Come si classificano le operazioni di compravendita internazionale?

Le operazioni di compravendita internazionale possono essere distinte in quattro categorie, a seconda che la controparte appartenga o meno a un Paese dell'Unione europea:
- importazioni;
- esportazioni;
- acquisti intracomunitari;
- cessioni intracomunitarie.

Queste operazioni richiedono adempimenti formali diversi a seconda del Paese della controparte, in particolare per quanto riguarda l'IVA, in vigore in Italia e, anche se non in modo identico, nei diversi Stati dell'Unione europea, ma non negli altri Paesi: infatti ogni Stato è sovrano e libero di stabilire le norme giuridiche interne in piena autonomia.
Come sappiamo, l'Unione europea rappresenta un mercato unico, in cui persone, beni e servizi circolano liberamente: per facilitare gli scambi anche i regimi fiscali degli Stati membri si stanno progressivamente **armonizzando** con un processo di coordinamento partito dalle imposte indirette (IVA e **accise**) che incidono direttamente sui prezzi di vendita di beni e servizi.
Per ora vige un **regime fiscale transitorio** (DL n. 331/1993), in attesa di una normativa comune per tutti gli Stati membri.
Le cessioni e gli acquisti intracomunitari sono soggetti ad adempimenti formali specifici, solo in parte simili alle esportazioni e alle importazioni.

**Accisa:** è un'imposta indiretta che grava sulla fabbricazione e vendita di prodotti di consumo. Per i beni soggetti (quali i prodotti energetici, gli alcoolici e i tabacchi) provenienti dall'estero, essa viene assolta in dogana e rientra nella base imponibile IVA.

## Quali operazioni sono considerate intracomunitarie?

Banca dati = ***Data bank***

Sono considerate operazioni intracomunitarie tutte le operazioni effettuate tra Paesi dell'Unione europea aventi i seguenti requisiti:
- l'operazione deve essere a titolo oneroso, cioè si deve trattare di una compravendita;
- il bene oggetto della compravendita deve essere effettivamente movimentato;
- il bene deve essere di origine di uno Stato membro oppure essere stato introdotto in uno Stato membro dall'estero dopo aver assolto le formalità doganali (**immissione in libera pratica**).

Inoltre le parti contraenti, per essere comprese tra i soggetti autorizzati a svolgere operazioni commerciali intracomunitarie, devono risultare iscritte alla banca dati del VIES (*VAT information exchange system*) che permette di essere identificate con numero di partita IVA preceduto dalla sigla del Paese dell'Unione europea di appartenenza. Tramite accesso a questa banca dati oppure attraverso il sito dell'Agenzia delle Dogane, alla voce "Controllo on line Partite IVA comunitarie" è possibile verificare anche la validità del numero di identificazione IVA della controparte.

### NEL MONDO Il numero di identificazione IVA nell'Unione europea

La composizione del numero di partita IVA può variare da Stato a Stato: per le imprese italiane iscritte al VIES è composto dagli 11 caratteri numerici che lo caratterizzano preceduti dalla sigla IT, per quelle tedesche la partita IVA è di 9 caratteri numerici preceduti dalla sigla DE, mentre in Spagna i caratteri sono alfanumerici, preceduti da ES.

→ *Che cos'è il VIES?*
→ *Perché i soggetti devono essere iscritti alla banca dati?*

L'Unione europea effettua un controllo rigoroso degli scambi di beni e servizi che avvengono al proprio interno, per evitare che alcune operazioni sfuggano all'imposizione IVA nel Paese interessato. Pertanto, le cessioni di beni e le prestazioni di servizi effettuate nell'ambito dell'Unione europea devono essere registrate nell'elenco riepilogativo **Intrastat modello INTRA-1**, che contiene il numero di identificazione IVA della controparte e le informazioni principali relative alle cessioni intracomunitarie.

Mensilmente (o trimestralmente se l'importo delle operazioni compiute non supera 50.000 euro), entro il 25 del mese successivo al periodo di riferimento l'elenco INTRASTAT deve essere trasmesso per via telematica al Dipartimento Dogane attraverso il sistema doganale EDI (*Electronic Data Interchange*).

**MODELLO INTRA1 CESSIONI INTRACOMUNITARIE DI BENI E DEI SERVIZI RESI**

AGENZIA DELLE DOGANE

RIEPILOGO DELLE CESSIONI INTRACOMUNITARIE DI BENI E DEI SERVIZI RESI

Mod. INTRA-1 Bis

*SEZIONE 1. CESSIONI DI BENI REGISTRATE NEL PERIODO*

PERIODO MESE ☐☐ TRIMESTRE ☐ ANNO 20☐☐ PARTITA IVA ☐☐☐☐☐☐☐☐☐☐☐

| PROGR. | ACQUIRENTE | | AMMONTARE DELLE OPERAZIONI IN EURO | NATURA TRANS. | NOMENCLATURA COMBINATA | MASSA NETTA | UNITA' SUPPLEMENTARE | VALORE STATISTICO IN EURO | COND. CONS. | MODO TRASP. | PAESE DEST. | PROV. ORIG. |
|---|---|---|---|---|---|---|---|---|---|---|---|---|
| | STATO | CODICE IVA | | | | | | | | | | |
| 1 | 2 | 3 | 4 | 5 | 6 | 7 | 8 | 9 | 10 | 11 | 12 | 13 |
| | | | | | | | | | | | | |
| | | | | | | | | | | | | |
| | | | | | | | | | | | | |
| | | | | | | | | | | | | |
| | | | | | | | | | | | | |
| | | | | | | | | | | | | |
| | | | | | | | | | | | | |
| | | | | | | | | | | | | |
| | | | | | | | | | | | | |
| | | | | | | | | | | | | |
| | | TOTALE | | | | | | | | | | |

## Quali sono gli adempimenti IVA nelle operazioni intracomunitarie?

Le operazioni intracomunitarie si distinguono in cessioni e acquisti e vanno considerate separatamente, perché soggette a adempimenti diversi.

Le cessioni e gli acquisti intracomunitari di beni si considerano effettuati nel momento in cui ha inizio il trasporto o la spedizione al cessionario o a terzi per suo conto, dal territorio dello Stato o dal territorio dello Stato membro di provenienza.

Le **cessioni intracomunitarie** riguardano tutte le operazioni di cessione a titolo oneroso di beni dall'Italia verso altri Paesi dell'Unione europea.

Esse non sono considerate esportazioni in quanto l'Unione europea è un mercato unico di libero scambio: in attesa del regime definitivo, le cessioni intracomunitarie beneficiano in via transitoria della non imponibilità IVA, in base al DL n. 331/1993, e vengono assoggettate al regime fiscale del Paese di destinazione.

La fattura delle operazioni di cessione intra UE è soggetta alle regole generali e sulla stessa vanno annotati la non imponibilità ("cessione non imponibile art. 41 DL n. 331/1993") e il numero di identificazione IVA attribuito al cliente dallo Stato membro cui appartiene, composto dal numero di Partita IVA preceduto dalla sigla del Paese di origine.
È ammessa anche la fatturazione differita purché la consegna risulti da un documento di trasporto.

## SEMPIO Fattura su un cliente tedesco

Il 10 luglio la Righetti Sport di Alberto Righetti & C. snc di Bolzano ha emesso la fattura n. 188 sul cliente tedesco Trettensport di Berlino per merci consegnate nel mese di giugno.
Nella fattura di vendita compaiono sia il numero di partita IVA del contribuente tedesco, preceduto dalla sigla identificativa del Paese, sia l'indicazione del provvedimento legislativo in base al quale l'operazione mantiene la non imponibilità sulla base del regime transitorio fiscale dell'Unione europea.

Presentiamo la fattura differita.

**Righetti Sport**
di Alberto Righetti & C. snc
Via Talvera, 17
39100 Bolzano – Italia
Codice fiscale e partita IVA **IT**00428550215
Ufficio del Registro delle imprese
di Bolzano n. 00428550215

**Spett. le**
Trettensport Aktiengesellschaft
Mozartstrasse 141 Berlin
Deutschland
Partita IVA: **DE**879185615

**FATTURA n.** 188 **del** 10/07/20..

| Documento di trasporto | Trasporto | Pagamento |
|---|---|---|
| 192 **del** 20/06/20.. | ns. automezzo | R.D. 60 gg. data fattura |

| Quantità | Descrizione | Prezzo unitario | Aliquota IVA | Totale |
|---|---|---|---|---|
| 130 | Tute da sci | 98,00 | | 12.740,00 |
| 100 | Maglie termiche | 22,00 | | 2.200,00 |
| | Cessione non imponibile art. 41 DL n. 331/1993 | | | |

| Importo merci | Costi documentali | Importo IVA | Totale fattura |
|---|---|---|---|
| 14.940,00 | | ... | 14.940,00 |

CONTRIBUTO AMBIENTALE CONAI ASSOLTO

Gli **acquisti intracomunitari** sono operazioni a titolo oneroso effettuati in un Paese membro dell'Unione europea da parte di soggetti passivi IVA e consegnati o traportati in Italia.

Il Paese di applicazione dell'IVA è il Paese di destinazione, pertanto ai beni trasportati in Italia si applicano le norme e le aliquote in vigore nel nostro Paese.
L'accisa, se assolta o comunque esigibile per l'acquisto, fa parte della base imponibile. Al ricevimento della fattura, l'impresa italiana deve emettere un'autofattura con l'annotazione dell'IVA, o in alternativa integrare la fattura di acquisto con l'aliquota e l'importo IVA.
L'impresa acquirente non paga materialmente l'IVA e, per assicurare la *neutralità*

dell'operazione ai fini IVA, la fattura di acquisto all'interno dell'Unione europea viene registrata due volte:

- una sul registro IVA delle fatture ricevute, al fine di esercitare il diritto alla detrazione spettante, a partire dal mese in cui l'imposta diviene esigibile ed entro la scadenza del termine della dichiarazione annuale IVA relativa all'anno in cui il diritto alla detrazione è sorto. Per esempio, considerando una fattura di acquisto di beni ricevuta nel settembre 2018, il termine entro il quale esercitare il diritto alla detrazione IVA è il 30 aprile 2019 (termine di presentazione della dichiarazione IVA 2018);
- una sul registro IVA delle fatture emesse, entro il giorno 15 del mese successivo a quello di ricezione della stessa, e con riferimento al mese precedente, secondo l'ordine della numerazione e con l'indicazione del corrispettivo delle operazioni espresso in euro, oltre che in valuta estera nei casi in cui la fattura sia espressa nella valuta di un Paese UE non appartenente all'area euro (per esempio la corona danese).

L'importo dell'IVA registrata si considera nel calcolo dell'IVA a debito e dell'IVA a credito.

## ESEMPIO Fattura di acquisto intracomunitario, integrazione della fattura e annotazione nei registri IVA

L'imprenditore svedese Olof Isacson di Stoccolma vende 1.000 unità di semilavorati in legno all'impresa italiana Mobili Marangoni di Reggio Emilia al prezzo unitario di 24 euro.
Presentiamo la fattura immediata emessa dall'impresa svedese.

| **Olof Isacson**<br>23, London Street<br>Stockholm<br>TVA: SE001254346660 | | **INVOICE** n. 0934 08/03/20..<br><br>**To**<br>Mobili Marangoni<br>Via G. Carducci, 22<br>42121 Reggio Emilia – Italy<br>P.IVA: IT00034250356 | |
|---|---|---|---|
| ***Shipment:*** Delivery Tannery ***Payment:*** cash at 20 days from arrival of the goods at tannery | | | |
| **Q.ty** | **Description** | **U. Price** | **Amount** |
| 1.000 | Article mod. 1156<br>VAT Non taxable amount | 24,00 | 24.000,00 |
| **Total** | | | 24.000,00 |

L'impresa italiana Mobili Marangoni deve provvedere a integrare la fattura ricevuta:

**Integrazione fattura di acquisto unionale**

| *Fattura n.* 0934 | *del* 28/03/20.. | | *Emessa da* Olof Isacson |
|---|---|---|---|
| A) Totale fattura | euro | 24.000,00 | |
| B) Aliquota IVA | % | 22% | |
| C) Importo IVA | euro | 5.280,00 | |
| D) Totale fattura | euro | 29.280,00 | |
| E) Importi non imponibili/esenti | euro | – | |
| F) Importi esclusi | euro | – | |
| Protocollo registro IVA acquisti n. ...<br>Protocollo registro IVA fatture emesse n. ... | | | |

La registrazione dell'acquisto intracomunitario deve risultare sia nel registro IVA delle fatture ricevute (IVA a credito) sia nel registro IVA delle fatture emesse (IVA a debito). In tal modo, con la doppia registrazione, l'ammontare dell'IVA di 5.280 euro concorre alla liquidazione dell'imposta sotto forma di debito e credito, annullandosi.

**Registro IVA Fatture ricevute**

| Fattura | | Fornitore | Data consegna | Imponibile INTRA | IVA 22% | Totale |
|---|---|---|---|---|---|---|
| N. | Data | | | | | |
| 0934 | 08/03 | Olof Isacson | 08/03 | 24.000,00 | 5.280,00 | 29.280,00 |

**Registro IVA Fatture emesse**

| Fattura | | Cliente | Data consegna | Imponibile INTRA | IVA 22% | Totale |
|---|---|---|---|---|---|---|
| N. | Data | | | | | |
| 570 | 08/03 | Olof Isacson | 08/03 | 24.000,00 | 5.280,00 | 29.280,00 |

L'acquirente deve attribuire alla fattura un numero progressivo valido per il registro delle fatture emesse e un numero progressivo valido per il registro degli acquisti.

## Quali sono gli adempimenti IVA nelle esportazioni?

audio

Dogana = ***Customs***

Documento amministrativo = ***Administrative document***

Le **esportazioni** comprendono le cessioni di beni mobili trasportati o spediti fuori dal territorio dell'Unione europea, le cessioni in Italia a non residenti che inviano merci all'estero e le cessioni o prestazioni di servizi verso gli esportatori abituali.

Esse sono regolate dagli articoli 8, 8 *bis* e 9 del **DPR 26 ottobre 1972, n. 633** e sono considerate **operazioni non imponibili**, al fine di evitare la *doppia tassazione* del bene ceduto o della prestazione effettuata (cioè l'assoggettamento all'IVA in Italia e all'imposta esistente nel Paese di destinazione). Le merci esportate sono accompagnate dalla **dogana di esportazione** fino alla **dogana di uscita** dal DAE (documento di accompagnamento delle esportazioni). L'esportatore deve conservare il **DAU (documento amministrativo unico)**, simile al DAE, rilasciato dalla dogana di esportazione, che rappresenta la dichiarazione doganale completa di codici di controllo e autorizzazione.

**Dogana di esportazione:** rappresenta la dogana del Paese membro UE da cui la merce parte.

**Dogana di uscita:** rappresenta l'ultima dogana del territorio dell'Unione europea attraversata dalla merce nel tragitto di esportazione verso Paesi extraeuropei.

Affinché l'esportazione sia considerata tale ai fini della non imponibilità IVA, deve essere attestata da un documento di prova dell'avvenuta esportazione, costituito dal *messaggio elettronico "risultati di uscita"*, emesso dalla dogana di uscita competente e conservato dall'esportatore insieme al DAU.

La fattura di esportazione segue le regole generali delle fatture emesse per le cessioni sul mercato interno, con l'indicazione espressa della non imponibilità IVA ai sensi dell'art. 8 del DPR n. 633/1972; successivamente deve essere annotata sul registro delle fatture emesse iscrivendo l'importo nella colonna destinata alle operazioni non imponibili.

La cessione di beni effettuata da soggetti IVA in *regime forfetario* verso acquirenti comunitari soggetti passivi IVA viene considerata operazione nazionale e beneficia delle stesse agevolazioni, per cui la vendita non viene assoggettata a IVA, per effetto del regime forfetario.

Le **esportazioni dirette** (art. 8, comma 1, lettera a), DPR n. 633/1972) sono cessioni di beni mobili fuori dal territorio UE con consegna o trasporto di beni al di fuori del territorio UE a cura dell'impresa italiana cedente, dell'impresa estera cessionaria o di loro **commissionari**.

**Commissionario:** ausiliario di commercio che, in esecuzione di un contratto di commissione, si impegna a compiere atti commerciali in nome proprio e per conto del committente.

Nel caso di esportazione diretta, sulla fattura deve comparire il riferimento all'art. 8, comma 1, lettera a) del DPR n. 633/1972.

## eSEMPIO Fattura immediata per esportazione diretta

Il 7 luglio la Wilflex srl di Latina ha inviato 20 materassi a molle e 40 cuscini a un cliente turco, emettendo la fattura di vendita alle seguenti condizioni:

- trasporto effettuato con mezzi propri;
- imballaggio gratuito;
- pagamento con bonifico bancario a 60 giorni data fattura.

Presentiamo la fattura immediata.

| **Wilflex srl**<br>Capitale sociale 20.000 euro i.v.<br>Via Roma, 301<br>04100 Latina<br>partita IVA e Registro delle imprese<br>di Latina 00259710599 | | | **Spett. le**<br>................................................<br>................................................<br>Istanbul | | |
|---|---|---|---|---|---|
| **FATTURA n.** 1170 **del** 07/07/20.. | | | | | |
| **Imballaggio**<br>gratuito | | **Trasporto**<br>con mezzi propri | **Pagamento**<br>bonifico bancario 60 gg.<br>data fattura | | |
| **Quantità** | **Descrizione** | | **Prezzo unitario** | **Aliquota IVA** | **Importi** |
| 20 | Materassi a molle | | 416,00 | | 8.320,00 |
| 40 | Cuscini | | 32,00 | | 1.280,00 |
| | Non imponibile art. 8, comma 1, lettera a) DPR n. 633/1972 | | | | |
| **Importo merci** | **Costi documentali** | | **Importo IVA** | | **Totale fattura** |
| 9.600,00 | | | ... | | 9.600,00 |
| CONTRIBUTO AMBIENTALE CONAI ASSOLTO | | | | | |

**Esportatori abituali:** imprese che effettuano operazioni di esportazione diretta, operazioni assimilate e servizi internazionali per un importo complessivo superiore al 10% del totale dei ricavi di vendita (volume d'affari).

Come abbiamo osservato, le esportazioni costituiscono operazioni non imponibili ai fini IVA su cui, a differenza delle operazioni esenti IVA, resta il diritto del soggetto esportatore a detrarre l'IVA sugli acquisti e sulle importazioni effettuate, con conseguente maturazione di un costante credito d'imposta, in quanto l'impresa versa l'IVA sugli acquisti ma non incassa l'IVA sulle vendite. Per ovviare a questo inconveniente, nel caso di **esportatori abituali** è stato introdotto un meccanismo chiamato *plafond* che consente all'esportatore abituale di effettuare acquisti o importazioni di beni e di servizi senza applicazione dell'IVA (acquisti in **sospensione d'imposta**, art. 8, comma 1, lettera c), DPR n. 633/1972), entro il limite del totale delle operazioni non imponibili registrate nel periodo di riferimento precedente (anno solare o dodici mesi precedenti). Possono essere acquistati in sospensione d'imposta anche beni (per esempio i beni strumentali) e servizi non destinati all'esportazione.

L'esportatore abituale che vuole avvalersi della facoltà di *acquistare in sospen-*

**Dichiarazione d'intento:** lettera in cui l'esportatore dichiara di voler beneficiare della non imponibilità IVA sugli acquisti essendo esportatore abituale.

*sione d'imposta* deve trasmettere telematicamente all'Agenzia delle Entrate la **dichiarazione d'intento**, una lettera in cui l'esportatore dichiara di voler beneficiare della *non imponibilità IVA* sugli acquisti essendo esportatore abituale, nella quale dovrà indicare, per ciascun fornitore, l'importo fino a concorrenza del quale il fornitore potrà emettere, per l'anno solare di riferimento, fatture senza applicazione dell'IVA. La dichiarazione, insieme alla ricevuta di presentazione rilasciata dall'Agenzia delle Entrate, deve essere consegnata al fornitore, il quale deve verificare che le operazioni effettuate non superino l'ammontare indicato nella lettera d'intento. Inoltre il fornitore deve riepilogare nella dichiarazione annuale IVA i dati delle operazioni effettuate in regime di non imponibilità IVA nei confronti di singoli esportatori abituali e ha l'obbligo di numerare progressivamente le lettere ricevute, annotandole entro 15 giorni dal ricevimento, e di riepilogare i documenti nella dichiarazione annuale IVA.

L'esportatore invece riepilogherà nella propria dichiarazione annuale IVA tutti gli elementi dell'utilizzo del *plafond*.

## ESEMPIO Registro delle fatture emesse

La Medical Laser srl, impresa esercente l'attività di produzione e vendita di macchinari per ospedali e centri medici, ha effettuato tra le altre le seguenti operazioni di vendita:

15/10: vendita di merci al cliente William Strawfield di Londra per 8.130 euro con emissione della fattura n. 115;
18/10: vendita di merci al cliente United Health Services di Toronto per 26.100 euro con emissione della fattura n. 116;
25/10: vendita di merci al cliente Sanoment srl di Napoli per 11.400 euro con emissione della fattura n. 117.

Nelle tre operazioni la merce è stata consegnata il giorno stesso a mezzo vettore, franco partenza, porto assegnato. Presentiamo il registro IVA delle fatture di vendita.

**Registro IVA Fatture emesse**

| Fattura | | Cliente | Data consegna | Imponibile | IVA 22% | Non imponibile | Totale |
|---|---|---|---|---|---|---|---|
| N. | Data | | | | | | |
| 115 | 15/10 | Strawfield – Londra | 15/10 | | | 8.130,00 (DL n. 331/1993) | 8.130,00 |
| 116 | 18/10 | United Health Services – Toronto | 18/10 | | | 26.100,00 (art. 8 DPR n. 633/1972) | 26.100,00 |
| 117 | 25/10 | Sanoment srl – Napoli | 25/10 | 11.400,00 | 2.508,00 | | 13.908,00 |

## Quali sono gli adempimenti IVA nelle importazioni?

Le **importazioni** sono rappresentate dagli acquisti di beni e di servizi provenienti da Paesi extra UE da chiunque effettuate.

Esse seguono *lo stesso regime IVA* a cui sono assoggettati i beni o servizi nelle operazioni nazionali (cioè possono essere imponibili, non imponibili o esenti) pertanto se l'acquisto avviene da parte di un esportatore abituale beneficia della sospensione d'imposta nei limiti del *plafond* come l'acquisto da un fornitore italiano. *Le importazioni sono assoggettate a IVA* alla dogana di entrata nell'Unione europea, dove la merce importata viene sottoposta a controlli per verificare la re-

**Dazio:** tariffa doganale a cui sono assoggettate alcune merci al momento dell'importazione.

**Spedizioniere doganale:** figura professionale che agisce in nome e per conto del mandante nello svolgimento delle operazioni doganali.

audio

Valore effettivo = ***Actual value***

Valore statistico = ***Statistical value***

Impresa di trasporti = ***Forwarding agency***

golarità dell'operazione e, se previsti, vengono calcolati e riscossi i **dazi** doganali e le eventuali accise insieme all'IVA dovuta sulla merce importata. In dogana l'importatore, o lo **spedizioniere doganale** incaricato, compila un modulo, il **documento doganale (DAU)**, detto anche *bolla doganale import*, nel quale si riepilogano i dati relativi alla merce importata: i funzionari doganali controllano l'attendibilità della dichiarazione e attestano l'importazione definitiva della merce nel Paese, calcolando gli eventuali tributi (accise e dazi) e l'IVA e riscuotendoli subito.

Il dazio doganale non viene calcolato sul **valore effettivo** della merce dichiarato in fattura, ma su di un **valore statistico** desunto dal funzionario doganale con riferimento alla categoria a cui appartiene la merce importata sulla base di parametri comuni europei; su tale valore viene calcolato il dazio, che entra a far parte, insieme al valore statistico della merce e alle eventuali accise, dell'imponibile per il successivo calcolo dell'IVA. La bolla doganale, pertanto, assume particolare rilevanza essendo l'unico documento valido ai fini IVA; la fattura del fornitore estero è infatti priva di rilevanza fiscale e non va annotata sul Registro IVA delle fatture di acquisto.

Nel caso in cui il trasporto sia effettuato da un'impresa di trasporti incaricata, questa è tenuta ad assolvere l'obbligo di pagamento dell'IVA e degli altri tributi per conto dell'importatore, al quale in seguito chiederà il rimborso delle spese anticipate, allegando alla fattura del trasporto il riepilogo di dette spese. Come spese anticipate, queste sono escluse dall'ambito di applicazione dell'IVA in base all'art.15 del DPR n. 633/1972.

## eSEMPIO Annotazione della bolla doganale sul registro IVA delle fatture di acquisto

In data 18 settembre l'impresa Normaplast spa di Taranto acquista dal fornitore svizzero Ohensen merce per 5.000 euro. Il trasporto è a carico dell'impresa italiana che lo effettua nello stesso giorno con mezzi propri. In dogana vengono pagati il dazio di 134 euro e l'IVA, come risulta dalla bolla doganale. Il valore statistico della merce individuato in dogana è di 5.100 euro.

L'importo che l'impresa deve versare alla dogana è dato dal dazio doganale e dall'IVA:
euro (5.100 + 134) = euro 5.234 base imponibile IVA
euro (5.234 × 22%) = euro 1.151,48 IVA
euro (1.151,48 + 134) = euro 1.285,48 totale tributi da pagare in dogana

La Normaplast spa effettua le seguenti registrazioni:

- la bolla doganale viene annotata nei registri IVA per l'importo della base imponibile di 5.234 euro e dell'IVA corrisposta di 1.151,48 euro;
- la fattura ricevuta dal fornitore svizzero è rilevata solo in contabilità generale (libro giornale e conti di mastro).

La registrazione IVA della Normaplast spa è la seguente:

**Registro IVA Fatture ricevute**

| Protocollo | | Fornitore | Fattura | Data | Imponibile | IVA | Escluse art.15 | Totale |
|---|---|---|---|---|---|---|---|---|
| N. | Data | | N. | | | | | |
| 2012 | 21/09 | Ohensen Svizzera | Bolla doganale 10025 | 18/09 | 5.234,00 | 1.151,48 | | 6.385,48 |

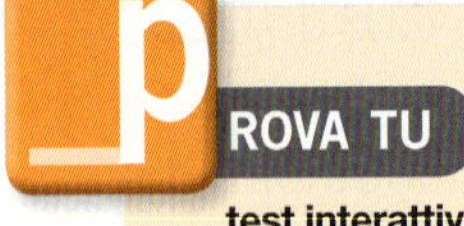
ROVA TU
test interattivi nel libro digitale

**CONOSCENZE** IVA • adempimenti IVA • liquidazione • operazioni intracomunitarie di compravendita • importazioni • esportazioni.

**ABILITÀ** Liquidare l'IVA • riconoscere la categoria di appartenenza delle operazioni con l'estero • effettuare le registrazioni IVA delle operazioni nazionali e internazionali.

**1** Indica con una crocetta la risposta esatta (alcuni quesiti possono avere più risposte esatte).

**1.** Le cessioni intracomunitarie:
- a *si realizzano in Europa*
- b *si realizzano nell'Unione europea*
- c *sono assimilate alle vendite in Italia*
- d *sono assimilate alle esportazioni*

**2.** Gli acquisti intracomunitari sono operazioni:
- a *esenti IVA*
- b *non imponibili*
- c *imponibili nel Paese del venditore*
- d *imponibili nel Paese dell'acquirente*
- e *escluse dalla base imponibile*

**3.** Le fatture relative agli acquisti intracomunitari si annotano:
- a *sul registro IVA delle fatture ricevute*
- b *sul registro IVA delle fatture emesse*
- c *su entrambi i registri IVA*
- d *sul registro dei corrispettivi*

**4.** Sono esportazioni dirette:
- a *gli acquisti fuori dall'Unione europea*
- b *le vendite di beni fuori dall'Unione europea*
- c *le cessioni a titolo oneroso di beni mobili fuori dall'Unione europea*
- d *le vendite di beni nell'Unione europea*

**5.** Le dichiarazioni d'intento prevedono le seguenti formalità:
- a *trasmissione telematica della dichiarazione da parte del fornitore all'Agenzia delle Entrate*
- b *comunicazione del fornitore all'Agenzia delle Entrate degli estremi della dichiarazione*
- c *trasmissione telematica della dichiarazione da parte dell'esportatore all'Agenzia delle Entrate*
- d *comunicazione dell'esportatore all'Agenzia delle Entrate degli estremi della dichiarazione*

**6.** Le importazioni prevedono la registrazione IVA:
- a *della fattura di acquisto*
- b *della fattura di acquisto aumentata dell'IVA*
- c *del documento amministrativo unico*
- d *del documento amministrativo unico integrato con gli estremi della fattura di acquisto*

**2** Completa le frasi inserendo i termini mancanti, scegliendoli tra quelli proposti.

*fornitori nazionali • esenti IVA • clienti esteri • fattura di acquisto • documento amministrativo unico • esportazioni • importazioni • il DAE • delle Dogane • il modello INTRA • in sospensione d'imposta • delle Entrate*

1. Gli esportatori abituali possono effettuare acquisti ..........
2. La dichiarazione d'intento è un documento da trasmettere per via telematica all'Agenzia ..........
3. Ai fini IVA nelle importazioni si registra il ..........
4. .......... si compila nei casi di acquisti e vendite nell'Unione europea.
5. Le .......... sono operazioni non imponibili.

**3** Compila il documento e rispondi alle domande.

Compila con dati a scelta il modello di dichiarazione d'intento riportato a pagina seguente nelle sezioni riguardanti il dichiarante, la dichiarazione e il destinatario della dichiarazione (nella sezione Dichiarazione gli spazi contrassegnati dai numeri 1 e 2 sono alternativi) e in seguito rispondi alle domande.

1. Come si chiama l'esportatore? ..........
2. Il fornitore è un importatore? ..........
3. Come si chiama il fornitore? ..........
4. A chi viene trasmessa la dichiarazione? ..........
5. Qual è il limite massimo di acquisti che l'esportatore può effettuare dal fornitore indicato beneficiando della non imponibilità IVA? ..........
6. A che scopo è stato istituito l'obbligo di produrre la dichiarazione d'intento? ..........

Agenzia Entrate

Mod. DI

# DICHIARAZIONE D'INTENTO

## DI ACQUISTARE O IMPORTARE BENI E SERVIZI SENZA APPLICAZIONE DELL'IMPOSTA SUL VALORE AGGIUNTO

| Numero | Anno |
|---|---|
| Attribuito dal dichiarante | |
| Numero | Anno |
| Attribuito dal fornitore o prestatore | |

**DATI DEL DICHIARANTE**

Codice fiscale | Partita IVA

Cognome o denominazione o ragione sociale | Nome | Sesso (M/F)

Data di nascita (giorno, mese, anno) | Comune (o Stato estero) di nascita | Provincia (sigla)

**DATI RELATIVI AL RAPPRESENTANTE FIRMATARIO DELLA DICHIARAZIONE**

Codice fiscale | Codice carica | Codice fiscale società

Cognome | Nome | Sesso (M/F)

Data di nascita (giorno, mese, anno) | Comune (o Stato estero) di nascita | Provincia (sigla)

**RECAPITI**

Telefono (prefisso, numero) | Indirizzo di posta elettronica

**INTEGRATIVA**

Integrativa | Numero protocollo di invio

**DICHIARAZIONE**

Intendo avvalermi della facoltà, prevista per i soggetti che hanno effettuato cessioni all'esportazione od operazioni assimilate, di effettuare **ACQUISTI** [....] o **IMPORTAZIONI** [....] senza applicazione dell'IVA nell'**ANNO** [...........]

e chiedo di acquistare o importare

**La dichiarazione si riferisce a:**

una sola operazione per un importo fino a euro 1 ..............................,....

operazioni fino a concorrenza di euro 2 ..............................,....

operazioni comprese nel periodo da 3 (giorno, mese, anno) a 4 (giorno, mese, anno)

**DESTINATARIO DELLA DICHIARAZIONE**

Dogana

**Altra parte contraente**

Codice fiscale | Partita IVA

Cognome o denominazione o ragione sociale | Nome | Sesso (M/F)

**FIRMA**

FIRMA

**4** Esamina le situazioni operative ed effettua le registrazioni IVA, calcolando l'IVA ad aliquota ordinaria ove prevista dalla normativa.

La Cartarie Riunite spa, esportatore abituale, compie le seguenti operazioni:

20/03: riceve una fattura di acquisto dal fornitore Ruggero Sanfratti di 213 euro;
28/03: emette una fattura di vendita sul cliente cileno Mariela Escobar di 4.400 euro;
15/04: riceve una fattura del 10/04 di acquisto dal fornitore russo Jonas Petrauskas di 11.000 euro;

15/04: riceve la bolla doganale, in cui la merce trasportata, relativa all'acquisto del 10/04, comprensiva del dazio risulta di 11.450 euro;
21/05: emette una fattura di vendita sul cliente finlandese Risto Nahalio per 6.780 euro;
01/06: riceve una fattura di acquisto dal fornitore belga per 2.350 euro.

**Registro IVA Fatture emesse**

| Fattura | | Cliente | Data consegna | Imponibile INTRA | IVA 22% | Non imponibile | Totale |
|---|---|---|---|---|---|---|---|
| N. | Data | | | | | | |
| ....... | ....... | .................................... | ....... | ............. | ............. | ............. | ............. |
| ....... | ....... | .................................... | ....... | ............. | ............. | ............. | ............. |
| ....... | ....... | .................................... | ....... | ............. | ............. | ............. | ............. |

**Registro IVA Fatture ricevute**

| Fattura | | Fornitore | Data consegna | Imponibile INTRA | IVA 22% | Non imponibile | Totale |
|---|---|---|---|---|---|---|---|
| N. | Data | | | | | | |
| ....... | ....... | .................................... | ....... | ............. | ............. | ............. | ............. |
| ....... | ....... | .................................... | ....... | ............. | ............. | ............. | ............. |
| ....... | ....... | .................................... | ....... | ............. | ............. | ............. | ............. |
| ....... | ....... | .................................... | ....... | ............. | ............. | ............. | ............. |

**5** **CLIL** Complete the extract from http://europa.eu/youreurope/business/vat-customs/buy-sell/index_en.htm by filling in the blanks.

*pay • services • exports • production • to provide • consumer • standard • differently • import*

The EU has ........................... rules on VAT but these rules may be applied .............................. in each EU country. You must normally ..................... VAT on all goods and ........................, up to and including the sale to the final ........................... This could also include each stage of a ................................ process, e.g. buying components, assembly, shipping etc. VAT isn't charged on ............................ to countries outside the EU. In this case the VAT is paid in the country of .............................. You will need ............................ evidence that the goods were exported to a country outside the EU.

**6** **CLIL** Connect the activities described with the relevant foreign transaction.

**a.** Sale of wardrobes to a customer in Bratislava
**b.** Purchase of computers from a supplier in Shanghai
**c.** Purchase of component parts from a supplier in Berlin
**d.** Sale of chairs to a company in Buenos Aires
**e.** Purchase of timber from a company in Cape Town
**f.** Purchase of accessories from a supplier in Naples
**g.** Sale of furniture to a retailer in London

**1.** Intra-Community sale
**2.** Intra-Community purchase
**3.** Exportation
**4.** Importation
**5.** Suspended taxation purchase

| | |
|---|---|
| a | |
| b | |
| c | |
| d | |
| e | |
| f | |
| g | |

Lezione 4

# Il metodo della partita doppia

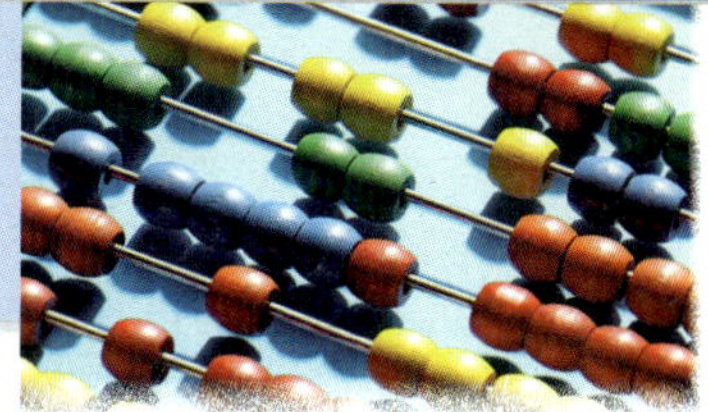

Contabilità generale = ***General accounting***

Metodo della partita doppia (P.D.) = ***Double-entry method***

Conto finanziario = ***Financial account***

Conto economico = ***Income statement***

## Che cosa sono e a che cosa servono i sistemi e i metodi contabili?

La **contabilità generale** è l'insieme delle scritture contabili con cui si rilevano le operazioni compiute con i terzi (fornitori, clienti, banche, lavoratori dipendenti, Amministrazione finanziaria ecc.) riguardanti l'intera gestione aziendale.

La tenuta della contabilità generale richiede in via preliminare che siano stati definiti:

- il **sistema contabile**, l'insieme coordinato di conti che accolgono scritture tra loro collegate per la misurazione di un determinato oggetto complesso, rappresentato dal patrimonio di funzionamento e dal reddito di esercizio (**sistema del patrimonio e del risultato economico**);
- il **metodo contabile**, l'insieme di regole riguardanti la forma, l'ordine e le modalità con cui si compongono le scritture contabili.

## Come funziona il metodo della partita doppia?

Il metodo contabile ritenuto più completo è il **metodo della partita doppia (P.D.)**, che si basa sulle seguenti regole (applicate al sistema del patrimonio e del risultato economico):

- ogni operazione esterna di gestione viene esaminata e analizzata sotto l'**aspetto finanziario** e l'**aspetto economico**;
- per ciascun aspetto della gestione si aprono due serie di conti (**conti finanziari** e **conti economici**) che funzionano in modo opposto;
- la forma dei conti è a sezioni divise: la sezione **Dare** a sinistra, la sezione **Avere** a destra;
- i conti finanziari accolgono in Dare le variazioni attive, in Avere le variazioni passive;
- i conti economici accolgono in Dare le variazioni negative, in Avere le variazioni positive;
- ogni quantità viene registrata **due volte**, contemporaneamente in diversi conti e in sezioni opposte. In questo in modo si realizza sempre l'**uguaglianza** tra gli **addebitamenti** (importi iscritti in Dare) e gli **accreditamenti** (importi iscritti in Avere).

**Aspetto finanziario:** aspetto riguardante i movimenti che si verificano nelle disponibilità liquide (denaro in cassa, assegni, c/c bancari e postali), nei crediti e nei debiti.

**Aspetto economico:** aspetto riguardante i costi sostenuti con le operazioni di investimento e i ricavi conseguiti con le operazioni di disinvestimento.

In ogni sezione di un conto si iscrivono valori dello stesso segno; per rettificare un valore iscritto in una sezione si scrive il valore di rettifica nella sezione opposta. Per esempio, l'acquisto di merci è una variazione economica negativa (costo) da registrare nella sezione Dare; un reso di merci al fornitore è una diminuzione di costi da registrare nella sezione Avere come variazione economica positiva (rettifica di costo). Le quantità accolte nei conti sono monetarie ed espresse in euro.

**FUNZIONAMENTO DEI CONTI FINANZIARI E DEI CONTI ECONOMICI**

| | Dare | | Avere |
|---|---|---|---|
| **Conti finanziari** | *Variazioni finanziarie attive*<br>+ disponibilità liquide<br>+ crediti<br>– debiti | | *Variazioni finanziarie passive*<br>– disponibilità liquide<br>– crediti<br>+ debiti |
| **Conti economici** | *Variazioni economiche negative*<br>+ costi<br>– rettifiche di ricavi<br>– patrimonio netto | | *Variazioni economiche positive*<br>+ ricavi<br>– rettifiche di costi<br>+ patrimonio netto |
| | **Totale Dare** | = | **Totale Avere** |

## Come si classificano i conti finanziari ed economici?

Come già visto, nel sistema del patrimonio e del risultato economico si utilizzano conti finanziari e conti economici.

- **I conti finanziari** (disponibilità liquide, crediti e debiti, ratei, **fondi rischi** e **fondi oneri**) sono *bilaterali* in quanto accolgono valori sia nella sezione *Dare* sia in quella *Avere*.

| Esempi di conti finanziari | |
|---|---|
| **Disponibilità liquide** | Denaro in cassa, Valori bollati, Assegni, C/c postali, Banche c/c attivi. |
| **Crediti (commerciali e finanziari)** | Crediti v/clienti, Cambiali attive, Crediti commerciali diversi, Crediti da liquidare, Crediti per IVA, Mutui attivi. |
| **Debiti (commerciali e finanziari)** | Debiti v/fornitori, Cambiali passive, Debiti per IVA, Debiti per imposte, Mutui passivi, Banche c/c passivi. |
| **Ratei, Fondi rischi e Fondi oneri** | Ratei attivi, Ratei passivi, Fondo responsabilità civile, Fondo rischi su crediti, Fondo manutenzioni programmate, Fondo garanzia prodotti. |

**Fondi rischi:** valori finanziari presunti o debiti potenziali destinati a coprire eventuali perdite e oneri di competenza economica dell'esercizio ma di possibile manifestazione finanziaria futura. Ne sono esempi il fondo rischi su crediti e il fondo responsabilità civile.

**Fondi oneri:** valori finanziari presunti che misurano componenti negativi di reddito di competenza dell'esercizio, ma a manifestazione finanziaria futura. Ne sono esempi il fondo manutenzioni programmate e il fondo garanzia prodotti.

- **I conti economici** sono accesi ai valori economici *di reddito* e *di patrimonio netto*:
  - i **conti economici di reddito**, accesi alle variazioni economiche (costi e ricavi), incidono sulla formazione del risultato economico di uno o più periodi amministrativi. Tali conti sono distinti in quattro categorie al fine di determinare il reddito di competenza dell'esercizio. Si hanno infatti:
    - *conti accesi alle variazioni d'esercizio*, detti anche *conti economici d'esercizio* (o conti reddituali) perché accolgono i componenti positivi e negativi di reddito dell'esercizio; fanno parte di tale categoria anche i conti accesi alle *rettifiche di costi e di ricavi*, come per esempio il conto Resi su vendite che rettifica indirettamente il conto Merci c/vendite;
    - *conti accesi ai costi pluriennali* e alle loro *rettifiche*, che accolgono i costi che danno la loro utilità per più esercizi e le relative rettifiche indirette; rientrano nei costi pluriennali, per esempio, il conto Arredamento e il conto Fondo ammortamento arredamento che lo rettifica;
    - *conti accesi ai costi e ai ricavi sospesi*, che accolgono costi e ricavi già rilevati, ma di competenza dell'esercizio successivo e quindi da rinviare al futuro;
    - *conti di risultato*, che funzionano a costi, ricavi e rimanenze e presentano come saldo il risultato economico di competenza dell'esercizio. Tra questi vi è il *Conto di risultato economico,* nel quale confluiscono i componenti del reddito; il saldo del conto esprime il risultato economico (l'utile o la perdita) dell'esercizio;
  - i **conti economici di patrimonio netto** accolgono le variazioni intervenute nel patrimonio netto e nelle sue parti ideali.

| Esempi di conti economici | |
|---|---|
| **Costi e ricavi d'esercizio, rettifiche di costi e rettifiche di ricavi** | **Costi**: Merci c/acquisti, Pubblicità, Costi di trasporto, Interessi passivi bancari, Commissioni bancarie, Fitti passivi, Ammortamento automezzi, Salari e stipendi. • **Rettifiche di ricavi**: Resi su vendite, Ribassi e abbuoni passivi. • **Ricavi**: Merci c/vendite, Fitti attivi, Interessi attivi da clienti, Interessi attivi bancari. • **Rettifiche di costi**: Resi su acquisti, Ribassi e abbuoni attivi. |
| **Costi pluriennali** | **Costi pluriennali**: Brevetti, Software, Fabbricati, Automezzi, Macchine d'ufficio, Arredamento. • **Rettifiche di costi pluriennali**: Fondo ammortamento brevetti, Fondo ammortamento software, Fondo ammortamento fabbricati, Fondo ammortamento automezzi, Fondo ammortamento automezzi, Fondo ammortamento macchine d'ufficio, Fondo ammortamento arredamento. |
| **Costi e ricavi sospesi** | **Costi sospesi**: Risconti attivi, Merci c/rimanenze finali, Materie di consumo c/rimanenze finali. • **Ricavi sospesi**: Risconti passivi. |
| **Conti di patrimonio netto** | Patrimonio netto, Prelevamenti extragestione, Titolare c/ritenute subite, Utile d'esercizio, Perdita d'esercizio. |

I conti finanziari, i conti economici di patrimonio netto e i conti economici di reddito accesi ai costi pluriennali e alle loro rettifiche, ai costi e ricavi sospesi sono detti **conti patrimoniali**, in quanto i loro saldi affluiscono nella **Situazione patrimoniale**.
I conti economici di reddito accesi alle variazioni d'esercizio sono detti **conti economici d'esercizio** in quanto i loro saldi affluiscono nella **Situazione economica**.

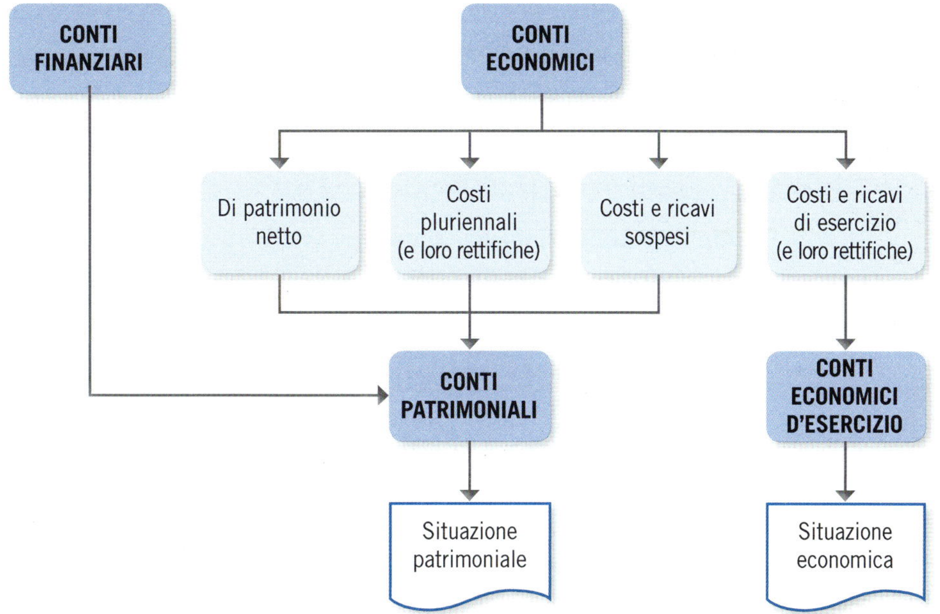


## Quando e come si registrano le operazioni aziendali?

Il momento in cui rilevare le operazioni aziendali coincide con quello in cui l'impresa emette o riceve un documento originario dal quale ricavare le **variazioni finanziarie**, quali il sorgere di crediti o debiti, le entrate o le uscite di denaro.
Per esempio, l'acquisto di merci è registrato quando *si riceve la fattura* e sorge il debito da pagare al fornitore e non quando viene stipulato il contratto di compravendita o nel momento in cui la merce entra in magazzino.
Per la registrazione delle operazioni aziendali occorre individuare quali aspetti della gestione sono interessati. Si possono avere operazioni che coinvolgono soltanto l'aspetto finanziario (*permutazioni finanziarie*), operazioni che coinvolgono soltanto l'aspetto economico (*permutazioni economiche*) e operazioni che coinvolgono entrambi gli aspetti (*modificazioni*).

a) Le **permutazioni finanziarie** si verificano quando l'operazione aziendale interessa esclusivamente l'**aspetto finanziario** della gestione. A una o più variazioni finanziarie attive corrispondono una o più variazioni finanziarie passive di pari importo che si compensano tra loro.

### ESEMPIO Permutazioni finanziarie

Analizziamo le operazioni di gestione e determiniamo la natura e il segno delle variazioni.

| Operazione di gestione | Variazioni finanziarie | |
|---|---|---|
| | Attive/Dare | Passive/Avere |
| Versati 200 euro in contanti sul c/c bancario | + Banca X c/c 200 euro | – Denaro in cassa 200 euro |
| Riscossa con bonifico bancario fattura di 2.420 euro | + Banca X c/c 2.420 euro | – Crediti v/clienti 2.420 euro |
| Pagata con bonifico bancario fattura di 1.340 euro | – Debiti v/fornitori 1.340 euro | – Banca X c/c 1.340 euro |

Nella *prima operazione* si individuano le seguenti variazioni:
- **variazione finanziaria attiva** di 200 euro per l'aumento delle disponibilità liquide nel c/c bancario (+ Banca X c/c);
- **variazione finanziaria passiva** di 200 euro per la diminuzione del denaro in cassa (– Denaro in cassa).

La *seconda operazione* ha dato luogo alle seguenti variazioni:
- **variazione finanziaria attiva** di 2.420 euro per l'aumento delle disponibilità liquide nel c/c bancario (+ Banca X c/c);
- **variazione finanziaria passiva** di 2.420 euro per la diminuzione del credito verso clienti (– Crediti v/clienti).

La *terza operazione* ha dato luogo alle seguenti variazioni:
- **variazione finanziaria attiva** di 1.340 euro per la diminuzione del debito verso fornitori (– Debiti v/fornitori);
- **variazione finanziaria passiva** di 1.340 euro per la diminuzione delle disponibilità liquide nel c/c bancario (– Banca X c/c).

b) Le **permutazioni economiche** si verificano quando l'operazione interessa esclusivamente l'**aspetto economico** della gestione. A una o più variazioni economiche positive corrispondono una o più variazioni economiche negative di pari importo, che si compensano tra loro.

## SEMPIO Permutazioni economiche

Analizziamo l'operazione di gestione e determiniamo la natura e il segno delle variazioni.

| Operazione di gestione | Variazioni economiche | |
|---|---|---|
| | Negative/Dare | Positive/Avere |
| L'imprenditore Mario Ferraris apporta arredamento valutato 40.000 euro | + Arredamento 40.000 euro | + Patrimonio netto 40.000 euro |

Tale operazione è analizzabile esclusivamente sotto l'aspetto economico, infatti ha dato luogo alle seguenti variazioni:
- **variazione economica negativa** di 40.000 euro per l'aumento dei *costi pluriennali* (+ Arredamento);
- **variazione economica positiva** di 40.000 euro per l'aumento del *patrimonio netto* (+ Patrimonio netto).

c) Le **modificazioni** si verificano quando l'operazione coinvolge sia l'**aspetto finanziario**, sia l'**aspetto economico**. Le variazioni finanziarie ed economiche possono essere di pari importo e in questo caso la variazione finanziaria misura quella economica.

## SEMPIO Modificazioni di pari importo

Analizziamo le seguenti operazioni di gestione e determiniamo la natura e il segno delle variazioni.

| Operazione di gestione | Variazioni finanziarie | | Variazioni economiche | |
|---|---|---|---|---|
| | Attive/Dare | Passive/Avere | Negative/Dare | Positive/Avere |
| Riscosso in contanti fitto attivo di 450 euro | + Denaro in cassa 450 euro | | | + Fitti attivi 450 euro |
| Addebitati nel c/c bancario interessi passivi di 100 euro | | – Banca X c/c 100 euro | + Interessi passivi bancari 100 euro | |
| Pagato con bonifico bancario un premio annuo di assicurazione contro gli incendi di 1.200 euro | | – Banca X c/c 1.200 euro | + Assicurazioni 1.200 euro | |

Tutte le operazioni hanno dato luogo a variazioni finanziarie che misurano variazioni economiche. Nella *prima operazione* abbiamo:
- **variazione finanziaria attiva** di 450 euro per l'aumento delle disponibilità liquide (+ Denaro in cassa);

- **variazione economica positiva** di 450 euro per l'aumento dei ricavi d'esercizio (+ Fitti attivi).

Nella *seconda operazione* abbiamo:

- **variazione finanziaria passiva** di 100 euro per la diminuzione delle disponibilità nel c/c bancario (– Banca X c/c);
- **variazione economica negativa** di 100 euro per l'aumento dei costi d'esercizio (+ Interessi passivi bancari).

Nella *terza operazione* abbiamo:

- **variazione finanziaria passiva** di 1.200 euro per la diminuzione delle disponibilità nel c/c bancario (– Banca X c/c);
- **variazione economica negativa** di 1.200 euro per l'aumento dei costi d'esercizio (+ Assicurazioni).

Tra le modificazioni si possono avere anche variazioni finanziarie di segno opposto ma di importi diversi; in questo caso la variazione economica è misurata dalla differenza delle due opposte variazioni finanziarie. La variazione economica può essere:

- **positiva** se la variazione finanziaria attiva è maggiore della variazione finanziaria passiva;
- **negativa** se la variazione finanziaria attiva è minore della variazione finanziaria passiva.

## SEMPIO Modificazioni di importo diverso

Analizziamo le seguenti operazioni di gestione e determiniamo la natura e il segno delle variazioni.

| Operazione di gestione | Variazioni finanziarie | | Variazioni economiche | |
|---|---|---|---|---|
| | Attive/Dare | Passive/Avere | Negative/Dare | Positive/Avere |
| Ricevuta fattura n. 652 per l'acquisto di merce dal fornitore Barbieri per 2.000 euro + IVA | + IVA ns/credito 440 euro | + Debiti v/fornitori 2.440 euro | + Merci c/acquisti 2.000 euro | |
| A regolamento della fattura sul cliente Gallesi di 472,50 euro si riceve un bonifico bancario di 470 euro | + Banca X c/c 470 euro | – Crediti v/clienti 472,50 euro | + Ribassi e abbuoni passivi 2,50 euro | |
| Emessa fattura n. 654 per vendita di merce sul cliente Parsi per 600 euro + IVA | + Crediti v/clienti 732 euro | + IVA ns/debito 132 euro | | + Merci c/vendite 600 euro |

Nella *prima operazione* abbiamo:

- **variazione finanziaria passiva** di 2.440 euro per l'aumento dei debiti (+ Debiti v/fornitori);
- **variazione finanziaria attiva** di 440 euro per l'aumento dei crediti IVA (+ IVA ns/credito);
- **variazione economica negativa** di 2.000 euro per l'aumento dei costi d'esercizio (+ Merci c/acquisti).

Nella *seconda operazione* abbiamo:

- **variazione finanziaria attiva** di 470 euro per l'aumento delle disponibilità liquide (+ Banca X c/c);
- **variazione finanziaria passiva** di 472,50 euro per la diminuzione dei crediti (– Crediti v/clienti);
- **variazione economica negativa** di 2,50 euro per la rettifica di ricavi (+ Ribassi e abbuoni passivi).

Nella *terza operazione* abbiamo:

- **variazione finanziaria attiva** di 732 euro per l'aumento dei crediti (+ Crediti v/clienti);
- **variazione finanziaria passiva** di 132 euro per l'aumento dei debiti IVA (+ IVA ns/debito);
- **variazione economica positiva** di 600 euro per l'aumento dei ricavi d'esercizio (+ Merci c/vendite).

## Da quali parti è composto il piano dei conti?

Piano dei conti = *Chart of accounts*

I conti da utilizzare nelle registrazioni in contabilità sono riportati nel **piano dei conti**, che è formato da:

1. **quadro dei conti**, ossia l'elenco dei conti tra loro collegati che formano il sistema contabile (sistema del patrimonio e del risultato economico);
2. **note illustrative**, che specificano le regole e le procedure di funzionamento dei conti.

A titolo di esempio presentiamo la nota illustrativa del conto *Arredamento*.

| | |
|---|---|
| **Codice** | 02.06 |
| **Denominazione** | Arredamento |
| **Raggruppamento** | Immobilizzazioni materiali |
| **Destinazione nella situazione contabile** | Situazione patrimoniale |
| **Destinazione negli schemi di bilancio** | Stato patrimoniale |
| **Natura** | Conto economico di reddito acceso ai costi pluriennali |
| **Contenuto** | Accoglie i movimenti inerenti all'arredamento dell'azienda |
| **Funzionamento** | Accoglie in *Dare*:<br>• saldo iniziale<br>• valore di apporto<br>• costo di acquisto<br>• costi accessori patrimonializzati<br>• plusvalenze da alienazione<br><br>Accoglie in *Avere*:<br>• storno del fondo ammortamento<br>• storno del fondo svalutazione<br>• prezzo di cessione<br>• minusvalenze da alienazione<br>• insussistenze passive per eliminazione<br>• saldo finale |
| **Note** | Il conto può presentare esclusivamente eccedenza di segno Dare |

## Come è strutturato il piano dei conti?

I conti sono identificati con la *denominazione formata da uno specifico titolo e un codice*. La denominazione indica l'oggetto a cui è intestato il conto "per esteso" mentre il codice (numerico, alfabetico, oppure alfanumerico) ne consente il richiamo in automatico e facilita il collegamento fra le scritture.

Il piano dei conti viene redatto tenendo conto della forma giuridica dell'impresa, dell'attività svolta e dalle norme di legge.

Per esempio se l'impresa esercita un'attività commerciale si devono usare specifici conti quali Merci c/acquisti e Merci c/vendite. Se invece l'impresa svolge un'attività industriale, gli acquisti devono essere contabilizzati nei conti Materie prime c/acquisti, Materie sussidiarie c/acquisti, mentre le vendite nel conto Prodotti c/vendite.

Il piano dei conti deve consentire la redazione della **situazione contabile**; dalla situazione contabile redatta alla fine dell'esercizio derivano i prospetti del bilancio d'esercizio (Stato patrimoniale e Conto economico), il cui contenuto è previsto dal codice civile.

**Situazione contabile:** prospetto che evidenzia i totali, e/o le eccedenze dei conti con riferimento a una certa data. La situazione contabile al 31/12, da cui deriva il bilancio d'esercizio, è solitamente scissa in due parti: la Situazione patrimoniale e la Situazione economica.

Situazione contabile = ***Account***

Il piano dei conti deve consentire di aggregare i conti a vari livelli di analisi; nelle registrazioni contabili che verranno presentate si utilizzerà un piano strutturato a due livelli: i **raggruppamenti** e i **conti di mastro**.

A ciascun conto è attribuito un codice formato da quattro cifre: le prime due cifre identificano il *raggruppamento* a cui appartiene il conto, le altre due cifre identificano il *conto di mastro* all'interno del raggruppamento.

Per esempio, il codice 02.06 corrisponde al conto di mastro Arredamento (individuato dal numero 06), appartenente al raggruppamento delle Immobilizzazioni materiali (individuato dal numero 02).

Nella realtà i conti presentano livelli di analisi più dettagliati (**sottoconti** o **conti analitici**); per esempio il conto Crediti v/clienti è la sintesi dei conti analitici intestati ai singoli clienti; analogamente, il conto Debiti v/fornitori rappresenta la sintesi dei conti intestati ai singoli fornitori.

Per semplificare, nelle registrazioni in P.D. si utilizzeranno solo conti sintetici.

## Come si compilano il libro giornale e i conti di mastro?

audio
Libro giornale = *General journal*
Conti di mastro = *Ledger accounts*


Nella *contabilità manuale* le rilevazioni in contabilità generale prendono avvio dai documenti originari, che vengono riportati in ordine cronologico nella prima nota; tali operazioni sono successivamente trascritte, secondo un particolare "linguaggio formale", nel libro giornale e nei conti di mastro.
Con la *contabilità automatizzata*, ormai diffusa anche nelle aziende di piccole dimensioni, la prima nota si è trasformata in una raccolta sequenziale di movimenti contabili; il libro giornale coincide di fatto con la prima nota verificata e corretta, mentre i conti di mastro sono automaticamente aggiornati con l'immissione dei dati nella prima nota.
Il **libro giornale** è una scrittura cronologica che riporta, giorno per giorno, le operazioni esterne di gestione. Ogni registrazione nel libro giornale è chiamata **articolo in P.D.** e contiene:

- la **data** dell'operazione (*prima colonna*) da non confondere con la data di registrazione: un'operazione compiuta in una certa data può essere annotata sul libro giornale anche alcuni giorni dopo (la normativa fiscale concede un termine massimo di 60 giorni);
- il **numero progressivo** dell'operazione che è attribuito in automatico;
- i **conti** interessati dall'operazione (codice e denominazione);
- una breve **descrizione** dell'operazione;
- l'**importo** delle variazioni che l'oggetto del conto ha subìto e la **sezione** (Dare o Avere) in cui deve essere registrata la variazione di ogni conto.

Riportiamo a titolo di esempio un "estratto" di libro giornale.

| Data | N. | Codici | Denominazione conti e descrizione | | Dare | Avere |
|---|---|---|---|---|---|---|
| 20/05 | 132 | 18.20 | BANCA X C/C | versamento su c/c | 400, 00 | |
| 20/05 | 133 | 08.20 | DENARO IN CASSA | prelevamento | | 400, 00 |
| 22/05 | 134 | 14.01 | DEBITI V/FORNITORI | saldo fattura n. 114 | 3.630, 00 | |
| 22/05 | 135 | 18.20 | BANCA X C/C | A/B a saldo fattura n. 114 | | 3.630, 00 |

Non è importante se la registrazione inizia dai conti da addebitare (sezione Dare) o da quelli da accreditare (sezione Avere); risulta invece fondamentale verificare, al termine della rilevazione contabile, che il totale degli addebitamenti coincida con il totale degli accreditamenti.
Negli esempi presentati si riportano prima i conti addebitati e poi quelli accreditati esclusivamente al fine di dare al libro giornale una veste grafica precisa e ordinata; per la stessa ragione gli articoli in P.D. vengono separati da una riga orizzontale.
Nei **conti di mastro** vengono trascritti in ordine sistematico i valori delle operazioni di gestione precedentemente rilevati in ordine cronologico nel libro giornale.
La contabilità è tenuta utilizzando software che consentono di ottenere il libro giornale in modo automatico e privo di errori. Il programma verifica l'uguaglianza fra il totale Dare e il totale Avere; se non vi è la quadratura contabile il sistema non memorizza l'operazione fino a quando non viene digitato l'importo esatto.
Gli elementi contenuti nella prima nota vengono digitati direttamente e registrati in ordine cronologico su supporti di memoria che assolvono la funzione di libro giornale.
I conti di mastro sono un archivio sistematico dei movimenti contabili a cui è possibile accedere direttamente mediante elaboratori collegati in rete.

## SEMPIO Analisi e registrazione di operazioni di gestione nel libro giornale e nei conti di mastro

Registriamo nel libro giornale e nei conti di mastro alcune operazioni di gestione. Nel libro giornale tralasciamo la colonna contenente il numero progressivo dell'operazione.

1 Il 27/03 si liquidano le retribuzioni per 5.000 euro.

Esaminiamo dapprima l'operazione interpretandone gli aspetti della gestione.

| | |
|---|---|
| Aspetto finanziario | Variazione finanziaria passiva (+ debiti verso i dipendenti) |
| Aspetto economico | Variazione economica negativa (+ costi per retribuzioni) |

Individuiamo successivamente i seguenti elementi:
- la data dell'operazione (27/03), che in questo caso coincide con la data in cui avviene la liquidazione del debito verso i dipendenti per la retribuzione maturata;
- i conti movimentati nell'operazione: Salari e stipendi e Personale c/retribuzioni;
- la descrizione dell'operazione fa riferimento alla liquidazione delle retribuzioni;
- l'importo, che corrisponde alla retribuzione liquidata ai dipendenti (5.000 euro);
- la sezione in cui avviene la registrazione:
  - *Avere* di Personale c/retribuzioni, che accoglie un aumento di debiti;
  - *Dare* di Salari e stipendi, che accoglie un costo di esercizio.

La registrazione sul libro giornale è la seguente (per semplicità omettiamo il numero progressivo di rilevazione):

| Data | Codici | Denominazione conti e descrizione | | Dare | Avere |
|---|---|---|---|---|---|
| 27/03 | 33.01 | SALARI E STIPENDI | liquidate retribuzioni | 5.000, 00 | |
| 27/03 | 15.20 | PERSONALE C/RETRIBUZIONI | liquidate retribuzioni | | 5.000, 00 |

Nei conti di mastro si riporta quanto segue:

33.01 SALARI E STIPENDI

| Dare | Avere |
|---|---|
| 5.000, 00 | |

15.20 PERSONALE C/RETRIBUZIONI

| Dare | Avere |
|---|---|
| | 5.000, 00 |

2 Il 12/04 si riceve da un cliente un bonifico di 8.400 euro a saldo della fattura n. 189 emessa il 10/04.

Esaminiamo dapprima l'operazione interpretandone gli aspetti della gestione.

| | |
|---|---|
| Aspetto finanziario | Variazione finanziaria attiva (+ disponibilità nel c/c bancario) |
| Aspetto finanziario | Variazione finanziaria passiva (– crediti v/clienti) |

Individuiamo successivamente i seguenti elementi:
- la data dell'operazione (12/04), che corrisponde al ricevimento del bonifico;
- i conti movimentati nell'operazione: Banca X c/c e Crediti v/clienti;
- la descrizione dell'operazione fa riferimento al bonifico;
- l'importo, che corrisponde all'ammontare del bonifico bancario (8.400 euro);
- la sezione in cui avviene la registrazione:
  - *Dare* di Banca X c/c, che accoglie un aumento di disponibilità nel c/c bancario;
  - *Avere* di Crediti v/clienti, che accoglie una diminuzione di crediti verso clienti.

La registrazione sul libro giornale è la seguente:

| Data | Codici | Denominazione conti e descrizione | | Dare | Avere |
|---|---|---|---|---|---|
| 12/04 | 18.20 | BANCA X C/C | bonifico a saldo fattura n. 189 | 8.400, 00 | |
| 12/04 | 05.01 | CREDITI V/CLIENTI | bonifico a saldo fattura n. 189 | | 8.400, 00 |

Nei conti di mastro si riporta quanto segue:

18.20 BANCA X C/C

| Dare | Avere |
|---|---|
| 8.400, 00 | |

05.01 CREDITI V/CLIENTI

| Dare | Avere |
|---|---|
| | 8.400, 00 |

**3** Il 15/05 si paga con assegno bancario il canone di locazione di un fabbricato di 600 euro. Esaminiamo dapprima l'operazione interpretandone gli aspetti della gestione.

| | |
|---|---|
| Aspetto finanziario | Variazione finanziaria passiva (– disponibilità nel c/c bancario) |
| Aspetto economico | Variazione economica negativa (+ costi per godimento di beni di terzi) |

Individuiamo successivamente i seguenti elementi:

- la data dell'operazione (15/05), che corrisponde alla data di emissione dell'assegno;
- i conti movimentati nell'operazione: Banca X c/c e Fitti passivi;
- la descrizione dell'operazione fa riferimento all'assegno bancario emesso per il pagamento del canone;
- l'importo, che corrisponde all'importo dell'assegno bancario (600 euro);
- la sezione in cui avviene la registrazione:
  - *Avere* di Banca X c/c, che accoglie una diminuzione di disponibilità nel c/c bancario;
  - *Dare* di Fitti passivi, che accoglie un costo d'esercizio.

La registrazione sul libro giornale è la seguente:

| Data | Codici | Denominazione conti e descrizione | | Dare | Avere |
|---|---|---|---|---|---|
| 15/05 | 32.01 | FITTI PASSIVI | pagato fitto dei locali | 600, 00 | |
| 15/05 | 18.20 | BANCA X C/C | emesso assegno bancario n. 74744 | | 600, 00 |

18.20 BANCA X C/C

| Dare | Avere |
|---|---|
| | 600, 00 |

32.01 FITTI PASSIVI

| Dare | Avere |
|---|---|
| 600, 00 | |

test interattivi nel libro digitale

Sistemi e metodi contabili • il metodo della P.D. • funzionamento dei conti • registrazioni nel libro giornale e nei conti di mastro.

Analizzare le operazioni di gestione sotto l'aspetto finanziario ed economico • classificare i conti • individuare il conto e la sezione per la registrazione delle operazioni aziendali.

**1** Indica con una crocetta la risposta esatta (alcuni quesiti possono avere più risposte esatte).

**1.** Il metodo della partita doppia:
- a *si applica utilizzando due valute*
- b *analizza le operazioni di gestione sotto due aspetti*
- c *utilizza una serie di conti che funzionano in modo sintetico*
- d *registra le quantità contemporaneamente e in sezioni opposte*

**2.** La data della registrazione contabile coincide con quella in cui:
- a *avviene l'accordo tra le parti*
- b *si dà esecuzione a un contratto*
- c *l'impresa emette o riceve un documento originario*
- d *si effettua un movimento di magazzino*

**3.** Nelle operazioni aziendali in cui l'importo della variazione finanziaria passiva è maggiore della variazione finanziaria attiva si ha:
- a *una variazione economica negativa*
- b *una variazione economica positiva*
- c *una variazione finanziaria passiva*
- d *una variazione finanziaria passiva e una variazione finanziaria attiva*

**4.** I conti finanziari accolgono in Avere:
- a *la diminuzione di debiti*
- b *l'aumento di crediti*
- c *l'aumento di debiti*
- d *la diminuzione di crediti*

**5.** I conti economici di reddito accolgono in Dare:
- a *i costi di esercizio*
- b *le rettifiche di ricavi*
- c *gli aumenti di patrimonio netto*
- d *le rettifiche di costi*

**6.** I conti economici di patrimonio accolgono in Dare:
- a *i costi pluriennali*
- b *i ricavi di esercizio*
- c *gli aumenti di patrimonio netto*
- d *le diminuzioni di patrimonio netto*

7. Il metodo della partita doppia richiede:
   a *il funzionamento di due o più serie di conti unilaterali*
   b *il funzionamento di due o più serie di conti antitetici*
   c *che il totale degli importi in Dare sia uguale a quello degli importi in Avere*
   d *l'utilizzo di una sola serie di conti economici*

8. Le operazioni effettuate dall'azienda sono registrate:
   a *esclusivamente nel libro giornale*
   b *esclusivamente nei conti di mastro*
   c *obbligatoriamente nel libro giornale e, a discrezione dell'imprenditore, nei conti di mastro*
   d *nel libro giornale e nei conti di mastro*

**2** Indica se le seguenti affermazioni sono vere o false; in quest'ultimo caso suggerisci sul quaderno la formulazione corretta.

1. Il sistema contabile è un insieme di conti che accolgono le scritture relative a un determinato oggetto. V F
2. La contabilità generale registra le operazioni interne ed esterne di gestione. V F
3. I conti economici si suddividono in conti di reddito e conti di patrimonio netto. V F
4. I conti di patrimonio netto accolgono esclusivamente le variazioni positive intervenute nel patrimonio netto. V F
5. I conti accesi ai costi pluriennali sono di natura economica. V F
6. L'aumento dei crediti costituisce una variazione finanziaria passiva. V F
7. Le rettifiche di costi sono variazioni economiche positive. V F
8. La data di registrazione nel libro giornale non coincide con la data del documento originario. V F
9. Le note illustrative del conto indicano in maniera dettagliata il suo funzionamento. V F
10. Le permutazioni finanziarie producono effetti sul risultato economico dell'esercizio. V F
11. La tenuta del libro giornale è imposta dalle norme del codice civile. V F
12. A ciascun conto è assegnato un codice da riportare nel libro giornale. V F

**3** Correla le variazioni con la sezione di registrazione.

| Variazioni | Sezione Dare | Sezione Avere |
|---|---|---|
| Variazione finanziaria attiva | | |
| Variazione economica negativa di patrimonio | | |
| Variazione economica positiva di reddito | | |
| Variazione finanziaria passiva | | |
| Variazione economica positiva di patrimonio | | |
| Variazione economica negativa di reddito | | |

**4** Analizza le variazioni collegate alle operazioni di gestione.

| Operazioni di gestione | Variazioni finanziare | | Variazioni economiche | |
|---|---|---|---|---|
| | Attive | Passive | Negative | Positive |
| Pagata con bonifico bancario fattura di 9.218 euro | | | | |
| Pagato con assegno bancario premio di assicurazione di 12.500 euro | | | | |
| Prelevati dal c/c bancario 250 euro | | | | |
| Ottenuto un assegno circolare di 5.400 euro contro addebito del c/c bancario | | | | |
| Accreditati nel c/c bancario interessi attivi di 84 euro | | | | |
| Riscossi con assegno bancario interessi attivi da clienti di 13,80 euro | | | | |

**5** Classifica i conti secondo il sistema del patrimonio e del risultato economico.

| Denominazione dei conti | Conti finanziari | Conti economici di reddito accesi | | | Conti di patrimonio netto |
|---|---|---|---|---|---|
| | | alle variazioni di esercizio | ai costi pluriennali (e loro rettifiche) | ai costi e ricavi sospesi | |
| Merci c/vendite | | | | | |
| Arredamento | | | | | |
| Denaro in cassa | | | | | |
| Utile d'esercizio | | | | | |
| Resi su acquisti | | | | | |
| Cambiali passive | | | | | |
| Fitti passivi | | | | | |
| Mutui passivi | | | | | |
| Assegni | | | | | |
| Patrimonio netto | | | | | |
| Ribassi e abbuoni passivi | | | | | |
| Risconti passivi | | | | | |
| Cambiali insolute | | | | | |
| Ratei attivi | | | | | |
| Perdita d'esercizio | | | | | |
| Automezzi | | | | | |
| Costi per energia | | | | | |
| Interessi passivi bancari | | | | | |
| Software | | | | | |
| Imposte dell'esercizio | | | | | |

**6** Analizza le operazioni di gestione indicando la variazione, la sezione e l'importo.

| Operazioni di gestione | Dare | Avere |
|---|---|---|
| **1.** Pagata in contanti fattura di 217,80 euro.<br>Denaro in cassa: *variazione finanziaria passiva*<br>Debiti v/fornitori: *variazione finanziaria attiva* | <br><br>*217,80* | <br>*217,80* |
| **2.** Riscosso a mezzo banca fitto attivo di 1.200 euro.<br>Banca X c/c: ............<br>Fitti attivi: ............ | | |
| **3.** Pagata tramite banca cambiale passiva di 1.800 euro.<br>Banca X c/c: ............<br>Cambiali passive: ............ | | |
| **4.** Ricevuto assegno circolare da un cliente di 3.820 euro a saldo di una fattura di 3.822 euro.<br>Assegni: ............<br>Crediti v/clienti: ............<br>Ribassi e abbuoni passivi: ............ | | |
| **5.** Pagata fattura di 5.324,50 euro girando un pagherò di 2.300 euro, versando contanti per 320 euro e inviando un assegno bancario di 2.700 euro.<br>Denaro in cassa: ............<br>Debiti v/fornitori: ............<br>Cambiali attive: ............<br>Ribassi e abbuoni attivi: ............<br>Banca X c/c: ............ | | |
| **6.** Girata una cambiale di 6.000 euro a un fornitore.<br>Cambiali attive: ............<br>Debiti v/fornitori: ............ | | |

**7** Completa il libro giornale inserendo il codice del conto, la descrizione dell'operazione (eventuali dati mancanti a scelta) e gli importi mancanti.

| Data | Codici | Denominazione conti e descrizione | | Dare | Avere |
|---|---|---|---|---|---|
| 01/06 | .............. | BANCA X C/C | ........................................ | 150.000, 00 | |
| 01/06 | .............. | PATRIMONIO NETTO | ........................................ | | ........................... ..... |
| 12/06 | .............. | ARREDAMENTO | ........................................ | 15.000, 00 | |
| 12/06 | .............. | IVA NS/CREDITO | ........................................ | 3.300, 00 | |
| 12/06 | .............. | DEBITI V/FORNITORI | ........................................ | | ........................... ..... |
| 15/06 | .............. | MAT. DI CONSUMO C/ACQUISTI | ........................................ | ........................... ..... | |
| 15/06 | .............. | IVA NS/CREDITO | ........................................ | 264, 00 | |
| 15/06 | .............. | DEBITI V/FORNITORI | ........................................ | | ........................... ..... |
| 17/06 | .............. | DEBITI V/FORNITORI | ........................................ | 8.200, 00 | |
| 17/06 | .............. | CAMBIALI ATTIVE | ........................................ | | 6.000, 00 |
| 17/06 | .............. | BANCA X C/C | ........................................ | | ........................... ..... |
| 21/06 | .............. | ASSEGNI | ........................................ | ........................... ..... | |
| 21/06 | .............. | CREDITI V/CLIENTI | ........................................ | | 2.000, 00 |
| 25/06 | .............. | CAMBIALI ATTIVE | ........................................ | ........................... ..... | |
| 25/06 | .............. | CREDITI V/CLIENTI | ........................................ | | 4.000, 00 |

**8** Analizza il libro giornale, individua e correggi gli errori in esso presenti (conti utilizzati in relazione alla descrizione dell'operazione e sezioni Dare/Avere invertite).

| Data | Codici | Denominazione conti e descrizione | | Dare | Avere |
|---|---|---|---|---|---|
| 10/09 | 08.20 | DENARO IN CASSA | versato denaro su c/c postale | 1.200, 00 | |
| 10/09 | 08.02 | C/C POSTALI | versato denaro su c/c postale | | 1.200, 00 |
| 12/09 | 32.01 | FITTI PASSIVI | fattura n. 176 da Varsi | 8.000, 00 | |
| 12/09 | 15.01 | IVA NS/DEBITO | fattura n. 176 da Varsi | 1.760, 00 | |
| 12/09 | 14.01 | DEBITI V/FORNITORI | fattura n. 176 da Varsi | | 9.760, 00 |
| 15/09 | 14.01 | DEBITI V/FORNITORI | pagata fattura n. 176 | 9.760, 00 | |
| 15/09 | 18.20 | BANCA X C/C | bonifico bancario | | 3.200, 00 |
| 15/09 | 14.06 | CAMBIALI PASSIVE | girata cambiale | | 6.560, 00 |
| 17/09 | 05.01 | CREDITI V/CLIENTI | fattura n. 187 su BRS srl | 15.128, 00 | |
| 17/09 | 04.04 | MERCI | fattura n. 187 su BRS srl | | 12.400, 00 |
| 17/09 | 15.01 | IVA NS/DEBITO | fattura n. 187 su BRS srl | | 2.728, 00 |
| 21/09 | 14.06 | CAMBIALI PASSIVE | riscossa fattura n. 187 | 15.128, 00 | |
| 21/09 | 05.01 | CREDITI V/CLIENTI | riscossa fattura n. 187 | | 15.128, 00 |
| 26/09 | 18.20 | BANCA X C/C | riscossa cambiale | 15.128, 00 | |
| 26/09 | 14.06 | CAMBIALI PASSIVE | riscossa cambiale | | 15.128, 00 |
| 30/09 | 02.06 | ARREDAMENTO | fattura n. 276 da Arredo spa | 6.000, 00 | |
| 30/09 | 15.01 | IVA NS/DEBITO | fattura n. 276 da Arredo spa | 1.320, 00 | |
| 30/09 | 14.01 | DEBITI V/FORNITORI | fattura n. 276 da Arredo spa | | 7.320, 00 |

**9** **CLIL** Examine the changes associated with the business transactions.

| Business transactions | Financial changes | | Economic changes | |
|---|---|---|---|---|
| | Positive | Negative | Negative | Positive |
| Received bank cheque of € 3.718 as payment of an invoice | | | | |
| Interest of € 122 was debited to bank current account | | | | |
| Paid invoice by bank transfer of € 2.745 | | | | |
| Rental income of € 2.400 collected through the bank | | | | |
| Bill of exchange of € 3.200 was endorsed to supplier | | | | |

# RIPASSA I CONCETTI CHIAVE

lettura espressiva

| | |
|---|---|
| SISTEMA INFORMATIVO AZIENDALE | Insieme dei **mezzi tecnici**, del **personale** e delle **procedure** con cui l'impresa **raccoglie**, **memorizza**, **seleziona** ed **elabora** i **dati** provenienti dall'ambiente esterno e interno e li trasforma in **informazioni**.<br>► **Contabile**, che si occupa della produzione e della comunicazione di informazioni di natura contabile come **scritture elementari**, **contabilità sezionali**, **contabilità generale**, **contabilità gestionale** e **budget**<br>► **Non contabile**. |
| DOCUMENTI ORIGINARI | La contabilità aziendale si basa su documenti di **prova** (fatture, note di accredito, assegni, cambiali ecc.); di **autorizzazione** (ordini di pagamento o di incasso, bolle di carico e scarico dal magazzino); di **memoria** e di **controllo delle operazioni effettuate** (estratti conto). |
| RILEVAZIONI AZIENDALI O SCRITTURE | Trascrizione dei dati contenuti nei documenti originari in specifici registri.<br>► **Elementari**, **sezionali** e **complesse**<br>► **Obbligatorie** e **facoltative**<br>► **Contabili** ed **extracontabili**<br>► **Antecedenti**, **concomitanti** e **consuntive** |
| CONTO | Insieme di scritture relative a uno specifico oggetto, di cui si rileva la consistenza iniziale, i movimenti intervenuti in un dato periodo di tempo e la consistenza finale. |
| REGOLE DI REGISTRAZIONE NEI CONTI | Conti accesi alle **disponibilità liquide**, conti accesi ai **crediti** e ai **debiti**<br>► in Dare si iscrivono le variazioni finanziarie attive<br>► in Avere si iscrivono le variazioni finanziarie passive<br>**Conti accesi** ai **valori economici**<br>► in Dare si iscrivono le variazioni economiche negative (costi)<br>► in Avere si iscrivono le variazioni economiche positive (ricavi) |
| SCRITTURE CONTABILI | **Elementari**, come la prima nota e gli scadenzari.<br>**Sezionali**, come la contabilità di cassa, di magazzino, del personale.<br>**Complesse**, con la contabilità generale formata dal libro giornale e dai conti di mastro. |
| SCRITTURE OBBLIGATORIE | Scritture imposte dal **codice civile**, dalle **norme fiscali**, dalla **normativa sul lavoro**. |
| LIQUIDAZIONE PERIODICA IVA | Calcolo della differenza tra l'**IVA a debito** sulle vendite e l'**IVA a credito** sugli acquisti per determinare l'**importo da versare** entro il giorno 16 del mese successivo a quello di riferimento (entro il giorno 16 del secondo mese successivo al trimestre di riferimento per le imprese con liquidazione trimestrale). L'eventuale **saldo a credito** è portato in detrazione nella liquidazione periodica IVA del mese o del trimestre successivo. |

| | |
|---|---|
| OPERAZIONI DI COMPRAVENDITA INTERNAZIONALE | Possono essere distinte in quattro categorie, a seconda che la controparte appartenga o meno a un Paese dell'Unione europea.<br>→ **Acquisti intracomunitari**: il Paese di applicazione dell'IVA è il Paese di destinazione. L'impresa italiana deve emettere un'**autofattura** con l'annotazione dell'IVA, o in alternativa **integrare la fattura** di acquisto con l'aliquota e l'importo IVA.<br>→ **Cessioni intracomunitarie**: vengono assoggettate al regime fiscale del Paese di destinazione. Sulla fattura delle operazioni di cessione intracomunitarie va annotata la non imponibilità IVA.<br>→ **Importazioni**: acquisti di beni e di servizi provenienti da Paesi extra UE da chiunque effettuate:<br>• sono **assoggettate a IVA in dogana** all'arrivo;<br>• se previsti, vengono calcolati e riscossi i **dazi doganali**.<br>→ **Esportazioni**: cessioni di beni mobili trasportati o spediti fuori dal territorio dell'Unione europea, cessioni o prestazioni di servizi verso gli **esportatori abituali**. Sono considerate operazioni non imponibili IVA. |
| ESPORTATORE ABITUALE | Impresa che effettua operazioni di esportazione diretta, operazioni assimilate e servizi internazionali per un importo totale **superiore al 10%** dei ricavi di vendita. |
| PLAFOND | Meccanismo che consente all'esportatore abituale di effettuare acquisti e importazioni di beni e di servizi senza applicazione dell'IVA, entro il limite del totale delle operazioni non imponibili registrate nell'anno solare o nei dodici mesi precedenti. |
| SISTEMA CONTABILE | Insieme coordinato di conti che accolgono scritture tra loro collegate per la misurazione di un determinato oggetto complesso, rappresentato dal patrimonio di funzionamento e dal reddito d'esercizio. |
| METODO DELLA PARTITA DOPPIA | Insieme di regole in base alle quali ogni operazione di gestione viene esaminata nell'**aspetto finanziario** e nell'**aspetto economico** della gestione. Per ciascun aspetto della gestione viene aperta una specifica serie di conti, i **conti finanziari** e i **conti economici** che funzionano in maniera **opposta**. Gli importi iscritti in Dare si **bilanciano** con gli importi iscritti in Avere. |
| CONTI FINANZIARI | Misurano le variazioni finanziarie e sono accesi a disponibilità liquide, crediti e debiti, fondi rischi e fondi oneri. |
| CONTI ECONOMICI | Misurano valori economici di **reddito** e di **patrimonio**.<br>**Conti economici di reddito**:<br>• conti accesi alle variazioni d'esercizio, i quali accolgono componenti positivi e negativi di reddito dell'esercizio;<br>• conti accesi ai costi pluriennali e alle loro rettifiche;<br>• conti accesi ai costi e ai ricavi sospesi;<br>• conti di risultato economico.<br>**Conti economici di patrimonio**: accolgono le variazioni del patrimonio netto e delle sue parti ideali. |
| LIBRO GIORNALE | Riporta **giorno per giorno** le operazioni di gestione utilizzando scritture, dette **articoli**, che devono contenere la **data** e il **numero progressivo** dell'operazione, la **denominazione dei conti** da addebitare e da accreditare, la **causale** dell'operazione, gli **importi** in Dare e in Avere dei conti movimentati. |

## NeroGiardini – comunicare il Made in Italy nel mondo

NeroGiardini

L'impresa marchigiana B.A.G. spa, titolare del marchio NeroGiardini, svolge attività di produzione di scarpe, accessori e abbigliamento per uomo, donna e bambino. La sede dell'impresa si trova a Monte San Pietrangeli (Fermo) nelle Marche, all'interno del distretto calzaturiero fermano-maceratese.
L'elemento di spicco nel suo marchio è il simbolo della bandiera italiana: NeroGiardini ha fatto del Made in Italy la caratteristica vincente della sua comunicazione, per richiamare in modo forte il concetto di produzione italiana. In un periodo in cui tutte le altre imprese di calzature delocalizzavano le attività produttive nei Paesi dell'Est europeo, caratterizzati da minori costi della manodopera, il simbolo del tricolore italiano è entrato a far parte del logo NeroGiardini e viene riprodotto anche sulle suole delle calzature e sul packaging.

### L'organizzazione

B.A.G. spa dispone di una sede moderna e all'avanguardia di circa 10.000 $mq^2$ climatizzati, dove si concentrano le funzioni relative all'*organizzazione*, la *ricerca e sviluppo* dei prodotti e la *distribuzione*. L'impostazione innovativa dei processi produttivi e gli investimenti tecnologici sono alla base della strategia di NeroGiardini, che fornisce un'organizzazione di base adottata da tutti i fornitori: le fasi di design dei prodotti, acquisto delle materie prime, tipologia e predisposizione dei macchinari e della catena di montaggio, prototipizzazione e avviamento delle produzioni vengono organizzate dalla sede centrale coinvolgendo 20 calzaturifici del distretto fermano-maceratese che producono in esclusiva per il brand, svolgendo le attività di lavorazione dei pellami e dei materiali, cucitura dei componenti e assemblaggio.

### La produzione e la logistica

Per le fasi di trasformazione tecnico-produttiva NeroGiardini si affida in gran parte a collaboratori esterni, che realizzano i prodotti sulla base delle indicazioni e dell'impostazione fornita dalla casa madre. La manodopera coinvolta nel processo produttivo è di circa 400 dipendenti e 2.500 lavoratori delle imprese *partner* ed è rappresentata da risorse professionali attinte dal territorio marchigiano.
La produzione avviene con manodopera specializzata che garantisce l'alta qualità dei prodotti nella costante valorizzazione e difesa del *know-how* italiano. In controtendenza rispetto alle scelte della maggior parte dei concorrenti, che hanno delocalizzato tutta la produzione nei Paesi a più basso costo, NeroGiardini ha perseguito la propria missione di sostenitore della cultura calzaturiera italiana, conquistando la fiducia dei consumatori.
NeroGiardini ha coniugato le tecniche di lavorazione di manifattura artigianale con le più moderne tecnologie industriali effettuando nuovi investimenti nella digitalizzazione e realizzando prodotti che vengono riconosciuti come tipici del Made in Italy, espressione della qualità e della creatività tipicamente italiana, conosciuta e apprezzata in tutto il mondo. A differenza delle altre imprese del Made in Italy, note per l'alta qualità dei prodotti associata al prezzo elevato che li rende accessibili a pochi consumatori "di nicchia", B.A.G. spa mira alla produzione di grandi quantità a prezzi competitivi.
Anche nell'organizzazione della funzione Logistica NeroGiardini ha effettuato scelte diverse dai concorrenti del settore, che per la maggior parte preferiscono tenere poche scorte di magazzino per ridurre i costi di stoccaggio. Viceversa, NeroGiardini ha aperto un centro logistico di 12mila $m^2$ nel Fermano, avendo così la possibilità di presentarsi come grossista nei confronti dei dettaglianti, offrendo un servizio di riassortimento in tempi rapidi ai propri clienti. La base logistica, prima per dimensioni in Italia e seconda in Europa nel settore delle calzature, è completamente automatizzata e provvede al caricamento e alla spedizione di tutti i prodotti NeroGiardini, uomo, donna e bambino.

### Il fatturato e gli obiettivi di lungo termine

NeroGiardini ha mantenuto una strategia mirata allo sviluppo, ampliando la gamma dei modelli di calzature e di accessori offerti e lanciando nel 2010 anche una linea di abbigliamento. Il quinquennio 2005-2010 si è dimostrato eccellente con una crescita continua del fatturato, che è passato dai 65 milioni di euro del 2005 ai 230 milioni di euro del 2011. Tuttavia, gli anni successivi sono stati segnati da una riduzione delle vendite a causa della crisi economico-finanziaria globale che si è ripercossa sui consumi. Il 2016 è stato un anno di netta ripresa, con un fatturato di 220 milioni in crescita: le previsioni sono di portare i ricavi a 300 milioni di euro entro il 2020, grazie anche a nuovi investimenti per 40 milioni volti a raddoppiare gli stabilimenti.
Le esportazioni, soprattutto destinate ai Paesi europei come Belgio, Francia e Germania, rappresentano circa il 30% del fatturato, ma il piano di sviluppo ne prevede l'aumento fino al 50% del totale venduto nei prossimi anni.

Alla luce della stagnazione del mercato interno, lo sviluppo internazionale è fondamentale per la crescita pertanto, vicino ad azioni di rinforzo del marchio sul mercato italiano con la continua apertura di nuovi negozi monomarca, l'impresa punta soprattutto sull'estero e in particolare su Russia, Repubblica Ceca, Marocco, Tunisia e Cina. Per raggiungere i clienti esteri NeroGiardini si serve di agenti distribuiti sul territorio internazionale. Inoltre, sia in Italia sia all'estero, distribuisce attraverso negozi monomarca in *franchising* o spazi dedicati, i cosiddetti *corner*, all'interno di grandi negozi *multibrand*.

### La comunicazione di marketing

NeroGiardini può contare su un altro marchio: il Made in Italy. I mercati internazionali – dalla Mongolia al Libano, passando per la Repubblica Ceca – crescono molto rapidamente e NeroGiardini non è ancora conosciuto, ma quello che vende è il Made in Italy: quando un cliente vede la bandiera Italiana, la calzatura viene immediatamente venduta. Per incrementare la visibilità a livello internazionale NeroGiardini ha confermato per il 2017 la partnership con la Dorna, società che gestisce il MotoGP. Questo comporta la presenza di striscioni pubblicitari di NeroGiardini in alcune curve di altrettanti Gran Premi, in modo da veicolare l'immagine del *brand* nel mondo tra i numerosi appassionati che li seguono. A prima vista sembra una sponsorizzazione illogica, dal momento che il 70% di quelli che seguono il MotoGP sono uomini, mentre il 70% delle vendite NeroGiardini è destinato alle donne. Tuttavia il MotoGP ha molti appassionati in Asia e il passaggio televisivo del marchio permette di farsi conoscere in mercati che hanno un alto potenziale per le calzature Italiane come Giappone, Corea del Sud e Medio Oriente.

### La comunicazione socio-ambientale

NeroGiardini è attenta agli stakeholder sociali e ha dimostrato nel tempo di voler valorizzare il territorio locale, attraverso iniziative come:

- il corso di formazione professionale per operatore per la calzatura;
- l'asilo e il centro di aggregazione per i bambini dei dipendenti;
- il finanziamento per la ricostruzione del territorio dopo i terremoti del 2009 e del 2016.

Nell'intento di mantenere la qualità e l'artigianalità italiana dei suoi prodotti e di favorire l'occupazione locale, NeroGiardini ha istituito un corso di *formazione professionale* biennale per Operatore per la Calzatura in collaborazione con il Centro Formazione Professionale "Artigianelli" dell'Opera Don Ricci di Fermo, finanziandolo interamente: il corso è rivolto a ragazzi di età compresa tra i 16 e i 18 anni e ha l'obiettivo di creare personale qualificato da inserire all'interno dell'azienda.

NeroGiardini ha aperto un *asilo* per venire incontro alle esigenze di conciliazione tra vita familiare e lavorativa dei dipendenti dell'impresa offrendo un servizio che permette di rispondere non solo a chi ha dei bambini piccolissimi, ma anche a chi deve gestire i tempi pomeridiani di bambini che vanno già a scuola. Ai dipendenti vengono offerti due distinti servizi: asilo nido, con orario 7.30-12.30 (bambini da 3 a 36 mesi) e centro di aggregazione per bambini e bambine, con orario 13.45-19.00 (bambini da 3 a 10 anni). I bambini del nido possono consumare il pranzo al nido, dove il personale provvede a completare la preparazione e la cottura del pasto semi-preparato portato dalla famiglia.

Il modello adottato cerca di mettere al centro del servizio il bambino, rendendolo il più possibile autonomo protagonista delle proprie scelte di gioco.

Tra le iniziative a favore del territorio e della comunità locale spiccano i *finanziamenti per la ripresa delle zone terremotate*. La chiesa di San Gregorio, frazione dell'Aquila fra le più colpite dal sisma del 2009, è stata completamente ricostruita. Inaugurata nel 2010, a circa un anno di distanza dal terremoto che sconvolse l'Abruzzo, la struttura ha una capienza di 200 $m^2$ ed è stata realizzata in cemento armato e acciaio con soffitti in legno. Per la ricostruzione, Enrico Bracalente ha chiamato a intervenire solo imprese abruzzesi, allo scopo di sostenere l'economia locale e dare nuova linfa alle attività della Regione. La chiesa sorge a 100 metri dal preesistente edificio storico, completamente distrutto dalle scosse.

A seguito del successivo sisma del 2016, NeroGiardini ha contribuito alla ripresa della normalità da parte della popolazione colpita donando uno scuolabus al Comune di Montefortino, in provincia di Fermo.

**1** **Indica con una crocetta la risposta esatta (alcuni quesiti possono avere più risposte esatte).**

1. L'informazione relativa al gradimento del simbolo della bandiera italiana da parte dei clienti stranieri interessa:

   **a** *il vertice strategico*   **c** *gli impiegati*
   **b** *gli operai*   **d** *la linea intermedia*

2. La strategia innovativa che ha portato NeroGiardini a distinguersi è stata:
   - **a** *la delocalizzazione produttiva*
   - **b** *la produzione in Italia*
   - **c** *l'offerta di calzature Made in Italy a prezzi contenuti*
   - **d** *l'offerta di calzature Made in Italy a prezzi simili alla concorrenza*
3. La comunicazione socio-ambientale comprende informazioni riguardanti:
   - **a** *l'utilizzo di imprese abruzzesi nella ricostruzione della chiesa*
   - **b** *l'uso della bandiera italiana nel logo*
   - **c** *la crescita delle esportazioni*
   - **d** *la sponsorizzazione delle gare di MotoGP*
4. La presenza di un asilo per i bambini dei dipendenti interessa la comunicazione:
   - **a** *economico-finanziaria*
   - **b** *socio-territoriale*
   - **c** *di marketing*
   - **d** *socio-ambientale*
5. La crescita del fatturato rappresenta un'informazione:
   - **a** *economico-finanziaria*
   - **b** *socio-territoriale*
   - **c** *di marketing*
   - **d** *fiscale*
6. NeroGiardini ha internazionalizzato la funzione:
   - **a** *Vendite*
   - **b** *Approvvigionamenti*
   - **c** *Produzione*
   - **d** *Logistica*
7. Le vendite intracomunitarie:
   - **a** *sono esportazioni*
   - **b** *danno luogo a operazioni imponibili IVA*
   - **c** *sono assoggettate a un regime IVA transitorio*
   - **d** *non riguardano l'attività di NeroGiardini*
8. Il fatturato si registra in un conto acceso:
   - **a** *ai debiti e crediti*
   - **b** *alla cassa*
   - **c** *ai costi*
   - **d** *ai ricavi*

**2** **Indica se le affermazioni sono vere o false; in quest'ultimo caso suggerisci la formulazione corretta.**

1. Il simbolo della bandiera italiana nel logo rappresenta una scelta di comunicazione socio-ambientale. **V** **F**
2. Le informazioni sul gradimento dei prodotti Made in Italy riguardano il sistema informativo contabile. **V** **F**
3. Il motivo che spinge B.A.G. spa ad aumentare le vendite nei Paesi esteri è da ricercarsi nella stagnazione delle vendite sul mercato italiano. **V** **F**
4. L'informazione sulle iniziative a supporto dei territori colpiti dal terremoto riguarda il settore socio-ambientale della comunicazione aziendale. **V** **F**
5. I destinatari della comunicazione economico-finanziaria sono i clienti. **V** **F**
6. L'informazione che NeroGiardini è un marchio Made in Italy venduto a prezzi contenuti riguarda la comunicazione di marketing. **V** **F**
7. Per poter fissare prezzi contenuti, l'impresa deve essere in grado di aumentare le vendite. **V** **F**

**3** **Rispondi sul quaderno alle domande.**

a. Quali informazioni permettono a NeroGiardini di comunicare all'esterno un'immagine positiva?
b. Quali sono i principali settori della comunicazione aziendale?
c. Perché secondo le norme IVA non tutte le vendite all'estero di NeroGiardini sono considerate esportazioni?
d. Quali sono le caratteristiche dell'iniziativa riguardante il corso di formazione professionale per Operatori per la Calzatura?
e. Perché NeroGiardini ha sponsorizzato eventi come le gare di MotoGP che sono seguite soprattutto da un pubblico maschile?

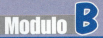

# Modulo B Business information system

traduzione degli esercizi in italiano

**1** **Read the definition of the term *Accounting*, taken from www.businessdictionary.com, and answer the questions.**

**Accounting**

Practice and body of knowledge concerned primarily with:

- methods for recording transactions;
- keeping financial records;
- performing internal audits;
- analyzing financial information and reporting same to management;
- advising on taxation issues.

Accounting is a systematic process of identifying, recording, measuring, classifying, verifying, summarizing, interpreting and communicating financial information. It reveals profit or loss for a given period, and the value and nature of a firm's assets, liabilities and owners' equity.

Accounting provides information on:

- the resources available to a firm;
- the means employed to finance those resources;
- the results achieved through their use.

1. What is *accounting* concerning with?
2. To whom is financial informations given?
3. What kind of information does accounting provide?

**2** **Read the case history and answer the questions.**

"Cosmolab srl, an undertaking from Catania specialized in designing innovative software for the medical-scientific sector, has expanded sales to foreign markets through the development of a new web application for clinical testing laboratories. Consequently, it has adopted an efficient and extremely useful IT system supporting all business activities."

Consider the following cases:

- the Sales Manager needs sales data broken down by geographical area, customer, product line, and other parameters;
- the Admin and Finance Manager requires data relating to:
  - the management of takings and payments,
  - the position of customers and suppliers,
  - the calculation of taxes;
- the HR Manager needs to check the hours worked by employees to calculate their wages.

1. What is the corporate IT system for?
2. What is the rapport between the corporate IT system and the Sales, Administration and Finance, and HR departments?
3. How can data be transformed into information?

**3** **Read the extract from *Doing Business 2017* and do what requested.**

Doing Business is a World Bank Group Flagship Report comparing Business Regulation for Domestic Firms in 190 Economies.
In the 2017 Report the ***paying taxes indicator set*** is expanded to include postfiling processes – those processes that occur after a firm complies with its regular tax obligations. In particular Doing Business measures the time it takes to get a value added tax (VAT) refund.
The VAT refund is an integral component of a modern VAT system. The VAT has statutory incidence on the final consumer, not on businesses.
According to the tax policy guidelines set out by the Organisation for Economic Co-operation and Development (OECD) a VAT system should be neutral and efficient.
Some businesses will incur more VAT on their purchases than they collect on their taxable sales in a given tax period and therefore should be entitled to claim the difference from the tax authorities. Doing Business data show that OECD high-income economies process VAT refunds the most efficiently with an average of 14.4 weeks to issue a reimbursement.

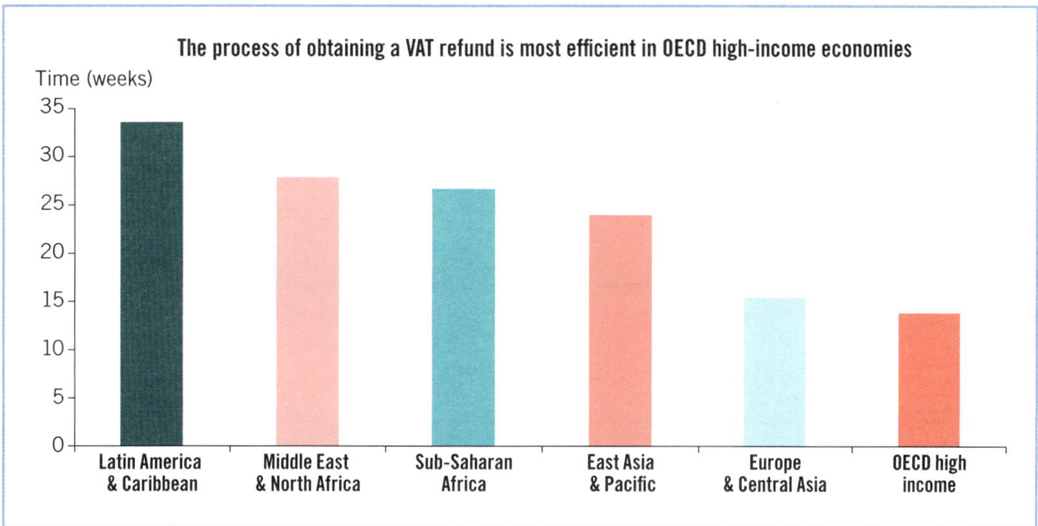


Source: *Doing Business* database.
Note: South Asia is not included in the figure because VAT refunds are available in only one economy (Bangladesh).

**a. Translate the terms.**

1. VAT: ..........................
2. Tax obligation: ..........................
3. Refund: ..........................
4. To claim: ..........................
5. Average: ..........................

**b. Specify if the following statements are TRUE or FALSE.**

1. VAT refunds are not important in a modern VAT system. T F
2. VAT is legally to be paid the final consumer. T F
3. A VAT system works if it is neutral and efficient. T F
4. High-income economies process the VAT refund more quickly. T F
5. The process of obtaining a VAT refund is most efficient in Latin America. T F

**c. Analyze the phrase and try to explain, with an example, when the described situation could happen.**
Some businesses will incur more VAT on their purchases than they collect on their taxable sales in a given tax period.

# DIVENTA CITTADINO DIGITALE

## Sai selezionare e trasmettere le informazioni?

Immagina di dovere svolgere, nell'ambito del progetto Alternanza Scuola Lavoro, uno stage presso la direzione amministrativa di un'impresa avendo come tutor aziendale il responsabile import-export dell'impresa.

Ti presenti al tuo tutor aziendale sapendo che:

- le compravendite internazionali comportano numerosi adempimenti amministrativi e fiscali specifici;
- l'impresa che effettua operazioni commerciali con l'estero deve essere molto attenta a rispettare i vincoli normativi italiani e dell'Unione europea per evitare di trovarsi in situazioni difficili e incorrere in sanzioni;
- il sistema informativo aziendale deve mettere in grado i nuclei operativi di svolgere in modo completo e corretto le procedure relative alle compravendite internazionali.

Nei primi giorni di lavoro ti rendi conto che nello svolgimento dei propri compiti gli impiegati si possono trovare nella necessità di:

- verificare la correttezza di un'informazione in loro possesso;
- acquisire nuove informazioni.

Lo possono fare in modo rapido ed efficace anche via web se sono in grado di accedere a siti di fiducia, di cui conoscono il grado di affidabilità e di aggiornamento dei dati.

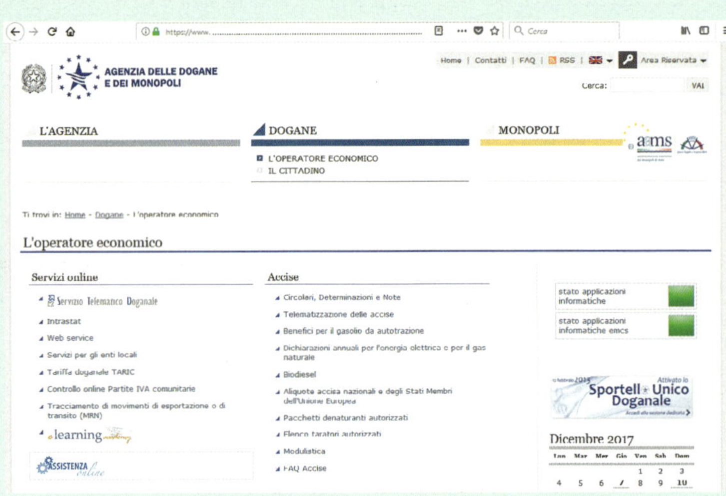


**A.** Il tutor aziendale ha chiesto a te e ad alcuni altri giovani impiegati di svolgere alcune attività con l'obiettivo di educarvi alla corretta ricerca e comunicazione di informazioni:

- individuare il sito più affidabile per la raccolta di informazioni relative a norme e aliquote IVA in Unione europea;
- verificare il percorso per accedere alla pagina web riportata a lato, ricercandone l'indirizzo attraverso un motore di ricerca.

1. Navigando nel sito raccogli le informazioni richieste e riportale in modo ordinato in un file:
   a. indica di quale sito si tratta;
   b. elenca le funzioni a cui è preposto il Sistema Intrastat;
   c. scarica il facsimile di Modello INTRA-1.
2. Individua le pagine web da cui è possibile effettuare un accesso sicuro alla banca dati del VIES indicando le funzioni di questo database.
3. Riporta le informazioni in un file dopo averle raccolte in modo ordinato, motivando le tue scelte ove necessario ed eventualmente indicando le difficoltà incontrate nella ricerca, e inviagliele via mail.

**B.** Esamina la mail, riportata a lato, che un tuo giovane collega sta scrivendo per il direttore e valuta la correttezza della comunicazione in relazione a:

- oggetto;
- nome del file;
- stile comunicativo del testo.

Spunti di riflessione: invio la mail al mio tutor aziendale, devo esprimermi con linguaggio adeguato e distinguere il mio lavoro da quello degli altri.

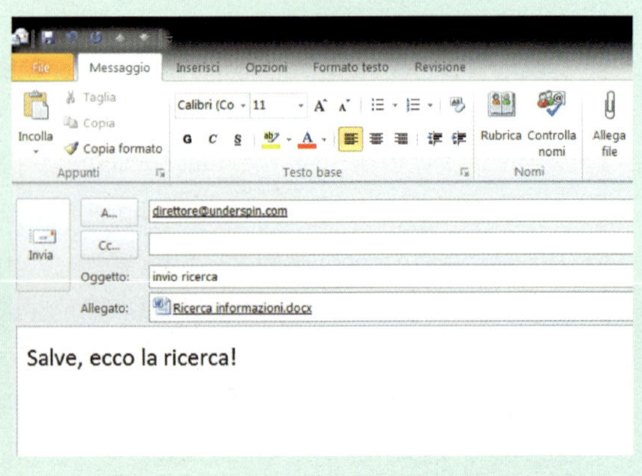

# Il sistema informativo aziendale

## SITUAZIONE OPERATIVA

La Pozzoli Logistica srl, operante nel settore dei trasporti e dello stoccaggio merci, svolge da anni la propria attività nel Centro Italia. L'impresa è intenzionata a espandere il proprio raggio d'azione aprendo una nuova sede nel Nord-Ovest del Paese. Per valutare la convenienza economica di tale scelta, l'impresa incarica il ragioniere Maurizio Santi di raccogliere ed elaborare una serie di dati riguardanti il territorio della Provincia di Cuneo, un'area che mostra aspetti interessanti sul piano economico e che inoltre è dotata di infrastrutture che consentono un agevole collegamento con l'hinterland torinese, la Liguria e la Francia. In particolare, al ragionier Santi è affidato il compito di raccogliere i dati macroeconomici, demografici e relativi al territorio e di elaborarli calcolando alcuni indici significativi.

## SVOLGIMENTO

### A. Raccolta e archiviazione dei dati

Per eseguire il compito affidatogli il ragionier Santi effettua una ricerca sul sito della Camera di Commercio, Industria e Artigianato (CCIAA) di Cuneo.
L'archiviazione avviene mediante il foglio elettronico **Microsoft Excel**, dopo aver compiuto una selezione dei numerosi dati disponibili.

Essi vengono classificati in:
- dati demografici e relativi al territorio;
- dati economici.

| | A | B | C |
|---|---|---|---|
| 1 | **Dati demografici e territoriali** | | |
| 2 | **Superficie complessiva** | 6.903 | kmq |
| 3 | **Numero di Comuni** | 250 | |
| 4 | **Popolazione** | 590.421 | abitanti |
| 5 | maschile | 290.074 | |
| 6 | femminile | 300.347 | |
| 7 | **Famiglie** | 258.311 | |
| 8 | | | |
| 9 | **Distribuzione per età** | | |
| 10 | 0-14 | 13,60% | |
| 11 | 15-64 | 62,90% | |
| 12 | > 65 | 23,50% | |
| 13 | Età media | 45 | |
| 14 | | | |
| 15 | **Titolo di studio per la popolazione con 25 anni e oltre** | | |
| 16 | Nessun titolo o licenza elementare | 99.310 | |
| 17 | Licenza media | 149.652 | |
| 18 | Diploma di scuola superiore | 150.586 | |
| 19 | Titolo universitario accademico | 49.968 | |
| 20 | Totale | 449.516 | |
| 21 | | | |
| 22 | **Residenti stranieri dal 2005 al 2016** | | |
| 23 | 2005 | 32.930 | |
| 24 | 2006 | 35.547 | |
| 25 | 2007 | 42.706 | |
| 26 | 2008 | 48.676 | |
| 27 | 2009 | 52.761 | |
| 28 | 2010 | 56.166 | |
| 29 | 2011 | 54.245 | |
| 30 | 2012 | 58.402 | |
| 31 | 2013 | 60.743 | |
| 32 | 2014 | 60.711 | |
| 33 | 2015 | 59.430 | |
| 34 | 2016 | 59.857 | |
| 35 | Variazione percentuale 2005-2016 | 82% | |

A ciascuna categoria di dati viene riservato un foglio della cartella Excel denominata **DATI_CCIAA_CN**; qui sono riprodotti i fogli **demo** ed **eco**.

Il foglio **demo** contiene i dati riguardanti l'estensione territoriale, il numero dei Comuni, la popolazione, la distribuzione per età, il titolo di studio e la presenza di stranieri sul territorio.

demo

LABORATORIO

| | A | B | C | D | E | F | G | H |
|---|---|---|---|---|---|---|---|---|
| 1 | Dati economici | | | | | | | |
| 2 | | | | | | | | |
| 3 | Tasso di disoccupazione | | Tasso di occupazione | | | | | |
| 4 | 6,3% | | 67,7% | | | | | |
| 5 | | | | | | | | |
| 6 | Numero di imprese | | | | | | | |
| 7 | Numero totale di imprese | | | 83.255 | | | | |
| 8 | Imprese femminili | | | 15.845 | | | | |
| 9 | Imprese giovanili | | | 6.703 | | | | |
| 10 | Imprese straniere | | | 4.004 | | | | |
| 11 | Imprese per settore | | | | | | | |
| 12 | Agricoltura, silvicoltura e pesca | | | 29,70% | 24.727 | | | |
| 13 | Attività manifatturiere, energia, | | | 9,30% | 7.743 | | | |
| 14 | Costruzioni | | | 13,80% | 11.489 | | | |
| 15 | Commercio | | | 18,40% | 15.319 | | | |
| 16 | Trasporti e magazzinaggio | | | 2,20% | 1.832 | | | |
| 17 | Turismo | | | 5,60% | 4.662 | | | |
| 18 | Altri servizi | | | 21,00% | 17.484 | | | |
| 19 | | | | | | | | |
| 20 | Spesa procapite (in euro/abitante) | | | | | | | |
| 21 | Alimentari, bevande e tabacco | | | | 2.813 | | | |
| 22 | Vestiario, abbigliamento, calzature e pelletteria | | | | 1.076 | | | |
| 23 | Mobili, elettrodomestici, mezzi di trasporto | | | | 4.025 | | | |
| 24 | *Totale beni* | | | | | 7.914 | | |
| 25 | Affitti delle abitazioni | | | | 1.965 | | | |
| 26 | Altri servizi | | | | 5.467 | | | |
| 27 | *Totale servizi* | | | | | 7.432 | | |
| 28 | ***Totale beni e servizi*** | | | | | 15.346 | | |
| 29 | | | | | | | | |
| 30 | Occupati per settore di attività economica (in migliaia) | | | | | | | |
| 31 | Agricoltura | Industria | Servizi | Totale | | | | |
| 32 | 25 | 88 | 144 | 257 | | | | |
| 33 | | | | | | | | |
| 34 | Importazioni ed esportazioni (in milioni di euro) | | | | | | | |
| 35 | | 2010 | 2011 | 2012 | 2013 | 2014 | 2015 | 2016 |
| 36 | Import | 3.632 | 3.902 | 2.701 | 2.659 | 2.807 | 2.955 | 4.100 |
| 37 | Export | 5.860 | 6.431 | 6.527 | 6.482 | 7.017 | 7.064 | 6.945 |

Nel foglio **eco** sono raccolti dati sulle imprese ripartite per settore di attività, sull'andamento delle importazioni e delle esportazioni nel periodo 2010-2016, sul tasso di occupazione e di disoccupazione e sulla distribuzione degli occupati per settore di attività.

## B. Elaborazione con il calcolo di indici e percentuali

Un terzo foglio è inserito nella cartella Excel per il calcolo di alcuni indici, ottenuti dai dati archiviati.
Il contenuto del foglio, denominato **indici**, è riprodotto di seguito.

indici

| | A | B | C |
|---|---|---|---|
| 1 | Indici | | |
| 2 | | | |
| 3 | Densità di popolazione | 86 | abitanti/kmq |
| 4 | Media di abitanti per Comune | 2.362 | abitanti/Comune |
| 5 | Numero di componenti per famiglia | 2,29 | |
| 6 | Numero di imprese ogni 100 abitanti | 14,1 | |

I valori contenuti nella celle B3:B6 sono il risultato di formule che operano su dati contenuti nei due fogli precedenti.

| | B |
|---|---|
| 3 | =demo!B4/demo!B2 |
| 4 | =demo!B4/demo!B3 |
| 5 | =demo!B4/demo!B7 |
| 6 | =eco!D7*100/demo!B4 |

Poiché le formule del foglio **indici** fanno riferimento a celle degli altri fogli, l'indirizzo della cella deve essere preceduto dal nome del foglio di provenienza; per esempio, demo!B4 indica la cella B4 del foglio **demo**. Per scrivere le formule evitando errori è opportuno dopo aver digitato il simbolo iniziale = indicare le celle cliccando con il mouse sulla loro posizione; il nome del foglio viene inserito automaticamente.

LABORATORIO

Nella formula della cella B6 compare una moltiplicazione per 100 perché l'indice esprime il numero di imprese ogni 100 abitanti.

Nell'area di celle D12:D18 del foglio **eco** si calcola la composizione percentuale delle imprese per settore economico; il totale è contenuto nella cella D7. Dopo aver attribuito alle celle D12:D18 il formato Percentuale con due decimali, si utilizzano le formule qui a lato.

| | D |
|---|---|
| 12 | =E12/$D$7 |
| 13 | =E13/$D$7 |
| 14 | =E14/$D$7 |
| 15 | =E15/$D$7 |
| 16 | =E16/$D$7 |
| 17 | =E17/$D$7 |
| 18 | =E18/$D$7 |

È sufficiente digitare la formula nella cella D12 e poi eseguire un'operazione di copia nelle altre celle; la presenza del simbolo **$** nell'indicazione della cella D7 (numero totale delle imprese) fa sì che il denominatore resti uguale in tutte le formule, mentre il numeratore varia al variare della riga. L'inserimento del simbolo **$** di **riferimento assoluto** può essere effettuato agevolmente con il **tasto funzione F4**. I valori risultanti sono riportati a lato.

| | D |
|---|---|
| 12 | 29,70% |
| 13 | 9,30% |
| 14 | 13,80% |
| 15 | 18,40% |
| 16 | 2,20% |
| 17 | 5,60% |
| 18 | 21,00% |

Esegui il calcolo della composizione percentuale sui dati relativi al titolo di studio per la popolazione di 25 anni e oltre (foglio **demo**, celle B16:B19 con il totale in B20).

Nella cella B35 del foglio **demo** si calcola la percentuale di aumento dei residenti stranieri tra il 2005 (cella B23) e il 2016 (cella B34). Attribuito il formato Percentuale con zero decimali alla cella, la formula è proposta qui a lato.

| | B |
|---|---|
| 35 | =(B34-B23)/B23 |

Nella parentesi (B34-B23) è calcolata la variazione: valore finale – valore iniziale; successivamente essa è divisa per il valore inziale B23. Il risultato è: 82%.
Se alla cella fosse attribuito il formato Numero anziché Percentuale, la formula andrebbe scritta nel modo seguente: **=(B34-B23)*100/B23**; vicino al numero non comparirebbe il simbolo di percentuale.

**1.** Che significato ha la percentuale ottenuta nella cella B35 del foglio **demo**?
**2.** Esegui nelle celle D24:D34 del foglio **demo** il calcolo dell'aumento percentuale di residenti stranieri di ogni anno rispetto a quello precedente. Per esempio, in D24 calcola la percentuale di aumento tra il 2005 (B23) e il 2006 (B24); in D25 la percentuale di aumento tra il 2006 (B24) e il 2007 (B25) e così via.

LABORATORIO

## C. Costruzione di grafici

L'andamento di alcuni dati è evidenziato con un grafico.
Per illustrare la composizione della popolazione avente 25 anni o più in base al titolo di studio risulta adatto un grafico "a torta". Evidenziata la zona di celle A16:B19 del foglio **demo**, si attiva il pulsante **<Inserisci-Grafico a torta>**, scegliendo il tipo Torta 3D.

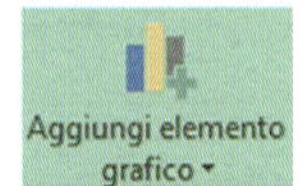


Pulsante **<Formato etichette dati>**

Con il pulsante **<Strumenti grafico-Progettazione-Aggiungi elemento grafico>** si possono aggiungere:

- **<Titolo del grafico>** (Sovrapposto centrato): Titolo di studio;
- **<Etichette dati>** (Al centro): si rendono visibili i dati numerici relativi a ogni "fetta" della torta; cliccando con il tasto destro su uno dei dati e scegliendo nel menu la voce **Formato etichette dati**, si possono sostituire ai valori assoluti i valori percentuali.

Di seguito è riprodotto il risultato finale.

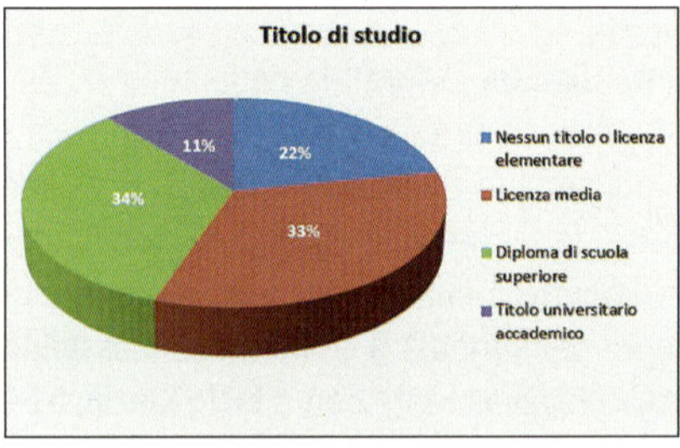


Per illustrare l'andamento nel tempo del numero di stranieri residenti, si è utilizzato un diagramma a dispersione con linee smussate mediante il pulsante **<Inserisci-Grafico a dispersione>**, dopo aver individuato le celle A23:B34 del foglio **demo**.

Introdotto il titolo ed eliminata la legenda, inutile in questo caso essendo presente un'unica serie di dati, si ottiene il risultato riportato a fianco.

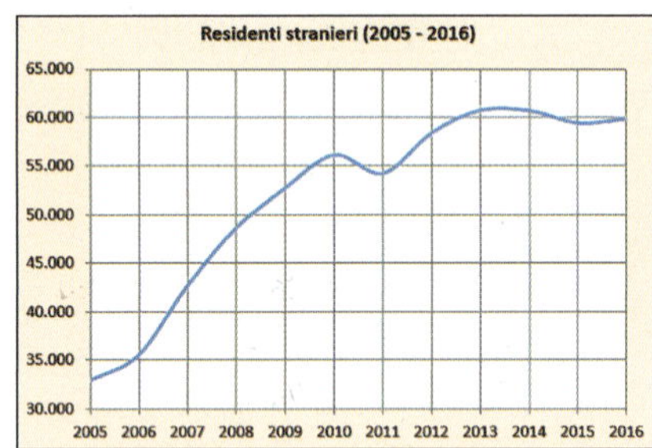


Formato area grafico...

**<Formato area grafico>**

A entrambi i grafici è stato aggiunto un colore di sfondo; il procedimento più rapido si ottiene cliccando con il tasto destro sul bordo esterno del grafico, quindi si sceglie la voce **Formato area grafico-Riempimento** e infine il tipo e il colore dello sfondo.

Un grafico "a torta" è stato utilizzato per descrivere la composizione delle imprese per settore economico con i dati presenti nel foglio **eco**.

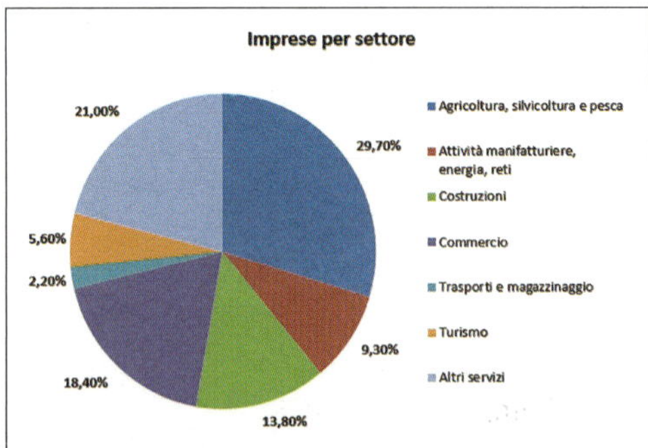


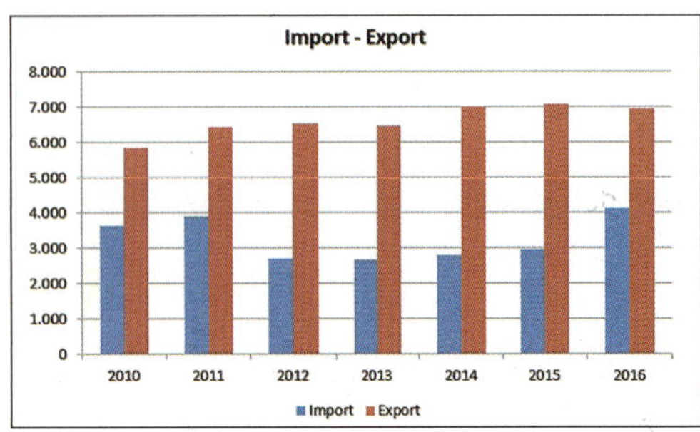


Un istogramma è stato utilizzato per rappresentare l'andamento delle importazioni e delle esportazioni nel periodo 2010-2016; individuate le celle A35:H37 del foglio **eco**, con il pulsante **<Inserisci-Istogramma>** (Colonne 2D, raggruppate) si ottiene il grafico, al quale deve essere aggiunto il titolo.

# PALESTRA PER L'ESAME DI STATO

*Svolgendo questa prova puoi* ***accertare*** *il livello delle* ***competenze*** *acquisite, articolate in* ***conoscenze*** *e* ***abilità****, per prepararti alla prova scritta.*

## A. Simulazione aziendale

La Pedoni srl è una rinomata impresa dolciaria di Torino nata come pasticceria del centro cittadino più di un secolo fa e cresciuta nel tempo tanto che oggi distribuisce i suoi prodotti in Italia e in alcuni mercati esteri.
Il direttore generale intende ampliare il numero dei dipendenti addetti alla contabilità per sollevare la sua collaboratrice Vera Magione, responsabile dell'ufficio amministrativo, dagli adempimenti contabili più semplici. A tal fine decide di affiancarle due giovani stagisti, Lucia e Marco, per istruirli, verificarne le competenze acquisite e valutarne l'eventuale assunzione.
La responsabile dell'ufficio amministrativo illustra ai due giovani l'organizzazione dell'ufficio e le procedure di raccolta, elaborazione e archiviazione delle informazioni. In seguito li sottopone a un breve test per accertare la loro preparazione.
Ipotizza di essere uno dei due stagisti ed esegui quanto richiesto.

**1.** *Indica con una crocetta la risposta esatta (alcuni quesiti possono avere più risposte esatte).*

**1.** Il sistema informativo contabile:
- **a** *elabora informazioni quantitative*
- **b** *elabora informazioni qualitative*
- **c** *utilizza documenti originari*
- **d** *raccoglie informazioni relative alle operazioni esterne di gestione*

**2.** Fanno parte delle scritture obbligatorie:
- **a** *la prima nota e il libro giornale*
- **b** *il libro degli inventari e gli scadenzari delle cambiali*
- **c** *il libro cassa e il libro giornale*
- **d** *il libro giornale e il libro degli inventari*

**3.** L'eccedenza di un conto:
- **a** *rappresenta la grandezza dell'oggetto a cui è intestato il conto*
- **b** *è data dalla somma degli addebitamenti*
- **c** *si ottiene dalla differenza tra le quantità iscritte nelle due sezioni*
- **d** *si ottiene dalla somma delle quantità iscritte nelle due sezioni*

**4.** Nel giornale di magazzino sono registrati:
- **a** *in ordine sistematico i movimenti di carico e scarico degli articoli*
- **b** *in ordine cronologico i movimenti di carico e scarico degli articoli*
- **c** *in ordine sistematico tutti i movimenti in entrata degli articoli*
- **d** *in modo sistematico tutti i movimenti in uscita degli articoli*

**5.** Il metodo contabile è un insieme di:
- **a** *conti che raccolgono le scritture relative a un determinato oggetto*
- **b** *regole relative alla natura dei conti*
- **c** *conti previsti dalla normativa in materia di bilancio*
- **d** *regole relative alle modalità di tenuta delle scritture*

**6.** I conti finanziari:
- **a** *sono conti unilaterali*
- **b** *sono conti bilaterali*
- **c** *accolgono le variazioni intervenute nel patrimonio netto*
- **d** *sono conti destinati esclusivamente alla Situazione patrimoniale*

**7.** I conti economici:
- **a** *sono conti di reddito*
- **b** *sono conti di patrimonio netto*
- **c** *sono conti destinati esclusivamente alla Situazione economica*
- **d** *sono conti economici di esercizio*

**2.** *Indica se le seguenti affermazioni sono vere o false, in quest'ultimo caso suggerisci sul quaderno la formulazione corretta.*

1. Per chiudere un conto occorre inserire il saldo nella sezione in cui il totale degli importi è maggiore. V F

2. I conti sinottici contengono limitate informazioni sull'oggetto del conto. V F
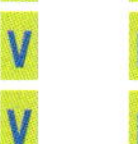
3. La contabilità di magazzino consente di verificare il livello delle scorte. V F
4. Le rilevazioni elementari sono redatte in forma libera. V F

5. L'intestazione di un conto avviene con l'attribuzione del codice e della denominazione. V F
6. Accreditare un conto significa iscrivere in Dare una quantità. V F

7. L'eccedenza di un conto risulta dalla differenza fra il totale delle quantità iscritte nella sezione di sinistra e il totale delle quantità iscritte nella sezione di destra. V F
8. Il metodo contabile è un insieme di regole. V F
9. I conti finanziari sono bilaterali. V F
10. Le riduzioni di patrimonio netto vengono registrate in Dare. V F
11. Tra i conti accesi alle variazioni d'esercizio rientrano le rettifiche di costi e ricavi. V F
12. Nelle note illustrative viene dettagliato il funzionamento dei conti. V F

3. *Riordina le fasi del processo che conduce alla produzione di informazioni.*

| Fasi del processo | |
|---|---|
| Selezione dei dati | |
| Elaborazione dei dati | |
| Raccolta dei dati | |
| Comunicazione delle informazioni | |
| Archiviazione dei dati | |
| Classificazione dei dati | |

4. *Correla i documenti aziendali alla categoria di appartenenza (interni, esterni).*

Fattura differita ............................................ Documento di trasporto ........................................
Ordine di incasso ............................................ Ordine di pagamento ............................................
Fattura immediata ............................................ Nota di accredito ............................................

5. *Individua quale conto viene movimentato in Dare dalle operazioni elencate.*

| Operazioni | Denaro in cassa | Assegni | Banca X c/c | Crediti v/clienti |
|---|---|---|---|---|
| Riscossa con denaro contante una cambiale | X | | | |
| Emessa fattura per vendita di merci | | | | X |
| Riscosso canone di locazione con assegno bancario | | X | X | |
| Depositato denaro contante sul c/c bancario | | | X | |
| Incassata cambiale a mezzo banca | | | X | |
| Riscossa fattura in scadenza con assegno circolare | | X | | |
| Prelevato denaro contante dal c/c bancario | X | | | |

6. *Correla i conti economici alla categoria di appartenenza.*

| Conti economici | Costi | Rettifiche di ricavi | Ricavi | Rettifiche di costi | Costi pluriennali |
|---|---|---|---|---|---|
| Resi su acquisti | | | | X | |
| Salari e stipendi | X | | | | |
| Ribassi e abbuoni passivi | | X | | | |
| Avviamento | | | | | X |
| Pubblicità | X | | | | |
| Brevetti | | | | | X |
| Fitti attivi | | | X | | |
| Resi su vendite | | X | | | |
| Costi di trasporto | X | | | | |

7. *Analizza le operazioni di gestione indicando sul quaderno le variazioni finanziarie o economiche e gli importi, come fatto per la prima operazione.*

| OPERAZIONI DI GESTIONE | | DARE | AVERE |
|---|---|---|---|
| 1. Pagato con assegno bancario un debito verso un fornitore di 2.852,80 euro.<br>Debiti v/fornitori:<br>Banca X c/c: | <br>*variazione finanziaria attiva*<br>*variazione finanziaria passiva* | *2.852,80* | |
| 2. Emesso pagherò di 4.250 euro a saldo di un debito verso un fornitore di 4.251,40 euro. | | | |
| 3. Pagato tramite conto corrente bancario canone di locazione di 1.200 euro. | | | |
| 4. Girata cambiale di 2.560 euro a un fornitore a regolamento di una fattura di 2.562 euro. | | | |
| 5. Ricevuta fattura per acquisto di un automezzo di 25.800 euro + IVA. | | | |
| 6. Prelevati 600 euro dal c/c postale. | | | |
| 7. Emessa fattura per vendita di merci per 12.450 euro + IVA. | | | |
| 8. Versato un assegno circolare di 3.260 euro sul c/c bancario. | | | |
| 9. Emessa cambiale tratta di 7.460,90 euro su un cliente a saldo fattura. | | | |
| 10. Ricevuta fattura dal corriere Trasporti srl di 500 euro + IVA. | | | |

## B. Analisi di testi e documenti

La Pedoni srl è presente sul mercato italiano e su quello estero. Negli ultimi due anni il fatturato con l'estero ha raggiunto il 25% del totale, per cui l'impresa ha richiesto e ottenuto la qualifica fiscale di esportatore abituale.
Vera Magione sottopone all'attenzione dei due stagisti alcuni documenti relativi alle operazioni di compravendita internazionale dai quali ha eliminato alcuni elementi e chiede loro di analizzarli ed eseguire quanto richiesto.

1. *Analizza i documenti relativi a una situazione di compravendita internazionale e completa le parti mancanti scegliendo opportunamente i dati.*

**Fattura n. ... ricevuta dal fornitore Giovanni Giraudo e C. snc di Cuneo**

| Trasporto<br>ns automezzo | | Consegna<br>franco partenza | Pagamento | | |
|---|---|---|---|---|---|
| **Quantità** | **Descrizione** | | **Prezzo unitario** | **Aliquota IVA** | **Importi** |
| 200 | confezioni di nocciole | | 15,00 | | 3.000,00 |
| 100 | confezioni di cioccolato | | 12,00 | | .................. |
| | – sconto incondizionato 10% + 5% per redistribuzione e qualità | | | | .................. |
| | + costi trasporto | | | | 40,00 |
| | Vendita in sospensione d'imposta art. .................. .................................................................................. | | | | |
| **Importo merci** | | **Costi documentati** | **Importo IVA** | | **Totale fattura** |
| | | | | | .................. |

**Fattura n. ... emessa sul cliente di Anirvan Shanra di New Dehli**

| Trasporto | | Consegna<br>franco destino | Pagamento | | |
|---|---|---|---|---|---|
| **Quantità** | **Descrizione** | | **Prezzo unitario** | **Aliquota IVA** | **Importi** |
| 40 | confezioni di dolci da ricorrenza Sweetcity | | 60,00 | | .................. |
| 80 | confezioni di biscotti assortiti Nice Turin | | 25,00 | | .................. |
| | Operazione non imponibile art. .................. | | | | |
| **Importo merci** | | **Costi documentati** | **Importo IVA** | | **Totale fattura** |
| | | | | | .................. |

PALESTRA PER L'ESAME DI STATO

PALESTRA PER L'ESAME DI STATO

2. *Rispondi alle domande.*
   a. A chi deve rilasciare la dichiarazione d'intento la Pedoni srl?
   b. La Pedoni srl deve compilare il modello INTRA-1?
   c. Quali formalità doganali sono richieste per esportare un prodotto?

3. *Analizza i documenti relativi a un acquisto effettuato dalla Pedoni srl da un fornitore di frutta turco e completa le parti mancanti scegliendo opportunamente i dati.*

**Fattura n. ... ricevuta dal fornitore turco Akhun Demir di Antalya**

| **Trasporto** | | **Consegna** franco partenza | **Pagamento** bonifico bancario a 30 giorni dalla data | |
|---|---|---|---|---|
| **Quantità** | **Descrizione** | | **Prezzo unitario** | **Importi** |
| 500 | kg di noci | | 2,00 | 1.000,00 |
| 80 | kg di pistacchi | | 2,50 | 2.000,00 |
| **Importo merci** | **Costi documentati** | | | **Totale fattura** |
| | | | | ................... |

**Estratto del documento doganale sull'importazione dal fornitore turco**

| | |
|---|---|
| Dazio | 62,00 |
| IVA 4% sul valore statistico di 3.300 euro, comprensivo della merce, del trasporto e del dazio | .............. |
| **Totale dovuto in Dogana** | .............. |

4. *Rispondi alle domande.*
   a. Quale regime IVA segue l'acquisto dal fornitore turco?
   b. Nell'operazione di acquisto dal fornitore turco, quali documenti vengono registrati ai fini IVA?
   c. Che cos'è il valore statistico della merce?
   d. La fattura del fornitore turco viene registrata ai fini IVA?

## C. Analisi di caso aziendale

Infine la responsabile amministrativa Vera Magione presenta ai due giovani un caso aziendale di successo (tratto da www.todsgroup.com/it) affinché riflettano sull'importanza di una comunicazione efficace.

### La comunicazione integrata del Gruppo TOD'S

Il Gruppo TOD'S opera nel settore del lusso, con i marchi Tod's, Hogan, Fay e Roger Vivier, quest'ultimo gestito in licenza fino al 31 dicembre 2015 e successivamente acquistato. Il Gruppo è attivo nella creazione, produzione e distribuzione di calzature, di articoli di pelletteria e accessori e di abbigliamento.
La distribuzione al dettaglio è interamente delegata a una serie di società commerciali del gruppo attraverso la rete dei DOS (*Directly Operated Stores*). Ad alcune di esse, localizzate in punti strategici dei mercati internazionali, sono assegnati importanti ruoli nei processi di distribuzione dei prodotti, di *marketing & promotion* e di *public relations*, garantendo nello stesso tempo l'imprescindibile omogeneità di immagine che i marchi del Gruppo si impongono a livello mondiale.
L'organizzazione della produzione del Gruppo è fondata sul controllo completo dell'intera filiera produttiva, dalla creazione delle collezioni, alla produzione, fino alla distribuzione dei prodotti; si ritiene che questa impostazione sia determinante per garantire il prestigio dei marchi. La produzione delle calzature e della pelletteria è affidata agli stabilimenti interni di proprietà del Gruppo, con il parziale ricorso a laboratori esterni specializzati, tutti dislocati in aree nelle quali storicamente è forte la tradizione nella rispettiva produzione calzaturiera e pellettiera. Il sito internet del gruppo TOD'S fornisce informazioni relative a tutti gli aspetti della gestione, destinate agli stakeholder interni ed esterni.

*(segue)*

In particolare nella sezione **Dati finanziari** sono chiaramente esposte e accessibili a tutti alcune importanti informazioni relative agli ultimi 5 anni:
- i comunicati finanziari;
- le presentazioni dei risultati annuali e semestrali;
- i documenti finanziari con i bilanci, gli allegati e le relazioni della società di revisione, con cui i soggetti interessati possono trarre informazioni relative alle scelte strategiche e al loro contributo alla formazione del patrimonio netto e del risultato economico.

Sempre sul sito web, nella sezione **Sostenibilità**, il gruppo TOD'S dichiara i valori a cui si ispira nell'orientare le proprie scelte di business e nel definire il proprio impegno in termini di responsabilità sociale: passione, creatività, artigianalità, tradizione, valorizzazione del Made in Italy, solidarietà.
L'impegno di TOD'S in termini di responsabilità sociale, con particolare riferimento a quanto concretamente realizzato più di recente, viene analizzato per categorie distinte di contributi:
- ai dipendenti, con iniziative che mirano a migliorare la qualità della vita dei dipendenti sia in azienda, sia nel proprio ambito familiare;
- al Paese, con le iniziative a sostegno della popolazione della cittadina marchigiana di Arquata del Tronto e delle zone adiacenti, devastate dal terremoto di agosto 2016, della Comunità di San Patrignano e dell'organizzazione Save the Children;
- all'ambiente, con la riduzione delle emissioni di gas a effetto serra per il proprio *headquarter* italiano implementando edifici passivi dal punto di vista energetico.

Vengono inoltre descritte altre collaborazioni a diverse iniziative, come la serie di opere per il restauro del Colosseo e il sostegno al Teatro alla Scala di Milano per la diffusione della cultura musicale nel mondo.
L'impegno sociale di TOD'S viene espresso in modo esplicito attraverso il **Codice Etico**, documento che recepisce i pilastri fondamentali che caratterizzano l'identità e la natura del Gruppo: onestà, correttezza, riservatezza, trasparenza e affidabilità nelle relazioni verso tutti i portatori d'interesse.
Il sito del Gruppo rinvia infine al **sito commerciale** www.tods.com e ai **siti dei singoli marchi**, per comunicare tutte le informazioni di marketing utili ai potenziali clienti, con video delle campagne pubblicitarie e foto delle collezioni.

1. *Analizza il testo.*

Verifica di aver compreso il significato di tutti i termini presenti nel testo (per esempio *headquarter*, società di revisione) e, in caso contrario, sottolinea i termini che non ti sono chiari e cerca il loro significato sul web, riportando la fonte da cui è tratta la definizione.

2. *Indica con una crocetta la risposta esatta (alcuni quesiti possono avere più risposte esatte).*

**1.** Alla rete dei DOS vengono affidate le attività:
- a *della catena del valore*
- b *del processo produttivo*
- c *commerciali e di marketing*
- d *socio-ambientali*

**2.** Il gruppo TOD'S vuole comunicare:
- a *un'immagine omogenea a livello mondiale*
- b *un'immagine diversa per ciascun Paese*
- c *la propria responsabilità sociale*
- d *informazioni circoscritte alle esigenze di marketing*

**3.** Il sito internet del gruppo TOD'S contiene informazioni:
- a *riguardanti esclusivamente il mercato*
- b *destinate al vertice aziendale*
- c *riferite ai tre settori della comunicazione aziedale*
- d *destinate ai dipendenti*

**4.** Il documento principale della comunicazione economico-finanziaria è:
- a *il patrimonio netto*
- b *il bilancio di esercizio*
- c *il risultato economico*
- d *la relazione sulla gestione*

**5.** Il codice etico fa parte della comunicazione:
- a *di marketing*
- b *economico-finanziaria*
- c *socio-ambientale*
- d *fiscale*

**6.** Il patrimonio netto è dato da:
- a *attività-passività*
- b *ricavi-costi*
- c *attività-costi*
- d *ricavi-passività*

# VERIFICA LE TUE COMPETENZE

*Svolgendo questa prova puoi **accertare** il livello delle **competenze** acquisite, articolate in **conoscenze** e **abilità**.*

**COMPETENZE** Interpretare i sistemi aziendali nei loro modelli, processi e flussi informativi con riferimento alle differenti tipologie di imprese • gestire il sistema delle rilevazioni aziendali con l'ausilio di programmi di contabilità integrata • utilizzare i sistemi informativi aziendali e gli strumenti di comunicazione integrata d'impresa, per realizzare attività comunicative con riferimento a differenti contesti • orientarsi nella normativa pubblicistica, civilistica e fiscale con particolare riferimento alle attività aziendali.

**CONOSCENZE** Processo informativo • documenti aziendali • contabilità relativa al commercio internazionale • caratteristiche e natura dei conti • scritture elementari • registrazioni contabili.

**ABILITÀ** Individuare le fasi del processo informativo • analizzare i conti e i documenti aziendali • analizzare i documenti e tenere la contabilità IVA riguardante le operazioni di commercio internazionale • individuare il conto e la sezione nelle registrazioni contabili • ricostruire e analizzare le operazioni aziendali • comporre le scritture in P.D.



## A. Analisi di testi e documenti

L'impresa industriale AVI.TIS. spa di Bologna commercializza i propri prodotti alimentari sul mercato italiano e su quello europeo. Per far fronte alla concorrenza di imprese nazionali ed estere decide di ampliare il proprio mercato verso altri Paesi.

L'amministratore delegato della società incarica il responsabile del sistema informativo aziendale, il dottor Paolo Sorgi, di individuare i Paesi sui quali l'impresa potrebbe puntare per accrescere le proprie esportazioni.

Il dottor Sorgi raccoglie una serie di informazioni da un documento della Camera di Commercio Industria e Artigianato di Bologna ed elabora un report da sottoporre al consiglio di amministrazione.

Osserva il report ed esegui quanto richiesto.

**Commercio Internazionale dell'Area Metropolitana di Bologna 2016-2017**

È di 3,6 miliardi di euro il valore delle esportazioni bolognesi tra aprile e giugno del 2017, in crescita per il secondo trimestre consecutivo dopo la flessione di fine 2016: secondo gli ultimi dati diffusi da Istat, nel secondo trimestre 2017 le esportazioni segnano infatti un +5,3%, che si aggiunge al +8,0% annotato tra gennaio e marzo.
Il confronto territoriale delle esportazioni vede l'area metropolitana di Bologna con una crescita tendenziale più accentuata rispetto a quanto realizzato dalla regione Emilia-Romagna. Mentre la variazione nazionale è superiore di circa un punto percentuale. Per quanto riguarda le importazioni, consistente la crescita degli acquisti delle aziende bolognesi (+15,1%), più contenute sia la media regionale (+12,7%) che la variazione media nazionale (+9,1%). È pressoché stabile la quota delle esportazioni bolognesi a livello regionale, si attesta, infatti, sul 23%.

**Le dinamiche per settore di attività**

Tra aprile e giugno tornano in area negativa le vendite estere dell'agricoltura bolognese (–9,3%), nonostante la buona performance registrata nel primo trimestre, mentre crescono le importazioni (+17,4%). Si segnala invece una consistente ripresa delle esportazioni del settore manifatturiero (+5,3%), che fa seguito al +7,7% dei primi tre mesi dell'anno (erano poco al di sopra dello zero a fine 2016). In netta crescita anche l'andamento delle importazioni che, tra aprile e giugno, segnano un +15,0%. Positivo il saldo della manifattura che in questi tre mesi sfiora gli 1,6 miliardi di euro.
Prosegue tra aprile e giugno la dinamica espansiva delle vendite estere della meccanica (+5,0%), con un andamento positivo, seppure in diversa misura, per tutti i comparti. I macchinari, con oltre il 39% di quota sul manifatturiero, segnano un +3,1%, mentre i mezzi di trasporto, con un peso del 18%, annotano una crescita del +5,4%. Prosegue la ripresa degli apparecchi elettrici che in questi tre mesi si attestano sul +5,1%. Variazioni positive anche per le esportazioni dei metalli di base (+9,2%) e per computer, apparecchi elettronici e ottici (+16,6%). +24,9% invece, e accelerazione importante, per le importazioni della meccanica. Crescita a due cifre per le esportazioni delle industrie alimentari che tra aprile e giugno segnano un +19,8%; meno consistente, invece, la crescita delle importazioni (+7,5%). Buona, nel secondo trimestre, anche la performance delle vendite del tessile abbigliamento che si attestano sul +7,6%, negative invece le importazioni (–5,5%).

**Le dinamiche per aree geografiche**

Nel secondo trimestre dell'anno si consolida la crescita delle vendite delle imprese bolognesi verso i Paesi dell'Unione europea a 28, che tra aprile e giugno si attesta sul +6,0%. Gli acquisti da tale area vedono un incremento a due cifre (+18,0%). Tengono, dopo l'importante accelerazione registrata nel primo trimestre dell'anno, anche le esportazioni verso i Paesi europei extra UE-28 (+3,5%); positivo l'andamento delle importazioni (+6,3%). In lieve rallentamento le vendite verso il continente americano, stabili le esportazioni nell'America settentrionale, pesa il calo delle vendita nei Paesi dell'America centro-meridionale. In crescita le importazioni (+15,7%). In doppia cifra, nel secondo trimestre, le vendite verso i Paesi asiatici (+12,9%, oltre il doppio della crescita media provinciale): tutte in positivo le macro-aree, importanti le dinamiche verso l'Asia orientale (+18,6%). In crescita del +6,9% le importazioni.

**Commercio internazionale – principali aree di provenienza/destinazione. Bologna 2° trimestre 2017**

| Settore | Stock e peso % | | | | Variazioni % | |
|---|---|---|---|---|---|---|
| | Import | | Export | | Import | Export |
| Unione europea a 28 | 1.450.196.126 | 71,6% | 1.810.878.013 | 50,8% | 18,0% | 6,0% |
| Paesi europei non UE | 54.524.284 | 2,7% | 310.373.013 | 8,7% | 6,3% | 3,5% |
| Africa | 25.999.355 | 1,3% | 124.010.815 | 3,5% | 10,2% | –1,9% |
| America | 87.939.740 | 4,3% | 577.198.925 | 16,2% | 15,7% | –2,7% |
| America settentrionale | 64.802.183 | 3,2% | 425.163.757 | 11,9% | 25,2% | 0,3% |
| America centro-meridionale | 23.137.557 | 1,1% | 152.035.168 | 4,3% | –4,5% | –10,3% |
| Asia | 407.110.840 | 20,1% | 691.021.432 | 19,4% | 6,9% | 12,9% |
| Medio Oriente | 16.312.747 | 0,8% | 176.868.225 | 5,0% | –15,7% | 5,0% |
| Asia centrale | 35.837.488 | 1,8% | 79.867.321 | 2,2% | –6,6% | 2,8% |
| Asia orientale | 354.960.605 | 17,5% | 434.285.886 | 12,2% | 9,9% | 18,6% |
| Oceania | 530.303 | 0,0% | 51.121.186 | 1,4% | –18,8% | 16,5% |
| Altre destinazioni | 23.538 | 0,0% | 1.058.619 | 0,0% | 1.330,9% | –1,6% |

Situazione molto differenziata con i principali Paesi partner delle imprese bolognesi per quanto riguarda le esportazioni. Nei confronti del mercato principale, la Germania, tra aprile e giugno 2017 si è registrata una ripresa pari al +9,7%; meno consistenti le vendite negli Stati Uniti (+0,2%). Importante la dinamica delle esportazioni in Russia (+27,7% rispetto al giugno 2016), Cina (+9,7%) e Giappone (+54,4%). Tra i primi dieci partner delle imprese bolognesi, solo gli scambi verso la Turchia vedono una diminuzione delle vendite (–24,0%).

Complessivamente il primo semestre dell'anno si chiude con un +6,6% per quanto riguarda le vendite estere e un +11,8% per gli acquisti. Il saldo si avvicina così ai 2,9 miliardi di euro. L'agricoltura annota una crescita delle esportazioni del +1,5%, dopo un 2016 particolarmente variabile: le importazioni registrano un +6,5%, e il saldo del settore primario resta negativo per oltre 102 milioni di euro. Le vendite estere del settore manifatturiero si attestano sul +6,4%, a fronte di acquisti cresciuti del +12,0%, con un saldo positivo che si avvicina ai 3 miliardi di euro. Rispetto al giugno 2016, crescono le vendite dei prodotti alimentari (+13,1%) e della meccanica (+7,1%), trainata da macchinari ed apparecchi elettronici, mentre si assestano i mezzi di trasporto (+1,4%).

In crescita, nei primi sei mesi dell'anno, le vendite delle imprese bolognesi nei Paesi dell'Unione europea, che si attestano sul +6,8%. Gli acquisti da tale area vedono un incremento a due cifre (+14,0%). In recupero le esportazioni verso i Paesi extra UE-28: se il 2016 si era chiuso con un –8,2%, il 2017 comincia con un +9,8%. Positivo anche l'andamento delle importazioni (+5,3%). A fronte della flessione segnata a fine 2016, registrano un rialzo anche le vendite verso il continente americano (+2,3%), sostenute dal +4,2% delle esportazioni verso l'America settentrionale. In crescita anche le importazioni (+2,9%). In ripresa le vendite verso l'Asia (+9,5%), sintesi di una crescita a due cifre con i Paesi dell'Asia centrale (+14,5%) e orientale (+15,3%) e di un rallentamento dei mercati medio-orientali (–4,3%). Cresciuti nei primi sei mesi del 2017 anche gli acquisti dall'Asia (+7,6%). Tra i primi dieci partner delle imprese bolognesi, in assestamento nei primi sei mesi del 2017 le vendite in Francia (+0,4%), in diminuzione gli scambi verso la Turchia (-2,2%, completamente dovuto al calo del secondo trimestre dell'anno). Ripartono invece le vendite verso Germania e Stati Uniti, principali partner commerciali per le imprese bolognesi (+6,3% e +4,2% rispettivamente); accelerano le esportazioni in Russia (+21,0% rispetto al giugno 2016), Cina (+20,6%) e Giappone (+37,1%).

Fonte: elaborazioni Ufficio Statistica Studi CCIAA Bologna su dati Istat

1. *Rispondi alle domande.*

   **a.** In che modo le informazioni contenute nel report possono essere utili alle imprese bolognesi?
   **b.** Quali finalità persegue la comunicazione proveniente dall'esterno e diretta verso l'interno dell'impresa?
   **c.** Da quali elementi è composto il sistema informativo aziendale?
   **d.** In quali fasi si articola la produzione delle informazioni in impresa?
   **e.** Perché l'incarico di individuare nuovi Paesi in cui esportare i prodotti dell'impresa viene affidato al responsabile del sistema informativo aziendale?
   **f.** Prepara una breve relazione da presentare all'amministratore delegato con le considerazioni conclusive a cui può essere giunto il dottor Sorgi con la sua analisi.

2. *Analizza i documenti e rispondi alle domande.*

La AVI.TIS. spa intrattiene rapporti con il fornitore Dario Bergui e il cliente Franco Grassi. Durante il mese di gennaio l'azienda ha compiuto una serie di operazioni come risulta dalle seguenti registrazioni.

**1.** Conto fornitore Bergui Dario

| *Fornitore* Bergui Dario<br>*Indirizzo* .................... | | | *Conto n.* ....................<br>*Partita IVA* .................... | | *Scheda* ...... |
|---|---|---|---|---|---|
| Data | Descrizione | Dare | Data | Descrizione | Avere |
| 08/01 | Pagata fattura n. 632 con bonifico bancario | 13.025, 00 | 01/01 | Saldo a debito | 18.475, 00 |
| 31/01 | Pagata parzialmente fattura n. 15 con assegno bancario | 2.000, 00 | 18/01 | Fattura n. 15 | 4.272, 00 |

**2.** Conto cliente Grassi Franco

| *Cliente* Grassi Franco<br>*Indirizzo* .................... | | | *Conto n.* ....................<br>*Partita IVA* .................... | | *Scheda* ...... |
|---|---|---|---|---|---|
| Data | Descrizione | Dare | Data | Descrizione | Avere |
| 01/01 | Saldo a credito | 22.780, 00 | 10/01 | Regolata fattura n. 675 | 8.640, 00 |
| 27/01 | Ns/fattura n. 22 | 8.138, 00 | 12/01 | Assegno circolare | 3.000, 00 |
| | | | 18/01 | Assegno bancario | 5.103, 65 |

**3.** Scheda di c/c

**Banca Sella – c/c n. 2345623/90**

| Data | Descrizione | Dare | Avere | Saldo |
|---|---|---|---|---|
| 01/01 | Saldo a credito | 14.340, 50 | | 14.340, 00 |
| 08/01 | Pagata fattura n. 632 | | 13.025, 00 | 1.315, 00 |
| 10/01 | Riscossa fattura n. 875 | 8.640, 00 | | 9.955, 00 |
| 12/01 | Versamento assegno circolare | 3.000, 00 | | 12.955, 00 |
| 18/01 | Versamento assegno bancario | 5.103, 65 | | 18.058, 55 |
| 31/01 | Assegno bancario a regolamento parziale fattura n. 15 | | 2.000, 00 | 16.058, 55 |

**4.** Scheda di magazzino

| *Scheda n.* 1<br>*Articolo* .................... | | | *Gruppo merceologico* ....................<br>*Codice articolo* TB418H | | |
|---|---|---|---|---|---|
| Data | Nominativo | Causale | Carico | Scarico | Esistenze |
| 01/01 | | Esistenze iniziali | | | 60 |
| 18/01 | Bergui Dario | Acquisto | 20 | | 80 |
| 27/01 | Grassi Franco | Vendita | | 12 | 68 |

5. Libro cassa

| Data | N. | Descrizione | Entrate | Uscite | Saldo |
|---|---|---|---|---|---|
| 01/01 | 1 | Disponibilità iniziale | | | 684, 00 |
| 12/01 | 2 | Ricevuto assegno circolare | 3.000, 00 | | 3.684, 00 |
| 12/01 | 3 | Versato assegno su c/c | | 3.000, 00 | 684, 00 |
| 18/01 | 4 | Ricevuto assegno bancario | 5.103, 65 | | 5.787, 65 |
| 18/01 | 5 | Versato assegno su c/c | | 5.103, 65 | 684, 00 |
| 30/01 | 6 | Prelievo | | 200, 00 | 484, 00 |

- Il conto intestato al fornitore presenta un residuo debito di ........................................ euro.
- Il conto intestato al cliente presenta un residuo credito di ........................................ euro.
- La scheda di conto corrente intestata a Banca Sella presenta un residuo ........................................ di ........................................ euro.
- La scheda di magazzino relativa al prodotto TB418H evidenzia alla fine del mese una quantità presente in magazzino di ........................................ .
- Nel libro cassa il totale entrate ammonta a ........................................ euro.

## B. Simulazione aziendale

**1** La AVI.TIS. spa effettua operazioni internazionali di compravendita, con vendite all'estero non superiori al 10% del suo volume d'affari. Nel mese di marzo l'impresa compie le seguenti operazioni:

11/03: ricevuta fattura dal fornitore Mancini di Firenze per l'acquisto di 2 attrezzature al prezzo unitario di 350 euro, IVA ordinaria;

18/03: emessa fattura sul cliente americano John Richmond di Atlanta per la vendita di 20 confezioni regalo di prodotti tipici bolognesi al prezzo unitario di 80 euro e di 70 scatoloni di confetture in barattoli al prezzo unitario di 45 euro;

20/03: emessa fattura sul cliente belga Guy Peeters per la vendita di 100 confezioni di sughi pronti al prezzo unitario di 2 euro;

22/03: ricevuta fattura per l'acquisto di alimenti precotti di 1.350 euro dal fornitore marocchino Samir Abbas;

27/03: ricevuta la fattura di acquisto di materiale di consumo di 2.500 euro dal fornitore spagnolo Francisco Alamante. In Italia i prodotti acquistati sono soggetti a IVA ordinaria.

1. *Annota le operazioni compiute dalla AVI.TIS. spa sui registri delle fatture ricevute e delle fatture emesse indicando per ogni operazione il riferimento normativo IVA.*

**Registro IVA Fatture ricevute**

| Fattura | | Fornitore | Data consegna | Imponibile | Imponibile INTRA | IVA 22% | Operazioni escluse | Totale |
|---|---|---|---|---|---|---|---|---|
| N. | Data | | | | | | | |
| ...... | ...... | .................... | .................... | .................... | .................... | .................... | .................... | .................... |
| ...... | ...... | .................... | .................... | .................... | .................... | .................... | .................... | .................... |
| ...... | ...... | .................... | .................... | .................... | .................... | .................... | .................... | .................... |

**Registro IVA Fatture emesse**

| Fattura | | Cliente | Data consegna | Imponibile | IVA 22% | Non imponibile | Totale |
|---|---|---|---|---|---|---|---|
| N. | Data | | | | | | |
| ...... | ......... | ...................... | ...................... | ...................... | ...................... | ...................... | ...................... |
| ...... | ......... | ...................... | ...................... | ...................... | ...................... | ...................... | ...................... |
| ...... | ......... | ...................... | ...................... | ...................... | ...................... | ...................... | ...................... |

2. *Presenta con dati mancanti a scelta la fattura ricevuta il 27 marzo.*

| | | | | | | |
|---|---|---|---|---|---|---|
| ...............<br>...............<br>...............<br>Codice fiscale e partita IVA ...............<br>Ufficio del Registro delle imprese<br>di ........ n. ........ | | | | **Spett. le**<br>...............<br>...............<br>...............<br>Partita IVA: ............... | | |
| **FATTURA n.** ........ **del** ........ | | | | | | |
| **Documento di trasporto**<br>........ **del** ........ | | | **Trasporto**<br>........ | **Pagamento**<br>........ | | |
| **Quantità** | **Descrizione** | | | **Prezzo unitario** | **Aliquota IVA** | **Totale** |
| ........<br>........ | ........<br>........<br>........ | | | ........<br>........ | ........<br>........ | ........<br>........ |
| **Importo merci** | | **Costi documentali** | | **Importo IVA** | | **Totale fattura** |
| ........ | | ........ | | ........ | | ........ |
| CONTRIBUTO AMBIENTALE CONAI ASSOLTO | | | | | | |

3. *Rispondi alle domande.*
   a. Perché la AVI.TIS. spa non può beneficiare della qualifica di esportatore abituale?
   b. Quali agevolazioni comporta la qualifica di esportatore abituale?
   c. L'impresa deve compilare l'elenco INTRA-1 per la vendita al cliente belga. In che cosa consiste e quali adempimenti comporta?
   d. Che cosa identifica la sigla VIES?
   e. Entro quale termine deve essere annotata la fattura del fornitore spagnolo nel registro IVA delle fatture emesse?

**2** Per rilevare le operazioni aziendali il contabile della AVI.TIS. spa deve conoscere le regole con cui esse devono essere registrate.

1. *Individua la sezione del conto in cui devono essere registrate le seguenti voci o operazioni aziendali.*

| | **Sezione Dare** | **Sezione Avere** |
|---|---|---|
| Ricavo di esercizio | | |
| Saldo iniziale a credito del conto corrente bancario | | |
| Emissione di un pagherò | | |
| Accettazione di una cambiale tratta | | |
| Ricevimento di un assegno | | |
| Saldo iniziale del conto Debiti v/fornitori | | |
| Rettifica di ricavi | | |
| Saldo iniziale del conto Cambiali passive | | |
| Ricevimento di una fattura di acquisto merci | | |
| Regolamento di crediti verso clienti | | |
| Costi di esercizio | | |
| Costo pluriennale | | |
| Ricevimento di un pagherò | | |
| Girata di una cambiale in portafoglio | | |
| Rettifica di costi | | |

2. *Indica il nome dei conti interessati da una variazione finanziaria e la sezione in cui la stessa deve essere registrata (le operazioni possono dare origine a una variazione finanziaria o a due variazioni finanziarie che si compensano).*

| Operazione di gestione | Denominazione dei conti | Dare | Avere |
|---|---|---|---|
| Riscossa a mezzo banca cambiale in scadenza | | | |
| Ricevuta fattura per acquisto automezzo, regolamento a fine mese | | | |
| Pagata cambiale in scadenza con girata di assegno bancario | | | |
| Riscossi in contanti fitti attivi | | | |
| Ricevuto assegno a regolamento di un credito commerciale | | | |
| Riscossa in contanti cambiale in scadenza | | | |
| Emessa fattura per vendita di merci, regolamento a fine mese | | | |
| Versato assegno sul c/c di corrispondenza | | | |
| Estinto con bonifico bancario debito commerciale | | | |
| Ricevuta fattura per acquisto merci | | | |

3. *Indica la natura e la destinazione dei conti di seguito elencati.*

| Conto | Conti finanziari | Conti economici | Situazione patrimoniale | Situazione economica |
|---|---|---|---|---|
| Brevetti | | X | X | |
| Mutui passivi | X | | X | |
| Resi su vendite | | X | | X |
| Merci c/vendite costo d es | | X | | X |
| Interessi attivi bancari | X | | | X |
| Assicurazioni costo d es | | X | | X |
| Perdita di esercizio | | X | | X |
| Assegni | X | | X | |
| Provvigioni passive costo d es | | X | | X |
| Ribassi e abbuoni attivi | | X | | X |

4. *Analizza le operazioni di gestione indicando, per ciascun conto, la natura (economica o finanziaria) delle variazioni e la sezione in cui inserire gli importi.*

**1.** Ricevuto da un cliente un assegno bancario di 1.200 euro a saldo di una fattura.

| Conto | Natura della variazione | Dare | Avere |
|---|---|---|---|
| ASSEGNI | V.F.A. | 1.200 | |
| CREDITI V/CLIENTI | V.F.P. | | 1200 |

2. Pagato debito verso fornitore di 3.456 euro con bonifico bancario di 3.456 euro.

| Conto | Natura della variazione | Dare | Avere |
|---|---|---|---|
| DEBITI V/FORNITORI | V.F.A | 3.456 | |
| BANCA X C/C | V.F.P. | | 3.456 |

3. Girata cambiale di 4.500 euro a un fornitore a saldo di un debito.

| Conto | Natura della variazione | Dare | Avere |
|---|---|---|---|
| DEBITI V/FORNITORI | V.F.A | 4.500 | |
| CAMBIALI ATTIVE | V.F.P. | | 4.500 |

4. Pagato a mezzo banca canone di locazione di un magazzino di 3.400 euro.

| Conto | Natura della variazione | Dare | Avere |
|---|---|---|---|
| FITTI PASSIVI | V.E.N | 3.400 | |
| BANCA X C/C | V.F.P. | | 3.400 |

5. Addebitati sul c/c bancario interessi passivi di 120 euro.

| Conto | Natura della variazione | Dare | Avere |
|---|---|---|---|
| INTERESSI PASSIVI BANCARI | V.E.N | 120 | |
| BANCA X C/C | V.F.A | | 120 |

6. Ordinato bonifico bancario di 1.234 euro a saldo fattura.

| Conto | Natura della variazione | Dare | Avere |
|---|---|---|---|
| DEBITI V/FORNITORI | V.F.A. | 1.234 | |
| BANCA X C/C | V.F.P. | | 1.234 |

7. Ricevuta fattura da un fornitore per acquisto di merci di 4.560 euro + IVA.

| Conto | Natura della variazione | Dare | Avere |
|---|---|---|---|
| MERCI C/ACQUISTI | V.E.N. | 4.560 | |
| IVA NS/CREDITO | V.F.A. | 1.003,2 | |
| DEBITI V/FORNITORI | V.F.P. | | 5.563,2 |

8. Ricevuta fattura TIM di 230 euro + IVA.

| Conto | Natura della variazione | Dare | Avere |
|---|---|---|---|
| COSTI TELEFONICI | V.E.N | 230 | |
| IVA NS/CREDITO | V.F.A | 50,6 | |
| DEBITI V/FORNITORI | V.F.P. | | 280,6 |

9. Ricevuta fattura da un fornitore per acquisto di arredamento per uffici di 4.500 euro + IVA.

| Conto | Natura della variazione | Dare | Avere |
|---|---|---|---|
| ARREDAMENTO | V.E.N | 4500 | |
| IVA NS/CREDITO | V.F.A | 990 | |
| DEBITI V/FORNITORI | V.F.P | | 5490 |

# Modulo C

# La rilevazione contabile delle operazioni aziendali

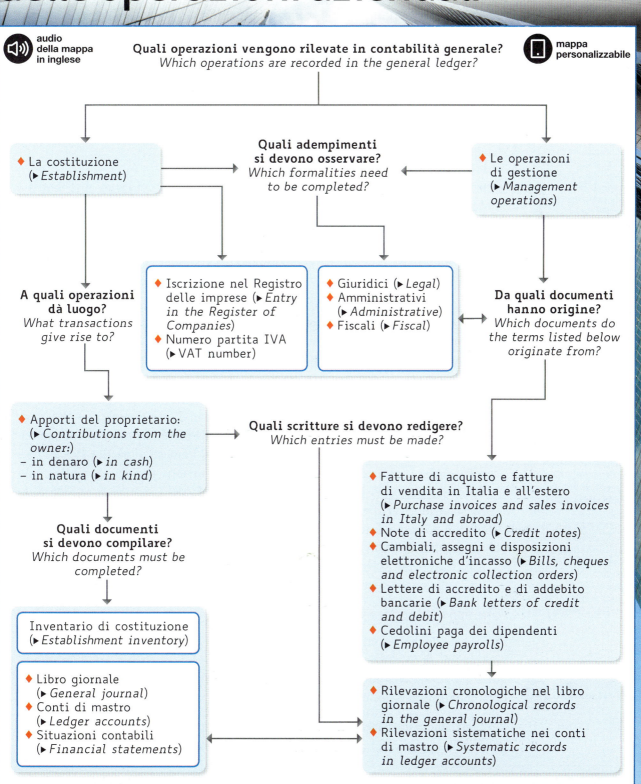

audio della mappa in inglese

mappa personalizzabile

**Quali operazioni vengono rilevate in contabilità generale?**
*Which operations are recorded in the general ledger?*

- La costituzione (▸ *Establishment*)
- Le operazioni di gestione (▸ *Management operations*)

**Quali adempimenti si devono osservare?**
*Which formalities need to be completed?*

- Iscrizione nel Registro delle imprese (▸ *Entry in the Register of Companies*)
- Numero partita IVA (▸ VAT number)

- Giuridici (▸ *Legal*)
- Amministrativi (▸ *Administrative*)
- Fiscali (▸ *Fiscal*)

**A quali operazioni dà luogo?**
*What transactions give rise to?*

- Apporti del proprietario: (▸ *Contributions from the owner:*)
  - in denaro (▸ *in cash*)
  - in natura (▸ *in kind*)

**Da quali documenti hanno origine?**
*Which documents do the terms listed below originate from?*

- Fatture di acquisto e fatture di vendita in Italia e all'estero (▸ *Purchase invoices and sales invoices in Italy and abroad*)
- Note di accredito (▸ *Credit notes*)
- Cambiali, assegni e disposizioni elettroniche d'incasso (▸ *Bills, cheques and electronic collection orders*)
- Lettere di accredito e di addebito bancarie (▸ *Bank letters of credit and debit*)
- Cedolini paga dei dipendenti (▸ *Employee payrolls*)

**Quali scritture si devono redigere?**
*Which entries must be made?*

- Rilevazioni cronologiche nel libro giornale (▸ *Chronological records in the general journal*)
- Rilevazioni sistematiche nei conti di mastro (▸ *Systematic records in ledger accounts*)

**Quali documenti si devono compilare?**
*Which documents must be completed?*

Inventario di costituzione (▸ *Establishment inventory*)

- Libro giornale (▸ *General journal*)
- Conti di mastro (▸ *Ledger accounts*)
- Situazioni contabili (▸ *Financial statements*)

Lezione 1

# La costituzione dell'impresa

Dimensioni aziendali

## Quali scelte deve compiere l'impresa nel momento della costituzione?

Al momento della nascita di un'impresa l'imprenditore o i soci devono affrontare alcuni problemi e compiere alcune scelte organizzative. Innanzitutto devono essere valutate la validità dell'iniziativa e la possibilità concreta che l'idea imprenditoriale (*business idea*) possa realizzarsi; dopo aver individuato il settore di attività in cui la nuova azienda si vuole inserire, si effettua uno *studio di fattibilità* e si redige il *piano economico* dei primi tre esercizi, considerando gli *investimenti* da effettuare e i *finanziamenti* da ottenere.

Successivamente occorre assumere una serie di *decisioni* riguardanti:

- il luogo dove situare l'azienda e dove sviluppare l'attività in Italia e all'estero (**localizzazione**);
- le **dimensioni aziendali**;
- la struttura commerciale, che varia in base alle scelte dei **canali distributivi** e delle politiche di marketing e vendita;
- la **struttura organizzativa**, che richiede la definizione del modello organizzativo;
- la forma giuridica da assegnare all'impresa, che dipende dal grado di rischio connesso all'attività prescelta e dal fabbisogno di capitali necessari per la gestione.

**Localizzazione:** scelta del luogo geografico in cui insediare l'attività produttiva. L'ubicazione delle aziende può essere condizionata da motivi personali dell'imprenditore o anche da un insieme di fattori che rendono più conveniente la scelta di un luogo rispetto a un altro (mercati di approvvigionamento o di sbocco ecc.).

**Dimensioni aziendali:** dipendono dal numero dei lavoratori dipendenti, dall'importo degli investimenti in beni strumentali (fabbricati, impianti, macchinari), dall'entità del capitale proprio, dal fatturato ecc.

**Canale distributivo:** "strada" che il prodotto deve percorrere per arrivare al consumatore finale.

**Struttura organizzativa:** è rappresentata attraverso un organigramma, con il quale si visualizzano le mansioni e le responsabilità degli organi aziendali.

**Partita IVA:** codice numerico che identifica l'impresa e che deve essere riportato nelle fatture, negli altri documenti aventi rilevanza fiscale e nelle dichiarazioni fiscali.

Prima di avviare l'attività aziendale occorre adempiere a una serie di obblighi.

- **obblighi amministrativi**, regolati dalla Regione o dal Comune in cui verrà localizzata l'attività, nel rispetto delle norme di legge imposte per il particolare settore merceologico;
- **obblighi giuridici e fiscali**, mediante l'invio telematico all'Ufficio del Registro delle imprese presso la Camera di Commercio, Industria, Artigianato e Agricoltura (CCIAA) della Provincia dove l'impresa ha la propria sede della **Comunicazione Unica d'impresa** valida ai fini fiscali, previdenziali e assicurativi. La Camera di Commercio informa le altre amministrazioni della presentazione della domanda. Le amministrazioni competenti attribuiscono il numero di **partita IVA** e i dati relativi alla registrazione. Inoltre è necessario inviare, per via telematica, allo Sportello unico per le attività produttive (SUAP) del Comune di residenza, la **Segnalazione certificata d'inizio attività** (SCIA) in cui l'imprenditore autocertifica il possesso di tutti i requisiti previsti dalla legge. Le imprese che operano sui mercati dell'Unione europea possono consultare il Registro delle Imprese UE (European Business Register – EBR) per ottenere informazioni, anche on line, sulle imprese iscritte ed esaminare i loro bilanci.

## Che tipo di apporti possono essere effettuati alla nascita dell'impresa?

Registro Imprese UE: dati aziendali on line

L'insieme dei beni conferiti all'azienda al momento della costituzione formano il **patrimonio di costituzione**, che corrisponde agli apporti provenienti dall'imprenditore o dai soci. Nell'impresa individuale gli apporti iniziali di capitale coincidono con il patrimonio netto di costituzione.

Il **patrimonio di costituzione** è l'insieme dei beni materiali e immateriali apportati dall'imprenditore; esso rappresenta il patrimonio netto esistente alla nascita dell'azienda.

Gli apporti possono essere costituiti:

- da **disponibilità liquide**, ossia denaro, assegni bancari e assegni circolari versati direttamente in cassa o depositati in un c/c bancario o postale intestato all'impresa; l'imprenditore potrebbe anche decidere di trasferire direttamente le somme di denaro dal c/c personale al c/c destinato ad accogliere i movimenti delle operazioni aziendali;
- da **beni in natura**, ossia beni di proprietà dell'imprenditore che verranno utilizzati dall'impresa come beni strumentali (per esempio fabbricati, automezzi, arredamento ecc.). Contrariamente all'apporto di disponibilità liquide, aventi un valore "certo" e oggettivamente misurabile, il patrimonio netto che si forma con l'apporto di beni in natura è invece un valore stimato in quanto dipende dal valore attribuito ai beni conferiti.

## 1 Apporto diretto in c/c bancario

L'imprenditore Mario Forneris costituisce in data 01/04 un'impresa individuale con un giroconto di 300.000 euro dal suo conto corrente personale al conto corrente riservato alle operazioni aziendali aperto presso la banca Intesa Sanpaolo. Analizziamo e rileviamo l'operazione in P.D.

L'analisi dell'operazione di gestione è la seguente:

| | | | |
|---|---|---|---|
| **Intesa Sanpaolo c/c** | variazione finanziaria attiva | Dare 300.000,00 | |
| **Patrimonio netto** | variazione economica positiva | | Avere 300.000,00 |

Nel libro giornale si compone il seguente articolo, che dà luogo alle corrispondenti registrazioni nei conti di mastro (per i quali utilizziamo la forma sinottica).

| Data | Codici | Denominazione conti e descrizione | | Dare | Avere |
|---|---|---|---|---|---|
| 01/04 | 18.20 | INTESA SANPAOLO C/C | giroconto bancario | 300.000, 00 | |
| 01/04 | 10.01 | PATRIMONIO NETTO | giroconto bancario | | 300.000, 00 |

## 2 Apporto di assegno e denaro

Si costituisce in data 01/06 l'impresa individuale Silvia Maseri, la quale apporta un assegno bancario di 100.000 euro e denaro contante per 3.000 euro. Il 04/06 viene aperto presso la Banca Nazionale del Lavoro un c/c destinato alle operazioni aziendali tramite versamento dell'assegno bancario e di 2.000 euro prelevati dalla cassa. Analizziamo e rileviamo le operazioni in P.D.

L'analisi delle operazioni di gestione è la seguente:

- operazione del 01/06:

| | | | |
|---|---|---|---|
| **Assegni** | variazione finanziaria attiva | Dare 100.000,00 | |
| **Denaro in cassa** | variazione finanziaria attiva | Dare 3.000,00 | |
| **Patrimonio netto** | variazione economica positiva | | Avere 103.000,00 |

- operazione del 04/06:

| | | | |
|---|---|---|---|
| **BNL c/c** | variazione finanziaria attiva | Dare 102.000,00 | |
| **Assegni** | variazione finanziaria passiva | | Avere 100.000,00 |
| **Denaro in cassa** | variazione finanziaria passiva | | Avere 2.000,00 |

| Data | Codici | Denominazione conti e descrizione | | Dare | Avere |
|---|---|---|---|---|---|
| 01/06 | 08.10 | ASSEGNI | apporto assegno bancario | 100.000, 00 | |
| 01/06 | 08.20 | DENARO IN CASSA | apporto denaro contante | 3.000, 00 | |
| 01/06 | 10.01 | PATRIMONIO NETTO | apporto disponibilità liquide | | 103.000, 00 |
| 04/06 | 18.20 | BNL C/C | apertura c/c | 102.000, 00 | |
| 04/06 | 08.10 | ASSEGNI | versamento in c/c | | 100.000, 00 |
| 04/06 | 08.20 | DENARO IN CASSA | versamento in c/c | | 2.000, 00 |

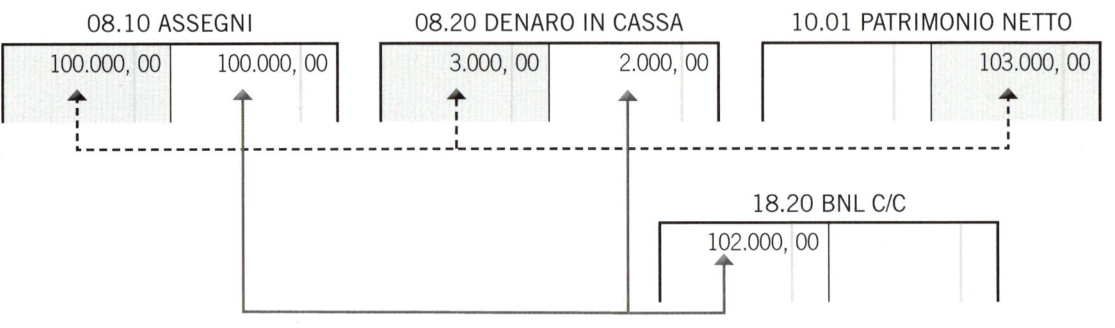

Inventario di costituzione = *Startup inventory*

Il patrimonio esistente alla nascita dell'azienda è messo in evidenza in un apposito prospetto, denominato **inventario di costituzione**, che deve essere trascritto nel **libro degli inventari** e deve documentare *tutti i beni espressi in euro* in modo da determinare il patrimonio netto di costituzione.

## ESEMPIO Apporto di beni e inventario di costituzione

Il 15/07 Antonello Galeazzi costituisce un'impresa individuale con l'apporto di un fabbricato per 320.000 euro (il valore dell'edificio è 256.000 euro), di arredamento per 30.000 euro e denaro contante per 10.000 euro. Presentiamo l'inventario di costituzione e le scritture in P.D.

**Inventario di costituzione al 15/07/n**

| **Attività** | | **Passività e netto** | |
|---|---|---|---|
| *Immobilizzazioni materiali* | | Patrimonio netto | 360.000 |
| Fabbricati | 320.000 | | |
| Arredamento | 30.000 | | |
| *Disponibilità liquide* | | | |
| Denaro contante | 10.000 | | |
| Totale attività | 360.000 | Totale a pareggio | 360.000 |

Il patrimonio netto ammonta a 360.000 euro ed equivale agli apporti effettuati dall'imprenditore.
Il valore attribuito ai fabbricati e all'arredamento (immobilizzazioni materiali) è pari al costo di riacquisto, ossia al prezzo che dovrebbe essere pagato se tali beni dovessero essere acquistati sul mercato, considerando il loro stato d'usura.
L'analisi dell'operazione di gestione è la seguente:

| **Fabbricati** | variazione economica negativa | Dare 320.000,00 | |
|---|---|---|---|
| **Arredamento** | variazione economica negativa | Dare 30.000,00 | |
| **Denaro in cassa** | variazione finanziaria attiva | Dare 10.000,00 | |
| **Patrimonio netto** | variazione economica positiva | | Avere 360.000,00 |

I conti **Fabbricati** e **Arredamento** sono conti economici accesi ai costi pluriennali; in essi viene iscritto il valore del costo di riproduzione o di riacquisto dei beni apportati; il conto Patrimonio netto indica il valore corrispondente al capitale apportato.

| Data | Codici | Denominazione conti e descrizione | | Dare | Avere |
|---|---|---|---|---|---|
| 15/07 | 02.01 | FABBRICATI | apporto fabbricato | 320.000, 00 | |
| 15/07 | 02.06 | ARREDAMENTO | apporto arredamento | 30.000, 00 | |
| 15/07 | 08.20 | DENARO IN CASSA | apporto denaro | 10.000, 00 | |
| 15/07 | 10.01 | PATRIMONIO NETTO | apporto beni in natura | | 360.000, 00 |

**Avviamento:** maggiore capacità di produrre utili che un'azienda già funzionante possiede rispetto a una di nuova costituzione. È rappresentato dal maggior valore che viene attribuito a un'azienda rispetto alla somma algebrica di tutte le singole attività e passività che ne compongono il patrimonio.

## Come si contabilizza l'acquisto di un'azienda funzionante?

Dopo l'adempimento degli iniziali obblighi giuridici e amministrativi, l'imprenditore può decidere di acquistare separatamente i beni necessari allo svolgimento dell'attività aziendale oppure scegliere di acquistare un'azienda funzionante, provvista di una struttura tecnica e organizzativa. Il prezzo da esborsare per tale acquisto dipende dal valore attribuito al complesso aziendale; i beni che compongono il patrimonio aziendale vengono considerati, infatti, come un insieme inscindibile e unitario di elementi.
Il prezzo pagato risulta superiore al valore del patrimonio netto contabile dell'impresa quando l'azienda è conosciuta sul mercato, è dotata di un'organizzazione collaudata, dispone di personale addestrato, ha instaurato proficue relazioni commerciali con clienti e fornitori.
La differenza tra il prezzo di cessione dell'azienda e il patrimonio netto contabile si definisce **avviamento** e dipende dagli elementi immateriali rappresentati dalle qualità positive dell'impresa.

## SEMPIO Acquisto di un'azienda

Antonio Farina decide di intraprendere un'attività commerciale; a tal fine in data 10/07 trasferisce sul c/c aperto presso la Banca Sella 200.000 euro tramite un giroconto dal proprio conto corrente personale.
In data 12/07 Farina conclude con Mario Dominici l'acquisto di un'azienda funzionante alla quale viene attribuito il valore di 180.000 euro. Gli elementi che costituiscono il patrimonio dell'azienda di Dominici sono i seguenti: Fabbricati 110.000 euro, Arredamento 20.000 euro, Automezzi 26.800 euro, Merci 35.200 euro, Crediti v/clienti 18.500 euro, Mutui passivi 35.000 euro, Debiti v/fornitori 12.400 euro.
L'acquisto dell'azienda viene regolato con assegno bancario il 13/07.
Commentiamo e rileviamo le operazioni in P.D.

Il prezzo pagato per acquistare l'azienda (180.000 euro) è superiore alla differenza tra le attività (210.500 euro) e le passività (47.400 euro) che formano il patrimonio dell'azienda.
Si ha pertanto un **avviamento** calcolato come segue:

euro (210.500 – 47.400) = euro 163.100 patrimonio netto contabile

euro (180.000 – 163.100) = euro 16.900 avviamento

All'imprenditore che cede l'azienda viene intestato il conto Dominici c/cessione appartenente al raggruppamento Debiti diversi; esso accoglie in Avere il debito verso il cedente, al quale bisognerà corrispondere il prezzo di cessione, e in Dare l'estinzione di tale debito al momento del pagamento.
Il valore attribuito alle merci viene successivamente girato dal conto Merci al conto Merci c/apporti, che è un conto economico acceso ai costi di esercizio.

Nel libro giornale si compongono i seguenti articoli:

| | | | | | |
|---|---|---|---|---|---|
| 10/07 | 18.20 | BANCA SELLA C/C | apporto in c/c bancario | 200.000, 00 | |
| 10/07 | 10.01 | PATRIMONIO NETTO | apporto in c/c bancario | | 200.000, 00 |

| | | | | | |
|---|---|---|---|---|---|
| 12/07 | 01.05 | AVVIAMENTO | acquisto azienda di Dominici | 16.900,00 | |
| 12/07 | 02.01 | FABBRICATI | acquisto azienda di Dominici | 110.000,00 | |
| 12/07 | 02.06 | ARREDAMENTO | acquisto azienda di Dominici | 20.000,00 | |
| 12/07 | 02.07 | AUTOMEZZI | acquisto azienda di Dominici | 26.800,00 | |
| 12/07 | 04.04 | MERCI | acquisto azienda di Dominici | 35.200,00 | |
| 12/07 | 05.01 | CREDITI V/CLIENTI | acquisto azienda di Dominici | 18.500,00 | |
| 12/07 | 13.01 | MUTUI PASSIVI | acquisto azienda di Dominici | | 35.000,00 |
| 12/07 | 14.01 | DEBITI V/FORNITORI | acquisto azienda di Dominici | | 12.400,00 |
| 12/07 | 15.23 | DOMINICI C/CESSIONE | acquisto azienda di Dominici | | 180.000,00 |
| 12/07 | 30.05 | MERCI C/APPORTI | giro dal c/Merci | 35.200,00 | |
| 12/07 | 04.04 | MERCI | giro al c/Merci c/apporti | | 35.200,00 |
| 13/07 | 15.23 | DOMINICI C/CESSIONE | assegno bancario n. 45916378 | 180.000,00 | |
| 13/07 | 18.20 | BANCA SELLA C/C | assegno bancario n. 45916378 | | 180.000,00 |

Autorizzazione comunale e sanitaria = ***Municipal authorisation***

## Quali costi si sostengono per l'avvio di un'azienda?

Nella fase iniziale della vita di un'azienda si sostengono costi relativi alla costituzione dell'impresa e alla preapertura.

- I costi di **costituzione dell'impresa** riguardano le consulenze, il rilascio di eventuali autorizzazioni comunali e sanitarie, nonché, limitatamente alla costituzione di società, costi sostenuti per la redazione dell'atto costitutivo. Tali costi fanno parte delle immobilizzazioni immateriali; in quanto costi aventi utilità pluriennale si rilevano nel conto **Costi di impianto**. Sono documentati da ricevute o fatture e, a seconda della loro natura, possono essere soggetti a IVA (i compensi spettanti ai professionisti) o essere esclusi dall'IVA (gli oneri fiscali).
- I **costi preoperativi** (o costi di startup) sono inerenti alla progettazione e alla realizzazione della struttura produttiva, organizzativa e commerciale, come le spese per l'adattamento dei locali, i costi per le ricerche di mercato, i costi per l'assunzione e l'addestramento iniziale del personale ecc. Se sono in grado di produrre una diretta e autonoma utilità futura questi costi possono essere considerati costi pluriennali e subire lo stesso trattamento dei costi di impianto.

## SEMPIO Sostenimento di costi di impianto

In data 01/02 Angela Rosselli costituisce un'impresa individuale sostenendo i seguenti costi:

- costi fiscali e relativi alla consulenza del dottore commercialista Luigi Garesi, documentati dalla fattura n. 18;
- costi relativi a ricerche di mercato svolte dalla Marketing Italy srl, società specializzata in marketing e lancio di nuovi prodotti, documentati dalla fattura n. 37.

Di seguito presentiamo la parte tabellare delle due fatture, che sono regolate in giornata con assegno bancario.

**Fattura n. 18 – Dottore commercialista Luigi Garesi**

| | | |
|---|---|---|
| Redazione piano dei conti e assistenza fiscale | euro | 3.800,00 |
| Contributo Cassa di previdenza dottori commercialisti 4% | euro | 152,00 |
| | euro | 3.952,00 |
| Spese documentate sostenute in nome e per conto Vostro come da documento allegato (art. 15 DPR n. 633/1972) | euro | 800,00 |
| | euro | 4.752,00 |
| IVA 22% su 3.952,00 | euro | 869,44 |
| Totale fattura | euro | 5.621,44 |
| Ritenuta fiscale 20% su 3.800 | euro | 760,00 |
| Netto da pagare | euro | 4.861,44 |

**Fattura n. 37 – Marketing Italy srl**

| | | |
|---|---|---|
| Consulenza marketing e progettazione della struttura commerciale | euro | 1.200,00 |
| IVA 22% su 1.200,00 | euro | 264,00 |
| Totale fattura | euro | 1.464,00 |

Commentiamo gli importi iscritti nelle fatture e presentiamo le registrazioni in P.D.

Le due fatture sono relative a costi per prestazioni di servizi da considerarsi a utilità pluriennale.
La **fattura del dottore commercialista** (che prende il nome di *parcella*) reca l'addebito del compenso per l'opera professionale svolta e quello inerente ai costi documentati (oneri fiscali) sostenuti in nome e per conto dell'imprenditore. Il compenso per l'opera prestata è soggetto a un contributo previdenziale che grava sull'impresa; l'IVA si calcola sul compenso maggiorato del contributo. I costi documentati sono invece esclusi dall'imponibile IVA. È importante notare che l'importo da pagare non coincide con il totale della fattura (5.621,44 euro) perché l'impresa ha detratto la ritenuta fiscale (IRPEF) che grava sul reddito del dottore commercialista (760 euro). Tale ritenuta fiscale, stabilita in misura fissa del 20%, è calcolata sul compenso, senza considerare il contributo previdenziale. La ritenuta fiscale deve essere successivamente versata a mezzo banca entro i termini di legge a cura dell'impresa che l'ha effettuata in qualità di sostituto di imposta.
La **fattura della Marketing Italy srl** è relativa agli studi e ricerche effettuate per conto dell'impresa; non essendo addebitati costi documentati, l'imponibile IVA coincide con il prezzo della prestazione, analogamente il totale fattura è dato dal costo del servizio + IVA.

| Data | Codici | Denominazione conti e descrizione | | Dare | Avere |
|---|---|---|---|---|---|
| 01/02 | 01.01 | COSTI DI IMPIANTO | fattura n. 18 da dottor Garesi | 4.752, 00 | |
| 01/02 | 06.01 | IVA NS/CREDITO | fattura n. 18 da dottor Garesi | 869, 44 | |
| 01/02 | 14.01 | DEBITI V/FORNITORI | fattura n. 18 da dottor Garesi | | 5.621, 44 |
| 01/02 | 14.01 | DEBITI V/FORNITORI | saldo fatt. n. 18 da dottor Garesi | 5.621, 44 | |
| 01/02 | 15.02 | DEBITI PER RIT. DA VERSARE | ritenuta fiscale 20% | | 760, 00 |
| 01/02 | 18.20 | BANCA X C/C | A/B n. ... a saldo fattura n. 18 | | 4.861, 44 |
| 01/02 | 01.01 | COSTI DI IMPIANTO | fattura n. 37 da Marketing Italy srl | 1.200, 00 | |
| 01/02 | 06.01 | IVA NS/CREDITO | fattura n. 37 da Marketing Italy srl | 264, 00 | |
| 01/02 | 14.01 | DEBITI V/FORNITORI | fattura n. 37 da Marketing Italy srl | | 1.464, 00 |
| 01/02 | 14.01 | DEBITI V/FORNITORI | saldo fattura n. 37 | 1.464, 00 | |
| 01/02 | 18.20 | BANCA X C/C | A/B n. ... a saldo fattura n. 37 | | 1.464, 00 |
| 16/03 | 15.02 | DEBITI PER RIT. DA VERSARE | versata ritenuta | 760, 00 | |
| 16/03 | 18.20 | BANCA X C/C | versata ritenuta | | 760, 00 |

Il conto **Costi di impianto** è un conto economico di reddito acceso ai costi pluriennali.

**test interattivi nel libro digitale**

**CONOSCENZE** Scelte riguardanti la nascita dell'impresa • costi di impianto • parcella del dottore commercialista.

**ABILITÀ** Analizzare sotto l'aspetto finanziario ed economico le operazioni di costituzione e comporre le relative scritture contabili • compilare la parcella del dottore commercialista.

**1** Indica con una crocetta la risposta esatta (alcuni quesiti possono avere più risposte esatte).

**1.** La struttura organizzativa riguarda:

a *il luogo dove situare l'attività aziendale*
b *il modello organizzativo aziendale*
c *la struttura commerciale*
d *i canali distributivi*

**2.** Rientrano tra i costi d'impianto:

a *i compensi dovuti ai dottori commercialisti per le consulenze prestate nella fase costitutiva*
b *i costi inerenti alla progettazione della struttura commerciale*
c *i costi per servizi telefonici e postali*
d *i costi sostenuti per remunerare i lavoratori dipendenti*

3. Al momento della costituzione le imprese devono:

   a *presentare la Comunicazione Unica d'impresa all'Agenzia delle Entrate*
   b *inviare all'ASL la Segnalazione certificata di inizio attività*
   c *presentare la Comunicazione Unica d'impresa all'Ufficio del Registro delle imprese*
   d *inviare al Comune di residenza la segnalazione certificata di inizio attività*

4. La forma giuridica dell'impresa dipende:

   a *dalla sede legale dell'impresa*
   b *dal grado di rischio che l'imprenditore vuole assumere*
   c *dal fabbisogno finanziario necessario per avviare l'attività aziendale*
   d *dal tipo di attività aziendale che l'imprenditore vuole realizzare*

5. I costi di impianto:

   a *comprendono i costi sostenuti per l'acquisto di impianti e macchinari*
   b *sono costi di competenza dell'esercizio in cui si avvia l'attività aziendale*
   c *fanno parte delle immobilizzazioni finanziarie*
   d *fanno parte delle immobilizzazioni immateriali*

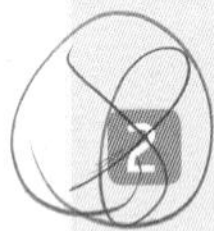

Indica se le seguenti affermazioni sono vere o false; in quest'ultimo caso suggerisci sul quaderno la formulazione corretta.

1. La Comunicazione Unica d'impresa è valida ai fini fiscali, previdenziali e assicurativi. V F
2. Il numero di partita IVA è attribuito dopo la presentazione della Comunicazione Unica d'impresa. V F
3. Per svolgere qualsiasi attività commerciale occorre preventivamente aver ottenuto la specifica autorizzazione prevista dal codice civile. V F
4. I costi di impianto anticipati dal dottore commercialista in nome e per conto dell'imprenditore costituiscono, ai fini IVA, un costo non documentato. V F
5. Il rischio dell'attività imprenditoriale dipende dalla forma organizzativa assunta dall'azienda. V F
6. L'inventario di costituzione mette in evidenza il patrimonio esistente alla nascita dell'azienda. V F
7. L'inventario di costituzione rappresenta la prima registrazione eseguita sul libro degli inventari. V F
8. Il capitale proprio iniziale delle imprese individuali coincide con il patrimonio netto di costituzione. V F
9. Il valore dell'apporto effettuato con assegno circolare è oggettivamente misurabile. V F
10. Il totale della fattura ricevuta dal dottore commercialista inerente ai costi di impianto corrisponde all'importo da pagare. V F
11. I costi di impianto sono componenti negativi di reddito dell'esercizio in cui sono stati sostenuti. V F

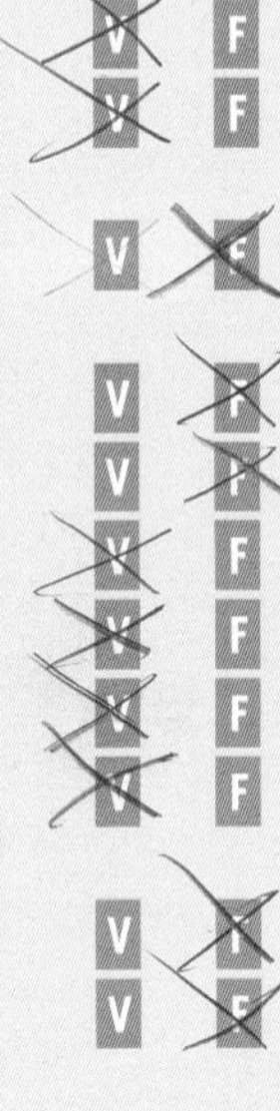

Osserva le registrazioni nei conti di mastro ed esegui quanto richiesto.

02.07 AUTOMEZZI

| Dare | Avere |
|---|---|
| 20.000,00 | |

10.01 PATRIMONIO NETTO

| Dare | Avere |
|---|---|
| | 20.000,00 |

1. *Redigi il corrispondente articolo in P.D.*

| | | | | | |
|---|---|---|---|---|---|
| 22/03 | 02.07 | AUTOMEZZI | apporto automezzi | 20.000,00 | |
| 22/03 | 10.01 | PATRIMONIO NETTO | apporto automezzi | | 20.000,00 |

2. *Cancella i termini errati.*

   a. L'operazione si riferisce alla costituzione di *un'impresa individuale / una società.*
   b. Il conto Automezzi ha natura *economica / finanziaria*; l'importo è registrato in Dare perché si è verificata una variazione *economica negativa / finanziaria attiva.*
   c. Il conto Patrimonio netto accoglie il conferimento del titolare e coincide con il *capitale proprio / patrimonio lordo.*

**4** Analizza le operazioni di gestione indicando la natura delle variazioni, l'importo e la sezione del conto in cui devono essere rilevate.

| **Operazioni di gestione** | **Dare** | **Avere** |
|---|---|---|
| **1.** Costituita impresa individuale con giroconto di 40.000 euro dal c/c personale dell'imprenditore al c/c aperto presso la BNL, destinato alle operazioni aziendali: | | |
| Variazione: .................... | .................... | .................... |
| Variazione: .................... | .................... | .................... |
| **2.** Ricevuta parcella dal dottore commercialista comprendente onorari per 4.000 euro (soggetti a contributo Cassa di previdenza) e rimborsi spese documentate per 1.800 euro: | | |
| Variazione: .................... | .................... | .................... |
| Variazione: .................... | .................... | .................... |
| Variazione: .................... | .................... | .................... |
| **3.** Costituita impresa individuale con apporto di un fabbricato valutato 400.000 euro e di un assegno di 150.000 euro: | | |
| Variazione: V.E.N | 400.000 | .................... |
| Variazione: V.F.A | 150.000 | .................... |
| Variazione: V.E.P | .................... | 550.000 |
| **4.** Versato assegno di 120.000 euro sul c/c bancario: | | |
| Variazione: V.F.P | .................... | 120.00 |
| Variazione: V.F.A | 120.00 | .................... |
| **5.** Costituita azienda con apporto di denaro per 4.000 euro, arredamento per 45.000 euro e automezzi per 30.000 euro: | | |
| Variazione: V.F.A | 4.000 | .................... |
| Variazione: V.E.N | 45.000 | .................... |
| Variazione: V.E.N | 30.000 | .................... |
| Variazione: V.E.P | .................... | 79.00 |

**5** Il 20/05 Antonio Gallesi costituisce una impresa commerciale; successivamente compie alcune operazioni di gestione, come si rileva dai conti di mastro qui proposti alla data del 31/05. Ricostruisci le operazioni di gestione compiute (inserendo a scelta le date delle operazioni) e presenta il libro giornale.

| Conto | Dare | Avere |
|---|---|---|
| 08.20 DENARO IN CASSA | 5.000, 00 | 4.000, 00 |
| 02.01 FABBRICATI | 280.000, 00 | |
| 14.01 DEBITI V/FORNITORI | 3.806, 40 | 3.806, 40 |
| 10.01 PATRIMONIO NETTO | | 285.000, 00 |
| 18.20 BANCA X C/C | 4.000, 00 | 3.206, 40 |
| 01.01 COSTI DI IMPIANTO | 3.120, 00 | |
| 06.01 IVA NS/CREDITO | 686, 40 | |
| 15.02 DEBITI PER RIT. DA VERS. | | 600, 00 |

| Data | Codice | Denominazione conti e descrizione | Dare | Avere |
|---|---|---|---|---|
| ....... | ....... | ....................... | ..............., .... | |
| ....... | ....... | ....................... | ..............., .... | |
| ....... | ....... | ....................... | | ..............., .... |
| ....... | ....... | ....................... | ..............., .... | |
| ....... | ....... | ....................... | | ..............., .... |
| ....... | ....... | ....................... | ..............., .... | |
| ....... | ....... | ....................... | ..............., .... | |
| ....... | ....... | ....................... | | ..............., .... |
| ....... | ....... | ....................... | ..............., .... | |
| ....... | ....... | ....................... | | ..............., .... |
| ....... | ....... | ....................... | | ..............., .... |

**6** Completa la parte tabellare della parcella n. 84 pervenuta dal ragioniere Luciano Parri relativa alla prestazione professionale svolta nella fase di costituzione di un'impresa.

| | | |
|---|---|---|
| Assistenza alla costituzione dell'impresa | euro | 4.000,00 |
| Contributo Cassa di previdenza 4% | euro | ...................... |
| | euro | ...................... |
| Spese documentate sostenute in nome e per conto Vostro come da allegata documentazione (art. 15 DPR n. 633/1972) | euro | 500,00 |
| IVA 22% su ................. | euro | ...................... |
| Totale fattura | euro | ...................... |
| Ritenuta fiscale .........% su ................. | euro | ...................... |
| Netto da pagare | euro | ...................... |

**7** Indica la natura, l'eccedenza e l'inserimento nella Situazione patrimoniale e nella Situazione economica dei seguenti conti.

| Denominazione dei conti | Conti finanziari | Conti economici | Eccedenze | | Situazione patrimoniale | | Situazione economica | |
|---|---|---|---|---|---|---|---|---|
| | | | Dare | Avere | Attività | Passività | Costi | Ricavi |
| Mutui passivi | X | | | X | | X | | |
| Costi di impianto | | X | X | | X | | | |
| Fabbricati | | X | X | | X | | | |
| Patrimonio netto | | X | | X | | X | | |
| Assegni | X | | X | | X | | | |
| Crediti v/clienti | X | | X | | X | | | |
| IVA ns/credito | X | | X | | X | | | |
| Debiti per ritenute da versare | X | | | X | | X | | |
| Debiti v/fornitori | X | | | X | | X | | |
| Macchine d'ufficio | | X | X | | X | | | |

**8** CLIL Complete the sentences by filling in the blanks with the correct terms choosing from those suggested below.

*legal • start-up phase • place • services • VAT • set-up • fixed assets • cash and cash equivalent*

1. When setting up an enterprise the entrepreneur needs to decide on the .......................... where to establish the business, its size, organizational structure and whether it will be a natural or a .......................... person.
2. The founding assets .......................... and assets in kind.
3. At the start-up phase the enterprise incurs .......................... costs.
4. The production factors required by the enterprise are capital goods, consumables, .......................... and labour.
5. Enterprises must apply for a .......................... number as soon as they are established.
6. Set-up costs don't include advisory services paid at the .......................... of the business.
7. Set-up costs are financial ..........................

**Lezione 2**

# L'acquisto di merci, materie di consumo e servizi

Beni strumentali = ***Capital goods***

Beni destinati al consumo = ***Consumer goods***

Fattura = ***Invoice***

## Come si rileva in contabilità l'acquisto di merci e materie di consumo?

Per lo svolgimento della propria attività l'impresa deve acquisire una serie di beni e servizi. I fattori produttivi di cui necessita un'azienda sono rappresentati dai beni strumentali, dai beni destinati al consumo immediato o alla vendita, dai servizi e dalla forza lavoro. In questa lezione consideriamo l'acquisto di beni destinati al consumo immediato (*materie di consumo*) o alla vendita (*merci*) e l'acquisto di *servizi*; in altre lezioni di questo modulo prenderemo in esame l'acquisizione dei beni strumentali e della forza lavoro.

Le operazioni di acquisto, effettuate sul mercato di approvvigionamento, sono documentate da una **fattura**. In contabilità generale le operazioni di acquisto vengono registrate al momento del **ricevimento della fattura**. Tale rilevazione contabile determina:

- il sorgere di un debito verso il fornitore;
- il sostenimento di un costo per l'acquisto del bene/servizio;
- il sorgere di un credito verso lo Stato per l'IVA.

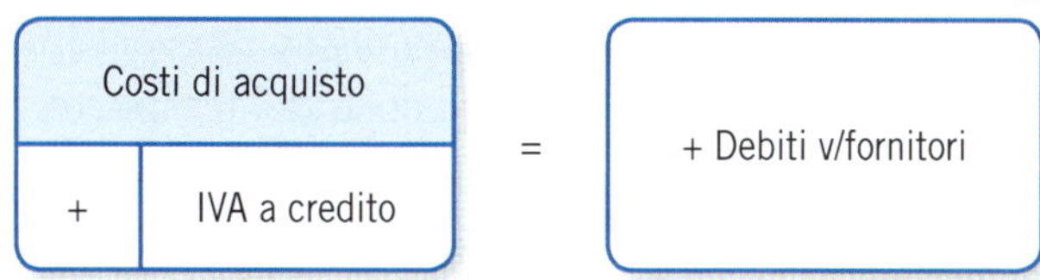


Gli acquisti di merci e materie di consumo (per esempio imballaggi, materiale di pulizia, materiale di cancelleria ecc.) si rilevano nella sezione *Dare* di specifici conti **Acquisti**, che sono *costi economici accesi alle variazioni d'esercizio* e, precisamente, *costi d'esercizio*. Il costo, documentato dalla fattura, è misurato dalla variazione finanziaria passiva del conto Debiti v/fornitori che accoglie anche l'importo dell'IVA a credito dell'impresa acquirente.

SEMPIO **1**

### Registrazione di una fattura di acquisto

Un negozio di abbigliamento ha acquistato 36 abiti al prezzo di 50 euro ciascuno, IVA ordinaria. L'operazione è documentata dalla fattura n. 86 del fornitore Mabitex 2000 spa, emessa in data 15/07 e ricevuta il 16/07.
Presentiamo la parte tabellare della fattura e le registrazioni nei conti di mastro.

| Quantità | Descrizione | Prezzo unitario | Totale |
|---|---|---|---|
| 36 | Abiti modello fresco RT | 50,00 | 1.800,00 |
| | IVA 22% | | 396,00 |
| | Totale a vs/debito | | 2.196,00 |

L'operazione di acquisto viene registrata in contabilità generale al ricevimento della fattura (16 luglio) e dà luogo alle registrazioni nei conti di mastro riportate sotto.

| 30.01 MERCI C/ACQUISTI | |
|---|---|
| 1.800, 00 | |

| 06.01 IVA NS/CREDITO | |
|---|---|
| 396, 00 | |

| 14.01 DEBITI V/FORNITORI | |
|---|---|
| | 2.196, 00 |

## 2 Acquisto di merci e materie di consumo

Il 10/07 si ricevono la fattura n. 587 della Frassi Mario & C. snc relativa alla fornitura di merci per 56.000 euro + IVA e la fattura n. 92 della Kerling spa relativa all'acquisto di materiale d'imballaggio per 400 euro + IVA. Presentiamo la registrazione in P.D. delle due fatture di acquisto.

Si devono rilevare dei **costi d'esercizio** rispettivamente nei conti **Merci c/acquisti** e **Materie di consumo c/acquisti**. Le registrazioni in P.D. sono le seguenti:

| | | | | | |
|---|---|---|---|---|---|
| 10/07 | 30.01 | MERCI C/ACQUISTI | fattura n. 587 Frassi Mario & C. snc | 56.000,00 | |
| 10/07 | 06.01 | IVA NS/CREDITO | fattura n. 587 Frassi Mario & C. snc | 12.320,00 | |
| 10/07 | 14.01 | DEBITI V/FORNITORI | fattura n. 587 Frassi Mario & C. snc | | 68.320,00 |
| 10/07 | 30.02 | MATERIE DI CONS. C/ACQ. | fattura n. 92 Kerling spa | 400,00 | |
| 10/07 | 06.01 | IVA NS/CREDITO | fattura n. 92 Kerling spa | 88,00 | |
| 10/07 | 14.01 | DEBITI V/FORNITORI | fattura n. 92 Kerling spa | | 488,00 |

Luogo di consegna = *Place of delivery*

Costi di trasporto = *Transport costs*

## Come si rilevano in contabilità i costi accessori d'acquisto?

Il contratto di compravendita può prevedere dei costi accessori (trasporto, carico/scarico, montaggio ecc.) che, in base a quanto stabilito dalle parti, possono essere a carico del venditore o del compratore.

Per quanto riguarda il **luogo di consegna** della merce può essere applicata una delle seguenti clausole:

- **franco partenza** (o franco magazzino venditore), per cui i rischi inerenti al trasferimento delle merci e i costi del trasporto gravano sul compratore;
- **franco destino** (o franco magazzino compratore), per cui i rischi inerenti al trasferimento delle merci e i costi di trasporto gravano sul venditore.

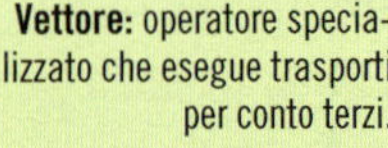

**Vettore:** operatore specializzato che esegue trasporti per conto terzi.

**Porto franco:** il pagamento del trasporto è effettuato dal venditore al vettore al momento della spedizione della merce.

**Porto assegnato:** il pagamento del trasporto è effettuato nel luogo di destinazione dal compratore, che per poter ritirare la merce deve versare al vettore l'importo dovuto per il servizio reso.

Il trasporto può essere effettuato con automezzo del venditore, del compratore o di un **vettore**. In quest'ultimo caso nel contratto di compravendita viene precisata la clausola che indica quale dei due contraenti debba provvedere materialmente al pagamento del trasporto (**porto franco** e **porto assegnato**).

**I costi di trasporto** sono costi accessori all'acquisto di merci o materie di consumo; pur dando luogo a *variazioni economiche negative* (componenti negativi del reddito d'esercizio), il loro trattamento contabile è diverso a seconda che il costo del trasporto sia *documentato* oppure sia definito in fattura in misura *forfetaria*.

Se il *costo è documentato* deve essere contabilizzato nel *conto acceso alle variazioni d'esercizio* **Costi di trasporto**; se, invece, il *costo è addebitato in fattura forfetariamente* deve essere incluso nel conto acceso al bene per il quale è sostenuto (**Merci c/acquisti** o **Materie di consumo c/acquisti**); in tal modo partecipa alla formazione del reddito d'esercizio in maniera inscindibile dal costo complessivamente sostenuto per l'acquisto.

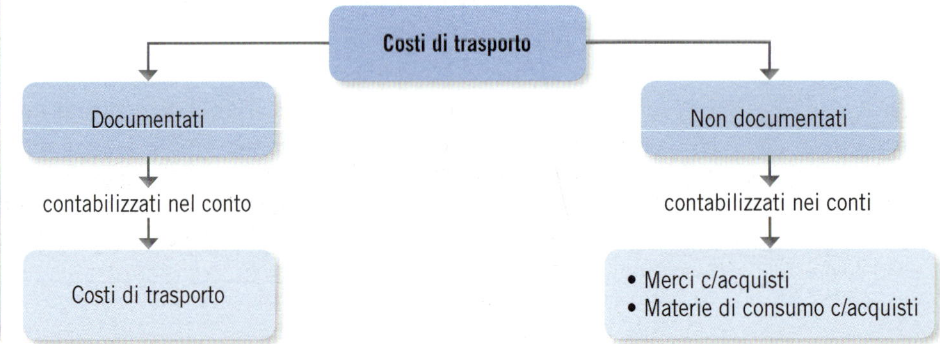

SEMPIO

## 1 Acquisto di merci con costi di trasporto documentati (porto assegnato)

Il 10/05 si ricevono le seguenti fatture per acquisto di merci con la clausola franco partenza-porto assegnato:

- fattura n. 98 della Magic spa relativa alla fornitura di merci per 12.400 euro + IVA;
- fattura n. 56 della Veloce Service srl relativa al trasporto delle merci per 450 euro + IVA.

Presentiamo le registrazioni in P.D.

La merce è stata acquistata franco partenza, perciò i costi del trasporto gravano sul compratore. L'impresa riceve due distinte fatture: una dalla Magic spa per le merci e l'altra dalla Veloce Service srl per il servizio di trasporto.

| | | | | | |
|---|---|---|---|---|---|
| 10/05 | 30.01 | MERCI C/ACQUISTI | fattura n. 98 da Magic spa | 12.400, 00 | |
| 10/05 | 06.01 | IVA NS/CREDITO | fattura n. 98 da Magic spa | 2.728, 00 | |
| 10/05 | 14.01 | DEBITI V/FORNITORI | fattura n. 98 da Magic spa | | 15.128, 00 |
| 10/05 | 31.01 | COSTI DI TRASPORTO | fattura n. 56 da Veloce Service srl | 450, 00 | |
| 10/05 | 06.01 | IVA NS/CREDITO | fattura n. 56 da Veloce Service srl | 99, 00 | |
| 10/05 | 14.01 | DEBITI V/FORNITORI | fattura n. 56 da Veloce Service srl | | 549, 00 |

I conti **Merci c/acquisti** e **Costi di trasporto** sono conti economici accesi alle variazioni d'esercizio e confluiscono nella Situazione economica tra i componenti negativi del reddito.

## 2 Acquisto di merci con costi di trasporto forfetari

Il 15/09 si riceve la fattura n. 124 della Gallesi srl relativa alla fornitura franco partenza di merci. La fattura espone costi per merci di 8.200 euro e costi di trasporto addebitati forfetariamente di 250 euro, IVA ordinaria.
Presentiamo le registrazioni in P.D.

| | | | | | |
|---|---|---|---|---|---|
| 15/09 | 30.01 | MERCI C/ACQUISTI | fattura n. 124 Gallesi srl | 8.450, 00 | |
| 15/09 | 06.01 | IVA NS/CREDITO | fattura n. 124 Gallesi srl | 1.859, 00 | |
| 15/09 | 14.01 | DEBITI V/FORNITORI | fattura n. 124 Gallesi srl | | 10.309, 00 |

Il conto Merci c/acquisti accoglie in Dare l'importo della merce e del costo di trasporto. L'IVA è calcolata su 8.450 euro (costo della merce + costi del trasporto).

Negli acquisti con la clausola franco partenza e spedizione a mezzo vettore, il contratto potrebbe prevedere la clausola *porto franco*. In questo caso, pur essendo il costo di trasporto a carico del compratore, è il venditore che paga il vettore alla partenza, anticipando l'esborso monetario in nome e per conto del compratore. Il venditore recupera successivamente l'importo anticipato inserendolo nella fattura di vendita, a cui è allegata la fattura del vettore per documentare la spesa sostenuta.

SEMPIO

## Acquisto di merci con costi di trasporto documentati (porto franco)

Il 12/03 l'impresa Mario Canale ha ricevuto fattura n. 75 del fornitore Faretti spa per l'acquisto di merci franco partenza per 15.640 euro + IVA; la fattura reca anche l'addebito di costi di trasporto per 340 euro + IVA, documentati dalla fattura n. 25 della Corriere Espresso srl. Commentiamo l'operazione e presentiamo le registrazioni in P.D.

L'acquisto è avvenuto con la clausola franco partenza-porto franco; il venditore (fornitore Faretti spa) ha anticipato i costi di trasporto in nome e per conto del compratore (Mario Canale). Questi riceve quindi le due fatture di cui di seguito presentiamo la parte tabellare.

**Fattura n. 75 fornitore Faretti spa**

| | | |
|---|---|---|
| Merci | euro | 15.640,00 |
| IVA 22% | euro | 3.440,80 |
| | euro | 19.080,80 |
| Costi documentati | euro | 414,80 |
| Totale fattura | euro | 19.495,60 |

**Fattura n. 25 Corriere Espresso srl**

| | | |
|---|---|---|
| Trasporto merci | euro | 340,00 |
| IVA 22% | euro | 74,80 |
| Totale fattura | euro | 414,80 |

In contabilità generale le due fatture devono essere rilevate separatamente, procedendo prima alla registrazione della fattura per il trasporto e subito dopo quella per l'acquisto di merci, che contiene anche l'addebito, a titolo di rimborso, della somma pagata al vettore, rilevata nel conto Debiti v/fornitori.

| | | | | | |
|---|---|---|---|---|---|
| 12/03 | 31.01 | COSTI DI TRASPORTO | fattura n. 25 Corriere Espresso srl | 340, 00 | |
| 12/03 | 06.01 | IVA NS/CREDITO | fattura n. 25 Corriere Espresso srl | 74, 80 | |
| 12/03 | 14.01 | DEBITI V/FORNITORI | fattura n. 25 Corriere Espresso srl | | 414, 80 |
| 12/03 | 30.01 | MERCI C/ACQUISTI | fattura n. 75 Faretti spa | 15.640, 00 | |
| 12/03 | 06.01 | IVA NS/CREDITO | fattura n. 75 Faretti spa | 3.440, 80 | |
| 12/03 | 14.01 | DEBITI V/FORNITORI | fattura n. 75 Faretti spa | 414, 80 | 19.495, 60 |
| 12/03 | 14.01 | DEBITI V/FORNITORI | fattura n. 75 Faretti spa | | |

## Come si rileva in contabilità l'acquisto di merci dall'estero?

Spesso le imprese accedono ai mercati esteri di approvvigionamento per l'acquisto di alcuni fattori produttivi o di prodotti destinati alla vendita. L'acquisto di merci dall'estero si rileva nel conto **Merci c/acquisti estero** che, come il conto Merci c/acquisti, è acceso alle variazioni economiche d'esercizio e rappresenta un componente negativo di reddito. In contropartita, il debito che sorge nei confronti del fornitore (variazione finanziaria passiva) deve essere rilevato nel conto **Debiti v/fornitori esteri**. Se la moneta concordata è diversa dall'euro, nella registrazione contabile dell'acquisto si applica il cambio del giorno di consegna o spedizione della merce, oppure di emissione della fattura, se antecedente.

Come abbiamo visto nel modulo precedente, le importazioni sono regolate dal regime IVA del Paese di destinazione e assolvono l'IVA in dogana, insieme ai dazi doganali nei casi in cui questi siano previsti, mentre gli acquisti intracomunitari seguono il regime transitorio fiscale previsto dal DL n. 331/1993. Anche nel caso di acquisti all'estero i costi accessori, in particolare i costi di trasporto, possono essere oggetto di rilevazioni diverse a seconda della clausola contrattuale.

Nelle **importazioni**, se il trasporto è a carico dell'acquirente e viene effettuato con mezzi propri, quest'ultimo passa la dogana e assolve i diritti doganali e l'IVA, sulla base di quanto evidenziato nella bolla doganale.

### Importazione con trasporto effettuato da un vettore

Il 25 settembre l'impresa commerciale Global Standard srl di Trieste ha ricevuto merce acquistata dal fornitore pakistano Salabad di Karachi accompagnata dalla fattura n. 112 di 13.800 euro.

Dalla bolla doganale risulta un valore statistico assegnato alle merci di 14.000 euro, su cui sono calcolati dazi per 200 euro e IVA ordinaria.

Le registrazioni contabili della Global Standard srl riguardano:

- la fattura del fornitore pakistano di 13.800 euro;
- la bolla doganale di 3.324 euro, importo dato dalla somma di dazi per 200 euro e IVA per 3.124 euro (calcolata sulla base imponibile di 14.000 euro + 200 euro = 14.200 euro).

Presentiamo le registrazioni in P.D.
Trattandosi di una importazione la **fattura del fornitore** non riporta l'indicazione dell'IVA.

| | | | | | |
|---|---|---|---|---|---|
| 25/09 | 30.03 | MERCI C/ACQUISTI ESTERO | fattura n. 112 da Salabad | 13.800, 00 | |
| 25/09 | 14.04 | DEBITI V/FORNITORI ESTERI | fattura n. 112 da Salabad | | 13.800, 00 |

La **bolla doganale** prevede la registrazione delle spese pagate in dogana; il **dazio doganale**, in quanto costo accessorio d'acquisto, confluisce nel conto **Merci c/acquisti estero**.

| | | | | | |
|---|---|---|---|---|---|
| 25/09 | 30.03 | MERCI C/ACQUISTI ESTERO | pagate spese bolla doganale | 200, 00 | |
| 25/09 | 06.01 | IVA NS/CREDITO | pagate spese bolla doganale | 3.124, 00 | |
| 25/09 | 18.20 | BANCA X C/C | pagate spese bolla doganale | | 3.324, 00 |

Nel caso di **acquisto intracomunitario** la merce viaggia liberamente all'interno dell'Unione europea e non oltrepassa alcuna dogana. La fattura del fornitore viene compilata in base al regime transitorio fiscale previsto dal DL n. 331/1993 con l'indicazione della merce e delle eventuali spese accessorie; in seguito la fattura viene integrata dall'impresa italiana acquirente con il calcolo dell'IVA, sulla base del regime IVA previsto per le stesse operazioni in Italia. I conti utilizzati sono gli stessi delle importazioni.

## eSEMPIO Acquisto intracomunitario

Il 28 febbraio l'impresa commerciale Tecnolab srl riceve merce dal fornitore spagnolo Miguel Fornado di Malaga accompagnata dalla fattura n. 152 di 7.700 euro, consegna franco partenza. Il trasporto viene effettuato dal vettore Italtransfert srl che invia la propria fattura n. 980 di 305 euro + IVA.

Presentiamo le scritture in P.D. sul libro giornale dell'impresa acquirente.
Come sappiamo, l'IVA non viene esposta nella fattura del venditore, ma annotata successivamente dal compratore e registrata sia a debito sia a credito.

| | | | | | |
|---|---|---|---|---|---|
| 28/02 | 30.03 | MERCI C/ACQUISTI ESTERO | fattura n. 152 da M. Fornado | 7.700, 00 | |
| 28/02 | 14.04 | DEBITI V/FORNITORI ESTERI | fattura n. 152 da M. Fornado | | 7.700, 00 |
| 28/02 | 06.01 | IVA NS/CREDITO | fattura n. 152 da M. Fornado | 1.694, 00 | |
| 28/02 | 15.01 | IVA NS/DEBITO | fattura n. 152 da M. Fornado | | 1.694, 00 |

La **fattura del vettore** riporta solo i costi di trasporto maggiorati dell'IVA.

| | | | | | |
|---|---|---|---|---|---|
| 28/02 | 31.01 | COSTI DI TRASPORTO | fattura n. 980 da Italtransfert | 305, 00 | |
| 28/02 | 06.01 | IVA NS/CREDITO | fattura n. 980 da Italtransfert | 67, 10 | |
| 28/02 | 14.01 | DEBITI V/FORNITORI | fattura n. 980 da Italtransfert | | 372, 10 |

**Abbuono:** compenso da portare in detrazione del prezzo di acquisto, ottenuto in seguito a differenze riscontrate nella merce rispetto a quanto pattuito in contratto.

**Ribasso:** riduzione sul prezzo di vendita di solito effettuata per ottenere una "cifra tonda"; può essere ottenuto al momento del pagamento e/o come ulteriore riduzione "speciale".

### Come si procede se la merce acquistata non è conforme all'ordine?

Nella compravendita può capitare che la merce acquistata non sia conforme a quella ordinata o che presenti dei difetti qualitativi. Tali situazioni possono giustificare la restituzione della merce al fornitore o l'ottenimento di un **abbuono**.
In entrambi i casi (reso e abbuono) *l'impresa acquirente deve diminuire il costo sostenuto per l'acquisto*, che è stato registrato in *Dare* del conto **Merci c/acquisti**. Tale conto funziona, come sappiamo, in maniera unilaterale; pertanto per ridurre il costo si rende necessario effettuare una *rettifica indiretta* utilizzando i conti **Resi su acquisti** o **Ribassi e abbuoni attivi**.

Per quanto riguarda l'IVA, la norma prevede la facoltà, ma non l'obbligo, per il venditore di rettificare l'IVA. Pertanto spetta al venditore decidere se:

- emettere una nota di accredito a favore del cliente senza rettifica dell'IVA;
- emettere una nota di accredito a favore del cliente con rettifica dell'IVA (*nota di variazione*).

Se il venditore adotta la prima soluzione l'impresa acquirente dovrà rettificare il costo d'acquisto, ma non l'IVA a credito; nella seconda ipotesi l'acquirente dovrà rettificare, oltre all'importo dell'acquisto, anche l'IVA a credito.

## ESEMPIO Note di accredito per resi e abbuoni

Il 10/06 l'impresa Giulio Garelli ha ricevuto fattura n. 218 relativa alla fornitura di merci per 6.800 euro + IVA. Il 13/06 l'impresa restituisce merci difettose per 800 euro e richiede un abbuono di 200 euro sulle restanti merci in quanto non conformi al modello ordinato. Il 20/06 l'impresa riceve la nota di accredito con variazione IVA n. 56 per le merci rese e la nota di accredito senza variazione IVA n. 57 per l'abbuono.
Presentiamo la parte tabellare della fattura n. 218 e della nota di variazione n. 56 e le registrazioni in P.D. conseguenti a quanto indicato.

La fattura n. 218 registrata nel libro giornale il 10/06 (giorno del ricevimento) e la nota di accredito con variazione IVA n. 56 espongono gli importi presentati di seguito.

**Fattura n. 218**

| | | |
|---|---|---|
| Costo delle merci acquistate | euro | 6.800,00 |
| IVA 22% | euro | 1.496,00 |
| Totale a debito | euro | 8.296,00 |

**Nota di variazione n. 56**

| | | |
|---|---|---|
| Importo della merce resa | euro | 800,00 |
| IVA 22% | euro | 176,00 |
| Totale a credito | euro | 976,00 |

Il totale a debito della fattura di 8.296 euro, iscritto nel conto Debiti v/fornitori, deve essere diminuito per l'importo del reso (976 euro) e per quello dell'abbuono di 200 euro. Analogamente il costo di acquisto iscritto nel conto Merci c/acquisti per 6.800 euro deve subire una rettifica di 1.000 euro (800 euro per la merce resa da iscrivere in Avere del conto Resi su acquisti e 200 euro da iscrivere in Avere del conto Ribassi e abbuoni attivi).

| | | | | | |
|---|---|---|---|---|---|
| 10/06 | 30.01 | MERCI C/ACQUISTI | fattura n. 218 | 6.800, 00 | |
| 10/06 | 06.01 | IVA NS/CREDITO | fattura n. 218 | 1.496, 00 | |
| 10/06 | 14.01 | DEBITI V/FORNITORI | fattura n. 218 | | 8.296, 00 |
| 13/06 | 14.01 | DEBITI V/FORNITORI | nota di variazione n. 56 | 976, 00 | |
| 13/06 | 30.10 | RESI SU ACQUISTI | nota di variazione n. 56 | | 800, 00 |
| 13/06 | 06.01 | IVA NS/CREDITO | nota di variazione n. 56 | | 176, 00 |
| 20/06 | 14.01 | DEBITI V/FORNITORI | nota di accredito n. 57 | 200, 00 | |
| 20/06 | 30.11 | RIBASSI E ABBUONI ATTIVI | nota di accredito n. 57 | | 200, 00 |

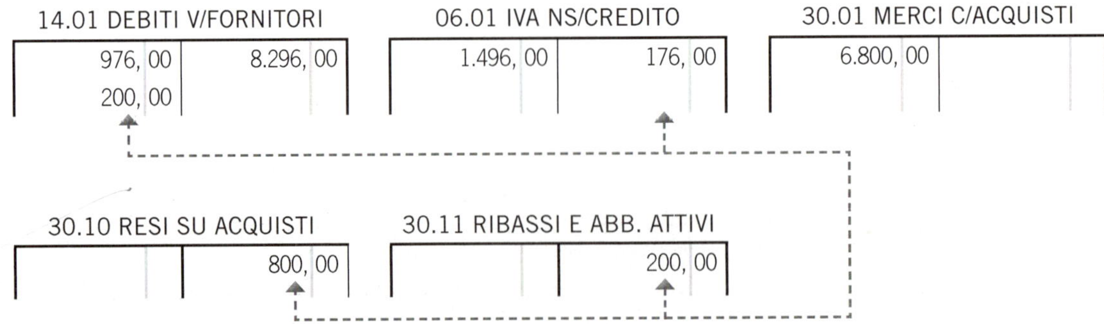


Dopo il ricevimento della nota di variazione e della nota di accredito l'impresa presenta un debito verso il fornitore di 7.120 euro. Nella Situazione economica il costo della merce acquistata è indirettamente rettificato dal reso e dall'abbuono.

## Come si rileva in contabilità l'acquisto di servizi?

Per lo svolgimento della propria attività l'azienda ha bisogno di servizi di varia natura, prestati da altre aziende o da collaboratori esterni (trasporto, assicurazione, pubblicità, energia elettrica, consulenze ecc.).
I costi sostenuti per tali servizi si rilevano in conti economici accesi alle variazioni d'esercizio; si può usare il conto sintetico **Costi per servizi** o conti analitici, quali **Consulenze**, **Pubblicità**, **Costi per energia**, **Costi telefonici** ecc.

### SEMPIO Costi per consulenze e costi telefonici

Il 30/06 si ricevono le seguenti fatture:

- fattura n. 84 del dottore commercialista Marianna Lamperi inerente al compenso per la tenuta della contabilità, che espone un onorario di 500 euro e il contributo alla Cassa di previdenza del 4%, IVA ordinaria; la parcella è regolata il giorno stesso con assegno bancario, considerando la ritenuta fiscale 20%;
- fattura n. 1256 della TIM che reca l'addebito per costi telefonici di 300 euro + IVA e presenta la scadenza al 20/07.

Presentiamo le scritture in P.D. relative alle operazioni indicate.

| | | | | | |
|---|---|---|---|---|---|
| 30/06 | 31.04 | CONSULENZE | fattura n. 84 da Lamperi | 520, 00 | |
| 30/06 | 06.01 | IVA NS/CREDITO | fattura n. 84 da Lamperi | 114, 40 | |
| 30/06 | 14.01 | DEBITI V/FORNITORI | fattura n. 84 da Lamperi | | 634, 40 |
| 30/06 | 31.05 | COSTI TELEFONICI | fattura n. 1256 da TIM | 300, 00 | |
| 30/06 | 06.01 | IVA NS/CREDITO | fattura n. 1256 da TIM | 66, 00 | |
| 30/06 | 14.01 | DEBITI V/FORNITORI | fattura n. 1256 da TIM | | 366, 00 |
| 30/06 | 14.01 | DEBITI V/FORNITORI | pagamento competenze | 634, 40 | |
| 30/06 | 15.02 | DEBITI PER RITENUTE DA VERSARE | ritenuta fiscale 20% | | 100, 00 |
| 30/06 | 18.20 | BANCA X C/C | addebito in c/c | | 534, 40 |

ROVA TU

**test interattivi nel libro digitale**

**CONOSCENZE** Operazioni di acquisto in Italia e all'estero • costi accessori e documentati • resi e abbuoni • acconti a fornitori.

**ABILITÀ** Analizzare sotto l'aspetto finanziario ed economico le operazioni di acquisto e comporre le relative scritture contabili • compilare documenti aziendali.

Indica con una crocetta la risposta esatta (alcuni quesiti possono avere più risposte esatte).

**1.** I ribassi e abbuoni attivi rappresentano:
- a *una rettifica diretta ai costi*
- b *una rettifica indiretta ai costi*
- c *una rettifica diretta ai ricavi*
- d *una rettifica indiretta ai ricavi*

**2.** Con la clausola franco partenza:
- a *i costi di trasporto della merce gravano sul venditore*
- b *i costi di trasporto della merce gravano sul compratore*
- c *i rischi del trasporto gravano sul venditore*
- d *i rischi del trasporto gravano sul compratore*

**3.** I costi di trasporto:
- a *sono componenti negativi di reddito*
- b *sono rettifiche indirette ai ricavi*
- c *se sono documentati, si contabilizzano nel conto Costi di trasporto*
- d *si riferiscono a un elemento essenziale del contratto di compravendita*

**4.** L'IVA sulla merce nelle importazioni:
- a *si rileva nella fattura di acquisto*
- b *non si rileva*
- c *si rileva nella bolla doganale*
- d *si rileva nella fattura del vettore*

5. Gli abbuoni attivi costituiscono una riduzione del prezzo di acquisto:
   - a *per arrotondamenti fatti nel momento del pagamento*
   - b *per reso di una parte della merce al fornitore*
   - c *per differenze quantitative della merce rispetto a quanto previsto in contratto*
   - d *per differenze qualitative della merce rispetto a quanto previsto in contratto*

6. Il ricevimento di una nota di variazione comporta per il cliente:
   - a *la variazione del costo della merce e dell'IVA a credito*
   - b *esclusivamente la variazione del costo della merce*
   - c *la variazione del costo della merce e dell'IVA a debito*
   - d *esclusivamente la variazione dell'IVA a credito o dell'IVA a debito*

**2** Analizza la parte tabellare della fattura n. 198 ricevuta in data 10 marzo dall'impresa Franco Carlini, presenta la registrazione in P.D. e rispondi alle domande che seguono.

| Quantità | Descrizione | Prezzo unitario | Totale |
|---|---|---|---|
| 20 | Mobili bagno modello AS56 | euro 125,00 | euro 2.500,00 |
| 10 | Scarpiere modello ST78 | euro 45,00 | euro 450,00 |
| | | | euro 2.950,00 |
| | Costi di trasporto | | euro 120,00 |
| | Base imponibile | | euro 3.070,00 |
| | IVA 22% | | euro 675,40 |
| | Totale fattura | | euro 3.745,40 |

| | | | | | |
|---|---|---|---|---|---|
| 10/03 | 30.01 | Merci c/acquisti | fattura n. 198 | 3070,00 | |
| 10/03 | 06.01 | IVA ns/credito | fattura n. 198 | 675,40 | |
| 10/03 | 14.01 | Debiti v/fornitori | fattura n. 198 | | 3745,40 |

1. Quale clausola relativa al luogo di consegna è stata prevista nel contratto? F.M.V.
2. Perché i costi di trasporto indicati in fattura rientrano nell'imponibile IVA? pk non sono documentati
3. Se il trasporto fosse stato effettuato, con la stessa clausola di consegna, da un vettore in porto franco, quante fatture avrebbe ricevuto Franco Carlini e con quali registrazioni in P.D. si sarebbero dovute rilevare?
4. Da che cosa si deduce che questa fattura non può essere relativa a una importazione?

**3** Completa i documenti seguenti e rispondi alle domande.

**Fattura n. 265 del 15/11**
**Impresa Ravari**

| | |
|---|---|
| n. 85 Prodotti modello Mare a 68,00 euro ciascuno (aliquota IVA 22%) | euro 5.780,00 |
| n. 40 prodotti modello Sabbia a 25 euro ciascuno (aliquota IVA 10%) | euro 1.000,00 |
| | euro 6.780,00 |
| Costi di trasporto e imballaggio | euro 339,00 |
| Imponibile | euro 7.119,00 |
| IVA 22% su (........... + ...........) ........... | euro ............ |
| IVA 10% su (........... + ...........) ........... | euro ............ |
| Totale fattura | euro ............ |

**Nota di variazione n. 126 del 20/11**
**Impresa Ravari**

| | |
|---|---|
| Abbuoni riconosciuti sui prodotti modello Mare | euro 600,00 |
| IVA (............) | euro ............ |
| Totale a Vs/credito | euro ............ |

1. A quanto ammonta il debito verso l'impresa Ravari?
2. Qual è il costo effettivo della merce acquistata?
3. Quale importo viene scritto in Dare del conto Merci c/acquisti?
4. Qual è la natura del conto Ribassi e abbuoni attivi?
5. Quale importo accoglie in Avere il conto Ribassi e abbuoni attivi?

**4** Completa i documenti seguenti e rispondi alle domande.

**Fattura n. 84 del 22/10**
**Impresa Garnesi**

| | | |
|---|---|---|
| Acconto | euro | 2.200,00 |
| IVA 22% | euro | ............ |
| Totale fattura | euro | ............ |

**Fattura n. 121 del 30/11**
**Impresa Garnesi**

| | | |
|---|---|---|
| Merce | euro | 11.500,00 |
| Acconto già versato | euro | ............ |
| | euro | ............ |
| IVA 22% su .................. | euro | ............ |
| Totale fattura | euro | ............ |

1. A quanto ammonta il debito complessivo verso il fornitore Garnesi? ............................................................................
........................................................................................................................................................................
2. Qual è il costo della merce acquistata? ........................................................................................................
........................................................................................................................................................................
3. Qual è l'importo complessivo dell'IVA a credito? ..........................................................................................
........................................................................................................................................................................
4. Quali conti vengono iscritti in Dare nella registrazione effettuata il 22/10? ..................................................
........................................................................................................................................................................

**5** Individua la natura, l'eccedenza e l'inserimento nella Situazione patrimoniale e nella Situazione economica dei seguenti conti.

| Denominazioni dei conti | Conti finanziari | Conti economici | Eccedenze | | Situazione patrimoniale | | Situazione economica | |
|---|---|---|---|---|---|---|---|---|
| | | | Dare | Avere | Attività | Passività | Costi | Ricavi |
| IVA ns/credito | X | | X | | X | | | |
| Debiti v/fornitori | X | | | X | | X | | |
| Merci c/acquisti | | X | X | | | | X | |
| Materie di consumo c/acquisti | | X | X | | | | X | |
| Costi di trasporto | | X | X | | | | X | |
| Resi su acquisti | | X | | X | | | | X |
| Ribassi e abbuoni attivi | | X | | X | | | | X |
| Debiti per ritenute da versare | X | | | X | | X | | |
| Consulenze | | X | | X | | | X | |
| Costi telefonici | | X | | X | | | X | |

**6** **CLIL** Complete the sentences by filling in the blanks with the correct terms choosing from those suggested below.

*invoice • import item • positive • export • VAT receivable • negative • VAT in our credit account*

1. The ........................................ is the document that provides evidence of a purchase made on the market.
2. Transport costs are ........................................ income statement items.
3. An ........................................ is recorded under Goods purchased from foreign vendors account.
4. A purchase invoice is recorded under ........................................ .

# Lezione 3 Il pagamento dei debiti

audio
Bonifico = *Bank transfer*
Carta di credito = *Credit card*
Assegno = *Cheque*
Denaro contante = *Cash*
Cambiale = *Bill of exchange*
Sconto mercantile = *Trade discount*


## Con quali strumenti si possono pagare le fatture di acquisto?

Le fatture di acquisto possono essere regolate con diversi strumenti: bonifici, carte di credito, assegni oppure denaro contante. La normativa antiriciclaggio non consente i pagamenti effettuati in denaro contante per importi pari o superiori a 3.000 euro.

Il pagamento dà luogo a una uscita monetaria che si registra in **Avere** dei conti finanziari accesi alle disponibilità liquide, o del conto Banca X c/c e alla contemporanea estinzione del debito che si registra in **Dare** del conto Debiti v/fornitori.

Nei regolamenti differiti, soprattutto quando le parti contraenti non hanno rapporti commerciali continuativi, possono essere utilizzate le **cambiali** (tratte e pagherò).

Il pagamento differito del debito verso il fornitore avviene abitualmente con **disposizioni elettroniche d'incasso (Ri.Ba.)**. Con la procedura Ri.Ba. per l'incasso di ricevute bancarie elettroniche le imprese fornitrici trasmettono per via telematica alla propria banca le partite da incassare, indicando nomi, indirizzi e codici fiscali dei debitori, nonché gli importi dovuti, le scadenze e le banche presso le quali i debitori stessi hanno richiesto di voler eseguire il pagamento (banche domiciliatarie). Le banche incaricate inviano ai singoli debitori gli avvisi di scadenza e, in caso di pagamento, consegnano loro un documento di *ricevuta* che viene stampato nel momento in cui è eseguito il versamento dell'importo.

Il **regolamento della fattura** comporta l'estinzione del debito verso il fornitore a cui si possono associare una diminuzione di disponibilità liquide, l'accensione di nuovi debiti oppure la diminuzione di crediti, a seconda delle modalità e dei mezzi di pagamento pattuiti.

**Regolamento delle fatture di acquisto**

| Strumenti di regolamento | Registrazione in *Dare* nel conto | Registrazione in *Avere* nei conti |
|---|---|---|
| Denaro contante | DEBITI V/FORNITORI | DENARO IN CASSA |
| Assegno bancario | | BANCA X C/C |
| Bonifici:<br>• bancario<br>• postale | | BANCA X C/C<br>C/C POSTALI |
| Cambiali:<br>• accettazione di tratta<br>• rilascio di pagherò<br>• girata di cambiale | | CAMBIALI PASSIVE<br>CAMBIALI PASSIVE<br>CAMBIALI ATTIVE |
| Con addebito del c/c bancario:<br>• estinzione di Ri.Ba.<br>• estinzione di cambiali | | BANCA X C/C |

## SEMPIO Pagamento di fatture di acquisto (porto franco)

La Garletti srl paga, in data 30/07, le seguenti fatture (comprensive di IVA):

- fattura n. 123 di 12.560 euro, regolata con bonifico bancario;
- fattura n. 87 di 1.560 euro, regolata con assegno bancario;
- fattura n. 145 di 870 euro, regolata con giroconto postale;
- fattura n. 346 di 124 euro, regolata con denaro contante.

Presentiamo le scritture in P.D.

Il pagamento delle fatture dà luogo al debiti verso fornitori da registrare in Dar netarie da registrare in Avere degli spec stati alle disponibilità liquide (Assegni, D Banca X c/c, C/c postali). Nel caso di re bonifico bancario il conto da accreditare che fa parte dei conti finanziari con alte in quanto il c/c bancario può essere sia attivo (in questa ipotesi fa parte delle disponibilità liquide) sia passivo (in questo caso fa parte dei debiti).

| | | | | | |
|---|---|---|---|---|---|
| 30/07 | 14.01 | DEBITI V/FORNITORI | saldata fattura n. 123 | 12.560, 00 | |
| 30/07 | 18.20 | BANCA X C/C | saldata fattura n. 123 | | 12.560, 00 |
| 30/07 | 14.01 | DEBITI V/FORNITORI | saldata fattura n. 87 | 1.560, 00 | |
| 30/07 | 18.20 | BANCA X C/C | saldata fattura n. 87 | | 1.560, 00 |
| 30/07 | 14.01 | DEBITI V/FORNITORI | saldata fattura n. 145 | 870, 00 | |
| 30/07 | 08.02 | C/C POSTALI | saldata fattura n. 145 | | 870, 00 |
| 30/07 | 14.01 | DEBITI V/FORNITORI | saldata fattura n. 346 | 124, 00 | |
| 30/07 | 08.20 | DENARO IN CASSA | saldata fattura n. 346 | | 124, 00 |

**Sconto mercantile:** può essere condizionato o incondizionato. È condizionato quando è riconosciuto al cliente se si verifica una determinata condizione (per esempio quando il cliente effettua il pagamento per pronta cassa di una fattura oppure raggiunge un prestabilito volume di acquisti); è incondizionato se è riconosciuto indipendentemente dal verificarsi di una specifica condizione.

Quando l'acquirente effettua il pagamento immediato di una fattura ottiene, in genere, uno **sconto mercantile**.

Se lo sconto è subordinato al pagamento immediato *per pronta cassa* (o *per contanti*), in contabilità generale viene accreditato, al momento del pagamento della fattura, il conto **Proventi finanziari diversi**. Si ha pertanto una variazione finanziaria attiva per l'estinzione del debito verso il fornitore, una variazione economica positiva per la riduzione ottenuta e una variazione finanziaria passiva per l'importo pagato.

## SEMPIO Pagamento di fatture di acquisto con ribassi e sconti condizionati

Il 20/03 l'impresa Piera Galliano salda le seguenti fatture:

- fattura n. 156 della Margheri & C. snc per acquisto di materie di consumo di 135,80 euro, con rilascio di un assegno bancario di 135 euro;
- fattura n. 185 per acquisto di merci della Consoli spa di 19.520 euro (IVA inclusa) con possibilità di ottenere lo sconto 2% se il pagamento è immediato, oppure di versare il prezzo pieno, se viene scelto il regolamento a 60 giorni. L'impresa Galliano opta per il pagamento immediato con bonifico bancario (commissioni bancarie 3,50 euro).

Presentiamo le scritture in P.D. relative al pagamento delle due fatture (per lo sconto la Consoli spa ha emesso nota di accredito con variazione IVA n. 34).

Sulla fattura n. 156 l'impresa Galliano ha ottenuto un ribasso (arrotondamento) sull'importo da pagare che si registra in Avere del conto **Ribassi e abbuoni attivi**; sulla fattura n. 185, invece, avendo accettato il pagamento immediato l'impresa ha ottenuto uno sconto condizionato (da registrare in Avere del conto economico acceso alle variazioni d'esercizio **Proventi finanziari diversi**) per il quale il venditore (Consoli spa) ha emesso nota di accredito con variazione IVA n. 34. Analogamente ai resi e agli abbuoni, anche per gli sconti condizionati la scelta

di emettere la nota di accredito con o senza variazione IVA compete al venditore.
L'importo a debito indicato nella fattura n. 185, IVA inclusa, è di 19.520 euro (16.000 euro per le merci e 3.520 euro per l'IVA), perciò l'importo dello sconto (2%) è di 390,40 euro. Avendo scelto di emettere nota di variazione, l'IVA a credito da rettificare è di 70,40 euro, mentre 320 euro corrispondono al provento finanziario come risulta dalla seguente proporzione:

$$390{,}40 : 122 = x : 22$$

da cui $x = 70{,}40$ importo dell'IVA

| | | | | | |
|---|---|---|---|---|---|
| 20/03 | 14.01 | DEBITI V/FORNITORI | saldo fattura n. 156 | 135,80 | |
| 20/03 | 30.11 | RIBASSI E ABBUONI ATTIVI | saldo fattura n. 156 | | 0,80 |
| 20/03 | 18.20 | BANCA X C/C | saldo fattura n. 156 | | 135,00 |
| 20/03 | 14.01 | DEBITI V/FORNITORI | nota di variazione n. 34 | 390,40 | |
| 20/03 | 06.01 | IVA NS/CREDITO | nota di variazione n. 34 | | 70,40 |
| 20/03 | 40.20 | PROVENTI FINANZIARI DIVERSI | nota di variazione n. 34 | | 320,00 |
| 20/03 | 14.01 | DEBITI V/FORNITORI | saldo fattura n. 185 | 19.129,60 | |
| 20/03 | 18.20 | BANCA X C/C | saldo fattura n. 185 | | 19.129,60 |
| 20/03 | 31.15 | COMMISSIONI BANCARIE | commissioni su bonifico | 3,50 | |
| 20/03 | 18.20 | BANCA X C/C | commissioni su bonifico | | 3,50 |

## Come si rileva in contabilità il regolamento posticipato?

Il pagamento differito può avvenire con cambiali, Ri.Ba. o più semplicemente a dilazione senza cambiali, situazione che si verifica quando il rapporto contrattuale è improntato sulla reciproca fiducia.

Il regolamento con **cambiali** può avvenire con rilascio di un pagherò o accettazione di una cambiale tratta, o anche mediante girata di cambiali in portafoglio, in precedenza ricevute da clienti.
Nel primo caso si ha una diminuzione di debiti e un aumento di cambiali passive (variazione finanziaria attiva nel conto **Debiti v/fornitori** e variazione finanziaria passiva nel conto **Cambiali passive**).
Alla scadenza le cambiali passive devono essere pagate con corrispondente diminuzione nelle disponibilità liquide.

### SEMPIO Regolamento di un debito con accettazione di tratta

L'imprenditore Aldo Fioresi riceve in data 18/06 la fattura n. 344 della Impiantil srl per acquisto di merci per 8.120 euro + IVA; in fattura sono esposti costi di trasporto non documentati di 280 euro. Il regolamento della fattura è previsto mediante una tratta con scadenza a fine luglio.
Il 20 giugno l'imprenditore accetta la tratta emessa dal fornitore; alla scadenza la cambiale è regolata con addebito del conto corrente.
Presentiamo le scritture in P.D. relative alle operazioni precedenti:

| | | | | | |
|---|---|---|---|---|---|
| 18/06 | 30.01 | MERCI C/ACQUISTI | fattura n. 344 da Impiantil srl | 8.400,00 | |
| 18/06 | 06.01 | IVA NS/CREDITO | fattura n. 344 da Impiantil srl | 1.848,00 | |
| 18/06 | 14.01 | DEBITI V/FORNITORI | fattura n. 344 da Impiantil srl | | 10.248,00 |
| 20/06 | 14.01 | DEBITI V/FORNITORI | accettata tratta | 10.248,00 | |
| 20/06 | 14.06 | CAMBIALI PASSIVE | accettata tratta | | 10.248,00 |
| 31/07 | 14.06 | CAMBIALI PASSIVE | estinto pagherò in scadenza | 10.248,00 | |
| 31/07 | 18.20 | BANCA X C/C | addebito in c/c pagherò in scadenza | | 10.248,00 |

Se il regolamento avviene con girata di cambiali in portafoglio si ha una variazione finanziaria attiva nel conto **Debiti v/fornitori** e una variazione finanziaria passiva nel conto **Cambiali attive**.

## SEMPIO Regolamento di un debito con girata di cambiale

L'imprenditore Luigi Carlesi riceve in data 10/06 la fattura n. 344 della Cartiere srl per acquisto di materiale di consumo per 2.000 euro + IVA; scadenza a fine giugno. Il 12 giugno l'imprenditore, a regolamento della fattura, gira la tratta ricevuta dal cliente Rossini di 1.000 euro ed emette un pagherò per la differenza.

Presentiamo le scritture in P.D. relative alle operazioni precedenti:

| | | | | | |
|---|---|---|---|---|---|
| 10/06 | 30.02 | MATERIE DI CONSUMO C/ACQUISTI | fattura n. 344 da Cartiere srl | 2.000, 00 | |
| 10/06 | 06.01 | IVA NS/CREDITO | fattura n. 344 da Cartiere srl | 440, 00 | |
| 10/06 | 14.01 | DEBITI V/FORNITORI | fattura n. 344 da Cartiere srl | | 2.440, 00 |
| 12/06 | 14.01 | DEBITI V/FORNITORI | saldata fattura n. 344 | 2.440, 00 | |
| 12/06 | 05.06 | CAMBIALI ATTIVE | girato effetto | | 1.000, 00 |
| 12/06 | 14.06 | CAMBIALI PASSIVE | emesso pagherò | | 1.440, 00 |

Diversamente dalle cambiali, il regolamento con **Disposizioni elettroniche d'incasso** (Ri.Ba.) non comporta lo storno immediato del conto Debiti v/fornitori in quanto le Ri.Ba. non sono titoli di credito. Il debito verso il fornitore resta perciò acceso fino a quando la Ri.Ba. non verrà pagata dando luogo a una variazione finanziaria attiva nel conto **Debiti v/fornitori** e a una variazione finanziaria passiva nel conto **Banca X c/c**.

## SEMPIO Acquisto di merci e regolamento con Ri.Ba.

Il 10/07 l'impresa Valeria Tosetti riceve la fattura n. 188 inerente l'acquisto di merci dal fornitore Antinori Mauro di cui presentiamo la parte tabellare.

**Fattura n. 188 da Antinori Mauro**

| | |
|---|---|
| Prodotti TR67 modello base (n. 200 al prezzo unitario di 48,00 euro) | euro 9.600,00 |
| Sconto incondizionato 30% | euro 2.880,00 |
| | euro 6.720,00 |
| IVA 22% su 6.720 | euro 1.478,40 |
| Totale fattura | euro 8.198,40 |

Il pagamento è stabilito a 30 giorni data fattura a mezzo Ri.Ba.

Presentiamo le registrazioni in P.D. del ricevimento e pagamento della fattura.

In fattura è presente uno sconto incondizionato, ossia riconosciuto al cliente senza che si verifichino specifiche condizioni. Tale sconto è portato in diretta diminuzione del prezzo della merce acquistata. In contabilità generale lo sconto incondizionato non è registrato come tale, in quanto già considerato nel prezzo di acquisto della merce. Il fatto che il pagamento sia differito e che avvenga a mezzo disposizioni elettroniche d'incasso comporta che il debito verso il fornitore resti acceso in contabilità fino alla scadenza (9 agosto), giorno nel quale l'acquirente estingue la Ri.Ba. dando così luogo a una diminuzione delle disponibilità liquide sul c/c bancario.

| | | | | | |
|---|---|---|---|---|---|
| 10/07 | 30.01 | MERCI C/ACQUISTI | fattura n. 188 da Antinori Mauro | 6.720, 00 | |
| 10/07 | 06.01 | IVA NS/CREDITO | fattura n. 188 da Antinori Mauro | 1.478, 40 | |
| 10/07 | 14.01 | DEBITI V/FORNITORI | fattura n. 188 da Antinori Mauro | | 8.198, 40 |
| 09/08 | 14.01 | DEBITI V/ FORNITORI | pagata Ri.Ba. in scadenza | 8.198, 40 | |
| 09/08 | 18.20 | BANCA X C/C | addebito in c/c Ri.Ba. | | 8.198, 40 |

**Interessi espliciti:** interessi evidenziati in fattura.

Nei regolamenti posticipati vengono talvolta richiesti **interessi espliciti** di dilazione a un tasso concordato e per tutto il tempo della dilazione concessa.

## SEMPIO Regolamento di una fattura di acquisto con interessi di dilazione

Il 12/04 l'impresa Stefano Ponzani ha ricevuto dalla Garlet spa fattura n. 257 relativa alla fornitura di merci per 15.425 euro + IVA, con scadenza a 60 giorni. Il pagamento avviene a mezzo Ri.Ba. domiciliata presso la banca Intesa Sanpaolo. Per la dilazione ottenuta vengono concordati interessi al tasso 5% esposti in fattura. Presentiamo le registrazioni in P.D.

Gli interessi per dilazione di pagamento sono così calcolati:

$$\text{euro } \frac{18.818{,}50 \times 5 \times 60}{36.500} = \text{euro } 154{,}67 \text{ interessi di dilazione}$$

Alla scadenza stabilita l'impresa ordina alla banca, presso cui è correntista, di eseguire il pagamento della Ri.Ba. con addebito in c/c.

| | | | | | |
|---|---|---|---|---|---|
| 12/04 | 30.01 | MERCI C/ACQUISTI | fattura n. 257 da Garlet spa | 15.425,00 | |
| 12/04 | 06.01 | IVA NS/CREDITO | fattura n. 257 da Garlet spa | 3.393,50 | |
| 12/04 | 41.01 | INTERESSI PASSIVI A FORNITORI | interessi di dilazione 5% | 154,67 | |
| 12/04 | 14.01 | DEBITI V/FORNITORI | fattura n. 257 da Garlet spa | | 18.973,17 |
| 11/06 | 14.01 | DEBITI V/FORNITORI | saldo a mezzo Ri.Ba. | 18.973,17 | |
| 11/06 | 18.20 | INTESA SANPAOLO C/C | addebito in c/c | | 18.973,17 |

A differenza degli interessi di dilazione, che derivano da un accordo tra le parti, gli **interessi di mora** servono a risarcire il danno che il creditore ha subìto a causa dell'inadempimento da parte del debitore; il tasso a cui gli interessi di mora vanno calcolati è regolato dalla legge che ne fissa l'importo massimo.

## SEMPIO Regolamento di una fattura di acquisto con interessi di mora

L'impresa Antonella Corradi ha pagato, in data 18/03, tramite conto corrente bancario la fattura n. 345 di 4.600 euro maggiorata degli interessi di mora di 121 euro.

Presentiamo la registrazione in P.D.

La scrittura in P.D. nel libro giornale è la seguente:

| | | | | | |
|---|---|---|---|---|---|
| 18/03 | 14.01 | DEBITI V/FORNITORI | saldata fattura n. 345 | 4.600,00 | |
| 18/03 | 41.01 | INTERESSI PASSIVI A FORNITORI | interessi di mora | 121,00 | |
| 18/03 | 18.20 | BANCA X C/C | addebito in c/c | | 4.721,00 |

### Come si rileva il pagamento dei debiti in valuta estera?

Il pagamento delle fatture di fornitori esteri può essere effettuato in vari modi, il più semplice dei quali è rappresentato dal bonifico bancario, di cui ci occupiamo qui, mentre altre modalità di regolamento più complesse saranno oggetto di studio nella classe quarta. Per il bonifico, l'impresa si rivolge alla propria banca, che procede all'esecuzione dell'operazione appoggiandosi a una banca estera con cui intrattiene rapporti d'affari oppure a quella indicata dal fornitore.

Se l'importo del debito verso il fornitore estero è espresso in euro, la rilevazione del pagamento avviene sulla base della fattura. In tal caso si rileva la *variazione finanziaria attiva* per l'estinzione del debito e la corrispondente *variazione finanziaria passiva* per la diminuzione delle disponibilità in c/c bancario. Per il servizio effettuato la banca addebita in c/c una **commissione**.

| | | | | | |
|---|---|---|---|---|---|
| ........ | 14.04 | DEBITI V/FORNITORI ESTERI | saldo fattura n. 815 Newtel | 4.400,00 | |
| ........ | 18.20 | BANCA X C/C | saldo fattura n. 815 Newtel | | 4.400,00 |
| ........ | 31.15 | COMMISSIONI BANCARIE | commissioni bonifico estero | 10,00 | |
| ........ | 18.20 | BANCA X C/C | commissioni bonifico estero | | 10,00 |

Se il debito è espresso in **moneta estera** ed è stato convertito in euro per la rilevazione della fattura sul giornale di P.D., alla data del pagamento dilazionato *il cambio della valuta estera può essere variato* e l'uscita monetaria può risultare diversa rispetto all'importo del debito rilevato.
Se l'euro si è apprezzato sulla valuta estera (cioè è aumentato di valore), il cambio del giorno del pagamento è più favorevole rispetto al cambio di rilevazione della fattura, per cui l'importo da pagare è minore dell'ammontare del debito in quanto con un euro è possibile acquistare un valore superiore nella moneta estera: in tal caso la differenza tra i due importi si rileva nel conto economico **Differenze attive in cambi**, *acceso ai ricavi d'esercizio.*
Se invece l'euro si è deprezzato sulla valuta estera, il cambio del giorno del pagamento è meno favorevole di quello di rilevazione della fattura e l'importo da pagare risulta maggiore del debito: in questo caso la differenza tra i due importi si rileva nel conto economico **Differenze passive in cambi**, *acceso ai costi d'esercizio.*

## SEMPIO Pagamento di un debito in moneta estera

Il 19 ottobre l'impresa industriale Studiolab spa di Bolzano ha acquistato merce dal fornitore statunitense New Dimension Ltd di Chicago documentata dalla fattura n. 131 di 14.700 dollari, che viene rilevata sul giornale di P.D. al cambio euro/dollaro di 1,3593 (1,3593 dollari per 1 euro). Il contratto prevede il pagamento del debito a 30 giorni a mezzo di bonifico bancario. Il 18 novembre la Studiolab spa ordina alla banca di effettuare un bonifico a favore della New Dimension. La banca effettua l'operazione al cambio euro/dollaro del giorno di 1,3483 e addebita commissioni per 15,00 euro.
Presentiamo i calcoli e le registrazioni in P.D.

L'importo in euro si ottiene dividendo l'importo in dollari per il valore del cambio:
14.700 : 1,3593 = euro 10.814,39 importo del debito all'atto della registrazione della fattura;
14.700 : 1,3483 = euro 10.902,62 importo del debito alla data del pagamento.
Il *deprezzamento dell'euro sul dollaro* causa un aumento dell'importo in euro necessario per estinguere il debito di 14.700 dollari, provocando un maggior costo per l'impresa da rilevare nel conto economico acceso ai costi di esercizio **Differenze passive in cambi**.

| | | | | | |
|---|---|---|---|---|---|
| 19/10 | 30.03 | MERCI C/ACQUISTI ESTERO | fattura n. 131 New Dimension | 10.814,39 | |
| 19/10 | 14.04 | DEBITI V/FORNITORI ESTERI | fattura n. 131 New Dimension | | 10.814,39 |
| 18/11 | 14.04 | DEBITI V/FORNITORI ESTERI | saldo fatt. n. 131 New Dimension | 10.814,39 | |
| 18/11 | 41.21 | DIFFERENZE PASSIVE IN CAMBI | cambio sfavorevole | 88,23 | |
| 18/11 | 18.20 | BANCA X C/C | saldo fatt. n. 131 New Dimension | | 10.902,62 |
| 18/11 | 31.15 | COMMISSIONI BANCARIE | commissioni bonifico | 15,00 | |
| 18/11 | 18.20 | BANCA X C/C | commissioni bonifico | | 15,00 |

Nel caso in cui il cambio euro/dollaro del giorno di esecuzione del bonifico fosse stato 1,3682, l'impresa avrebbe avuto un minor esborso in euro per saldare lo stesso debito.
14.700 : 1,3593 = euro 10.814,39 importo del debito all'atto della registrazione della fattura;
14.700 : 1,3682 = euro 10.744,04 importo del debito alla data del pagamento.
L'*apprezzamento dell'euro sul dollaro* determina una riduzione dell'importo in euro necessario per estinguere il debito di 14.700 dollari, con un minor costo per l'impresa da rilevare nel conto economico acceso ai ricavi di esercizio **Differenze attive in cambi**.

| | | | | | |
|---|---|---|---|---|---|
| 18/11 | 14.04 | DEBITI V/FORNITORI ESTERI | saldo fatt. n. 131 New Dimension | 10.814,39 | |
| 18/11 | 18.20 | BANCA X C/C | saldo fatt. n. 131 New Dimension | | 10.744,04 |
| 18/11 | 40.21 | DIFFERENZE ATTIVE IN CAMBI | cambio favorevole | | 70,35 |

## Come si può scegliere il tempo di pagamento delle fatture?

Il compratore si può trovare nella situazione di dover decidere se pagare per pronta cassa oppure se eseguire un pagamento differito. Nel regolamento immediato il compratore ottiene, generalmente, una riduzione di prezzo (sconto mercantile); nel regolamento posticipato non si ottengono sconti e, per lunghe dilazioni, possono essere richiesti anche gli interessi di dilazione. Il compratore sceglie ovviamente l'epoca di pagamento a lui più conveniente.

## SEMPIO Scelta tra pagamento immediato e pagamento differito

L'impresa Luisa Antoni deve regolare una fattura di 14.520 euro; il fornitore offre le seguenti condizioni di pagamento:
- pagamento per pronta cassa sconto 1% sull'importo della fattura;
- pagamento a 60 giorni al prezzo pieno indicato in fattura.

Le disponibilità liquide sufficienti per effettuare il pagamento immediato sono depositate sul c/c bancario aperto presso la Banca Nazionale del Lavoro e fruttano interessi al tasso netto 1,20%.
Verifichiamo quale delle due modalità di pagamento è più conveniente per l'impresa e presentiamo la registrazione in P.D.

| | |
|---|---|
| Importo della fattura | euro 14.520,00 |
| Sconto condizionato (1% su 14.520 euro) | euro 145,20 |
| Importo da pagare per pronta cassa | euro 14.374,80 |

Il pagamento a 60 giorni di 14.520 euro include gli interessi impliciti per 145,20 euro, che corrispondono al tasso 6,14% così calcolato:

$$r = \frac{36.500 \times 145{,}20}{14.374{,}80 \times 60} = 6{,}14\%$$

Per effettuare il pagamento immediato della fattura è tuttavia necessario prelevare dal c/c bancario 14.374,80 euro che fruttano interessi così calcolati:

$$\text{interessi } \frac{14.374{,}80 \times 1{,}20 \times 60}{36.500} = 28{,}36 \text{ euro}$$

Gli interessi impliciti nel pagamento a dilazione sono superiori a quelli che maturano sul c/c bancario. Pertanto per l'acquirente è più conveniente optare per il **pagamento immediato**, prelevando dal c/c bancario la somma necessaria.

| | | | | | |
|---|---|---|---|---|---|
| .......... | 14.01 | DEBITI V/FORNITORI | saldata fattura | 14.520,00 | |
| .......... | 40.20 | PROVENTI FINANZIARI DIVERSI | saldata fattura | | 145,20 |
| .......... | 18.20 | BNL C/C | saldata fattura | | 14.374,80 |

ROVA TU

test interattivi nel libro digitale

 CONOSCENZE Modalità di pagamento dei debiti nazionali ed esteri • sconti e ribassi • interessi di dilazione e di mora.

 ABILITÀ Analizzare sotto l'aspetto finanziario ed economico le operazioni di regolamento dei debiti commerciali e comporre le relative scritture contabili.

1 Indica con una crocetta la risposta esatta (alcuni quesiti possono avere più risposte esatte).

**1.** Il pagamento di un debito mediante Ri.Ba. comporta:
- a *lo storno del conto Cambiali passive*
- b *lo storno del conto Debiti v/fornitori*
- c *l'utilizzo delle disponibilità liquide presenti sul conto corrente bancario*
- d *l'utilizzo delle disponibilità liquide presenti in cassa*

**2.** Il regolamento di un debito mediante accettazione di una tratta comporta:
- a *l'aumento del debito nel conto Cambiali passive*
- b *la diminuzione del debito nel conto Cambiali passive*
- c *l'aumento del debito nel conto Cambiali attive*
- d *la diminuzione del debito nel conto Cambiali attive*

3. Lo sconto mercantile è ottenuto dall'impresa acquirente:
   - a *per pagamenti posticipati*
   - b *per pagamenti per pronta cassa o per contanti*
   - c *per differenze qualitative delle merci ricevute rispetto a quelle ordinate*
   - d *per differenze quantitative delle merci ricevute rispetto a quelle ordinate*

4. Il pagamento di un debito mediante girata di una cambiale comporta:
   - a *la diminuzione delle cambiali passive presenti in portafoglio*
   - b *la diminuzione delle cambiali attive presenti in portafoglio*
   - c *l'utilizzo delle disponibilità liquide presenti sul c/c bancario*
   - d *l'utilizzo delle disponibilità liquide presenti sul c/c postale*

5. Le differenze attive in cambi rappresentano:
   - a *un costo d'esercizio*
   - b *un ricavo d'esercizio*
   - c *un costo pluriennale*
   - d *un valore finanziario passivo*

6. Gli interessi di mora:
   - a *sono calcolati utilizzando un tasso previsto dalla legge*
   - b *hanno natura risarcitoria*
   - c *derivano da accordi tra le parti*
   - d *sono previsti in contratto*

**2** Indica se le seguenti affermazioni sono vere o false; in quest'ultimo caso suggerisci sul quaderno la formulazione corretta.

1. Il regolamento di un debito mediante girata di una cambiale comporta la diminuzione delle cambiali passive. attive — V F
2. Il regolamento di un debito a mezzo bonifico bancario determina l'aumento delle disponibilità di c/c bancario. — V F
3. Gli sconti ottenuti a seguito del pagamento per pronta cassa si rilevano nel conto Proventi finanziari diversi. — V F
4. Il pagamento di un debito mediante rilascio di un assegno bancario richiede l'uso del conto Assegni. — V F
5. Il tasso per calcolare gli interessi di mora è concordato tra venditore e compratore. — V F

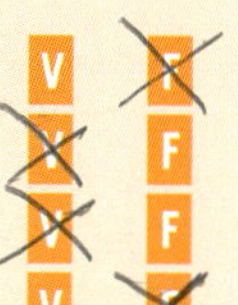

**3** Completa la seguente tabella specificando la natura e l'eccedenza del conto (come nell'esempio riportato nella prima riga).

| Denominazione del conto | Natura | Eccedenza |
|---|---|---|
| Debiti v/fornitori | *Finanziaria, passiva* | *Avere* |
| Banca X c/c | Finanziaria, attiva | Dare |
| C/c postali | Finanziaria, attiva | Dare /Avere |
| Denaro in cassa | Finanziaria, attiva | Dare |
| Cambiali passive | Finanziaria, passiva | Avere |
| Cambiali attive | Finanziaria, attiva | Dare |
| IVA ns/credito | Finanziaria, attiva | Dare |
| Differenze attive in cambi | Economica, positiva | Avere |
| Ribassi e abbuoni attivi | Economica, positiva | Avere |
| Proventi finanziari diversi | Economica, positiva | Avere |
| Resi su acquisti | Economica, positiva | Avere |
| Assegni | Finanziaria, attiva | Dare |

**4** Sulla base delle registrazioni nei conti di mastro, individua e descrivi le operazioni compiute dall'impresa Mariano Tassani.

**a.**

14.01 DEBITI V/FORNITORI

| Dare | Avere |
|---|---|
| 7.564,00 | 7.564,00 |

30.01 MERCI C/ACQUISTI

| Dare | Avere |
|---|---|
| 6.200,00 | |

18.20 BANCA X C/C

| Dare | Avere |
|---|---|
| | 2.500,00 |
| | 3,50 |

| 06.01 IVA NS/CREDITO | |
|---|---|
| 1.364, 00 | |

| 14.06 CAMBIALI PASSIVE | |
|---|---|
| | 5.064, 00 |

| 31.15 COMMISSIONI BANCARIE | |
|---|---|
| 3, 50 | |

**b.**

| 30.02 MATERIE DI CONSUMO C/ACQUISTI | |
|---|---|
| 1.420, 00 | |

| 06.01 IVA NS/CREDITO | |
|---|---|
| 312, 40 | |
| 61, 60 | |

| 14.01 DEBITI V/FORNITORI | |
|---|---|
| 1.732, 40 | 1.732, 40 |
| 341, 60 | 341, 60 |

| 31.01 COSTI DI TRASPORTO | |
|---|---|
| 280, 00 | |

| 08.02 C/C POSTALI | |
|---|---|
| | 1.732, 00 |

| 30.11 RIBASSI E ABBUONI ATTIVI | |
|---|---|
| | 0, 40 |
| | 3, 60 |

| 18.20 BANCA X C/C | |
|---|---|
| | 338, 00 |

**c.**

| 30.01 MERCI C/ACQUISTI | |
|---|---|
| 21.800, 00 | |

| 06.01 IVA NS/CREDITO | |
|---|---|
| 4.796, 00 | 462, 00 |

| 14.01 DEBITI V/FORNITORI | |
|---|---|
| 2.562, 00 | 26.596, 00 |
| 400, 00 | |
| 23.634, 00 | |

| 30.10 RESI SU ACQUISTI | |
|---|---|
| | 2.100, 00 |

| 30.11 RIBASSI E ABBUONI ATTIVI | |
|---|---|
| | 400, 00 |

| 14.06 CAMBIALI PASSIVE | |
|---|---|
| | 23.634, 00 |

**5** Completa il libro giornale dell'impresa Daniela Sarteni.

| Data | Codici | Denominazione conti e descrizione | | Dare | Avere |
|---|---|---|---|---|---|
| 10/06 | 30.01 | MERCI C/ACQUISTI | fattura n. 133 da Picciolo srl | 13.600, 00 | |
| 10/06 | 06.01 | IVA NS/CREDITO | fattura n. 133 da Picciolo srl | 2.992, 00 | |
| 10/06 | 14.01 | DEBITI V/FORNITORI | fattura n. 133 da Picciolo srl | | 16.592, 00 |
| 10/06 | 31.01 | COSTI DI TRASPORTO | fattura n. 66 da Freccia spa | 480, 00 | |
| 10/06 | 06.01 | IVA NS/CREDITO | fattura n. 66 da Freccia spa | 105, 60 | |
| 10/06 | 14.01 | DEBITI V/FORNITORI | fattura n. 66 da Freccia spa | | 585, 60 |
| 12/06 | 14.01 | DEBITI V/FORNITORI | accettata tratta | 16.592, 00 | |
| 12/06 | 14.06 | Cambiali passive | accettata tratta | | 16.592, 00 |
| 14/06 | 14.01 | DEBITI V/FORNITORI | saldata fattura n. 66 | 585, 60 | |
| 14/06 | 18.20 | BANCA X C/C | saldata fattura n. 66 | | 585, 60 |
| 20/06 | 31.04 | CONSULENZE | fattura n. 83 da avv. Colombo | 650, 00 | |
| 20/06 | 06.01 | IVA ns/credito | fattura n. 83 da avv. Colombo | 143, 00 | |
| 20/06 | 14.01 | Debiti v/fornitori | fattura n. 83 da avv. Colombo | | 793, 00 |

| | | | | | |
|---|---|---|---|---|---|
| 22/06 | 31.05 | COSTI TELEFONICI | fattura n. 37425 da TIM | 400, 00 | |
| 22/06 | .......... | .............................. | fattura n. 37425 da TIM | ..........,...... | |
| 22/06 | .......... | .............................. | fattura n. 37425 da TIM | | ..........,...... |
| 25/06 | 14.01 | DEBITI V/FORNITORI | saldata fattura n. 83 | ..........,...... | |
| 25/06 | 18.20 | BANCA X C/C | saldata fattura n. 83 | | ..........,...... |
| 27/06 | .......... | .............................. | pagata cambiale | ..........,...... | |
| 27/06 | 18.20 | BANCA X C/C | pagata cambiale | | 845, 00 |
| 30/06 | .......... | .............................. | saldata fattura n. 37425 | ..........,...... | |
| 30/06 | 08.02 | C/C POSTALI | saldata fattura n. 37425 | | ..........,...... |

**6** Individua gli errori.

Il contabile dell'impresa Luigi Carpelli ha effettuato le seguenti registrazioni in P.D. commettendo alcuni errori nell'uso dei conti da movimentare. Individuali e proponi la correzione:

- 10/03: ottenuto assegno circolare contro addebito del conto corrente di corrispondenza di 1.300 euro;
- 16/03: ricevuta fattura n. 86 dalla Cartieni srl per acquisto di merci 780 euro + IVA;
- 17/03: accettata tratta a regolamento fattura n. 86;
- 20/03: versato assegno di 300 euro sul conto corrente bancario;
- 24/03: ricevuta fattura n. 122 del fornitore australiano Newpoint per acquisto merci per 11.500 euro;
- 28/03: pagata fattura n. 122 con bonifico bancario;
- 28/03: pagata cambiale passiva di 3.400 euro con addebito del conto corrente bancario.

| Data | Codici | Denominazione conti e descrizione | | Dare | Avere |
|---|---|---|---|---|---|
| 10/03 | 18.20 | BANCA X C/C | ottenuto assegno circolare | 1.300, 00 | |
| 10/03 | 08.10 | ASSEGNI | ottenuto assegno circolare | | 1.300, 00 |
| 16/03 | 30.01 | MERCI C/ACQUISTI | fattura n. 86 | 780, 00 | |
| 16/03 | 15.01 | IVA NS/DEBITO | fattura n. 86 | 171, 60 | |
| 16/03 | 14.01 | DEBITI V/FORNITORI | fattura n. 86 | | 951, 60 |
| 17/03 | 14.01 | DEBITI V/FORNITORI | accettata tratta | 951, 60 | |
| 17/03 | 05.06 | CAMBIALI ATTIVE | accettata tratta | | 951, 60 |
| 20/03 | 08.10 | ASSEGNI | versato assegno | 300, 00 | |
| 20/03 | 08.20 | DENARO IN CASSA | versato assegno | | 300, 00 |
| 24/03 | 30.03 | MERCI C/ACQUISTI ESTERO | fattura n. 122 | 11.500, 00 | |
| 24/03 | 14.04 | DEBITI V/FORNIT. ESTERI | fattura n. 122 | | 11.500, 00 |
| 28/03 | 14.04 | DEBITI V/FORNIT. ESTERI | saldo fattura n. 122 | 11.500, 00 | |
| 28/03 | 06.01 | IVA NS/CREDITO | IVA sulla merce | 2.530, 00 | |
| 28/03 | 18.20 | BANCA X C/C | saldo fattura n. 122 | | 14.030, 00 |
| 28/03 | 18.20 | BANCA X C/C | addebito cambiali scadute su c/c | 3.400, 00 | |
| 28/03 | 14.06 | CAMBIALI PASSIVE | addebito cambiali scadute su c/c | | 3.400, 00 |

**7** **CLIL** Specify if the following statements are TRUE or FALSE.

1. The payment of an invoice through an endorsed bill of exchange entails an increase in the Bills receivable account. **T** **F**
2. Payment by bank cheque gives rise to an increase in liquid funds. **T** **F**
3. Late-payment interest is calculated using the rate prescribed by law. **T** **F**
4. Payment of a debt by Ri.Ba. (electronic cash orders) entails the use of the Bills payable account. **T** **F**
5. In case of imports, VAT is paid to Customs. **T** **F**
6. Sales within the European Union are VAT exempt. **T** **F**

Lezione 4

# La vendita di merci

## Come si rileva in contabilità la vendita di merci?

Le vendite sono operazioni di disinvestimento attraverso le quali l'impresa recupera le risorse monetarie in precedenza investite nei fattori produttivi.
Le operazioni di vendita, effettuate sul mercato di sbocco, sono documentate da **fatture**. In contabilità generale le operazioni di vendita vengono registrate al momento dell'**emissione della fattura**. Tale rilevazione contabile determina:

- il sorgere di un credito verso il cliente;
- il conseguimento di un ricavo per la vendita del bene;
- il sorgere di un debito verso l'Amministrazione finanziaria dello Stato per l'IVA.

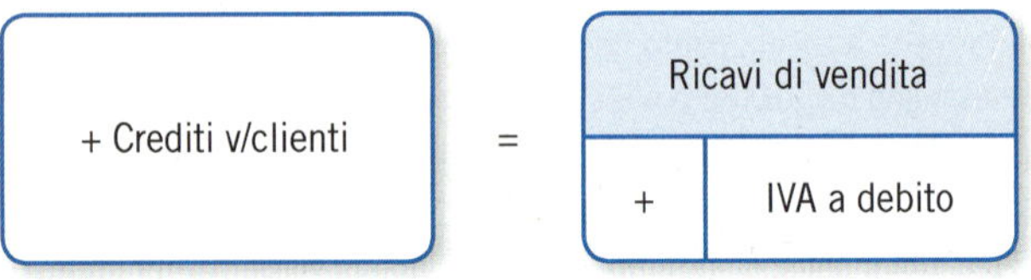


Le vendite di merci si rilevano nella sezione *Avere* di specifici conti **Vendite**, che sono *conti economici accesi alle variazioni d'esercizio* e, precisamente, *ricavi d'esercizio*. Ai fini didattici, come per gli acquisti, utilizziamo il conto sintetico Merci c/vendite. Il ricavo, documentato dalla fattura, è misurato dalla variazione finanziaria attiva del conto Crediti v/clienti che accoglie anche l'importo dell'IVA a debito dell'impresa venditrice.

e SEMPIO

### 1 Registrazione di una fattura di vendita

Il 17/06 l'impresa Nazzareno Principi, che svolge attività di commercio all'ingrosso di calzature, ha emesso fattura n. 98 per la vendita di 50 paia di scarpe al prezzo di 45 euro ciascuno, IVA ordinaria.
Presentiamo la parte tabellare della fattura e le registrazioni nei conti di mastro.

| Quantità | Descrizione | Prezzo unitario | Totale |
|---|---|---|---|
| 50 | Calzature donna tacco 12 cm | euro 45,00 | euro 2.250,00 |
| | IVA 22% | | euro 495,00 |
| | Totale a vs/credito | | euro 2.745,00 |

L'operazione di vendita viene registrata in contabilità generale all'emissione della fattura (17 giugno) e dà luogo alle registrazioni nei conti di mastro riportate sotto.

20.01 MERCI C/VENDITE

| | | | |
|---|---|---|---|
| | | 2.250, | 00 |

15.01 IVA NS/DEBITO

| | | | |
|---|---|---|---|
| | | 495, | 00 |

05.01 CREDITI V/CLIENTI

| | | | |
|---|---|---|---|
| 2.745, | 00 | | |

### 2 Vendita di merci con sconto incondizionato

Il 10/09 si emette la fattura n. 958 sulla Sironi Grazia & C. snc relativa alla fornitura di merci per 45.000 euro + IVA, sconto incondizionato per redistribuzione e quantità 2%.

Presentiamo la parte tabellare della fattura n. 958 e la registrazione in P.D. della stessa.

**Fattura n. 958**

| | |
|---|---|
| Importo merci | euro 45.000,00 |
| Sconto incondizionato 2% | – euro 900,00 |
| Imponibile | euro 44.100,00 |
| IVA 22% | euro 9.702,00 |
| Totale fattura | euro 53.802,00 |

Si deve rilevare un **ricavo d'esercizio** nel conto **Merci c/vendite** di 44.100 euro, al netto dello sconto incondizionato.
La registrazione in P.D. sul libro giornale è la seguente:

| | | | | | |
|---|---|---|---|---|---|
| 10/09 | 05.01 | CREDITI V/CLIENTI | ns/fattura n. 958 | 53.802, 00 | |
| 10/09 | 20.01 | MERCI C/VENDITE | ns/fattura n. 958 | | 44.100, 00 |
| 10/09 | 15.01 | IVA NS/DEBITO | ns/fattura n. 958 | | 9.702, 00 |

## Come si rilevano in contabilità i costi accessori delle operazioni di vendita?

Le vendite possono essere accompagnate dal sostenimento di costi accessori, quali l'imballaggio, il trasporto, le spese di etichettatura ecc.
Riguardo al trasporto, nei contratti di compravendita, come sappiamo, possono essere inserite le clausole **franco partenza** o **franco destino**; in quest'ultimo caso il costo e i rischi del trasporto gravano sull'impresa venditrice, che può effettuare il viaggio con automezzi propri, o può rivolgersi a un vettore da cui riceverà la fattura per il servizio prestato.

### ESEMPIO Vendita di merci franco destino

Il 17/06 si emette fattura immediata n. 24 sul cliente Capuano per vendita di merci franco destino per 10.000 euro + IVA; il successivo 22 giugno si riceve la fattura n. 32 del corriere La Freccia srl per il trasporto effettuato per nostro ordine e conto di 400 euro + IVA.
Presentiamo le registrazioni in P.D.

La fattura n. 24 è relativa alla vendita di merci e quindi in contabilità generale si registra il credito verso il cliente (variazione finanziaria attiva), il ricavo per la vendita (variazione economica positiva) e il debito per l'IVA (variazione finanziaria passiva).
La fattura n. 32 è relativa al costo di trasporto a carico dell'impresa venditrice conseguente alla prestazione del servizio ricevuto dal corriere La Freccia srl. In contabilità generale si registra il debito verso il fornitore (variazione finanziaria passiva), il costo per il servizio di trasporto (variazione economica negativa) e il credito per l'IVA (variazione finanziaria attiva).

| | | | | | |
|---|---|---|---|---|---|
| 17/06 | 05.01 | CREDITI V/CLIENTI | ns/fattura n. 24 | 12.200, 00 | |
| 17/06 | 20.01 | MERCI C/VENDITE | ns/fattura n. 24 | | 10.000, 00 |
| 17/06 | 15.01 | IVA NS/DEBITO | ns/fattura n. 24 | | 2.200, 00 |
| 22/06 | 31.01 | COSTI DI TRASPORTO | fattura n. 32 da La Freccia srl | 400, 00 | |
| 22/06 | 06.01 | IVA NS/CREDITO | fattura n. 32 da La Freccia srl | 88, 00 | |
| 22/06 | 14.01 | DEBITI V/FORNITORI | fattura n. 32 da La Freccia srl | | 488, 00 |

Nelle vendite franco partenza con spedizione per mezzo di un vettore può essere presente la clausola porto franco o porto assegnato.
Nel caso vi sia la clausola **porto franco**, pur essendo il costo del trasporto a carico del compratore, è il venditore che "materialmente" paga il vettore alla partenza, salvo poi recuperare la somma spesa addebitandola in fattura. La fattura del vettore, che risulta già pagata, è allegata alla fattura di vendita delle merci per documentare la spesa di trasporto addebitata in fattura.

## SEMPIO Vendita di merci franco partenza (porto franco)

Il 24/02 l'impresa individuale Fabio Martinelli emette fattura n. 18 relativa alla vendita franco partenza di merci per 2.400 euro + IVA; il 20/02 (giorno di spedizione) per conto del cliente Diconett spa sono stati pagati in contanti 146,40 euro al corriere Express srl costi di trasporto documentati dalla fattura n. 8.

**Fattura n. 18 cliente Diconett spa**

| | | |
|---|---|---|
| Merci | euro | 2.400,00 |
| IVA 22% | euro | 528,00 |
| | euro | 2.928,00 |
| Rimborso costi documentati | euro | 146,40 |
| Totale fattura | euro | 3.074,40 |

**Fattura n. 8 corriere Express srl**

| | | |
|---|---|---|
| Trasporto merci | euro | 120,00 |
| IVA 22% | euro | 26,40 |
| Totale fattura | euro | 146,40 |

Nel libro giornale dell'impresa venditrice Fabio Martinelli si rileva dapprima il pagamento della fattura del corriere Express srl e successivamente la fattura di vendita con l'addebito del costo sostenuto in nome e per conto del cliente.

| | | | | | |
|---|---|---|---|---|---|
| 20/02 | 05.05 | CLIENTI C/COSTI ANTICIPATI | fattura n. 8 trasporto Express srl | 146, 40 | |
| 20/02 | 08.20 | DENARO IN CASSA | fattura n. 8 trasporto Express srl | | 146, 40 |
| 24/02 | 05.01 | CREDITI V/CLIENTI | fattura n. 18 Diconett spa | 3.074, 40 | |
| 24/02 | 20.01 | MERCI C/VENDITE | fattura n. 18 Diconett spa | | 2.400, 00 |
| 24/02 | 05.05 | CLIENTI C/COSTI ANTICIPATI | fattura n. 18 Diconett spa | | 146, 40 |
| 24/02 | 15.01 | IVA NS/DEBITO | fattura n. 18 Diconett spa | | 528, 00 |

Il conto **Clienti c/costi anticipati** esprime il credito verso il cliente per i costi di trasporto sostenuti in suo nome.

### Come si rilevano i ricavi accessori di vendita?

Nelle imprese commerciali le vendite di merci possono essere accompagnate dalla prestazione di servizi che danno luogo a ricavi accessori (imballaggio, trasporto, etichettatura ecc.). È il caso, per esempio, delle vendite **franco partenza** in cui il trasporto è effettuato direttamente dal venditore con mezzi propri; ciò comporta l'addebito in fattura del relativo compenso stabilito in misura forfetaria.

I ricavi accessori si registrano nel conto economico di reddito acceso alle variazioni d'esercizio **Rimborsi costi di vendita**.

## SEMPIO Vendita di merci con ricavi accessori

Il 10/05 si invia alla Gi.Ga. spa la fattura n. 52 relativa alla vendita di merci per 2.000 euro + IVA; in fattura sono addebitati 50 euro per l'imballaggio e 150 euro per il trasporto eseguito dall'impresa venditrice a favore del cliente Gi.Ga. spa. Presentiamo la parte tabellare della fattura e le registrazioni in P.D.

**Fattura n. 52**

| | | |
|---|---|---|
| Merci | euro | 2.000,00 |
| Rimborso costo di imballaggio | euro | 50,00 |
| Rimborso costo di trasporto | euro | 150,00 |
| | euro | 2.200,00 |
| IVA 22% | euro | 484,00 |
| Totale fattura | euro | 2.684,00 |

Il rimborso dei costi per trasporto e imballaggio sono addebitati forfetariamente in fattura e rientrano nella base imponibile IVA.

| | | | | | |
|---|---|---|---|---|---|
| 10/05 | 05.01 | CREDITI V/CLIENTI | ns/fattura n. 52 | 2.684, 00 | |
| 10/05 | 20.01 | MERCI C/VENDITE | ns/fattura n. 52 | | 2.000, 00 |
| 10/05 | 20.30 | RIMBORSI COSTI DI VENDITA | ns/fattura n. 52 | | 200, 00 |
| 10/05 | 15.01 | IVA NS/DEBITO | ns/fattura n. 52 | | 484, 00 |

## Come si rileva in contabilità la vendita di merci all'estero?

Attraverso le vendite all'estero l'impresa aumenta il proprio mercato di sbocco e incrementa il volume dei ricavi. Le vendite all'estero sono documentate dalla fattura, sulla quale non compare l'IVA perché, come sappiamo, si tratta di operazioni non imponibili, siano esse **esportazioni** (artt. 8, 8 *bis* e 9 del DPR n. 633/1972) o **cessioni intracomunitarie** (DL n. 331/1993). Pertanto, in entrambi i casi l'operazione si rileva nel conto **Merci c/vendite estero**, *variazione economica d'esercizio*, precisamente *ricavo d'esercizio*; in contropartita, il credito che sorge nei confronti del cliente, *variazione finanziaria attiva*, si rileva nel conto **Crediti v/clienti esteri**.

**eSEMPIO**

## 1 Vendita all'estero con sconto sul prezzo di listino

In data 20/06 l'impresa Maurizio Loggia invia alla società indiana Sharma la fattura n. 679 relativa alla fornitura di 190 abiti da bambino mod. DXC, prezzo unitario di listino 70 euro, sconto quantità 10%.
Presentiamo la registrazione in P.D.

Nel conto **Merci c/vendite estero** si registra il ricavo d'esercizio al netto dello sconto 10%:
euro (13.300,00 – 1.330,00) = 11.970,00 euro.
Nel conto **Crediti v/clienti esteri** si registra il credito per lo stesso importo, senza applicazione dell'IVA, trattandosi di un'operazione non imponibile (art. 8 DPR n. 633/1972).

| | | | | | |
|---|---|---|---|---|---|
| 20/06 | 05.04 | CREDITI V/CLIENTI ESTERI | fattura n. 679 su Sharma | 11.970,00 | |
| 20/06 | 20.04 | MERCI C/VENDITE ESTERO | fattura n. 679 su Sharma | | 11.970,00 |

## 2 Acquisto in sospensione d'imposta

Se l'impresa Maurizio Loggia ha la qualifica di *esportatore abituale* può effettuare gli acquisti senza IVA, in sospensione d'imposta nei limiti del *plafond*, indipendentemente dal motivo dell'acquisto e dal fatto che esso sia stato effettuato in Italia o all'estero. Anche l'acquisto di una macchina d'ufficio da un fornitore italiano può beneficiare della sospensione d'imposta.

| | | | | | |
|---|---|---|---|---|---|
| 04/09 | 02.05 | MACCHINE D'UFFICIO | fattura n. 81 acquisto computer | 1.400,00 | |
| 04/09 | 14.01 | DEBITI V/FORNITORI | fattura n. 81 acquisto computer | | 1.400,00 |

Anche nel caso di vendite all'estero, i costi di trasporto possono gravare sul fornitore o sul cliente e possono comportare rilevazioni diverse a seconda della clausola di trasporto concordata. Il trasporto all'estero è un servizio internazionale e come tale rientra tra le operazioni non imponibili (art. 9 DPR n. 633/1972).
Nel caso di importazione in sospensione d'imposta la scrittura è la stessa, ma il conto Debiti v/fornitori viene sostituito dal conto Debiti v/fornitori esteri.

## 3 Costi di trasporto a carico dell'esportatore

Il 27/07 un esportatore abituale emette fattura immediata n. 241 sulla società canadese Cotton Fresh Ltd di Toronto per la vendita franco destino di merce per 8.720 euro.
Due giorni dopo riceve dal vettore Starflash la fattura n. 110 di 410 euro, relativa ai costi di trasporto delle merci spedite in Canada alla Cotton Fresh Ltd.
Presentiamo la parte tabellare delle fatture e le scritture in P.D. sul libro giornale dell'impresa esportatrice italiana.

**Fattura n. 241 dell'esportatore su Cotton Fresh Ltd**

| | |
|---|---|
| Merci | 8.720,00 |
| (Non imponibile art. 8 DPR n. 633/1972) | |
| Totale fattura | 8.720,00 |

**Fattura n. 110 del vettore Starflash**

| | |
|---|---|
| Trasporto | 410,00 |
| (Non imponibile art. 9 DPR n. 633/1972) | |
| Totale | 410,00 |

| | | | | | |
|---|---|---|---|---|---|
| 27/07 | 05.04 | CREDITI V/CLIENTI ESTERI | fattura n. 241 su Cotton Fresh | 8.720,00 | |
| 27/07 | 20.04 | MERCI C/VENDITE ESTERO | fattura n. 241 su Cotton Fresh | | 8.720,00 |
| 29/07 | 31.01 | COSTI DI TRASPORTO | fattura n. 110 da Starflash | 410,00 | |
| 29/07 | 14.01 | DEBITI V/FORNITORI | fattura n. 110 da Starflash | | 410,00 |

## Come si procede se la merce venduta non è conforme all'ordine?

Analogamente a quanto visto per gli acquisti, può accadere che la merce venduta venga in parte restituita oppure che il cliente abbia diritto a un abbuono.
In entrambi i casi si ha la riduzione sia del credito verso il cliente sia del ricavo di vendita registrato in *Avere* nel conto **Merci c/vendite**; poiché tale conto è unilaterale, per ridurre il componente positivo di reddito si deve effettuare una *rettifica indiretta* utilizzando il conto **Resi su vendite** oppure **Ribassi e abbuoni passivi**.

Per quanto riguarda l'aspetto fiscale, la scelta di effettuare o meno la variazione IVA compete al venditore. Se questi opta per la *nota di accredito,* si deve rettificare il ricavo di vendita ma non l'IVA a debito, mentre se opta per la *nota di accredito con rettifica dell'IVA* (*nota di variazione*) oltre all'importo del ricavo di vendita si dove rettificare anche l'IVA a debito.

## eSEMPIO Note di accredito per resi e abbuoni

Il 20/06 la Rivetti spa ha emesso fattura n. 96 relativa alla vendita di merci per 4.000 euro + IVA; il 24/06 emette nota di variazione n. 32 per il reso di merci difettose di 300 euro e nota di accredito senza variazione IVA n. 33 per un abbuono di 100 euro.
Presentiamo la parte tabellare della fattura n. 96, i calcoli inerenti alla nota di variazione IVA n. 32 e le registrazioni in P.D.

La fattura n. 96 registrata nel libro giornale il 20/06 (giorno dell'emissione) e la nota di accredito con variazione IVA n. 32 espongono i seguenti importi:

**Fattura n. 96**

| | | |
|---|---|---|
| Ricavo delle merci vendute | euro | 4.000,00 |
| IVA 22% | euro | 880,00 |
| Totale fattura | euro | 4.880,00 |

**Nota di variazione n. 32**

| | | |
|---|---|---|
| Importo della merce resa | euro | 300,00 |
| IVA 22% | euro | 66,00 |
| Totale a vostro credito | euro | 366,00 |

Il totale della fattura di 4.880 euro, registrato nel conto Crediti v/clienti, deve essere diminuito per gli importi del reso (366 euro) e dell'abbuono (100 euro). Il ricavo di vendita iscritto nel conto Merci c/vendite per 4.000 euro deve essere diminuito di 400 euro (300 euro per il reso da iscrivere in Dare del conto Resi su vendite e 100 euro da iscrivere in Dare del conto Ribassi e abbuoni passivi).
Nel libro giornale della Rivetti spa si effettuano le registrazioni che seguono:

| | | | | | |
|---|---|---|---|---|---|
| 20/06 | 05.01 | CREDITI V/CLIENTI | fattura n. 96 | 4.880, 00 | |
| 20/06 | 15.01 | IVA NS/DEBITO | fattura n. 96 | | 880, 00 |
| 20/06 | 20.01 | MERCI C/VENDITE | fattura n. 96 | | 4.000, 00 |
| 24/06 | 20.10 | RESI SU VENDITE | nota di variazione n. 32 | 300, 00 | |
| 24/06 | 15.01 | IVA NS/DEBITO | nota di variazione n. 32 | 66, 00 | |
| 24/06 | 05.01 | CREDITI V/CLIENTI | nota di variazione n. 32 | | 366, 00 |
| 24/06 | 20.11 | RIBASSI E ABBUONI PASSIVI | nota di accredito n. 33 | 100, 00 | |
| 24/06 | 05.01 | CREDITI V/CLIENTI | nota di addebito n. 33 | | 100, 00 |

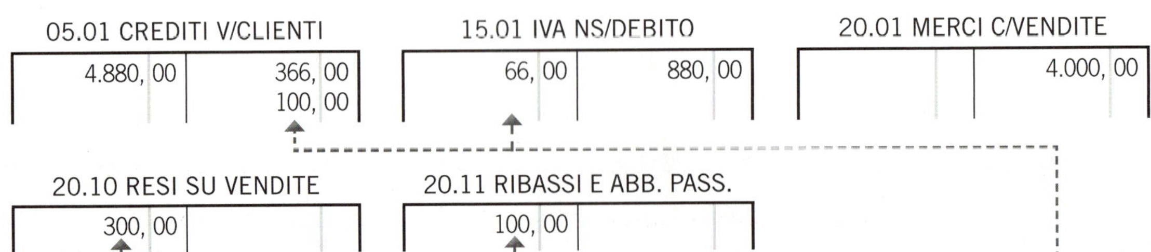


Dopo l'emissione della nota di variazione e della nota di accredito l'impresa ha un credito verso il cliente di 4.414 euro. Nella Situazione economica il ricavo della merce venduta è indirettamente rettificato dal reso e dall'abbuono.

## Come si rilevano le vendite on line?

Da alcuni anni numerose imprese sono presenti sul web con propri siti, ai quali si può accedere facilmente per effettuare acquisti. Si è creato in questa maniera un mercato virtuale, denominato e-commerce.

Canali elettronici = ***Electronic channel (online channel)***

Commercio elettronico indiretto = ***Indirect e-commerce***

Negozio virtuale = ***Virtual shop***

Via telematica = ***Electronically***

Commercio elettronico diretto = ***Direct electronic market***

L'**e-commerce** (o *commercio elettronico*) comprende l'insieme degli scambi commerciali che avvengono attraverso canali elettronici (*vendite in internet, vendite attraverso smartphone ecc.*) anziché i tradizionali contatti "fisici".

L'e-commerce può riguardare:

- gli scambi commerciali tra imprese; si parla allora di e-commerce **business to business (B2B)**;
- le vendite ai consumatori finali; si parla quindi di **business to consumer (B2C)**.

Inoltre l'e-commerce può essere indiretto oppure diretto.
Il **commercio elettronico indiretto** interessa la vendita di beni fisici; il venditore mette a disposizione il catalogo dei propri prodotti con le caratteristiche merceologiche, le condizioni di consegna, i prezzi sul *sito web* aziendale o sul *sito* di un *intermediario* che gestiste un *negozio virtuale*. L'*ordine* del bene avviene per via *telematica*, mentre la sua *consegna "materiale" segue i canali tradizionali* (vettore, spedizione postale ecc.).
Nel libro giornale dell'impresa venditrice l'operazione viene registrata alla spedizione del bene con la seguente scrittura:

| | | | | | |
|---|---|---|---|---|---|
| 19/06 | 05.01 | CREDITI V/CLIENTI | ns/fattura n. 15 | 3.050, 00 | |
| 19/06 | 20.02 | MERCI C/VENDITE ON LINE | ns/fattura n. 15 | | 2.500, 00 |
| 19/06 | 15.01 | IVA NS/DEBITO | ns/fattura n. 15 | | 550, 00 |

Il **commercio elettronico diretto** è relativo ai servizi (per esempio consulenze e viaggi) o a beni completamente *digitalizzabili* (come i *software* o i file musicali). Esso avviene interamente per via telematica; il venditore mette a disposizione il servizio sulla rete, che può essere utilizzato direttamente (per esempio, un servizio di intermediazione finanziaria o *trade on line*) oppure scaricato (*download*) dal sito per il successivo utilizzo (per esempio brani musicali, biglietti di viaggio). La vendita è registrata con articoli come il seguente:

| | | | | | |
|---|---|---|---|---|---|
| 25/07 | 05.01 | CREDITI V/CLIENTI | ns/fattura n. 123 | 4.880, 00 | |
| 25/07 | 20.03 | SERVIZI ON LINE | ns/fattura n. 123 | | 4.000, 00 |
| 25/07 | 15.01 | IVA NS/DEBITO | ns/fattura n. 123 | | 880, 00 |

**PROVA TU**

test interattivi nel libro digitale

**CONOSCENZE** Operazioni di vendita in Italia e all'estero • resi e abbuoni • commercio on line.

**ABILITÀ** Analizzare sotto l'aspetto finanziario ed economico le operazioni di vendita e comporre le relative scritture contabili • analizzare documenti aziendali.

**1** Indica con una crocetta la risposta esatta (alcuni quesiti possono avere più risposte esatte).

**1.** Le vendite di merci:

a *costituiscono operazioni di disinvestimento*
b *possono originare ricavi accessori*
c *costituiscono operazioni di finanziamento*
d *possono originare costi accessori*

**2.** Il conto Rimborsi costi di vendita ha natura:

a *economica, costo d'esercizio*
b *finanziaria, debito di regolamento*
c *economica, ricavo d'esercizio*
d *finanziaria, credito di regolamento*

3. Nelle vendite di merci franco destino, se il trasporto è eseguito con automezzo proprio del venditore, in contabilità generale:
   - a *si registra l'importo del trasporto in Dare del conto Costi di trasporto*
   - b *si registra l'importo del trasporto in Dare del conto Clienti c/costi anticipati*
   - c *non si utilizza alcun conto specifico in quanto il prezzo della merce include il servizio di trasporto*
   - d *si registra l'importo del trasporto in Avere del conto Rimborsi costi di vendita*

4. Nel caso di un reso di merci, per il venditore:
   - a *è obbligatorio emettere una nota di accredito con variazione IVA*
   - b *è facoltativo emettere una nota di accredito con variazione IVA*
   - c *la rettifica dell'IVA deve essere effettuata in Avere del conto IVA ns/credito*
   - d *la rettifica IVA deve essere effettuata in Avere del conto IVA ns/debito*

5. I ricavi accessori alle vendite:
   - a *si contabilizzano in Avere nel conto Merci c/vendite*
   - b *si contabilizzano in Avere del conto Rimborsi costi di vendita*
   - c *sono esclusi dalla base imponibile IVA*
   - d *fanno parte della base imponibile IVA*

6. I costi di trasporto anticipati dal venditore in nome e per conto del compratore:
   - a *sono documentati dalla fattura del vettore*
   - b *sono stabiliti in misura forfetaria*
   - c *costituiscono ricavi accessori di vendita*
   - d *recano l'IVA a debito per il venditore*

7. Le vendite all'estero si contabilizzano:
   - a *in Dare del conto Merci c/vendite estero*
   - b *in Avere del conto Merci c/vendite estero*
   - c *diversamente a seconda che si tratti di esportazioni o cessioni intracomunitarie*
   - d *nello stesso modo in entrambi i casi*

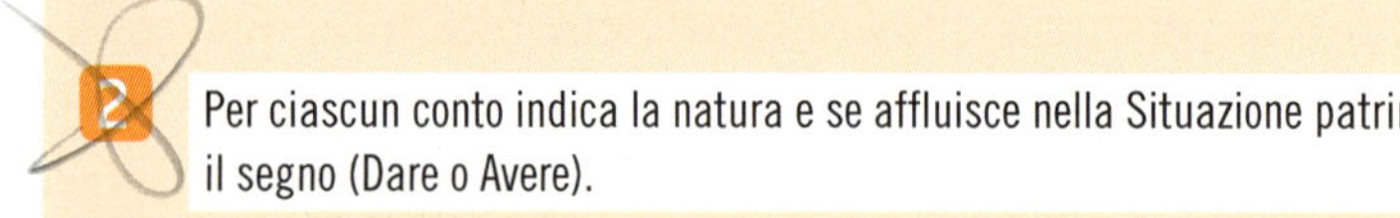

**2** Per ciascun conto indica la natura e se affluisce nella Situazione patrimoniale o nella Situazione economica, specificandone il segno (Dare o Avere).

| Denominazione del conto | Natura | | Eccedenza | |
|---|---|---|---|---|
| | Finanziaria | Economica | Situazione patrimoniale | Situazione economica |
| Merci c/vendite | | X | | A |
| Crediti v/clienti | X | | D | |
| Rimborsi costi di vendita | | X | | A |
| Resi su vendite | | X | | D |
| Ribassi e abbuoni passivi | | X | | D |
| Crediti v/clienti esteri | X | | D | |
| IVA ns/debito | X | | | A |
| Clienti c/costi anticipati | X | | D | |

**3** Associa le espressioni con la relativa tipologia di e-commerce.

- **a.** È relativo a servizi oppure a beni completamente digitalizzabili.
- **b.** Tutte le fasi, inclusa la consegna, avvengono per via telematica.
- **c.** Riguarda la vendita di beni fisici, materiali.
- **d.** Solo la fase dell'ordine può avvenire per via telematica.
- **e.** Per la consegna occorre rivolgersi a un terzo soggetto (vettore).
- **f.** L'operazione di vendita è registrata alla data di spedizione del bene.

1. Commercio elettronico indiretto
2. Commercio elettronico diretto

| | |
|---|---|
| a | |
| b | |
| c | |
| d | |
| e | |
| f | |

**4** Esamina il documento ed esegui quanto richiesto.

Il 30/08 la Aquafil spa vende merci, franco destino, alla Soldier spa. Il giorno successivo riceve dal corriere Transfer srl fattura n. 1340 di 350 euro per il trasporto. Esamina il documento ed esegui quanto richiesto.

AQUAFIL synthetic fibres and polymers

AQUAFIL S.p.A.
Italy - 38062 Arco(TN) - Via Linfano 9
tel. +39 0464 581 111 r.a. - fax +39 0464 532 267
Cap.Soc. Eur 19.685.556,00 i.v.- C.F.00123150229 - V.A.T. IT 00123150229
C.C.I.A.A. TN 74842 - Nr. Mecc. TN 001719
e-mail: info@aquafil.com
UNI EN ISO 9001:2008 - UNI EN ISO 14001:2004

AEO

**Invoice**

NUMBER: 2600002853
DATE: 30.08.2017
Pag. 1

| DELIVERY TO | SOLD TO |
|---|---|
| Argent Soldier spa<br>Rue de Lumière, 32<br>Paris<br>TVA: FR7482784745 | Argent Soldier spa<br>Rue de Lumière, 32<br>Paris<br>TVA: FR7482784745 |

| PAYMENT TERMS | PAYMENT TERMS | SHIPMENT BY | INCOTERMS | PACKING | AGENT |
|---|---|---|---|---|---|
| BANK TRANSFER | 60 DAYS FROM INVOICE DATE<br>Up to 29.10.2017 without deduction | Number: GODL460 7J406GO | CIP Carriage and Insurance Paid | | |

General sales conditions: www.aquafil.com

| ORDER NO. ITEM | MAT.CODE | DESCRIPTION OF GOODS | DEL.NOTE | BATCH | LOT | N.PACK | PIECES | GROSS WEIGHT KG | COMMER. WEIGHT KG | PRICE / UNIT PRICE | VALUE |
|---|---|---|---|---|---|---|---|---|---|---|---|
| 3000163352<br>000010 | 20036155 | PA6/1000/128/1/DU/N/TQ124 | 1758000294<br>30/08/17 | 188AUT | 90251 | 6 | 386 | 1.848,000 | 1.699,944 | 1.100,00<br>1000KG | 1.869,94 |
| 3000163463<br>000010 | 20078267 | PA6/1150/60/1/SD/N/CV321 | 1758000294<br>30/08/17 | 236 | 24170 | 2 | 46 | 212,800 | 196,938 | 3.205,02<br>1000KG | 631,19 |
| 3000163510<br>000010 | 20050391 | PA6/1150/60/1/DU/N/CV116 | 1758000294<br>30/08/17 | 227 | 24017 | 2 | 61 | 275,500 | 238,665 | 3.147,01<br>1000KG | 751,08 |
| | | Customs voice 54023200 Total | | | | 10 | | 2.336,300 | 2.135,547 | | 3.252,21 |
| | | OPERAZIONE NON IMPONIBILE | | | | | | | | | |
| | | | TOTAL AMOUNT | | | 10 | 493 | 2.336,300 | 2.135,547 | | 3.252,21 |

BANK
IBAN:
Nr.account: Swift:

| TAXABLE | % VAT | | VAT AMOUNT |
|---|---|---|---|
| 3.252,21 | V/N I A 41 DL 331/93 | | |
| **EQUIVALENT IN LOCAL CURRENCY** | **EXCHANGE RATE** | **CURRENCY** | **VALUE** |
| | | EUR | 3.252,21 |

1. *Redigi gli articoli in P.D. nel libro giornale di Aquafil spa.*

Libro giornale.

| | | | | | |
|---|---|---|---|---|---|
| 30/08 | ...... | ...................................... | ........................................................ | ................, .... | |
| 30/08 | ...... | ...................................... | ........................................................ | | ................, .... |
| 31/08 | ...... | ...................................... | ........................................................ | ................, .... | |
| 31/08 | ...... | ...................................... | ........................................................ | | ................, .... |

2. *Rispondi alle domande.*
   a. Quale operazione è stata compiuta da Aquafil? ..........................................................................................
   ..........................................................................................
   b. A carico di chi sono i costi di trasporto? ..........................................................................................
   ..........................................................................................
   c. A quale norma IVA è assoggettata questa operazione? ..........................................................................................
   ..........................................................................................

**5** **CLIL** Specify if the following statements are TRUE or FALSE.

1. Regular exporters may make suspended taxation purchases. **T** **F**
2. In the case of Intra-Community sales, VAT is calculated and recorded by the seller. **T** **F**
3. The delivery of the goods can take place at the warehouse of the seller or at the warehouse of the purchaser. **T** **F**
4. Rebates and discounts are an adjustment to sales revenues. **T** **F**

Lezione 5

# La riscossione dei crediti

**Normativa antiriciclaggio:** consente la tracciabilità dei pagamenti, limitando l'uso del contante a un importo prestabilito.

**Dopo incasso:** la banca effettua l'accredito di una fattura, una ricevuta bancaria o una cambiale nel c/c dell'impresa cliente solo dopo averne effettivamente incassato l'importo.

**Sbf** (salvo buon fine): l'accredito nel c/c dell'impresa cliente è effettuato prima che il credito da incassare sia giunto a scadenza.

**Giroconto postale:** il denaro viene trasferito dal c/c postale del debitore al c/c postale del creditore.

## Con quali strumenti si possono riscuotere le fatture di vendita?

Le fatture di vendita, analogamente a quanto visto per le fatture di acquisto, possono essere regolate con diversi strumenti, quali bonifici, carte di credito, assegni, oppure denaro contante, se la somma non supera i limiti imposti dalla **normativa antiriciclaggio**.

La riscossione dà luogo a un'entrata monetaria che si registra in **Dare** dei conti finanziari accesi alle *disponibilità liquide*, o del conto Banca X c/c e alla contemporanea estinzione del credito che si registra in **Avere** del conto *Crediti v/clienti*.

Nelle operazioni di vendita con regolamento posticipato si possono utilizzare le cambiali e le disposizioni elettroniche d'incasso (Ri.Ba.).

| Regolamento delle fatture di vendita | | |
|---|---|---|
| **Strumenti di regolamento** | **Registrazione in *Dare* nei conti** | **Registrazione in *Avere* nel conto** |
| Denaro contante | DENARO IN CASSA | |
| • Assegno bancario<br>• Assegno circolare | ASSEGNI | |
| • Bonifico<br>• Riscossione di Ri.Ba. al **dopo incasso** o **sbf** con accredito del c/c bancario | BANCA X C/C | CREDITI V/CLIENTI |
| • **Giroconto postale** (Postagiro) | C/C POSTALI | |
| • Tratta emessa<br>• Pagherò ricevuto | CAMBIALI ATTIVE | |

## ESEMPIO 1 Riscossione di fatture di vendita

La Gil. Mar. spa ha emesso le seguenti fatture (IVA inclusa):

- fattura n. 38 di 18.300 euro, regolamento con bonifico bancario;
- fattura n. 39 di 1.952 euro, regolamento con giroconto postale;
- fattura n. 40 di 976 euro, regolamento con assegno bancario;
- fattura n. 41 di 488 euro, regolamento con denaro contante.

Presentiamo le scritture in P.D., ipotizzando che tutte le riscossioni avvengano in data 5 marzo.

In tutti i casi la riscossione delle fatture dà luogo all'estinzione dei crediti verso clienti e a entrate monetarie da registrare in Dare degli specifici conti intestati alle disponibilità liquide (C/c postali, Assegni, Denaro in cassa). Nel caso di regolamento con bonifici il conto da addebitare è Banca X c/c che fa parte dei conti finanziari *con alternanza di saldi* in quanto il c/c bancario può essere sia attivo (in questa ipotesi fa parte delle disponibilità liquide) sia passivo (in questa ipotesi fa parte dei debiti).

| | | | | | |
|---|---|---|---|---|---|
| 05/03 | 18.20 | BANCA X C/C | saldo fattura n. 38 | 18.300,00 | |
| 05/03 | 05.01 | CREDITI V/CLIENTI | riscossa fattura n. 38 | | 18.300,00 |
| 05/03 | 08.02 | C/C POSTALI | saldo fattura n. 39 | 1.952,00 | |
| 05/03 | 05.01 | CREDITI V/CLIENTI | riscossa fattura n. 39 | | 1.952,00 |
| 05/03 | 08.10 | ASSEGNI | saldo fattura n. 40 | 976,00 | |
| 05/03 | 05.01 | CREDITI V/CLIENTI | riscossa fattura n. 40 | | 976,00 |
| 05/03 | 08.20 | DENARO IN CASSA | saldo fattura n. 41 | 488,00 | |
| 05/03 | 05.01 | CREDITI V/CLIENTI | riscossa fattura n. 41 | | 488,00 |

## 2 Riscossione di fatture con ribassi e sconti condizionati

Il 20/04 l'impresa Gino Lippi riscuote le seguenti fatture:

- fattura n. 15 sulla Mari & C. snc per la vendita di merci di 1.887,60 euro, ricevendo un assegno bancario di 1.880 euro;
- fattura n. 18 sull'impresa Antonio Sbacchi per la vendita di merci di 18.000 euro + IVA con possibilità di concedere lo sconto 2,50% se il pagamento è immediato, oppure di versare il prezzo pieno, se viene scelto il regolamento a 60 giorni; il compratore sceglie il pagamento immediato con bonifico bancario.

Presentiamo le scritture in P.D. relative alla riscossione delle due fatture (per lo sconto l'impresa Gino Lippi ha emesso nota di accredito con variazione IVA n. 4).

Sulla fattura n. 15 l'impresa Gino Lippi ha concesso un ribasso (arrotondamento) di 7,60 euro sull'importo da incassare, che si registra in Dare del conto **Ribassi e abbuoni passivi**. Sulla fattura n. 18, invece, avendo scelto il pagamento immediato l'impresa Antonio Sbacchi ha diritto a una riduzione di prezzo (sconto condizionato) che, per l'impresa Gino Lippi, rappresenta un costo da registrare in Dare del conto economico acceso ai costi d'esercizio **Oneri finanziari diversi**. La scelta di emettere la nota di accredito con o senza variazione IVA compete al venditore.

| | | | | | |
|---|---|---|---|---|---|
| 20/04 | 08.10 | ASSEGNI | saldo fattura n. 15 | 1.880, 00 | |
| 20/04 | 20.11 | RIBASSI E ABBUONI PASSIVI | saldo fattura n. 15 | 7, 60 | |
| 20/04 | 05.01 | CREDITI V/CLIENTI | saldo fattura n. 15 | | 1.887, 60 |
| 20/04 | 41.20 | ONERI FINANZIARI DIVERSI | nota di variazione n. 4 | 450, 00 | |
| 20/04 | 15.01 | IVA NS/DEBITO | nota di variazione n. 4 | 99, 00 | |
| 20/04 | 05.01 | CREDITI V/CLIENTI | nota di variazione n. 4 | | 549, 00 |
| 20/04 | 18.20 | BANCA X C/C | saldo fattura n. 18 | 21.411, 00 | |
| 20/04 | 05.01 | CREDITI V/CLIENTI | saldo fattura n. 18 | | 21.411, 00 |

### Come si rileva in contabilità il regolamento con cambiali?

Le cambiali sono titoli di credito esecutivi e rappresentano uno strumento utilizzato nei regolamenti dilazionati.

Quando la riscossione di un credito avviene con cambiali (emissione di una cambiale tratta o ricevimento di una cambiale pagherò) si deve rimuovere il credito verso il cliente e trasferirlo nel conto Cambiali attive, effettuando in tal modo una **permutazione finanziaria**.

**Permutazione finanziaria:** si verifica quando a una o più variazioni finanziarie attive corrispondono una o più variazioni finanziarie passive di pari importo che si compensano tra loro.

| | | | | | |
|---|---|---|---|---|---|
| 10/06 | 05.06 | CAMBIALI ATTIVE | cambiale a saldo fattura n. ... | 2.420, 00 | |
| 10/06 | 05.01 | CREDITI V/CLIENTI | ricevuta cambiale a saldo fattura n. ... | | 2.420, 00 |

Ottenuta la cambiale, l'impresa venditrice può decidere di aspettare la scadenza, può girarla ad altri soggetti o chiedere alla banca la riscossione "salvo buon fine", come vedremo in una lezione successiva.

Di solito, in prossimità della scadenza il venditore invia la cambiale alla propria banca affinché ne curi l'incasso. L'operazione è rilevata in due tempi:

1. invio della cambiale alla banca con la clausola al *dopo incasso*;
2. accredito nel c/c bancario dell'importo della cambiale.

Per il servizio prestato la banca addebita nel c/c dell'impresa una commissione d'incasso, che si registra in Dare del conto economico **Costi di incasso**, componente negativo del reddito d'esercizio.

Bonifico bancario = ***Bank transfer***
Carte di credito = ***Credit cards***
Assegni = ***Checks***
Disposizioni elettroniche d'incasso = ***Cash order***

## SEMPIO Riscossione di una cambiale al dopo incasso

In data 08/06 il cliente Matteo Ricciarelli ha rilasciato all'impresa Francesco Nardelli un pagherò a tre mesi a saldo della fattura n. 85 di 10.890 euro. Il 27/08 Francesco Nardelli presenta la cambiale alla Banca Nazionale del Lavoro con la clausola "dopo incasso".

Alla scadenza la cambiale è riscossa e il suo importo viene accreditato nel c/c dell'impresa, che registra l'operazione in data 10/09. La commissione d'incasso trattenuta dalla banca è di 8,50 euro.

Presentiamo le scritture in P.D.

| | | | | | |
|---|---|---|---|---|---|
| 08/06 | 05.06 | CAMBIALI ATTIVE | saldo fattura n. 85 | 10.890,00 | |
| 08/06 | 05.01 | CREDITI V/CLIENTI | saldo fattura n. 85 | | 10.890,00 |
| 27/08 | 05.08 | CAMBIALI ALL'INCASSO | presentata cambiale al dopo incasso | 10.890,00 | |
| 27/08 | 05.06 | CAMBIALI ATTIVE | presentata cambiale al dopo incasso | | 10.890,00 |
| 10/09 | 18.20 | BANCA X C/C | accredito in c/c | 10.881,50 | |
| 10/09 | 31.14 | COSTI DI INCASSO | commissione incasso | 8,50 | |
| 10/09 | 05.08 | CAMBIALI ALL'INCASSO | riscossione cambiale | | 10.890,00 |

**Girata:** trasferimento della cambiale dal beneficiario a un altro soggetto.

Come sappiamo, la cambiale può circolare mediante **girata**, oppure nel caso di *tratta* il creditore può ordinare il pagamento dell'importo della cambiale direttamente a un terzo soggetto, per esempio a un fornitore.

## SEMPIO Girata di cambiale ed emissione di tratta

Il 22/04 l'impresa individuale Giancarlo Coletti ha effettuato le seguenti operazioni:

- girata cambiale in portafoglio di 12.600 euro a favore del fornitore Faletti srl a regolamento parziale di una sua fattura;
- emessa tratta di 2.800 euro sul cliente Renato Boldrini a favore del fornitore Lorini srl a saldo di una fattura di acquisto merci.

Presentiamo le registrazioni in P.D. nel libro giornale.

La girata della cambiale dà luogo all'estinzione del debito verso il fornitore Faletti srl e alla corrispondente diminuzione delle cambiali attive.

La tratta emessa sul cliente Renato Boldrini a favore del fornitore Lorini srl comporta la contemporanea diminuzione del debito verso il fornitore e del credito verso il cliente.

| | | | | | |
|---|---|---|---|---|---|
| 22/04 | 14.01 | DEBITI V/FORNITORI | girato effetto a saldo fattura passiva | 12.600,00 | |
| 22/04 | 05.06 | CAMBIALI ATTIVE | girato effetto a saldo fattura passiva | | 12.600,00 |
| 22/04 | 14.01 | DEBITI V/FORNITORI | tratta su Boldrini a favore di Lorini | 2.800,00 | |
| 22/04 | 05.01 | CREDITI V/CLIENTI | tratta su Boldrini a favore di Lorini | | 2.800,00 |

Notiamo che nell'ultima registrazione non viene usato il conto Cambiali attive in quanto la tratta emessa non costituisce per l'impresa Giancarlo Coletti né una cambiale da riscuotere (la incasserà il fornitore) né una cambiale da pagare (la pagherà il cliente).

### Qual è la procedura di incasso delle Ri.Ba.?

Come già studiato per gli acquisti, nelle vendite con regolamento dilazionato le fatture possono essere riscosse con *Disposizioni elettroniche d'incasso* (**Ri.Ba.**). In relazione alle fatture emesse, l'impresa venditrice trasmette per via telematica alla propria banca le disposizioni inerenti agli importi da incassare; le disposizioni sono trasferite alla banca del compratore, la quale rilascia al debitore, all'atto del pagamento, la ricevuta che costituisce la prova dell'avvenuta estinzione del debito.

Nel libro giornale del venditore l'operazione viene registrata solo alla scadenza, quando avviene la riscossione (entrata monetaria), oppure si ha notizia che il debitore non ha pagato il proprio debito. Il servizio di incasso prestato dalla banca comporta il pagamento di una commissione bancaria.

## SEMPIO Riscossione a mezzo Ri.Ba.

Il 12/06 l'impresa individuale Roberto Casoni ha emesso fattura n. 38 di 19.520 euro, IVA inclusa, regolamento con Ri.Ba. a 30 giorni. Qualche giorno prima della scadenza vengono trasmessi alla banca gli estremi del credito da incassare (generalità del cliente e riferimenti della fattura) dando mandato alla stessa di provvedere alla riscossione che avviene alla scadenza pattuita. L'importo riscosso è accreditato in c/c bancario e la banca addebita 15 euro di commissioni.

Presentiamo le registrazioni in P.D. relative all'emissione e all'incasso tramite Ri.Ba. della fattura n. 38.

La fattura n. 38 di 19.520 euro comprende gli importi sia dell'IVA sia della merce venduta che devono essere separati.

$100 : 122 = x : 19.520$

da cui $x = 16.000$ euro importo della merce senza IVA
euro (19.520 – 16.000) = euro 3.520 IVA a debito

| | | | | | |
|---|---|---|---|---|---|
| 12/06 | 05.01 | CREDITI V/CLIENTI | fattura n. 38 | 19.520, 00 | |
| 12/06 | 20.01 | MERCI C/VENDITE | fattura n. 38 | | 16.000, 00 |
| 12/06 | 15.01 | IVA NS/DEBITO | fattura n. 38 | | 3.520, 00 |
| 12/07 | 18.20 | BANCA X C/C | riscossa fattura n. 38 | 19.520, 00 | |
| 12/07 | 05.01 | CREDITI V/CLIENTI | riscossa fattura n. 38 | | 19.520, 00 |
| 12/07 | 31.14 | COSTI DI INCASSO | commissioni bancarie | 15, 00 | |
| 12/07 | 18.20 | BANCA X C/C | commissioni bancarie | | 15, 00 |

Il credito nei confronti del cliente non deve essere rimosso fino a quando la Ri.Ba. non viene incassata. Infatti, diversamente dalle cambiali, le disposizioni elettroniche d'incasso non sono un titolo di credito, cioè non possono circolare mediante girata né in caso di mancato buon fine è possibile elevare il protesto.

Bonifico bancario = ***Bank transfer***

Incasso elettronico = ***Electronic taking***

### Come si rileva la riscossione dei crediti in valuta estera?

Negli accordi commerciali internazionali si presentano spesso rischi e complessità superiori rispetto alle contrattazioni interne. In alcuni casi l'esportatore può incontrare delle difficoltà nel trovare informazioni sull'affidabilità e solvibilità del cliente estero, per cui è opportuno valutare quale forma di pagamento sia più adatta.

Oltre al bonifico bancario di cui ci occupiamo, l'esportatore può scegliere altre forme di regolamento, di cui ci occuperemo nel volume della classe quarta.

Tra le forme di regolamento più frequenti si possono ricordare:

- la rimessa di assegni bancari o di assegni circolari;
- l'incasso documentario, indicato con i termini *documents against payment* (D/P) o *cash against documents* (CAD);
- l'incasso elettronico, chiamato in Francia LCR, in Spagna IEF, in Austria e Germania *Lantschriften*;
- l'apertura di credito documentario irrevocabile, con o senza conferma.

Inoltre, l'esportatore italiano che ha venduto merci con regolamento posticipato può ottenere in via anticipata un finanziamento bancario pari a una percentuale della fattura, che estinguerà attraverso il bonifico disposto dal cliente estero alla scadenza della fattura. Questa operazione è chiamata *anticipo valuta su valuta*.

Nei casi in cui la riscossione avvenga con bonifico bancario, l'operazione dà luogo a una *permutazione finanziaria*, con addebito del conto **Banca X c/c** e accredito del conto **Crediti v/clienti esteri**.

Se il credito è espresso in *valuta estera* ed è stato convertito in euro per la rilevazione della fattura in P.D., l'impresa alla scadenza riceve la valuta e la cede alla banca convertendola al cambio del giorno di riscossione, probabilmente diverso dal cambio a cui è stata rilevata la fattura. L'eventuale differenza può essere negativa o positiva, e deve essere rilevata, rispettivamente, nel conto **Differenze passive in cambi**, *variazione economica negativa*, o **Differenze attive in cambi**, *variazione economica positiva*.

In P.D. la registrazione del credito comporta una prima scrittura, per accreditare il conto Crediti v/clienti esteri e aprire il conto **Banca X c/valuta estera** (a seconda dei casi può trattarsi di dollari americani, Banca X c/USD o sterline inglesi, Banca X c/GBP o yen giapponesi, Banca X c/JPY o altra valuta).

Successivamente l'esportatore converte la valuta al cambio del giorno del regolamento. Se l'euro si è deprezzato sulla valuta estera l'esportatore ottiene un importo in euro maggiore di quello del credito contabilizzato all'atto dell'emissione della fattura e registra il maggior valore nel *conto economico acceso ai ricavi d'esercizio* **Differenze attive in cambi**. Viceversa, se l'euro si è apprezzato sulla valuta estera il minor valore viene registrato nel *conto economico acceso ai costi d'esercizio* **Differenze passive in cambi**.

## SEMPIO Riscossione di un credito in valuta estera

Il 25 gennaio la Novorob spa vende all'impresa americana Landaster Ltd. merce per 40.000 dollari emettendo la fattura n. 31 al cambio euro/dollaro di 1,3371. Il regolamento avviene in dollari a 30 giorni data della fattura. Il 24 febbraio la Novorob spa riceve dalla banca comunicazione dell'avvenuto bonifico. L'impresa italiana cede la valuta estera alla banca al cambio euro/dollaro di 1,3742.
Presentiamo le scritture in P.D.

L'*apprezzamento dell'euro sul dollaro* determina per l'esportatore italiano la riscossione di un minore importo in euro rispetto a quello contabilizzato all'atto dell'emissione della fattura; occorre pertanto rilevare un *componente negativo di reddito* nel conto economico acceso ai costi d'esercizio **Differenze passive in cambi**.

| | | | | | |
|---|---|---|---|---|---|
| 25/01 | 05.04 | CREDITI V/CLIENTI ESTERI | fattura n. 31 su Landaster Ltd | 29.915,49 | |
| 25/01 | 20.04 | MERCI C/VENDITE ESTERO | fattura n. 31 su Landaster Ltd | | 29.915,49 |
| 24/02 | 18.25 | BANCA X C/USD | accreditati USD 40.000 | 29.915,49 | |
| 24/02 | 05.04 | CREDITI V/CLIENTI ESTERI | riscossa fattura n. 31 | | 29.915,49 |
| 24/02 | 18.20 | BANCA X C/C | controvalore USD 40.000 | 29.107,84 | |
| 24/02 | 41.21 | DIFFERENZE PASSIVE IN CAMBI | cambio sfavorevole | 807,65 | |
| 24/02 | 18.25 | BANCA X C/USD | cessione USD 40.000 | | 29.915,49 |

Crediti insoluti = ***Outstanding claims***

## Che cosa accade se i crediti risultano insoluti?

Talvolta l'impresa venditrice non riesce a riscuotere puntualmente e integralmente le fatture emesse poiché i clienti possono incontrare difficoltà a rispettare gli impegni assunti.

La mancata riscossione alla scadenza dei crediti commerciali viene registrata effettuando un giro dal conto Crediti v/clienti al conto **Crediti insoluti**.

## SEMPIO Ri.Ba. insoluta

L'impresa individuale Claudio Cossiri ha emesso fattura n. 163 di 24.400 euro, pattuendo con il cliente la riscossione a mezzo Ri.Ba. scadente il 24/09. Alla scadenza la banca comunica che la Ri.Ba. non è andata a buon fine. Per il servizio prestato la banca addebita commissioni di 15 euro. Il credito ritornato insoluto viene affidato all'ufficio legale affinché ne curi la riscossione.

Presentiamo le scritture in P.D. relative alla rilevazione dei costi di incasso e dell'insoluto.

In contabilità generale la Ri.Ba. corrisponde al conto Crediti v/clienti che è acceso in Dare per l'importo della fattura da riscuotere. L'invio della Ri.Ba. alla banca per l'incasso non dà luogo ad alcuna registrazione. Tuttavia, il mancato buon fine rende il credito maggiormente rischioso ed è quindi opportuno tenerlo separato dai crediti non ancora scaduti, che sono contabilizzati nel conto Crediti v/clienti.

Nel libro giornale dell'impresa Claudio Cossiri si effettua quindi la seguente registrazione:

| | | | | | |
|---|---|---|---|---|---|
| 24/09 | 31.14 | COSTI DI INCASSO | commissioni bancarie | 15, 00 | |
| 24/09 | 18.20 | BANCA X C/C | commissioni bancarie | | 15, 00 |
| 24/09 | 05.10 | CREDITI INSOLUTI | mancato buon fine fattura n. 38 | 24.400, 00 | |
| 24/09 | 05.01 | CREDITI V/CLIENTI | mancato buon fine fattura n. 38 | | 24.400, 00 |

Termini di pagamento  

Dopo aver rilevato l'insoluto si possono presentare le seguenti possibilità:

- il credito risulta totalmente inesigibile e viene **stralciato**, ossia eliminato dalla contabilità;
- il credito viene totalmente oppure parzialmente **riscosso**.

## SEMPIO Riscossione e stralcio di crediti insoluti

La contabilità dell'impresa Marco Franci evidenzia i seguenti crediti insoluti sorti per operazioni di vendita, **effettuate nell'esercizio**, per le quali non sono state riscosse le relative fatture:

- 3.700 euro nei confronti del cliente Saipam spa;
- 5.900 euro nei confronti del cliente Pa.Ri.Ma. srl.

Il 12/04 la Saipam spa invia un assegno circolare di 3.729,60 euro a saldo del proprio debito comprensivo di **interessi di mora** di 29,60 euro per il ritardato pagamento. Nello stesso giorno si ha notizia che il cliente Pa.Ri.Ma. srl è stato dichiarato fallito e, poiché l'impresa Marco Franci non vanta garanzie particolari, si reputa opportuno eliminare il credito dalla contabilità.
Presentiamo le scritture in P.D. nel libro giornale.

Il conto **Crediti insoluti** è acceso in Dare per 9.600 euro. Il 12/04 l'insoluto nei confronti del cliente Saipam spa viene, sia pure con ritardo, interamente recuperato. L'importo riscosso è comprensivo degli interessi di mora applicati a titolo di risarcimento del danno subìto per la mancata riscossione nei termini pattuiti. Tali interessi sono contabilizzati nel conto economico **Interessi attivi da clienti**, componente positivo del reddito.
Il credito nei confronti del cliente Pa.Ri.Ma. srl viene invece eliminato in quanto ritenuto totalmente inesigibile (irrecuperabile). L'eliminazione del credito dà luogo a un componente negativo del reddito, contabilizzato nel conto **Perdite su crediti**.

**Interessi di mora:** spettano al creditore per risarcirlo del danno subìto per la mancata riscossione nei tempi previsti.

| | | | | | |
|---|---|---|---|---|---|
| 12/04 | 08.10 | ASSEGNI | riscossione insoluto Saipam spa | 3.729, 60 | |
| 12/04 | 40.01 | INTERESSI ATTIVI DA CLIENTI | interessi di mora | | 29, 60 |
| 12/04 | 05.10 | CREDITI INSOLUTI | riscosso credito insoluto | | 3.700, 00 |
| 12/04 | 39.05 | PERDITE SU CREDITI | eliminato insoluto | 5.900, 00 | |
| 12/04 | 05.10 | CREDITI INSOLUTI | eliminato insoluto | | 5.900, 00 |

test interattivi nel libro digitale

**CONOSCENZE** Modalità e strumenti di riscossione dei crediti nazionali ed esteri • procedura relativa ai crediti insoluti.

**ABILITÀ** Analizzare sotto l'aspetto finanziario ed economico le operazioni di regolamento dei crediti commerciali e comporre le relative scritture contabili.

**1** Indica con una crocetta la risposta esatta (alcuni quesiti possono avere più risposte esatte).

**1.** Il regolamento a dilazione di una fattura di vendita può comportare:
- a *il ricevimento di cambiali attive*
- b *la trasmissione di Ri.Ba. alla banca*
- c *l'entrata immediata di denaro nel c/c bancario*
- d *l'entrata immediata di denaro nel c/c postale*

**2.** Nel regolamento con Ri.Ba. il conto Crediti v/clienti deve essere chiuso nel momento in cui:
- a *la Ri.Ba. viene emessa*
- b *la Ri.Ba. viene incassata e/o risulta insoluta*
- c *la Ri.Ba. viene trasmessa alla banca*
- d *la Ri.Ba. è ricevuta dalla banca*

**3.** La riscossione di un credito ricevendo un assegno circolare comporta l'aumento:
- a *delle somme depositate nel c/c bancario*
- b *delle disponibilità liquide*
- c *dei crediti commerciali*
- d *dei crediti finanziari*

**4.** La girata di una cambiale a favore di un fornitore comporta la diminuzione:
- a *delle disponibilità liquide*
- b *dei debiti commerciali*
- c *dei crediti commerciali*
- d *dei crediti finanziari*

**5.** Il conto Banca X c/USD nelle operazioni di incasso è un conto:
- a *finanziario passivo*
- b *economico negativo acceso a un costo d'esercizio*
- c *finanziario attivo*
- d *economico positivo acceso a un ricavo d'esercizio*

**6.** La mancata riscossione alla scadenza di una fattura comporta la rilevazione:
- a *di un insoluto*
- b *di una perdita su crediti*
- c *di un'entrata monetaria*
- d *di un'uscita monetaria*

**2** Per ciascun conto indica la natura e se affluisce nella Situazione patrimoniale o nella Situazione economica, specificandone il segno (Dare o Avere).

| Denominazione del conto | Natura | | Eccedenza | |
|---|---|---|---|---|
| | Finanziaria | Economica | Situazione patrimoniale | Situazione economica |
| Ribassi e abbuoni passivi | | | | |
| Perdite su crediti | | | | |
| Crediti insoluti | | | | |
| Cambiali attive | | | | |
| Costi di incasso | | | | |
| C/c postali | | | | |
| Banca X c/JPY | | | | |
| Interessi attivi da clienti | | | | |
| Assegni | | | | |
| Oneri finanziari diversi | | | | |
| Denaro in cassa | | | | |

**3** Indica se le seguenti affermazioni sono vere o false; in quest'ultimo caso suggerisci sul quaderno la formulazione corretta.

1. La riscossione di una fattura con assegni bancari o circolari comporta un aumento delle disponibilità liquide e una diminuzione dei crediti commerciali. V F
2. Se il cliente ordina un bonifico bancario a favore del venditore, quest'ultimo ha una diminuzione di disponibilità liquide nel c/c bancario. V F
3. La tratta è uno strumento di pagamento utilizzato nei regolamenti a dilazione. V F
4. Le disposizioni elettroniche d'incasso (Ri.Ba.) sono strumenti utilizzati nei regolamenti immediati (per pronta cassa). V F
5. L'incasso documentario è tra le forme di regolamento più frequenti nelle vendite all'estero. V F

**4** **CLIL** Complete the table part of the invoice issued for the sale of goods and insert the accounts and amounts in the purchasers's and the seller's journals.

| **Invoice no.** 278 **of** 15/02/20.. | | | | |
|---|---|---|---|---|
| **Delivery** ex-works | **Transport** by purchaser's vehicle | **Free** packaging | | **Payment** 60 days by bank cheque, 4% interest |
| **Quantity** | **Description** | **VAT %** | **Unit Price** | **Total** |
| 95 | Woollen jumpers | 22% | 60,00 | .......................... |
| 20 | Silk scarves | 22% | 50,00 | .......................... |
| | Taxable amount | | | .......................... |
| | VAT | | | .......................... |
| | Total invoice | | | .......................... |
| | Accrued interest | | | 53,75 |
| | **Total invoice** | | | .......................... |
| CONAI ENVIRONMENTAL CONTRIBUTION PAID | | | | |

CHEQUES – INTEREST INCOME FROM CUSTOMERS – SALES – TRADE DEBTORS – VAT PAYABLE

**Seller's journal**

| | | | | |
|---|---|---|---|---|
| 15/02 | .............................................. | issued invoice no. 278 | ................, ...... | |
| 15/02 | .............................................. | issued invoice no. 278 | | ................, ...... |
| 15/02 | .............................................. | issued invoice no. 278 | | ................, ...... |
| 15/02 | .............................................. | issued invoice no. 278 | | ................, ...... |
| 16/04 | .............................................. | paid invoice no. 278 | ................, ...... | |
| 16/04 | .............................................. | paid invoice no. 278 | | ................, ...... |

BANK CURRENT A/C – INTEREST EXPENSE TO SUPPLIERS – PURCHASES – TRADE CREDITORS – VAT RECEIVABLE

**Purchaser's journal**

| | | | | |
|---|---|---|---|---|
| 15/02 | .............................................. | received invoice no. 278 | ................, ...... | |
| 15/02 | .............................................. | received invoice no. 278 | ................, ...... | |
| 15/02 | .............................................. | received invoice no. 278 | ................, ...... | |
| 15/02 | .............................................. | received invoice no. 278 | | ................, ...... |
| 16/04 | .............................................. | .............................................. | ................, ...... | |
| 16/04 | .............................................. | .............................................. | | ................, ...... |

Lezione 6

# Le operazioni di gestione dei beni strumentali

Gestione caratteristica = *Ordinary operations*

## Con quali modalità si acquisiscono i beni strumentali?

I **beni strumentali** (o beni a utilità ripetuta) sono costituiti dai *beni immateriali aventi utilità pluriennale* (software, brevetti, marchi ecc.) e dalle *immobilizzazioni materiali utilizzate nella gestione caratteristica* (fabbricati strumentali, automezzi, macchinari, attrezzature, macchine d'ufficio ecc.).

Tali beni possono essere acquisiti dall'impresa con varie modalità: **apporto**, **acquisto**, **locazione**, **leasing**, **costruzione in economia**. Abbiamo già visto l'apporto di beni strumentali; in questa lezione illustreremo le altre modalità, tranne la costruzione in economia che sarà trattata nei volumi successivi.

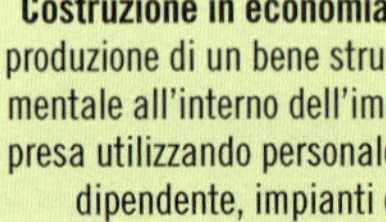

**Costruzione in economia:** produzione di un bene strumentale all'interno dell'impresa utilizzando personale dipendente, impianti e materie prime.

## Come si contabilizza l'acquisto dei beni strumentali?

In caso di acquisto il bene strumentale diventa di **proprietà** dell'impresa; il costo sostenuto viene rilevato in *conti economici di reddito accesi ai costi pluriennali* intestati allo specifico bene (Software, Brevetti, Fabbricati, Impianti e macchinari, Automezzi ecc.) per l'importo riportato nella fattura ricevuta dal fornitore.

### eSEMPIO Acquisto di software

In data 01/07 l'imprenditore Carlo Versetti riceve dalla Informatica System srl la fattura n. 168 per l'acquisto di un software gestionale per la contabilità dell'impresa del costo di 13.000 euro + IVA.
Presentiamo la parte tabellare della fattura, l'analisi dell'operazione di gestione e la registrazione in P.D.

**Fattura n. 168 Informatica System srl**

| | | |
|---|---|---|
| Software | euro | 13.000,00 |
| IVA 22% | euro | 2.860,00 |
| Totale fattura | euro | 15.860,00 |

| | | | |
|---|---|---|---|
| **Software** | variazione economica negativa | Dare 13.000,00 | |
| **IVA ns/credito** | variazione finanziaria attiva | Dare 2.860,00 | |
| **Debiti v/fornitori** | variazione finanziaria passiva | | Avere 15.860,00 |

| | | | | | |
|---|---|---|---|---|---|
| 01/07 | 01.04 | SOFTWARE | fattura n. 168 da Informatica System srl | 13.000,00 | |
| 01/07 | 06.01 | IVA NS/CREDITO | fattura n. 168 da Informatica System srl | 2.860,00 | |
| 01/07 | 14.01 | DEBITI V/FORNITORI | fattura n. 168 da Informatica System srl | | 15.860,00 |

L'acquisto di immobilizzazioni comporta a volte il sostenimento di **costi accessori**, in quanto strettamente collegati all'acquisto del bene strumentale: costi di installazione e collaudo, provvigioni a intermediari, oneri notarili ecc. Tali costi devono essere patrimonializzati, vale a dire portati a diretto incremento del bene a cui si riferiscono, divenendo così essi stessi costi pluriennali.

### SEMPIO Acquisto di un impianto e patrimonializzazione di costi accessori

Il 20 febbraio si riceve dalla Impiantil spa la fattura n. 76 relativa all'acquisto di un impianto di 180.000 euro + IVA. In data 25 febbraio la Kirner srl effettua l'installazione e il collaudo dell'impianto e si riceve fattura n. 47 di 12.500 euro + IVA.

Presentiamo l'analisi delle operazioni di gestione e le registrazioni in P.D.

Al ricevimento della fatture si devono registrare le seguenti variazioni:

- fattura n. 76 del 20 febbraio

| | | | |
|---|---|---|---|
| **Impianti e macchinari** | variazione economica negativa | Dare 180.000,00 | |
| **IVA ns/credito** | variazione finanziaria attiva | Dare 39.600,00 | |
| **Debiti v/fornitori** | variazione finanziaria passiva | | Avere 219.600,00 |

- fattura n. 47 del 25 febbraio

| | | | |
|---|---|---|---|
| **Impianti e macchinari** | variazione economica negativa | Dare 12.500,00 | |
| **IVA ns/credito** | variazione finanziaria attiva | Dare 2.750,00 | |
| **Debiti v/fornitori** | variazione finanziaria passiva | | Avere 15.250,00 |

| | | | | | |
|---|---|---|---|---|---|
| 20/02 | 02.02 | IMPIANTI E MACCHINARI | fattura n. 76 da Impiantil spa | 180.000, 00 | |
| 20/02 | 06.01 | IVA NS/CREDITO | fattura n. 76 da Impiantil spa | 39.600, 00 | |
| 20/02 | 14.01 | DEBITI V/FORNITORI | fattura n. 76 da Impiantil spa | | 219.600, 00 |
| 25/02 | 02.02 | IMPIANTI E MACCHINARI | fattura n. 47 da Kirner srl | 12.500, 00 | |
| 25/02 | 06.01 | IVA NS/CREDITO | fattura n. 47 da Kirner srl | 2.750, 00 | |
| 25/02 | 14.01 | DEBITI V/FORNITORI | fattura n. 47 da Kirner srl | | 15.250, 00 |

## Come si contabilizzano gli acconti ai fornitori?

L'acquisto di immobilizzazioni comporta a volte il versamento di un acconto quando il prezzo del bene strumentale è elevato oppure si acquista un bene la cui costruzione avviene dietro specifiche indicazioni dell'acquirente. Il pagamento anticipato costituisce un'operazione da assoggettare a IVA limitatamente all'importo versato. Il fornitore dovrà emettere una fattura per l'acconto ricevuto (con addebito dell'IVA relativa) e una fattura per la consegna del bene (con addebito dell'IVA sull'importo ancora da versare).

L'importo versato a titolo di acconto costituisce un *credito* nei confronti dell'impresa fornitrice e viene rilevato in P.D. alla *data in cui sorge l'obbligo al pagamento* utilizzando il conto finanziario *Fornitori immobilizzazioni materiali c/acconti*. Contestualmente o subito dopo il versamento dell'acconto, l'impresa acquirente riceve dal fornitore una fattura.

## eSEMPIO Acquisto di un macchinario con versamento di un acconto

Il 20/09 viene stipulato con la Marelli spa un contratto per l'acquisto di un macchinario del costo di 75.000 euro + IVA, consegna a 60 giorni. Il contratto prevede il versamento di un acconto pari a un terzo dell'importo concordato con bonifico bancario; il saldo dovrà essere versato al ricevimento della fattura. Il 25/09 il fornitore, ricevuto l'acconto, invia la relativa fattura n. 324.

Il macchinario viene consegnato il 15/11 accompagnato dalla fattura n. 412, che il 20/11 viene regolata con bonifico bancario ordinato alla Banca Regionale Europea. Per entrambi i bonifici la banca applica la commissione di 3,50 euro.

Presentiamo la parte tabellare delle due fatture e le relative registrazioni in P.D.

**Fattura n. 324 del 25/09**

| | | |
|---|---|---|
| Acconto | euro | 25.000,00 |
| IVA 22% | euro | 5.500,00 |
| Totale fattura | euro | 30.500,00 |

**Fattura n. 412 del 15/11**

| | | |
|---|---|---|
| Macchinario | euro | 75.000,00 |
| Acconto già versato | euro | – 25.000,00 |
| | euro | 50.000,00 |
| IVA 22% su 50.000 | euro | 11.000,00 |
| Totale fattura | euro | 61.000,00 |

Esaminiamo ora gli articoli in P.D. redatti dall'azienda acquirente e il conto Debiti v/fornitori.

| | | | | | |
|---|---|---|---|---|---|
| 20/09 | 02.30 | FORNITORI IMMOB. MAT. C/ACCONTI | acconto a Marelli spa | 25.000, 00 | |
| 20/09 | 14.05 | DEBITI PER ACCONTI A FORNITORI | obbligo acconto | | 25.000, 00 |
| 20/09 | 14.01 | DEBITI V/FORNITORI | versato acconto | 30.500, 00 | |
| 20/09 | 18.20 | UBI BANCA C/C | bonifico a Marelli spa | | 30.500, 00 |
| 20/09 | 31.15 | COMMISSIONI BANCARIE | commissioni su bonifico | 3, 50 | |
| 20/09 | 18.20 | UBI BANCA C/C | commissioni su bonifico | | 3, 50 |
| 25/09 | 14.05 | DEBITI PER ACCONTI A FORNITORI | fattura n. 324 da Marelli spa | 25.000, 00 | |
| 25/09 | 06.01 | IVA NS/CREDITO | fattura n. 324 da Marelli spa | 5.500, 00 | |
| 25/09 | 14.01 | DEBITI V/FORNITORI | fattura n. 324 da Marelli spa | | 30.500, 00 |
| 15/11 | 02.02 | IMPIANTI E MACCHINARI | fattura n. 412 da Marelli spa | 75.000, 00 | |
| 15/11 | 06.01 | IVA NS/CREDITO | fattura n. 412 da Marelli spa | 11.000, 00 | |
| 15/11 | 14.01 | DEBITI V/FORNITORI | fattura n. 412 da Marelli spa | | 61.000, 00 |
| 15/11 | 02.30 | FORNITORI IMMOB. MAT. C/ACCONTI | fattura n. 412 da Marelli spa | | 25.000, 00 |
| 20/11 | 14.01 | DEBITI V/FORNITORI | bonifico bancario | 61.000, 00 | |
| 20/11 | 18.20 | BRE C/C | bonifico bancario | | 61.000, 00 |
| 20/11 | 31.15 | COMMISSIONI BANCARIE | commissioni su bonifico | 3, 50 | |
| 20/11 | 18.20 | BRE C/C | commissioni su bonifico | | 3, 50 |

Il conto **Debiti verso fornitori** si presenta come segue:

| Data | Descrizione | Dare | Avere | Saldo |
|---|---|---|---|---|
| 20/09 | bonifico bancario | 30.500, 00 | | 30.500, 00 |
| 25/09 | fattura n. 324 da Marelli spa | | 30.500, 00 | – |
| 15/11 | fattura n. 412 da Marelli spa | | 61.000, 00 | – 61.000, 00 |
| 20/11 | bonifico bancario | 61.000, 00 | | – |

## Come si contabilizza la locazione dei beni strumentali?

**Cauzione:** garanzia rappresentata da una somma di denaro o da cose mobili prestate al fine di assicurare l'assolvimento di determinati obblighi.

Se l'impresa non è interessata a divenire proprietaria di un bene strumentale o non dispone dei mezzi finanziari sufficienti, può stipulare un contratto di locazione, sostenendo costi per **godimento di beni di terzi**, ossia costi derivanti dall'utilizzo di beni che non risultano di proprietà dell'impresa.

### ESEMPIO Locazione di un fabbricato

Il 28/06 si stipula con la Immobili Italy spa il contratto di locazione di un capannone che prevede il pagamento anticipato di 1.200 euro + IVA all'inizio di ogni mese; si versa inoltre una cauzione di 3.600 euro, come risulta dalla fattura n. 264.
Presentiamo le scritture in P.D.

La locazione comporta il deposito di una **cauzione** in denaro, da versare al momento della stipulazione del contratto.
Tale somma viene contabilizzata in Dare del conto finanziario **Crediti per cauzioni** in quanto esprime il credito verso il proprietario del bene (locatore) che, al termine del contratto, dovrà restituirla al locatario.
La cauzione può essere indicata in fattura, ma non concorre a determinare l'imponibile IVA.

| | | | | | |
|---|---|---|---|---|---|
| 28/06 | 32.01 | FITTI PASSIVI | fattura n. 264 da Immobili Italy spa | 1.200, 00 | |
| 28/06 | 06.01 | IVA NS/CREDITO | fattura n. 264 da Immobili Italy spa | 264, 00 | |
| 28/06 | 06.07 | CREDITI PER CAUZIONI | fattura n. 264 da Immobili Italy spa | 3.600, 00 | |
| 28/06 | 14.01 | DEBITI V/FORNITORI | fattura n. 264 da Immobili Italy spa | | 5.064, 00 |

## Come si contabilizza il leasing?

Un bene strumentale può essere acquisito dall'impresa mediante la stipulazione di un contratto di leasing.

**Locatario:** soggetto che prende in consegna il bene e se ne serve per il tempo e l'uso concordato. Deve pagare al locatore il canone stabilito e restituire il bene al termine del contratto.

Il **leasing** è il contratto mediante il quale un'impresa (impresa **locataria**) prende in locazione da un'altra impresa (società di leasing o impresa locatrice) un determinato bene strumentale contro pagamento di canoni periodici e con la facoltà di riscattare il bene al termine del contratto a un prezzo stabilito.

### SEMPIO Stipulazione di un contratto di leasing

Il 28/04 si stipula con la Leasing Ufficio spa un contratto di leasing per macchine d'ufficio alle seguenti condizioni:

- versamento di 10 canoni mensili da 2.000 euro ciascuno a partire dal 1° maggio;
- riscatto dei beni alla scadenza del contratto a un prezzo di 1.200 euro, come da fattura n. 34.

Presentiamo l'analisi delle operazioni di gestione e le registrazioni in P.D. del ricevimento e pagamento della fattura n. 76 relativa al primo canone e della fattura n. 34 del riscatto del bene.

I **canoni di leasing** (*costi d'esercizio*) devono essere documentati dalla relativa fattura emessa dalla società di leasing.

- Fattura n. 76 relativa al primo canone di leasing

| | | | |
|---|---|---|---|
| **Canoni di leasing** | variazione economica negativa | Dare 2.000,00 | |
| **IVA ns/credito** | variazione finanziaria attiva | Dare 440,00 | |
| **Debiti v/fornitori** | variazione finanziaria passiva | | Avere 2.440,00 |

- Pagamento della fattura n. 76

| | | | |
|---|---|---|---|
| **Debiti v/fornitori** | variazione finanziaria attiva | Dare 2.440,00 | |
| **Banca X c/c** | variazione finanziaria passiva | | Avere 2.440,00 |

- Fattura n. 34 relativa al riscatto del bene

| | | | |
|---|---|---|---|
| **Macchine d'ufficio** | variazione economica negativa | Dare 1.200,00 | |
| **IVA ns/credito** | variazione finanziaria attiva | Dare 264,00 | |
| **Debiti v/fornitori** | variazione finanziaria passiva | | Avere 1.464,00 |

| | | | | | |
|---|---|---|---|---|---|
| 01/05 | 32.02 | CANONI DI LEASING | fattura n. 76 da Leasing Ufficio spa | 2.000, 00 | |
| 01/05 | 06.01 | IVA NS/CREDITO | fattura n. 76 da Leasing Ufficio spa | 440, 00 | |
| 01/05 | 14.01 | DEBITI V/FORNITORI | fattura n. 76 da Leasing Ufficio spa | | 2.440, 00 |
| 01/05 | 14.01 | DEBITI V/FORNITORI | saldata fattura n. 76 | 2.440, 00 | |
| 01/05 | 18.20 | BANCA X C/C | saldata fattura n. 76 | | 2.440, 00 |

Queste registrazioni contabili si ripeteranno mensilmente al ricevimento e pagamento delle fatture.

Al termine del contratto l'impresa locataria può diventare proprietaria del bene versando il prezzo di riscatto di 1.200 euro che è registrato nel conto **Macchine di ufficio** (conto economico di reddito acceso ai costi pluriennali). Anche in questo caso la società di leasing deve emettere una fattura.
L'operazione di gestione è registrata in P.D. come segue:

| | | | | | |
|---|---|---|---|---|---|
| 01/03 | 02.05 | MACCHINE D'UFFICIO | fattura n. 34 da Leasing Ufficio spa | 1.200, 00 | |
| 01/03 | 06.01 | IVA NS/CREDITO | fattura n. 34 da Leasing Ufficio spa | 264, 00 | |
| 01/03 | 14.01 | DEBITI V/FORNITORI | fattura n. 34 da Leasing Ufficio spa | | 1.464, 00 |

Costi di manutenzione = ***Maintenance costs***

Costi di riparazione = ***Repair costs***

## Quali interventi sono richiesti per conservare i beni strumentali?

I beni strumentali richiedono:

- regolari interventi di manutenzione per garantire nel tempo la loro funzionalità;
- interventi di riparazione in caso di guasti e rotture.

I **costi di manutenzione** sono sostenuti per mantenere in efficienza un bene e conservarne la funzionalità; i **costi di riparazione** sono sostenuti per ripristinare la funzionalità del bene quando si è verificato un guasto o una rottura.
I costi di manutenzione e riparazione sono considerati costi di esercizio e si rilevano nel conto economico di reddito **Manutenzioni e riparazioni**.

### Costi di manutenzione e di riparazione

L'impresa Barbara Santi riceve in data 18/09 la fattura n. 567 della Manutenzioni Sassi srl relativa all'intervento di manutenzione su un macchinario. La fattura di 1.345 euro + IVA è regolata due giorni dopo con bonifico (commissioni bancarie 3,50 euro).

In data 03/10 riceve fattura n. 760 della Sortis spa per la riparazione effettuata su macchine di ufficio per 730 euro + IVA. La fattura è regolata con assegno bancario.

Presentiamo le registrazioni in P.D.

| | | | | | |
|---|---|---|---|---|---|
| 18/09 | 31.10 | MANUTENZ. E RIPARAZ. | fattura n. 567 da Manutenzioni Sassi srl | 1.345, 00 | |
| 18/09 | 06.01 | IVA NS/CREDITO | fattura n. 567 da Manutenzioni Sassi srl | 295, 90 | |
| 18/09 | 14.01 | DEBITI V/FORNITORI | fattura n. 567 da Manutenzioni Sassi srl | | 1.640, 90 |
| 20/09 | 14.01 | DEBITI V/FORNITORI | bonifico bancario | 1.640, 90 | |
| 20/09 | 18.20 | BANCA X C/C | bonifico bancario | | 1.640, 90 |
| 20/09 | 31.15 | COMMISSIONI BANCARIE | commissioni su bonifico | 3, 50 | |
| 20/09 | 18.20 | BANCA X C/C | commissioni su bonifico | | 3, 50 |
| 03/10 | 31.10 | MANUTENZ. E RIPARAZ. | fattura n. 760 da Sortis spa | 730, 00 | |
| 03/10 | 06.01 | IVA NS/CREDITO | fattura n. 760 da Sortis spa | 160, 60 | |
| 03/10 | 14.01 | DEBITI V/FORNITORI | fattura n. 760 da Sortis spa | | 890, 60 |
| 03/10 | 14.01 | DEBITI V/FORNITORI | assegno bancario | 890, 60 | |
| 03/10 | 18.20 | BANCA X C/C | assegno bancario | | 890, 60 |

## Come si contabilizza la vendita dei beni strumentali?

I beni strumentali perdono progressivamente valore a causa del logorio fisico e dell'invecchiamento tecnologico. L'impresa deve quindi procedere periodicamente al loro rinnovo, operazione che generalmente comporta la vendita dei vecchi beni e il contemporaneo riacquisto dei nuovi.
A volte, come nel caso degli automezzi, è lo stesso soggetto che si pone sia come compratore sia come venditore. Chi ritira l'"*usato*" permette all'acquirente di versare la differenza tra il valore del nuovo bene strumentale e il valore attribuito al vecchio (ceduto in permuta).
Va però chiarito che, anche se l'operazione ha come controparte uno stesso soggetto, essa si configura come una duplice compravendita; perciò l'impresa che cede il bene strumentale in permuta emette una fattura per la vendita e contemporaneamente riceve una fattura per l'acquisto del nuovo bene.
Le fatture relative alle cessioni di beni strumentali danno origine, analogamente alla vendita di merci, a un credito che, per ragioni fiscali, è opportuno contabilizzare nel conto **Crediti commerciali diversi**. Quando l'immobilizzazione viene

**Fondo ammortamento:** conto economico che accoglie ogni anno le quote di ammortamento conseguenti al logorio fisico del bene pluriennale e ai cambiamenti di mercato e delle tecnologie.

**Componenti ordinari del reddito:** costi e ricavi che fanno parte della gestione caratteristica, della gestione accessoria e della gestione finanziaria relativi a operazioni usuali e ripetitive.

**Componenti straordinari del reddito:** costi e ricavi derivanti da operazioni estranee alla gestione ordinaria e comunque non ripetitive, o da eventi fortuiti o occasionali (per esempio un incendio).

venduta occorre eliminare dalla contabilità il relativo **Fondo ammortamento**, che costituisce una voce di rettifica del costo storico del bene.

La differenza tra il costo storico del bene strumentale e il fondo ammortamento prende il nome di valore contabile.

Valore contabile = Costo storico del bene – Fondo ammortamento

Il *componente di reddito* derivante dalla cessione del bene strumentale scaturisce dalla **differenza** tra il **prezzo di vendita** e il **valore contabile**.

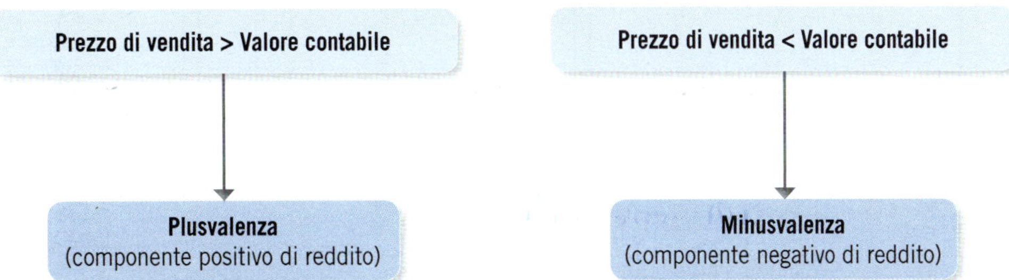

Le plusvalenze e le minusvalenze vengono accolte in conti economici accesi alle variazioni d'esercizio, opportunamente distinte in **ordinarie** e **straordinarie**.

**PROCEDURA CONTABILE DELLA VENDITA DI UN BENE STRUMENTALE**

Storno del fondo ammortamento → Registrazione della fattura di vendita → Registrazione della plusvalenza o minusvalenza → Riscossione del credito

## ESEMPIO 1 Vendita di beni strumentali

Il 02/01 l'impresa Silvio Fabbri vende alla Verlet spa i seguenti beni strumentali:

- un impianto acquistato a 80.000 euro e ammortizzato al 95%, per il quale emette fattura n. 4 di 4.500 euro + IVA;
- macchine d'ufficio acquistate a 18.000 euro e ammortizzate per 16.000 euro, per le quali emette fattura n. 5 di 1.500 euro + IVA.

Presentiamo le registrazioni contabili relative all'alienazione dei beni strumentali.

Entrambe le operazioni di vendita rientrano nella gestione ordinaria in quanto legate al rinnovo fisiologico dei beni strumentali che hanno terminato la loro vita utile. Prima di effettuare la registrazione in P.D. occorre determinare il valore contabile dei beni e subito dopo il componente di reddito (minusvalenze/plusvalenze) che deriva dalla cessione.

L'impianto risulta ammortizzato per il 95%; ciò significa che il conto Fondo ammortamento impianti e macchinari al momento della vendita accoglie in *Avere* 76.000 euro (somma delle quote annualmente accantonate).

Considerando che:

valore contabile = costo storico – Fondo ammortamento

si ha:

valore contabile = euro (80.000 – 76.000) = euro 4.000

Contabilmente con questa operazione si gira (storno) il *Fondo ammortamento* (iscrivendo l'importo del saldo in *Dare*) al conto *Impianti e macchinari* che lo accoglie in *Avere*. Il conto *Fondo ammortamento impianti e macchinari* risulta spento, mentre il conto *Impianti e macchinari* resta acceso per il valore contabile di 4.000 euro (eccedenza del conto).

02.02 IMPIANTI E MACCHINARI

| Dare | Avere |
|---|---|
| 80.000, 00 | 76.000, 00 |

02.12 FONDO AMM.TO IMPIANTI E MACCHINARI

| Dare | Avere |
|---|---|
| 76.000, 00 | 76.000, 00 |

Per determinare il componente di reddito occorre confrontare il prezzo di vendita (senza l'IVA che non costituisce né costo né ricavo per l'impresa) con il valore contabile. In questo caso il prezzo di vendita di 4.500 euro è superiore al valore contabile di 4.000 euro. Si ha perciò: euro (4.500 – 4.000) = euro 500 **plusvalenza ordinaria**. A questo punto occorre chiudere anche il conto Impianti e macchinari registrando in *Avere* il prezzo di vendita (4.500 euro), in contropartita del quale sorge il credito che deriva dall'alienazione. In *Dare* del conto Impianti e macchinari si registra anche la plusvalenza ordinaria di 500 euro in contropartita al componente di reddito originato dall'operazione che si registra in Avere.

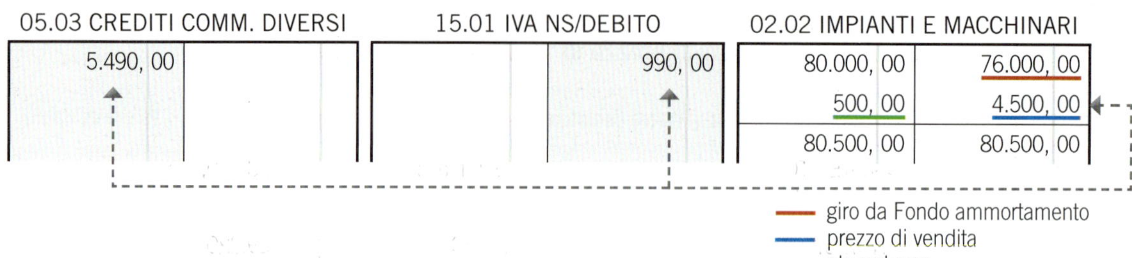


Al termine dell'operazione il conto Impianti e macchinari, come il relativo fondo ammortamento, risulta spento.

Ragionamenti analoghi devono essere fatti nel caso della vendita delle macchine d'ufficio, acquistate originariamente a 18.000 euro e vendute al termine della vita utile a 1.500 euro.

| | |
|---|---|
| Costo storico delle macchine d'ufficio | euro 18.000 |
| Fondo ammortamento | – euro 16.000 |
| **Valore contabile** | **euro 2.000** |

Poiché il prezzo di vendita (1.500 euro) è inferiore al valore contabile (2.000 euro) si rileva una minusvalenza ordinaria di 500 euro:

**euro 1.500 – 2.000 = euro – 500 minusvalenza ordinaria**

| 05.03 CREDITI COMM. DIVERSI | |
|---|---|
| 1.830, 00 | |

| 15.01 IVA NS/DEBITO | |
|---|---|
| | 330, 00 |

| 02.05 MACCHINE D'UFFICIO | |
|---|---|
| 18.000, 00 | 16.000, 00 |
| | 1.500, 00 |
| | 500, 00 |
| 18.000, 00 | 18.000, 00 |

giro da Fondo ammortamento
prezzo di vendita
minusvalenza

**Libro giornale**

| | | | | | |
|---|---|---|---|---|---|
| 02/01 | 02.12 | F.DO AMM.TO IMP. E MACCHINARI | giro contabile | 76.000, 00 | |
| 02/01 | 02.02 | IMPIANTI E MACCHINARI | giro contabile | | 76.000, 00 |
| 02/01 | 05.03 | CREDITI COMMERCIALI DIVERSI | ns/fattura n. 4 | 5.490, 00 | |
| 02/01 | 02.02 | IMPIANTI E MACCHINARI | ns/fattura n. 4 | | 4.500, 00 |
| 02/01 | 15.01 | IVA NS/DEBITO | ns/fattura n. 4 | | 990, 00 |
| 02/01 | 02.02 | IMPIANTI E MACCHINARI | plusvalenza su alienazione | 500, 00 | |
| 02/01 | 20.20 | PLUSVALENZE ORDINARIE | plusvalenza su alienazione | | 500, 00 |
| 02/01 | 02.15 | F.DO AMM.TO MACCHINE D'UFFICIO | giro contabile | 6.000, 00 | |
| 02/01 | 02.05 | MACCHINE D'UFFICIO | giro contabile | | 6.000, 00 |
| 02/01 | 05.03 | CREDITI COMMERCIALI DIVERSI | ns/fattura n. 5 | 1.830, 00 | |
| 02/01 | 15.01 | IVA NS/DEBITO | ns/fattura n. 5 | | 330, 00 |
| 02/01 | 02.05 | MACCHINE D'UFFICIO | ns/fattura n. 5 | | 1.500, 00 |
| 02/01 | 39.10 | MINUSVALENZE ORDINARIE | minusvalenza su alienazione | 500, 00 | |
| 02/01 | 02.05 | MACCHINE D'UFFICIO | minusvalenza su alienazione | | 500, 00 |

## 2 Permuta di beni strumentali

In data 03/01 l'impresa Sartelli cede per 10.800 euro un macchinario del costo storico di 84.000 euro, ammortizzato per l'80%; contemporaneamente acquista un nuovo macchinario del costo di 106.000 euro. L'operazione è conclusa con la S.T. Macchine spa su cui si emette la fattura n. 5 per la cessione del macchinario e

da cui si riceve la fattura n. 10 per l'acquisto del nuovo macchinario.
A regolamento dell'operazione l'impresa invia un bonifico ordinato alla banca Intesa Sanpaolo che percepisce una commissione di 3,20 euro.

Presentiamo le registrazioni contabili redatte dall'impresa Sartelli relative alla permuta del macchinario.

| | | | | | |
|---|---|---|---|---|---|
| 03/01 | 02.12 | F.DO AMM.TO IMP. E MACCHIN. | giro contabile | 67.200, 00 | |
| 03/01 | 02.02 | IMPIANTI E MACCHINARI | giro contabile | | 67.200, 00 |
| 03/01 | 05.03 | CREDITI COMMERCIALI DIVERSI | ns/fattura n. 5 su S.T. Macchine spa | 13.176, 00 | |
| 03/01 | 02.02 | IMPIANTI E MACCHINARI | ns/fattura n. 5 su S.T. Macchine spa | | 10.800, 00 |
| 03/01 | 15.01 | IVA NS/DEBITO | ns/fattura n. 5 su S.T. Macchine spa | | 2.376, 00 |
| 03/01 | 02.02 | IMPIANTI E MACCHINARI | fatt. n. 10 da S.T. Macchine spa | 106.000, 00 | |
| 03/01 | 06.01 | IVA NS/CREDITO | fatt. n. 10 da S.T. Macchine spa | 23.320, 00 | |
| 03/01 | 14.01 | DEBITI V/FORNITORI | fatt. n. 10 da S.T. Macchine spa | | 129.320, 00 |
| 03/01 | 14.01 | DEBITI V/FORNITORI | estinta fattura n. 10 | 129.320, 00 | |
| 03/01 | 05.03 | CREDITI COMMERCIALI DIVERSI | estinta ns/fattura n. 5 | | 13.176, 00 |
| 03/01 | 18.20 | INTESA SANPAOLO C/C | bonifico | | 116.144, 00 |
| 03/01 | 31.15 | COMMISSIONI BANCARIE | commissioni su bonifico | 3, 20 | |
| 03/01 | 18.20 | INTESA SANPAOLO C/C | commissioni su bonifico | | 3, 20 |
| 03/01 | 39.10 | MINUSVALENZE ORDINARIE | minusvalenza su alienazione | 6.000, 00 | |
| 03/01 | 02.02 | IMPIANTI E MACCHINARI | minusvalenza su alienazione | | 6.000, 00 |

| 02.02 IMPIANTI E MACCHINARI | |
|---|---|
| 84.000, 00 | 67.200, 00 |
| 106.000, 00 | 10.800, 00 |
| | 6.000, 00 |

| 02.12 F.DO AMM.TO IMP. E MACCH. | |
|---|---|
| 67.200, 00 | 67.200, 00 |

| 39.10 MINUSVALENZE ORDINARIE | |
|---|---|
| 6.000, 00 | |

**test interattivi nel libro digitale**

**CONOSCENZE** Acquisizione di beni strumentali • patrimonializzazione di costi accessori • utilizzo di beni strumentali • cessione di beni strumentali.

**ABILITÀ** Analizzare sotto l'aspetto finanziario ed economico le operazioni riguardanti i beni strumentali e comporre le relative scritture contabili.

**1** Indica con una crocetta la risposta esatta (alcuni quesiti possono avere più risposte esatte).

**1.** L'acquisto di beni strumentali è rilevato in:
- a *conti di reddito accesi ai costi sospesi*
- b *conti di reddito accesi ai costi di esercizio*
- c *conti di reddito accesi ai costi pluriennali*
- d *conti economici di patrimonio*

**2.** La patrimonializzazione di costi comporta un aumento:
- a *dei componenti negativi di reddito*
- b *dei componenti positivi di reddito*
- c *dei debiti di regolamento*
- d *del valore del bene strumentale*

**3.** Il contratto di leasing si differenzia dal contratto di locazione in quanto:
- a *la locazione prevede il pagamento di canoni non periodici*
- b *il leasing ha per oggetto esclusivamente beni mobili*
- c *il leasing prevede la facoltà di riscatto del bene alla scadenza*
- d *il leasing ha per oggetto esclusivamente beni immobili*

**4.** Il riscatto di un bene acquisito in leasing comporta:
- a *il sostenimento di costo di esercizio*
- b *il conseguimento di un ricavo di esercizio*
- c *il sostenimento di un costo pluriennale*
- d *il sostenimento di un costo di esercizio e di un costo pluriennale*

**5.** Il pagamento anticipato rispetto alla consegna di un bene è:
- a *un finanziamento concesso dal venditore al compratore*
- b *un finanziamento concesso dal compratore al venditore*
- c *un'operazione fuori campo IVA*
- d *un'operazione da assoggettare a IVA*

**2** Osserva la parte tabellare della fattura n. 138 ricevuta dalla Bonelli srl e, sulla base dei dati contenuti, descrivi l'operazione di gestione, completa i conti di mastro e compila il libro giornale.

**Fattura n. 138 Bonelli srl del 12 giugno**

| | | |
|---|---|---|
| Macchine d'ufficio | euro | 5.000,00 |
| Trasporto e assemblaggio | euro | 500,00 |
| Imponibile IVA | euro | 5.500,00 |
| IVA 22% | euro | 1.210,00 |
| Totale fattura | euro | 6.710,00 |

L'operazione documentata dalla fattura è relativa ad un acquisto di macchine d'ufficio

| 14.01 DEBITI V/FORNITORI | | 06.01 IVA NS/CREDITO | | 02.05 MACCHINE D'UFFICIO | |
|---|---|---|---|---|---|
| | 6.710 | 1.210 | | 5.500 | |

Libro giornale

| | | | | | |
|---|---|---|---|---|---|
| ....... | ....... | Macchine d'ufficio | | 5500,.... | |
| ....... | ....... | IVA ns/credito | | 1210,.... | |
| ....... | ....... | Debiti v/fornitori | | | 6.710,.... |

**3** Esamina la situazione proposta ed esegui quanto richiesto.

L'impresa Vincenzo Rossignoli decide di rinnovare parte degli automezzi; a tal fine il 03/01 vende alcuni automezzi del costo storico di 180.000 euro ammortizzati per il 60% ed emette fattura n. 8 di 70.000 euro + IVA.
Nella stessa data cede un capannone acquistato a 200.000 euro che, al momento della vendita, risulta ammortizzato per 90.000 euro; dalla vendita realizza 140.000 euro come risulta dalla fattura n. 9.
Completa il libro giornale dell'impresa Rossignoli e rispondi alla domanda.

180.000 − 108.000 = 72.000

| | | | | | |
|---|---|---|---|---|---|
| 03/01 | 02.17 | F. amm. automezzi | giro contabile | 108.000,.... | |
| 03/01 | 02.07 | AUTOMEZZI | giro contabile | | 108.000,.... |
| 03/01 | 05.03 | Crediti comm. div. | ns/fattura n. 8 | 85.400,.... | |
| 03/01 | 02.07 | AUTOMEZZI | ns/fattura n. 8 | | 70.000,.... |
| 03/01 | 15.01 | IVA ns/debito | ns/fattura n. 8 | | 15.400,.... |
| 03/01 | 39.10 | Minusvalenza | ................................ | 2.000,.... | |
| 03/01 | 02.07 | Automezzi | minusvalenza su alienazione | | 2.000,.... |
| 03/01 | 02.11 | F. amm. fabbricati | giro contabile | 90.000,.... | |
| 03/01 | 02.01 | FABBRICATI | giro contabile | | 90.000,.... |
| 03/01 | 05.03 | Crediti comm. div. | ns/fattura n. 9 | 170.800,.... | |
| 03/01 | 02.01 | FABBRICATI | ns/fattura n. 9 | | 140.000,.... |
| 03/01 | 15.01 | IVA ns/debito | ns/fattura n. 9 | | 30.800,.... |
| 03/01 | 02.01 | Fabbricati | plusvalenza ordinaria | 110.000,.... | |
| 03/01 | 20.20 | plusvalenza | plusvalenza ordinaria | | 110.000,.... |

Qual è il valore contabile degli automezzi e del capannone al momento della vendita?

**4** Esamina la situazione proposta ed esegui quanto richiesto.

Il 28/06 la Martines spa stipula un contratto di leasing per un macchinario alle seguenti condizioni:

- versamento di 5 canoni trimestrali da 30.000 euro ciascuno a partire dal 01/07; regolamento con bonifico bancario, la banca addebita commissioni pari a 3,50 euro;
- riscatto del bene alla scadenza del contratto al prezzo di 12.000 euro.

Completa il libro giornale dell'impresa Martines che riporta le scritture contabili redatte al momento del pagamento del primo canone e al momento del riscatto del macchinario e rispondi alle domande che seguono.

| | | | | | | | |
|---|---|---|---|---|---|---|---|
| 01/07/n | ........... | ...................................... | fattura n. 178 | ................, | .... | | |
| 01/07/n | ........... | ...................................... | fattura n. 178 | ................, | .... | | |
| 01/07/n | ........... | ...................................... | fattura n. 178 | | | ................, | .... |
| ........... | ........... | ...................................... | saldata fattura n. 178 | ................, | .... | | |
| ........... | ........... | ...................................... | saldata fattura n. 178 | | | ................, | .... |
| ........... | ........... | ...................................... | commissioni bancarie | ................, | .... | | |
| ........... | ........... | ...................................... | ...................................... | | | ................, | .... |
| ........... | ........... | ...................................... | fattura n. 388 | ................, | .... | | |
| ........... | ........... | ...................................... | fattura n. 388 | ................, | .... | | |
| ........... | ........... | ...................................... | fattura n. 388 | | | ................, | .... |

1. Qual è il costo sostenuto per acquistare il macchinario? ..........................................................................................
2. Quanto dura il contratto di leasing? ..........................................................................................

**5** Individua la natura, l'eccedenza e l'inserimento nella Situazione patrimoniale e nella Situazione economica dei seguenti conti.

| Denominazioni dei conti | Conti finanziari | Conti economici | Eccedenze | | Situazione patrimoniale | | Situazione economica | |
|---|---|---|---|---|---|---|---|---|
| | | | Dare | Avere | Attività | Passività | Costi | Ricavi |
| Software | | | | | | | | |
| IVA ns/credito | | | | | | | | |
| Debiti v/fornitori | | | | | | | | |
| Impianti e macchinari | | | | | | | | |
| Fitti passivi | | | | | | | | |
| Crediti per cauzioni | | | | | | | | |
| Canoni di leasing | | | | | | | | |
| Attrezzature commerciali | | | | | | | | |
| Minusvalenze ordinarie | | | | | | | | |
| Fornitori immobilizzazioni materiali c/acconti | | | | | | | | |
| Plusvalenze ordinarie | | | | | | | | |
| Manutenzioni e riparazioni | | | | | | | | |
| Crediti commerciali diversi | | | | | | | | |
| Macchine d'ufficio | | | | | | | | |
| Automezzi | | | | | | | | |

**6** **CLIL** Examine the business transaction described below and select the correct answer.

The company John Forns decides to replace part of its plant; to this end, on 18/03 it sells plant originally purchased for € 270.000, and which has been 80% depreciated, to Impianti Riuniti spa issuing invoice no. 172 for a total of € 43.920. From the same company it purchases a plant for € 385.000 + VAT.

1. What is the book value of the plant sold?
   - a *€ 270.000*
   - b *€ 216.000*
   - c *€ 54.000*
2. What are the sales proceeds of the old plant?
   - a *€ 36.000*
   - b *€ 43.920*
   - c *€ 7.920*
3. The sale generates:
   - a *capitan gain of € ..........*
   - b *capitan loss of € ..........*
4. What is the total amount paid by the company John Forns?
   - a *€ 469.700*
   - b *€ 385.000*
   - c *€ 425.780*

Lezione 7

# I finanziamenti bancari

**Debiti commerciali:** sottostanno a un rapporto di compravendita; pertanto, sono espressi dal conto Debiti v/fornitori.

**Debiti finanziari:** veri e propri finanziamenti ottenuti da banche o altri enti finanziari.

**Apertura di credito in conto corrente:** contratto con il quale la banca consente all'impresa cliente di prelevare dal c/c (emettendo assegni, oppure ordinando bonifici) somme di denaro superiori a quelle depositate, entro il limite del fido concesso. Il c/c bancario può presentare temporanee eccedenze sia a credito sia a debito dell'impresa. Sulle somme a debito (scoperti di c/c) maturano interessi passivi, mentre su quelle a credito maturano interessi attivi.

**Fido bancario:** importo massimo che una banca è disposta a concedere, sotto qualunque forma, a un cliente che ne ha fatto richiesta.

**Valore attuale:** differenza tra l'importo di un capitale a scadenza e lo sconto commerciale. Lo sconto commerciale ha carattere finanziario ed è calcolato con la formula (C × r × g) / 36.500.

## Quali finanziamenti le imprese possono ottenere dalle banche?

Per finanziare la propria attività, quando il capitale proprio è insufficiente, le imprese possono ricorrere all'indebitamento nei confronti dei fornitori (**debiti commerciali** o debiti di regolamento) e delle banche o di altri soggetti (**debiti finanziari** o debiti di finanziamento).

Le operazioni di finanziamento che le imprese effettuano con le banche si possono classificare in operazioni di smobilizzo e operazioni di prestito.

Attraverso le **operazioni di smobilizzo** l'impresa trasferisce alla banca, che ne anticipa l'importo, i crediti commerciali rappresentati da cambiali attive o da fatture. Tali operazioni consentono all'impresa di rendere liquidi i propri crediti, incassando subito l'importo delle vendite, senza attendere la scadenza stabilita con i clienti. Rientrano tra le operazioni di smobilizzo dei crediti commerciali lo **sconto di cambiali**, l'**anticipo su Ri.Ba. salvo buon fine** e l'**anticipo su fatture**.

Con le **operazioni di prestito** l'impresa ottiene dalla banca un vero e proprio finanziamento a breve termine (**apertura di credito in conto corrente**) o a medio-lungo termine (mutuo).

L'accesso al credito bancario in tutte le sue forme tecniche (apertura di credito in c/c, anticipo su Ri.Ba. sbf ecc.) è subordinato alla preventiva concessione di un **fido bancario**.

## Come si rileva in contabilità lo sconto di cambiali?

Mediante l'operazione di **sconto cambiario** la banca anticipa all'impresa il **valore attuale** di cambiali aventi scadenza futura che l'impresa ha trasferito alla banca.

L'operazione viene registrata in due tempi:

a) invio delle cambiali alla banca;
b) accredito in c/c da parte della banca del netto ricavo, dato dalla differenza tra il valore nominale delle cambiali, lo sconto e le commissioni di incasso.

### Sconto di cambiali

L'impresa Fidia Callea il 20/06 ha presentato alla sede locale della Banca Monte dei Paschi di Siena, presso la quale ha ottenuto una linea di fido, una cambiale di 18.960 euro con scadenza 15/07. Il 22/06 la banca ammette la cambiale allo sconto applicando le seguenti condizioni: tasso 8%, giorni banca 7, commissioni di incasso 5 euro. La lettera di accredito in c/c del netto ricavo viene ricevuta dall'impresa il 24/06.
Presentiamo i calcoli relativi al netto ricavo accreditato in c/c e le registrazioni in P.D.

La cambiale viene trasferita alla banca con una girata in bianco, accompagnata dalla distinta di presentazione, un documento su cui sono riportati le generalità del debitore (emittente il pagherò), l'importo della cambiale e il luogo di scadenza.
La banca ammette la cambiale allo sconto il 22/06; il calcolo dei giorni è effettuato in base al procedimento dell'anno civile comprendendo sia il giorno di ammissione allo sconto sia il giorno di scadenza e aggiungendo i giorni banca.
Dal 22/06 (compreso) al 15/07 (compreso) + 7 giorni banca = 31 giorni

euro $\frac{18.960 \times 8 \times 31}{36.500}$ = **euro 128,82 sconto commerciale**

audio

Operazioni di smobilizzo dei crediti = ***Disposal of receivables***

Mutuo = ***Mortgage loan***

Oltre allo sconto la banca trattiene commissioni d'incasso di 5 euro, pertanto il netto ricavo accreditato nel c/c dell'impresa Callea è di euro (18.960,00 – 128,82 – 5,00) = euro **18.826,18**.

| | | | | | |
|---|---|---|---|---|---|
| 20/06 | 05.07 | CAMBIALI ALLO SCONTO | inviati effetti allo sconto | 18.960, 00 | |
| 20/06 | 05.06 | CAMBIALI ATTIVE | inviati effetti allo sconto | | 18.960, 00 |
| 24/06 | 18.20 | MPS C/C | netto ricavo | 18.826, 18 | |
| 24/06 | 31.14 | COSTI D'INCASSO | commissioni di incasso | 5, 00 | |
| 24/06 | 41.03 | SCONTI PASSIVI BANCARI | sconto su effetti | 128, 82 | |
| 24/06 | 05.07 | CAMBIALI ALLO SCONTO | effetti accolti allo sconto | | 18.960, 00 |

I conti **Costi di incasso** e **Sconti passivi bancari** hanno natura economica (componenti negativi del reddito). Mentre i *costi d'incasso* hanno natura di *costi per servizi*, lo *sconto* ha natura di *costo finanziario* in quanto rappresenta l'onere che l'impresa sostiene per avere la disponibilità dell'importo della cambiale prima della scadenza.

## Come si rileva in contabilità l'incasso di Ri.Ba. sbf con accredito immediato?

L'incasso delle disposizioni elettroniche (Ri.Ba.), oltre che con la clausola dopo incasso, può avvenire anche con la clausola salvo buon fine (sbf), generalmente con accredito immediato. Con tale operazione la banca anticipa l'importo dei crediti commerciali non ancora scaduti, mettendolo a disposizione nel c/c dell'impresa. Nell'operazione d'incasso Ri.Ba. sbf la banca abbina alla prestazione di un *servizio* (riscossione della Ri.Ba.) un'operazione di *finanziamento*.

Prestazione di un servizio = ***Performance of a service***

Operazione di finanziamento = ***Financing operation***

Le fasi della **procedura di incasso Ri.Ba. sbf** sono le seguenti:

- ottenimento di un fido da utilizzare nella forma tecnica di incasso Ri.Ba. sbf;
- trasmissione alla banca delle disposizioni elettroniche che devono essere sottostanti a crediti commerciali (crediti verso clienti documentati da fatture);
- la banca accoglie le Ri.Ba. e mette a disposizione nel c/c dell'impresa cliente l'importo delle Ri.Ba. al netto delle commissioni di incasso; in tal modo l'impresa ottiene un finanziamento a breve termine;
- al 31/12 la banca determina gli interessi dovuti dall'impresa cliente, calcolati dal giorno dell'accredito in c/c dell'anticipo fino al giorno di scadenza (nel caso siano presentate più disposizioni elettroniche d'incasso fino alla scadenza adeguata), tuttavia in relazione al *divieto di* **anatocismo**, tali *interessi diventano esigibili a partire dal 1° marzo dell'anno successivo* e possono essere addebitati nel c/c dell'impresa cliente in tale data solo se questa ha rilasciato la relativa autorizzazione.

**Anatocismo**: indica il calcolo degli interessi sul capitale iniziale maggiorato degli interessi via via maturati (interessi composti); questa modalità è espressamente vietata in quanto provoca un aumento del debito.

## ESEMPIO Anticipo su Ri.Ba. sbf

Il 15/04 l'impresa Matteo Principi trasmette alla Banca Nazionale del Lavoro per l'incasso sbf una disposizione elettronica sottostante a una fattura di vendita di 22.385 euro con scadenza 15/06.
La banca accoglie la Ri.Ba. e accredita l'importo nel c/c il 16/04 al netto di commissioni di incasso di 8 euro; nello stesso giorno l'impresa riceve la contabile di accreditamento del c/c.
Il 15/06 il debitore estingue la Ri.Ba. (l'operazione va a buon fine).
Il 31/12 la banca conteggia gli interessi maturati sull'anticipo al tasso 6%.
Presentiamo le registrazioni in P.D.

Nell'ipotesi che l'impresa non abbia ottenuto altri anticipi su Ri.Ba. sbf, gli interessi maturati alla fine del trimestre (dal 16 aprile al 15 giugno) sono così conteggiati:

$$\text{euro } \frac{22.385 \times 6 \times 60}{36.500} = \text{euro } 220,78 \text{ interessi passivi}$$

| | | | | | |
|---|---|---|---|---|---|
| 16/04 | 18.20 | BNL C/C | accredito Ri.Ba. sbf | 22.385,00 | |
| 16/04 | 13.10 | BANCHE C/RI.BA. SBF | accredito Ri.Ba. sbf | | 22.385,00 |
| 16/04 | 31.14 | COSTI DI INCASSO | addebito costi di incasso | 8,00 | |
| 16/04 | 18.20 | BNL C/C | addebito costi di incasso | | 8,00 |
| 15/06 | 13.10 | BANCHE C/RI.BA. SBF | Ri.Ba. riscosse | 22.385,00 | |
| 15/06 | 05.01 | CREDITI V/CLIENTI | riscossa fattura n. ... | | 22.385,00 |
| 31/12 | 41.02 | INTERESSI PASSIVI BANCARI | interessi maturati | 220,78 | |
| 31/12 | 13.21 | BANCHE C/INTERESSI MATURATI | interessi maturati | | 220,78 |

Notiamo che il conto Crediti v/clienti viene rimosso solo al momento del pagamento; per l'accredito in c/c della disposizione elettronica si utilizza il conto **Banche c/Ri.Ba. sbf** che ha natura finanziaria e accoglie in Avere il valore nominale del finanziamento.
Alla scadenza, quando il debitore (il compratore) paga la Ri.Ba., si ha contemporaneamente l'estinzione del debito di finanziamento e del credito verso il cliente. Si verificano cioè due variazioni finanziarie: l'una attiva, da registrare in Dare del conto Banche c/Ri.Ba. sbf e l'altra passiva, da registrare in Avere del conto Crediti v/clienti.
In data 01/03 dell'esercizio successivo, supponendo che l'impresa abbia autorizzato la banca ad addebitare in c/c gli interessi maturati per l'anticipo su Ri.Ba. sbf, si effettua la seguente registrazione:

| | | | | | |
|---|---|---|---|---|---|
| 01/03 | 13.21 | BANCHE C/INTERESSI MATURATI | addebito interessi | 220,78 | |
| 01/03 | 18.20 | BANCA X C/C | addebito interessi | | 220,78 |

Crediti insoluti = ***Outstanding claims***

Nell'ipotesi che le **Ri.Ba.** inviate all'incasso sbf risultino **insolute** si deve rilevare la contabile di addebito in c/c inviata dalla banca e girare l'importo non riscosso dal conto Crediti v/clienti al conto Crediti insoluti.

## eSEMPIO Ri.Ba. all'incasso sbf insoluta

Il 12/08 l'impresa Mario Gironella emette fattura n. 13 sulla Gi&Gi srl per la vendita di merci di 14.000 euro + IVA, regolamento con Ri.Ba. scadente il 19/09, trasmessa alla banca all'incasso sbf.
Il 14/08 la banca accoglie la disposizione elettronica e addebita commissioni d'incasso di 6 euro. Alla scadenza la Gi&Gi srl non estingue la Ri.Ba. e il 22/09 la banca addebita in c/c l'importo dell'insoluto.
Presentiamo le scritture in P.D.

| | | | | | |
|---|---|---|---|---|---|
| 12/08 | 05.01 | CREDITI V/CLIENTI | fattura n. 13 | 17.080,00 | |
| 12/08 | 20.01 | MERCI C/VENDITE | fattura n. 13 | | 14.000,00 |
| 12/08 | 15.01 | IVA NS/DEBITO | fattura n. 13 | | 3.080,00 |
| 14/08 | 18.20 | BANCA X C/C | accredito in c/c | 17.080,00 | |
| 14/08 | 13.10 | BANCHE C/RI.BA. SBF | accredito in c/c | | 17.080,00 |
| 14/08 | 31.14 | COSTI DI INCASSO | addebito costi di incasso | 6,00 | |
| 14/08 | 18.20 | BANCA X C/C | addebito costi di incasso | | 6,00 |
| 22/09 | 13.10 | BANCHE C/RI.BA. SBF | Ri.Ba. insoluta | 17.080,00 | |
| 22/09 | 18.20 | BANCA X C/C | Ri.Ba. insoluta | | 17.080,00 |
| 22/09 | 05.10 | CREDITI INSOLUTI | fattura n. 13 insoluta | 17.080,00 | |
| 22/09 | 05.01 | CREDITI V/CLIENTI | fattura n. 13 insoluta | | 17.080,00 |

### Come si rileva in contabilità l'anticipo su fatture?

Un'altra forma tecnica di smobilizzo dei crediti commerciali è rappresentata dall'**anticipo su fatture**. Con l'anticipo su fatture l'impresa cede alla banca salvo buon fine crediti commerciali derivanti da fatture di vendita; tali crediti non sono documentati da cambiali o Ri.Ba.

La banca concede un anticipo di solito pari all'80% dell'importo delle fatture, accreditato in c/c (si utilizza il conto acceso ai debiti di finanziamento **Banche c/anticipi su fatture**). L'importo della fattura riscosso dalla banca alla scadenza copre l'anticipo e per la differenza viene accreditata in c/c.
Gli interessi maturati durante l'intero anno vengono addebitati in c/c in data 01/03 dell'anno successivo, se l'impresa ha rilasciato un'apposita autorizzazione.

## ESEMPIO Anticipi su fatture

Il 13/11 l'impresa Riccardo Bausi ha emesso fattura n. 105 sulla Agostinelli spa per la vendita di merci di 15.000 euro + IVA, con pagamento dilazionato al 13/12.
Il 14/11 il credito documentato da copia della fattura n. 105 viene ceduto alla Banca Popolare di Novara ottenendo un anticipo dell'80%, accreditato in giornata in c/c.
Il 16/12 la banca comunica il buon fine della fattura e l'estinzione dell'anticipo concesso.
Presentiamo le scritture in P.D.

La cessione del credito documentato da copia della fattura è *pro solvendo*, ossia la banca ha diritto di rivalersi sull'impresa cliente se il debitore indicato nella fattura non assolve al suo impegno.
L'anticipo concesso è di 14.640 euro, pari all'80% dell'importo della fattura di 18.300 euro (euro 15.000 per le merci + 3.300 per l'IVA). Dopo il pagamento della fattura la banca accredita in c/c la differenza di euro (18.300 − 14.640) = euro 3.660.

| | | | | | |
|---|---|---|---|---|---|
| 13/11 | 05.01 | CREDITI V/CLIENTI | fattura n. 105 su Agostinelli spa | 18.300, 00 | |
| 13/11 | 20.01 | MERCI C/VENDITE | fattura n. 105 su Agostinelli spa | | 15.000, 00 |
| 13/11 | 15.01 | IVA NS/DEBITO | fattura n. 105 su Agostinelli spa | | 3.300, 00 |
| 14/11 | 18.20 | BPN C/C | anticipo su fattura n. 105 | 14.640, 00 | |
| 14/11 | 13.11 | BANCHE C/ANTICIPI SU FATT. | anticipo su fattura n. 105 | | 14.640, 00 |
| 16/12 | 13.11 | BANCHE C/ANTICIPI SU FATT. | buon fine fattura n. 105 | 18.300, 00 | |
| 16/12 | 05.01 | CREDITI V/CLIENTI | buon fine fattura n. 105 | | 18.300, 00 |
| 16/12 | 18.20 | BPN C/C | giro saldo da conto anticipi | 3.660, 00 | |
| 16/12 | 13.11 | BANCHE C/ANTICIPI SU FATT. | giro saldo a c/c | | 3.660, 00 |

Il 31/12 la banca calcolerà in c/c gli interessi maturati per l'anticipo su fatture. Il conto **Banche c/anticipi su fatture** ha natura finanziaria ed esprime in Avere il debito per l'anticipo ricevuto.

### Come si rilevano in contabilità l'accensione e il rimborso del mutuo?

**Quota capitale:** somma che viene restituita a riduzione del prestito. Per esempio se si ottiene un mutuo di 100.000 euro che viene rimborsato in quote di capitale costanti di 10.000 euro, dopo il rimborso della prima quota il debito residuo è di 90.000 euro.

Il **mutuo** rappresenta l'operazione di prestito a media-lunga scadenza più utilizzata dalle imprese. Si tratta di un finanziamento di solito garantito da ipoteca su beni immobili di proprietà dell'impresa richiedente. Il mutuo viene generalmente rimborsato secondo un prestabilito piano, detto **piano di ammortamento finanziario**. Alle scadenze concordate l'impresa versa alla banca una rata comprendente la **quota capitale** (a riduzione del mutuo) e gli interessi periodici maturati.

## ESEMPIO Mutuo passivo

In data 02/01/n, con valuta 31/12 /n−1, è stato accreditato nel c/c dell'impresa Giancarlo Tognetti un mutuo di 250.000 euro ottenuto dalla Banca Nazionale del lavoro al tasso 6% e da rimborsare in 5 anni. Il piano di rimborso del mutuo prevede quote costanti annue di 50.000 euro, da pagare con addebito in c/c, unitamente agli interessi maturati, entro il 31/12 di ciascun anno.

Presentiamo le scritture in P.D. relative all'ottenimento del mutuo e quelle relative al versamento della prima rata.

Il 02/01/n l'impresa Tognetti riceve l'accredito in c/c del mutuo; in contabilità generale, all'accensione del mutuo si registra un'entrata monetaria e parallelamente si apre in Avere il conto intestato al debito di finanziamento Mutui passivi. Al termine del primo anno l'impresa versa la rata in scadenza formata da:

| | |
|---|---|
| quota capitale a rimborso del prestito | euro 50.000 |
| interessi 6% di 250.000 | euro 15.000 |
| rata in scadenza | euro 65.000 |

Ciò dà luogo alle seguenti registrazioni in P.D.:

| | | | | | |
|---|---|---|---|---|---|
| 02/01 | 18.20 | BANCA X C/C | accredito in c/c | 250.000, 00 | |
| 02/01 | 13.01 | MUTUI PASSIVI | ottenuto mutuo | | 250.000, 00 |
| 02/01 | 13.01 | MUTUI PASSIVI | rimborso quota capitale | 50.000, 00 | |
| 02/01 | 41.04 | INTERESSI PASSIVI SU MUTUI | interessi maturati | 15.000, 00 | |
| 02/01 | 18.20 | BANCA X C/C | addebito rata del mutuo | | 65.000, 00 |

Dopo il rimborso di ciascuna rata annua, il mutuo si riduce progressivamente di 50.000 euro. Gli interessi decrescono in quanto vengono calcolati sull'importo residuo del prestito. Il **31/12/n + 1**, infatti, gli interessi, allo stesso tasso 6% vengono calcolati su euro (250.000 – 50.000) = 200.000 euro e sono di 12.000 euro. Analogamente si procede per il calcolo degli interessi maturati nei periodi successivi.

**Funzionamento dei conti accesi ai debiti finanziari**

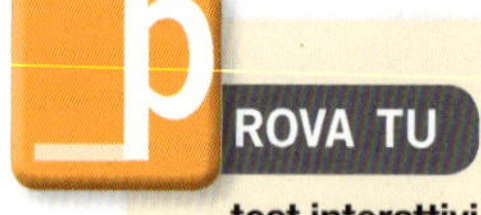

**test interattivi nel libro digitale**

**CONOSCENZE** Operazioni di smobilizzo e di prestito (sconto cambiario, incasso Ri.Ba. sbf, anticipi su fatture, mutuo).

**ABILITÀ** Riconoscere le caratteristiche delle operazioni di smobilizzo e di prestito • analizzare sotto l'aspetto finanziario ed economico le operazioni di finanziamento bancario e comporre le relative scritture contabili.

**1** Indica con una crocetta la risposta esatta (alcuni quesiti possono avere più risposte esatte).

**1.** Le operazioni di smobilizzo dei crediti commerciali:
- a *consentono di rendere liquido un credito prima della sua scadenza*
- b *sono finanziamenti a medio-lungo termine*
- c *possono abbinare operazioni di servizi a operazioni di finanziamento*
- d *sono svolte quasi esclusivamente dalle imprese individuali*

**2.** Il conto Sconti passivi bancari ha natura:
- a *economica, costo per servizi*
- b *economica, costo finanziario*
- c *finanziaria, debito finanziario*
- d *finanziaria, debito commerciale*

**3.** Con l'anticipo su fatture l'impresa:
- a *smobilizza crediti commerciali*
- b *trasferisce alla banca la proprietà dei crediti commerciali*
- c *cede crediti commerciali al dopo incasso*
- d *cede alla banca crediti finanziari sbf*

**4.** Con lo sconto cambiario l'impresa:
- a *ottiene l'accredito in c/c del valore nominale della cambiale*
- b *ottiene l'accredito in c/c del netto ricavo*
- c *compie un'operazione di smobilizzo*
- d *compie un'operazione di prestito*

**5.** La rata di un mutuo comprende:
- a *la sola quota capitale del mutuo da rimborsare*
- b *solo gli interessi maturati*
- c *la quota capitale da rimborsare + gli interessi maturati*
- d *la quota capitale da rimborsare – gli interessi maturati*

**6.** I mutui:
- a *fanno parte delle operazioni di smobilizzo*
- b *fanno parte delle operazioni di prestito*
- c *sono debiti di natura commerciale*
- d *sono debiti di natura finanziaria*

**7.** L'anticipo su Ri.Ba. sbf è un'operazione:
- a *di prestito*
- b *di smobilizzo*
- c *di servizi*
- d *di servizi unita a un'operazione di finanziamento*

**8.** Le operazioni di prestito:
- a *possono avere forme tecniche e scadenze diverse*
- b *derivano da rapporti commerciali di compravendita*
- c *hanno come controparte la banca o altro ente finanziario*
- d *possono essere soltanto a media-lunga scadenza*

**2** Indica se le seguenti affermazioni sono vere o false; in quest'ultimo caso suggerisci sul quaderno la formulazione corretta.

**1.** Nell'anticipo su Ri.Ba. sbf gli interessi possono essere addebitati in c/c in data 01/03 dell'anno successivo solo previa autorizzazione dell'impresa cliente. V F

**2.** L'incasso delle Ri.Ba. sbf con accredito immediato consente all'impresa di disporre dell'importo dei crediti commerciali alla scadenza. 

3. Nell'anticipo su fatture la banca mette a disposizione dell'impresa cliente somme di denaro superiori all'importo delle fatture. V F
4. Il mutuo è un prestito a media-lunga scadenza che di solito viene rimborsato a rate. V F
5. Lo sconto cambiario è un'operazione attraverso la quale la banca mette a disposizione nel c/c dell'impresa cliente il valore nominale delle cambiali al netto dello sconto e delle commissioni d'incasso. V F
6. Gli interessi che maturano negli anticipi su fatture sono liquidati periodicamente in via anticipata. V F

**3** Esamina la situazione proposta ed esegui quanto richiesto.

Il 14/07 la Glicine spa, che ha ottenuto un fido presso la Banca Monte dei Paschi di Siena, presenta all'incasso sbf una disposizione elettronica relativa a una fattura di 24.200 euro con scadenza a fine agosto. Il giorno successivo la banca accredita nel c/c dell'impresa l'importo della Ri.Ba., commissioni di incasso 15 euro, interessi al tasso 6%. Alla scadenza la Ri.Ba. ritorna insoluta. Ipotizzando che l'impresa non abbia ottenuto altri anticipi su Ri.Ba. sbf, completa il calcolo degli interessi e presenta le scritture in P.D.

euro $\dfrac{\text{..........} \times 6 \times \text{.....}}{36.500}$ = euro ........ interessi maturati dal ...... al ......

*Libro giornale*

| | | | | | |
|---|---|---|---|---|---|
| 15/07 | ......... | MPS C/C | accredito Ri.Ba. sbf | 24.200, 00 | |
| 15/07 | ......... | ............................................ | accredito Ri.Ba. sbf | | 24.200, 00 |
| 15/07 | ......... | ............................................ | ............................................ | ................, .... | |
| 15/07 | ......... | ............................................ | ............................................ | | ................, .... |
| 31/08 | ......... | BANCHE C/RI.BA. SBF | Ri.Ba. insoluta | ................, .... | |
| 31/08 | ......... | ............................................ | ............................................ | | ................, .... |
| 31/08 | ......... | ............................................ | ............................................ | 24.200, 00 | |
| 31/08 | ......... | ............................................ | ............................................ | | 24.200, 00 |
| ......... | ......... | INTERESSI PASSIVI BANCARI | interessi maturati | ................, .... | |
| ......... | ......... | BANCHE C/INTERESSI MATURATI | interessi maturati | | ................, .... |

*Rispondi alle domande.*

**a.** Perché le imprese effettuano operazioni di incasso sbf con accredito immediato?
**b.** Che cosa significa la clausola sbf (salvo buon fine)?
**c.** Quali operazioni possono essere effettuate tra banca e impresa cliente con le disposizioni elettroniche d'incasso?

**4** Individua la natura, l'eccedenza e l'inserimento nella Situazione patrimoniale e nella Situazione economica dei seguenti conti.

| Denominazioni dei conti | Conti finanziari | Conti economici | Eccedenze | | Situazione patrimoniale | | Situazione economica | |
|---|---|---|---|---|---|---|---|---|
| | | | Dare | Avere | Attività | Passività | Costi | Ricavi |
| Cambiali allo sconto | | | | | | | | |
| Costi di incasso | | | | | | | | |
| Sconti passivi bancari | | | | | | | | |
| Banche c/Ri.Ba. sbf | | | | | | | | |
| Interessi passivi bancari | | | | | | | | |
| Banche c/anticipi su fatture | | | | | | | | |
| Mutui passivi | | | | | | | | |
| Interessi passivi su mutui | | | | | | | | |

**5** CLIL Complete the sentences by filling in the blanks with the correct terms choosing from those suggested below.

*net proceeds • Ri.Ba. (electronic cash order) • medium-long term • disposal of trade receivable • sales • purchases • bill receivable • loan*

1. A mortgage is a ................................ loan.
2. If a company needs cash it can assign its ................................ to the bank........................................ their due date.
3. Bill discount involves the crediting of the ...................................... in the current account.
4. Discount of bills is a ..................................................................................

Lezione 8

# La retribuzione del personale dipendente

## Quali sono gli obblighi amministrativi riguardanti il personale dipendente?

Tra i compiti che spettano alla **funzione personale** vi è quello di adempiere agli obblighi amministrativi derivanti dal rapporto di lavoro subordinato.
Dal punto di vista amministrativo l'impresa deve:

- tenere il **libro unico del lavoro (LUL)** da cui vengono tratti i dati per le registrazioni in contabilità generale relative alla liquidazione e al pagamento delle retribuzioni;
- rispettare gli obblighi legislativi a tutela dei lavoratori, che impongono l'apertura di una posizione assicurativa presso gli enti previdenziali. Gli enti pubblici presso cui è assicurata la maggior parte dei lavoratori dipendenti sono l'**INPS** e l'**INAIL**.

| Enti previdenziali | |
|---|---|
| **INPS (*Istituto Nazionale della Previdenza Sociale*)** | **INAIL (*Istituto Nazionale Infortuni sul Lavoro*)** |
| Gestisce varie assicurazioni sociali come le pensioni, la **Nuova prestazione di Assicurazione Sociale per l'Impiego (NASPI)**, gli assegni per il nucleo familiare, le indennità di malattia e maternità, la cassa integrazione guadagni. I contributi versati all'INPS sono in parte a carico del datore di lavoro e in parte a carico del lavoratore. | Gestisce, principalmente, l'assicurazione contro gli infortuni sul lavoro e le malattie professionali, coprendo le spese relative alle cure e garantendo il pagamento di un'indennità giornaliera. I contributi versati INAIL sono a totale carico del datore di lavoro. |

**Funzione personale:** la funzione aziendale di supporto che si occupa dei rapporti con il personale dipendente: dalla selezione e assunzione, formazione e addestramento, fino allo scioglimento del rapporto di lavoro. Le attività della funzione personale riguardano sia la **gestione delle risorse umane** sia l'**amministrazione** e la tenuta della contabilità del personale.

**Libro unico del lavoro (LUL):** è il libro obbligatorio della contabilità del personale; è tenuto in modalità telematica presso il Ministero del Lavoro e delle Politiche Sociali.

**Contratti collettivi di lavoro:** contratti stipulati tra le associazioni sindacali dei lavoratori e quelle dei datori di lavoro.

**Contratti individuali di lavoro:** contratti stipulati tra il datore di lavoro e il singolo lavoratore.

**IRPEF:** Imposta sul Reddito delle Persone Fisiche; imposta con aliquote progressive (per scaglioni di reddito) che grava sul reddito delle persone fisiche.

## Come si calcolano le retribuzioni dei dipendenti?

Il personale dipendente fornisce all'impresa le proprie energie lavorative manuali e intellettuali, a fronte delle quali ha diritto di ricevere una retribuzione, che deve essere commisurata alla qualità e alla quantità del lavoro prestato.
Nella retribuzione sono compresi una serie di elementi stabiliti dai **contratti collettivi** e **individuali** di lavoro, come per esempio la paga base (o minimo tabellare), le trasferte, le indennità di cassa ecc.
La retribuzione percepita dal lavoratore (salari e stipendi) è gravata dai contributi da versare all'INPS. Inoltre, il reddito percepito dal lavoratore dipendente è assoggettato a **IRPEF** (Imposta sul Reddito delle Persone Fisiche).
Dalla **retribuzione lorda** si passa quindi alla **retribuzione netta** sottraendo sia i contributi previdenziali a carico dei lavoratori sia le ritenute fiscali.
Alla retribuzione netta devono poi essere aggiunti l'assegno per il nucleo familiare eventualmente spettante e le eventuali indennità di malattia e maternità.
L'assegno per il nucleo familiare e le indennità di malattia e maternità sono a totale carico dell'INPS; tuttavia il datore di lavoro deve anticipare per conto dell'INPS tali somme ai dipendenti che ne hanno diritto, recuperandole in sede di liquidazione e versamento di quanto dovuto all'istituto previdenziale.

Retribuzione lorda maturata
– ritenute previdenziali
– ritenute fiscali
– eventuali altre ritenute (per esempio quota per l'iscrizione a un sindacato dei lavoratori)
= retribuzione netta
+ assegno per il nucleo familiare (agli aventi diritto)
+ indennità di malattia e maternità (eventuali)
= retribuzione percepita dal dipendente

Personale dipendente = *Employees*
Retribuzione = *Wages*

## Come si rilevano in contabilità le retribuzioni dei dipendenti?

In contabilità generale le retribuzioni lorde dovute ai dipendenti vengono registrate in Avere del conto finanziario **Personale c/retribuzioni**; il costo per salari e stipendi viene registrato in Dare del conto economico acceso ai costi d'esercizio **Salari e stipendi**.
I rapporti con l'INPS sono contabilizzati nel conto finanziario **Istituti previdenziali** che accoglie:

- in *Dare* gli assegni per il nucleo familiare e le indennità i cui importi sono a credito dell'impresa in quanto versati ai dipendenti per conto dell'istituto previdenziale;
- in *Avere* i contributi sociali a carico dell'impresa e i contributi a carico dei dipendenti trattenuti dall'impresa.

Infatti, i contributi sociali a carico dei dipendenti sono sottratti dalle retribuzioni lorde e versati dall'impresa insieme alle ritenute fiscali.
Entro il giorno 16 del mese successivo al pagamento delle retribuzioni l'impresa deve calcolare la differenza tra le somme a debito e quelle a credito verso gli istituti previdenziali; nel caso di saldo a debito verserà quanto dovuto a mezzo c/c bancario, nel caso opposto l'eccedenza a credito verrà utilizzata nella liquidazione del mese successivo.

## ESEMPIO Liquidazione e pagamento di retribuzioni e contributi

Il 27 settembre l'impresa Enzo Ercoli liquida retribuzioni mensili ai propri dipendenti per 18.800 euro; alcuni dipendenti hanno diritto ad assegni familiari a carico per 350 euro e a indennità di malattia e maternità per 1.200 euro.
Gli oneri sociali dovuti dall'impresa ammontano a 5.640 euro.
Le retribuzioni sono pagate lo stesso giorno a mezzo banca, al netto di ritenute fiscali (IRPEF) di 5.076 euro e di ritenute previdenziali a carico dei dipendenti di 1.720 euro.
Il 16/10 viene versato a mezzo banca quanto dovuto agli istituti previdenziali e all'Amministrazione finanziaria dello Stato.
Presentiamo i calcoli e le scritture in P.D. relative a quanto indicato.

I dipendenti hanno diritto a ricevere: 18.800 euro di retribuzione + 350 euro per gli assegni familiari + 1.200 euro per le indennità di malattia e maternità.
Il debito nei confronti dei dipendenti, da contabilizzare in *Avere* del conto **Personale c/retribuzioni**, è perciò di 20.350 euro. Tale debito è diviso in due quote:

- l'una di 18.800 euro relativa ai salari e agli stipendi (costo per il personale);
- l'altra di 1.550 euro relativa al credito verso l'INPS in quanto l'impresa anticipa per conto dell'istituto previdenziale gli emolumenti relativi agli assegni familiari e alle indennità di malattia e maternità. Tale credito è contabilizzato in *Dare* del conto finanziario **Istituti previdenziali**.

L'operazione si registra come segue:

| | | | | | |
|---|---|---|---|---|---|
| 27/09 | 33.01 | SALARI E STIPENDI | liquidate retribuzioni lorde | 18.800, 00 | |
| 27/09 | 18.11 | ISTITUTI PREVIDENZIALI | assegni familiari e indennità | 1.550, 00 | |
| 27/09 | 15.20 | PERSONALE C/RETRIBUZIONI | retribuzione lorda settembre | | 20.350, 00 |

I contributi sociali a carico dell'impresa ammontano a 5.640 euro e costituiscono costi d'esercizio da contabilizzare in *Dare* del conto economico di reddito **Oneri sociali**; in contropartita si accredita in *Avere* il conto **Istituti previdenziali** in quanto somme a debito per l'impresa.
L'articolo in P.D. è il seguente:

| | | | | | |
|---|---|---|---|---|---|
| 27/09 | 33.02 | ONERI SOCIALI | contributi a carico dell'impresa | 5.640, 00 | |
| 27/09 | 18.11 | ISTITUTI PREVIDENZIALI | contributi a carico dell'impresa | | 5.640, 00 |

Deve poi essere effettuato il pagamento delle retribuzioni al netto delle ritenute fiscali e sociali a carico dei dipendenti.

Contabilmente si addebita per 20.350 euro il conto Personale c/retribuzioni in quanto si estingue il debito verso i dipendenti, mentre vengono accreditati i conti

**Istituti previdenziali** (per i contributi previdenziali a carico dei dipendenti di 1.720 euro) e **Debiti per ritenute da versare** (per le ritenute IRPEF di 5.076 euro).

L'importo delle retribuzioni nette pagate (13.554 euro) si registra in *Avere* del conto **Banca X c/c**.
La scrittura in P.D. è la seguente:

| | | | | | |
|---|---|---|---|---|---|
| 27/09 | 15.20 | PERSONALE C/RETRIBUZIONI | pagate retribuzioni | 20.350, 00 | |
| 27/09 | 18.11 | ISTITUTI PREVIDENZIALI | ritenute a carico dei dipendenti | | 1.720, 00 |
| 27/09 | 15.02 | DEBITI PER RIT. DA VERSARE | ritenute IRPEF | | 5.076, 00 |
| 27/09 | 18.20 | BANCA X C/C | addebito per retribuzioni nette | | 13.554, 00 |

Entro il giorno 16 del mese successivo, l'impresa deve calcolare la differenza tra le somme a credito e a debito verso gli Istituti previdenziali e, nel caso di saldo a debito, versare quanto dovuto. Il versamento agli Istituti previdenziali è effettuato unitamente alle ritenute fiscali utilizzando il modello F24.

Il conto Istituti previdenziali, dopo le registrazioni effettuate, presenta un totale Avere di 7.360 euro e un totale Dare di 1.550 euro; si ha quindi un'eccedenza Avere di 5.810 euro (saldo a debito).

18.11 ISTITUTI PREVIDENZIALI

| | | Dare | Avere |
|---|---|---|---|
| 27/09 | Assegni familiari e indennità di malattia e maternità | 1.550, 00 | |
| 27/09 | Contributi sociali a carico dell'impresa | | 5.640, 00 |
| 27/09 | Ritenute previdenziali a carico dei dipendenti | | 1.720, 00 |
| 16/10 | Versamento a saldo | 5.810, 00 | |
| | Totali | 7.360, 00 | 7.360, 00 |

Nel libro giornale il versamento a mezzo F24 dà luogo alla seguente registrazione:

| | | | | | |
|---|---|---|---|---|---|
| 16/10 | 18.11 | ISTITUTI PREVIDENZIALI | contributi mese di agosto | 5.810, 00 | |
| 16/10 | 15.02 | DEBITI PER RIT. DA VERSARE | ritenute mese di agosto | 5.076, 00 | |
| 16/10 | 18.20 | BANCA X C/C | saldo ritenute e contributi | | 10.886, 00 |

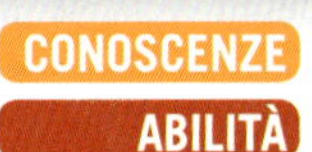

test interattivi nel libro digitale

**CONOSCENZE** Elementi della retribuzione • funzioni degli enti previdenziali.

**ABILITÀ** Analizzare sotto l'aspetto finanziario ed economico le operazioni di liquidazione e pagamento delle retribuzioni e comporre le relative scritture contabili.

**1** Indica con una crocetta la risposta esatta (alcuni quesiti possono avere più risposte esatte).

1. Le retribuzioni percepite dai lavoratori dipendenti sono pagate:
   - a *al netto delle ritenute previdenziali e fiscali a carico dei lavoratori*
   - b *al lordo delle ritenute previdenziali e fiscali a carico dei lavoratori*
   - c *al netto delle ritenute fiscali e al lordo delle ritenute sociali*
   - d *al lordo delle ritenute fiscali e al netto delle ritenute sociali*
2. Gli assegni per il nucleo familiare:
   - a *si aggiungono alla retribuzione netta*
   - b *si tolgono dalla retribuzione netta*
   - c *sono a carico dell'INPS*
   - d *sono a carico dell'impresa*
3. Il conto Istituti previdenziali:
   - a *funziona sia in Dare sia in Avere*
   - b *è unilaterale*
   - c *può presentare saldi a credito o saldi a debito*
   - d *può presentare solo saldi a debito per l'impresa*
4. Le ritenute fiscali:
   - a *sono sottratte dall'impresa nel momento del pagamento delle retribuzioni*
   - b *sono versate dai lavoratori all'Amministrazione finanziaria dello Stato*
   - c *costituiscono un debito dell'impresa verso l'Amministrazione finanziaria dello Stato*
   - d *costituiscono un debito dell'impresa verso il lavoratore dipendente*

**2** Inserisci le voci di seguito riportate nel conto di mastro Istituti previdenziali.

**a.** Indennità di malattia e maternità.
**b.** Oneri sociali a carico dell'impresa.
**c.** Contributi sociali a carico dei lavoratori.
**d.** Assegni per il nucleo familiare.

18.11 ISTITUTI PREVIDENZIALI

| | |
|---|---|
| | |

**3** Esamina la situazione proposta ed esegui quanto richiesto.

Il 27/05 il contabile dell'impresa Laura Daka liquida le retribuzioni mensili a favore dei lavoratori dipendenti sulla base dei seguenti dati:

- salari e stipendi 48.740 euro;
- assegni per il nucleo familiare e indennità di malattia e maternità 4.828 euro;
- oneri sociali a carico dell'impresa 15.596,40 euro;
- contributi INPS a carico dei dipendenti 4.386,60 euro;
- ritenute IRPEF 9.360 euro.

Completa:

**1.** lo schema per il calcolo delle retribuzioni nette percepite dai lavoratori;
**2.** le scritture in P.D.

**1.** *Calcolo delle retribuzioni nette*

| | | |
|---|---|---|
| Retribuzioni lorde | euro | ...................... |
| ...................................... | – euro | ...................... |
| ...................................... | – euro | ...................... |
| Retribuzioni nette | euro | 34.993,40 |
| Assegni per il nucleo familiare e indennità di malattia e maternità | euro | ...................... |
| Retribuzioni percepite | euro | ...................... |

**2.** *Scritture in P.D.*

| | | | | | |
|---|---|---|---|---|---|
| 27/05 | ......... | .......................................... | liquidate retribuzioni lorde | ................, .... | |
| 27/05 | ......... | ISTITUTI PREVIDENZIALI | .......................................... | ................, .... | |
| 27/05 | ......... | PERSONALE C/RETRIBUZIONI | retribuzione lorda maggio | | ................, .... |
| 27/05 | ......... | .......................................... | contributi a carico dell'impresa | ................, .... | |
| 27/05 | ......... | .......................................... | contributi a carico dell'impresa | | ................, .... |
| 27/05 | ......... | PERSONALE C/RETRIBUZIONI | pagate retribuzioni | ................, .... | |
| 27/05 | ......... | .......................................... | .......................................... | | ................, .... |
| 27/05 | ......... | .......................................... | .......................................... | | ................, .... |
| 27/05 | ......... | BANCA X C/C | addebito per retribuzioni nette | | 39.821, 40 |
| 16/06 | ......... | .......................................... | contributi mese di maggio | 15.155, 00 | |
| 16/06 | ......... | .......................................... | ritenute mese di maggio | ................, .... | |
| 16/06 | ......... | BANCA X C/C | saldo ritenute e contributi | | 24.515, 00 |

**4** Individua la natura, l'eccedenza e l'inserimento nella Situazione patrimoniale e nella Situazione economica dei seguenti conti.

| Denominazioni dei conti | Conti finanziari | Conti economici | Eccedenze | | Situazione patrimoniale | | Situazione economica | |
|---|---|---|---|---|---|---|---|---|
| | | | Dare | Avere | Attività | Passività | Costi | Ricavi |
| Personale c/retribuzioni | | | | | | | | |
| Salari e stipendi | | | | | | | | |
| Oneri sociali | | | | | | | | |
| Istituti previdenziali | | | | | | | | |
| Debiti per ritenute da versare | | | | | | | | |

# Lezione 9

# Le altre operazioni di gestione

**Regime ordinario:** regime riguardante le imprese con volume d'affari annuo superiore a 400.000 euro, se imprese di servizi, e a 700.000 euro, se aventi per oggetto altre attività.

**Regime semplificato:** regime riguardante le imprese con volume d'affari annuo non superiore a 400.000 euro, se imprese di servizi, e a 700.000 euro, se aventi per oggetto altre attività.

**Intermediari abilitati:** dottori commercialisti, associazioni sindacali di categoria, centri di assistenza fiscale (CAF) abilitati a effettuare le dichiarazioni fiscali.

**Modello F24:** modello di pagamento da usare per il versamento unificato dei tributi (imposte, contributi previdenziali, ritenute alla fonte); prevede la possibilità di compensare somme a debito con somme a credito.

## Come si esegue la liquidazione periodica IVA?

Con periodicità mensile o trimestrale, a seconda del volume d'affari, le imprese devono effettuare la liquidazione IVA.

I dati per la liquidazione periodica IVA sono contenuti:

- nel registro delle fatture di acquisto, per l'IVA a credito;
- nel registro delle fatture di vendita e nel registro dei corrispettivi, per l'IVA a debito.

La differenza tra l'IVA a debito e l'IVA a credito costituisce, a seconda dell'eccedenza, un debito oppure un credito verso l'Amministrazione finanziaria.

Contabilmente la liquidazione periodica viene effettuata riepilogando i conti IVA ns/credito e IVA ns/debito al conto **IVA c/liquidazione**, che accoglie in Dare l'IVA detraibile e in Avere l'IVA esigibile nel medesimo periodo.

18.01 IVA C/LIQUIDAZIONE

Registro delle fatture d'acquisto → IVA ns/credito | IVA ns/debito ← Registro delle fatture di vendita

Le imprese in **regime ordinario** devono effettuare la liquidazione IVA con cadenza mensile e versare il saldo a debito entro il giorno 16 del mese successivo a quello di riferimento. Le imprese in **regime semplificato** possono optare per la liquidazione trimestrale e versare il saldo a debito entro il giorno 16 del secondo mese successivo al trimestre di riferimento, aumentando il saldo a debito dell'1% a titolo di interessi.

Il versamento dell'IVA deve essere effettuato con modalità telematiche, direttamente o tramite **intermediari abilitati**, utilizzando il **modello F24**.

## SEMPIO Liquidazione periodica e versamento IVA

Il 16/07 l'addetto alla contabilità dell'impresa Mario Del Pincio liquida l'IVA relativa al mese di giugno in base ai dati risultanti dai registri delle fatture di acquisto e delle fatture di vendita che evidenziano:

- IVA a credito 37.500 euro;
- IVA a debito 45.000 euro.

Il saldo è versato a mezzo c/c bancario.

Presentiamo le rilevazioni in P.D. della liquidazione e del versamento dell'imposta.

La liquidazione IVA è effettuata riepilogando le eccedenze dei conti IVA ns/credito e IVA ns/debito, rispettivamente in Dare e in Avere del conto IVA c/liquidazione.

| | | | | | |
|---|---|---|---|---|---|
| 16/07 | 18.10 | IVA C/LIQUIDAZIONE | riepilogo IVA a credito | 37.500,00 | |
| 16/07 | 06.01 | IVA NS/CREDITO | riepilogo IVA a credito | | 37.500,00 |
| 16/07 | 15.01 | IVA NS/DEBITO | riepilogo IVA a debito | 45.000,00 | |
| 16/07 | 18.10 | IVA C/LIQUIDAZIONE | riepilogo IVA a debito | | 45.000,00 |

L'importo del saldo a debito da versare è quindi di euro (45.000 – 37.500) = euro 7.500 saldo IVA a debito.

| | | | | | |
|---|---|---|---|---|---|
| 16/07 | 18.10 | IVA C/LIQUIDAZIONE | versamento saldo IVA | 7.500,00 | |
| 16/07 | 18.20 | BANCA X C/C | saldo IVA di giugno | | 7.500,00 |

Dopo il versamento il conto IVA c/liquidazione risulta spento e, con scritture analoghe, si riaccenderà nel mese (o trimestre) successivo in occasione della nuova liquidazione periodica.

Imposte = *Taxes*

## Come si registrano in contabilità gli acconti per imposte?

Le norme fiscali impongono alle imprese l'obbligo di versare, entro il 27/12 di ciascun anno, un **acconto IVA**; tale acconto viene successivamente detratto in sede di liquidazione dell'imposta del mese di dicembre o dell'ultimo trimestre dell'anno. Il versamento dell'acconto IVA dà origine a un credito verso l'Amministrazione finanziaria da registrare in Dare del conto finanziario **IVA c/acconto**.

### Versamento acconto IVA

Il 27/12 l'impresa Andrea Pantaleoni versa un acconto IVA di 5.148 euro.
Dal registro delle fatture di vendita e da quello delle fatture di acquisto risultano IVA a debito di 27.600 euro e IVA a credito di 17.400 euro.
Presentiamo la scrittura in P.D. e il calcolo dell'IVA da versare nel mese di gennaio.

| | | | | | |
|---|---|---|---|---|---|
| 27/12 | 06.02 | IVA C/ACCONTO | versamento acconto dicembre | 5.148, 00 | |
| 27/12 | 18.20 | BANCA X C/C | versamento acconto dicembre | | 5.148, 00 |

L'acconto versato verrà detratto nella liquidazione IVA di dicembre.

| | | |
|---|---|---|
| IVA a debito | euro | 27.600 |
| IVA a credito | – euro | 17.400 |
| Acconto versato | – euro | 5.148 |
| IVA da versare entro il 16/01 | euro | 5.052 |

**Imposte dirette:** colpiscono le manifestazioni dirette della ricchezza rappresentate dal reddito o dal patrimonio. Sono imposte dirette l'IRAP, l'IRPEF e l'IRES.

**IRAP:** Imposta Regionale sulle Attività Produttive che colpisce il valore della produzione netta ottenuta dalle imprese. È una imposta proporzionale, la cui aliquota varia in base alla Regione in cui l'attività produttiva è esercitata.

Per le **imposte dirette**, l'impresa individuale è soggetto passivo ai fini **IRAP**; il reddito da essa prodotto è invece tassato in maniera diversa a seconda che sia prelevato dall'imprenditore oppure che resti investito in azienda. Nelle imprese in regime di contabilità ordinaria l'impresa può decidere (l'opzione ha durata per cinque periodi d'imposta) di suddividere l'imposta sul reddito in due quote:

- la quota di utile reinvestita e quindi destinata ad aumentare il capitale proprio dell'impresa è assoggettata a IRI (Imposta sul Reddito d'Impresa) con aliquota proporzionale 24%;
- la quota di utile prelevata dall'imprenditore si somma invece agli altri suoi redditi e viene assoggetta a IRPEF (Imposta sul Reddito delle Persone Fisiche).

Mentre l'IRI costituisce un costo a carico dell'impresa, l'IRPEF rappresenta un onere solo per l'imprenditore.
Le norme prevedono il versamento da parte delle imprese di un acconto calcolato in base alle imposte di competenza dell'esercizio precedente; tale acconto deve essere corrisposto in due rate: la prima entro il 30 giugno, la seconda entro il 30 novembre.
L'acconto per le imposte che gravano sull'impresa deve essere rilevato in Dare del conto finanziario **Imposte c/acconto**, che esprime il credito verso l'ente impositore.

### Versamento dell'acconto per le imposte dirette

L'acconto per le imposte dirette dovuto dall'impresa Paola Gariboldi per l'anno successivo ammonta a 22.400 euro. La prima rata versata il 30 giugno è di 8.960 euro; la seconda rata versata il 30 novembre è di 13.440 euro. Presentiamo le scritture in P.D. relative al versamento dell'acconto avvenuto a mezzo c/c bancario.

| | | | | | |
|---|---|---|---|---|---|
| 30/06 | 06.03 | IMPOSTE C/ACCONTO | versamento I rata acconto imposta | 8.960, 00 | |
| 30/06 | 18.20 | BANCA X C/C | versamento I rata acconto imposta | | 8.960, 00 |
| 30/11 | 06.03 | IMPOSTE C/ACCONTO | versamento II rata acconto imposta | 13.440, 00 | |
| 30/11 | 18.20 | BANCA X C/C | versamento II rata acconto imposta | | 13.440, 00 |

L'acconto per le imposte è contabilizzato in Dare del conto finanziario **Imposte c/acconto**, acceso ai crediti dell'impresa verso l'ente impositore; tale credito verrà portato in detrazione delle imposte dovute in sede di liquidazione annuale.

Spese personali = *Personal expenses*

## Come si rilevano in contabilità le variazioni del patrimonio netto?

Durante l'esercizio il patrimonio netto dell'**impresa individuale** può variare in relazione alle operazioni di prelievo o di versamento effettuate dall'imprenditore. Il titolare dell'impresa può prelevare periodicamente dal c/c bancario aziendale somme di denaro per effettuare proprie spese personali (riguardanti il vitto, lo svago ecc.). Tali spese non sono inerenti all'attività dell'impresa e vengono rilevate nel conto economico di patrimonio netto **Prelevamenti extragestione** con articoli quali il seguente:

| | | | | | |
|---|---|---|---|---|---|
| 10/08 | 10.02 | PRELEVAMENTI EXTRAGESTIONE | spese personali | 4.000,00 | |
| 10/08 | 18.20 | BANCA X C/C | spese personali | | 4.000,00 |

In relazione alle esigenze finanziarie dell'attività aziendale, l'imprenditore può inoltre ritenere opportuno effettuare nuovi apporti (in denaro o in natura) per aumentare il capitale proprio, prelevando i mezzi dal suo patrimonio personale. Ciò comporta un aumento del patrimonio netto dell'impresa, che si rileva come segue:

| | | | | | |
|---|---|---|---|---|---|
| 10/08 | 18.20 | BANCA X C/C | apporto del titolare | 15.000,00 | |
| 10/08 | 10.01 | PATRIMONIO NETTO | apporto del titolare | | 15.000,00 |

## Che cosa sono le sopravvenienze e le insussistenze?

**Gestione caratteristica:** è costituita dalle operazioni inerenti alla tipica attività produttiva, come l'acquisto di fattori produttivi, il pagamento delle retribuzioni al personale dipendente, la vendita di merci, la prestazione di servizi ecc.

Oltre alle operazioni della **gestione caratteristica**, che consentono il "normale" svolgimento delle attività aziendali, vengono compiute operazioni derivanti da circostanze fortuite, casuali, inattese, occasionali. Tali operazioni danno luogo a componenti di reddito che assumono le denominazioni di sopravvenienze e insussistenze. Le **sopravvenienze** derivano da operazioni che determinano l'aumento di un'attività (sopravvenienze attive) o di una passività (sopravvenienze passive); le **insussistenze** derivano da operazioni che determinano la diminuzione di un'attività (insussistenze passive) o di una passività (insussistenze attive).

| | Attive (ricavi d'esercizio) | Passive (costi d'esercizio) |
|---|---|---|
| **Sopravvenienze** | **+ attività**, come per esempio:<br>• recupero di crediti sorti nell'esercizio o in esercizi precedenti e stralciati perché ritenuti inesigibili;<br>• ricevimento di contributi a fondo perduto da enti pubblici;<br>• differenze positive di cassa derivanti da errori nel maneggio del denaro. | **+ passività**, come per esempio:<br>• multe per infrazioni al codice stradale;<br>• rimborsi per danni provocati a terzi non coperti da assicurazioni. |
| **Insussistenze** | **– passività**, come per esempio:<br>• remissione di debiti;<br>• condono di imposte riconosciute come non dovute. | **– attività**, come per esempio:<br>• distruzioni o danneggiamenti di beni in seguito a calamità naturali (terremoti, incendi, allagamenti ecc.);<br>• perdite dovute a espropri di beni;<br>• differenze negative di cassa derivanti da errori nel maneggio del denaro;<br>• ammanchi di denaro dovuti a furti o rapine;<br>• perdite su crediti sorti in esercizi precedenti e non coperti da appositi fondi. |

Sopravvenienze e insussistenze possono essere ordinarie (collegate a eventi gestionali normali) oppure straordinarie (collegate a eventi estranei alla gestione ordinaria dell'impresa), come per esempio le donazioni ricevute da terzi, i danni subiti per furti e rapine o derivanti da calamità ecc.

## SEMPIO Sopravvenienze e insussistenze

Presentiamo le scritture in P.D. relative alle seguenti operazioni.

**1.** Ricevuta una banconota falsa di 50 euro; subita una multa di 70 euro per parcheggio in divieto di sosta di un automezzo aziendale; la multa è pagata in contanti.

| | | | | | |
|---|---|---|---|---|---|
| ......... | 39.14 | INSUSSISTENZE PASSIVE ORDINARIE | banconota falsa | 50,00 | |
| ......... | 08.20 | DENARO IN CASSA | banconota falsa | | 50,00 |
| ......... | 39.12 | SOPRAVVENIENZE PASSIVE ORDINARIE | subita multa | 70,00 | |
| ......... | 15.30 | DEBITI DIVERSI | subita multa | | 70,00 |
| ......... | 15.30 | DEBITI DIVERSI | pagata multa | 70,00 | |
| ......... | 08.20 | DENARO IN CASSA | pagata multa | | 70,00 |

**2.** Subita una rapina di 5.000 euro; rimborsati con bonifico bancario 2.000 euro per danni provocati a terzi dalla fuoriuscita di sostanze inquinanti non coperti dall'assicurazione (commissioni bancarie 5 euro).

| | | | | | |
|---|---|---|---|---|---|
| ......... | 39.15 | INSUSSISTENZE PASSIVE STRAORDIN. | subita rapina | 5.000,00 | |
| ......... | 08.20 | DENARO IN CASSA | subita rapina | | 5.000,00 |
| ......... | 39.13 | SOPRAVVENIENZE PASSIVE STRAORDIN. | danni a terzi | 2.000,00 | |
| ......... | 18.20 | BANCA X C/C | risarcimento danni a terzi | | 2.000,00 |
| ......... | 31.15 | COMMISSIONI BANCARIE | commissione bancaria | 5,00 | |
| ......... | 18.20 | BANCA X C/C | commissione bancaria | | 5,00 |

**3.** Riscosso tramite c/c bancario un credito verso clienti di 12.000 euro stralciato nell'esercizio precedente in quanto ritenuto non esigibile.

| | | | | | |
|---|---|---|---|---|---|
| ......... | 18.20 | BANCA X C/C | riscosso credito stralciato | 12.000,00 | |
| ......... | 20.23 | SOPRAVVENIENZE ATTIVE STRAORDIN. | riscossione credito | | 12.000,00 |

ROVA TU

test interattivi nel libro digitale

**CONOSCENZE** Liquidazione periodica IVA • versamenti acconto IVA, imposte dell'esercizio • componenti straordinarie del reddito.

**ABILITÀ** Distinguere i componenti ordinari del reddito da quelli straordinari • redigere le scritture in P.D. relative a operazioni varie di gestione (liquidazione IVA, acconti IVA e imposte).

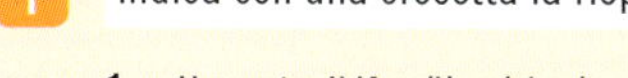

**1** Indica con una crocetta la risposta esatta (alcuni quesiti possono avere più risposte esatte).

**1.** Il conto IVA c/liquidazione:
- a *ha natura finanziaria*
- b *funziona in maniera bilaterale*
- c *accoglie in Dare l'IVA a debito*
- d *accoglie in Avere l'IVA a credito*

**2.** L'acconto IVA:
- a *viene versato entro il 27 dicembre*
- b *è portato in detrazione nella liquidazione IVA di dicembre*
- c *viene versato entro il 16 dicembre*
- d *è portato in detrazione della liquidazione IVA di gennaio*

**3.** Il conto Imposte c/acconto:
- a *rappresenta un debito verso l'ente impositore*
- b *rappresenta un credito verso l'ente impositore*
- c *ha natura economica di costo d'esercizio*
- d *ha natura finanziaria*

**4.** Il conto Prelevamenti extragestione ha natura:
- a *finanziaria, debito*
- b *finanziaria, credito*
- c *economica, componente negativo del patrimonio netto*
- d *economica, componente positivo del patrimonio netto*

**5.** Nell'impresa individuale sono componenti positive del patrimonio netto:
- a *i prelievi extragestione*
- b *gli apporti del proprietario*
- c *l'utile dell'esercizio*
- d *la perdita dell'esercizio*

**2** Esamina la situazione proposta ed esegui quanto richiesto.

Il 27/12 l'impresa Remo Gigli versa tramite c/c bancario l'acconto IVA di 4.900 euro.
Al 31/12n l'IVA a credito per il mese di dicembre è di 2.100 euro, mentre l'IVA a debito è di 7.400 euro.
Completa i conti di mastro e le scritture in P.D. relative alla liquidazione IVA del mese di dicembre.

| 06.01 IVA NS/CREDITO | | 06.02 IVA C/ACCONTO | | 15.01 IVA NS/DEBITO | | 18.10 IVA C/LIQUID. | |
|---|---|---|---|---|---|---|---|
| ..........., .... | | ..........., .... | | | ..........., .... | ..........., ....<br>..........., .... | ..........., .... |

Scritture in P.D.

| | | | | | |
|---|---|---|---|---|---|
| 27/12 | ......... | ........................................ | ........................................ | ................, .... | |
| 27/12 | ......... | ........................................ | ........................................ | | ................, .... |
| 31/12 | ......... | ........................................ | riepilogo IVA a credito | ................, .... | |
| 31/12 | ......... | ........................................ | riepilogo IVA a credito | | ................, .... |
| 31/12 | ......... | IVA C/LIQUIDAZIONE | ........................................ | ................, .... | |
| 31/12 | ......... | ........................................ | ........................................ | | ................, .... |
| 31/12 | ......... | ........................................ | riepilogo IVA a debito | ................, .... | |
| 31/12 | ......... | ........................................ | riepilogo IVA a debito | | ................, .... |

*Rispondi alle domande.*

1. Il conto IVA c/liquidazione presenta un saldo a debito oppure a credito? E per quale importo?
2. Quando deve essere versata l'IVA relativa al mese di dicembre?
3. Da quali registri vengono estratti i dati per effettuare la liquidazione periodica IVA?

**3** Individua il componente di reddito generato dalle operazioni di gestione indicate nella prima colonna e completa la tabella.

| Operazioni di gestione | Sopravvenienze | | | | Insussistenze | | | |
|---|---|---|---|---|---|---|---|---|
| | Attive | | Passive | | Attive | | Passive | |
| | Ordinarie | Straord. | Ordinarie | Straord. | Ordinarie | Straord. | Ordinarie | Straord. |
| Ricevuto assegno bancario a saldo di un credito di 1.500 euro stralciato nell'esercizio | | | | | | | | |
| Riscontrate in cassa due banconote false da 20 euro ciascuna | | | | | | | | |
| Risarciti danni a terzi per 3.000 euro non coperti da assicurazione | | | | | | | | |
| Pagata multa di 70 euro per eccesso di velocità di un nostro automezzo | | | | | | | | |
| Subita una rapina di 1.200 euro | | | | | | | | |
| Ottenuto il condono di un debito fiscale di 1.400 euro | | | | | | | | |
| Ottenuto il rimborso di imposte di 400 euro in quanto non dovute | | | | | | | | |
| Subìto l'esproprio di un terreno del valore di 15.000 euro per ragioni di pubblica utilità | | | | | | | | |
| Ricevuto un contributo pubblico a fondo perduto di 4.000 euro | | | | | | | | |

**4** Esamina la situazione proposta ed esegui quanto richiesto.

L'impresa Giovanni Ortenzi ha compiuto, con addebito del c/c bancario intestato all'impresa, le seguenti operazioni:

30/06: versata la prima rata di acconto per l'IRAP di 1.600 euro e per l'IRPEF di 4.800 euro;
30/11: versata la seconda rata di acconto per l'IRAP di 2.400 euro e per l'IRPEF di 7.200 euro;
10/12: prelevati 3.000 euro per esigenze personali dell'imprenditore.

1. *Completa le scritture in P.D.*

| | | | | | |
|---|---|---|---|---|---|
| 30/06 | .......... | .......................................... | versamento I rata acconto IRAP | ................, .... | |
| 30/06 | .......... | .......................................... | versamento I rata acconto IRAP | | ................, .... |
| 30/06 | .......... | .......................................... | acconto IRPEF | ................, .... | |
| 30/06 | .......... | .......................................... | acconto IRPEF | | ................, .... |
| 30/11 | .......... | .......................................... | versamento II rata acconto IRAP | ................, .... | |
| 30/11 | .......... | .......................................... | versamento II rata acconto IRAP | | ................, .... |
| 30/11 | .......... | .......................................... | acconto IRPEF | ................, .... | |
| 30/11 | .......... | .......................................... | acconto IRPEF | | ................, .... |
| 10/12 | .......... | .......................................... | .......................................... | ................, .... | |
| 10/12 | .......... | .......................................... | .......................................... | | ................, .... |

2. *Rispondi alle domande.*
   a. Su quale soggetto grava l'IRAP (Imposta Regionale sulle Attività Produttive)?
   b. Su quale soggetto grava l'IRPEF (Imposta sul Reddito delle Persone Fisiche)?

**5** Individua la natura, l'eccedenza e l'inserimento nella Situazione patrimoniale e nella Situazione economica dei seguenti conti.

| Denominazioni dei conti | Conti finanziari | Conti economici | Eccedenze | | Situazione patrimoniale | | Situazione economica | |
|---|---|---|---|---|---|---|---|---|
| | | | Dare | Avere | Attività | Passività | Costi | Ricavi |
| IVA c/acconto | | | | | | | | |
| IVA c/liquidazione | | | | | | | | |
| Imposte c/acconto | | | | | | | | |
| Prelevamenti extragestione | | | | | | | | |
| Insussistenze passive ordinarie | | | | | | | | |
| Sopravvenienze attive ordinarie | | | | | | | | |
| Insussistenze attive straordinarie | | | | | | | | |
| Sopravvenienze passive straordinarie | | | | | | | | |

**6** CLIL Specify if the following statements are TRUE or FALSE.

1. VAT settlement is a financial account. T F
2. Advance tax payment is an economic account. T F
3. The redemption of capital goods purchased through a lease contract entails an operating cost. T F
4. If the enterprise rents its capital goods it does not own them. T F
5. The leasing contract allows for the asset to be redeemed at the end of the contract. T F

# Lezione 10 Le situazioni contabili

Situazione contabile = *Accounting statement*

## Che cos'è la situazione contabile?

Il sistema informativo produce periodicamente la situazione contabile.
La **situazione contabile** è un prospetto bilanciante che elenca in ordine di codice il totale dei movimenti e/o le eccedenze dei conti di mastro, con riferimento a una certa data o a un certo periodo di tempo.
Poiché le registrazioni nei conti di mastro avvengono con il metodo della partita doppia, la situazione contabile è un **prospetto bilanciante** (totale Dare = totale Avere). Tale *uguaglianza* è assicurata dai software gestionali per la tenuta della contabilità che la verificano automaticamente quando vengono immessi i dati relativi alle operazioni da registrare in prima nota.
Gli stessi software consentono di ottenere situazioni contabili **complete** oppure **parziali**, con diverse possibilità di rappresentazioni dei dati, redatte in forme differenti e con contenuti sintetici o analitici.

**Situazione contabile completa:** prospetto che prende in considerazione i movimenti effettuati nei conti dall'inizio del periodo amministrativo fino a una certa data, per esempio dall'01/01 al 16/03.

**Situazione contabile parziale:** prospetto che prende in considerazione solo le registrazioni effettuate in un determinato periodo di tempo, per esempio dal 16/03 al 31/05.

A seconda dei **dati rappresentati**, si possono avere:

- **situazione contabile per totali**: riporta i conti di mastro indicando per ciascuno il totale degli importi iscritti in *Dare* e il totale degli importi iscritti in *Avere*;
- **situazione contabile per eccedenze**: riporta i conti di mastro indicando per ciascuno l'eccedenza in Dare o in Avere; può essere redatta a sezioni accostate o a sezioni divise;
- **situazione contabile per totali ed eccedenze**: riporta i conti di mastro, indicando per ciascuno i totali progressivi (Dare e Avere) e l'eccedenza (Dare o Avere);
- **situazione contabile per movimenti ed eccedenze**: riporta i conti di mastro indicando per ciascuno l'eccedenza all'inizio dell'esercizio, i movimenti in Dare e in Avere intervenuti nel periodo considerato e l'eccedenza in Dare o in Avere alla fine dello stesso periodo.

A seconda della **forma**, si possono avere:

- **situazione contabile a sezioni accostate**: i conti sono elencati in un'unica colonna, affiancata da due colonne separate dove vengono riportati i totali Dare e i totali Avere, oppure le eccedenze Dare e le eccedenze Avere;
- **situazione contabile a sezioni divise**: i conti sono elencati in due distinte sezioni a seconda del segno Dare o Avere dell'eccedenza.

È inoltre possibile redigere situazioni contabili a vari livelli di analisi/sintesi, che forniscono contemporaneamente sia i dati per *conti* e *sottoconti di mastro,* sia per *raggruppamenti*.
Si possono quindi avere, a seconda delle necessità informative, una **situazione contabile analitica**, redatta per conti di mastro, e una **situazione contabile sintetica**, redatta per raggruppamenti di conti di mastro.

### e SEMPIO 1 Situazione contabile analitica

Il 12/03 l'impresa Valerio Corrieri, costituitasi in data 01/03, presenta i conti di mastro riportati nella pagina che segue. Presentiamo la situazione contabile analitica redatta per totali e per eccedenze, utilizzando sia il prospetto a sezioni accostate sia il prospetto a sezioni divise.

| 01.01 COSTI DI IMPIANTO | |
|---|---|
| 1.938, 00 | |

| 02.01 FABBRICATI | |
|---|---|
| 50.000, 00 | |

| 02.06 ARREDAMENTO | |
|---|---|
| 12.000, 00 | |

| 05.01 CREDITI V/CLIENTI | |
|---|---|
| 11.224, 00 | |

| 06.01 IVA NS/CREDITO | |
|---|---|
| 274, 56 | 286, 00 |
| 2.640, 00 | |
| 1.408, 00 | |
| 55, 00 | |
| 748, 00 | |
| 132, 00 | |

| 08.10 ASSEGNI | |
|---|---|
| 50.000, 00 | 50.000, 00 |

| 08.20 DENARO IN CASSA | |
|---|---|
| 2.600, 00 | |

| 10.01 PATRIMONIO NETTO | |
|---|---|
| | 100.000, 00 |

| 13.01 MUTUI PASSIVI | |
|---|---|
| | 80.000, 00 |

| 14.01 DEBITI V/FORNITORI | |
|---|---|
| 2.212, 56 | 2.212, 56 |
| 305, 00 | 14.640, 00 |
| 732, 00 | 7.808, 00 |
| 1.586, 00 | 305, 00 |
| | 4.148, 00 |
| | 732, 00 |

| 15.01 IVA NS/DEBITO | |
|---|---|
| | 2.024, 00 |

| 15.02 DEBITI PER RIT. DA VERS. | |
|---|---|
| | 240, 00 |

| 18.20 BANCA X C/C | |
|---|---|
| 50.000, 00 | 2.600, 00 |
| 80.000, 00 | 1.972, 56 |
| | 305, 00 |
| | 732, 00 |
| | 5, 50 |

| 20.01 MERCI C/VENDITE | |
|---|---|
| | 9.200, 00 |

| 30.01 MERCI C/ACQUISTI | |
|---|---|
| 6.400, 00 | |

| 30.10 RESI SU ACQUISTI | |
|---|---|
| | 1.300, 00 |

| 31.01 COSTI DI TRASPORTO | |
|---|---|
| 250, 00 | |

| 31.03 PUBBLICITÀ | |
|---|---|
| 3.400, 00 | |

| 31.15 COMM. BANCARIE | |
|---|---|
| 5, 50 | |

| 32.02 CANONI DI LEASING | |
|---|---|
| 600, 00 | |

La situazione contabile per totali è strutturata su quattro colonne: le prime due indicano rispettivamente il codice e la denominazione dei conti; le ultime due indicano, per ciascun conto, i totali progressivi in Dare e in Avere. Vengono indicati anche i conti che risultano spenti.

**Situazione contabile a sezioni accostate per totali al 12/03**

| Codice | Denominazione dei conti | Totali | |
|---|---|---|---|
| | | Dare | Avere |
| 01.01 | Costi di impianto | 1.938, 00 | |
| 02.01 | Fabbricati | 50.000, 00 | |
| 02.06 | Arredamento | 12.000, 00 | |
| 05.01 | Crediti vclienti | 11.224, 00 | |
| 06.01 | IVA ns/credito | 5.257, 56 | 286, 00 |
| 08.10 | Assegni | 50.000, 00 | 50.000, 00 |
| 08.20 | Denaro in cassa | 2.600, 00 | |
| 10.01 | Patrimonio netto | | 100.000, 00 |
| 13.01 | Mutui passivi | | 80.000, 00 |
| 14.01 | Debiti v/fornitori | 4.835, 56 | 29.845, 56 |
| 15.01 | IVA ns/debito | | 2.024, 00 |
| 15.02 | Debiti per ritenute da versare | | 240, 00 |
| 18.20 | Banca X c/c | 130.000, 00 | 5.615, 06 |
| 20.01 | Merci c/vendite | | 9.200, 00 |
| 30.01 | Merci c/acquisti | 6.400, 00 | |
| 30.10 | Resi su acquisti | | 1.300, 00 |
| 31.01 | Costi di trasporto | 250, 00 | |
| 31.03 | Pubblicità | 3.400, 00 | |
| 31.15 | Commissioni bancarie | 5, 50 | |
| 32.02 | Canoni di leasing | 600, 00 | |
| | Totali | 278.510, 62 | 278.510, 62 |

Nella situazione contabile per eccedenze è possibile tralasciare l'indicazione dei conti che presentano eccedenza uguale a zero. Nel caso in esame, non viene indicato il conto 08.10 Assegni in quanto, accogliendo 50.000 euro sia in Dare sia in Avere, risulta spento.

**Situazione contabile a sezioni accostate per eccedenze al 12/03**

| Codice | Denominazione dei conti | Eccedenze | |
|---|---|---|---|
| | | Dare | Avere |
| 01.01 | Costi di impianto | 1.938, 00 | |
| 02.01 | Fabbricati | 50.000, 00 | |
| 02.06 | Arredamento | 12.000, 00 | |
| 05.01 | Crediti v/clienti | 11.224, 00 | |
| 06.01 | IVA ns/credito | 4.971, 56 | |
| 08.20 | Denaro in cassa | 2.600, 00 | |
| 10.01 | Patrimonio netto | | 100.000, 00 |
| 13.01 | Mutui passivi | | 80.000, 00 |
| 14.01 | Debiti v/fornitori | | 25.010, 00 |
| 15.01 | IVA ns/debito | | 2.024, 00 |
| 15.02 | Debiti per ritenute da versare | | 240, 00 |
| 18.20 | Banca X c/c | 124.384, 94 | |
| 20.01 | Merci c/vendite | | 9.200, 00 |
| 30.01 | Merci c/acquisti | 6.400, 00 | |
| 30.10 | Resi su acquisti | | 1.300, 00 |
| 31.01 | Costi di trasporto | 250, 00 | |
| 31.03 | Pubblicità | 3.400, 00 | |
| 31.15 | Commissioni bancarie | 5, 50 | |
| 32.02 | Canoni di leasing | 600, 00 | |
| | Totali | 217.774, 00 | 217.774, 00 |

La situazione contabile per eccedenze oltre che a sezioni accostate può essere redatta a sezioni divise.

**Situazione contabile a sezioni divise per eccedenze al 12/03**

| Codice | Denominazione dei conti | Dare | Codice | Denominazione dei conti | Avere |
|---|---|---|---|---|---|
| 01.01 | Costi di impianto | 1.938, 00 | 10.01 | Patrimonio netto | 100.000, 00 |
| 02.01 | Fabbricati | 50.000, 00 | 13.01 | Mutui passivi | 80.000, 00 |
| 02.06 | Arredamento | 12.000, 00 | 14.01 | Debiti v/fornitori | 25.010, 00 |
| 05.01 | Crediti v/clienti | 11.224, 00 | 15.01 | IVA ns/debito | 2.024, 00 |
| 06.01 | IVA ns/credito | 4.971, 56 | 15.02 | Debiti per ritenute da versare | 240, 00 |
| 08.20 | Denaro in cassa | 2.600, 00 | 20.01 | Merci c/vendite | 9.200, 00 |
| 18.20 | Banca X c/c | 124.384, 94 | 30.10 | Resi su acquisti | 1.300, 00 |
| 30.01 | Merci c/acquisti | 6.400, 00 | | | |
| 31.01 | Costi di trasporto | 250, 00 | | | |
| 31.03 | Pubblicità | 3.400, 00 | | | |
| 31.15 | Commissioni bancarie | 5, 50 | | | |
| 32.02 | Canoni di leasing | 600, 00 | | | |
| | Totali | 217.774, 00 | | Totali | 217.774, 00 |

La situazione contabile per totali ed eccedenze riporta in Dare e in Avere sia i totali progressivi sia le eccedenze; essa deve quindi essere strutturata su sei colonne.

**Situazione contabile per totali ed eccedenze al 12/03**

| Codice | Denominazione dei conti | Totali progressivi | | Eccedenze | |
|---|---|---|---|---|---|
| | | Dare | Avere | Dare | Avere |
| 01.01 | Costi di impianto | 1.938, 00 | | 1.938, 00 | |
| 02.01 | Fabbricati | 50.000, 00 | | 50.000, 00 | |
| 02.06 | Arredamento | 12.000, 00 | | 12.000, 00 | |
| 05.01 | Crediti v/clienti | 11.224, 00 | | 11.224, 00 | |
| 06.01 | IVA ns/credito | 5.257, 56 | 286, 00 | 4.971, 56 | |
| 08.10 | Assegni | 50.000, 00 | 50.000, 00 | – | – |
| 08.20 | Denaro in cassa | 2.600, 00 | | 2.600, 00 | |
| 10.01 | Patrimonio netto | | 100.000, 00 | | 100.000, 00 |
| 13.01 | Mutui passivi | | 80.000, 00 | | 80.000, 00 |
| 14.01 | Debiti v/fornitori | 4.835, 56 | 29.845, 56 | | 25.010, 00 |
| 15.01 | IVA ns/debito | | 2.024, 00 | | 2.024, 00 |
| 15.02 | Debiti per ritenute da versare | | 240, 00 | | 240, 00 |
| 18.20 | Banca X c/c | 130.000, 00 | 5.615, 06 | 124.384, 94 | |
| 20.01 | Merci c/vendite | | 9.200, 00 | | 9.200, 00 |
| 30.01 | Merci c/acquisti | 6.400, 00 | | 6.400, 00 | |
| 30.10 | Resi su acquisti | | 1.300, 00 | | 1.300, 00 |
| 31.01 | Costi di trasporto | 250, 00 | | 250, 00 | |
| 31.03 | Pubblicità | 3.400, 00 | | 3.400, 00 | |
| 31.15 | Commissioni bancarie | 5, 50 | | 5, 50 | |
| 32.02 | Canoni di leasing | 600, 00 | | 600, 00 | |
| | Totali | 278.510, 62 | 278.510, 62 | 217.774, 00 | 217.774, 00 |

## 2 Situazione contabile sintetica

Riprendendo i dati dell'esempio 1 presentiamo la situazione contabile sintetica, redatta per raggruppamenti.

**Situazione contabile sintetica per totali al 12/03**

| Codice | Denominazione dei conti | Dare | Avere |
|---|---|---|---|
| 01.00 | Immobilizzazioni immateriali | 1.938, 00 | |
| 02.00 | Immobilizzazioni materiali | 62.000, 00 | |
| 05.00 | Crediti commerciai | 11.224, 00 | |
| 06.00 | Crediti diversi | 5.257, 56 | 286, 00 |
| 08.00 | Disponibilità liquide | 2.600, 00 | |
| 10.00 | Patrimonio netto | | 100.000, 00 |
| 13.00 | Debiti finanziari | | 80.000, 00 |
| 14.00 | Debiti commerciali | 4.835, 56 | 29.845, 56 |
| 15.00 | Debiti diversi | | 2.264, 00 |
| 18.00 | Conti transitori e diversi | 130.000, 00 | 5.615, 06 |
| 20.00 | Valore della produzione | | 9.200, 00 |
| 30.00 | Costi per merci e materie di consumo | 5.100, 00 | |
| 31.00 | Costi per servizi | 3.655, 50 | |
| 32.00 | Costi per godimento di beni di terzi | 600, 00 | |
| | Totali | 227.210, 62 | 227.210, 62 |

**Conti patrimoniali:** conti accesi a elementi attivi e passivi del patrimonio. Si tratta dei conti finanziari, di patrimonio, dei costi e ricavi sospesi e dei costi e ricavi pluriennali.

**Conti economici d'esercizio** (o conti reddituali): conti accesi ai costi e ai ricavi che formano il reddito d'esercizio.

### Quali informazioni forniscono la Situazione patrimoniale e la Situazione economica?

Al fine di ottenere informazioni, sia pure parziali, sull'andamento economico dell'azienda e sugli effetti che le operazioni di gestione hanno prodotto sul patrimonio di funzionamento, la situazione contabile per eccedenze a sezioni divise può essere scissa in due parti:

- la **Situazione patrimoniale**, che rappresenta la composizione qualitativa e quantitativa del patrimonio e accoglie i **conti patrimoniali**;
- la **Situazione economica**, che rappresenta i costi e i ricavi che formano il reddito e accoglie i **conti economici d'esercizio**.

## Situazione patrimoniale e Situazione economica

Con riferimento ai dati contenuti nella situazione contabile dell'esempio precedente, presentiamo la Situazione patrimoniale e la Situazione economica.

**Situazione patrimoniale al 12/03**

| Codice | Denominazione dei conti | Dare | Codice | Denominazione dei conti | Avere |
|---|---|---|---|---|---|
| 01.01 | Costi di impianto | 1.938, 00 | 10.01 | Patrimonio netto | 100.000, 00 |
| 02.01 | Fabbricati | 50.000, 00 | 14.01 | Mutui passivi | 80.000, 00 |
| 02.06 | Arredamento | 12.000, 00 | 15.01 | Debiti v/fornitori | 25.010, 00 |
| 05.01 | Crediti v/clienti | 11.224, 00 | 15.02 | IVA ns/debito | 2.024, 00 |
| 06.01 | IVA ns/credito | 4.971, 56 | | Debiti per ritenute da versare | 240, 00 |
| 08.20 | Denaro in cassa | 2.600, 00 | | | |
| 18.20 | Banca X c/c | 124.384, 94 | | | |
| | Totale Dare | 207.118, 50 | | | |
| | Saldo economico negativo | 155, 50 | | | |
| | Totale a pareggio | 207.274, 00 | | Totale Avere | 207.274, 00 |

**Situazione economica al 12/03**

| Codice | Denominazione dei conti | Dare | Codice | Denominazione dei conti | Avere |
|---|---|---|---|---|---|
| 30.01 | Merci c/acquisti | 6.400, 00 | 20.01 | Merci c/vendite | 9.200, 00 |
| 31.01 | Costi di trasporto | 250, 00 | 30.10 | Resi su acquisti | 1.300, 00 |
| 31.03 | Pubblicità | 3.400, 00 | | Totale Avere | 10.500, 00 |
| 31.15 | Commissioni bancarie | 5, 50 | | Saldo economico negativo | 155, 50 |
| 32.02 | Canoni di leasing | 600, 00 | | | |
| | Totale Dare | 10.655, 50 | | Totale a pareggio | 10.655, 50 |

audio

Reddito d'esercizio = ***Income for the year***

Entrambi i prospetti evidenziano un **saldo economico** (nell'esempio presentato negativo) di uguale importo ma iscritto in sezioni opposte. Tale saldo si ottiene come differenza tra il totale degli importi iscritti in Dare e quelli iscritti in Avere. È importante precisare che il saldo economico *non coincide con il reddito d'esercizio*, ossia con il risultato economico che l'impresa ottiene dopo aver determinato la **competenza economica** dei costi e dei ricavi; quest'ultimo risultato può essere ottenuto solo al termine del periodo amministrativo, dopo avere effettuato le **scritture di assestamento**.

La situazione contabile suddivisa in Situazione patrimoniale e Situazione economica va quindi interpretata a seconda della data di redazione: se riferita al 31/12, dopo aver determinato la competenza economica dei costi e dei ricavi, in entrambi i prospetti è riportato il **reddito dell'esercizio**; se invece la stessa è riferita a una data precedente al 31/12 o comunque prima di aver effettuato le scritture di assestamento, i due prospetti evidenziano solo il **saldo economico**, ossia lo sbilancio tra i componenti negativi e positivi del reddito.

**Competenza economica:** principio in base al quale i costi e i ricavi si considerano di competenza dell'esercizio solo se sono economicamente maturati durante lo stesso periodo amministrativo, indipendentemente dalla loro manifestazione finanziaria.

**Scritture di assestamento:** registrazioni contabili necessarie per determinare la competenza economica dei costi e dei ricavi. Si tratta di integrazioni e rettifiche dei valori riportati nei conti al fine di trasformarli in valori economicamente di competenza dell'esercizio.

## Quali funzioni svolge la situazione contabile?

La situazione contabile può essere redatta con periodicità, in forme e con contenuti diversi a seconda dei fabbisogni informativi del soggetto aziendale che la utilizza. In termini generali la situazione contabile consente di:

- **conoscere** l'andamento della gestione attraverso la lettura dei dati contabili;
- **controllare** il sistema delle rilevazioni contabili al fine di verificare che le procedure siano state eseguite.

| Situazione contabile | Contenuti informativi delle situazioni contabili |
|---|---|
| **Per totali** | Consente di conoscere la dinamica dei valori nei conti bilaterali. Per esempio i totali progressivi registrati in Dare e in Avere del conto Crediti v/clienti esprimono rispettivamente il fatturato dell'azienda al lordo dell'IVA realizzato in un dato intervallo di tempo e gli importi relativi alle fatture riscosse; le registrazioni nel conto Banca X c/c permettono di conoscere il volume degli incassi e dei pagamenti effettuati a mezzo banca; analogamente i totali Dare e Avere del conto Denaro in cassa consentono di avere informazioni sugli incassi e i pagamenti effettuati con denaro contante. |
| **Per eccedenze** | Consente di acquisire informazioni riguardanti la posizione finanziaria dell'azienda, come per esempio il saldo delle disponibilità liquide, ottenuto dalla somma delle eccedenze riportate nei conti Denaro in cassa, C/c postali, Banche c/c attivi. È anche possibile conoscere il grado di indebitamento finanziario, in termini complessivi (eccedenza del raggruppamento Debiti finanziari) e analitici (per esempio l'esposizione a vista nei confronti della banca, ricavabile dal saldo del conto Banche c/c passivi). |
| **Per totali ed eccedenze o per movimenti ed eccedenze** | Esprime il massimo contenuto informativo in quanto riporta le informazioni contenute sia nella Situazione contabile per totali sia in quella per eccedenze. |

Ciascuna situazione contabile è utile a scopo conoscitivo se i dati contenuti nei conti di mastro vengono correttamente rilevati e interpretati secondo le regole contabili; per esempio se si vogliono analizzare i movimenti contenuti nei conti finanziari, è indispensabile sapere che essi sono bilaterali, ossia accolgono importi sia nella sezione Dare sia nella sezione Avere; altri conti, come quelli economici di reddito accesi ai costi e ai ricavi d'esercizio, funzionano invece in maniera unilaterale e accolgono, rispettivamente, in Dare i costi e in Avere i ricavi.

test interattivi nel libro digitale

 Contenuto e funzioni della situazione contabile.

**ABILITÀ** Assumere informazioni dai dati contabili • redigere situazioni contabili • interpretare documenti contabili.

**1** Indica con una crocetta la risposta esatta (alcuni quesiti possono avere più risposte esatte).

**1.** La situazione contabile per totali riporta:

a *il saldo in Dare o in Avere di ciascun conto di mastro*
b *i movimenti in Dare o in Avere intervenuti in un dato periodo per ciascun conto di mastro*
c *i movimenti in Dare e in Avere per raggruppamento di conti di mastro*
d *i totali Dare e Avere di ciascun conto di mastro*

**2.** Costituiscono obiettivi delle situazioni contabili:

a *ottenere informazioni di natura contabile*
b *controllare eventuali errori di registrazione nei conti*
c *rappresentare una sintesi del reddito dell'esercizio*
d *rappresentare una sintesi del patrimonio di funzionamento*

**3.** La situazione contabile per eccedenze può essere redatta:

a *solo a sezioni divise*
b *a sezioni accostate o a sezioni divise*
c *solo a sezioni accostate*
d *con una sola sezione*

**4.** Il totale Avere del conto Debiti v/fornitori esprime:

a *l'importo totale delle fatture ricevute*
b *l'importo dei costi di acquisto delle merci*
c *il totale delle fatture pagate*
d *l'importo delle fatture da pagare*

**5.** Nella situazione contabile per eccedenze il conto Banca X c/c può presentare eccedenza:

a *solo in Dare*
b *solo in Avere*
c *sia in Dare sia in Avere*
d *pari a zero*

**6.** Il saldo economico positivo è evidenziato:

a *nella Situazione patrimoniale, in Avere*
b *nella Situazione economica, in Dare*
c *nella Situazione patrimoniale, in Dare*
d *nella Situazione economica, in Avere*

**7.** La situazione contabile per eccedenze può essere:

a *suddivisa in Situazione patrimoniale e Situazione economica*
b *redatta a sezioni divise*
c *redatta solo per raggruppamenti*
d *scissa in situazione sintetica e analitica*

**2** Leggi i dati contabili contenuti nel seguente estratto di situazione contabile per movimenti ed eccedenze, individua le operazioni di gestione che sono state compiute nel periodo considerato e redigi le relative scritture in P.D.

**Situazione contabile per movimenti ed eccedenze**

| Codici | Denominazione dei conti | Valori iniziali all'01/01/n | Movimenti Dare | Movimenti Avere | Eccedenze al 03/01/n |
|---|---|---|---|---|---|
| 02.05 | Macchine d'ufficio | 18.750, 00 | 125, 00 | 18.875, 00 | – |
| 02.15 | F.do amm.to macchine d'ufficio | – 16.875, 00 | 16.875, 00 | | – |
| 05.03 | Crediti commerciali diversi | – | 2.440, 00 | | 2.440, 00 |
| 15.01 | IVA ns/debito | – | | 440, 00 | – 440, 00 |
| 20.20 | Plusvalenze ordinarie | | | 125, 00 | – 125, 00 |

*Libro giornale*

| | | | | | |
|---|---|---|---|---|---|
| 03/01 | .......... | .......................................... | .......................................... | ................, .... | |
| 03/01 | .......... | .......................................... | .......................................... | | ................, .... |

| | | | | | |
|---|---|---|---|---|---|
| 03/01 | .......... | .......................................... | .......................................... | ................, .... | |
| 03/01 | .......... | .......................................... | .......................................... | | ................, .... |
| 03/01 | .......... | .......................................... | .......................................... | | ................, .... |
| 03/01 | .......... | .......................................... | .......................................... | ................, .... | |
| 03/01 | .......... | PLUSVALENZE ORDINARIE | plusvalenza da alienazione | | ................, .... |

**3** Leggi l'estratto della situazione contabile che segue ed esegui quanto richiesto.

1. *Completa la situazione contabile.*

**Situazione contabile per totali ed eccedenze parziale (dal 30/06 al 02/07)**

| Codice | Denominazione dei conti | Totali progressivi | | Eccedenze | |
|---|---|---|---|---|---|
| | | Dare | Avere | Dare | Avere |
| 05.01 | Crediti v/clienti | 7.320, 00 | 732, 00 | ............, .... | |
| 13.10 | Banche c/Ri.Ba. sbf | | 6.588, 00 | | ............, .... |
| 15.01 | IVA ns/debito | ............, .... | 1.320, 00 | | 1.188, 00 |
| 18.20 | Banca X c/c | ............, .... | 15, 00 | ............, .... | |
| 20.01 | Merci c/vendite | | 6.000, 00 | | 6.000, 00 |
| 20.10 | Resi su vendite | 600, 00 | | 600, 00 | |
| 31.14 | Costi di incasso | 15, 00 | | ............, .... | |

2. *Rispondi alle domande.*
   a. Sul reso è stata emessa nota di variazione IVA?
   b. Quale strumento di pagamento è stato utilizzato?
3. *Completa le scritture in P.D.*

| | | | | | |
|---|---|---|---|---|---|
| 30/06 | 05.01 | CREDITI V/CLIENTI | ns/fattura n. 156 | 7.320, 00 | |
| 30/06 | .......... | .......................................... | ns/fattura n. 156 | | ................, .... |
| 30/06 | .......... | .......................................... | ns/fattura n. 156 | | ................, .... |
| 01/07 | .......... | .......................................... | .......................................... | ................, .... | |
| 01/07 | .......... | .......................................... | .......................................... | ................, .... | |
| 01/07 | .......... | CREDITI V/CLIENTI | .......................................... | | 732, 00 |
| 02/07 | .......... | .......................................... | .......................................... | 6.588, 00 | |
| 02/07 | .......... | .......................................... | .......................................... | | 6.588, 00 |
| 02/07 | .......... | .......................................... | .......................................... | ................, .... | |
| 02/07 | .......... | BANCA X C/C | .......................................... | | ................, .... |

**4** CLIL Complete the accounting statement and answer the questions.

In the period 15/10-18/10 Serri spa carried out, among the others, the operations recorded in the following accounting statement.

**Accounting statement based on totals and surpluses subtotal (from 15/10 to 18/10)**

| Code | Account description | Progressive total | | Surpluses | |
|---|---|---|---|---|---|
| | | Debit | Credit | Debit | Credit |
| 05.06 | Bills of exchange | ............, .... | 3.000, 00 | 5.000, 00 | |
| 06.01 | VAT receivable | 1.650, 00 | | ............, .... | |
| 14.01 | Payable to suppliers | 3.000, 00 | 9.150, 00 | | ............, .... |
| 14.06 | Bills payable | 2.000, 00 | ............, .... | | 4.300, 00 |
| 18.20 | Bank X c/c | ............, .... | 2.003, 50 | 4.516, 50 | |
| 30.01 | Goods purchased account | 7.500, 00 | | ............, .... | |
| 31.15 | Bank commissions | 3, 50 | | ............, .... | |

1. Which payment instrument was used to partially pay the invoice?
2. Which payment instrument was used to partially extinguish the bills payable?

# RIPASSA I CONCETTI CHIAVE

| | |
|---|---|
| PATRIMONIO DI COSTITUZIONE | Insieme dei beni di cui è dotata l'azienda al momento della costituzione. Gli apporti effettuati dall'imprenditore consistono in **disponibilità liquide** e/o **beni in natura**. I **costi di impianto** sono oneri pluriennali che l'impresa deve sostenere al momento della costituzione per avviare l'attività aziendale. |
| FATTURE D'ACQUISTO | La registrazione comporta i movimenti: in Avere del conto **Debiti v/fornitori** per l'importo della fattura, in Dare del conto intestato al bene acquistato per il costo sostenuto, in Dare del conto **IVA ns/credito** per l'importo dell'imposta. |
| IMPORTAZIONE DI MERCI | Si rileva in Dare del conto **Merci c/acquisti estero** e in Avere del conto **Debiti v/fornitori esteri**. Il **Documento amministrativo unico** riepiloga le spese pagate in dogana, dazi e IVA. |
| ACQUISTO INTRACOMUNITARIO DI MERCI | Rileva come un'importazione e l'IVA viene annotata successivamente dal compratore e registrata sia a debito sia a credito. |
| SERVIZI | Prestazioni ottenute da altre aziende o da collaboratori esterni e rilevate in conti economici accesi alle variazioni di esercizio quali **Consulenze**, **Pubblicità**, **Costi per energia**, **Costi telefonici** oppure nel conto sintetico Costi per servizi. |
| PAGAMENTO DELLE FATTURE RICEVUTE | Si possono utilizzare diversi strumenti, come il denaro, le carte di credito, gli assegni bancari e circolari, i bonifici bancari e postali, le disposizioni elettroniche d'incasso (**Ri.Ba.**) oppure le **cambiali**. |
| DEBITO ESPRESSO IN MONETA ESTERA | Alla data del pagamento dilazionato, se il cambio della valuta estera è variato rispetto all'importo del debito contabilizzato, la differenza viene rilevata nel conto **Differenze attive in cambi** o **Differenze passive in cambi**. |
| FATTURE DI VENDITA | La registrazione comporta i movimenti: in Dare del conto **Crediti v/clienti** per l'importo della fattura, in Avere del conto **Merci c/vendite** per il ricavo conseguito ed esposto in fattura, in Avere del conto **IVA ns/debito** per l'importo dell'imposta esposta in fattura. |
| RICAVI ACCESSORI DI VENDITA | Prestazioni di servizi relativi alla vendita delle merci, come il trasporto (se la clausola è franco partenza), l'imballaggio e la confezione. Vengono contabilizzati in Avere del conto economico **Rimborsi costi di vendita** e sono soggetti a IVA. |
| VENDITA DI MERCI ALL'ESTERO | Sia l'**esportazione** sia la **vendita intracomunitaria** si rilevano in Avere del conto acceso ai ricavi d'esercizio **Merci c/vendite estero** e in Dare del conto **Crediti v/clienti esteri**. |
| RISCOSSIONE DELLE FATTURE DI VENDITA | Può avvenire con denaro contante, assegni bancari e circolari, bonifici bancari e postali, giroconti postali, disposizioni elettroniche d'incasso (Ri.Ba.) e cambiali.<br>→ **Forme di regolamento delle vendite all'estero.** |

| | |
|---|---|
| | Oltre al bonifico bancario e alla rimessa di assegni bancari o di assegni circolari vi sono: l'incasso documentario, come *documents against payment* o *cash against documents*, l'incasso elettronico e l'apertura di credito documentario irrevocabile, con o senza conferma. |
| REGOLAMENTO DEI CREDITI IN VALUTA ESTERA | Se il cambio della valuta estera è variato rispetto all'importo del debito contabilizzato, la differenza rilevata tra i due importi viene rilevata nel conto **Differenze attive in cambi** o **Differenze passive in cambi**. |
| BENI STRUMENTALI MATERIALI E IMMATERIALI | Possono essere acquisiti con l'acquisto, la costruzione in economia, oppure mediante la stipulazione di contratti di leasing o di locazione, oltre che mediante apporto del titolare. I relativi **costi accessori** (costi di trasporto, costi di installazione e collaudo dei macchinari, imposte di registro) devono essere portati a incremento del costo del bene acquisito. |
| PAGAMENTO ANTICIPATO DI UNA PARTE DELL'IMPORTO | Costituisce un'operazione assoggettata a IVA, per cui il fornitore deve emettere:<br>• una fattura al ricevimento dell'acconto;<br>• una fattura al momento della consegna del bene. |
| LOCAZIONE E LEASING DI UN BENE STRUMENTALE | Comportano il sostenimento di costi per godimento di beni di terzi, rilevati in Dare rispettivamente dei conti **Fitti passivi** e **Canoni di leasing**. |
| VENDITA DI BENI STRUMENTALI | La rilevazione richiede lo **storno del fondo** ammortamento del bene, la **fattura di vendita** del bene credito, la rilevazione della plusvalenza o della minusvalenza data dalla **differenza** tra il prezzo di vendita e il valore contabile del bene, la **riscossione** della fattura di vendita. |
| FINANZIAMENTI BANCARI | **Operazioni di smobilizzo**, con cui la banca anticipa all'impresa l'importo di crediti commerciali non ancora scaduti, come lo sconto di cambiali, l'incasso di Ri.Ba. con la clausola salvo buon fine (sbf) e l'anticipo su fatture.<br>**Operazioni di prestito**, con cui la banca presta le somme di denaro richieste dall'impresa per svolgere l'attività aziendale. |
| RETRIBUZIONE DEI LAVORATORI DIPENDENTI | Costituisce il compenso per il lavoro prestato; oltre alla paga base, la retribuzione può comprendere altri emolumenti, come gli straordinari, le indennità per le trasferte dei lavoratori, l'indennità di cassa, l'indennità di mensa ecc. |
| CONTRIBUTI SOCIALI | Somme, in parte a carico dell'impresa e in parte a carico dei lavoratori, da versare agli istituti previdenziali (INPS e INAIL) che gestiscono le assicurazioni sociali. Vengono contabilizzate in Avere del conto finanziario **Istituti previdenziali**. |
| LIQUIDAZIONE PERIODICA IVA | Viene effettuata mensilmente, per le imprese in regime ordinario, oppure trimestralmente per le imprese in regime semplificato. L'importo dovuto va versato entro il giorno 16 del mese successivo a quello di riferimento, **insieme alle altre imposte e ai contributi sociali**. |
| SITUAZIONE CONTABILE | Prospetto che elenca i movimenti e/o le eccedenze dei conti di mastro ordinati secondo il loro codice, con riferimento a un certo periodo. |

## BasicNet spa – Un'impresa leader a livello mondiale nel settore dell'abbigliamento, delle calzature e degli accessori

Fonte: *www.basicnet.com*

BasicNet spa, la cui sede è a Torino, è la società capogruppo di BasicNet, un insieme di imprese che operano nel settore dell'abbigliamento, delle calzature e degli accessori per lo sport e per il tempo libero principalmente con i marchi Kappa, Robe di Kappa, Jesus Jeans, K-Way, Superga, AB Besson, Briko.

Il Gruppo, coordinato da BasicNet spa, non svolge attività industriale e quindi non fabbrica direttamente i prodotti, in quanto la produzione è affidata a soggetti terzi; l'attività principale consiste nello sviluppo del valore dei marchi e nella diffusione dei prodotti a essi collegati attraverso una rete globale di **aziende licenziatarie** e indipendenti.

L'attività di vendita di BasicNet spa riguarda esclusivamente campionari di abbigliamento e calzature a licenziatari. Tali vendite sono prevalentemente concentrate in Italia e in Europa, mentre il Medio Oriente e l'Africa generano ricavi di modesta entità.

**Aziende licenziatarie:** imprese che hanno acquistato la licenza, ossia il diritto a sfruttare un brevetto, un marchio ecc.

**Ricavi delle vendite dirette per area geografica**

| | Esercizio 2016 | Esercizio 2015 |
|---|---|---|
| Italia | 2.066.737 | 1.590.414 |
| Europa | 357.809 | 368.470 |
| America | 118.244 | 165.876 |
| Asia e Oceania | 171.872 | 156.143 |
| Medio Oriente e Africa | 5.840 | 5.392 |
| **Totale** | **2.720.502** | **2.286.295** |

A fronte dei ricavi di vendita dei campionari, i costi di acquisto dei campionari e di accessori sono così suddivisi per area geografica:

**Costi di acquisto dei campionari e accessori per area geografica**

| | Esercizio 2016 | Esercizio 2015 |
|---|---|---|
| Asia e Oceania | 1.197.018 | 1.095.859 |
| Italia | 282.059 | 212.368 |
| Europa | 144.036 | 30.642 |
| America | 43.968 | 41.912 |
| Medio Oriente e Africa | 4.203 | 19.392 |
| **Totale** | **1.671.284** | **1.400.173** |

La società ha un organico di 186 dipendenti. Il costo del lavoro sostenuto negli esercizi 2016 e 2015 è stato il seguente:

| | Esercizio 2016 | Esercizio 2015 |
|---|---|---|
| Salari e stipendi | 6.057.645 | 5.995.888 |
| Oneri sociali | 1.979.865 | 2.022.745 |
| Accantonamento per **trattamento di fine rapporto** e altri **piani a benefici definiti** | 384.462 | 421.430 |
| **Totale costo del lavoro** | **8.421.972** | ***8.400.063** |

**Trattamento di fine rapporto** (TFR): somma percepita dai dipendenti al termine del rapporto di lavoro; tale somma matura annualmente e pertanto l'impresa deve effettuare alla fine di ciascun esercizio un accantonamento per il TFR maturato.

**Piani a benefici definiti:** forme di remunerazione erogate da un'impresa ai propri dipendenti alla fine del rapporto di lavoro.

*n.d.r.: si riportano tali e quali i dati pubblicati sul sito aziendale.

CASO AZIENDALE

BasicNet spa svolge la propria attività produttiva utilizzando i beni strumentali di seguito indicati.

| | Impianti e macchinari | Attrezzature industriali e commerciali | Altri beni | Totale |
|---|---|---|---|---|
| **Costo storico all'01/1/2015** | **174.112** | **260.995** | **6.273.759** | **6.708.866** |
| *Investimenti* | *34.091* | *33.332* | *432.967* | *500.390* |
| *Disinvestimenti* | – | – | *(3.642)* | *(3.642)* |
| **Costo storico al 31/12/2015** | **208.203** | **294.327** | **6.703.084** | **7.205.614** |
| *Investimenti* | *14.810* | *53.435* | *540.395* | *608.640* |
| *Disinvestimenti* | – | – | *(2.457)* | *(2.457)* |
| **Costo storico al 31/12/2016** | **223.013** | **347.762** | **7.241.022** | **7.811.797** |

La società ottiene capitali di debito ricorrendo sia all'indebitamento nei confronti delle banche e altri soggetti, sia ottenendo dilazioni di pagamento dai fornitori (debiti di regolamento).

| **Importi in migliaia di euro** | 31/12/2015 | Assunzioni | Rimborsi | 31/12/2016 | Quote a breve termine | Quote a medio-lungo termine |
|---|---|---|---|---|---|---|
| "Finanziamento Intesa" | 13.125 | – | 3.750 | 9.375 | 3.750 | 5.625 |
| "Finanziamento BNL" | – | 7.500 | – | 7.500 | 1.250 | 6.250 |
| "Finanziamento UBI Banca" | 2.678 | – | 2.678 | – | – | – |
| **Saldo** | **15.803** | **7.500** | **6.428** | **16.875** | **5.000** | **11.875** |

I debiti verso i fornitori sono tutti esigibili a breve scadenza.

| | 31 dicembre 2016 | 31 dicembre 2015 | Variazioni |
|---|---|---|---|
| Debiti verso fornitori Italia | 3.746.535 | 3.701.963 | 44.572 |
| Debiti verso fornitori estero | 1.011.091 | 660.729 | 350.362 |
| **Totale debiti verso fornitori** | **4.757.626** | **4.362.692** | **394.934** |

**1** **Determina:**

**a.** la variazione percentuale del costo del lavoro nel 2016 rispetto all'anno precedente;

**b.** le vendite e gli acquisti dei campionari per area geografica espressi in termini percentuali con riferimento al 2016.

| | Vendite | Acquisti |
|---|---|---|
| Europa | .......................... | .......................... |
| America | .......................... | .......................... |
| Asia e Oceania | .......................... | .......................... |
| Medio Oriente e Africa | .......................... | .......................... |
| **Totale** | 100,00% | 100,00% |

**2** **Inserisci nella Situazione economica dell'esercizio 2016 i dati inerenti ai costi e ai ricavi che puoi desumere dalle informazioni riportate nel testo del caso sopra esposto.**

**Situazione economica**

| Costi | | Ricavi | |
|---|---|---|---|
| ........................................ | .......................... | ........................................ | .......................... |
| ........................................ | .......................... | | |
| ........................................ | .......................... | | |
| ........................................ | .......................... | | |

**3** **Inserisci nella Situazione patrimoniale al 31/12/2015 le voci e gli importi che puoi desumere dalle informazioni riportate nel caso sopra esposto.**

**Situazione patrimoniale**

| **Attività** | | **Passività** | |
|---|---|---|---|
| ........................................ | .......................... | ........................................ | .......................... |
| ........................................ | .......................... | ........................................ | .......................... |
| ........................................ | .......................... | ........................................ | .......................... |
| | | ........................................ | .......................... |

**4** **Indica con una crocetta la risposta esatta (alcuni quesiti possono avere più risposte esatte).**

**1.** La voce Oneri sociali riportata nella tabella riguarda i contributi sociali a carico:
- **a** *di BasicNet spa*
- **b** *dei 186 dipendenti*
- **c** *di BasicNet spa e dei dipendenti*
- **d** *degli istituti previdenziali*

**2.** L'importo di 6.057.645 euro della voce Salari e stipendi comprende:
- **a** *i contributi sociali a carico dei dipendenti*
- **b** *gli assegni per il nucleo familiare*
- **c** *le indennità di malattia e maternità*
- **d** *le ritenute fiscali a carico dei lavoratori*

**3.** Durante l'esercizio 2016 BasicNet spa ha effettuato operazioni di dismissione riguardanti:
- **a** *impianti e macchinari*
- **b** *attrezzature industriali e commerciali*
- **c** *altri beni*
- **d** *tutti i beni strumentali*

**4.** Gli investimenti in beni strumentali determinano il sostenimento di:
- **a** *costi d'esercizio*
- **b** *costi pluriennali*
- **c** *costi sospesi*
- **d** *costi straordinari*

**5.** I finanziamenti bancari che BasicNet spa ha ottenuto:
- **a** *sono originati da operazioni di smobilizzo*
- **b** *sono originati da operazioni di prestito*
- **c** *costituiscono debiti commerciali*
- **d** *devono essere rimborsati integralmente alla scadenza*

**6.** Al 31/12/2016, nei confronti di Superga, BasicNet:
- **a** *ha debiti per 1.781.000 euro*
- **b** *non ha alcun debito*
- **c** *ha debiti a breve scadenza*
- **d** *ha debiti a media e lunga scadenza*

**5** **Con riferimento ai dati relativi ai finanziamenti bancari, ipotizza le scritture in P.D. relative alle operazioni compiute con la banca Intesa Sanpaolo (importi arrotondati alle migliaia di euro).**

| | | | | |
|---|---|---|---|---|
| **anno 2016** | ........................................ | rimborso quota finanziam. | ...................., .... | |
| | ........................................ | rimborso quota finanziam. | | ...................., .... |
| | FINANZIAMENTO A M/L SCAD. | rimborso quota finanziam. | ...................., .... | |
| | ........................................ | rimborso quota finanziam. | | ...................., .... |
| **anno 2017** | ........................................ | rimborso quota finanziam. | ...................., .... | |
| | ........................................ | rimborso quota finanziam. | | ...................., .... |
| | ........................................ | rimborso quota finanziam. | ...................., .... | |
| | ........................................ | rimborso quota finanziam. | | ...................., .... |

**6** **Con riferimento al 31/12/2016 completa la tabella indicando la natura, l'importo e la scadenza dei debiti.**

| | **Debiti finanziari** | **Debiti commerciali** | **Debiti a breve scadenza** | **Debiti a media e lunga scadenza** |
|---|---|---|---|---|
| Debiti verso fornitori Italia | | | | |
| Debiti verso fornitori esteri | | | | |
| Finanziamento Intesa | | | | |
| Finanziamento UBI Banca | | | | |

# Recording of business operations in accounts

traduzione degli esercizi in italiano

**1** **Reorder the different stages of the purchasing process that foresees payment of a deposit to a supplier.**

| | |
|---|---|
| The supplier issues the invoice for the deposit | |
| The supplier issues the final invoice | |
| The customer pays the residual amount | |
| The customer sends the deposit to the supplier | |
| The supplier delivers the good to the customer | |

**2** **Fill in the ledger with the missing accounts and amounts.**

BANK CURRENT – BILLS RECEIVABLE – CASH-ON-HAND – CHEQUES – GOODS ON CONSIGNMENT – REBATES AND DISCOUNT ALLOWED – RECEIVABLES FROM CLIENTS – REIMBURSEMENT OF SELLING COSTS – TRADE PAYABLE – PAYABLES TO FOREIGN SUPPLIERS – TRADE RECEIVABLE – TRANSPORT COSTS – GOODS FOR RESALE ABROAD – VAT PAYABLE – VAT RECEIVABLE

20/11: issued invoice no. 25 of € 6.000 + VAT for the sale of goods on CIF (Cost, Insurance and Freight) terms; payment 30 days by bank transfer;

25/11: receipt for invoice no. 143 from the French supplier Gerard Montagnier for the purchase of goods to the amount of € 450; the bill includes packing costs for € 40;

26/11: received invoice no. 48 of € 500 + VAT from Mc Fall spa courier for transport services, payment in cash, at sight;

| | | | | |
|---|---|---|---|---|
| 20/11 | ........................................ | issued invoice no. 25 | ..............., .... | |
| 20/11 | ........................................ | issued invoice no. 25 | | ..............., .... |
| 20/11 | ........................................ | issued invoice no. 25 | | ..............., .... |
| 25/11 | ........................................ | receipt for invoice no. 143 Montagnier | ..............., .... | |
| 25/11 | ........................................ | receipt for invoice no. 143 Montagnier | | ..............., .... |
| 26/11 | ........................................ | received invoice no. 48 | ..............., .... | |
| 26/11 | ........................................ | received invoice no. 48 | ..............., .... | |
| 26/11 | ........................................ | received invoice no. 48 | | ..............., .... |
| 26/11 | ........................................ | paid invoice no. 48 | ..............., .... | |
| 26/11 | ........................................ | paid invoice no. 48 | | ..............., .... |

**3** **Read about the sale described and select the right answer.**

The Leghorn-based enterprise Pneumoservice srl receives invoice no. 54, for € 11.000, from a supplier in Novi Sad (Serbia) for the purchase of 200 tyres, delivery ex-works. The tyres are transported by the carrier Speedy Tuscany, which issues invoice no. 122 for the amount of € 210 + VAT. The invoice includes costs prepaid by the carrier in the name and on behalf of Pneumoservice srl, as reflected in the customs bill of entry. The Customs authorities have calculated a statistical value of € 11.450 for the goods and € 350 for the duty.

1. What type of transaction is concerned?
   - **a** *Intra-Community purchase*
   - **b** *Suspended taxation purchase*
   - **c** *Importation*
   - **d** *Domestic purchase*

2. What is the value of the goods specified in the invoice?
   - **a** *€ 11.450*
   - **b** *€ 11.000*
   - **c** *€ 11.800*
   - **d** *€ 13.420*

3. What account will Pneumoservice srl use for the double-entry recording of costs prepaid by the carrier?
   a *Goods for resale*
   b *Goods for resale abroad*
   c *Customs duty payable*
   d *Carrier prepaid expense account*

4. What is the VAT value calculated by the Customs authorities?
   a *€ 2.596*
   b *€ 2.420*
   c *€ 2.200*
   d *€ 2.519*

**4** **Look at the invoice and fill in the ledger with the missing accounts and amounts.**

On August 8th the exporter Aquafil spa from Arco (TN) sold goods to a customer from Carterville (USA). On October 10th Aquafil received the bank transfer confirmation from the bank. The Italian enterprise has assigned foreign currency to the bank at the Euro/U.S. dollar exchange rate of 1.2010.

AQUAFIL
synthetic fibres and polymers

AQUAFIL S.p.A.
Italy - 38062 Arco(TN) - Via Linfano 9
tel. +39 0464 581 111 r.a. - fax +39 0464 532 267
Cap.Soc. Eur 19.685.556,00 i.v.- C.F.00123150229 - V.A.T. IT 00123150229
C.C.I.A.A. TN 74842 - Nr. Mecc. TN 001719
e-mail: info@aquafil.com
UNI EN ISO 9001:2008 - UNI EN ISO 14001:2004

AEO

**Invoice**
NUMBER: 2600002692
DATE: 08/18/2017
Pag. 1

| DELIVERY TO | SOLD TO |
|---|---|
| Oxigen Fuction Ltd.<br>432, Boston Ave.<br>Carterville<br>Illinois (USA) | Oxigen Fuction Ltd.<br>432, Boston Ave.<br>Carterville<br>Illinois (USA) |

| PAYMENT TERMS | PAYMENT TERMS | SHIPMENT BY | INCOTERMS | PACKING | AGENT |
|---|---|---|---|---|---|
| BANK TRANSFER | 60 DAYS FROM INVOICE DATE<br>Up to 10/17/2017 without deduction | Number: BSIU9771032 | CIP CARTERSVILLE | | |

General sales conditions: www.aquafil.com
POLYAMIDE, HARMONIZED TARIFF 3908 1000
PALLETS MARKED AND SUBJECTED TO "HT" TREATMENT AS PER ISPM15
**COUNTRY OF ORIGIN EUROPEAN COMMUNITY ITALY**
(Manufacter AQUAFIL GROUP ITALY)
Number of batches: 20 , Commercial weight (Total): 19000,000 KG Gross weight (Total): 19360,000 KG

| ORDER NO. ITEM | MAT.CODE | DESCRIPTION OF GOODS | DEL.NOTE | BATCH | LOT | N.PACK | PIECES | GROSS WEIGHT KG | COMMER. WEIGHT KG | PRICE / UNIT PRICE | VALUE |
|---|---|---|---|---|---|---|---|---|---|---|---|
| 4010015532<br>000060 | 10026957 | ECO 27 CAT CONF | 1701004736<br>18/08/17 | R15417 | | 20 | | 19,360.000 | 19,000.000 | 2,728 40<br>1000KG | 51,839.60 |
| | | USD 48.744,60 EX FACTORY VALUE<br>USD 3.095,00 DOOR TO DOOR FREIGHT CHARGES<br>Customs voice 39081000 Total | | | | 20 | | 19,360.000 | 19,000.000 | | 51,839.60 |
| | | NON TAXABLE TRANSACTION | | | | | | | | | |
| | | | TOTAL AMOUNT | | | 20 | | 19,360.000 | 19,000.000 | | 51,839.60 |

| BANK | | | | |
|---|---|---|---|---|
| IBAN: | TAXABLE<br>51,839.60 | % VAT<br>V/N I A8 1c LA ex | | VAT AMOUNT |
| Nr.account: Swift: | EQUIVALENT IN LOCAL CURRENCY<br>44,318.71 | EXCHANGE RATE<br>1.16970 | CURRENCY<br>USD | VALUE<br>51,839.60 |

USD 51.839,60 : .................... = EUR ....................... amount collected at maturity

BANK X ACCOUNT – RECEIVABLES FROM FOREIGN CUSTOMERS – BANK X CURRENCY/USD – RECEIVABLES FROM FOREIGN CUSTOMERS

| | | | | | |
|---|---|---|---|---|---|
| 18/08 | 05.04 | ........................................................ | invoice iss. to cust. Oxigen Fuction | 44.318, 71 | |
| 18/08 | 20.04 | GOODS FOREIGN SALES ACC. | invoice issued Oxigen Fuction | | 44.318, 71 |
| 15/10 | 18.25 | BANK X CURRENCY/USD | credited USD 51.839,60 | ................, ..... | |
| 15/10 | 05.04 | ........................................................ | invoice collected | | ................, ..... |
| 15/10 | 18.20 | ........................................................ | exchange value USD 51.839,60 | ................, ..... | |
| 15/10 | 41.21 | FOR. EXCH. LOSS (FOREX LOSS) | unfavourable exchange rate | ................, ..... | |
| 15/10 | 18.25 | ........................................................ | assignment USD 51.839,60 | | 44.318, 71 |

# DIVENTA CITTADINO DIGITALE

## Quali opportunità offre un'identità digitale?

**Leggi le informazioni e individua le opportunità a disposizione di chi possiede una identità digitale.**

L'**Agenda Digitale Europea** ha definito con precisione gli obiettivi per sviluppare l'economia e la cultura digitale in Europa nell'ambito della strategia **Europa 2020**. Nel quadro dell'Agenda Digitale Europea, l'Italia ha elaborato una propria strategia nazionale, individuando priorità e modalità di intervento, nonché le azioni da compiere e da misurare sulla base di specifici indicatori, in linea con i punti elencati nell'Agenda Digitale Europea.
L'**Agenda Digitale Italiana** rappresenta l'insieme di azioni e norme per lo sviluppo delle tecnologie, dell'innovazione e dell'economia digitale: una strategia dinamica che punta alla crescita digitale di cittadini e imprese, anche utilizzando le leve pubbliche.

L'**Agenzia per l'Italia Digitale** (AgID) ha il compito di garantire la realizzazione degli obiettivi dell'Agenda Digitale Italiana in coerenza con l'Agenda Digitale Europea. Tra le azioni finora realizzate riveste un'importanza significativa la messa in funzione di **SPID**, il Sistema Pubblico di Identità Digitale, una soluzione che permette di accedere a tutti i servizi on line della Pubblica amministrazione con un'unica **Identità Digitale** (username e password) utilizzabile da computer, tablet e smartphone. Inoltre il codice SPID è destinato a supportare lo sviluppo dell'e-commerce delle imprese perché permette ai privati di effettuare acquisti on line senza essersi registrati nel sito dell'impresa da cui si vuole acquistare, semplicemente digitando le credenziali SPID. Grazie a SPID vengono meno le decine di password, chiavi e codici necessari finora per utilizzare i servizi on line di Pubblica amministrazione e imprese. I cittadini possono accedere on line a servizi prima offerti solo in presenza; è sufficiente avere 18 anni e ottenere il proprio codice di identità digitale.
Per informazioni sui servizi abilitati SPID si può accedere al sito https://www.spid.gov.it/servizi; per esempio, tra i servizi utili per le imprese, nella categoria Economia e finanze – Servizi INPS compare il link a 52 servizi. Nella stessa categoria Economia e finanze – Fatturazione elettronica vengono elencati gli enti che offrono il servizio di fatturazione elettronica per la Pubblica amministrazione tramite utilizzo di SPID.
Cresce il numero di utenti che si sono dotati di codice SPID, sono già più di un milione, e gli enti come INPS, INAIL, Agenzia delle Entrate, Unioncamere, alcune Regioni e un numero crescente di Comuni mettono a disposizione i servizi on line abilitati SPID. Le imprese possono beneficiare di un duplice vantaggio:

- come utenti dei servizi pubblici, in termini di velocità e semplicità di accesso a servizi di vario genere. Per esempio, se il Comune di appartenenza ha già adottato i servizi tramite SPID, le imprese possono accedere al servizio *Impresa in un giorno* www.impresainungiorno.gov.it del SUAP (Sportello Unico Attività Produttive) del proprio Comune utilizzando lo stesso codice di accesso e svolgere l'intera pratica di avvio d'impresa on line;
- come operatori commerciali, offrendo ai privati la possibilità di fare acquisti on line accedendo con le credenziali SPID.

1. Ricerca in internet come potrai acquisire l'identità digitale al compimento del diciottesimo anno di età.
2. Individua i vantaggi che potrai ottenere con le credenziali SPID in termini di:
   - accesso ai servizi online per gli studenti offerti da numerose università;
   - accesso alle opportunità offerte ai giovani dallo Stato; verifica per esempio se diciottenni possono ancora usufruire del bonus di 500 euro da spendere per cinema, concerti, eventi culturali, libri, musei, monumenti e parchi, teatro e danza, https://www.18app.italia.it/#/;
   - accesso ad altre opportunità.

# La rilevazione contabile delle operazioni aziendali

## SITUAZIONE OPERATIVA

L'impresa Antonella Salveni, che intrattiene un rapporto di conto corrente con la banca BNP Paribas compie, tra le altre, le seguenti operazioni:

1. paga la fattura n. 74 di 84.200 euro del fornitore Forali srl, tenendo presente che sono possibili le seguenti condizioni di pagamento:
   - **a.** per pronta cassa sconto 2% sull'importo totale della fattura;
   - **b.** a 60 giorni prezzo pieno;
2. ottiene in data 01/07/2017 un mutuo di 900.000 euro al tasso 4% da rimborsare in 6 anni;
3. presenta allo sconto in data 24/07/2017 le seguenti cambiali:
   - **a.** tratta di 3.780 euro scadente a fine settembre;
   - **b.** pagherò di 4.520 euro scadente il 15/10;
   - **c.** tratta di 7.360 euro scadente a fine ottobre;
4. vende i seguenti beni strumentali:
   - **a.** capannone industriale acquistato al costo di 720.000 euro e ammortizzato per 480.000 euro al prezzo di 220.000 euro;
   - **b.** impianto acquistato al costo di 1.480.000 euro e ammortizzato per 1.230.000 euro al prezzo di 280.000 euro;
   - **c.** attrezzature commerciali e industriali acquistate al costo di 24.000 euro e ammortizzate per 18.000 euro al prezzo di 7.000 euro;
   - **d.** automezzi acquistati al prezzo di 350.000 euro e ammortizzati per 320.000 euro al prezzo di 18.000 euro;
   - **e.** arredamento acquistato al prezzo di 50.000 euro e ammortizzato per 40.000 euro al prezzo di 6.000 euro.

La titolare dell'azienda incarica la dipendente Valentina Aragno di:

1. individuare la modalità di pagamento più conveniente considerando che per effettuare il pagamento immediato l'impresa dispone di fondi liquidi sufficienti, depositati in banca al tasso di interesse netto 1,50%;
2. valutare il piano di rimborso del mutuo tenendo presente che la banca offre le seguenti alternative:
   - **a.** a quote di capitale costanti annue;
   - **b.** a rate costanti annue posticipate;
3. calcolare il netto ricavo e il tasso effettivo di sconto tenendo presente che la banca ammette le cambiali allo sconto il 28/07/2017 alle seguenti condizioni: tasso 7%, giorni banca 6, commissioni d'incasso 3 euro per effetto;
4. calcolare la plusvalenza o la minusvalenza realizzata con la vendita dei beni strumentali.

## SVOLGIMENTO

Per svolgere l'incarico affidatole la dipendente utilizza il foglio elettronico **Microsoft Excel**, realizzando una cartella contenente quattro fogli di lavoro, riservati ai calcoli richiesti.

## 1. Confronto tra modalità di pagamento

Per confrontare le due modalità di pagamento (per pronta cassa e dilazionato) costruisce il foglio **Scelta_pagamento**, qui riprodotto.

| | A | B | C | D |
|---|---|---|---|---|
| 1 | | Scelta del tipo di pagamento | | |
| 2 | | | | |
| 3 | | Importo della fattura | 84.200,00 | € |
| 4 | | Sconto mercantile | 2,00% | |
| 5 | | Durata della dilazione | 60 | gg |
| 6 | | Tasso di interesse bancario | 1,50% | |
| 7 | | | | |
| 8 | | Pagamento per pronta cassa | | |
| 9 | | Importo da pagare | 82.516,00 | € |
| 10 | | Tasso di interesse implicito | 12,41% | |
| 11 | | | | |
| 12 | | E' più conveniente il: | | |
| 13 | | Pagamento per pronta cassa | | |
| 14 | | Pagamento dilazionato | | |

Scelta_pagamento

1. Quali formati sono stati attribuiti alle celle C9 e C10?
2. Che cosa rappresenta il prodotto C4*C3 nelle formule delle celle C9 e C10?

La formula nella cella C9 per il calcolo dell'importo da pagare in caso di regolamento per pronta cassa è:
**=C3-C4*C3**

Nella cella C10 si calcola il tasso di interesse implicito in caso di pagamento dilazionato; la formula utilizzata è:
**=(365*C4*C3)/(C9*C5)**

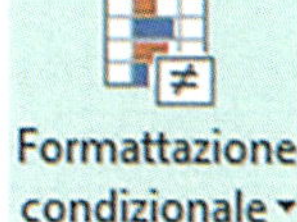


Pulsante **Home-Stili-Formattazione condizionale**

Nel riquadro delle celle B13:B14 sono indicate le due modalità di pagamento ed è evidenziata in grassetto con sfondo giallo quella che risulta più conveniente con i dati impostati nell'area di celle C3:C6. Per ottenere il risultato, posizionato il cursore su B13 si fa ricorso alla **Formattazione condizionale**, con il pulsante del gruppo **<Home-Stili>**.

Cliccato il pulsante, nel menu sottostante (vedi a lato) si sceglie la voce **Nuova regola**; nella finestra omonima si seleziona il tipo di regola indicata con:
**Utilizza una formula per determinare le celle da formattare**.

Regole evidenziazione celle ›
Regole Primi/Ultimi ›
Barre dei dati ›
Scale di colori ›
Set di icone ›
Nuova regola...
Cancella regole ›
Gestisci regole...

La formula **SE(C10>C6;1;0)** verifica la condizione "se il tasso di interesse implicito è maggiore del tasso di interesse bancario"; in caso positivo il risultato è 1 (VERO) e alla cella è assegnato il formato Grassetto con sfondo giallo; se il risultato è 0 (FALSO), la formattazione non viene modificata.
La scelta della formattazione si effettua dopo aver cliccato sul pulsante **<Formato>**.
Nella cella B14 il procedimento è identico, ma la condizione nella formula è rovesciata: **SE(C10<C6;1;0)**.

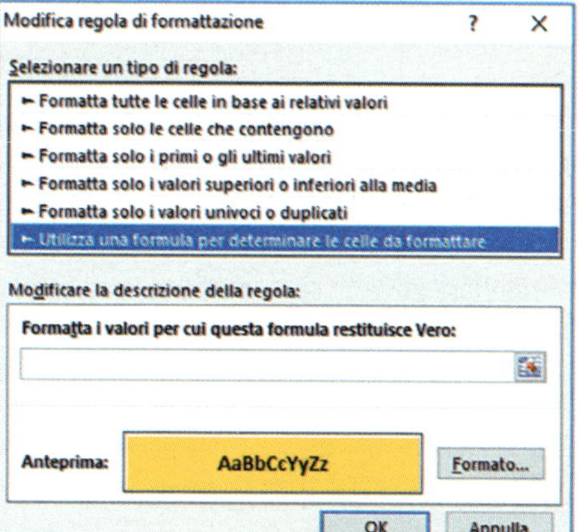

Perché conviene il pagamento per pronta cassa se il tasso di interesse implicito è maggiore del tasso di interesse bancario?

## 2. Ammortamento di un mutuo

Nel secondo foglio di lavoro **Ammortamento mutuo** sono messi a confronto i piani di ammortamento del mutuo di 900.000 euro nelle due ipotesi:
- a quote di capitale costanti annue;
- a rate costanti annue posticipate.

Nell'area di celle A3:B6 sono inseriti l'importo e le condizioni contrattuali del mutuo (tasso, durata, data di stipula del contratto).
Il piano di ammortamento a quote di capitale costanti è contenuto nell'area D10:G18; quello a rate costanti posticipate nelle celle D22:H30.

Le celle B10 e B22 riportano rispettivamente la quota di capitale costante nella prima ipotesi e la rata costante nella seconda ipotesi.
Nelle celle B12 e B24 sono evidenziati gli interessi totali da corrispondere nelle due ipotesi di rimborso del mutuo.

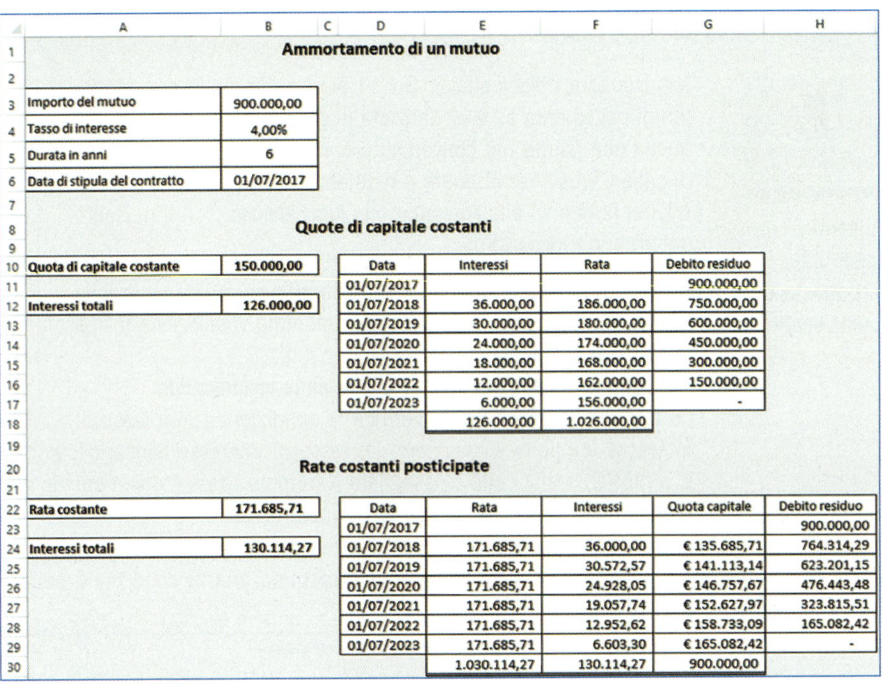

| | A | B | C | D | E | F | G | H |
|---|---|---|---|---|---|---|---|---|
| 1 | | | | **Ammortamento di un mutuo** | | | | |
| 2 | | | | | | | | |
| 3 | Importo del mutuo | 900.000,00 | | | | | | |
| 4 | Tasso di interesse | 4,00% | | | | | | |
| 5 | Durata in anni | 6 | | | | | | |
| 6 | Data di stipula del contratto | 01/07/2017 | | | | | | |
| 7 | | | | | | | | |
| 8 | | | | **Quote di capitale costanti** | | | | |
| 9 | | | | | | | | |
| 10 | **Quota di capitale costante** | **150.000,00** | | Data | Interessi | Rata | Debito residuo | |
| 11 | | | | 01/07/2017 | | | 900.000,00 | |
| 12 | **Interessi totali** | **126.000,00** | | 01/07/2018 | 36.000,00 | 186.000,00 | 750.000,00 | |
| 13 | | | | 01/07/2019 | 30.000,00 | 180.000,00 | 600.000,00 | |
| 14 | | | | 01/07/2020 | 24.000,00 | 174.000,00 | 450.000,00 | |
| 15 | | | | 01/07/2021 | 18.000,00 | 168.000,00 | 300.000,00 | |
| 16 | | | | 01/07/2022 | 12.000,00 | 162.000,00 | 150.000,00 | |
| 17 | | | | 01/07/2023 | 6.000,00 | 156.000,00 | - | |
| 18 | | | | | 126.000,00 | 1.026.000,00 | | |
| 19 | | | | | | | | |
| 20 | | | | **Rate costanti posticipate** | | | | |
| 21 | | | | | | | | |
| 22 | **Rata costante** | **171.685,71** | | Data | Rata | Interessi | Quota capitale | Debito residuo |
| 23 | | | | 01/07/2017 | | | | 900.000,00 |
| 24 | **Interessi totali** | **130.114,27** | | 01/07/2018 | 171.685,71 | 36.000,00 | € 135.685,71 | 764.314,29 |
| 25 | | | | 01/07/2019 | 171.685,71 | 30.572,57 | € 141.113,14 | 623.201,15 |
| 26 | | | | 01/07/2020 | 171.685,71 | 24.928,05 | € 146.757,67 | 476.443,48 |
| 27 | | | | 01/07/2021 | 171.685,71 | 19.057,74 | € 152.627,97 | 323.815,51 |
| 28 | | | | 01/07/2022 | 171.685,71 | 12.952,62 | € 158.733,09 | 165.082,42 |
| 29 | | | | 01/07/2023 | 171.685,71 | 6.603,30 | € 165.082,42 | - |
| 30 | | | | | 1.030.114,27 | 130.114,27 | 900.000,00 | |

Il procedimento per costruire il **piano di ammortamento a quote di capitale costanti** si articola nelle seguenti fasi:

1. calcolare nella cella B10 la quota costante dividendo l'importo totale del mutuo per il numero di anni della durata del prestito;
2. riportare in G11, con una formula di richiamo, il valore contenuto nella cella B3, importo totale del mutuo e debito residuo alla data di stipula del contratto;
3. calcolare nella cella E12 l'interesse relativo al primo anno, riferito all'intero capitale indicato in G11;
4. calcolare nella cella F12 l'importo della prima rata, sommando all'interesse (E12) la quota di capitale costante (B10);
5. calcolare nella cella G12 il valore del debito residuo alla data 01/07/2018 dopo il pagamento della prima rata.

Le formule relative alle fasi indicate sono le seguenti:

| | |
|---|---|
| B10 | **=B3/B5** |
| G11 | **=B3** |
| E12 | **=G11*B4** |
| F12 | **=B10+E12** |
| G12 | **=G11-B10** |

Ripetendo le fasi 3, 4 e 5 del procedimento per gli anni successivi si completa il piano di ammortamento.

**Trascina-Copia:** procedimento che consente di copiare il contenuto di una o più celle adiacenti utilizzando il quadratino di riempimento nero posto nell'angolo basso a destra dell'area di celle da copiare. Selezionate le celle, portato il puntatore del mouse sul quadratino, esso assume la forma di una crocetta nera; si clicca e si trascina individuando l'area in cui copiare.

Per inserire le formule nelle righe 13:17 (dal 2° al 6° anno) si può utilizzare un'operazione di **Trascina-Copia** partendo dalle celle E12:G12; è necessario però che siano correttamente impostati i riferimenti assoluti.
Scrivi le formule delle celle E12:G12 con gli appropriati riferimenti assoluti:
E12: ............................... F12: ............................... G12: ...............................

**RATA (tasso di interesse;numero totale di rate;importo del mutuo):** funzione di Excel che calcola la rata costante posticipata nel piano di ammortamento di un mutuo.

**P.RATA (tasso di interesse;numero progressivo della rata;numero totale di rate;importo del mutuo):** funzione di Excel che calcola la quota di capitale variabile compresa in ciascuna delle rate costanti.

Il procedimento per costruire il **piano di ammortamento a rate costanti** è scomponibile nelle seguenti fasi:

1. riportare in H23, con una formula di richiamo, il valore contenuto nella cella B3, importo totale del mutuo e debito residuo alla data di stipula del contratto;
2. calcolare nella cella B22 la rata costante, utilizzando la funzione finanziaria **RATA**;
3. riportare in E24, con una formula di richiamo, il valore della rata costante ottenuta in B22;
4. calcolare nella cella G24 la quota capitale relativa alla prima rata, utilizzando la funzione finanziaria **P.RATA**;
5. calcolare nella cella F24 l'interesse relativo al primo anno, come differenza tra l'importo della rata (E24) e la quota di capitale (G24);
6. calcolare nella cella H24 il debito residuo alla data 01/07/2018 dopo il pagamento della prima rata.

Le formule relative alle fasi indicate sono le seguenti:

| | |
|---|---|
| H23 | **=B3** |
| B22 | **=-RATA(B4;B5;B3)** |
| E24 | **=B22** |
| G24 | **=-P.RATA(B4;1;B5;B3)** |
| F24 | **=E24-G24** |
| H24 | **=H23-G24** |

Le funzioni **RATA** e **P.RATA** danno risultati negativi in quanto pagamenti; per ottenere numeri positivi nelle celle è stato inserito nelle formule un segno meno.

Ripetendo le fasi 3, 4, 5 e 6 del procedimento per gli anni successivi si completa il piano di ammortamento.
Nella colonna E le formule sono tutte uguali a quella della cella E24, perché la rata è costante; nella colonna G invece le formule differiscono una dall'altra in base al numero progressivo della rata:

| | |
|---|---|
| G24 | **=-P.RATA(B4;1;B5;B3)** |
| G25 | **=-P.RATA(B4;2;B5;B3)** |
| G26 | **=-P.RATA(B4;3;B5;B3)** |
| G27 | **=-P.RATA(B4;4;B5;B3)** |
| G28 | **=-P.RATA(B4;5;B5;B3)** |
| G29 | **=-P.RATA(B4;6;B5;B3)** |

Nella riga 30 sono inseriti i totali delle rate, degli interessi e delle quote di capitale.
Il totale degli interessi da versare è evidenziato nella cella B24 con la formula: **=F30**.

1. Scrivi le formule relative alle celle E30, F30, G30.
2. Quale piano di ammortamento comporta il pagamento di minori interessi?

## 3. Sconto di cambiali

Il terzo foglio di lavoro, denominato **Sconto cambiali**, contiene il calcolo del netto ricavo e del tasso effettivo di sconto delle cambiali presentate allo sconto in data 24/07/2017 alla banca BNP Paribas.

| | A | B | C | D | E | F |
|---|---|---|---|---|---|---|
| 1 | | Sconto di cambiali | | | | |
| 2 | | | | | | |
| 3 | Giorni banca | 6 | | | | |
| 4 | Commissioni | 3,00 | euro | | | |
| 5 | Data di ammissione allo sconto | 28/07/2017 | | | | |
| 6 | Valuta | 29/07/2017 | | | | |
| 7 | Tasso di sconto | 7% | | | | |
| 8 | | | | | | |
| 9 | Numero cambiale | Importo cambiali | Scadenza | Giorni | Numeri | Commissioni |
| 10 | 747 | 3.780,00 | 30/09/2017 | 71 | 268.380 | 3,00 |
| 11 | 748 | 4.520,00 | 15/10/2017 | 86 | 388.720 | 3,00 |
| 12 | 749 | 7.360,00 | 31/10/2017 | 102 | 750.720 | 3,00 |
| 13 | | 15.660,00 | | | 1.407.820 | 9,00 |
| 14 | | | | | | |
| 15 | Sconto | 269,99 | | | | |
| 16 | Commissioni | 9,00 | | | | |
| 17 | Netto ricavo | 15.381,01 | euro | | | |
| 18 | | | | | | |
| 19 | | | | | | |
| 20 | Importo cambiali | Scadenza | Giorni | Numeri | | |
| 21 | 3.780,00 | 30/09/2017 | Epoca | - | | |
| 22 | 4.520,00 | 15/10/2017 | 15 | 67.800 | | |
| 23 | 7.360,00 | 31/10/2017 | 31 | 228.160 | | |
| 24 | 15.660,00 | | | 295.960 | | |
| 25 | | | | | | |
| 26 | Giorni da aggiungere all'epoca | | 19 | | | |
| 27 | Scadenza adeguata | | 19/10/2017 | | | |
| 28 | Giorni di finanziamento | | 82 | | | |
| 29 | Tasso effettivo di sconto | | 7,81% | | | |

Sconto cambiali

Nelle celle A3:B7 e A9:C12 sono raccolti i dati iniziali.
Il calcolo dei giorni nelle celle D10:D12 è eseguito con le formule sotto riportate: alla differenza tra la scadenza della cambiale e il giorno di ammissione allo sconto (B5) si aggiunge il numero di giorni banca (B3); inoltre è aggiunta un'unità (+1) perché nel conteggio sono da considerare sia il giorno iniziale sia quello finale.

| | |
|---|---|
| D10 | **=C10-$B$5+$B$3+1** |
| D11 | **=C11-$B$5+$B$3+1** |
| D12 | **=C12-$B$5+$B$3+1** |

I Numeri (celle E10:E12) derivano dai prodotti: Importo cambiali × Giorni.

**ISPONDI**

Scrivi le formule da inserire nelle celle E10:E12.

Le commissioni trattenute dalla banca sono evidenziate nelle celle F10:F12 mediante la formula $B$4 (uguale nelle tre celle), che richiama il dato iniziale inserito nella cella B4.
La riga 13 contiene formule di somma per gli importi delle cambiali, i numeri e le commissioni.

Il netto ricavo si ottiene nella cella B17 sottraendo dall'importo totale delle cambiali (B13) lo sconto (B15) e il totale delle commissioni (B16); le formule sono:

| | |
|---|---|
| B15 | **=E13*B7/365** |
| B16 | **=F13** |
| B17 | **=B13-B15-B16** |

Per ottenere il tasso effettivo di sconto è necessario predisporre il calcolo dei Numeri (celle A20:D24), in cui i Giorni sono conteggiati a partire dall'Epoca, che coincide con la prima scadenza (B21):

| | B | C |
|---|---|---|
| 21 | **=C10** | Epoca |
| 22 | **=C11** | **=B22-B21** |
| 23 | **=C12** | **=B23-B21** |

**ISPONDI**

Qual è la finalità delle formule scritte nelle celle B21:B23?

Le celle C26:C28 contengono le formule per ricavare:

- i giorni da aggiungere all'epoca (C26), dividendo i Numeri per l'importo totale delle cambiali. Trattandosi di giorni, il risultato è arrotondato all'unità;
- la scadenza adeguata (C27), aggiungendo all'epoca i giorni ricavati in C26;
- la durata in giorni del finanziamento (C28), differenza tra la scadenza adeguata e la valuta inserita in B6.

| C26 | **=ARROTONDA(D24/A24;0)** |
|---|---|
| C27 | **=B21+C26** |
| C28 | **=C27-B6** |

Quale significato ha lo 0 all'interno della funzione ARROTONDA della cella C26?

Il calcolo del tasso effettivo nella cella C29 è dato da: **=B15/(B17+B16)*365/C28**.
B15 è il riferimento allo sconto, mentre (B17+B16) rappresenta la somma tra il netto ricavo e le commissioni.

## 4. Calcolo della minusvalenza o plusvalenza

Per calcolare la plusvalenza o la minusvalenza derivante dalla vendita dei beni strumentali è impostato il foglio di lavoro denominato **Minus-Plus_valenze**.

| | A | B | C | D | E |
|---|---|---|---|---|---|
| 1 | | **Minusvalenze - Plusvalenze** | | | |
| 2 | | | | | |
| 3 | | | Costo storico | Fondo ammortamento | Prezzo di cessione |
| 4 | | Fabbricati | 720.000,00 | 480.000,00 | 220.000,00 |
| 5 | | Impianti e macchinari | 1.480.000,00 | 1.230.000,00 | 280.000,00 |
| 6 | | Attrezzature commerciali e industriali | 24.000,00 | 18.000,00 | 7.000,00 |
| 7 | | Automezzi | 350.000,00 | 320.000,00 | 18.000,00 |
| 8 | | Arredamento | 50.000,00 | 40.000,00 | 6.000,00 |
| 9 | | | | | |
| 10 | | | | | |
| 11 | | | Minusvalenza Plusvalenza | | |
| 12 | | Fabbricati | -20.000,00 | | |
| 13 | | Impianti e macchinari | 30.000,00 | | |
| 14 | | Attrezzature commerciali e industriali | 1.000,00 | | |
| 15 | | Automezzi | -12.000,00 | | |
| 16 | | Arredamento | -4.000,00 | | |

Minus-Plus_valenze

Che cosa rappresenta il termine (C4-D4) nella formula della cella C12?

Il riquadro B4:E8 contiene i dati relativi al costo storico, al fondo ammortamento e al prezzo di cessione dei singoli beni.
Sulla base di tali dati nelle celle C12:C16 sono calcolati gli importi delle minusvalenze o plusvalenze; nella cella C12 la formula è: **=E4-(C4-D4)**

Le formule nelle celle sottostanti C13:C16 si ricavano con un'operazione di Copia-Incolla oppure di Trascina-Copia a partire dalla cella C12:

| C13 | **=E5-(C5-D5)** |
|---|---|
| C14 | **=E6-(C6-D6)** |
| C15 | **=E7-(C7-D7)** |
| C16 | **=E8-(C8-D8)** |

Per ottenere nelle celle C13:C16 risultati corretti la formula contenuta nella cella C12 deve essere scritta con i riferimenti assoluti? Perché?

Alle celle C12:C16 è attribuito il formato **Numero** con 2 decimali, il puntino separatore delle migliaia e i numeri negativi contraddistinti con il segno e il colore rosso.

LABORATORIO

# PALESTRA PER L'ESAME DI STATO

*Svolgendo questa prova puoi* ***accertare*** *il livello delle* ***competenze*** *acquisite, articolate in* ***conoscenze*** *e* ***abilità****, per prepararti alla prova scritta.*

## A. Simulazione aziendale

Dopo anni di esperienza alle dipendenze di una impresa, Ida Nodari ha deciso di mettersi in proprio e costituire un'impresa artigianale specializzata nella realizzazione delle fasi di rifinitura di borse e contenitori in pelle per conto di alcune importanti imprese locali che la apprezzano per l'abilità e l'esperienza che ha maturato nel tempo.
Ida Nodari svolge la sua attività in un laboratorio di Parma con la collaborazione di tre dipendenti.
Loredana, un'amica di Ida appena diplomata, desidera fare un'esperienza di lavoro e si rende disponibile per una collaborazione part-time per i primi mesi di vita dell'impresa.

**1** Ida Nodari parla con un amico comune, esperto ragioniere, che le consiglia di sottoporre la ragazza a un breve test per verificarne le conoscenze.

1. *Indica con una crocetta la risposta esatta (alcuni quesiti possono avere più risposte esatte).*

**1.** Nella fase costitutiva di un'impresa individuale il titolare può effettuare apporti di:
- a *disponibilità liquide*
- b *beni in natura*
- c *crediti*
- d *debiti*

**2.** Il conto Avviamento ha natura di:
- a *conto finanziario acceso ai debiti*
- b *conto economico acceso alle parti ideali del patrimonio netto*
- c *conto economico acceso ai costi pluriennali*
- d *conto economico acceso ai costi d'esercizio*

**3.** I resi su acquisti rappresentano:
- a *una rettifica indiretta ai costi*
- b *una rettifica diretta ai costi*
- c *una rettifica indiretta ai ricavi*
- d *una rettifica diretta ai ricavi*

**4.** La patrimonializzazione dei costi comporta un aumento:
- a *dei componenti negativi di reddito*
- b *dell'importo da pagare*
- c *dei debiti di regolamento*
- d *dei costi pluriennali*

**5.** Il contratto di leasing si differenzia dal contratto di locazione in quanto:
- a *prevede il riscatto del bene alla scadenza*
- b *ha per oggetto esclusivamente beni immobili*
- c *prevede un unico pagamento*
- d *ha per oggetto esclusivamente beni mobili*

**6.** Le importazioni danno luogo alla rilevazione in P.D. di:
- a *fattura del fornitore estero*
- b *fattura del fornitore estero integrata con l'IVA*
- c *documento doganale import*
- d *IVA a credito e IVA a debito*

**7.** Le esportazioni:
- a *danno luogo alla rilevazione in P.D. di fattura di vendita con IVA*
- b *danno luogo alla rilevazione in P.D. di fattura di vendita senza IVA*
- c *danno luogo alla rilevazione in P.D. di documento di accompagnamento*
- d *non danno luogo ad alcuna rilevazione in P.D.*

**8.** Il conto Rimborsi costi di vendita ha natura:
- a *economica, costo d'esercizio*
- b *finanziaria, debiti*
- c *economica, ricavo d'esercizio*
- d *finanziaria, crediti*

**9.** Il conto Ribassi e abbuoni passivi:
- a *si utilizza quando la merce venduta viene restituita*

- **b** *si utilizza quando il venditore concede una riduzione sul prezzo delle merce*
- **c** *ha natura economica, costo d'esercizio*
- **d** *ha natura economica, rettifica di ricavo d'esercizio*

**10.** L'acquisto in sospensione d'imposta effettuato da un esportatore abituale si rileva:

- **a** *movimentando il conto Debiti v/fornitori esteri se il fornitore è di un altro Paese*
- **b** *utilizzando sempre il conto Debiti v/fornitori*
- **c** *registrando anche l'IVA e poi stornandola*
- **d** *senza IVA*

**11.** Gli assegni per il nucleo familiare e le indennità di malattia e maternità:

- **a** *sono a carico dell'INPS*
- **b** *sono a carico dell'impresa*
- **c** *si rilevano in Dare del conto Istituti previdenziali*
- **d** *si rilevano in Dare del conto Oneri sociali*

**12.** Le sopravvenienze passive si rilevano quando si ha:

- **a** *un aumento delle attività*
- **b** *una diminuzione delle attività*
- **c** *una diminuzione delle passività*
- **d** *un aumento delle passività*

**2** Loredana ha superato il test a cui è stata sottoposta dagli amici e ha cominciato a occuparsi della contabilità dell'impresa.

1. *Completa i seguenti articoli nel libro giornale inserendo la data, il codice dei conti, la descrizione dell'operazione e gli importi mancanti (dati mancanti a scelta).*

| Data | Codici | Denominazione dei conti e descrizione | | Dare | Avere |
|---|---|---|---|---|---|
| ........ | ........ | BANCA X C/C | ........ | 300.000, 00 | |
| ........ | ........ | PATRIMONIO NETTO | ........ | | ........, .... |
| ........ | ........ | AUTOMEZZI | ........ | 30.000, 00 | |
| ........ | ........ | IVA NS/CREDITO | ........ | ........, .... | |
| ........ | ........ | DEBITI V/FORNITORI | ........ | | ........, .... |
| ........ | ........ | DEBITI V/FORNITORI | ........ | ........, .... | |
| ........ | ........ | BANCA X C/C | ........ | | 10.000, 00 |
| ........ | ........ | CAMBIALI PASSIVE | ........ | | 26.600, 00 |
| ........ | ........ | COMMISSIONI BANCARIE | ........ | ........, .... | |
| ........ | ........ | BANCA X C/C | ........ | | 3, 50 |
| ........ | ........ | CREDITI V/CLIENTI | ........ | ........, .... | |
| ........ | ........ | MERCI C/VENDITE | ........ | | 6.200, 00 |
| ........ | ........ | IVA NS/DEBITO | ........ | ........, .... | |
| ........ | ........ | ASSEGNI | ........ | 3.200, 00 | |
| ........ | ........ | CAMBIALI ATTIVE | ........ | 4.360, 00 | |
| ........ | ........ | RIBASSI E ABB. PASSIVI | ........ | 4, 00 | |
| ........ | ........ | CREDITI V/CLIENTI | ........ | | ........, .... |
| ........ | ........ | CAMBIALI PASSIVE | ........ | ........, .... | |
| ........ | ........ | BANCA X C/C | ........ | | 17.680, 00 |
| ........ | ........ | MERCI C/ACQUISTI ESTERO | ........ | 7.700, 00 | |
| ........ | ........ | DEBITI V/FORNIT. ESTERI | ........ | | ........, .... |
| ........ | ........ | IVA NS/CREDITO | ........ | 1.694, 00 | |
| ........ | ........ | IVA NS/DEBITO | ........ | | ........, .... |

2. *Dopo aver completato i conti di mastro di seguito riportati, redigi le scritture in P.D. relative alle operazioni conseguenti a tali registrazioni sistematiche.*

| 15.02 DEBITI PER RIT. DA VERSARE | |
|---|---|
| | 1.520, 00 |

| 15.20 PERSONALE C/RETRIBUZIONI | |
|---|---|
| ........, .... | ........, .... |

PALESTRA PER L'ESAME DI STATO

18.11 ISTITUTI PREVIDENZIALI

| Dare | Avere |
|---|---|
| 154, 00 | 699, 00 |
| | 2.432, 00 |

18.20 BANCA X C/C

| Dare | Avere |
|---|---|
| | ................., ..... |

33.01 SALARI E STIPENDI

| Dare | Avere |
|---|---|
| 7.600, 00 | |

33.02 ONERI SOCIALI

| Dare | Avere |
|---|---|
| 2.432, 00 | |

**Scritture in P.D.**

| Data | Codici | Conti | Descrizione | Dare | Avere |
|---|---|---|---|---|---|
| 25/09 | ....... | ............................................ | liquidate retribuzioni lorde | ................., ..... | |
| 25/09 | ....... | ISTITUTI PREVIDENZIALI | ............................................ | ................., ..... | |
| 25/09 | ....... | ............................................ | retribuzioni lorde | | ................., ..... |
| 27/09 | ....... | ............................................ | pagate retribuzioni | ................., ..... | |
| 27/09 | ....... | ............................................ | ritenute fiscali IRPEF | | ................., ..... |
| 27/09 | ....... | ............................................ | ritenute sociali | | ................., ..... |
| 27/09 | ....... | ............................................ | addebito in c/c retribuzioni nette | | ................., ..... |
| 27/09 | ....... | ............................................ | ............................................ | ................., ..... | |
| 27/09 | ....... | ISTITUTI PREVIDENZIALI | ............................................ | | ................., ..... |

## B. Analisi di testi e documenti

**1** Nei primi giorni di attività, Loredana riceve la fattura del dottore commercialista relativa all'assistenza fiscale del professionista in sede di costituzione dell'impresa di Ida Nodari.

1. *Dopo avere analizzato la fattura, individua gli errori presenti nelle registrazioni contabili sotto riportate e componi le scritture in P.D. corrette.*

**Fattura n. 4 del 05/01**
**Dottore commercialista Pietro Grossi**

| | | |
|---|---|---|
| Assistenza fiscale in sede di costituzione | euro | 1.600,00 |
| Contributo 4% Cassa di previdenza dei dottori commercialisti | euro | 64,00 |
| | euro | 1.664,00 |
| Spese documentate sostenute in nome e per conto Vostro come da allegata documentazione (art. 15 DPR n. 633/1972) | euro | 800,00 |
| | euro | 2.464,00 |
| IVA 22% su 1.664,00 euro | euro | 366,08 |
| Totale fattura | euro | 2.830,08 |
| Ritenuta d'acconto 20% su 1.600 | euro | – 320,00 |
| Netto da pagare | euro | 2.510,08 |

**Libro giornale**

| Data | Codici | Denominazione dei conti | e descrizione | Dare | Avere |
|---|---|---|---|---|---|
| 05/01 | 01.01 | COSTI D'IMPIANTO | fattura n. 4 | 2.420, 00 | |
| 05/01 | 15.01 | IVA NS/DEBITO | fattura n. 4 | | 366, 08 |
| 05/01 | 14.09 | DEBITI DA LIQUIDARE | fattura n. 4 | | 2.053, 92 |
| 08/01 | 14.09 | DEBITI DA LIQUIDARE | saldata fattura n. 4 | 1.453, 92 | |
| 08/01 | 15.02 | DEBITI PER RIT. DA VERSARE | saldata fattura n. 4 | 320, 00 | |
| 08/01 | 18.20 | BANCA X C/C | saldata fattura n. 4 | | 1.773, 92 |
| 08/01 | 18.20 | BANCA X C/C | commissioni bancarie | 3, 00 | |
| 08/01 | 31.15 | COMMISSIONI BANCARIE | commissioni bancarie | | 3, 00 |
| 16/02 | 18.20 | BANCA X C/C | versate ritenute | 320, 00 | |
| 16/02 | 15.02 | DEBITI PER RIT. DA VERSARE | versate ritenute | | 320, 00 |

**2** In seguito l'impresa riceve le fatture dal fornitore Garsi srl.

1. *Analizza la parte tabellare delle seguenti fatture ed esegui sul quaderno quanto richiesto.*

**Fattura n. 122 del 25/06**
**Garsi srl**

| | | |
|---|---|---|
| Acquisto merci | euro | 15.680,00 |
| IVA 22% | euro | 3.449,60 |
| Totale fattura | euro | 19.129,60 |

**Nota di variazione n. 66 del 28/06**
**Garsi srl**

| | | |
|---|---|---|
| Merci rese | euro | 500,00 |
| IVA 22% | euro | 110,00 |
| Totale fattura | euro | 610,00 |

**a.** Rispondi alle domande.

**1.** Qual è l'importo complessivamente pagato al fornitore?

**2.** Qual è l'importo dell'IVA derivante dall'operazione?

**b.** Completa le scritture in P.D. nel libro giornale del compratore (Garsi srl) e del venditore (impresa individuale Romano Carancini).

## C. Analisi di caso aziendale

Ida Nodari sa che nella sua zona si trovano alcune importanti imprese del settore di cui vorrebbe diventare partner produttivo. Tra queste, è particolarmente apprezzata la Malìparmi srl, nota a livello internazionale per la qualità e l'originalità dei suoi manufatti.

**Malìparmi cresce nell'e-commerce**

Magicoral srl è un PMI, nata nel 1976 a Padova e situata nel centro della città, che produce borse (*core business* dell'impresa), gioielli, abbigliamento femminile e calzature; l'impresa è nota principalmente per il marchio delle sue collezioni (Malìparmi) che, in poco tempo, l'ha portata alla notorietà a livello internazionale.
L'azienda, infatti, ha posto il marchio Malìparmi al centro della propria campagna pubblicitaria, investendo in ricerca, collaborazioni e comunicazione. L'obiettivo prioritario del vertice strategico di Magicoral srl per i prossimi anni è quello di crescere il più rapidamente possibile, puntando in particolare sui mercati europei e americano. Per agevolare le vendite a livello internazionale si ritiene importante rafforzare il commercio *on line*, potenziando il sito web, anche attraverso la creazione di un "*outlet online*", con prodotti delle stagioni precedenti chiaramente separati da quelli distribuiti nei negozi al fine di non creare una "cannibalizzazione" tra e-commerce e vendite tradizionali.
Oltre che *on line*, la distribuzione avviene attraverso negozi monomarca (nel 2003 è stato aperto il primo negozio Malìparmi a Padova a cui hanno fatto seguito le aperture di punti vendita in città italiane strategiche per la diffusione del marchio); nel maggio 2014 è avvenuta l'inaugurazione della prima boutique a Parigi, tappa importante per l'internazionalizzazione del *brand*.
Nel sito dell'azienda, oltre alle vetrine virtuali che espongono i prodotti, sono presenti anche i termini e le condizioni per i resi qualora i clienti, per qualsiasi ragione, decidessero di restituire la merce acquistata.
La merce dovrà essere restituita integra, completa di tutte le sue parti e negli imballi originali (buste e confezioni), custodita ed eventualmente adoperata per il tempo strettamente necessario per stabilirne e verificarne natura, caratteristiche e taglia, secondo la normale diligenza, senza che vi siano segni di usura o sporcizia.

Fonte: *Il Sole 24 Ore*; www.malìparmi.com

1. *Redigi le scritture in P.D. effettuate da Magicoral srl supponendo che abbia venduto* on line *a un dettagliante merci per 18.000 euro + IVA.*

| | | | | | |
|---|---|---|---|---|---|
| ........ | ........ | ........................................................ | fattura n. 598 | .................., ..... | |
| ........ | ........ | ........................................................ | fattura n. 598 | | .................., ..... |
| ........ | ........ | ........................................................ | fattura n. 598 | | .................., ..... |

2. *Rispondi alle domande.*

**a.** Qual è la tipologia di e-commerce effettuata da Magicoral srl?

**b.** Perché per rafforzare la presenza sui mercati europei e americano è importante sviluppare l'e-commerce?

**c.** Perché i prodotti dell'*outlet on line* devono essere tenuti separati da quelli distribuiti nei negozi?

# VERIFICA LE TUE COMPETENZE

*Svolgendo questa prova puoi **accertare** il livello delle **competenze** acquisite, articolate in **conoscenze** e **abilità**.*

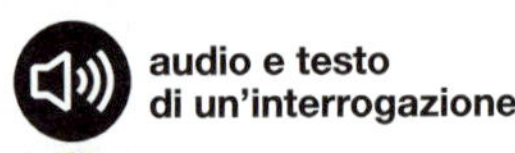

**COMPETENZE** Interpretare i sistemi aziendali nei loro flussi informativi • individuare e accedere alla normativa civilistica e fiscale con particolare riferimento alle attività aziendali • gestire il sistema delle rilevazioni aziendali.

**CONOSCENZE** Costituzione dell'impresa individuale • operazioni di acquisto e vendita nazionali e internazionali e relativo regolamento • liquidazione e pagamento delle retribuzioni • operazioni con le banche • altre operazioni di gestione.

**ABILITÀ** Analizzare sotto l'aspetto finanziario ed economico le operazioni di costituzione e di gestione e comporre le relative scritture in P.D. • interpretare e desumere informazioni dai documenti contabili.



## A. Analisi di testi e documenti

Paolo Ferrari è il titolare di un'impresa specializzata nella commercializzazione di sistemi automatici di misura e controllo, progettati *ad hoc* per le esigenze specifiche di singoli clienti e, successivamente, fatti costruire da aziende terziste.
Il fatturato di 2 milioni di euro, di cui circa la metà prodotto sui mercati esteri, deriva principalmente dallo sviluppo di sistemi su misura per le imprese industriali clienti che operano in diversi settori, come *healthcare* (settore sanitario), energia e ambiente, elettrodomestici. Si tratta, in pratica, di soluzioni integrate di efficienza energetica per produzioni da fonti rinnovabili e *green*, per il monitoraggio ambientale, assemblaggio, collaudo e controllo qualità di elettrodomestici e componenti auto.
L'organico è composto da 20 persone, di cui 2 addette alla contabilità che, riprendendo i dati dai documenti originari, quali fatture di acquisto e vendita, cedolini paga, contabili della banca, registrano nel libro giornale dell'impresa le operazioni di gestione.

1. *Supponi di essere l'addetto alla contabilità dell'impresa Paolo Ferrari e, sulla base dei documenti originari di seguito riprodotti, redigi le scritture nel libro giornale dell'impresa.*

*Documento 1*

Paolo Ferrari
Via Del Santo, 12 – 20138 Milano
P. IVA e Registro imprese di Milano
02342520158

**Spett. le**
Elettrocasa spa
Via dei Tulipani, 18
88100 Catanzaro
P. IVA 00589410796

**FATTURA n. 156 del 10/07/20..**

| Consegna | Trasporto | Imballaggio | Pagamento |
|---|---|---|---|
| franco partenza | con nostro automezzo | gratuito | immediato con assegno circolare |

| Quantità | Descrizione | Aliquota IVA | Prezzo unitario | Totale |
|---|---|---|---|---|
| 20 | Misuratori energetici | 10% | 56,00 | 1.120,00 |
| 1 | Caldaie a condensazione | 10% | 850,00 | 850,00 |
| | Totale merci | | | 1.970,00 |
| | Installazione e collaudo eseguiti per Vs/ordine e conto | | | 200,00 |
| | Rimborso costi di trasporto | | | 80,00 |
| | Imponibile | | | 2.250,00 |
| | IVA | | | 225,00 |
| | **TOTALE FATTURA** | | | **2.475,00** |

CONTRIBUTO AMBIENTALE CONAI ASSOLTO

*Documento 2*

**Paolo Ferrari**
Via Del Santo, 12 – 20138 Milano
P. IVA e Registro imprese di Milano
02342520158

**Spett.le**
Ivan Stolkanov
Bolshaya Zarechnaya Street 123
625005 Tumen
Russia

**FATTURA n.** 157 **del** 16/07/20..

| Consegna | Trasporto | Imballaggio | Pagamento |
|---|---|---|---|
| franco partenza | con nostro automezzo | gratuito | immediato con bonifico bancario |

| Quantità | Descrizione | Aliquota IVA | Prezzo unitario | Totale |
|---|---|---|---|---|
| 30 | Misuratori energetici | | 56,00 | 1.680,00 |
| 2 | Caldaie a condensazione | | 850,00 | 1.700,00 |
| | Totale merci | | | 3.380,00 |
| | Installazione e collaudo eseguiti per Vs/ordine e conto | | | 350,00 |
| | Rimborso costi di trasporto | | | 300,00 |
| | Operazione non imponibile art. 8, comma 1 lettera a), DPR n. 633/1972 | | | |
| | **TOTALE FATTURA** | | | **4.030,00** |

CONTRIBUTO AMBIENTALE CONAI ASSOLTO

*Documento 3*

**Ambient Save**
di Giovanni Rebecchi & C. snc
Via Napoli, 44 – 25121 Brescia
P. IVA e Registro imprese di Brescia
03557150214

**Spett.le**
Paolo Ferrari
Via Del Santo, 12
20138 Milano
P. IVA 02342520158

**FATTURA n.** 221 **del** 20/07/20..

| Trasporto | Consegna | Pagamento |
|---|---|---|
| con nostro automezzo | franco partenza | 10 giorni data fattura |

| Quantità | Descrizione | Prezzo unitario | Aliquota IVA | Importi |
|---|---|---|---|---|
| 10 | Parti componenti caldaie a condensazione | 82,00 | | 820,00 |
| | Rimborso costi di trasporto | | | 45,00 |
| | Vendita in sospensione d'imposta, art. 8, comma 1 lettera c), DPR n. 633/1972 in base alla dichiarazione d'intento n. ... ricevuta il ... | | | |

| Importo merci | Costi documentati | Importo IVA | Totale fattura |
|---|---|---|---|
| 820,00 | 45,00 | | |
| | | | **865,00** |

CONTRIBUTO AMBIENTALE CONAI ASSOLTO

*Documento 4*

CATANZARO 10/07/20.. euro 2.475,00

BANCA DI CREDITO COOPERATIVO DI CATANZARO

*Pagherà a vista per questo Assegno Circolare*

euro DUEMILAQUATTROCENTOSETTANTACINQUE//00 €

NON TRASFERIBILE

a PAOLO FERRARI

A/C n. 175610

| QUADRO CONTROLLO | DECINE DI MIGLIAIA | 1 | 2 | 3 | 4 | 5 | 6 | 7 | 8 | 9 | 0 | CENTINAIA | 1 | 2 | 3 | X | 5 | 6 | 7 | 8 | 9 | 0 |
|---|---|---|---|---|---|---|---|---|---|---|---|---|---|---|---|---|---|---|---|---|---|---|
| | MIGLIAIA | 1 | X | 3 | 4 | 5 | 6 | 7 | 8 | 9 | 0 | DECINE | 1 | 2 | 3 | 4 | 5 | 6 | X | 8 | 9 | 0 |

Libro giornale dell'impresa Paolo Ferrari

| | | | | |
|---|---|---|---|---|
| 10/07 | ........................ | ........................ | ..............., .... | |
| 10/07 | ........................ | ........................ | | ..............., .... |
| 10/07 | ........................ | ........................ | | ..............., .... |
| 10/07 | ........................ | ........................ | | ..............., .... |
| 14/07 | ........................ | ........................ | ..............., .... | |
| 14/07 | ........................ | ........................ | | ..............., .... |
| 16/07 | ........................ | ........................ | ..............., .... | |
| 16/07 | ........................ | ........................ | | ..............., .... |
| 16/07 | ........................ | ........................ | | ..............., .... |
| 20/07 | ........................ | ........................ | ..............., .... | |
| 20/07 | ........................ | ........................ | | ..............., .... |

**2.** *Rispondi alle domande.*

- **a.** Chi sono i fornitori dell'impresa Paolo Ferrari e chi sono i clienti?
- **b.** Che cosa rappresentano i misuratori energetici e le caldaie a condensazione per l'impresa Paolo Ferrari? E che cosa rappresentano invece per la Elettrocasa spa?
- **c.** Su quale soggetto gravano i rischi e i costi del trasporto nelle tre fatture?
- **d.** Da quali elementi è formata la base imponibile IVA?
- **e.** Per quale motivo nella fattura sul cliente russo non viene calcolata l'IVA?
- **f.** Che operazione è rappresentata nel documento 3?
- **g.** Per quale motivo nella fattura della Ambient Save di Giovanni Rebecchi & C. non viene calcolata l'IVA?

**3.** *Redigi le scritture in P.D. nel libro giornale della Elettrocasa spa.*

| | | | | |
|---|---|---|---|---|
| 10/07 | ........................ | ........................ | ..............., .... | |
| 10/07 | ........................ | ........................ | ..............., .... | |
| 10/07 | ........................ | ........................ | | ..............., .... |
| 12/07 | ........................ | ........................ | ..............., .... | |
| 12/07 | ........................ | ........................ | | ..............., .... |
| 14/07 | ........................ | ........................ | ..............., .... | |
| 14/07 | ........................ | ........................ | | ..............., .... |

**4.** *Compila i conti di mastro.*

33.01 SALARI E STIPENDI

| | |
|---|---|
| 36.000, 00 | |

33.02 ONERI SOCIALI

| | |
|---|---|
| 11.520, 00 | |

18.11 ISTITUTI PREVIDENZIALI

| | |
|---|---|
| 950, 00 | 11.520, 00 |
| | 3.416, 00 |

15.02 DEBITI PER RIT. DA VERS.

| | |
|---|---|
| | 7.920, 00 |

15.20 PERSONALE C/RETRIB.

| | |
|---|---|
| ............, .... | 36.950, 00 |

18.20 BANCA X C/C

| | |
|---|---|
| | ............, .... |

5. *Completa le scritture in P.D. relative alle retribuzioni dei dipendenti.*

| | | | | | |
|---|---|---|---|---|---|
| 27/05 | ......... | ...................................... | liquidate retribuzioni lorde | ................, .... | |
| 27/05 | ......... | ISTITUTI PREVIDENZ. | ...................................... | ................, .... | |
| 27/05 | ......... | PERSONALE C/RETRIB. | retribuzione lorda maggio | | ................, .... |
| 27/05 | ......... | ...................................... | contributi a carico dell'impresa | 11.520, 00 | |
| 27/05 | ......... | ...................................... | contributi a carico dell'impresa | | 11.520, 00 |
| 27/05 | ......... | PERSONALE C/RETRIB. | pagate retribuzioni | 36.950, 00 | |
| 27/05 | ......... | ...................................... | ...................................... | | ................, .... |
| 27/05 | ......... | ...................................... | ...................................... | | ................, .... |
| 27/05 | ......... | BANCA X C/C | addebito per retribuzioni nette | | ................, .... |

6. *Rispondi alle domande.*
   a. A quanto ammonta il saldo del conto Istituti previdenziali?
   b. Da quali elementi è formato il costo del lavoro per l'impresa?
   c. A quali elementi della retribuzione può essere attribuito l'importo iscritto in Dare nel conto Istituti previdenziali?
   d. Come funziona il conto Istituti previdenziali?

7. *Correla il conto con la relativa tipologia di operazione.*

| | | | |
|---|---|---|---|
| **a.** Mutui passivi | **1.** Operazioni di smobilizzo crediti commerciali | a | |
| **b.** Banche c/Ri.Ba. sbf | **2.** Operazioni di prestito | b | |
| **c.** Banche c/anticipi su fatture | | c | |
| **d.** Cambiali allo sconto | | d | |

## B. Simulazione aziendale

L'impresa Marco Foresi è in rapporto con la Banca di Credito Cooperativo di Piove di Sacco (Padova) dalla quale ha ricevuto il seguente documento riprodotto limitatamente ad alcune operazioni. Dopo averlo esaminato esegui quanto richiesto.

*Estratto conto* — *Conto corrente n. 263271/14*

| Data | Descrizione operazioni | Movimenti Dare | Movimenti Avere |
|---|---|---|---|
| 04/08 | Accredito anticipo su fattura n. 68 | | 16.689, 00 |
| 13/08 | Accredito anticipo su Ri.Ba. sbf | | 26.620, 00 |
| 13/08 | Addebito commissioni di incasso | 20, 00 | |
| 01/09 | Addebito rata del mutuo in scadenza | 21.600, 00 | |
| 23/09 | Accredito fattura n. 68 al netto dell'anticipo | | 5.563, 00 |

1. *Rispondi alle domande.*
   a. Quali operazioni sono state compiute tra la banca e l'impresa?
   b. Qual è l'importo della fattura n. 68?
   c. Quali operazioni possono essere compiute con le Ri.Ba.?

2. *Completa le registrazioni nel libro giornale (tieni presente che l'impresa Marco Foresi ha acceso un mutuo ipotecario di 80.000 euro da rimborsare in cinque quote costanti annue).*

| | | | | | |
|---|---|---|---|---|---|
| 04/08 | .......... | ........................................ | ........................................ | ................, .... | |
| 04/08 | .......... | BANCHE C/ANTICIPI SU FATT. | ........................................ | | ................, .... |
| 13/08 | .......... | BCC PIOVE DI SACCO C/C | accredito Ri.Ba. sbf | ................, .... | |
| 13/08 | .......... | ........................................ | accredito Ri.Ba. sbf | | ................, .... |
| 13/08 | .......... | ........................................ | commissioni di incasso | ................, .... | |
| 13/08 | .......... | ........................................ | commissioni di incasso | | ................, .... |

| | | | | | |
|---|---|---|---|---|---|
| 01/09 | ........... | ......................................... | rimborso quota capitale | ................, .... | |
| 01/09 | ........... | ......................................... | interessi maturati | ................, .... | |
| 01/09 | ........... | BCC PIOVE DI SACCO C/C | rata mutuo in scadenza | | 21.600, 00 |
| 23/09 | ........... | ......................................... | riscossa fattura n. 68 | ................, .... | |
| 23/09 | ........... | ......................................... | riscossa fattura n. 68 | | ................, .... |
| 23/09 | ........... | BCC PIOVE DI SACCO C/C | giro saldo da c/anticipi | ................, .... | |
| 23/09 | ........... | BCC C/ANTICIPI SU FATTURE | giro saldo da c/anticipi | | ................, .... |

**3.** *Indica se le seguenti affermazioni sono vere o false; in quest'ultimo caso suggerisci sul quaderno la formulazione corretta.*

1. L'acquisto di un fornitore esterno dà luogo alla registrazione della bolla doganale per l'IVA sul valore statistico della merce. **V** **F**
2. Il valore contabile di un bene strumentale è dato da costo storico + fondo ammortamento. **V** **F**
3. Lo smobilizzo di crediti commerciali determina per l'impresa un aumento delle disponibilità liquide. **V** **F**
4. Il pagamento di un debito in valuta verso fornitore estero fa sorgere sempre una differenza attiva o passiva in cambi. **V** **F**
5. Lo stralcio di un credito inesigibile sorto nell'anno origina un componente negativo di reddito. **V** **F**
6. La cauzione corrisposta alla stipula di un contratto di locazione determina un componente negativo di reddito. **V** **F**
7. La rata del mutuo rimborsato comprende la quota capitale e gli interessi da maturare. **V** **F**
8. I contributi versati all'INAIL sono a carico del datore di lavoro. **V** **F**

**4.** *Inserisci nella Situazione patrimoniale e nella Situazione economica i conti e gli importi relativi alle seguenti operazioni.*

**a.** Ricevuta dalla Impiantex spa fattura n. 126 relativa a un impianto di sollevamento merci acquistato al prezzo di 16.500 euro + IVA.

**b.** Ricevuta dalla Officine meccaniche spa fattura n. 142 relativa a costi di installazione e collaudo degli impianti in precedenza acquistati per 1.500 euro + IVA.

**c.** Ricevuta e pagata a mezzo c/c bancario fattura n. 287 di 1.800 euro + IVA relativa a un contratto di leasing di un automezzo.

**d.** Richiesto alla banca un assegno circolare a favore della Loconi spa di 6.100 euro da inviare a titolo di acconto per l'acquisto di un macchinario; la fattura n. 942 relativa all'acconto è ricevuta in giornata.
Il conto Banca X c/c prima delle operazioni presentava un'eccedenza Avere di 14.500 euro.

**Situazione patrimoniale**

| | | | |
|---|---|---|---|
| ............................................. | ............... | ............................................. | ............... |
| ............................................. | ............... | ............................................. | ............... |
| ............................................. | ............... | | |
| ............................................. | ............... | | |

**Situazione economica**

| | | | |
|---|---|---|---|
| ............................................. | ............... | | |

VERIFICA LE TUE COMPETENZE

# Modulo D

# Il bilancio d'esercizio

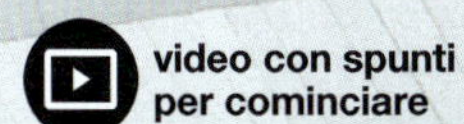

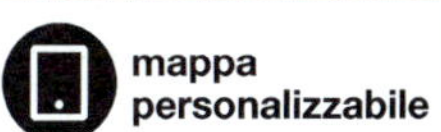


**Determinazione del risultato economico e del patrimonio di funzionamento**
*Calculating net income and capital employed*

↓

**Come vengono classificate le scritture di assestamento?**
*How are adjustment entries classified?*

- Completamento (▸ *Completion*)
- Integrazione (▸ *Integration*)
- Rettifica (▸ *Correction*)
- Ammortamento (▸ *Amortisation*)

↓

**Come si determina il risultato economico?**
*How is net income determined?*

- Riepilogo dei costi e dei ricavi di competenza dell'esercizio (▸ *Summary of costs and revenues for the year*)

↓

**Come si determina il patrimonio di funzionamento?**
*How is capital employed determined?*

- Riepilogo dei conti patrimoniali (▸ *Summary of balance sheets*)
- Chiusura dei conti Prelevamenti extragestione e Titolare c/ritenute subite (▸ *Closure of accounts Non-management withdrawals and Holder of withholdings account*)
- Capitalizzazione dell'utile o copertura della perdita (▸ *Capitalisation of profit or coverage of loss*)

→

**Di quali documenti si compone il Bilancio d'esercizio?**
*What documents are part of the financial statements?*

- Stato patrimoniale (▸ *Balance sheet*)
- Conto economico (▸ *Profit and loss account*)
- Nota integrativa (▸ *Notes*)
- Rendiconto finanziario (▸ *Cash flow statement*)

↓

**Come si procede alla riapertura dei conti?**
*How do you reopen accounts?*

- Riapertura dei conti patrimoniali (▸ *Reopen of balance sheets*)
- Storno dei ratei, risconti, esistenze di magazzino, fatture da emettere e da ricevere (▸ *Reversal of accruals, deferred, goods inventory, invoice to be issued and invoice to be received*)

Lezione 1

# Le operazioni di assestamento dei conti

## Quali sono i costi e i ricavi di competenza dell'esercizio?

**Reddito dell'esercizio:** risultato economico ottenuto dalla differenza tra i ricavi di competenza e i costi di competenza del periodo amministrativo.

**Patrimonio di funzionamento:** insieme dei beni a disposizione dell'azienda al termine di un periodo amministrativo.

**Periodo amministrativo:** intervallo di tempo in cui viene frazionata la vita di una azienda per determinare il risultato economico di periodo (di regola ha la durata di un anno).

La contabilità generale rileva le operazioni aziendali con lo scopo di determinare il **reddito dell'esercizio** e il **patrimonio di funzionamento**.
Durante l'esercizio le operazioni di gestione sono registrate nel momento in cui si verifica la manifestazione finanziaria, senza considerare se le variazioni finanziarie danno luogo o meno a componenti di reddito economicamente di competenza dell'esercizio. Per determinare il risultato economico al termine del **periodo amministrativo** si rende pertanto necessario individuare i costi e i ricavi di **competenza economica**, ossia che si riferiscono economicamente al periodo amministrativo in esame, indipendentemente dal fatto che si sia avuta o meno la loro manifestazione finanziaria.
Si deve quindi procedere a:
- *rettificare i costi e i ricavi* rilevati nel corso dell'esercizio nei casi in cui non si riferiscano economicamente a tale esercizio;
- *integrare i costi e i ricavi* nei casi in cui non siano stati ancora rilevati anche se risultano di competenza dell'esercizio.

### ESEMPIO 1 Rettifica di un costo

L'impresa Domenica Fasoli ha pagato, in data 01/09/n, un premio annuo di assicurazione di 3.577 euro. Per determinare il reddito dell'esercizio n è necessario "correggere" tale costo rinviando al futuro esercizio la quota di costo che non è di competenza (da 01/01/n + 1 a 01/09/n + 1).
Presentiamo i calcoli svolti dall'impresa.

Ripartiamo il costo in base al tempo tenendo presente che il costo è per 121 giorni (01/09/n-31/12/n) di competenza dell'esercizio n e per 244 giorni di competenza dell'esercizio successivo:
$3.577 : 365 = x : 121$

da cui ricaviamo: $x = 1.185{,}80$ euro costo di competenza dell'anno n.
Per differenza si ottiene il costo di competenza dell'anno n + 1:
euro (3.577,00 – 1.185,80) = euro 2.391,20

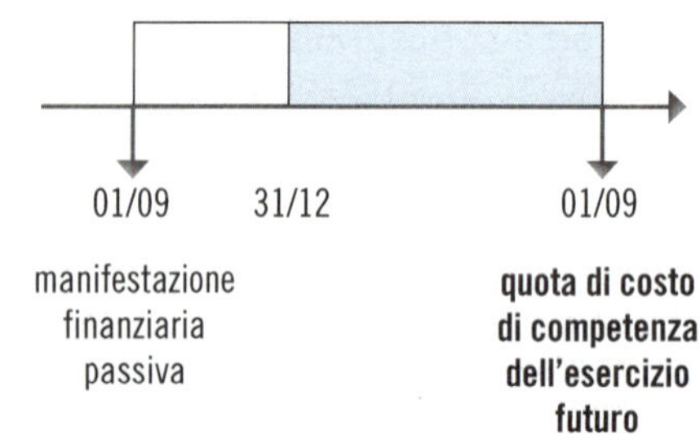


### 2 Integrazione ai costi

L'impresa Antonio Garresi ha acceso, in data 01/10/n, un mutuo bancario di 80.000 euro sul quale maturano interessi semestrali posticipati al tasso 5%. Al termine dell'esercizio n è necessario integrare i costi (interessi passivi su mutui) per i quali la manifestazione finanziaria avverrà nel futuro esercizio (in data 01/04/n + 1) in quanto tali costi, essendo già maturati, sono di competenza economica del presente esercizio.
Presentiamo i calcoli svolti dall'impresa.

Gli interessi di competenza dell'anno ammontano a:

$$\text{euro} = \frac{80.000 \times 5 \times 3}{1.200} = \text{euro } 1.000$$

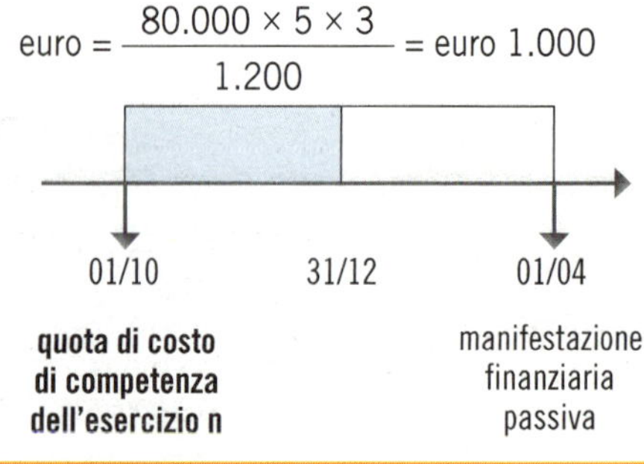

Scritture di assestamento = ***Adjusting entry***

Il risultato economico di un esercizio risulta quindi collegato al risultato economico degli esercizi precedenti e degli esercizi futuri.
Dagli esercizi precedenti provengono componenti di reddito che entrano a far parte del patrimonio aziendale all'inizio del periodo amministrativo e contribuiscono a formare il reddito del nuovo esercizio. Si pensi, per esempio, a un premio di assicurazione pagato nell'esercizio precedente, ma che per un periodo di tempo interessa anche l'esercizio corrente; l'importo del premio già corrisposto ma ancora da utilizzare rappresenta un elemento attivo del patrimonio aziendale e un costo di competenza dell'esercizio.
I componenti di reddito rilevati nell'anno ma che non risultano di competenza devono essere rinviati agli esercizi successivi. È il caso, per esempio, delle merci acquistate nell'esercizio e rimaste invendute: il costo sostenuto non ha ancora trovato il correlativo ricavo e quindi deve essere rinviato al futuro esercizio. Il valore delle rimanenze presenti in magazzino rappresenta un elemento attivo del patrimonio aziendale.

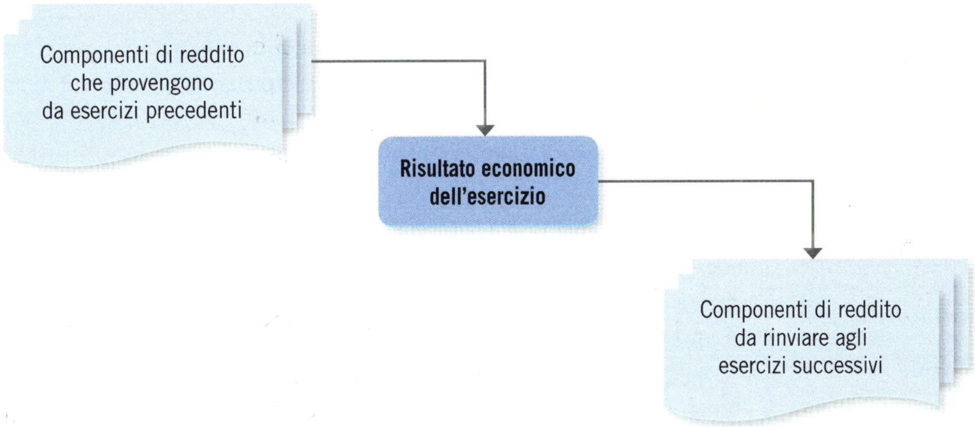


## A che cosa servono le scritture di assestamento?

Il risultato economico dell'esercizio e il patrimonio di funzionamento si determinano in stretto collegamento attraverso una serie di operazioni e di valutazioni che hanno lo scopo di individuare e separare i valori relativi agli esercizi futuri da quelli che riguardano l'esercizio in chiusura.

**Inventario di esercizio:** termine che definisce sia l'insieme delle operazioni con le quali si determina il patrimonio esistente in un dato momento sia il prospetto che mette in evidenza la composizione del patrimonio stesso.

Al termine del periodo amministrativo si rende necessario redigere l'**inventario di esercizio** e comporre le **scritture di assestamento** dei conti.
L'**inventario di esercizio** è costituito da un insieme di operazioni che terminano con la redazione di un documento che evidenzia il patrimonio di funzionamento aziendale. Le operazioni effettuate al fine di determinare e rappresentare il patrimonio di funzionamento sono le seguenti: *ricerca* degli elementi che costituiscono il patrimonio aziendale, *descrizione* e *classificazione* degli elementi in gruppi omogenei, *valutazione* dei beni, *rappresentazione* degli elementi mediante un idoneo prospetto.

Principio della prudenza = ***Conservatism concept***
Costi pluriennali = ***Deferred costs/Multi-year costs***

L'art. 2217 del codice civile prevede la redazione e il contenuto dell'inventario:

- l'inventario deve essere redatto all'inizio dell'esercizio dell'impresa e successivamente ogni anno;
- l'inventario deve contenere l'indicazione e la valutazione delle attività e delle passività relative all'impresa, nonché delle attività e delle passività dell'imprenditore estranee alla medesima.

L'inventario di esercizio è:

- *generale*, in quanto ha per oggetto l'intero patrimonio aziendale;
- *ordinario*, perché è redatto con periodicità annuale;
- *obbligatorio*, in quanto previsto dalla normativa;
- *a valori*, perché ogni elemento è valutato in moneta di conto.

**Principio della prudenza:** principio di redazione del bilancio d'esercizio previsto dal codice civile in base al quale non si deve tener conto degli utili previsti, mentre si devono considerare le perdite presunte.

**Principio della continuità:** principio di redazione del bilancio d'esercizio previsto dal codice civile in cui, nella valutazione dei beni, si presuppone la continuità dell'attività aziendale.

**Bilancio d'esercizio:** documento di sintesi della gestione aziendale realizzata in un periodo amministrativo. Si compone dello Stato patrimoniale, del Conto economico, della Nota integrativa e del Rendiconto finanziario.

I criteri da applicare nella valutazione devono far riferimento al **principio della prudenza** e al **principio della continuità** e devono consentire una corretta valutazione sia dei valori finanziari sia dei valori economici.

Le **scritture di assestamento** svolgono due funzioni:

- determinare la *competenza* dei componenti positivi e negativi del reddito di esercizio;
- individuare gli *elementi* che formano il patrimonio di funzionamento.

Come abbiamo visto, poiché la manifestazione finanziaria non sempre coincide con la competenza economica dei ricavi e dei costi, a fine esercizio si rende necessario:

1. *integrare* i ricavi e i costi economicamente già maturati, ma non ancora rilevati in quanto non si è ancora avuta la relativa manifestazione finanziaria. A tale scopo vengono composte:
   - le **scritture di completamento**, che registrano le operazioni di competenza temporale ed economica dell'esercizio, la cui manifestazione finanziaria si ha al termine del periodo amministrativo;
   - le **scritture di integrazione**, che registrano i componenti di reddito di competenza dell'esercizio aventi manifestazione finanziaria futura e che quindi non sono stati ancora rilevati;
2. *rettificare*, con le **scritture di rettifica**, i componenti del reddito già rilevati, ma che non risultano ancora economicamente maturati;
3. *attribuire* all'esercizio, con le **scritture di ammortamento**, le quote di costi pluriennali che si considerano di competenza dell'esercizio.

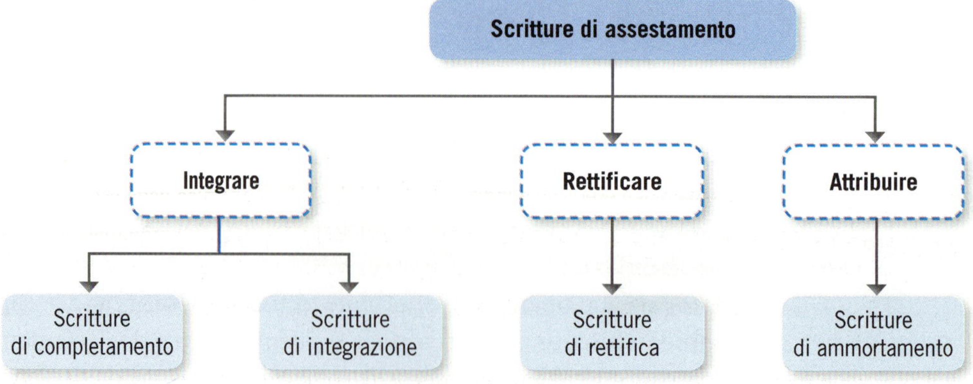


Al termine delle scritture di assestamento, la contabilità generale è in grado di fornire tutti i dati che servono per redigere il **bilancio d'esercizio**.

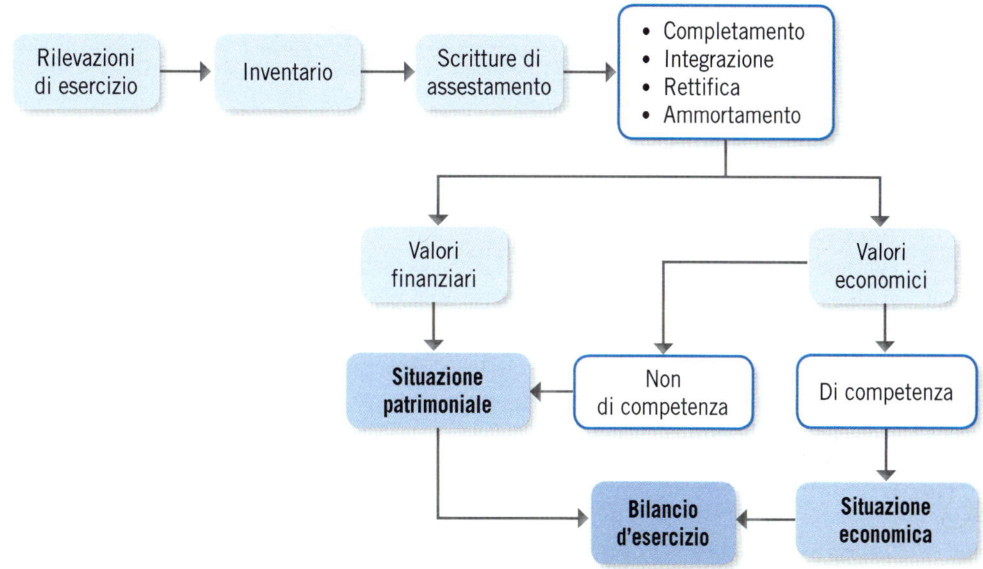

test interattivi nel libro digitale

**CONOSCENZE** Costi e ricavi di competenza economica • integrazione e rettifica dei costi e dei ricavi • ammortamento dei costi pluriennali • inventario d'esercizio.

**ABILITÀ** Rettificare i costi e i ricavi rilevati nell'esercizio • integrare i costi e i ricavi • calcolare le quote di ammortamento.

**1** Indica con una crocetta la risposta esatta (alcuni quesiti possono avere più risposte esatte).

**1.** Il reddito d'esercizio è formato:

a *da tutti i valori economici già registrati*
b *dai costi sostenuti e dai ricavi conseguiti nell'anno*
c *dai valori economici di competenza*
d *dalle somme di denaro spese e incassate nell'anno*

**2.** Fanno parte del patrimonio di funzionamento:

a *i valori finanziari*
b *i valori economici di patrimonio netto*
c *i valori economici di competenza dell'esercizio*
d *i valori economici non di competenza dell'esercizio*

**3.** Le scritture di assestamento consentono di:

a *determinare la competenza dei costi e dei ricavi*
b *determinare gli importi pagati e riscossi*
c *individuare gli elementi che costituiscono il patrimonio di funzionamento*
d *individuare le operazioni di gestione da rinviare ai futuri esercizi*

**4.** Le scritture di rettifica consentono di:

a *correggere i componenti di reddito ancora da rilevare*
b *correggere i componenti di reddito già rilevati ma non di competenza*
c *integrare i componenti positivi di reddito*
d *integrare i componenti negativi di reddito*

**2** Indica se le seguenti affermazioni sono vere o false; in quest'ultimo caso suggerisci sul quaderno la formulazione corretta.

**1.** Alla formazione del reddito d'esercizio concorrono i costi e i ricavi di competenza. V F
**2.** Il risultato economico dell'esercizio è indipendente dal risultato economico degli esercizi precedenti. V F
**3.** Alla formazione del risultato d'esercizio contribuiscono anche i componenti reddituali provenienti dagli esercizi precedenti. V F
**4.** Un costo si considera di competenza di un determinato esercizio se la corrispondente uscita monetaria si è avuta nell'anno. V F
**5.** Le scritture di assestamento permettono di identificare i componenti reddituali di competenza dell'esercizio. V F

6. Le scritture di completamento si riferiscono a operazioni la cui manifestazione finanziaria si verifica al termine del periodo amministrativo. V F
7. Le scritture di integrazione si riferiscono a operazioni per le quali si è già avuta la manifestazione finanziaria. V F
8. Le scritture di rettifica si riferiscono a operazioni per le quali si è già avuta la manifestazione finanziaria. V F

**3** L'impresa Maurizio Davis ha stipulato in data 01/10/n un contratto di assicurazione contro gli incendi per un fabbricato versando un premio semestrale di 2.366 euro. Determina il costo dell'assicurazione di competenza dell'esercizio n.

**4** L'impresa Liliana Fioresi ha ottenuto in data 01/09 un mutuo bancario di 120.000 euro sul quale maturano in via posticipata interessi al tasso 6%. Determina gli interessi passivi sul mutuo di competenza dell'esercizio.

**5** Associa i valori finanziari ed economici con il patrimonio di funzionamento e il reddito d'esercizio.

| Valori | Patrimonio di funzionamento | Reddito d'esercizio |
|---|---|---|
| Attrezzature commerciali | | |
| Cambiali attive | | |
| Merci c/vendite estero | | |
| Debiti verso fornitori | | |
| Brevetti | | |
| Costi di riparazione | | |
| Esistenze iniziali di merci | | |
| Retribuzioni ai dipendenti | | |
| Rimanenze finali di merci | | |
| Mutui passivi | | |
| Costi di impianto | | |
| Crediti insoluti | | |
| Interessi passivi a fornitori | | |
| Crediti commerciali diversi | | |
| Plusvalenze ordinarie | | |
| Fabbricati | | |
| Assegni | | |
| Costi per energia | | |
| Interessi attivi da clienti | | |
| Debiti verso dipendenti | | |

**6** **CLIL** Fill in the blanks by choosing the appropriate term from the following list.

*accruals* • *actual* • *adjusting* • *annual* • *deferred income* • *depreciation and amortization* • *end* • *estimates* • *expenditure* • *financial* • *income* • *long-term* • *matured* • *net equity* • *portions* • *prepayments* • *value*

1. The year-end inventory highlights the company's ........................
2. Adjusting entries are journal entries made at the end of the financial year to allocate ........................ and ........................ to the period in which they actually occurred.
3. ........................ identify costs and revenues that have matured but the related cash payment/receipt has not yet occurred at the financial year ........................
4. ........................ occur when the exact amount of an expense cannot be easily determined.
5. ........................ and ........................ allow for portions of costs and revenues that have not yet ........................ to be deferred.
6. ........................ charges are used to allocate the share of ........................ capital expenditure to the current financial year.

**Lezione 2**

# Le scritture di completamento

## Quali sono le caratteristiche delle scritture di completamento?

Le **scritture di completamento** si riferiscono a operazioni che competono temporalmente ed economicamente all'esercizio ma che non sono ancora state rilevate in quanto la loro manifestazione finanziaria avviene al termine del periodo amministrativo stesso.

Tali scritture riguardano costi e ricavi maturati nell'esercizio e che concorrono, quindi, per l'intero importo alla formazione del risultato economico.

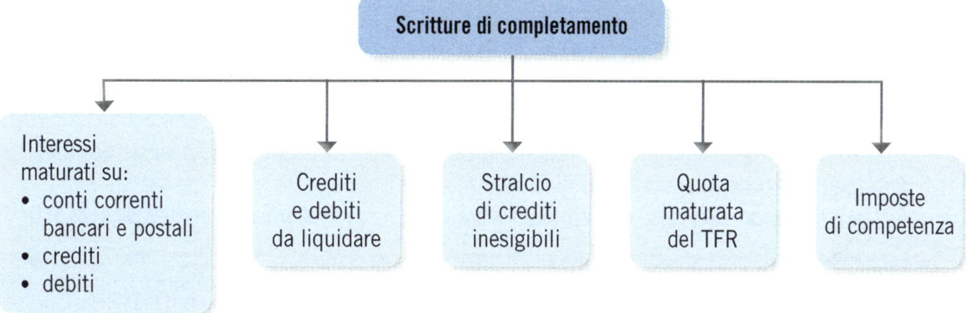


audio

Ritenuta fiscale = ***Withholding tax***

## Come si contabilizzano gli interessi maturati su conti correnti, crediti e debiti?

Gli interessi sui conti correnti bancari e postali maturano giorno dopo giorno, ma vengono rilevati al termine del periodo amministrativo o al termine del rapporto per cui sono dovuti.

Gli *interessi attivi* sono contabilizzati al lordo della ritenuta fiscale di acconto operata dalla banca o da Poste Italiane. Tale ritenuta che grava in testa all'imprenditore, se relativa all'IRPEF, è contabilizzata in Dare del conto di patrimonio netto Titolare c/ritenute subite.

Gli *interessi passivi* non possono produrre ulteriori interessi a carico del cliente (divieto di **anatocismo** bancario) e sono esigibili da parte della banca il 1° marzo dell'anno successivo a quello in cui sono maturati, fatta eccezione in caso di chiusura del conto, quando divengono immediatamente esigibili. Il cliente può autorizzare l'addebito degli interessi sul c/c nel momento in cui essi diventano esigibili.

**Anatocismo:** il calcolo degli interessi è realizzato non solo sul capitale ma anche sugli interessi già maturati. In tal caso gli interessi vengono sommati al capitale e producono a loro volta interessi provocando una crescita del debito.

### eSEMPIO Interessi attivi e passivi bancari

L'impresa Luisa Barberis intrattiene rapporti di conto corrente con la Banca Sella e con la banca Intesa Sanpaolo. L'imprenditrice ha autorizzato l'addebito in conto corrente degli interessi maturati. Alla fine del periodo amministrativo la Banca Sella conteggia interessi attivi lordi per 154 euro; la banca Intesa Sanpaolo conteggia interessi passivi per 217 euro.

Presentiamo le registrazioni in P.D. sul libro giornale dell'impresa.

Gli interessi attivi vengono contabilizzati al lordo della ritenuta fiscale 26% applicata dalla banca. La ritenuta fiscale si rileva nel conto economico di patrimonio **Titolare c/ritenute subite**, il cui saldo verrà portato in diminuzione del patrimonio netto alla fine dell'esercizio.

Gli interessi passivi calcolati al 31/12 verranno addebitati il 1° marzo dell'anno successivo. L'impresa contabilizza gli interessi nel conto finanziario acceso ai debiti **Banche c/interessi maturati**, registrando in contropartita il costo nel conto **Interessi passivi bancari**.

| | | | | | |
|---|---|---|---|---|---|
| 31/12 | 18.20 | BANCA SELLA C/C | capitalizzati interessi annuali | 113, 96 | |
| 31/12 | 10.03 | TITOLARE C/RITENUTE SUBITE | ritenuta 26% su interessi bancari | 40, 04 | |
| 31/12 | 40.02 | INTERESSI ATTIVI BANCARI | maturati interessi annuali | | 154, 00 |
| 31/12 | 41.02 | INTERESSI PASSIVI BANCARI | maturati interessi annuali | 217, 00 | |
| 31/12 | 13.21 | BANCHE C/INTERESSI MATURATI | maturati interessi annuali | | 217, 00 |

In data 01/03 dell'anno successivo, data in cui gli interessi diventano esigibili, la banca effettua l'addebito in conto corrente sulla base dell'autorizzazione ricevuta dal cliente.

| | | | | | |
|---|---|---|---|---|---|
| 01/03 | 13.21 | BANCHE C/INTERESSI MATURATI | capitalizzati interessi passivi annuali | 217, 00 | |
| 01/03 | 18.20 | INTESA SANPAOLO C/C | capitalizzati interessi passivi annuali | | 217, 00 |

Al termine del periodo amministrativo l'impresa deve contabilizzare gli interessi di mora e gli interessi per le dilazioni di pagamento concesse ai clienti o ottenute dai fornitori. Tali interessi, che non comportano l'applicazione di una ritenuta fiscale, sono contabilizzati nei conti Interessi attivi da clienti e Interessi passivi a fornitori.

## SEMPIO Interessi di mora di competenza dell'esercizio

L'impresa Sandra Luisini alla fine del periodo amministrativo rileva interessi di mora nei confronti del fornitore Pietro Parti per un debito di 6.490 euro scaduto il 30/10 e non ancora regolato e interessi di mora verso il cliente Paolo Dami per un credito di 4.740 euro scaduto il 10/11. Il tasso legale degli interessi di mora è 8,00%.

Presentiamo le rilevazioni in P.D.

| | | | | | |
|---|---|---|---|---|---|
| 31/12 | 41.01 | INTERESSI PASS. A FORNITORI | interessi di mora | 88, 19 | |
| 31/12 | 14.01 | DEBITI V/FORNITORI | interessi di mora v/fornitore Parti | | 88, 19 |
| 31/12 | 05.01 | CREDITI V/CLIENTI | interessi di mora v/cliente Dami | 52, 98 | |
| 31/12 | 40.01 | INTERESSI ATTIVI DA CLIENTI | interessi di mora | | 52, 98 |

Gli interessi passivi a fornitori sono calcolati come segue:

$$\text{Interessi} = \frac{6.490 \times 8 \times 62}{36.500} = 88{,}19 \text{ euro}$$

Gli interessi attivi da clienti sono calcolati come segue:

$$\text{Interessi} = \frac{4.740 \times 8 \times 51}{36.500} = 52{,}98 \text{ euro}$$

### Come si contabilizzano i crediti e i debiti da liquidare?

**Documento di trasporto o consegna:** documento emesso dall'impresa venditrice all'atto della consegna o della spedizione della merce al compratore. Il numero e la data del documento devono essere richiamati nella fattura differita.

**Nota di accredito:** documento emesso dal venditore come rettifica di una fattura precedente per resi, ribassi, sconti o premi.

A fine esercizio, può accadere che alcune fatture di vendita non siano state ancora emesse, in quanto la consegna delle merci è avvenuta con un **documento di trasporto o consegna**. Lo stesso vale per le fatture di acquisto, non ancora pervenute poiché la consegna o spedizione delle merci è stata comprovata da un documento di trasporto. Inoltre l'impresa può avere già usufruito di alcuni servizi (energia elettrica, gas, telefonia ecc.) per i quali non ha ancora ricevuto la fattura. Viene, quindi, a mancare la coincidenza tra consegna della merce e fattura di vendita, arrivo della merce e fattura di acquisto, servizio e relativa fattura. Questi ricavi e costi, per i quali al termine del periodo amministrativo non vi è ancora la fattura, devono tuttavia essere contabilizzati in quanto risultano di competenza dell'esercizio. Si hanno pertanto:

- crediti per **fatture da emettere**, relative a vendite di merci consegnate con documento di trasporto o consegna ma non ancora fatturate;
- debiti per **fatture da ricevere**, relative ad acquisti di merci o servizi per i quali non sono ancora pervenute le relative fatture differite.

Per i crediti e i debiti da liquidare la normativa IVA stabilisce che:

- l'importo delle fatture da emettere deve comprendere il ricavo di vendita delle merci consegnate nel mese di dicembre e l'IVA;
- l'importo delle fatture da ricevere deve comprendere il costo di acquisto delle merci e l'IVA se la fattura, per le merci consegnate a dicembre, è ricevuta e registrata entro il 16 gennaio;

Costo di acquisto = *Acquisition cost*

Premi su vendite = *Sales bonuses*
Premi su acquisti = *Purchasing bonuses*

- l'importo delle fatture da ricevere non deve comprendere l'IVA se la fattura relativa ai servizi erogati nel mese di dicembre viene emessa a gennaio.

Al termine del periodo amministrativo devono essere rilevati anche i **premi su vendite** da liquidare ai clienti e i **premi su acquisti** da ricevere dai fornitori. Tali premi vengono contabilizzati mediante l'emissione di **note di accredito**, con cui si rettificano i ricavi di vendita e i costi di acquisto.

**eSEMPIO**

L'impresa Giuseppe Farina redige le scritture di assestamento considerando che non sono stati ancora ricevuti o emessi i documenti relativi alle seguenti operazioni:

- merci acquistate per 14.980 euro ricevute il 28/12 con documento di trasporto n. 347 (la fattura differita n. 12 del fornitore Baroni si riceve e registra in data 10/01);
- costi telefonici per 342 euro (la fattura Telecom è emessa a gennaio);
- premi maturati sugli acquisti effettuati presso la Asconi srl per 1.580 euro non ancora liquidati;
- premi maturati sulle vendite dal cliente Francesco Mineri per 2.210 euro non ancora liquidati.

Presentiamo le registrazioni in P.D.

| | | | | | |
|---|---|---|---|---|---|
| 31/12 | 30.01 | MERCI C/ACQUISTI | merci da fatturare | 14.980,00 | |
| 31/12 | 06.01 | IVA NS/CREDITO | merci da fatturare | 3.295,60 | |
| 31/12 | 14.02 | FATTURE DA RICEVERE | merci da fatturare | | 18.275,60 |
| 31/12 | 31.05 | COSTI TELEFONICI | fattura Telecom da ricevere | 342,00 | |
| 31/12 | 14.02 | FATTURE DA RICEVERE | fattura Telecom da ricevere | | 342,00 |
| 31/12 | 05.09 | CREDITI DA LIQUIDARE | premi maturati su acquisti | 1.580,00 | |
| 31/12 | 30.12 | PREMI SU ACQUISTI | premi maturati su acquisti | | 1.580,00 |
| 31/12 | 20.12 | PREMI SU VENDITE | premi maturati su vendite | 2.210,00 | |
| 31/12 | 14.09 | DEBITI DA LIQUIDARE | premi maturati su vendite | | 2.210,00 |

Per le merci l'importo delle fatture da ricevere comprende anche l'IVA poiché la fattura differita si riceve e registra prima della liquidazione IVA del mese di dicembre (16 gennaio). Per i servizi invece non si considera l'IVA in quanto la fattura non viene emessa a dicembre e pertanto l'IVA sarà considerata nella liquidazione del mese di gennaio.

## Come si contabilizza lo stralcio di crediti inesigibili?

Durante l'esercizio i crediti sono stati contabilizzati al loro valore nominale sulla base degli importi risultanti dalle fatture emesse; al termine del periodo amministrativo è necessario verificare l'esigibilità dei singoli crediti. A tal fine i crediti si possono classificare in:

- *crediti sicuramente esigibili;*
- *crediti di dubbia e parziale esigibilità;*
- *crediti sicuramente inesigibili.*

I **crediti sicuramente inesigibili** riguardano clienti irreperibili o che si trovano in una situazione di assoluta incapacità a far fronte agli impegni assunti o verso i quali si sono concluse con esito negativo procedure di recupero del credito. Tali crediti possono essere già scaduti e in questo caso risultano iscritti nei conti Crediti insoluti o Cambiali insolute; se non sono ancora scaduti sono iscritti nei conti Crediti v/clienti o Cambiali attive.
Tali crediti sono eliminati dal patrimonio aziendale attraverso un'operazione di *stralcio* che viene registrata nel conto **Perdite su crediti**.

Crediti inesigibili = *Bad debts*

## SEMPIO Stralcio di crediti inesigibili

L'impresa Paolo Partesi, dopo un'attenta analisi dei crediti, decide di stralciare dalla propria contabilità i seguenti crediti ritenuti sicuramente inesigibili:

- credito insoluto 1.450 euro;
- cambiale insoluta 1.670 euro;
- crediti verso clienti 475 euro;
- cambiale attiva 1.380 euro.

Presentiamo le relative registrazioni in P.D.

Le scritture di completamento redatte al termine dell'esercizio sono le seguenti:

| | | | | | |
|---|---|---|---|---|---|
| 31/12 | 39.05 | PERDITE SU CREDITI | stralcio di crediti e cambiali | 3.120, 00 | |
| 31/12 | 05.10 | CREDITI INSOLUTI | stralcio di crediti inesigibili | | 1.450, 00 |
| 31/12 | 05.11 | CAMBIALI INSOLUTE | stralcio di cambiali inesigibili | | 1.670, 00 |
| 31/12 | 39.05 | PERDITE SU CREDITI | stralcio di crediti e cambiali | 1.855, 00 | |
| 31/12 | 05.01 | CREDITI V/CLIENTI | stralcio di crediti verso clienti | | 475, 00 |
| 31/12 | 05.06 | CAMBIALI ATTIVE | stralcio di cambiale attiva | | 1.380, 00 |

Il conto **Perdite su crediti** è un conto acceso alle variazioni d'esercizio e affluisce in Dare della Situazione economica.

**Fondi pensione:** patrimoni raccolti da società autorizzate e investiti per assicurare al lavoratore una pensione integrativa al raggiungimento di una prefissata età.

**INPS** (Istituto Nazionale di Previdenza Sociale): ente pubblico che riceve contributi dal datore di lavoro e dai lavoratori dipendenti e gestisce le pensioni, l'assicurazione contro la disoccupazione involontaria, l'assegno per il nucleo familiare, la cassa integrazione guadagni, le indennità di malattia e maternità.

## Come si contabilizza il TFR?

Il costo del lavoro sostenuto da un'impresa è formato dalle retribuzioni lorde, dagli oneri sociali, dal **trattamento di fine rapporto di lavoro dipendente (TFR)** e da altri costi (formazione e aggiornamento professionale ecc.).

Il TFR matura in proporzione agli anni di servizio prestati ed è corrisposto al dipendente al termine del rapporto di lavoro. Al 31/12 l'impresa deve rilevare la quota di TFR maturata nell'esercizio, che è portata in aumento dei debiti per TFR maturato negli esercizi precedenti. Tale quota è formata dalla quota calcolata sulle retribuzioni e dalla rivalutazione dei debiti per TFR preesistenti assoggettata a tassazione con aliquota 17%.

I lavoratori dipendenti possono decidere di destinare il trattamento di fine rapporto maturato a un **fondo pensione**, per assicurarsi una pensione integrativa di quella pubblica erogata dall'**INPS**.

## SEMPIO  1 Determinazione e rilevazione del TFR

L'impresa Francesco Panero rileva al 31/12 il trattamento di fine rapporto maturato nell'esercizio in base ai seguenti dati:

- retribuzioni annue corrisposte 72.900 euro;
- debiti per TFR preesistenti 15.800 euro;
- variazione indice dei prezzi ISTAT 2%.

Per ogni anno di servizio matura una quota pari all'importo della retribuzione annua divisa per 13,5. L'importo del TFR, con esclusione della quota maturata nell'anno, viene rivalutato applicando un coefficiente formato dalla quota fissa di 1,5 e dal 75% dell'incremento dell'indice dei prezzi ISTAT.

Presentiamo il calcolo della quota TFR maturata e la relativa registrazione in P.D.

La quota di trattamento di fine rapporto maturata è calcolata come segue:

| | |
|---|---|
| quota capitale: euro (72.900 : 13,5) = | euro 5.400,00 |
| rivalsa contributo perequazione pensioni (72.900 × 0,50%) = | euro 364,50 |
| quota capitale netta | euro 5.035,50 |

coefficiente di rivalutazione:
(1,5 + 2 × 75%)% = 3%

rivalutazione debiti per TFR preesistenti (quota finanziaria):
euro (15.800 × 3%) = euro 474

ritenuta fiscale:
euro (474 × 17%) = euro 80,58

trattamento di fine rapporto complessivo lordo:
euro (5.035,50 + 474,00) = euro 5.509,50.

Si ha, quindi:

| | |
|---|---|
| quota TFR lorda | euro 5.509,50 |
| – ritenuta fiscale | euro 80,58 |
| quota TFR netta | euro 5.428,92 |

La registrazione contabile è la seguente:

| | | | | | |
|---|---|---|---|---|---|
| 31/12 | 33.03 | TFR | importo maturato nell'esercizio | 5.509, 50 | |
| 31/12 | 12.01 | DEBITI PER TFR | importo netto maturato | | 5.428, 92 |
| 31/12 | 15.02 | DEBITI PER RIT. DA VERSARE | ritenuta su rivalutazione TFR | | 80, 58 |

L'importo del debito per TFR alla fine dell'esercizio ammonta a:
euro (15.800 + 5.428,92) = euro 21.228,92.
Il conto **TFR** è un conto acceso alle variazioni d'esercizio e affluisce in Dare nella Situazione economica.

## 2 Destinazione del TFR al fondo pensione

Tutti i lavoratori dipendenti dell'impresa commerciale Garresi srl hanno aderito al fondo pensione di categoria, che prevede versamenti con periodicità mensile entro il giorno 8 del mese successivo.
La quota del TFR maturata nel mese di dicembre è di 2.168,46 euro; il versamento al fondo pensione è effettuato tramite conto corrente bancario.
Presentiamo le relative registrazioni in P.D.

| | | | | | |
|---|---|---|---|---|---|
| 31/12 | 33.03 | TFR | importo maturato nell'esercizio | 2.168, 46 | |
| 31/12 | 12.01 | DEBITI PER TFR | importo maturato nell'esercizio | | 2.168, 46 |
| 31/12 | 12.01 | DEBITI PER TFR | devoluto TFR al fondo pensione | 2.168, 46 | |
| 31/12 | 15.22 | DEBITI V/FONDI PENSIONE | devoluto TFR al fondo pensione | | 2.168, 46 |
| 08/01 | 15.22 | DEBITI V/FONDI PENSIONE | versato TFR al fondo pensione | 2.168, 46 | |
| 08/01 | 18.20 | BANCA X C/C | versato TFR al fondo pensione | | 2.168, 46 |

I conti **Debiti per TFR** e **Debiti v/fondi pensione** hanno natura finanziaria e affluiscono nella Situazione patrimoniale; il debito per TFR ha scadenza indeterminata, mentre il debito verso i fondi pensione ha scadenza determinata.

audio

Imposte = *Taxes*

**Imposte:** prelevamenti di ricchezza effettuati dallo Stato o dagli Enti territoriali minori (Regioni, Province e Comuni) per far concorrere i cittadini e le imprese alle spese sostenute da ciascun Ente.

### Come si contabilizzano le imposte di competenza?

Le **imposte di competenza** sono costi di esercizio che si rilevano in Dare nel conto Imposte dell'esercizio e sono misurati da una *variazione finanziaria* passiva, che si registra in Avere nel conto finanziario acceso ai Debiti per imposte. L'importo registrato nel conto Debiti per imposte non coincide con l'importo da versare in quanto l'impresa durante l'anno deve versare degli acconti.
La rilevazione contabile delle imposte avviene solo al termine di tutte le scritture di assestamento, in quanto il calcolo delle imposte sul reddito si effettua sulla base dei costi e dei ricavi di competenza.

## eSEMPIO Imposte di competenza

L'impresa Fabrizio Baroni, dopo aver compilato le scritture di assestamento, determina le imposte di competenza dell'esercizio per 14.245 euro; durante l'anno l'impresa ha versato acconti per 10.398 euro.
Presentiamo le relative registrazioni in P.D.

| | | | | | |
|---|---|---|---|---|---|
| 31/12 | 60.01 | IMPOSTE DELL'ESERCIZIO | imposte di competenza | 14.245, 00 | |
| 31/12 | 15.05 | DEBITI PER IMPOSTE | imposte di competenza | | 14.245, 00 |
| 31/12 | 15.05 | DEBITI PER IMPOSTE | storno acconto | 10.398, 00 | |
| 31/12 | 06.03 | IMPOSTE C/ACCONTO | storno acconto | | 10.398, 00 |

L'importo da versare a saldo nel prossimo esercizio risulta di: euro (14.245 – 10.398) = 3.847 euro.
Il conto **Imposte dell'esercizio** ha natura economica; i conti **Debiti per imposte** e **Imposte c/acconto** hanno natura finanziaria; il primo esprime un debito, il secondo rappresenta un credito per gli acconti versati durante l'esercizio.

x CASA + p. 424 es. 81

## PROVA TU

test interattivi nel libro digitale

**CONOSCENZE** Operazioni e scritture di completamento.

**ABILITÀ** Analizzare le operazioni di completamento e comporre le relative scritture contabili.

**1** Indica con una crocetta la risposta esatta (alcuni quesiti possono avere più risposte esatte).

1. Lo stralcio dei crediti a fine esercizio interessa:
   - a *i crediti verso clienti di dubbia esigibilità*
   - b *le cambiali attive sicuramente inesigibili*
   - c *i crediti insoluti di dubbia esigibilità*
   - d *i crediti verso clienti di parziale esigibilità*

2. Le scritture di completamento:
   - a *permettono di attribuire al risultato economico componenti di reddito totalmente di competenza*
   - b *rettificano componenti di reddito che hanno già avuto la manifestazione finanziaria ma che non sono completamente di competenza*
   - c *consentono di attribuire al risultato economico parte dei costi di fattori produttivi a medio-lungo ciclo di utilizzo*
   - d *permettono di attribuire al risultato economico quote di componenti di reddito di competenza che non hanno ancora avuto la manifestazione finanziaria*

3. Gli interessi attivi maturati sul conto corrente bancario costituiscono:
   - a *un rateo attivo*
   - b *un risconto passivo*
   - c *un ricavo d'esercizio*
   - d *un ricavo sospeso*

4. Il conto Titolare c/ritenute subite:
   - a *è un conto di natura finanziaria*
   - b *è un conto economico di patrimonio netto*
   - c *serve per rettificare gli interessi attivi bancari*
   - d *serve per rettificare gli interessi passivi bancari*

5. L'importo del conto Fatture da emettere:
   - a *non comprende mai l'IVA*
   - b *comprende a volte l'IVA*
   - c *comprende sempre l'IVA*
   - d *comprende l'IVA se la fattura è emessa entro il mese di dicembre*

6. Il TFR è:
   - a *un costo dell'esercizio*
   - b *interamente pagato ai dipendenti*
   - c *maturato negli anni di servizio*
   - d *destinato al fondo pensione nelle aziende con meno di 50 dipendenti*

**2** Completa le scritture in P.D.

| | | | | | |
|---|---|---|---|---|---|
| 31/12 | .......... | Banca x c/c | ........................................ | 89,02 | |
| 31/12 | .......... | Titolare c/ritenute subite | ........................................ | 19,58 | |
| 31/12 | 40.02 | INTERESSI ATTIVI BANCARI | maturati interessi periodici | | 108, 60 |
| 31/12 | 41.02 | INTERESSI PASSIVI BANCARI | ........................................ | 167, 00 | |
| 31/12 | .......... | Banche c/interessi maturati | maturati interessi annuali | | 167,00 |
| 31/12 | .......... | Interessi pass. a fornitori | interessi di mora | 32, 00 | |
| 31/12 | .......... | DEBITI V/FORNITORI | interessi di mora v/fornitore Parti | | 32,00 |
| 31/12 | .......... | Crediti v/clienti | interessi di mora verso cliente | 15, 20 | |
| 31/12 | .......... | Interessi att. da clienti | ........................................ | | 15,20 |

**3** Completa i seguenti articoli in P.D. e indica la natura dei conti utilizzati nelle registrazioni.

| | | | | | |
|---|---|---|---|---|---|
| 31/12 | 18.20 | BNL C/C | maturati int. per. | 108,20 | |
| 31/12 | .......... | Titolare c/ritenute subite | | 23,80 | |
| 31/12 | 40.02 | INTERESSI ATTIVI BANCARI | maturati int. per. | | 132, 00 |

| | | | | | |
|---|---|---|---|---|---|
| 31/12 | ......... | ........................................ | interessi di mora | 18, 40 | |
| 31/12 | ......... | ........................................ | interessi di mora | | 18, 40 |
| 31/12 | 31.05 | COSTI TELEFONICI | ........................................ | 184, 50 | |
| 31/12 | ......... | Fatture da ricevere | ........................................ | | 184, 50 |
| 31/12 | ......... | Perdite su crediti | stralcio di cambiali insolute | 1.320, 00 | |
| 31/12 | 05.11 | CAMBIALI INSOLUTE | stralcio di cambiali insolute | | 1.320, 00 |
| 31/12 | 33.03 | TFR | ........................................ | 3.673, 00 | |
| 31/12 | 12.01 | DEBITI PER TFR | ........................................ | | 3.619, 28 |
| 31/12 | ......... | Debiti per rit. da versare | ........................................ | | 53, 72 |
| 31/12 | 60.01 | IMPOSTE DELL'ESERCIZIO | imposte di competenza | 12.470, 00 | |
| 31/12 | ......... | Debiti per imposte | imposte di competenza | | 12.470, 00 |
| 31/12 | 15.05 | DEBITI PER IMPOSTE | storno acconto | 9.170, 00 | |
| 31/12 | ......... | Imposte c/acconto | storno acconto | | 9.170, 00 |

| Codici | Denominazione dei conti | Natura |
|---|---|---|
| 05.11 | Cambiali insolute | finanziaria |
| 12.01 | Debiti per TFR | finanziaria |
| 15.05 | Debiti per imposte | finanziaria |
| 18.20 | BNL c/c | finanziaria |
| 31.05 | Costi telefonici | economica |
| 33.03 | TFR | economica |
| 40.02 | Interessi attivi bancari | economica |
| 60.01 | Imposte dell'esercizio | economica |

**4** Analizza le registrazioni contabili e indica le operazioni di gestione che le hanno originate.

| | | | | | |
|---|---|---|---|---|---|
| 31/12 | 39.05 | PERDITE SU CREDITI | ........................................ | 2.370, 84 | |
| 31/12 | 05.11 | CAMBIALI INSOLUTE | ........................................ | | 2.370, 84 |
| 31/12 | 31.02 | COSTI PER ENERGIA | ........................................ | 210, 76 | |
| 31/12 | 14.02 | FATTURE DA RICEVERE | ........................................ | | 210, 76 |
| 31/12 | 30.01 | MERCI C/ACQUISTI | ........................................ | 5.210, 60 | |
| 31/12 | 06.01 | IVA NS/CREDITO | ........................................ | 1.146, 33 | |
| 31/12 | 14.02 | FATTURE DA RICEVERE | ........................................ | | 6.356, 93 |
| 31/12 | 05.01 | CREDITI V/CLIENTI | ........................................ | 12, 75 | |
| 31/12 | 40.01 | INTERESSI ATTIVI DA CLIENTI | ........................................ | | 12, 75 |

Operazione n. 1: cambiale insoluta

Operazione n. 2: Fattura per costi energia emessa a gennaio

Operazione n. 3: merci acquistate con fattura differita

Operazione n. 4: interessi di mora verso cliente

**5** Indica per ciascun conto la sua natura e destinazione.

| Conti | Conti finanziari | Conti economici | Situazione patrimoniale | Situazione economica |
|---|---|---|---|---|
| Debiti per TFR | | | | |
| Fatture da emettere | | | | |
| Crediti insoluti | | | | |
| TFR | | | | |
| Imposte dell'esercizio | | | | |
| Perdite su crediti | | | | |
| Fatture da ricevere | | | | |
| Debiti per imposte | | | | |
| Interessi passivi a fornitori | | | | |
| Imposte c/acconto | | | | |
| Crediti da liquidare | | | | |
| Debiti per ritenute da versare | | | | |
| Interessi attivi da clienti | | | | |
| Banca X c/c | | | | |
| Premi su vendite | | | | |
| Interessi passivi bancari | | | | |
| Cambiali insolute | | | | |
| Debiti da liquidare | | | | |
| Interessi attivi bancari | | | | |
| Debiti v/fondi pensione | | | | |

**6** Esamina la situazione proposta ed esegui quanto richiesto.

L'impresa Maria Versari presenta, nella situazione contabile redatta al termine dell'esercizio n dopo le scritture di assestamento, tra gli altri, i seguenti conti.

*Completa lo schema, presenta sul quaderno le registrazioni contabili e rispondi alle domande.*

| Conti | Prima delle scritture di assestamento | Dopo le scritture di assestamento |
|---|---|---|
| TFR | = | 6.241,00 |
| Debiti per TFR | 22.470,40 | ...................... |
| Debiti per ritenute da versare | 714,10 | 814,30 |
| Perdite su crediti | = | 1.240,00 |
| Cambiali insolute | 13.240,00 | ...................... |
| Banca X c/c | 14.270,00 | ...................... |
| Titolare c/ritenute subite | = | ...................... |
| Interessi attivi bancari | = | 200,00 |
| Interessi passivi a fornitori | = | 78,00 |
| Debiti v/fornitori | 174.200,00 | ...................... |
| Premi su vendite | = | 1.840,00 |
| Debiti da liquidare | = | ...................... |

**a.** Quali sono le operazioni di assestamento evidenziate dai movimenti contabili?

..........................................................................................................

**b.** A quale conto viene girato Titolare c/ritenute subite?

..........................................................................................................

**7** **CLIL** Specify if the following statements are TRUE or FALSE.

1. Bank interest receivables are entered net of the withholding tax. T F
2. The Invoice to be issued Account is opened for revenues for the period. T F
3. The writing-off of a bad debt involves the elimination of the receivable from the accounts. T F
4. Accrued severance indemnities annual allocation represents an operating cost. T F

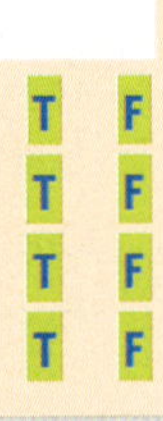

**Lezione 3**

# Le scritture di integrazione

Rischio globale = ***Global risk***

## Quali sono le caratteristiche delle scritture di integrazione?

Le **scritture di integrazione** rilevano quote di costi e di ricavi di competenza dell'esercizio non ancora contabilizzate in quanto aventi manifestazione finanziaria negli esercizi futuri.

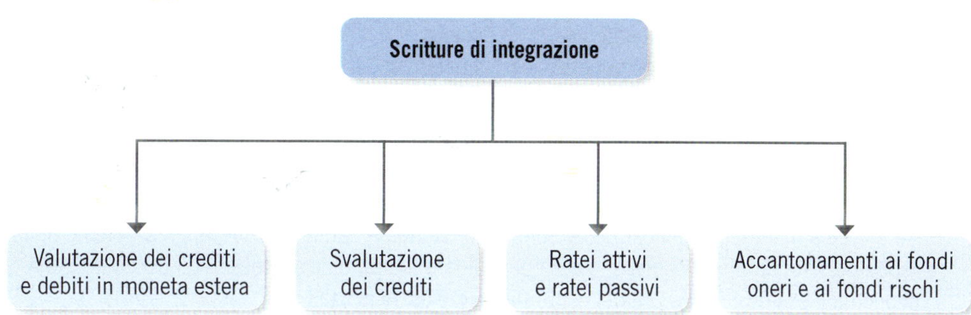


## Come si valutano i crediti e debiti in moneta estera?

A fine esercizio è necessario verificare il valore del cambio (tasso di cambio) al quale sono stati registrati i crediti e debiti in moneta estera alla data dell'operazione (**cambio storico**) per adeguarlo, se differente, al cambio alla data di chiusura dell'esercizio. Il procedimento di calcolo corrisponde a quello appreso nelle scritture di gestione e le eventuali *differenze positive o negative in cambi* rappresentano **componenti positivi o negativi di reddito**.

Può accadere che alcuni acquisti o vendite all'estero siano espressi in valuta diversa (in particolare dollari USA, ma anche sterline inglesi, yen giapponesi e altre valute estere). In questo caso, se il cambio alla data di chiusura dell'esercizio è diverso dal cambio al quale l'operazione è stata rilevata, è necessario procedere a un adeguamento della valutazione del credito o del debito. Le situazioni che si possono verificare sono:

- *al 31/12 l'euro si è apprezzato sulla valuta estera*, di conseguenza l'importo del credito o del debito si riduce rispetto all'importo rilevato nel corso dell'anno. Nel caso di un **credito**, la riduzione dell'importo provoca una differenza negativa che si rileva nel conto economico acceso ai costi d'esercizio **Differenze passive in cambi**. Se invece si tratta di un **debito** la riduzione dell'importo dovuto provoca una differenza positiva che si rileva nel conto economico acceso ai ricavi d'esercizio **Differenze attive in cambi**;
- *al 31/12 l'euro si è deprezzato sulla valuta estera*. In questo caso l'importo del credito o del debito aumenta: per i **crediti** l'aumento dell'importo genera una differenza positiva rilevata nel conto economico acceso ai ricavi d'esercizio **Differenze attive in cambi**, mentre per i **debiti** il maggior valore genera una differenza negativa che si rileva nel conto economico acceso ai costi d'esercizio **Differenze passive in cambi**.

## SEMPIO Valutazione di un debito in moneta estera

Il 5 novembre l'impresa commerciale Giulia Dani & C. snc di Brindisi ha acquistato merce dal fornitore statunitense Mattew Wards di Seattle documentata dalla fattura n. 138 di 31.700 dollari, che viene rilevata al cambio di 1,3654 dollari per un euro. Il contratto prevede il pagamento del debito a 60 giorni data fattura a mezzo di bonifico bancario. Il 31 dicembre il cambio euro/dollaro risulta di 1,3530.

Al ricevimento della fattura dal fornitore sul libro giornale si effettua la seguente registrazione applicando il cambio di 1,3654 dollari per un euro:

| | | | | | |
|---|---|---|---|---|---|
| 05/11 | 30.03 | MERCI C/ACQUISTI ESTERO | fattura n. 138 da Wards | 23.216, 64 | |
| 05/11 | 14.04 | DEBITI V/FORNITORI ESTERI | fattura n. 138 da Wards | | 23.216, 64 |

A fine esercizio, il *deprezzamento dell'euro rispetto al dollaro* (cambio euro/dollaro di 1,3530) causa un aumento dell'importo in euro necessario per estinguere il debito di 31.700 dollari, provocando un maggior costo per l'impresa (perdita presunta) da rilevare nel conto economico acceso ai costi di esercizio **Differenze passive in cambi**:

| | | | | | |
|---|---|---|---|---|---|
| 31/12 | 41.21 | DIFFERENZE PASSIVE IN CAMBI | cambio sfavorevole | 212, 78 | |
| 31/12 | 14.04 | DEBITI V/FORNITORI ESTERI | adeguato val. fatt. n. 138 Wards | | 212, 78 |

Se invece a fine esercizio il cambio euro/dollaro risultasse pari a 1,3668 (apprezzamento dell'euro sul dollaro), sarebbe previsto un minor esborso in euro per saldare il debito degli stessi 31.700 dollari, che causa una variazione economica positiva da rilevare nel conto **Differenze attive in cambi**:

| | | | | | |
|---|---|---|---|---|---|
| 31/12 | 14.04 | DEBITI V/FORNITORI ESTERI | adeguato val. fatt. n. 138 Wards | 23, 78 | |
| 31/12 | 40.21 | DIFFERENZE ATTIVE IN CAMBI | valutazione a cambio favorevole | | 23, 78 |

## Come si contabilizza la svalutazione dei crediti?

A fine esercizio è necessario analizzare i crediti per individuare la loro esigibilità. Oltre ai crediti inesigibili, che devono essere stralciati, vi sono crediti di dubbia e parziale esigibilità che richiedono un'attenta valutazione.
Per ciascun credito viene calcolata la perdita per inesigibilità che si presume di subire e si procede alla svalutazione indiretta da iscrivere nel **Fondo svalutazione crediti**.
Successivamente si effettua un'ulteriore svalutazione forfetaria per fronteggiare il rischio globale di perdite dovuto a situazioni di inesigibilità non ancora manifestatesi, che si iscrive nel **Fondo rischi su crediti**.

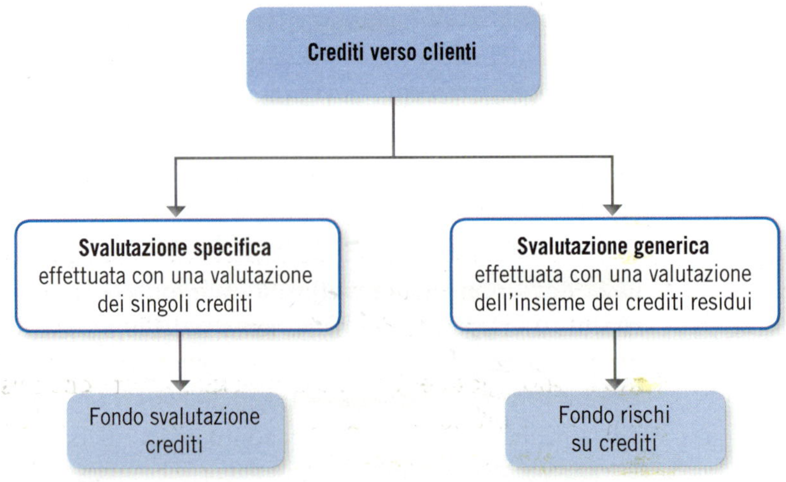

# Quadro dei conti di un'impresa commerciale individuale

**01.00 IMMOBILIZZAZIONI IMMATERIALI**
01.01 Costi di impianto
01.03 Brevetti
01.04 Software
01.05 Avviamento
01.11 Fondo ammortamento costi di impianto
01.13 Fondo ammortamento brevetti
01.14 Fondo ammortamento software
01.15 Fondo ammortamento avviamento
01.20 Fornitori immobilizzazioni immateriali c/acconti

**02.00 IMMOBILIZZAZIONI MATERIALI**
02.01 Fabbricati
02.02 Impianti e macchinari
02.04 Attrezzature commerciali
02.05 Macchine d'ufficio
02.06 Arredamento
02.07 Automezzi
02.08 Imballaggi durevoli
02.11 Fondo ammortamento fabbricati
02.12 Fondo ammortamento impianti e macchinari
02.14 Fondo ammortamento attrezzature commerciali
02.15 Fondo ammortamento macchine d'ufficio
02.16 Fondo ammortamento arredamento
02.17 Fondo ammortamento automezzi
02.18 Fondo ammortamento imballaggi durevoli
02.30 Fornitori immobilizzazioni materiali c/acconti

**03.00 IMMOBILIZZAZIONI FINANZIARIE**
03.01 Mutui attivi

**04.00 RIMANENZE**
04.01 Materie di consumo
04.04 Merci
04.10 Fornitori c/acconti

**05.00 CREDITI COMMERCIALI**
05.01 Crediti v/clienti
05.02 Fatture da emettere
05.03 Crediti commerciali diversi
05.04 Crediti v/clienti esteri
05.05 Clienti c/costi anticipati
05.06 Cambiali attive
05.07 Cambiali allo sconto
05.08 Cambiali all'incasso
05.09 Crediti da liquidare
05.10 Crediti insoluti
05.11 Cambiali insolute
05.12 Crediti per acconti da clienti
05.20 Fondo rischi su crediti
05.21 Fondo svalutazione crediti

**06.00 CREDITI DIVERSI**
06.01 IVA ns/credito
06.02 IVA c/acconto
06.03 Imposte c/acconto
06.05 Crediti v/Istituti previdenziali
06.06 Crediti per imposte
06.07 Crediti per cauzioni
06.10 Crediti diversi
06.20 Personale c/acconti

**08.00 DISPONIBILITÀ LIQUIDE**
08.01 Banche c/c attivi
08.02 C/c postali
08.10 Assegni
08.20 Denaro in cassa
08.21 Valori bollati

**09.00 RATEI E RISCONTI ATTIVI**
09.01 Ratei attivi
09.02 Risconti attivi

**10.00 PATRIMONIO NETTO**
10.01 Patrimonio netto
10.02 Prelevamenti extragestione
10.03 Titolare c/ritenute subite
10.04 Utile d'esercizio
10.05 Perdita d'esercizio

**11.00 FONDI PER RISCHI E ONERI**
11.01 Fondo responsabilità civile
11.10 Fondo manutenzioni programmate

**12.00 TRATTAMENTO FINE RAPPORTO**
12.01 Debiti per TFR

**13.00 DEBITI FINANZIARI**
13.01 Mutui passivi
13.10 Banche c/Ri.Ba. sbf
13.11 Banche c/anticipi su fatture
13.15 Sovvenzioni bancarie
13.20 Banche c/c passivi
13.21 Banche c/interessi maturati
13.30 Debiti v/altri finanziatori

**14.00 DEBITI COMMERCIALI**
14.01 Debiti v/fornitori
14.02 Fatture da ricevere
14.03 Debiti commerciali diversi
14.04 Debiti v/fornitori esteri
14.05 Debiti per acconti a fornitori
14.06 Cambiali passive
14.09 Debiti da liquidare
14.20 Clienti c/acconti

**15.00 DEBITI DIVERSI**
15.01 IVA ns/debito
15.02 Debiti per ritenute da versare
15.03 Debiti per IVA
15.05 Debiti per imposte
15.06 Debiti v/Istituti previdenziali
15.07 Debiti per cauzioni
15.20 Personale c/retribuzioni
15.21 Personale c/liquidazione
15.22 Debiti v/fondi pensione
15.23 Cedente c/cessione
15.30 Debiti diversi
15.31 Vettori c/spese anticipate

**16.00 RATEI E RISCONTI PASSIVI**
16.01 Ratei passivi
16.02 Risconti passivi

**18.00 CONTI TRANSITORI E DIVERSI**
18.01 Bilancio di apertura
18.02 Bilancio di chiusura

TE204ZT ISBN 978-88-233-5425-8
Allegato al volume TE204ZA

18.10 IVA c/liquidazione
18.11 Istituti previdenziali
18.20 Banca X c/c
18.25 Banca X c/valuta estera

**19.00 CONTI DI SISTEMI MINORI**
19.01 Beni di terzi
19.02 Depositanti beni
19.11 Impegni per beni in leasing
19.12 Creditori c/leasing
19.21 Rischi per fideiussioni
19.22 Creditori per fideiussioni

**20.00 VALORE DELLA PRODUZIONE**
20.01 Merci c/vendite
20.02 Merci c/vendite on line
20.03 Servizi on line
20.04 Merci c/vendite estero
20.05 Lavorazioni c/terzi
20.10 Resi su vendite
20.11 Ribassi e abbuoni passivi
20.12 Premi su vendite
20.15 Fitti attivi
20.16 Proventi vari
20.17 Arrotondamenti attivi
20.20 Plusvalenze ordinarie
20.21 Plusvalenze straordinarie
20.22 Sopravvenienze attive ordinarie
20.23 Sopravvenienze attive straordinarie
20.24 Insussistenze attive ordinarie
20.25 Insussistenze attive straordinarie
20.30 Rimborsi costi di vendita

**30.00 COSTI PER MERCI E MATERIE DI CONSUMO**
30.01 Merci c/acquisti
30.02 Materie di consumo c/acquisti
30.03 Merci c/acquisti estero
30.05 Merci c/apporti
30.10 Resi su acquisti
30.11 Ribassi e abbuoni attivi
30.12 Premi su acquisti

**31.00 COSTI PER SERVIZI**
31.01 Costi di trasporto
31.02 Costi per energia
31.03 Pubblicità
31.04 Consulenze
31.05 Costi telefonici
31.06 Costi di vigilanza
31.07 Costi postali
31.08 Assicurazioni
31.09 Costi per i locali
31.10 Manutenzioni e riparazioni
31.11 Costi di etichettatura
31.12 Lavorazioni presso terzi
31.13 Provvigioni passive
31.14 Costi di incasso
31.15 Commissioni bancarie

**32.00 COSTI PER GODIMENTO BENI DI TERZI**
32.01 Fitti passivi
32.02 Canoni di leasing

**33.00 COSTI PER IL PERSONALE**
33.01 Salari e stipendi
33.02 Oneri sociali
33.03 TFR

**34.00 AMMORTAMENTO IMMOBILIZZAZIONI IMMATERIALI**
34.01 Ammortamento costi di impianto
34.03 Ammortamento brevetti
34.04 Ammortamento software
34.05 Ammortamento avviamento

**35.00 AMMORTAMENTO IMMOBILIZZAZIONI MATERIALI**
35.01 Ammortamento fabbricati
35.02 Ammortamento impianti e macchinari
35.04 Ammortamento attrezzature commerciali
35.05 Ammortamento macchine d'ufficio
35.06 Ammortamento arredamento
35.07 Ammortamento automezzi
35.08 Ammortamento imballaggi durevoli

**36.00 SVALUTAZIONI**
36.20 Svalutazione crediti

**37.00 VARIAZIONI DELLE RIMANENZE DI MERCI E MATERIE DI CONSUMO**
37.01 Merci c/esistenze iniziali
37.02 Materie di consumo c/esistenze iniziali
37.10 Merci c/rimanenze finali
37.11 Materie di consumo c/rimanenze finali

**38.00 ACCANTONAMENTI**
38.01 Accantonamento per responsabilità civile
38.10 Accantonamento per manutenzioni programmate

**39.00 ONERI DIVERSI**
39.01 Arrotondamenti passivi
39.02 Oneri fiscali diversi
39.05 Perdite su crediti
39.10 Minusvalenze ordinarie
39.11 Minusvalenze straordinarie
39.12 Sopravvenienze passive ordinarie
39.13 Sopravvenienze passive straordinarie
39.14 Insussistenze passive ordinarie
39.15 Insussistenze passive straordinarie

**40.00 PROVENTI FINANZIARI**
40.01 Interessi attivi da clienti
40.02 Interessi attivi bancari
40.03 Interessi attivi postali
40.20 Proventi finanziari diversi
40.21 Differenze attive in cambi

**41.00 ONERI FINANZIARI**
41.01 Interessi passivi a fornitori
41.02 Interessi passivi bancari
41.03 Sconti passivi bancari
41.04 Interessi passivi su mutui
41.20 Oneri finanziari diversi
41.21 Differenze passive in cambi

**60.00 IMPOSTE DELL'ESERCIZIO**
60.01 Imposte dell'esercizio

**90.00 CONTI DI RISULTATO**
90.01 Conto di risultato economico

| Codice | Denominazione | Classificazione | Natura | Eccedenza | Voci del bilancio d'esercizio | Note |
|---|---|---|---|---|---|---|
| **01.00** | **IMMOBILIZZAZIONI IMMATERIALI** | | | | | A eccezione del conto Fornitori immobilizzazioni immateriali c/acconti che è di natura finanziaria, il raggruppamento accoglie i conti economici accesi a costi pluriennali e alle loro rettifiche (fondi ammortamento). |
| 01.01 | Costi di impianto | E, pluriennale | P | D | SP (attivo) Immobilizzazioni immateriali | |
| 01.03 | Brevetti | E, pluriennale | P | D | SP (attivo) Immobilizzazioni immateriali | |
| 01.04 | Software | E, pluriennale | P | D | SP (attivo) Immobilizzazioni immateriali | |
| 01.05 | Avviamento | E, pluriennale | P | D | SP (attivo) Immobilizzazioni immateriali | |
| 01.11 | Fondo ammortamento costi di impianto | E, rettif. costo pluriennale | P | A | SP (attivo) Immobilizzazioni immateriali (in rettifica) | |
| 01.13 | Fondo ammortamento brevetti | E, rettif. costo pluriennale | P | A | SP (attivo) Immobilizzazioni immateriali (in rettifica) | |
| 01.14 | Fondo ammortamento software | E, rettif. costo pluriennale | P | A | SP (attivo) Immobilizzazioni immateriali (in rettifica) | |
| 01.15 | Fondo ammortamento avviamento | E, rettif. costo pluriennale | P | A | SP (attivo) Immobilizzazioni immateriali (in rettifica) | |
| 01.20 | Fornitori immobilizzazioni immateriali c/acconti | F, credito | P | D | SP (attivo) Immobilizzazioni immateriali | |
| **02.00** | **IMMOBILIZZAZIONI MATERIALI** | | | | | A eccezione del conto Fornitori immobilizzazioni materiali c/acconti che è di natura finanziaria, il raggruppamento accoglie i conti economici accesi a costi pluriennali e alle loro rettifiche (fondi ammortamento). |
| 02.01 | Fabbricati | E, pluriennale | P | D | SP (attivo) Immobilizzazioni materiali | |
| 02.02 | Impianti e macchinari | E, pluriennale | P | D | SP (attivo) Immobilizzazioni materiali | |
| 02.04 | Attrezzature commerciali | E, pluriennale | P | D | SP (attivo) Immobilizzazioni materiali | |
| 02.05 | Macchine d'ufficio | E, pluriennale | P | D | SP (attivo) Immobilizzazioni materiali | |
| 02.06 | Arredamento | E, pluriennale | P | D | SP (attivo) Immobilizzazioni materiali | |
| 02.07 | Automezzi | E, pluriennale | P | D | SP (attivo) Immobilizzazioni materiali | |
| 02.08 | Imballaggi durevoli | E, pluriennale | P | D | SP (attivo) Immobilizzazioni materiali | |
| 02.11 | Fondo ammortamento fabbricati | E, rettif. costo pluriennale | P | A | SP (attivo) Immobilizzazioni materiali (in rettifica) | |
| 02.12 | Fondo ammortamento impianti e macchinari | E, rettif. costo pluriennale | P | A | SP (attivo) Immobilizzazioni materiali (in rettifica) | |
| 02.14 | Fondo ammortamento attrezzature commerciali | E, rettif. costo pluriennale | P | A | SP (attivo) Immobilizzazioni materiali (in rettifica) | |
| 02.15 | Fondo ammortamento macchine d'ufficio | E, rettif. costo pluriennale | P | A | SP (attivo) Immobilizzazioni materiali (in rettifica) | |
| 02.16 | Fondo ammortamento arredamento | E, rettif. costo pluriennale | P | A | SP (attivo) Immobilizzazioni materiali (in rettifica) | |
| 02.17 | Fondo ammortamento automezzi | E, rettif. costo pluriennale | P | A | SP (attivo) Immobilizzazioni materiali (in rettifica) | |
| 02.18 | Fondo ammortamento imballaggi durevoli | E, rettif. costo pluriennale | P | A | SP (attivo) Immobilizzazioni materiali (in rettifica) | |
| 02.30 | Fornitori immobilizzazioni materiali c/acconti | F, credito | P | D | SP (attivo) Immobilizzazioni materiali | |
| **03.00** | **IMMOBILIZZAZIONI FINANZIARIE** | | | | | Il raggruppamento accoglie un conto finanziario acceso ai crediti di finanziamento. |
| 03.01 | Mutui attivi | F, credito | P | D | SP (attivo) Immobilizzazioni finanziarie | |
| **04.00** | **RIMANENZE** | | | | | A eccezione del conto Fornitori c/acconti, che è di natura finanziaria, il raggruppamento accoglie conti economici accesi ai costi sospesi. |
| 04.01 | Materie di consumo | E, costo sospeso | P | D | SP (attivo) Rimanenze | |
| 04.04 | Merci | E, costo sospeso | P | D | SP (attivo) Rimanenze | |
| 04.10 | Fornitori c/acconti | F, credito | P | D | SP (attivo) Rimanenze | |
| **05.00** | **CREDITI COMMERCIALI** | | | | | Il raggruppamento accoglie conti finanziari accesi ai crediti commerciali o di fornitura (regolamento) e alle loro rettifiche. Il Fondo rischi su crediti rettifica il valore nominale dei crediti in funzione della svalutazione generica; il Fondo svalutazione crediti rettifica il valore nominale dei crediti in funzione della svalutazione specifica. |
| 05.01 | Crediti v/clienti | F, credito | P | D | SP (attivo) Crediti | |
| 05.02 | Fatture da emettere | F, credito | P | D | SP (attivo) Crediti | |
| 05.03 | Crediti commerciali diversi | F, credito | P | D | SP (attivo) Crediti | |
| 05.04 | Crediti v/clienti esteri | F, credito | P | D | SP (attivo) Crediti | |
| 05.05 | Clienti c/costi anticipati | F, credito | P | D | SP (attivo) Crediti | |
| 05.06 | Cambiali attive | F, credito | P | D | SP (attivo) Crediti | |
| 05.07 | Cambiali allo sconto | F, credito | P | D | SP (attivo) Crediti | |
| 05.08 | Cambiali all'incasso | F, credito | P | D | SP (attivo) Crediti | |
| 05.09 | Crediti da liquidare | F, credito | P | D | SP (attivo) Crediti | |
| 05.10 | Crediti insoluti | F, credito | P | D | SP (attivo) Crediti | |
| 05.11 | Cambiali insolute | F, credito | P | D | SP (attivo) Crediti | |
| 05.12 | Crediti per acconti da clienti | F, credito | P | D | SP (attivo) Crediti | |
| 05.20 | Fondo rischi su crediti | F, rettifica credito | P | A | SP (attivo) Crediti (in rettifica) | |

| Codice | Denominazione | Classificazione | Natura | Eccedenza | Voci del bilancio d'esercizio | Note |
|---|---|---|---|---|---|---|
| 05.21 | Fondo svalutazione crediti | F, rettifica credito | P | A | SP (attivo) Crediti (in rettifica) | |
| **06.00** | **CREDITI DIVERSI** | | | | | Il raggruppamento accoglie conti finanziari accesi a crediti verso una pluralità di soggetti. |
| 06.01 | IVA ns/credito | F, credito | P | D | non affluisce in bilancio in quanto il saldo è girato al conto IVA c/liquidazione | |
| 06.02 | IVA c/acconto | F, credito | P | D | non affluisce in bilancio in quanto il saldo è girato al conto IVA c/liquidazione | |
| 06.03 | Imposte c/acconto | F, credito | P | D | non affluisce in bilancio in quanto il saldo si compensa con il debito per le imposte di competenza | |
| 06.05 | Crediti v/Istituti previdenziali | F, credito | P | D | SP (attivo) Crediti | |
| 06.06 | Crediti per imposte | F, credito | P | D | SP (attivo) Crediti | |
| 06.07 | Crediti per cauzioni | F, credito | P | D | SP (attivo) Crediti | |
| 06.10 | Crediti diversi | F, credito | P | D | SP (attivo) Crediti | |
| 06.20 | Personale c/acconti | F, credito | P | D | SP (attivo) Crediti | |
| **08.00** | **DISPONIBILITÀ LIQUIDE** | | | | | Il raggruppamento accoglie conti finanziari accesi a crediti a vista e a valori in cassa. |
| 08.01 | Banche c/c attivi | F, credito | P | D | SP (attivo) Disponibilità liquide | |
| 08.02 | C/c postali | F, credito | P | D | SP (attivo) Disponibilità liquide | |
| 08.10 | Assegni | F, valori in cassa | P | D | SP (attivo) Disponibilità liquide | |
| 08.20 | Denaro in cassa | F, valori in cassa | P | D | SP (attivo) Disponibilità liquide | |
| 08.21 | Valori bollati | F, valori in cassa | P | D | SP (attivo) Disponibilità liquide | |
| **09.00** | **RATEI E RISCONTI ATTIVI** | | | | | Il raggruppamento accoglie conti di natura eterogenea: il conto acceso ai ratei è finanziario; il conto acceso ai risconti è economico. Nel bilancio in forma abbreviata e nel bilancio delle micro-imprese i Ratei e risconti attivi possono essere inseriti tra i Crediti nell'Attivo circolante. |
| 09.01 | Ratei attivi | F, rateo | P | D | SP (attivo) Ratei e risconti | |
| 09.02 | Risconti attivi | E, costo sospeso | P | D | SP (attivo) Ratei e risconti | |
| **10.00** | **PATRIMONIO NETTO** | | | | | Il raggruppamento accoglie conti economici di patrimonio netto accesi alle sue parti ideali, positive e negative. |
| 10.01 | Patrimonio netto | E, patrimonio netto | P | A | SP (passivo) Patrimonio netto | |
| 10.02 | Prelevamenti extragestione | E, patrimonio netto | P | D | SP (passivo) Patrimonio netto (in rettifica) | |
| 10.03 | Titolare c/ritenute subite | E, patrimonio netto | P | D | SP (passivo) Patrimonio netto (in rettifica) | |
| 10.04 | Utile d'esercizio | E, patrimonio netto | P | A | SP (passivo) Patrimonio netto | |
| 10.05 | Perdita d'esercizio | E, patrimonio netto | P | D | SP (passivo) Patrimonio netto (in rettifica) | |
| **11.00** | **FONDI PER RISCHI E ONERI** | | | | | Il raggruppamento accoglie conti finanziari accesi ai fondi per rischi e oneri. |
| 11.01 | Fondo responsabilità civile | F, fondo rischi | P | A | SP (passivo) Fondi per rischi e oneri | |
| 11.10 | Fondo manutenzioni programmate | F, fondo oneri | P | A | SP (passivo) Fondi per rischi e oneri | |
| **12.00** | **TRATTAMENTO FINE RAPPORTO** | | | | | Il raggruppamento accoglie un conto finanziario relativo a un debito avente scadenza indeterminata. |
| 12.01 | Debiti per TFR | F, debito | P | A | SP (passivo) Trattamento di fine rapporto di lavoro subordinato | |
| **13.00** | **DEBITI FINANZIARI** | | | | | Il raggruppamento accoglie conti finanziari accesi ai debiti di finanziamento. |
| 13.01 | Mutui passivi | F, debito | P | A | SP (passivo) Debiti | |
| 13.10 | Banche c/Ri.Ba. sbf | F, debito | P | A | SP (passivo) Debiti | |
| 13.11 | Banche c/anticipi su fatture | F, debito | P | A | SP (passivo) Debiti | |
| 13.15 | Sovvenzioni bancarie | F, debito | P | A | SP (passivo) Debiti | |

| Codice | Denominazione | Classificazione | Natura | Eccedenza | Voci del bilancio d'esercizio | Note |
|---|---|---|---|---|---|---|
| 13.20 | Banche c/c passivi | F, debito | P | A | SP (passivo) Debiti | |
| 13.21 | Banche c/interessi maturati | F, debito | P | A | SP (passivo) Debiti | |
| 13.30 | Debiti v/altri finanziatori | F, debito | P | A | SP (passivo) Debiti | |
| **14.00** | **DEBITI COMMERCIALI** | | | | | |
| 14.01 | Debiti v/fornitori | F, debito | P | A | SP (passivo) Debiti | Il raggruppamento accoglie conti finanziari accesi ai debiti di regolamento. |
| 14.02 | Fatture da ricevere | F, debito | P | A | SP (passivo) Debiti | |
| 14.03 | Debiti commerciali diversi | F, debito | P | A | SP (passivo) Debiti | |
| 14.04 | Debiti v/fornitori esteri | F, debito | P | A | SP (passivo) Debiti | |
| 14.05 | Debiti per acconti a fornitori | F, debito | P | A | SP (passivo) Debiti | |
| 14.06 | Cambiali passive | F, debito | P | A | SP (passivo) Debiti | |
| 14.09 | Debiti da liquidare | F, debito | P | A | SP (passivo) Debiti | |
| 14.20 | Clienti c/acconti | F, debito | P | A | SP (passivo) Debiti | |
| **15.00** | **DEBITI DIVERSI** | | | | | |
| 15.01 | IVA ns/debito | F, debito | P | A | non affluisce in bilancio in quanto il saldo è girato al conto IVA c/liquidazione | Il raggruppamento accoglie conti finanziari accesi ai debiti verso una pluralità di soggetti. |
| 15.02 | Debiti per ritenute da versare | F, debito | P | A | SP (passivo) Debiti | |
| 15.03 | Debiti per IVA | F, debito | P | A | SP (passivo) Debiti | |
| 15.05 | Debiti per imposte | F, debito | P | A | SP (passivo) Debiti | |
| 15.06 | Debiti v/Istituti previdenziali | F, debito | P | A | SP (passivo) Debiti | |
| 15.07 | Debiti per cauzioni | F, debito | P | A | SP (passivo) Debiti | |
| 15.20 | Personale c/retribuzioni | F, debito | P | A | SP (passivo) Debiti | |
| 15.21 | Personale c/liquidazione | F, debito | P | A | SP (passivo) Debiti | |
| 15.22 | Debiti v/fondi pensione | F, debito | P | A | SP (passivo) Debiti | |
| 15.23 | Cedente c/cessione | F, debito | P | A | SP (passivo) Debiti | |
| 15.30 | Debiti diversi | F, debito | P | | SP (passivo) Debiti | |
| 15.31 | Vettori c/spese anticipate | F, debito | P | A | SP (passivo) Debiti | |
| **16.00** | **RATEI E RISCONTI PASSIVI** | | | | | |
| 16.01 | Ratei passivi | F, rateo | P | A | SP (passivo) Ratei e risconti | Il raggruppamento accoglie conti di natura eterogenea: il conto acceso ai ratei è finanziario; il conto acceso ai risconti è economico. Nel bilancio delle micro-imprese e nel bilancio in forma abbreviata i Ratei e i risconti passivi possono essere inseriti tra i Debiti. |
| 16.02 | Risconti passivi | E, ricavo sospeso | P | A | SP (passivo) Ratei e risconti | |
| **18.00** | **CONTI TRANSITORI E DIVERSI** | | | | | |
| 18.01 | Bilancio di apertura | transitorio di contropartita | P | | | Il raggruppamento accoglie: conti che si utilizzano in contropartita nelle fasi di apertura e di chiusura della contabilità; conti finanziari che possono presentare alternanza di saldi, da girare ai rispettivi conti di credito o di debito. |
| 18.02 | Bilancio di chiusura | transitorio di contropartita | P | | | |
| 18.10 | IVA c/liquidazione | F, crediti e debiti | P | D/A | tali conti non affluiscono in bilancio in quanto transitori e/o in quanto il loro saldo è girato a conti di debito o di credito | |
| 18.11 | Istituti previdenziali | F, crediti e debiti | P | D/A | | |
| 18.20 | Banca X c/c | F, crediti e debiti | P | D/A | | |
| 18.25 | Banca X c/valuta estera | F, crediti e debiti | P | D/A | | |
| **19.00** | **CONTI DI SISTEMI MINORI** | | | | | |
| 19.01 | Beni di terzi | conto d'ordine | | D | nel bilancio delle micro-imprese in calce allo Stato patrimoniale figurano gli impegni, le garanzie e le passività potenziali non risultanti dallo Stato patrimoniale. Nel bilancio in forma abbreviata tali informazioni devono essere riportate nella Nota integrativa | Il raggruppamento accoglie conti dei sistemi minori (o sistemi supplementari). Sono conti (intestati all'oggetto o al soggetto) riferiti al sistema dei beni di terzi, al sistema degli impegni e al sistema dei rischi. |
| 19.02 | Depositanti beni | conto d'ordine | | A | | |
| 19.11 | Impegni per beni in leasing | conto d'ordine | | D | | |
| 19.12 | Creditori c/leasing | conto d'ordine | | A | | |
| 19.21 | Rischi per fideiussioni | conto d'ordine | | D | | |
| 19.22 | Creditori per fideiussioni | conto d'ordine | | A | | |

| Codice | Denominazione | Classificazione | Natura | Eccedenza | Voci del bilancio d'esercizio | Note |
|---|---|---|---|---|---|---|
| **20.00** | **VALORE DELLA PRODUZIONE** | | | | | |
| 20.01 | Merci c/vendite | E, ricavo d'esercizio | E | A | CE A) Ricavi delle vendite e delle prestazioni | Il raggruppamento accoglie conti economici d'esercizio relativi ai ricavi e alle loro rettifiche che fanno parte della gestione caratteristica e conti economici d'esercizio relativi ai ricavi della gestione accessoria e della gestione straordinaria. |
| 20.02 | Merci c/vendite on line | E, ricavo d'esercizio | E | A | CE A) Ricavi delle vendite e delle prestazioni | |
| 20.03 | Servizi on line | E, ricavo d'esercizio | E | A | CE A) Ricavi delle vendite e delle prestazioni | |
| 20.04 | Merci c/vendite estero | E, ricavo d'esercizio | E | A | CE A) Ricavi delle vendite e delle prestazioni | |
| 20.05 | Lavorazioni c/terzi | E, ricavo d'esercizio | E | A | CE A) Ricavi delle vendite e delle prestazioni | |
| 20.10 | Resi su vendite | E, rettifica di ricavo | E | D | CE A) Ricavi delle vendite e delle prestazioni (in rettifica) | |
| 20.11 | Ribassi e abbuoni passivi | E, rettifica di ricavo | E | D | CE A) Ricavi delle vendite e delle prestazioni (in rettifica) | |
| 20.12 | Premi su vendite | E, rettifica di ricavo | E | D | CE A) Ricavi delle vendite e delle prestazioni (in rettifica) | |
| 20.15 | Fitti attivi | E, ricavo d'esercizio | E | A | CE A) Altri ricavi e proventi | |
| 20.16 | Proventi vari | E, ricavo d'esercizio | E | A | CE A) Altri ricavi e proventi | |
| 20.17 | Arrotondamenti attivi | E, ricavo d'esercizio | E | A | CE A) Altri ricavi e proventi | |
| 20.20 | Plusvalenze ordinarie | E, ricavo d'esercizio | E | A | CE A) Altri ricavi e proventi | |
| 20.21 | Plusvalenze straordinarie | E, ricavo d'esercizio | E | A | CE A) Altri ricavi e proventi | |
| 20.22 | Sopravvenienze attive ordinarie | E, ricavo d'esercizio | E | A | CE A) Altri ricavi e proventi | |
| 20.23 | Sopravvenienze attive straordinarie | E, ricavo d'esercizio | E | A | CE A) Altri ricavi e proventi | |
| 20.24 | Insussistenze attive ordinarie | E, ricavo d'esercizio | E | A | CE A) Altri ricavi e proventi | |
| 20.25 | Insussistenze attive straordinarie | E, ricavo d'esercizio | E | A | CE A) Altri ricavi e proventi | |
| 20.30 | Rimborsi costi di vendita | E, ricavo d'esercizio | E | A | CE A) Altri ricavi e proventi | |
| **30.00** | **COSTI PER MERCI E MATERIE DI CONSUMO** | | | | | |
| 30.01 | Merci c/acquisti | E, costo d'esercizio | E | D | CE B) Costi per materie prime, sussidiarie, di consumo e merci | Il raggruppamento accoglie conti economici d'esercizio relativi ai costi per merci e materie di consumo e alle loro rettifiche. |
| 30.02 | Materie di consumo c/acquisti | E, costo d'esercizio | E | D | CE B) Costi per materie prime, sussidiarie, di consumo e merci | |
| 30.03 | Merci c/acquisti estero | E, costo d'esercizio | E | D | CE B) Costi per materie prime, sussidiarie, di consumo e merci | |
| 30.05 | Merci c/apporti | E, costo d'esecizio | E | D | CE B) Costi per materie prime, sussidiarie, di consumo e merci | |
| 30.10 | Resi su acquisti | E, rettifica di costo | E | A | CE B) Costi per materie prime, sussidiarie, di consumo e merci (in rettifica) | |
| 30.11 | Ribassi e abbuoni attivi | E, rettifica di costo | E | A | CE B) Costi per materie prime, sussidiarie, di consumo e merci (in rettifica) | |
| 30.12 | Premi su acquisti | E, rettifica di costo | E | A | CE B) Costi per materie prime, sussidiarie, di consumo e merci (in rettifica) | |
| **31.00** | **COSTI PER SERVIZI** | | | | | |
| 31.01 | Costi di trasporto | E, costo d'esercizio | E | D | CE B) Costi per servizi | Il raggruppamento accoglie conti economici d'esercizio relativi ai costi per l'acquisizione di servizi. |
| 31.02 | Costi per energia | E, costo d'esercizio | E | D | CE B) Costi per servizi | |
| 31.03 | Pubblicità | E, costo d'esercizio | E | D | CE B) Costi per servizi | |
| 31.04 | Consulenze | E, costo d'esercizio | E | D | CE B) Costi per servizi | |
| 31.05 | Costi telefonici | E, costo d'esercizio | E | D | CE B) Costi per servizi | |
| 31.06 | Costi di vigilanza | E, costo d'esercizio | E | D | CE B) Costi per servizi | |
| 31.07 | Costi postali | E, costo d'esercizio | E | D | CE B) Costi per servizi | |
| 31.08 | Assicurazioni | E, costo d'esercizio | E | D | CE B) Costi per servizi | |
| 31.09 | Costi per i locali | E, costo d'esercizio | E | D | CE B) Costi per servizi | |
| 31.10 | Manutenzioni e riparazioni | E, costo d'esercizio | E | D | CE B) Costi per servizi | |
| 31.11 | Costi di etichettatura | E, costo d'esercizio | E | D | CE B) Costi per servizi | |
| 31.12 | Lavorazioni presso terzi | E, costo d'esercizio | E | D | CE B) Costi per servizi | |
| 31.13 | Provvigioni passive | E, costo d'esercizio | E | D | CE B) Costi per servizi | |
| 31.14 | Costi di incasso | E, costo d'esercizio | E | D | CE B) Costi per servizi | |
| 31.15 | Commissioni bancarie | E, costo d'esercizio | E | D | CE B) Costi per servizi | |
| **32.00** | **COSTI PER GODIMENTO BENI DI TERZI** | | | | | |
| 32.01 | Fitti passivi | E, costo d'esercizio | E | D | CE B) Costi per godimento di beni di terzi | Il raggruppamento accoglie conti economici d'esercizio relativi ai costi per contratti di locazione e di leasing. |
| 32.02 | Canoni di leasing | E, costo d'esercizio | E | D | CE B) Costi per godimento di beni di terzi | |

| Codice | Denominazione | Classificazione | Natura | Eccedenza | Voci del bilancio d'esercizio | Note |
|---|---|---|---|---|---|---|
| **33.00** | **COSTI PER IL PERSONALE** | | | | | |
| 33.01 | Salari e stipendi | E, costo d'esercizio | E | D | CE B) Costi per il personale | Il raggruppamento accoglie conti economici d'esercizio relativi ai costi del personale dipendente. |
| 33.02 | Oneri sociali | E, costo d'esercizio | E | D | CE B) Costi per il personale | |
| 33.03 | TFR | E, costo d'esercizio | E | D | CE B) Costi per il personale | |
| **34.00** | **AMMORTAMENTO IMMOBILIZZAZIONI IMMATERIALI** | | | | | |
| 34.01 | Ammortamento costi di impianto | E, costo d'esercizio | E | D | CE B) Ammortamento delle immobilizzazioni immateriali e materiali | Il raggruppamento accoglie conti economici d'esercizio relativi alle quote di ammortamento delle immobilizzazioni immateriali. |
| 34.03 | Ammortamento brevetti | E, costo d'esercizio | E | D | CE B) Ammortamento delle immobilizzazioni immateriali e materiali | |
| 34.04 | Ammortamento software | E, costo d'esercizio | E | D | CE B) Ammortamento delle immobilizzazioni immateriali e materiali | |
| 34.05 | Ammortamento avviamento | E, costo d'esercizio | E | D | CE B) Ammortamento delle immobilizzazioni immateriali e materiali | |
| **35.00** | **AMMORTAMENTO IMMOBILIZZAZIONI MATERIALI** | | | | | |
| 35.01 | Ammortamento fabbricati | E, costo d'esercizio | E | D | CE B) Ammortamento delle immobilizzazioni immateriali e materiali | Il raggruppamento accoglie conti economici d'esercizio relativi alle quote di ammortamento delle immobilizzazioni materiali. |
| 35.02 | Ammortamento impianti e macchinari | E, costo d'esercizio | E | D | CE B) Ammortamento delle immobilizzazioni immateriali e materiali | |
| 35.04 | Ammortamento attrezzature commerciali | E, costo d'esercizio | E | D | CE B) Ammortamento delle immobilizzazioni immateriali e materiali | |
| 35.05 | Ammortamento macchine d'ufficio | E, costo d'esercizio | E | D | CE B) Ammortamento delle immobilizzazioni immateriali e materiali | |
| 35.06 | Ammortamento arredamento | E, costo d'esercizio | E | D | CE B) Ammortamento delle immobilizzazioni immateriali e materiali | |
| 35.07 | Ammortamento automezzi | E, costo d'esercizio | E | D | CE B) Ammortamento delle immobilizzazioni immateriali e materiali | |
| 35.08 | Ammortamento imballaggi durevoli | E, costo d'esercizio | E | D | CE B) Ammortamento delle immobilizzazioni immateriali e materiali | |
| **36.00** | **SVALUTAZIONI** | | | | | |
| 36.20 | Svalutazione crediti | E, costo d'esercizio | E | D | CE B) Svalutazioni dei crediti compresi nell'attivo circolante e delle disponibilità liquide | Il raggruppamento accoglie il conto economico d'esercizio relativo alla svalutazione generica e specifica dei crediti commerciali. |
| **37.00** | **VARIAZIONI DELLE RIMANENZE DI MERCI E MATERIE DI CONSUMO** | | | | | |
| 37.01 | Merci c/esistenze iniziali | E, costo d'esercizio | E | D | CE B) Variazioni delle rimanenze di materie prime, sussidiarie, di consumo e merci | Il raggruppamento accoglie conti economici d'esercizio accesi alle esistenze iniziali e alle rimanenze finali di merci e materie di consumo. |
| 37.02 | Materie di consumo c/esistenze iniziali | E, costo d'esercizio | E | D | CE B) Variazioni delle rimanenze di materie prime, sussidiarie, di consumo e merci | |
| 37.10 | Merci c/rimanenze finali | E, rettifica di costo | E | A | CE B) Variazioni delle rimanenze di materie prime, sussidiarie, di consumo e merci (in rettifica) | |
| 37.11 | Materie di consumo c/rimanenze finali | E, rettifica di costo | E | A | CE B) Variazioni delle rimanenze di materie prime, sussidiarie, di consumo e merci (in rettifica) | |
| **38.00** | **ACCANTONAMENTI** | | | | | |
| 38.01 | Accantonamento per responsabilità civile | E, costo d'esercizio | E | D | CE B) Accantonamenti per rischi | Il raggruppamento accoglie conti economici d'esercizio relativi agli accantonamenti ai fondi rischi e oneri. |
| 38.10 | Acc.to per manutenzioni programmate | E, costo d'esercizio | E | D | CE B) Altri accantonamenti | |
| **39.00** | **ONERI DIVERSI** | | | | | |
| 39.01 | Arrotondamenti passivi | E, costo d'esercizio | E | D | CE B) Oneri diversi di gestione | Il raggruppamento accoglie conti economici d'esercizio relativi a costi della gestione caratteristica, della gestione accessoria e della gestione straordinaria. |
| 39.02 | Oneri fiscali diversi | E, costo d'esercizio | E | D | CE B) Oneri diversi di gestione | |
| 39.05 | Perdite su crediti | E, costo d'esercizio | E | D | CE B) Oneri diversi di gestione | |
| 39.10 | Minusvalenze ordinarie | E, costo d'esercizio | E | D | CE B) Oneri diversi di gestione | |
| 39.11 | Minusvalenze straordinarie | E, costo d'esercizio | E | D | CE B) Oneri diversi di gestione | |

| Codice | Denominazione | Classificazione | Natura | Eccedenza | Voci del bilancio d'esercizio | Note |
|---|---|---|---|---|---|---|
| 39.12 | Sopravvenienze passive ordinarie | E, costo d'esercizio | E | D | CE B) Oneri diversi di gestione | |
| 39.13 | Sopravvenienze passive straordinarie | E, costo d'esercizio | E | D | CE B) Oneri diversi di gestione | |
| 39.14 | Insussistenze passive ordinarie | E, costo d'esercizio | E | D | CE B) Oneri diversi di gestione | |
| 39.15 | Insussistenze passive straordinarie | E, costo d'esercizio | E | D | CE B) Oneri diversi di gestione | |
| **40.00** | **PROVENTI FINANZIARI** | | | | | Il raggruppamento accoglie conti economici d'esercizio relativi ai ricavi della gestione finanziaria. |
| 40.01 | Interessi attivi da clienti | E, ricavo d'esercizio | E | A | CE C) Proventi finanziari | |
| 40.02 | Interessi attivi bancari | E, ricavo d'esercizio | E | A | CE C) Proventi finanziari | |
| 40.03 | Interessi attivi postali | E, ricavo d'esercizio | E | A | CE C) Proventi finanziari | |
| 40.20 | Proventi finanziari diversi | E, ricavo d'esercizio | E | A | CE C) Proventi finanziari | |
| 40.21 | Differenze attive in cambi | E, ricavo d'esercizio | E | A | CE C) 17 *bis*) Utili e perdite su cambi | |
| **41.00** | **ONERI FINANZIARI** | | | | | il raggruppamento accoglie conti economici d'esercizio relativi ai costi della gestione finanziaria. |
| 41.01 | Interessi passivi a fornitori | E, costo d'esercizio | E | D | CE C) Interessi e altri oneri finanziari | |
| 41.02 | Interessi passivi bancari | E, costo d'esercizio | E | D | CE C) Interessi e altri oneri finanziari | |
| 41.03 | Sconti passivi bancari | E, costo d'esercizio | E | D | CE C) Interessi e altri oneri finanziari | |
| 41.04 | Interessi passivi su mutui | E, costo d'esercizio | E | D | CE C) Interessi e altri oneri finanziari | |
| 41.20 | Oneri finanziari diversi | E, costo d'esercizio | E | D | CE C) Interessi e altri oneri finanziari | |
| 41.21 | Differenze passive in cambi | E, costo d'esercizio | E | D | CE C) 17 *bis*) Utili e perdite su cambi | |
| **60.00** | **IMPOSTE DELL'ESERCIZIO** | | | | | |
| 60.01 | Imposte dell'esercizio | E, costo d'esercizio | E | D | CE Imposte sul reddito dell'esercizio | Il raggruppamento accoglie il conto economico d'esercizio relativo alle imposte dirette di competenza dell'esercizio. |
| **90.00** | **CONTI DI RISULTATO** | | | | | |
| 90.01 | Conto di risultato economico | E, di risultato | | D/A | al conto di risultato economico affluiscono tutti i componenti positivi e negativi di reddito | Il saldo del conto evidenzia l'utile o la perdita dell'esercizio. |

## SEMPIO Svalutazione dei crediti

L'impresa Alessandro Rigolis presenta a fine esercizio crediti commerciali del valore nominale di 93.840 euro. Tra questi crediti figurano:

- un credito verso il cliente Sansoldi spa di 5.478 euro, sicuramente inesigibile (il credito è sorto nell'esercizio);
- un credito verso il cliente Fortino srl di 14.480 euro, su cui si stima una perdita del 30%;
- un credito verso il cliente Pareggi srl di 15.872 euro, su cui si stima una perdita del 50%.

Sulla base dei dati dei precedenti esercizi l'impresa ritiene di subire ulteriori perdite pari al 5% del presunto valore di realizzo specifico dei crediti, dovute a insolvenza e contestazioni non ancora manifestatesi. Procediamo alla valutazione dei crediti a fine periodo e alle registrazioni in P.D.

I crediti sicuramente esigibili vengono calcolati come segue:

| | |
|---|---|
| crediti commerciali | euro 93.840,00 |
| – crediti di sicura inesigibilità | euro 5.478,00 |
| – crediti di dubbia esigibilità euro (14.480,00 + 15.872,00) = | euro 30.352,00 |
| crediti sicuramente esigibili | euro 58.010,00 |

I crediti esigibili vengono valutati al valore nominale.
Il credito verso il cliente Fortino srl viene svalutato del 30%: euro (14.480,00 × 30%) = euro 4.344,00
euro (14.480,00 – 4.344,00) = euro 10.136,00 presunto valore di realizzo specifico.
Il credito verso il cliente Pareggi srl viene svalutato del 50%: euro (15.872,00 × 50%) = euro 7.936,00
euro (15.872,00 – 7.936,00) = euro 7.936,00 presunto valore di realizzo specifico.
Il valore complessivo dei crediti viene svalutato del 5% per il rischio generico.
Presunto valore di realizzo specifico dei crediti: euro (58.010,00 + 10.136,00 + 7.936,00) = euro 76.082,00
Svalutazione: euro (76.082,00 × 5%) = euro 3.804,10
Il presunto valore di realizzo dei crediti ammonta a: euro (76.082,00 – 3.804,10) = euro 72.277,90.

Le registrazioni in P.D. sono le seguenti:

| | | | | Dare | Avere |
|---|---|---|---|---|---|
| 31/12 | 39.05 | PERDITE SU CREDITI | stralciato credito | 5.478,00 | |
| 31/12 | 05.01 | CREDITI V/CLIENTI | stralciato credito | | 5.478,00 |
| 31/12 | 36.20 | SVALUTAZIONE CREDITI | svalutati crediti dubbi | 12.280,00 | |
| 31/12 | 05.21 | F.DO SVALUTAZIONE CREDITI | svalutati crediti dubbi | | 12.280,00 |
| 31/12 | 36.20 | SVALUTAZIONE CREDITI | svalutazione generica | 3.804,10 | |
| 31/12 | 05.20 | FONDO RISCHI SU CREDITI | svalutazione generica | | 3.804,10 |

I conti **Perdite su crediti** e **Svalutazione crediti** sono conti economici accesi alle variazioni d'esercizio e affluiscono in Dare della Situazione economica. I conti **Fondo svalutazione crediti** e **Fondo rischi su crediti** hanno natura finanziaria e rettificano indirettamente il valore nominale dei crediti.

## Come si contabilizzano i ratei attivi e i ratei passivi?

Le operazioni aziendali possono svolgersi "a cavallo" di due esercizi dando luogo a costi e ricavi di cui si conoscono importo e scadenza posticipata del pagamento o della riscossione. L'importo di tali costi e ricavi deve essere ripartito tra i due esercizi in proporzione al tempo:

1. una quota va riferita all'esercizio trascorso in quanto già maturata. Tale quota rappresenta il debito o il credito già sorto, che dovrà essere pagato o riscosso nell'esercizio successivo e viene detto **rateo passivo** o **attivo**;
2. una quota, non ancora maturata, va imputata al futuro esercizio e dovrà essere rilevata al momento del pagamento o della riscossione.

I **ratei** sono quote di entrate o di uscite future che misurano ricavi o costi di competenza economica dell'esercizio, che avranno la loro manifestazione finanziaria in esercizi successivi.

**I ratei attivi** rappresentano "crediti" relativi a componenti positivi di reddito (ricavi) già maturati, che avranno la manifestazione finanziaria nel futuro esercizio. **I ratei passivi** rappresentano "debiti" relativi a componenti negativi di reddito (costi) già maturato, che avranno la manifestazione finanziaria nel futuro esercizio.

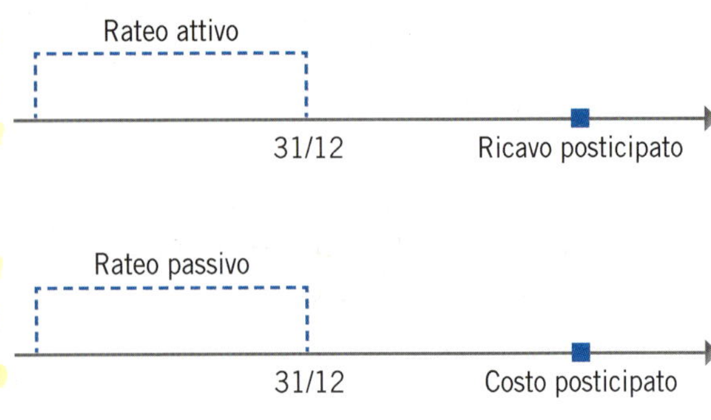

## SEMPIO Ratei attivi e passivi

L'impresa Giorgio Zordi ha effettuato, durante l'esercizio n, le seguenti operazioni regolate tramite conto corrente aperto presso la banca UniCredit:

- in data 01/09 concesso un prestito al dipendente Alfio Martines di 9.000 euro; il prestito dovrà essere rimborsato dopo 180 giorni maggiorato degli interessi al tasso 5%;
- in data 01/10 ottenuto un mutuo triennale di 70.000 euro al tasso 4,80%; gli interessi semestrali sono da corrispondere in via posticipata.

Presentiamo le registrazioni contabili redatte dall'impresa durante l'esercizio e al 31/12.

Alla concessione del prestito al dipendente l'impresa rileva:

| | | | | | |
|---|---|---|---|---|---|
| 01/09 | 06.10 | CREDITI DIVERSI | prestito concesso | 9.000, 00 | |
| 01/09 | 18.20 | UNICREDIT C/C | addebito del c/c | | 9.000, 00 |

All'ottenimento del mutuo bancario l'impresa rileva:

| | | | | | |
|---|---|---|---|---|---|
| 01/10 | 18.20 | UNICREDIT C/C | accredito del c/c | 70.000, 00 | |
| 01/10 | 13.01 | MUTUI PASSIVI | accensione del mutuo | | 70.000, 00 |

Al 31/12 occorre rilevare gli interessi attivi maturati sul prestito concesso al dipendente per il periodo di competenza dell'anno:

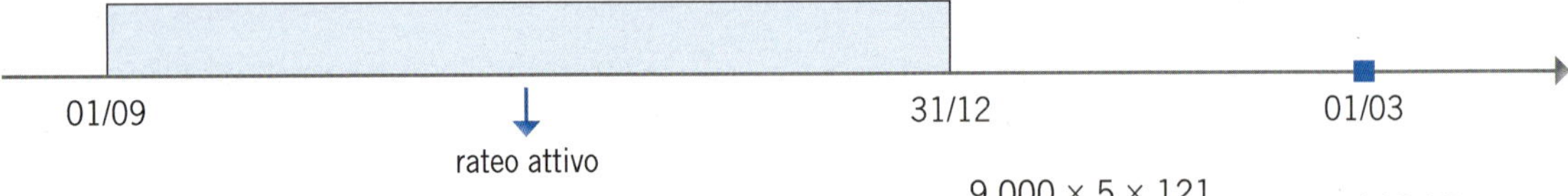


Il rateo attivo relativo agli interessi già maturati ammonta a: $\text{euro} = \dfrac{9.000 \times 5 \times 121}{36.500} = \text{euro } 149{,}18$

Analogamente al 31/12 occorre rilevare gli interessi passivi maturati sul mutuo bancario per il periodo di competenza dell'anno:

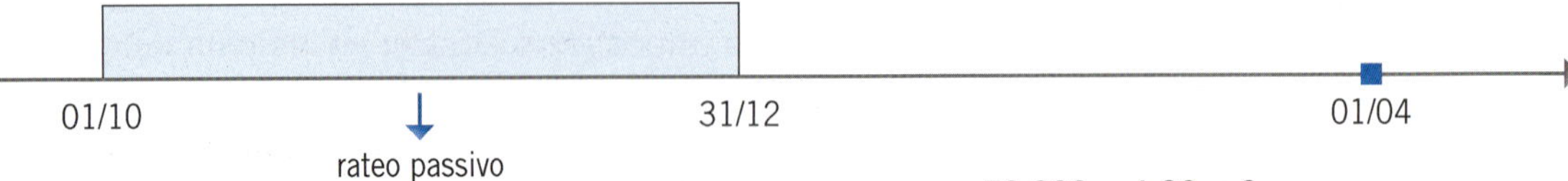


Il rateo passivo relativo agli interessi già maturati ammonta a: $\text{euro} = \dfrac{70.000 \times 4{,}80 \times 3}{1.200} = \text{euro } 840$

Le scritture di integrazione risultano le seguenti:

| | | | | | |
|---|---|---|---|---|---|
| 31/12 | 09.01 | RATEI ATTIVI | interessi maturati da 01/09 a 31/12 | 149, 18 | |
| 31/12 | 40.20 | PROVENTI FINANZ. DIVERSI | interessi maturati da 01/09 a 31/12 | | 149, 18 |
| 31/12 | 41.04 | INTERESSI PASS. SU MUTUI | interessi maturati da 01/10 a 31/12 | 840, 00 | |
| 31/12 | 16.01 | RATEI PASSIVI | interessi maturati da 01/10 a 31/12 | | 840, 00 |

I conti **Ratei attivi** e **Ratei passivi** hanno natura finanziaria e affluiscono nella Situazione patrimoniale.

## Come si contabilizzano gli accantonamenti ai fondi oneri e ai fondi rischi?

Secondo il **principio della prudenza** nella determinazione del reddito d'esercizio l'impresa deve tener conto di tutti i rischi prevedibili e delle eventuali perdite che potranno manifestarsi in futuro e che traggono origine da operazioni dell'esercizio in corso o di esercizi precedenti.

In base a tale principio l'impresa deve tener conto anche di costi attribuibili all'esercizio per i quali è certa solo la manifestazione finanziaria futura ma di cui non si conoscono l'importo e la data di pagamento.
Si tratta di valori finanziari che prendono il nome di **fondi oneri**, iscritti in Avere della Situazione patrimoniale in voci specifiche relative ai costi che l'impresa prevede di dover sostenere.
Sono esempi di fondi oneri: il **Fondo garanzia prodotti** (costituito per coprire i costi previsti per la riparazione dei prodotti in garanzia), il **Fondo manutenzioni programmate** (costituito per coprire i costi da sostenere in futuro per la revisione e manutenzione di alcuni beni strumentali), il **Fondo buoni sconto e concorsi a premio** (costituito per coprire i costi relativi a buoni sconto e concorsi a premio).
L'importo accantonato in tali fondi risulta stimato in quanto l'impresa conoscerà la somma da pagare soltanto nel momento in cui si manifesterà l'evento.

### eSEMPIO Accantonamento al Fondo manutenzioni programmate

L'impresa Enrico Giustiniani decide, alla fine dell'esercizio, di accantonare 15.800 euro per far fronte alla manutenzione di macchinari che verrà eseguita nei futuri esercizi. La registrazione contabile è la seguente:

| | | | | | |
|---|---|---|---|---|---|
| 31/12 | 38.10 | ACC.TO PER MANUTENZ. PROGRAMM. | costi manutenzioni future | 15.800, 00 | |
| 31/12 | 11.10 | FONDO MANUTENZ. PROGRAMM. | costi manutenzioni future | | 15.800, 00 |

Il conto **Accantonamento per manutenzioni programmate** ha natura economica; il conto **Fondo manutenzione programmate** ha natura finanziaria in quanto rappresenta una passività incerta nell'importo e nella data di pagamento.

**Avaria:** deterioramento di una merce durante il trasporto o la giacenza in magazzino.
**Contenzioso:** controversia tra il cittadino e la Pubblica amministrazione.

Ogni impresa assume, nello svolgimento dell'attività aziendale, il **rischio economico generale** di non ottenere un risultato economico positivo e **rischi specifici**, legati al possibile verificarsi di eventi negativi quali incendi, furti, **avarie**, inquinamento, rotture ecc.
Oltre ad attivare le normali attività di prevenzione (installazione di impianti di sicurezza, antincendio ecc.), per far fronte ai rischi specifici l'impresa può ricorrere a polizze assicurative, con il pagamento di **premi di assicurazione**, oppure a forme di assicurazione interna, con la costituzione di **fondi rischi**.
A differenza dei fondi oneri, per i fondi rischi non solo non si conoscono la data dell'evento e l'importo, ma risulta incerto anche il verificarsi dell'evento stesso.
Sono esempi di fondi rischi il **Fondo per imposte** (costituito per fronteggiare eventuali rischi di **contenzioso** con gli uffici fiscali) e il **Fondo responsabilità civile** (costituito per far fronte al rischio di sinistri causati dall'azienda a danno di terzi e non completamente coperti da assicurazione).
I fondi rischi attribuiscono a carico dell'esercizio costi di importo stimato in base ai rischi in corso.

## SEMPIO Accantonamento al Fondo responsabilità civile

L'impresa Francesca Piccini, per far fronte al rischio di danni causati a terzi per responsabilità civile, accantona nell'apposito fondo 2.000 euro. Presentiamo la registrazione in P.D.

| | | | | | |
|---|---|---|---|---|---|
| 31/12 | 38.01 | ACC.TO PER RESP. CIVILE | adeguato fondo | 2.000, 00 | |
| 31/12 | 11.01 | FONDO RESPONSABILITÀ CIVILE | adeguato fondo | | 2.000, 00 |

Il conto **Accantonamento per responsabilità civile** ha natura economica; il conto **Fondo responsabilità civile** ha natura finanziaria in quanto rappresenta una passività incerta nella data, nell'importo e anche nel verificarsi dell'evento stesso.

**Scritture di completamento e di integrazione**

| | Crediti e debiti da liquidare | Ratei attivi e passivi | Fondi oneri | Fondo rischi |
|---|---|---|---|---|
| **Importo** | Determinabile con sufficiente sicurezza | Determinabile con sufficiente sicurezza | Non determinabile in modo sicuro | Non determinabile in modo sicuro |
| **Scadenza** | Non ancora definita | Determinata | Incerta | Incerta |
| **Verificabilità** | Certa | Certa | Certa | Incerta |
| **Denominazione** | • Fatture da emettere<br>• Fatture da ricevere | • Ratei attivi<br>• Ratei passivi | • Fondo garanzie prodotti<br>• Fondo manutenzione programmata<br>• Fondo buoni sconti e concorsi a premi | • Fondo per imposte<br>• Fondo responsabilità civile |
| **Situazione patrimoniale** | Fatture da emettere (Attività) | Ratei attivi (Attività) | Passività | Passività |
| | Fatture da ricevere (Passività) | Ratei passivi Passività | | |

ROVA TU
test interattivi nel libro digitale

**CONOSCENZE** Operazioni e scritture di integrazione.

**ABILITÀ** Analizzare le operazioni di integrazione e comporre le relative scritture contabili.

**1** Indica con una crocetta la risposta esatta (alcuni quesiti possono avere più risposte esatte).

**1.** Le scritture di integrazione:

a *permettono di attribuire al risultato economico componenti di reddito interamente di competenza dell'esercizio*

b *rettificano componenti di reddito che hanno già avuto la manifestazione finanziaria ma che solo in parte sono di competenza dell'esercizio*

c *consentono di attribuire al risultato economico quote di costi di fattori produttivi a breve ciclo di utilizzo*

d *permettono di attribuire al risultato economico componenti di reddito di competenza dell'esercizio che avranno in futuro la manifestazione finanziaria*

**2.** Per i crediti e i debiti in valuta estera l'aumento del valore del cambio al 31/12 rispetto al cambio storico dà luogo:

a *per i crediti a una differenza attiva in cambi*

b *per i crediti a una differenza passiva in cambi*

c *per i debiti a una differenza attiva in cambi*

d *per i debiti a una differenza passiva in cambi*

**3.** La valutazione dei crediti è effettuata applicando:

a *il criterio del presunto valore di rimborso*

b *il criterio del presunto valore di realizzo*

c *il criterio del valore di mercato*

d *il criterio del valore nominale*

**4.** I fondi rischi si costituiscono per far fronte a perdite:

a *manifestatesi nel corso dell'esercizio*

b *manifestatesi in passato ma di competenza dell'esercizio*

c *di incerta manifestazione futura e che per ragioni prudenziali si fanno gravare sull'esercizio*

d *di certa manifestazione futura e che per ragioni prudenziali si fanno gravare sull'esercizio*

**2** Indica se le seguenti affermazioni sono vere o false; in quest'ultimo caso suggerisci sul quaderno la formulazione corretta.

1. La svalutazione generica dei crediti prevede l'utilizzo del Fondo svalutazione crediti. V F
2. I fondi rischi e oneri sono valori finanziari. V F
3. Il valore di un credito verso clienti espresso in valuta deve essere adeguato al cambio del 31/12 prima di includerlo nei crediti commerciali ai fini del calcolo della svalutazione dei crediti. V F
4. Il deprezzamento dell'euro sulla sterlina inglese per un credito espresso in questa valuta estera dà luogo alla rilevazione di una Differenza attiva in cambi. V F
5. I ratei passivi sono "debiti" calcolati ripartendo un costo tra due esercizi in proporzione al tempo. V F
6. Il fondo garanzia prodotti è un fondo oneri. V F
7. I rischi specifici possono essere coperti con polizze assicurative. V F
8. L'importo del rateo attivo viene calcolato ripartendo il costo tra due esercizi in proporzione al tempo. V F

**3** Esamina la situazione proposta ed esegui quanto richiesto.

L'impresa Luigi Serrani presenta a fine esercizio crediti di natura commerciale per un valore nominale di 125.840 euro. Tra questi compaiono:

- un credito verso il cliente Paolo Massani di 15.630 euro sicuramente inesigibile; il credito è sorto nell'esercizio;
- un credito verso il cliente Emanuele Parisi di 24.340 euro su cui si stima una perdita del 40%.

L'impresa ritiene di subire una ulteriore perdita del 3% sul valore di presunto realizzo dei crediti.
Completa i calcoli e presenta le registrazioni contabili.

1. Crediti sicuramente esigibili:

| | |
|---|---|
| • di origine commerciale | euro .................. |
| • di sicura inesigibilità | euro .................. |
| • di dubbia inesigibilità | euro .................. |
| | euro 85.870,00 |

2. Svalutazione specifica del credito di dubbia esigibilità:
euro (.................. × 40%) = euro ..................

3. Svalutazione generica dei crediti:
euro (85.870,00 + ....................................) = euro ..................
euro (.................. × 3%) = euro ..................

**4** Calcola i ratei relativi alle seguenti operazioni.

1. Stipulato in data 01/12 un contratto di locazione di un fabbricato con pagamento trimestrale posticipato del canone di 6.600 euro a partire dall'01/03 del futuro esercizio.

6.600 : ........ = $x$ : 1

da cui: euro = $\frac{6.600 \times 1}{\text{............}}$ = euro 2.200 ......................................

2. Concesso in data 01/10 un finanziamento a un dipendente di 8.600 euro che verrà rimborsato tra un anno maggiorato degli interessi al tasso 4%.

Gli interessi di competenza dell'anno ammontano a:

euro = $\frac{8.600 \times 4 \times 91}{36.500}$ = euro ........................................

Lezione 4

# Le scritture di rettifica

Rimanenze di magazzino = *Left-over stock*

Valore di mercato = *Market value*

## Quali sono le caratteristiche delle scritture di rettifica?

Le **scritture di rettifica** stornano componenti di reddito già rilevati, in quanto si è verificata la relativa manifestazione finanziaria, ma che non sono di competenza dell'esercizio.

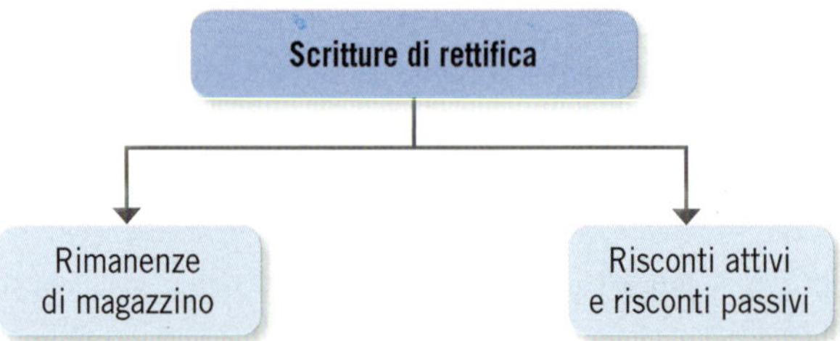


## Come si valutano le rimanenze di magazzino?

Nelle aziende commerciali le **rimanenze di magazzino** comprendono le merci e le materie di consumo di proprietà dell'azienda. Si tratta di beni per i quali l'impresa ha sostenuto costi di acquisto, trasporto, carico e scarico, conservazione, ma che soltanto negli esercizi successivi saranno utilizzati nel processo produttivo o venduti.

Le rimanenze di magazzino devono essere valutate, in base al *principio della prudenza*, al *costo di acquisto* oppure al *valore di realizzo desumibile dall'andamento del mercato*, se minore.

Il **costo di acquisto** è formato dal prezzo di acquisto comprensivo degli oneri accessori (costi di trasporto, imballo, carico e scarico, assicurazione ecc.) imputabili direttamente alle merci, al netto degli eventuali sconti mercantili e ribassi.

Il **valore di mercato** è dato dal valore netto di realizzo, determinato come differenza tra il prezzo di vendita e i costi di vendita direttamente imputabili alle merci (costi di trasporto, imballo, provvigioni ad agenti e rappresentanti ecc.).

### SEMPIO Valutazione delle rimanenze

Al termine dell'esercizio l'impresa commerciale Vincenzo Boella presenta in magazzino le seguenti merci:

- 15 quintali di merce AT acquistata al prezzo di 95,43 euro il quintale;
- 12 quintali di merce BS acquistata al prezzo di 158,32 euro il quintale.

A fine esercizio il valore di mercato delle merci è 96 euro il quintale per la merce AT e 155 euro il quintale per la merce BS.

Effettuiamo la valutazione delle merci presenti in magazzino.

In base al principio della prudenza la valutazione delle merci deve essere effettuata come segue:

- merce AT a 95,43 euro il quintale, corrispondente al prezzo di acquisto;
- merce BS a 155 euro il quintale, corrispondente al valore di mercato.

## Come si contabilizzano le rimanenze di magazzino?

Le rimanenze di magazzino costituiscono componenti di reddito dei futuri esercizi e devono quindi essere stornate dal reddito del presente esercizio. Lo storno non viene effettuato nei singoli conti che accolgono i costi (Merci c/acquisti, Materie di consumo c/acquisti, Costi di trasporto ecc.) ma viene fatta una *rettifica indiretta* rilevando:

- in Dare di conti economici accesi ai costi sospesi (Merci, Materie di consumo) il valore delle rimanenze, che rappresenta un *elemento attivo del patrimonio aziendale*;
- in Avere di conti economici accesi alle variazioni di esercizio (Merci c/rimanenze finali, Materie di consumo c/rimanenze finali) lo stesso valore delle rimanenze, che rappresenta un *componente positivo di reddito*.

### SEMPIO Rilevazione delle rimanenze

Un'impresa commerciale presenta al 31/12 rimanenze di merci per 182.380 euro e rimanenze di materie di consumo per 5.927 euro.
Presentiamo le registrazioni in P.D.

| | | | | | |
|---|---|---|---|---|---|
| 31/12 | 04.04 | MERCI | rimanenze in magazzino | 182.380, 00 | |
| 31/12 | 37.10 | MERCI C/RIMANENZE FINALI | rimanenze in magazzino | | 182.380, 00 |
| 31/12 | 04.01 | MATERIE DI CONSUMO | rimanenze in magazzino | 5.927, 00 | |
| 31/12 | 37.11 | MATERIE DI CONSUMO C/RIM. FIN. | rimanenze in magazzino | | 5.927, 00 |

I conti **Merci** e **Materie di consumo** sono conti economici accesi ai costi sospesi, che affluiscono nella Situazione patrimoniale; i conti **Merci c/rimanenze finali** e **Materie di consumo c/rimanenze finali** sono conti economici accesi alle variazioni d'esercizio, da iscrivere nella Situazione economica.

## Come si contabilizzano i risconti?

Durante il periodo amministrativo l'impresa può avere effettuato pagamenti e riscossioni relativi a costi e ricavi la cui competenza economica interessa più esercizi. In questi casi, alla fine del periodo amministrativo, è necessario separare la quota di ricavo o di costo già maturata, che rappresenta il costo o il ricavo di competenza economica dell'esercizio, dalla quota che deve essere rinviata ai futuri esercizi. Quest'ultima quota viene chiamata **risconto**.

I **risconti** sono quote di ricavi o di costi non ancora maturati ma che hanno già avuto la relativa manifestazione finanziaria e che quindi sono già stati rilevati.

Mentre le rimanenze di merci e di materie di consumo in magazzino costituiscono delle rimanenze materiali, i risconti rappresentano delle *rimanenze contabili*.
I **risconti attivi** vengono registrati in Dare e hanno come contropartita in Avere il costo, già rilevato, che deve essere rettificato.
I **risconti passivi** vengono registrati in Avere e hanno come contropartita in Dare il ricavo, già rilevato, che deve essere rettificato.
Viene quindi effettuata una *rettifica diretta* nei conti interessati.

## SEMPIO Rilevazione di risconti attivi e passivi

L'impresa Elio Gatei ha compiuto nel corso dell'esercizio le seguenti operazioni:

- stipulato in data 01/10 un contratto di locazione di un capannone, pagando il canone annuo di 1.800 euro tramite assegno bancario, tratto sulla banca UniCredit;
- concessa a un cliente in data 15/12 la dilazione di pagamento al 23/02 di una fattura di 14.600 euro; nella stessa data si riscuotono in contanti gli interessi calcolati al tasso 5%.

Presentiamo le registrazioni contabili redatte durante l'esercizio e al 31/12.

Gli interessi riscossi sulla dilazione di pagamento sono calcolati dal 15/12 al 23/02:

$$\text{euro} = \frac{14.600 \times 5 \times 70}{36.500} = \text{euro } 140$$

Durante l'esercizio le registrazioni contabili sono state:

| | | | | | |
|---|---|---|---|---|---|
| 01/10 | 32.01 | FITTI PASSIVI | fitto passivo anticipato | 1.800, 00 | |
| 01/10 | 18.20 | UNICREDIT C/C | fitto passivo anticipato | | 1.800, 00 |
| 15/12 | 08.20 | DENARO IN CASSA | rinnovata cambiale | 140, 00 | |
| 15/12 | 40.01 | INTERESSI ATTIVI DA CLIENTI | interessi su cambiali | | 140, 00 |

Al 31/12, prima delle scritture di assestamento, i conti economici di esercizio presentano i seguenti valori:

Nel conto Fitti passivi risulta registrato l'intero costo annuale (dall'01/10 all'01/10 dell'anno successivo). Si tratta di un costo che non è interamente di competenza dell'anno, per cui si rende necessario stornare la quota di costo non di competenza (dall'01/01 all'01/10).

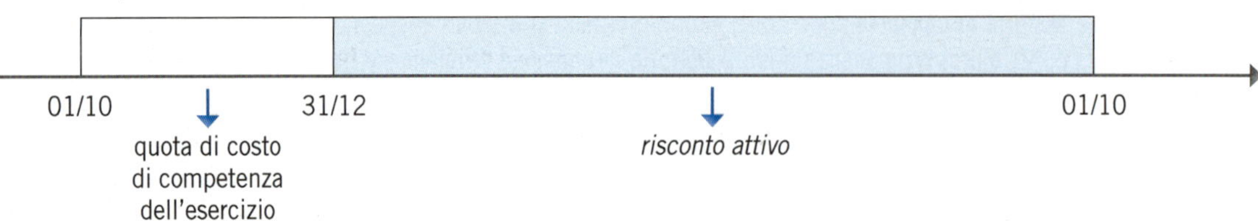


Il risconto viene calcolato tenendo conto dell'anno commerciale:
1.800 : 360 = $x$ : 270 da cui: $x$ = euro 1.350 risconto attivo

Nel conto Interessi attivi da clienti sono stati registrati gli interessi dal 15/12 al 23/02. Si tratta di un ricavo che non è interamente di competenza dell'esercizio, per cui è necessario stornare la quota di ricavo non di competenza (da 01/01 al 23/02).

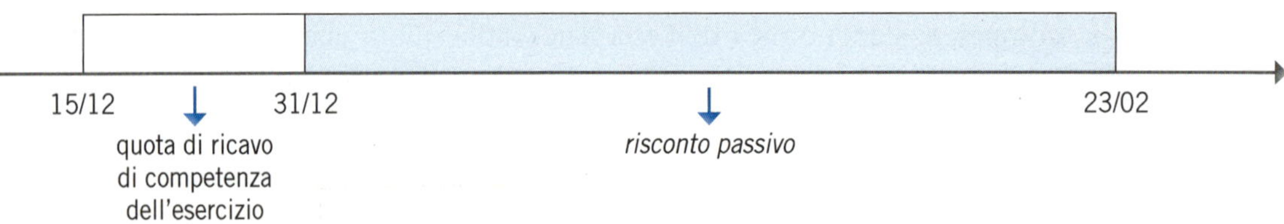


Il risconto passivo viene calcolato come di seguito indicato:
140 : 70 = $x$ : 54 da cui: $x$ = euro 108 risconto passivo

I risconti vengono rilevati nella contabilità generale con questi articoli in P.D.:

| | | | | | |
|---|---|---|---|---|---|
| 31/12 | 09.02 | RISCONTI ATTIVI | sospesi fitti 31/12-01/10 | 1.350, 00 | |
| 31/12 | 32.01 | FITTI PASSIVI | sospesi fitti 31/12-01/10 | | 1.350, 00 |
| 31/12 | 40.01 | INTERESSI ATTIVI DA CLIENTI | sospesi interessi 31/12-23/02 | 108, 00 | |
| 31/12 | 16.02 | RISCONTI PASSIVI | sospesi interessi 31/12-23/02 | | 108, 00 |

Dopo le scritture di assestamento i conti economici di reddito di esercizio accolgono:

| 32.01 FITTI PASSIVI | |
|---|---|
| 1.800,00 | 1.350,00 |

| 40.01 INTERESSI ATTIVI DA CLIENTI | |
|---|---|
| 108,00 | 140,00 |

Detti conti verranno riepilogati nella Situazione economica per il loro saldo che esprime il costo di competenza (Fitti passivi 450,00 euro) e il ricavo di competenza (Interessi attivi di competenza 32,00 euro).

**Situazione economica dell'esercizio**

| Fitti passivi | 450,00 | Interessi attivi da clienti | 32,00 |
|---|---|---|---|

I risconti verranno riepilogati nella Situazione patrimoniale.

**Situazione patrimoniale al 31/12**

| Risconti attivi | 1.350,00 | Risconti passivi | 108,00 |
|---|---|---|---|

**DIFFERENZE TRA RATEI E RISCONTI**

| RATEI ATTIVI | RATEI PASSIVI | RISCONTI ATTIVI | RISCONTI PASSIVI |
|---|---|---|---|
| Sono valori finanziari | Sono valori finanziari | Sono valori economici | Sono valori economici |
| Misurano la quota di ricavo già maturata | Misurano la quota di costo già maturata | Riguardano la quota di costo che deve ancora maturare | Riguardano la quota di ricavo che deve ancora maturare |
| Fanno parte delle scritture di integrazione | Fanno parte delle scritture di integrazione | Fanno parte delle scritture di rettifica | Fanno parte delle scritture di rettifica |
| Si iscrivono in Dare della Situazione patrimoniale | Si iscrivono in Avere della Situazione patrimoniale | Si iscrivono in Dare della Situazione patrimoniale | Si iscrivono in Avere della Situazione patrimoniale |

test interattivi nel libro digitale

**CONOSCENZE** Operazioni e scritture di rettifica.

**ABILITÀ** Analizzare le operazioni di rettifica e comporre le relative scritture contabili.

**1** Indica con una crocetta la risposta esatta (alcuni quesiti possono avere più risposte esatte).

**1.** Le rimanenze di magazzino rappresentano:
- a *rimanenze contabili*
- b *rimanenze materiali*
- c *componenti di reddito dell'esercizio*
- d *componenti di reddito dei futuri esercizi*

**2.** Le rimanenze di merci rappresentano:
- a *rettifiche indirette di ricavi*
- b *rettifiche indirette di costi*
- c *rettifiche dirette di ricavi*
- d *rettifiche dirette di costi*

**3.** I risconti passivi rappresentano una quota:
- a *di ricavo già rilevata ma non di competenza dell'esercizio*
- b *di ricavo di competenza dell'esercizio non ancora rilevata*
- c *di costo già rilevata ma non di competenza dell'esercizio*
- d *di costo di competenza dell'esercizio non ancora rilevata*

**4.** La quota di fitti passivi già rilevata ma non ancora maturata dà luogo a:
- a *un risconto attivo*
- b *un risconto passivo*
- c *un rateo attivo*
- d *un rateo passivo*

**5.** Le rimanenze di merci in magazzino vengono valutate:
- a *al minor valore tra il costo di acquisto e il valore di mercato*
- b *al maggior valore tra il costo di acquisto e il valore di mercato*
- c *al costo di acquisto*
- d *al valore di mercato*

**6.** I risconti attivi rappresentano una quota:
- a *di ricavo già rilevata ma non di competenza dell'esercizio*
- b *di ricavo di competenza dell'esercizio non ancora rilevata*
- c *di costo già rilevata ma non di competenza dell'esercizio*
- d *di costo di competenza dell'esercizio non ancora rilevata*

**2** Indica se le seguenti affermazioni sono vere o false; in quest'ultimo caso suggerisci sul quaderno la formulazione corretta.

1. Il costo di acquisto delle merci è formato dal prezzo sostenuto. V F
2. Il valore di mercato coincide con il prezzo di vendita. V F
3. Il valore delle merci in rimanenza rappresenta un elemento attivo del patrimonio di funzionamento aziendale e una rettifica indiretta dei costi. V F
4. La contabilizzazione dei risconti determina una rettifica diretta. V F
5. I risconti sono rimanenze contabili. V F
6. Le rettifiche di costo sono componenti positivi di reddito. V F
7. Una rettifica di ricavi rappresenta un componente negativo di reddito. V F
8. I risconti sono valori finanziari. V F

**3** Completa la tabella inserendo l'importo del risconto derivante dalle operazioni descritte.

| Operazioni di gestione | Risconti | |
|---|---|---|
| | Attivi | Passivi |
| Pagato in data 01/03 il premio annuo di assicurazione contro i furti di 3.723 euro. | | |
| Riscosso in data 01/06 il canone di locazione annuo di un garage pari a 960 euro. | | |
| Concesso in data 01/06 un prestito di 5.840 euro a un dipendente che restituirà l'importo in data 01/03 del prossimo anno. Gli interessi al tasso 5% sono incassati immediatamente. | | |
| Concesso in locazione un capannone in data 01/12 riscuotendo il canone semestrale di 2.700 euro. | | |
| Stipulato contratto di leasing con decorrenza 01/12 versando il canone trimestrale anticipato di 1.500 euro. | | |
| Ottenuta da un fornitore una dilazione di 60 giorni in data 12/12 su un debito scaduto di 5.110 euro. Nella stessa data sono pagati gli interessi al tasso 5,50%. | | |
| Concesso a un cliente in data 15/12 il rinnovo di una cambiale di 10.950 euro per 30 giorni. Nello stesso giorno si riscuotono gli interessi al tasso 5%. | | |

**4** Indica per ciascun conto la sua natura e destinazione.

| Denominazione dei conti | Conti finanziari | Conti economici | Situazione patrimoniale | | Situazione economica | |
|---|---|---|---|---|---|---|
| | | | Attività | Passività | Costi | Ricavi |
| Risconti passivi | | | | | | |
| Merci | | | | | | |
| Materie di consumo c/rimanenze finali | | | | | | |
| Merci c/rimanenze finali | | | | | | |
| Materie di consumo | | | | | | |
| Risconti attivi | | | | | | |

**5** CLIL Specify if the following statements are TRUE or FALSE.

1. The Goods account is opened for company assets. T F
2. Prepayments are shares of entries or withdrawals not yet incurred. T F
3. Prepayments have the opening of an account for costs under the Assets section as a counterpart. T F
4. Adjusting entries transfer items already recorded but not aligned with accruals basis principle. T F

**Lezione 5**

# Le scritture di ammortamento

## In che cosa consiste l'ammortamento?

L'**ammortamento** è il procedimento tecnico-contabile con il quale i costi pluriennali sono ripartiti in più esercizi.

I costi pluriennali assoggettati ad ammortamento sono le **immobilizzazioni immateriali** (costi di impianto e di ampliamento, costi di ricerca e sviluppo, costi di pubblicità aventi utilità pluriennale, diritti di utilizzazione delle opere dell'ingegno, **concessioni**, **licenze**, **marchi**, **avviamento**) e le **immobilizzazioni materiali** (fabbricati, impianti e macchinari, automezzi, attrezzature industriali e commerciali, macchine d'ufficio, arredamento ecc.). Le immobilizzazioni fanno parte del patrimonio di funzionamento aziendale e vengono valutate in base al criterio del costo storico diminuito delle quote di ammortamento.

**Concessioni:** atti con cui la Pubblica amministrazione, dietro pagamento, attribuisce a un soggetto privato il diritto di utilizzare beni pubblici o di gestire un servizio.

**Licenze:** autorizzazioni a compiere un determinato atto, concesse da un soggetto a un altro soggetto.

**Marchio:** segno distintivo che contraddistingue i prodotti di un'azienda, consentendo una facile individuazione da parte dei clienti.

**Avviamento:** insieme di "qualità" di cui gode un'azienda (personale qualificato, rapporti consolidati con i fornitori e con i clienti, organizzazione efficiente, ottima localizzazione ecc.).

**Costo storico:** costo di acquisto sostenuto dall'impresa per l'acquisizione del bene, aumentato degli oneri di diretta imputazione sostenuti per consentire al bene di entrare in funzione nell'azienda e dagli eventuali altri costi patrimonializzati.

**Senescenza:** deperimento fisico di un bene dovuto al suo utilizzo e al tempo.

**Obsolescenza:** diminuzione del valore di un bene strumentale dovuta al progresso tecnologico.

**Adeguatezza:** possesso dei requisiti necessari per l'utilizzo nell'attività aziendale.

## Come si calcola l'ammortamento?

La **quota di ammortamento** rappresenta la parte di costo pluriennale da attribuire all'esercizio; essa esprime la perdita di valore (deprezzamento) subita dal bene durante l'anno. La quota di ammortamento dipende:

- dal valore da ammortizzare;
- dalla durata del processo di ammortamento;
- dal criterio utilizzato per ripartire il costo pluriennale tra più esercizi.

Il **valore da ammortizzare** risulta dalla differenza tra il **costo storico** del bene e il presunto valore di realizzo che l'impresa ritiene di ottenere al momento in cui il bene viene eliminato. Se il valore di realizzo è molto basso, viene trascurato e quindi il valore da ammortizzare coincide con il costo storico.
Il valore da ammortizzare dei fabbricati utilizzati nell'attività aziendale è costituito dal valore degli edifici, ottenuto togliendo dal costo complessivamente sostenuto il costo dei terreni su cui sorgono gli edifici stessi.
La **durata del processo di ammortamento** dipende dal periodo di tempo in cui si ritiene che il bene possa offrire utilità economica all'impresa. Tale durata tiene conto della **senescenza**, dell'**obsolescenza** e dell'**adeguatezza** del bene.
Il **criterio di ammortamento** stabilisce il modo in cui il costo pluriennale deve essere suddiviso tra i vari esercizi. Il criterio può essere *matematico* o *economico*.
Il **criterio matematico** utilizza formule per predisporre piani di ammortamento a quote costanti o decrescenti. Il procedimento *a quote costanti* si applica dividendo il valore da ammortizzare per il numero degli anni di vita utile del bene; esso si fonda sull'ipotesi che l'utilità del bene si suddivida nella stessa misura per ogni anno di vita utile. Il procedimento *a quote decrescenti* si basa invece sull'ipotesi che l'utilità del bene sia maggiore nei primi anni di vita e diminuisca negli anni successivi; in tal modo le quote di ammortamento risultano più elevate all'inizio.
Il **criterio economico** utilizza come valore di riferimento la residua possibilità di utilizzazione del bene e le quote di ammortamento vengono calcolate in base a piani prestabiliti, suscettibili di modifiche e revisioni per il variare delle prospet-

tive di utilità futura del bene. Se il programma di utilizzo del bene viene cambiato (per esempio, per un maggior utilizzo dovuto a un aumento della produzione), si modifica anche il piano di ammortamento.
L'ammortamento ha inizio nell'esercizio in cui il cespite è disponibile e viene inserito nel processo aziendale.

## eSEMPIO Calcolo di quote di ammortamento con criterio matematico

L'impresa Flavio Alberti ha acquistato, all'inizio dell'esercizio n, un impianto del costo storico di 790.000 euro. Si prevede una vita utile del bene strumentale di 10 anni, al termine dei quali viene stimato un valore di realizzo di 20.000 euro.
Presentiamo i piani di ammortamento a quote costanti e a quote decrescenti.

*1. Piano di ammortamento a quote costanti*
Il valore da ammortizzare è dato da:
euro (790.000 – 20.000) = euro 770.000
La quota di ammortamento da far gravare sugli anni di durata del bene è:
euro (770.000 : 10) = euro 77.000

Il piano di ammortamento risulta:

| Anno | Quota di ammortamento | Valore ammortizzato | Valore residuo |
|---|---|---|---|
| n | 77.000 | 77.000 | 713.000 |
| n+1 | 77.000 | 154.000 | 636.000 |
| n+2 | 77.000 | 231.000 | 559.000 |
| n+3 | 77.000 | 308.000 | 482.000 |
| n+4 | 77.000 | 385.000 | 405.000 |
| n+5 | 77.000 | 462.000 | 328.000 |
| n+6 | 77.000 | 539.000 | 251.000 |
| n+7 | 77.000 | 616.000 | 174.000 |
| n+8 | 77.000 | 693.000 | 97.000 |
| n+9 | 77.000 | 770.000 | 20.000 |

*2. Piano di ammortamento a quote decrescenti*
La quota di ammortamento viene calcolata con un riparto che tiene conto della durata complessiva dell'impianto:

$$\frac{770.000}{10+9+8+7+6+5+4+3+2+1} =$$

$$= \frac{770.000}{55} = 14.000 \text{ coefficiente di riparto}$$

da cui le quote di ammortamento risultano:

| Anno | Quota di ammortamento |
|---|---|
| n | 14.000 × 10 = 140.000 |
| n+1 | 14.000 × 9 = 126.000 |
| n+2 | 14.000 × 8 = 112.000 |
| n+3 | 14.000 × 7 = 98.000 |
| n+4 | 14.000 × 6 = 84.000 |
| n+5 | 14.000 × 5 = 70.000 |
| n+6 | 14.000 × 4 = 56.000 |
| n+7 | 14.000 × 3 = 42.000 |
| n+8 | 14.000 × 2 = 28.000 |
| n+9 | 14.000 × 1 = 14.000 |

Il piano di ammortamento risulta:

| Anno | Quota di ammortamento | Valore ammortizzato | Valore residuo |
|---|---|---|---|
| n | 140.000 | 140.000 | 650.000 |
| n+1 | 126.000 | 266.000 | 524.000 |
| n+2 | 112.000 | 378.000 | 412.000 |
| n+3 | 98.000 | 476.000 | 314.000 |
| n+4 | 84.000 | 560.000 | 230.000 |
| n+5 | 70.000 | 630.000 | 160.000 |
| n+6 | 56.000 | 686.000 | 104.000 |
| n+7 | 42.000 | 728.000 | 62.000 |
| n+8 | 28.000 | 756.000 | 34.000 |
| n+9 | 14.000 | 770.000 | 20.000 |

Come si può osservare, in entrambi i piani di ammortamento il valore residuo finale coincide con il presunto valore di realizzo del bene strumentale.

## Come si contabilizza l'ammortamento?

Le **scritture di ammortamento** servono a trasferire quote di costi dai conti accesi ai costi pluriennali ai conti accesi ai costi d'esercizio.

La quota di ammortamento si rileva in Dare del conto Ammortamento (conto economico acceso ai costi di esercizio) e in Avere del conto Fondo ammortamento (conto di rettifica di costi pluriennali).

La quota di ammortamento affluisce in Dare della Situazione economica; in Dare della Situazione patrimoniale si iscrive il costo storico dell'immobilizzazione, mentre in Avere si iscrive il relativo fondo ammortamento.

## SEMPIO Ammortamento di immobilizzazioni materiali

L'impresa Renato Vassini presenta nel proprio patrimonio le seguenti immobilizzazioni:

- fabbricato strumentale del costo storico di 620.000 euro, già ammortizzato a quote costanti del 4% per 10 anni; il valore attribuito all'edificio è di 420.000 euro;
- arredamento del costo storico di 48.000 euro, già ammortizzato a quote costanti del 10% per 4 anni;

Presentiamo i calcoli e le scritture in P.D. effettuati dall'impresa.

Prima delle scritture di assestamento l'impresa presenta i seguenti costi di mastro:

| 02.01 FABBRICATI | |
|---|---|
| 620.000, 00 | |

| 02.11 FONDO AMM.TO FABBRICATI | |
|---|---|
| | 168.000, 00 |

| 02.06 ARREDAMENTO | |
|---|---|
| 48.000, 00 | |

| 02.16 FONDO AMM.TO ARREDAMENTO | |
|---|---|
| | 19.200, 00 |

L'importo del Fondo ammortamento fabbricati è stato ottenuto calcolando l'ammortamento del 4% per 10 anni sul valore dell'edificio:

euro (420.000 × 4% × 10 anni) = euro 168.000

L'importo del Fondo ammortamento dell'arredamento è pari al 40% (10% × 4 anni) sul costo originario di 48.000 euro.

Al 31/12 l'impresa calcola le quote di ammortamento di competenza economica dell'esercizio:

- fabbricati: 4% di 420.000 euro = euro 16.800;
- arredamento: 10% di 48.000 euro = euro 4.800.

Le rilevazioni in P.D. sono le seguenti:

| | | | | | |
|---|---|---|---|---|---|
| 31/12 | 35.01 | AMMORTAMENTO FABBRICATI | quota di ammortamento 4% | 16.800, 00 | |
| 31/12 | 02.11 | FONDO AMM.TO FABBRICATI | quota di ammortamento 4% | | 16.800, 00 |
| 31/12 | 35.06 | AMMORTAMENTO ARREDAMENTO | quota di ammortamento 10% | 4.800, 00 | |
| 31/12 | 02.16 | FONDO AMM.TO ARREDAMENTO | quota di ammortamento 10% | | 4.800, 00 |

Effettuate le scritture di assestamento i conti Fabbricati e Arredamento non risultano modificati; al contrario, i conti accesi ai relativi Fondi ammortamento risultano incrementati delle quote di ammortamento:

| 02.11 FONDO AMM.TO FABBRICATI | |
|---|---|
| | 168.000, 00 |
| | 16.800, 00 |

| 02.16 FONDO AMM.TO ARREDAMENTO | |
|---|---|
| | 19.200, 00 |
| | 4.800, 00 |

Tra i conti di mastro sono stati inseriti i seguenti conti economici accesi ai costi di esercizio:

| 35.01 AMMORTAMENTO FABBRICATI | |
|---|---|
| 16.800, 00 | |

| 35.06 AMMORTAMENTO ARREDAMENTO | |
|---|---|
| 4.800, 00 | |

Nella situazione contabile redatta al 31/12, dopo le scritture di assestamento, figurano i valori di seguito indicati:

**Situazione patrimoniale al 31/12**

| | | | |
|---|---|---|---|
| Fabbricati | 620.000,00 | Fondo ammortamento fabbricati | 184.800,00 |
| Arredamento | 48.000,00 | Fondo ammortamento arredamento | 24.000,00 |

**Situazione economica dell'esercizio**

| | | | |
|---|---|---|---|
| Ammortamento fabbricati | 16.800,00 | | |
| Ammortamento arredamento | 4.800,00 | | |

| Sintesi sull'ammortamento | |
|---|---|
| **Valore da ammortizzare** | È dato dalla differenza tra il costo storico e il presunto valore di realizzo.<br>Per i fabbricati non si considera il valore del terreno su cui sorge l'edificio. |
| **Durata dell'ammortamento** | La durata dell'ammortamento è commisurata alla vita utile del bene e dipende da:<br>• senescenza;<br>• obsolescenza;<br>• inadeguatezza. |
| **Criterio di ammortamento** | • Criterio matematico a quote costanti o a quote decrescenti.<br>• Criterio economico, basato sulla residua possibilità di utilizzazione dei beni da ammortizzare. |
| **Situazione patrimoniale** | I costi pluriennali si iscrivono in Dare.<br>I relativi fondi ammortamento si iscrivono in Avere. |
| **Situazione economica** | Le quote di ammortamento di competenza dell'esercizio si iscrivono in Dare. |

## Che cosa succede quando un bene strumentale è interamente ammortizzato?

Se un bene strumentale interamente ammortizzato risulta privo di utilità per l'impresa, deve essere tolto dalla contabilità.

Nell'ipotesi, invece, che il bene strumentale interamente ammortizzato presenti ancora una utilità per l'impresa, deve rimanere iscritto nella contabilità fino al momento della sua eliminazione. Non sarà più possibile procedere al suo ammortamento; ciò significa che il procedimento di ammortamento è stato accelerato rispetto all'effettiva vita utile del bene.

### SEMPIO Eliminazione di attrezzature commerciali interamente ammortizzate

L'impresa Rosis srl presenta nel proprio patrimonio attrezzature commerciali del costo storico di 6.400 euro, ammortizzate nella misura del 100%. Alla fine dell'esercizio le attrezzature vengono distolte dal processo aziendale in quanto non più utilizzabili.

Presentiamo le scritture in P.D. effettuate dall'impresa:

| | | | | | |
|---|---|---|---|---|---|
| 31/12 | 02.14 | FOND. AMM. ATTR. COMM. | storno fondo ammortamento | 6.400,00 | |
| 31/12 | 02.04 | ATTREZZATURE COMMERC. | storno fondo ammortamento | | 6.400,00 |

I conti intestati alle attrezzature, dopo il riporto a mastro, si presentano come di seguito indicato:

| 02.04 ATTREZZATURE COMMERCIALI | |
|---|---|
| 6.400,00 | 6.400,00 |

| 02.14 FONDO AMM. ATTREZZATURE COMMERC. | |
|---|---|
| 6.400,00 | 6.400,00 |

test interattivi nel libro digitale

**CONOSCENZE** Ammortamento dei costi pluriennali • criteri di ammortamento.

**ABILITÀ** Calcolare la quota di ammortamento e comporre le relative scritture contabili.

**1** Indica con una crocetta la risposta esatta (alcuni quesiti possono avere più risposte esatte).

**1.** La quota di ammortamento di un costo pluriennale deve tenere conto:

- a *del logorio fisico del bene strumentale*
- b *del logorio economico del bene strumentale*
- c *del Paese di provenienza del bene strumentale*
- d *del tempo di pagamento del debito contratto al momento dell'acquisto del bene strumentale*

**2.** La quota di costo pluriennale che non ha ancora partecipato alla formazione del risultato economico dell'esercizio rappresenta:

- a *un componente positivo di reddito*
- b *un componente negativo di reddito*
- c *un elemento attivo del patrimonio aziendale*
- d *un elemento passivo del patrimonio aziendale*

**3.** Il valore da ammortizzare:

- a *coincide con il valore di realizzo*
- b *è dato dalla somma del costo storico e del valore di realizzo*
- c *può coincidere con il costo storico*
- d *è dato dalla differenza tra il costo storico e il valore di realizzo*

**4.** La durata dell'ammortamento:

- a *dipende dal periodo di tempo in cui si ritiene che il bene possa offrire la propria utilità*
- b *è indipendente dal periodo di utilizzo del bene*
- c *tiene conto della senescenza del bene*
- d *tiene conto dell'obsolescenza del bene*

**5.** Ammortamento impianti è:

- a *un conto finanziario*
- b *un conto economico di reddito d'esercizio*
- c *un conto economico acceso ai costi pluriennali*
- d *un conto economico di rettifica ai costi pluriennali*

**6.** Fondo ammortamento arredamento è:

- a *un conto finanziario*
- b *un conto di patrimonio netto*
- c *un conto economico acceso ai costi pluriennali*
- d *un conto economico di rettifica ai costi pluriennali*

**2** Completa i piani di ammortamento a quote costanti e a quote decrescenti.

L'impresa Antonello Ferraris ha acquistato all'inizio dell'esercizio un automezzo del costo di 63.000 euro di cui prevede un utilizzo per 5 anni e un valore di recupero di 3.000 euro.

Piano di ammortamento a quote costanti:

| Anno | Quote di ammortamento | Valore ammortizzato | Valore residuo |
|---|---|---|---|
| n | | | |
| n+1 | | | |
| n+2 | | | |
| n+3 | | | |
| n+4 | | | 3.000 |

Piano di ammortamento a quote decrescenti:

Coefficiente di riparto = ......................... / ......................... = ......................... / ............ = ..........................................

| Anno | Quote di ammortamento | Valore ammortizzato | Valore residuo |
|---|---|---|---|
| n | | | |
| n+1 | | | |
| n+2 | | 48.000 | |
| n+3 | | | |
| n+4 | | | 3.000 |

3 Completa la Situazione patrimoniale e la Situazione economica.

L'impresa Marina Serra presenta al 31/12 le seguenti immobilizzazioni:

- software del costo di 12.000 euro, da ammortizzare in 5 anni a quote costanti; sono state calcolate tre quote di ammortamento;
- fabbricato del costo di 640.000 euro, già ammortizzato per 20 anni del 3%; il valore attribuito all'edificio è di 440.000 euro;
- automezzo del costo storico di 42.000 euro, già ammortizzato del 60% (coefficiente di ammortamento 15%); si stima un valore di realizzo di 2.000 euro.

**Situazione patrimoniale al 31/12**

| | | | | | |
|---|---|---|---|---|---|
| ........................ | ........ | .... | ........................ | ........ | .... |
| ........................ | ........ | .... | ........................ | ........ | .... |
| ........................ | ........ | .... | ........................ | ........ | .... |

**Situazione economica**

| | | | | | |
|---|---|---|---|---|---|
| ........................ | ........ | .... | | | |
| ........................ | ........ | .... | | | |
| ........................ | ........ | .... | | | |

4 Esamina la situazione proposta ed esegui quanto richiesto.

La Porresi spa utilizza i seguenti beni strumentali:

- fabbricato in uso da 15 anni, acquistato al costo di 370.000 euro, valore dell'edificio 255.000 euro; coefficiente di ammortamento 3%;
- macchine d'ufficio in uso da 3 anni, acquistate al costo di 25.000 euro; coefficiente di ammortamento 15%; l'impresa stima un valore di realizzo di 3.000 euro;
- arredamento acquistato 4 anni fa sostenendo un costo di 52.000 euro; coefficiente di ammortamento 12%; l'impresa stima un valore di realizzo di 2.000 euro.

*Individua gli errori commessi dall'impiegato contabile Silvio Saronni nella registrazione dell'ammortamento dei beni strumentali.*

**Situazione patrimoniale**

| | | | | | |
|---|---|---|---|---|---|
| Fabbricati | 370.000, | 00 | Fondo ammortamento fabbricati | 166.500, | 00 |
| Macchine d'ufficio | 25.000, | 00 | Fondo amm.to macchine d'ufficio | 11.250, | 00 |
| Arredamento | 52.000, | 00 | Fondo ammortamento arredamento | 24.960, | 00 |

**Situazione economica**

| | | | | | |
|---|---|---|---|---|---|
| Ammortamento fabbricati | 11.100, | 00 | | | |
| Ammortamento macchine d'ufficio | 3.750, | 00 | | | |
| Ammortamento arredamento | 6.240, | 00 | | | |

5 CLIL Specify if the following statements are TRUE or FALSE.

1. The depreciable amount is calculated as the difference between the historical cost and the presumed realisable value of the asset. T F
2. The portion of a plant cost share is recorded in the Plant and Equipment amortisation. T F
3. Amortisation entries are necessary to transfer deferred cost shares to operating costs. T F
4. Property and plant equipment are not amortised. T F

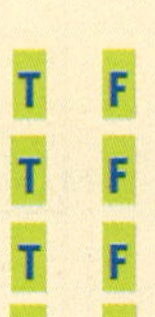

Lezione 6

# Le scritture di epilogo e di chiusura dei conti

## Come si chiudono i conti con saldi a debito o a credito?

I conti finanziari che presentano eccedenze a volte in Dare e a volte in Avere (Banca X c/c, IVA c/liquidazione e Istituti previdenziali), prima delle scritture di epilogo e di chiusura dei conti, devono essere riepilogati in conti finanziari attivi o passivi per poter essere iscritti nella specifica sezione della Situazione patrimoniale:

- Banca X c/c → Banche c/c attivi / Banche c/c passivi
- IVA c/liquidazione → Crediti per IVA / Debiti per IVA
- Istituti previdenziali → Crediti v/Istituti previdenziali / Debiti v/Istituti previdenziali

**eSEMPIO**

### 1 Raggruppamento dei conti intestati alle banche

L'impresa Flavia Marini durante l'esercizio ha intrattenuto rapporti di c/c con la Banca Nazionale del Lavoro e con Intesa Sanpaolo. A fine esercizio, terminate le scritture di assestamento, i conti presentano le seguenti eccedenze:

18.20 BNL C/C

| Dare | Avere |
|---|---|
| 5.301,00 | |

18.21 INTESA SANPAOLO C/C

| Dare | Avere |
|---|---|
| | 3.024,60 |

Presentiamo le scritture in P.D. con cui i saldi dei due conti si girano ai conti sintetici Banche c/c attivi e Banche c/c passivi.

Il saldo attivo di 5.301,00 euro di BNL c/c si gira al conto Banche c/c attivi; il saldo passivo di 3.024,60 euro di Intesa Sanpaolo c/c si trasferisce nel conto Banche c/c passivi:

| Data | Codice | Conto | Descrizione | Dare | Avere |
|---|---|---|---|---|---|
| 31/12 | 08.01 | BANCHE C/C ATTIVI | saldo a credito | 5.301,00 | |
| 31/12 | 18.20 | BNL C/C | giro saldo a credito | | 5.301,00 |
| 31/12 | 18.21 | INTESA SANPAOLO C/C | giro saldo a debito | 3.024,60 | |
| 31/12 | 13.20 | BANCHE C/C PASSIVI | saldo a debito | | 3.024,60 |

### 2 Storno dei conti IVA c/liquidazione e Istituti previdenziali

L'impresa Carola Deangelis presenta al termine delle scritture di assestamento, tra gli altri, i seguenti conti:

18.10 IVA C/LIQUIDAZIONE

| Dare | Avere |
|---|---|
| | 2.472,80 |

18.11 ISTITUTI PREVIDENZIALI

| Dare | Avere |
|---|---|
| | 8.019,40 |

Presentiamo le scritture in P.D. con cui i due conti vengono chiusi.

Entrambi i conti presentano un saldo passivo: il saldo di 2.472,80 euro di IVA c/liquidazione si gira al conto Debiti per IVA; il saldo di 8.019,40 euro di Istituti previdenziali si storna al conto Debiti v/Istituti previdenziali.
Le registrazioni contabili con cui si effettuano gli storni sono le seguenti:

| Data | Codice | Conto | Descrizione | Dare | Avere |
|---|---|---|---|---|---|
| 31/12 | 18.10 | IVA C/LIQUIDAZIONE | saldo IVA dovuta | 2.472,80 | |
| 31/12 | 15.03 | DEBITI PER IVA | IVA da versare | | 2.472,80 |
| 31/12 | 18.11 | ISTITUTI PREVIDENZIALI | saldo oneri sociali dovuti | 8.019,40 | |
| 31/12 | 15.06 | DEBITI V/ISTITUTI PREVIDENZIALI | oneri sociali da versare | | 8.019,40 |

**Conti patrimoniali:** conti che affluiscono nella Situazione patrimoniale; si tratta di conti finanziari, conti economici accesi ai costi e ricavi pluriennali, conti economici accesi ai costi e ricavi sospesi, conti economici di patrimonio netto.

Situazione contabile = ***Accounting statement***

Utile d'esercizio = ***Profit for the year***

Perdita d'esercizio = ***Loss for the year***

## Quali prospetti compongono la situazione contabile finale?

Terminate le scritture di assestamento, che consentono di individuare i componenti di reddito di competenza economica dell'esercizio e gli elementi del patrimonio di funzionamento, si predispone la situazione contabile finale che si compone di due parti:

- la **Situazione patrimoniale**, in cui affluiscono i conti accesi alle attività, alle passività e al patrimonio netto (**conti patrimoniali**);
- la **Situazione economica**, in cui affluiscono i conti accesi a componenti positivi e negativi del reddito d'esercizio (conti economici d'esercizio).

I due prospetti sono tra loro collegati attraverso il saldo economico finale (utile o perdita dell'esercizio) iscritto sia nella Situazione economica sia nella Situazione patrimoniale.

## Come si effettuano le scritture di epilogo dei conti?

Le **scritture di epilogo** fanno affluire i saldi dei conti economici di esercizio al Conto di risultato economico.

I saldi dei conti accesi ai costi e ricavi d'esercizio vengono girati al **Conto di risultato economico** allo scopo di determinare il risultato economico dell'esercizio (utile o perdita d'esercizio).
I conti accesi ai costi d'esercizio presentano eccedenza Dare, per cui si chiudono con una registrazione contabile che presenta in Dare il *Conto di risultato economico* e in Avere i conti accesi ai componenti negativi di reddito.
I conti accesi ai ricavi d'esercizio presentano eccedenza Avere, per cui si chiudono con una scrittura in P.D. che presenta in Avere il *Conto di risultato economico* e in Dare i conti accesi ai componenti positivi di reddito.
Il saldo del *Conto di risultato economico* esprime un utile d'esercizio nel caso in cui i componenti positivi di reddito (riepilogati nella sezione Avere) siano maggiori dei componenti negativi di reddito (riepilogati nella sezione Dare). Nel caso opposto il Conto di risultato economico evidenzia una perdita d'esercizio.

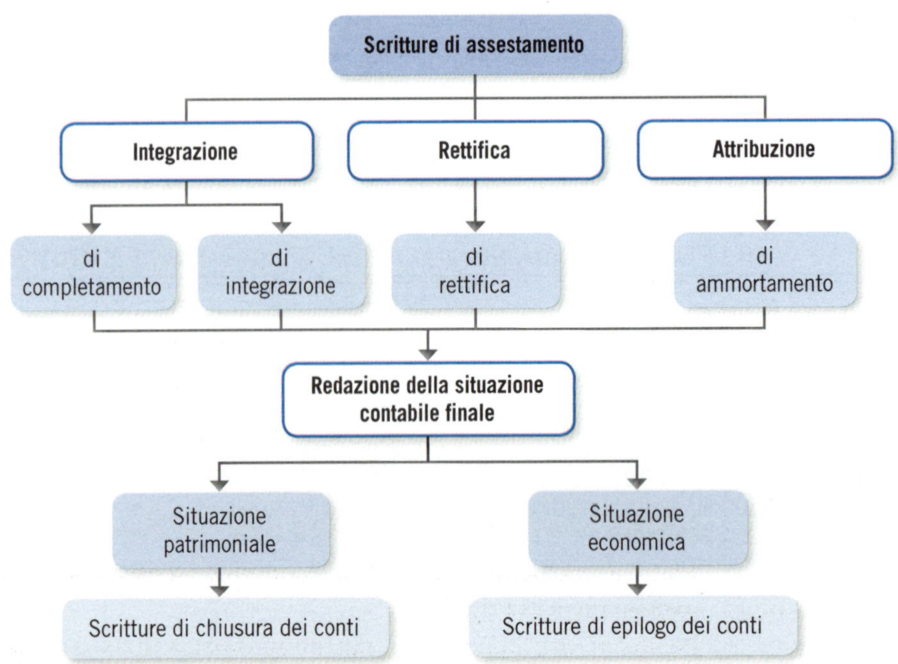

## SEMPIO 1 Rilevazione dell'utile d'esercizio

Il Conto di risultato economico dell'impresa Mario Bersani, dopo le scritture di epilogo dei componenti positivi e negativi di reddito, presenta i seguenti risultati riassuntivi:

90.01 CONTO DI RISULTATO ECONOMICO

| | | | |
|---|---|---|---|
| Totale componenti negativi | 2.388.780, 00 | Totale componenti positivi | 2.946.780, 00 |

Presentiamo la scrittura in P.D. di rilevazione del risultato economico dell'esercizio.

I componenti positivi di reddito (ricavi d'esercizio) sono maggiori dei componenti negativi di reddito (costi d'esercizio); il Conto di risultato economico presenta una eccedenza Avere di 558.000 euro che rappresenta l'utile d'esercizio.
La rilevazione contabile è la seguente:

| | | | | | |
|---|---|---|---|---|---|
| 31/12 | 90.01 | CONTO DI RISULTATO ECONOMICO | risultato economico | 558.000, 00 | |
| 31/12 | 10.04 | UTILE D'ESERCIZIO | risultato economico positivo | | 558.000, 00 |

Il conto di mastro si presenta come segue:

90.01 CONTO DI RISULTATO ECONOMICO

| | | | |
|---|---|---|---|
| Totale componenti negativi | 2.388.780, 00 | Totale componenti positivi | 2.946.780, 00 |
| Risultato economico d'esercizio | 558.000, 00 | | |
| | 2.946.780, 00 | | 2.946.780, 00 |

## 2 Rilevazione della perdita di esercizio

Il Conto di risultato economico dell'impresa Francesco Fagani, dopo le scritture di epilogo dei componenti positivi e negativi di reddito, presenta i seguenti risultati riassuntivi:

90.01 CONTO DI RISULTATO ECONOMICO

| | | | |
|---|---|---|---|
| Totale componenti negativi | 1.896.780, 00 | Totale componenti positivi | 1.654.780, 00 |

Presentiamo la scrittura in P.D. di rilevazione del risultato economico dell'esercizio.

I componenti positivi di reddito sono minori dei componenti negativi di reddito; il Conto di risultato economico presenta una eccedenza Dare di 242.000 euro che costituisce la perdita d'esercizio.
La rilevazione contabile è la seguente:

| | | | | | |
|---|---|---|---|---|---|
| 31/12 | 10.05 | PERDITA D'ESERCIZIO | risultato economico negativo | 242.000, 00 | |
| 31/12 | 90.01 | CONTO DI RISULTATO ECONOMICO | risultato economico negativo | | 242.000, 00 |

Il conto di mastro si presenta come segue:

90.01 CONTO DI RISULTATO ECONOMICO

| | | | |
|---|---|---|---|
| Totale componenti negativi | 1.896.780, 00 | Totale componenti positivi | 1.654.780, 00 |
| | | Risultato economico d'esercizio | 242.000, 00 |
| | 1.896.780, 00 | | 1.896.780, 00 |

### Come si determina il patrimonio netto finale?

Dopo aver calcolato il risultato economico d'esercizio è necessario determinare il **patrimonio netto finale**.
Nelle *imprese individuali* il patrimonio netto finale è rappresentato dal saldo del

conto in cui vengono girati le ritenute di acconto subite, i prelevamenti extragestione effettuati e l'utile o la perdita di esercizio.

10.01 PATRIMONIO NETTO

| | |
|---|---|
| Ritenute d'acconto subite | Patrimonio netto iniziale |
| Prelevamenti extragestione | Utile d'esercizio |
| (Perdita d'esercizio) | |

Autofinanziamento = *Self-financing*

Al termine del periodo amministrativo si possono presentare situazioni diverse:

- l'utile d'esercizio è maggiore dei prelevamenti extragestione e delle ritenute subite; la differenza corrisponde all'utile risparmiato (autofinanziamento) che incrementa il patrimonio netto iniziale;
- l'utile d'esercizio è minore dei prelevamenti extragestione e delle ritenute subite; la differenza provoca una diminuzione del patrimonio netto iniziale;
- si è registrata una perdita d'esercizio e il titolare dell'impresa, durante l'esercizio, ha effettuato dei prelevamenti extragestione e ha subìto ritenute di acconto; in tal caso il patrimonio netto iniziale subisce una diminuzione per la perdita d'esercizio, per i prelevamenti extragestione e per le ritenute subite.

## 1 Calcolo del patrimonio netto finale in caso di utile d'esercizio

L'impresa Enrica Fanisi presenta all'inizio del periodo amministrativo un patrimonio netto di 675.600 euro. Durante l'esercizio il titolare dell'impresa ha effettuato un prelevamento per esigenze familiari di 34.400 euro.

Nel corso dell'esercizio sono state rilevate ritenute di acconto su interessi attivi bancari per 66 euro.

Al termine del periodo amministrativo il Conto di risultato economico evidenzia un utile d'esercizio di 42.540 euro. Determiniamo il patrimonio netto finale.

I saldi dei conti Prelevamenti extragestione, Titolare c/ritenute subite e Utile d'esercizio vengono riepilogati al conto di Patrimonio netto:

| | | | | | |
|---|---|---|---|---|---|
| 31/12 | 10.01 | PATRIMONIO NETTO | prelevamenti extragestione | 34.400,00 | |
| 31/12 | 10.02 | PRELEVAMENTI EXTRAGESTIONE | prelevamenti extragestione | | 34.400,00 |
| 31/12 | 10.01 | PATRIMONIO NETTO | per giro delle ritenute subite | 66,00 | |
| 31/12 | 10.03 | TITOLARE C/RITENUTE SUBITE | giro a patrimonio netto | | 66,00 |
| 31/12 | 10.04 | UTILE D'ESERCIZIO | capitalizzato utile d'esercizio | 42.540,00 | |
| 31/12 | 10.01 | PATRIMONIO NETTO | capitalizzato utile d'esercizio | | 42.540,00 |

10.01 PATRIMONIO NETTO

| | | | | | |
|---|---|---|---|---|---|
| 31/12 | Prelevamenti extragestione | 34.400,00 | 01/01 | Patrimonio netto iniziale | 675.600,00 |
| 31/12 | Ritenute di acconto subite | 66,00 | 31/12 | Capitalizzazione utile d'esercizio | 42.540,00 |
| | | 34.466,00 | | | |
| | Saldo | 683.674,00 | | | |
| | | 718.140,00 | | | 718.140,00 |

Dopo tali registrazioni il conto Patrimonio netto evidenzia un saldo di 683.674,00 euro, maggiore di 8.074 euro rispetto al patrimonio netto di inizio esercizio. Tale importo rappresenta l'autofinanziamento generato dalla gestione aziendale.

## 2 Calcolo del patrimonio netto finale in caso di perdita d'esercizio

L'impresa Piero Fassi presenta all'inizio del periodo amministrativo un patrimonio netto di 355.000 euro. Durante l'esercizio il titolare dell'impresa ha effettuato un prelevamento per esigenze familiari di 24.000 euro.

Nel corso dell'esercizio sono state rilevate ritenute fiscali di acconto per 52 euro. Al termine del periodo amministrativo il Conto di risultato economico evidenzia una perdita d'esercizio di 22.260 euro. Determiniamo il patrimonio netto finale.

I saldi dei conti Prelevamenti extragestione, Titolare c/ritenute subite e Perdita d'esercizio vengono riepilogati nel conto Patrimonio netto con le seguenti registrazioni:

| | | | | | |
|---|---|---|---|---|---|
| 31/12 | 10.01 | PATRIMONIO NETTO | prelevamenti extragestione | 24.000, 00 | |
| 31/12 | 10.02 | PRELEVAMENTI EXTRAGESTIONE | prelevamenti extragestione | | 24.000, 00 |
| 31/12 | 10.01 | PATRIMONIO NETTO | per giro delle ritenute subite | 52, 00 | |
| 31/12 | 10.03 | TITOLARE C/RITENUTE SUBITE | giro a patrimonio netto | | 52, 00 |
| 31/12 | 10.01 | PATRIMONIO NETTO | capitalizzata perdita di esercizio | 22.260, 00 | |
| 31/12 | 10.05 | PERDITA D'ESERCIZIO | capitalizzata perdita di esercizio | | 22.260, 00 |

10.01 PATRIMONIO NETTO

| | | | | | |
|---|---|---|---|---|---|
| 31/12 | Prelevamenti extragestione | 24.000, 00 | 01/01 | Patrimonio netto iniziale | 355.000, 00 |
| 31/12 | Ritenute di acconto subite | 52, 00 | | | |
| 31/12 | Copertura perdita d'esercizio | 22.260, 00 | | | |
| | | 46.312, 00 | | | |
| | | 308.688, 00 | | | |
| | Saldo | 355.000, 00 | | | 355.000, 00 |

Dopo tali scritture in P.D. il conto Patrimonio netto evidenzia un saldo di 308.688 euro, che è minore del saldo iniziale in quanto la gestione ha prodotto una perdita, vi sono stati dei prelevamenti extragestione e l'imprenditore ha subìto ritenute di acconto.

## Come si effettuano le scritture di chiusura dei conti?

Terminate le scritture di epilogo dei conti, rimangono ancora aperti i *conti patrimoniali: conti finanziari, conti economici di reddito accesi ai costi e ai ricavi pluriennali, conti economici di reddito accesi ai costi e ai ricavi sospesi* e il *conto Patrimonio netto*.
La chiusura dei conti patrimoniali può essere fatta con due procedimenti:

1. si effettua un'unica registrazione contabile riportando in Dare tutti i conti con eccedenza Avere (i conti accesi alle passività e il conto Patrimonio netto) e in Avere tutti i conti con eccedenze Dare (i conti accesi alle attività);
2. si effettuano tre registrazioni contabili utilizzando come contropartita il conto transitorio *Bilancio di chiusura*:
   - con un articolo si rilevano in Dare il conto Bilancio di chiusura e in Avere tutti i conti che presentano eccedenza Dare (i conti accesi alle attività);
   - con un articolo si rilevano in Avere il conto Bilancio di chiusura e in Dare tutti i conti che presentano eccedenza Avere (i conti accesi alle passività);
   - con un articolo si rilevano in Dare il conto Patrimonio netto e in Avere il conto Bilancio di chiusura.

Le operazioni per determinare il reddito di esercizio e il patrimonio di funzionamento richiedono alcuni giorni e vengono quindi a intrecciarsi con le operazioni di riapertura dei conti e le operazioni di gestione del nuovo periodo amministrativo.
Anche se compiute in un periodo di tempo più o meno lungo, tutte le scritture di assestamento, epilogo e chiusura dei conti devono riportare come data di riferimento il 31/12, data di chiusura dell'esercizio.
Si rende, quindi, necessario risolvere il problema di intreccio e di sovrapposizione delle scritture in P.D. riferite a due esercizi.
Se adotta la **procedura manuale**, l'azienda deve sospendere le registrazioni delle operazioni di gestione del nuovo esercizio fino alla conclusione delle scritture di assestamento, epilogo e chiusura dei conti. Ciò è possibile in quanto la normativa fiscale stabilisce il termine massimo di 60 giorni per effettuare le rilevazioni sul libro giornale rispetto alla data delle operazioni.
La **procedura automatizzata** prevede la registrazione contemporanea delle opera-

zioni senza rispettare l'ordine cronologico; nella successiva fase di stampa del libro giornale le operazioni sono automaticamente elencate in ordine di data. Con questa procedura le scritture di assestamento, epilogo e chiusura dei conti e le scritture di esercizio vengono a sovrapporsi tra loro.

 SEMPIO 

## 1 Inventario di esercizio e scritture di assestamento

L'impresa Davide Cerri, che svolge attività commerciale, presenta al 31/12 la situazione contabile per eccedenze riportata di seguito compilata prima delle scritture di assestamento.

Per redigere le scritture di assestamento si tiene presente quanto segue:

1. i costi di impianto si ammortizzano del 20%;
2. i fabbricati si ammortizzano del 3% (il valore dell'edificio è di 384.680 euro);
3. le attrezzature commerciali si ammortizzano del 15%;
4. gli automezzi si ammortizzano del 18%;
5. l'impresa ha consegnato merci a clienti per 8.320 euro + IVA per le quali la fattura si emette a gennaio;
6. l'impresa ha ricevuto merci per 5.400 euro + IVA per le quali la fattura si riceve e registra entro il termine di liquidazione IVA del mese di dicembre;
7. le merci in magazzino sono state acquistate al costo di 136.000 euro e presentano un valore di mercato di 160.000 euro; si stimano costi di vendita pari a 15.600 euro;
8. si svalutano i crediti commerciali adeguando il fondo rischi su crediti al 3% del loro valore nominale;
9. il mutuo, acceso in data 01/02, prevede interessi al tasso 4,50% da pagare annualmente in via posticipata;
10. la quota TFR maturata nell'esercizio ammonta a 5.828,02 euro al lordo della ritenuta fiscale di 55,15 euro;
11. sul c/c bancario sono maturati interessi attivi lordi di 1.580 euro e interessi passivi di 2.350 euro; l'imprenditore ha autorizzato l'addebito degli interessi passivi sul conto corrente in data 01/03 dell'anno successivo;
12. i costi di pubblicità, sostenuti in via anticipata in data 01/09, sono relativi a servizi che verranno erogati per un anno anticipato;
13. le imposte di competenza dell'esercizio ammontano a 8.070 euro.

**Situazione contabile**

| Codici | Denominazione conti | Eccedenze | |
|---|---|---|---|
| | | Dare | Avere |
| 01.01 | Costi di impianto | 8.856,00 | |
| 01.11 | Fondo ammortamento costi di impianto | | 3.542,40 |
| 02.01 | Fabbricati | 511.680,00 | |
| 02.04 | Attrezzature commerciali | 18.991,20 | |
| 02.07 | Automezzi | 55.104,00 | |
| 02.11 | Fondo ammortamento fabbricati | | 69.076,80 |
| 02.14 | Fondo ammortamento attrezzature commerciali | | 15.192,96 |
| 02.17 | Fondo ammortamento automezzi | | 24.796,80 |
| 05.01 | Crediti v/clienti | 121.622,40 | |
| 05.06 | Cambiali attive | 23.714,40 | |
| 05.20 | Fondo rischi su crediti | | 2.091,00 |
| 06.01 | IVA ns/credito | 45.264,00 | |
| 06.02 | IVA c/acconto | 3.936,00 | |
| 06.03 | Imposte c/acconto | 7.840,84 | |
| 08.20 | Denaro in cassa | 1.170,96 | |
| 10.01 | Patrimonio netto | | 521.520,00 |
| 10.02 | Prelevamenti extragestione | 33.598,68 | |
| 12.01 | Debiti per TFR | | 16.708,32 |
| 13.01 | Mutui passivi | | 59.000,00 |
| 14.01 | Debiti v/fornitori | | 85.230,00 |
| 14.04 | Debiti v/fornitori esteri | | 17.007,58 |
| 15.01 | IVA ns/debito | | 60.532,40 |
| 15.02 | Debiti per ritenute da versare | | 1.640,00 |
| 18.11 | Istituti previdenziali | | 4.280,40 |
| 18.20 | Intesa Sanpaolo c/c | 31.736,87 | |
| 20.01 | Merci c/vendite | | 1.419.034,53 |
| 20.10 | Resi su vendite | 19.476,64 | |
| | *da riportare* | *882.991,99* | *2.299.653,19* |

| | | | |
|---|---|---|---|
| | *a riporto* | *882.991, 99* | *2.299.653, 19* |
| 30.01 | Merci c/acquisti | 905.300, 57 | |
| 30.03 | Merci c/acquisti estero | 240.020, 00 | |
| 30.10 | Resi su acquisti | | 15.055, 20 |
| 31.01 | Costi di trasporto | 51.238, 36 | |
| 31.02 | Costi per energia | 9.495, 60 | |
| 31.03 | Pubblicità | 10.332, 00 | |
| 31.05 | Costi telefonici | 8.044, 30 | |
| 31.08 | Assicurazioni | 3.591, 60 | |
| 31.14 | Costi di incasso | 910, 20 | |
| 32.01 | Fitti passivi | 4.647, 43 | |
| 33.01 | Salari e stipendi | 77.145, 60 | |
| 33.02 | Oneri sociali | 33.380, 23 | |
| 37.01 | Merci c/esistenze iniziali | 87.576, 00 | |
| 40.01 | Interessi attivi da clienti | | 535, 06 |
| 41.01 | Interessi passivi a fornitori | 569, 57 | |
| | Totali | 2.315.243, 45 | 2.315.243, 45 |

Presentiamo le scritture di assestamento redatte e l'inventario d'esercizio sintetico redatto a sezioni sovrapposte.

Commento alle operazioni

*1. Ammortamento costi d'impianto*

| | | | | |
|---|---|---|---|---|
| Costo storico | | | euro | 8.856,00 |
| Fondo ammortamento all'01/01 | euro | 3.542,40 | | |
| Ammortamento di competenza dell'esercizio | euro | 1.771,20 | | |
| | | | euro | 5.313,60 |
| Valore residuo contabile | | | euro | 3.542,40 |

*2. Ammortamento fabbricati*

| | | | | |
|---|---|---|---|---|
| Costo storico | | | euro | 511.680,00 |
| Valore del terreno euro 127.000,00 | | | | |
| Valore ammortizzabile | | | | |
| Fondo ammortamento all'01/01 | euro | 69.076,80 | | |
| Ammortamento di competenza dell'esercizio 3% di 384.680 euro = | euro | 11.540,40 | | |
| | | | euro | 80.617,20 |
| Valore residuo contabile | | | euro | 431.062,80 |

*3. Ammortamento attrezzature commerciali*

| | | | | |
|---|---|---|---|---|
| Costo storico | | | euro | 18.991,20 |
| Fondo ammortamento all'01/01 | euro | 15.192,96 | | |
| Ammortamento di competenza dell'esercizio | euro | 2.848,68 | | |
| | | | euro | 18.041,64 |
| Valore residuo contabile | | | euro | 949,56 |

*4. Ammortamento automezzi*

| | | | | |
|---|---|---|---|---|
| Costo storico | | | euro | 55.104,00 |
| Fondo ammortamento all'01/01 | euro | 24.796,80 | | |
| Ammortamento di competenza dell'esercizio | euro | 9.918,72 | | |
| | | | euro | 34.715,52 |
| Valore residuo contabile | | | euro | 20.388,48 |

*5. Fatture da emettere*

Le fatture da emettere sono relative a merci consegnate con documento di trasporto o consegna ma non ancora fatturate. Il ricavo di vendita delle merci deve essere contabilizzato in quanto di competenza dell'esercizio.

| | | |
|---|---|---|
| Vendite delle merci | euro | 8.320,00 |
| IVA a debito | euro | 1.830,40 |
| Fatture da emettere | euro | 10.150,40 |

*6. Fatture da ricevere*

Le fatture da ricevere sono relative a merci pervenute con documento di trasporto o consegna; il costo di acquisto delle merci deve essere contabilizzato con relativa IVA in quanto la fattura è registrata entro il 16/01.

| | | |
|---|---|---|
| Acquisto delle merci | euro | 5.400,00 |
| IVA a credito | euro | 1.188,00 |
| Fatture da ricevere | euro | 6.588,00 |

*7. Merci in rimanenza*

Le merci in magazzino vengono valutate al minore tra il costo di acquisto (136.000 euro) e il valore di mercato (160.000 euro) al netto dei costi di vendita (15.600 euro).

| | | |
|---|---|---|
| Costo di acquisto | euro | 136.000 |
| Valore netto di realizzo euro (160.000 – 15.600) | euro | 144.400 |

La valutazione è effettuata a 136.000 euro.

*8. Svalutazione dei crediti*

| | | |
|---|---|---|
| Crediti v/clienti | euro | 121.622,40 |
| Cambiali attive | euro | 23.714,40 |
| Fatture da emettere | euro | 10.150,40 |
| | euro | 155.487,20 |

| | | |
|---|---|---|
| Svalutazione (3% di euro 155.487,20) | euro | 4.664,62 |
| Fondo preesistente | euro | 2.091,00 |
| Svalutazione dell'esercizio | euro | 2.573,62 |

*9. Interessi sul mutuo*

Sul mutuo sono maturati gli interessi dall'01/02 al 31/12:

$$\text{euro} = \frac{59.000 \times 4{,}50 \times 11}{1.200} = \text{euro } 2.433{,}75 \text{ rateo passivo}$$

*10. TFR*

I debiti per TFR vengono incrementati della quota maturata nell'esercizio:

| | | |
|---|---|---|
| Debiti per TFR | euro | 16.708,32 |
| + Quota lorda | euro | 5.828,02 |
| – Ritenute fiscali 17% | euro | 55,15 |
| | euro | 22.481,19 |

*11. Interessi bancari*

Gli interessi passivi saranno addebitati in conto corrente il 1° marzo dell'anno successivo a seguito dell'autorizzazione data dall'impresa alla banca.

*Interessi attivi bancari*

| | | |
|---|---|---|
| Interessi lordi | euro | 1.580,00 |
| – Ritenuta fiscale 26% | euro | 410,80 |
| Interessi netti | euro | 1.169,20 |

*12. Costi di pubblicità*

I costi di pubblicità sostenuti in data 01/09 sono per 8 mesi (dall'01/01 all'01/09) di competenza del futuro esercizio. Viene quindi rilevato un risconto attivo pari a:

$10.332 : 12 = x : 8$ da cui $x$ = euro 6.888

*13. Imposte*

| | | |
|---|---|---|
| Imposte di competenza | euro | 8.070,00 |
| – Acconto di imposte versato | euro | 7.840,84 |
| Imposte da versare a saldo | euro | 229,16 |

**Libro giornale**

| Data | Codici | Denominazione conti e descrizione | | Dare | Avere |
|---|---|---|---|---|---|
| 31/12 | 34.01 | AMM.TO COSTI D'IMPIANTO | ammortamento 20% | 1.771, 20 | |
| 31/12 | 01.11 | F.DO AMM.TO COSTI D'IMP. | ammortamento 20% | | 1.771, 20 |
| 31/12 | 35.01 | AMM.TO FABBRICATI | ammortamento 3% | 11.540, 40 | |
| 31/12 | 02.11 | FONDO AMM.TO FABBRICATI | ammortamento 3% | | 11.540, 40 |
| 31/12 | 35.04 | AMM.TO ATTR. COMM.LI | ammortamento 15% | 2.848, 68 | |
| 31/12 | 02.14 | F.DO AMM.TO ATTR. COMM.LI | ammortamento 15% | | 2.848, 68 |
| 31/12 | 35.07 | AMM.TO AUTOMEZZI. | ammortamento 18% | 9.918, 72 | |
| 31/12 | 02.17 | FONDO AMM.TO AUTOMEZZI | ammortamento 18% | | 9.918, 72 |
| 31/12 | 05.02 | FATTURE DA EMETTERE | merci da fatturare | 10.150, 40 | |
| 31/12 | 20.01 | MERCI C/VENDITE | merci consegnate | | 8.320, 00 |
| 31/12 | 15.01 | IVA NS/DEBITO | IVA a debito | | 1.830, 40 |
| 31/12 | 30.01 | MERCI C/ACQUISTI | merci in attesa di fattura | 5.400, 00 | |
| 31/12 | 06.01 | IVA NS/CREDITO | IVA a credito | 1.188, 00 | |
| 31/12 | 14.02 | FATTURE DA RICEVERE | acquisti in attesa di fattura | | 6.588, 00 |
| 31/12 | 04.04 | MERCI | scorte in magazzino | 136.000, 00 | |
| 31/12 | 37.10 | MERCI C/RIMANENZE FINALI | scorte in magazzino | | 136.000, 00 |
| 31/12 | 36.20 | SVALUTAZIONE CREDITI | adeguato fondo | 2.573, 62 | |
| 31/12 | 05.20 | FONDO RISCHI SU CREDITI | adeguato fondo | | 2.573, 62 |
| 31/12 | 41.04 | INTERESSI PASSIVI SU MUTUI | rateo su interessi | 2.433, 75 | |
| 31/12 | 16.01 | RATEI PASSIVI | rateo su interessi | | 2.433, 75 |
| 31/12 | 33.03 | TFR | quota TFR | 5.828, 02 | |
| 31/12 | 12.01 | DEBITI PER TFR | quota TFR | | 5.772, 87 |
| 31/12 | 15.02 | DEBITI PER RITEN. DA VERS. | ritenute 11% | | 55, 15 |
| 31/12 | 18.20 | INTESA SANPAOLO C/C | capitalizzati interessi | 1.169, 20 | |
| 31/12 | 10.03 | TITOLARE C/RIT. SUBITE | ritenuta fiscale | 410, 80 | |
| 31/12 | 40.02 | INTERESSI ATTIVI BANCARI | maturati interessi | | 1.580, 00 |
| 31/12 | 41.02 | INTERESSI PASSIVI BANCARI | maturati interessi | 2.350, 00 | |
| 31/12 | 13.21 | BANCHE C/INT. MATURATI | maturati interessi | | 2.350, 00 |
| 31/12 | 09.02 | RISCONTI ATTIVI | costo sospeso | 6.888, 00 | |
| 31/12 | 31.03 | PUBBLICITÀ | costo sospeso | | 6.888, 00 |
| 31/12 | 60.01 | IMPOSTE DELL'ESERCIZIO | imposte di competenza | 8.070, 00 | |
| 31/12 | 15.05 | DEBITI PER IMPOSTE | imposte di competenza | | 8.070, 00 |
| 31/12 | 15.05 | DEBITI PER IMPOSTE | storno acconto | 7.840, 84 | |
| 31/12 | 06.03 | IMPOSTE C/ACCONTO | storno acconto | | 7.840, 84 |
| 31/12 | 18.10 | IVA C/LIQUIDAZIONE | liquidata IVA | 46.452, 00 | |
| 31/12 | 06.01 | IVA NS/CREDITO | liquidata IVA | | 46.452, 00 |
| 31/12 | 15.01 | IVA NS/DEBITO | liquidata IVA | 62.362, 80 | |
| 31/12 | 18.10 | IVA C/LIQUIDAZIONE | liquidata IVA | | 62.362, 80 |
| 31/12 | 18.10 | IVA C/LIQUIDAZIONE | storno acconto | 3.936, 00 | |
| 31/12 | 06.02 | IVA C/ACCONTO | storno acconto | | 3.936, 00 |
| 31/12 | 18.10 | IVA C/LIQUIDAZIONE | giro del saldo a debito | 11.974, 80 | |
| 31/12 | 15.03 | DEBITI PER IVA | saldo a debito per IVA | | 11.974, 80 |
| 31/12 | 18.11 | ISTITUTI PREVIDENZIALI | giro del saldo a debito | 4.280, 40 | |
| 31/12 | 15.06 | DEBITI V/ISTITUTI PREVID. | saldo a debito v/ist. previdenziali | | 4.280, 40 |
| 31/12 | 08.01 | BANCHE C/C ATTIVI | saldo a credito | 32.906, 07 | |
| 31/12 | 18.20 | INTESA SAN PAOLO C/C | giro saldo a credito | | 32.906, 07 |

L'inventario sintetico a sezioni sovrapposte evidenzia il patrimonio netto che tiene conto:

- dell'utile d'esercizio;
- dei prelevamenti extragestione effettuati durante l'anno;
- delle ritenute d'acconto subite sugli interessi attivi bancari, che l'imprenditore detrarrà dall'importo delle imposte personali da pagare.

**Inventario al 31/12/20..**

| Codici | | | Descrizione | Parziale | Totale |
|---|---|---|---|---|---|
| | | | ATTIVITÀ | | |
| 1 | | | *Immobilizzazioni immateriali* | | |
| | 1 | | Costi di impianto | 8.856,00 | |
| | | | Fondo ammortamento costi di impianto | – 5.313,60 | |
| | | | | | 3.542,40 |
| 2 | | | *Immobilizzazioni materiali* | | |
| | 1 | | Fabbricati | 511.680,00 | |
| | | | Fondo ammortamento fabbricati | – 80.617,20 | |
| | | | | | 431.062,80 |
| | 2 | | Attrezzature commerciali | 18.991,20 | |
| | | | Fondo ammortamento attrezzature commerciali | – 18.041,64 | |
| | | | | | 949,56 |
| | 3 | | Automezzi | 55.104,00 | |
| | | | Fondo ammortamento automezzi | – 34.715,52 | |
| | | | | | 20.388,48 |
| 3 | | | *Rimanenze di magazzino* | | |
| | 1 | | Merci | | 136.000,00 |
| 4 | | | *Crediti commerciali* | | |
| | 1 | | Crediti verso clienti | 121.622,40 | |
| | 2 | | Cambiali attive | 23.714,40 | |
| | 3 | | Fatture da emettere | 10.150,40 | |
| | | | Fondo rischi su crediti | – 4.664,62 | |
| | | | | | 150.822,58 |
| 5 | | | *Banche c/c attivi* | | |
| | | 1 | Intesa Sanpaolo | | 32.906,07 |
| 6 | | | *Valori in cassa* | | |
| | 1 | | Denaro in cassa | | 1.170,96 |
| 7 | | | *Ratei e risconti attivi* | | |
| | | 1 | Risconti attivi | | 6.888,00 |
| | | | Totale attività | | 783.730,85 |

| Codici | | | Descrizione | Parziale | Totale |
|---|---|---|---|---|---|
| | | | PASSIVITÀ | | |
| 1 | | | *Debiti per TFR* | | 22.481, 19 |
| 2 | | | *Debiti finanziari* | | |
| | | | Mutui passivi | | 59.000, 00 |
| 3 | | | *Debiti commerciali e diversi* | | |
| | 1 | | Debiti v/fornitori | 85.230, 00 | |
| | 2 | | Debiti v/fornitori esteri | 17.007, 58 | |
| | 3 | | Fatture da ricevere | 6.588, 00 | |
| | 4 | | Debiti per ritenute da versare | 1.695, 15 | |
| | 5 | | Debiti per IVA | 11.974, 80 | |
| | 6 | | Debiti v/Istituti previdenziali | 4.280, 40 | |
| | 7 | | Debiti per imposte | 229, 16 | |
| | | | | | 127.005, 09 |
| 4 | | | *Ratei e risconti passivi* | | 2.433, 75 |
| | | | Ratei passivi | | |
| | | | Totale passività | | 210.920, 03 |
| | | | RIEPILOGO | | |
| | | | Totale attività | 783.730, 85 | |
| | | | Totale passività | 210.920, 03 | |
| | | | *Patrimonio netto aziendale* | | 572.905, 62 |

## 2 Situazione contabile finale, scritture di epilogo e chiusura

Dopo le scritture di assestamento e l'inventario d'esercizio, presentiamo dell'impresa Davide Cerri:

- la situazione contabile finale a sezioni accostate per eccedenze;
- le scritture di epilogo dei conti al Conto di risultato economico;
- le scritture per la determinazione e destinazione del risultato economico d'esercizio;
- le scritture di chiusura dei conti;
- la situazione contabile finale scissa in Situazione patrimoniale e Situazione economica.

**Situazione contabile**

| Codici | Denominazione conti | Eccedenze | |
|---|---|---|---|
| | | Dare | Avere |
| 01.01 | Costi di impianto | 8.856, 00 | |
| 01.11 | Fondo ammortamento costi di impianto | | 5.313, 60 |
| 02.01 | Fabbricati | 511.680, 00 | |
| 02.04 | Attrezzature commerciali | 18.991, 20 | |
| 02.07 | Automezzi | 55.104, 00 | |
| 02.11 | Fondo ammortamento fabbricati | | 80.617, 20 |
| 02.14 | Fondo ammortamento attrezzature commerciali | | 18.041, 64 |
| 02.17 | Fondo ammortamento automezzi | | 34.715, 52 |
| | *da riportare* | *594.631, 20* | *138.687, 96* |

| | | | |
|---|---|---|---|
| | *a riporto* | *594.631,20* | *138.687,96* |
| 04.04 | Merci | 136.000,00 | |
| 05.01 | Crediti v/clienti | 121.622,40 | |
| 05.02 | Fatture da emettere | 10.150,40 | |
| 05.06 | Cambiali attive | 23.714,40 | |
| 05.20 | Fondo rischi su crediti | | 4.664,62 |
| 08.01 | Banche c/c attivi | 32.906,07 | |
| 08.20 | Denaro in cassa | 1.170,96 | |
| 09.02 | Risconti attivi | 6.888,00 | |
| 10.01 | Patrimonio netto | | 521.520,00 |
| 10.02 | Prelevamenti extragestione | 33.598,68 | |
| 10.03 | Titolare c/ritenute subite | 410,80 | |
| 12.01 | Debiti per TFR | | 22.481,19 |
| 13.01 | Mutui passivi | | 59.000,00 |
| 13.21 | Banche c/interessi maturati | | 2.350,00 |
| 14.01 | Debiti v/fornitori | | 85.230,00 |
| 14.02 | Fatture da ricevere | | 6.588,00 |
| 14.04 | Debiti v/fornitori esteri | | 17.007,58 |
| 15.02 | Debiti per ritenute da versare | | 1.695,15 |
| 15.03 | Debiti per IVA | | 11.974,80 |
| 15.05 | Debiti per imposte | | 229,16 |
| 15.06 | Debiti v/Istituti previdenziali | | 4.280,40 |
| 16.01 | Ratei passivi | | 2.433,75 |
| 20.01 | Merci c/vendite | | 1.427.354,53 |
| 20.10 | Resi su vendite | 19.476,64 | |
| 30.01 | Merci c/acquisti | 910.700,57 | |
| 30.03 | Merci c/acquisti estero | 240.020,00 | |
| 30.10 | Resi su acquisti | | 15.055,20 |
| 31.01 | Costi di trasporto | 51.238,36 | |
| 31.02 | Costi per energia | 9.495,60 | |
| 31.03 | Pubblicità | 3.444,00 | |
| 31.05 | Costi telefonici | 8.044,30 | |
| 31.08 | Assicurazioni | 3.591,60 | |
| 31.14 | Costi di incasso | 910,20 | |
| 32.01 | Fitti passivi | 4.647,43 | |
| 33.01 | Salari e stipendi | 77.145,60 | |
| 33.02 | Oneri sociali | 33.380,23 | |
| 33.03 | TFR | 5.828,02 | |
| 34.01 | Ammortamento costi di impianto | 1.771,20 | |
| 35.01 | Ammortamento fabbricati | 11.540,40 | |
| 35.04 | Ammortamento attrezzature commerciali | 2.848,68 | |
| 35.07 | Ammortamento automezzi | 9.918,72 | |
| 36.20 | Svalutazione crediti | 2.573,62 | |
| 37.01 | Merci c/esistenze iniziali | 87.576,00 | |
| 37.10 | Merci c/rimanenze finali | | 136.000,00 |
| 40.01 | Interessi attivi da clienti | | 535,06 |
| 40.02 | Interessi attivi bancari | | 1.580,00 |
| 41.01 | Interessi passivi a fornitori | 569,57 | |
| 41.02 | Interessi passivi bancari | 2.350,00 | |
| 41.04 | Interessi passivi su mutui | 2.433,75 | |
| 60.01 | Imposte dell'esercizio | 8.070,00 | |
| | Totali | 2.458.667,40 | 2.458.667,40 |

**Scritture di epilogo e di chiusura dei conti**

| Data | Codici | Denominazione conti e descrizione | | Dare | Avere |
|---|---|---|---|---|---|
| 31/12 | 90.01 | CONTO DI RISULTATO ECONOMICO | totale componenti negativi | 1.497.574, 49 | |
| 31/12 | 20.10 | RESI SU VENDITE | epilogo a Conto economico | | 19.476, 64 |
| 31/12 | 30.01 | MERCI C/ACQUISTI | epilogo a Conto economico | | 910.700, 57 |
| 31/12 | 30.03 | MERCI C/ACQUISTI ESTERO | epilogo a Conto economico | | 240.020, 00 |
| 31/12 | 31.01 | COSTI DI TRASPORTO | epilogo a Conto economico | | 51.238, 36 |
| 31/12 | 31.02 | COSTI PER ENERGIA | epilogo a Conto economico | | 9.495, 60 |
| 31/12 | 31.03 | PUBBLICITÀ | epilogo a Conto economico | | 3.444, 00 |
| 31/12 | 31.05 | COSTI TELEFONICI | epilogo a Conto economico | | 8.044, 30 |
| 31/12 | 31.08 | ASSICURAZIONI | epilogo a Conto economico | | 3.591, 60 |
| 31/12 | 31.14 | COSTI DI INCASSO | epilogo a Conto economico | | 910, 20 |
| 31/12 | 32.01 | FITTI PASSIVI | epilogo a Conto economico | | 4.647, 43 |
| 31/12 | 33.01 | SALARI E STIPENDI | epilogo a Conto economico | | 77.145, 60 |
| 31/12 | 33.02 | ONERI SOCIALI | epilogo a Conto economico | | 33.380, 23 |
| 31/12 | 33.03 | TFR | epilogo a Conto economico | | 5.828, 02 |
| 31/12 | 34.01 | AMM.TO COSTI DI IMPIANTO | epilogo a Conto economico | | 1.771, 20 |
| 31/12 | 35.01 | AMMORTAMENTO FABBRICATI | epilogo a Conto economico | | 11.540, 40 |
| 31/12 | 35.04 | AMM.TO ATTREZZATURE COMM. | epilogo a Conto economico | | 2.848, 68 |
| 31/12 | 35.07 | AMMORTAMENTO AUTOMEZZI | epilogo a Conto economico | | 9.918, 72 |
| 31/12 | 36.20 | SVALUTAZIONE CREDITI | epilogo a Conto economico | | 2.573, 62 |
| 31/12 | 37.01 | MERCI C/ESISTENZE INIZIALI | epilogo a Conto economico | | 87.576, 00 |
| 31/12 | 41.01 | INTERESSI PASSIVI A FORNITORI | epilogo a Conto economico | | 569, 58 |
| 31/12 | 41.02 | INTERESSI PASSIVI BANCARI | epilogo a Conto economico | | 2.350, 00 |
| 31/12 | 41.04 | INTERESSI PASSIVI SU MUTUI | epilogo a Conto economico | | 569, 58 |
| 31/12 | 60.01 | IMPOSTE DELL'ESERCIZIO | epilogo a Conto economico | | 8.070, 00 |
| 31/12 | 20.01 | MERCI C/VENDITE | epilogo a Conto economico | 1.427.354, 53 | |
| 31/12 | 30.10 | RESI SU ACQUISTI | epilogo a Conto economico | 15.055, 20 | |
| 31/12 | 37.10 | MERCI C/RIMANENZE FINALI | epilogo a Conto economico | 136.000, 00 | |
| 31/12 | 40.01 | INTERESSI ATTIVI DA CLIENTI | epilogo a Conto economico | 535, 06 | |
| 31/12 | 40.02 | INTERESSI ATTIVI BANCARI | epilogo a Conto economico | 1.580, 00 | |
| 31/12 | 90.01 | CONTO DI RISULTATO ECONOMICO | totale componenti positivi | | 1.580.524, 79 |
| 31/12 | 90.01 | CONTO DI RISULTATO ECONOMICO | risultato economico positivo | 82.950, 30 | |
| 31/12 | 10.04 | UTILE D'ESERCIZIO | risultato economico positivo | | 82.950, 30 |
| 31/12 | 10.01 | PATRIMONIO NETTO | prelevamento extragestione | 33.598, 68 | |
| 31/12 | 10.02 | PRELEVAMENTI EXTRAGESTIONE | prelevamento extragestione | | 33.598, 68 |
| 31/12 | 10.01 | PATRIMONIO NETTO | giro ritenute subite | 410, 80 | |
| 31/12 | 10.03 | TITOLARE C/RITENUTE SUBITE | giro ritenute subite | | 410, 80 |
| 31/12 | 10.04 | UTILE D'ESERCIZIO | capitalizzato utile d'esercizio | 82.950, 30 | |
| 31/12 | 10.01 | PATRIMONIO NETTO | capitalizzato utile d'esercizio | | 82.950, 30 |

| | | | | | | | | |
|---|---|---|---|---|---|---|---|---|
| 31/12 | 18.02 | BILANCIO DI CHIUSURA | totale attività | 927.083, | 43 | | |
| 31/12 | 01.01 | COSTI DI IMPIANTO | chiusura del conto | | | 8.856, | 00 |
| 31/12 | 02.01 | FABBRICATI | chiusura del conto | | | 511.680, | 00 |
| 31/12 | 02.04 | ATTREZZATURE COMMERCIALI | chiusura del conto | | | 18.991, | 20 |
| 31/12 | 02.07 | AUTOMEZZI | chiusura del conto | | | 55.104, | 00 |
| 31/12 | 04.04 | MERCI | chiusura del conto | | | 136.000, | 00 |
| 31/12 | 05.01 | CREDITI V/CLIENTI | chiusura del conto | | | 121.622, | 40 |
| 31/12 | 05.02 | FATTURE DA EMETTERE | chiusura del conto | | | 10.150, | 40 |
| 31/12 | 05.06 | CAMBIALI ATTIVE | chiusura del conto | | | 23.714, | 40 |
| 31/12 | 08.01 | BANCHE C/C ATTIVI | chiusura del conto | | | 32.906, | 07 |
| 31/12 | 08.20 | DENARO IN CASSA | chiusura del conto | | | 1.170, | 96 |
| 31/12 | 09.02 | RISCONTI ATTIVI | chiusura del conto | | | 6.888, | 00 |
| 31/12 | 01.11 | FONDO AMM.TO COSTI DI IMPIANTO | chiusura del conto | 5.313, | 60 | | |
| 31/12 | 02.11 | FONDO AMMORTAMENTO FABBRICATI | chiusura del conto | 80.617, | 20 | | |
| 31/12 | 02.14 | F.DO AMM.TO ATTREZZ. COMM.LI | chiusura del conto | 18.041, | 64 | | |
| 31/12 | 02.17 | FONDO AMMORTAMENTO AUTOMEZZI | chiusura del conto | 34.715, | 52 | | |
| 31/12 | 05.20 | FONDO RISCHI SU CREDITI | chiusura del conto | 4.664, | 62 | | |
| 31/12 | 12.01 | DEBITI PER TFR | chiusura del conto | 22.481, | 19 | | |
| 31/12 | 13.01 | MUTUI PASSIVI | chiusura del conto | 59.000, | 00 | | |
| 31/12 | 13.21 | BANCHE C/INTERESSI MATURATI | chiusura del conto | 2.350, | 00 | | |
| 31/12 | 14.01 | DEBITI V/FORNITORI | chiusura del conto | 85.230, | 00 | | |
| 31/12 | 14.02 | FATTURE DA RICEVERE | chiusura del conto | 6.588, | 00 | | |
| 31/12 | 14.04 | DEBITI V/FORNITORI ESTERI | chiusura del conto | 17.007, | 58 | | |
| 31/12 | 15.02 | DEBITI PER RITENUTE DA VERSARE | chiusura del conto | 1.695, | 15 | | |
| 31/12 | 15.03 | DEBITI PER IVA | chiusura del conto | 11.974, | 80 | | |
| 31/12 | 15.05 | DEBITI PER IMPOSTE | chiusura del conto | 229, | 16 | | |
| 31/12 | 15.06 | DEBITI V/ISTITUTI PREVIDENZIALI | chiusura del conto | 4.280, | 40 | | |
| 31/12 | 16.01 | RATEI PASSIVI | chiusura del conto | 2.433, | 75 | | |
| 31/12 | 18.02 | BILANCIO DI CHIUSURA | totale passività | | | 356.622, | 61 |
| 31/12 | 10.01 | PATRIMONIO NETTO | chiusura del conto | 570.460, | 82 | | |
| 31/12 | 18.02 | BILANCIO DI CHIUSURA | patrimonio netto finale | | | 570.460, | 82 |

**Situazione patrimoniale al 31/12/n**

| | | | | | |
|---|---|---|---|---|---|
| Costi di impianto | 8.856, | 00 | Fondo amm.to costi di impianto | 5.313, | 60 |
| Fabbricati | 511.680, | 00 | Fondo ammortamento fabbricati | 80.617, | 20 |
| Attrezzature commerciali | 18.991, | 20 | Fondo amm.to attrezzature comm.li | 18.041, | 64 |
| Automezzi | 55.104, | 00 | Fondo ammortamento automezzi | 34.715, | 52 |
| Merci | 136.000, | 00 | Fondo rischi su crediti | 4.664, | 62 |
| Crediti v/clienti | 121.622, | 40 | Debiti per TFR | 22.481, | 19 |
| Cambiali attive | 23.714, | 40 | Mutui passivi | 59.000, | 00 |
| Fatture da emettere | 10.150, | 40 | Debiti v/fornitori | 85.230, | 00 |
| Banche c/c attivi | 32.906, | 07 | Banche c/interessi maturati | 2.350, | 00 |
| Denaro in cassa | 1.170, | 96 | Debiti v/fornitori esteri | 17.007, | 58 |
| Risconti attivi | 6.888, | 00 | Fatture da ricevere | 6.588, | 00 |
| | | | Debiti per ritenute da versare | 1.695, | 15 |
| | | | Debiti per IVA | 11.974, | 80 |
| | | | Debiti v/Istituti previdenziali | 4.280, | 40 |
| | | | Debiti per imposte | 229, | 16 |
| | | | Ratei passivi | 2.433, | 75 |
| Totale attività | 927.083, | 43 | Totale passività | 356.622, | 61 |
| Prelevamento extragestione | 33.598, | 68 | Patrimonio netto | 521.520, | 00 |
| Titolare c/ritenute subite | 410, | 80 | Risultato economico positivo | 82.950 | 30 |
| Totale | 961.092, | 91 | Totale | 961.092, | 91 |

**Situazione economica dell'esercizio n**

| | | | |
|---|---|---|---|
| Resi su vendite | 19.476, 64 | Merci c/vendite | 1.427.354, 53 |
| Merci c/acquisti | 910.700, 57 | Resi su acquisti | 15.055, 20 |
| Merci c/acquisti estero | 240.020, 00 | Merci c/rimanenze finali | 136.000, 00 |
| Merci c/esistenze iniziali | 87.576, 00 | Interessi attivi da clienti | 535, 06 |
| Costi di trasporto | 51.238, 36 | Interessi attivi bancari | 1.580, 00 |
| Costi per energia | 9.495, 60 | | |
| Pubblicità | 3.444, 00 | | |
| Costi telefonici | 8.044, 30 | | |
| Assicurazioni | 3.591, 60 | | |
| Costi di incasso | 910, 20 | | |
| Fitti passivi | 4.647, 43 | | |
| Salari e stipendi | 77.145, 60 | | |
| Oneri sociali | 33.380, 23 | | |
| TFR | 5.828, 02 | | |
| Amm.to costi di impianto | 1.771, 20 | | |
| Ammortamento fabbricati | 11.540, 40 | | |
| Amm.to attrezzature comm.li | 2.848, 68 | | |
| Ammortamento automezzi | 9.918, 72 | | |
| Svalutazione crediti | 2.573, 62 | | |
| Interessi passivi a fornitori | 569, 57 | | |
| Interessi passivi bancari | 2.350, 00 | | |
| Interessi passivi su mutui | 2.433, 75 | | |
| Imposte dell'esercizio | 8.070, 00 | | |
| Totale componenti negativi | 1.497.574, 49 | | |
| Risultato economico positivo | 82.950 30 | | |
| Totale a pareggio | 1.580.524, 79 | Totale componenti positivi | 1.580.524, 79 |

test interattivi nel libro digitale

Procedimento di epilogo dei conti economici di esercizio e di chiusura degli altri conti • situazione contabile finale.

Comporre le scritture di epilogo e di chiusura dei conti • determinare il patrimonio netto finale.

**1** Indica con una crocetta la risposta esatta (alcuni quesiti possono avere più risposte esatte).

**1.** IVA c/ liquidazione:
- a *è un conto transitorio*
- b *è un conto economico acceso ai costi o ricavi d'esercizio*
- c *è un conto finanziario*
- d *è un conto che può presentare alternanza di saldi*

**2.** Il Conto di risultato economico:
- a *accoglie tutti i componenti positivi e negativi di reddito*
- b *accoglie i componenti positivi e negativi di reddito di competenza dell'esercizio*
- c *evidenzia un utile di esercizio se il totale Avere è minore del totale Dare*
- d *evidenzia una perdita di esercizio se il totale Dare è maggiore del totale Avere*

**3.** Il patrimonio netto diminuisce in presenza di:
- a *utile d'esercizio maggiore dei prelevamenti extragestione*
- b *utile d'esercizio maggiore delle ritenute subite*
- c *perdita d'esercizio*
- d *utile d'esercizio uguale ai prelevamenti extragestione*

**4.** Nella Situazione patrimoniale affluiscono:
- a *i conti finanziari*
- b *i conti economici di patrimonio netto*
- c *i conti economici di reddito accesi ai costi e ricavi d'esercizio*
- d *i conti economici di reddito accesi ai costi e ricavi pluriennali e sospesi*

**2** Indica se le seguenti affermazioni sono vere o false; in quest'ultimo caso suggerisci sul quaderno la formulazione corretta.

1. Nella Situazione economica affluiscono i conti economici di reddito. V F
2. Il saldo del Conto di risultato economico evidenzia una perdita d'esercizio se il totale Avere risulta minore del totale Dare. V F
3. Dopo la rilevazione dell'utile d'esercizio il Conto di risultato economico risulta spento. V F
4. Le scritture di epilogo dei conti seguono le scritture di assestamento e precedono le scritture di chiusura dei conti. V F
5. La situazione contabile finale si compone di tre parti. V F
6. Nella Situazione patrimoniale affluiscono i conti economici di patrimonio netto. V F
7. L'utile dell'esercizio è iscritto sia nella Situazione patrimoniale sia nella Situazione economica. V F
8. Le ritenute fiscali d'acconto subite sono riepilogate al conto Patrimonio netto. V F
9. In presenza di prelevamenti extragestione superiori all'utile d'esercizio il patrimonio netto iniziale aumenta. V F
10. Dopo le scritture di epilogo dei conti risultano ancora aperti i conti economici di reddito accesi ai costi e ai ricavi sospesi. V F

**3** Completa il conto di mastro Patrimonio netto e rispondi alle domande sul quaderno, tenendo presente che il titolare dell'impresa Simone Verri ha effettuato, durante l'esercizio, un prelevamento per esigenze personali di 14.400 euro.

10.01 PATRIMONIO NETTO

| | | | | | | |
|---|---|---|---|---|---|---|
| 10/04 | ........................................ | ................, .... | 01/01 | Patrimonio netto iniziale | 300.000, | 00 |
| 31/12 | ........................................ | 74, 00 | | | | |
| 31/12 | ........................................ | ................, .... | | | | |
| 31/12 | Saldo finale | 273.026, 00 | | | | |
| | Totale | ................, .... | | Totale | ................, | .... |

1. Perché il saldo finale è minore del saldo iniziale?
2. Che cosa rappresentano i prelevamenti extragestione?

**4** Indica per ciascun conto la sua natura e destinazione.

| Denominazione dei conti | Conti finanziari | Conti economici | Situazione patrimoniale | | Situazione economica | |
|---|---|---|---|---|---|---|
| | | | Attività | Passività | Costi | Ricavi |
| Banche c/c attivi | | | | | | |
| Prelevamenti extragestione | | | | | | |
| Utile d'esercizio | | | | | | |
| Debiti v/Istituti previdenziali | | | | | | |
| Banche c/c passivi | | | | | | |
| Debiti per IVA | | | | | | |
| Titolare c/ritenute subite | | | | | | |
| Perdita d'esercizio | | | | | | |

**5** **CLIL** Complete the tasks required.

At the end of the period the Equity account is as follows. Complete the Income Statement adding the share of capitalised profit for the year of 35 000 euro and calculate the total amount.

10.01 EQUITY

| | | | | |
|---|---|---|---|---|
| Owner's draws | 22.500, 00 | Opening net equity | 260.000, | 00 |
| Withholding tax charged | 122, 00 | | | |
| ........................................ | ................, .... | ........................................ | ................, | .... |
| ........................................ | ................, .... | | | |
| Total | ................, .... | Total | ................, | .... |

**Lezione 7**

# La redazione del bilancio d'esercizio

Bilancio d'esercizio = ***Annual budget***

**Controllo di gestione:** processo con il quale si verifica la correttezza delle procedure contabili e si valuta l'impatto delle decisioni aziendali sui risultati ottenuti dalla gestione, allo scopo di correggere eventuali errori e/o assumere decisioni per il futuro.

**Società di capitali:** società in cui la responsabilità dei soci è limitata ai capitali conferiti; per i debiti sociali risponde solo la società con il suo patrimonio. Sono società di capitali: le società per azioni (spa), le società a responsabilità limitata (srl) e le società in accomandita per azioni (sapa).

**Bilancio in forma ordinaria:** è redatto dalle società che superano i parametri per la redazione del bilancio in forma abbreviata.

**Nota integrativa:** ha una funzione esplicativa e di approfondimento dello Stato patrimoniale e del Conto economico.

**Bilancio in forma abbreviata:** secondo l'art. 2435 *bis* c.c., possono redigere il bilancio in forma abbreviata le società che nel primo esercizio o, successivamente, per due esercizi consecutivi non abbiano superato due dei seguenti limiti: totale dell'attivo dello Stato patrimoniale 4.400.000 euro; ricavi delle vendite e delle prestazioni 8.800.000 euro; dipendenti occupati in media durante l'esercizio 50 unità.

**Bilancio delle micro-imprese:** secondo l'art. 2435 *ter* c.c. sono considerate micro-imprese le società che nel primo esercizio o, successivamente, per due esercizi consecutivi non abbiano superato due dei seguenti limiti: totale dell'attivo dello Stato patrimoniale 175.000 euro; ricavi delle vendite e delle prestazioni 350.000 euro; dipendenti occupati in media durante l'esercizio 5 unità. A determinate condizioni le micro-imprese sono esonerate dalla redazione della Nota integrativa e del Rendiconto finanziario.

## Perché le imprese redigono il bilancio?

La contabilità generale, attraverso le scritture di esercizio e di assestamento, consente di determinare il patrimonio di funzionamento e il risultato economico dell'esercizio, che sono messi in evidenza dal bilancio d'esercizio.
Mentre in passato erano considerate strettamente riservate e venivano comunicate esclusivamente ai soggetti interni (proprietario e soci), oggi le informazioni sul patrimonio e il reddito aziendale, indipendentemente dagli obblighi di legge, sono comunicate a tutti gli **stakeholder** con l'obiettivo di ricevere il loro consenso e appoggio.
La comunicazione delle informazioni economico-finanziarie avviene attraverso la diffusione del bilancio d'esercizio.

Il **bilancio d'esercizio** è il documento, redatto al termine del periodo amministrativo, che rappresenta la situazione patrimoniale e finanziaria dell'azienda e il risultato economico ottenuto nell'esercizio.

Il bilancio fornisce una visione sintetica e globale dei risultati raggiunti attraverso la gestione aziendale:

- ai **soggetti interni**, quali l'imprenditore o gli amministratori e i dirigenti aziendali, che utilizzano le informazioni economico-finanziarie per effettuare il **controllo di gestione**;
- ai **soggetti esterni**, i quali utilizzano le informazioni economico-finanziarie per soddisfare le proprie esigenze conoscitive:
  - i *dipendenti*, interessati ad avere informazioni sulla stabilità del posto di lavoro;
  - i *finanziatori*, interessati a verificare la capacità dell'impresa di rimborsare regolarmente i prestiti ottenuti;
  - i *fornitori* e i *clienti*, interessati a verificare la continuità della produzione aziendale, la regolarità delle forniture e la capacità dell'impresa di rispettare gli obblighi contrattuali assunti;
  - la *Pubblica amministrazione*, interessata a conoscere il reddito da assoggettare a tassazione e a valutare il contributo dell'impresa allo sviluppo economico del territorio in cui è insediata.

## Quali imprese devono rendere pubblico il bilancio?

Per le **società di capitali** il codice civile stabilisce una serie di norme che regolano la forma, la struttura e il contenuto del bilancio.
Sono previsti tre tipi di bilancio in relazione alle dimensioni delle società:

- il **bilancio in forma ordinaria**, composto dallo Stato patrimoniale, dal Conto economico, dal Rendiconto finanziario e dalla **Nota integrativa**;
- il **bilancio in forma abbreviata**, composto dallo Stato patrimoniale, dal Conto economico e dalla Nota integrativa;
- il **bilancio delle micro-imprese**, composto dallo Stato patrimoniale e dal Conto economico, in quanto tali imprese possono essere esonerate dalla redazione sia del **Rendiconto finanziario**, sia della Nota integrativa.

**Rendiconto finanziario:** è un documento contabile che evidenzia l'ammontare e la composizione delle disponibilità liquide all'inizio e alla fine dell'esercizio, nonché i flussi finanziari verificatisi durante il periodo amministrativo.

**Società di persone:** società in cui la responsabilità dei soci è solidale e illimitata. Sono società di persone: le società in nome collettivo (snc) e le società in accomandita semplice (sas).

A differenza delle **società di capitali**, il bilancio d'esercizio delle **imprese individuali** e delle **società di persone** non è soggetto a pubblicazione; in queste aziende il bilancio svolge pertanto una funzione informativa prevalentemente interna; deve essere conservato ai fini di eventuali accertamenti fiscali.
In quanto documento destinato a soddisfare esigenze informative interne, il bilancio può essere predisposto in forma libera e fatto coincidere con la situazione contabile finale, suddivisa in Situazione patrimoniale e Situazione economica. In pratica anche le imprese individuali e le società di persone redigono il bilancio d'esercizio secondo le norme del codice previste per le società di capitali che non superano i parametri per essere definite micro-imprese.
La redazione di un bilancio d'esercizio conforme alle norme di legge è infatti il presupposto per mostrare con chiarezza e veridicità i risultati della gestione e l'affidabilità delle procedure amministrative-contabili adottate al fine di ottenere dei finanziamenti esterni, per esempio dalle banche, che richiedono il bilancio d'esercizio per la concessione di un fido.
Il **bilancio delle micro-imprese** che si avvalgono degli esoneri consentiti è composto dallo Stato patrimoniale e dal Conto economico redatti in unità di euro senza cifre decimali. La forma, la struttura e il contenuto dei due prospetti contabili sono identici a quelli del bilancio in forma abbreviata.
Il bilancio d'esercizio deve essere redatto **a stati comparati**: i prospetti dello Stato patrimoniale e del Conto economico devono avere due colonne affiancate, che mettono in evidenza, per ogni voce di bilancio, gli importi dell'esercizio e quelli dell'esercizio precedente; in tal modo è possibile valutare meglio l'andamento economico-finanziario dell'azienda.
Questo confronto degli importi presuppone che nella redazione del bilancio dei due esercizi siano stati utilizzati gli stessi criteri di valutazione e che il contenuto delle voci sia omogeneo.

## Qual è il contenuto dello Stato patrimoniale?

Lo **Stato patrimoniale** mette in evidenza il patrimonio di funzionamento dell'azienda al termine del periodo amministrativo.

Lo Stato patrimoniale prevede la forma a sezioni contrapposte: la sezione sinistra è chiamata Attivo, la sezione destra Passivo.

L'**Attivo** è suddiviso in tre classi:
- Immobilizzazioni;
- Attivo circolante;
- Ratei e risconti attivi.

Le immobilizzazioni immateriali e materiali devono essere esposte al netto dei fondi ammortamento.
I crediti sono esposti al netto del Fondo svalutazione crediti e del Fondo rischi su crediti.

Il **Passivo** è suddiviso in cinque classi:
- Patrimonio netto;
- Fondi per rischi e oneri;
- Trattamento di fine rapporto di lavoro subordinato;
- Debiti;
- Ratei e risconti passivi.

Sia per i crediti, sia per i debiti occorre indicare gli importi esigibili oltre l'esercizio successivo.
I ratei e i risconti possono essere indicati separatamente, oppure possono essere inclusi, rispettivamente, nei Crediti e nei Debiti.

**Stato patrimoniale**

| **ATTIVO** | | **PASSIVO** | |
|---|---|---|---|
| **Immobilizzazioni** | | **Patrimonio netto** | |
| Immobilizzazioni immateriali | ...................... | Capitale proprio | ...................... |
| Immobilizzazioni materiali | ...................... | Utile d'esercizio | ...................... |
| | | (Perdita d'esercizio) | ...................... |
| Immobilizzazioni finanziarie | ...................... | *Totale patrimonio netto* | ...................... |
| *Totale immobilizzazioni* | ...................... | | |
| **Attivo circolante** | | **Fondi per rischi e oneri** | ...................... |
| Rimanenze | ...................... | | |
| Crediti (inclusi Ratei e risconti attivi) | ...................... | **Trattamento di fine rapporto di lavoro subordinato** | ...................... |
| Disponibilità liquide | ...................... | **Debiti** (inclusi Ratei e risconti passivi) | ...................... |
| *Totale attivo circolante* | ...................... | | |
| *Totale generale* | ...................... | *Totale generale* | ...................... |

## Qual è il contenuto del Conto economico?

Il **Conto economico** mette in evidenza la formazione del risultato economico indicando i costi e i ricavi di competenza economica dell'esercizio.

**Classificazione dei costi e ricavi per natura:** classificazione dei costi e dei ricavi in base all'oggetto o alla motivazione per i quali essi sono stati sostenuti o conseguiti.

Il Conto economico è redatto **in forma scalare** classificando i costi e i ricavi secondo la loro **natura**. I costi e i ricavi sono riepilogati nei seguenti **raggruppamenti**:
- Valore della produzione (A);
- Costi della produzione (B);
- Proventi e oneri finanziari (C);
- Rettifiche di valore di attività e passività finanziarie (D).

Ciascun raggruppamento è articolato in *voci*.

Oltre al risultato economico dell'esercizio, il Conto economico mette in evidenza i *risultati delle varie aree della gestione aziendale*:
- il **risultato della gestione della produzione** si ottiene detraendo dal Valore della produzione (A) i Costi della produzione (B). Tale differenza (A – B) comprende i ricavi e i costi della **gestione caratteristica** (ricavi delle vendite di merci, costi per merci, costi per servizi, costi del personale, ammortamenti ecc.), della **gestione accessoria** (fitti attivi, plusvalenze e minusvalenze ordinarie, sopravvenienze attive e passive ordinarie, insussistenze attive e passive ordinarie ecc.) e della **gestione straordinaria** (plusvalenze e minusvalenze straordinarie, sopravvenienze attive e passive straordinarie, insussistenze attive e passive straordinarie ecc.);
- il **risultato della gestione finanziaria** si ottiene dalla differenza tra i proventi e gli oneri di origine finanziaria, quali gli interessi attivi e gli interessi passivi.

audio
Resi = *Sales return*
Ribassi = *Reductions*
Abbuoni = *Sales allowances*
Premi = *Bonuses*

Il punto di partenza per la compilazione del Conto economico è la Situazione economica finale.

Nella Situazione economica i **ricavi di vendita** e i **costi di acquisto delle merci** sono iscritti separatamente dalle loro rettifiche (resi, ribassi e abbuoni, premi); nel Conto economico i ricavi di vendita e i costi di acquisto delle merci devono essere iscritti al netto delle rettifiche.

Nella Situazione economica le **esistenze iniziali** e le **rimanenze finali di merci** e **materie di consumo** sono inserite separatamente per i loro importi integrali; nel Conto economico si iscrive la variazione delle rimanenze con segno positivo o negativo. Più precisamente:

- se le rimanenze finali sono maggiori delle esistenze iniziali si ha un incremento delle rimanenze, da riportare con segno negativo;
- se le rimanenze finali sono minori delle esistenze iniziali si ha un decremento delle rimanenze, da riportare con segno positivo.

**Conto economico**

| | | |
|---|---|---|
| **A) Valore della produzione** | | |
| Ricavi delle vendite e delle prestazioni | | |
| Altri ricavi e proventi | | |
| Totale A | | ........................ |
| **B) Costi della produzione** | | |
| Costi per merci e materie di consumo | | |
| Costi per servizi | | |
| Costi per godimento di beni di terzi | | |
| Costi per il personale | | |
| a) salari e stipendi | | |
| b) oneri sociali | | |
| c) trattamento fine rapporto | | |
| Ammortamenti e svalutazioni | | |
| a) ammortamento delle immobilizzazioni immateriali, delle immobilizzazioni materiali e altre svalutazioni delle immobilizzazioni | | |
| b) svalutazione dei crediti compresi nell'attivo circolante e delle disponibilità liquide | | |
| Variazioni delle rimanenze di merci e materie di consumo | | |
| Accantonamenti per rischi | | |
| Altri accantonamenti | | |
| Oneri diversi di gestione | | |
| Totale B | | ........................ |
| *Differenza tra valore e costi della produzione (A – B)* | | ........................ |
| **C) Proventi e oneri finanziari** | | |
| Proventi finanziari | | |
| Interessi e altri oneri finanziari | | |
| Totale C | | ........................ |
| **D) Rettifiche di valore di attività e passività finanziarie** | | |
| Rivalutazioni | | |
| Svalutazioni | | |
| Totale D | | ........................ |
| **Risultato prima delle imposte** (A – B ± C ± D) | | |
| Imposte dell'esercizio | | |
| **Utile (perdita) dell'esercizio** | | ........................ |

Principi contabili = ***Accounting principles***

## Quali principi si applicano nella redazione del bilancio?

Il bilancio d'esercizio fornisce informazioni affidabili quando le norme di legge, oltre a essere rispettate, sono interpretate e integrate secondo i principi contabili di generale accettazione.

I **principi contabili** sono le regole che stabiliscono le modalità di contabilizzazione delle operazioni di gestione, i criteri di valutazione e di esposizione dei valori in bilancio.

I principi contabili definiscono:

- *quali operazioni* devono essere rilevate in contabilità;
- *quali criteri* devono essere applicati per la valutazione degli elementi patrimoniali e reddituali;
- *quali informazioni* devono essere esposte in bilancio e in quale modo devono essere evidenziate.

**Principi contabili nazionali:** principi redatti dall'OIC (Organismo Italiano di Contabilità), tenendo conto della pratica contabile del nostro Paese e delle norme del codice civile.

**Principi contabili internazionali:** principi emanati dallo IASB (International Accounting Standards Board) e utilizzati dalle società di capitali quotate in mercati regolamentati o con azioni diffuse tra il pubblico in misura rilevante. In passato erano indicati con l'acronimo IAS (International Accounting Standards), oggi con l'acronimo IFRS (International Financial Reporting Standards).

Le imprese individuali, le società di persone e le società di capitali di minori dimensioni applicano i **principi contabili nazionali**; le società di capitali di maggiori dimensioni adottano invece, per obbligo di legge o propria scelta, i **principi contabili internazionali**.

Osservando le norme di legge, interpretate e completate secondo i principi contabili, si ottiene un bilancio d'esercizio *chiaro* e *veritiero*, idoneo a rappresentare *fedelmente* la situazione patrimoniale e finanziaria dell'azienda e il risultato economico conseguito.
Il termine *veritiero* deve essere inteso come corretta applicazione dei principi contabili nell'effettuare le stime necessarie per la predisposizione del bilancio; il bilancio infatti non contiene verità oggettive, in quanto il patrimonio e il risultato economico dipendono da valori stimati; si pensi, per esempio, ai valori delle rimanenze e dei crediti e all'ammortamento delle immobilizzazioni.

Il codice civile fissa una serie di **principi di redazione del bilancio**, detti anche *postulati del bilancio*.
È importante osservare che i principi della chiarezza, veridicità e correttezza del bilancio devono essere interpretati alla luce del principio della rilevanza, in relazione al quale, ferme restando le disposizioni in materia di regolare tenuta della contabilità, non occorre rispettare gli obblighi in tema di rilevazione, valutazione, presentazione e informativa quando la loro osservanza abbia effetti irrilevanti al fine di dare una rappresentazione veritiera e corretta.

Principi di redazione = ***Financial statement principles***

| **Principi di redazione del bilancio** | |
|---|---|
| **Continuità e prudenza** | La valutazione delle voci di bilancio deve essere fatta secondo prudenza e nella prospettiva della *continuità dell'attività aziendale*.<br>In base al *principio della continuità* l'azienda è considerata un istituto atto a perdurare; il reddito di periodo viene determinato tenendo conto della gestione passata e dei programmi futuri.<br>In base al *principio della prudenza* le perdite presunte o potenziali devono incidere sul risultato economico dell'esercizio, mentre gli utili possono essere attribuiti all'esercizio solo se sono stati effettivamente realizzati. Per esempio, le perdite presunte su un credito devono gravare sul risultato economico dell'esercizio, mentre gli utili derivanti da un contratto in corso di esecuzione devono essere imputati all'esercizio in cui sono realizzati. |

| | |
|---|---|
| **Prevalenza della sostanza sulla forma** | La rilevazione e la presentazione delle voci devono essere effettuate tenendo conto della sostanza dell'operazione o del contratto. Le valutazioni devono riflettere la sostanza economica dell'operazione e non gli aspetti formali dell'operazione o del contratto. |
| **Competenza economica** | Nella redazione del bilancio si deve tenere conto dei proventi e degli oneri di *competenza economica dell'esercizio*, indipendentemente dalla data di incasso o pagamento (manifestazione finanziaria). |
| **Valutazione analitica** | Gli elementi eterogenei ricompresi nelle singole voci devono essere *valutati separatamente*; per esempio se la voce Rimanenze accoglie tipi diversi di merci occorre valutarli in maniera analitica. Inoltre, si devono evitare *compensazioni* tra le voci dell'attivo e del passivo dello Stato patrimoniale e tra i componenti positivi e negativi del Conto economico. |
| **Costanza** | I criteri di valutazione non possono essere modificati da un esercizio all'altro per consentire una comparazione tra i valori esposti nel bilancio. Per esempio, il criterio di valutazione delle rimanenze di merci non può essere modificato da un esercizio all'altro esclusivamente per ottenere un reddito più elevato. Il criterio di valutazione delle merci deve restare costante per favorire la *comparabilità nel tempo dei bilanci*; diversamente si influenzerebbero artificiosamente i risultati economici, informando in maniera non corretta gli stakeholder. |

SEMPIO

## Redazione dello Stato patrimoniale e del Conto economico

L'impresa Davide Cerri, che svolge attività commerciale, presenta al 31/12 la seguente situazione contabile per eccedenze, redatta a sezioni divise, dopo le scritture di assestamento (vedi esempio 2 alle pp. 319 e sgg.).

**Situazione patrimoniale al 31/12/n**

| | | | | | |
|---|---|---|---|---|---|
| Costi di impianto | 8.856, | 00 | Fondo ammortamento costi di impianto | 5.313, | 60 |
| Fabbricati | 511.680, | 00 | Fondo ammortamento fabbricati | 80.617, | 20 |
| Attrezzature commerciali | 18.991, | 20 | Fondo amm.to attrezz. commerciali | 18.041, | 64 |
| Automezzi | 55.104, | 00 | Fondo ammortamento automezzi | 34.715, | 52 |
| Merci | 136.000, | 00 | Fondo rischi su crediti | 4.664, | 62 |
| Crediti v/clienti | 121.622, | 40 | Debiti per TFR | 22.481, | 19 |
| Cambiali attive | 23.714, | 40 | Mutui passivi | 59.000, | 00 |
| Fatture da emettere | 10.150, | 40 | Banche c/interessi maturati | 2.350, | 00 |
| Banche c/c attivi | 32.906, | 07 | Debiti v/fornitori | 85.230, | 00 |
| Denaro in cassa | 1.170, | 96 | Debiti v/fornitori esteri | 17.007, | 58 |
| Risconti attivi | 6.888, | 00 | Fatture da ricevere | 6.588, | 00 |
| | | | Debiti per ritenute da versare | 1.695, | 15 |
| | | | Debiti per IVA | 11.974, | 80 |
| | | | Debiti v/Istituti previdenziali | 4.280, | 40 |
| | | | Debiti per imposte | 229, | 16 |
| | | | Ratei passivi | 2.433, | 75 |
| Totale attività | 927.083, | 43 | Totale passività | 356.622, | 61 |
| Prelevamenti extragestione | 33.598, | 68 | Patrimonio netto | 521.520, | 00 |
| Titolare c/ritenute subite | 410, | 80 | Risultato economico positivo | 82.950, | 30 |
| Totale | 961.092, | 91 | Totale | 961.092, | 91 |

**Situazione economica dell'esercizio n**

| | | | |
|---|---|---|---|
| Resi su vendite | 19.476,64 | Merci c/vendite | 1.427.354,53 |
| Merci c/acquisti | 910.700,57 | Resi su acquisti | 15.055,20 |
| Merci c/acquisti estero | 240.020,00 | Resi su acquisti | 15.055,20 |
| Merci c/esistenze iniziali | 87.576,00 | Merci c/rimanenze finali | 136.000,00 |
| Costi di trasporto | 51.238,36 | Interessi attivi da clienti | 535,06 |
| Costi per energia | 9.495,60 | Interessi attivi bancari | 1.580,00 |
| Pubblicità | 3.444,00 | | |
| Costi telefonici | 8.044,30 | | |
| Assicurazioni | 3.591,60 | | |
| Costi di incasso | 910,20 | | |
| Fitti passivi | 4.647,43 | | |
| Salari e stipendi | 77.145,60 | | |
| Oneri sociali | 33.380,23 | | |
| TFR | 5.828,02 | | |
| Ammortamento costi di impianto | 1.771,20 | | |
| Ammortamento fabbricati | 11.540,40 | | |
| Amm.to attrezzature commerciali | 2.848,68 | | |
| Ammortamento automezzi | 9.918,72 | | |
| Svalutazione crediti | 2.573,62 | | |
| Interessi passivi a fornitori | 569,57 | | |
| Interessi passivi bancari | 2.350,00 | | |
| Interessi passivi su mutui | 2.433,75 | | |
| Imposte dell'esercizio | 8.070,00 | | |
| Totale componenti negativi | 1.497.574,49 | | |
| Risultato economico positivo | 82.950,30 | | |
| Totale a pareggio | 1.580.524,79 | Totale componenti positivi | 1.580.524,79 |

Presentiamo:

- il bilancio d'esercizio di stretta derivazione contabile;
- il bilancio d'esercizio nella forma abbreviata prevista dal codice civile.

**Bilancio d'esercizio di stretta derivazione contabile – Stato patrimoniale al 31/12/n**

| | | | | |
|---|---|---|---|---|
| *Immobilizzazioni* | | *Fondi di ammortamento* | | |
| Costi di impianto | 8.856 | Fondo ammortamento costi d'impianto | | 5.314 |
| Fabbricati | 511.680 | Fondo ammortamento fabbricati | | 80.617 |
| Attrezzature commerciali | 18.991 | Fondo amm.to attrezz. comm.li | | 18.042 |
| Automezzi | 55.104 | Fondo ammortamento automezzi | | 34.716 |
| | | *Debiti a medio/lungo termine* | | |
| *Rimanenze* | | Debiti per TFR | | 22.481 |
| Merci | 136.000 | Mutui passivi | | 59.000 |
| *Crediti* | | *Debiti a breve termine* | | |
| Crediti v/clienti | 121.622 | Banche c/interessi maturati | | 2.350 |
| Cambiali attive | 23.714 | Debiti v/fornitori | | 85.230 |
| Fatture da emettere | 10.150 | Fatture da ricevere | | 6.588 |
| *Disponibilità liquide* | | Debiti v/fornitori esteri | | 17.008 |
| Banche c/c attivi | 32.906 | Debiti per ritenute da versare | | 1.695 |
| Denaro in cassa | 1.171 | Debiti per IVA | | 11.975 |
| | | Debiti v/Istituti previdenziali | | 4.280 |
| *Ratei e risconti attivi* | | Debiti per imposte | | 229 |
| Risconti attivi | 6.888 | *Fondi rischi e oneri* | | |
| | | Fondi rischi su crediti | | 4.665 |
| | | *Ratei e risconti passivi* | | |
| | | Ratei passivi | | 2.434 |
| | | Totale passività | | 356.624 |
| | | *Patrimonio netto* | | |
| | | Patrimonio netto iniziale | 521.520 | |
| | | Prelevamenti | – 33.599 | |
| | | Ritenute subite | – 411 | |
| | | Rettifiche per arrotondamenti | – 2 | |
| | | | 487.508 | |
| | | Utile d'esercizio | 82.950 | 570.458 |
| Totale attività | 927.082 | Totale a pareggio | | 927.082 |

**Conto economico dell'esercizio n**
(a costi, ricavi e rimanenze)

| | | | |
|---|---|---|---|
| *Esistenze iniziali* | | *Ricavi di vendita* | |
| Merci c/esistenze iniziali | 87.576 | Merci c/vendite | 1.427.355 |
| *Costi di acquisto* | | *Rettifiche di costi* | |
| Merci c/acquisti | 910.701 | Resi su acquisti | 15.055 |
| Merci c/acquisti estero | 240.020 | | |
| *Costi per servizi* | | *Rimanenze finali* | |
| Costi di trasporto | 51.238 | Merci c/rimanenze finali | 136.000 |
| Costi per energia | 9.496 | | |
| Pubblicità | 3.444 | | |
| Costi telefonici | 8.044 | *Proventi finanziari* | |
| Assicurazioni | 3.592 | Interessi attivi da clienti | 535 |
| Costi di incasso | 910 | Interessi attivi bancari | 1.580 |
| *Costi per godimento beni di terzi* | | | |
| Fitti passivi | 4.647 | | |
| *Costi per il personale* | | Arrotondamenti | 1 |
| Salari e stipendi | 77.146 | | |
| Oneri sociali | 33.380 | | |
| TFR | 5.828 | | |
| *Rettifiche di ricavi* | | | |
| Resi su vendite | 19.477 | | |
| *Ammortamenti* | | | |
| Ammortamento costi di impianto | 1.771 | | |
| Ammortamento fabbricati | 11.540 | | |
| Ammortamento attrezzature commerciali | 2.849 | | |
| Ammortamento automezzi | 9.919 | | |
| *Svalutazioni* | | | |
| Svalutazione crediti | 2.574 | | |
| *Oneri finanziari* | | | |
| Interessi passivi a fornitori | 570 | | |
| Interessi passivi bancari | 2.350 | | |
| Interessi passivi su mutui | 2.434 | | |
| *Imposte dell'esercizio* | | | |
| Imposte dell'esercizio | 8.070 | | |
| Totale componenti negativi | 1.497.576 | | |
| Utile d'esercizio | 82.950 | | |
| Totale a pareggio | 1.580.526 | Totale componenti positivi | 1.580.526 |

Per redigere il bilancio d'esercizio nella struttura di stretta derivazione contabile ricaviamo i dati dalla situazione contabile finale redatta per eccedenze, dopo aver rilevato le scritture di assestamento.
I valori, espressi nella situazione contabile in centesimi di euro, devono apparire nel bilancio d'esercizio in unità di euro, senza cifre decimali.
L'**arrotondamento** va effettuato per eccesso se i centesimi sono uguali o maggiori di 50, per difetto se i centesimi sono minori di 50. L'arrotondamento deve essere effettuato sugli importi sintetici, ottenuti sommando gli importi analitici espressi in centesimi di euro. Per esempio, l'importo arrotondato della voce Costi per servizi si ottiene sommando gli importi, non arrotondati, di tutti i conti analitici riconducibili a tale voce.
Può quindi accadere che il totale dell'Attivo non coincida con il totale del Passivo; la quadratura si ottiene iscrivendo l'eventuale differenza (con segno positivo o negativo) nel Patrimonio netto.
Nel Conto economico, invece, la quadratura si ottiene iscrivendo l'eventuale differenza, positiva o negativa, nella voce Altri ricavi e proventi oppure Oneri diversi di gestione. La legge ammette, tuttavia, anche la redazione di un bilancio troncato, ossia senza pareggio contabile.
Nelle imprese individuali la situazione contabile finale, scissa in Situazione patrimoniale e Situazione economica, può già essere considerata un bilancio d'esercizio; è, tuttavia, opportuno riclassificare le voci come nei prospetti contabili del bilancio d'esercizio in forma abbreviata.

Poiché le attività sono indicate al lordo delle poste di rettifica (fondi ammortamento e fondo rischi su crediti), il totale delle passività comprende, oltre alle passività vere e proprie relative ai debiti di regolamento e di finanziamento, anche le passività improprie come le poste di rettifica.
Lo Stato patrimoniale è direttamente collegato al Conto economico da due elementi:
- l'*utile d'esercizio*, che è una parte del patrimonio netto e il saldo del Conto economico;
- le *rimanenze finali*, inserite nello Stato patrimoniale in quanto costi sospesi e quindi rientranti nelle attività e nel Conto economico come componente positivo del reddito di esercizio.

Nel Conto economico di stretta derivazione contabile i costi di acquisto e i ricavi di vendita sono iscritti al lordo delle poste di rettifica.
Il Conto economico, nella forma a due sezioni, non evidenzia i risultati intermedi delle diverse aree, quindi è meno significativo di quello redatto in forma progressiva.

**Bilancio d'esercizio**
**Stato patrimoniale al 31/12/n**

| ATTIVO | | PASSIVO | |
|---|---|---|---|
| **Immobilizzazioni** | | **Patrimonio netto** | |
| Immobilizzazioni immateriali | 3.542 | Capitale proprio | 487.510 |
| Immobilizzazioni materiali | 452.400 | Utile d'esercizio | 82.950 |
| Immobilizzazioni finanziarie | – | Rettifiche per arrotondamenti | – 2 |
| Totale immobilizzazioni | 455.942 | Totale patrimonio netto | 570.458 |
| | | **Trattamento di fine rapporto di lavoro subordinato** | 22.481 |
| | | **Debiti** | 190.789 |
| **Attivo circolante** | | | |
| Rimanenze | 136.000 | | |
| Crediti | 157.709 | | |
| Disponibilità liquide | 34.077 | | |
| Totale attivo circolante | 327.786 | | |
| Totale attivo | 783.728 | Totale passivo | 783.728 |

**Conto economico dell'esercizio n**

| | | | |
|---|---|---|---|
| **A) Valore della produzione** | | | |
| Ricavi delle vendite e delle prestazioni | | 1.407.878 | |
| Altri ricavi e proventi | | 1 | |
| | Totale A | | 1.407.879 |
| **B) Costi della produzione** | | | |
| Costi per merci | | 1.135.666 | |
| Costi per servizi | | 76.724 | |
| Costi per godimento beni di terzi | | 4.647 | |
| Costi per il personale | | 116.354 | |
| Ammortamenti e svalutazioni: | | | |
| a) ammortamenti immobilizzazioni immateriali e materiali | | 26.079 | |
| b) svalutazione dei crediti | | 2.574 | |
| Variazioni delle rimanenze merci (incremento) | | – 48.424 | |
| | Totale B | | 1.313.620 |
| *Differenza tra valore e costi della produzione (A – B)* | | | 94.259 |
| **C) Proventi e oneri finanziari** | | | |
| Proventi finanziari | | 2.115 | |
| Interessi e oneri finanziari | | 5.354 | |
| | Totale C | | – 3.239 |
| **Risultato prima delle imposte (A – B – C)** | | | 91.020 |
| Imposte dell'esercizio | | | – 8.070 |
| **Utile d'esercizio** | | | 82.950 |

test interattivi nel libro digitale

**CONOSCENZE** Funzione del bilancio d'esercizio • principi di redazione • contenuto dello Stato patrimoniale e del Conto economico.

**ABILITÀ** Compilare lo Stato patrimoniale e il Conto economico.

**1** Indica con una crocetta la risposta esatta (alcuni quesiti possono avere più risposte esatte).

1. Il bilancio di esercizio:
   - a *è un documento che evidenzia il reddito e il patrimonio di funzionamento al termine dell'esercizio*
   - b *è un documento che evidenzia la composizione qualitativa e quantitativa del patrimonio all'01/01*
   - c *è soggetto all'obbligo di pubblicazione per le imprese individuali e le società di persone*
   - d *non è soggetto all'obbligo di pubblicazione per nessuna azienda*
2. Lo Stato patrimoniale:
   - a *è redatto a sezioni accostate*
   - b *è redatto a sezioni divise*
   - c *evidenzia le variazioni subite dal patrimonio di funzionamento per effetto della gestione*
   - d *evidenzia la composizione del patrimonio di funzionamento*
3. Il Conto economico:
   - a *è redatto a sezioni divise*
   - b *è redatto in forma scalare*
   - c *classifica i costi per funzioni aziendali*
   - d *classifica i costi per natura*
4. La Nota integrativa:
   - a *chiarisce la composizione di alcune voci di Stato patrimoniale e Conto economico*
   - b *contiene informazioni di derivazione non contabile*
   - c *illustra la movimentazione intervenuta in alcune voci di Stato patrimoniale e Conto economico*
   - d *è redatta a sezioni divise*
5. La variazione delle rimanenze di merci è iscritta nei Costi della produzione:
   - a *con segno positivo se le rimanenze finali sono minori delle esistenze iniziali*
   - b *sempre con segno negativo*
   - c *sempre con segno positivo*
   - d *con segno negativo se le rimanenze finali sono maggiori delle esistenze iniziali*
6. Il bilancio a stati comparati evidenzia per ogni voce:
   - a *la variazione percentuale*
   - b *la variazione in valore assoluto*
   - c *i valori di fine semestre e di fine anno*
   - d *i valori dell'esercizio e di quello precedente*

**2** Collega i conti patrimoniali con la classe di appartenenza dello Stato patrimoniale.

| Conti | Attivo | | | Passivo | | | | |
|---|---|---|---|---|---|---|---|---|
| | Immobilizzazioni | Attivo circolante | Ratei e risconti | Patrimonio netto | Fondi rischi e oneri | TFR | Debiti | Ratei e risconti |
| Perdita d'esercizio | | | | | | | | |
| Fondo svalutazione crediti | | | | | | | | |
| Fondo ammortamento automezzi | | | | | | | | |
| Cambiali attive | | | | | | | | |
| Mutui passivi | | | | | | | | |
| Impianti e macchinari | | | | | | | | |
| Risconti attivi | | | | | | | | |
| Debiti per TFR | | | | | | | | |
| Fatture da ricevere | | | | | | | | |
| Crediti insoluti | | | | | | | | |
| Merci | | | | | | | | |
| Fatture da emettere | | | | | | | | |
| Brevetti | | | | | | | | |
| Ratei passivi | | | | | | | | |
| Fondo manutenzioni programmate | | | | | | | | |
| Banche c/c passivi | | | | | | | | |

**3** Correla i conti reddituali con il raggruppamento del Conto economico.

| **Conti** | **Raggruppamento del Conto economico** | | |
|---|---|---|---|
| | **Valore della produzione** | **Costi della produzione** | **Proventi e oneri finanziari** |
| Interessi passivi a fornitori | | | |
| Premi su vendite | | | |
| Minusvalenze straordinarie | | | |
| Fitti attivi | | | |
| Perdite su crediti | | | |
| Ribassi e abbuoni passivi | | | |
| Incremento rimanenze merci | | | |
| Oneri sociali | | | |
| Insussistenze passive straordinarie | | | |
| Svalutazione crediti | | | |
| Resi su acquisti | | | |
| Sopravvenienze attive ordinarie | | | |
| Oneri finanziari diversi | | | |
| Ammortamento fabbricati | | | |
| Costi di incasso | | | |
| Canoni di leasing | | | |
| Interessi attivi postali | | | |

**4** **CLIL** Classify the amounts deriving from the following information extracted from Matteo Quartesi's income statement for the period ended on 31 December as either A) Value of production or B) Cost of production of the income statement.

**Income/expenditure accounts**

| | | | | | |
|---|---|---|---|---|---|
| Opening inventories | 94.000, | 00 | Sales | 1.437.000, | 00 |
| Purchases | 1.082.000, | 00 | Rebates and discounts received | 10.300, | 00 |
| Returns inwards | 15.400, | 00 | Returns outwards | 3.940, | 00 |
| Rebates and discounts allowed | 5.300, | 00 | Closing inventories | 128.000, | 00 |

**Income statement**

| | | |
|---|---|---|
| **A) Value of production** | | |
| Revenues from sales and services | | |
| Other revenues and income | | |
| Total A | | |
| **B) Costs of production** | | |
| Raw materials and consumables | | |
| Costs for services | | |
| Lease rentals | | |
| Wages and salaries | | |
| Depreciation and write-downs: | | |
| a) Amortization, depreciation and other write-downs | | |
| b) Write-down of current debtors | | |
| Variation in raw materials and consumables | | |
| Provision for risks and charges | | |
| Other provisions | | |
| Other operating costs | | |
| Total B | | |
| *Difference between value and costs of production (A – B)* | | |

Lezione 8

# Le scritture di riapertura dei conti

## Come si effettua la riapertura dei conti?

All'inizio di ciascun periodo amministrativo è necessario riaprire i conti patrimoniali, che accolgono elementi del patrimonio che danno la loro utilità anche nel nuovo esercizio.

La riapertura dei conti avviene effettuando le seguenti operazioni:

1. riapertura dei conti iscritti nella Situazione patrimoniale;
2. storno ai conti finanziari che durante l'esercizio possono presentare alternanze di saldi a credito o a debito (IVA c/liquidazione, Istituti previdenziali, Banca X c/c) del saldo iniziale dei conti Debiti per IVA (o Crediti per IVA), Debiti v/Istituti previdenziali (o Crediti v/Istituti previdenziali), Banche c/c attivi e Banche c/c passivi;
3. storno delle esistenze iniziali di magazzino e dei risconti iniziali attivi e passivi ai costi e ricavi di competenza del nuovo esercizio;
4. storno dei ratei iniziali e dei conti Fatture da ricevere e Fatture da emettere.

## Come si riaprono i conti patrimoniali?

La riapertura dei conti iscritti nella Situazione patrimoniale può avvenire in due modalità:

- con un unico articolo in P.D., che riporta in Dare i conti accesi alle attività e in Avere sia i conti accesi alle passività sia il conto Patrimonio netto;
- con tre distinti articoli in P.D. nei quali si utilizza il conto transitorio **Bilancio di apertura**; nel primo articolo si iscrivono in Dare i conti accesi alle attività e in Avere il conto Bilancio d'apertura; nel secondo articolo si iscrivono in Dare il conto Bilancio d'apertura e in Avere i conti accesi alle passività; il terzo articolo presenta in Dare il conto Bilancio d'apertura e in Avere il conto Patrimonio netto. Dopo la riapertura dei conti patrimoniali il conto Bilancio d'apertura risulta spento.

### SEMPIO Riapertura dei conti patrimoniali

Consideriamo di nuovo la contabilità dell'impresa Davide Cerri e presentiamo le scritture in P.D. relative alla riapertura dei conti. La Situazione patrimoniale e la Situazione economica redatte dopo le scritture di assestamento, da cui ricaviamo i dati per le registrazioni, sono quelle presentate nell'esempio 2 a pag. 305 della lezione 6.

L'impresa ha scelto di aprire i conti con tre distinte rilevazioni contabili:

| Data | Codice | Conto | Descrizione | Dare | Avere |
|---|---|---|---|---|---|
| 01/01 | 01.01 | COSTI DI IMPIANTO | apertura del conto | 8.856,00 | |
| 01/01 | 02.01 | FABBRICATI | apertura del conto | 511.680,00 | |
| 01/01 | 02.04 | ATTREZZATURE COMMERCIALI | apertura del conto | 18.991,20 | |
| 01/01 | 02.07 | AUTOMEZZI | apertura del conto | 55.104,00 | |
| 01/01 | 04.04 | MERCI | apertura del conto | 136.000,00 | |
| 01/01 | 05.01 | CREDITI V/CLIENTI | apertura del conto | 121.622,40 | |
| 01/01 | 05.02 | FATTURE DA EMETTERE | apertura del conto | 10.150,40 | |
| 01/01 | 05.06 | CAMBIALI ATTIVE | apertura del conto | 23.714,40 | |
| 01/01 | 08.01 | BANCHE C/C ATTIVI | apertura del conto | 32.906,07 | |
| 01/01 | 08.20 | DENARO IN CASSA | apertura del conto | 1.170,96 | |
| 01/01 | 09.02 | RISCONTI ATTIVI | apertura del conto | 6.888,00 | |
| 01/01 | 18.01 | BILANCIO DI APERTURA | totale attività | | 927.083,43 |

| | | | | | |
|---|---|---|---|---|---|
| 01/01 | 18.01 | BILANCIO DI APERTURA | totale passività | 356.622, 61 | |
| 01/01 | 01.11 | FONDO AMM.TO COSTI DI IMPIANTO | apertura del conto | | 5.313, 60 |
| 01/01 | 02.11 | FONDO AMM.TO FABBRICATI | apertura del conto | | 80.617, 20 |
| 01/01 | 02.14 | F.DO AMM.TO ATTREZZ. COMMERCIALI | apertura del conto | | 18.041, 64 |
| 01/01 | 02.17 | FONDO AMM.TO AUTOMEZZI | apertura del conto | | 34.715, 52 |
| 01/01 | 05.20 | FONDO RISCHI SU CREDITI | apertura del conto | | 4.664, 62 |
| 01/01 | 12.01 | DEBITI PER TFR | apertura del conto | | 22.481, 19 |
| 01/01 | 13.01 | MUTUI PASSIVI | apertura del conto | | 59.000, 00 |
| 01/01 | 13.21 | BANCHE C/INTERESSI MATURATI | apertura del conto | | 2.350, 00 |
| 01/01 | 14.01 | DEBITI V/FORNITORI | apertura del conto | | 102.237, 58 |
| 01/01 | 14.02 | FATTURE DA RICEVERE | apertura del conto | | 6.588, 00 |
| 01/01 | 15.02 | DEBITI PER RITENUTE DA VERSARE | apertura del conto | | 1.695, 15 |
| 01/01 | 15.03 | DEBITI PER IVA | apertura del conto | | 11.974, 80 |
| 01/01 | 15.05 | DEBITI PER IMPOSTE | apertura del conto | | 229, 16 |
| 01/01 | 15.06 | DEBITI V/ISTITUTI PREVIDENZIALI | apertura del conto | | 4.280, 40 |
| 01/01 | 16.01 | RATEI PASSIVI | apertura del conto | | 2.433, 75 |
| 01/01 | 18.01 | BILANCIO DI APERTURA | patrimonio netto iniziale | 570.460, 82 | |
| 01/01 | 10.01 | PATRIMONIO NETTO | apertura del conto | | 570.460, 82 |

Dopo tali registrazioni l'impresa ha riaperto tutti i conti patrimoniali relativi alle attività, alle passività e il conto Patrimonio netto; il conto Bilancio di apertura risulta chiuso.

## Come si riaprono i conti con saldi a debito o a credito?

Al termine delle scritture di assestamento i conti Banca X c/c, IVA c/liquidazione e Istituti previdenziali vengono girati ai conti Debiti per IVA (o Crediti per IVA), Debiti v/Istituti previdenziali (o Crediti v/Istituti previdenziali), Banche c/c attivi e Banche c/c passive.
All'inizio dell'esercizio si effettua l'operazione inversa aprendo i conti IVA c/liquidazione, Istituti previdenziali e Banca X c/c che durante l'esercizio potranno presentare alternanza di saldi a debito o a credito.

## ESEMPIO Riapertura dei conti finanziari con alternanza di saldi

Nella contabilità dell'impresa Davide Cerri vengono effettuate le seguenti rilevazioni in P.D. per aprire i conti finanziari con alternanza di saldi:

| | | | | | |
|---|---|---|---|---|---|
| 01/01 | 15.03 | DEBITI PER IVA | giro al conto IVA c/liquidazione | 11.974, 80 | |
| 01/01 | 18.10 | IVA C/LIQUIDAZIONE | debiti per IVA da versare | | 11.974, 80 |
| 01/01 | 15.06 | DEBITI V/ISTITUTI PREVIDENZ. | giro al c/Istituti previdenziali | 4.280, 40 | |
| 01/01 | 18.11 | ISTITUTI PREVIDENZIALI | saldo a debito iniziale | | 4.280, 40 |
| 01/01 | 18.20 | INTESA SANPAOLO C/C | saldo iniziale a credito | 32.906, 07 | |
| 01/01 | 08.01 | BANCHE C/C ATTIVI | giro al conto Intesa Sanpaolo c/c | | 32.906, 07 |

## Come si stornano le esistenze di magazzino e i risconti iniziali?

Le esistenze iniziali di magazzino (merci e materie di consumo) sono componenti negativi di reddito sostenuti nel precedente esercizio e rinviati al nuovo esercizio in quanto non di competenza. Rappresentano, quindi, costi sospesi dal periodo amministrativo precedente che trovano il correlativo ricavo nel nuovo esercizio.

## SEMPIO Storno delle esistenze iniziali di merci

Nella contabilità dell'impresa Davide Cerri si effettua la seguente registrazione contabile di storno delle esistenze iniziali:

| | | | | | |
|---|---|---|---|---|---|
| 01/01 | 37.01 | MERCI C/ESISTENZE INIZIALI | merci in magazzino | 136.000, 00 | |
| 01/01 | 04.04 | MERCI | giro al c/Merci c/esistenze iniziali | | 136.000, 00 |

Il conto Merci, dopo questo articolo in P.D., risulta spento; l'importo delle esistenze iniziali è stato girato al conto Merci c/esistenze iniziali, acceso ai costi d'esercizio.

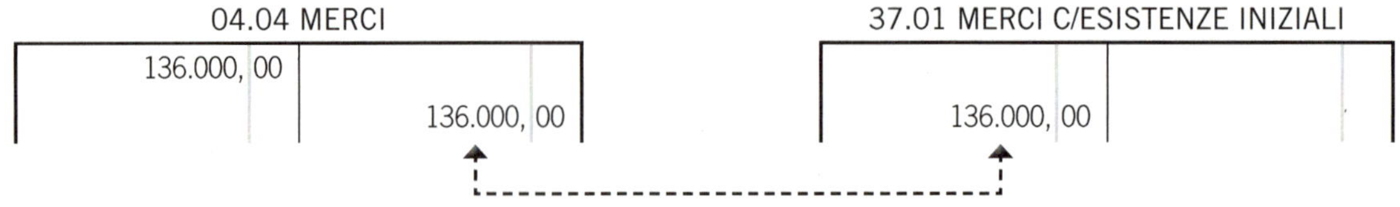


Come le esistenze di magazzino, i risconti attivi e passivi iniziali rappresentano *costi e ricavi sospesi* dal precedente esercizio che diventano costi (risconti attivi) o ricavi (risconti passivi) di competenza economica del nuovo esercizio.
Tali conti devono essere girati ai conti economici accessi alle variazioni d'esercizio a cui si riferiscono.

## SEMPIO Storno dei risconti attivi iniziali

L'impresa Davide Cerri gira, all'inizio dell'esercizio, il risconto attivo al conto Costi di pubblicità a cui si riferisce:

| | | | | | |
|---|---|---|---|---|---|
| 01/01 | 31.03 | PUBBLICITÀ | giro di risconti iniziali | 6.888, 00 | |
| 01/01 | 09.02 | RISCONTI ATTIVI | giro ai costi di pubblicità | | 6.888, 00 |

## Come si stornano i ratei iniziali?

I ratei attivi e passivi iniziali misurano componenti di reddito di competenza del precedente esercizio, che hanno la loro manifestazione finanziaria nel nuovo esercizio e che pertanto non devono incidere sul risultato economico.
I ratei iniziali possono essere stornati con due diverse procedure contabili: storno immediato in data 01/01 e storno differito al momento in cui vi è la manifestazione finanziaria.
La procedura di **storno immediato** prevede la chiusura dei ratei iniziali subito dopo la riapertura dei conti: i ratei vengono girati agli specifici conti economici di reddito accesi alle variazioni di esercizio a cui si riferiscono; in questo modo le quote di competenza dell'esercizio precedente rappresentano una rettifica ai ricavi (o ai costi) dell'esercizio.

## ESEMPIO Storno immediato dei ratei iniziali

L'impresa Davide Cerri storna subito il rateo passivo; l'articolo in P.D. è il seguente:

| | | | | | |
|---|---|---|---|---|---|
| 01/01 | 16.01 | RATEI PASSIVI | giro al c/Interessi passivi su mutui | 2.433, 75 | |
| 01/01 | 41.04 | INTERESSI PASSIVI SU MUTUI | giro di rateo passivo | | 2.433, 75 |

Dopo la registrazione il conto Ratei passivi risulta spento, mentre il conto Interessi passivi su mutui accoglie in Avere una rettifica al costo che si manifesterà durante l'esercizio.

La procedura di **storno differito** prevede la chiusura dei ratei iniziali nel momento della manifestazione finanziaria. La registrazione contabile, in questo caso, accoglie la quota di ricavi o costi di competenza del nuovo esercizio negli specifici conti accesi alle variazioni d'esercizio ai quali si riferiscono, mentre in corrispondenza delle quote di competenza dell'esercizio precedente vengono stornati i ratei iniziali.
Con questa procedura operativa i conti accesi alle variazioni di esercizio funzionano come conti unilaterali.

## ESEMPIO Storno differito dei ratei iniziali

Riprendiamo la situazione dell'impresa Davide Cerri e presentiamo le scritture in P.D. applicando la procedura di storno differito del rateo passivo.

In data 01/02, sul mutuo di 59.000 euro l'impresa paga gli interessi annui, al tasso 4,50%, di 2.655 euro, di cui 221,25 euro di competenza del nuovo esercizio:

$$\text{Interesse} = \frac{59.000 \times 4{,}50 \times 1}{1.200} = \text{euro } 221{,}25$$

| | | | | | |
|---|---|---|---|---|---|
| 01/01 | 18.01 | BILANCIO DI APERTURA | totale passività | ..............., .... | |
| 01/01 | 16.01 | RATEI PASSIVI | per riapertura del rateo | | 2.433, 75 |
| 01/02 | 41.04 | INTERESSI PASSIVI SU MUTUI | interessi di competenza | 221, 25 | |
| 01/02 | 16.01 | RATEI PASSIVI | giro per interessi | 2.433, 75 | |
| 01/02 | 18.20 | INTESA SANPAOLO C/C | pagati interessi sul mutuo | | 2.655, 00 |

Il conto di mastro Interessi passivi su mutui evidenzia esclusivamente l'importo del costo di competenza del nuovo esercizio (221,25 euro).

### Quando si chiudono i conti Fatture da ricevere e Fatture da emettere?

Con le scritture di completamento l'impresa ha rilevato il costo delle merci acquistate, già ricevute ma non ancora contabilizzate in quanto la fattura non era ancora pervenuta. Nel nuovo esercizio, quando riceve la fattura di acquisto, l'impresa deve accreditare il conto Debiti v/fornitori e stornare il conto **Fatture da ricevere**; non deve invece rilevare il costo per l'acquisto di merci in quanto di competenza del precedente esercizio. Deve addebitare il conto IVA ns/credito solo se l'IVA non è rientrata nella liquidazione del mese di dicembre.

## SEMPIO 1 Storno delle fatture da ricevere

L'impresa Davide Cerri ha in magazzino merci per 6.588 euro ricevute negli ultimi giorni di dicembre con documento di trasporto, per le quali la fattura n. 12 si riceve e registra prima del 16/01, data di liquidazione e versamento dell'IVA di dicembre.
Presentiamo le scritture contabili relative alle operazioni compiute in data 01/01 e 10/01.

| | | | | | |
|---|---|---|---|---|---|
| 01/01 | 18.01 | BILANCIO DI APERTURA | totale passività | ............., .... | |
| 01/01 | 14.02 | FATTURE DA RICEVERE | apertura del conto | | 6.588, 00 |
| 10/01 | 14.02 | FATTURE DA RICEVERE | fattura n. 12 da fornitore | 6.588, 00 | |
| 10/01 | 14.01 | DEBITI V/FORNITORI | fattura n. 12 da fornitore | | 6.588, 00 |

Dopo le scritture in P.D. il conto Fatture da ricevere risulta spento. Non è stato utilizzato il conto IVA ns/credito perché la fattura è stata registrata entro il 16/01 e, quindi, l'importo dell'IVA è rientrato nella liquidazione di dicembre.

## 2 Fatture da ricevere

L'impresa Mauro Fastelli ha in magazzino merci per 16.280 euro ricevute in data 23/12 con documento di trasporto n. 375, per le quali il 19/01 riceve e registra dal fornitore Boselli srl la fattura n. 10.
Presentiamo gli articoli in P.D. delle operazioni del 31/12, 01/01, 19/01.

| | | | | | |
|---|---|---|---|---|---|
| 31/12 | 30.01 | MERCI C/ACQUISTI | merci da fatturare | 16.280, 00 | |
| 31/12 | 14.02 | FATTURE DA RICEVERE | merci da fatturare | | 16.280, 00 |
| 31/12 | 90.01 | CONTO DI RISULTATO ECONOMICO | epilogo componenti negativi | ............, .... | |
| 31/12 | 30.01 | MERCI C/ACQUISTI | giro al Conto economico | | 16.280, 00 |
| 31/12 | 14.02 | FATTURE DA RICEVERE | chiusura del conto | 16.280, 00 | |
| 31/12 | 18.02 | BILANCIO DI CHIUSURA | totale passività | | ............, .... |
| 01/01 | 18.01 | BILANCIO DI APERTURA | totale passività | ............, .... | |
| 01/01 | 14.02 | FATTURE DA RICEVERE | apertura del conto | | 16.280, 00 |
| 19/01 | 14.02 | FATTURE DA RICEVERE | fattura n. 10 da Boselli srl | 16.280, 00 | |
| 19/01 | 06.01 | IVA NS/CREDITO | fattura n. 10 da Boselli srl | 3.581, 60 | |
| 19/01 | 14.01 | DEBITI V/FORNITORI | fattura n. 10 da Boselli srl | | 19.861, 60 |

Con le scritture di completamento l'impresa ha rilevato il ricavo per le merci vendute, già consegnate ai clienti con documento di trasporto o consegna, per le quali non ha ancora emesso la fattura differita.
Nel nuovo esercizio quando invia la fattura differita al cliente, l'impresa deve addebitare il conto Crediti v/clienti e stornare il conto **Fatture da emettere**. Non deve, quindi, registrare i ricavi di vendita in quanto di competenza del precedente esercizio, né l'IVA sulle vendite in quanto essa concorre alla liquidazione IVA di dicembre, mese in cui è avvenuta la consegna o spedizione della merce.

## SEMPIO Storno delle fatture da emettere

Negli ultimi giorni di dicembre l'impresa Davide Cerri ha consegnato a un cliente merci del valore di 8.320 euro con documento di trasporto. In data 10/01 invia al cliente la fattura differita n. 10 relativa a dette merci.
Presentiamo le registrazioni contabili delle operazioni compiute in data 01/01 e 10/01.

| | | | | | |
|---|---|---|---|---|---|
| 01/01 | 05.02 | FATTURE DA EMETTERE | apertura dei conti | 10.150, 40 | |
| 01/01 | 18.01 | BILANCIO DI APERTURA | totale attività | | ..............., .... |
| 10/01 | 05.01 | CREDITI V/CLIENTI | fattura n. 10 su cliente ................. | 10.150, 40 | |
| 10/01 | 05.02 | FATTURE DA EMETTERE | fattura n. 10 su cliente ................. | | 10.150, 40 |

Dopo le registrazioni il conto Fatture da emettere è spento e nella contabilità risulta il credito verso il cliente.

## Come si storna il Debito per interessi passivi maturati?

Gli interessi passivi sui conti correnti bancari sono esigibili da parte della banca il 1° marzo dell'anno successivo a quello in cui sono maturati, fatta eccezione in caso di chiusura del conto, quando divengono immediatamente esigibili.
Il cliente può autorizzare l'addebito degli interessi sul conto corrente nel momento in cui essi diventano esigibili.

### SEMPIO Storno debiti per interessi passivi

Al 31/12 l'impresa Davide Cerri ha contabilizzato gli interessi passivi maturati sul c/c bancario presso la banca Intesa Sanpaolo in Dare in un conto economico di reddito d'esercizio (Interessi passivi bancari) e in Avere in un conto finanziario (Banche c/interessi maturati).
Tali interessi divengono esigibili al 1° marzo dell'anno successivo a quello in cui sono maturati.
L'estinzione del debito per Interessi passivi bancari contabilizzati può avvenire con due procedimenti:

- con rimessa in entrata sul c/c del cliente debitore;
- con addebito sul c/c del cliente debitore.

Presentiamo la registrazione contabile compilata dall'impresa in data 01/03 nell'ipotesi di addebito sul c/c del cliente:

| | | | | | |
|---|---|---|---|---|---|
| 01/03 | 13.21 | BANCHE C/INTERESSI MATURATI | stornati interessi | 2.350,00 | |
| 01/03 | 18.20 | INTESA SANPAOLO C/C | stornati interessi | | 2.350,00 |

Dopo le registrazioni il conto Banche c/c interessi maturati è spento e nella contabilità risulta addebitato il c/c presso la banca Intesa Sanpaolo.

## Come si contabilizza l'utilizzo dei fondi rischi e oneri?

Con le scritture di integrazione sono stati costituiti o integrati fondi di rettifica ai crediti e fondi rischi e oneri per far fronte a perdite e costi aventi manifestazione finanziaria futura.
Tali fondi devono essere utilizzati nel momento in cui si verifica la perdita o il costo per il quale sono stati costituiti, ma solo per coprire componenti negativi di reddito di competenza degli esercizi passati.
Nei casi in cui l'importo dei fondi sia insufficiente, la differenza costituisce un costo di competenza economica dell'esercizio.

### SEMPIO Utilizzo di fondi rischi e oneri

In data 01/01 la Situazione patrimoniale dell'impresa Luca Romasi presenta, tra gli altri, i seguenti conti:

- Crediti v/clienti 82.380,00 euro
- Crediti insoluti 4.520,00 euro
- Fondo svalutazione crediti 2.214,00 euro
- Fondo rischi su crediti 3.850,00 euro
- Fondo responsabilità civile 4.500,00 euro

Durante l'esercizio l'impresa compie le seguenti operazioni:
15/06: ricevuto un assegno bancario di 500 euro a saldo dei crediti insoluti, in precedenza svalutati per 2.214 euro;
25/07: risulta insoluto e viene stralciato un credito verso clienti di 5.240 euro sorto nel precedente esercizio;
06/12: pagato con un assegno bancario di 8.000 euro il risarcimento di danni provocati a terzi, nell'esercizio precedente, da un dipendente dell'azienda.

Presentiamo le registrazioni contabili relative all'apertura dei conti e alle operazioni di gestione.

| | | | | | |
|---|---|---|---|---|---|
| 01/01 | 05.01 | CREDITI V/CLIENTI | apertura del conto | 82.380, 00 | |
| 01/01 | 05.10 | CREDITI INSOLUTI | apertura del conto | 4.520, 00 | |
| 01/01 | 18.01 | BILANCIO DI APERTURA | totale attività | | .............., .... |
| 01/01 | 18.01 | BILANCIO DI APERTURA | totale passività | .............., .... | |
| 01/01 | 05.21 | F.DO SVALUTAZ. CREDITI | apertura del conto | | 2.214, 00 |
| 01/01 | 05.20 | FONDO RISCHI SU CREDITI | apertura del conto | | 3.850, 00 |
| 01/01 | 11.01 | FONDO RESPONS. CIVILE | apertura del conto | | 4.500, 00 |
| 15/06 | 08.10 | ASSEGNI | riscosso parzialmente credito | 500, 00 | |
| 15/06 | 05.21 | FONDO SVALUTAZ. CREDITI | storno svalutazione precedente | 2.214, 00 | |
| 15/06 | 05.20 | FONDO RISCHI SU CREDITI | perdita su crediti insoluti | 1.806, 00 | |
| 15/06 | 05.10 | CREDITI INSOLUTI | estinti crediti insoluti | | 4.520, 00 |
| 25/07 | 05.20 | FONDO RISCHI SU CREDITI | perdita su crediti v/clienti | 2.044, 00 | |
| 25/07 | 39.13 | SOPRAVV. PASS. STRAORD. | perdita su crediti esercizi precedenti | 3.196, 00 | |
| 25/07 | 05.01 | CREDITI V/CLIENTI | stralcio crediti inesigibili | | 5.240, 00 |
| 06/12 | 11.01 | FONDO RESPONS. CIVILE | utilizzo per copertura danni | 4.500, 00 | |
| 06/12 | 39.13 | SOPRAVV. PASS. STRAORD. | danni esercizi precedenti | 3.500, 00 | |
| 06/12 | 18.20 | BANCA X C/C | a/b per copertura danno | | 8.000, 00 |

La riscossione parziale dei crediti insoluti in data 15/06 comporta l'utilizzo del Fondo svalutazione crediti e del Fondo rischi su crediti; in tal caso la perdita risulta a carico dell'esercizio in cui è sorto il credito.
Lo stralcio del credito insoluto in data 25/07 è parzialmente coperto con l'utilizzo del Fondo rischi su crediti; pertanto, per la differenza occorre rilevare un costo di esercizio.
Il risarcimento del danno prodotto da un dipendente, in data 06/12, richiede l'utilizzo del Fondo responsabilità civile; tuttavia l'importo accantonato nel fondo risulta insufficiente; la quota di danno non coperto dal fondo costituisce un componente negativo di reddito.

**test interattivi nel libro digitale**

Procedimento di riapertura dei conti • storno di rimanenze di magazzino • risconti e ratei • chiusura dei conti Fatture da ricevere e Fatture da emettere • utilizzo dei Fondi rischi e oneri.

Comporre le scritture di riapertura dei conti patrimoniali, di storno, di chiusura dei conti Fatture da ricevere e Fatture da emettere e di utilizzo dei Fondi rischi e oneri.

**1** Indica con una crocetta la risposta esatta (alcuni quesiti possono avere più risposte esatte).

**1.** A inizio esercizio si aprono:
- a *i conti accesi ai costi e ricavi d'esercizio*
- b *i conti accesi ai costi e ricavi pluriennali*
- c *i conti finanziari*
- d *i conti economici di patrimonio netto*

**2.** Le esistenze iniziali di magazzino:
- a *devono essere stornate ai costi di competenza del nuovo esercizio*
- b *devono essere stornate ai ricavi di competenza del nuovo esercizio*
- c *non devono essere stornate in quanto costi di competenza del precedente esercizio*
- d *non devono essere stornate in quanto parte del patrimonio aziendale*

**3.** Il conto Merci c/esistenze iniziali accoglie:
- a *i ricavi da rinviare al futuro esercizio*
- b *i costi da rinviare al futuro esercizio*
- c *i ricavi stornati dal precedente esercizio*
- d *i costi stornati dal precedente esercizio*

**4.** Il conto Fatture da emettere:
- a *deve essere stornato a Merci c/vendite*
- b *deve essere stornato a Merci c/acquisti*
- c *comprende l'importo dell'IVA a credito*
- d *comprende l'importo dell'IVA a debito*

**5.** Lo storno di un rateo passivo quando si verifica la manifestazione finanziaria determina la rilevazione:
- a *del costo di esercizio per l'intero importo pagato*
- b *del costo di esercizio per la quota di competenza*
- c *di una rettifica al costo di esercizio per la quota che è di competenza*
- d *di una rettifica al costo di esercizio per la quota che non è di competenza*

**2** Individua e correggi gli errori contenuti nei seguenti articoli in P.D., compilando nel libro giornale le scritture contabili corrette.

| | | | | | |
|---|---|---|---|---|---|
| 01/01 | 09.01 | RATEI ATTIVI | giro al conto interessi a fornitori | 220, 40 | |
| 01/01 | 41.01 | INT. PASS. A FORNITORI | giro di rateo attivo | | 220, 40 |
| 01/01 | 04.01 | MATERIE DI CONSUMO | giro c/esistenze iniziali | 1.300, 00 | |
| 01/01 | 37.02 | MAT. DI CONS. C/ESIST. INIZ. | materie in magazzino | | 1.300, 00 |
| 01/01 | 16.02 | RISCONTI PASSIVI | giro al conto fitti attivi | 720, 00 | |
| 01/01 | 32.01 | FITTI PASSIVI | giro di risconto iniziale | | 720, 00 |
| 08/01 | 05.01 | CREDITI V/CLIENTI | fattura n. 5 | 3.388, 00 | |
| 08/01 | 14.02 | FATTURE DA RICEVERE | fattura n. 5 | | 3.388, 00 |
| 12/01 | 05.02 | FATTURE DA EMETTERE | fattura n. 8 | 9.559, 00 | |
| 12/01 | 14.01 | DEBITI V/FORNITORI | fattura n. 8 | | 9.559, 00 |
| 28/01 | 05.20 | F.DO RISCHI SU CREDITI | perdite esercizi precedenti | 1.500, 00 | |
| 28/01 | 39.05 | PERDITE SU CREDITI | perdita su crediti esercizi preced. | 300, 00 | |
| 28/01 | 05.10 | CREDITI INSOLUTI | estinti crediti insoluti | | 1.800, 00 |

**3** Esamina la situazione proposta e completa quanto richiesto.

Completa i calcoli e le registrazioni in P.D. dell'impresa Antonio Sovani che ha compiuto, tra le altre, le seguenti operazioni di gestione:
01/09/n: pagato premio annuo di assicurazione di 2.920 euro con assegno bancario;
01/11/n: riscosso tramite banca canone trimestrale di locazione di 1.800 euro.

Il premio di assicurazione di 2.920 euro è stato pagato anticipatamente per un anno:

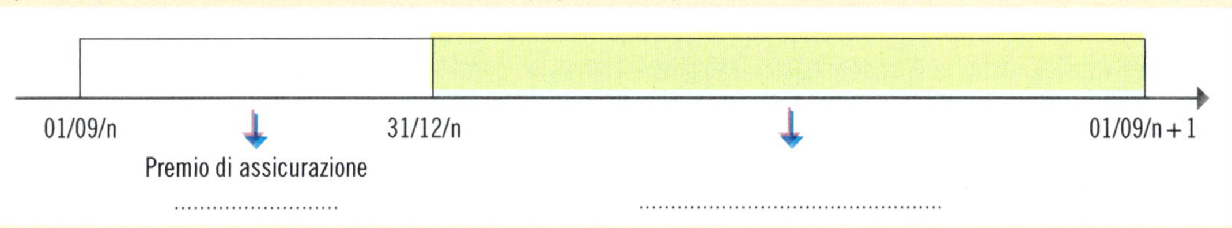


2.920 : 365 = $x$ : .......................... $x = \dfrac{2.920 \times \text{.............}}{365}$ = euro ......................., costo da sospendere al futuro esercizio

Il canone trimestrale di locazione di 1.800 euro è in parte di competenza dell'esercizio n e in parte di competenza del futuro esercizio.

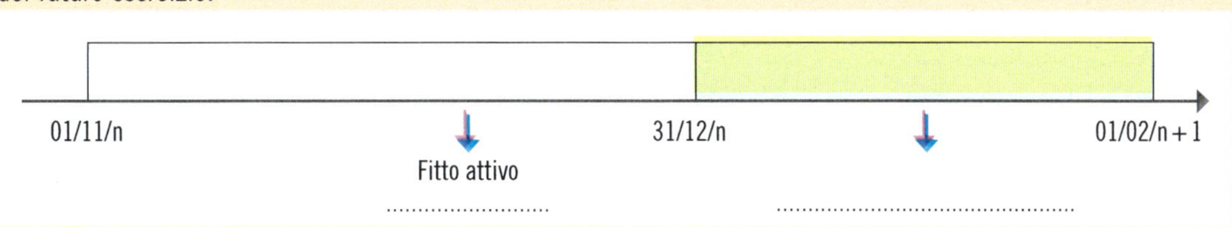


1.800 : 3 = $x$ : .......................... $x = \dfrac{1.800 \times \text{.............}}{3}$ = euro ............................, ricavo da sospendere al futuro esercizio

Le registrazioni contabili realizzate durante l'esercizio n sono:

| | | | | | |
|---|---|---|---|---|---|
| 01/09 | ...... | .......................................... | pagato premio di assicurazione | 2.920, 00 | |
| 01/09 | 18.20 | BANCA X C/C | pagato premio di assicurazione | | 2.920, 00 |
| 01/11 | 18.20 | BANCA X C/C | riscosso fitto attivo | 1.800, 00 | |
| 01/11 | ...... | .......................................... | riscosso fitto attivo | | 1.800, 00 |
| 31/12 | ...... | .......................................... | .......................................... | ................, .... | |
| 31/12 | ...... | .......................................... | .......................................... | | ................, .... |
| 31/12 | ...... | .......................................... | .......................................... | ................, .... | |
| 31/12 | ...... | .......................................... | .......................................... | | ................, .... |

I conti di mastro presentano i seguenti movimenti:

........ ................................

| 2.920,00 | ...................., .... |
|---|---|

........ ................................

| ...................., .... | |
|---|---|

........ ................................

| ...................., .... | 1.800,00 |
|---|---|

........ ................................

| | ...................., .... |
|---|---|

Al termine dell'esercizio n le scritture di epilogo e chiusura dei conti considerati nelle due operazioni di gestione sono:

| | | | | | |
|---|---|---|---|---|---|
| 31/12 | 90.01 | CONTO DI RISULTATO ECONOMICO | chiusura di costi | ................, .... | |
| 31/12 | ...... | .......................................... | .......................................... | | ................, .... |
| 31/12 | ...... | .......................................... | chiusura dei ricavi | ................, .... | |
| 31/12 | 90.01 | CONTO DI RISULTATO ECONOMICO | .......................................... | | ................, .... |
| 31/12 | 18.02 | BILANCIO DI CHIUSURA | totale attività | ................, .... | |
| 31/12 | ...... | .......................................... | chiusura del conto | | ................, .... |
| 31/12 | ...... | .......................................... | chiusura del conto | ................, .... | |
| 31/12 | 18.02 | BILANCIO DI CHIUSURA | totale passività | | ................, .... |

All'inizio dell'esercizio n + 1 vengono riaperti i conti patrimoniali con le scritture in P.D.:

| | | | | | |
|---|---|---|---|---|---|
| 01/01 | ...... | .......................................... | apertura del conto | ................, .... | |
| 01/01 | 18.01 | BILANCIO DI APERTURA | totale attività | | ................, .... |
| 01/01 | 18.01 | BILANCIO DI APERTURA | totale passività | ................, .... | |
| 01/01 | ...... | .......................................... | apertura del conto | | ................, .... |

I conti Risconti attivi e Risconti passivi vengono stornati ai conti accesi ai costi e ricavi d'esercizio a cui si riferiscono:

| | | | | | |
|---|---|---|---|---|---|
| 01/01 | 31.08 | ASSICURAZIONI | giro dei ............................ | ................, .... | |
| 01/01 | ...... | .......................................... | .......................................... | | ................, .... |
| 01/01 | ...... | .......................................... | .......................................... | ................, .... | |
| 01/01 | 20.15 | FITTI ATTIVI | giro dei ............................ | | ................, .... |

I conti di mastro risultano movimentati come segue:

........ ................................

| ...................., .... | ...................., .... |
|---|---|

31.08 ASSICURAZIONI

| ...................., .... | |
|---|---|

Costo di competenza dell'esercizio derivato dal precedente periodo amministrativo

........ ................................

| ...................., .... | ...................., .... |
|---|---|

20.15 FITTI ATTIVI

| | ...................., .... |
|---|---|

Ricavo di competenza dell'esercizio derivato dal precedente periodo amministrativo

# RIPASSA I CONCETTI CHIAVE

lettura espressiva

| | |
|---|---|
| INVENTARIO | Insieme di operazioni con cui si determina il patrimonio esistente in un dato momento. L'inventario redatto al termine di ogni esercizio amministrativo mette in evidenza il **patrimonio di funzionamento**. |
| SCRITTURE DI ASSESTAMENTO | Vengono redatte nei casi in cui la **manifestazione finanziaria** non coincide con la **competenza economica** dei ricavi e dei costi. Si suddividono in quattro gruppi:<br>• scritture di completamento;<br>• scritture di integrazione;<br>• scritture di rettifica.<br>• scritture di ammortamento. |
| SCRITTURE DI COMPLETAMENTO | Registrano componenti di reddito **interamente di competenza** economica dell'esercizio per i quali non si è ancora avuta la relativa **manifestazione finanziaria**, quali:<br>• interessi maturati sui c/c bancari e postali, crediti e debiti;<br>• crediti e debiti da liquidare;<br>• stralcio di crediti inesigibili;<br>• quota maturata di TFR;<br>• imposte di competenza. |
| SCRITTURE DI INTEGRAZIONE | Registrano **quote** di costi e di ricavi economicamente di competenza dell'esercizio la cui **manifestazione finanziaria** avviene nell'**esercizio futuro**.<br>Tali scritture riguardano:<br>• la valutazione dei crediti e debiti in moneta estera;<br>• la svalutazione dei crediti;<br>• i ratei attivi e passivi;<br>• gli accantonamenti ai fondi rischi e oneri. |
| SCRITTURE DI RETTIFICA | Vengono redatte per **rettificare** i componenti del reddito già rilevati ma non ancora economicamente maturati per **sospendere** i costi e i ricavi che finanziariamente si sono **manifestati nell'esercizio** ma che sono di **competenza economica di esercizi futuri**:<br>• **rimanenze finali** di merci e materie di consumo;<br>• **risconti attivi** se rettificano un **costo** e **passivi** se rettificano un **ricavo**. |
| SCRITTURE DI AMMORTAMENTO | Si effettuano per **attribuire all'esercizio le quote di costi pluriennali** di competenza dell'esercizio. Le quote di ammortamento rappresentano il costo di competenza di ciascun esercizio, contabilizzato con la voce **Ammortamento**, seguita dal nome del bene strumentale a cui si riferisce e vengono accantonate nel **Fondo ammortamento** che costituisce una rettifica indiretta del costo pluriennale. |
| SCRITTURE DI RIEPILOGO | Si effettuano per i conti che durante l'esercizio presentano un'**alternanza di saldi** Dare o Avere, come Banca X c/c, Istituti previdenziali e IVA c/liquidazione, girati nei corrispondenti conti in cui è specificamente indicato il segno dell'eccedenza. |
| SCRITTURE DI EPILOGO DEI CONTI ECONOMICI D'ESERCIZIO | I saldi dei costi e ricavi d'esercizio vengono fatti affluire al **Conto di risultato economico**, la cui eccedenza esprime il risultato economico d'esercizio (**utile** o **perdita dell'esercizio**). |

| | |
|---|---|
| PATRIMONIO NETTO FINALE | Si determina girando al conto Patrimonio netto i prelevamenti extra-gestione effettuati, le ritenute di acconto subite e l'utile o la perdita di esercizio. |
| CHIUSURA DEI CONTI PATRIMONIALI | I conti finanziari, i conti accesi ai costi e ricavi pluriennali, i conti accesi ai costi e ricavi sospesi e i conti di patrimonio netto vengono riepilogati al conto **Bilancio di chiusura**. |
| BILANCIO D'ESERCIZIO | Documento redatto al termine del periodo amministrativo che rappresenta la situazione patrimoniale e finanziaria dell'azienda e il risultato economico ottenuto nell'esercizio. |
| NORME DEL CODICE CIVILE | Le imprese individuali e le società di persone possono redigere il bilancio d'esercizio secondo le norme previste per le società di capitali che non superano i limiti previsti per le micro-imprese, che regolano la forma, la struttura e il contenuto del bilancio. |
| STATO PATRIMONIALE | Evidenzia il patrimonio di funzionamento dell'impresa e viene redatto nella forma a **sezioni divise e contrapposte**. |
| ELEMENTI ATTIVI DEL PATRIMONIO | • **Immobilizzazioni**, in cui le immobilizzazioni immateriali e materiali devono essere esposte per il valore netto.<br>• **Attivo circolante**, formato dalle Rimanenze, dai Crediti esposti al netto del fondo svalutazione e del fondo rischi su crediti e dalle Disponibilità liquide.<br>• **Ratei e risconti attivi**, che possono essere evidenziati separatamente o essere inclusi tra i Crediti. |
| ELEMENTI PASSIVI DEL PATRIMONIO | • **Patrimonio netto** (capitale proprio iniziale +/- il risultato economico dell'esercizio).<br>• **Fondi rischi e oneri.**<br>• **Trattamento di fine rapporto di lavoro subordinato.**<br>• **Debiti.**<br>• **Ratei e risconti passivi**, che, analogamente a quanto previsto per l'attivo, possono essere evidenziati separatamente o essere inclusi tra i Debiti. |
| CONTO ECONOMICO | Espone i componenti del reddito di competenza dell'esercizio ed è redatto in **forma** scalare. Ogni raggruppamento è contraddistinto da lettere maiuscole:<br>• **Valore della produzione**;<br>• **Costi della produzione**;<br>• **Differenza tra valore e costi della produzione** (A-B);<br>• **Proventi e oneri finanziari**;<br>• **Rettifiche di valore di attività e passività finanziarie**;<br>• **Risultato economico prima delle imposte**;<br>• **Imposte dell'esercizio**;<br>• **Utile (perdita) dell'esercizio.** |
| RIAPERTURA DEI CONTI PATRIMONIALI | All'inizio dell'esercizio si effettuano le rilevazioni di:<br>• **riapertura** dei conti iscritti nella Situazione patrimoniale;<br>• **storno** dei conti finanziari che possono presentare alternanza di saldi a credito o a debito;<br>• **storno** delle esistenze iniziali di magazzino e dei risconti attivi e passivi ai costi e ricavi di competenza del nuovo esercizio;<br>• **storno** dei ratei iniziali e dei conti Fatture da ricevere e Fatture da emettere. |

## Rigoni di Asiago srl, analisi di un bilancio dolce

Rigoni di Asiago

Rigoni di Asiago è un'impresa a carattere famigliare cresciuta nel tempo nel rispetto della natura e sapori genuini unito a una forte spinta all'innovazione. Alla tradizionale produzione di miele, l'azienda ha affiancato con successo prodotti come *Fiordifrutta*, *DolceDì* e *Nocciolata*, quest'ultima anche senza latte, adatta ai soggetti intolleranti al lattosio, tutti prodotti di alta qualità che hanno conquistato i primi posti nei dati di vendita nazionali.
La società impiega circa 100 dipendenti e opera nel settore della produzione e commercializzazione di confetture, miele, prodotti dell'alveare, creme spalmabili e dolcificanti prevalentemente da agricoltura biologia, oltreché della commercializzazione di liquori, distillati e altri prodotti alimentari.

### La storia

Il cammino di questa impresa inizia negli anni Venti del secolo scorso quando Elisa trasforma la sua attività di apicoltrice, svolta fino ad allora a livello amatoriale, in un vero e proprio lavoro.
Il primo prodotto proposto e commercializzato è il miele, di cui dal 1979 Rigoni amplia l'offerta proponendo varietà mono-floreali, ovvero legate alla pianta d'origine, grande novità al tempo (per esempio miele di acacia o di castagno). Parallelamente sviluppa l'attività nel nuovo sito produttivo a Foza, sull'Altopiano di Asiago, e si impegna nella realizzazione di una confettura dalla ricetta unica e gustosa: *Fiordifrutta*.
In seguito vengono aggiunti ai prodotti già esistenti *Nocciolata*, crema di cacao e nocciole, e *DolceDì*, dolcificante naturale. L'impresa cresce per rispondere a una domanda sempre più ampia: i prodotti Rigoni si trovano facilmente in tutta Italia e trovano spazio anche sui mercati esteri grazie al sapore e alla qualità dei prodotti biologici. Nel 2007 nasce la *Rigoni di Asiago USA*, con sede a Miami, e nel 2009 viene aperta una filiale in Francia, uno dei mercati più importanti d'Europa.

### Le scelte strategiche e il processo produttivo

Oggi Rigoni di Asiago è un'impresa in crescita, che da oltre 15 anni possiede una propria filiera completa e controlla tutti i processi di lavorazione, dalla coltivazione della materia prima fino all'imballaggio del prodotto finito. Il controllo totale della filiera viene esercitato per tutta la sua frutta e per tutti i mieli, grazie ad accordi pluriennali siglati con agricoltori e apicoltori bio. Essi forniscono la totalità del miele italiano e dei frutti mediterranei, quali arance, limoni, mandarini, pesche, albicocche ecc.
Inoltre in Bulgaria, su terreni interamente dedicati all'agricoltura biologica che godono di un clima favorevole, Rigoni di Asiago ha le proprie coltivazioni e raccoglie molta della frutta che serve per la preparazione di *Fiordifrutta*. Questa attività si è sviluppata e ampliata nel tempo con nuove acquisizioni di terra, tanto che la produzione annuale è di circa 3.000 tonnellate tra fragole, frutti di bosco, more, prugne, ciliegie, visciole, lamponi, ribes, uva spina, mele, mirtilli e prugnole.
Il processo produttivo avviene sotto le direttive del centro operativo di Asiago che si occupa della gestione strategica dell'attività commerciale e nel sito produttivo di Foza, sull'Altopiano di Asiago, dove tutto è progettato per ridurre il consumo di energia. Le linee di produzione sono state costruite in Italia e molte di esse sono state esclusivamente progettate e brevettate per Rigoni di Asiago.
Ogni anno vengono lavorate circa 6.000 tonnellate di frutta grazie a un ciclo di produzione completamente automatizzato e controllato dai computer, in cui tutti i passaggi sono registrati per assicurare la tracciabilità delle materie prime utilizzate. Lo stabilimento di Foza ha una capacità di invasatura di circa 18.000 unità all'ora e al suo interno dispone di un laboratorio che permette di verificare costantemente la qualità dei suoi prodotti biologici in tutte le fasi di produzione e di mettere a punto tecnologie innovative. Il reparto Ricerca e Sviluppo è costantemente impegnato nell'elaborazione di nuovi progetti e nuove formulazioni per offrire, anche in futuro, prodotti alimentari corretti dal punto di vista nutrizionale e adeguati alle richieste dei consumatori.
Per garantire una produzione 100% biologica, Rigoni di Asiago si sottopone a severissimi controlli da parte degli organismi di certificazione europea, i quali garantiscono e certificano il totale rispetto delle norme e delle regole di produzione.
La società ha sostenuto di recente investimenti ingenti per sviluppare il centro logistico con le correlate aree uffici, ad Albaredo d'Adige, nei pressi di Verona, nel quale viene stoccato il prodotto finito.
È proseguita l'attività di spinta sui mercati italiani ed esteri dei prodotti alimentari, sia sui prodotti storici (*Fiordifrutta* e *Nocciolata*) sia sulla nuova crema spalmabile (*Nocciolata senza latte*) che ha visto concludere il primo anno completo di vendite, raggiungendo ottimi risultati in termini di risposta dei consumatori.

CASO AZIENDALE

### Le informazioni tratte dai documenti di bilancio 2016

L'esercizio 2016 si è chiuso con un utile netto pari a 3.670.743 euro, in aumento del 13,8% rispetto ai 3.244.686 euro dell'esercizio precedente. I ricavi delle vendite e delle prestazioni ammontano a 105.610.531 euro, in aumento del 15,5% circa rispetto ai ricavi di 91.400.276 euro del precedente esercizio, mentre le imposte sul reddito ammontano a 2.202.172 euro.

Nel corso dell'anno 2016 sono stati realizzati investimenti materiali e immateriali di 6.509.227 euro, di cui 1.112.827 euro per immobilizzazioni immateriali e 5.936.400 euro per immobilizzazioni materiali. Gli investimenti in immobilizzazioni materiali realizzati dalla società si riferiscono principalmente a:

- acquisto di un terreno sito in Albaredo d'Adige (Verona), adiacente all'attuale stabilimento, per 351.393 euro;
- interventi di adeguamento del centro logistico di Albaredo d'Adige per 228.430 euro;
- realizzazione e migliorie di impianti nello stabilimento di Foza (Vicenza) per 425.905 euro (di cui 49.707 euro ancora in fase di completamento) e di Albaredo d'Adige per 399.522 euro;
- acquisto di attrezzature e altre immobilizzazioni (mobili e arredi) per 181.224 euro.

Il magazzino presenta i seguenti valori:

- esistenze iniziali 13.735.624 euro;
- rimanenze finali 18.031.195 euro.

I crediti verso clienti hanno un valore nominale di 17.192.937 euro, mentre i relativi Fondi rischi e svalutazioni ammontano a 241.514 euro. Tra i crediti verso clienti risultano anche crediti verso clienti esteri, suddivisi per area geografica (Europa e Altri Paesi).

Sono presenti Risconti attivi su assicurazioni per 8.118 euro e Ratei passivi su oneri finanziari per 536.530 euro. Le Differenze attive in cambi ammontano a 373.196 euro.

Esegui sul quaderno quanto richiesto.

**1** **Individua le fasi del processo produttivo e quali tra queste vengono svolte internamente.**

**2** **Indica quali sono stati gli investimenti in immobilizzazioni più rilevanti dal punto di vista finanziario e spiegane il motivo.**

**3** **Individua le modalità organizzative con cui Rigoni ha internazionalizzato.**

**4** **Sulla base delle informazioni tratte dal bilancio, ricostruisci le scritture di assestamento, indicando per ognuna se si tratta di una scrittura di completamento, integrazione, rettifica o ammortamento.**

**a.** Risconto attivo su assicurazioni.

**b.** Rateo passivo, ipotizzando che si riferisca a interessi su mutui.

**c.** Imposte di competenza, nell'ipotesi che siano stati versati acconti per 1.802.172 euro.

**d.** Rimanenze finali, nell'ipotesi che si tratti di prodotti in magazzino.

**5** **Indica se le affermazioni sono vere o false; in quest'ultimo caso suggerisci la formulazione corretta.**

1. Rigoni di Asiago è una società di capitali che nella redazione del bilancio segue le norme stabilite dal codice civile. **V F**
2. Nell'esercizio 2016 Rigoni di Asiago ha ottenuto un risultato economico positivo seppure in calo rispetto all'anno precedente. **V F**
3. Nella contabilità generale il conto Crediti v/clienti comprende i crediti verso i clienti esteri. **V F**
4. Risconti attivi è un conto economico acceso ai costi sospesi. **V F**
5. Differenze attive in cambi è un conto finanziario acceso ai crediti. **V F**
6. Le esistenze iniziali di materie prime si contabilizzano nel conto Materie prime c/esistenze iniziali. **V F**
7. La variazione delle rimanenze ammonta a + 4.295.571 euro. **V F**
8. In sede di assestamento, le immobilizzazioni immateriali e materiali danno luogo a una scrittura di integrazione. **V F**

# Modulo D Financial Statements

**1** **Read the situation described below and select the right answer.**

The company Concetta Finotti sells goods to its American customer James Iron, who asks to pay his dues in dollars with a 90-day term.
In assessing the suitability of this arrangement, the company believes that the Euro may be subject to significant appreciation against the American dollar at the credit settlement date, and therefore insists on receiving payments in Euro.
Select the right answer:

- the company is right (the appreciation of the euro against the dollar causes a reduction in the amount to be collected at maturity);
- the company is wrong (the appreciation of the euro against the dollar causes an increase in the amount to be collected at maturity).

**2** **Classify the following adjusting entries by placing a cross in the correct box of the table below.**

| Adjusting entries | Accrual | Estimate | Prepayment/ deferred income | Depreciation |
|---|---|---|---|---|
| Recorded bank interest relating to the fourth quarter | | | | |
| Bad debt written off | | | | |
| Entry made to postpone prepaid expense to the next financial year | | | | |
| Provision made for bad debts | | | | |
| Entry made to postpone to the next financial year income received in advance | | | | |
| Recorded current year share of plant cost | | | | |
| Recorded year-end inventory | | | | |
| Recorded tax charges for the year | | | | |
| Recorded current year share of cost of fixtures | | | | |
| Increase in the Provision for planned maintenance | | | | |
| Recorded current year share of employee leaving indemnity (TFR) | | | | |
| Recorded income pertaining to current financial year but which will be received in the future | | | | |

**3** **Complete the extract by filling in the blanks.**

The Balance sheet and income statement can be prepared only after making the .......................... that make it possible to identify the company's income and expenditure .......................... in the financial year as well as all its assets and liabilities. The balance sheet will reflect all the asset and liability accounts as well as .......................... equity; the income statement instead will reflect all the income and expenditure that make up the .......................... (..........................) for the year.

**4** **Read the text and answer the questions.**

Laura Rivieri is a gift shop owner. To make the most of the favourable market conditions she has modernised the shop window and enlarged the warehouse financed by a € 25.000 bank loan on 01/06/n, for which she agreed the payment of half-yearly deferred interests set at a rate of 4%. In addition, in case of theft she took out an insurance contract, paying on 01/01/n, an annual insurance premium of € 2.640.

1. Which effects does the bank loan agreement produce in the accounting statement?

........................................

........................................

2. Which effects does the bank loan agreement produce on the profit for the year?

........................................

........................................

3. Which effects does the payment of the annual insurance premium produce in the accounting statement?

........................................

........................................

4. By how much does the insurance annual premium impact on profit for the year n?

........................................

........................................

**5** **Prepare the balance sheet at 31/12 using the items deriving from the information provided below.**

At the start of the financial year, the opening balances of the accounts of the company Chiara Tarletti were as follows:

| | |
|---|---|
| Buildings | € 580.000 |
| Commercial equipment | € 42.000 |
| Fixtures and fittings | € 24.000 |
| Accum. depreciation - buildings | € 172.800 |
| Accum. depreciation - commercial equipment | € 25.200 |
| Accum. depreciation - fixtures and fittings | € 14.400 |

In early January the company sells fixtures, which have been 60% depreciated, for € 5.000.
On 1 October it signs a cleaning contract for the stairs of the building for € 1.800 p.a. (per annum) to be paid in arrears.
At 31 December the company calculates the following amounts:

- 3% depreciation of the buildings (the building was originally bought for € 390.000);
- 20% depreciation of the commercial equipment;
- 15% depreciation of its fixtures and fittings;
- year-end inventories € 84.200.

**Abridged Balance sheet**

| **ASSETS** | | | **LIABILITIES** | | |
|---|---|---|---|---|---|
| *Fixed assets* | | | *Net equity* | | |
| Intangible fixed assets | | | Own capital | | |
| Tangible fixed assets | | | Profit for the year (Loss for the year) | | |
| Financial fixed assets | | | *Total net equity* | | |
| *Total fixed assets* | | | | | |
| *Working capital* | | | Provisions for risks and charges | | |
| Inventories | | | | | |
| Debtors (including prepayments and accrued income) | | | *Employee leaving indemnity (TFR)* | | |
| Cash and cash equivalents | | | *Creditors (including accrued expenses and deferred income)* | | |
| *Total working capital* | | | | | |
| *Total* | | | *Total* | | |

# DIVENTA CITTADINO DIGITALE

## A quali informazioni aziendali puoi accedere sul web?

**Leggi il testo e verifica quali sono le possibilità di ottenere informazioni on line su di un'impresa di tuo interesse.**

Nelle tue esperienze di contatto con le imprese – oggi per l'attività di Alternanza Scuola Lavoro, in futuro in vista di un'assunzione – puoi avere l'esigenza o semplicemente la curiosità di documentarti sulle caratteristiche dell'impresa di tuo interesse. Anche le imprese possono avere la necessità di verificare i dati giuridici ed economici di altre imprese, per esempio per:

- controllarne l'affidabilità se sono partner commerciali;
- mantenere aggiornato l'elenco delle imprese clienti;
- tenere sotto controllo i fornitori;
- conoscere i nomi di soci e di amministratori delle società;
- conoscere l'evoluzione del proprio mercato di riferimento e dei concorrenti.

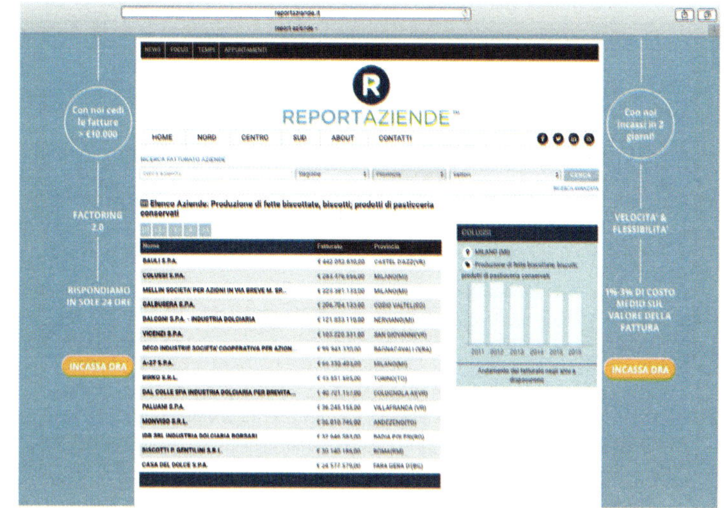


Le imprese di medio-grandi dimensioni pubblicano sui propri siti web informazioni di vario tipo: ai fini di **marketing**, per comunicare la propria **responsabilità sociale** e per condividere con trasparenza i **risultati economico-finanziari** raggiunti. Accedere a quest'ultimo tipo di informazioni non è facile perché sono meno frequenti e perché talvolta non sono accessibili con parole chiave come "bilancio d'esercizio" o "risultati economici aziendali", ma sono inserite in aree riservate o individuate con termini come "report annuale" o "documenti finanziari". Sempre più spesso le imprese medio-grandi pubblicano report socio-ambientali, la cui lettura può risultare ricca di informazioni di vario tipo. Per le imprese di minori dimensioni le informazioni di base possono essere ottenute anche tramite siti di imprese operanti nel settore della Business Information, che attraverso database aggiornati forniscono gratuitamente i dati che le singole imprese consentono di divulgare gratuitamente.

Per esempio digitando in un motore di ricerca la parole chiave "report" seguita dal nome dell'impresa da trovare, tra i primi indirizzi si può accedere al sito www.reportaziende.it, oppure al sito www.guidamonaci.it che offrono le informazioni di base di centinaia di migliaia di imprese e, nel caso in cui l'impresa li metta a disposizione, anche i principali indicatori economici.

Cliccando sull'indicazione del settore produttivo di appartenenza (riportato sotto il nome dell'impresa cercata) si apre il link all'elenco delle imprese dello stesso settore presenti nel database.

Per esempio, la ricerca di dati di un'impresa del settore "Produzione di fette biscottate, biscotti, prodotti di pasticceria conservati" ha portato all'elenco delle principali imprese, elencate per fatturato.

Per le imprese più grandi la ricerca risulta immediata ed esaustiva e la possibilità di accedere ai dati economico-finanziari è più semplice digitando diverse parole chiave.

Per esempio la ricerca dei dati di bilancio di Technogym conduce rapidamente a tutti i report annuali più recenti.

1. Verifica l'esistenza sul web di informazioni relative all'impresa in cui hai svolto o svolgerai lo stage aziendale, indicando le eventuali difficoltà riscontrate nella ricerca e ricordandoti di chiedere al tutor aziendale se in rete vi sono altre informazioni sull'impresa oltre a quelle da te raccolte. Tieni conto che se si tratta di un'impresa individuale o di una società di persone il bilancio d'esercizio è a uso interno o viene consegnato alla banca a cui è stato richiesto un prestito.
   Riporta in un file le principali informazioni raccolte, in particolare: dati anagrafici e settore di appartenenza; indicazioni per raggiungere la sede; volume d'affari; altre informazioni economico-finanziarie.
2. Accedi alla pagina web in cui è presente il *report di sostenibilità* di un'impresa, a tua scelta, conosciuta a livello internazionale; documenta la quantità e la qualità delle informazioni fornite mediante una presentazione che contenga le videate del report aziendale che a tuo giudizio sono le più interessanti.

DIVENTA CITTADINO DIGITALE

# Modulo D Il bilancio d'esercizio

LABORATORIO

## SITUAZIONE OPERATIVA

L'imprenditore Antonio Revelli incarica il dipendente Luigi Ferrani di predisporre i calcoli relativi alle seguenti operazioni di assestamento.

1. Calcolare il TFR netto maturato dai dipendenti nel corso dell'esercizio sulla base dei seguenti dati:
   a. retribuzioni lorde annue 120.960 euro;
   b. debiti per TFR maturati nei precedenti esercizi 24.192 euro;
   c. variazione indice ISTAT dei prezzi al consumo per le famiglie di operai e impiegati rispetto al mese di dicembre dell'anno precedente 1,60%.
2. Calcolare l'adeguamento del Fondo svalutazione crediti e del Fondo rischi su crediti tenendo presente le seguenti informazioni:
   a. il valore nominale dei crediti commerciali è 127.860 euro;
   b. il credito verso il cliente Farini di 12.340 euro, sorto nell'esercizio, risulta sicuramente inesigibile;
   c. il credito verso il cliente Perotti di 6.430 euro, sorto nell'esercizio, risulta sicuramente inesigibile;
   d. per il credito verso il cliente Restani di 8.780 euro si stima una perdita del 50%;
   e. per il credito verso il cliente Santini di 14.620 euro si stima una perdita del 30%;
   f. il Fondo svalutazione crediti, prima delle scritture di assestamento, ammontava a 2.630 euro;
   g. il Fondo rischi su crediti, prima delle scritture di assestamento, ammontava a 1.340 euro;
   h. l'impresa, sulla base dei dati dei precedenti esercizi, ritiene di subire ulteriori perdite pari al 4% del presunto valore di realizzo specifico.
3. Calcolare gli interessi passivi da rinviare al futuro esercizio tenendo presente che l'impresa ha ottenuto, in data 10/11/2017, dal fornitore Garesi srl la dilazione di pagamento di un debito di 14.600 euro al 08/02/2018 e che ha contabilizzato interessi passivi verso fornitori al tasso 6%.
4. Calcolare gli interessi attivi di competenza maturati su un credito di 2.920 euro, scaduto in data 11/12/2017 e sul quale è stata concessa una dilazione di pagamento di 30 giorni al tasso 6%.
5. Individuare la variazione delle rimanenze di magazzino tenendo presente quanto segue: rimanenze finali di merci 122.000 euro e di materie di consumo 6.000 euro; esistenze iniziali di merci 125.000 euro e di materie di consumo 5.000 euro.
6. Calcolare l'ammortamento a quote costanti di un macchinario acquistato al costo di 942.000 euro per il quale si prevede una vita utile di 10 anni, tenendo presente che sono stati sostenuti costi di installazione e collaudo di 8.000 euro e che si prevede un presunto valore di recupero di 25.000 euro.

## SVOLGIMENTO

### 1. Calcolo del Trattamento di fine rapporto (TFR)

Utilizzando il foglio elettronico **Microsoft Excel** il dipendente Ferrani predispone gli schemi per il calcolo automatico relativo alle operazioni di assestamento elencate. Aperta una nuova cartella, denominata **Assestamento**, assegna il nome **TFR** al primo foglio di lavoro per il calcolo del Trattamento di fine rapporto.

| | A | B | C |
|---|---|---|---|
| 1 | **CALCOLO TFR** | | |
| 2 | | | |
| 3 | | | |
| 4 | Retribuzioni annue | 120.960,00 | euro |
| 5 | Debiti per TFR preesistenti | 24.192,00 | euro |
| 6 | Variazione indice ISTAT dei prezzi al consumo: dicembre anno_n-dicembre anno_n+1 | 1,60% | |
| 7 | | | |
| 8 | **TFR maturato nell'anno** | | |
| 9 | Quota TFR relativa alla retribuzione maturata anno n+1 | 8.960,00 | euro |
| 10 | Contributo di rivalsa trattenuto dal datore di lavoro | 604,80 | euro |
| 11 | Quota capitale netta | 8.355,20 | euro |
| 12 | Coefficiente di rivalutazione del debito TFR anni precedenti | 2,70% | |
| 13 | Rivalutazione al lordo della ritenuta fiscale | 653,18 | euro |
| 14 | TFR lordo complessivamente maturato nell'esercizio | 9.008,38 | euro |
| 15 | Ritenuta fiscale 17% sulla rivalutazione | 111,04 | euro |
| 16 | TFR netto maturato nell'esercizio | 8.897,34 | euro |

I dati da utilizzare per il calcolo sono contenuti nelle celle A4:B6; nelle celle B9:B16 sono inserite le formule.

| | |
|---|---|
| B9 | **=B4/13,5** |
| B10 | **=(0,5/100)*B4** |
| B11 | **=B9-B10** |
| B12 | **=1,5/100+0,75*B6** |
| B13 | **=B5*B12** |
| B14 | **=B11+B13** |
| B15 | ........................................ |
| B16 | **=B14-B15** |

Il contributo di rivalsa (B10) è calcolato con una percentuale dello 0,50% sulle retribuzioni annue.
La rivalutazione dei debiti per TFR maturati negli anni precedenti è eseguita con il coefficiente ricavato nella cella B12 sommando:

- la percentuale fissa 1,5%;
- il 75% della variazione annuale dell'indice ISTAT dei prezzi al consumo.

RISPONDI

Scrivi la formula da inserire nella cella B15 per calcolare la ritenuta fiscale del 17% sulla rivalutazione del TFR maturato negli anni precedenti.

## 2. Svalutazione dei crediti

Pulsante **<Home-Celle-Formato>**

Pulsante **<Revisione-Proteggi foglio>**

Nel secondo foglio di lavoro, **Svalutaz_crediti**, è eseguito il calcolo per determinare l'adeguamento del Fondo svalutazione crediti e del Fondo rischi su crediti.
Le celle evidenziate in colore contengono i dati di input, da inserire digitando i valori; esse sono state rese libere dalla protezione con il comando **Home-Celle-Formato-Formato celle-Protezione** eliminando il segno di spunta vicino a **Bloccata**.

Tutte le altre celle sono bloccate; quando, alla fine della costruzione del foglio, sarà attivata la protezione con il pulsante **<Revisione-Proteggi foglio>**, esse non potranno essere modificate e saranno quindi evitate erronee cancellazioni.
L'inserimento dei dati sarà agevolato in quanto, muovendo il cursore del mouse con il tasto di tabulazione, esso si sposterà unicamente sulle celle non bloccate.

| | A | B | C | D | E | F |
|---|---|---|---|---|---|---|
| 1 | **Svalutazione dei crediti** | | | | | |
| 2 | | | | | | |
| 3 | Totale crediti commerciali | 127.860,00 | | | | |
| 4 | | | | | | |
| 5 | Fondo svalutazione crediti (iniziale) | 2.630,00 | | | | |
| 6 | Fondo rischi su crediti (iniziale) | 1.340,00 | | | | |
| 7 | Percentuale di adeguamento del Fondo rischi su crediti | 4,00% | | | | |
| 8 | | | | | | |
| 9 | Crediti sicuramente inesigibili | *Cliente* | *Valore nominale* | | | |
| 10 | | Farini | 12.340,00 | | | |
| 11 | | Perotti | 6.430,00 | | | |
| 12 | | Totale | 18.770,00 | | | |
| 13 | | | | | | |
| 14 | Crediti di dubbia esigibilità | *Cliente* | *Valore nominale* | *% di esigibilità* | *Valore ritenuto esigibile* | *Svalutazione specifica* |
| 15 | | Restani | 8.780,00 | 50,00% | 4.390,00 | 4.390,00 |
| 16 | | Santini | 14.620,00 | 70,00% | 10.234,00 | 4.386,00 |
| 17 | | Totale | 23.400,00 | | 14.624,00 | 8.776,00 |
| 18 | | | | | | |
| 19 | Crediti sicuramente esigibili | 85.690,00 | | | | |
| 20 | Svalutazione generica | 4.012,56 | | | | |
| 21 | Adeguamento del Fondo svalutazione crediti | 6.146,00 | | | | |
| 22 | Adeguamento del Fondo rischi su crediti | 2.672,56 | | | | |

Svalutaz_crediti

Nel calcolo dei crediti di dubbia esigibilità si ricava il valore ritenuto esigibile (E15, E16) sulla base del valore nominale (C15, C16) e della percentuale presunta di esigibilità (D15, D16). La differenza tra valore nominale e valore ritenuto esigibile fornisce la svalutazione specifica (F15, F16).
Nella riga 17 formule di somma calcolano il totale nelle colonne C, E, F.

LABORATORIO

Scrivi le formule da inserire nelle celle E15, E16 per calcolare il valore ritenuto esigibile del credito nei confronti dei clienti Restani e Santini.

Sottraendo dal totale dei crediti commerciali i crediti di sicura inesigibilità e quelli di dubbia esigibilità si ottengono nella cella B19 i crediti sicuramente esigibili:
**=B3-C12-C17**
Ai crediti sicuramente esigibili e al valore ritenuto esigibile dei crediti dubbi si applica una svalutazione generica (B20) con la percentuale prevista del 4% inserita nella cella B7:
**=(B19+E17)*B7**

Sulla base dei dati calcolati in precedenza e del valore iniziale dei fondi si perviene alla determinazione del valore di adeguamento dei fondi stessi.

| B21 | **=F17-B5** |
|---|---|
| B22 | **=B20-B6** |

LABORATORIO

## 3. Calcolo di ratei e risconti

Il terzo foglio **Rateo-Risconto** comprende un procedimento per automatizzare il calcolo dei ratei e risconti. Nella situazione operativa è necessario calcolare la quota di competenza degli interessi. I dati che consentono di effettuare il calcolo sono raccolti nell'area di celle C3:C8, mentre il calcolo dei giorni e degli interessi è inserito nelle celle B10:C13. Il risultato finale è evidenziato nelle celle B15:C15.

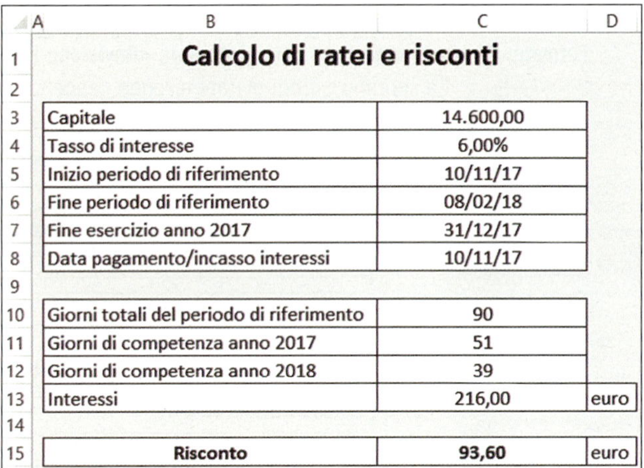

| | A | B | C | D |
|---|---|---|---|---|
| 1 | | **Calcolo di ratei e risconti** | | |
| 2 | | | | |
| 3 | | Capitale | 14.600,00 | |
| 4 | | Tasso di interesse | 6,00% | |
| 5 | | Inizio periodo di riferimento | 10/11/17 | |
| 6 | | Fine periodo di riferimento | 08/02/18 | |
| 7 | | Fine esercizio anno 2017 | 31/12/17 | |
| 8 | | Data pagamento/incasso interessi | 10/11/17 | |
| 9 | | | | |
| 10 | | Giorni totali del periodo di riferimento | 90 | |
| 11 | | Giorni di competenza anno 2017 | 51 | |
| 12 | | Giorni di competenza anno 2018 | 39 | |
| 13 | | Interessi | 216,00 | euro |
| 14 | | | | |
| 15 | | **Risconto** | **93,60** | euro |

Rateo-Risconto

Le formule sono le seguenti:

| C10 | **=C6-C5** |
|---|---|
| C11 | **=C7-C5** |
| C12 | **=C10-C11** |
| C13 | ......................................................... |
| B15 | **=SE(C8<C7; "Risconto"; "Rateo")** |
| C15 | **=SE(B15="Rateo";C13*C11/C10;C13*C12/C10)** |

Scrivi la formula della cella C13 per il calcolo degli interessi, conoscendo il capitale, il tasso di interesse e la durata in giorni.

Nella cella B15 la formula contiene la funzione **SE** che, in base alla data di pagamento/incasso, inserisce nella cella la scritta Rateo o la scritta Risconto.

Nella cella C15 è effettuato il calcolo della quota di interessi di competenza dell'esercizio; la scelta del numero di giorni di competenza (C11 oppure C12) dipende dalla scritta inserita nella cella B15, cioè se si tratta di un rateo o di un risconto.

**RISPONDI**

Nella cella B15 la condizione C8<C7, all'interno della funzione SE, corrisponde a un pagamento/incasso anticipato o posticipato?

A lato è riprodotta la schermata del foglio di lavoro con il calcolo riferito al punto 4 della situazione operativa; la dilazione di 30 giorni concessa al cliente comporta interessi attivi posticipati che in parte sono di competenza dell'esercizio. In B15 compare la scritta Rateo e in C15 è determinato il valore di competenza (9,60 euro).

| | A | B | C | D |
|---|---|---|---|---|
| 1 | | **Calcolo di ratei e risconti** | | |
| 2 | | | | |
| 3 | | Capitale | 2.920,00 | |
| 4 | | Tasso di interesse | 6,00% | |
| 5 | | Inizio periodo di riferimento | 11/12/17 | |
| 6 | | Fine periodo di riferimento | 10/01/18 | |
| 7 | | Fine esercizio anno 2017 | 31/12/17 | |
| 8 | | Data pagamento/incasso interessi | 10/01/18 | |
| 9 | | | | |
| 10 | | Giorni totali del periodo di riferimento | 30 | |
| 11 | | Giorni di competenza anno 2017 | 20 | |
| 12 | | Giorni di competenza anno 2018 | 10 | |
| 13 | | Interessi | 14,40 | euro |
| 14 | | | | |
| 15 | | **Rateo** | **9,60** | euro |

## 4. Variazione delle rimanenze

Il calcolo delle variazioni delle rimanenze è inserito nel quarto foglio **Variazione_rimanenze**.

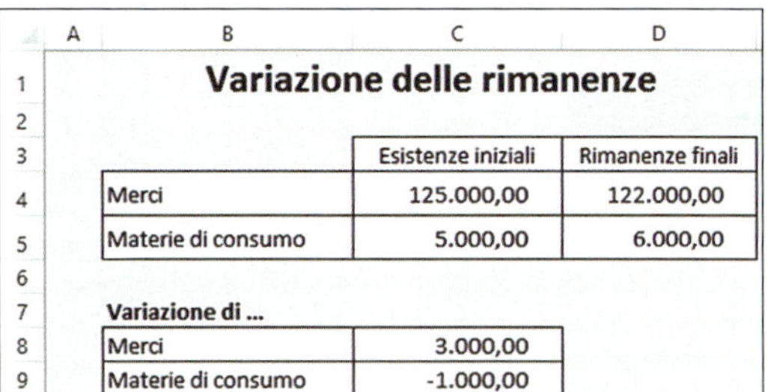

| | A | B | C | D |
|---|---|---|---|---|
| 1 | | **Variazione delle rimanenze** | | |
| 2 | | | | |
| 3 | | | Esistenze iniziali | Rimanenze finali |
| 4 | | Merci | 125.000,00 | 122.000,00 |
| 5 | | Materie di consumo | 5.000,00 | 6.000,00 |
| 6 | | | | |
| 7 | | **Variazione di ...** | | |
| 8 | | Merci | 3.000,00 | |
| 9 | | Materie di consumo | -1.000,00 | |

I valori delle esistenze iniziali e delle rimanenze finali di merci e di materie di consumo sono inseriti nelle celle C4:D5; nelle celle C8 e C9 sono calcolate le variazioni.
Nelle formule di calcolo occorre tenere presente che il segno delle variazioni deve risultare positivo se le rimanenze finali sono inferiori alle esistenze iniziali.

**RISPONDI**

Scrivi le formule delle celle C8 e C9 per il calcolo delle variazioni di merci e di materie di consumo.

| | |
|---|---|
| C8 | .......................................... |
| C9 | .......................................... |

## 5. Ammortamento di un macchinario

Il quinto foglio di lavoro contiene il piano di ammortamento a quote costanti di un macchinario, sulla base dei costi di acquisto (C5), installazione e collaudo (C6), della durata utile (C9) e del valore di recupero al termine del periodo (C7).

**Ammortamento di un macchinario**

Ammort_macch

**Dati iniziali**

| | | |
|---|---|---|
| Costo storico | 942.000,00 | euro |
| Costi di installazione e collaudo | 8.000,00 | euro |
| Valore di recupero | 25.000,00 | euro |
| Valore da ammortizzare | 925.000,00 | euro |
| Durata utile | 10 | anni |
| Quota di ammortamento costante | 92.500,00 | euro |

**Piano di ammortamento a quote costanti**

| Anni | Quote di ammortamento | Valore ammortizzato | Valore residuo |
|---|---|---|---|
| 1 | 92.500,00 | 92.500,00 | 857.500,00 |
| 2 | 92.500,00 | 185.000,00 | 765.000,00 |
| 3 | 92.500,00 | 277.500,00 | 672.500,00 |
| 4 | 92.500,00 | 370.000,00 | 580.000,00 |
| 5 | 92.500,00 | 462.500,00 | 487.500,00 |
| 6 | 92.500,00 | 555.000,00 | 395.000,00 |
| 7 | 92.500,00 | 647.500,00 | 302.500,00 |
| 8 | 92.500,00 | 740.000,00 | 210.000,00 |
| 9 | 92.500,00 | 832.500,00 | 117.500,00 |
| 10 | 92.500,00 | 925.000,00 | 25.000,00 |

Nelle celle C8 e C11 sono calcolati il valore da ammortizzare e la quota di ammortamento costante:

| C8 | **=C5+C6-C7** | C11 | **=C8/C9** |
|---|---|---|---|

Il piano di ammortamento è contenuto nell'area di celle F4:I14.

Per le quote di ammortamento, tutte uguali, in G5:G14 si fa riferimento al contenuto della cella C11. Il calcolo del valore ammortizzato al termine dei primi due anni è inserito nelle celle H5 e H6 con le formule seguenti:

| H5 | **=G5** | H6 | **=H5+G6** |
|---|---|---|---|

Per gli anni seguenti le formule si ottengono copiando la formula della cella H6.

**rISPONDI**

1. Perché nella formula della cella H6 non vanno usati i riferimenti assoluti (simbolo $) per copiare correttamente la formula nelle celle sottostanti?
2. Per calcolare i valori ammortizzati si può anche inserire nella cella H5 la formula =F5*G5 e poi copiarla nelle celle H6:H14. Perché?

Il valore residuo da ammortizzare al termine del primo anno è dato nella cella I5 da: **=$C$5+$C$6-H5**

**rISPONDI**

Quali sono le formule per gli anni successivi al primo nelle celle I6:I14? Come puoi ottenerle?

I6: ...................................... I9: ...................................... I12: ......................................

I7: ...................................... I10: ...................................... I13: ......................................

I8: ...................................... I11: ...................................... I14: ......................................

Il grafico riprodotto sotto illustra l'andamento linearmente crescente del valore ammortizzato e l'andamento linearmente decrescente del valore da ammortizzare al termine di ciascuno dei dieci anni.

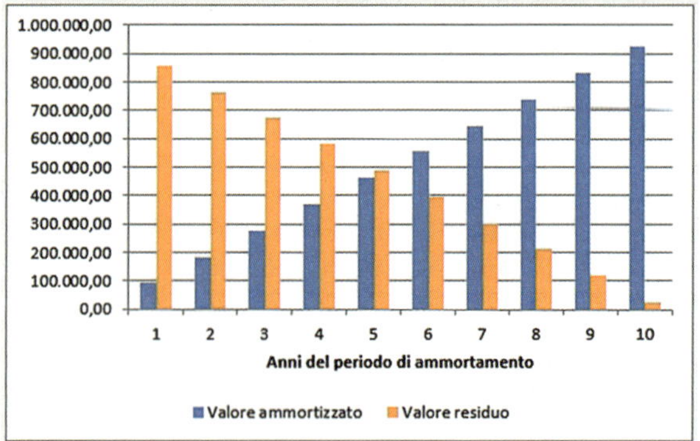


**rISPONDI**

1. Di quale tipo di grafico si tratta?
2. Sul grafico sono rappresentate due serie di dati; a quali aree di celle fanno riferimento?
3. Da quale intervallo di celle sono tratte le etichette per l'asse delle ascisse?

LABORATORIO

# PALESTRA PER L'ESAME DI STATO

*Svolgendo questa prova puoi* ***accertare*** *il livello delle* ***competenze*** *acquisite, articolate in* ***conoscenze*** *e* ***abilità****, per prepararti alla prova scritta.*

## A. Simulazione aziendale

Nikola Pantic è titolare di un'impresa che vende accessori per computer. L'imprenditore si avvale della collaborazione di cinque dipendenti. Alla fine dell'anno n la situazione contabile redatta prima delle scritture di assestamento presenta, tra gli altri, i seguenti conti:

| | | | |
|---|---|---|---|
| Attrezzature commerciali | 37.800 | Merci c/acquisti | 310.000 |
| Fondo amm.to attrezzature commerciali | 18.900 | Merci c/esistenze iniziali | 14.500 |
| Crediti v/clienti | 125.700 | Merci c/rimanenze finali | 13.100 |
| Fondo rischi su crediti | 1.200 | Assicurazioni | 2.400 |
| Mutui passivi | 100.000 | Interessi passivi su mutui | 5.000 |

**1.** *Indica con una crocetta la risposta esatta (alcuni quesiti possono avere più risposte esatte).*

1. Il Fondo rischi su crediti:
   - a *è un costo di esercizio*
   - b *è una rettifica ai costi di esercizio*
   - c *serve a fronteggiare il rischio specifico su un credito*
   - d *serve a fronteggiare il rischio generico di perdite su crediti*

2. Nel caso di stralcio di un credito di 3.000 euro sorto nel precedente esercizio, in presenza di Fondi rischi su crediti di 1.200 euro, è necessario:
   - a *rilevare una perdita su crediti di 3.000 euro*
   - b *rilevare una sopravvenienza passiva di 3.000 euro*
   - c *utilizzare interamente il Fondo rischi su crediti e rilevare una sopravvenienza attiva di 1.800 euro*
   - d *utilizzare interamente il Fondo rischi su crediti e rilevare una sopravvenienza passiva di 1.800 euro*

3. Nel caso previsto nel punto precedente il conto Crediti v/clienti dopo l'assestamento risulta:
   - a *aumentato di 3.000 euro*
   - b *ridotto di 3.000 euro*
   - c *invariato*
   - d *ridotto di 1.800 euro*

4. Il premio annuo addebitato nel conto Assicurazioni è stato pagato in data 01/09. Al 31/12 si rileva:
   - a *un risconto attivo di 1.600 euro*
   - b *un risconto passivo di 800 euro*
   - c *un rateo attivo di 800 euro*
   - d *un rateo passivo per 1.600 euro*

5. La quota di assicurazione già rilevata ma non ancora maturata dà luogo a:
   - a *un risconto attivo*
   - b *un risconto passivo*
   - c *un rateo passivo*
   - d *un rateo attivo*

6. Sul mutuo bancario maturano in data 01/05-01/11 interessi posticipati al tasso 6%. Al 31/12 si rileva:
   - a *un risconto attivo di 2.000 euro*
   - b *un risconto passivo di 2.000 euro*
   - c *un rateo attivo di 1.000 euro*
   - d *un rateo passivo di 1.000 euro*

**2.** *Indica se le seguenti affermazioni sono vere o false; in quest'ultimo caso suggerisci sul quaderno la formulazione corretta, anche tenendo conto delle informazioni fornite nel punto A.*

1. Il conto Merci viene iscritto in Dare della Situazione patrimoniale per 14.500 euro.  V  F

.......................................................................................................................................

PALESTRA PER L'ESAME DI STATO

2. Lo Stato patrimoniale deriva dalla Situazione patrimoniale finale.  

..................................................................................................................................................

3. Se le attrezzature commerciali vengono ammortizzate del 15% il relativo fondo ammortamento aumenta a 24.570 euro. 

..................................................................................................................................................

4. Nel Conto economico la variazione delle rimanenze di 1.400 euro è iscritta nei costi della produzione con segno negativo. 

..................................................................................................................................................

3. *Per redigere la scrittura relativa alla quota di TFR maturata Nikola deve effettuare un calcolo. Completa il calcolo del TFR maturato e presenta sul quaderno la relativa registrazione in P.D.*

Quota capitale: euro (127.980 : ..................) = euro ............

Contributo di rivalsa: euro (.................. × 0,50%) = euro ............

euro ............

Coefficiente di rivalutazione: (1,5 + 1 × ..................)% = ............

Rivalutazione debiti per TFR: euro (20.700 × ..................) = euro ............

TFR complessivo lordo: euro (.................. + ..................) = euro ............

Ritenuta fiscale: euro (.................. × ..................) = euro ............

## B. Analisi di testi e documenti

1. *Individua e correggi gli errori commessi da Nikola nel rilevare le scritture di assestamento. In seguito compila sul quaderno un libro giornale con le scritture contabili corrette.*

| | | | | | |
|---|---|---|---|---|---|
| 31/12 | 18.20 | BANCA X C/C | capitalizzati interessi del periodo | 62,16 | |
| 31/12 | 60.01 | IMPOSTE DELL'ESERCIZIO | ritenuta fiscale 26% | 21,84 | |
| 31/12 | 40.02 | INTERESSI ATTIVI BANCARI | maturati interessi del periodo | | 84,00 |
| 31/12 | 05.01 | CREDITI V/CLIENTI | interessi di mora | 42,00 | |
| 31/12 | 40.01 | INTERESSI ATTIVI DA CLIENTI | interessi di mora | | 42,00 |
| 31/12 | 05.02 | FATTURE DA EMETTERE | merci da fatturare | 6.230,00 | |
| 31/12 | 20.01 | MERCI C/VENDITE | merci da fatturare | | 6.230,00 |
| 31/12 | 36.20 | SVALUTAZIONE CREDITI | stralcio cambiale insoluta | 1.840,00 | |
| 31/12 | 05.11 | CAMBIALI INSOLUTE | stralcio cambiale insoluta | | 1.840,00 |
| 31/12 | 60.01 | IMPOSTE DELL'ESERCIZIO | imposte di competenza | 7.420,00 | |
| 31/12 | 06.03 | IMPOSTE C/ACCONTO | imposte di competenza | | 7.420,00 |
| 31/12 | 36.20 | SVALUTAZIONE CREDITI | svalutazione generica | 2.420,10 | |
| 31/12 | 05.21 | FONDO SVALUT. CREDITI | svalutazione generica | | 2.420,10 |
| 31/12 | 09.02 | RISCONTI ATTIVI | sospesi fitti corrisposti | 200,00 | |
| 31/12 | 20.15 | FITTI ATTIVI | sospesi fitti corrisposti | | 200,00 |

## C. Analisi di caso aziendale

**Leggi il caso aziendale ed esegui quanto richiesto.**

### Martini, strategie di ampliamento

Pietro Martini è titolare di un'impresa che vende arredi e accessori per il bagno. L'imprenditore si avvale della collaborazione di due dipendenti e del commercialista Aldo Fiorani per la tenuta della contabilità e per tutti gli adempimenti giuridici e fiscali riguardanti l'attività aziendale.

Il positivo andamento della gestione negli ultimi esercizi ha convinto l'imprenditore ad attuare, nell'esercizio n – 1, un piano di ampliamento della propria attività. Per effettuare gli investimenti necessari l'imprenditore ha ottenuto dalla

*(segue)*

banca, in data 01/04/n –1, un mutuo decennale di 35.000 euro al tasso 3% i cui interessi semestrali sono da corrispondere in via posticipata. Le maggiori scorte hanno richiesto un nuovo magazzino che è stato preso in locazione in data 01/11/n –1 versando il canone annuo anticipato di 3.000 euro.
La professionalità e la disponibilità lavorativa del dipendente Claudio Rovesi è stata la motivazione che ha spinto l'imprenditore a concedergli, in data 01/10/n –1, un prestito di 5.000 euro che dovrà essere rimborsato dopo 180 giorni maggiorato degli interessi al tasso 4%.
I buoni rapporti commerciali con il cliente Sarpeni hanno spinto l'imprenditore a concedere al cliente, in data 10/12/n –1, una dilazione di pagamento al 31/01/n di una fattura di 9.760 euro riscuotendo gli interessi anticipati al tasso 4,50%.
All'inizio dell'esercizio n l'imprenditore Martini riceve dal commercialista la Situazione patrimoniale che riporta gli elementi delle attività e delle passività di seguito riportata:

**Situazione patrimoniale all'01/01/n**

| **Attività** | | | **Passività** | | |
|---|---|---|---|---|---|
| Fabbricati | 112.500, | 00 | Patrimonio netto | 230.000, | 00 |
| Impianti e macchinari | 70.000, | 00 | Fondo ammortamento fabbricati | 22.000, | 00 |
| Macchine d'ufficio | 25.600, | 00 | Fondo ammort. impianti e macchinari | 25.000, | 00 |
| Arredamento | 55.700, | 00 | Fondo ammort. macchine d'ufficio | 6.500, | 00 |
| Merci | 48.500, | 00 | Fondo ammortamento arredamento | 11.100, | 00 |
| Materie di consumo | 6.870, | 14 | Debiti per TFR | 31.500, | 00 |
| Crediti v/clienti | 123.575, | 00 | Fondo svalutazione crediti | 1.450, | 00 |
| Fatture da emettere | 14.640, | 00 | Fondo rischi su crediti | 890, | 00 |
| Cambiali insolute | 3.200, | 00 | Mutui passivi | 35.000, | 00 |
| Banche c/c attivi | 1.700, | 00 | Debiti v/fornitori | 92.512, | 50 |
| Denaro in cassa | 1.300, | 00 | Cambiali passive | 2.642, | 70 |
| Assegni | 2.460, | 00 | Debiti per ritenute da versare | 1.240, | 00 |
| Ratei attivi | ................, | ..... | Debiti v/Istituti previdenziali | 4.780, | 00 |
| Risconti attivi | ................, | ..... | Debiti per IVA | 1.860, | 00 |
| | | | Debiti per imposte | 1.820, | 00 |
| | | | Ratei passivi | ................, | ..... |
| | | | Risconti passivi | ................, | ..... |
| Totale | ................, | ..... | Totale | ................, | ..... |

1. *Completa il libro giornale.*

| | | | | | |
|---|---|---|---|---|---|
| 01/01 | 16.01 | RATEI PASSIVI | giro di rateo passivo | ................, ..... | |
| 01/01 | ........ | ............................................ | giro di rateo passivo | | ................, ..... |
| 01/01 | ........ | ............................................ | giro di risconto iniziale | ................, ..... | |
| 01/01 | 09.02 | RISCONTI ATTIVI | giro di risconto iniziale | | ................, ..... |
| 01/01 | ........ | ............................................ | giro di rateo attivo | ................, ..... | |
| 01/01 | 09.01 | RATEI ATTIVI | giro di rateo attivo | | ................, ..... |
| 01/01 | 16.02 | RISCONTI PASSIVI | giro di risconto iniziale | ................, ..... | |
| 01/01 | ........ | ............................................ | giro di risconto iniziale | | ................, ..... |

2. *Inserisci le parole mancanti.*

1. Le esistenze iniziali di merci e materie di consumo sono .................................................. dal precedente esercizio.
2. Nell'esercizio n, quando l'impresa emette la fattura differita sul cliente deve .................................... il conto ............................................................ e stornare il conto Fatture da emettere.
3. Il conto Debiti per IVA viene girato all'inizio dell'esercizio al conto ............................................................ che ha natura ..................................................
4. Il Conto Debiti v/Istituti previdenziali viene stornato all'inizio dell'esercizio al conto ............................ ............................ che ha natura ..................................................
5. Il valore contabile dei fabbricati è di .................... euro.
6. Il Fondo rischi su crediti accoglie la svalutazione .................................................. creata per fronteggiare il .................................................. di perdite.

PALESTRA PER L'ESAME DI STATO

# VERIFICA LE TUE COMPETENZE

*Svolgendo questa prova puoi **accertare** il livello delle **competenze** acquisite, articolate in **conoscenze** e **abilità**.*

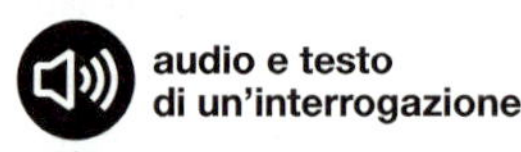

**COMPETENZE** Interpretare i sistemi aziendali nei loro modelli, processi e flussi informativi con riferimento alle differenti tipologie di imprese • gestire il sistema delle rilevazioni aziendali con l'ausilio di programmi di contabilità integrata • accedere alla normativa civilistica e fiscale.

**CONOSCENZE** Scritture di assestamento • epilogo e chiusura dei conti • norme del codice civile sul bilancio d'esercizio • scritture di riapertura dei conti.

**ABILITÀ** Analizzare e contabilizzare le operazioni di assestamento • redigere i prospetti dello Stato patrimoniale e del Conto economico in forma abbreviata.

## A. Analisi di testi e documenti

L'impresa Davide Galleni presenta al 31/12 la seguente situazione contabile finale redatta dopo le scritture di assestamento.

**Situazione economica dell'esercizio n**

| | | | | | |
|---|---|---|---|---|---|
| Merci c/acquisti | 480.000, | 00 | Merci c/vendite | 816.260, | 00 |
| Materie di consumo c/acquisti | 13.000, | 00 | Resi su acquisti | 9.000, | 00 |
| Merci c/esistenze iniziali | 38.000, | 00 | Rimborsi costi di vendita | 18.000, | 00 |
| Materie di consumo c/esistenze iniziali | 4.000, | 00 | Ribassi e abbuoni attivi | 13.600, | 00 |
| Costi di trasporto | 2.600, | 00 | Premi su acquisti | 11.800, | 00 |
| Costi per energia | 13.200, | 00 | Merci c/rimanenze finali | 50.000, | 00 |
| Pubblicità | 22.300, | 00 | Materie di consumo c/rimanenze finali | 6.000, | 00 |
| Consulenze | 12.000, | 00 | Interessi attivi da clienti | 3.800, | 00 |
| Costi postali | 3.200, | 00 | Interessi attivi bancari | 700, | 00 |
| Costi di incasso | 380, | 00 | | | |
| Costi telefonici | 35.000, | 00 | | | |
| Fitti passivi | 20.880, | 00 | | | |
| Ribassi e abbuoni passivi | 9.100, | 00 | | | |
| Premi su vendite | 3.500, | 00 | | | |
| Minusvalenze ordinarie | 4.200, | 00 | | | |
| Salari e stipendi | 142.000, | 00 | | | |
| Oneri sociali | 44.800, | 00 | | | |
| TFR | 11.520, | 00 | | | |
| Amm.to attrezzature commerciali | 16.080, | 00 | | | |
| Ammortamento macchine di ufficio | 2.000, | 00 | | | |
| Ammortamento automezzi | 20.000, | 00 | | | |
| Svalutazione crediti | 1.200, | 00 | | | |
| Interessi passivi a fornitori | 1.100, | 00 | | | |
| Interessi passivi bancari | 3.500, | 00 | | | |
| Interessi passivi su mutui | 4.800, | 00 | | | |
| Sopravvenienze passive straordinarie | 1.200, | 00 | | | |
| Imposte dell'esercizio | 4.800, | 00 | | | |
| Totale componenti negativi | 914.360, | 00 | | | |
| Risultato economico positivo | 14.800, | 00 | | | |
| Totale a pareggio | 929.160, | 00 | Totale componenti positivi | 929.160, | 00 |

**Situazione patrimoniale al 31/12/n**

| | | | |
|---|---|---|---|
| Attrezzature commerciali | 80.400, 00 | F.do amm.to attrezzature commerciali | 33.600, 00 |
| Macchine d'ufficio | 20.000, 00 | F.do amm.to macchine d'ufficio | 4.000, 00 |
| Automezzi | 100.000, 00 | Fondo ammortamento automezzi | 40.000, 00 |
| Merci | 50.000, 00 | Fondo rischi su crediti | 9.300, 00 |
| Materie di consumo | 6.000, 00 | Debiti per TFR | 26.216, 00 |
| Crediti v/clienti | 258.800, 00 | Mutui passivi | 80.000, 00 |
| Cambiali attive | 2.520, 00 | Debiti v/fornitori | 132.660, 00 |
| Crediti commerciali diversi | 10.889, 00 | Debiti per ritenute da versare | 424, 00 |
| Fatture da emettere | 20.691, 00 | Debiti per IVA | 5.200, 00 |
| Banche c/c attivi | 15.600, 00 | Debiti v/Istituti previdenziali | 3.800, 00 |
| Denaro in cassa | 3.500, 00 | Debiti per imposte | 1.600, 00 |
| Assegni | 4.100, 00 | Banche c/interessi maturati | 3.500, 00 |
| Valori bollati | 660, 00 | Banche c/c passivi | 18.500, 00 |
| Risconti attivi | 1.500, 00 | Ratei passivi | 1.200, 00 |
| Totale attività | 574.660, 00 | Totale passività | 360.000, 00 |
| Titolare c/ritenute subite | 140, 00 | Patrimonio netto | 200.000, 00 |
| | | Risultato economico positivo | 14.800, 00 |
| Totale attività | 574.800, 00 | Totale | 574.800, 00 |

1. *Indica la risposta esatta utilizzando le informazioni contenute nella situazione contabile finale.*

1. Il valore contabile delle attrezzature commerciali è:
   - a *114.000 euro*
   - b *33.600 euro*
   - c *46.800 euro*
   - d *80.400 euro*

2. L'ammortamento delle macchine d'ufficio è stato calcolato applicando il coefficiente:
   - a *10%*
   - b *20%*
   - c *18%*
   - d *15%*

3. Il valore da ammortizzare degli automezzi è:
   - a *il costo di acquisto*
   - b *il valore di mercato*
   - c *la differenza tra il costo di acquisto e il valore di mercato*
   - d *il valore contabile*

4. Il conto Fatture da emettere:
   - a *comprende sempre l'IVA*
   - b *comprende l'IVA se la fattura è emessa nel mese di consegna o spedizione della merce*
   - c *non comprende mai l'IVA*
   - d *comprende l'IVA se la fattura è emessa nel mese successivo alla consegna o spedizione della merce*

5. I risconti attivi si riferiscono al canone di locazione annuo di 6.000 euro pagato in data:
   - a *01/10*
   - b *01/09*
   - c *01/06*
   - d *01/04*

6. Il Fondo rischi su crediti:
   - a *serve a fronteggiare il rischio generico di perdite su crediti*
   - b *serve a fronteggiare il rischio specifico di perdite su crediti*
   - c *ha un importo pari a una percentuale del valore nominale di tutti i crediti*
   - d *ha un importo pari a una percentuale del presunto valore di realizzo dei crediti*

7. Gli interessi annui sul mutuo passivo sono stati calcolati al tasso:
   - a *6,20%*
   - b *6%*
   - c *5,75%*
   - d *5%*

**8.** Le minusvalenze ordinarie sono originate dalla vendita di:

**a** *materie di consumo a un prezzo minore del costo di acquisto*
**b** *beni strumentali a un prezzo maggiore del valore contabile*
**c** *beni strumentali a un prezzo minore del valore contabile*
**d** *merci a un prezzo maggiore del costo di acquisto*

**9.** Le sopravvenienze passive straordinarie possono derivare da:

**a** *cessione di un fabbricato civile*
**b** *danni subiti per furti*
**c** *remissione di debiti*
**d** *recupero di crediti sorti nell'esercizio e già stralciati*

## B. Simulazione aziendale

Esegui quanto richiesto sulla base della situazione contabile dell'impresa di Davide Galleni.

**1.** *Iscrivi nello Stato patrimoniale e nel Conto economico gli importi delle seguenti voci di bilancio.*

| Voci di bilancio | Valori iscritti nello Stato patrimoniale | Valori iscritti nel Conto economico |
|---|---|---|
| Immobilizzazioni materiali | | |
| Rimanenze | | |
| Crediti (inclusi ratei e risconti) | | |
| Ricavi delle vendite e delle prestazioni | | |
| Costi per le merci e materie di consumo | | |
| Variazione delle rimanenze merci e materie di consumo | | |

**2.** *Completa le seguenti frasi, collegate alla riapertura dei conti da parte dell'impresa Galleni.*

**1.** I conti finanziari aperti all'01/01 e immediatamente chiusi sono ..........

**2.** Il conto Merci, dopo la riapertura, viene girato al conto .......... in quanto ..........

**3.** Il conto Risconti attivi, dopo la riapertura, viene girato al conto .......... perché ..........

**4.** Il conto Banche c/interessi maturati viene stornato al conto .......... in data .......... se il cliente ha autorizzato l'addebito.

**3.** *Indica se le seguenti affermazioni sono vere o false; in quest'ultimo caso suggerisci sul quaderno la formulazione corretta.*

**1.** Il bilancio d'esercizio deriva dalla Situazione patrimoniale e dalla Situazione economica finali. V F

**2.** La forma dello Stato patrimoniale civilistico è a sezioni divise. V F

**3.** La forma del Conto economico civilistico è scalare. V F

**4.** Secondo il principio della prudenza tutte le perdite e gli utili devono essere imputati al Conto economico. V F

**5.** La ripartizione del costo di un bene strumentale in otto esercizi anziché in sei determina una variazione positiva del reddito d'esercizio.  V F

**6.** Nelle imprese individuali il bilancio svolge una funzione informativa interna. V F

**7.** Nello Stato patrimoniale i crediti sono esposti al netto del Fondo svalutazione crediti e del Fondo rischi su crediti. V F

**8.** Nel Conto economico i ricavi di vendita sono iscritti al netto di resi, ribassi e abbuoni.  V F

VERIFICA LE TUE COMPETENZE

# ESERCIZI DA SVOLGERE

## Note preliminari allo svolgimento degli esercizi

Nello svolgimento degli esercizi lo studente tenga conto di quanto sotto indicato.

**A.** L'**aliquota IVA**, quando non è specificata, è quella ordinaria.

**B.** Il **calcolo degli interessi**, quando il tempo è espresso in giorni, salvo nei casi indicati al punto C, si effettua in base al *procedimento dell'anno civile*. Il procedimento dell'anno commerciale, applicato in passato per la maggior facilità di calcolo quando lo stesso era manuale, con la diffusione degli elaboratori e delle calcolatrici elettroniche ha perso in gran parte la sua ragione d'essere. Le banche applicano il procedimento dell'anno civile sia nelle operazioni di raccolta sia nelle operazioni di impiego.

**C.** Il procedimento dell'**anno commerciale**, con i mesi di 30 giorni, si utilizza nei calcoli relativi:
- ai fitti, dato che i canoni di locazione sono stabiliti per mese e non cambiano se il mese ha 28, 29, 30 o 31 giorni;
- agli interessi su mutui, dato che generalmente sono riferiti a un semestre e non cambiano in funzione del numero di giorni compresi nei semestri considerati.

**D.** Le **fatture di vendita** entrano a far parte della liquidazione IVA del mese in cui le merci sono state consegnate o spedite. Le **fatture di acquisto** si considerano registrate nel mese in cui si ricevono.

**E.** Le **fatture da ricevere** vengono distinte in:
- fatture da ricevere riguardanti *materie e merci*; se non diversamente specificato si intendono ricevute e registrate entro il giorno 16 del mese di gennaio (l'IVA rientra nella liquidazione del mese di dicembre);
- fatture da ricevere riguardanti i *servizi*; se il servizio è fatturato in dicembre e il documento è registrato entro il 16 gennaio, l'IVA rientra nella liquidazione di dicembre; se le fatture inerenti ai servizi sono emesse e ricevute nel mese di gennaio, l'IVA rientra nella liquidazione del mese di gennaio.

**F.** Se non diversamente specificato, la ritenuta fiscale 26% sugli interessi attivi bancari e postali è sempre riferita all'IRPEF (Imposta sul Reddito delle Persone Fisiche) e non all'IRI (Imposta sul Reddito d'Impresa).

**G.** Gli importi monetari sono indicati in **euro** e quindi presentano **due decimali** (*eurocent*). Quando l'esecuzione dei calcoli conduce a risultati con un numero di decimali superiore a due si deve eseguire l'**arrotondamento** del secondo decimale e tralasciare i successivi. L'arrotondamento si effettua *per eccesso* se il terzo decimale è uguale o maggiore di 5 e *per difetto* se il terzo decimale è uguale o inferiore a 4. Esempi:
- euro (318 300,12 : 12 000) = euro 26,52501 che si arrotonda a 26,53 euro;
- euro (4 246,24 × 0,02) = euro 84,9248 che si arrotonda a 84,92 euro.

**H.** Gli esercizi sono stati **raggruppati per argomento** e **graduati per difficoltà** mediante l'utilizzo di contrassegni grafici (✔).
In particolare:
- ✔ sono esercizi che non presentano particolari difficoltà;
- ✔✔ sono esercizi che richiedono conoscenze e competenze di livello medio;
- ✔✔✔ sono esercizi impegnativi che richiedono una buona conoscenza degli argomenti, competenze e capacità specifiche (collegamento, analisi dei problemi, deduzione logica).

# L'organizzazione e la gestione dell'impresa

## Lezione 1 Le imprese e i cambiamenti geopolitici mondiali

### 1 Caratteri distintivi dell'azienda

Esamina la seguente situazione operativa e individua i caratteri fondamentali che identificano l'azienda.

Filippo Lippi e Fabio Sbacchi decidono di dare vita a una nuova attività aprendo un negozio per la vendita di videogiochi. L'attività si svolge in un locale di proprietà di Lippi, mentre le attrezzature e i mobili (gli scaffali, la scrivania, il registratore di cassa ecc.) sono apportati da Sbacchi. Entrambi i soci lavorano nel negozio.
I videogiochi vengono acquistati sostenendo costi unitari di 20 euro e vengono rivenduti ai clienti a un prezzo di 45 euro, ritenuto idoneo a garantire un adeguato margine di utile.

1. I **beni** sono: ....................
2. Le **persone** sono: ....................
3. Le **operazioni** compiute sono: ....................
4. Il **fine** è: ....................
5. **Tipologia** di azienda: ....................

### 2  CASO AZIENDALE Azienda e impresa

OSTERIA FRANCESCANA

Analizza i casi aziendali ed esegui quanto richiesto.

Massimo Bottura è un famoso chef stellato di Modena dove gestisce l'Osteria Francescana, al secondo posto nella lista dei *World's 50 Best Restaurants 2017*. Il ristorante propone cibi preparati con materie prime di altissima qualità in un ambiente arredato in modo sobrio e raffinato, fornendo ai suoi clienti pietanze eccellenti e un servizio esclusivo, con piatti di porcellana e tovaglie impeccabili, grazie anche alla collaborazione di aiuto-cuochi e camerieri di esperienza. La lista di attesa per un pranzo all'Osteria Francescana è di alcuni mesi e il prezzo di una cena è decisamente elevato.
Massimo Bottura, oltre a essere un imprenditore vincente, è attento alle esigenze della società civile, tanto che ha costituito l'organizzazione no profit *Food for Soul* che mira ad accrescere la consapevolezza sociale su temi come lo spreco alimentare e la fame. L'organizzazione raccoglie fondi per ristrutturare spazi abbandonati in aree periferiche e marginalizzate per trasformarle in mense per i bisognosi. Dopo il primo Refettorio, costruito in collaborazione con la Caritas per Expo 2015, altre mense sono state aperte (a Rio de Janeiro e Londra) e altre ne apriranno, sempre con il nome di Refettorio: qui gli ospiti vengono serviti direttamente al tavolo da volontari e chef in un ambiente familiare. Il materiale da tavola usa e getta, tipico delle mense, viene sostituito da piatti e stoviglie di ceramica.

1. Spiega perché Osteria Francescana e Refettorio possono essere considerate delle aziende.
2. Individua l'elemento di differenza tra le due realtà.
3. Illustra il significato del termine *utile*.
4. Elenca gli elementi che accomunano le due aziende

### 3 Geopolitica e scambi commerciali internazionali

Leggi la notizia ed esegui quanto richiesto.

Nel dicembre 2014 USA e Cuba hanno riallacciato i rapporti diplomatici che si erano interrotti nel 1960.

Raccogliendo il materiale sul web prepara una breve relazione da cui emergano:

- i motivi che possono aver portato a questa svolta;
- i possibili sviluppi per l'economia cubana;
- la tua opinione sulla possibilità che Cuba risulti un mercato attraente per le imprese internazionali, in particolare quelle italiane.

## 4 Geopolitica e imprese

Leggi il testo tratto da *Le nuove vie della seta*, A.A. Amighini, tratto da http://emplus.egeaonline.it, e accerta le tue competenze.

Il governo cinese si è fortemente impegnato a sviluppare una rete di vie terrestri e commerciali per migliorare i collegamenti con l'Europa. Tra la Cina e l'Europa viaggiano ogni giorno centinaia di tonnellate di merci: oltre il 90 per cento via mare, partendo dai principali porti cinesi di Shanghai, Shenzhen e Canton, passando per il Mar Cinese Meridionale e il Canale di Suez per approdare al Pireo. Le rotte che collegano attualmente due tra i maggiori esportatori del mondo, e principali partner commerciali uno per l'altro, sono però le più lunghe e inefficienti del mondo.

Le «nuove vie della seta» si prefiggono infatti di tessere una rete che meglio colleghi l'Asia all'Europa, non soltanto per facilitare i commerci cinesi verso ovest, ma anche per rendere più sicure le rotte marittime attraverso le quali avviene l'approvvigionamento cinese di risorse energetiche (gas e petrolio) dall'Asia Centrale e dal Medio Oriente. Questo passa attualmente attraverso lo stretto di Malacca (rispettivamente per il 30 e l'82 per cento del totale), una delle vie marittime più frequentate del mondo nelle rotte tra il Pacifico e l'Atlantico. Poiché dallo stretto di Malacca, sotto controllo navale statunitense dall'isola di Diego Garcia, dipende la sicurezza energetica (e non solo) di tutta l'Asia Orientale, Giappone e Corea inclusi, è particolarmente allettante per la Cina l'idea di trovare rotte alternative. Ed è proprio questa una delle motivazioni geo-strategiche principali dell'iniziativa *One Belt One Road* (OBOR): dirottare i corridoi di approvvigionamento lontano da Malacca, riducendo al contempo la distanza percorsa, passando per esempio dal Pakistan, che non a caso ospita uno dei primi grandi progetti infrastrutturali finanziati nell'ambito dell'iniziativa, il porto di Gwadar. Ma non è tutto qui. L'Asia Centrale, attraverso la quale dovranno passare le nuove vie della seta, è l'area del mondo con le più promettenti prospettive di sviluppo e crescita nei prossimi due decenni, già ora dipendente per i suoi consumi dalla Cina, nei confronti della quale registra un disavanzo commerciale in crescita. Ricca di risorse naturali, ma con poca capacità produttiva manifatturiera, l'area si appresta a essere lo sbocco della sovrapproduzione cinese in settori come il cemento e l'acciaio. E con le strade ferrate e le costruzioni, la Cina intende aumentare l'influenza e l'integrazione in un'area che già gravita nella sfera di influenza della Russia, con la quale è in vigore un accordo di libero scambio, le cui potenzialità sono però limitate dal fatto che le strutture produttive dei Paesi membri sono molto simili tra di loro.

1. Definisci i seguenti termini:
   - **a.** geopolitica;
   - **b.** area di libero scambio;
   - **c.** risorse naturali;
   - **d.** approvvigionamento;
   - **e.** capacità produttiva manifatturiera.
2. Dopo aver ricercato sul web la zona geografica a cui il brano fa riferimento, rispondi alle domande:
   - **a.** Quale percorso segue la quasi totalità della merce in viaggio dalla Cina all'Europa?
   - **b.** Qual è la caratteristica di questo percorso?
   - **c.** Perché il governo cinese è impegnato a realizzare le «nuove vie della seta»?
   - **d.** Quale pericolo rappresenta per la Cina lo stretto di Malacca?
3. Sintetizza i vantaggi geo-strategici e commerciali che deriverebbero per la Cina dalla realizzazione dell'iniziativa *One Belt One Road* (OBOR).
4. Individua i vantaggi che deriverebbero per la Cina nei confronti della Russia.
5. Rifletti sulle informazioni tratte e indica se a tuo parere il commercio europeo trarrebbe beneficio dalla realizzazione di rotte commerciali alternative.

## 5 Stakeholder

La Martinelli & Girotti snc, appartenente per il 50% al Giorgio Martinelli e per il 50% al socio Mario Girotti, produce persiane e infissi in legno che vende alle imprese edili presenti nel territorio locale. L'impresa vanta un organico di 20 dipendenti che mensilmente ricevono la retribuzione per il lavoro prestato.

Per l'acquisto del legno, della colla, dei chiodi e degli altri materiali necessari per la fabbricazione degli infissi, l'impresa si rivolge a diversi fornitori locali ai quali garantisce puntualità nei pagamenti concordati e assicura un fatturato annuo di circa 968.000 euro.

ESERCIZI della lezione 1

Per acquistare un nuovo macchinario la Martinelli & Girotti snc ha ottenuto un finanziamento dalla Banca Nazionale del Lavoro di 100.000 euro.

Rispondi alle domande.

1. Chi è il soggetto economico di fatto e chi è invece il soggetto economico di diritto?
2. In relazione al processo produttivo svolto, a quale tipologia aziendale appartiene la Martinelli & Girotti snc?
3. Quali sono i soggetti interni e quali sono i soggetti esterni all'impresa?
4. Quali sono gli interessi dei soggetti interni e quali quelli dei soggetti esterni nei confronti della Martinelli & Girotti snc?

## Distretti e mercati esteri

Leggi le informazioni tratte da *Monitor dei distretti*, Intesa Sanpaolo 2017, e accerta le tue competenze.

I 147 distretti italiani confermano la loro centralità nel tessuto produttivo nazionale: da soli valgono l'80% dell'avanzo commerciale di tutta l'industria manifatturiera italiana. Nel primo trimestre 2017 le esportazioni hanno ripreso a correre, con un aumento del 6,4% sullo stesso periodo dello scorso anno. La ripresa, come evidenzia l'ultimo grafico, è diffusa sia nei tradizionali mercati di sbocco sia verso i nuovi mercati: Russia e Cina sono tornate a essere trainanti.

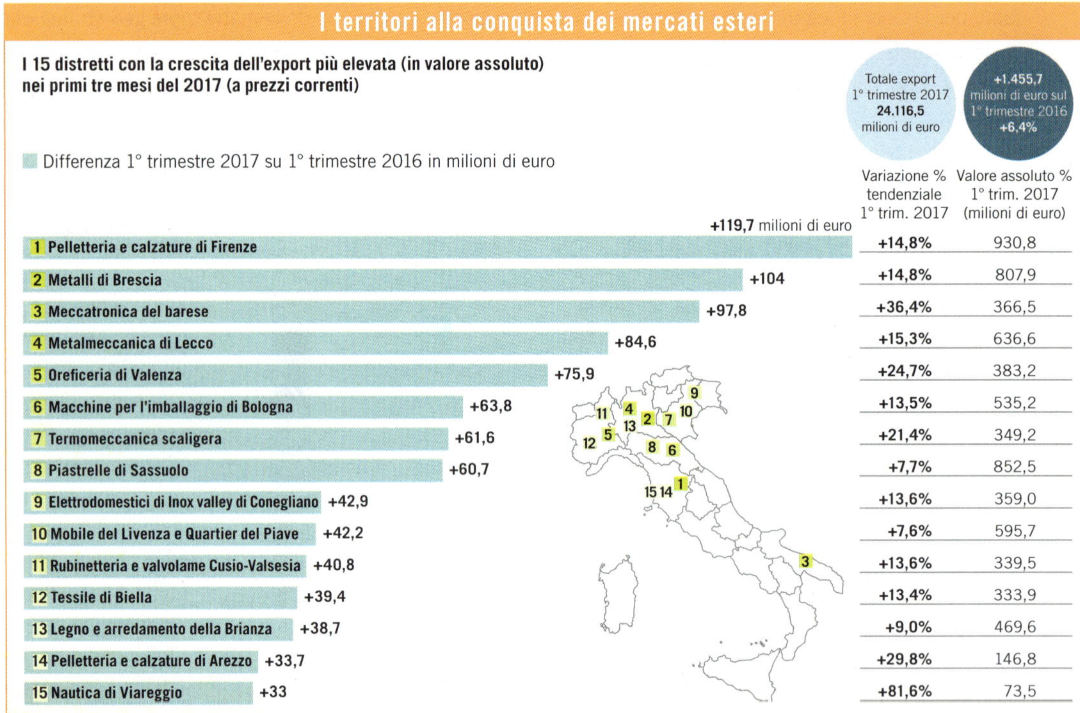


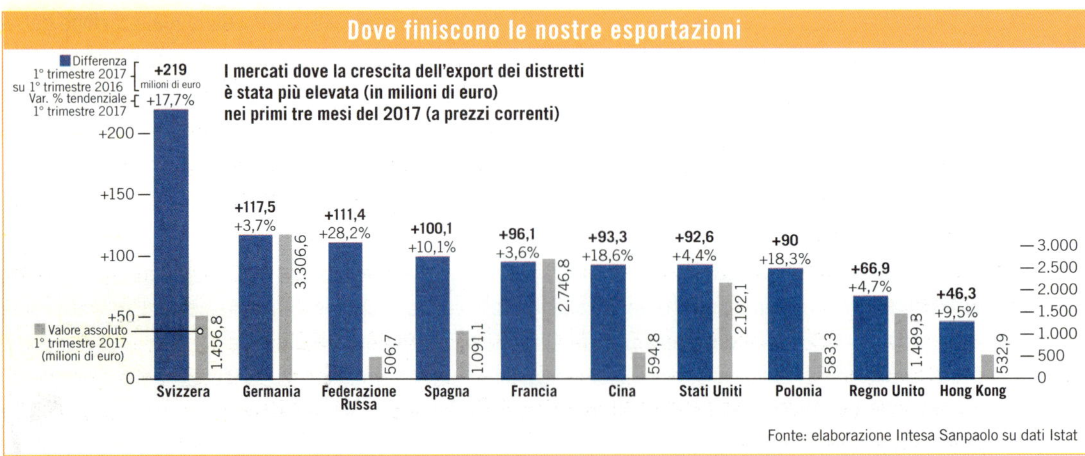

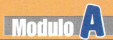

1. Analizza il grafico che rappresenta i primi 15 distretti con la crescita di export più elevata e la distribuzione geografica di questi distretti e presenta una relazione da cui emergano:
   **a.** una breve presentazione delle caratteristiche generali dei distretti industriali italiani;
   **b.** le tue considerazioni sulle informazioni tratte dall'analisi del grafico e della carta geografica.
2. Analizza il grafico che mostra i Paesi di destinazione delle esportazioni italiane e rispondi alle domande:
   **a.** Che cosa indicano rispettivamente i valori indicati con l'istogramma blu e con l'istogramma grigio?
   **b.** La Svizzera rappresenta il Paese in cui l'Italia esporta di più?
   **c.** Qual è il primo Paese destinatario delle esportazioni italiane?
   **d.** In termini percentuali quale Paese ha avuto l'incremento maggiore?
3. Raccogliendo le informazioni sul web, descrivi un distretto del Sud Italia che negli ultimi anni ha ottenuto dei buoni risultati di crescita delle esportazioni, evidenziando le caratteristiche delle imprese che ne fanno parte.

## 7 Export nella meccanica strumentale

Leggi il testo tratto da *L'altro Made in Italy*, www.sace.it, ed esegui quanto richiesto.

Il commercio internazionale di meccanica strumentale vale 1.600 miliardi di euro: di questi, 80 miliardi sono macchinari italiani, il 5% di tutti i macchinari – un peso ben superiore a quello della nostra economia, che vale l'1,5-2% del Pil globale. Considerato il contenuto tecnologico di questi beni, i protagonisti sono soprattutto i Paesi avanzati – come Germania, USA, Giappone e Italia – a eccezione della Cina, che ha saputo attrarre investimenti per diventare piattaforma e punto di assemblaggio mondiale, riducendo il divario rispetto ai *leader*.

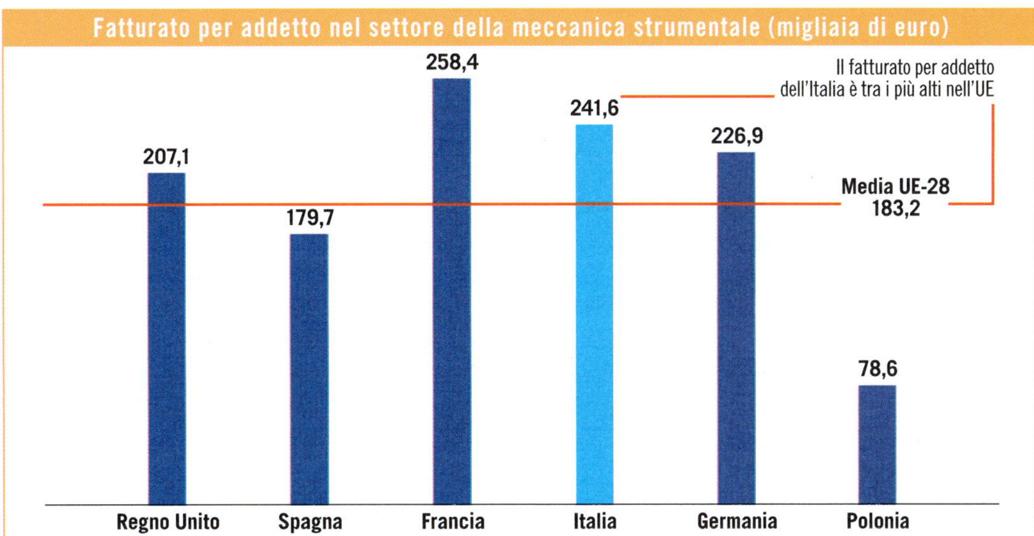


I tratti distintivi delle imprese della meccanica strumentale sono l'elevata propensione all'export – che raggiunge più di tre quarti del fatturato – e la marcata concentrazione produttiva nel Nord Italia.
Come gran parte dell'economia italiana, anche questo settore soffre della "malattia nazionale" rappresentata dalla ridotta dimensione aziendale. Questo non impedisce ai nostri operatori di raggiungere buoni risultati sotto il profilo della produttività: con 242 mila euro a testa, il **fatturato per addetto** è tra i più alti d'Europa.
Per mantenere uno sviluppo profittevole e sostenibile nel tempo le aziende del settore dovranno indirizzare gli sforzi lungo tre direttici:

- crescita dimensionale (*bigger*); sui mercati internazionali la dimensione fa la differenza;
- internazionalizzazione spinta (*wider*), ampliando e diversificando le geografie di destinazione;
- innovazione (*smarter*), investendo nell'Industria 4.0, dall'ingegnerizzazione alla distribuzione dei prodotti.

**Fatturato per addetto:** rapporto fra totale dei ricavi di vendita e numero di lavoratori. Più è alto più significa che i lavoratori sono efficienti, cioè hanno una elevata produttività.

1. Rispondi alle domande:
   a. Quale peso assume l'export italiano della meccanica strumentale nel mondo?
   b. Che caratteristica presentano di solito i Paesi con maggiori quote di export nel settore?
   c. Quali sono i tratti distintivi delle imprese italiane della meccanica strumentale?
   d. Quale elemento viene definito come "malattia nazionale" dei diversi settori produttivi?
   e. Quali sono le principali linee verso cui devono essere indirizzati gli sforzi delle imprese italiane del settore?
   f. Che cosa rappresentano la crescita dimensionale, l'innovazione e l'internazionalizzazione?
2. Lavoro di gruppo. Con due o tre compagni di classe analizza e commenta il grafico e l'affermazione secondo cui le ridotte dimensioni non impediscono alle imprese italiane di avere uno dei fatturati per addetto tra i più alti d'Europa, provando a individuare le cause di questo risultato. Per aiutarti nella ricerca, rifletti sul fenomeno del *reshoring* che sta interessando alcune imprese internazionali.

### 8 Settori del *Made in Italy*

Leggi il brano che segue, tratto da http://www.italian-way.eu, e accerta le tue competenze.

Nell'immaginario collettivo si tende ad associare al concetto di *Made in Italy* i settori Moda, Design e Food; questi settori, alfieri dell'italianità nel mondo grazie anche al loro forte impatto emotivo, in realtà sono affiancati, e superati per i valori di export, dal quarto pilastro del saper fare italiano: la **meccanica strumentale** (macro settore che unisce i comparti macchinari, impianti, macchine utensili e mezzi di trasporto).

1. Quali sono i quattro settori del *Made in Italy* distinti in base alle cosiddette 4 A?
2. Ti sembra che la meccanica strumentale, indicata come pilastro del *Made in Italy*, possa essere ricompresa in uno dei settori indicati con le 4 A?
3. Che cosa significa che i settori Moda, *Design* e *Food* hanno un forte impatto emotivo sul mercato?
4. Ricerca su internet quali sono le imprese del tuo territorio che operano nel comparto della meccanica strumentale e indica quali sono i loro prodotti.

### 9 Impresa e consumatori nel mondo

Leggi il caso e rispondi alle domande.

MTV è un canale televisivo statunitense nato a New York nel 1981 e attualmente presente in numerosi Paesi al mondo, come l'Italia, la Francia, l'India e il Giappone. MTV trasmette principalmente video musicali introdotti da ragazzi che hanno preso il nome di VJ, oltre a *reality show* e serie televisive indirizzate soprattutto ai giovani. Il *format* rimane uguale a livello internazionale, anche se la musica e i *reality* proposti tengono conto dei gusti specifici dei giovani nei diversi Paesi. Il successo internazionale di MTV è dovuto proprio al fatto che i giovani di tutto il mondo, grazie all'uso del web, condividono interessi musicali e di intrattenimento.

1. A quale settore appartiene MTV?
2. Per quale motivo si può affermare che MTV abbia avuto successo grazie alla globalizzazione economica?
3. Perché MTV è un concorrente globale?
4. I gusti dei giovani spettatori di MTV sono del tutto simili?

### 10 Aree di libero scambio

Leggi le informazioni sugli accordi di libero scambio ed esegui quanto richiesto.

ASEAN è tra le aree di libero scambio più interessanti e dinamiche del mondo ed è composta da numerosi Stati del Sud-Est asiatico, tra cui Indonesia, Malesia, Filippine, Singapore e Tailandia. Questa area economica attira l'interesse delle principali potenze commerciali (come Stati Uniti e Cina) che cercano di contrattare condizioni privilegiate, a partire dalla riduzione o dall'annullamento delle barriere doganali, come i dazi. I Paesi membri di questa area rappresentano per l'Unione europea il terzo principale mercato di sbocco dopo gli Stati Uniti e la Cina: per questo Bruxelles si sta attivando per stipulare accordi di libero scambio con Singapore e con altri Paesi ASEAN. Ciò permetterebbe un aumento degli scambi commerciali delle imprese europee, proteggendole dalla perdita di competitività sui mercati asiatici determinata dagli accordi conclusi da altri Paesi concorrenti sul mercato globale. Inoltre, per esempio, gli accordi dovrebbero prevedere che Singapore riduca altri ostacoli alle esportazioni UE, perché verrebbero riconosciuti gli standard qualitativi e i test effettuati in Europa su molti prodotti per garantirne la sicurezza e la qualità, senza che ne venga richiesta la ripetizione sul mercato di destinazione.

1. Quali sono le caratteristiche di un'area di libero scambio?
2. Si può realizzare un accordo di libero scambio tra Unione europea e ASEAN anche se le due aree non sono territorialmente vicine?
3. Fai una ricerca su internet e individua quali sono i prodotti maggiormente oggetto di scambio tra l'Italia e i Paesi ASEAN.

11 **Analisi Paese**

Leggi il testo tratto da www.infomercatiesteri.it ed esegui quanto richiesto.

Il Messico è uno dei 5 Paesi emergenti a più alta crescita e potenzialità; è la quattordicesima economia del mondo e la seconda dell'America Latina. Il Messico ha stipulato accordi di libero commercio con più di 40 Paesi.

Le relazioni economico-commerciali tra imprese italiane e messicane sono solide ed in forte crescita. Il sistema produttivo messicano è un grande acquirente di tecnologie *Made in Italy* anche se, secondo i dati ISTAT, nel 2013 l'interscambio bilaterale ha registrato una flessione nelle due direzioni, le imprese italiane hanno esportato in Messico beni e servizi per circa 3,2 miliardi di euro (–12,2%) e hanno importato merci per 911 milioni di euro (–12,1%).

Tradizionalmente, circa 2/3 delle importazioni dall'Italia sono costituite da macchinari e da beni industriali intermedi. Recentemente, i beni di consumo, i prodotti alimentari e le bevande hanno registrato dinamiche di crescita maggiori dei beni strumentali.

La sostenuta crescita economica e l'ascesa della classe media messicana hanno determinato interessanti opportunità per le imprese italiane dei settori tradizionali dell'arredamento, abbigliamento, calzature, gioielleria, bevande; inoltre l'alta percentuale di giovani fa prevedere una crescita costante dell'economia nei prossimi vent'anni.

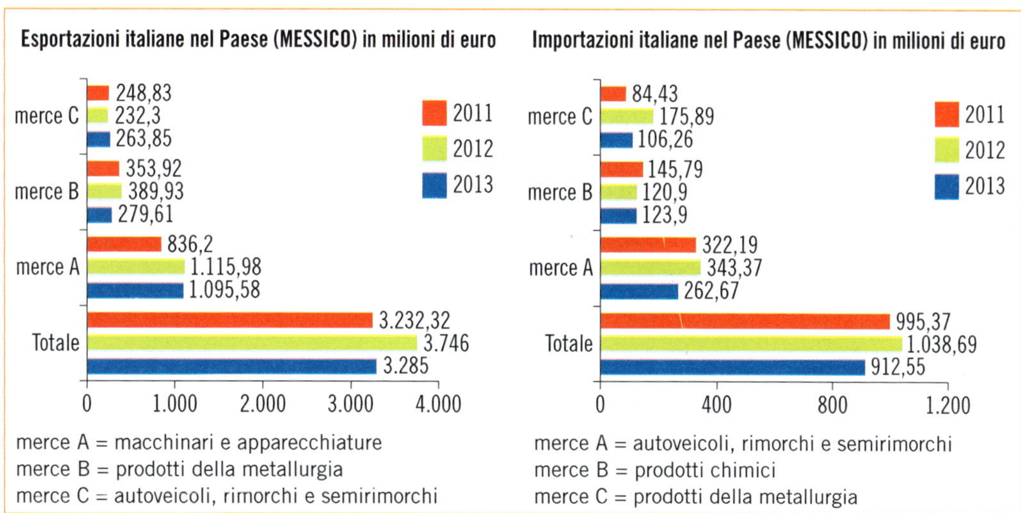


1. Indica per quali motivi il Messico è un concorrente globale.
2. Indica perché, a tuo avviso, i messicani possono essere considerati consumatori globali.
3. Descrivi l'importanza che può avere il fatto che il Messico abbia stipulato un elevato numero di accordi di libero scambio.
4. Indica perché i prodotti *Made in Italy* possono risultare vincenti sui mercati internazionali.
5. Osservando i grafici individua il prodotto più esportato dall'Italia in Messico, quello più importato in Italia e l'anno di maggiore sviluppo degli scambi.
6. Esponi il motivo per cui l'alta percentuale di giovani può far crescere l'economia messicana.

# Lezione 2 Le scelte imprenditoriali

## Significato dei termini

Associa gli elementi della prima colonna con quelli della seconda colonna.

| | | | |
|---|---|---|---|
| **a.** Economie di scala | **1.** Costo del lavoro | a | |
| **b.** Produzione all'estero | **2.** Produzione in grandi quantitativi | b | |
| **c.** Mercato | **3.** Diversa distribuzione sul territorio | c | |
| **d.** Concorrenza | **4.** Differenze culturali | d | |
| **e.** Decentramento produttivo | **5.** Crescita ridotta del mercato interno | e | |
| **f.** Risorse naturali | **6.** Delocalizzazione | f | |
| **g.** Risorse umane | **7.** Diverse strategie competitive | g | |
| **h.** Conoscenza | **8.** Segmento transnazionale | h | |
| **i.** Persone | **9.** *Outsourcing* | i | |
| **l.** Motivo di internazionalizzazione | **10.** *Learning markets* | l | |

## Scelte imprenditoriali

Leggi il caso ed esegui quanto richiesto sul quaderno.

Giulia è una giovane diplomata che ha deciso di avviare un'attività imprenditoriale trasformando in un *bed & breakfast* una piccola casa sul mare con il giardino in Liguria di proprietà della famiglia. Giulia ritiene di poter ospitare fino a una decina di persone per volta, attrezzando quattro camere da letto. Pensa che sia importante attrarre anche i turisti stranieri, in particolare nord-europei, che occuperebbero le camere anche nei periodi di maggio e settembre-ottobre, periodi meno richiesti dai turisti italiani.

Descrivi la scelta di Giulia individuandone alcune caratteristiche:

- tipo di beni/servizi da offrire per essere competitiva: ..............................
- fascia di clientela da soddisfare: ..............................
- localizzazione: ..............................
- forma giuridica: ..............................
- attività di comunicazione e promozione del *bed & breakfast*: ..............................
- fattori produttivi necessari distinti per:
  - risorse umane ..............................
  - beni durevoli ..............................
  - beni non durevoli ..............................

## Caso aziendale

Leggi il caso e rispondi alle domande.

La Leviab spa di Ravenna è un'impresa che produce porta abiti (in un primo momento solo grucce in legno per le giacche da uomo) ed è cresciuta a partire dagli anni 1960, diventando fornitrice per una importante azienda di abbigliamento maschile. In seguito l'impresa ha rifornito altri clienti nazionali di grandi dimensioni, sviluppandosi rapidamente. Dai primi porta abiti tradizionali in legno ha ampliato la gamma offrendo prodotti sempre più sofisticati e personalizzati, divenendo famosa per il design e la qualità dei suoi prodotti. Negli anni 1970 è iniziato lo sviluppo internazionale, in un primo momento delocalizzando con l'affidamento a un fornitore inglese di una parte della produzione. In seguito la Leviab spa ha aperto prima uno stabilimento in Francia, poi altri siti produttivi in Spagna, Canada e Olanda. Dagli anni 1990 gli stabilimenti e le collaborazioni sono stati trasferiti in Turchia e in alcuni Paesi dell'Asia sud-orientale. Il processo produttivo nel tempo si perfeziona e prevede una prima fase di progettazione altamente tecnologica realizzata presso la sede centrale in Italia, con utilizzo di macchinari computerizzati e l'adozione di software molto innovativi.

I mercati di sbocco sono le imprese di abbigliamento e della grande distribuzione situati in numerosi Paesi. In particolare, le grandi imprese della moda sono molto esigenti e richiedono una forte personalizzazione dei prodotti che la Leviab spa riesce a offrire realizzando porta abiti personalizzati ricoperti di tessuti, o con stampe particolari, oltre che con la riproduzione del marchio del cliente.

1. Quali possono essere state le ragioni della delocalizzazione di una parte del processo produttivo?
2. Quali caratteristiche dei prodotti offerti hanno permesso alla Leviab spa di espandersi rapidamente?
3. Perché la progettazione del prodotto è stata conservata presso la sede italiana?
4. Chi sono i clienti della Leviab spa?
5. Perché il prodotto da offrire ai clienti ha bisogno di adattamenti?

## 15 Mercati di approvvigionamento delle risorse naturali

Alcune materie prime strategiche per le principali attività produttive sono disponibili in natura solo in misura limitata in alcune parti del mondo. Tra queste, sono importanti alcuni elementi estratti da minerali, chiamati "terre rare", in inglese *rare earth elements*. Questi elementi vengono utilizzati per produrre beni di vario genere, spesso molto innovativi: per esempio nei display a cristalli liquidi utilizzati nella costruzione dei monitor dei computer e dei televisori sono impiegati l'europio e il fosforo rosso per i quali non si conosce un prodotto sostitutivo. Questi minerali sono localizzati, per più del 95% del totale, in Cina, negli Stati Uniti (soprattutto nel Minnesota) e in India; la Cina da sola ne dispone per l'80% circa.
La Cina inoltre è il primo acquirente di materie prime sul mercato mondiale, per esempio di acciaio brasiliano, ferro argentino, rame cileno, nichel cubano e risorse minerarie canadesi e australiane. Grazie a un'ampia disponibilità di risorse monetarie statali la Cina acquista sia le materie prime necessarie per i principali settori produttivi sia direttamente le miniere o i terreni agricoli che le interessano. La Cina rappresenta un cliente molto importante per i fornitori di queste materie prime e, approvvigionandosi in grandi quantitativi per il lungo periodo, acquista a prezzi bassi. Sul mercato, in seguito all'aumento della domanda provocato dalla Cina, aumenta il costo delle materie prime, costringendo così le imprese acquirenti degli altri Paesi a dover pagare prezzi più alti per le stesse risorse.

Esponi le tue considerazioni in relazione alla globalizzazione economica e al comportamento delle imprese che si trovano a competere sui mercati internazionali, mettendo in luce gli elementi problematici per un'impresa internazionale interessata all'acquisto di terre rare.

## 16 Delocalizzazione e back reshoring

Leggi il brano *Delocalizzazione addio, è tempo di back reshoring* di Alessia Valentini, tratto da www.pmi.it, ed esegui quanto richiesto.

Recenti studi hanno evidenziato una crescente tendenza nel comparto industriale ad abbandonare la **delocalizzazione** in favore di un definitivo *back reshoring* (rientro della produzione nel Paese di origine). Su 376 casi di studio, l'Italia si colloca al secondo posto in classifica (con 79 aziende), dopo gli USA ma prima di Germania, Inghilterra e Francia (*dati UniCLUB MoRe Back-reshoring Research Group*). Il fenomeno è infatti più consistente nei Paesi con economie basate sul manifatturiero.
L'Osservatorio, articolato per **settori merceologici**, è un utile strumento a supporto di imprese e governi, nel più vasto quadro del processo di rilancio dell'economia italiana, riguardando non soltanto i rientri di produzione in Italia ma anche i casi di aziende estere che spostano da noi la produzione, in ottica *near shoring* (delocalizzazione in Paesi limitrofi).
Tra le realtà italiane che hanno attuato il *back reshoring*, spiccano Beghelli, Bonfiglioli, Faac, Furla e Wayel, che hanno lasciato Cina, Repubblica Ceca e Slovacchia per tornare a produrre in Italia, principalmente per motivi economici: il trasferimento merci incide oggi più che in passato, riducendo i margini a causa dell'aumento dei costi. Fra le motivazioni, dunque, la **logistica** incide per il 92%. Le altre cause: condizioni di mercato stagnanti che costringono a tenere le merci ferme sui mezzi di trasporto con conseguente lievitazione dei costi; aumento dei costi produttivi nei Paesi ospitanti; scarsa qualità produttiva; ritardo nelle consegne; incentivi al rientro produttivo in Patria (in minima parte).

Non da ultimo, per il ritorno in Patria incide la rinnovata forza del marchio *Made in Italy*, sinonimo di valore aggiunto. Furla (Bologna) è tornata in Italia per la scarsa qualità delle produzioni asiatiche, Nannini (Firenze) con lo stesso criterio ha abbandonato l'Europa dell'Est. Gli Yacht di Azimut sono tornati dalla Turchia e la Mediolanum Farmaceutici ha lasciato Parigi per concentrare la manifattura in provincia di Lodi. In qualche caso è stato necessario ristrutturare, affrontando esuberi e optando per semplificazioni organizzative, come nel caso della Bonfiglioli Riduttori.

Il passaggio successivo all'abbandono della delocalizzazione, dunque, è spesso la rilocalizzazione di cui ci sono già esempi significativi. Gucci da due anni ha avviato iniziative di valorizzazione della propria **catena produttiva** certificando la filiera in Italia, garantendo un accesso al credito agevolato per le imprese collegate, promuovendo responsabilità sociale e ambientale.

1. Definisci i termini in neretto, individuando nel testo un sinonimo del termine *catena produttiva*.
2. Individua il motivo principale per cui il trasferimento delle merci incide oggi più che in passato sulle decisioni aziendali.
3. Indica quale, tra i costi sostenuti nei Paesi in cui viene delocalizzata la produzione, può essere considerato il più significativo.
4. Esponi le tue riflessioni in relazione al peso che può avere sul fenomeno di *reshoring* il valore del marchio *Made in Italy* per i clienti internazionali.

17 ✓✓  CASO AZIENDALE **Iccab, tornare a produrre in Italia**

Leggi il caso aziendale tratto da *Il Sole 24 Ore* e rispondi alle domande.

Iccab srl è una Pmi situata a Sesto Fiorentino che produce e distribuisce abbigliamento sportivo con il *brand* Marina Militare Sportsware.

Dopo aver delocalizzato la produzione di alcune collezioni in Cina e in Turchia, l'impresa ha riportato circa il 40% di tali produzioni negli stabilimenti situati tra l'Emilia-Romagna e la Toscana. Le motivazioni del reshoring sono da attribuire al cambio dollaro-euro diventato negli ultimi anni più favorevole, all'aumento dei **dazi doganali** e all'innalzamento dei costi, pressoché generalizzato in quasi tutti i Paesi Extra UE.

Nella decisione di far rientro a casa ha pesato però soprattutto la strategia di accorciare la durata della **filiera produttiva**, consentendo di effettuare con più rapidità il riassortimento dei prodotti, cosa in passato assai più difficile da realizzare a causa dei tempi di spedizione via nave.

Il rientro di parte delle produzioni manifatturiere in Italia è stato agevolato anche dai progressi compiuti dalle aziende terziste italiane, diventate più competitive grazie al passaggio dalla fase artigianale a un'organizzazione di tipo industriale. Tale evoluzione ha ridotto il differenziale dei costi tra il produrre all'estero e il produrre in Italia, rendendo meno convenienti le delocalizzazioni.

> **Dazi doganali:** tributi pagati alla dogana quando nel territorio nazionale entra una merce proveniente da un Paese Extra UE.
>
> **Filiera produttiva:** sequenza delle lavorazioni effettuate al fine di trasformare le materie prime in prodotti finiti.

1. Che cos'è il *reshoring*?
2. Per quali motivi Iccab ha fatto rientrare in Italia alcune produzioni?

18 ✓✓  CASO AZIENDALE **Asdomar, la pazzia di portare la produzione del tonno in Italia**

Leggi il caso aziendale, tratto da www.economyup.it/made *La buona economia* di Maurizio Di Lucchio, e rispondi alle domande.

Vito Gulli, numero uno di Generale Conserve, proprietaria del marchio di tonno Asdomar, spiega perché ha trasferito in Sardegna tutto il ciclo produttivo, nonostante i costi più elevati: «Creando occupazione, aumenta il potere d'acquisto: è un circolo virtuoso».

«In molti mi presero per pazzo. "Ma come?", dicevano. "Ha uno stabilimento in Portogallo dove il costo della manodopera costa un quarto rispetto all'Italia, e ne fa uno nuovo qui?"». L'imprenditore scambiato per folle è Vito Gulli, classe 1951, presidente e amministratore delegato di Generale Conserve, la società genovese produttrice di conserve alimentari che detiene il marchio di tonno Asdomar e, dal 2013, i brand Manzotin (carne in scatola) e De Rica (pomodori).

La "pazzia", se così la si può definire, è stata quella di portare tutta la produzione del tonno in Italia. I passaggi sono stati tre: l'acquisizione nel 2008 di alcuni impianti e macchinari dello stabilimento Palmera a Olbia, chiuso per cessata attività; l'assunzione di una parte del personale che era finito in cassa integrazione dopo la liquidazione della società; l'inaugurazione, nel 2010, di un nuovo stabilimento, costruito accanto a quello appena rilevato con un investimento di circa 25 milioni di euro e senza sovvenzioni pubbliche.
«Iniziammo con il dare impiego a 56 unità lavoro prese dalla cassa integrazione di Palmera», racconta Gulli, che prima di diventare azionista di Generale Conserve era stato manager in aziende di conserve ittiche come Star, Nostromo e Palmera. «Conoscevo assai bene quelle persone perché ero stato loro direttore generale sette anni prima. Oggi, in un'area problematica dal punto di vista dell'occupazione come la Sardegna, diamo lavoro a circa 300 persone, di cui 120 a tempo indeterminato. Il rapporto, poi, con questi dipendenti è molto particolare: da parte loro, nei miei confronti c'è quasi un esagerato senso di riconoscenza per averli salvati dalla disoccupazione; da parte mia, forse, un esagerato senso di protezione, come il padre di un figlio adottivo verso cui ci si sente ancora più in dovere che verso un figlio naturale».
Tutto pur di portare avanti la scommessa di mantenere tutto il ciclo produttivo del tonno Asdomar in Sardegna e di garantire la sostenibilità della pesca. Il perché è presto detto: «Per far ripartire l'economia di un Paese in forte difficoltà come l'Italia, è necessario che le imprese responsabilmente rilocalizzino la produzione qui, garantendo maggior occupazione sul territorio e incrementando in tal modo il potere d'acquisto delle persone». Di delocalizzazione, quindi, il numero uno di Generale Conserve non vuole neanche sentir parlare. Sì ma come si può concentrare le fasi produttive nel nostro Paese restando competitivi nonostante alcuni costi siano più alti? «Lavorando il tonno da intero, come facciamo noi, e non da semilavorati importati da Paesi terzi, si ha la possibilità di utilizzare a pieno la materia prima e valorizzare tutte le parti del tonno. In questo modo, la produzione non genera scarti, ogni parte del tonno viene utilizzata, dal filetto alle parti destinate al pet food e infine all'impianto per farine di pesce per la zootecnia. Creare un valore commerciale a tutte queste componenti fa sì che il costo del prodotto sia sostenibile e competitivo».
La scelta di puntare sull'Italia ha avuto finora esiti positivi visto che l'impresa, seconda sul mercato tra i produttori di conserve ittiche e prima nel segmento premium, è cresciuta anche durante gli anni di crisi.

1. Perché la localizzazione di un'impresa crea opportunità di sviluppo per il territorio dove si insediano gli stabilimenti produttivi?
2. Perché l'imprenditore Vito Gulli è stato preso "per pazzo"?
3. Quali ragioni hanno spinto Asdomar a riportare in Italia la lavorazione del tonno?
4. L'impresa Asdomar può essere considerata un sistema aperto? Motiva la risposta.

### 19 *Sharing economy*

Leggi il brano tratto da *Dalla casa all'auto, tutte le novità della sharing economy*, D. Aquaro e C. Dell'Oste, www.ilsole24ore.com, e accerta le tue competenze.

Negli ultimi anni il web e le piattaforme digitali hanno aperto possibilità prima inesistenti, consentendo a chi ha risorse da mettere a disposizione di accedere a un pubblico vastissimo, con il quale scambiare o vendere beni e servizi. Dall'affitto della casa al noleggio dell'auto, dal ristorante domestico al servizio di consegna, la *sharing economy* è cresciuta molto negli ultimi anni, con oltre 200 piattaforme operative in Italia e un giro d'affari stimato oltre i 3,5 miliardi.
Uno studio dell'Università di Pavia ha calcolato in 3,5 miliardi il volume d'affari generato in Italia dalla *sharing economy*, con prospettive di crescita fino a 25 miliardi al 2025. A livello europeo, poi, si calcola che in quello stesso anno le transazioni raggiungeranno i 570 miliardi di controvalore, solo conteggiando i cinque principali settori (finanza, alloggi, trasporti, servizi domestici e servizi professionali).
L'effetto dirompente si è però manifestato nell'apertura di una serie di fronti problematici, a partire da quello fiscale. Gli utenti delle piattaforme, il più delle volte, sono soggetti "privati" senza partita Iva che ottengono somme di denaro più o meno elevate, in modo più o meno continuo. Da qui le incertezze sull'inquadramento dei proventi, che spesso è difficile incasellare nelle categorie già esistenti. L'economia della condivisione sta crescendo con regole frammentarie o contraddittorie, sia sotto il profilo fiscale che su quello più generale dei vincoli e dei diritti. La tassa sugli affitti brevi (nota anche come *tassa Airbnb*) segnala un cambio di passo

che potrebbe presto completarsi in base a progetti di legge nazionali e indicazioni delle istituzioni europee. Il problema è che le regolazioni non sono facili da calibrare sulle nuove modalità di relazione e rischiano (a un estremo) di tarpare le ali allo sviluppo della *sharing economy* o (all'altro) di non offrire le tutele minime ai lavoratori o alle imprese e ai professionisti chiamati a confrontarsi con forme di concorrenza del tutto inedite.

1. Spiega il significato dei termini:
   - *sharing economy*;
   - volume d'affari;
   - proventi;
   - concorrenza.
2. Dimostra, aiutandoti anche con alcuni esempi, di aver compreso il significato dell'ultima frase del brano.
3. Lavoro di gruppo.
   Con i tuoi compagni individuate alcune categorie di imprese che devono misurarsi con la concorrenza generata dalle varie forme di *sharing economy*. (Esempio: Impresa tradizionale: albergo – Concorrente in *sharing economy*: Airbnb.) Scegliete una delle situazioni individuate e illustratela trattando i seguenti punti:
   - settore di appartenenza dell'attività;
   - tipo di attività realizzata;
   - motivi per i quali i clienti/utenti potrebbero preferire una soluzione di *sharing economy* anziché servirsi dell'impresa tradizionale;
   - motivi di preoccupazione dell'impresa tradizionale verso questi nuovi concorrenti;
   - possibili soluzioni che l'impresa tradizionale potrebbe trovare per non soccombere alla concorrenza della *sharing economy*.

### 20 Economia circolare

Leggi il brano ed esegui quanto richiesto.

Nel 1995 l'economista Michael R. Porter proponeva la seguente riflessione: «L'inquinamento è una forma di spreco economico, che implica l'utilizzo non necessario, inefficiente o incompleto di risorse. Spesso le emissioni sono un segnale di inefficienza, e impongono a un'organizzazione il compimento di attività che non generano valore, quali la gestione, lo stoccaggio e lo smaltimento dei rifiuti prodotti. Alla base di sforzi di riduzione degli sprechi e di massimizzazione del profitto vi sono alcuni princìpi comuni, quali l'uso efficiente degli input, la sostituzione dei materiali e la minimizzazione delle attività non necessarie».

Vent'anni dopo, si parla sempre più diffusamente di economia circolare, l'economia progettata per auto-rigenerarsi: i materiali biologici utilizzati vengono recuperati, le fonti energetiche rinnovabili vengono preferite a quelle tradizionali, lo scarto di rifiuti tossici viene ridotto al minimo.

Rispondi alle domande.

1. Perché la riflessione di M.R. Porter risulta di grande attualità?
2. Che cosa significa l'espressione "attività che non generano valore"?
3. Rifletti sulla tua attività di studente e verifica se ti capita di svolgere attività che consumano le tue energie senza ottenere risultati in termini di preparazione. Trasferisci il concetto all'impresa individuando un'attività di questo tipo.

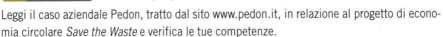

### 21 CASO AZIENDALE Pedon e il progetto di economia circolare *Save the Waste*

Leggi il caso aziendale Pedon, tratto dal sito www.pedon.it, in relazione al progetto di economia circolare *Save the Waste* e verifica le tue competenze.

Pedon SpA è un'azienda che opera nel settore alimentare con prodotti a marchio proprio e a marchio della grande distribuzione. Offre un'ampia gamma di prodotti quali: legumi e cereali sia convenzionali che biologici, preparati per dolci e prodotti da forno, alimenti senza glutine, funghi secchi. I prodotti sul mercato sono presenti nella grande distribuzione, nei negozi specializzati e biologici, nelle farmacie e para-farmacie.
Come politica aziendale i prodotti Pedon sono **NO OGM 100%.** Negli ultimi anni Pedon ha lanciato un progetto di economia circolare, illustrato nello schema.
*Save the Waste* è l'idea innovativa di Pedon, realizzata per Milano EXPO 2015, di una carta eco-sostenibile e al 100% riciclabile secondo un modello economico virtuoso e circolare.

Esamina lo schema riportato a pagina seguente utilizzando Internet e poi svolgi in collaborazione con due o tre compagni di classe le attività che seguono.

Save the Waste

pedon®

Fiducia ben nutrita.

# DA UN FAGIOLO NASCE UN PACK.

Save the Waste è l'idea innovativa di Pedon, realizzata per EXPO Milano 2015, di una carta eco-sostenibile secondo un modello economico circolare.

Il ciclo virtuoso...

Il nostro impegno inizia dalle coltivazioni. I nostri fagioli, da sempre ricchi di proteine e amici dell'ambiente, nascono da sementi selezionate, garantite NO OGM e coltivate da migliaia di famiglie di agricoltori all'interno di programmi per lo sviluppo economico.

Dalla terra otteniamo un prodotto importante per l'alimentazione di ogni giorno e per l'ambiente. La materia prima importata viaggia su rotaia e non su gomma, riducendo le emissioni di $CO_2$

CARTA DA SCARTI VEGETALI
Save the Waste
savethewaste.com

Il prodotto è così prezioso che gli scarti di lavorazione, anziché eliminarli, vengono rigenerati in una carta ad uso alimentare. Nasce la carta CRUSH Fagiolo in collaborazione con FAVINI

In questo modo riduciamo del 15% l'impiego di cellulosa proveniente da alberi e del 20% l'emissione di gas effetto serra.

PACKAGING SVILUPPATO DA LUCAPRINT GROUP

Dalla carta prende forma il vestito del prodotto. Un astuccio certificato FSC® e OGM Free, che racchiude il 30% di fibra riciclata post-consumo e che non ha bisogno della busta interna. All'esterno inchiostri ecologici e una finestra trasparente ottenuta sempre da scarti vegetali. Tutto è riciclabile e rinnovabile come l'energia utilizzata per l'intero processo, dalla produzione della carta fino al confezionamento del prodotto.

Save The Waste crea e distribuisce valore per la Comunità, preserva l'ambiente e coinvolge tutti gli attori della filiera in una visione di responsabilità d'impresa, dal produttore al consumatore.

LENTICCHIA pedina®

Il nuovo packaging è pronto per essere usato per Lenticchia Pedina, la lenticchia etica di Pedon che da oltre 13 anni supporta progetti umanitari in favore di uno sviluppo sostenibile per combattere la malnutrizione e la mortalità infantile. Lenticchia Pedina sostiene

cesvi   Save the Children Italia ONLUS

100% GREEN ENERGY

RICONOSCIMENTI:
OSCAR dell'imballaggio 2016   NON SPRECARE

www.savethewaste.com
info@savethewaste.com

FSC MIX Paper from responsible sources FSC® C116082

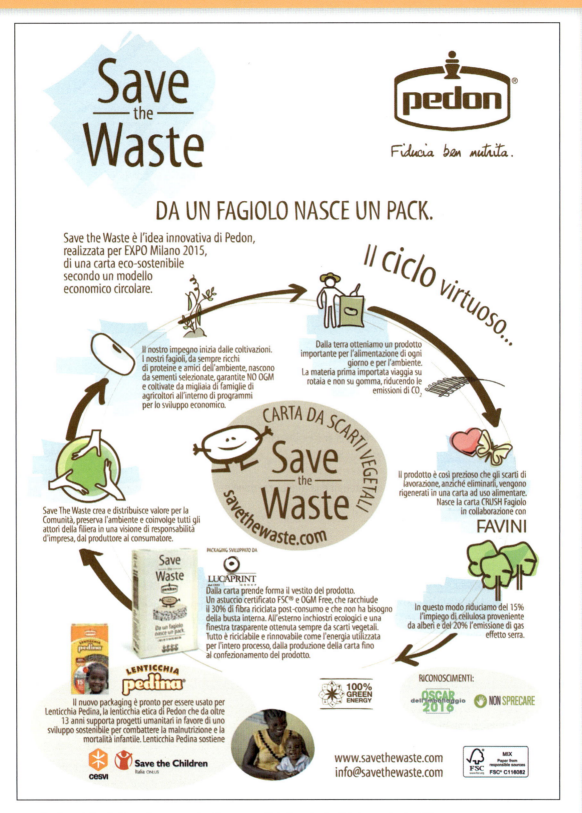

1. Accedete al sito web www.pedon.it e raccogliete le principali informazioni sull'impresa.
2. Indicate i soggetti coinvolti nel progetto illustrato e individuatene il ruolo.
3. Individuate le differenze tra le iniziative di *economia circolare* e quelle di *sharing economy*.
4. Illustrate, anche con esempi reali di attività d'impresa, la differenza tra *economia lineare* ed *economia circolare*.
5. Realizzate una presentazione rivolta alla classe sul caso Pedon sintetizzando quanto richiesto nei punti precedenti e aggiungendo le vostre riflessioni personali.

ESERCIZI della lezione 3

# Lezione 3 L'organizzazione aziendale

## 22 Organi aziendali

Colloca all'interno della piramide organizzativa i soggetti sotto indicati e rispondi alle domande.

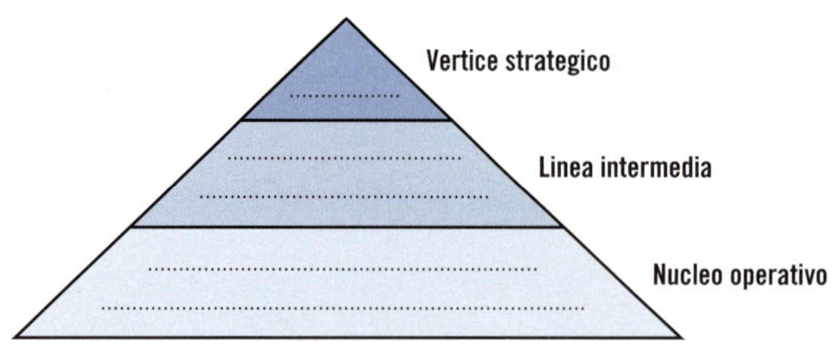


- Titolare dell'impresa: Monia Gentilucci
- Responsabile delle vendite: Giuseppe Alidori
- Responsabile degli acquisti e del magazzino: Anna Merola
- Commesso addetto alle vendite: Alessio Tombolini
- Addetti al magazzino: Marina Stefanucci e Mario Asella

1. Quali sono i compiti e le responsabilità del vertice strategico?
2. Quali sono i compiti e le responsabilità degli organi della linea intermedia?
3. Quali compiti svolgono i soggetti che fanno parte del nucleo operativo?

## 23 Organizzazione delle attività all'estero

Associa gli elementi della prima colonna con quelli della seconda colonna.

| | | | |
|---|---|---|---|
| a. Esportazioni dirette | 1. Mercato molto piccolo | a | |
| b. Esportazioni indirette | 2. Impresa di dimensioni medie | b | |
| c. *Franchising* | 3. Coordinamento delle attività | c | |
| d. *Licensing* | 4. Filiale di vendita all'estero | d | |
| e. *Joint venture* | 5. Accordo di collaborazione commerciale | e | |
| f. Multinazionale tascabile | 6. Insediamento produttivo | f | |
| g. Nicchia di mercato | 7. Accordo di produzione | g | |
| h. Sede centrale e filiali estere | 8. *Trading company* | h | |
| i. Investimento diretto all'estero | 9. Società tra imprese di Paesi diversi | i | |

## 24 Organizzazione di un'impresa internazionale

Leggi il caso aziendale proposto e svolgi quanto richiesto.

Un'impresa alimentare ligure di produzione di confetture di frutta è cresciuta rapidamente grazie alla qualità del prodotto, all'innovazione continua, alla ricerca di ricette sempre nuove, adatte ai diversi gusti dei consumatori. L'attività è distribuita a livello internazionale e comincia con l'acquisizione di una buona parte delle materie prime, la frutta, nel bacino del Mediterraneo. Per il trasporto l'impresa si serve di un vettore navale greco, che nel porto di Genova consegna la frutta lavorata nello stabilimento ligure. In un secondo momento l'impresa ha effettuato un investimento in terreni agricoli in Bulgaria, dove ha realizzato una coltivazione intensiva di frutta. Sempre in Bulgaria ha acquistato un terreno edificabile costruendo uno stabilimento produttivo per trasformare rapidamente la frutta fresca in confettura. I prodotti finiti partono dalla Bulgaria direttamente verso i mercati di sbocco internazionali dei Paesi dell'Est e degli Emirati

Arabi. Per il mercato dell'Europa occidentale, l'impresa consegna i prodotti dello stabilimento ligure utilizzando un trasportatore italiano. In Francia, dove le confetture sono particolarmente richieste, l'impresa ha aperto due negozi monomarca in franchising. La produzione di etichette e imballaggi è affidata a imprese dell'entroterra ligure.
Individua le funzioni aziendali coinvolte nel processo di internazionalizzazione e indica per ognuna di esse la modalità organizzativa delle attività all'estero e il Paese coinvolto.

### 25 Internazionalizzare in Messico: modalità e strutture

Leggi il brano tratto da www.infomercatiesteri.it ed esegui quanto richiesto.

**Overview dei rapporti con l'Italia**

Le relazioni economico-commerciali tra Italia e Messico sono solide. La bilancia commerciale bilaterale (4,778 miliardi di euro di interscambio nel 2016) è strutturalmente in attivo per il nostro Paese (+ 2,630 miliardi di euro). Secondo i dati ISTAT, nel 2016 l'interscambio bilaterale ha fatto registrare un aumento delle esportazioni italiane del + 6,4%: le imprese italiane hanno esportato in Messico beni e servizi per circa 3,704 miliardi di euro, mentre hanno importato merci messicane per circa 1,074 milioni di euro (– 15,2%). Tradizionalmente, circa 2/3 delle importazioni dall'Italia sono costituite da macchinari e beni industriali intermedi, mentre le importazioni soprattutto da greggio. La sostenuta crescita economica e l'ascesa della classe media messicana hanno determinato opportunità per le imprese italiane specializzate nei settori tradizionali dell'arredamento, abbigliamento, calzature, gioielleria, bevande. Per quanto riguarda gli investimenti diretti esteri, il locale Ministero dell'Economia ha registrato investimenti per 722 milioni di dollari nel 2015 e la presenza stabile in Messico di oltre 1.600 imprese italiane. La cifra include tuttavia anche i piccoli investimenti nei settori hotel e ristorazione, mentre si stima che le aziende italiane presenti in Messico in modo strutturato (inclusa la sola presenza commerciale) siano circa 350. Di queste, circa un centinaio sono presenti con uno stabilimento produttivo. Si segnala la concentrazione delle imprese italiane nelle aree metropolitane di Città del Messico e di Monterrey, nell'area industriale di Querétaro (200 km a nord della capitale) e nel "distretto calzaturiero" di Leon, nello Stato di Guanajuato. Si evidenzia, inoltre, il fenomeno dei medi/piccoli investimenti realizzati da cittadini italiani nella "Riviera Maya" (Playa del Carmen e Tulum). Negli ultimi anni, i grandi gruppi industriali nazionali e le imprese di medie dimensioni hanno mostrato un crescente interesse verso il Messico e hanno realizzato importanti progetti (Enel Green Power, Ferrero, Pirelli, FCA, Brembo, Saipem, Bonatti, Elica, Stevanato, Maccaferri). Inoltre, ENI è stata la prima grande compagnia internazionale ad aggiudicarsi un'importante area di esplorazione petrolifera in acque poco profonde nel Golfo del Messico, nell'ambito della seconda fase della Ronda Uno (settembre 2015), con cui è stato aperto il processo di liberalizzazione nel settore degli idrocarburi. A partire da giugno 2016, inoltre, opera il volo diretto Roma-Città del Messico di Alitalia. Da rilevare anche la presenza di imprese messicane in Italia (Gruma, Avntk, Mexichem), ancora modesta ma in crescita. In particolare, si registrano investimenti messicani nei settori alimentare, tubazioni in plastica, aeronautico, finanziario e design.

1. Spiega il significato dei seguenti termini:
   a. esportazione;
   b. investimenti diretti all'estero;
   c. distretto calzaturiero.
2. Documentandoti sul web, ipotizza a quale tipo di attività si può collegare il fenomeno dei piccoli investimenti effettuati da cittadini italiani nella "Riviera Maya" (Playa del Carmen e Tulum) indicando:
   a. il settore;
   b. l'attività;
   c. le dimensioni aziendali;
   d. la composizione dell'organo aziendale;
   e. l'organigramma.
3. Disegna l'organigramma che potrebbe avere un'impresa italiana di medie dimensioni presente in modo stabile in Messico.

ESERCIZI della lezione 3

### 26 Organizzazione lineare

Mario Morbiducci è un elettricista titolare di una piccola impresa artigiana situata a Bologna. L'imprenditore svolge da solo tutte le attività direttive e di controllo. Nell'esecuzione dei compiti a carattere manuale egli si avvale della collaborazione di un operaio specializzato (Paolo Diorini) e di un apprendista (Luigi Cipolla) dipendenti dell'impresa.

Costruisci l'organigramma aziendale.

### 27 Organizzazione lineare

L'impresa alberghiera Miramare srl è di proprietà di Luigi Picco e di Valerio Perugini che si avvalgono della collaborazione di 5 dipendenti:

- Maria Soldini si occupa della reception;
- Alberto Pettinelli è addetto alla cucina e svolge mansioni di cuoco;
- Dario Fanelli è direttore di sala (capo cameriere) e ha il compito di raccogliere le ordinazioni ai tavoli e di curare i rapporti con i clienti;
- Fabiana Marinelli e Francesca Albani svolgono le mansioni di cameriere per il servizio ai tavoli.

Le pulizie sono affidate a un'impresa esterna.
Luigi Picco si occupa della comunicazione pubblicitaria, intrattenendo relazioni con i clienti e ricercando le strategie per far affluire clienti, in particolare i clienti stranieri, anche in periodi di bassa stagione. Valerio Perugini seleziona i fornitori dai quali acquistare i prodotti alimentari e tiene la contabilità dell'impresa alberghiera.

Costruisci l'organigramma aziendale.

### 28 Organizzazione funzionale

Il compito di organizzare e dirigere l'intera attività aziendale della Brigh srl è svolto dai due soci (Lucio Silvestri e Maddalena Giorgetti); la produzione, che si articola nella fabbricazione di prese per la corrente e di cavi elettrici, è invece affidata all'ing. Marco Rossi. Nel reparto prese per la corrente lavorano 4 operai; nel reparto cavi elettrici sono invece impiegati 3 operai.
Per la commercializzazione dei prodotti la società si avvale di Filippo Verdi, a cui è affidata la responsabilità di dirigere sia l'ufficio marketing (dove lavorano 2 persone) sia l'ufficio vendite (dove lavorano 4 addetti).

Costruisci l'organigramma aziendale.

### 29 Organizzazione funzionale

Pronto moda srl produce jeans; la funzione direzione generale è interamente curata dai due soci Maurizio Ardu e Giovanni Solinas. Nella gestione sono coinvolti Marco Cannas responsabile della logistica, Fabio Catena direttore della produzione, Edoardo Silva direttore dell'ufficio vendite e Selene Marchegiani responsabile della direzione amministrativa.
L'impresa, oltre ai dirigenti delle relative funzioni, ha in organico 2 addetti alla logistica, 2 addetti alle vendite, di cui uno addetto alle vendite sul mercato estero, 2 addetti alla contabilità e 16 operai addetti alle lavorazioni e al confezionamento dei jeans.

Costruisci l'organigramma aziendale.

### 30 Organizzazione divisionale

La MEI spa opera nel settore meccanico, producendo tre tipologie di attrezzature: fresatrici, torni e macchine per stampi. La direzione generale è affidata all'azionista di maggioranza Fulvio Catena.
L'ufficio organizzazione è diretto da Giacomo Coppini; l'ufficio contabilità e bilancio è diretto da Sofia Ulissi.
Ciascuna linea di prodotti costituisce un'unità operativa a sé:

- nella linea fresatrici sono presenti le funzioni ricerca e sviluppo, produzione, vendite, personale;

- nella linea torni sono presenti le funzioni produzione, vendite, marketing, personale;
- nella linea macchine per stampi sono presenti le funzioni ricerca e sviluppo, approvvigionamenti, produzione, marketing, vendite.

Costruisci l'organigramma aziendale.

### 31 Organizzazione divisionale

La Sa.dA. spa è un'impresa che costruisce aeroplani su commessa di compagnie aeree. Le grandi dimensioni aziendali hanno reso necessario articolare le attività nelle seguenti divisioni:

- divisione clienti europei;
- divisione clienti Paesi asiatici.

Ciascuna divisione gestisce al proprio interno le funzioni progettazione, produzione, logistica e approvvigionamenti, amministrazione, personale.
Le funzioni ricerca e sviluppo, finanza e marketing e vendite sono state invece accentrate.

Costruisci l'organigramma aziendale.

### 32 Struttura organizzativa di un'impresa internazionale

Leggi il caso ed esegui quanto richiesto.

La Fashion Design srl produce articoli sportivi per escursionisti e amanti del trekking. L'attività produttiva, in una prima fase esercitata da un subfornitore italiano per gli articoli in pelle, viene successivamente affidata a un fornitore turco con contratto di *licensing*. Nel tempo l'impresa è cresciuta, esportando in alcuni mercati europei, tra cui quello turco. Di conseguenza, l'impresa decide di aprire un sito produttivo in Turchia, individuandone un direttore responsabile, a cui fanno capo una funzione produzione e una funzione commerciale Turchia.

Ipotizza la struttura organizzativa dell'impresa prima e dopo l'espansione internazionale; presenta l'organigramma aziendale dell'impresa dopo l'espansione.

### 33 Nuove tendenze organizzative

Leggi il brano di seguito riportato e rispondi alle domande.

Attualmente la competitività dei mercati e il progredire delle tecnologie di comunicazione (ICT) hanno comportato un'evoluzione delle strutture organizzative tradizionali.
Molte imprese utilizzano nuovi modelli basati sui principi dell'organizzazione snella (*lean organization*) e dell'organizzazione per processi.
L'organizzazione snella è rappresentata con una piramide "piatta" perché, soprattutto nella linea intermedia, vi sono pochi livelli gerarchici. Ciò favorisce la rapidità delle decisioni e di circolazione delle comunicazioni; la riduzione dei livelli gerarchici è compensata da una maggiore responsabilizzazione di tutto il personale a cui è conferita maggiore autonomia decisionale.
Per esempio, nei distretti industriali si è venuto a creare un particolare modello organizzativo che ha dato vita a un sistema reticolare di imprese (reti di imprese).
Ciascuna impresa costituisce una maglia della rete e, viste le ridotte dimensioni, è dotata di un'organizzazione elementare e flessibile (snella); tuttavia, considerando lo sciame (o grappolo) di imprese partecipanti alla produzione come un unico "intero" (un unico organismo produttivo) si hanno i vantaggi propri delle grandi dimensioni, quali la maggiore facilità di accesso ai mercati internazionali.
Queste reti si realizzano anche al di fuori dei distretti, tra imprese distribuite a livello internazionale, e vengono definite *cluster*, che in inglese significa appunto grappolo.

1. Come si rappresenta un'organizzazione snella?
2. Quali sono le caratteristiche di un'organizzazione snella?
3. In quali sistemi produttivi è principalmente utilizzato il modello della *lean organisation*?
4. Quali sono i vantaggi delle reti di imprese (sistemi reticolari)?
5. In che cosa consiste un *cluster* di imprese?

34 ✓✓  ASO AZIENDALE **La struttura organizzativa di Gelsia**

Leggi le informazioni tratte dal bilancio 2015 di Gelsia srl ed esegui quanto richiesto.

Gelsia srl, una società appartenente al Gruppo AEB-Gelsia, opera nei settori:

- *vendita di gas metano ed energia elettrica*, dove gestisce direttamente le attività di approvvigionamento gas ed energia elettrica che vende tramite point aziendali, account e agenzie di vendita. La gestione dei clienti avviene tramite "Gelsia point" diffusi sul territorio, call center interno, coadiuvato da uno esterno, in modo da offrire i servizi fino alle 20 e il sabato mattina. Tutti i processi di gestione dei clienti sono gestiti internamente (fatturazione, riscossione e recupero crediti);
- *realizzazione e gestione di impianti di produzione tradizionale e da fonti rinnovabili* (teleriscaldamento, gestione calore, fotovoltaico);
- *servizi amministrativi e possesso di infrastrutture informatiche*, con i quali gestisce i processi amministrativi di alcune società del Gruppo e riceve prestazioni logistiche e informatiche da RetiPiù srl.

Gelsia srl ha in organico 106 dipendenti ed è dotata di una struttura organizzativa in grado di gestire, in modo efficiente, tutti i settori di propria competenza e le attività svolte per terzi e fa ricorso a strutture esterne esclusivamente per attività di tipo residuale.

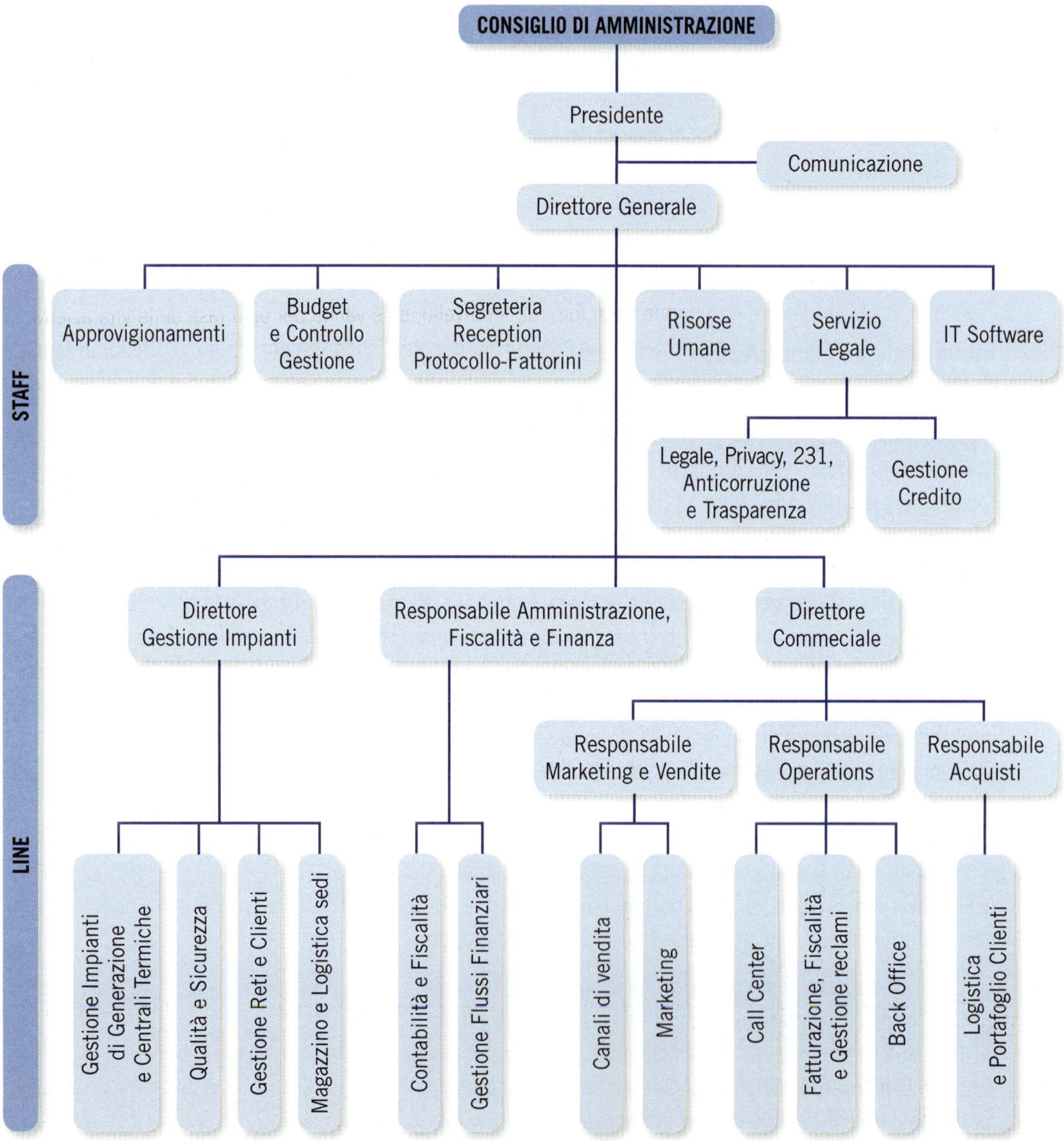

- CONSIGLIO DI AMMINISTRAZIONE
  - Presidente
    - Comunicazione
    - Direttore Generale
      - STAFF
        - Approvigionamenti
        - Budget e Controllo Gestione
        - Segreteria Reception Protocollo-Fattorini
        - Risorse Umane
        - Servizio Legale
          - Legale, Privacy, 231, Anticorruzione e Trasparenza
          - Gestione Credito
        - IT Software
      - LINE
        - Direttore Gestione Impianti
          - Gestione Impianti di Generazione e Centrali Termiche
          - Qualità e Sicurezza
          - Gestione Reti e Clienti
          - Magazzino e Logistica sedi
        - Responsabile Amministrazione, Fiscalità e Finanza
          - Contabilità e Fiscalità
          - Gestione Flussi Finanziari
        - Direttore Commeciale
          - Responsabile Marketing e Vendite
            - Canali di vendita
            - Marketing
          - Responsabile Operations
            - Call Center
            - Fatturazione, Fiscalità e Gestione reclami
            - Back Office
          - Responsabile Acquisti
            - Logistica e Portafoglio Clienti

1. Quali funzioni infrastrutturali sono presenti nell'organigramma di Gelsia srl?
2. Chi gestisce i clienti di Gelsia srl?
3. Chi coordina l'attività del call center interno?
4. Quali unità organizzative sono coordinate dal Direttore commerciale?

✔✔

**Gelaterie Grom**

Leggi il caso aziendale, tratto da www.grom.it, Federico Grom, Guido Martinetti, "Grom storia di un'amicizia, qualche gelato e molti fiori", Bompiani Overlook, RCS Milano, e rispondi alle domande che seguono.

Gromart spa nasce a Torino nel 2003 su iniziativa di Guido Martinetti e Federico Grom, con un apporto iniziale di 32.000 euro a testa. La forma giuridica prescelta è quella di società per azioni, oggetto dell'attività aziendale è la produzione e la vendita al pubblico di gelati.
Contemporaneamente allo sviluppo del fatturato l'impresa realizza una vasta espansione territoriale (oltre che nelle principali città italiane, Gromart spa è presente con propri punti vendita a New York, Parigi, Tokyo); ciò nonostante la produzione è rimasta sempre centralizzata in un laboratorio artigianale in grado di soddisfare le esigenze di tutte le gelaterie Grom. La centralizzazione della produzione consente infatti il mantenimento del rigore produttivo, impossibile se demandato al gelataio di ogni singolo negozio; permette inoltre l'approvvigionamento di produzioni particolari di frutta disponibili presso i migliori consorzi di raccolta d'Italia, preferendoli a quelli reperibili presso i mercati generali ortofrutticoli di ogni città. Al processo di preparazione della miscela "base", affidato a un team di addetti esperti, segue la spedizione presso i singoli punti vendita che ne effettuano la mantecazione in loco, al fine di garantire la freschezza del prodotto.
La filosofia gestionale di Grom è incentrata sulla soddisfazione del cliente, per gustare «il miglior gelato del mondo, servito da personale addetto alla vendita in modo impeccabile». L'intera struttura organizzativa è tesa a ottimizzare il lavoro svolto nei negozi, per aumentare la soddisfazione del pubblico cui si rivolge.
Federico Grom, uno dei soci da cui deriva la denominazione della società, testualmente afferma: «Tutti devono avere la volontà di remare, uniti, nella stessa direzione; la realizzazione degli obiettivi dipende dalle capacità dei collaboratori, qualunque sia il loro ruolo o livello, ed è valida per ogni fase della vita aziendale. Nel monastero chi guida è l'abate, in azienda sono i responsabili, suddivisi per reparto o ufficio; in famiglia i genitori, nel mio negozio è il direttore. La vita aziendale deve svolgersi seguendo regole chiare; le persone devono capire che il rispetto delle regole consente il rispetto degli individui».
La scelta organizzativa è evidente: la valorizzazione delle risorse umane attraverso il loro coinvolgimento in tutte le attività aziendali. Lo strumento per capire il valore delle persone è l'ascolto reciproco tanto da parte di coloro che hanno incarichi direttivi, quanto per coloro che devono gestire semplici operazioni quotidiane.
La condivisione dei processi tra tutti i negozi Grom e la sede di Torino è resa possibile da scambi continui di informazioni mediante una piattaforma web che gestisce direttamente gli ordini di approvvigionamento, le spedizioni, e tutte le altre pratiche amministrative.

1. Qual è la filosofia organizzativa di Gromart spa?
2. Qual è l'obiettivo della struttura organizzativa?
3. Perché Gromart spa mantiene le produzioni centralizzate?
4. Quale strumento comunicativo rende possibile la condivisione dei processi?

## Lezione 4 Le operazioni della gestione aziendale

✔

**Operazioni di gestione**

Indica a quale categoria (finanziamento, investimento, trasformazione economico-tecnica, disinvestimento) appartengono le seguenti operazioni di gestione.

1. Acquistati automezzi ..........
2. Ottenuto mutuo bancario ..........

3. Venduti prodotti finiti ..........
4. Pagato premio di assicurazione ..........
5. Trasferite materie prime ai reparti di lavorazione ..........
6. Acquistate merci ..........
7. Vendute merci ..........
8. Pagate retribuzioni al personale dipendente ..........
9. Trasferiti i prodotti ottenuti nel magazzino ..........
10. Apportate disponibilità liquide da parte del titolare ..........

**37** ✔

### Operazioni di gestione

Indica la tipologia di operazione di gestione inserendo l'importo nella relativa casella.

| Operazione di gestione | Investimenti | Disinvestimenti | Finanziamenti |
|---|---|---|---|
| Acquistati impianti per 80.000 euro | | | |
| Vendute merci per 20.000 euro | | | |
| Conferiti 10.000 euro dal proprietario dell'azienda | | | |
| Ottenuto un mutuo bancario di 50.000 euro | | | |
| Emessa fattura di 15.000 euro su di un cliente | | | |
| Ricevuta fattura di 18.000 euro da un fornitore | | | |

**38** ✔✔

### Operazioni di gestione

Emilio Di Stefano ha costituito un'impresa commerciale con un apporto iniziale di 50.000 euro; poiché tale somma si è rivelata insufficiente ad avviare l'attività, l'imprenditore ha ottenuto un prestito bancario di 100.000 euro. Le somme complessivamente a disposizione sono state utilizzate per ristrutturare un locale di proprietà dell'imprenditore così da trasformarlo in negozio e per acquistare l'arredamento, un registratore di cassa, le merci, gli imballaggi e altri materiali di consumo. L'imprenditore stipula inoltre un contratto di assicurazione del locale versando il premio semestrale.

Successivamente viene venduta una parte delle merci con regolamento immediato e vengono utilizzati alcuni imballaggi.

Rispondi alle domande.

1. Con quali capitali è stata finanziata l'attività imprenditoriale?
2. Quali beni/servizi sono stati ottenuti con le operazioni di investimento?
   *beni strumentali:* ..........
   *beni destinati al consumo e alla vendita:* ..........
   *servizi:* ..........
3. Quali sono state le operazioni di disinvestimento?

**39** ✔

### Operazioni di gestione interne/esterne

Indica quali tra le operazioni di seguito elencate sono interne e quali esterne.

1. Assemblaggio di parti componenti il prodotto finito ..........
2. Acquisto di merci ..........
3. Pagamento di una fattura ..........
4. Pagamento delle retribuzioni al personale dipendente ..........
5. Codifica e classificazione delle merci presenti nei magazzini ..........
6. Trasferimento dei prodotti finiti da un magazzino all'altro ..........
7. Accredito sul c/c di un prestito bancario ..........

## Classificazione delle operazioni di gestione

Classifica le operazioni compiute da Ma.Va spa, distinguendole in interne ed esterne:

1. acquistato un macchinario di 60.000 euro;
2. ottenuto un mutuo bancario di 100.000 euro;
3. venduti prodotti finiti come da fattura di 19.360 euro da regolare con bonifico bancario;
4. eseguiti i controlli di qualità sulle materie prime da trasferire nel magazzino.

| Finanziamento | Investimento | Trasformazione economico-tecnica | Disinvestimento |
|---|---|---|---|
| | | | |

## Classificazione delle operazioni di gestione

Il 2 marzo l'impresa Giovanni Marinetti acquista la tela necessaria per confezionare un lotto di 40 paia di jeans. La lavorazione inizia il 10 marzo e termina il 15 marzo. Il 25 marzo i jeans vengono spediti all'impresa cliente in esecuzione dell'ordine ricevuto il 24/03.

Classifica le operazioni compiute dall'impresa e indica se sono interne o esterne.

| Operazione di gestione | Investimento | Trasformazione tecnico-economica | Disinvestimento | Interna/esterna |
|---|---|---|---|---|
| 02/03 Acquisto della tela | | | | |
| 10/03-15/03 Inizio e termine lavorazione | | | | |
| 24/03 Vendita | | | | |

## Cicli aziendali

In relazione alle operazioni di seguito descritte calcola la durata del ciclo e coronico e del ciclo monetario.

- Acquistata una partita di merce in data 10/09 con regolamento a fine mese; venduta l'intera partita di merce in data 10/12 con regolamento immediato.
- Acquistata una partita di merce in data 10/09 con regolamento immediato; venduta l'intera partita di merce in data 10/12 con regolamento a fine mese.
- Acquistata una partita di merce in data 15/10 con regolamento a 30 giorni; venduta l'intera partita di merce in data 25/11 con regolamento a 30 giorni.
- Acquistata una partita di merce in data 15/10 con regolamento immediato; venduta l'intera partita di merce in data 25/11 con regolamento immediato.
- Acquistata una partita di merce in data 10/11 con regolamento a fine mese; venduta l'intera partita di merce in data 20/12 con regolamento a 30 giorni.

## Ciclo economico e monetario, aspetti della gestione

Il 28/07 l'impresa commerciale Federico Bini versa al fornitore Marcello Ferri l'importo anticipato di 12.700 euro per l'acquisto di una partita di merce. Le merci vengono ricevute il 15/09 e vengono vendute il 14/10 al prezzo di 25.400 euro con regolamento differito al 31/10.

1. Calcola la durata del ciclo economico e del ciclo monetario.
2. Per ciascuna operazione indica i movimenti che interessano l'aspetto finanziario (accensione/estinzione di crediti/debiti; entrate/uscite di denaro) e l'aspetto economico (costi e ricavi).

# Lezione 5 Gli aspetti della gestione

## 44 Classificazione dei finanziamenti

Per ciascuna delle operazioni di gestione indica la tipologia del finanziamento, precisando per il capitale di debito se si tratta di debiti finanziari o commerciali.

| Operazione di gestione | Capitale proprio | Capitale di debito |
|---|---|---|
| Conferimento di un automezzo da parte del proprietario | | |
| Ottenuto un prestito bancario finalizzato all'acquisto di attrezzature | | |
| Acquistate materie concordando il pagamento posticipato della fattura | | |
| Acquistati macchinari stabilendo con il fornitore pagamenti rateali a 30, 60 e 90 giorni | | |
| Ottenuto dal fornitore il rinnovo di 30 giorni di una cambiale in scadenza | | |
| Apporto di un fabbricato da parte del proprietario | | |
| Ottenuto un mutuo bancario decennale per l'acquisto di un capannone industriale | | |

## 45 Aspetto finanziario

Analizza le operazioni e individuane i riflessi sotto l'aspetto finanziario della gestione (alcune operazioni possono comportare sia movimenti di denaro sia movimenti nei crediti/debiti).

| Operazione di gestione | Entrate monetarie | Uscite monetarie | Aumenti/diminuzioni | |
|---|---|---|---|---|
| | | | Crediti di regolamento | Debiti di regolamento |
| Vendute merci con regolamento a 30 giorni | | | | |
| Acquistate materie prime con regolamento a 60 giorni | | | | |
| Venduti prodotti finiti con regolamento per pronta cassa | | | | |
| Acquistato arredamento con regolamento per pronta cassa | | | | |
| Pagato con bonifico bancario debito verso un fornitore | | | | |
| Riscosso in contanti credito verso un cliente | | | | |
| Acquistato automezzo con regolamento a 60 giorni | | | | |
| Riscossi a mezzo banca interessi attivi da clienti | | | | |
| Pagati con addebito del c/c bancario interessi passivi | | | | |

## 46 Aspetto finanziario della gestione

Analizza le operazioni e individuane i riflessi sotto l'aspetto finanziario (alcune operazioni di gestione possono comportare sia movimenti di denaro, sia movimenti nei crediti/debiti).

| Operazione di gestione | Entrate/uscite di denaro | Aumenti/diminuzioni dei crediti/debiti di regolamento | Aumenti/diminuzioni dei crediti/debiti di finanziamento |
|---|---|---|---|
| Riscossa fattura di 3.660 euro | | | |
| Pagata fattura di 8.540 euro | | | |
| Ottenuto mutuo bancario di 45.000 euro | | | |
| Concesso prestito di 50.000 euro a un'altra impresa | | | |
| Ottenuta dilazione di pagamento su fattura di 12.200 euro | | | |
| Concessa dilazione di pagamento su fattura di 19.520 euro | | | |
| Rimborsata quota del mutuo bancario di 5.000 euro | | | |
| Rimborsato prestito di 50.000 euro concesso a un'altra impresa | | | |

## 47 Movimenti monetari

Per ciascuna operazione indica i movimenti in entrata e in uscita di denaro o di beni.

| Operazione di gestione | Entrate | | Uscite | |
|---|---|---|---|---|
| | Denaro | Beni | Denaro | Beni |
| Apporto in contanti del proprietario | | | | |
| Conferimento di attrezzature da parte del proprietario | | | | |
| Prelevamento di denaro da parte del proprietario | | | | |
| Ottenimento di un prestito bancario | | | | |
| Acquisto di merci con pagamento dilazionato | | | | |
| Prelevamento di merci da parte del proprietario | | | | |
| Pagamento di fattura a un fornitore | | | | |
| Rimborso di un prestito bancario | | | | |
| Assegnazione di un automezzo a un socio | | | | |

## 48 Fonti di finanziamento e aspetti della gestione

Luca Tarabelli, titolare di un'impresa di trasporti internazionali, ha deciso espandere l'attività imprenditoriale allestendo all'interno dell'azienda un reparto di servizi postali.

I costi per la realizzazione del reparto sono i seguenti:

- costi di ristrutturazione del locale 25.000 euro;
- costi di acquisto delle attrezzature 15.000 euro.

Con l'impresa edile incaricata della ristrutturazione del locale viene concordato il pagamento immediato di 17.500 euro e a 90 giorni per l'importo residuo di 7.500 euro. I fornitori delle attrezzature invece non sono disposti a concedere dilazioni di pagamento. L'imprenditore può apportare 12.500 euro; 20.000 euro possono essere ottenuti tramite un finanziamento bancario.

Indica la fonte di provenienza e le caratteristiche dei finanziamenti ottenuti.

| Fonte di finanziamento | Capitale proprio | Capitale di debito |
|---|---|---|
| | | |

## 49 Prospetto degli impieghi e delle fonti di finanziamento

Giorgio Foresi costituisce un'impresa commerciale con un versamento iniziale nel c/c bancario intestato all'impresa di 80.000 euro; ottiene inoltre un mutuo bancario di 120.000 euro. I finanziamenti ricevuti dall'impresa sono stati utilizzati per effettuare i seguenti investimenti:

- software 1.600 euro;
- fabbricato 95.000 euro;
- attrezzature commerciali 45.000 euro;
- macchine d'ufficio (computer) 5.000 euro;
- arredamento 30.000 euro;
- merci 20.000 euro;
- materie di consumo 2.400 euro.

Compila un prospetto che evidenzia gli impieghi e le fonti di finanziamento, tenendo presente che 1.000 euro sono mantenuti nel c/c bancario per far fronte a eventuali esigenze di liquidità.

## 50 Prospetto degli impieghi e delle fonti di finanziamento

Floriano Bravi dà vita a un'attività aziendale che offre sevizi di pulizia della casa. L'imprenditore versa inizialmente nel c/c bancario riservato all'impresa 20.000 euro; ottiene inoltre una dilazione di 2.500 euro sul pagamento di una fattura relativa all'acquisto di materie di consumo (detersivi, prodotti per la casa). Gli investimenti sono stati i seguenti:

- attrezzature 16.000 euro;
- macchinari 3.500 euro;
- materie di consumo 2.500 euro.

Compila un prospetto che evidenzia gli impieghi e le fonti di finanziamento, tenendo presente che 500 euro sono mantenuti in cassa per far fronte a eventuali esigenze di liquidità.

ESERCIZI della lezione 5

## 51 Classificazione di costi e ricavi

Classifica i costi e i ricavi che derivano dalle operazioni di seguito indicate.

| Operazione di gestione | Classificazione |
|---|---|
| Acquisto di automezzi | |
| Vendita di un impianto | |
| Riscossione di fitti attivi | |
| Pagamento di interessi passivi a fornitori | |
| Acquisto di merci | |
| Vendita di merci | |
| Ricezione fattura per costi di trasporto | |
| Ricezione fattura per canone di leasing di un macchinario | |
| Pagamento di salari e stipendi al personale dipendente | |
| Distruzione di attrezzature a seguito di un incendio | |
| Accreditamento di interessi sul c/c bancario | |
| Rimborso di imposte non dovute, versate nel precedente esercizio | |
| Liquidazione di imposte dovute per l'esercizio | |

## 52 Aspetto finanziario ed economico

Individua l'aspetto finanziario ed economico delle operazioni di gestione di seguito riportate (in alcune operazioni è presente solo l'aspetto finanziario).

| Operazione di gestione | Aspetto finanziario | Aspetto economico |
|---|---|---|
| Ordinato bonifico bancario a saldo fattura di un fornitore | | |
| Ricevuta fattura per acquisto di un automezzo | | |
| Ricevuto bonifico bancario a saldo fattura emessa su un cliente | | |
| Acquistati in contanti francobolli e marche cambiali | | |
| Ricevuto da un cliente un assegno circolare a saldo fattura | | |
| Emessa fattura per vendita di prodotti finiti | | |
| Pagato in contanti canone di locazione relativo a un magazzino | | |
| Pagate a mezzo banca retribuzioni al personale dipendente | | |
| Emessa fattura per cessione di un macchinario obsoleto | | |

## 53 Aspetto finanziario ed economico

Individua l'aspetto finanziario ed economico delle operazioni di gestione di seguito riportate (in alcune operazioni è presente solo l'aspetto finanziario).

| Operazione di gestione | Aspetto finanziario | Aspetto economico |
|---|---|---|
| Emesso assegno bancario a saldo fattura di un fornitore | | |
| Emessa fattura per vendita di merci | | |
| Ordinato bonifico postale a saldo fattura di un fornitore | | |
| Riscossi in contanti fitti relativi a un fabbricato concesso in locazione | | |
| Ricevuto pagherò da un cliente a saldo fattura | | |
| Ricevuta fattura per servizio di vigilanza notturna | | |
| Ricevuta da uno studio legale fattura per consulenza prestata | | |
| Accettata cambiale tratta a saldo di una fattura di acquisto merci | | |
| Ricevuta fattura per acquisto di software per tenuta della contabilità | | |

### 54 Aspetto finanziario e aspetto economico della gestione

Individua l'aspetto finanziario e l'aspetto economico delle operazioni di seguito riportate, indicando la natura e il segno delle variazioni (segui l'esempio riportato nella prima riga). Tieni presente che in alcune operazioni è presente solo l'aspetto finanziario.

| Operazione di gestione | Aspetto finanziario | Aspetto economico |
|---|---|---|
| Emessa fattura per vendita di merci per 60.000 euro, regolamento a 30 giorni | + crediti di regolamento 60.000 euro | + ricavi di vendita delle merci 60.000 euro |
| Costituita impresa individuale con apporto di 50.000 euro | | |
| Ricevuta fattura relativa all'acquisto di un macchinario di 20.000 euro, regolamento a 60 giorni | | |
| Ricevuta fattura per l'acquisto di merci per 6.300 euro; pagamento immediato per $^1/_3$ con assegno bancario e il residuo a 60 giorni | | |
| Pagati tramite c/c bancario canoni di leasing per 1.500 euro | | |
| Ricevuto bonifico bancario a saldo fattura di 60.000 euro | | |
| Pagata tramite c/c bancario fattura di 30.000 euro | | |
| Pagati tramite c/c bancario salari e stipendi per 35.000 euro | | |
| Ricevuta fattura di 12.500 euro per l'acquisto di merci, regolamento con pagherò a 30 giorni | | |
| Estinto tramite banca pagherò di 25.000 euro | | |

## Lezione 6 Il reddito e il patrimonio

### 55 Reddito d'esercizio e situazione economica

Durante l'esercizio n l'impresa commerciale Nazzareno Biagetti ha compiuto le seguenti operazioni, tutte regolate tramite c/c bancario:

- acquistate merci per 552.000 euro;
- sostenuti costi per il personale per 36.000 euro;
- sostenuti costi per servizi (energia elettrica, trasporti ecc.) per 30.000 euro;
- sostenuti costi per godimento di beni di terzi (fitti passivi e canoni di leasing) per 21.600 euro;
- vendute tutte le merci acquistate realizzando ricavi per 828.000 euro;
- riscossi interessi attivi bancari per 780 euro e pagati interessi passivi a fornitori per 1.440 euro.

Calcola il reddito dell'esercizio e presenta la Situazione economica a sezioni contrapposte tenendo presente che non vi sono esistenze iniziali di merci e che tutti i costi e i ricavi sono di competenza dell'esercizio.

### 56 Situazione economica

Silvia Pettinari costituisce un'azienda commerciale all'ingrosso di pellami con un apporto iniziale in denaro di 400.000 euro.

Nel corso del primo periodo amministrativo vengono effettuate le seguenti operazioni (tutti i costi e i ricavi si considerano di competenza economica dell'esercizio):

- acquistate merci per 1.038.000 euro, di cui 520.000 euro da fornitori esteri;
- pagati canoni di leasing delle attrezzature per 21.600 euro e fitti per i locali per 43.200 euro;
- vendute merci per 1.195.200 euro;
- pagati costi per servizi per 49.680 euro;
- sostenuti costi fiscali (imposte e tasse) per 18.720 euro.

1. Calcola il risultato economico dell'esercizio e presenta la Situazione economica sia a sezioni divise sia in forma scalare.
2. Calcola il capitale proprio finale.

## 57 Situazione economica

All'inizio del mese di gennaio l'imprenditore Elio Pagnanelli costituisce un'impresa commerciale con un conferimento iniziale di 384.000 euro versati sul c/c bancario intestato all'impresa. Durante il primo periodo amministrativo l'impresa compie le seguenti operazioni, tutte regolate tramite c/c bancario:

- acquistata una prima partita di merci per 360.000 euro;
- pagati i canoni di locazione dei locali di 14.400 euro e i canoni di leasing delle attrezzature di 7.200 euro;
- vendute merci per 456.000 euro;
- sostenuti costi per il personale dipendente di 26.000 euro;
- sostenuti costi di trasporto di 4.800 euro, per l'energia elettrica di 3.200 euro e per il riscaldamento di 10.000 euro;
- acquistata un'altra partita di merci per 415.200 euro;
- vendute tutte le restanti merci per 445.200 euro;
- versati 24.000 euro per danni provocati a terzi in seguito a un incidente.

Tenendo presente che tutti i costi e i ricavi sono di competenza economica dell'esercizio presenta la Situazione economica a sezioni divise e in forma scalare e calcola il capitale proprio finale.

## 58 Situazione economica

Stefano Ardu costituisce un'impresa commerciale con un versamento iniziale nel c/c bancario intestato all'impresa di 200.000 euro. Durante il primo esercizio vengono compiute le seguenti operazioni, tutte regolate a mezzo banca:

- acquistate merci per 432.000 euro e materie di consumo per 18.200 euro;
- pagati fitti per il magazzino e il punto vendita per 17.280 euro;
- pagati canoni di leasing delle attrezzature e degli automezzi per 8.640 euro;
- vendute tutte le merci per 547.200 euro, di cui 310.000 euro a clienti esteri;
- sostenuti costi per il personale dipendente per 52.400 euro;
- sostenuti i seguenti costi: telefonici per 6.400 euro, di trasporto di 5.760 euro, per l'energia elettrica e il riscaldamento di 13.840 euro;
- sul c/c bancario sono maturati interessi passivi per 3.600 euro e interessi attivi per 640 euro.

Tenendo presente che tutti i costi e i ricavi sono di competenza economica del periodo amministrativo presenta la Situazione economica a sezioni divise e in forma scalare e calcola il capitale proprio finale.

## 59 Calcolo del patrimonio netto

Calcola l'importo del patrimonio netto all'inizio e alla fine di ogni esercizio.

| Anno | Patrimonio netto iniziale | Apporti | Prelevamenti | Utile d'esercizio | Perdita d'esercizio | Patrimonio netto finale |
|---|---|---|---|---|---|---|
| n | 200.000 | 20.000 | | | 15.000 | |
| n + 1 | | | 25.000 | 30.000 | | |
| n + 2 | | 10.000 | 15.000 | 35.000 | | |
| n + 3 | | 10.000 | 20.000 | | 30.000 | |

## 60 Variazioni del patrimonio netto

L'imprenditore Paolo Darraco costituisce un'azienda con un versamento iniziale di 264.000 euro.
Durante il primo esercizio effettua prelievi di 42.000 euro per esigenze personali; inoltre, poiché per far fronte alle produzioni richieste dal mercato si devono acquistare nuovi macchinari, l'imprenditore vende un appartamento facente parte del suo patrimonio personale, apportando nell'impresa il ricavato di 180.000 euro.
Alla fine dell'esercizio la Situazione economica evidenzia un utile d'esercizio di 46.320 euro.

Determina l'importo del patrimonio netto finale.

### 61 Variazioni del patrimonio netto

Gino Marinozzi costituisce un'impresa individuale con un versamento iniziale di 200.000 euro. Durante il primo anno preleva per spese personali 18.000 euro; al 31/12 la Situazione economica evidenzia una perdita d'esercizio di 12.000 euro.

Nel corso del secondo anno l'imprenditore preleva per spese personali 19.500 euro; l'esercizio si chiude con un utile di 20.500 euro che viene mantenuto in azienda per finanziare l'attività produttiva. Durante il terzo anno l'imprenditore effettua nuovi apporti per 50.000 euro; l'esercizio si chiude con un utile di 39.000 euro. Calcola il patrimonio netto alla fine dei tre periodi amministrativi considerati.

### 62 Situazione patrimoniale

Il patrimonio al 31/12/n dell'impresa individuale Giancarlo Cippitelli è composto dagli elementi di seguito indicati.

Dopo aver distinto le attività dalle passività, presenta la Situazione patrimoniale al 31/12/n e calcola il patrimonio netto finale e il capitale proprio iniziale tenendo presente che l'utile dell'esercizio n è di 27.000 euro.

| | | | |
|---|---|---|---|
| Fabbricati | 240.000 | Debiti verso fornitori | 71.000 |
| Mutui passivi | 280.000 | Debiti verso fornitori esteri | 100.000 |
| Attrezzature commerciali | 25.000 | Merci | 34.000 |
| Materie di consumo | 6.000 | Crediti verso clienti | 320.000 |
| Denaro in cassa | 1.200 | Banca c/c attivo | 16.800 |
| Impianti e macchinari | 85.000 | | |

### 63 Situazione patrimoniale

L'impresa industriale Sergio Marchini presenta al 31/12/n gli elementi patrimoniali che seguono.

| | | | |
|---|---|---|---|
| Sovvenzioni bancarie a lunga scadenza | 57.000 | Materie prime | 16.000 |
| Capitale proprio iniziale | 400.000 | Cambiali passive | 56.000 |
| Attrezzature industriali | 125.000 | Fabbricati | 320.000 |
| C/c bancario passivo | 16.500 | Mutui passivi | 300.000 |
| Debiti verso fornitori | 200.000 | Marchi | 60.000 |
| Brevetti industriali | 12.000 | Automezzi | 35.000 |
| Crediti verso clienti | 178.000 | Prodotti finiti | 120.000 |
| Impianti e macchinari | 265.000 | Denaro in cassa | 7.000 |
| Utile dell'esercizio | 108.500 | | |

Presenta la Situazione patrimoniale distinguendo gli elementi del patrimonio in impieghi e fonti di finanziamento.

### 64 Situazione patrimoniale, analisi delle condizioni di equilibrio finanziario e patrimoniale

L'impresa Marino Carbone presenta al 31/12/n i seguenti elementi del patrimonio di funzionamento:

| | | | |
|---|---|---|---|
| Debiti verso fornitori | 129.200 | Fabbricati | 403.200 |
| Materie di consumo | 73.440 | Debiti diversi | 2.400 |
| Denaro in cassa | 3.420 | Merci | 129.600 |
| Arredamento | 25.920 | Software | 77.760 |
| Crediti verso clienti | 86.640 | Patrimonio netto | *da calcolare* |
| Crediti verso clienti esteri | 30.000 | Automezzi | 36.000 |
| Crediti diversi | 720 | C/c bancario passivo | 53.800 |
| Mutui passivi | 172.800 | | |

1. Presenta la Situazione patrimoniale distinguendo gli elementi del patrimonio in impieghi e fonti di finanziamento.
2. Calcola il grado di capitalizzazione, il grado di elasticità e di rigidità degli impieghi e la composizione percentuale delle fonti di finanziamento.
3. Redigi una breve relazione di commento sulle condizioni di equilibrio patrimoniale e finanziario dell'impresa.

### 65 Situazione patrimoniale, analisi delle condizioni di equilibrio finanziario e patrimoniale

L'impresa Giovanni Campilia, svolgente attività di commercio all'ingrosso di pellami, presenta al 31/12 i seguenti elementi del patrimonio di funzionamento:

| | | | |
|---|---:|---|---:|
| Avviamento | 40.000 | Patrimonio netto | *da calcolare* |
| Mutui passivi | 120.000 | Automezzi | 32.000 |
| Fabbricati | 180.000 | Merci | 135.000 |
| Attrezzature commerciali | 25.000 | Crediti verso clienti | 185.000 |
| Materie di consumo | 18.000 | C/c bancario passivo | 45.600 |
| Cambiali attive | 18.300 | Debiti diversi | 3.500 |
| Debiti verso fornitori | 170.000 | Denaro in cassa | 2.060 |
| C/c postali | 16.800 | Cambiali passive | 28.060 |

1. Presenta la Situazione patrimoniale distinguendo gli elementi del patrimonio in impieghi e fonti di finanziamento.
2. Calcola il grado di capitalizzazione, il grado di elasticità e di rigidità degli impieghi e la composizione percentuale delle fonti di finanziamento.
3. Redigi una breve relazione di commento sulle condizioni di equilibrio patrimoniale e finanziario dell'impresa.

### 66 Confronto tra Situazioni patrimoniali, equilibrio finanziario e relazione fonti/impieghi

Le Situazioni patrimoniali di seguito presentate sono relative a due imprese: la prima opera nel settore del commercio all'ingrosso e la seconda nel settore manifatturiero.

**Situazione patrimoniale impresa commerciale**

| **Attività** | | **Passività e netto** | |
|---|---:|---|---:|
| Software | 16.700 | Mutui passivi | 110.000 |
| Fabbricati | 266.400 | Debiti verso fornitori | 265.000 |
| Attrezzature commerciali | 40.900 | Cambiali passive | 49.160 |
| Arredamento | 16.000 | Banca c/c passivo | 52.000 |
| Automezzi | 52.000 | Debiti diversi | 48.000 |
| Merci | 122.000 | Patrimonio netto | 294.840 |
| Materie di consumo | 8.000 | | |
| Crediti verso clienti | 290.000 | | |
| Banca c/c attivo | 5.800 | | |
| Denaro in cassa | 1.200 | | |
| Totale attività | 819.000 | Totale a pareggio | 819.000 |

**Situazione patrimoniale impresa industriale**

| **Attività** | | **Passività e netto** | |
|---|---:|---|---:|
| Brevetti | 13.900 | Mutui passivi | 240.000 |
| Fabbricati | 420.000 | Debiti verso fornitori | 235.000 |
| Impianti e macchinari | 270.000 | Banca c/c passivo | 126.900 |
| Attrezzature industriali | 74.000 | Debiti diversi | 148.000 |
| Automezzi | 98.000 | Patrimonio netto | 608.000 |
| Materie prime | 150.000 | | |
| Prodotti finiti | 85.000 | | |
| Crediti verso clienti | 240.000 | | |
| Banca c/c attivo | 5.800 | | |
| Denaro in cassa | 1.200 | | |
| Totale attività | 1.357.900 | Totale a pareggio | 1.357.900 |

1. Presenta la Situazione patrimoniale delle due imprese classificando gli elementi del patrimonio in impieghi e fonti di finanziamento.
2. Calcola gli indicatori che consentono di valutare l'equilibrio patrimoniale e finanziario delle due imprese.
3. Predisponi una breve relazione di commento sulle condizioni di equilibrio delle due imprese.

### 67 Completamento della Situazione patrimoniale

Inserisci nella Situazione patrimoniale gli importi mancanti utilizzando i dati di seguito riportati: grado di rigidità 60%; capitale di debito 400.000 euro; grado di capitalizzazione 1,2; i debiti a media e lunga scadenza corrispondono al 40% del totale dei debiti.

**Situazione patrimoniale**

| **Impieghi** | | **Fonti di finanziamento** | |
|---|---|---|---|
| Immobilizzazioni | .................. | Passività consolidate | .................. |
| Attivo circolante | .................. | Passività correnti | .................. |
| | | Patrimonio netto | .................. |
| Totale impieghi | 880.000 | Totale fonti | .................. |

### 68 Completamento della Situazione patrimoniale

Inserisci nella Situazione patrimoniale gli importi mancanti utilizzando i dati di seguito riportati:

- attivo immobilizzato 247.500 euro, pari al 55% del patrimonio lordo;
- capitale di debito 60% del totale delle fonti;
- passività consolidate 20% del capitale di debito.

**Situazione patrimoniale**

| **Impieghi** | | **Fonti di finanziamento** | |
|---|---|---|---|
| Immobilizzazioni | 247.500 | Passività consolidate | .................. |
| Attivo circolante | .................. | Passività correnti | .................. |
| | | Totale capitale di debito | .................. |
| | | Capitale proprio | .................. |
| Totale impieghi | ........................ | Totale finanziamenti | .................. |

### 69 Situazione economica e Situazione patrimoniale

All'inizio dell'esercizio n, Tiziano Sironi costituisce un'impresa commerciale per l'esportazione di cornici sui mercati arabi con un apporto di 50.000 euro. Durante il primo periodo amministrativo l'imprenditore non ha effettuato né nuovi versamenti, né prelevamenti extragestionali. Lo svolgimento della gestione ha comportato le seguenti operazioni:

- ottenimento di un mutuo bancario di 100.000 euro, interessi al tasso 5% addebitati in c/c bancario il 31/12 di ciascun anno;
- acquistate merci per 180.000 euro, regolamento immediato per 150.000 euro e a dilazione per il residuo;
- pagati canoni di leasing per 62.000 euro e fitti passivi per 28.000 euro; pagati costi per servizi per 16.000 euro;
- vendute tutte le merci in precedenza acquistate a 268.000 euro, regolamento immediato per 250.000 euro, a dilazione per il residuo.

Tenendo presente che tutti i costi e i ricavi sono di competenza economica dell'esercizio e che tutti i pagamenti e le riscossioni avvengono tramite c/c bancario, presenta:

1. un prospetto idoneo a evidenziare i movimenti nel c/c bancario;
2. la Situazione economica dell'esercizio n e la Situazione patrimoniale al 31/12/n. (Tralasciare gli aspetti fiscali.)

# Modulo B Il sistema informativo aziendale

## Lezione 1 Le informazioni aziendali

ESERCIZI della lezione 1

### Sistema informativo aziendale

Leggi il brano *Innovazione e tecnologie informatiche*, tratto da F. Pennarola, Management – Università Bocconi, e rispondi alle domande.

Se si conoscessero gli accadimenti del futuro, le organizzazioni potrebbero predisporre le risorse necessarie per svolgere i compiti attesi secondo la massima efficienza possibile. Ma ciò, purtroppo, non corrisponde alla realtà. Tutte le aziende devono quotidianamente scommettere su quello che accadrà, cercare di prevedere quante e quali risorse saranno necessarie e sulla base di queste decisioni prepararsi ad affrontare la quotidianità [...].
I sistemi informativi sono un meccanismo operativo che permette di controllare l'incertezza [...].
Chi si occupa dei sistemi informativi nelle imprese ricopre un ruolo importante e complementare a molti altri: la funzione commerciale necessita di un continuo aggiornamento dei dati di vendita, suddivisi per cliente, per area geografica, per linea di prodotto e altri criteri ancora. Le funzioni di amministrazione e finanza sono sempre in più stretto collegamento con i sistemi informativi: da essi arrivano i dati per la gestione degli incassi e dei pagamenti, la situazione dei clienti e dei fornitori, il calcolo delle imposte, la situazione del magazzino prodotti. La funzione del personale deve periodicamente controllare le ore lavorate dai dipendenti per poter calcolare l'esatto ammontare dello stipendio e dei relativi oneri sociali: queste informazioni devono poi essere ordinatamente archiviate per predisporre a fine esercizio i calcoli finali del costo del lavoro [...].
Risulta chiaro come i sistemi informativi svolgono una funzione di grande valore: quella di automatizzare la gestione e l'elaborazione dei dati. Al centro di tutti i processi di gestione, infatti, vi sono i dati che devono essere disponibili al management per trasformarsi in informazioni indispensabili per prendere decisioni efficaci, tempestive, nel rispetto dell'efficienza globale dell'impresa.

1. A che cosa serve il sistema informativo aziendale?
2. Quale relazione si deve costituire tra sistema informativo aziendale e le funzioni commerciale, amministrazione e finanza, personale?
3. In quale modo i dati possono essere trasformati in informazioni?

### Sistema informativo e comunicazione

Leggi il brano tratto da *Impresa e comunicazione* di A. Pastore e M. Vernuccio, APOGEO e rispondi alle domande.

Nell'odierna era post-industriale, della complessità e dell'interdipendenza, la comunicazione d'impresa assume un ruolo fondamentale, di carattere strategico. Le imprese sono alla continua ricerca di consenso e di legittimazione competitiva, sociale, istituzionale e la comunicazione costituisce un fattore chiave per il governo delle relazioni con tutti i portatori di interessi: i clienti, i business partner, le risorse umane, gli investitori, le istituzioni, le comunità sociali.
Attraverso la comunicazione l'impresa attiva e gestisce le relazioni, crea e consolida la fiducia, esercita condizionamenti, promuove la co-evoluzione.
L'agire comunicativo dell'impresa va molto al di là della pubblicità e delle relazioni pubbliche: nel perseguimento delle proprie finalità di comunicazione l'impresa moderna può utilizzare un mix di strumenti assai ampio e composito, che si è notevolmente evoluto nel tempo. Ma l'impresa comunica anche con le proprie azioni e persino con il proprio silenzio: un'impresa, come un individuo, non può non comunicare [...].
Si deve riconoscere come la comunicazione non sia solo frutto di scelte e azioni manageriali, di respiro più o meno ampio, ma sia in buona parte involontaria, essendo legata all'esistenza stessa dell'impresa, alla sua

identità profonda, al suo funzionamento, al suo produrre valori, al suo aprirsi all'esterno acquisendo e rilasciando "risorse". A ciò si aggiunge la constatazione della crescita esponenziale del livello del "rumore" di fondo, in diretta correlazione con il continuo aumento della quantità di informazioni disponibili in ambito economico e sociale, come pure della varietà di canali potenzialmente idonei per veicolarle.

1. Perché le imprese sono alla ricerca di consenso e legittimazione?
2. Con quali strumenti le imprese comunicano con i portatori di interessi?
3. Chi crea il "rumore di fondo" citato dagli autori?
4. Come giudichi l'aumento delle informazioni disponibili in ambito economico e sociale?

### 3 Sistema informativo e comunicazione

Leggi il brano *Innovazione e tecnologie informatiche*, tratto da F. Pennarola, Management – Università Bocconi, e rispondi alle domande.

I dati devono però trasformarsi in informazioni. Per chiarire questo concetto si suggerisce di immaginare una situazione simile a quella di seguito descritta:
«Pensate di essere in una stanza arredata: un salotto di medie dimensioni, in un appartamento al terzo piano di un condominio. Provate a descrivere ciò che vedete immaginando di essere un traslocatore, un ladro di appartamenti, un genitore di un bambino di 12 mesi che ha appena iniziato a camminare.
È facile supporre che il traslocatore sarà in primo luogo colpito dalle dimensioni degli arredi, giustamente preoccupato per il loro trasferimento al piano inferiore del condominio e il successivo carico sui mezzi di trasporto. Il ladro sarà attratto dagli oggetti di valore: lo stereo, un quadro che nasconde una cassaforte, un cellulare abbandonato sul divano. Il genitore del bimbo che ha appena iniziato a camminare sarà preoccupato della presenza di spigoli, di suppellettili fragili o pericolosi alla portata del figlio piccolo.
Che cosa è accaduto? I dati si sono trasformati in informazioni: ma le informazioni sono state recepite in tre modi diversi, a seconda del punto di vista della persona, del suo ruolo e dei suoi obiettivi.
Ciò significa che ciascuno applica un filtro percettivo alla fase di raccolta e acquisizione dei dati, che vengono selezionati, ordinati e interpretati in modo diverso.
La conseguenza di questo processo è che le decisioni che ne scaturiscono sono determinate dal filtro percettivo applicato dalla persona: il traslocatore deciderà una sequenza particolare per trasportare gli arredi al piano inferiore, il ladro afferrerà rapidamente gli oggetti di maggior valore prima di fuggire dall'appartamento, il genitore trasferirà tutti gli oggetti pericolosi in un altro luogo per evitare che il bimbo possa ferirsi o romperne qualcuno».

1. Nel brano che hai letto da cosa sono rappresentati i dati? E le informazioni?
2. Quale fattore determina la produzione di informazioni diverse che tuttavia scaturiscono dai medesimi dati?

### 4 Informatizzazione e informazione

Dopo aver analizzato la situazione operativa rispondi alle domande.

Angela Fioresi, responsabile di un supermercato, deve affrontare il problema degli scaffali vuoti a causa del ritardo nelle consegne da parte dei fornitori. Per evitare di perdere la clientela indispettita per non avere trovato i prodotti desiderati sugli scaffali del supermercato, Fioresi ha fatto acquistare un software in grado di individuare i prodotti a rischio di esaurimento attraverso la lettura del codice a barre dell'articolo e del trend di vendite in corso. La procedura si attiva attraverso il passaggio del prodotto alla cassa: si verifica un aggiornamento immediato della quantità presente sullo scaffale, della quantità venduta dall'inizio della giornata e del trend delle vendite. Quando il livello del prodotto raggiunge una soglia minima prefissata oppure si verifica una tendenza delle vendite che porterà rapidamente a una situazione di *out-of-stock*, l'operatore del magazzino riceve un messaggio di allerta e attiva immediatamente l'ordine al fornitore.

1. In quale modo i dati sui prodotti sono trasformati in informazioni utili per il responsabile del punto vendita?
2. Perché il sistema di informatizzazione del supermercato migliora l'efficienza aziendale?
3. Perché questa procedura informatica può fidelizzare la clientela?
4. Le informazioni raccolte sono rivolte a soggetti interni o esterni?

ESERCIZI della lezione 1

## 5 Informazione e strategia aziendale

Dopo aver analizzato la situazione operativa rispondi alle domande.

Mario Vettori è il responsabile di un supermercato di una grande città d'arte italiana che, per affrontare la concorrenza delle grandi catene estere di supermercati che stanno aprendo punti vendita nella sua città e per fidelizzare la clientela, ha attivato tre specifiche strategie.

a) Per evitare le code alle casse, particolarmente lunghe in alcune ore della giornata e in alcuni giorni della settimana in particolare il sabato, a causa dei turisti che acquistano prodotti alimentari tipici, ha sostituito le tradizionali casse con una cassa automatica in grado di leggere i codici a barre dei prodotti che vengono appoggiati direttamente dal consumatore sul tradizionale tappeto rotante. Il pagamento è effettuato con carta di debito o carta di credito. La procedura obbliga il consumatore a svuotare il carrello prima dell'uscita dal supermercato e a percorrere una via controllata dal personale del supermercato prima di ritirare la merce.

b) Per smaltire le giacenze di magazzino ha deciso di lanciare promozioni in tempo reale nel corso della giornata, con offerte per i prodotti più facilmente deperibili e utilizzando un sistema radio controllato.

c) Per incrementare il grado di soddisfazione del cliente adotta sconti legati alle abitudini dei consumatori, realizzati attraverso la lettura di una carta fedeltà che il cliente-socio passa, all'ingresso del supermercato, su un lettore che concede sconti personalizzati sulla base degli acquisti precedenti.

1. Quali vantaggi procura la "cassa fai da te" all'organizzazione e alla gestione del supermercato?
2. Quali informazioni servono ai supermercati per fidelizzare la clientela?
3. Quali vantaggi ottiene il supermercato dal pagamento effettuato con carte di debito e carte di credito?

## 6 Informazione e strategia aziendale

Dopo aver analizzato la situazione operativa rispondi alle domande.

I fratelli Luigi e Antonio Forneris gestiscono il vivaio "Il Fiordaliso" ereditato dal papà. Collaborano alla gestione Franco Marti, responsabile delle vendite, Luisa Veroni, responsabile degli acquisti e del magazzino, Angela Vertusi e Marco Barti, addetti alla vendita. I fratelli Forneris hanno notato un calo delle vendite dovuto anche all'apertura, sul mercato locale, di un negozio che effettua vendite al dettaglio e all'ingrosso. Decidono quindi di:

- diversificare i loro prodotti introducendo nel catalogo oggettistica e articoli da regalo;
- offrire servizi domiciliari per la manutenzione dei giardini;
- intrecciare rapporti con ristoranti e chiese al fine di offrire alla clientela un servizio completo.

Incaricano quindi il responsabile delle vendite di realizzare un'indagine sul territorio dalla quale ricavare dati e informazioni in grado di supportare le decisioni.

1. Di quali informazioni hanno bisogno i fratelli Luigi e Antonio per realizzare le strategie?
2. Di quali informazioni devono disporre gli organi direttivi per attuare le decisioni inerenti le scelte tattiche da attuare?
3. Quali decisioni tattiche devono prendere i componenti del nucleo operativo per realizzare il prodotto?

## 7 Componenti del sistema informativo aziendale

Analizza la figura e rispondi alle domande.

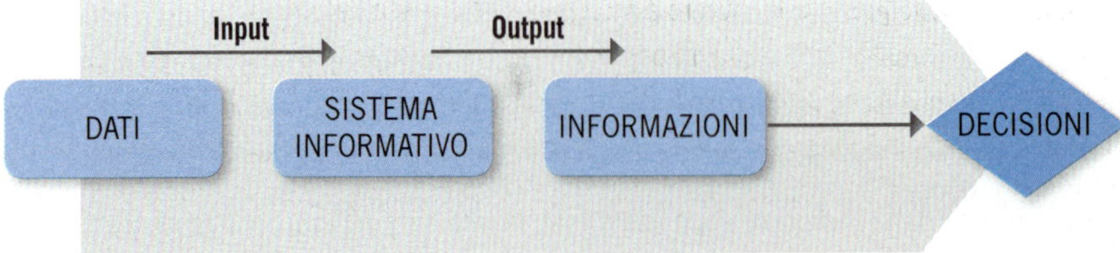


1. Da dove provengono i dati raccolti?
2. In quale modo i dati raccolti vengono immessi nel sistema informativo?

3. A quali soggetti interni vengono fornite informazioni?
4. Quali decisioni vengono assunte dagli organi aziendali sulla base delle informazioni?

8 ✓

### Informazione e strategia aziendale

Analizza la situazione operativa e rispondi alle domande.

Aldo Fornesi è il responsabile di un negozio di articoli sportivi; per fidelizzare la clientela decide di attivare le seguenti strategie:

a) adotta sconti collegati alle abitudini dei consumatori mediante l'uso di una fidelity card da presentare alla cassa al momento del pagamento;
b) organizza giornate a tema con la partecipazione di atleti e personaggi dello spettacolo;
c) destina l'1% delle vendite realizzate in un determinato mese dell'anno al finanziamento di un progetto di sviluppo in un Paese africano, per dimostrare la concreta sensibilità dell'impresa nei confronti della popolazione di quel Paese;
d) offre una carta regalo, che consente al suo titolare di ricevere gratuitamente degli articoli, se ha raggiunto un determinato volume di acquisti;
e) incrementa l'offerta di prodotti da vendere on line (fitness, running, escursionismo, ciclismo, kayak e sport d'acqua) con il reso gratuito, il costo alla spedizione della merce totalmente a carico dell'impresa e il "soddisfatti o rimborsati" della durata di 30 giorni per chi cambia idea sull'acquisto.

1. Quali informazioni servono al responsabile del negozio per fidelizzare la clientela?
2. Quali vantaggi ottiene l'impresa dall'organizzazione delle giornate a tema?
3. Quali clienti risultano sensibili alla destinazione dell'1% delle vendite a un progetto di sviluppo in un Paese africano?
4. Perché le vendite on line possono migliorare il rapporto con la clientela e incrementare il fatturato aziendale?

9 ✓

### Dati personali e dati sensibili

Leggi il brano tratto da *La Privacy dalla parte dell'impresa,* parte 1 *Il valore dei dati*, a cura del Garante per la protezione dei dati personali, e rispondi alle domande.

Nella società dell'informazione, i "dati" rappresentano spesso uno dei beni più preziosi posseduti da un'impresa, sia essa di grandi o piccole dimensioni. Possono essere di tipo commerciale, rappresentare il portafoglio degli attuali clienti o di quelli futuri, raccontare l'organizzazione interna e l'attività di ricerca e sviluppo. Qualunque manager ne conosce l'importanza e cerca di usarli al meglio. Non bisogna dimenticare, però, che le potenzialità economiche dei dati sono direttamente proporzionali alla liceità del loro trattamento: raccoglierli nel rispetto della privacy, e poterne quindi liberamente usufruire, significa creare valore per l'azienda. È bene, tra l'altro, che la *leadership* di un'azienda sia ben consapevole della differenza esistente tra i vari tipi di dati. Alcuni infatti possono essere utilizzati senza particolari problemi, altri necessitano di apposite garanzie e protezioni.

I **dati personali** sono tutte le informazioni relative a una persona fisica, identificata o identificabile, anche indirettamente (mediante riferimento a qualsiasi altra informazione), incluso l'eventuale numero di identificazione personale. [...] Si ricorda che, in base a una recente novità legislativa, non sono più considerati come dati personali, e quindi, almeno in linea generale, non sono più tutelati dalla normativa sulla privacy, i dati riferibili alle persone giuridiche, ovvero a imprese, enti e associazioni.

I **dati sensibili** sono quei particolari dati personali che consentono di rivelare l'origine razziale ed etnica di una persona, le sue convinzioni religiose, filosofiche o di altro genere. Lo sono anche quelli che indicano l'adesione a partiti, sindacati, associazioni o organizzazioni a carattere religioso, filosofico, politico o sindacale. Oppure i dati idonei a rivelare lo stato di salute e la vita sessuale. [...]

1. Perché i dati rappresentano un bene prezioso per le imprese?
2. Quali vantaggi ricevono le imprese dal possesso di dati sulla clientela?
3. Come valuti la tutela riservata dal Garante della Privacy ai dati presenti nelle imprese?

ESERCIZI della lezione 2

# Lezione 2 I documenti e la contabilità aziendale

**Funzionamento del conto Denaro in cassa**

Registra nel conto Denaro in cassa, tenuto nella forma a sezioni divise, le operazioni sotto riportate e calcola il saldo dopo l'ultima registrazione:

01/02: consistenza iniziale 1.220 euro;
03/02: pagata fattura n. 87 di 363 euro;
05/02: incassata cambiale di 420 euro;
07/02: pagata fattura n. 93 di 629,50 euro;
10/02: incassata fattura n. 23 di 653,40 euro;
15/02: inviato anticipo di 400 euro a un fornitore;
20/02: riscossa fattura n. 43 di 822,80 euro;
28/02: saldo finale.

**11 Funzionamento del conto Banca e compilazione di assegni**

L'impresa Claudio Fassi & C. snc è in rapporto di conto corrente con la banca Intesa Sanpaolo. Durante il mese di giugno il conto corrente è stato movimentato come di seguito indicato:

01/06: residuo credito del trimestre precedente di 3.780,40 euro;
03/06: versamento di un assegno bancario di 1.800 euro ricevuto da un cliente;
07/06: emissione di un assegno bancario di 2.850 euro a favore di un fornitore;
15/06: versamento di un assegno circolare di 1.482,40 euro ricevuto da un cliente;
21/06: versamento di denaro contante di 380 euro;
22/06: pagamento di una cambiale in scadenza di 2.440 euro.

Presenta, integrando opportunamente i dati mancanti:

1. l'assegno bancario versato in data 03/06;
2. l'assegno circolare versato in data 15/06,
3. il conto intestato alla banca nelle seguenti forme:
   - scalare;
   - a sezioni divise;
   - a sezioni accostate senza colonna del saldo;
   - a sezioni accostate con colonna del saldo.

**Funzionamento del conto Banca**

La Angelo Sarti & C. snc è in rapporto di conto corrente con la banca Intesa Sanpaolo. Durante il mese di luglio il conto corrente è stato movimentato come di seguito indicato:

01/07: residuo credito del trimestre precedente 3.740,00 euro;
04/07: addebito di commissioni e spese del trimestre precedente 78,00 euro;
10/07: versamento di un assegno circolare ricevuto dal cliente Garzeni di 1.480,00 euro;
15/07: emissione dell'assegno bancario n. 987060 di 1.250,00 euro a favore del fornitore Colpani;
20/07: versamento dell'assegno bancario di 3.800,00 euro ricevuto dal cliente Romei;
22/07: versamento di denaro contante di 300,00 euro;
28/07: estinzione di un pagherò di 2.600,00 euro a favore del fornitore Alessi.

Presenta il conto intestato alla banca nelle seguenti forme:

1. scalare;
2. a sezioni divise;
3. a sezioni accostate senza colonna del saldo;
4. a sezioni accostate con colonna del saldo.

**Funzionamento del conto Clienti e compilazione di fatture** senza colonna del saldo

La Parini srl è in rapporto con il cliente Valerio Antoni con il quale effettua le seguenti operazioni:

15/03: venduti prodotti per 7.200 euro + IVA come da fattura n. 284, sconto incondizionato per redistribuzione e quantità 15% + 3%, spese documentate anticipate in nome del cliente 400 euro;
20/03: ricevuto assegno bancario di 3.000 euro;
25/03: ricevuto assegno bancario di 2.000 euro;
10/04: venduti prodotti per 8.500 euro + IVA come da fattura n. 315, sconto incondizionato 10%, spese di trasporto addebitate forfetariamente 210 euro;

15/04: ricevuto assegno circolare di 3.500 euro;
20/04: concesso abbuono di 300 euro, senza variazione IVA, per differenze qualitative riscontrate nella merce venduta il 10/04;
22/04: emessa tratta a 30 giorni a saldo integrale del credito.

Presenta, integrando opportunamente i dati mancanti:

1. la parte tabellare delle fatture n. 284 e n. 315;
2. il conto tenuto dalla Parini srl, intestato a Valerio Antoni nella forma a sezioni accostate con colonna del saldo.

### 14 Contabilità clienti, contabilità fornitori e compilazione di titoli di credito

La Tiscal spa intrattiene rapporti con il fornitore Mauro Forneri e il cliente Carlo Tozzi. All'inizio dell'esercizio, dalla contabilità risulta un residuo debito verso Fornesi di 15.300 euro e un residuo credito verso Tozzi di 8.820 euro. Durante il mese di gennaio le operazioni di gestione effettuate con le due imprese sono state le seguenti:
10/01: emessa tratta su Tozzi di 2.500 euro a favore di Forneri;
12/01: emessa fattura n. 18 di 5.800 euro su Tozzi per vendita di merci;
20/01: inviato assegno bancario di 4.000 euro a Forneri;
25/01: ricevuta fattura n. 32 di 10.720 euro di Forneri per acquisto di merci;
26/01: accettata tratta a due mesi emessa da Forneri a regolamento fattura n. 32;
28/01: emessa fattura n. 44 di 4.400 euro su Tozzi per vendita di merci;
30/01: concesso a Tozzi abbuono di 200 euro su fattura n. 44 per differenze qualitative.

Presenta, integrando opportunamente i dati mancanti:

1. le schede di partitario a sezioni divise intestate al fornitore Forneri e al cliente Tozzi con evidenziazione del saldo a fine mese;
2. la tratta di 2.500 euro emessa su Tozzi a favore di Forneri;
3. l'assegno bancario di 4.000 euro emesso a favore di Forneri tratto sulla Banca Monte dei Paschi di Siena.

### 15 Prima nota e compilazione di assegno e fattura

✓

In data 10/04 l'impresa Giulio Matteucci compila la prima nota delle seguenti operazioni:

- ricevuta fattura n. 92 dal fornitore Fulvio Giannetti riguardante l'acquisto di 30 prodotti a 280,20 euro ciascuno, sconto incondizionato 15%, costi di trasporto 122 euro, IVA ordinaria;
- rilasciato assegno bancario n. 4576543 di 968 euro tratto sulla banca UniCredit al fornitore Teresa Bardelli a saldo fattura n. 168;
- ricevuto assegno bancario n. 543288 di 940 euro tratto sulla banca Intesa Sanpaolo dal cliente Vincenzo Nardoni a titolo di acconto fornitura.

Presenta, integrando opportunamente i dati mancanti:

1. la prima nota;
2. l'assegno bancario emesso sulla banca UniCredit;
3. la parte tabellare della fattura n. 92.

### 16 Libro cassa e compilazione di fattura e pagherò

✓✓

In data 25/05 l'impresa Antonio Veronesi ha effettuato le seguenti operazioni regolate in contanti:

- pagata fattura n. 82 del fornitore D'Aniello di 372,60 euro;
- riscossa cambiale di 254,80 euro;
- pagati costi di trasporto al vettore Velox di 366 euro;
- riscossa fattura n. 84 sul cliente Bini di 423,50 euro;
- riscossi interessi per dilazione di pagamento concessa su un credito di 2.737,50 euro per 30 giorni al tasso 5%;
- acquistati valori bollati per 25 euro;
- pagata fattura n. 152 dell'impresa Matteucci relativa all'acquisto di n. 36 prodotti XB a 12,50 euro l'uno + IVA, sconto per redistribuzione e quantità 20% + 3%, imballo da fatturare 26 euro, IVA ordinaria;
- pagato pagherò di 250 euro emesso il 24/04 a favore di Tiver spa.

Presenta, integrando opportunamente i dati:
1. la parte tabellare della fattura n. 152;
2. il pagherò di 325 euro;
3. il libro cassa che aveva all'inizio della giornata una consistenza iniziale di 1 584,30 euro.

### 17 Contabilità banche

L'impresa Vincenzo Salemi di Napoli è in rapporto di conto corrente con la Banca Monte dei Paschi di Siena. Il conto presenta all'inizio di giugno un residuo credito di 2.980,60 euro. Durante il mese sono state registrate le seguenti operazioni:

04/06: versamento di denaro contante per 140 euro;
05/06: versamento di un assegno circolare di 842 euro ricevuto dal cliente Nardelli a regolamento nostra fattura n. 221;
10/06: prelievo di 1.400 euro con assegno bancario n. 1649873;
12/06: versamento di un assegno bancario di 3.340 euro ricevuto dal cliente Carlesi a regolamento parziale fattura n. 223;
15/06: addebito di una tratta di 3.500 euro emessa dal fornitore Lessi;
18/06: richiesta con addebito in c/c di un assegno circolare di 1.860 euro a favore del fornitore Garello a regolamento sua fattura n. 124;

Presenta il conto intestato alla Banca Monte dei Paschi di Siena nella forma a sezioni accostate e nella forma scalare.

### 18 Contabilità clienti

Nel primo trimestre dell'anno l'impresa Laura Parsi di Aosta ha effettuato le seguenti operazioni con il cliente Francesco Vernini di Torino:

01/01: credito residuo di 8.474 euro per fattura n. 785;
15/01: venduti prodotti per 5.200 euro + IVA, come da fattura n. 12;
22/01: ricevuto assegno bancario n. 784743 della banca Intesa Sanpaolo di 3.000 euro a parziale regolamento fattura n. 12;
28/01: ricevuto assegno circolare n. 123784 della banca UniCredit a saldo fattura n. 785;
10/02: venduti prodotti per 7.400 euro come da fattura n. 70, sconto incondizionato 3%, IVA ordinaria;
28/02: ricevuto pagherò a saldo fattura n. 12;
15/03: ricevuto bonifico bancario a saldo fattura n. 70;
18/03: venduti prodotti per 10.600 euro come fattura n. 104, costi di trasporto e imballaggio addebitati forfetariamente per 400 euro, IVA ordinaria;
21/03: emessa tratta con scadenza a fine mese prossimo a carico del cliente a regolamento fattura n. 104.

Presenta il conto intestato al cliente Francesco Vernini nella forma a sezioni accostate con colonna del saldo.

### 19 Contabilità fornitori

La Sosteni srl di Bologna intrattiene rapporti commerciali con la T.B.N. spa di Parma; nel primo trimestre dell'anno ha effettuato le seguenti operazioni:

18/01: ricevuta fattura n. 14 per l'acquisto di merci per 1.784 euro, regolamento a fine mese prossimo;
27/01: ricevuta fattura n. 28 per l'acquisto di merci per 2.780 euro, regolamento ½ a fine mese e ½ al 15/02;
31/01: inviato assegno bancario n. 387371 sulla banca Intesa Sanpaolo a parziale regolamento fattura n. 28;
12/02: ricevuta fattura n. 43 di 3.260 euro, regolamento con rimessa diretta;
13/02: ordinato bonifico bancario a saldo fattura n. 43;
15/02: inviato assegno bancario n. 387372 sulla banca Intesa Sanpaolo a saldo fattura n. 28;
28/02: ordinato bonifico bancario a saldo fattura n. 14;
10/03: ricevuta fattura n. 112 di 8.470 euro, regolamento 2.000 euro a fine mese e il resto a fine aprile;
31/03: inviato assegno circolare n. 118744 di 2.000 euro della banca UniCredit a parziale regolamento fattura n. 112.

Presenta il conto intestato al fornitore T.B.N. spa nella forma a sezioni accostate con colonna del saldo.

### 20 Scheda di magazzino

L'impresa commerciale all'ingrosso De Giovanni spa, che commercializza la lavatrice RT76, durante il mese di luglio compie le seguenti operazioni:

01/07: riporti dal mese di giugno: carico 62 unità, scarico 26 unità;
03/07: scarico di 12 unità per vendita al cliente Massa spa;
10/07: carico di 24 unità per acquisto dal fornitore Bassi spa;
15/07: scarico di 6 unità per vendita al cliente Zemba srl;
20/07: scarico di 12 unità per vendita al cliente Mauro Puglieri;
25/07: scarico di 12 unità per vendita al cliente Claudio Fissore & C. snc;
28/07: carico di 3 unità per reso dal cliente Mauro Puglieri;
30/07: carico di 24 unità per acquisto dal fornitore Bassi spa.

Presenta la scheda di magazzino a quantità fisiche nella forma a sezioni accostate con evidenziazione delle esistenze.

### 21 Giornale di magazzino e scheda di magazzino

L'impresa commerciale Luisa Bassini, che commercializza i telecomandi codificati AB10 e CD20, effettua le seguenti operazioni durante il mese di marzo:

01/03: telecomando AB10 totale carico 240 unità, totale scarico 170 unità;
telecomando CD20 totale carico 340 unità, totale scarico 200 unità;
08/03: scarico di 36 unità del telecomando AB10 per vendita al cliente Giorgio Vernasi;
10/03: carico di n. 40 unità del telecomando CD20 per acquisto dal fornitore Franco Berti;
12/03: scarico di 24 unità del telecomando CD20 per vendita al cliente Nando Bessone;
15/03: scarico di 12 unità del telecomando AB10 per vendita al cliente Aurelio Valli;
20/03: carico di 36 unità del telecomando CD20 per acquisto dal fornitore Franco Berti;
25/03: scarico di 6 unità del telecomando AB10 per vendita al cliente Mario Rastrelli;
28/03: scarico di 20 unità del telecomando CD20 per vendita al cliente Fulvio Bersano.

Presenta:

1. le schede di magazzino a quantità fisiche intestate ai due telecomandi;
2. il giornale di magazzino con le registrazioni del mese.

### 22 Contabilità sezionali

Dalla contabilità dell'impresa commerciale M. Verzi risultano, all'inizio dell'esercizio, tra gli altri, i seguenti valori:

- fornitore Aurelio Favole saldo Avere 6.760,40 euro;
- cliente Antonio Borra saldo Dare 12.830,80 euro;
- UniCredit saldo Dare 12.340,00 euro;
- Intesa Sanpaolo saldo Avere 2.200,00 euro;
- disponibilità in cassa 550,50 euro;
- prodotto codice AB30 esistenze iniziali 80 unità;
- prodotto codice CD40 esistenze iniziali 50 unità.

Durante il mese di gennaio l'impresa ha compiuto le seguenti operazioni:

04/01: pagata fattura n. 976 di 3.025 euro emessa il 05/11 dell'anno precedente dal fornitore Favole con assegno bancario n. 6696324 tratto su UniCredit;
08/01: ricevuto accredito di 9.680 euro sul c/c Intesa Sanpaolo per bonifico disposto dal cliente Borra a regolamento nostra fattura n. 875 emessa il 16/12;
09/01: ricevuto assegno circolare di 2.000 euro a parziale regolamento nostra fattura n. 856 emessa in data 10/12 sul cliente Borra;
12/01: versato sul c/c Intesa Sanpaolo l'assegno circolare ricevuto dal cliente Borra;
15/01: pagato con bonifico bancario contro addebito del c/c UniCredit canone di locazione trimestrale di 1.800 euro; commissione 3,50 euro;
16/01: consegnate n. 20 unità prodotto AB30 con documento di trasporto al vettore Spedizioni fast spa per il cliente Borra;
17/01: emessa fattura n. 20 sul cliente Borra per la consegna di merce effettuata il 16/01, il prezzo di vendita unitario è 285 euro, sconto incondizionato 10%, IVA ordinaria; regolamento metà con assegno bancario e metà a 30 giorni data fattura;

18/01: ricevuto assegno bancario dal cliente Borra a parziale regolamento fattura n. 20;
19/01: versato sul c/c UniCredit l'assegno bancario del cliente Borra;
21/01: ricevute n. 40 unità prodotto CD40 dal fornitore Favole con documento di trasporto n. 28;
23/01: restituite n. 4 unità prodotto CD40 al fornitore Favole in quanto difettose;
24/01: ricevuta fattura n. 18 dal fornitore Favole relativa alle merci pervenute il 21/01. In fattura è esposto un prezzo unitario di 85 euro + IVA, sconto per redistribuzione 10% + 2%, imballaggio 80 euro, regolamento metà a pronta cassa e metà a 3 mesi;
25/01: ricevuta dal fornitore Favole nota di accredito con variazioni IVA relativa al reso del 23/01;
27/01: inviato assegno circolare emesso da UniCredit a regolamento parziale fattura n. 18;
30/01: versati sul c/c UniCredit 400 euro in contanti.

Presenta, integrando opportunamente i dati:

1. il conto intestato al fornitore Favole;
2. il conto intestato al cliente Borra;
3. la scheda di conto corrente intestata a UniCredit;
4. la scheda di conto corrente intestata a Intesa Sanpaolo;
5. la scheda di magazzino relativa al prodotto CD40;
6. il libro cassa;
7. la parte tabellare della fattura n. 18 ricevuta il 24/01.

## Lezione 3 Gli adempimenti IVA nel commercio internazionale

### 23 Termini della compravendita internazionale

Associa a ciascuno dei termini della colonna di sinistra uno di quelli della colonna di destra.

| | | | |
|---|---|---|---|
| a. Bolla doganale import | 1. Partita IVA operatori intracomunitari | a | |
| b. Doppia registrazione IVA | 2. Acquisti intracomunitari | b | |
| c. Documento amministrativo unico | 3. Compravendite nell'Unione europea | c | |
| d. Regime IVA del Paese di destinazione | 4. Importazioni | d | |
| e. Dichiarazione d'intento | 5. Esportatore abituale | e | |
| f. Plafond | 6. Esportazioni | f | |
| g. Sigla Paese | 7. Totale esportazioni del periodo | g | |
| h. Modello INTRA | 8. Acquisti in sospensione di imposta | h | |

### 24 Individuazione errori nella fatturazione di vendite all'estero

La parte tabellare delle fatture di vendita qui proposte, relative alle situazioni operative descritte, contengono alcuni errori: individuali e correggili.

**Vendita merce a un cliente indiano**

| | |
|---|---|
| Imponibile | 2.000,00 |
| IVA ordinaria | 440,00 |
| Totale | 2.440,00 |

Non imponibile IVA art. 8, comma 1 lettera a), DPR n. 633/1972

**Vendita a un esportatore abituale italiano**

| | |
|---|---|
| Importo | 3.000,00 |
| Totale | 3.000,00 |

Non imponibile IVA art. 41 DL n. 331/1993

**Vendita a un cliente francese**

| | |
|---|---|
| Importo | 2.700,00 |
| Interessi | 50,00 |
| IVA 22% sugli interessi | 11,00 |
| Totale | 2.761,00 |

Non imponibile IVA art. 8 DPR n. 633/1972

### 25 Regimi IVA nelle operazioni con l'estero

Collega le operazioni descritte con il relativo regime IVA

- **a.** Vendita a un cliente brasiliano
- **b.** Acquisto da un fornitore di Basilea
- **c.** Acquisto da un fornitore di Istanbul
- **d.** Acquisto effettuato da esportatore abituale
- **e.** Vendita a un cliente di Singapore
- **f.** Vendita a un esportatore abituale italiano
- **g.** Rimborso al trasportatore di IVA e dazi pagati in dogana per conto di un importatore
- **h.** Fatturazione di interessi per dilazione di pagamento
- **i.** Acquisto eccedente il plafond da un fornitore italiano

1. Operazione imponibile
2. Operazione non imponibile
3. Operazione esente
4. Operazione esclusa

| | |
|---|---|
| a | |
| b | |
| c | |
| d | |
| e | |
| f | |
| g | |
| h | |
| i | |

### 26 Adempimenti per le compravendite all'estero

L'impresa commerciale Frigo Tetti di Antonio Frigo & C. snc svolge operazioni di compravendita di tegole e materiale edile. Per sviluppare le vendite all'estero, ha riorganizzato l'ufficio amministrativo e assunto una giovane ragioniera, Stella Rigoni. Per assumerla, l'imprenditore ha verificato la sua preparazione su alcuni argomenti, che qui proponiamo anche a te per verificare le tue competenze.

Rispondi alle domande.

1. Se l'impresa vuole avviare rapporti commerciali con clienti appartenenti a Paesi dell'Unione europea, qual è la norma fiscale di riferimento per la corretta fatturazione dell'operazione?
2. Nel caso di esportazione, a quale normativa bisogna fare riferimento?
3. Come è possibile verificare che la controparte sia un soggetto autorizzato a compiere operazioni di compravendita nell'Unione europea?
4. Oltre alla fatturazione, nel caso di cessioni intracomunitarie è necessario compilare altri moduli?
5. Quale consiglio potresti dare all'impresa nel caso in cui effettui esportazioni per un importo superiore al 10% del volume d'affari?

### 27 Fattura di vendita all'estero

L'impresa industriale Simac spa di Reggio Emila, che produce macchinari e attrezzi per il giardinaggio, ha venduto il 18 giugno al cliente giapponese Surinami di Osaka i seguenti prodotti:

- 20 macchine tosaerba mod. 021 al prezzo unitario di 700 euro;
- 35 attrezzi mod. 115 al prezzo unitario di 90 euro.

Il contratto prevede uno sconto 15% per redistribuzione su tutti i prodotti. L'imballaggio è addebitato per 105 euro. La consegna avviene franco partenza.

Il pagamento con bonifico bancario è stabilito a 60 giorni data fattura oppure per pronta cassa con sconto 2%. Presenta la fattura immediata emessa dalla Simac spa.

### 28 Fattura di vendita all'estero

L'impresa industriale Steel Black spa di Benevento, che produce componenti in acciaio per macchine agricole, ha venduto il 18 giugno al cliente belga Olivan di Bruxelles i seguenti prodotti:

- 120 componenti TE201 al prezzo unitario di 25 euro;
- 300 componenti TE202 al prezzo unitario di 22 euro.

Il contratto prevede uno sconto 10% per redistribuzione su tutti i prodotti. L'imballaggio è gratuito. La consegna avviene franco partenza, con trasporto effettuato dal venditore addebitato forfetariamente in fattura per 65 euro. Il pagamento con bonifico bancario è stabilito a 30 giorni data fattura oppure per pronta cassa con sconto 2%. Presenta la fattura immediata emessa dalla Steel Black spa.

**29** ✓✓ **Fattura di acquisto all'estero**

L'impresa Marta Cappelli di Como acquista dall'imprenditrice estone Ilse Ozols i seguenti prodotti:

- 40 confezioni di prodotti da forno per la prima colazione a 11 euro la confezione;
- 90 confezioni medium di marzapane a 4 euro l'una;
- 50 confezioni maxi di marzapane a 6,50 euro l'una.

Il contratto prevede:

- sconto di redistribuzione e quantità 12%;
- trasporto franco partenza effettuato con mezzi dell'impresa estone per 200 euro;
- pagamento a 30 giorni a mezzo bonifico bancario.

Presenta:

- la fattura di acquisto con l'integrazione per l'IVA ad aliquota ordinaria e i riferimenti di legge;
- l'annotazione sui registri IVA.

**30** ✓✓ **Fattura di acquisto all'estero**

L'impresa commerciale Ipertop srl di Trieste acquista dall'imprenditrice russa Eva Sokolov i seguenti prodotti:

- 100 confezioni di matite colorate a 4,50 euro l'una;
- 50 astucci extra large a 5 euro l'uno;
- 50 confezioni di quaderni a 1,50 euro l'una.

Il contratto prevede:

- sconto di redistribuzione e quantità 15%;
- trasporto franco partenza effettuato a mezzo corriere;
- pagamento a 30 giorni a mezzo bonifico bancario.

L'impresa incaricata del trasporto emette fattura sull'impresa importatrice in cui risultano spese di trasporto per 95 euro, IVA ordinaria e il rimborso spese corrisposte in Dogana, in base al documento doganale allegato. L'IVA sulla merce è stata calcolata sul valore statistico di 750 euro maggiorato del dazio di 20 euro.

Presenta i calcoli relativi a:

- la fattura emessa dall'impresa russa;
- la bolla doganale;
- la fattura del trasportatore.

**31** ✓✓✓ **Calcoli e registrazione documenti di acquisto**

Il 30 settembre l'impresa commerciale Mekatronika srl di Reggio Calabria acquista 150 macchinari di precisione dal fornitore giapponese Takirawa di Kyoto.
Il trasporto è a carico dell'importatore italiano e in dogana vengono corrisposte le spese documentate dalla bolla doganale. L'IVA sulla merce è stata calcolata sul valore statistico di 14.000 euro maggiorato del dazio di 700 euro.
Presenta i calcoli relativi al totale dovuto nella bolla doganale, la fattura del trasportatore e l'annotazione delle operazioni sui registri IVA.

**32** ✓✓✓ **Fatturazione e registrazione IVA di operazioni con l'estero**

L'impresa Extragold srl di Vicenza, che produce macchinari e attrezzature per orafi, ha effettuato nel mese di marzo le seguenti operazioni:

20/03: vendita di 5 presse al cliente turco Sahin al prezzo unitario di 940 euro;
25/03: vendita di 2 diamantatrici complete al cliente spagnolo Varmos al prezzo unitario di 1.600 euro, spese di imballaggio 110 euro;

28/03: acquisto di materiali dal fornitore tedesco Steingold per 870 euro;

31/03: acquisto di parti componenti dal fornitore serbo Mihantovic per 2.550 euro. Il trasporto è a carico dell'impresa italiana che lo effettua con mezzi propri; dalla bolla doganale risultano dazi e IVA calcolata sul valore statistico della merce, pari a 2.600 euro, maggiorato dei dazi di 55 euro.

L'impresa non è esportatore abituale.

Compila la fattura emessa il 25/03 sul cliente Varmos e la fattura ricevuta dal fornitore serbo il 31/03 (dati mancanti a scelta).

Procedi inoltre all'annotazione di tutte le operazioni sui registri IVA, indicando la normativa di riferimento.

### 33 Fatturazione e registrazione IVA di operazioni con l'estero

Osserva la situazione operativa ed esegui quanto richiesto.

L'impresa Hydromix srl di Cagliari commercia in prodotti per l'edilizia con la qualifica di esportatore abituale. Nel mese di aprile effettua le seguenti operazioni:

08/04: emessa fattura sul cliente indiano Jiomanji per la vendita di 20 prodotti mod. H34, al prezzo unitario di 80 euro e di 90 prodotti mod. H97 al prezzo unitario di 45 euro;

10/04: ricevuta fattura dal fornitore Loriled di Nuoro per l'acquisto di 2 computer al prezzo unitario di 750 euro;

15/04: emessa fattura sul cliente portoghese Volveros per la vendita di 40 prodotti mod. H34 prezzo unitario di 80 euro;

20/04: ricevuta fattura per l'acquisto di semilavorati di 2.450 euro dal fornitore serbo Jocovic;

26/04: ricevuta fattura di acquisto materie prime dal fornitore austriaco Gesundheit di 5.700 euro.

Accerta le tue competenze.

**a.** Annota le operazioni compiute dalla Hydromix srl sui registri delle fatture ricevute e delle fatture emesse.

**b.** Indica per ogni operazione il riferimento normativo IVA.

**c.** Presenta con dati mancanti a scelta la fattura emessa il 15/04.

**d.** Compila con dati a scelta il modello di dichiarazione d'intento nelle sezioni riguardanti il dichiarante, la dichiarazione e il destinatario della dichiarazione.

**e.** Rispondi alle domande.

- Quando un'impresa può dirsi esportatore abituale?
- Quali agevolazioni comporta la qualifica di esportatore abituale?
- Quali adempimenti comporta il beneficio della sospensione d'imposta?

**Registro IVA Fatture ricevute**

| Fattura | | Fornitore | Data consegna | Imponibile | Imponibile INTRA | IVA 22% | Operazioni escluse | Totale |
|---|---|---|---|---|---|---|---|---|
| N. | Data | | | | | | | |
| | | | | | | | | |
| | | | | | | | | |
| | | | | | | | | |

**Registro IVA Fatture emesse**

| Fattura | | Cliente | Data consegna | Imponibile | Imponibile INTRA | IVA 22% | Non imponibile | Totale |
|---|---|---|---|---|---|---|---|---|
| N. | Data | | | | | | | |
| | | | | | | | | |
| | | | | | | | | |
| | | | | | | | | |

Agenzia Entrate

Mod. DI

# DICHIARAZIONE D'INTENTO

DI ACQUISTARE O IMPORTARE BENI E SERVIZI SENZA APPLICAZIONE DELL'IMPOSTA SUL VALORE AGGIUNTO

| Numero | Anno |
|---|---|
| | |
| Attribuito dal dichiarante | |
| Numero | Anno |
| | |
| Attribuito dal fornitore o prestatore | |

**DATI DEL DICHIARANTE**

Codice fiscale — Partita IVA

Cognome o denominazione o ragione sociale ........ — Nome ........ — Sesso (M/F)

Data di nascita (giorno, mese, anno) — Comune (o Stato estero) di nascita — Provincia (sigla)

**DATI RELATIVI AL RAPPRESENTANTE FIRMATARIO DELLA DICHIARAZIONE**

Codice fiscale — Codice carica — Codice fiscale società

Cognome — Nome — Sesso (M/F)

Data di nascita (giorno, mese, anno) — Comune (o Stato estero) di nascita — Provincia (sigla)

**RECAPITI**

Telefono (prefisso, numero) — Indirizzo di posta elettronica

**INTEGRATIVA**

Integrativa .... — Numero protocollo di invio

**DICHIARAZIONE**

Intendo avvalermi della facoltà, prevista per i soggetti che hanno effettuato cessioni all'esportazione od operazioni assimilate, di effettuare **ACQUISTI** .... o **IMPORTAZIONI** ☐ senza applicazione dell'IVA nell'**ANNO** ..........

e chiedo di acquistare o importare

**La dichiarazione si riferisce a:**

una sola operazione per un importo fino a euro (1) ........................ , ....

operazioni fino a concorrenza di euro (2) ........................ , ....

operazioni comprese nel periodo da (3) giorno mese anno a (4) giorno mese anno

**DESTINATARIO DELLA DICHIARAZIONE**

☐ Dogana

**Altra parte contraente**

Codice fiscale — Partita IVA

Cognome o denominazione o ragione sociale ........ — Nome ........ — Sesso (M/F)

**FIRMA**

FIRMA

## Lezione 4 Il metodo della partita doppia

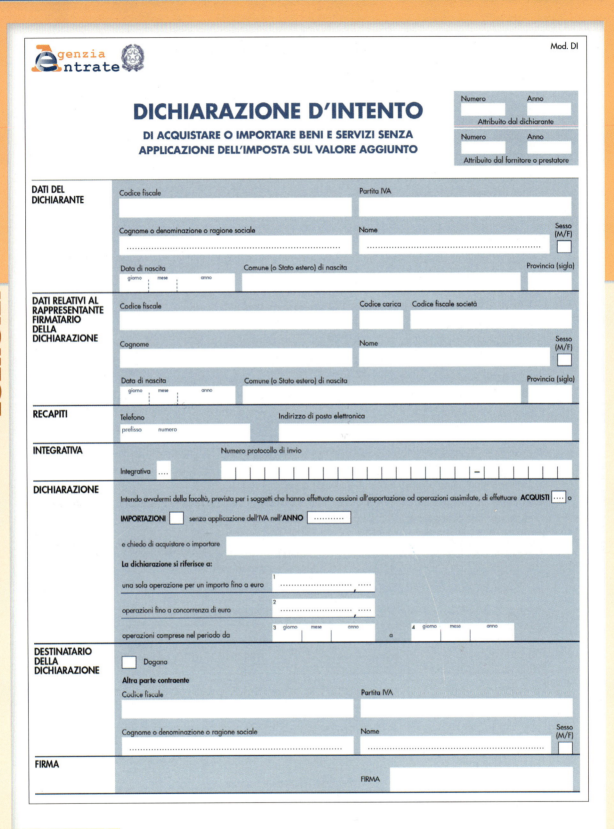

### 34 Variazioni finanziarie ed economiche

Analizza le variazioni finanziarie e le variazioni economiche collegate alle seguenti operazioni di gestione, indicando i conti da addebitare e accreditare con i relativi importi.

- Apportato dal proprietario un assegno bancario di 20.000 euro e arredamenti per 15.000 euro a incremento dei mezzi propri.
- Versato l'assegno bancario apportato dal titolare dell'impresa sul conto corrente bancario.
- Rimborsata rata del mutuo di 10.000 euro tramite conto corrente bancario.
- Ricevuta fattura per acquisto di materie di consumo per 400 euro + IVA.
- Riscossi in contanti proventi vari per 400 euro.
- Pagato con assegno bancario premio di assicurazione di 6.800 euro.
- Prelevati dal conto corrente bancario 300 euro.
- Emessa fattura per vendita di merci per 2.130 euro + IVA.
- Emesso pagherò di 1.400 euro a parziale regolamento fattura n. 784.
- Riscosso con assegno bancario fitto attivo di 600 euro.

### 35 Variazioni finanziarie ed economiche

✓

Analizza le variazioni finanziarie e le variazioni economiche collegate alle seguenti operazioni di gestione, indicando i conti da addebitare e accreditare con i relativi importi.

- Vendute merci come da fattura n. 647 per 4.580 euro, IVA ordinaria.
- A parziale regolamento della fattura n. 647 si riceve un assegno bancario di 1.280 euro.
- A saldo della fattura n. 647 si emette sul cliente tratta a sessanta giorni.
- Ricevuta fattura per pubblicità di 980 euro + IVA; la fattura è pagata con assegno bancario.
- Emessa fattura n. 650 di 12.500 euro su un cliente brasiliano.
- Girata cambiale di 3.420 euro a un fornitore.
- Ricevuta fattura n. 587 per acquisto di merci di 8.400 euro, IVA ordinaria.
- Regolata fattura n. 587 con pagherò di 4.470 euro e per la parte restante con assegno bancario.
- Pagato con assegno bancario fitto passivo di 1.200 euro.
- Versati 450 euro sul conto corrente bancario.
- Ricevuta fattura n. 235 di 15.000 euro + IVA per acquisto di un automezzo.

### 36 Analisi di operazioni di gestione

✓✓

Analizza le operazioni di gestione riportando a fianco di ciascun conto la relativa variazione finanziaria o economica e l'importo, come fatto per la prima operazione.

| Operazioni di gestione | | Dare | Avere |
|---|---|---|---|
| **1.** Riscosso con assegno bancario un credito verso un cliente di 456,80 euro. | | | |
| Assegni: | *variazione finanziaria passiva* | *456,80* | |
| Crediti v/clienti: | *variazione finanziaria attiva* | | *456,80* |
| **2.** Pagato con assegno bancario di 7.650 euro un debito verso un fornitore di 7.651,40 euro. | | | |
| Debiti v/fornitori: | ........................ | | |
| Banca X c/c: | ........................ | | |
| Ribassi e abbuoni attivi: | ........................ | | |
| **3.** Pagato con addebito del conto corrente bancario canone di locazione di 700 euro. | | | |
| Fitti passivi: | ........................ | | |
| Banca X c/c: | ........................ | | |
| **4.** Accettata cambiale tratta di 3.530 euro emessa da un fornitore a regolamento di una fattura di 3.532 euro. | | | |
| Debiti v/fornitori: | ........................ | | |
| Cambiali passive: | ........................ | | |
| Ribassi e abbuoni passivi: | ........................ | | |
| **5.** Ricevuta fattura per acquisto di arredamento per 7.800 euro + IVA. | | | |
| Arredamento: | ........................ | | |
| IVA ns/credito: | ........................ | | |
| Debiti v/fornitori: | ........................ | | |
| **6.** Prelevati dal c/c bancario 800 euro. | | | |
| Denaro in cassa: | ........................ | | |
| Banca X c/c: | ........................ | | |

| | | |
|---|---|---|
| **7.** Emessa fattura per vendita di merci per 9.450 euro + IVA.<br>Crediti v/clienti: ..........<br>Merci c/vendite: ..........<br>IVA ns/debito: .......... | | |
| **8.** Depositato assegno bancario di 2.560 euro sul c/c postale.<br>C/c postali: ..........<br>Assegni: .......... | | |
| **9.** Emessa tratta su un cliente a regolamento fattura di 4.360,90 euro.<br>Cambiali attive: ..........<br>Crediti v/clienti: .......... | | |
| **10.** Ricevuta fattura da un'agenzia di marketing per consulenza di 400 euro + IVA.<br>Consulenze: ..........<br>IVA ns/credito: ..........<br>Debiti v/fornitori: .......... | | |

## 37 Correzione di errori

Analizza le registrazioni contabili sotto riportate, individua gli errori e presenta le scritture in P.D. corrette.

| Data | Codici | Denominazione conti | Descrizione | Dare | Avere |
|---|---|---|---|---|---|
| 05/11 | 08.10 | ASSEGNI | versato a/b su c/c bancario | 1.800, 00 | |
| 05/11 | 18.20 | BANCA X C/C | versato a/b su c/c bancario | | 1.800, 00 |
| 15/11 | 32.01 | FITTI PASSIVI | fattura n. 88 da Carpi | 18.000, 00 | |
| 15/11 | 15.01 | IVA NS/DEBITO | fattura n. 88 da Carpi | | 3.960, 00 |
| 15/11 | 14.01 | DEBITI V/FORNITORI | fattura n. 88 da Carpi | | 14.040, 00 |
| 16/11 | 14.01 | DEBITI V/FORNITORI | regolata fattura n. 88 | 14.040, 00 | |
| 16/11 | 08.10 | ASSEGNI | emissione di a/b | | 4.040, 00 |
| 16/11 | 05.06 | CAMBIALI ATTIVE | accettazione tratta | | 10.000, 00 |
| 17/11 | 05.01 | CREDITI V/CLIENTI | fattura n. 90 su Berri | | 18.300, 00 |
| 17/11 | 20.01 | MERCI C/VENDITE | fattura n. 90 su Berri | 15.000, 00 | |
| 17/11 | 06.01 | IVA NS/CREDITO | fattura n. 90 su Berri | 3.300, 00 | |
| 21/11 | 05.01 | CREDITI V/CLIENTI | regolata fattura n. 90 | 10.000, 00 | |
| 21/11 | 05.06 | CAMBIALI ATTIVE | ricevuta cambiale | | 10.000, 00 |
| 28/11 | 05.06 | CAMBIALI ATTIVE | riscossa cambiale | 8.000, 00 | |
| 28/11 | 18.20 | BANCA X C/C | riscossa cambiale | | 8.000, 00 |
| 30/11 | 02.06 | ARREDAMENTO | fattura n. 965 da Arredi spa | 4.000, 00 | |
| 30/11 | 15.01 | IVA NS/DEBITO | fattura n. 965 da Arredi spa | | 880, 00 |
| 30/11 | 14.01 | DEBITI V/FORNITORI | fattura n. 965 da Arredi spa | | 4.880, 00 |

## 38 Operazioni di gestione

Risali alle operazioni di gestione che hanno originato le variazioni nei conti.

a) ..........

05.01 CREDITI V/CLIENTI

| | |
|---|---|
| 10.004, 00 | |

20.01 MERCI C/VENDITE

| | |
|---|---|
| | 8.200, 00 |

15.01 IVA NS/DEBITO

| | |
|---|---|
| | 1.804, 00 |

b) ..........

05.01 CREDITI V/CLIENTI

| | |
|---|---|
| | 2.440, 00 |

20.10 RESI SU VENDITE

| | |
|---|---|
| 2.000, 00 | |

15.01 IVA NS/DEBITO

| | |
|---|---|
| 440, 00 | |

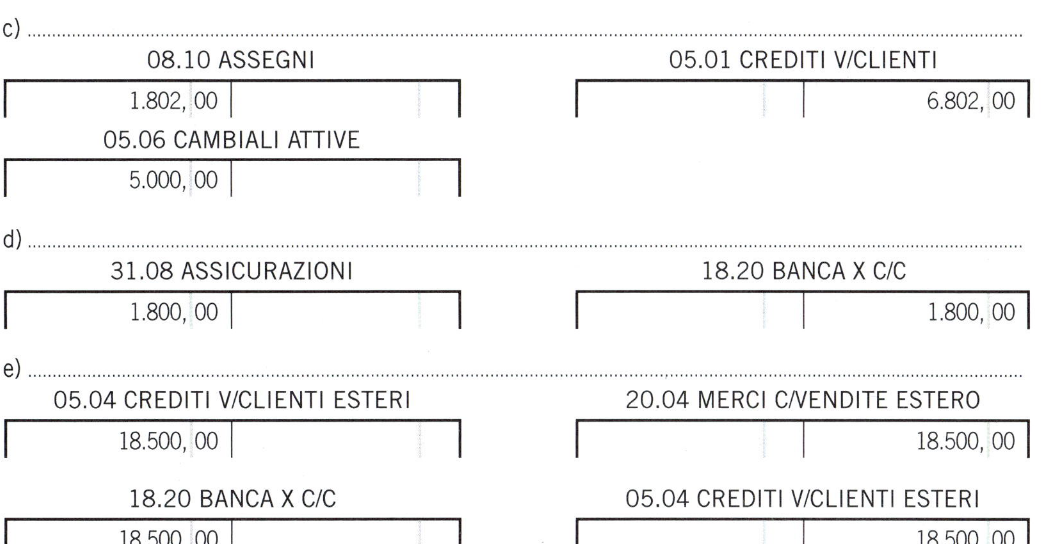

c) ..............................................................................................................................

| 08.10 ASSEGNI | |
|---|---|
| 1.802,00 | |

| 05.01 CREDITI V/CLIENTI | |
|---|---|
| | 6.802,00 |

| 05.06 CAMBIALI ATTIVE | |
|---|---|
| 5.000,00 | |

d) ..............................................................................................................................

| 31.08 ASSICURAZIONI | |
|---|---|
| 1.800,00 | |

| 18.20 BANCA X C/C | |
|---|---|
| | 1.800,00 |

e) ..............................................................................................................................

| 05.04 CREDITI V/CLIENTI ESTERI | |
|---|---|
| 18.500,00 | |

| 20.04 MERCI C/VENDITE ESTERO | |
|---|---|
| | 18.500,00 |

| 18.20 BANCA X C/C | |
|---|---|
| 18.500,00 | |

| 05.04 CREDITI V/CLIENTI ESTERI | |
|---|---|
| | 18.500,00 |

**39** ✔✔

## Registrazioni sul libro giornale

Completa con la denominazione e l'importo i conti di mastro e registra l'articolo sul libro giornale.

a) Ricevuto assegno bancario n. 876549/45 di 4.720 euro a regolamento nostra fattura n. 985 di 4.725,80 euro.

| 08.10 ASSEGNI | |
|---|---|
| 4.720,00 | |

| 05.01 CREDITI V/CLIENTI | |
|---|---|
| 4.725,80 | 4.725,80 |

| ......... ................................ | |
|---|---|
| | |

b) Ricevuta fattura n. 567 del vettore Speed per trasporto merci.

| 31.01 COSTI DI TRASPORTO | |
|---|---|
| 610,00 | |

| ......... ................................ | |
|---|---|
| | |

| ......... ................................ | |
|---|---|
| | |

c) Ricevuto pagherò di 420 euro dal cliente Rossi a regolamento nostra fattura n. 989 di 423,50 euro.

| 05.06 CAMBIALI ATTIVE | |
|---|---|
| 420,00 | |

| ......... ................................ | |
|---|---|
| | |

| ......... ................................ | |
|---|---|
| | |

d) Ottenuto da UniCredit un mutuo accreditato sul conto corrente.

| 18.20 UNICREDIT C/C | |
|---|---|
| 30.000,00 | |

| ......... ................................ | |
|---|---|
| | |

e) Ricevuta dal fornitore Gaslis srl nota di variazione n. 67 per reso di merci.

| 14.01 DEBITI V/FORNITORI | |
|---|---|
| 610,00 | |

| 30.10 RESI SU ACQUISTI | |
|---|---|
| | 500,00 |

| ......... ................................ | |
|---|---|
| | |

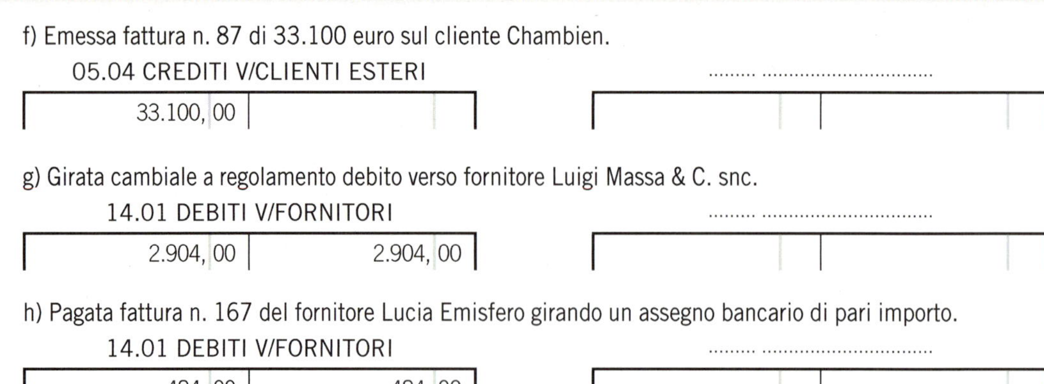

f) Emessa fattura n. 87 di 33.100 euro sul cliente Chambien.

05.04 CREDITI V/CLIENTI ESTERI ......... ................................

| 33.100, 00 | |
|---|---|

| | |
|---|---|

g) Girata cambiale a regolamento debito verso fornitore Luigi Massa & C. snc.

14.01 DEBITI V/FORNITORI ......... ................................

| 2.904, 00 | 2.904, 00 |
|---|---|

| | |
|---|---|

h) Pagata fattura n. 167 del fornitore Lucia Emisfero girando un assegno bancario di pari importo.

14.01 DEBITI V/FORNITORI ......... ................................

| 484, 00 | 484, 00 |
|---|---|

| | |
|---|---|

**40** ✔✔

## Registrazioni sul libro giornale

Completa le registrazioni sotto riportate inserendo il codice dei conti, la descrizione dell'operazione e gli eventuali importi mancanti.

| Data | Codici | Denominazione conti e descrizione | | Dare | Avere |
|---|---|---|---|---|---|
| 01/09 | ........ | BANCA X C/C | ................................................ | 1.500, 00 | |
| 01/09 | ........ | ASSEGNI | ................................................ | | ................., .... |
| 12/09 | ........ | AUTOMEZZI | ................................................ | 23.000, 00 | |
| 12/09 | ........ | IVA NS/CREDITO | ................................................ | | |
| 12/09 | ........ | DEBITI V/FORNITORI | ................................................ | | |
| 15/10 | ........ | MERCI C/ACQUISTI | ................................................ | ................., .... | |
| 15/10 | ........ | IVA NS/CREDITO | ................................................ | 2.640, 00 | |
| 15/10 | ........ | DEBITI V/FORNITORI | ................................................ | | ................., .... |
| 17/10 | ........ | DEBITI V/FORNITORI | ................................................ | 14.640, 00 | |
| 17/10 | ........ | CAMBIALI ATTIVE | ................................................ | | 8.000, 00 |
| 17/10 | ........ | BANCA X C/C | ................................................ | | ................., .... |
| 21/10 | ........ | ASSEGNI | ................................................ | ................., .... | |
| 21/10 | ........ | CREDITI V/CLIENTI | ................................................ | | 5.600, 00 |

**41** ✔✔

## Analisi di operazioni di gestione

Analizza le operazioni di gestione riportando a fianco di ciascun conto la relativa variazione finanziaria o economica e l'importo, come fatto per la prima operazione.

| Operazioni di gestione | | Dare | Avere |
|---|---|---|---|
| **1.** Riscosso con assegno circolare un credito verso un cliente di 576,80 euro. | | | |
| Assegni: | *variazione finanziaria passiva* | *576,80* | |
| Crediti v/clienti: | *variazione finanziaria attiva* | | *576,80* |
| **2.** Pagato con bonifico bancario di 17.650 euro un debito verso un fornitore di 17.651,40 euro. | | | |
| Debiti v/fornitori: | ................................................ | | |
| Banca X c/c: | ................................................ | | |
| Ribassi e abbuoni attivi: | ................................................ | | |
| **3.** Pagato con addebito del conto corrente bancario canone di locazione di 1.400 euro. | | | |
| Fitti passivi: | ................................................ | | |
| Banca X c/c: | ................................................ | | |
| **4.** Accettata cambiale tratta di 4.730 euro emessa da un fornitore a regolamento di una fattura di 4.732 euro. | | | |
| Debiti v/fornitori: | ................................................ | | |
| Cambiali passive: | ................................................ | | |
| Ribassi e abbuoni passivi: | ................................................ | | |

| | | |
|---|---|---|
| **5.** Ricevuta fattura per acquisto di macchinario per 12.800 euro + IVA.<br>Impianti e macchinari ..................................................<br>IVA ns/credito: ..................................................<br>Debiti v/fornitori: .................................................. | | |
| **6.** Prelevati dal c/c postale 500 euro.<br>Denaro in cassa: ..................................................<br>C/c postali: .................................................. | | |
| **7.** Emessa fattura per vendita di merci per 11.350 euro + IVA.<br>Crediti v/clienti: ..................................................<br>Merci c/vendite: ..................................................<br>IVA ns/debito: .................................................. | | |
| **8.** Depositato assegno bancario di 1.520 euro sul c/c postale.<br>C/c postali: ..................................................<br>Assegni: .................................................. | | |
| **9.** Emessa tratta su un cliente a regolamento fattura di 5.260,90 euro.<br>Cambiali attive: ..................................................<br>Crediti v/clienti: .................................................. | | |
| **10.** Ricevuta fattura da un'agenzia di marketing per consulenza di 800 euro + IVA.<br>Consulenze: ..................................................<br>IVA ns/credito: ..................................................<br>Debiti v/fornitori: .................................................. | | |

**42** ✔ **Rilevazioni in P.D.**

Analizza e registra sul libro giornale e nei conti di mastro le seguenti operazioni compiute dall'impresa Piero Raspo in data 20/04.

- Versati 100 euro in contanti sul c/c Intesa Sanpaolo.
- Saldata fattura n. 845 del fornitore Tocco di 3.206,50 euro con bonifico bancario; commissioni bancarie 3,50 euro.
- Girata al fornitore Camperi cambiale di 3.200 euro.
- Riscossi in contanti interessi attivi dal cliente Triberti di 50 euro.
- Prelevati 300 euro dal c/c aperto presso Banca Sella.
- Ordinato bonifico postale di 2.000 euro a favore del fornitore Tassir spa a saldo fattura n. 893 di pari importo.
- Versati assegni per 2.380 euro sul c/c Banca Sella.
- Riscossa fattura n. 944 sul cliente Maggi di 5.260 euro come segue: 2.500 euro con girata di pagherò e il resto ricevendo un assegno circolare.
- Versati 200 euro in contanti sul c/c postale.
- Ricevuta fattura n. 125 di 1.500 euro + IVA dalla Service srl per intervento di manutenzione.

**43** ✔ **Rilevazioni in P.D.**

Analizza e registra sul libro giornale e nei conti di mastro le seguenti operazioni compiute dall'impresa Danilo Riva & C. snc in data 25/05.

1. Ricevuta fattura TIM n. 25.405 di 670 euro + IVA per costi telefonici.
2. Girata cambiale di 2.600 euro al fornitore Verzini a saldo fattura n. 453 di 2.612 euro.
3. Riscossa a mezzo banca cambiale in scadenza di 1.860 euro.
4. Girato assegno bancario di 400 euro al fornitore Carlini.
5. Pagata contro addebito di c/c bancario cambiale in scadenza di 3.800 euro.
6. Emessa tratta di 3.130 euro sul cliente Lipersi a saldo fattura.
7. Versato sul c/c bancario assegno circolare di 1.200 euro.
8. Pagata fattura di 5.450 euro con girata di cambiali per 3.000 euro e con un A/B per il saldo.
9. Prelevati dal conto corrente bancario 200 euro.
10. Ricevuto pagherò di 3.420 euro dal cliente Tortalla a saldo di un credito di pari importo.

### Operazioni di gestione e rilevazioni in P.D.

Rileva sul libro giornale e nei conti di mastro le seguenti operazioni di gestione compiute dall'impresa Ferrani spa che intrattiene un rapporto di conto corrente con Banca Sella:

10/06: ricevuta fattura n. 142 dal fornitore Garelli per acquisto di merci per 2.552 euro + IVA;
15/06: inviato al fornitore Garelli un assegno bancario di 2.000 euro a parziale regolamento fattura n. 142;
20/06: acquistati in contanti valori bollati per 40 euro;
22/06: emessa fattura n. 511 sul cliente Mantini per vendita di merci per 6.592 euro + IVA;
28/06: ricevuto dal cliente Mantini un assegno bancario di 8.040 euro a saldo fattura n. 511;
30/06: affrancata corrispondenza per 20 euro;
01/07: ricevuta fattura Telecom n. 6.589 di 350 euro + IVA;
04/07: regolata fattura Telecom contro addebito del conto corrente bancario;
10/07: ricevuta fattura n. 740 dalla Arredamenti srl per acquisto di arredamento per uffici di 4.820 euro + IVA;
25/07: saldata fattura n. 740 con bonifico bancario; la banca addebita commissioni per 3,20 euro.

### Operazioni di gestione e rilevazioni in P.D.

Rileva sul libro giornale e nei conti di mastro le seguenti operazioni di gestione compiute dall'impresa Magda Frutteris che intrattiene rapporto di conto corrente con la banca UniCredit:

12/03: ricevuta fattura n. 281 dalla Casa & Ufficio spa relativa all'acquisto di arredamento per 6.864 euro + IVA;
15/03: a regolamento fattura n. 281 della Casa & Arredi spa si ordina un bonifico bancario; la banca addebita commissioni per 3,50 euro;
18/03: riscossa fattura n. 312 di 5.325 euro ricevendo un assegno circolare di 2.200 euro e un bonifico bancario per la differenza;
22/03: il titolare preleva 3.000 euro dal conto corrente bancario per spese personali;
24/03: ricevuta fattura n. 317 del fornitore Claudio Marengo relativa all'acquisto di materie di consumo per 686,40 euro + IVA;
28/03: a saldo della fattura n. 317 si versano 200 euro in contanti e si emette un assegno bancario per la differenza;
29/03: regolata cambiale passiva in scadenza di 2.400 euro tramite c/c bancario;
30/03: pagate con assegno bancario spese per pulizia locali documentate da fattura n. 117 della Presto Pulito srl di 520 euro + IVA.

46

### Operazioni di gestione e rilevazioni in P.D.

Rileva in P.D. sul libro giornale e nei conti di mastro le seguenti operazioni di gestione:

10/11: ricevuto assegno circolare di 5.380 euro a saldo fattura di 5.382,80 euro;
12/11: versato sul c/c l'assegno circolare ricevuto il 10/11;
14/11: pagata fattura n. 672 di 11.842 euro girando una tratta di 4.000 euro, emettendo un pagherò di 6.000 euro e rilasciando un assegno bancario di 1.840 euro;
15/11: prelevati 200 euro dal c/c bancario;
15/11: ricevuta fattura n. 1017 dal fornitore algerino Marabuk di 7.350 euro;
17/11: estinto pagherò di 6.830 euro con bonifico bancario; la banca addebita commissioni per 3,50 euro;
20/11: ricevuto pagherò di 5.600 euro a saldo fattura di 5.610 euro;
25/11: pagata fattura di 3.318,60 euro con assegno bancario di 3.315 euro;
26/11: emessa tratta di 7.940 euro a saldo fattura di 7.942,60 euro.

### Operazioni di gestione e rilevazioni in P.D.

Rileva sul libro giornale e nei conti di mastro le seguenti operazioni di gestione:

10/07: emessa fattura n. 808 di 6.438,40 euro + IVA sul cliente Martini per vendita di merci;

15/07: ricevuto assegno circolare dal cliente Martini di 7.850 euro a saldo fattura n. 808;

17/07: versato sul c/c bancario l'assegno circolare ricevuto in data 15/07;

20/07: ricevuta fattura n. 412 di 22.430 euro + IVA da Auto Special srl per l'acquisto di un automezzo;

22/07: a saldo fattura n. 412 si invia assegno bancario di 7.360 euro e si accetta tratta di 20.000 euro a 60 giorni;

24/07: girato assegno bancario in forma libera di 480 euro al fornitore Lippiro a parziale regolamento fattura n. 671;

28/07: prelevati dal titolare 2.000 euro dal c/c bancario per spese di famiglia;

31/07: ricevuta fattura n. 512 dal fornitore Antonio Sasso relativa all'acquisto di materie di consumo per 617,50 euro + IVA.

### 48 Operazioni di gestione, rilevazioni in P.D. e saldo dei conti

L'impresa Liliana Tassoni presenta, tra gli altri, i seguenti conti:

| Denominazione dei conti | Movimenti in Dare | Movimenti in Avere |
|---|---|---|
| Crediti v/clienti | 310.970, 00 | 268.000, 00 |
| Cambiali attive | 17.800, 00 | 14.420, 00 |
| Banca X c/c | 34.720, 00 | 28.670, 00 |
| Debiti v/fornitori | 165.400, 00 | 234.740, 00 |
| Merci c/vendite | | 257.000, 00 |
| Merci c/acquisti | 194.000, 00 | |
| Cambiali passive | 15.000, 00 | 21.600, 00 |
| Fabbricati | 472.000, 00 | |
| C/c postali | 3.720, 00 | 2.100, 00 |
| Resi su vendite | 12.500, 00 | |

Presenta le registrazioni sul libro giornale e nei conti di mastro relative alle operazioni di gestione effettuate in data 15/06 e calcola, per ogni conto movimentato, il relativo saldo.

a) Emessa fattura n. 317 di 28.560 euro + IVA sul cliente Vautassi.

b) Ricevuto dal cliente Vautassi pagherò di 25.000 euro e un assegno bancario a saldo della fattura n. 317.

c) Saldata fattura n. 485 di 4.500 euro con assegno bancario.

d) Prelevati dal conto corrente bancario 500 euro.

e) Regolata cambiale in scadenza di 3.500 euro con addebito del conto corrente bancario.

### 49 Registrazioni sul libro giornale

Rileva sul libro giornale dell'impresa Antonio Ravasi, titolare di un c/c presso la banca UniCredit, le seguenti operazioni di gestione:

01/04: versato sul conto corrente un assegno bancario di 1.800 euro;

02/04: riscossa con bonifico bancario fattura n. 174 di 4.200 euro;

05/04: pagato con bonifico bancario canone di locazione di un fabbricato di 600 euro; commissioni 3,50 euro;

10/04: ricevuta fattura n. 133 dal fornitore Farini per acquisto di arredamento per 8.400 euro +IVA;

12/04: inviato assegno bancario di 5.000 euro al fornitore Farini a parziale regolamento della fattura n. 133;

15/04: ricevuto assegno circolare di 720 euro a regolamento della fattura n. 185 di 721,40 euro;

18/04: emessa fattura n. 202 per vendita di merci sul cliente Marsini per 1.200 euro + IVA;

20/04: rilasciato pagherò di 2.500 euro a regolamento fattura n. 317 del fornitore Chiarini;

22/04: prelevati 300 euro dal conto corrente bancario;

26/04: pagato con assegno bancario premio di assicurazione di 800 euro;

28/04: prelevati 2.000 euro dal conto corrente bancario per spese di famiglia;

30/04: liquidati salari e stipendi per 12.450 euro.

ESERCIZI della lezione 4

## 50 Registrazione sul libro giornale

Rileva sul libro giornale dell'impresa Federica Zanotti le seguenti operazioni (l'impresa è titolare di un c/c aperto presso la banca Intesa Sanpaolo):

12/05: ricevuta fattura n. 142 dal fornitore Sereni per acquisto di merci per 5.620,50 euro + IVA;
15/05: inviato al fornitore Sereni un assegno bancario di 4.000 euro a parziale regolamento della fattura n. 142;
21/05: acquistati in contanti valori bollati per 30 euro;
22/05: emessa fattura n. 201 sulla Marelli spa per vendita di merci per 7.980 euro + IVA;
25/05: ricevuto assegno circolare di 9.735 euro dalla Marelli spa a saldo fattura n. 201;
30/05: liquidati salari e stipendi al personale per 13.584 euro;
31/05: ricevuta fattura TIM di 278,40 euro + IVA;
03/06: regolata fattura TIM mediante addebito del conto corrente bancario;
15/06: ricevuta fattura n. 220 dalla Arredo srl per acquisto di arredamento per uffici di 5.200 euro + IVA;
25/06: saldata fattura n. 220 con bonifico bancario; la banca addebita commissioni per 3,20 euro.

## 51 Registrazione sul libro giornale

Rileva sul libro giornale dell'impresa Claudia Sarni le seguenti operazioni (l'impresa è titolare di un c/c presso la Banca Nazionale del Lavoro):

01/07: pagato canone di locazione di un capannone di 890 euro rilasciando un assegno bancario al signor Gareni;
02/07: emesso assegno bancario di 850 euro a saldo fattura n. 122 di 851,50 euro;
04/07: ricevuto pagherò dal cliente Carnelli di 850 euro;
10/07: depositati 80 euro sul c/c postale;
14/07: emessa fattura n. 212 sul cliente Martelli per vendita di merci per 1.430 euro + IVA;
15/07: prelevati 200 euro dal c/c bancario;
16/07: inviato bonifico bancario di 3.400 euro al fornitore S.T. Seri srl a saldo sua fattura di 3.402,40 euro; la banca addebita commissioni per 3,50 euro;
20/07: ricevuta fattura n. 402 dal fornitore Sereni spa di 3.812 euro + IVA per acquisto di macchine d'ufficio;
25/07: accettata tratta della Sereni spa di 4.650 euro a regolamento fattura n. 402;
30/07: pagato con assegno bancario premio annuo di assicurazione di 600 euro.

## 52 Registrazione sul libro giornale

Rileva sul libro giornale dell'impresa Luca Versamo le seguenti operazioni (l'impresa è titolare di un c/c aperto presso la Banca Popolare di Lodi):

10/10: emessa fattura n. 510 di 7.412 euro + IVA sul cliente Barbero;
12/10: ricevuto assegno circolare dal cliente Barbero di 9.040 euro a saldo fattura n. 510;
15/10: riscossa in contanti cambiale di 460 euro;
18/10: ricevuta fattura n. 3782 da Gas Service spa di 378,80 euro + IVA;
19/10: saldata fattura n. 3782 a mezzo c/c postale;
20/10: ricevuta fattura n. 412 di 3.740 euro + IVA dalla Luce srl per fornitura di scrivanie;
22/10: emesso pagherò di 4.560 euro a favore della Luce srl per regolamento fattura n. 412;
29/10: ricevuto assegno circolare di 450 euro dal cliente Gallesi srl a parziale regolamento nostra fattura n. 500 di 618 euro;
30/10: ricevuto bonifico bancario di 2.680 euro disposto dal cliente Bessone srl a saldo della nostra fattura n. 380;
31/10: versato sul conto corrente bancario l'assegno circolare ricevuto il 29/10.

# La rilevazione contabile delle operazioni aziendali

## Lezione 1 La costituzione dell'impresa

### 1 Costituzione di azienda

Analizza la seguente situazione e rispondi alle domande.

Al termine degli studi presso l'Istituto enologico di Alba e dopo uno stage presso un'impresa per la produzione di vini locali, Mario Vernasi decide di costituire un'impresa individuale per la produzione e la vendita di vino. Intende, da un lato, proseguire l'attività familiare e dall'altro mettere in pratica la preparazione professionale acquisita con gli studi e lo stage.

Decide quindi di utilizzare un cascinale, localizzato in una zona limitrofa al vigneto ereditato dal nonno e, al tempo stesso, vicino alle vie di collegamento provinciali e regionali.

L'attività aziendale consisterà nella produzione di vini locali di qualità e nella loro commercializzazione.

Assume come dipendenti due addetti alla produzione, un responsabile commerciale e amministrativo e un magazziniere; si riserva il ruolo di amministratore.

Conferisce nell'azienda, oltre il vigneto e il fabbricato, 200.000 euro in denaro, depositato sul c/c aziendale.

Ottiene dalla banca un finanziamento di 300.000 euro a tasso agevolato per l'imprenditoria giovanile, dando in garanzia il fabbricato.

Sceglie di realizzare le vendite attraverso il canale diretto, in quanto ritiene molto importante il contatto personale con la clientela.

Per far conoscere l'azienda apre un sito web, che successivamente intende utilizzare per vendite on line anche all'estero, essendo numerosi gli stranieri che visitano e hanno contatti con la zona di produzione.

1. Perché Mario Vernasi ha deciso di localizzare la propria azienda vinicola nei pressi della collina dove è situato il vigneto e vicino alle vie di comunicazione?
2. Quali sono le dimensioni dell'azienda?
3. Perché l'imprenditore ha scelto il canale distributivo diretto?
4. Prevedi che possa modificare il proprio canale distributivo? Se sì, perché?
5. Quale struttura organizzativa è stata scelta?
6. Con la forma giuridica adottata quale livello di rischio assume l'imprenditore?

### 2 Costituzione di aziende con apporti di disponibilità liquide e beni in natura

Presenta le registrazioni in P.D. relative alla costituzione delle seguenti aziende.

- In data 01/06 Giuseppe Serale costituisce un'azienda con apporto di denaro contante per 3.000 euro e di un fabbricato valutato 500.000 euro.
- In data 01/10 Giuliana Caroni avvia un'azienda conferendo un automezzo di 14.000 euro e arredamento di 20.000 euro e trasferendo 4.000 euro dal c/c personale a quello destinato alle operazioni aziendali, aperto presso la Banca Nazionale del Lavoro.
- In data 15/06 Silvia Garelli costituisce un'azienda con apporto di denaro contante per 2.000 euro, un fabbricato valutato 400.000 euro e un automezzo valutato 18.000 euro.

### 3 Costituzione di aziende con apporti di disponibilità liquide e beni in natura

Presenta le registrazioni in P.D. relative alla costituzione delle seguenti aziende.

- In data 01/04 Silvana Gabbini costituisce un'azienda commerciale di tessuti apportando i seguenti elementi: denaro contante per 2.000 euro, automezzo di 23.000 euro, arredamento di 15.000 euro, fabbricato valutato 500.000 euro gravato da un mutuo di 100.000 euro.
- In data 15/10 Simone Carpiani avvia un'azienda apportando un brevetto valutato 40.000 euro, un automezzo di 20.000 euro, un fabbricato valutato 380.000 euro gravato da un mutuo di 80.000 euro e denaro contante per 3.000 euro. Il 18/10 versa 2.000 euro sul conto corrente aziendale aperto presso la Banca Sella.

## 4 Costituzione di azienda e costi d'impianto

Il 1° giugno si costituisce l'impresa commerciale individuale Paolo Garri, con apporto da parte del proprietario di 40.000 euro trasferiti dal c/c personale al conto aziendale aperto presso la banca UniCredit. Il 15 giugno l'impresa riceve la fattura n. 234 della P.B. Service srl per l'allacciamento alla rete elettrica e metanifera per 500 euro + IVA 10% e la fattura n. 789 di TIM per l'allacciamento alla rete telefonica per 200 euro + IVA ordinaria. Le fatture sono regolate il 18 giugno con addebito del c/c bancario.

Redigi le scritture in P.D. relative a quanto sopra indicato.

## 5 Costituzione di azienda e costi d'impianto

Il 10 settembre si costituisce l'impresa commerciale Loredana Umbro che apporta un assegno bancario di 30.000 euro, un assegno circolare di 20.000 euro e macchine d'ufficio valutate 10.000 euro. Gli assegni sono depositati in giornata sul c/c aziendale aperto presso la Banca Nazionale del Lavoro. Il 20 settembre l'impresa sostiene oneri tributari per 400 euro e costi di allacciamento alla rete telefonica per 180 euro + IVA documentati dalla fattura n. 6785 di TIM. In fattura è esposta, inoltre, una cauzione di 200 euro.
Gli oneri tributari vengono pagati il 25 settembre mediante rilascio di un assegno bancario, mentre la fattura TIM è regolata a fine mese con addebito in conto corrente.

Redigi le scritture in P.D. relative a quanto sopra indicato.

## 6 Analisi dell'inventario di costituzione

Dopo avere esaminato l'inventario di costituzione dell'impresa Barbara Versi, redatto in data 01/06, ricostruisci e rileva in P.D. le operazioni di costituzione.

**Inventario di costituzione all'01/06**

| | | | |
|---|---|---|---|
| Fabbricati | 280.000 | Mutui passivi | 80.000 |
| Automezzi | 40.000 | Patrimonio netto | 250.000 |
| Assegni | 10.000 | | |
| Totale | 330.000 | Totale | 330.000 |

## 7 Dai conti di mastro al libro giornale

Analizza i conti di mastro tratti dalla contabilità dell'impresa Francesca Dadire, relativi all'avvio dell'azienda. Presenta le corrispondenti registrazioni in P.D. sul libro giornale e l'inventario di costituzione.

| 08.10 ASSEGNI | |
|---|---|
| 200.000,00 | 200.000,00 |

| 02.07 AUTOMEZZI | |
|---|---|
| 20.000,00 | |

| 10.01 PATRIMONIO NETTO | |
|---|---|
| | 220.000,00 |

| 18.20 BANCA X C/C | |
|---|---|
| 200.000,00 | 2.000,00 |

| 08.20 DENARO IN CASSA | |
|---|---|
| 2.000,00 | |

| 01.01 COSTI DI IMPIANTO | |
|---|---|
| 2.184,00 | |

| 06.01 IVA NS/CREDITO | |
|---|---|
| 480,48 | |

| 14.01 DEBITI V/FORNITORI | |
|---|---|
| | 2.664,48 |

## 8 Costituzione con acquisto di azienda

Il 20/10 Matteo Sartini costituisce un'azienda con apporto di 300.000 euro trasferiti dal proprio conto corrente personale al conto aperto presso la banca UniCredit.
Il 22/10 versa 5.000 euro sul c/c postale prelevandoli dal c/c bancario.
In data 25/10 acquista da Antonio Rovella un'azienda già funzionante contro rilascio di un assegno bancario di 100.000 euro e accettando tratta a 30 giorni di 70.000 euro. Gli elementi che costituiscono il patrimonio aziendale sono i seguenti: Fabbricati 120.000 euro, Macchine d'ufficio 8.000 euro, Arredamento 25.000 euro, Merci 18.600 euro, Crediti v/clienti 15.840 euro, Mutui passivi 20.000 euro, Debiti v/fornitori 13.820 euro.

In data 30/10 riceve dal dottor Aldo Arnesi la parcella n. 138 comprendente onorari per 4.200 euro (contributo Cassa di previdenza 4%) e costi sostenuti in nome e per conto dell'impresa di 1.800 euro. La parcella è regolata il 10/11 tramite assegno bancario.
Presenta:
1. le registrazioni in P.D.;
2. la fattura emessa dal dottor Arnesi.

### Ricostruzione delle operazioni di costituzione e di gestione

Il 10/02 Aldo Soresi avvia un'impresa commerciale; successivamente l'imprenditore compie le operazioni di gestione registrate nei seguenti conti di mastro.

| 18.20 BANCA X C/C | |
|---|---|
| 20.000, 00 | 6.412, 40 |
| | 3, 50 |

| 08.10 ASSEGNI | |
|---|---|
| 20.000, 00 | 20.000, 00 |

| 01.01 COSTI DI IMPIANTO | |
|---|---|
| 6.240, 00 | |

| 10.01 PATRIMONIO NETTO | |
|---|---|
| | 400.000, 00 |

| 02.01 FABBRICATI | |
|---|---|
| 350.000, 00 | |

| 02.06 ARREDAMENTO | |
|---|---|
| 30.000, 00 | |

| 06.01 IVA NS/CREDITO | |
|---|---|
| 1.372, 80 | |
| 8.800, 00 | |

| 30.01 MERCI C/ACQUISTI | |
|---|---|
| 40.000, 00 | |

| 15.02 DEBITI PER RIT. DA VERS. | |
|---|---|
| | 1.200, 00 |

| 14.06 CAMBIALI PASSIVE | |
|---|---|
| | 48.800, 00 |

| 05.01 CREDITI V/CLIENTI | |
|---|---|
| 61.000, 00 | |

| 20.01 MERCI C/VENDITE | |
|---|---|
| | 50.000, 00 |

| 15.01 IVA NS/DEBITO | |
|---|---|
| | 11.000, 00 |

| 14.01 DEBITI V/FORNITORI | |
|---|---|
| 7.612, 80 | 7.612, 80 |
| 48.800, 00 | 48.800, 00 |

| 31.15 COMMISSIONI BANCARIE | |
|---|---|
| 3, 50 | |

Ricostruisci le operazioni compiute e presenta il libro giornale.

### Parcella del dottore commercialista

Il 20/04 la GI.MER spa riceve la parcella del commercialista dottor Silvio Rescio relativa alla consulenza prestata nella fase di costituzione dell'impresa. Il 26/04 la fattura è regolata con bonifico bancario, commissioni trattenute dalla banca 3,80 euro. Completa la parte tabellare della parcella, registra sul libro giornale il ricevimento del documento e il relativo pagamento e rispondi alle domande.

| | | |
|---|---|---|
| Assistenza fiscale e redazione piano dei conti | euro | 4.200,00 |
| Contributo Cassa di previdenza dottori commercialisti .........% | euro | .................. |
| | euro | .................. |
| Spese documentate sostenute in nome e per conto dell'impresa cliente (art. 15 DPR n. 633/1972) | euro | 732,00 |
| IVA 22% su ............................. | euro | .................. |
| Totale fattura | euro | .................. |
| Ritenuta fiscale .........% su ............................. | euro | .................. |
| | euro | .................. |
| Netto da pagare | euro | .................. |

1. Perché l'importo netto da pagare è minore del totale della fattura?
2. A che cosa si riferiscono le spese documentate sostenute in nome e per conto dell'impresa?
3. A quale imposta si collega la ritenuta fiscale?

### Costituzione di azienda e fattura

Il 15 marzo Silvio Sarsi dà vita a un'impresa commerciale apportando un assegno bancario di 50.000 euro, un assegno circolare di 30.000 euro e attrezzature commerciali valutate 20.000 euro. Gli assegni vengono versati in giornata sul c/c aziendale aperto presso la banca Intesa Sanpaolo. Il 20 marzo, iniziata l'attività, l'impresa riceve la fattura del dottore commercialista Mario Landi che espone i seguenti dati:

**Fattura n. 12 del 20/03**
**Dottore commercialista Mario Landi**

| | | |
|---|---|---|
| Assistenza finale e redazione libro giornale | euro | 1.500,00 |
| Contributo 4% Cassa di previdenza dei dottori commercialisti | euro | 60,00 |
| | euro | 1.560,00 |
| Spese documentate sostenute in nome e per conto Vostro come da allegata documentazione (art. 15 DPR n. 633/1972) | euro | 950,00 |
| | euro | 2.510,00 |
| IVA 22% su 1.560,00 | euro | 343,20 |
| Totale fattura | euro | 2.853,20 |
| Ritenuta d'acconto 20% su 1.500 | euro | 300,00 |
| Netto da pagare | euro | 2.553,20 |

La fattura è pagata con assegno bancario in data 25 marzo, la ritenuta è versata a mezzo banca nei termini di legge.

Presenta:

1. le registrazioni in P.D. relative a quanto descritto;
2. la Situazione patrimoniale dell'impresa in data 15 marzo.

### 12 Costituzione di azienda: inventario, parcella del dottore commercialista, libro giornale

Il 10/09 Renato Fazzino costituisce un'impresa per il commercio all'ingrosso trasferendo 50.000 euro dal c/c personale al c/c aziendale aperto presso la banca UniCredit e conferendo un fabbricato di 500.000 euro, attrezzature commerciali di 180.000 euro e un automezzo di 22.000 euro. Il 15/09 riceve la parcella del dottore commercialista Silvia Perego: onorari 3.800 euro (contributo Cassa di previdenza 4%) e costi documentati anticipati per conto del cliente 2.200 euro. La parcella è regolata con assegno bancario il 20/09.

Presenta:

- l'inventario di costituzione;
- le registrazioni in P.D. relative a quanto sopra descritto;
- la parcella ricevuta dal commercialista;
- l'assegno bancario rilasciato da Fazzino a saldo della parcella.

### 13 Analisi del libro giornale e fattura del dottore commercialista

Dopo aver completato la descrizione e gli importi mancanti nei seguenti articoli in P.D. redatti dall'impresa Pietro Quarsi, presenta la fattura emessa dal commercialista dottor Ravesi Carlo.

| | | | | | |
|---|---|---|---|---|---|
| 10/10 | 02.01 | FABBRICATI | .................................... | 450.000,00 | |
| 10/10 | 08.10 | ASSEGNI | .................................... | 30.000,00 | |
| 10/10 | 02.06 | ARREDAMENTO | .................................... | 20.000,00 | |
| 10/10 | 10.01 | PATRIMONIO NETTO | .................................... | | ............,..... |
| 10/10 | 18.20 | BANCA X C/C | .................................... | ............,..... | |
| 10/10 | 08.10 | ASSEGNI | .................................... | | ............,..... |
| 15/10 | 01.01 | COSTI DI IMPIANTO | .................................... | 1.948,00 | |
| 15/10 | 06.01 | IVA NS/CREDITO | .................................... | 274,56 | |
| 15/10 | 14.01 | DEBITI V/FORNITORI | .................................... | | ............,..... |
| 18/10 | 14.01 | DEBITI V/FORNITORI | .................................... | ............,..... | |
| 18/10 | 15.02 | DEBITI PER RITEN. DA VERSARE | .................................... | | 240,00 |
| 18/10 | 18.20 | BANCA X C/C | .................................... | | ............,..... |
| 18/10 | 31.15 | COMMISSIONI BANCARIE | .................................... | 3,50 | |
| 18/10 | 18.20 | BANCA X C/C | .................................... | | ............,..... |
| 16/11 | 15.02 | DEBITI PER RITEN. DA VERSARE | .................................... | ............,..... | |
| 16/11 | 18.20 | BANCA X C/C | .................................... | | ............,..... |

14  Orogel, una storia tutta italiana

Leggi il caso aziendale tratto dal sito www.orogel.it e rispondi alle domande.

Orogel è una **cooperativa** di oltre 1.800 soci coltivatori che ottengono prodotti ortofrutticoli da commercializzare freschi o surgelati.
La storia di Orogel incomincia nel 1967 quando 11 produttori di Cesena decidono di unirsi in una cooperativa ortofrutticola; negli anni successivi saranno seguiti da altre cooperative, con cui creeranno il Consorzio Fruttadoro.
Nel 1976 danno vita al primo progetto nel settore della surgelazione dei prodotti ortofrutticoli e viene aperto il nuovo stabilimento in cui iniziano l'attività. Due anni dopo nasce Orogel come società di produzione, vendita e distribuzione di prodotti surgelati.
Nel 1987 viene inaugurato il grande magazzino automatico a – 40° C, il primo in Italia che affronta la logistica in termini moderni. L'anno successivo viene costruito il primo laboratorio analisi e parte il progetto Ortofrutta Pulita, che applica strumenti informatici alla produzione; in questo anno nascono i prodotti del marchio SoloSole.
Nel 1989 inizia l'attività di produzione di confetture e mousse di frutta a marchio Orofrutta.
Per diffondere la cultura enogastronomica ed esaltare le ricette della ricchissima tradizione italiana viene aperta nel 1990 la scuola di cucina Orogel.
Tra il 1992 e il 2000 vengono immessi sul mercato prodotti innovativi come i surgelati precotti, i cubetti **porzionati**, il Minestrone Leggerezza, la linea Compagnia del Gelato, la linea di piatti pronti La Cucina Italiana, Verdurì, Il Sole di Orogel, il SoloSole Bio (prima linea a produzione biologica certificata). Nel 1996 si costituisce la Orogel Surgelati spa.
Nei primi anni del 2000 vengono realizzate nuove confezioni salva-fragranza e il tappo funzionale. Nel 2003, al fine di ottimizzare l'intera attività produttiva e sviluppare sinergie commerciali e pubblicitarie tra il settore del fresco e quello del surgelato, le cooperative si riuniscono nella società Orogel Fresco.
Per festeggiare i primi 40 anni di attività nel 2007 viene lanciato sul mercato il primo minestrone con 16 verdure scelte e certificate. L'anno successivo vengono acquistati lo stabilimento ARGO Frost di Policoro e lo stabilimento di surgelazione di una società di Ficarolo.
Il 2010 è l'anno dedicato alla nuova immagine: un marchio e un packaging rinnovati, uno spot pubblicitario accompagnato dalla voce di Malika Ayane e l'avvio del progetto Orogel 360° che coinvolge l'azienda e l'intero ciclo produttivo.
Il progetto Orogel 360° mira a rispettare la stagionalità dei prodotti, ricercare terreni e sementi di qualità, coltivare utilizzando tecniche sostenibili e senza sprechi di risorse, coordinare l'attività nei campi con lo stabilimento produttivo per ridurre i tempi tra il raccolto e la surgelazione, lavorare le materie prime dopo un'accurata preparazione, impiegare moderne tecniche nel sistema produttivo, ottenere un confezionamento che preservi gusto e proprietà dei prodotti, ottimizzare le consegne e selezionare fornitori e mezzi di trasporto per ridurre al minimo l'impatto ambientale.
Nel 2012 Orogel debutta nei social network e avvia gli **impianti di cogenerazione** e produzione di energia alternativa.
Oggi Orogel è la prima impresa italiana nei surgelati vegetali e la seconda nel sottozero. Ha chiuso il bilancio 2015 con un fatturato di 429 milioni di euro (+ 30% rispetto all'anno precedente); ha effettuato investimenti per 80 milioni di euro e detiene il 22% della quota di mercato dei vegetali surgelati freschi.
I numeri riassumono le caratteristiche del gruppo italiano:

- 1.809 soci;
- 12.813 ettari di superficie coltivata;
- 2.721 dipendenti;
- 12 stabilimenti produttivi;
- 48 concessionari;
- 18 centri di ritiro;
- 90.000 tonnellate di surgelato commercializzato;
- 118.900 tonnellate di prodotti freschi commercializzati.

**Cooperativa:** tipo di società a capitale variabile per l'esercizio a scopo mutualistico di imprese; si prefiggono lo scopo di fornire ai propri soci beni, occasioni di lavoro e prestazioni di servizi a condizioni più vantaggiose rispetto a quelle offerte sul mercato.

**Porzionati:** verdure divise in porzioni singole prima della surgelazione e della vendita.

**Impianto di cogenerazione:** impianto per la realizzazione della produzione di calore ed energia elettrica.

1. Quali sono le tappe dello sviluppo di Orogel?
2. Quali fattori sono stati, a tuo giudizio, considerati da Orogel nella decisione di localizzazione dell'azienda?
3. Quali sono i beni strumentali utilizzati da Orogel e quali sono i beni che formano il magazzino della società?

## Lezione 2 L'acquisto di merci, materie di consumo e servizi

### 15 Acquisto di merci e materie di consumo

Registra in P.D. le operazioni di seguito indicate:

10/03: ricevuta fattura n. 344 della Mars 2000 spa relativa alla fornitura di merci per 18.000 euro + IVA ordinaria;

12/03: ricevuta fattura n. 402 della Colelli srl relativa alla fornitura di merci per 4.500 euro + IVA 10%;

15/03: ricevuta fattura n. 75 dalla Mariani & Borra srl relativa all'acquisto di imballaggi per 600 euro + IVA ordinaria.

### 16 Acquisto di merci franco partenza

L'impresa Giacomo Vartesi, svolgente attività di commercio all'ingrosso di materiale idraulico, ha compiuto le operazioni di seguito indicate:

18/07: ricevuta fattura n. 318 della Garlini srl relativa alla fornitura di merci per 19.248 euro + IVA franco partenza; il trasporto è stato effettuato con vettore;

18/07: ricevuta fattura n. 92 della GBT Trasporti srl relativa al trasporto delle merci inviate dal fornitore Garlini per 710 euro + IVA;

22/07: ricevuta fattura n. 425 della Galt spa relativa alla fornitura franco partenza di merci; la fattura espone costi per merci per 26.600 euro e costi di trasporto addebitati forfetariamente di 560 euro + IVA;

25/07: ricevuta fattura n. 516 di Claudio Satti per l'acquisto di merci franco partenza per 22.780 + IVA; la fattura espone costi di trasporto per 280 euro + IVA, documentati dalla fattura n. 95 del Corriere Veloce srl.

Presenta le registrazioni in P.D.

### 17 Acquisto di merci e clausole di consegna

Completa i seguenti articoli in P.D. e individua le clausole di consegna.

*Operazione n. 1*

| | | | | | |
|---|---|---|---|---|---|
| 24/06 | 31.01 | COSTI DI TRASPORTO | ft. trasporto | 140,00 | |
| 24/06 | 06.01 | IVA NS/CREDITO | ft. trasporto | 30,80 | |
| 24/06 | 14.01 | DEBITI V/FORNITORI | ft. trasporto | | 170,80 |
| 24/06 | 30.01 | MERCI C/ACQUISTI | ft. acq. merci | 1.200,00 | |
| 24/06 | 06.01 | IVA NS/CREDITO | ft. acq. merci | 264,00 | |
| 24/06 | 14.01 | Debiti v/fornitori | ft. acq. merci | 170,80 | |
| 24/06 | 14.01 | DEBITI V/FORNITORI | ft. acq. merci | | 1464,00 |

L'acquisto di merci prevede la clausola franco partenza; il trasporto è eseguito da un vettore con la clausola porto franco

*Operazione n. 2*

| | | | | | |
|---|---|---|---|---|---|
| 24/06 | 30.01 | MERCI C/ACQUISTI | fattura n. 216 | 5.000,00 | |
| 24/06 | 06.01 | IVA NS/CREDITO | fattura n. 216 | 1.100,00 | |
| 24/06 | 14.01 | DEBITI V/FORNITORI | fattura n. 216 | | 6.100,00 |
| 24/06 | 31.01 | COSTI DI TRASPORTO | fattura n. 281 corriere Felit | 350,00 | |
| 24/06 | 06.01 | IVA ns/credito | fattura n. 281 corriere Felit | 77,00 | |
| 24/06 | 14.01 | DEBITI V/FORNITORI | fattura n. 281 corriere Felit | | 427,00 |

L'acquisto di merci prevede la clausola franco destino; il trasporto è eseguito da un vettore con la clausola porto assegnato

### Acquisto di merci e costi accessori

L'impresa Alfio Pirteni, svolgente attività di commercio all'ingrosso di merci, ha compiuto nel mese di febbraio le seguenti operazioni:

03/02: ricevuta fattura n. 112 della Fiordelli spa di Imperia per acquisto di merci per un valore di 3.740 euro + IVA, consegna franco destino, imballaggio gratuito;

05/02: ricevuta fattura n. 120 della Ortani spa per l'acquisto di merci per 1.840 euro + IVA; consegna franco partenza, trasporto a mezzo vettore;

08/02: ricevuta fattura n. 15 della BTS Trasporti spa relativa al trasporto della merce inviata dalla Ortani spa per 850 euro + IVA;

15/02: ricevuta fattura n. 91 della GTIR.SAT spa relativa alla fornitura franco partenza di merci per 4.750 euro, costi di trasporto addebitati forfetariamente di 400 euro + IVA;

18/02: ricevuta fattura n. 212 della Gardini srl per la fornitura di merci per 5.400 euro; la fattura espone costi di trasporto per 488 euro (IVA compresa) documentati dalla fattura n. 54 del corriere Espresso Lisi srl.

Presenta le registrazioni in P.D.

### Acquisto di merci franco partenza

Registra sul libro giornale e nei conti di mastro le operazioni di seguito indicate e presenta la parte tabellare delle fatture n. 211 e 318.

10/06: ricevuta fattura n. 185 della Veronesi spa relativa alla fornitura di merci per 8.200 euro + IVA, franco partenza;

10/06: ricevuta fattura n. 88 della Trasporti Veloci srl relativa al trasporto delle merci inviate dalla Veronesi spa per 600 euro + IVA;

14/06: ricevuta fattura n. 211 della Gartex srl relativa alla fornitura di merci consegna franco partenza; la fattura espone costi per merci di 14.380 euro + IVA e costi di trasporto di 300 euro + IVA;

15/06: ricevuta fattura n. 318 del fornitore Eltex srl per l'acquisto di merci franco partenza per 21.318 euro + IVA; la fattura espone costi di trasporto per 500 euro + IVA documentati dalla fattura n. 73 del corriere Bartelli srl.

### 20 Documenti originari e scritture in P.D.

Presenta le registrazioni in P.D. effettuate dalla Marteni srl che, in data 12 luglio, ha ricevuto le seguenti fatture riprodotte limitatamente alla parte tabellare:

**Fattura n. 711 del 10/07**
**Impresa RTS spa**

| | | |
|---|---|---|
| n. 128 Prodotti modello AT56 a 60,00 euro ciascuno (aliquota IVA 22%) | euro | 7.680,00 |
| n. 44 prodotti modello ZT89 a 75,00 euro ciascuno (aliquota IVA 10%) | euro | 3.300,00 |
| | euro | 10.980,00 |
| Costi di imballaggio | euro | 60,00 |
| Imponibile | euro | 11.040,00 |
| IVA 22% su (7.680,00 + 41,97) | euro | 1.698,83 |
| IVA 10% su (3.300,00 + 18,03) | euro | 331,80 |
| Totale | euro | 13.070,63 |
| Costi di trasporto documentati | euro | 244,00 |
| Totale fattura | euro | 13.314,63 |

**Fattura n. 82 del 10/07**
**Vettore Bardeni srl**

| | | |
|---|---|---|
| Trasporto | euro | 200,00 |
| IVA (22%) | euro | 44,00 |
| Totale fattura | euro | 244,00 |

### 21 Acquisto di merci con costi accessori forfetari e documentati

Completa gli articoli in P.D.

**a.** Ricevuta in data 10/11 fattura n. 9876 della Maretti spa relativa all'acquisto di merci per 6.780 euro + IVA, costi di trasporto addebitati forfetariamente per 300 euro.

| | | | | | |
|---|---|---|---|---|---|
| 10/11 | 30.01 | MERCI C/ACQUISTI | fattura n. 9876 da Maretti spa | 7.080, 00 | |
| 10/11 | 06.01 | IVA ns/credito | fattura n. 9876 da Maretti spa | 1557, 60 | |
| 10/11 | 14.01 | DEBITI V/FORNITORI | fattura n. 9876 da Maretti spa | | 8.637, 60 |

**b.** Ricevuta in data 15/11 fattura n. 785 della Retil spa per l'acquisto di merci franco partenza per 4.200 euro + IVA; in fattura sono esposti costi di trasporto anticipati per conto del compratore al corriere Vertril srl e documentati dalla fattura n. 156.

| | | | | | |
|---|---|---|---|---|---|
| 15/11 | 31.01 | COSTI DI TRASPORTO | fattura n. 156 da Vertril srl | 350, 00 | |
| 15/11 | 06.01 | IVA ns/credito | fattura n. 156 da Vertril srl | 77, 00 | |
| 15/11 | 14.01 | DEBITI V/FORNITORI | fattura n. 156 da Vertril srl | | 427, 00 |
| 15/11 | 30.01 | Merci c/acquisti | fattura n. 785 da Retil spa | 4200, 00 | |
| 15/11 | 06.01 | IVA NS/CREDITO | fattura n. 785 da Retil spa | 924, 00 | |
| 15/11 | 14.01 | Debiti v/fornitori | fattura n. 785 da Retil spa | 427, 00 | |
| 15/11 | 14.01 | DEBITI V/FORNITORI | fattura n. 785 da Retil spa | | 5551, 00 |

**c.** Ricevuta in data 20/11 fattura n. 1242 della Mario Vertesi & C. snc per l'acquisto di merci franco partenza per 3.400 euro + IVA; in giornata ricevuta dal corriere SD Trasporti srl fattura n. 985 relativa al trasporto delle merci acquistate dalla Mario Vertesi.

| | | | | | |
|---|---|---|---|---|---|
| 20/11 | 30.01 | MERCI C/ACQUISTI | fattura n. 1242 da Vertesi snc | 3400, 00 | |
| 20/11 | 06.01 | IVA ns/credito | fattura n. 1242 da Vertesi snc | 748, 00 | |
| 20/11 | 14.01 | DEBITI V/FORNITORI | fattura n. 1242 da Vertesi snc | | 4148, 00 |
| 20/11 | 31.01 | Costi di trasporto | fattura n. 985 SD da Trasporti srl | 150, 00 | |
| 20/11 | 06.01 | IVA ns/credito | fattura n. 985 SD da Trasporti srl | 33, 00 | |
| 20/11 | 14.01 | DEBITI V/FORNITORI | fattura n. 985 SD da Trasporti srl | | 183, 00 |

### 22 Acquisto di merci all'estero

Registra sul libro giornale e nei conti di mastro le operazioni di seguito indicate:

08/04: ricevuta fattura n. 812 dell'impresa norvegese Laarson Pibke relativa alla fornitura di merce per 3.800 euro, trasporto franco partenza;

08/04: pagate a mezzo banca spese doganali per 85 euro e IVA come risulta dalla bolla doganale. Il valore statistico della merce è di 3.920 euro;

10/05: ricevuta fattura n. 155 dell'impresa francese Veronique Lefevre relativa alla fornitura di merce per 9.100 euro, trasporto franco partenza;

10/05: ricevuta fattura n. 98 della Trasporti Munari srl di 120 euro + IVA relativa al trasporto delle merci acquistate dalla Veronique Lefevre.

### 23 Acquisto di merci all'estero

Presenta le registrazioni in P.D. della Italstrumenti spa che in data 12/06 ha ricevuto le seguenti fatture riprodotte limitatamente alla parte tabellare.

**Fattura n. 1007 del 10/06 dell'impresa coreana Wu Lin**

| | | |
|---|---|---|
| n. 45 prodotti modello SP0812 a 55,00 euro ciascuno | euro | 2.475,00 |
| Totale | euro | 2.475,00 |

**Bolla doganale del 12/06**

| | | |
|---|---|---|
| Valore statistico della merce | euro | 2.550,00 |
| Dazio 8% | euro | 204,00 |
| IVA (22%) | euro | 605,88 |
| Totale | euro | 809,88 |

## 24 Importazione

✔✔

Il 18 novembre l'impresa commerciale Daniela Mancini di Taormina ha ricevuto la merce acquistata dal fornitore marocchino Aziz Faouzi accompagnata dalla fattura n. 355 di 5.900 euro.
La merce viene consegnata dall'impresa di autotrasporti Naxos Transport insieme ai documenti dell'operazione:

- documento doganale import, da cui risulta un valore statistico assegnato alle merci di 6.000 euro, su cui sono calcolati dazi per 120 euro e IVA ordinaria;
- fattura n. 712 per il trasporto di 290 euro + IVA e le spese anticipate in dogana in nome e per conto dell'importatore.

Rileva sul libro giornale le operazioni sopra indicate.

## 25 Acquisto intracomunitario

✔

Il 15 maggio l'impresa commerciale Giovanni Fontò di Lecce riceve della merce dal fornitore portoghese Cristiano Robinho di Oporto accompagnata dalla fattura n. 822 di 3.750 euro, consegna franco partenza. Il trasporto viene effettuato dal vettore Salento Car srl che invia la propria fattura n. 1110 di 235 euro + IVA.
Rileva sul libro giornale le operazioni sopra indicate.

## 26 Acquisto di merci, resi e abbuoni

✔

Completa gli articoli in P.D. compilati dalla Tarselli spa.
Ricevuta in data 25/11 fattura n. 1847 dalla Riglieri spa relativa all'acquisto di merci per 8.340 euro + IVA. Dai controlli effettuati sulla merce si riscontra una differenza qualitativa rispetto a quanto ordinato, si restituisce quindi merce per 950 euro e si ottiene un abbuono di 150 euro sull'importo della fattura. Il 30/11 si riceve dal fornitore nota di variazione n. 1910 per la merce resa e nota di accredito n. 1911 per l'abbuono.

| | | | | | |
|---|---|---|---|---|---|
| 25/11 | ..... | MERCI C/ACQUISTI | fattura n. 1847 da Riglieri spa | .............., ..... | |
| 25/11 | ..... | ........................................... | fattura n. 1847 da Riglieri spa | .............., ..... | |
| 25/11 | ..... | DEBITI V/FORNITORI | fattura n. 1847 da Riglieri spa | | 10.174, 80 |
| 30/11 | ..... | DEBITI V/FORNITORI | nota di variazione n. 1910 | .............., ..... | |
| 30/11 | ..... | ........................................... | nota di variazione n. 1910 | | .............., ..... |
| 30/11 | ..... | ........................................... | nota di variazione n. 1910 | | .............., ..... |
| 30/11 | ..... | ........................................... | nota di accredito n. 1911 | .............., ..... | |
| 30/11 | ..... | ........................................... | nota di accredito n. 1911 | .............., ..... | |

## 27 Resi e abbuoni

✔

L'impresa Adele Rosselli ha ricevuto, in data 18/04, la fattura n. 317 relativa alla fornitura di merci per 12.700 euro + IVA. In data 20/04 l'impresa restituisce merci difettose per 600 euro e richiede un abbuono di 200 euro sulle restanti merci in quanto non conformi al modello ordinato. Il 20/04 l'impresa riceve la nota di accredito con variazione IVA n. 33 per le merci rese e la nota di accredito senza variazione IVA n. 34 per l'abbuono.
Presenta la registrazioni in P.D. compiute dall'impresa Rosselli.

## 28 Ricostruzione delle operazioni di acquisto

✔✔

Analizza i conti di mastro e ricostruisci le registrazioni sul libro giornale.

| 30.10 RESI SU ACQUISTI | |
|---|---|
| | 400, 00 |

| 14.01 DEBITI V/FORNITORI | |
|---|---|
| 488, 00 | 2.928, 00 |
| 100, 00 | 244, 00 |

| 06.01 IVA NS/CREDITO | |
|---|---|
| 528, 00 | 88, 00 |
| 44, 00 | |

| 30.01 MERCI C/ACQUISTI | |
|---|---|
| 2.400, 00 | |

| 31.01 COSTI DI TRASPORTO | |
|---|---|
| 200, 00 | |

| 30.11 RIBASSI E ABB. ATT. | |
|---|---|
| | 100, 00 |

## 29 Documenti originari e scritture in P.D.

✔✔

L'impresa commerciale Pietro Tarsi ha effettuato nel mese di giugno gli acquisti documentati dalle seguenti fatture, di cui viene presentata la parte tabellare.

Rileva sul libro giornale in P.D. dette operazioni di acquisto.

10/06

**Fattura n. 88 – Impresa Mario Castelli**

| | | |
|---|---|---|
| Merce A71L | euro | 31.680,00 |
| IVA 22% | euro | 6.969,60 |
| Totale fattura | euro | 38.649,60 |

12/06

**Fattura n. 94 – Selet spa**

| | | |
|---|---|---|
| Arredamento | euro | 18.400,00 |
| IVA 22% | euro | 4.048,00 |
| Totale fattura | euro | 22.448,00 |

15/06

**Fattura n. 32 – Corriere TBN srl**

| | | |
|---|---|---|
| Costo di trasporto | euro | 300,00 |
| IVA 22% | euro | 66,00 |
| Totale fattura | euro | 366,00 |

**Fattura n. 104 – Fioresi Mario & C. snc**

| | | |
|---|---|---|
| Merce B88N | euro | 15.680,00 |
| IVA 22% | euro | 3.449,60 |
| Base imponibile | euro | 19.129,60 |
| Costi di trasporto documentati da fattura n. 32 Corriere TNB srl | euro | 366,00 |
| Totale fattura | euro | 19.495,60 |

18/06

**Fattura n. 124 – Darsi spa**

| | | |
|---|---|---|
| Merce C94L | euro | 12.784,00 |
| Costi di etichettatura | euro | 320,00 |
| Base imponibile | euro | 13.104,00 |
| IVA 22% | euro | 2.882,88 |
| Totale fattura | euro | 15.986,88 |

20/06

**Fattura n. 144 – Impresa Sarti Luigi**

| | | |
|---|---|---|
| Merce D66T | euro | 5.840,00 |
| Sconto 3% | euro | 175,20 |
| Base imponibile | euro | 5.664,80 |
| IVA 22% | euro | 1.246,26 |
| Totale fattura | euro | 6.911,06 |

22/06

**Fattura n. 182 – Artesi spa**

| | | |
|---|---|---|
| Merce F28C | euro | 22.460,00 |
| Costi di trasporto | euro | 220,00 |
| Imballaggio | euro | 130,00 |
| Base imponibile | euro | 22.810,00 |
| IVA 22% | euro | 5.018,20 |
| Totale fattura | euro | 27.828,20 |

26/06

**Nota di variazione n. 22 – Artesi spa**

| | | |
|---|---|---|
| Rif. fattura n. 182 del 22/06 | | |
| Abbuono | euro | 1.200,00 |
| IVA 22% | euro | 264,00 |
| Totale vostro credito | euro | 1.464,00 |

### 30 Acquisto di servizi

✔

Presenta le registrazioni in P.D. relative alle seguenti operazioni compiute dalla Billini srl in data 31/07:

- ricevuta parcella n. 210 del dottore commercialista Marini Luigi per la consulenza fornita, onorari 2.000 euro, contributo alla Cassa di previdenza 4%, IVA ordinaria;
- ricevuta fattura n. 1875 della TIM per costi telefonici di 420 euro + IVA;
- ricevuta fattura n. 171 della Consulente Marketing srl che espone costi per il servizio prestato di 1.800 euro + IVA;
- ricevuta fattura n. 818 della Pubblicità Italia srl relativa al progetto per il lancio di una nuova campagna pubblicitaria che espone costi di 5.200 euro + IVA;
- ricevuta fattura n. 911 del vettore Trasporti Italia spa per 380 euro + IVA.

### 31 Acquisto di merci e servizi, resi di merci

L'imprenditore Matteo Ferri ha ricevuto, nel corso del mese di settembre, le seguenti fatture di acquisto:

03/09: fattura n. 782 della Carlet spa relativa all'acquisto di merci per 8.740 euro + IVA ridotta, consegna franco partenza;

05/09: fattura n. 541 del vettore Trasporti Nord srl relativa al trasporto della merce di cui al precedente acquisto per 320 euro + IVA;
07/09: fattura n. 35 del tedesco Joseph Zwetschken relativa all'acquisto di merci per 5.560 euro, consegna franco destino;
08/09: fattura n. 298 della Pubbly Set spa relativa a una campagna pubblicitaria di 3.850 euro + IVA;
10/09: parcella n. 144 del dottore commercialista Luigi Fontana relativa a consulenze professionali per 2.850 euro soggette al contributo per la Cassa di previdenza 4% e a IVA;
15/09: fattura n. 3894 Wind relativa a costi telefonici per 290 euro + IVA;
20/09: fattura n. 990 della Ferrero Styl spa che espone:
- merce per 8.420,80 euro, IVA ordinaria;
- costi di trasporto forfetari per 145,20 euro;

25/09: restituite merci difettose al fornitore Ferrero Styl spa per 1.800 euro;
28/09: ricevuta nota di accredito con variazione IVA n. 65 dal fornitore Ferrero Styl spa.
Presenta le registrazioni sul libro giornale e nei conti di mastro.

### 32 Acquisto di merci e servizi, resi di merci

L'imprenditrice Luisa Narpelli ha ricevuto, nel corso del mese di maggio, le seguenti fatture di acquisto:
05/05: fattura n. 384 della Giuseppe Vialli & C. snc per l'acquisto di merci per 5.185 euro, costi di trasporto addebitati forfetariamente per 215 euro + IVA;
10/05: fattura ENEL n. 17865 relativa a costi per energia elettrica per 1.400 euro + IVA;
12/05: fattura n. 126 della EDS Service spa relativa a servizio di vigilanza notturna per 850 euro + IVA;
15/05: fattura n. 384 della Arduini srl relativa all'acquisto di merci franco partenza per 5.310 euro + IVA;
16/05: fattura n. 125 del vettore Trasporti Internazionali spa per il trasporto della merce di cui al precedente acquisto per 250 euro + IVA;
20/05: fattura n. 354 della Sorrena Mario & C. snc relativa alla fornitura di merci franco partenza per 9.280 euro + IVA; in fattura sono addebitati costi di trasporto per 160 euro;
22/05: restituita merce alla Arduini srl per 840 euro perché non conforme a quanto concordato;
25/05: ricevuta nota di accredito senza variazione IVA n. 34 dal fornitore Arduini srl.
Presenta le registrazioni sul libro giornale e nei conti di mastro.

### 33 Acquisto di merci e servizi

L'imprenditore Antonio Galliani, che vende capi d'abbigliamento, compie durante il mese di ottobre le seguenti operazioni:
01/10: ricevuta fattura immediata n. 186 dalla Lanar srl per acquisto di merce per 15.680 euro + IVA; in fattura sono esposti costi di trasporto forfetari per 320 euro;
03/10: ricevute merci con documento di trasporto dal fornitore Luigi Mardi & Figli snc;
22/10: ricevuta fattura differita n. 195 dal fornitore Luigi Mardi & Figli snc relativa alla merce consegnata il 03/10; la fattura espone merci per 9.630 euro, sconto incondizionato 2%, imballaggio gratuito, costi di trasporto forfettari per 280 euro, IVA ordinaria;
25/10: ricevuta fattura n. 450 dall'impresa brasiliana Loymar per acquisto di merce per 12.700 euro;
25/10: regolato a mezzo banca l'importo della bolla doganale relativo a dazi per 234 euro e all'IVA 22% calcolata sul valore statistico della merce di 13.050 euro maggiorata dei dazi;
28/10: ricevuta fattura ENEL n. 2184 di 1.060 euro + IVA relativa ai consumi dell'ultimo bimestre;
30/10: ricevuta fattura n. 843 dalla Ferrini srl di 7.524 euro + IVA per acquisto di merci, trasporto franco destino, imballaggio gratuito;
Presenta le registrazioni sul libro giornale e nei conti di mastro e la parte tabellare della fattura n. 195 ricevuta il 22/10.

 **Acquisto di merci e materie di consumo, resi di merci**

L'impresa Silvio Carresi compie nel mese di aprile, tra le altre, le seguenti operazioni di acquisto:

03/04: ricevuta fattura immediata n. 123 della Disti spa relativa all'acquisto di merci per 5.400 euro + IVA, sconto per redistribuzione e quantità 10% + 2%;

05/04: ricevuta fattura n. 98 del corriere SD Express spa per costi di trasporto relativi alla consegna di cui al punto precedente per 120 euro + IVA;

10/04: ricevuta fattura immediata n. 198 della Nardeni srl relativa a imballaggi per 180 euro + IVA;

15/04: ricevuta fattura n. 143 della Garresi spa per acquisto di merci per 12.580 euro + IVA, consegna franco partenza, costi di trasporto addebitati forfetariamente in fattura per 170 euro;

18/04: restituita alla Garresi spa merce del valore di 3.420 euro in quanto difettosa;

22/04: ricevuta nota di variazione n. 45 della Garresi spa;

27/04: ricevuta fattura n. 9876 della Edison Energia spa di 560 euro + IVA;

28/04: ricevuta fattura n. 67 dall'impresa Maria Ferreri per l'acquisto di materiale di cancelleria per 120 euro + IVA.

Presenta le registrazioni sul libro giornale e nei conti di mastro.

## Lezione 3 Il pagamento dei debiti

 **Acquisto di merci e regolamento della fattura**

La Sostin spa, che intrattiene un rapporto di conto corrente con la banca Intesa Sanpaolo, ha compiuto le seguenti operazioni di gestione:

01/04: acquistate merci dal fornitore Genovesi, come da fattura n. 381, per 21.000 euro + IVA, franco partenza regolamento ½ con bonifico bancario e ½ con pagherò a tre mesi. Il fornitore effettua il trasporto con un automezzo proprio addebitando in fattura 140 euro per il trasporto;

05/04: ordinato bonifico bancario e rilasciato un pagherò a saldo fattura; la banca addebita commissioni di 3,50 euro.

Presenta le registrazioni sul libro giornale e nei conti di mastro.

 **Regolamento di fatture di acquisto con ribassi e sconti**

Il 30/03 l'imprenditore Sandro Cavaglieri paga le seguenti fatture:

- fattura n. 96 per acquisto di materie di consumo per 204,96 euro (IVA inclusa), rilasciando a saldo un assegno bancario di 200 euro;
- fattura n. 105 per acquisto di merci per 14.640 euro (IVA inclusa), tramite bonifico bancario; avendo effettuato il pagamento immediato l'impresa ottiene lo sconto 2% (commissioni bancarie 3,50 euro); si riceve dal fornitore nota di accredito con variazione IVA n. 22.

Presenta le registrazioni sul libro giornale relative al pagamento delle due fatture.

 **Acquisto di merci e regolamento della fattura con cambiale**

La Margic srl riceve in data 18/09 la fattura n. 344 della Garnet spa per acquisto di merci per 12.125 euro + IVA; in fattura sono esposti costi di trasporto forfettari per 275 euro. Il regolamento del debito è previsto con pagherò a fine ottobre. Due giorni dopo l'impresa emette pagherò, estinto alla scadenza con addebito del c/c bancario. Presenta le registrazioni sul libro giornale.

 **Acquisto di merci e regolamento con Ri.Ba.**

Il 3 aprile l'imprenditore Paolo Antonelli riceve la fattura n. 128 (di cui viene presentata la parte tabellare) dal fornitore Barberis che prevede il pagamento con Ri.Ba. a fine maggio.

| Prodotti Stella modello base (n. 100 al prezzo unitario di 88,00 euro) | euro | 8.800,00 |
|---|---|---|
| Sconto incondizionato 25% | euro | 2.200,00 |
| | euro | 6.600,00 |
| IVA 22% su 6.600,00 | euro | 1.452,00 |
| Totale fattura | euro | 8.052,00 |

Presenta le registrazioni sul libro giornale relative al ricevimento della fattura e al suo regolamento.

### 39 Acquisto di merci e regolamento con interessi di dilazione e di mora

Presenta le registrazioni sul libro giornale delle operazioni effettuate da due imprese.

**a.** Il 18/10 l'imprenditore Davide Bonani ha ricevuto dalla Lallet spa fattura n. 357 relativa alla fornitura di merci per 18.425 euro + IVA, regolamento a 90 giorni, interessi al tasso 4% esposti in fattura. Il contratto prevede il pagamento con Ri.Ba., che viene appoggiata presso la Banca Sella.

**b.** In data 23/04 la Nardi spa ha pagato, con bonifico bancario, la fattura n. 567 di 12.345 euro maggiorata degli interessi di mora di 234 euro; commissioni bancarie addebitate 4 euro.

### 40 Acquisti di merci, resi e relativo pagamento

Rileva in P.D. le seguenti operazioni compiute dall'impresa Luisa Campra:

10/04: ricevuta fattura n. 299 della Mars srl relativa all'acquisto di merci per 32.000 euro + IVA, trasporto franco partenza con addebito in fattura di costi forfetari per 400 euro;

12/04: restituite merci difettose alla Mars srl per 8.200 euro;

14/04: ricevuta fattura n. 322 della TBD spa per l'acquisto di merci per 12.600 euro + IVA;

16/04: ordinato bonifico bancario a favore della TBD spa di 15.370 euro a saldo fattura n. 322; la banca addebita 3,50 euro per commissioni;

20/04: ricevuta nota di accredito con variazione IVA n. 43 dalla Mars srl per le merci rese;

21/04: girata cambiale di 12.000 euro a parziale regolamento della fattura n. 299;

22/04: ricevuta fattura n. 357 dalla MTB srl relativa all'acquisto di merci per 20.000 euro + IVA, costi di trasporto forfetari 300 euro. A regolamento si accetta una tratta a 60 giorni maggiorata degli interessi al tasso 5% esposti in fattura;

10/05: ricevuta fattura n. 810 del corriere Veloce spa di 2.500 euro + IVA per trasporto di merci eseguite nel mese di aprile;

11/05: regolata fattura n. 810 con assegno bancario;

12/05: ricevuta fattura n. 225 dalla cartoleria di Maria Varchi per acquisto di materiale di consumo per 400 euro + IVA;

14/05: regolata fattura n. 225 con giroconto postale.

### 41 Acquisti all'estero e relativi pagamenti

L'impresa Francesca Bernardi, che commercializza in abbigliamento sportivo, compie nel mese di febbraio le seguenti operazioni:

05/02: ricevuta fattura n. 304 della Leiter Sport di Vienna per acquisto di merci per 2.700 euro; in fattura sono addebitati costi di imballo per 55 euro; IVA ordinaria 07/02: ricevuta fattura n. 157 della Gahari Ltd. di Delhi per acquisto di merci per 10.700 euro, trasporto franco destino;

15/02: saldata fattura n. 304 con bonifico bancario; commissione bancaria 18 euro;

27/02: saldata fattura n. 157 a mezzo bonifico bancario; commissione bancaria 18 euro.

Presenta le registrazioni sul libro giornale.

### 42 Acquisto all'estero e relativo pagamento in valuta

L'impresa Franco Roversi riceve il 16/04 la fattura n. 415 del fornitore americano John Everage relativa all'acquisto di merce per 8.300 dollari, regolamento a due mesi. La fattura viene registrata al cambio di 1,3431.

Il 16/06 Roversi ordina alla banca di effettuare il bonifico a favore di Everage. La banca effettua l'operazione al cambio euro/dollaro del giorno di 1,3301 e addebita commissioni per 18,00 euro.
Presenta i calcoli e le registrazioni sul libro giornale.

### 43 Acquisti e relativo pagamento

L'imprenditrice Laura Fassi, che commercia tessuti per arredamento, compie durante il mese di ottobre, le seguenti operazioni:

01/10: ricevuta fattura n. 376 della Lanifici riuniti spa per acquisto di merci per 24.780 euro + IVA; in fattura sono esposti costi per imballo di 180 euro e costi di trasporto di 380 euro;

10/10: ricevuta fattura n. 385 dal fornitore Mario Massa & Figli snc relativa alla fornitura di merci di 13.630 euro + IVA; la fattura espone uno sconto incondizionato 2% e costi di trasporto non documentati di 350 euro;

15/10: regolata fattura n. 376 della Lanifici riuniti spa: un terzo con bonifico bancario e due terzi con tratta a 90 giorni maggiorata dagli interessi al tasso 5%; la banca addebita 3 euro per commissioni sul bonifico;

18/10: ricevuta fattura ENEL n. 13184 di 2.370 euro + IVA relativa ai consumi dell'ultimo bimestre; la fattura è regolata con addebito di c/c bancario;

20/10: ricevuta fattura n. 543 dalla Fassani srl di 8.620 euro + IVA ordinaria per acquisto di merci, trasporto franco destino, imballaggio gratuito;

22/10: saldata fattura n. 543 accettando una tratta a 30 giorni.

Presenta le registrazioni sul libro giornale.

### 44 Scelta del tempo di pagamento

L'impresa Pietro Frasconi ha ricevuto, in data 15/10, la fattura n. 678 di 24.528 euro. Il fornitore offre le seguenti condizioni:

- regolamento per pronta cassa sconto 1,50% sull'importo della fattura;
- regolamento a prezzo pieno indicato in fattura a 90 giorni.

Tenendo presente che l'imprenditore dispone, sul c/c aperto presso la banca UniCredit, di fondi liquidi sufficienti per effettuare il pagamento immediato sul quale maturano interessi al tasso 1,15%, verifica quale delle due condizioni di pagamento risulta più conveniente e presenta le registrazioni in P.D.

### 45 Scelta del tempo di pagamento

L'impresa Luigi Barta riceve il 12/03 la fattura n. 107 di 25.640 euro + IVA. Il contratto prevede pagamento per pronta cassa con sconto 1% oppure pagamento a 90 giorni a prezzo pieno. Poiché l'impresa non dispone della somma di denaro necessaria, calcola se è più conveniente estinguere il debito alla scadenza naturale oppure ottenere un finanziamento bancario al tasso 6% ed estinguere la fattura immediatamente. Motiva adeguatamente la soluzione scelta e presenta le registrazioni contabili redatte dall'impresa.

### 46 Ricostruzione delle operazioni di gestione

A inizio giornata i conti di mastro dell'impresa Carletti Mario & C. snc contengono i seguenti valori:

| Conti | Totale Dare | Totale Avere |
|---|---|---|
| Merci c/acquisti | 124.300, 00 | |
| IVA ns/credito | 27.346, 00 | |
| Debiti v/fornitori | | 151.646, 00 |
| Debiti v/fornitori esteri | | 2.190, 00 |
| Cambiali passive | | 3.720, 00 |
| Cambiali attive | 6.540, 00 | |
| Banca X c/c | 8.470, 00 | |
| Assegni | 1.820, 00 | |

Alla fine della giornata i conti di mastro riportano i seguenti valori:

| Conti | Totale Dare | Totale Avere |
|---|---|---|
| Merci c/acquisti | 132.840, 00 | |
| IVA ns/credito | 29.224, 80 | 660, 00 |
| Debiti v/fornitori | 16.160, 00 | 162.064, 80 |
| Debiti v/fornitori esteri | 2.190, 00 | 2.190, 00 |
| Cambiali passive | | 12.220, 00 |
| Cambiali attive | 6.540, 00 | 4.000, 00 |
| Banca X c/c | 10.290, 00 | 2.100, 00 |
| Assegni | 1.820, 00 | 1.820, 00 |
| Resi su acquisti | | 3.000, 00 |
| Differenze attive in cambi | | 90, 00 |

Ricostruisci le operazioni di gestione compiute dall'impresa durante la giornata e presenta le registrazioni sul libro giornale integrando opportunamente i dati mancanti.

## Lezione 4 La vendita di merci

**47 Vendita di merci**

L'impresa individuale Antonio Rubettino, svolgente attività di commercio all'ingrosso di cibo e prodotti per animali domestici, ha compiuto le operazioni di seguito indicate (IVA ordinaria):

04/06: emessa fattura n. 38 sul cliente Pet's srl per la vendita di 300 confezioni di crocchette per gatti a 2,50 euro l'una, franco partenza, imballaggio gratuito, trasporto con automezzo del compratore;

08/06: emessa fattura n. 39 sul cliente Ada Minnocchi, titolare di un negozio al dettaglio, per la vendita di 20 collari per gatti, prezzo unitario di 5 euro, e di 15 collari per cani, prezzo unitario 4,50 euro, sconto incondizionato su tutta la merce 2%; pronta consegna franco partenza a mezzo vettore, imballaggio gratuito;

10/06: emessa fattura n. 40 sul cliente Alberto Gentili per la vendita di 12 cucce, prezzo 50 euro, franco partenza, trasporto a mezzo vettore, imballaggio gratuito.

Presenta le registrazioni sul libro giornale e nei conti di mastro.

**48 Vendita di merci e costi accessori**

L'impresa individuale Annalisa Ghezzi, svolgente attività di commercio all'ingrosso di oggettistica, ha compiuto le seguenti operazioni (IVA ordinaria):

20/06: vendute al cliente TuttoSposa srl di Verona 200 bomboniere in argento, prezzo unitario 25 euro, franco destino, trasporto a mezzo vettore, imballaggio gratuito;

22/06: venduti al cliente Casa Oggi spa 150 vasi in ceramica decorati a mano al prezzo unitario di 60 euro e 80 confezioni di fiori secchi, prezzo 3,50 euro a confezione; franco partenza, trasporto con automezzo del compratore;

25/06: ricevuta fattura n. 52 del corriere Prontoconsegne srl di 150 euro + IVA per la consegna eseguita al cliente Tutto Sposa srl;

30/06: vendute 85 ciotole in peltro al cliente Poggesi Sara, prezzo unitario 6 euro, franco partenza, trasporto a mezzo vettore porto assegnato, imballaggio gratuito.

Presenta le registrazioni sul libro giornale e nei conti di mastro.

**49 Vendita di merci franco partenza e franco destino**

Registra in P.D. sul libro giornale e nei conti di mastro le operazioni di seguito indicate e presenta la parte tabellare delle fatture n. 45 e n. 47.

08/07: emessa fattura n. 45 per la vendita di merci al cliente Maria Sagretti per 6.000 euro + IVA, consegna franco partenza; in fattura sono addebitati costi di trasporto documentati dalla fattura n. 19 del corriere Giramondo spa di 400 euro + IVA pagata alla partenza in nome e per conto del cliente con assegno bancario;

10/07: emessa fattura n. 46 per la vendita di merci al cliente Rosanna Balestrieri per 18.000 euro + IVA, consegna franco destino, trasporto a mezzo vettore;

11/07: ricevuta fattura n. 35 del corriere TDA srl per il trasporto eseguito per nostro ordine e conto di 190 euro + IVA;

15/07: emessa fattura n. 47 per la vendita di merci al cliente Falcioni srl per 8.500 euro + IVA, consegna franco partenza, trasporto a mezzo vettore, porto franco. Il giorno della partenza è stato eseguito un bonifico bancario al corriere Sprint spa di 610 euro quale pagamento della fattura n. 912 relativa al trasporto delle merci. Per il bonifico la banca trattiene commissioni di 2,50 euro.

### 50 Documenti originari e scritture in P.D.

Il 27/03 l'impresa Mauro Sferra ha emesso la seguente fattura riprodotta limitatamente alla parte tabellare.

**Fattura n. 48 cliente Giorgetti spa**

| | | |
|---|---|---|
| Merci | euro | 4.800,00 |
| Sconto incondizionato 1% | – euro | 48,00 |
| Imponibile | euro | 4.752,00 |
| IVA 22% | euro | 1.045,44 |
| | euro | 5.797,44 |
| Rimborso costi documentati come da fattura n. 65 corriere DNT | euro | 341,60 |
| Totale fattura | euro | 6.139,04 |

Rileva in P.D. l'operazione compiuta e presenta la parte tabellare della fattura n. 65 del corriere DNT, pagata in contanti dall'impresa Mauro Sferra.

Rispondi alle domande.

1. Quali clausole sono state previste per la consegna delle merci?
2. Su quale contraente sono a carico i rischi e i costi del trasporto?

### 51 Documenti originari e scritture in P.D.

Il 18/02 la Siretta srl ha emesso la fattura di cui di seguito è presentata la parte tabellare.
Registra le operazioni sottostanti alla fattura nel libro giornale del venditore.

**Fattura n. 128 cliente Pozzoli spa**

| Quantità | Descrizione | Prezzo unitario | Importo |
|---|---|---|---|
| n. 600 | Bottiglie da 0,75 l olio di oliva | euro 7,50 | euro 4.500,00 |
| n. 400 | Bottiglie olio di semi di girasole | euro 3,25 | euro 1.300,00 |
| | Importo merci | | euro 5.800,00 |
| | Trasporto | | euro 200,00 |
| | Imponibile | | euro 6.000,00 |
| | IVA 4% | | euro 240,00 |
| | Totale fattura | | euro 6.240,00 |

Rispondi alle domande.

1. Quale contraente ha sopportato i costi del trasporto?
2. Con quale clausola è stata eseguita la consegna delle merci?
3. Chi ha eseguito materialmente il trasporto?

### 52 Vendita di merci, costi accessori e ricavi accessori di vendita

Rileva in P.D. sul libro giornale e nei conti di mastro le seguenti operazioni:

10/04: emessa fattura n. 152 su Mauro Ceccato relativa alla vendita di merci franco partenza per 10.500 euro + IVA; in fattura sono addebitati forfetariamente costi per imballaggio di 50 euro e costi di trasporto di 120 euro;

14/04: emessa fattura n. 153 sulla Fatar spa per la vendita di merci di 16.000 euro + IVA, consegna franco partenza; nella stessa fattura sono addebitati costi per il trasporto eseguito a mezzo vettore (porto franco), pagato il giorno della partenza con assegno bancario di 732 euro;

16/04: emessa fattura n. 154 su Marisa Sabbatini per la vendita di merci franco destino di 7.500 euro + IVA, trasporto a mezzo vettore; in fattura sono addebitati costi forfetari di etichettatura per 500 euro;

18/04: ricevuta fattura n. 736 di 800 euro + IVA del vettore Velox srl che ha eseguito la consegna al cliente Marisa Sabbatini;

20/04: emessa fattura n. 157 sulla Gilex srl per la vendita di merci franco partenza di 8.600 euro + IVA, trasporto con automezzo del venditore; in fattura sono addebitati costi di trasporto forfetari per 100 euro.

## 53 Vendita di merci, resi e abbuoni

Registra in P.D. sul libro giornale e nei conti di mastro le operazioni di seguito indicate:

**a.** emessa fattura n. 956 di vendita merci per 7.800 euro + IVA;

**b.** emessa nota di variazione n. 27 in seguito alla restituzione di merci risultate avariate di 800 euro di cui alla vendita del punto a;

**c.** emessa fattura n. 957 di vendita merci per 5.400 euro + IVA; alla consegna il cliente richiede un abbuono del 5% in quanto parte delle merci risultano non conformi al modello ordinato;

**d.** emessa nota di variazione n. 28 per l'abbuono concesso di cui al predente punto c;

**e.** emessa fattura n. 958 di vendita merci per 5.000 euro + IVA; dopo aver eseguito i controlli di qualità il cliente restituisce merci risultate difettose per 200 euro;

**f.** emessa nota di accredito senza variazione IVA n. 29 per le merci ricevute dal cliente di cui al precedente punto e.

## 54 Reso di merci

Il 25/11 la Appennino serramenti srl ha emesso sul cliente Giannandrea Serini la fattura immediata n. 32 la cui parte tabellare è di seguito riprodotta.

**Fattura n. 32 cliente Giannandrea Serini**

| | | |
|---|---|---|
| n. 32 persiane in legno di abete | euro | 2.720,00 |
| n. 15 serrande in alluminio a euro 160,00 | euro | 2.400,00 |
| Imponibile | euro | 5.120,00 |
| IVA 22% | euro | 1.126,40 |
| Totale fattura | euro | 6.246,40 |

Il 27/11 la merce giunge a destinazione e viene sottoposta al controllo di qualità, dal quale risultano difettose 5 serrande che vengono immediatamente restituite.

Il 30/11 la Appennini srl serramenti emette la seguente nota di accredito con variazione IVA.

**Nota di variazione n. 12**

| | | |
|---|---|---|
| Riferimento nostra fattura n. 32 del 25/11 | | |
| n. 5 serrande in alluminio a euro 160,00 | euro | 800,00 |
| IVA 22% | euro | 176,00 |
| Totale a Vostro credito | euro | 976,00 |

Presenta le registrazioni in P.D. nel libro giornale del venditore.

## 55 Abbuono a un cliente

Redigi le scritture in P.D. nel libro giornale del venditore derivanti dai documenti originari di seguito riprodotti limitatamente alle parti tabellari.

**Fattura n. 28 del 25/05**

| | | |
|---|---|---|
| Importo delle merci vendute | euro | 24.000,00 |
| IVA 22% | euro | 5.280,00 |
| Totale fattura | euro | 29.280,00 |

**Nota di variazione n. 15 del 28/05**

| | | |
|---|---|---|
| Abbuono riconosciuto 2% | euro | 480,00 |
| IVA 22% | euro | 105,60 |
| Totale a Vostro credito | euro | 585,60 |

## 56 Resi e abbuoni

Il calzettificio Verrecchi srl ha compiuto le operazioni documentate dalla parte tabellare della fattura n. 46 e dalle note di accredito di seguito riprodotte. Dopo aver esaminato i documenti, redigi le scritture in P.D.

**Fattura n. 46 del 02/08**

| | | |
|---|---|---|
| N. 340 collant donna a euro 3,50 | euro | 1.190,00 |
| N. 120 paia calze uomo a euro 5,20 | euro | 624,00 |
| Importo merce | euro | 1.814,00 |
| IVA 22% | euro | 399,08 |
| Totale fattura | euro | 2.213,08 |

**Nota di variazione n. 18**

| | | |
|---|---|---|
| Riferimento ns fattura n. 46 del 02/08 | | |
| Merce resa | euro | 175,00 |
| IVA 22% | euro | 38,50 |
| Totale a Vostro credito | euro | 213,50 |

**Nota di accredito n. 189 del 12/08**
Con la presente Vi autorizziamo a dedurre dall'importo della fattura n. 46 emessa il 02/08, relativa a merci speditevi il 02/08, quanto segue:
abbuono per differenze qualitative 10% sull'importo totale delle calze da uomo rispetto a quanto pattuito contrattualmente.
Totale a Vostro credito euro 62,40

## 57 Vendita di merci all'estero

✔

Il salumificio Gusto e Bontà di Fabiana Filippi & C. snc ha compiuto le operazioni documentate dalle fatture di seguito riportate nella parte tabellare. Esamina i documenti, spiega il significato dei due riferimenti normativi indicati nelle fatture e redigi le scritture in P.D.

**Fattura n. 88**
**su Delicious Foods Ltd**

| | | |
|---|---|---|
| Merci<br>(Non imponibile art. 8 DPR n. 633/1972) | euro | 1.710,00 |
| Totale fattura | euro | 1.710,00 |

**Fattura n. 110**
**del vettore Starflash**

| | | |
|---|---|---|
| Trasporto<br>(Non imponibile art. 9 DPR n. 633/1972) | euro | 207,00 |
| Totale | euro | 207,00 |

## 58 Vendita di merci all'estero

✔

Rileva in P.D. sul libro giornale e nei conti di mastro dell'esportatore abituale Videotel srl le operazioni che seguono:

22/06: emessa sul cliente olandese Van der Maal la fattura n. 75 per vendita di merci per 5.270 euro, trasporto franco destino;
24/06: ricevuta la fattura n. 222 del vettore Intermed, relativa ai costi di trasporto dell'operazione precedente per 110 euro;
28/06: emessa sul cliente arabo El Faied la fattura n. 76 relativa alla vendita di merci per 6.900 euro, trasporto franco partenza;
30/06: ricevuta fattura n. 21 del fornitore Milani srl per l'acquisto di materie di consumo per 210 euro.

## 59 Operazioni dell'esportatore abituale

L'esportatore abituale Suitelabor srl ha compiuto le operazioni documentate dalla parte tabellare delle seguenti fatture:

- fattura n. 57 emessa sul cliente canadese Office Forniture Ltd;
- fattura n. 198 ricevuta dal fornitore kazako Denis Vinokurov;
- fattura n. 1106 ricevuta dal fornitore di Brescia Computer Notes spa.

Esamina i documenti individuando e correggendo l'errore presente in un documento.
In seguito redigi le scritture in P.D. e rispondi alle domande.

**Fattura n. 57**
**Suitelabor srl su Office Furniture Ltd**

| | | |
|---|---|---|
| Merci<br>(Non imponibile art. 8 DPR n. 633/1972) | euro | 5.470,00 |
| Totale fattura | euro | 5.470,00 |

| **Fattura n. 198** **Denis Vinokurov su Suitelabor srl** | |
|---|---|
| Merci | euro 2.230,00 |
| IVA 22% | euro 490,60 |
| Totale fattura | euro 2.720,60 |

| **Fattura n. 1.106** **Computer Notes spa** | |
|---|---|
| Merci (Non imponibile art. 8, c. 1, lett. c), DPR 66/1972) | euro 7.270,00 |
| Totale fattura | euro 7.270,00 |

1. Di quale trattamento godono gli acquisti effettuati dai fornitori abituali?
2. Quali acquisti sono compresi nel trattamento indicato?
3. Qual è il riferimento normativo IVA a cui viene sottoposta l'importazione da Denis Vinokurov?

**60** **Vendite on line**

Registra in P.D. sul libro giornale le operazioni di seguito indicate compiute da un'impresa che vende merci e servizi attraverso il web:

a. emessa fattura per merci spedite al cliente Giulio Salerno per 680 euro + IVA;
b. emessa fattura per vendita di biglietti ferroviari al cliente Francesco Ansovini per 500 euro + IVA;
c. emessa fattura per merci spedite al cliente Giorgio Rossi per 980 euro + IVA.

Rispondi alle domande.

1. Come è chiamato il commercio elettronico di beni fisici (merci)?
2. Come è chiamato il commercio elettronico di servizi?
3. Quali sono le differenze tra B2B e B2C?

**61** **Vendite on line**

Il 14/11 la Vela spa, esercente attività di commercio on line, ha compiuto le seguenti operazioni:

- vendite di merci alla Salesi & C. snc per 12.500 euro + IVA, trasporto addebitato forfetariamente 80 euro;
- vendita di merci all'impresa Michele Zitti di 4.890 euro + IVA;
- prestati servizi a favore dell'impresa Ania Evangelino per 6.800 euro + IVA.

Presenta le registrazioni in P.D. sul libro giornale.

**62** **Vendita di merci, resi e abbuoni**

L'impresa Bruno Vallesi ha effettuato le seguenti operazioni:

12/07: emessa fattura n. 123 per vendita di merci all'impresa Claudio Cicconi di 4.700 euro + IVA; in fattura sono addebitati costi di trasporto forfetari per 80 euro; il regolamento è previsto a 30 giorni;

15/07: emessa fattura n. 142 per vendita di merci al cliente Marta Stoppini per 5.400 euro + IVA; le spese per il trasporto, a carico del cliente, sono state anticipate in giornata in contanti dal venditore al vettore per 231,80 euro come da fattura n. 43 allegata;

16/07: emessa nota di accredito n. 34 per abbuono di 200 euro concesso al cliente Cicconi per differenze qualitative riscontrate nelle merci;

20/07: emessa nota di accredito con variazione IVA n. 35 per il reso di merci difettose di 400 euro dal cliente Stoppini.

Presenta:

1. la parte tabellare della fattura n. 123;
2. la parte tabellare della nota di variazione n. 35;
3. le registrazioni in P.D. sul libro giornale e nei conti di mastro.

## Lezione 5 La riscossione dei crediti

**63** **Riscossione di fatture di vendita**

Il 30/10 l'impresa Diego Aureli riscuote le seguenti fatture:

- fattura n. 12 di 278,30 euro sul cliente Nando Re, che versa denaro contante;
- fattura n. 31 di 8.349 euro sul cliente Luciana Micucci, che invia un assegno circolare;

- fattura n. 19 di 12.584 euro sul cliente Nadia Boldrini, che ordina un bonifico bancario;
- fattura n. 67 di 4.235 euro sul cliente Fa.Da spa, che effettua un giroconto postale.

Presenta le registrazioni sul libro giornale.

### 64 Vendita di merci e riscossione delle fatture

Il 05/03 l'impresa Fortunato Ceccarelli ha emesso le seguenti fatture:

- fattura n. 258 sul cliente Aurelio Torregiani per la vendita franco partenza – porto franco di merci per 16.000 euro + IVA; in fattura sono addebitati costi di trasporto documentati dalla fattura n. 78 del corriere PNT di 580 euro + IVA pagata con assegno bancario il 05/03, giorno di spedizione; regolamento immediato con bonifico bancario;
- fattura n. 259 sul cliente Lo Monte spa di 6.200 euro + IVA per la vendita di merci franco destino; regolamento immediato con giroconto postale.

Il 10/03 i due clienti eseguono i pagamenti a saldo delle fatture n. 258 e n. 259.

Il 12/03 l'impresa Fortunato Ceccarelli riceve fattura n. 84 del corriere La Freccia srl di 350 euro + IVA per il trasporto e la consegna delle merci effettuata al cliente Lo Monte spa.

Presenta le registrazioni sul libro giornale del venditore.

### 65 Riscossione di fatture di vendita con ribassi e sconti condizionati

Il 26/06 l'impresa Anna Roppi incassa le seguenti fatture:

- fattura n. 615 sulla Fusari srl per la vendita di merci per 4.421,28 euro, ricevendo un assegno circolare di 4.421 euro;
- fattura n. 618 sulla Politi spa per la vendita di merci per 7.500 euro + IVA, con possibilità di sconto 2% in caso di pagamento immediato, pagamento del prezzo pieno, se viene scelto il regolamento a 30 giorni. L'acquirente sceglie il pagamento immediato con bonifico bancario; per lo sconto concesso l'impresa Anna Roppi emette nota di accredito con variazione IVA n. 14.

Presenta le registrazioni in P.D. sul libro giornale del venditore.

### 66 Regolamento di fattura di vendita con cambiali

Il 18/09 l'impresa Andrea Cicconi riceve a saldo della fattura n. 45 di 15.125 euro un pagherò a 60 giorni. Il 14/11 Andrea Cicconi presenta la cambiale alla Banca Nazionale del Lavoro con la clausola "dopo incasso". La cambiale va a buon fine e il relativo importo è accreditato sul c/c dell'impresa, che in data 17/11 registra l'operazione; commissione d'incasso 9,30 euro.

Presenta le scritture in P.D. relative a quanto sopra indicato.

### 67 Vendita di merci e regolamento con Ri.Ba.

Il 12/10 l'impresa Caterina Belli emette fattura n. 18 di 14.500 euro + IVA, regolamento con Ri.Ba. a 30 giorni. Qualche giorno prima della scadenza vengono trasmessi alla banca i dati della fattura, dando mandato di provvedere alla riscossione.

Alla scadenza la Ri.Ba. va a buon fine e l'importo riscosso è accreditato sul c/c dell'impresa; la banca addebita 16 euro di commissioni.

### 68 Riscossione di fatture di vendita

L'impresa Giulio Cesca ha registrato le seguenti operazioni riguardanti l'incasso di fatture:

02/09: riscossa fattura n. 372 emessa sul cliente Silvia Corazza di 19.965 euro: 9.965 euro con bonifico bancario, 5.000 euro con assegno circolare e 5.000 euro con pagherò a 30 giorni maggiorato di interessi al tasso 4%;

05/09: trasmessa alla banca la Ri.Ba. relativa alla fattura n. 380 emessa sul cliente Michele Verdini di 9.922 euro dandole mandato di provvedere alla riscossione;

08/09: la banca accredita nel c/c l'importo della Ri.Ba. sul cliente Verdini e addebita commissioni di 24 euro;

12/09: la tratta di 15.064 euro spiccata sul cliente Luana Mazzoni, a saldo nostra fattura n. 346, viene inviata alla banca per l'incasso;

14/09: la banca comunica l'avvenuta riscossione della tratta sul cliente Mazzoni e accredita in c/c l'importo, trattenendo commissioni di 13,50 euro;
15/09: il cliente Roberto Romagnoli comunica di non essere in grado di pagare la fattura n. 329 di 9.680 euro; viene concessa una dilazione di pagamento con emissione di una tratta di pari importo scadente a 30 giorni;
25/09: trasmessa alla banca per l'incasso la Ri.Ba. relativa alla fattura n. 369 emessa sul cliente Antonio Manola di 9.655,80 euro scadente a fine mese, dandole mandato di provvedere alla riscossione;
26/09: presentato in banca il pagherò emesso dal cliente Corazza;
30/09: la banca riscuote il credito dal cliente Manola e accredita l'importo della Ri.Ba. in c/c; commissioni addebitate 14 euro;
04/10: accreditato in c/c il pagherò del cliente Corazza; la banca addebita 8,50 euro di commissione.
Rileva in P.D. le operazioni sul libro giornale del venditore.

### Vendita di merce all'estero e riscossione del credito in valuta

Il 18 settembre Susanna Vinci emette fattura n. 25 di 150.700 yen per la vendita di merci al cliente giapponese Eitoku Tanaka. La fattura viene registrata al cambio EUR/JPY di 137,9905. Il regolamento avviene tramite bonifico bancario in yen a 30 giorni. Alla scadenza Susanna Vinci riceve dalla banca comunicazione dell'avvenuto bonifico e cede la valuta estera alla banca al cambio euro/yen di 137,4288.
Presentiamo le scritture in P.D.

### Vendita di merce all'estero e riscossione del credito in valuta

Il 22 marzo la Tecnorad srl emette fattura n. 209 di 23.000 dollari per la vendita di merci al cliente americano American Forniture, registrata al cambio EUR/USD di 1,3300. I costi di trasporto sono a carico del venditore e il regolamento della fattura avviene a mezzo bonifico bancario a 45 giorni.
Il 24 marzo Tecnorad riceve la fattura del vettore internazionale Mountain Eagle per costi di trasporto di 710 euro. Alla scadenza del credito la Tecnorad srl riceve la comunicazione dell'avvenuto bonifico e cede i dollari al cambio EUR/USD 1,3455.
Presentiamo le scritture in P.D.

### Riscossione di crediti commerciali

L'impresa Valerio Marconi ha compiuto le seguenti operazioni:
04/10: concessa una dilazione di pagamento di 30 giorni al cliente Nando Breccia per la fattura n. 402 di 31.944 euro scadente in giornata, emettendo la tratta maggiorata degli interessi al tasso 4,50%;
05/10: riscossa fattura n. 410 di 3.267 euro con giroconto postale;
08/10: ricevuto pagherò di 4.500 euro dal cliente Paolo Pignani a saldo della fattura n. 408 di 4.502,60 euro;
09/10: il pagherò emesso dal cliente Pignani viene girato al fornitore Michele Serrani a saldo di un debito di pari importo;
15/10: ricevuto bonifico bancario di 4.700 euro a saldo della fattura n. 398 sul cliente Livio Poleti di pari importo;
20/10: ricevuto dalla Roncati spa un assegno bancario di 1.723,50 euro a saldo della fattura n. 407 di 1.815 euro, sconto per pagamento pronta cassa 75 euro, per il quale viene emessa nota di variazione n. 12;
23/10: concessa una dilazione di pagamento al cliente Stefano Giaconi per la fattura n. 409 di 31.460 euro mediante emissione di una tratta a 30 giorni maggiorata degli interessi al tasso 3,50%;
26/10: ricevuta comunicazione della banca di avvenuto incasso della fattura n. 47 sul cliente Newcastle per 15.600 dollari, in precedenza registrata al cambio di 1,3440;
26/10: ceduti i dollari alla banca al cambio di 1,3329;
28/10: inviata la tratta sul cliente Breccia alla banca con la clausola al dopo incasso;
06/11: la banca comunica che la tratta sul cliente Breccia è andata a buon fine; l'importo è accreditato in c/c al netto di commissioni d'incasso di 14,50 euro;
18/11: inviata la tratta sul cliente Giaconi alla banca con la clausola al dopo incasso;
24/11: la banca comunica che la tratta sul cliente Giaconi è andata a buon fine; l'importo è accreditato in c/c al netto di commissioni d'incasso di 14,50 euro.
Rileva in P.D. le operazioni sopra indicate.

### 72 Crediti insoluti

L'impresa Alessando Paniccià vanta un credito di 6.200 euro verso la Buzz spa, come da fattura n. 172.
Il 02/03 a parziale regolamento della fattura riceve un bonifico bancario di 1.200 euro. Il 27/04 l'impresa Paniccià con la clausola "al dopo incasso" trasmette in banca i dati della fattura e dell'importo di 5.000 euro da incassare a saldo.
Alla scadenza la Ri.Ba. risulta insoluta; la banca trattiene 14 euro di commissioni per il servizio prestato.
Presenta le registrazioni in P.D.

### 73 Crediti insoluti parzialmente riscossi

Il 04/02 l'impresa Ylenia Stefoni emette sul cliente Luciano Mazzone la fattura n. 78 (la cui parte tabellare è di seguito riprodotta) per la vendita di merci franco partenza, regolamento con Ri.Ba. a 30 giorni.

| | | |
|---|---|---|
| Importo merce | euro | 14.540,00 |
| Costi di trasporto | euro | 860,00 |
| Imponibile | euro | 15.400,00 |
| IVA 22% | euro | 3.388,00 |
| Totale fattura | euro | 18.788,00 |

In data 02/03 gli estremi della fattura da incassare sono trasmessi alla banca. Il cliente non è in grado di adempiere al proprio impegno e la Ri.Ba. risulta insoluta; la banca addebita commissioni di 18 euro per il servizio prestato. Successivamente, dopo aver rilevato l'insoluto e aver svolto le procedure legali previste, Luciano Mazzone invia un assegno circolare di 10.000 euro che lo stesso giorno viene versato in c/c; l'importo residuo del credito viene stralciato.
Presenta le registrazioni in P.D. relative a quanto sopra indicato.

### 74 Riscossione crediti insoluti con interessi di mora

Il 22/07 l'impresa Raffaela Capasso stralcia un credito insoluto di 2.470 euro nei confronti del cliente Valentina Prioretti in quanto ritenuto inesigibile (il credito è sorto nell'esercizio).
Il 30/09 il cliente Prioretti dispone un bonifico bancario a saldo, comprensivo di interessi di mora di 2.507,90 euro.
Redigi le registrazioni in P.D. relative a quanto sopra indicato.

### 75 Vendita di merci e relativa riscossione

Rileva in P.D. nel libro giornale dell'impresa Monica Serpilli le seguenti operazioni.

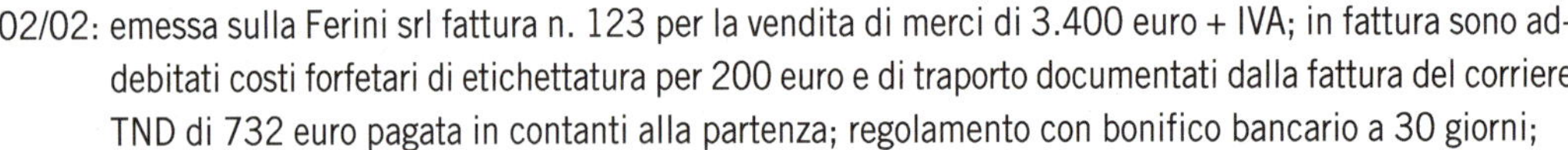

- 02/02: emessa sulla Ferini srl fattura n. 123 per la vendita di merci di 3.400 euro + IVA; in fattura sono addebitati costi forfetari di etichettatura per 200 euro e di traporto documentati dalla fattura del corriere TND di 732 euro pagata in contanti alla partenza; regolamento con bonifico bancario a 30 giorni;
- 03/02: emessa sul cliente Farcesco Giorgetti fattura n. 124 per la vendita di merci di 12.500 euro + IVA; in fattura sono addebitati costi di trasporto forfetari di 800 euro; regolamento 1/2 con assegno bancario e 1/2 con Ri.Ba. scadente a fine mese;
- 04/02: emessa sulla Giretti & C. snc fattura n. 125 per la vendita di merci di 15.900 euro + IVA, costi di imballaggio addebitati forfetariamente 100 euro; in giornata viene restituita merce difettosa per 1.500 euro;
- 05/02: emessa nota di variazione n. 15 per il reso dalla Giretti & C. snc;
- 06/02: la Giretti & C. snc ordina un giroconto postale a saldo della fattura n. 125;
- 12/02: emessa sulla Balestrieri srl fattura n. 126 per la vendita di merci franco destino per 3.600 euro + IVA, regolamento a 30 giorni con assegno circolare;
- 14/02: ricevuta fattura n. 23 del corrriere Rossi & F.lli snc di 260 euro + IVA per il trasporto eseguito per nostro ordine e conto il 12/02;
- 24/02: emessa sull'impresa belga Incorex fattura n. 127 per la vendita di merci franco destino di 6.600 euro, consegna franco destino, riscossione a 30 giorni;
- 02/03: la banca comunica che la Ri.Ba. sul cliente Giorgetti risulta insoluta; commissioni addebitate in c/c 15 euro;

05/03: il cliente Ferini srl non ordina il bonifico bancario a saldo fattura n. 123 e si procede a rilevare l'insoluto;
26/03: riscossa a mezzo banca la fattura n. 127;
12/04: il credito insoluto del cliente Giorgetti viene riscosso ricevendo un assegno circolare;
15/05: il credito insoluto del cliente Ferrini srl viene stralciato in quanto totalmente inesigibile.

## Esercizi riepilogativi

### 76 Costituzione e operazioni di acquisto e vendita

In data 01/10 Angelo Ferrua avvia un'azienda esercente attività di commercio all'ingrosso con apporto di un assegno bancario di 480.000 euro e un fabbricato di 220.000 euro. Il giorno successivo apre un c/c presso la banca UniCredit e deposita l'assegno bancario.

Nei primi giorni dell'attività aziendale compie le seguenti operazioni:

03/10: preleva 2.000 euro dal c/c bancario;
04/10: riceve dal dottore commercialista Renato Paggi, che ha collaborato con l'imprenditore nelle operazioni di costituzione dell'azienda, la parcella n. 148 che espone onorari per 4.500 euro (soggetti a contributo Cassa di previdenza 4%, IVA e ritenuta fiscale) e spese anticipate in nome e per conto di Angelo Ferrua di 1.600 euro; due giorni dopo la parcella è regolata con assegno bancario;
10/10: ricevuta fattura n. 452 del fornitore Paolo Rossini per l'acquisto di merci per 5.870 euro + IVA, costi di trasporto forfetari 300 euro;
11/10: emessa fattura n. 1 sul cliente Giuseppe Rovelli relativa alla vendita di merci per 1.340 euro + IVA, franco partenza, trasporto con automezzo del venditore; in fattura sono esposti costi forfetari per il trasporto di 120 euro; regolamento con tratta a 60 giorni;
12/10: emessa tratta sul cliente Rovelli a regolamento fattura n. 1;
13/10: restituite merci difettose al fornitore Rossini del valore di 800 euro;
15/10: ricevuta nota di accredito con variazione IVA n. 180 dal fornitore Rossini;
20/10: regolata la fattura n. 452 con bonifico bancario, al netto della nota di variazione; commissioni bancarie 3,50 euro;
22/10: emessa fattura n. 2 sul cliente Tersi srl per la vendita di merci franco partenza, porto franco; la fattura espone merci per 3.450 euro + IVA, costi di trasporto documentati dalla fattura n. 112 del corriere Vel.tex spa, pagati in giornata in contanti, di 242 euro (IVA inclusa);
24/10: ricevuto assegno bancario del cliente Tersi srl a saldo fattura n. 2;
25/10: spedite merci al cliente Ugo Carlini pagando in contanti costi di trasporto al vettore Vel.tex spa che ha eseguito il trasporto documentato dalla fattura n. 124 di 217,80 euro (IVA inclusa);
26/10: emessa fattura n. 3 sul cliente Carlini relativa alla fornitura di merci franco partenza per 3.200 euro + IVA; la fattura espone i costi anticipati per conto del cliente documentati dalla fattura n. 124; a regolamento della fattura si riceve un pagherò di 4.120 euro.

Presenta, integrando opportunamente i dati:

- la parte tabellare della parcella n. 148 del dottore commercialista Renato Paggi;
- le registrazioni in P.D.

### 77 Costituzione e operazioni di acquisto e vendita

L'01/06 viene costituita l'impresa individuale Claudio Mastella, esercente attività di commercio all'ingrosso in Italia e all'estero, con l'apporto di un assegno bancario di 200.000 euro, immediatamente versato nel c/c riservato alle operazioni aziendali, aperto presso la Banca Antonveneta.

Nei giorni successivi l'impresa compie le seguenti operazioni:

03/06: prelevati dal c/c bancario 2.000 euro;
04/06: ricevuta parcella n. 48 del dottore commercialista Marcello Rossi che ha seguito la fase costitutiva; la parcella espone onorari per 3.500 euro (soggetti a contributo Cassa di previdenza, IVA e ritenuta fiscale) e costi documentati di 1.500 euro; regolamento immediato con assegno bancario;

06/06: ricevuta dalla Adriatica Ferramenti srl fattura n. 56 relativa all'acquisto di merci franco partenza (trasporto a mezzo vettore) per 16.000 euro + IVA; regolamento con Ri.Ba. a 30 giorni;
08/06: ricevuta fattura n. 718 relativa al trasporto delle merci di cui al punto precedente, del corriere Sa.Pe. srl di 250 euro + IVA, regolamento immediato con assegno bancario di 300 euro;
10/06: emessa fattura n. 1 sul cliente Fabrizio Muzi relativa alla vendita di merci per 14.000 euro + IVA, franco partenza, trasporto con automezzo del venditore; in fattura risultano addebitati costi forfetari per il trasporto di 500 euro + IVA; regolamento con cambiale a 60 giorni;
12/06: ricevuta fattura n. 123 dal fornitore Bellini srl per l'acquisto di merci franco destino per 18.600 euro + IVA; regolamento con girata di cambiali per 17.545 euro e con bonifico bancario per il residuo (commissioni bancarie 3,50 euro);
15/06: ricevuta fattura n. 58 dalla Publimarche spa relativa a costi di pubblicità di 5.800 euro + IVA, regolamento con bonifico bancario (commissioni bancarie 3,50 euro);
20/06: emessa fattura n. 2 sul cliente Michele Zitti per la vendita di merci franco partenza, porto franco; importo delle merci 6.400 euro + IVA; costi di trasporto, documentati dalla fattura n. 48 del corriere Sa.Pe. srl, pagata in giornata in contanti, di 183,00 euro, IVA inclusa; in giornata il cliente Zitti invia a saldo un assegno bancario di 7.990 euro;
22/06: depositato nel c/c bancario l'assegno ricevuto dal cliente Zitti;
24/06: ricevuta fattura n. 41 dal fornitore Bianchin srl per l'acquisto di imballaggi per 240 euro. Claudio Mastella aveva inviato la dichiarazione d'intento;
25/06: emessa sull'impresa austriaca Gesellgold fattura n. 193 per la vendita di merci franco partenza di 6.600 euro, riscossione a 30 giorni;
06/07: saldata a mezzo c/c bancario la Ri.Ba. relativa alla fattura n. 56 della Adriatica Ferramenti srl;
25/07: riscossa a mezzo bonifico bancario la fattura n. 193.

Presenta:

- la parte tabellare della fattura n. 48 del commercialista Marcello Rossi;
- le scritture in P.D.

### 78 Acquisti, vendite e relativo regolamento

L'impresa Federico Angeletti compie nel mese di marzo le seguenti operazioni:

02/03: emessa fattura n. 145 sul cliente Remo Fidanza per la vendita di merci per 18.500 euro + IVA, consegna franco destino, regolamento con cambiale a 30 giorni data fattura. Il trasporto è effettuato dal corriere Pronto Consegne spa, da cui si riceve nella stessa data fattura n. 126 di 260 euro + IVA, regolata con assegno bancario;
10/03: emessa fattura n. 42 sulla Leonardelli & C. snc relativa alla vendita, franco partenza, di merci per 12.300 euro + IVA, regolamento metà con bonifico bancario e metà con pagherò a 90 giorni maggiorato degli interessi al tasso 4% esposti in fattura. Il trasporto avviene a mezzo corriere TnD spa che emette fattura n. 106 di 380 euro + IVA, pagata alla partenza con a/b e addebitata nella fattura di vendita;
15/03: ricevuta fattura n. 34 dal fornitore Medini spa per l'acquisto di merci per 25.600 euro + IVA; in fattura sono addebitati costi di trasporto forfetari di 400 euro; lo stesso giorno si restituiscono merci difettose per 5.600 euro;
16/03: ricevuta nota di variazione n. 6 dal fornitore Medini spa per le merci rese; in giornata si ordina un bonifico bancario a saldo (commissioni bancarie 3,50 euro);
17/03: ricevuta fattura n. 1077 dal fornitore canadese Evan Mc Gregor per l'acquisto di merci per 41.000 euro, consegna franco partenza;
17/03: regolata a mezzo c/c bancario la bolla doganale per dazi di 1.020 euro e IVA di 9.240 euro;
20/03: emessa fattura n. 323 sul cliente Antonini srl per la vendita di merci franco partenza per 4.800 euro + IVA, costi di trasporto addebitati forfetariamente 200 euro;
22/03: emessa nota di variazione n. 18 a favore del cliente Antonini srl per il reso di merci difettose di 800 euro;
25/03: ricevuto bonifico bancario dal cliente Antonini srl a regolamento fattura n. 323.

Presenta le registrazioni in P.D.

## 79 Scritture in P.D. del venditore e del compratore

Gli imprenditori Carlo Siffredi e Giulia Sonza intrattengono rapporti commerciali. Completa il libro giornale dell'impresa Siffredi e compila le correlate registrazioni in P.D. dell'impresa Sonza.

**Libro giornale impresa Siffredi**

| | | | | | |
|---|---|---|---|---|---|
| 10/06 | 05.01 | CREDITI V/CLIENTI | emessa fattura n. 72 | 15.372, 00 | |
| 10/06 | 20.01 | MERCI C/VENDITE | emessa fattura n. 72 | | 12.600, 00 |
| 10/06 | 15.01 | IVA ns/debito | emessa fattura n. 72 | | 2.772, 00 |
| 12/06 | 05.05 | CLIENTI C/COSTI ANTICIPATI | fattura n. 112 SIST spa | 366, 00 | |
| 12/06 | 18.20 | BANCA X C/C | pagata fattura trasporto | | 366, 00 |
| 12/06 | 05.01 | CREDITI V/CLIENTI | emessa fattura n. 84 | 19.722, 52 | |
| 12/06 | 20.01 | MERCI C/VENDITE | emessa fattura n. 84 | | 15.800, 00 |
| 12/06 | 05.05 | Clienti c/costi ant. | emessa fattura n. 84 | | 366, 00 |
| 12/06 | 15.01 | IVA NS/DEBITO | emessa fattura n. 84 | | 3.556, 52 |
| 15/06 | 05.06 | CAMBIALI ATTIVE | pagherò | 5.000, 00 | |
| 15/06 | 08.10 | ASSEGNI | assegno bancario | 3.000, 00 | |
| 15/06 | 18.20 | BANCA X C/C | bonifico bancario | 7370, ..... | |
| 15/06 | 20.11 | RIBASSI E ABBUONI PASSIVI | ribasso concesso | 2, 00 | |
| 15/06 | 05.01 | Crediti v/clienti | riscossa fattura n. 72 | | 15.372, 00 |
| 18/06 | 05.06 | CAMBIALI ATTIVE | riscossa fattura n. 84 | 10.000, 00 | |
| 18/06 | 08.10 | ASSEGNI | riscossa fattura n. 84 | 9.642, 00 | |
| 18/06 | 05.01 | Crediti v/clienti | riscossa fattura n. 84 | | 19.642, ..... |
| 20/07 | 05.11 | CAMBIALI INSOLUTE | cambiale insoluta | 5.000, 00 | |
| 20/07 | 05.06 | CAMBIALI ATTIVE | cambiale insoluta | | 5.000, 00 |
| 19/08 | 18.20 | BANCA X C/C | saldata cambiale insoluta | 5.020, 55 | |
| 19/08 | 05.11 | CAMBIALI INSOLUTE | saldata cambiale insoluta | | 5.000, 00 |
| 19/08 | 40.01 | INTERESSI ATTIVI DA CLIENTI | saldata cambiale insoluta | | 20, 55 |
| 28/08 | 05.01 | CREDITI V/CLIENTI | nostra fattura n. 154 | 15.860, 00 | |
| 28/08 | 20.01 | MERCI C/VENDITE | nostra fattura n. 154 | | 12.400, 00 |
| 28/08 | 20.30 | RIMBORSI COSTI DI VENDITA | nostra fattura n. 154 | | 600, 00 |
| 28/08 | 15.01 | IVA ns/debito | nostra fattura n. 154 | | 2.860, ..... |
| 30/08 | 20.11 | RIBASSI E ABBUONI PASSIVI | nota di accredito n. 33 | 200, 00 | |
| 30/08 | 05.01 | CREDITI V/CLIENTI | nota di accredito n. 33 | | .........., ..... |
| 31/08 | 05.06 | CAMBIALI ATTIVE | saldata fattura n. 154 | 15.660, 00 | |
| 31/08 | 05.01 | CREDITI V/CLIENTI | saldata fattura n. 154 | | 15.660, 00 |

## 80 Scritture in P.D. del venditore e del compratore

Presenta il libro giornale del venditore (impresa Dante Ceccarelli) e del compratore (impresa Mario Verdini), considerando le operazioni che seguono:

01/04: l'impresa Ceccarelli emette fattura n. 19 per la vendita di merci franco partenza per 14.500 euro + IVA, costi forfetari addebitati 500 euro; la fattura è ricevuta in giornata dall'impresa Verdini;

02/04: l'impresa Verdini chiede un abbuono di 150 euro per differenze qualitative riscontrate nella merce;

03/04: l'impresa Ceccarelli concede l'abbuono ed emette nota di accredito n. 2; in giornata il documento è ricevuto dall'impresa Verdini;

10/04: l'impresa Verdini ordina un bonifico bancario a saldo della fattura n. 19, commissioni bancarie 5 euro; l'impresa Ceccarelli riceve in data 11/04 la contabile di accredito del c/c;

12/04: l'impresa Ceccarelli emette fattura n. 20 per la vendita di merci franco destino per 8.000 euro + IVA, regolamento con Ri.Ba. a fine mese; la fattura è ricevuta in giornata dall'impresa Verdini. Il trasporto è effettuato dal corriere TnD spa che emette fattura n. 26 di 450 euro + IVA, pagata con a/b alla partenza;

16/04: l'impresa Ceccarelli emette fattura n. 21 per la vendita di merci franco partenza per 16.000 euro + IVA; in fattura sono addebitati costi di trasporto documentati dalla fattura n. 18 del corriere Svelto spa di 240 euro + IVA, pagata in contanti alla partenza; regolamento con tratta di 19.810 euro a 60 giorni; la fattura è ricevuta in giornata dall'impresa Verdini, che sempre nello stesso giorno provvede ad accettare la tratta;

02/05: la banca comunica che l'impresa Verdini non ha estinto la Ri.Ba. per la fattura n. 20, l'impresa Ceccarelli provvede a rilevare il credito insoluto; la banca addebita nel c/c dell'impresa Verdini costi di incasso di 4,50 euro;

18/05: l'impresa Verdini invia un bonifico a saldo della Ri.Ba. insoluta di 5.000 euro (commissioni bancarie 5 euro) e concorda con l'impresa Ceccarelli l'accettazione di una tratta a 30 giorni di 4.760 euro, maggiorata degli interessi al tasso 3%;

15/06: l'impresa Verdini estingue a mezzo banca la tratta relativa all'operazione del 16/04.

### 81 Scritture in P.D. del venditore e del compratore

Redigi le scritture in P.D. del venditore (impresa Giovanni Maurili) e del compratore (impresa Dario Serra) considerando le operazioni che seguono.

01/10: l'impresa Maurili emette fattura n. 98 per la vendita di merci franco partenza per 16.800 euro + IVA, il trasporto è eseguito con automezzo del venditore che addebita in fattura costi per 200 euro; l'impresa Serra riceve la fattura in giornata;

02/10: l'impresa Serra restituisce merci difettose per 800 euro;

05/10: l'impresa Maurili emette nota di variazione n. 18; il giorno stesso il documento è ricevuto dall'impresa Serra;

08/10: l'impresa Serra richiede alla propria banca, con addebito in c/c, un assegno circolare di 19.760 euro a saldo della fattura n. 98; l'assegno circolare viene immediatamente inviato all'impresa Maurili, che riceve l'assegno in data 09/10 e il giorno successivo lo deposita sul c/c bancario;

14/10: l'impresa Maurili emette fattura n. 99 per la vendita di merci franco destino per 23.000 euro + IVA, regolamento con Ri.Ba. a 60 giorni maggiorata degli interessi al tasso 4% e addebitati in fattura; la fattura è ricevuta in giornata dall'impresa Serra. Il trasporto è effettuato dal corriere Vivien srl che emette fattura n. 360 di 260 euro + IVA, pagata in contanti alla partenza;

20/10: l'impresa Maurili emette fattura n. 100 per la vendita di merci franco partenza per 6.500 euro + IVA; in fattura sono addebitati costi di trasporto documentati dalla fattura n. 588 del corriere TpT spa di 180 euro + IVA, pagata in contanti alla partenza; regolamento immediato con bonifico bancario;

21/10: l'impresa Serra ordina il bonifico bancario a saldo della fattura n. 100, commissione bancaria 5 euro; l'impresa Maurili riceve dalla propria banca la contabile di accredito il 22/10;

30/10: l'impresa Maurili emette fattura n. 101 per la vendita di merci franco partenza per 27.400 euro + IVA; in fattura sono addebitati forfetariamente costi di etichettatura e di imballaggio di 600 euro; regolamento con pagherò a 30 giorni. Il trasporto è eseguito dal corriere TpT spa che emette fattura n. 689 di 320 euro + IVA. L'impresa Serra riceve entrambe le fatture in giornata, paga in contanti la fattura del corriere e rilascia il pagherò a saldo della fattura n. 101. L'impresa Maurili riceve il pagherò in data 03/11;

20/11: l'impresa Maurili presenta in banca al dopo incasso il pagherò ricevuto dall'impresa Serra a regolamento della fattura n. 101;

29/11: l'impresa Serra estingue a mezzo c/c bancario il pagherò rilasciato a saldo della fattura n. 101; l'accredito nel c/c bancario dell'impresa Maurili avviene in data 01/12, commissioni bancarie di incasso 4 euro;

15/12: la banca comunica che l'impresa Serra ha estinto la Ri.Ba. per la fattura n. 99, costi di incasso di 4 euro.

### 82 Costituzione e operazioni di acquisto e vendita

In data 01/03 Elio Frusta costituisce un'azienda conferendo i seguenti beni: 200.000 euro su un c/c riservato all'azienda aperto presso la banca Intesa Sanpaolo, un fabbricato a uso commerciale di 250.000 euro e un automezzo di 40.000 euro.

Successivamente compie le seguenti operazioni:

03/03: preleva dal c/c bancario 2.500 euro depositati nella cassa aziendale;

04/03: ricevuta parcella n. 67 dal dottore commercialista Claudia Borra che espone onorari per 3.800 euro (soggetti a contributo Cassa di previdenziale, IVA e ritenuta fiscale) e costi anticipati in nome e per conto del cliente regolarmente documentate per 1.200 euro;

06/03: pagata parcella n. 67 con assegno bancario al netto della ritenuta fiscale;

08/03: acquistate dal fornitore Marini spa merci per 15.430 euro + IVA, come da fattura n. 85, consegna franco partenza; il fornitore effettua il trasporto con un proprio automezzo addebitando in fattura 350 euro;

10/03: la fattura n. 85 della Marini spa è regolata con pagherò di 14.000 euro a 60 giorni e per il resto con assegno bancario;

11/03: emessa fattura n. 1 sul cliente Giuliano Basini per la vendita di merci franco partenza, porto franco; importo delle merci 3.600 euro + IVA, costi di trasporto, documentati dalla fattura n. 34 del corriere Barelli srl, pagata in giornata in contanti, di 193,60 (IVA compresa);

12/03: ricevuto assegno circolare dal cliente Basini a saldo fattura n. 1;

13/03: ricevuta fattura n. 47 del fornitore Parlotti & C. srl relativa alla fornitura franco partenza di merci; la fattura espone merci per 12.830 euro + IVA e costi di trasporto forfetari di 220 euro;

14/03: regolata fattura n. 47 con pagherò a 90 giorni di 8.000 euro maggiorato di interessi al tasso 5% e assegno bancario a saldo;

18/03: ricevuta fattura n. 144 del fornitore Galliani srl per l'acquisto di merci per 19.600 euro + IVA, clausola franco partenza; il fornitore effettua il trasporto con un automezzo proprio e addebita in fattura 140 euro; regolamento metà con pagherò a 60 giorni e metà con assegno bancario;

20/03: ricevuta fattura n. 172 del fornitore Lilliani srl per 22.400 euro + IVA, con clausola franco destino regolamento metà con bonifico bancario (commissioni 4,20 euro) e metà con Ri.Ba. a 60 giorni;

23/03: emessa fattura n. 2 sul cliente Karelli spa relativa alla vendita di merci per 12.890 euro + IVA, franco partenza; in fattura sono esposti costi forfetari per il trasporto di 380 euro; regolamento con tratta a 30 giorni.

Presenta:

- la parte tabellare della parcella n. 67 del commercialista Claudia Borra;
- le registrazioni in P.D.

## Lezione 6 Le operazioni di gestione dei beni strumentali

### 83 Acquisto di beni strumentali e patrimonializzazione di costi

Il 2 gennaio l'imprenditore Giuseppe Creali riceve dalla I.P.D. System srl la fattura n. 9 per l'acquisto di un software per la tenuta della contabilità del costo di 15.400 euro + IVA; regolamento con Ri.Ba. 60 giorni. Il 10 gennaio l'impresa riceve dalla Impianti Baresi spa la fattura n. 6 relativa all'acquisto di un impianto di 250.000 euro + IVA; regolamento con Ri.Ba. a 30 giorni. In data 15 gennaio l'impresa riceve fattura n. 11 di 15.500 euro + IVA dalla Installazioni Italia srl che ha effettuato l'installazione e il collaudo dell'impianto; regolamento immediato con bonifico bancario (commissioni 3,50 euro).

Presenta le registrazioni in P.D.

### 84 Acquisto di beni strumentali e patrimonializzazione di costi

L'impresa Antonio Ferroli ha compiuto le seguenti operazioni di gestione.

30/04: ricevuta fattura n. 308 per acquisto di un impianto dalla Martis spa per 125.000 euro + IVA, clausola franco destino; regolamento 1/3 con bonifico bancario e il resto con pagherò a 30 giorni; la banca addebita 3,50 euro di commissione per il bonifico bancario;

12/05: sostenuti con assegno bancario costi d'installazione dell'impianto come da fattura n. 334 della Metron srl di 2.600 euro + IVA;

15/06: ricevuta fattura n. 345 da RCAuto spa per l'acquisto di un automezzo 52.800 euro + IVA; in fattura sono addebitati costi di immatricolazione di 1.200 euro (esclusi da IVA). Regolamento: 15.000 euro con girata di una cambiale in portafoglio, 35.000 euro con un pagherò a 60 giorni e il resto con bonifico bancario (commissioni 3,50 euro).

Presenta le registrazioni in P.D.

85 

### Documenti originari e patrimonializzazione di costi

L'imprenditore Francesco Viotti ha provveduto nel mese di giugno al rifacimento del tetto di un magazzino. Il 25/07 riceve dalla Costruzioni Cantieri spa fattura n. 234 relativa all'intervento realizzato con allegata la fattura n. 93 della Fratelli Garresi srl che ha provveduto a rinnovare i canali di gronda e i pluviali. La fattura n. 93, intestata all'impresa Viotti, è stata pagata dalla Costruzione Cantieri spa, che espone nella fattura n. 234 i costi documentati.

Analizza la parte tabellare delle due fatture, completa le frasi e presenta le registrazioni in P.D.

**Fattura n. 93 della Fratelli Garresi srl**

| | | |
|---|---|---|
| Sostituzione grondaie | euro | 11.400,00 |
| IVA 22% | euro | 2.508,00 |
| Totale fattura | euro | 13.908,00 |

**Fattura n. 234 della Costruzioni Cantieri spa**

| | | |
|---|---|---|
| Rifacimento del tetto | euro | 50.000,00 |
| IVA 22% | euro | 11.000,00 |
| | euro | 61.000,00 |
| Rimborso come da fattura n. 93 della Fratelli Garresi Idraulica srl | euro | 13.908.00 |
| Totale fattura | euro | 74.908,00 |

1. L'importo della fattura n. 93 esprime un ..........................................................................
2. Il debito complessivo da pagare è di ..........................................................................

86 

### Acquisto di beni strumentali e scelta del tempo di pagamento

L'impresa Luisella Testa, avendo rinnovato l'arredamento del punto vendita, riceve in data 10/10 i seguenti documenti:

- fattura n. 455 dalla Massimo Ademi srl che ha curato il montaggio dell'arredamento per 4.200 euro + IVA; la fattura è regolata in giornata con assegno bancario;
- fattura n. 372 dalla Tutto Mobili spa di 45.000 euro + IVA; in fattura sono esposti costi di trasporto forfetari per 550 euro. Il regolamento è previsto per pronta cassa con sconto 1,50% o a 90 giorni prezzo pieno.

Presenta:

1. la scelta operata dall'imprenditrice per regolare la fattura n. 372, tenendo presente che non dispone della somma necessaria per estinguere il debito, ma può ottenere un finanziamento bancario al tasso 4,50%;
2. la parte tabellare della fattura n. 372;
3. le registrazioni in P.D.

87 

### Acquisto di un macchinario con acconto

Il 10/07 l'impresa Alfio Sassi stipula con la Mares spa un contratto per l'acquisto di un macchinario del costo di 34.000 euro + IVA, consegna a due mesi. Il contratto prevede il versamento di un acconto di 14.030 euro con bonifico bancario (commissione 3,50 euro).

Il 12/07 l'imprenditore Sassi invia l'acconto e due giorni dopo riceve la relativa fattura n. 84.

Il macchinario è consegnato il 09/09 unitamente alla fattura immediata n. 125, che il giorno successivo viene regolata con bonifico bancario (commissione 3,50 euro).

Presenta le registrazioni in P.D.

88 ✓✓

### Acquisto di arredamento con versamento di un acconto

Il 12/05 l'impresa Livio Lerdi stipula con la Mobilissimo srl un contratto per l'acquisto di un arredamento del costo di 12.400 euro + IVA, consegna a fine mese prossimo. Il contratto prevede il versamento di un acconto di 4.880 euro con assegno bancario. Il 15/05 l'imprenditore invia l'acconto e tre giorni dopo riceve la relativa fattura n. 156.

L'arredamento è consegnato il 28/06 unitamente alla fattura immediata n. 198 che viene regolata due giorni dopo con bonifico bancario (commissioni 3,20 euro).
Presenta le registrazioni in P.D.

### 89 Locazione di un fabbricato

Il 25/01 la Carter Mario & C. snc stipula con la Tecno Immobili spa un contratto di locazione di un capannone. Il contratto prevede il versamento di un canone trimestrale di 4.500 euro + IVA a decorrere dall'inizio del mese successivo. Contestualmente al pagamento del primo canone si versano a titolo di cauzione 4.500 euro. In data 01/02 si riceve dalla Tecno Immobili spa fattura n. 14, regolata il 03/02 con bonifico bancario (commissioni per 4 euro).
Presenta le registrazioni in P.D.

### 90 Documenti originari e registrazioni

Completa le fatture e rileva sul libro giornale le operazioni di gestione documentate da tali fatture.

**Fattura n. 124 del 18/07 – Alfeni srl**

| | | |
|---|---|---|
| Acconto per fornitura macch. | euro | 12.000,00 |
| IVA 22% | euro | ................... |
| Totale fattura | euro | ................... |

**Fattura n. 132 del 20/07 – Bettani spa**

| | | |
|---|---|---|
| Attrezzature commerciali | euro | 2.300,00 |
| IVA 22% | euro | ................... |
| Totale fattura | euro | ................... |

**Fattura n. 184 del 31/07 – Alfeni srl**

| | | |
|---|---|---|
| Macchinario | euro | 40.000,00 |
| Costi di installazione | euro | 2.400,00 |
| | euro | 42.400,00 |
| Acconto fattura n. 124 | euro | 12.000,00 |
| Base imponibile | euro | ................... |
| IVA 22% | euro | ................... |
| Totale fattura | euro | ................... |

**Fattura n. 212 del 05/09 – Deltes srl**

| | | |
|---|---|---|
| Macchine d'ufficio | euro | 6.800,00 |
| Sconto ................... | euro | ................... |
| Costi di trasporto | euro | 126,00 |
| Base imponibile | euro | 6.790,00 |
| IVA 22% | euro | ................... |
| Totale fattura | euro | ................... |

### 91 Acquisto di beni strumentali e patrimonializzazione di costi

L'impresa Antonio Carini compie, tra le altre, le seguenti operazioni:

08/09: ricevuta fattura n. 78 dalla Impianti spa relativa all'acquisto di un macchinario per 32.680 euro + IVA; il fornitore provvede all'installazione e al collaudo addebitando in fattura 800 euro. Il pagamento è previsto come segue: $^2/_3$ con assegno bancario e $^1/_3$ a 60 giorni. In fattura sono addebitati gli interessi per la dilazione di pagamento al tasso 4%;

18/09: ricevuta fattura n. 311 dalla concessionaria Auto Sprint spa relativa all'acquisto di un automezzo per 28.600 euro + IVA;

22/09: regolata fattura n. 311 con bonifico bancario; la banca addebita 3,50 euro di commissioni;

25/09: ricevuta fattura n. 182 della Fratelli Poli Arredamenti srl relativa all'acquisto dell'arredamento per il punto vendita per 22.650 euro + IVA. Il fornitore provvede al trasporto e al montaggio dei mobili addebitando in fattura costi di trasporto per 140 euro e costi di montaggio per 300 euro;

26/09: regolata la fattura n. 182 girando un pagherò di 10.000 euro e rilasciando un assegno bancario per la differenza.

Presenta le scritture in P.D. delle operazioni sopra indicate.

### 92 Costituzione, operazioni di acquisto e acconti

Il 03/05 Alessandro Vesani costituisce un'azienda per la commercializzazione di prodotti alimentari apportando un assegno bancario di 280.000 euro. Il giorno successivo deposita l'assegno sul c/c aperto presso la banca Intesa Sanpaolo. Successivamente si effettuano le seguenti operazioni:

05/05: trasferiti 1.500 euro dal c/c bancario al c/c postale;

08/05: ricevuta parcella n. 92 dal dottor Elio Mantani per la consulenza fornita all'avvio dell'impresa; onorari 4.600 euro (soggetti al Contributo cassa di previdenza 4%, IVA e ritenuta fiscale), spese anticipate in nome e per conto del cliente 1.400 euro. La parcella è regolata in giornata, al netto della ritenuta fiscale, con assegno bancario;

10/05: stipulato con la Immobiliare SRT srl contratto di locazione di un capannone;

12/05: ricevuta dalla Immobiliare SRT srl fattura n. 87 di 8.000 euro, di cui 2.000 euro per canone di locazione mensile (IVA ordinaria) e 6.000 euro per cauzione;

15/05: regolata fattura n. 87 con assegno bancario;

20/05: stipulato contratto con la Mobil Europa spa per l'acquisto di arredamento per 22.000 euro + IVA, consegna a fine mese prossimo. Il contratto prevede il versamento di un acconto pari al 20% dell'importo concordato con bonifico bancario; il saldo dovrà essere effettuato, al ricevimento dell'arredamento, con bonifico bancario;

22/05: inviato l'acconto al fornitore Mobil Europa spa (commissioni bancarie 3,20 euro);

24/05: ricevuta fattura n. 128 dalla Mobil Europa spa relativa all'acconto;

27/05: stipulato contratto con il fornitore Marini spa per acquisto di merci di 18.600 euro + IVA; consegna a fine mese prossimo. Il contratto prevede il versamento di un acconto pari al 30% dell'importo concordato; il saldo dovrà essere versato al ricevimento delle merci;

28/05: inviato un assegno bancario al fornitore Marini spa a titolo di acconto;

29/05: ricevuta fattura n. 367 dal fornitore Marini spa relativo all'acconto;

31/05: ricevuta fattura n. 189 dalla Persi spa per la fornitura di merci per 37.660 euro + IVA; a regolamento si gira una cambiale di 12.000 euro, si accetta una tratta a 60 giorni di 20.000 euro e si rilascia a saldo un assegno bancario di 13.940 euro;

04/06: ricevuta fattura n. 46 della Imballaggi spa relativa alla fornitura di materiali di consumo per 420 euro + IVA; la fattura è regolata in giornata con bonifico bancario (commissioni 3,20 euro);

20/06: stipulato contratto con la Abitare spa per la locazione di un edificio da adibire a ufficio;

28/06: ricevuta fattura n. 168 della Abitare spa di 12.000 euro, di cui 4.000 euro per canone di locazione mensile (IVA ordinaria) e 8.000 euro per cauzione; a saldo si rilascia un assegno bancario;

29/06: ricevuta fattura immediata n. 315 della Mobil Europa relativa alla fornitura dell'arredamento; la fattura è regolata in giornata con bonifico bancario (commissioni 3,20 euro);

30/06: ricevuta fattura immediata n. 412 dal fornitore Marini relativa alla fornitura di merce; la fattura è regolata in giornata con bonifico bancario (commissioni 3,20 euro).

Presenta:

- la parcella ricevuta del dottor Elio Mantani;
- le registrazioni nel libro giornale;
- la parte tabellare delle fatture n. 315 del 29/06 e n. 412 del 30/06.

### 93 Acquisizione di beni strumentali

Rileva in P.D. le seguenti operazioni effettuate dall'impresa Dario Vellani:

10/05: acquistato automezzo di 25.000 euro + IVA come da fattura n. 67 della Auto Futuro srl; a regolamento si emette un pagherò a 90 giorni;

15/05: stipulato contratto di locazione di un garage con l'Immobiliare Domatis spa che prevede il pagamento anticipato di un canone trimestrale di 600 euro + IVA. Nel contratto è previsto, inoltre, il versamento di una cauzione di 600 euro da effettuare insieme al pagamento del primo canone;

27/05: ricevuta fattura n. 72 della Immobiliare Domatis spa, regolata in giornata con assegno bancario;

28/05: inviato assegno bancario di 12.200 euro come acconto al fornitore Sillani srl, per l'acquisto di un macchinario del costo di 40.000 euro + IVA;

29/05: ricevuta fattura n. 139 dal fornitore Sillani srl relativa all'acconto;

28/06: acquistati impianti dalla Silvio Pezzi & C. snc per 78.000 euro + IVA, come da fattura n. 370; in fattura sono esposti costi di installazione e collaudo per 2.800 euro;

05/07: regolata fattura n. 370: $^1/_3$ con bonifico bancario (commissioni 3 euro), $^2/_3$ con tratta a 60 giorni;

25/07: ricevuto il macchinario dalla Sillani srl; nella fattura n. 456 sono addebitati anche costi di installazione e collaudo per 5.400 euro;
30/07: saldata fattura n. 456 con bonifico bancario (commissioni 3 euro).

### 94 Leasing relativo a un automezzo

Il 25/09 l'impresa Maria Fontana stipula con la Auto Leasing srl un contratto di leasing per un automezzo alle seguenti condizioni:

- versamento di 5 canoni trimestrali da 6.000 euro ciascuno a partire dall'01/10;
- riscatto del bene strumentale alla scadenza del contratto al prezzo di 3.200 euro.

Presenta le registrazioni in P.D. relative al versamento del primo canone effettuato a mezzo banca e al riscatto dell'automezzo.

### 95 Acquisizione e manutenzione di beni strumentali

La Fratelli Sora Mario & Luisa snc, che intrattiene un rapporto di conto corrente con la Banca Nazionale del Lavoro, ha compiuto le seguenti operazioni di gestione:

02/04: ricevuta fattura n. 74 della Nassini srl relativa all'acquisto di attrezzature commerciali per 7.500 euro + IVA, regolamento ½ con tratta a 90 giorni maggiorata degli interessi al tasso 5% esposti in fattura e ½ con assegno bancario;
05/04: ottenuto dalla banca assegno circolare di 18.300 euro intestato al fornitore TBL spa per acconto sulla fornitura di un impianto;
06/04: inviato l'assegno circolare al fornitore TBL spa;
10/04: ricevuta fattura n. 146 dal fornitore TBL spa relativa all'acconto;
26/04: stipulato con la LeasingAuto spa contratto di leasing per automezzo alle seguenti condizioni:

- versamento di 8 canoni bimestrali di 4.200 euro a decorrere dall'01/05;
- riscatto del bene alla scadenza del contratto con pagamento di 3.800 euro;

02/05: pagato con addebito del c/c bancario il primo canone di leasing;
02/05: stipulato con il signor Antonio Varresi contratto di locazione per un immobile che prevede il pagamento anticipato di 2.400 euro trimestrali e una cauzione di 4.800 euro;
01/06: pagati, con assegno bancario, il canone di locazione e la cauzione al signor Antonio Varresi;
10/07: riscattate attrezzature al termine di un contratto di leasing corrispondendo, tramite bonifico bancario, il prezzo di 5.400 euro + IVA; la banca trattiene 3,50 euro di commissioni;
15/07: ricevuta fattura n. 287 della SAS 2000 spa relativa all'intervento di manutenzione realizzato su un macchinario; la fattura di 5.450 euro + IVA è regolata con Ri.Ba. a 30 giorni;
22/07: ricevuta fattura n. 120 della Parez srl per la riparazione effettuata su un automezzo per 320 euro + IVA; la fattura è regolata in giornata con assegno bancario.

Presenta le registrazioni in P.D.

### 96 Costi di manutenzione e riparazione

L'impresa Fiorella Paggi riceve in data 12/06 la fattura n. 347 della Sassini srl relativa all'intervento di manutenzione realizzato su un macchinario. La fattura di 3.545 euro + IVA è regolata due giorni dopo con bonifico bancario (commissioni 3,50 euro).
In data 23/06 riceve fattura n. 460 della Sortissi srl per la riparazione effettuata su un automezzo per 540 euro + IVA; la fattura è regolata in contanti.
Presenta le registrazioni sul libro giornale.

### 97 Vendita di beni strumentali

Il 02/01 l'impresa Raffaella Giovenali vende alla Bima spa un impianto acquistato a 98.000 euro e ammortizzato al 95%, per il quale emette fattura n. 3 di 5.100 euro + IVA. Il 18/01 la Bima spa invia assegno bancario a regolamento della fattura.
Presenta le registrazioni in P.D. relative alla vendita dell'impianto.

## 98 Vendita di beni strumentali

Il 07/01 l'impresa Enrico Sandi vende alla Terzi spa macchine d'ufficio originariamente acquistate a 2.300 euro e ammortizzate per 2.000 euro, per le quali emette fattura n. 4 di 200 euro + IVA. Il 14/01 emette tratta sulla Terzi spa a regolamento della fattura.
Presenta le scritture in P.D.

## 99 Permuta di beni strumentali

L'impresa Piero Tassini all'inizio dell'esercizio decide di sostituire parte dell'arredamento, del costo di 25.000 euro e ammortizzato per il 70%, con un nuovo arredamento del costo di 32.000 euro + IVA. L'operazione di permuta è realizzata con la Arredo Uffici spa su cui, in data 02/01, si emette fattura n. 3 per il prezzo di vendita di 6.800 euro e da cui si riceve lo stesso giorno la fattura n. 8. Il regolamento è effettuato con bonifico bancario in data 15/01 (commissioni 3,50 euro).
Presenta le registrazioni in P.D. dell'impresa Tassini.

## 100 Vendita di un automezzo e permuta di macchine d'ufficio

L'impresa Renata Valenti ha bisogno di disponibilità liquide per rinnovare le macchine d'ufficio. Decide quindi di vendere, in data 02/01, un automezzo non più utilizzato del costo di 38.000 euro, già ammortizzato dell'80%, al prezzo di 6.500 euro + IVA. In data 10/01 la fattura di vendita n. 3 sulla Autocar spa è riscossa con bonifico bancario. Il 15/01 l'impresa acquista le macchine d'ufficio al costo di 15.800 euro + IVA, come da fattura n. 18 della Tecnica System srl, cedendo in permuta le macchine obsolete per 3.000 euro + IVA. Le macchine d'ufficio erano state acquistate a 12.000 euro e, al momento della vendita, risultavano già ammortizzate del 70%; l'impresa Valenti emette fattura n. 24.
Presenta le registrazioni in P.D., considerando che la permuta è regolata il 25/01 con un assegno bancario di 5.488 euro e per la parte residua con un pagherò a fine marzo, maggiorato degli interessi al tasso 5%.

## 101 Vendita di beni strumentali

Completa la tabella inserendo gli importi mancanti e presenta le registrazioni in P.D. relative alla vendita dei vari beni strumentali.

| Bene strumentale | Costo storico | Fondo amm.to | Valore contabile | Prezzo di vendita | Plusvalenza ordinaria | Minusvalenza ordinaria |
|---|---|---|---|---|---|---|
| Macchine d'ufficio | 23.400 | 20.200 | ............ | 3.000 | ............ | ............ |
| Attrezzature commerciali | ............ | 7.000 | 5.400 | ............ | 150 | |
| Automezzi | 17.800 | 13.600 | ............ | ............ | | 60 |
| Arredamento | ............ | 10.500 | ............ | 2.400 | 40 | |
| Impianti e macchinari | ............ | 12.400 | 7.600 | ............ | | 120 |

## 102 CASO AZIENDALE Nicos International, l'automazione rilancia i volumi

Leggi il caso aziendale di Enrico Netti, liberamente tratto da *Il Sole 24 Ore*, ed esegui quanto richiesto.

La Nicos International è una piccola-media impresa situata a Portobuffolé (provincia di Treviso) che produce lavabi, piatti doccia e altri oggetti di design utilizzando materiali compositi come il Mineralmarmo e il Cristalplant. Il fatturato 2015 dell'impresa è stato di 21.000.000 di euro.
Nel 2003 l'impresa ha delocalizzato la produzione in Bulgaria aprendo due linee produttive: la prima, con 50 addetti, realizzava 10.000 piatti doccia; la seconda impiegava 300 addetti e produceva 140.000 lavabi all'anno. L'impresa ha deciso di riportare la produzione in Italia con un investimento di 2.700.000 euro che ha consentito di realizzare 60.000 piatti doccia impiegando 25-30 addetti che lavorano su due turni.
Grazie all'elevato livello di automazione offerto dalla nuova linea produttiva l'azienda riesce a contenere il costo mensile per addetto (in Bulgaria il costo mensile lordo per lavoratore dipendente è di 700 euro, contro i 2.200 euro per i lavoratori italiani).

La realizzazione della produzione in Italia è possibile solo quadruplicando i volumi di produzione grazie all'automazione.
Inoltre con il reshoring della produzione in Italia la Nicos International riesce a ridurre i tempi di consegna da 4 a 2 settimane per soddisfare le esigenze della clientela attenta non solo alla qualità dei prodotti, ma anche ai tempi brevi di consegna.

1. Perché l'alto livello di automazione dell'impianto consente la riduzione del costo mensile del lavoro?
2. Per quali motivi la Nicos International ha fatto rientrare in Italia la produzione?
3. Con quali modalità possono essere stati acquisiti i nuovi impianti e macchinari della Nicos International? Presenta, con dati da te scelti, le scritture contabili riguardanti una modalità di acquisizione.
4. Per conservare la normale efficienza delle immobilizzazioni tecniche sono necessari interventi di manutenzione. Da chi possono essere effettuati tali interventi? Con quali conti vengono registrati?
5. Per quali motivi un'impresa procede alla cessione o alla eliminazione di beni strumentali? Quali componenti di reddito si registrano in occasione della dismissione di beni strumentali?
6. Perché il costo del lavoro è molto più elevato in Italia?

### 103 Situazione contabile e operazioni di gestione

Nella situazione contabile per eccedenze dell'impresa Giorgio Favole al 25/02 risultano, tra gli altri, i seguenti conti:

| Codici | Denominazione dei conti | Dare | Avere |
|---|---|---|---|
| 02.02 | Impianti e macchinari | 98.000, 00 | |
| 02.07 | Automezzi | 45.000, 00 | |
| 02.12 | Fondo ammortamento impianti e macchinari | | 68.600, 00 |
| 02.17 | Fondo ammortamento automezzi | | 36.000, 00 |
| 05.01 | Crediti v/clienti | 392.000, 00 | |
| 06.01 | IVA ns/credito | 11.760, 00 | |
| 08.10 | Assegni | 5.000, 00 | |
| 14.01 | Debiti v/fornitori | | 115.000, 00 |
| 15.01 | IVA ns/debito | | 12.450, 00 |
| 18.20 | Banca X c/c | 21.000, 00 | |

L'impresa compie durante la giornata le seguenti operazioni:

- ricevuta dalla Adria srl, fattura n. 23 relativa all'acquisto di merci franco partenza (trasporto a mezzo vettore) per 18.000 euro + IVA; regolamento con Ri.Ba. a 30 giorni;
- ricevuta fattura n. 81 relativa al trasporto delle merci di cui all'operazione precedente, del corriere VIT srl di 280 euro + IVA, regolamento immediato con assegno bancario di 340 euro;
- ricevuta dalla Impianti srl la fattura n. 44 relativa all'acquisto di un macchinario di 42.000 euro + IVA;
- ricevuta dalla Sorgi Mario fattura n. 48 di 8.400 euro + IVA relativa all'installazione e al collaudo del macchinario;
- regolate le fatture n. 44 con bonifico bancario; la banca addebita commissioni per 3,50 euro;
- regolata la fattura n. 48 con assegno bancario;
- venduto un automezzo del costo di 25.000 euro e ammortizzato dell'80%. Si emette fattura n. 33 di 4.200 euro + IVA; il regolamento della fattura è previsto per fine mese prossimo;
- emessa fattura n. 34 sul cliente Fabio Muzzi relativa alla vendita di merci per 12.000 euro + IVA, franco partenza, trasporto con automezzo del venditore; in fattura risultano addebitati costi forfetari per il trasporto di 500 euro + IVA; regolamento con cambiale a 60 giorni;
- stipulato con la Rossi srl un contratto di leasing per macchine d'ufficio alle seguenti condizioni:
  - versamento di 8 canoni bimestrali di 1.500 euro ciascuno;
  - riscatto dei beni alla scadenza del contratto al prezzo di 1.000 euro + IVA.
  
  In giornata si riceve la fattura n. 63 della Rossi srl relativa al primo canone che viene regolata con assegno bancario;
- ricevuta fattura n. 48 dalla Mercato spa per costi di pubblicità di 6.000 euro + IVA, regolamento con bonifico bancario (commissioni bancarie 3,50 euro);

- emessa fattura n. 35 sul cliente Mauro Zossi per la vendita di merci franco partenza, porto franco; importo delle merci 7.400 euro + IVA; costi di trasporto, documentati dalla fattura n. 58 del corriere Sace srl, pagata in giornata in contanti, di 231,80 euro, IVA inclusa; in giornata il cliente Zossi invia a saldo un assegno circolare di 9.250 euro;
- depositato nel c/c bancario l'assegno ricevuto dal cliente Zossi.

Presenta:

- le registrazioni in P.D.;
- la situazione contabile per eccedenze al termine della giornata.

Rispondi alle seguenti domande.

1. Qual è il valore contabile dell'automezzo ceduto?
2. A quanto ammonta il costo complessivo sostenuto per le macchine d'ufficio nell'ipotesi che, alla scadenza del contratto, l'impresa decida di riscattarle?
3. Con quali altre modalità potevano essere acquisite le macchine d'ufficio?

# Lezione 7 I finanziamenti bancari

### 104 Sconto di cambiali

Il 15/06 l'impresa Paolo Villani presenta allo sconto presso la banca UniCredit un pagherò scadente il 20/07, emesso da Luigi Galandrini a saldo di una fattura di vendita di 16.400 euro; il giorno successivo UniCredit ammette la cambiale allo sconto e il 18/06 accredita sul c/c dell'impresa il netto ricavo trattenendo lo sconto di 94,30 euro e la commissione di incasso di 6 euro.

Presenta le registrazioni in P.D.

### 105 Sconto di cambiali

L'11/09 l'impresa Claudio D'Addio presenta presso la Banca Popolare di Verona le seguenti cambiali ottenute a saldo di fatture di vendita:

- pagherò di 3.650 euro emesso il 02/09 da Matteo Fioretti, scadente il 02/10;
- tratta di 4.850 euro emessa il 10/09 sul cliente Domenico Ercoli e da questi accettata lo stesso giorno, con scadenza 10/10.

La banca ammette le cambiali allo sconto il 12/09 e nello stesso giorno accredita il netto ricavo sul c/c dell'impresa cliente; commissioni di incasso 5 euro per ciascun effetto, sconto al tasso 8%, giorni banca 7.

Presenta i calcoli e le scritture in P.D. relative a quanto sopra indicato.

### 106 Fatture di vendita, sconto di cambiale

Il 14/09 l'impresa Alessio Torregiani ha emesso sulla Maresport srl la fattura n. 152 di seguito riprodotta limitatamente alla parte tabellare, concordando il pagamento con pagherò a 60 giorni data fattura.

**Fattura n. 152 su Maresport srl**

| | | |
|---|---|---|
| Importo merci | euro | 12.680,00 |
| Rimborso costi di trasporto | euro | 520,00 |
| Rimborso costi di imballaggio | euro | 300,00 |
| Imponibile | euro | 13.500,00 |
| IVA 22% | euro | 2.970,00 |
| Totale fattura | euro | 16.470,00 |

Il 15/09 l'impresa riceve il pagherò e lo presenta alla banca per lo sconto. La cambiale è ammessa allo sconto il 16/09; due giorni dopo la banca comunica di aver accreditato in c/c il netto ricavo, trattenendo lo sconto di 160,42 euro e la commissione di incasso di 6 euro.

Presenta le registrazioni in P.D.

### 107 Anticipo su Ri.Ba. sbf

Il 14/11 l'impresa Matteo Silvestri ha emesso fattura n. 132 sulla A&Gi srl di 7.740 euro, regolamento con Ri.Ba. a 30 giorni.

Il 15/11 la Ri.Ba. viene trasmessa alla banca per l'incasso salvo buon fine. Il giorno successivo l'impresa riceve la contabile di accredito in c/c. La commissione d'incasso trattenuta dalla banca è 7 euro.

Il 14/12 la A&Gi srl estingue la Ri.Ba.

Presenta le registrazioni in P.D.

### 108 Anticipo su Ri.Ba. sbf

L'impresa Roberto Ceccarani, che dispone di un fido presso la Banca di Credito Cooperativo di Forlì, in data 01/03 trasmette per l'incasso sbf una Ri.Ba. di 6.050 euro scadente a fine maggio. La banca accoglie la Ri.Ba. il 04/03, addebitando commissioni d'incasso per 7,50 euro; alla scadenza la disposizione elettronica va a buon fine. Gli interessi passivi di 79,50 euro relativi all'anticipo vengono liquidati il 31/12 e addebitati nel c/c dell'impresa Ceccarini in data 01/03 dell'anno successivo.

Presenta le registrazioni in P.D.

### 109 Ri.Ba. all'incasso sbf e Ri.Ba. insoluta

Il 18/01 l'impresa Mario Franchi presenta alla Banca Antonveneta, presso la quale ha ottenuto una linea di fido, una disposizione elettronica d'incasso di 10.790 euro con scadenza il 06/03.

Il 20/01 la banca accredita in c/c, con la clausola salvo buon fine, la Ri.Ba.; commissioni d'incasso 6,80 euro. Alla scadenza la Ri.Ba. non viene pagata e la banca addebita in c/c l'importo in precedenza anticipato. L'impresa provvede a rilevare il credito insoluto.

Il 31/12 si rilevano gli interessi passivi maturati sull'anticipo di 268,74 euro, da addebitare in c/c in data 01/03 dell'anno successivo.

Presenta le registrazioni in P.D.

### 110 Anticipo su fatture

Il 14/02 l'impresa Ugo Fiori emette fattura n. 134 sulla Na.Ma srl per la vendita di merci di 28.000 euro + IVA, con pagamento dilazionato al 16/03. Lo stesso giorno l'impresa cede alla banca il credito documentato da copia della fattura n. 134 ottenendo un anticipo dell'80%, accreditato in c/c.

Il 18/03 la banca comunica il buon fine della fattura e l'estinzione dell'anticipo concesso.

Presenta le registrazioni in P.D.

### 111 Fatture di vendita, regolamento e smobilizzo di crediti

L'impresa Nicholas Putignano effettua le operazioni di seguito indicate:

10/01: emessa fattura n. 27 sul cliente Antonio Verdi per vendita di merci per 9.640 euro + IVA; in fattura sono addebitati costi di trasporto documentati dalla fattura n. 14 della SCA currier express srl per 292,80 euro (IVA inclusa) pagata in contanti alla partenza; regolamento a fine febbraio a mezzo Ri.Ba. maggiorata degli interessi di dilazione al tasso 4% addebitati in fattura;

11/01: trasmessa alla banca per l'incasso sbf la Ri.Ba. riguardante la fattura n. 27;

12/01: ricevuta la contabile di accredito in c/c relativa alla Ri.Ba. presentata all'incasso sbf, commissioni d'incasso 8 euro;

14/01: emessa fattura n. 28 sul cliente Fabrizio Giacomelli per la vendita di merci franco partenza, porto assegnato di 12.450 euro + IVA, sconto incondizionato per redistribuzione e quantità 2%; regolamento con rimessa diretta il 13/02;

16/01: ottenuto dalla banca l'anticipo del 70% sulla fattura n. 28 con accredito immediato nel c/c;

20/01: emessa fattura n. 29 sul cliente Apollo 2000 srl per la vendita di merci franco partenza di 3.560 euro + IVA; in fattura sono addebitati costi forfetari di trasporto per 150 euro; regolamento con pagherò a 60 giorni;

24/01: presentata la cambiale emessa dal cliente Apollo 2000 srl alla banca per lo sconto; il giorno successivo la banca accredita il netto ricavo in c/c; commissioni di incasso 5 euro, sconto 45,32 euro;

13/02: la banca comunica che la fattura n. 28 sul cliente Fabrizio Giacomelli è andata a buon fine e accredita in c/c la differenza;

28/02: la banca comunica che la fattura n. 27 del 10/01 è stata riscossa; commissioni di incasso 8 euro.

Presenta:

- la parte tabellare delle fatture n. 27 e n. 29;
- le registrazioni in P.D.

### 112 Mutuo

In data 01/03/n la Banca di Credito Cooperativo di Roma accredita sul c/c dell'impresa David Fantini un mutuo ipotecario di 200.000 euro, tasso 6,50%, da rimborsare a quote annue costanti di capitale di 40.000 euro. Presenta le registrazioni in P.D. relative all'accensione del mutuo e al rimborso della prima rata in data 01/03/n + 1.

### 113 Mutuo

In data 01/06/n la Banca Nazionale del Lavoro accredita sul c/c della Del Pincio srl un mutuo ipotecario di 300.000 euro, tasso 6%, da rimborsare in 5 anni. Il piano di rimborso prevede rate semestrali con quota capitale costante da versare a decorrere dall'01/12/n.

Presenta le registrazioni in P.D. relative all'ottenimento del mutuo e al rimborso della prima rata in data 01/12/n.

### 114 Operazioni di acquisto e di vendita, smobilizzo di crediti e mutuo

L'impresa Alberto Artesi ha effettuato le seguenti operazioni:

01/06: ottenuto un mutuo ipotecario di 40.000 euro, gli interessi al tasso 4,5% devono essere pagati semestralmente a partire dall'01/12, insieme alla quota capitale costante di 4.000 euro;

02/07: ricevuto dal cliente Stefano Pigini pagherò scadente in data 08/08 di 25.950 euro a saldo della fattura n. 67 di 25.954,45 euro;

12/07: ricevuta fattura n. 18 dalla Fiori & C. snc per l'acquisto di un automezzo di 18.000 euro + IVA; regolamento ½ con bonifico bancario (commissioni 2,50 euro) e ½ con Ri.Ba. scadente l'11/08;

16/07: emessa fattura n. 78 sul cliente Nicola Castro per vendita di merci per 15.000 euro + IVA; in fattura sono esposti costi documentati dalla fattura n. 19 della Leonardo express srl di 488 euro (IVA inclusa), pagata alla partenza con assegno bancario; regolamento con Ri.Ba. a 30 giorni data fattura;

18/07: trasmessa alla banca per l'incasso sbf la Ri.Ba. di cui al punto precedente; il giorno dopo la banca accredita in c/c l'importo della disposizione elettronica d'incasso, trattenendo commissioni di incasso 8 euro;

01/08: presentato in banca per l'incasso il pagherò ricevuto dal cliente Pigini il 02/07;

08/08: la banca comunica l'avvenuto incasso del pagherò e accredita in c/c l'importo al netto di commissioni di 6 euro;

11/08: pagata a mezzo c/c Ri.Ba. relativa alla fattura n. 18 della Fiori & C. snc;

16/08: la banca comunica che il cliente Nicola Castro non ha estinto la Ri.Ba. riguardante la fattura n. 78 e addebita in c/c l'importo anticipato; l'impresa rileva l'insoluto verso il cliente Castro;

01/12: addebitato in c/c l'importo della prima rata del mutuo ottenuto l'01/06.

Presenta le registrazioni in P.D.

## Lezione 8 La retribuzione del personale dipendente

### 115 Dai conti di mastro al libro giornale

Dopo aver analizzato i conti di mastro di seguito riportati, redigi le scritture in P.D.

| 33.01 SALARI E STIPENDI | |
|---|---|
| 96.000,00 | |

| 33.02 ONERI SOCIALI | |
|---|---|
| 26.500,00 | |

| 18.11 ISTITUTI PREVID. | |
|---|---|
| 10.000,00 | 26.500,00 |
| 25.322,00 | 8.822,00 |

| 15.02 DEBITI PER RIT. DA VERS. | | 15.20 PERSONALE C/RETRIB. | | 18.20 BANCA X C/C | |
|---|---|---|---|---|---|
| 17.000, 00 | 17.000, 00 | 106.000, 00 | 106.000, 00 | | 80.178, 00 |
| | | | | | 42.322, 00 |

**Liquidazione e pagamento delle retribuzioni**

L'impresa Giorgio Re in data 25/01 liquida le retribuzioni ai dipendenti sulla base dei seguenti dati: salari e stipendi 54.760 euro; assegni per il nucleo familiare 1.360 euro; indennità di malattia e maternità 4.160 euro. I contributi sociali a carico dell'impresa ammontano a 17.523,60 euro.

Le retribuzioni sono pagate a mezzo c/c bancario il 27/01, al netto di ritenute previdenziali a carico dei lavoratori di 5.032,40 euro e di ritenute fiscali di 14.785,00 euro.

Il 16/02 l'impresa versa a mezzo c/c bancario quanto dovuto all'INPS e all'Amministrazione finanziaria dello Stato.

Presenta le registrazioni in P.D.

**Liquidazione e pagamento delle retribuzioni**

Il 26 settembre l'impresa Dario Fraticelli liquida le retribuzioni ai dipendenti sulla base dei seguenti dati: salari e stipendi 154.960 euro, assegni per il nucleo familiare 1.400 euro, indennità di maternità 4.150 euro. Gli oneri sociali a carico dell'impresa ammontano a 49.587 euro.

Le retribuzioni sono pagate il 27/09 a mezzo c/c bancario al netto di trattenute IRPEF per 39.640 euro e di trattenute previdenziali a carico dei dipendenti per 14.241 euro.

Il 16/10 viene versato con addebito in c/c bancario quanto dovuto agli Istituti previdenziali e all'Amministrazione finanziaria dello Stato.

Presenta le registrazioni in P.D.

**Liquidazione e pagamento delle retribuzioni**

Il 27 marzo il ragioniere della Pistoni & F.lli snc liquida le retribuzioni ai dipendenti sulla base dei seguenti dati:

- salari e stipendi 225.200 euro;
- assegni per il nucleo familiare e indennità di malattia e maternità 4.350 euro;
- oneri sociali a carico dell'impresa 67.560 euro, ritenute previdenziali a carico dei dipendenti 21.371 euro;
- ritenute IRPEF 55.440 euro.

Il giorno stesso le retribuzioni sono pagate con addebito del c/c bancario.

Il 16/04 l'impresa versa a mezzo c/c bancario quanto dovuto all'INPS e all'Amministrazione finanziaria dello Stato.

Redigi le registrazioni in P.D.

# Lezione 9 Le altre operazioni di gestione

**Liquidazione e versamento IVA**

Il 16/10 la Sarcinelli & C. snc esegue la liquidazione IVA del mese di settembre sulla base dei seguenti dati: IVA detraibile 5.130 euro; IVA esigibile 6.270 euro.

Rileva in P.D. le operazioni di liquidazione e versamento IVA tramite c/c bancario e completa i conti di mastro.

| 06.01 IVA NS/CREDITO | | 15.01 IVA NS/DEBITO | | 18.10 IVA C/LIQUIDAZIONE | |
|---|---|---|---|---|---|
| ..................., ..... | | | ..................., ..... | ..................., ..... | ..................., ..... |
| | ..................., ..... | ..................., ..... | | ..................., ..... | |

**Liquidazione e versamento IVA**

I conti di mastro IVA ns/credito e IVA ns/debito dell'impresa Gianmarco Valeri evidenziano i seguenti importi relativi a operazioni riferite al mese di marzo.

Sulla base di tali dati rileva in P.D. la liquidazione e il versamento IVA a mezzo c/c bancario.

| 06.01 IVA NS/CREDITO | |
|---|---|
| 6.300,00 | 105,00 |
| 2.646,00 | |
| 1.150,80 | |
| 525,00 | |

| 15.01 IVA NS/DEBITO | |
|---|---|
| 126,00 | 8.400,00 |
| | 2.656,50 |
| | 2.608,20 |
| | 735,00 |

### Versamento acconto e liquidazione IVA

Il 27/12 l'impresa Gennaro Paolino in regime semplificato versa a mezzo c/c bancario un acconto IVA di 1.689 euro.

L'IVA detraibile sulle operazioni dell'ultimo trimestre dell'anno ammonta a 8.256 euro, per lo stesso periodo l'IVA esigibile è di 11.676 euro.

Presenta le registrazioni in P.D. relative all'acconto e alla liquidazione IVA di dicembre e determina l'importo da versare entro il 16/01 dell'esercizio successivo.

### Liquidazione e versamento IVA

Nei registri delle fatture di acquisto e delle fatture di vendita dell'impresa Maria Orselli in regime ordinario sono presenti i dati di seguito riportati in maniera riassuntiva.

| | IVA su fatture ricevute | Rettifiche per resi e abbuoni ottenuti | IVA su fatture emesse | Rettifiche per resi e abbuoni concessi |
|---|---|---|---|---|
| Mese di novembre | euro 5.376,00 | euro 157,00 | euro 8.542,80 | euro 163,80 |
| Mese di dicembre | euro 6.405,00 | – | euro 11.760,00 | euro 159,00 |

Redigi le scritture in P.D. relative alla liquidazione e al versamento IVA a mezzo c/c bancario del mese di novembre. Considerando che il 27/12 l'impresa ha versato un acconto IVA di 2.640 euro, rileva in P.D. la liquidazione IVA di dicembre.

### Versamento acconto imposte dirette

L'impresa Adriano Vallesi ha versato mediante addebito del c/c bancario le rate di acconto per imposte dirette (IRAP):

30/06: versamento prima rata di acconto di 6.252 euro;

30/11: versamento seconda rata di acconto di 9.378 euro.

Presenta le registrazioni in P.D.

### Variazioni del patrimonio netto e acconto imposte dirette

L'impresa Giorgio Rossi ha compiuto le seguenti operazioni:

10/06: apporto di 25.000 euro con bonifico bancario dal c/c personale dell'imprenditore al c/c bancario riservato alle operazioni aziendali;

30/06: versata la prima rata di acconto per l'imposta diretta a carico dell'impresa (IRAP) di 1.360 euro e per l'imposta sul reddito (IRPEF) a carico dell'imprenditore di 6.940 euro;

30/11: versata la seconda rata di imposte dirette a carico dell'impresa (IRAP) di 2.040 euro e per l'imposta sul reddito (IRPEF) a carico dell'imprenditore di 10.410 euro;

02/12: prelevati 2.600 euro per esigenze personali dell'imprenditore.

Tutti i pagamenti avvengono tramite il c/c bancario intestato all'impresa.

Redigi le registrazioni in P.D.

### Sopravvenienze e insussistenze

L'impresa Fabio Bugarini rileva le operazioni di seguito riassuntivamente indicate:

- subita una rapina di denaro contante di 1.950 euro;

- ricevuto un assegno circolare di 1.540 euro quale risarcimento assicurativo di danni subiti durante il trasporto di merci;
- ricevuta multa di 70 euro per divieto di sosta, pagata immediatamente con denaro contante;
- riscosso con bonifico bancario un credito verso clienti di 1.089 euro, sorto e stralciato nello stesso esercizio perché ritenuto inesigibile;

Il riscontro di cassa evidenzia un ammanco di 5,20 euro dovuto a errori materiali nel maneggio del denaro.
Presenta le registrazioni in P.D.

### 126 Sopravvenienze, insussistenze, liquidazione IVA, acconto imposte, variazioni del patrimonio netto

✓✓

L'impresa Stefano Pigini durante il mese di giugno ha rilevato, tra le altre, le seguenti operazioni:

05/06: riscontrata una banconota falsa di 100 euro durante il controllo del denaro in cassa;
15/06: l'imprenditore apporta un assegno bancario di 5.000 euro che in giornata viene versato sul c/c bancario;
16/06: liquidata l'IVA del mese di maggio in base ai seguenti dati: IVA a credito 5.680 euro, IVA a debito 10.480 euro; il saldo è versato in giornata;
20/06: ordinato bonifico bancario di 640 euro per il risarcimento di danni provocati a terzi non coperti da assicurazione, commissioni bancarie 2,50 euro;
25/06: prelevati dal c/c bancario 500 euro per spese personali dell'imprenditore;
30/06: ricevuta multa di 260 euro per infrazione al codice della strada commessa da un autista durante il trasporto merci;
30/06: versato tramite c/c bancario l'acconto per le imposte dirette a carico dell'impresa di 1.800 euro.

Presenta le registrazioni in P.D.

### 127 Operazioni varie di gestione

✓✓

L'impresa Valerio Calzolaio rileva nel mese di luglio, tra le altre, le seguenti operazioni:

12/07: prelevati per esigenze personali 2.500 euro dal c/c bancario aperto presso la Banca Nazionale del Lavoro;
14/07: subita una rapina di 650 euro in contanti;
15/07: riscontrata in cassa una banconota falsa di 50 euro;
16/07: liquidata e pagata tramite c/c bancario l'IVA del mese di giugno, tenendo presente che l'IVA a credito è di 15.276 euro e IVA a debito è di 16.944 euro;
20/07: stralciato credito di 980 euro verso il cliente Monachesi; il credito era sorto nell'esercizio precedente ma non era stata creata una copertura in appositi fondi;
25/07: liquidate le retribuzioni ai dipendenti 20.800 euro, indennità di malattia 810 euro;
25/07: liquidati oneri sociali a carico dell'impresa per 6.656 euro;
27/07: pagate, tramite c/c bancario, le retribuzioni ai dipendenti al netto dei ritenute fiscali di 4.570 euro e ritenute sociali 1.912 euro;
31/07: apportato un assegno circolare di 15.000 euro da parte dell'imprenditore a titolo di capitale proprio.

Presenta le registrazioni in P.D.

### 128 Operazioni varie di gestione

✓✓✓

L'impresa Riccardo Malagrida compie, tra le altre, le operazioni di gestione di seguito indicate.

01/06: accreditato in c/c bancario un mutuo ipotecario di 120.000 euro, ottenuto alle seguenti condizioni: interessi al tasso annuo 6% da pagare posticipatamente ogni sei mesi a partire dall'01/12, insieme alla quota capitale a estinzione del mutuo di 12.000 euro;
04/06: presentata alla banca con richiesta di anticipo sbf una Ri.Ba. di 6.354 euro emessa a fronte di una fattura di vendita scadente il 31/07;
06/06: ricevuta lettera di accredito in c/c bancario della Ri.Ba. presentata al salvo buon fine in data 04/06, costi di incasso 10 euro;
16/06: liquidata IVA di maggio in base ai seguenti dati: IVA a credito 3.360 euro, IVA a debito 5.880 euro;
16/06: versate tramite c/c bancario, con modello F24, le ritenute fiscali effettuate sulle retribuzioni di maggio di 5.130 euro, il saldo dovuto all'INPS di 11.775 euro, il saldo IVA relativo alla liquidazione di maggio;
25/06: liquidati salari e stipendi per 48.720 euro, assegni familiari per 1.110 euro, indennità malattia e maternità 822 euro;

27/06: liquidati contributi sociali a carico dell'impresa 14.130 euro;

27/06: pagate tramite c/c bancario le retribuzioni ai dipendenti, al netto di ritenute sociali di 4.620 euro e ritenute fiscali di 3.528 euro;

30/06: versata tramite c/c bancario la prima rata di acconto per le imposte dirette a carico dell'impresa di 2.632 euro;

31/07: la banca comunica che la Ri.Ba. accreditata in c/c bancario il 06/06 è stata riscossa;

01/12: addebitata in c/c bancario la prima rata del mutuo ipotecario.

Presenta le registrazioni in P.D.

## 129 Operazioni varie di gestione

Il 15/03 l'impresa Nicola Evangelisti presenta accesi, tra gli altri, i seguenti conti:

| 06.01 IVA NS/CREDITO | |
|---|---|
| 5.880, 00 | |

| 13.01 MUTUI PASSIVI | |
|---|---|
| 30.000, 00 | 150.000, 00 |

| 15.01 IVA NS/DEBITO | |
|---|---|
| | 11.760, 00 |

Sul mutuo maturano interessi al tasso 6% da pagare in data 01/04 di ciascun anno, unitamente alla quota capitale di 30.000 euro. Relativamente alle fatture registrate nel mese di febbraio, l'IVA a credito è di 3.920 euro e l'IVA a debito è di 7.840 euro.

Il 16/03 si liquida e versa a mezzo c/c bancario l'IVA relativa al mese di febbraio.

Successivamente vengono compiute le seguenti operazioni di gestione.

18/03: ricevuta fattura n. 158 dal fornitore Marinozzi spa per l'acquisto di merci franco partenza per 18.680 euro + IVA, sconto incondizionato 5%; regolamento con Ri.Ba. scadente in data 02/04;

18/03: restituite al fornitore Marinozzi spa merci difettose per 600 euro;

19/03: ricevuta dal corriere Express srl fattura n. 88 di 450 euro + IVA relativa al trasporto delle merci in precedenza acquistate; regolamento con assegno bancario di 540 euro;

19/03: ricevuta fattura n. 62 dal fornitore spagnolo Almovar relativa all'acquisto di merce per 18.500 euro;

19/03: annotata l'IVA sulla fattura n. 62 di Almovar;

20/03: ricevuta dal fornitore Marinozzi spa nota di accredito n. 21 con variazione IVA per il reso di merci del 18/03;

21/03: ottenuto bonifico bancario di 850 euro per il rimborso di imposte non dovute;

22/03: emessa fattura n. 124 sul cliente Dario Cerquetti per la vendita di merci per 27.500 euro + IVA; regolamento alle seguenti condizioni: pagamento a 30 giorni prezzo pieno, pagamento pronta cassa sconto 2%;

23/03: il cliente Cerquetti comunica di accettare il pagamento pronta cassa, contestualmente si invia nota di variazione n. 14;

24/03: ricevuto dal cliente Cerquetti bonifico bancario a saldo della fattura n. 124;

25/03: apportato dall'imprenditore un assegno circolare di 10.000 euro;

26/03: l'assegno circolare del 25/03 viene depositato nel c/c bancario;

30/03: ricevuta dal fornitore Gelli & C. snc fattura n. 59 relativa all'acquisto di un software per la tenuta della contabilità al prezzo di 2.400 euro + IVA, in fattura sono addebitati costi forfetari di 160 euro per l'installazione del software; regolamento immediato con bonifico bancario di 3.120 euro (commissioni bancarie 4,50 euro);

01/04: addebitata in c/c bancario la rata del mutuo in scadenza;

02/04: pagata tramite c/c bancario la Ri.Ba. relativa alla fattura n. 158 del fornitore Marinozzi spa.

Presenta le scritture in P.D.

## 130 Operazioni varie di gestione

L'impresa commerciale Claudio Bini durante il mese di novembre compie, tra le altre, le operazioni di seguito indicate.

02/11: emessa fattura n. 647 sulla Malaeta srl per la vendita di merci franco partenza di 18.500 euro + IVA; in fattura sono addebitati forfetariamente costi di trasporto di 250 euro; regolamento con Ri.Ba. a 30 giorni;

03/11: trasmessa in banca per l'incasso sbf la Ri.Ba. per la fattura n. 47 scadente in data 02/12;

04/11: ricevuta dalla banca lettera di accredito in c/c della Ri.Ba. presentata al salvo buon fine, costi di incasso 10 euro;

06/11: pagata in contanti multa di 170 euro per infrazione al codice stradale, commessa durante la consegna di merci con automezzo dell'impresa;

08/11: ricevuta dal Mobilificio Piceno srl fattura n. 915 di 9.400 euro + IVA per l'acquisto di arredamento; in fattura sono addebitati forfetariamente costi per il montaggio di 150 euro; regolamento con bonifico bancario di 11.650 euro eseguito in giornata (commissioni bancarie 4,50 euro);

10/11: pagata tramite c/c bancario cambiale in scadenza di 7.564 euro;

16/11: liquidata l'IVA relativa al mese di ottobre; l'IVA detraibile sugli acquisti è 18.560 euro, l'IVA esigibile per le vendite è 20.840 euro;

16/11: eseguito il versamento unitario di IVA, ritenute fiscali di 4.600 euro e saldo INPS di 1.800 euro;

20/11: ricevuta dalla Ricambi & Riparazioni srl fattura n. 718 di 900 euro + IVA relativa alla riparazione di un guasto a un macchinario; regolamento immediato con assegno bancario;

22/11: la banca comunica il buon fine di una fattura di 5.490 euro e l'avvenuta estinzione dell'anticipo dell'80% in precedenza concesso; la differenza è accreditata in c/c;

24/11: emessa fattura n. 655 sulla cliente francese Geneviève Pascal per la vendita di merce dell'importo di 2.350 euro;

26/11: liquidate retribuzioni a favore del personale dipendente per 9.600 euro; assegni per il nucleo familiare e indennità di malattia e maternità 159 euro;

26/11: liquidati contributi sociali a carico dell'impresa per 3.072 euro;

27/11: pagate tramite c/c bancario retribuzioni al netto di ritenute fiscali per 1.824 euro e di ritenute sociali a carico dei dipendenti per 882,24 euro;

30/11: effettuato tramite il c/c bancario dell'impresa il versamento della seconda rata d'acconto IRAP di 2.500 euro e dell'imposta sul reddito (IRPEF a carico dell'imprenditore) di 1.800 euro.

Rileva in P.D. le operazioni di gestione sopra descritte.

### 131 Operazioni varie di gestione

L'impresa Antonella Lariani ha compiuto durante il mese di gennaio, tra le altre, le operazioni di gestione sotto riportate.

02/01: ceduto in permuta alla Auto Serra srl un automezzo del costo di 36.000 euro già ammortizzato del 90%, al prezzo di 3.000 euro + IVA, come da fattura n. 1; il nuovo automezzo è acquistato al costo di 42.000 euro + IVA, come da fattura n. 8; la differenza è regolata in giornata con bonifico bancario di 47.500 euro (commissioni 4 euro);

04/01: ricevuta fattura n. 3 dal fornitore Artenis spa per l'acquisto di merci di 18.320 euro + IVA, sconto incondizionato 3% + 2%, costi di trasporto non documentati 250 euro; regolamento con rilascio di un pagherò a 60 giorni di 21.550 euro;

05/01: pagata a mezzo bonifico bancario la fattura n. 128 di 180.000 yen di un fornitore giapponese al cambio EUR/JPY 136,8121 (la fattura era stata registrata al cambio di 136,3131);

05/01: la banca accredita commissioni bancarie per 15 euro;

07/01: emessa fattura n. 2 su Luigi Ferri per la vendita di merci per 19.800 euro + IVA, rimborso costi di trasporto addebitati forfetariamente 300 euro; regolamento con rimessa diretta a 30 giorni dal ricevimento della fattura;

08/01: prelevati dal conto corrente bancario 2.000 euro per spese personali dell'imprenditrice;

09/01: ottenuto con accredito in c/c bancario un mutuo ipotecario di 80.000 euro;

10/01: inviate allo sconto cambiali per 7.300 euro;

11/01: riscontata in cassa una banconota falsa di 50 euro;

12/01: ricevuta dalla banca lettera di accredito in c/c del netto ricavo delle cambiali inviate allo sconto, commissioni di incasso 8 euro, sconto 123 euro;

15/01: emessa fattura n. 3 su Simone Verri per la vendita di merci per 18.600 euro + IVA, consegna franco destino, regolamento con pagherò a due mesi data fattura. Il trasporto è effettuato dal corriere TBN srl, dal quale si riceve, nella stessa data, fattura n. 84 di 300 euro + IVA, regolata con assegno bancario;

16/01: versate tramite c/c bancario le ritenute fiscali effettuate sulle retribuzioni nel mese di dicembre di 5.860 euro, il saldo dovuto all'INPS di 11.640 euro e il saldo IVA di 7.380 euro;

17/01: ricevuta parcella n. 71 del dottore commercialista Silvio Garleni per la consulenza fornita, onorari 3.000 euro, soggetti a contributo cassa di previdenza, IVA e ritenuta fiscale;

22/01 ricevuta fattura n. 121 dalla Barset spa per l'acquisto di merci per 5.840 euro + IVA, sconto incondizionato 3%, costi di trasporto forfetari 150 euro;

22/01: stipulato con l'impresa Verteni Marco contratto di locazione per un immobile che prevede il pagamento anticipato di 1.200 euro al bimestre e una cauzione di 2.500 euro;

23/01: regolata parcella n. 71 con assegno bancario al netto della ritenuta fiscale;

25/01: ricevuta fattura ENEL n. 3184 di 875 euro + IVA relativa ai consumi dell'ultimo bimestre;

26/01: pagata a mezzo c/c bancario fattura n. 3184;

26/01: liquidate le retribuzioni ai dipendenti sulla base dei seguenti dati: salari e stipendi 38.520 euro, assegni per il nucleo familiare 368 euro, indennità di maternità 1.070 euro; gli oneri sociali a carico dell'impresa ammontano a 12.326 euro;

27/01: pagate le retribuzioni a mezzo c/c bancario al netto di ritenute fiscali per 9.860 euro e di ritenute sociali a carico dei dipendenti per 3.539,99 euro;

27/01: ricevuta fattura n. 133 dalla cartoleria Il calamaio di Giulio Versini per acquisto di materiale di cancelleria per 250 euro + IVA; la fattura è regolata in giornata con giroconto postale;

28/01: a regolamento della fattura n. 371 di 3.784 euro sul cliente Giuseppe Sciolla si riceve un pagherò di 1.700 euro e un assegno bancario di 2.080 euro;

29/01: inviato assegno di 3.660 euro al fornitore Sistemi Macchine srl come acconto per la fornitura di un macchinario del costo di 9.000 euro + IVA;

29/01: stipulato con Berti Leasing spa contratto di leasing relativo a un automezzo che prevede il versamento di 10 canoni bimestrali di 3.000 euro + IVA, prezzo di riscatto di 4.000 euro;

30/01: ricevuta fattura n. 68 dal fornitore Sistemi Macchine srl relativa all'acconto inviato il 29/01;

31/01: ricevuta e pagata a mezzo c/c bancario la fattura n. 88 relativa al primo canone di leasing;

31/01: pagata, con assegno bancario, la fattura n. 45 dell'impresa Verteni Marco per il canone di locazione e la cauzione.

132 

### Ricerca e correzione di errori

Il contabile dell'impresa Franco Manteni ha effettuato le scritture in P.D. di seguito elencate, commettendo una serie di errori nell'inserimento di codici dei conti, denominazione dei conti e importi. Individua gli errori e correggili.

| | | | | | | | |
|---|---|---|---|---|---|---|---|
| 01/02 | 18.20 | INTESA SANPAOLO C/C | apporto di costituzione | 10.000, | 00 | | |
| 01/02 | 02.01 | FABBRICATI | apporto di costituzione | 200.000, | 00 | | |
| 01/02 | 02.07 | AUTOMEZZI | apporto di costituzione | 40.000, | 00 | | |
| 01/02 | 10.01 | PATRIMONIO NETTO | apporto di costituzione | | | 250.000, | 00 |
| 03/02 | 18.20 | INTESA SANPAOLO C/C | prelievo da c/c | 5.000, | 00 | | |
| 03/02 | 08.20 | DENARO IN CASSA | prelievo da c/c | | | 5.000, | 00 |
| 04/02 | 01.01 | COSTI DI IMPIANTO | parcella n. 33 da Versani | 5.152, | 00 | | |
| 04/02 | 15.01 | IVA NS/DEBITO | parcella n. 33 da Versani | 869, | 44 | | |
| 04/02 | 14.01 | DEBITI V/FORNITORI | parcella n. 33 da Versani | | | 6.021, | 44 |
| 06/02 | 14.01 | DEBITI V/FORNITORI | saldata parcella n. 33 | 6.021, | 44 | | |
| 06/02 | 15.02 | DEBITI PER RIT. DA VERSARE | saldata parcella n. 33 | 760, | 00 | | |
| 06/02 | 18.20 | INTESA SANPAOLO C/C | saldata parcella n. 33 | | | 6.781, | 44 |
| 08/02 | 30.01 | MERCI C/ACQUISTI | fattura n. 48 da Vertis spa | 16.980, | 00 | | |
| 08/02 | 06.01 | IVA NS/CREDITO | fattura n. 48 da Vertis spa | 3.735, | 60 | | |
| 08/02 | 14.01 | DEBITI V/FORNITORI | fattura n. 48 da Vertis spa | | | 20.715, | 60 |
| 10/02 | 14.01 | DEBITI V/FORNITORI | saldata fattura n. 48 | 20.715, | 60 | | |
| 10/02 | 05.06 | CAMBIALI ATTIVE | accettata tratta | | | 5.000, | 00 |
| 10/02 | 14.06 | CAMBIALI PASSIVE | girato pagherò | | | 12.000, | 00 |
| 10/02 | 18.20 | INTESA SANPAOLO C/C | addebito di c/c | | | 3.715, | 60 |

| | | | | | |
|---|---|---|---|---|---|
| 11/02 | 05.01 | CREDITI V/CLIENTI | pagati costi di trasporto | 219, 60 | |
| 11/02 | 08.20 | DENARO IN CASSA | pagati costi di trasporto | | 219, 60 |
| 11/02 | 05.01 | CREDITI V/CLIENTI | fattura n. 1 su Clementi srl | 6.563, 60 | |
| 11/02 | 06.01 | IVA NS/CREDITO | fattura n. 1 su Clementi srl | 1.144, 00 | |
| 11/02 | 05.01 | CREDITI V/CLIENTI | fattura n. 1 su Clementi srl | | 219, 60 |
| 11/02 | 20.01 | MERCI C/VENDITE | fattura n. 1 su Clementi srl | | 5.200, 00 |
| 12/02 | 05.01 | CREDITI V/CLIENTI | riscossa fattura n. 1 | 6.563, 60 | |
| 12/02 | 08.10 | ASSEGNI | riscossa fattura n. 1 | | 6.563, 60 |
| 13/02 | 30.01 | MERCI C/ACQUISTI | fattura n. 27 da Angeli srl | 12.600, 00 | |
| 13/02 | 06.01 | IVA NS/CREDITO | fattura n. 27 da Angeli srl | 2.772, 00 | |
| 13/02 | 14.01 | DEBITI V/FORNITORI | fattura n. 27 da Angeli srl | | 15.372, 00 |
| 14/02 | 14.01 | DEBITI V/FORNITORI | saldata fattura n. 27 | 15.372, 00 | |
| 14/02 | 40.01 | INTERESSI ATTIVI DA CLIENTI | interessi per dilazione | | 126, 35 |
| 14/02 | 05.06 | CAMBIALI ATTIVE | accettata tratta | | 8.136, 35 |
| 14/02 | 18.20 | INTESA SANPAOLO C/C | saldata fattura n. 27 | | 7.362, 00 |
| 15/02 | 05.01 | CREDITI V/CLIENTI | fattura n. 2 su Piero Bora | 17.055, 60 | |
| 15/02 | 20.01 | MERCI C/VENDITE | fattura n. 2 su Piero Bora | | 13.600, 00 |
| 15/02 | 20.16 | PROVENTI VARI | fattura n. 2 su Piero Bora | | 380, 00 |
| 15/02 | 15.01 | IVA NS/DEBITO | fattura n. 2 su Piero Bora | | 3.075, 60 |
| 17/02 | 05.06 | CAMBIALI ATTIVE | regolata fattura n. 2 | 17.050, 00 | |
| 17/02 | 30.11 | RIBASSI E ABBUONI ATTIVI | abbuoni concessi | 5, 60 | |
| 17/02 | 05.01 | CREDITI V/CLIENTI | regolata fattura n. 2 | | 17.055, 60 |
| 18/02 | 31.01 | COSTI DI TRASPORTO | fattura n. 52 da Intesi srl | 260, 00 | |
| 18/02 | 06.01 | IVA NS/CREDITO | fattura n. 52 da Intesi srl | 57, 20 | |
| 18/02 | 05.01 | CREDITI V/CLIENTI | fattura n. 52 da Intesi srl | | 317, 20 |
| 18/02 | 14.01 | DEBITI V/FORNITORI | saldata fattura n. 52 | 317, 20 | |
| 18/02 | 18.20 | INTESA SANPAOLO C/C | a/b n. 1986594 | | 317, 20 |
| 20/02 | 14.01 | DEBITI V/FORNITORI | fattura n. 86 da Bertani spa | 427, 00 | |
| 20/02 | 18.20 | INTESA SANPAOLO C/C | pagata fattura trasporto | | 427, 00 |
| 20/02 | 05.01 | CREDITI V/CLIENTI | fattura n. 3 su Piero Bassani | 11.084, 62 | |
| 20/02 | 14.01 | DEBITI V/FORNITORI | fattura n. 86 da Bertani spa | | 427, 00 |
| 20/02 | 20.01 | MERCI C/VENDITE | fattura n. 3 su Piero Bassani | | 8.700, 00 |
| 20/02 | 15.01 | IVA NS/DEBITO | fattura n. 3 su Piero Bassani | | 1.914, 00 |
| 20/02 | 40.01 | INTERESSI ATTIVI DA CLIENTI | interessi per dilazione | | 43, 62 |
| 22/02 | 18.20 | INTESA SANPAOLO C/C | riscossa fattura n. 3 | 5.484, 62 | |
| 22/02 | 14.06 | CAMBIALI PASSIVE | pagherò da cliente | 5.600, 00 | |
| 22/02 | 05.01 | CREDITI V/CLIENTI | riscossa fattura n. 3 | | 11.084, 62 |
| 23/02 | 30.03 | MERCI C/ACQUISTI ESTERO | fatt. n. 164 dallo svizzero Rodt | 8.220, 00 | |
| 23/02 | 06.01 | IVA NS/CREDITO | fatt. n. 164 dallo svizzero Rodt | 1.808, 40 | |
| 23/02 | 14.04 | DEBITI V/FORNITORI ESTERI | fatt. n. 164 dallo svizzero Rodt | | 10.028, 40 |
| 25/02 | 30.01 | MERCI C/ACQUISTI | fattura n. 45 da FGT spa | 12.600, 00 | |
| 25/02 | 06.01 | IVA NS/CREDITO | fattura n. 45 da FGT spa | 2.772, 00 | |
| 25/02 | 14.01 | DEBITI V/FORNITORI | fattura n. 45 da FGT spa | | 15.372, 00 |
| 26/02 | 30.10 | RESI SU ACQUISTI | nota di variazione n. 8 | 3.400, 00 | |
| 26/02 | 06.01 | IVA NS/CREDITO | nota di variazione n. 8 | 748, 00 | |
| 26/02 | 14.01 | DEBITI V/FORNITORI | nota di variazione n. 8 | | 4.148, 00 |
| 26/02 | 14.01 | DEBITI V/FORNITORI | pagata fattura n. 45 | 11.224, 00 | |
| 26/02 | 18.20 | INTESA SANPAOLO C/C | pagata fattura n. 45 | | 11.224, 00 |
| 26/02 | 31.15 | COMMISSIONI BANCARIE | commissione bonifico | 3, 50 | |
| 26/02 | 18.20 | INTESA SANPAOLO C/C | commissione bonifico | | 3, 50 |
| 26/02 | 05.01 | CREDITI V/CLIENTI | fattura n. 4 su Persani spa | 6.344, 00 | |
| 26/02 | 20.01 | MERCI C/VENDITE | fattura n. 4 su Persani spa | | 5.000, 00 |
| 26/02 | 20.30 | RIMBORSI COSTI DI VENDITA | fattura n. 4 su Persani spa | | 200, 00 |
| 26/02 | 06.01 | IVA NS/CREDITO | fattura n. 4 su Persani spa | | 1.144, 00 |

| | | | | | |
|---|---|---|---|---|---|
| 27/02 | 20.10 | RESI SU VENDITE | nota di variazione n. 12 | 1.200,00 | |
| 27/02 | 15.01 | IVA NS/DEBITO | nota di variazione n. 12 | 264,00 | |
| 27/02 | 05.01 | CREDITI V/CLIENTI | nota di variazione n. 12 | | 1.464,00 |
| 27/02 | 18.20 | INTESA SANPAOLO C/C | riscossa fattura n. 4 | 4.880,00 | |
| 27/02 | 05.01 | CREDITI V/CLIENTI | riscossa fattura n. 4 | | 4.880,00 |
| 28/02 | 33.01 | SALARI E STIPENDI | liquidate retribuzioni lorde | 8.420,00 | |
| 28/02 | 18.11 | ISTITUTI PREVIDENZIALI | liquidate retribuzioni lorde | | 810,00 |
| 28/02 | 15.20 | PERSONALE C/RETRIB. | liquidate retribuzioni lorde | | 7.610,00 |
| 28/02 | 18.11 | ISTITUTI PREVIDENZIALI | contributi a carico dell'impresa | 1.850,00 | |
| 28/02 | 33.02 | ONERI SOCIALI | contributi a carico dell'impresa | | 1.850,00 |
| 28/02 | 15.20 | PERSONALE C/RETRIB. | pagate retribuzioni | 9.230,00 | |
| 28/02 | 18.11 | ISTITUTI PREVIDENZIALI | ritenute a carico dei dipendenti | 773,80 | |
| 28/02 | 15.02 | DEBITI PER RIT. DA VERSARE | ritenute IRPEF | | 1.482,60 |
| 28/02 | 18.20 | INTESA SANPAOLO C/C | addebito per retribuzioni nette | | 8.521,20 |

# Lezione 10 Le situazioni contabili

### 133 Redazione della situazione contabile

✓

Il 31/10, i conti di mastro dell'impresa Giuseppe Canuto, al suo primo mese di attività, presentano le eccedenze di seguito indicate.

| | | | | | |
|---|---|---|---|---|---|
| Arredamento | euro | 35.000,00 | Denaro in cassa | euro | 542,96 |
| Banca X c/c (eccedenze Dare) | euro | 148.000,00 | Fabbricati | euro | 465.000,00 |
| C/c postali | euro | 8.000,00 | IVA ns/credito | euro | 16.218,40 |
| Cambiali attive | euro | 11.850,00 | IVA ns/debito | euro | 20.026,16 |
| Cambiali passive | euro | 18.000,00 | Macchine d'ufficio | euro | 30.000,00 |
| Canoni di leasing | euro | 1.800,00 | Merci c/acquisti | euro | 30.000,00 |
| Commissioni bancarie | euro | 20,00 | Merci c/vendite | euro | 91.218,00 |
| Costi di impianto | euro | 1.980,00 | Mutui passivi | euro | 150.000,00 |
| Costi di incasso | euro | 18,00 | Patrimonio netto | euro | 500.000,00 |
| Costi di trasporto | euro | 160,00 | Prelevamenti extragestione | euro | 600,00 |
| Crediti v/clienti | euro | 90.000,00 | Pubblicità | euro | 1.200,00 |
| Debiti per ritenute da versare | euro | 300,00 | Ribassi e abbuoni passivi | euro | 190,00 |
| Debiti v/fornitori | euro | 70.035,20 | Software | euro | 9.000,00 |

Dopo aver separato i conti che presentano eccedenza in Dare da quelli che presentano eccedenza in Avere, redigi la situazione contabile a sezioni accostate e la situazione contabile scissa in Situazione patrimoniale e Situazione economica.

### 134 Redazione della situazione contabile

✓✓

Il 18/02 i conti di mastro dell'impresa Margherita Orsetti (che esercita attività di compravendita di mobili d'antiquariato dietro specifico ordine dei clienti) presentano gli importi di seguito indicati. Dopo aver separato i conti con eccedenza in Dare dai conti con eccedenza in Avere, redigi:

- la situazione contabile per eccedenze a sezioni accostate;
- la situazione contabile scissa in Situazione patrimoniale e Situazione economica.

| | | | | | |
|---|---|---|---|---|---|
| Arredamento | euro | 25.000,00 | Cambiali attive | euro | 15.000,00 |
| Assicurazioni | euro | 625,00 | Cambiali passive | euro | 5.600,00 |
| Attrezzature commerciali | euro | 40.000,00 | Canoni di leasing | euro | 950,00 |
| Banca X c/c (saldo a debito) | euro | 3.400,00 | Commissioni bancarie | euro | 15,00 |
| C/c postali | euro | 12.800,00 | Costi di incasso | euro | 9,00 |

|  | |  |
|---|---|---|
| Costi di trasporto | euro | 450,00 |
| Costi di vigilanza | euro | 260,00 |
| Costi postali | euro | 135,00 |
| Crediti v/clienti | euro | 289.000,00 |
| Debiti v/fornitori | euro | 130.000,00 |
| Denaro in cassa | euro | 2.542,00 |
| Fabbricati | euro | 160.000,00 |
| Fondo amm.to arredamento | euro | 7.500,00 |
| F.do amm.to attrezz. comm. | euro | 19.200,00 |
| Fondo amm.to fabbricati | euro | 56.000,00 |
| F.do amm.to macchine d'ufficio | euro | 6.000,00 |
| Fondo amm.to software | euro | 6.000,00 |
| Interessi passivi a fornitori | euro | 58,40 |
| Interessi passivi su mutui | euro | 400,00 |
| IVA ns/credito | euro | 525,60 |
| IVA ns/debito | euro | 882,00 |
| Macchine d'ufficio | euro | 12.000,00 |
| Materie di consumo c/acquisti | euro | 1.800,00 |
| Merci c/acquisti | euro | 125.000,00 |
| Merci c/vendite | euro | 190.000,00 |
| Merci c/vendite on line | euro | 10.200,00 |
| Mutui passivi | euro | 80.000,00 |
| Oneri sociali | euro | 2.640,00 |
| Patrimonio netto | euro | 200.000,00 |
| Plusvalenze ordinarie | euro | 190,00 |
| Proventi finanziari diversi | euro | 98,00 |
| Pubblicità | euro | 1.680,00 |
| Resi su acquisti | euro | 400,00 |
| Resi su vendite | euro | 1.500,00 |
| Ribassi e abbuoni passivi | euro | 180,00 |
| Rimborsi costi di vendita | euro | 200,00 |
| Salari e stipendi | euro | 8.250,00 |
| Software | euro | 15.000,00 |
| Sopravvenienze attive ordin. | euro | 150,00 |

### 135 Costituzione, operazioni di gestione e situazione contabile

✓✓✓

Il 15/06 l'imprenditore Marcello Liuti costituisce un'impresa commerciale all'ingrosso con apporto di un assegno bancario di 30.000 euro, di un fabbricato del valore di 150.000 euro e di arredamenti del valore di 20.000 euro. Nello stesso giorno, dopo aver versato l'assegno nel c/c aperto presso la Banca Nazionale del Lavoro, preleva per esigenze di liquidità 2.400 euro.

Successivamente compie le seguenti operazioni di gestione:

18/06: ricevuta fattura n. 19 del dottore commercialista Edoardo Marino che ha curato la fase costitutiva dell'impresa. La fattura espone compensi professionali per il lavoro prestato di 2.600 euro (soggetti a contributo Cassa di previdenza 4% e a IVA) e costi documentati di 450 euro. La fattura è pagata in giornata con bonifico bancario al netto della ritenuta fiscale (commissioni bancarie 5 euro);

20/06: ricevuta dal fornitore Vi.Ga srl fattura n. 125 per l'acquisto di attrezzature commerciali al prezzo di 12.400 euro + IVA; in fattura sono addebitati costi di installazione e collaudo per 600 euro; regolamento con Ri.Ba. a 30 giorni;

22/06: ricevuta dal fornitore Marco Ferretti fattura n. 45 relativa all'acquisto di merci franco partenza per 16.480 euro + IVA;

23/06: disposto bonifico bancario di 20.100 euro a saldo fattura n. 45, commissioni bancarie 5 euro;

24/06: ricevuta dal corriere TTP srl fattura n. 42 relativa al trasporto di merci di 295 euro + IVA; regolamento con denaro contante;

26/06: emessa fattura n. 1 sul cliente Mavis spa per la vendita di merci franco partenza per 5.480 euro + IVA; in fattura sono addebitati costi di trasporto documentati dalla fattura n. 12 del corriere Sprint srl di 195,20 euro (IVA inclusa), pagata in contanti alla partenza; regolamento con Ri.Ba. a 30 giorni;

28/06: ottenuto un fido dalla banca, alla quale si invia per l'incasso sbf con disponibilità immediata la Ri.Ba. sottostante alla fattura n. 1; l'importo è accreditato in giornata nel c/c bancario, commissioni d'incasso 12 euro;

30/06: stipulato contratto di leasing di un automezzo alle seguenti condizioni: versamento di otto canoni semestrali di 5.100 euro + IVA, a decorrere dall'01/07;

01/07: versato tramite c/c bancario il primo canone semestrale di leasing.

Redigi le scritture in P.D. e presenta la situazione contabile per eccedenze all'01/07.

### 136 Situazioni contabili e operazioni di gestione

✓✓✓

Il 15/06 la situazione contabile dell'impresa commerciale Rino Fazio, scissa in Situazione patrimoniale e Situazione economica, si presentava come nei prospetti che seguono.

**Situazione patrimoniale al 15/06**

| | | | |
|---|---|---|---|
| Software | 14.400,00 | Fondo ammortamento software | 8.640,00 |
| Fabbricati | 300.000,00 | Fondo ammortamento fabbricati | 120.000,00 |
| Impianti e macchinari | 20.000,00 | Fondo amm.to impianti e macchinari | 4.800,00 |
| Macchine d'ufficio | 27.000,00 | Fondo amm.to macchine d'ufficio | 13.500,00 |
| Arredamento | 25.000,00 | Fondo ammortamento arredamento | 11.250,00 |
| Crediti v/clienti | 86.000,00 | Patrimonio netto | 200.000,00 |
| IVA ns/credito | 7.140,00 | Debiti per TFR | 35.400,00 |
| Imposte c/acconto | 2.500,00 | Mutui passivi | 20.000,00 |
| Denaro in cassa | 548,00 | Banche c/anticipi su fatture | 48.400,00 |
| Prelevamenti extragestione | 15.000,00 | Debiti v/fornitori | 85.600,00 |
| Banca X c/c | 59.000,00 | IVA ns/debito | 14.850,00 |
| Totale Dare | 556.588,00 | Debiti per ritenute da versare | 690,00 |
| Saldo economico negativo | 10.892,00 | Istituti previdenziali | 4.350,00 |
| Totale a pareggio | 567.480,00 | Totale Avere | 567.480,00 |

**Situazione economica al 15/06**

| | | | |
|---|---|---|---|
| Resi su vendite | 6.260,00 | Merci c/vendite | 1.252.000,00 |
| Merci c/acquisti | 982.000,00 | Plusvalenze ordinarie | 150,00 |
| Materie di consumo c/acquisti | 18.240,00 | Rimborsi costi di vendita | 2.450,00 |
| Costi di trasporto | 52.700,00 | Resi su acquisti | 4.910,00 |
| Costi per energia | 15.200,00 | Totale Avere | 1.259.510,00 |
| Costi telefonici | 5.260,00 | Saldo economico negativo | 10.892,00 |
| Manutenzioni e riparazioni | 8.520,00 | | |
| Costi di incasso | 240,00 | | |
| Commissioni bancarie | 750,00 | | |
| Salari e stipendi | 101.800,00 | | |
| Oneri sociali | 32.576,00 | | |
| Merci c/esistenze iniziali | 28.560,00 | | |
| Materie di consumo c/esistenze iniziali | 14.600,00 | | |
| Perdite su crediti | 560,00 | | |
| Sconti passivi bancari | 1.936,00 | | |
| Interessi passivi su mutui | 1.200,00 | | |
| Totale Dare | 1.270.402,00 | Totale a pareggio | 1.270.402,00 |

Le operazioni compiute dal 16/06 al 30/06 sono state le seguenti.

16/06: liquidata l'IVA del mese di maggio sulla base dei seguenti dati: IVA detraibile 4.760 euro; IVA esigibile 9.900 euro;

16/06: versati tramite c/c bancario il saldo IVA, il saldo dovuto agli Istituti previdenziali e le ritenute fiscali per il mese di maggio;

20/06: la banca comunica il buon fine di una fattura di 60.500 euro per la quale era stato ottenuto un anticipo dell'80%, la differenza è accreditata in c/c;

24/06: ricevuta dal fornitore Marinetti srl fattura n. 185 per l'acquisto di merci di 8.700 euro + IVA, costi di trasporto addebitati forfetariamente 500 euro; regolamento con Ri.Ba. a 60 giorni;

26/06: liquidati salari e stipendi per 20.360 euro, assegni per il nucleo familiare 382 euro; oneri sociali a carico dell'impresa 6.515 euro;

27/06: pagate tramite c/c bancario le retribuzioni al netto di ritenute sociali di 2.016 euro e di ritenute fiscali di 4.480 euro;

28/06: emessa sul cliente Nikzhad spa fattura n. 149 per la vendita di merci franco destino di 10.600 euro + IVA; regolamento immediato con assegno circolare di 12.930 euro;

29/06: ricevuta dal corriere Prontaconsegna spa fattura n. 356 relativa al trasporto di merci di 850 euro + IVA, regolamento con bonifico bancario di 1.030 euro (commissioni bancarie 4,50 euro);

30/06: stipulato con Assitalia spa polizza di assicurazione contro gli incendi alle seguenti condizioni. Premio annuo 8.400 euro da pagare anticipatamente l'01/07 di ciascun anno;

01/07: disposto bonifico bancario a favore di Assitalia spa a saldo del premio di assicurazione, commissioni bancarie 4,50 euro.

Dopo aver aperto i conti di mastro e rilevato nel libro giornale e nei conti di mastro le operazioni di gestione, presenta la situazione contabile all'01/07, scissa in Situazione patrimoniale e Situazione economica. (*Merci c/esistenze iniziali e Materie di consumo c/esistenze iniziali sono conti economici accesi alle variazioni di esercizio da iscrivere in Dare della Situazione economica*).

### 137 Dalla situazione contabile alle registrazioni in P.D.

Nella situazione contabile per movimenti ed eccedenze dell'impresa Enzo Bordi redatta il 16/01 risultano iscritti, tra gli altri, i conti riportati di seguito.

Dopo aver attentamente analizzato i valori iniziali, i movimenti e le eccedenze, individua le operazioni di gestione compiute dall'impresa e redigi le scritture in P.D.

**Situazione contabile al 16/01**

| Codici | Denominazione dei conti | Valori all'01/01 | Movimenti Dare | Movimenti Avere | Eccedenze al 12/01 |
|---|---|---|---|---|---|
| 01.04 | Software | 25.000, 00 | 30.000, 00 | 25.000, 00 | 30.000, 00 |
| 01.14 | Fondo ammortamento software | – 22.500, 00 | 22.500, 00 | | |
| 05.03 | Crediti commerciali diversi | | 2.440, 00 | 2.440, 00 | |
| 06.01 | IVA ns/credito | | 6.600, 00 | | 6.600, 00 |
| 08.10 | Assegni | | 34.160, 00 | 34.160, 00 | |
| 18.10 | IVA c/liquidazione | – 4.320, 00 | 4.320, 00 | | |
| 18.11 | Istituti previdenziali | – 1.960, 00 | 1.960, 00 | | |
| 18.20 | Banca X c/c | 36.400, 00 | | 43.240, 00 | – 6.840, 00 |
| 14.01 | Debiti v/fornitori | | 36.600, 00 | 36.600, 00 | |
| 15.01 | IVA ns/debito | | | 440, 00 | – 440, 00 |
| 15.02 | Debiti per ritenute da versare | – 2.800, 00 | 2.800, 00 | | |
| 39.10 | Minusvalenze ordinarie | | 500, 00 | | 500, 00 |

### 138 Situazione contabile e operazioni di gestione

Il 15/03 la situazione contabile per eccedenze redatta dall'impresa Gianmarco Ripa si presenta come riportato a pagina seguente.

Le operazioni compiute dall'impresa nel periodo 16/03-31/03 sono le seguenti:

16/03: liquidata l'IVA del mese di febbraio che ammonta a 3.129,80 euro per l'IVA detratta nel periodo e a 4.365,20 per l'IVA a debito;

16/03: effettuato tramite c/c bancario il versamento unitario relativo al mese di febbraio di IVA, contributi previdenziali e ritenute fiscali;

18/03: depositati gli assegni sul c/c bancario;

20/03: ricevuto accredito in c/c bancario per bonifico da cliente a saldo fattura di 24.500 euro;

22/03: emessa fattura n. 75 sull'impresa Carlo Rocchi per vendita di merci di 10.450 euro + IVA; regolamento immediato con bonifico bancario accreditato in c/c in data 23/03;

24/03: pagata Ri.Ba. in scadenza di 11.980 euro;

26/03: liquidate retribuzioni al personale dipendente per 34.815 euro, assegni per il nucleo familiare e indennità di malattia e maternità 125 euro;

26/03: liquidati contributi sociali a carico dell'impresa per 11.140,80 euro;

27/03: pagate a mezzo c/c bancario le retribuzioni al netto di contributi sociali a carico dei dipendenti di 3.199 euro e ritenute fiscali di 7.302 euro;

28/03: prelevati dalla cassa 1.500 euro per spese personali dell'imprenditore.

Dopo aver aperto i conti di mastro e rilevato nel libro giornale e nei conti di mastro le operazioni di gestione indicate, presenta la situazione contabile per eccedenze al 31/03. (*Merci c/esistenze iniziali è un conto economico acceso ai costi d'esercizio*).

| Codici | Denominazione dei conti | Dare | Avere |
|---|---|---|---|
| 02.02 | Impianti e macchinari | 55.800, 00 | |
| 02.04 | Attrezzature commerciali | 200.000, 00 | |
| 02.07 | Automezzi | 50.000, 00 | |
| 02.12 | Fondo ammortamento impianti e macchinari | | 22.320, 00 |
| 02.14 | Fondo ammortamento attrezzature commerciali | | 60.000, 00 |
| 02.17 | Fondo ammortamento automezzi | | 20.000, 00 |
| 05.01 | Crediti v/clienti | 224.500, 00 | |
| 06.01 | IVA ns/credito | 6.159, 80 | |
| 08.10 | Assegni | 4.100, 00 | |
| 08.20 | Denaro in cassa | 6.415, 80 | |
| 10.01 | Patrimonio netto | | 225.000, 00 |
| 12.01 | Debiti per TFR | | 37.069, 00 |
| 14.01 | Debiti v/fornitori | | 71.980, 00 |
| 15.01 | IVA ns/debito | | 7.565, 20 |
| 15.02 | Debiti per ritenute da versare | | 7.650, 00 |
| 15.05 | Debiti per imposte | | 1.400, 00 |
| 18.11 | Istituti previdenziali | | 4.920, 00 |
| 18.20 | Banca X c/c | | 104.192, 80 |
| 20.01 | Merci c/vendite | | 1.092.200, 00 |
| 20.10 | Resi su vendite | 10.485, 00 | |
| 20.11 | Ribassi e abbuoni passivi | 1.354, 50 | |
| 20.20 | Plusvalenze ordinarie | | 225, 00 |
| 20.30 | Rimborsi costi di vendita | | 300, 00 |
| 30.01 | Merci c/acquisti | 924.400, 00 | |
| 30.10 | Resi su acquisti | | 11.550, 00 |
| 30.11 | Ribassi e abbuoni attivi | | 141, 00 |
| 31.01 | Costi di trasporto | 51.471, 00 | |
| 31.02 | Costi per energia | 5.886, 00 | |
| 31.05 | Costi telefonici | 2.955, 00 | |
| 31.14 | Costi di incasso | 315, 00 | |
| 31.15 | Commissioni bancarie | 85, 50 | |
| 32.01 | Fitti passivi | 1.200, 00 | |
| 32.02 | Canoni di leasing | 5.400, 00 | |
| 33.01 | Salari e stipendi | 69.630, 00 | |
| 33.02 | Oneri sociali | 22.157, 40 | |
| 37.01 | Merci c/esistenze iniziali | 21.000, 00 | |
| 40.01 | Interessi attivi da clienti | | 1.821, 00 |
| 41.01 | Interessi passivi a fornitori | 1.942, 00 | |
| 41.03 | Sconti passivi bancari | 3.077, 00 | |
| | Totali | 1.668.334, 00 | 1.668.334, 00 |

# Modulo D Il bilancio d'esercizio

## Lezione 1 Le operazioni di assestamento dei conti

### 1 Premio di assicurazione di competenza

L'impresa Giulia Faretti ha versato, in data 01/04, un premio annuo di assicurazione di 4.745 euro contro i furti. Determina la quota di costo di competenza dell'esercizio e la quota da rinviare al futuro esercizio.

### 2 Interessi passivi di competenza

L'impresa Sandro Sassoli ha ottenuto, in data 01/03, un mutuo bancario di 150.000 euro sul quale maturano interessi annui posticipati al tasso 6%. Determina la quota di costo di competenza dell'esercizio.

### 3 Fitti attivi di competenza

In data 01/11 l'impresa commerciale Aldo Farini concede in locazione un capannone attualmente non utilizzato. Il contratto prevede il versamento di un canone trimestrale anticipato di 2.100 euro. Determina la quota di canone di locazione di competenza dell'esercizio.

### 4 Interessi attivi di competenza

L'impresa Teresio Foresi, in data 10/11, concede il rinnovo di una cambiale di 3.800 euro per 90 giorni. L'importo della nuova cambiale è maggiorato degli interessi al tasso 4%. Determina:

- il valore nominale della nuova cambiale;
- la quota di interessi di competenza dell'esercizio.

### 5 Integrazione di costi

L'impresa Silvio Terrani conclude in data 01/08 un contratto di locazione di un ufficio. Il contratto prevede il pagamento posticipato di un canone semestrale di 2.400 euro.
Determina la quota di canone di competenza dell'esercizio.

### 6 Fitti passivi di competenza

In data 01/12 la Sereni srl stipula un contratto di locazione con il signor Mario Sella per l'utilizzo di un locale da adibire a magazzino. Il contratto prevede il versamento anticipato di un canone trimestrale di 1.500 euro con assegno bancario.
Determina la quota di canone di competenza dell'esercizio.

### 7 Costo di pubblicità di competenza

In data 10/08 l'impresa Luca Forlani paga in via anticipata 7.176 euro con assegno bancario per un contratto di pubblicità semestrale con la STF srl. Determina la quota di costo di competenza dell'esercizio.

### 8 Competenza economica di premi di assicurazione

L'impresa Angelo Filippeni versa il 10/10 i seguenti premi annui di assicurazione: 766,50 euro per la responsabilità civile autoveicoli (RCA); 4.745 euro contro incendi e furti su un fabbricato.
Determina la quota di costo di competenza dell'esercizio.

### 9 Competenza economica di costi e ricavi

Determina la quota di costi e ricavi di competenza dell'esercizio derivanti dalle seguenti operazioni compiute dalla Steryl spa:

01/04: ottenuto un mutuo bancario di 50.000 euro al tasso 4%; gli interessi annui sono da pagare posticipatamente;

01/06: stipulato contratto di vigilanza notturna al canone mensile di 250 euro da corrispondere trimestralmente in via posticipata;

01/07: concessa una dilazione di pagamento di 240 giorni al tasso 5% su un credito di 19.420 euro; gli interessi vengono riscossi alla scadenza del credito;
21/09: stipulato contratto di leasing su automezzo che prevede il pagamento anticipato di cinque canoni bimestrali di 4.000 euro a decorrere dall'01/10;
01/12: concesso in locazione un magazzino al canone trimestrale anticipato di 900 euro.

### 10 Interessi passivi e attivi di competenza

L'impresa commerciale all'ingrosso Market srl compie, nell'ultimo trimestre dell'esercizio, le seguenti operazioni di gestione:
10/10: ottenuta dal fornitore S.T.R. Star spa una dilazione di pagamento di 90 giorni sulla fattura n. 980 di 5.670 euro, con versamento alla scadenza anche gli interessi al tasso 6%;
05/11: concessa al cliente Partesi srl una dilazione di 60 giorni sulla fattura n. 567 di 2.340 euro; il cliente verserà alla scadenza, oltre l'importo della fattura, anche gli interessi al tasso 5%.
Determina la quota di interessi di competenza dell'esercizio.

## Lezione 2 Le scritture di completamento

### 11 Interessi attivi e passivi

L'impresa Paolo Naturri intrattiene rapporti di conto corrente con le banche UniCredit e Intesa Sanpaolo. Alla fine del periodo amministrativo l'impresa matura interessi attivi lordi di 212,40 euro sul c/c aperto presso UniCredit e interessi passivi di 317 euro sul c/c presso Intesa Sanpaolo. L'impresa rileva inoltre interessi di mora verso il fornitore Matrinis spa per un debito di 15.480 euro scaduto il 20/10 e verso il cliente Valerio Perani per un credito di 3.270 euro scaduto il 20/11. Il tasso legale degli interessi di mora è 8%.
Presenta le rilevazioni in P.D.

### 12 Stralcio di crediti inesigibili

L'impresa Angelo Ravasi decide, dopo un'attenta analisi, di stralciare dalla propria contabilità i seguenti crediti sorti durante l'esercizio e considerati inesigibili:

- cambiale insoluta 1.480 euro;
- crediti verso clienti 756 euro;
- cambiali attive 1.260 euro.

Presenta le registrazioni in P.D.

### 13 Crediti e debiti da liquidare e stralcio di crediti

L'impresa Antonio Gavemi compone le seguenti scritture di completamento:

- merci acquistate per 34.880 euro come da documento di trasporto n. 947 del 29/12; la fattura differita del fornitore Rosano si riceve e registra il 05/01;
- costi telefonici per 442 euro; la fattura TIM è emessa a gennaio;
- premi maturati sugli acquisti effettuati presso la Tibert srl per 3.280 euro non ancora liquidati;
- premi maturati sulle vendite dal cliente Cristina Mineo per 1.210 euro non ancora liquidati;
- eliminati dalla contabilità un credito insoluto di 782,40 euro e una cambiale attiva 1.420,00 euro.

Presenta le registrazioni in P.D.

### 14 Trattamento di fine rapporto

L'impresa Angelo Ferodi rileva al 31/12 il trattamento di fine rapporto maturato a favore dei dipendenti nel corso dell'esercizio in base ai seguenti dati:

- trattamento di fine rapporto lordo maturato durante l'esercizio 12.472,60 euro;
- ritenuta fiscale 76,80 euro;
- importo netto maturato 12.395,80 euro.

Presenta le registrazioni in P.D.

### 15 Trattamento di fine rapporto

✔✔

L'impresa Pietro Verdani rileva al 31/12 il trattamento di fine rapporto maturato nel corso dell'esercizio considerando i seguenti dati: retribuzioni annue 225.450 euro, debiti per TFR preesistenti 44.560 euro e variazione indice dei prezzi ISTAT 2,20%.
Calcola e registra in P.D. il trattamento di fine rapporto maturato nell'esercizio.

### 16 Trattamento di fine rapporto

✔✔

L'impresa Federico Gallesi rileva al 31/12 il trattamento di fine rapporto maturato nel corso dell'esercizio sulla base dei seguenti dati:

- retribuzioni annue 319.950 euro;
- debiti per TFR maturati nei precedenti esercizi 63.800 euro;
- variazione indice dei prezzi ISTAT 2%.

Calcola e registra in P.D. il trattamento di fine rapporto maturato nell'esercizio.

### 17 Destinazione del TFR al fondo pensione

✔

I lavoratori dipendenti dell'impresa commerciale Mauro Marchioni hanno aderito al fondo pensione di categoria il cui regolamento stabilisce versamenti entro il giorno 10 di ciascun mese. La quota del TFR maturata nel mese di dicembre è di 1.837,27 euro; il 10/01 l'impresa versa a mezzo banca quanto dovuto al fondo pensione.
Presenta le registrazioni in P.D.

### 18 Imposte di competenza

✔

L'impresa Giovanni Veronesi, dopo aver compilato le scritture di assestamento, determina le imposte di competenza dell'esercizio per 13.784 euro; durante l'anno l'impresa ha versato acconti pari a 9.618 euro.
Presenta le registrazioni in P.D.

### 19 Imposte di competenza

✔

L'impresa Patrizia Tocco, dopo aver determinato il risultato economico lordo, calcola imposte di competenza dell'esercizio per 24.784 euro. Nel corso dell'anno l'impresa ha versato rate di acconto per 25.315 euro.
Presenta le registrazioni in P.D.

### 20 Scritture di completamento

✔✔

L'impresa Antonio Verris rileva alla fine dell'esercizio quanto segue:

- interessi passivi maturati sul c/c presso UniCredit per 1.240 euro che verranno addebitati sul conto corrente in data 01/03 dell'anno successivo;
- interessi attivi lordi maturati sul c/c presso la Banca Nazionale del Lavoro per 322 euro;
- interessi attivi lordi maturati sul conto corrente postale per 50,70 euro;
- merci ricevute in data 28/12 dal fornitore Giannini per 23.382,60 euro con documento di trasporto n. 275; la fattura differita si rileva e registra il 19/01;
- merci consegnate il 21/12 al cliente Garro con documento di trasporto n. 270 per 5.213,20 euro; la fattura differita viene emessa a gennaio;
- provvigioni maturate a favore del rappresentante Angelo Sanna di 3.428 euro per le quali la fattura si riceve nel mese di gennaio;
- interessi di mora al tasso 8% maturati nei confronti del fornitore Garelli srl per un debito di 7.428,13 euro scaduto il 14/12 e non ancora regolato;
- premi maturati sugli acquisti dal fornitore Terzi per 782,40 euro non ancora liquidati;
- crediti insoluti di 1.384 euro stralciati in quanto inesigibili.

### 21 Scritture di completamento

✔✔

L'impresa Luca Verdani redige, al 31/12, le scritture di assestamento tenendo presente quanto segue:

- premi maturati dal cliente Mario Bottero per 1.278,60 euro non ancora liquidati;

- costi per energia di 211,60 euro, la cui fattura è emessa a dicembre ed è registrata il 14/01;
- TFR maturato nell'esercizio: debito per TFR lordo 9.211,20, ritenuta fiscale 55,16 euro;
- cambiale insoluta stralciata 1.270 euro;
- interessi attivi lordi maturati sul c/c aperto presso la Banca Monte dei Paschi di Siena di 211,40 euro;
- imposte di competenza dell'esercizio 14.270 euro; durante il periodo amministrativo sono stati versati acconti per 12.350 euro.



### 22 Scritture di completamento

L'impresa Aldo Strumma presenta al termine del periodo amministrativo, tra gli altri, i seguenti conti:

| | |
|---|---|
| Intesa Sanpaolo c/c (eccedenza Avere) | 26.250,00 |
| UniCredit c/c (eccedenza Dare) | 5.240,00 |
| Merci c/vendite | 714.260,60 |
| Debiti per TFR | 24.470,00 |

Presenta le scritture di completamento considerando quanto segue:

- gli interessi passivi maturati sul c/c aperto presso la banca Intesa Sanpaolo ammontano a 1.362,40 euro e verranno addebitati sul conto corrente il giorno 01/03 dell'anno successivo;
- gli interessi attivi maturati sul c/c aperto presso UniCredit sono pari a 275,80 euro lordi di ritenuta fiscale;
- le retribuzioni del personale dipendente corrisposte nell'anno ammontano a 95.580 euro; la variazione dell'indice dei prezzi ISTAT è 1,8%;
- negli ultimi giorni dell'anno sono state consegnate merci a clienti per 23.450 euro per le quali non è ancora stata emessa la relativa fattura, IVA ordinaria.

### 23 Scritture di completamento

Al termine dell'esercizio, nella contabilità dell'impresa Federico Rugiani figurano, tra gli altri, i seguenti conti:

| | |
|---|---|
| Intesa Sanpaolo c/c (eccedenza Dare) | 3.240 |
| BRE Banca c/c (eccedenza Avere) | 18.680 |
| Crediti v/clienti | 94.720 |
| Cambiali insolute | 8.760 |
| Debiti per TFR | 21.430 |

Presenta le scritture di completamento redatte al 31/12 tenendo presente che:

- gli interessi attivi lordi maturati sul c/c aperto presso Intesa Sanpaolo ammontano a 324 euro;
- gli interessi passivi maturati sul c/c aperto presso BRE Banca ammontano a 745 euro e verranno addebitati sul conto corrente il giorno 01/03 dell'anno successivo;
- i crediti verso clienti comprendono il credito verso il cliente Santini di 12.780 euro scaduto il 10/10 e non ancora regolato, sul quale sono maturati interessi di mora al tasso 2,40%;
- la cambiale insoluta è ritenuta sicuramente inesigibile;
- le retribuzioni del personale dipendente corrisposte nell'esercizio ammontano a 64.260 euro; la variazione dell'indice dei prezzi ISTAT è pari a 1,20%.

## Lezione 3 Le scritture di integrazione

### 24 Valutazione di un credito in moneta estera

L'impresa Leonardo Poggi presenta al 31/12 un credito di 24.000 dollari verso il cliente Norman Freeman di New York, registrato al cambio storico EUR/USD 1,3565.
Al 31/12 il cambio EUR/USD risulta pari a 1,3432.
Presenta i calcoli relativi all'adeguamento dell'importo del credito e la relativa registrazione in P.D.
Indica l'importo di tale credito che viene incluso tra i crediti commerciali per il calcolo della svalutazione crediti.

25 **Valutazione di un debito in moneta estera**

L'impresa Ginevra Montanelli presenta al 31/12 un debito di 12.560 sterline verso un fornitore inglese, registrati al cambio storico EUR/GBP 0,8402. Al 31/12 l'impresa procede all'adeguamento dell'importo del debito al cambio corrente EUR/GBP 0,7906.

Presenta i calcoli relativi all'adeguamento del debito e la scrittura in P.D.

26 **Valutazione di crediti e debiti in moneta estera**

L'impresa Loredana Floris intrattiene rapporti commerciali con gli Stati Uniti. Al 31/12, nella situazione contabile, tra gli altri, figurano i seguenti conti:

Crediti v/clienti esteri 127.000,00 (cambio storico EUR/USD 1,4389)
Debiti v/fornitori esteri 102.000,00 (cambio storico EUR/USD 1,4211)

Presenta le scritture in P.D. considerando che il cambio EUR/USD al 31/12 risulta di 1,3985.

27 **Valutazione dei crediti commerciali**

L'impresa Antonio Ferrua presenta al 31/12 crediti commerciali del valore nominale di 225.720 euro. Tra questi figurano un credito inesigibile di 5.680 euro verso il cliente Sartori sapa e un credito verso il cliente Gonelli Paolo & C. snc di 15.450 euro, per il quale si stima una riscossione del 50%.

Presenta:

- la valutazione dei crediti, considerando che l'impresa ritiene di subire ulteriori perdite pari al 3% del presunto valore di realizzo specifico dei crediti;
- le rilevazioni in P.D.

28 **Valutazione dei crediti commerciali**

L'impresa Angelina Correni presenta al 31/12 crediti commerciali per un valore complessivo di 182.540 euro. Tra questi sono compresi un credito inesigibile verso il cliente Pia Alessandri di 6.340 euro e un credito verso il cliente Michele Genovesi di 12.640 euro sul quale si stima una perdita del 40%.

Presenta:

- la valutazione dei crediti, considerando che l'impresa ritiene di subire ulteriori perdite pari al 4% del presunto valore di realizzo specifico dei crediti;
- le rilevazioni in P.D.

29 **Valutazione dei crediti commerciali**

L'impresa Partisi spa presenta a fine esercizio crediti commerciali del valore nominale di 123.640 euro. Tra questi figurano:

- un credito verso il cliente americano Donald Richardson di 9.800 dollari iscritto al cambio di 1,3442; al 31/12 il tasso di cambio è 1,3507;
- un credito verso il cliente Giuseppe Antini di 7.578 euro, sicuramente inesigibile; il credito è sorto nell'esercizio;
- un credito verso il cliente Fastano srl di 4.280 euro su cui si stima una perdita del 30%;
- un credito verso il cliente Paneris spa di 18.572 euro su cui si stima una perdita del 50%.

Sulla base dell'esperienza aziendale degli esercizi precedenti l'impresa ritiene di subire ulteriori perdite pari al 3% del presunto valore di realizzo specifico di crediti.

Presenta i calcoli relativi alla valutazione dei crediti e le registrazioni in P.D.

30 **Valutazione di crediti e situazione contabile finale**

L'impresa Luigi Giorgi presenta a fine esercizio crediti verso clienti del valore nominale di 112.608 euro e cambiali attive per 28.640 euro.

Tra i crediti verso clienti figurano:

- il credito verso la Santoni srl di 6.780 euro sorto nell'esercizio e sicuramente inesigibile;
- il credito verso Mario Gandi di 15.400 euro sul quale si stima una perdita del 40%.

Tra le cambiali attive figura un pagherò emesso da Antonella Landi di 3.450 euro ricevuto nell'esercizio e considerato sicuramente inesigibile.

Sulla base dei dati dei precedenti esercizi l'impresa ritiene di subire ulteriori perdite pari al 4% del presunto valore di realizzo specifico dei crediti, dovuto a insolvenza e contestazione non ancora manifestatasi.

Presenta:

**a.** i calcoli relativi alla valutazione dei crediti;

**b.** le registrazioni in P.D.;

**c.** la Situazione patrimoniale e la Situazione economica finali limitatamente ai conti utilizzati nelle scritture contabili.

### 31 Ratei

Calcola e rileva in P.D. i ratei che derivano da quanto segue:

**a.** in data 01/06 è stato concesso un prestito al dipendente Gallesi di 5.110 euro; il prestito dovrà essere rimborsato dopo un anno maggiorato degli interessi al tasso 5%;

**b.** in data 01/09 è stato ottenuto un mutuo bancario di 80.000 euro al tasso 6%; gli interessi semestrali sono corrisposti in via posticipata;

**c.** in data 01/10 è stato stipulato un contratto di leasing su macchine per ufficio che prevede il pagamento posticipato di 10 canoni semestrali di 3.900 euro;

**d.** in data 10/11 è stato concesso al cliente Genovesi il rinnovo di un credito scaduto di 6.570 euro per 90 giorni; gli interessi al tasso 5% verranno riscossi alla scadenza.

### 32 Ratei

Calcola e rileva in P.D. i ratei che derivano da quanto segue:

**a.** in data 01/04 è stato concluso un contratto annuale per la pulizia dei locali; il costo di 1.500 euro è pagato in via posticipata;

**b.** in data 01/10 è stato stipulato un contratto di locazione di un capannone; il canone semestrale di 12.500 euro è riscosso in via posticipata;

**c.** in data 20/09 è stato concesso a un cliente il rinnovo per 120 giorni di una cambiale di 14.600 euro; alla scadenza il cliente verserà anche gli interessi posticipati al tasso 5,40%;

**d.** in data 01/12 è stato stipulato un contratto di leasing su automezzo che prevede il pagamento di 10 canoni trimestrali posticipati di 4.200 euro.

### 33 Ratei

Calcola e rileva in P.D. i ratei che derivano da quanto segue:

**a.** in data 01/03 è stato stipulato un contratto di pubblicità della durata di un anno; il contratto prevede il pagamento posticipato di 15.000 euro;

**b.** in data 01/09 è stato stipulato un contratto di locazione di una autorimessa; il canone semestrale di 4.200 euro è pagato in via posticipata;

**c.** in data 25/10 è stato ottenuto da un fornitore il rinnovo per 180 giorni di un debito di 8.395 euro; alla scadenza si verseranno anche gli interessi al tasso 5,50%;

**d.** in data 15/12 è stato stipulato un contratto di leasing su automezzo che prevede il pagamento di 8 canoni trimestrali posticipati di 5.850 euro.

### 34 Ratei

L'impresa Renata Dalmazzi ha effettuato, durante l'esercizio, le seguenti operazioni, regolate tramite conto corrente bancario:

- in data 01/05 concesso un prestito alla dipendente Silvia Dominicis di 5.840 euro; il prestito dovrà essere restituito dopo un anno maggiorato degli interessi al tasso 5%;
- in data 01/10 ottenuto un mutuo decennale di 100.000 euro al tasso 6%; gli interessi semestrali sono da corrispondere in via posticipata.

Presenta le registrazioni contabili redatte dall'impresa durante l'esercizio e al 31/12.

ESERCIZI della lezione 3

### 35 Operazioni di gestione e calcolo di ratei

Rileva in P.D. le seguenti operazioni di gestione e i ratei che da esse derivano in sede di scritture di assestamento.

**a.** In data 01/03 è stato ottenuto un mutuo ipotecario di 120.000 euro con interessi al tasso 4,50% da pagare posticipatamente l'01/03 e l'01/09 di ogni anno.

**b.** In data 01/05 è stato stipulato un contratto di locazione di un fabbricato con pagamento posticipato del canone trimestrale di 3.600 euro.

**c.** In data 01/06 è stato concesso un prestito di 6.570 euro a un dipendente con interessi al tasso 4,20% da regolare posticipatamente alle date 01/06 e 01/12 di ogni anno.

**d.** In data 18/09 è stato concesso a un cliente il rinnovo per 180 giorni di una cambiale di 13.140 euro; alla scadenza il cliente verserà anche gli interessi posticipati al tasso 5%.

**e.** In data 01/12 è stato stipulato un contratto di leasing su automezzo che prevede il pagamento di 10 canoni trimestrali posticipati di 4.200 euro.

### 36 Scritture di assestamento

La situazione contabile dell'impresa Marina Garret, redatta prima e dopo le scritture di assestamento, evidenzia, tra gli altri, i conti riportati di seguito.

Ricostruisci e registra in P.D. le operazioni che hanno dato luogo ai movimenti contabili esposti.

| Denominazione dei conti | Prima delle scritture di assestamento | Dopo le scritture di assestamento |
|---|---|---|
| Crediti insoluti | 5.760, 00 | – |
| Cambiali insolute | 3.540, 00 | – |
| Fondo svalutazione crediti | 4.203, 20 | 9.200, 00 |
| Fondo rischi su crediti | 4.828, 75 | 6.251, 96 |
| Perdite su crediti | – | 9.300, 00 |
| Svalutazione crediti | – | 6.420, 01 |
| Fitti passivi | – | 3.000, 00 |
| Interessi passivi su mutui | 2.000, 00 | 3.000, 00 |
| Ratei passivi | – | 4.000, 00 |

### 37 Mutuo passivo e relativo rateo

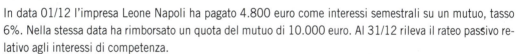

In data 01/12 l'impresa Leone Napoli ha pagato 4.800 euro come interessi semestrali su un mutuo, tasso 6%. Nella stessa data ha rimborsato un quota del mutuo di 10.000 euro. Al 31/12 rileva il rateo passivo relativo agli interessi di competenza.

Determina:

- l'importo del mutuo all'01/12;
- l'importo del mutuo al 31/12;
- l'importo del rateo passivo.

Presenta, inoltre, le registrazioni contabili redatte dall'impresa in data 01/12 e 31/12.

### 38 Operazioni di gestione e calcolo di ratei

L'impresa Mario Zandi ha effettuato durante l'esercizio le seguenti operazioni regolate tramite conto corrente aperto presso la Banca Popolare di Bari:

01/05: stipulato contratto di locazione di un locale da adibire a magazzino con pagamento posticipato del canone trimestrale di 6.300 euro;

01/06: ottenuto un mutuo bancario di 92.000 euro sul quale maturano interessi al tasso 3,50% da pagare annualmente in via posticipata;

01/09: stipulato contratto di leasing su automezzo che prevede il pagamento posticipato del canone trimestrale di 3.300 euro + IVA;

01/10: concesso al cliente Farnesi il rinnovo di un credito scaduto di 5.430 euro per 4 mesi; alla scadenza il cliente verserà anche gli interessi al tasso 3%;

01/11: dato in locazione un capannone attualmente inutilizzato; il canone semestrale di 5.640 euro è riscosso in via posticipata alle date 01/05 e 01/11 di ogni anno.

Rileva in P.D. le operazioni di gestione e i relativi ratei.

### 39 Accantonamenti a fondi oneri e fondi rischi

L'impresa Angelina Sassoli, per fronteggiare il rischio di danni a terzi per responsabilità civile, eleva l'importo dell'apposito fondo da 5.670 euro a 8.000 euro. Decide, inoltre, di accantonare 12.400 euro per far fronte alla manutenzione di macchinari che verrà eseguita nel prossimo esercizio.

Presenta le rilevazioni in P.D.

### 40 Accantonamento a fondi rischi e fondi oneri

L'impresa Liliana Bassini redige al 31/12 le seguenti scritture di integrazione:

- incrementato il Fondo garanzia prodotti di 5.800 euro;
- istituito il Fondo manutenzioni programmate per 3.520 euro;
- adeguato il Fondo per responsabilità civile a 10.000 euro (l'importo preesistente era di 8.460 euro).

Presenta le rilevazioni in P.D.

### 41 Scritture di integrazione

L'impresa Nadia Sansi contabilizza, alla fine dell'esercizio, quanto segue:

- stralciato credito insoluto verso il cliente Murano srl di 1.853 euro; il credito è sorto nel corso dell'esercizio;
- adeguato un credito di 13.000 sterline verso un cliente inglese, iscritto in contabilità al cambio di 0,8219; al 31/12 il tasso di cambio è 0,7921;
- svalutato del 30% il credito verso il cliente Paolo Rassoni di 3.500 euro;
- incrementato il Fondo manutenzione programmate di 2.350 euro;
- registrati gli interessi posticipati al tasso 6% su un mutuo di 120.000 euro ottenuto in data 01/10.

Presenta le scritture in P.D.

### 42 Scritture di completamento e integrazione

L'impresa Mario Bertani presenta, al 31/12 prima delle scritture di assestamento, tra gli altri, i seguenti conti:

| | | |
|---|---|---|
| Banca Sella c/c | 9.480,60 | |
| BNL c/c | | 15.650,00 |
| Cambiali insolute | 2.600,00 | |
| Fondo svalutazione crediti | | 1.970,00 |
| Fondo rischi su crediti | | 1.420,00 |
| Crediti v/clienti | 99.580,00 | |
| Debiti per TFR | | 18.120,00 |
| Mutui passivi | | 90.000,00 |
| Fondo responsabilità civile | | 2.450,00 |

Presenta le scritture di assestamento tenendo presente quanto segue:

- maturati interessi attivi lordi di 128 euro sul c/c aperto presso Banca Sella;
- maturati interessi passivi di 730,60 euro sul c/c bancario aperto presso la Banca Nazionale del Lavoro da addebitare sul conto corrente il giorno 01/03 dell'anno successivo;
- rilevate fatture da ricevere per 6.280 euro (le fatture si ricevono e registrano il 20/01);
- rilevate fatture da emettere per 3.940 euro;
- stralciate le cambiali insolute (le cambiali riguardano crediti sorti durante l'esercizio);
- svalutato del 70% un credito verso clienti di 15.500 euro;
- adeguato il Fondo rischi su crediti al 5% del presunto valore di realizzo specifico dei crediti verso clienti;

- incrementato il Fondo responsabilità civile di 640 euro;
- calcolata in 19.800 euro la quota lorda di trattamento di fine rapporto di competenza dell'esercizio; ritenuta fiscale applicata sulla rivalutazione 36,40 euro;
- sul mutuo maturano interessi semestrali posticipati al tasso 6% da corrispondere in data 01/04 e 01/10.

### 43 Scritture di completamento e integrazione

Nella situazione contabile redatta al 31/12 prima delle scritture di assestamento dell'impresa individuale Agnese Bessone sono presenti, tra gli altri, i seguenti conti:

| | | |
|---|---|---|
| Banca X c/c | 18.880,60 | |
| Crediti v/clienti | 97.560,00 | |
| Crediti insoluti | 5.600,00 | |
| Fondo svalutazione crediti | | 2.270,00 |
| Fondo rischi su crediti | | 1.920,00 |
| Imposte c/acconto | 5.400,00 | |
| Debiti per TFR | | 35.640,00 |
| Debiti v/fornitori esteri | | 21.300,00 |
| Mutui passivi | | 100.000,00 |
| Fondo manutenzioni programmate | | 5.500,00 |
| Fitti passivi | 11.850,00 | |
| Salari e stipendi | 88.695,20 | |
| Interessi passivi su mutui | 4.000,00 | |

Presenta le scritture di completamento e di integrazione considerando le seguenti informazioni:

- inviate merci a un cliente per 14.300 euro + IVA, da fatturare nei primi giorni di gennaio;
- ricevute merci da un fornitore per 8.900 euro + IVA (la fattura si riceve e registra il 04/01);
- maturati interessi attivi lordi sul conto corrente bancario per 88 euro;
- stralciati i crediti insoluti;
- si adegua il valore di un debito di 520.000 yen verso un fornitore giapponese, registrato al cambio di 139,1314 euro; al 31/12 il tasso di cambio risulta pari a 136,8840 euro;
- tra i crediti verso clienti è compreso un credito di 16.700 euro che si prevede di poter riscuotere solo per il 40%; effettuata una svalutazione generica pari al 2% del presunto valore di realizzo specifico dei crediti verso clienti;
- incrementato il Fondo manutenzioni programmate di 2.400 euro;
- la quota di TFR maturata nell'esercizio è calcolata considerando che la variazione dell'indice ISTAT per l'anno in corso è stata 1,80%;
- gli interessi sul mutuo, tasso 6%, si pagano in via posticipata l'01/03 e l'01/09 di ogni anno;
- maturati premi su vendite a favore dei clienti per 980 euro non ancora liquidati;
- per i fitti passivi si considera che è stato stipulato un contratto di locazione di un capannone che prevede il pagamento in via posticipata l'01/04 e l'01/10 del canone annuo di 15.800 euro;
- le imposte di competenza ammontano a 7.400 euro.

### 44 Scritture di completamento e integrazione

Redigi le scritture di completamento e di integrazione dell'impresa Luisa Bruzzolo relative a quanto segue:

**a.** sul conto corrente aperto presso la banca Intesa Sanpaolo sono maturati interessi passivi di 1.280 euro da addebitare sul conto corrente il giorno 01/03 dell'anno successivo;

**b.** per la merce ricevuta negli ultimi giorni di dicembre di 12.760 euro si riceve e registra la fattura differita il 12 gennaio;

**c.** la merce consegnata a dicembre e non ancora fatturata ammonta a 22.480 euro;

**d.** stralciata cambiale insoluta sorta nell'esercizio e sicuramente inesigibile di 3.750 euro;

e. la quota di TFR maturata nel mese di dicembre da versare al fondo pensione a gennaio ammonta a 3.124,60 euro;
f. accantonati al fondo responsabilità civile 2.600 euro;
g. ottenuto un mutuo di 120.000 euro in data 01/11; gli interessi al tasso 4,50% sono corrisposti posticipatamente in data 01/05-01/11 di ciascun anno.



## Lezione 4 Le scritture di rettifica

### 45 Rimanenze di merci

L'impresa Paolo Zardani presenta, alla fine dell'esercizio, le seguenti rimanenze di magazzino:

- 25 tonnellate di merce Alfa acquistate a 15,43 euro il chilogrammo;
- 10 tonnellate di merce Beta acquistate a 59,32 euro il chilogrammo.

Il valore di mercato delle merci è il seguente:

- merce Alfa 14,67 euro il chilogrammo;
- merce Beta 60,68 euro il chilogrammo.

Presenta le registrazioni in P.D. al 31/12 e iscrivi i valori delle rimanenze di merci nella Situazione patrimoniale e nella Situazione economica.

### 46 Rimanenze di merci

L'impresa Flavia Tarsani presentava in magazzino, all'inizio dell'esercizio, merci per 13.480 euro e materie di consumo per 784 euro. Alla fine del periodo amministrativo le rimanenze finali di merci sono valutate 14.780 euro e le rimanenze finali di materie di consumo 630 euro.
Presenta le registrazioni in P.D. al 31/12 e iscrivi i valori delle scorte di magazzino nella Situazione patrimoniale e nella Situazione economica.

### 47 Risconti

Calcola e rileva in P.D. i risconti che derivano da quanto segue:

- stipulato in data 01/04 contratto di locazione al canone annuo anticipato di 24.000 euro con pagamenti semestrali;
- stipulato in data 15/06 contratto di leasing su un macchinario che prevede il versamento trimestrale anticipato di 1.350 euro;
- versato in data 01/10 il premio annuo di assicurazione contro furto e incendio di 3.285 euro;
- concesso a un cliente in data 15/12 il rinnovo di un credito di 2.920 euro per 30 giorni riscuotendo immediatamente gli interessi al tasso 5%.

### 48 Risconti

Calcola e rileva in P.D. i risconti che derivano da quanto segue:

- ottenuto in data 17/12 il rinnovo di una cambiale passiva di 24.455 euro; la nuova cambiale è stata emessa con scadenza a fine febbraio aumentata degli interessi calcolati al tasso 3%;
- ottenuta in data 15/10 una sovvenzione bancaria di 29.200 euro a 120 giorni con interessi anticipati trattenuti all'accensione del prestito calcolati al tasso 5,50%;
- versato in data 20/11 il premio annuo di assicurazione contro furto e incendio di 4.380 euro;
- stipulato in data 01/10 un contratto di leasing che prevede il pagamento di canoni bimestrali anticipati di 2.000 euro.

### 49 Ratei e risconti

Calcola e rileva in P.D. i ratei e i risconti che derivano dalle seguenti operazioni di gestione:

01/04: ottenuto un mutuo bancario di 120.000 euro al tasso 6%; gli interessi annuali sono da corrispondere in via posticipata;

01/06: concesso in locazione un fabbricato al canone semestrale di 2.400 euro da incassare in via anticipata;

01/07: ottenuta una sovvenzione bancaria a un anno di 58.400 euro, al tasso 4%; gli interessi sono da versare in via posticipata;

01/09: stipulato un contratto di leasing su macchine d'ufficio al canone trimestrale posticipato di 900 euro.

**50** ✓

### Ratei e risconti

Calcola e rileva in P.D. i ratei e i risconti che derivano dalle seguenti operazioni di gestione:

01/02: ottenuto in locazione un fabbricato al canone semestrale anticipato di 720 euro;

01/04: stipulato un contratto di leasing per un automezzo; è previsto il pagamento di 8 canoni bimestrali anticipati di 2.400 euro;

01/06: stipulato un contratto di locazione per un fabbricato; si prevede il pagamento posticipato del canone semestrale di 6.000 euro;

01/10: concesso a un dipendente un prestito di 10.220 euro con interessi al tasso 5% da riscuotere semestralmente in via posticipata;

15/12: ottenuto da un fornitore il rinnovo per 60 giorni di un debito scaduto di 5.475 euro, alla scadenza si dovranno versare anche gli interessi al tasso 4%.

**51** ✓

### Ratei e risconti

Calcola e rileva in P.D. i ratei e i risconti che derivano dalle seguenti operazioni di gestione:

01/03: concesso in locazione un fabbricato; il canone annuo di 15.000 euro è riscosso anticipatamente ogni sei mesi;

01/04: ottenuto un mutuo bancario di 120.000 euro al tasso 6%; gli interessi semestrali sono addebitati in conto corrente in via posticipata;

01/06: stipulato un contratto di leasing su macchine di ufficio, con versamento anticipato di 12 canoni trimestrali di 1.800 euro;

15/10: ottenuta da un fornitore una dilazione di 90 giorni su un debito scaduto di 6.022,50 euro; gli interessi al tasso 5% devono essere versati alla scadenza;

20/11: concessa a un cliente una dilazione di 60 giorni su un credito scaduto di 4.380 euro; gli interessi al tasso 5,50% si riscuoteranno alla scadenza.

**52** ✓

### Ratei e risconti

Calcola e rileva in P.D. i ratei e i risconti che derivano dalle seguenti operazioni di gestione:

01/03: stipulato un contratto di assicurazione contro i furti, il premio annuo di 5.402 euro è pagato anticipatamente;

01/06: concesso in locazione un fabbricato al canone annuo di 15.360 euro, da riscuotere semestralmente in via anticipata;

01/06: ottenuto un mutuo bancario di 150.000 euro al tasso 6%; gli interessi semestrali sono da corrispondere in via posticipata;

01/08: stipulato un contratto di vigilanza notturna con versamento anticipato di 2.100 euro ogni sei mesi;

10/11: riscossi interessi anticipati per 60 giorni al tasso 6% sul rinnovo di un credito verso clienti di 8.030 euro;

18/12: concessa a un cliente una dilazione di pagamento di 90 giorni su un credito scaduto di 9.490 euro; gli interessi al tasso 5,50% saranno riscossi alla scadenza.

**53** ✓✓

### Operazioni di gestione e calcolo di ratei e risconti

Redigi le scritture di gestione e di assestamento riguardanti le seguenti operazioni compiute, tra le altre, nell'ultimo trimestre dell'esercizio:

01/10: ottenuto un mutuo di 70.000 euro, tasso 4%; gli interessi sono corrisposti semestralmente in via posticipata;

20/10: stipulato contratto di assicurazione contro furti e incedi; il premio annuo di 5.840 euro è pagato con bonifico bancario (commissioni 3,20 euro);

01/11: acquistato locale commerciale per 82.000 euro + IVA rilasciando un assegno bancario di 60.000 euro e un pagherò, con scadenza il prossimo 01/02, maggiorato degli interessi al tasso 4,80%;

20/11: emessa tratta a fine febbraio a regolamento di un credito di 5.740 euro; l'importo della cambiale comprende interessi al tasso 4%;

10/12: concessa al cliente Rasi una dilazione di pagamento di 60 giorni su un credito di 8.370 euro; gli interessi al tasso 4,50% si incasseranno alla scadenza.

Presenta:

1. i calcoli relativi alle operazioni;
2. le registrazioni in P.D.

### 54 Scritture di assestamento

La situazione contabile dell'impresa Maria Vissiani, compilata prima e dopo le scritture di assestamento, evidenzia, tra gli altri, i seguenti conti.

| Denominazione dei conti | Prima delle scritture di assestamento | Dopo le scritture di assestamento |
|---|---|---|
| Fitti passivi | 1.800, 00 | 1.200, 00 |
| Interessi passivi su mutui | 2.400, 00 | 3.600, 00 |
| Merci c/vendite | 825.600, 00 | 844.700, 00 |
| Assicurazioni | 5.000, 00 | 4.000, 00 |

Sulla base delle informazioni desumibili dal confronto dei valori presenta le registrazioni in P.D.

### 55 Scritture di gestione e di assestamento

L'impresa Germano Sorperi ha compiuto nel corso dell'esercizio le seguenti operazioni:

01/02: ottenuto dalla Banca Nazionale del Lavoro un mutuo di 120.000 euro al tasso 6%. Gli interessi semestrali sono pagati in via posticipata con addebito in c/c bancario;

01/03: stipulato contratto di assicurazione contro furti e incendi; il premio annuo di 3.577 euro è versato con assegno bancario;

01/04: stipulato contratto di locazione per un capannone; il canone annuo di 2.400 euro è pagato anticipatamente con bonifico bancario; la banca addebita commissioni per 3 euro;

01/10: stipulato contratto di leasing su un automezzo con versamento anticipato a mezzo c/c bancario di canoni quadrimestrali di 1.400 euro;

10/12: concessa a un cliente una dilazione di 60 giorni su un credito scaduto di 3.285 euro; gli interessi al tasso 5% saranno riscossi alla scadenza.

Presenta:

1. le registrazioni in P.D. delle operazioni di gestione e di assestamento;
2. la Situazione patrimoniale e la Situazione economica al 31/12 limitatamente alle operazioni sopra descritte.

### 56 Scritture di assestamento

Presenta le scritture in P.D. al 31/12 sulla base di quanto segue:

a. si rilevano interessi attivi lordi maturati sul c/c presso la Banca Sella per 182 euro;
b. si rilevano interessi attivi lordi maturati sul conto corrente postale per 65,60 euro;
c. si adegua il valore di un debito di 840.000 yen verso un fornitore giapponese, registrato al cambio di 132,2405 euro; al 31/12 il tasso di cambio risulta pari a 131,0809 euro;
d. sono state ricevute merci dal fornitore Todini in data 29/12 per 7.200 euro; la fattura differita si riceve e registra il 12/01;
e. si contabilizzano le provvigioni maturate a favore del rappresentante Coletti di 2.928 euro per le quali la fattura viene emessa nel mese di gennaio;
f. si contabilizzano gli interessi di mora al tasso 8% maturati nei confronti del fornitore Bertani per un debito di 1.095 euro scaduto il 18/12 e non ancora regolato;

g. si rilevano premi maturati sugli acquisti dal fornitore Vessani per 1.282 euro non ancora liquidati;
h. si stralcia una cambiale insoluta di 2.840 euro ritenuta inesigibile;
i. si svaluta del 50% il credito verso il cliente Rassoni di 6.570 euro;
l. si incrementa il Fondo manutenzioni programmate di 12.500 euro;
m. si registrano gli interessi semestrali posticipati su un mutuo di 100.000 euro accreditato in c/c in data 01/08, tasso 6,20%;
n. si tiene presente che in data 01/06 è stato pagato in via anticipata un premio annuo di assicurazione di 6.935 euro;
o. si tiene presente che il contratto di leasing su un automezzo prevede, a decorrere dall'01/09, il pagamento di canoni trimestrali di 3.150 euro;
p. si tiene presente che in data 18/12 è stata concessa una dilazione di 60 giorni al cliente Versati su un credito scaduto di 4.380 euro; gli interessi al tasso 5% sono già stati riscossi.

### 57 Scritture di assestamento

Presenta le scritture in P.D. al 31/12 redatte dall'impresa Carlo Marini sulla base di quanto segue:

a. si rilevano interessi attivi lordi maturati sul c/c bancario per 234 euro;
b. si rilevano interessi attivi lordi maturati sul c/c postale per 52 euro;
c. si accantonano al Fondo manutenzioni programmate 10.400 euro per far fronte a interventi che verranno eseguiti nei futuri esercizi;
d. sono state ricevute merci dal fornitore Parsini srl in data 28/12 per 5.600 euro; la fattura differita si riceve e registra il 10/01;
e. si contabilizzano gli interessi di mora al tasso 8% maturati nei confronti del fornitore Porti per un debito di 2.560 euro scaduto il 20/12 e non ancora regolato;
f. si rilevano premi maturati sugli acquisti dal fornitore Eandi Mario & C. snc per 860 euro non ancora liquidati;
g. si stralcia un credito insoluto di 1.780 euro sorto nell'esercizio ritenuto inesigibile;
h. si svaluta del 40% il credito verso il cliente Rassi di 9.640 euro;
i. si registrano interessi semestrali posticipati su un mutuo di 120.000 euro accreditato in c/c in data 01/10, tasso 4,50%;
l. si tiene presente che in data 01/11 è stato pagato in via anticipata un premio annuo di assicurazione contro furti e incendi di 15.600 euro;
m. si considera che il contratto di leasing su un automezzo prevede, a decorrere dall'01/12, il pagamento di canoni trimestrali anticipati di 3.600 euro;
n. si tiene presente che in data 20/12 è stata concessa una dilazione di 30 giorni al cliente Pietro Sarti su un credito di 5.780 euro; gli interessi al tasso 4,80% sono già stati riscossi;
o. si accantonano 3.000 euro al fondo per responsabilità civile per fronteggiare il rischio di danni causati a terzi;
p. si valutano le rimanenze di merci 66.420 euro e di materie di consumo 3.740 euro.

## Lezione 5 Le scritture di ammortamento

### Scritture di ammortamento

Nella Situazione patrimoniale dell'impresa Corrado Fiandri sono iscritte le seguenti immobilizzazioni:

- fabbricato del costo storico di 254.000 euro (valore dell'edificio 204.000 euro), già ammortizzato del 32%; coefficiente di ammortamento 4%;
- macchine d'ufficio del costo storico di 12.800 euro, già ammortizzati del 60%; coefficiente di ammortamento 20%;
- imballaggi durevoli del costo storico di 8.300 euro, già ammortizzati del 36%; coefficiente di ammortamento 12%.

Presenta le scritture di ammortamento e iscrivi nella Situazione patrimoniale e nella Situazione economica al 31/12 i beni strumentali e le loro rettifiche.

## 59 Scritture di ammortamento

La Situazione patrimoniale dell'impresa Simona Cerrato presenta le seguenti immobilizzazioni:

- automezzi del costo storico di 25.000 euro, già ammortizzati del 60%;
- attrezzature commerciali del costo storico di 18.500 euro, già ammortizzate per 17.500 euro;

Al 31/12 l'impresa:

- ammortizza gli automezzi applicando il coefficiente 20%;
- completa l'ammortamento delle attrezzature commerciali.

Presenta le scritture di ammortamento e iscrivi nella Situazione patrimoniale e nella Situazione economica di fine esercizio i beni strumentali e le loro rettifiche.

## 60 Piano di ammortamento e scritture contabili

All'inizio dell'esercizio n l'impresa Simone Fontana ha acquistato un automezzo del costo di 23.100 euro; si programma di utilizzare il bene strumentale per 8 anni, al termine dei quali si prevede di ottenere dalla vendita 1.500 euro.

Presenta:

- il piano di ammortamento del bene a quote costanti;
- il piano di ammortamento del bene a quote decrescenti;
- le scritture di ammortamento al 31/12/n utilizzando il procedimento a quote costanti.

## 61 Ammortamento di beni strumentali

L'impresa Carmela Farina ha acquistato all'inizio dell'esercizio n un arredamento del costo di 15.000 euro. Il bene strumentale è stato ammortizzato applicando i seguenti coefficienti:

- anno n: 18%;
- anno n + 1: 12%;
- anno n + 2: 10%.

All'inizio dell'anno n + 3 l'impresa ha venduto l'arredamento al prezzo di 9.500 euro + IVA.
Presenta le registrazioni in P.D. al 31/12 degli anni n, n + 1 e n + 2 e all'inizio dell'anno n + 3; redigi la Situazione patrimoniale e la Situazione economica al 31/12/n + 2.

## 62 Ammortamento di beni strumentali

L'impresa Luisa Coppoli ha acquistato all'inizio dell'esercizio n un macchinario del costo di 62.000 euro. Il bene strumentale è stato ammortizzato applicando i seguenti coefficienti:

- anno n: 18%;
- anno n + 1: 16%;
- anno n + 2: 14%.

All'inizio dell'anno n + 3 l'impresa ha venduto il macchinario al prezzo di 50.000 euro + IVA.
Presenta le registrazioni in P.D. al 31/12 degli anni n, n + 1 e n + 2 e all'inizio dell'anno n + 3; redigi la Situazione patrimoniale e la Situazione economica al 31/12/n + 2.

## 63 Scritture di assestamento

La situazione contabile dell'impresa Mario Stefani, compilata prima e dopo le scritture di assestamento, evidenzia, tra gli altri, i seguenti conti.

| Denominazione dei conti | Prima delle scritture di assestamento | Dopo le scritture di assestamento |
|---|---|---|
| Fitti passivi | 2.400,00 | 2.000,00 |
| Interessi passivi su mutui | 700,00 | 1.050,00 |
| Merci c/vendite | 920.000,00 | 940.000,00 |
| Assicurazioni | 5.000,00 | 4.000,00 |
| Attrezzature commerciali | 17.000,00 | 17.000,00 |
| Fondo ammortamento attrezzature commerciali | 8.400,00 | 11.800,00 |

Sulla base delle informazioni contenute nella situazione contabile presenta le registrazioni in P.D.

### 64 Scritture di gestione e di assestamento

L'impresa Antonio Sapri ha compiuto nel corso dell'esercizio le seguenti operazioni:

01/04: ottenuto dalla Banca Nazionale del Lavoro un mutuo di 120.000 euro al tasso 6%; gli interessi semestrali sono corrisposti in via posticipata;

01/06: stipulato contratto di locazione su un capannone; il canone annuo di 4.200 euro è versato anticipatamente con assegno bancario;

01/08: venduto un impianto del costo storico di 600.000 euro, ammortizzato complessivamente del 90%, al prezzo di 50.000 euro + IVA; regolamento con assegno bancario;

01/10: addebitati in c/c gli interessi sul mutuo acceso in data 01/04;

01/10: acquistato un automezzo del costo di 62.000 euro + IVA, regolamento con bonifico bancario; commissioni bancarie 3,50 euro;

31/12: ammortizzato l'automezzo applicando il coefficiente 5%; calcolati i ratei e i risconti derivanti dalle precedenti operazioni.

Presenta:

1. le registrazioni in P.D. delle operazioni di gestione e di assestamento;
2. la Situazione patrimoniale e la Situazione economica al 31/12 limitatamente a quanto sopra riportato.

### 65 Scritture di assestamento

La situazione contabile dell'impresa Bruno Nicoli al 31/12, prima delle scritture di assestamento, presenta, tra gli altri, i seguenti conti:

| Denominazione dei conti | Importi |
|---|---|
| Software | 3.640, 00 |
| Fabbricati | 436.800, 00 |
| Impianti e macchinari | 86.450, 00 |
| Fondo ammortamento software | 2.912, 00 |
| Fondo ammortamento fabbricati | 72.800, 00 |
| Fondo amm.to impianti e macchinari | 27.300, 00 |
| Crediti v/clienti | 291.200, 00 |
| Cambiali attive | 25.250, 00 |
| Fondo rischi su crediti | 5.987, 80 |
| Debiti per TFR | 31.486, 00 |
| Mutui passivi | 40.950, 00 |
| Fitti passivi | 11.466, 00 |
| Assicurazioni | 4.015, 00 |
| Salari e stipendi | 25.380, 00 |
| Interessi attivi da clienti | 72, 00 |

Al 31/12 l'impresa contabilizza le seguenti operazioni di assestamento:

a. ammortizzati i fabbricati del 4% (il valore dell'edificio è stimato 300.000 euro);
b. ammortizzati gli impianti del 15% e il software dell'ultima quota di ammortamento;
c. valutate le merci in magazzino: costo di acquisto 180.000 euro, valore di mercato 168.000 euro;
d. stralciato un credito verso un cliente sorto nell'esercizio di 18.480 euro;
e. stimata una perdita del 30% su un credito di 15.000 euro;
f. risultano ancora da fatturare merci già consegnate ai clienti per 5.200 euro;
g. adeguato il Fondo rischi su crediti al 5% del presunto valore di realizzo specifico;
h. ricevute merci per 16.800 euro, per le quali la fattura si riceve e registra entro il 16/01;
i. si rileva fattura da ricevere di 240 euro relativa a costi di trasporto; la fattura, emessa in dicembre, viene registrata in data 08/01;
l. calcolata quota di TFR maturata nell'esercizio; variazione dell'indice dei prezzi ISTAT 3%;
m. i fitti passivi sono relativi a un contratto stipulato in data 01/10 per il quale è stato pagato anticipatamente il canone annuale;

n. sul mutuo passivo gravano interessi al tasso 6% da pagare posticipatamente in data 01/04 di ogni anno;
o. riscossi il 15/11 gli interessi anticipati per 90 giorni al tasso 4% sul rinnovo di una cambiale di 7.300 euro;
p. concessa in data 20/12 una dilazione di 60 giorni su un credito di 9.125 euro, gli interessi al tasso 5% saranno riscossi alla scadenza;
q. il premio annuo di assicurazione è stato pagato il 10/11.

Presenta le scritture di assestamento.

**66** **Scritture di assestamento**

L'impresa Emilio Frati presenta al 31/12 prima delle scritture di assestamento, tra gli altri, i seguenti conti:

| | Eccedenza Dare | | Eccedenza Avere |
|---|---|---|---|
| BNL c/c | 5.292, 00 | BRE c/c | 8.640, 00 |
| Crediti v/clienti | 70.020, 00 | Fondo rischi su crediti | 6.312, 00 |
| Crediti v/clienti esteri | 15.300, 00 | Mutui passivi | 44.280, 00 |
| Cambiali attive | 10.206, 00 | Fondo amm.to fabbricati | 21.000, 00 |
| Cambiali insolute | 5.400, 00 | Fondo amm.to costi d'impianto | 10.886, 00 |
| Fabbricati | 150.000, 00 | Fitti attivi | 4.200, 00 |
| Costi d'impianto | 13.600, 00 | | |
| Interessi passivi bancari | 3.224, 00 | | |

Per gli assestamenti l'impresa considera quanto segue:

a. stralciata una cambiale insoluta di 3.450 euro utilizzando il Fondo rischi su crediti;
b. i restanti crediti commerciali vengono svalutati del 3%;
c. i fabbricati vengono ammortizzati del 3% (il valore dell'edificio è stimato di 120.000 euro);
d. i costi di impianto vengono ammortizzati dell'ultima quota;
e. gli interessi attivi lordi maturati sul c/c presso la Banca Nazionale del Lavoro ammontano a 22 euro;
f. gli interessi passivi maturati sul c/c presso Banca Regionale Europea sono di 178 euro;
g. sul mutuo maturano interessi semestrali posticipati al tasso 5,50% da corrispondere in data 01/03 e 01/09;
h. i canoni annui di locazione sono stati riscossi anticipatamente in data 01/12;
i. le merci in rimanenza vengono valutate 42.600 euro.

Presenta le scritture di assestamento compilate dall'impresa.

**67** **Scritture di assestamento** (anche seconda pag.)

L'impresa Claudia Carsi presenta al 31/12, prima delle scritture di assestamento, tra gli altri, i seguenti conti:

| Denominazione dei conti | Eccedenza Dare | Denominazione dei conti | Eccedenza Avere |
|---|---|---|---|
| BRE Banca c/c | 4.272, 00 | Intesa Sanpaolo c/c | 12.740, 00 |
| Crediti v/clienti | 92.450, 00 | Debiti v/fornitori | 78.320, 00 |
| Cambiali attive | 13.348, 00 | Fondo rischi su crediti | 7.430, 00 |
| Cambiali insolute | 3.720, 00 | Fondo svalutazione crediti | 3.820, 00 |
| Fabbricati | 220.000, 00 | Mutui passivi | 100.000, 00 |
| Macchine d'ufficio | 18.600, 00 | Fondo ammortamento fabbricati | 51.000, 00 |
| Automezzi | 34.500, 00 | Fondo ammort. macchine d'ufficio | 4.464, 00 |
| Costi di impianto | 20.000, 00 | Fondo ammortamento automezzi | 20.700, 00 |
| Assicurazioni | 13.870, 00 | Fondo ammort. costi d'impianto | 12.000, 00 |
| | | Fondo responsabilità civile | 3.700, 00 |
| | | Fondo manutenzioni programmate | 4.200, 00 |

Presenta le scritture di assestamento in base ai seguenti dati:

a. stralciate le cambiali insolute utilizzando il Fondo rischi su crediti;
b. adeguato il Fondo rischi su crediti al 5% dei crediti commerciali;
c. ammortizzati i fabbricati del 3% (valore dell'edificio 170.000 euro);
d. ammortizzate le macchine d'ufficio del 12%;
e. ammortizzati gli automezzi del 20%;
f. ammortizzati i costi d'impianto della quarta quota costante;

g. maturati interessi attivi lordi sul c/c aperto presso la BRE Banca per 126 euro;
h. maturati interessi passivi sul c/c aperto presso la banca Intesa Sanpaolo per 1.842 euro; gli interessi verranno addebitati sul conto corrente in data 01/03 dell'anno successivo;
i. accantonati al Fondo manutenzione programmate 1.100 euro per interventi di manutenzione che verranno eseguiti nei prossimi esercizi;
l. accantonati al Fondo responsabilità civile 800 euro per far fronte al rischio di danni causati a terzi;
m. il premio annuo di assicurazione contro furti e incendi è stato pagato in data 01/09;
n. sul mutuo maturano interessi semestrali posticipati al tasso 5% da corrispondere in data 01/04-01/10.

### 68 Scritture di gestione e di assestamento

La Situazione contabile per eccedenze redatta al 31/10 dall'impresa Magda Fresi presenta, tra gli altri, i seguenti conti:

| | | | |
|---|---|---|---|
| Software | 5.000,00 | Fondo amm.to impianti e macchinari | 66.600,00 |
| Fondo amm.to software | 4.000,00 | Crediti v/clienti | 217.800,00 |
| Fabbricati | 600.000,00 | Fondo rischi su crediti | 5.420,60 |
| Impianti e macchinari | 80.000,00 | Debiti per TFR | 28.450,00 |
| Fondo amm.to fabbricati | 120.000,00 | Mutui passivi | 55.400,00 |

Durante l'ultimo periodo dell'anno l'impresa registra, tra le altre, le seguenti operazioni:

20/11: vendute merci per 8.400 euro + IVA al cliente Gareni srl come da fattura n. 318, consegna franco destino; in fattura sono addebitati 180 euro per imballo; regolamento con Ri.Ba. a 60 giorni;

30/11: sostituiti macchinari del costo di 35.000 euro, interamente ammortizzati, con nuovi macchinari del costo complessivo di 40.000 euro + IVA. I vecchi macchinari sono valutati 1.500 euro + IVA; a regolamento si accetta una cambiale tratta a tre mesi per la differenza;

01/12: pagato con assegno bancario un premio annuo di assicurazione contro i furti per 7.300 euro;

27/12: ricevuta fattura per 1.200 euro + IVA relativa al collaudo e all'installazione dei macchinari; pagamento a fine mese prossimo;

29/12: consegnata merce al cliente Umberto Massa con documento di trasporto; la fattura viene emessa nel mese di gennaio per un valore di 23.400 euro;

30/12: liquidati salari e stipendi per 9.260 euro lordi; le retribuzioni vengono pagate tramite banca al netto di ritenute sociali 851 euro e ritenute fiscali 1.970 euro; i contributi a carico dell'impresa ammontano a 2.963 euro.

Al 31/12 l'impresa effettua le scritture di assestamento sulla base dei seguenti dati:

- stralciato credito, sorto nell'esercizio, sicuramente inesigibile per 9.400 euro; si stima una perdita del 60% su un credito di 18.800 euro; si adegua il fondo rischi su crediti al 4% del presunto valore di realizzo per rischio generico d'insolvenza;
- fattura da ricevere per 220 euro relativa a costi di trasporto (la fattura emessa in dicembre si riceve e registra il 12/01);
- ammortizzati i fabbricati 4% (il valore attribuito all'edificio è 420.000 euro), gli impianti e macchinari 12% (i nuovi macchinari non sono ancora entrati in funzione e quindi non si ammortizzano) e il software dell'ultima quota;
- determinata la quota annua del TFR in 8.600 euro (ritenuta fiscale 70 euro);
- in data 10/12 è stata concessa una dilazione di 90 giorni su un credito di 4.380 euro; gli interessi al tasso 6% saranno riscossi alla scadenza;
- in data 01/10 è stato pagato un premio annuo di assicurazione di 4.781,50 euro;
- sul mutuo passivo gravano interessi al tasso 6% da corrispondere posticipatamente in data 01/03 e 01/09 di ogni anno;
- in data 15/10 sono stati riscossi gli interessi anticipati per 120 giorni al tasso 5,50% sul rinnovo di una cambiale di 3.759,50 euro;
- si valutano le rimanenze di merci: costo di acquisto di 178.680 euro, valore di mercato 169.750 euro.

Presenta le registrazioni in P.D.

## 69 Scritture di gestione e di assestamento

L'impresa Chiara Berti ha compiuto durante l'esercizio, tra le altre, le seguenti operazioni.

20/04: ricevuta fattura n. 397 dal fornitore ST Berti spa relativa a merci 58.240 euro + IVA; in fattura sono esposti costi di trasporto non documentati di 350 euro;

28/04: pagata fattura n. 397 con bonifico bancario; commissioni 3,40 euro;

06/05: anticipati in contanti per conto del cliente Mario Sassi 341,60 euro;

10/05: emessa fattura n. 422 sul cliente Mario Sassi per vendita di merci per 6.320 euro + IVA; in fattura sono addebitati i costi anticipati;

01/08: pagato con assegno bancario un premio annuo di assicurazione di 9.000 euro;

01/09: concesso un prestito al dipendente Claudio Fartinesi di 5.000 euro; il prestito dovrà essere rimborsato tra 180 giorni maggiorato di interessi al tasso 5,40%;

31/10: liquidate e pagate tramite c/c bancario le retribuzioni: salari e stipendi 7.940 euro, assegni per il nucleo familiare e indennità di malattia 585 euro, ritenute sociali 729,69 euro, ritenute fiscali 1.740 euro;

31/10: liquidati i contributi a carico dell'azienda 2.238 euro;

01/11: ottenuto, con accredito dell'importo sul c/c bancario, un mutuo di 80.000 euro; il contratto prevede interessi semestrali posticipati al tasso 6%;

15/11: ricevuta fattura n. 167 dal fornitore americano Dennis Moore per acquisto di merce di 5.400 dollari; la fattura viene registrata al cambio di 1,3122 euro;

01/12: pagato a un privato, con bonifico bancario, il canone di locazione annuale anticipato di 7.200 euro; commissioni 3,40 euro;

04/12: ritornata insoluta una cambiale di 1.260 euro precedentemente scontata, spese di protesto addebitate in c/c 48 euro;

06/12: vendute macchine d'ufficio al prezzo di 650 euro + IVA, come da fattura n. 694; le macchine d'ufficio risultavano iscritte in contabilità al costo di 6.200 euro ed erano ammortizzate dell'80% (compresa la quota di ammortamento dell'esercizio);

10/12: a regolamento della fattura n. 694 si riceve un bonifico bancario;

27/12: versato tramite c/c bancario l'acconto IVA di 6.210 euro;

28/12: ricevuta merce per 7.895 euro, soggetta a IVA ordinaria, con documento di trasporto n. 275 (la fattura differita del fornitore Cartesi srl si riceve e registra in data 10/01).

Al 31/12 l'impresa effettua, oltre alle rilevazioni contabili collegate alle operazioni sopra riportate, le seguenti scritture di assestamento:

- capitalizzati sul c/c bancario interessi attivi lordi per 180 euro;
- stralciato un credito verso clienti di 850 euro sorto nel precedente esercizio (l'impresa ha in contabilità un Fondo rischi su crediti di 540 euro);
- adeguato l'importo del debito verso il fornitore americano applicando il cambio del 31/12 di 1,3054 euro;
- ammortizzati del 12% automezzi del costo storico di 40.000 euro;
- valutate le rimanenze di merci in magazzino 3.450 euro;
- premi su vendite da liquidare per 3.560 euro;
- maturata nell'esercizio quota di TFR per 7.240 euro, ritenuta fiscale sulla rivalutazione 65,60 euro;
- liquidate le imposte di competenza dell'esercizio per 12.836 euro; gli acconti versati durante l'esercizio ammontano a 9.240 euro.

Presenta le rilevazioni contabili delle operazioni compiute durante l'esercizio e delle operazioni di assestamento.

## 70 Scritture di gestione e di assestamento

L'impresa Daniela Carreni ha compiuto durante l'ultimo trimestre, tra le altre, le seguenti operazioni.

01/10: pagato con assegno bancario premio annuo di assicurazione di 12.000 euro;

04/10: pagata con addebito di c/c fattura n. 521 di 4.600 euro maggiorata degli interessi di mora di 28 euro;

10/10: ricevuta fattura n. 680 dal fornitore Bartini spa relativa a merci 62.870 euro + IVA; in fattura sono esposti costi di trasporto non documentati di 230 euro;
12/10: pagata con assegno bancario fattura n. 680;
16/10: anticipati costi per conto del cliente Mario Sassi di 390,40 euro con assegno circolare ottenuto contro addebito di c/c;
18/10: emessa fattura n. 566 sul cliente Sassi per vendita di merci per 12.430 euro + IVA; in fattura sono addebitati i costi anticipati in data 16/10;
05/11: concesso al dipendente Fabrizio Rosi un prestito di 5.000 euro che dovrà essere rimborsato tra 180 giorni maggiorato degli interessi al tasso 5%;
30/11: liquidate e pagate tramite c/c bancario le retribuzioni: salari e stipendi 8.120 euro, assegni per il nucleo familiare e indennità di malattia 612 euro, ritenute sociali 746 euro, ritenute fiscali 1.760 euro;
30/11: liquidati i contributi a carico dell'azienda 2.310 euro;
30/11: versata a mezzo banca la seconda rata di acconto delle imposte dirette di 5.640 euro;
01/12: ottenuto un mutuo bancario di 60.000 euro, con interessi semestrali posticipati al tasso 4%;
01/12: pagato a un privato, con bonifico bancario, il canone di locazione annuo anticipato di 9.600 euro; commissioni bancarie 3,40 euro;
04/12: ritornata insoluta una cambiale di 1.760 euro precedentemente scontata, spese di protesto addebitate in c/c 48 euro;
10/12: vendute macchine d'ufficio al prezzo di 760 euro + IVA, come da fattura n. 921; le macchine d'ufficio risultavano iscritte in contabilità al costo di 7.300 euro ed erano ammortizzate dell'80% (compresa la quota di ammortamento dell'esercizio);
12/12: a regolamento della fattura n. 921 si riceve un pagherò scadente a fine mese;
27/12: versato tramite c/c bancario l'acconto IVA di 6.420 euro;
28/12: ricevuta merce per 8.140 euro, soggetta a IVA ordinaria, con documento di trasporto n. 311 (la fattura differita del fornitore Berri srl si riceve e registra in data 09/01);
29/12: presentate cambiali al dopo incasso per 5.460 euro.

Al 31/12 l'impresa effettua, oltre alle rilevazioni contabili collegate alle operazioni sopra riportate, le seguenti scritture di assestamento:

- capitalizzati sul c/c bancario interessi attivi lordi per 320 euro;
- stralciato un credito verso clienti di 920 euro sorto nel precedente esercizio (l'impresa ha in contabilità un Fondo rischi su crediti di 430 euro);
- ammortizzati del 15% gli automezzi (costo storico 50.000 euro);
- valutate le rimanenze di merci in magazzino 3.860 euro;
- premi su vendite da liquidare per 4.160 euro;
- maturata nell'esercizio quota di TFR per 8.130 euro, ritenuta fiscale sulla rivalutazione 71,60 euro;
- liquidate le imposte di competenza dell'esercizio per 13.230 euro; gli acconti versati durante l'esercizio ammontano a 9.400 euro.

Presenta le rilevazioni contabili delle operazioni compiute durante l'esercizio e delle operazioni di assestamento.

## Lezione 6 Le scritture di epilogo e di chiusura dei conti

### 71 Conti intestati alle banche

L'impresa Agnese Veronesi intrattiene rapporto di conto corrente con la Banca Monte dei Paschi di Siena e con la Banca Sella. Al termine delle scritture di assestamento i conti presentano i seguenti totali:

| Denominazione dei conti | Totale Dare | Totale Avere |
|---|---|---|
| MPS c/c | 16.303, 00 | 13.328, 00 |
| Banca Sella c/c | 14.460, 00 | 36.295, 00 |

Presenta le scritture in P.D. di storno ai conti Banche c/c attivi e Banche c/c passivi.

### Conti finanziari

L'impresa Simone Mantini presenta a fine esercizio i seguenti conti:

| 18.10 IVA C/LIQUIDAZIONE | |
|---|---|
| 14.886, 00 | 16.902, 00 |

| 18.11 ISTITUTI PREVIDENZIALI | |
|---|---|
| 20.385, 40 | 25.686, 00 |

| 18.20 UNICREDIT C/C | |
|---|---|
| 18.886, 00 | 16.732, 00 |

| 18.21 INTESA SANPAOLO C/C | |
|---|---|
| 23.112, 00 | 26.577, 00 |

Presenta le scritture in P.D. di chiusura di questi conti.

### Conti finanziari

La situazione contabile per totali dell'impresa Franco Maresi presenta, dopo le scritture di assestamento, tra gli altri, i seguenti conti:

| Denominazione dei conti | Totale Dare | Totale Avere |
|---|---|---|
| Banca Monte dei Paschi di Siena c/c | 21.880, 70 | 19.225, 50 |
| Banca Popolare di Milano c/c | 25.850, 80 | 28.475, 30 |
| IVA c/liquidazione | 19.225, 60 | 20.993, 90 |
| Istituti previdenziali | 23.162, 50 | 22.750, 40 |

Presenta le scritture in P.D. di chiusura di questi conti.

### Conti con alternanza di saldi

Al 31/12 nella contabilità dell'impresa Chiara Brambilla figurano, tra gli altri, i seguenti conti:

| Denominazione dei conti | Dare | Avere |
|---|---|---|
| BRE Banca c/c | 122.600, 00 | 145.300, 00 |
| Banca Popolare di Milano c/c | 99.500, 00 | 94.200, 00 |
| IVA c/liquidazione | 107.540, 00 | 114.830, 00 |
| Istituti previdenziali | 36.500, 00 | 39.800, 00 |

Presenta le scritture in P.D. di chiusura dei conti sopra indicati agli specifici conti accesi ai crediti o debiti.

### Scritture di assestamento e situazione contabile finale

La situazione contabile dell'impresa Paolo Serani presenta, al 31/12, i conti come riportati a pagina successiva.

Presenta le scritture di assestamento, la situazione contabile finale, le scritture di epilogo e di chiusura dei conti, tenendo presente quanto segue:

**a.** calcolato l'ammortamento applicando i seguenti coefficienti: 20% brevetti, 3% fabbricati (il valore dell'edificio è di 300.000 euro), 15% attrezzature commerciali, 20% macchine di ufficio, 18% arredamento, 20% automezzi;

**b.** in data 20/12 sono stati rilevati nel conto Crediti v/clienti gli interessi di 36 euro relativi a una dilazione concessa per 60 giorni;

**c.** stralciato un credito ritenuto inesigibile di 4.420 euro sorto nell'esercizio;

**d.** consegnate a un cliente merci per 12.300 euro per le quali non è ancora stata emessa la relativa fattura;

**e.** svalutati del 3% i crediti residui;

**f.** maturati interessi passivi sul c/c presso UniCredit per 421,60 euro e Credito Valtellinese per 542 euro; gli interessi passivi verranno addebitati sul conto corrente il giorno 01/03 dell'anno successivo;

**g.** i fitti passivi comprendono un canone semestrale anticipato di 9.600 euro pagato in data 01/11;

h. incrementati i debiti per TFR della quota maturata nell'esercizio (variazione indice dei prezzi ISTAT 2,20%);
i. stimati in 12.400 euro i costi di manutenzione e riparazione di competenza dell'esercizio di cui non è ancora pervenuta la fattura (il documento è emesso a gennaio);
l. valutate le rimanenze di merci tenendo conto che il loro costo ammonta a 198.000 euro e il valore di mercato è 218.400 euro;
m. liquidata l'IVA di dicembre;
n. le imposte di competenza ammontano a 5.960 euro;
o. girati i saldi dei conti UniCredit c/c, Credito Valtellinese c/c, Istituti previdenziali e IVA c/liquidazione ai rispettivi conti di debito o di credito.

| | | | |
|---|---|---|---|
| Brevetti | 18.000, 00 | Fondo ammortamento brevetti | 7.200, 00 |
| Fabbricati | 430.000, 00 | Fondo ammortamento fabbricati | 90.000, 00 |
| Attrezzature commerciali | 50.000, 00 | Fondo amm.to attrezzature commerciali | 22.500, 00 |
| Macchine d'ufficio | 38.000, 00 | Fondo ammortamento macchine d'ufficio | 22.800, 00 |
| Arredamento | 66.600, 00 | Fondo ammortamento arredamento | 35.964, 00 |
| Automezzi | 61.000, 00 | Fondo ammortamento automezzi | 24.400, 00 |
| Crediti v/clienti | 226.889, 00 | Fondo rischi su crediti | 2.664, 00 |
| IVA ns/credito | 28.847, 00 | Debiti per TFR | 58.941, 00 |
| IVA c/acconto | 4.750, 00 | Debiti v/fornitori | 173.870, 00 |
| Imposte c/acconto | 4.000, 00 | Debiti per ritenute da versare | 5.805, 00 |
| Denaro in cassa | 2.045, 00 | UniCredit c/c | 6.471, 00 |
| Prelevamenti extragestione | 29.415, 00 | Credito Valtellinese c/c | 7.736, 00 |
| Merci c/esistenze iniziali | 171.828, 00 | Istituti previdenziali | 3.996, 00 |
| Merci c/acquisti | 1.668.483, 00 | IVA ns/debito | 34.975, 00 |
| Salari e stipendi | 163.014, 00 | Patrimonio netto | 488.400, 00 |
| Oneri sociali | 49.472, 00 | Resi su acquisti | 24.420, 00 |
| Costi di trasporto | 4.329, 00 | Ribassi e abbuoni attivi | 5.106, 00 |
| Costi per energia | 13.830, 00 | Merci c/vendite | 2.077.221, 00 |
| Consulenze | 20.424, 00 | Rimborsi costi di vendita | 21.378, 00 |
| Costi postali | 6.216, 00 | Interessi attivi da clienti | 3.996, 00 |
| Costi telefonici | 10.878, 00 | Fitti attivi | 20.530, 00 |
| Fitti passivi | 13.320, 00 | Plusvalenze ordinarie | 7.770, 00 |
| Manutenzioni e riparazioni | 18.759, 00 | | |
| Commissioni bancarie | 546, 00 | | |
| Interessi passivi a fornitori | 3.141, 00 | | |
| Resi su vendite | 12.720, 00 | | |
| Ribassi e abbuoni passivi | 6.438, 00 | | |
| Perdite su crediti | 4.662, 00 | | |
| Sopravvenienze passive straordinarie | 18.537, 00 | | |
| Totale | 3.146.143, 00 | Totale | 3.146.143, 00 |

76  **Scritture di gestione e di assestamento**

La situazione contabile per eccedenze redatta in data 15/12 dall'impresa Alfio Merlani presenta i valori riportati a pagina seguente.

| | | |
|---|---|---|
| Fabbricati | 463.700,00 | |
| Impianti e macchinari | 12.300,00 | |
| Attrezzature commerciali | 119.000,00 | |
| Macchine d'ufficio | 70.210,00 | |
| Arredamento | 47.600,00 | |
| Fondo ammortamento fabbricati | | 179.700,00 |
| Fondo ammortamento impianti e macchinari | | 12.300,00 |
| Fondo ammortamento attrezzature commerciali | | 17.850,00 |
| Fondo ammortamento macchine d'ufficio | | 14.042,00 |
| Fondo ammortamento arredamento | | 25.704,00 |
| Crediti v/clienti | 121.380,00 | |
| Crediti insoluti | 16.253,00 | |
| Cambiali attive | 11.900,00 | |
| Fondo rischi su crediti | | 10.380,00 |
| IVA ns/credito | 18.242,00 | |
| Imposte c/acconto | 2.856,00 | |
| Banca Antonveneta c/c | 32.130,00 | |
| Denaro in cassa | 785,00 | |
| Patrimonio netto | | 178.500,00 |
| Prelevamenti extragestione | 15.470,00 | |
| Debiti per TFR | | 68.234,00 |
| Mutui passivi | | 142.800,00 |
| Debiti v/fornitori | | 236.542,00 |
| Cambiali passive | | 3.570,00 |
| Debiti per ritenute da versare | | 2.594,00 |
| IVA ns/debito | | 22.540,00 |
| Istituti previdenziali | | 2.856,00 |
| Merci c/vendite | | 1.102.337,00 |
| Rimborsi costi di vendita | | 14.637,00 |
| Resi su vendite | 2.380,00 | |
| Merci c/acquisti | 820.940,00 | |
| Materie di consumo c/acquisti | 14.000,00 | |
| Costi di trasporto | 4.403,00 | |
| Costi per energia | 3.403,00 | |
| Assicurazioni | 8.000,00 | |
| Costi telefonici | 2.092,00 | |
| Salari e stipendi | 109.623,00 | |
| Oneri sociali | 32.796,00 | |
| Merci c/esistenze iniziali | 91.273,00 | |
| Materie di consumo c/esistenze iniziali | 8.614,00 | |
| Interessi passivi su mutui | 5.236,00 | |
| Totali | 2.034.586,00 | 2.034.586,00 |

Successivamente l'impresa compie le seguenti operazioni di gestione:

16/12: liquidata l'IVA del mese di novembre: IVA a debito 12.560 euro, IVA a credito 12.458 euro;

16/12: versate a mezzo c/c bancario le ritenute fiscali, le ritenute sociali e l'IVA;

21/12: emessa fattura per la vendita di un macchinario del costo storico di 12.300 euro e interamente ammortizzato, valore di realizzo 800 euro + IVA; acquistato un nuovo macchinario del costo di 16.000 euro + IVA che entra in funzione l'anno successivo; a saldo si dispone un bonifico bancario, eseguito tre giorni dopo; commissione bancaria 3 euro;

27/12: versato a mezzo c/c bancario acconto IVA di 740 euro;

28/12: liquidate le retribuzioni ai dipendenti per 22.420 euro, assegni per il nucleo familiare 162 euro; contributi sociali a carico dell'impresa 6.940 euro;

31/12: pagate le retribuzioni ai dipendenti con addebito in c/c bancario; ritenute fiscali 3.650 euro, ritenute sociali 2.060 euro;

31/12: liquidata l'IVA del mese di dicembre.

Le operazioni di assestamento a fine esercizio sono le seguenti:

**a.** rilevati interessi attivi lordi sul c/c bancario 352 euro;
**b.** svalutati crediti commerciali nella misura dello 0,50% del valore nominale;
**c.** ammortizzati i fabbricati del 4% (il valore dell'edificio è di 320.000 euro), le attrezzature commerciali del 15%, le macchine di ufficio del 20%, l'arredamento del 18%;
**d.** calcolata la quota TFR; variazione dell'indice dei prezzi ISTAT 2,50%;
**e.** valutate le rimanenze di merci 92.000 euro e di materie di consumo 8.600 euro;
**f.** nel conto Assicurazioni è compreso un premio annuo di 4.745 euro pagato in data 01/10;
**g.** sul mutuo passivo si corrispondono interessi semestrali posticipati in data 15/03 e il 15/09 al tasso 5,50%;
**h.** si costituisce il Fondo responsabilità civile accantonando l'importo di 3.400 euro;
**i.** le imposte di competenza ammontano a 3.106 euro;
**l.** girati i saldi dei conti Banca Antonveneta c/c, Istituti previdenziali e IVA c/liquidazione ai rispettivi conti di debito o di credito.

Presenta:

1. le scritture di gestione, le scritture di assestamento, epilogo e chiusura dei conti;
2. la situazione contabile finale redatta dopo le scritture di assestamento;
3. la situazione patrimoniale e la situazione economica redatte dopo le scritture di assestamento.

### 77 Scritture di assestamento e situazione contabile

La contabilità dell'impresa Elisa Casati al 31/12, prima delle scritture di assestamento, presenta i seguenti conti:

| | | | |
|---|---|---|---|
| Fabbricati | 282.900 | Denaro in cassa | 1.694 |
| Attrezzature commerciali | 34.500 | Patrimonio netto | 362.850 |
| Automezzi | 73.800 | Debiti per TFR | 67.650 |
| Arredamento | 30.000 | Mutui passivi | 90.000 |
| Fondo ammortamento fabbricati | 30.400 | Debiti v/fornitori | 675.518 |
| Fondo amm.to attrezzature commerciali | 18.630 | Cambiali passive | 18.336 |
| Fondo ammortamento automezzi | 29.520 | Debiti per ritenute da versare | 3.690 |
| Fondo ammortamento arredamento | 13.500 | IVA c/liquidazione (Avere) | 26.322 |
| Cambiali attive | 28.443 | Istituti previdenziali (Avere) | 26.300 |
| Fondo svalutazione crediti | 3.050 | Credem c/c (Dare) | 23.031 |
| Fondo rischi su crediti | 2.116 | UBI Banca c/c (Avere) | 20.600 |
| Crediti v/clienti | 954.186 | Merci c/vendite | 1.888.353 |
| Imposte c/acconto | 2.000 | Rimborsi costi di vendita | 8.474 |
| Assegni | 2.050 | Resi su vendite | 8.900 |

ESERCIZI della lezione 6

| | | | |
|---|---|---|---|
| Ribassi e abbuoni passivi | 20.258 | Costi telefonici | 1.537 |
| Premi su vendite | 27.060 | Commissioni bancarie | 1.800 |
| Merci c/acquisti | 1.419.899 | Fitti passivi | 11.808 |
| Resi su acquisti | 10.500 | Salari e stipendi | 159.740 |
| Ribassi e abbuoni attivi | 4.674 | Oneri sociali | 53.040 |
| Costi di trasporto | 11.000 | Merci c/esistenze iniziali | 112.000 |
| Costi per energia | 16.961 | Interessi attivi da clienti | 4.089 |
| Pubblicità | 10.700 | Interessi passivi a fornitori | 1.765 |
| Consulenze | 12.800 | Interessi passivi su mutui | 2.700 |

Riporta nei conti di mastro gli importi e presenta le scritture di assestamento di epilogo e di chiusura e la situazione contabile finale in base a quanto segue:

a. rilevate provvigioni passive da maturare non ancora liquidate per 1.860 euro;
b. capitalizzati interessi attivi lordi di 264 euro sul c/c presso Credem e maturati interessi passivi di 1.056 euro sul c/c presso UBI Banca; gli interessi passivi verranno addebitati sul conto corrente il giorno 01/03 dell'anno successivo;
c. stralciati un credito inesigibile di 1.850 euro e una cambiale di 1.200 euro in precedenza svalutati;
d. svalutati i restanti crediti di origine commerciale del 5%;
e. calcolata la quota di TFR maturata nell'esercizio (variazione indice dei prezzi ISTAT 2,50%);
f. ammortizzati i fabbricati del 4% (il valore dell'edificio è stimato 190.000 euro), le attrezzature commerciali del 18%, gli automezzi del 20%, l'arredamento del 15%;
g. si è in attesa di fatture dai fornitori per merci ricevute di 2.580 euro (le fatture si ricevono e registrano dopo il 16/01);
h. i fornitori devono liquidare premi per 2.680 euro;
i. concesso in data 15/12 il rinnovo per 60 giorni su fattura scaduta di 3.285 euro, riscuotendo in contanti gli interessi al tasso 7,50%;
l. sul mutuo, stipulato in data 01/06, maturano interessi al tasso 6% da corrispondere posticipatamente in data 01/06 e 01/12;
m. riscontrato in cassa un biglietto falso da 50 euro;
n. le rimanenze di merci vengono valutate 104.000 euro;
o. le imposte di competenza ammontano a 4.500 euro;
p. si girano ai rispettivi conti di debito o di credito i conti accesi alle banche, Istituti previdenziali e IVA c/liquidazione.

### 78 Scritture di assestamento e situazione contabile

L'impresa Marco Frandi presenta, prima delle scritture di assestamento, la situazione contabile riportata a pagina seguente.

Al 31/12 l'impresa redige le seguenti scritture di assestamento:

a. rilevate provvigioni passive ad agenti già maturate ma non ancora liquidate per 3.230 euro;
b. accreditati interessi attivi lordi di 140 euro sul c/c presso la Banca Monte dei Paschi di Siena;
c. maturati interessi passivi di 940 euro sul c/c presso la Banca Antonveneta che verranno addebitati sul conto corrente il giorno 01/03 dell'anno successivo;
d. stralciati crediti inesigibili per 3.420 euro sorti in precedenti esercizi;
e. svalutati i crediti commerciali adeguando il Fondo rischi su crediti al 5% dei crediti commerciali;
f. calcolata la quota di TFR maturata nell'esercizio considerando una variazione dell'indice dei prezzi ISTAT 3%;
g. ammortizzati i fabbricati del 4% (il valore dell'edificio è stimato 152.000 euro); gli automezzi del 20%, l'arredamento del 15% e le attrezzature commerciali del 18%;
h. ricevute merci da un fornitore per 5.340 euro la cui fattura differita si riceve e registra dopo il 16/01;
i. in data 25/11 è stata concessa una dilazione di pagamento su una fattura di 6.570 euro per 60 giorni; gli interessi al tasso 8% sono stati riscossi anticipatamente;

**l.** sul mutuo maturano interessi semestrali al tasso 6,20% da corrispondere in via posticipata in data 01/04 e 01/10;
**m.** riscontrato in cassa un biglietto da 50 euro falso;
**n.** valutate le rimanenze di merci 114.800 euro;
**o.** liquidate imposte di competenza per 8.240 euro;
**p.** girati i saldi dei conti accesi ai c/c bancari, IVA e Istituti previdenziali agli specifici conti di accredito o di debito.

Presenta:
1. le scritture di assestamento, epilogo e chiusura dei conti;
2. la situazione contabile finale suddivisa in Situazione patrimoniale e Situazione economica.

| | | | |
|---|---|---|---|
| Fabbricati | 205.000,00 | Patrimonio netto | 163.000,00 |
| Automezzi | 33.000,00 | Fondo ammortamento fabbricati | 12.160,00 |
| Arredamento | 41.000,00 | Fondo ammortamento automezzi | 19.800,00 |
| Attrezzature commerciali | 31.600,00 | Fondo amm.to arredamento | 12.300,00 |
| Crediti v/clienti | 237.184,00 | Fondo amm.to attrezz. comm.li | 22.752,00 |
| Cambiali attive | 41.305,00 | Fondo rischi su crediti | 8.272,00 |
| Imposte c/acconto | 5.820,00 | Debiti per TFR | 105.070,00 |
| MPS c/c | 15.596,00 | Mutui passivi | 40.000,00 |
| Assegni | 801,00 | Debiti v/fornitori | 228.319,00 |
| Denaro in cassa | 712,00 | Cambiali passive | 15.898,00 |
| Merci c/esistenze iniziali | 105.623,00 | Banca Antonveneta c/c | 3.653,00 |
| Merci c/acquisti | 580.948,00 | Debiti diversi | 640,00 |
| Ribassi e abbuoni passivi | 9.107,00 | Istituti previdenziali | 4.119,00 |
| Resi su vendite | 9.483,00 | Debiti per ritenute da versare | 1.659,00 |
| Premi su vendite | 12.166,00 | IVA c/liquidazione | 11.834,00 |
| Pubblicità | 4.811,00 | Merci c/vendite | 802.581,00 |
| Costi di trasporto | 10.683,00 | Rimborsi costi di vendita | 8.905,00 |
| Costi per energia | 14.122,00 | Ribassi e abbuoni attivi | 2.101,00 |
| Assicurazioni | 6.550,00 | Resi su acquisti | 10.285,00 |
| Consulenze | 5.787,00 | Interessi attivi da clienti | 1.835,00 |
| Costi telefonici | 3.656,00 | | |
| Salari e stipendi | 71.818,00 | | |
| Oneri sociali | 23.056,00 | | |
| Interessi passivi su mutui | 1.860,00 | | |
| Interessi passivi a fornitori | 2.100,00 | | |
| Oneri finanziari diversi | 1.395,00 | | |
| Totale | 1.475.183,00 | Totale | 1.475.183,00 |

79

CASO AZIENDALE **Perlo, ampliare l'attività aziendale ma stando attenti ai conti**

Leggi il caso aziendale e rispondi alle domande.
Riccardo Perlo è titolare di un negozio di biciclette e accessori per lo sport. Negli ultimi tempi ha sviluppato un buon giro di affari per la vendita di biciclette elettriche e biciclette pieghevoli. Per sfruttare il momento favorevole del mercato ha ampliato i locali di esposizione stipulando, in data 01/08/n, un contratto di locazione che prevede il versamento anticipato di un canone annuo di 3.600 euro e il deposito, alla conclusione del contratto, di una cauzione pari a tre mensilità.
L'ampliamento dei locali ha richiesto il sostenimento di alcuni costi per la messa a norma dell'impianto elettrico e per l'adattamento all'uso espositivo dei locali. Per sostenere tutti i costi necessari l'imprenditore ha ottenuto un finanziamento di 15.000 euro in data 01/03/n per il quale ha concordato il pagamento di interessi semestrali posticipati al tasso 3%.
Inoltre, per tutelarsi dal rischio contro i furti, ha stipulato un contratto di assicurazione versando, in data 01/09/n, un premio annuo anticipato di 1.825 euro.

La Situazione economica sintetica redatta al termine dell'esercizio n evidenzia i seguenti valori.

**Situazione economica dell'esercizio n**

| | | | |
|---|---|---|---|
| Esistenze iniziali di merci | 87.500, 00 | Ricavi delle vendite e delle prestazioni | 1.131.900, 00 |
| Costi per acquisto di merci | 840.400, 00 | Rimanenze finali di merci | 112.000, 00 |
| Costi per servizi | 72.400, 00 | Interessi attivi | 2.100, 00 |
| Costi per godimento di beni di terzi | 7.800, 00 | | |
| Costi per il personale | 116.000, 00 | | |
| Ammortamenti | 28.500, 00 | | |
| Interessi passivi | 4.500, 00 | | |
| Imposte dell'esercizio | 36.600, 00 | | |
| Totale componenti negativi | 1.193.700, 00 | | |
| Risultato economico | 52.300, 00 | | |
| Totale a pareggio | 1.246.000, 00 | Totale componenti positivi | 1.246.000, 00 |

1. Per quale importo il canone di locazione pagato in data 01/08/n incide sul reddito dell'esercizio?
2. Quali conseguenze comporta il pagamento del canone di locazione sulla Situazione patrimoniale
3. In quale conto viene registrato il deposito cauzionale corrisposto al momento del pagamento del canone di locazione?
4. Quali conseguenze determina sulla Situazione patrimoniale l'accensione del prestito bancario?
5. Quali conseguenze determina sul risultato economico l'accensione del prestito bancario?
6. Quali sono gli effetti sulla Situazione patrimoniale del versamento del premio di assicurazione?
7. Quale può essere la destinazione dell'utile d'esercizio conseguito dall'impresa?
8. Un'eventuale perdita d'esercizio con quali modalità viene coperta?

## Lezione 7 La redazione del bilancio d'esercizio

### 80 Stato patrimoniale

L'impresa Elisa Bassini presenta, al 31/12, i seguenti elementi del patrimonio:

| | | | |
|---|---|---|---|
| Fabbricati | 200.000 | Denaro in cassa | 2.000 |
| Arredamento | 15.000 | Banche c/c attivi | 8.000 |
| Attrezzature commerciali | 40.000 | Debiti per TFR | 48.000 |
| Fondo ammortamento fabbricati | 80.000 | Mutui passivi | 100.000 |
| Fondo ammortamento arredamento | 10.000 | Debiti v/fornitori | 110.000 |
| Fondo amm.to attrezzature commerciali | 18.000 | Brevetti | 5.000 |
| Crediti v/clienti | 225.000 | Fondo ammortamento brevetti | 2.000 |
| Crediti v/clienti esteri | 25.000 | Capitale proprio | 220.000 |
| Fondo rischi su crediti | 10.000 | Fondo responsabilità civile | 15.000 |
| Merci | 105.000 | Utile d'esercizio | .................. |

Calcola il risultato economico dell'esercizio e presenta lo Stato patrimoniale.

### 81 Inserimento di voci nello Stato patrimoniale

L'impresa Renzo Seriani presentava, all'inizio dell'esercizio, i seguenti conti:

| | | | |
|---|---|---|---|
| Fabbricati | 650.000 | Fondo amm. attrezzature commerciali | 15.400 |
| Attrezzature commerciali | 52.800 | Fondo ammortamento arredamento | 23.040 |
| Arredamento | 25.600 | Merci c/esistenze iniziali | 92.600 |
| Fondo ammortamento fabbricati | 140.800 | | |

Durante l'esercizio vengono effettuate le seguenti operazioni:

**a.** rinnovato completamente l'arredamento acquistandone uno nuovo del costo di 32.800 euro + IVA, cedendo in permuta il vecchio arredamento al prezzo di 2.200 euro + IVA; il saldo è regolato con assegno bancario; la quota di ammortamento maturata nell'esercizio è di 2.520 euro;

**b.** cedute attrezzature commerciali del costo di 15.400 euro + IVA, già ammortizzate per 9.240 euro, al prezzo di 4.200 euro; la quota di ammortamento maturata nell'esercizio è di 1.540 euro.

Al 31/12 l'impresa compie le seguenti scritture di assestamento:

- ammortizzati i fabbricati del 4% (il costo dell'edificio è 440.000 euro);
- ammortizzate le attrezzature commerciali del 20%;
- ammortizzato l'arredamento del 18% (il nuovo arredamento è stato acquistato in data 01/08);
- le merci in rimanenza vengono valutate 94.200 euro.

Presenta:

**1.** le registrazioni in P.D.;

**2.** lo Stato patrimoniale al 31/12 limitatamente alle voci che derivano da quanto sopra esposto.

### 82 Inserimento di voci nello Stato patrimoniale e nel Conto economico

La situazione contabile dell'impresa Elena Quaresi, redatta al 31/12, presenta, tra gli altri, i seguenti conti:

**Situazione patrimoniale al 31/12**

| | | | |
|---|---|---|---|
| Software | 8.000, 00 | Fondo ammortamento software | 4.800, 00 |
| Fabbricati | 400.000, 00 | Fondo ammortamento fabbricati | 126.000, 00 |
| Attrezzature commerciali | 25.000, 00 | Fondo amm.to attrezzature comm.li | 15.000, 00 |
| Automezzi | 78.000, 00 | Fondo ammortamento automezzi | 31.200, 00 |
| Merci | 145.000, 00 | Fondo svalutazione crediti | 14.200, 00 |
| Crediti v/clienti | 189.600, 00 | Fondo rischi su crediti | 7.800, 00 |
| Cambiali attive | 22.000, 00 | | |
| Crediti insoluti | 15.670, 00 | | |
| .............................................. | ..............., .... | .............................................. | ..............., .... |

**Situazione economica dell'esercizio**

| | | | |
|---|---|---|---|
| Merci c/esistenze iniziali | 128.000, 00 | Merci c/vendite | 1.568.400, 00 |
| Merci c/acquisti | 1.195.380, 00 | Ribassi e abbuoni attivi | 12.380, 00 |
| Resi su vendite | 18.200, 00 | Resi su acquisti | 4.580, 00 |
| Ribassi e abbuoni passivi | 6.540, 00 | Merci c/rimanenze finali | 145.000, 00 |
| .............................................. | ..............., .... | .............................................. | ..............., .... |

Presenta lo Stato patrimoniale e il Conto economico limitatamente alle voci collegate ai conti sopra riportati.

### 83 Inserimento di voci nello Stato patrimoniale

L'impresa individuale Pietro Lovera presenta all'inizio dell'esercizio, tra gli altri, i seguenti conti:

| | | | |
|---|---|---|---|
| Crediti v/clienti | 194.800 | Automezzi | 52.000 |
| Fondo svalutazione crediti | 8.450 | Fondo amm.to fabbricati | 51.200 |
| Fondo rischi su crediti | 3.220 | Fondo amm.to attrezzature commerciali | 26.400 |
| Fabbricati | 540.000 | Fondo ammortamento automezzi | 20.800 |
| Attrezzature commerciali | 44.000 | | |

Durante l'esercizio si effettuano, tra le altre, le seguenti operazioni:

**a.** acquistate nei primi giorni di gennaio attrezzature commerciali del costo di 12.400 euro + IVA cedendo in permuta a 1.500 euro + IVA attrezzature acquistate a 8.600 euro e ammortizzate per l'80%; la differenza è regolata con assegno bancario;

**b.** stralciato un credito verso clienti di 4.500 euro sorto nell'esercizio;
**c.** vendute merci per 24.600 euro + IVA;
**d.** riscossi crediti verso clienti per 122.880 euro.

Al 31/12 si ammortizzano i fabbricati del 4% (valore dell'edificio 378.000 euro), le attrezzature commerciali del 12% e gli automezzi del 20%.
Si presume di riscuotere solo il 70% di un credito commerciale di 27.400 euro sorto durante l'esercizio; la svalutazione forfetaria dei crediti è effettuata adeguando il Fondo rischi su crediti al 5% del valore nominale dei crediti commerciali residui.
Inserisci nello Stato patrimoniale le voci che derivano da quanto sopra specificato.

### 84 Inserimento di voci nel Conto economico

✓✓

Inserisci nel Conto economico le voci che derivano da quanto segue:

**a.** sono state acquistate merci per 245.600 euro; sono state restituite merci per 5.300 euro in quanto non conformi al contratto;
**b.** sono state vendute merci per 387.600 euro al lordo di abbuoni concessi ai clienti di 2.400 euro;
**c.** sono stati sostenuti costi per servizi per 22.300 euro, inclusi 1.800 euro riguardanti un premio di assicurazione di competenza del prossimo esercizio;
**d.** gli ammortamenti sono stati calcolati sui costi storici dei cespiti in base a quanto segue:

| Beni da ammortizzare | Costo storico | Aliquota |
|---|---|---|
| Fabbricati [1] | 220.000 | 4% |
| Attrezzature commerciali | 34.500 | 20% |
| Arredamento | 26.000 | 15% |
| Automezzi | 52.000 | 20% |

[1] (il valore dell'edificio è 160.000 euro);

**e.** il debito per TFR prima delle scritture di assestamento è di 2.860 euro; i salari e gli stipendi corrisposti nell'esercizio ammontano a 52.515 euro, gli oneri sociali a 16.800 euro; la variazione dell'indice ISTAT è pari a 2%;
**f.** le esistenze iniziali di merci ammontano a 24.200 euro, quelle di materie di consumo a 2.600 euro;
**g.** le rimanenze finali di merci ammontano a 28.700 euro, quelle di materie di consumo a 2.800 euro;
**h.** le imposte di competenza dell'esercizio sono di 9.860 euro.

### 85 Inserimento di voci nello Stato patrimoniale e nel Conto economico

La situazione contabile dell'impresa Giuseppe Selleni, redatta al 31/12, presenta, tra gli altri, i seguenti conti:

**Situazione patrimoniale al 31/12**

| | | | | | |
|---|---|---|---|---|---|
| Brevetti | 18.000, | 00 | Fondo ammortamento brevetti | 10.800, | 00 |
| Fabbricati | 520.000, | 00 | Fondo ammortamento fabbricati | 112.000, | 00 |
| Attrezzature commerciali | 28.000, | 00 | Fondo amm.to attrezzature comm.li | 22.400, | 00 |
| Macchine d'ufficio | 22.000, | 00 | Fondo amm.to macchine d'ufficio | 13.200, | 00 |
| Arredamento | 45.000, | 00 | Fondo ammortamento arredamento | 32.400, | 00 |
| Merci | 235.000, | 00 | Fondo svalutazione crediti | 8.200, | 00 |
| Materie di consumo | 15.200, | 00 | Fondo rischi su crediti | 13.800, | 00 |
| Crediti v/clienti | 285.600, | 00 | | | |
| Cambiali insolute | 12.330, | 00 | | | |
| Crediti insoluti | 15.670, | 00 | | | |
| ........................................ | ..............., | .... | ........................................ | ..............., | .... |

ESERCIZI della lezione 7

**Situazione economica dell'esercizio**

| | | | |
|---|---|---|---|
| Merci c/esistenze iniziali | 228.000, 00 | Merci c/vendite | 1.958.400, 00 |
| Materie di consumo c/esist. iniziali | 12.700, 00 | Ribassi e abbuoni attivi | 15.680, 00 |
| Merci c/acquisti | 1.345.480, 00 | Resi su acquisti | 11.680, 00 |
| Materie di consumo c/acquisti | 24.350, 00 | Merci c/rimanenze finali | 235.000, 00 |
| Resi su vendite | 18.200, 00 | Materie di consumo c/rimanenze finali | 15.200, 00 |
| Ribassi e abbuoni passivi | 12.640, 00 | | |
| ............................................ | ..............., .... | ............................................ | ..............., .... |

Presenta lo Stato patrimoniale e il Conto economico limitatamente alle voci collegate ai conti sopra riportati.

86 ✓✓ **Bilancio di esercizio**

L'impresa Fabrizio Serra presenta al 31/12, dopo le scritture di assestamento, i seguenti conti:

| | | | |
|---|---|---|---|
| Patrimonio netto | 224.000 | Merci c/esistenze iniziali | 46.800 |
| Denaro in cassa | 4.240 | Materie di consumo c/esistenze iniziali | 6.000 |
| Assegni | 5.760 | Materie di consumo c/rimanenze finali | 8.000 |
| Crediti v/clienti | 249.600 | Merci c/rimanenze finali | 60.000 |
| Cambiali attive | 5.200 | Rimborsi costi di vendita | 20.000 |
| Debiti v/fornitori | 125.480 | Fatture da emettere | 22.800 |
| Merci c/acquisti | 491.200 | Svalutazione crediti | 1.200 |
| Merci c/vendite | 816.000 | Materie di consumo c/acquisti | 12.800 |
| Costi di trasporto | 20.720 | Fondo rischi su crediti | 8.184 |
| Costi per energia | 14.400 | Interessi passivi a fornitori | 1.016 |
| Pubblicità | 23.200 | Interessi passivi bancari | 3.536 |
| Consulenze | 11.200 | Interessi passivi su mutui | 4.600 |
| Costi postali | 3.180 | Interessi attivi da clienti | 3.776 |
| Costi di incasso | 400 | Interessi attivi bancari | 800 |
| Fitti passivi | 20.160 | Debiti v/Istituti previdenziali | 3.664 |
| Salari e stipendi | 144.000 | Debiti per imposte | 1.400 |
| Oneri sociali | 45.920 | Ammortamento attrezzature commerciali | 19.200 |
| Ribassi e abbuoni passivi | 9.040 | Ammortamento macchine d'ufficio | 2.000 |
| Ribassi e abbuoni attivi | 12.480 | Ammortamento automezzi | 16.000 |
| Premi su vendite | 3.200 | Sopravvenienze passive straordinarie | 1.292 |
| Premi su acquisti | 10.720 | Macchine d'ufficio | 20.000 |
| Resi su acquisti | 10.000 | Fondo ammortamento automezzi | 32.000 |
| Automezzi | 80.000 | Fondo amm.to attrezzature commerciali | 38.400 |
| Attrezzature commerciali | 104.000 | Fondo ammortamento macchine d'ufficio | 4.000 |
| Debiti per IVA | 4.640 | Banche c/c attivi | 16.800 |
| TFR | 11.520 | Materie di consumo | 8.000 |
| Mutui passivi | 80.000 | Merci | 60.000 |
| Debiti per TFR | 26.216 | Imposte dell'esercizio | 4.600 |
| Ratei passivi | 1.000 | Minusvalenze ordinarie | 4.296 |
| Banche c/c passivi | 16.464 | Crediti commerciali diversi | 9.600 |
| Banche c/interessi maturati | 3.536 | Costi telefonici | 3.496 |
| Debiti per ritenute da versare | 216 | | |

Dopo aver stabilito il segno Dare o Avere delle eccedenze, presenta lo Stato patrimoniale e il Conto economico tenendo presenti le seguenti informazioni:

- il mutuo è rimborsato a quote costanti di capitale di 20.000 euro in data 01/10 di ogni anno;
- i debiti verso fornitori comprendono un debito di 10.500 euro scadente tra 18 mesi.

## 87 Stato patrimoniale e Conto economico

La situazione contabile dell'impresa Canale Mario (scissa in Situazione patrimoniale e Situazione economica), redatta dopo le scritture di assestamento, presenta i seguenti conti.

**Situazione patrimoniale**

| | | | | | |
|---|---|---|---|---|---|
| Fabbricati | 180.000, | 00 | Fondo ammortamento fabbricati | 50.400, | 00 |
| Attrezzature commerciali | 21.600, | 00 | Fondo amm.to attrezzature comm.li | 8.640, | 00 |
| Arredamento | 18.400, | 00 | Fondo amm.to arredamento | 15.600, | 00 |
| Macchine d'ufficio | 8.500, | 00 | Fondo amm.to macchine d'ufficio | 3.400, | 00 |
| Merci | 54.000, | 00 | Fondo rischi su crediti | 4.200, | 00 |
| Crediti v/clienti | 62.500, | 00 | Debiti per TFR | 15.800, | 00 |
| Cambiali attive | 8.300, | 00 | Mutui passivi | 30.000, | 00 |
| Crediti per IVA | 1.260, | 00 | Banche c/c passivi | 5.200, | 00 |
| Denaro in cassa | 1.440, | 00 | Banche c/interessi maturati | 1.200, | 00 |
| Totale attività | 356.000, | 00 | Debiti v/fornitori | 54.500, | 00 |
| Prelevamenti extragestione | 12.000, | 00 | Fatture da ricevere | 4.464. | 00 |
| Titolare c/ritenute subite | 130, | 00 | Debiti per ritenute da versare | 520, | 00 |
| | | | Debiti v/Istituti previdenziali | 600, | 00 |
| | | | Debiti per imposte | 700, | 00 |
| | | | Ratei passivi | 800, | 00 |
| | | | Risconti passivi | 700, | 00 |
| | | | Totale passività | 196.724, | 00 |
| | | | Patrimonio netto | 150.000, | 00 |
| | | | Utile d'esercizio | 21.406, | 00 |
| Totale | 368.130, | 00 | Totale | 368.130, | 00 |

**Situazione economica**

| | | | | | |
|---|---|---|---|---|---|
| Resi su vendite | 10.500, | 00 | Merci c/vendite | 624.000, | 00 |
| Ribassi e abbuoni passivi | 6.200, | 00 | Rimborsi costi di vendita | 18.000, | 00 |
| Merci c/acquisti | 523.875, | 00 | Merci c/rimanenze finali | 54.000, | 00 |
| Merci c/esistenze iniziali | 48.000, | 00 | Resi su acquisti | 25.000, | 00 |
| Costi di trasporto | 11.624, | 00 | Ribassi e abbuoni attivi | 1.200, | 00 |
| Costi postali | 600, | 00 | Interessi attivi da clienti | 200, | 00 |
| Costi telefonici | 3.200, | 00 | Interessi attivi bancari | 500, | 00 |
| Costi per i locali | 4.000, | 00 | | | |
| Costi d'incasso | 380, | 00 | | | |
| Salari e stipendi | 45.000, | 00 | | | |
| Oneri sociali | 15.750, | 00 | | | |
| TFR | 4.700, | 00 | | | |
| Perdite su crediti | 3.200, | 00 | | | |
| Svalutazione crediti | 1.800, | 00 | | | |
| Ammortamento fabbricati | 5.040, | 00 | | | |
| Amm.to attrezzature commerciali | 4.320, | 00 | | | |
| Amm.to arredamento | 3.900, | 00 | | | |
| Amm.to macchine d'ufficio | 1.700, | 00 | | | |
| Interessi passivi bancari | 1.200, | 00 | | | |
| Interessi passivi su mutui | 900, | 00 | | | |
| Interessi passivi a fornitori | 200, | 00 | | | |
| Minusvalenze ordinarie | 2.465, | 00 | | | |
| Imposte dell'esercizio | 2.940, | 00 | | | |
| Totale costi | 701.494, | 00 | | | |
| Utile d'esercizio | 21.406, | 00 | | | |
| Totale a pareggio | 722.900, | 00 | Totale ricavi | 722.900, | 00 |

Compila i prospetti di Stato patrimoniale e di Conto economico in forma abbreviata.

### Scritture di assestamento, epilogo, chiusura e bilancio di esercizio

L'impresa Lucia Bressi ha redatto al 31/12, prima delle scritture di assestamento, la seguente situazione contabile per eccedenze:

| Denominazione dei conti | Eccedenze | |
|---|---|---|
| | Dare | Avere |
| Costi di impianto | 9.960, 00 | |
| Software | 6.000, 00 | |
| Fondo ammortamento costi di impianto | | 3.984, 00 |
| Fondo ammortamento software | | 3.000, 00 |
| Fabbricati | 200.000, 00 | |
| Impianti e macchinari | 70.000, 00 | |
| Attrezzature commerciali | 15.000, 00 | |
| Macchine d'ufficio | 8.000, 00 | |
| Arredamento | 6.000, 00 | |
| Automezzi | 49.800, 00 | |
| Fondo ammortamento fabbricati | | 11.200, 00 |
| Fondo ammortamento impianti e macchinari | | 25.200, 00 |
| Fondo ammortamento attrezzature commerciali | | 4.500, 00 |
| Fondo ammortamento macchine d'ufficio | | 2.880, 00 |
| Fondo ammortamento arredamento | | 1.440, 00 |
| Fondo ammortamento automezzi | | 19.920, 00 |
| Crediti v/clienti | 82.708, 00 | |
| Crediti insoluti | 4.980, 00 | |
| Cambiali attive | 17.900, 00 | |
| Fondo rischi su crediti | | 1.892, 00 |
| IVA ns/credito | 2.724, 00 | |
| IVA c/acconto | 797, 00 | |
| Imposte c/acconto | 1.760, 00 | |
| Crediti per cauzioni | 896, 00 | |
| Denaro in cassa | 2.790, 00 | |
| Assegni | 598, 00 | |
| Prelevamenti extragestione | 27.490, 00 | |
| Patrimonio netto | | 318.000, 00 |
| Debiti per TFR | | 17.928, 00 |
| Mutui passivi | | 60.000, 00 |
| Debiti v/fornitori | | 104.870, 00 |
| Cambiali passive | | 14.940, 00 |
| IVA ns/debito | | 3.486, 00 |
| Debiti per ritenute da versare | | 2.988, 00 |
| Istituti previdenziali | | 5.777, 00 |
| UniCredit c/c | 24.900, 00 | |
| Merci c/vendite | | 1.128.418, 00 |
| Resi su vendite | 20.916, 00 | |
| Ribassi e abbuoni passivi | 3.486, 00 | |
| Plusvalenze ordinarie | | 498, 00 |
| Merci c/acquisti | 672.540, 00 | |
| Materie di consumo c/acquisti | 114.540, 00 | |
| *da riportare* | *1.343.785, 00* | *1.730.921, 00* |

| | | |
|---|---|---|
| *a riporto* | *1.343.785, 00* | *1.730.921, 00* |
| Resi su acquisti | | 6.275, 00 |
| Ribassi e abbuoni attivi | | 897, 00 |
| Merci c/esistenze iniziali | 149.400, 00 | |
| Materie di consumo c/esistenze iniziali | 11.952, 00 | |
| Assicurazioni | 1.825, 00 | |
| Costi di trasporto | 1.469, 00 | |
| Costi per energia | 29.880, 00 | |
| Consulenze | 14.940, 00 | |
| Costi postali | 2.789, 00 | |
| Costi telefonici | 1.494, 00 | |
| Provvigioni passive | 17.928, 00 | |
| Costi di incasso | 250, 00 | |
| Commissioni bancarie | 144, 00 | |
| Canoni di leasing | 23.760, 00 | |
| Salari e stipendi | 98.693, 00 | |
| Oneri sociali | 33.311, 00 | |
| Minusvalenze ordinarie | 1.594, 00 | |
| Interessi passivi su mutui | 2.700, 00 | |
| Interessi passivi a fornitori | 2.879, 00 | |
| Interessi attivi da clienti | | 700, 00 |
| Totali | 1.738.793, 00 | 1.738.793, 00 |

A fine esercizio l'impresa redige le scritture di assestamento sulla base di quanto segue:

**a.** valuta le rimanenze di merci in magazzino 138.000 euro e le rimanenze di materie di consumo 7.200 euro;
**b.** calcola gli ammortamenti come segue: fabbricati 4% (il valore dell'edificio è 140.000 euro), impianti e macchinari 15%, attrezzature commerciali 18%, macchine d'ufficio 18%, arredamento 12%, automezzi 20%;
**c.** ammortizza i costi di impianto del 20% e il software del 25%;
**d.** considera totalmente inesigibile un credito insoluto di 2.150 euro sorto nell'esercizio;
**e.** tiene presente fatture da emettere per merci già inviate per 8.420 euro + IVA e fatture da ricevere per merci già pervenute per 6.400 euro + IVA; le fatture differite si ricevono e registrano il 12/01;
**f.** adegua il Fondo rischi su crediti al 4% del valore nominale dei crediti commerciali per rischio generico;
**g.** considera che sul mutuo passivo maturano interessi posticipati al tasso 6% da corrispondere in data 01/04 e 01/10 di ogni anno;
**h.** calcola la quota di TFR maturata nell'esercizio (variazione indice dei prezzi ISTAT 2%);
**i.** capitalizza sul conto corrente bancario interessi attivi lordi di 235 euro; gli interessi passivi maturati sul conto corrente ammontano a 560 euro e saranno addebitati sul c/c il giorno 01/03 dell'anno successivo;
**l.** considera che il premio annuo di assicurazione è stato pagato anticipatamente in data 01/06;
**m.** tiene presente che su un credito verso clienti di 7.373 euro scaduto in data 01/11 è stata concessa una dilazione di 90 giorni con riscossione posticipata degli interessi al tasso 5%;
**n.** determina le imposte di competenza dell'esercizio in 4.470 euro;
**o.** liquida l'IVA del mese di dicembre;
**p.** storna i saldi di UniCredit c/c, IVA c/liquidazione e Istituti previdenziali agli specifici conti accesi a crediti o debiti.

Presenta:

**1.** le scritture in P.D. di assestamento, di epilogo e di chiusura dei conti;
**2.** la situazione contabile finale suddivisa in Situazione patrimoniale e Situazione economica;
**3.** lo Stato patrimoniale e il Conto economico.

### Scritture di gestione, assestamento e bilancio di esercizio

✓✓✓

La situazione contabile per eccedenze, redatta al 21/12 dall'impresa Leonardo Sciarri, è la seguente:

| Denominazione dei conti | Eccedenze | |
|---|---|---|
| | Dare | Avere |
| Software | 14.500, 00 | |
| Fondo ammortamento software | | 5.800, 00 |
| Fabbricati | 262.800, 00 | |
| Impianti e macchinari | 80.000, 00 | |
| Attrezzature commerciali | 32.000, 00 | |
| Macchine d'ufficio | 23.400, 00 | |
| Arredamento | 45.800, 00 | |
| Automezzi | 50.000, 00 | |
| Fondo ammortamento fabbricati | | 48.600, 00 |
| Fondo ammortamento impianti e macchinari | | 28.800, 00 |
| Fondo ammortamento attrezzature commerciali | | 12.800, 00 |
| Fondo ammortamento macchine d'ufficio | | 9.360, 00 |
| Fondo ammortamento arredamento | | 18.320, 00 |
| Fondo ammortamento automezzi | | 20.000, 00 |
| Crediti v/clienti | 218.160, 00 | |
| Cambiali attive | 12.752, 00 | |
| Fondo rischi su crediti | | 10.062, 00 |
| IVA ns/credito | 6.660, 00 | |
| Imposte c/acconto | 13.158, 00 | |
| Intesa Sanpaolo c/c | 14.620, 00 | |
| Denaro in cassa | 2.400, 00 | |
| Patrimonio netto | | 288.900, 00 |
| Prelevamenti extragestione | 18.000, 00 | |
| Debiti per TFR | | 41.022, 00 |
| Mutui passivi | | 120.000, 00 |
| Debiti v/fornitori | | 118.764, 00 |
| Cambiali passive | | 2.124, 00 |
| IVA ns/debito | | 29.880, 00 |
| Debiti per ritenute da versare | | 1.238, 00 |
| Istituti previdenziali | | 619, 00 |
| Merci c/vendite | | 1.716.776, 00 |
| Rimborsi costi di vendita | | 1.505, 00 |
| Resi su vendite | 5.800, 00 | |
| Merci c/acquisti | 1.504.656, 00 | |
| Ribassi e abbuoni attivi | | 1.980, 00 |
| Merci c/esistenze iniziali | 49.320, 00 | |
| Costi per servizi | 13.400, 00 | |
| Fitti passivi | 7.400, 00 | |
| Salari e stipendi | 72.360, 00 | |
| Oneri sociali | 26.849, 00 | |
| Interessi attivi da clienti | | 4.490, 00 |
| Interessi passivi su mutui | 3.600, 00 | |
| Interessi passivi a fornitori | 805, 00 | |
| Minusvalenze ordinarie | 2.600, 00 | |
| Totali | 2.481.040, 00 | 2.481.040, 00 |

Negli ultimi giorni di dicembre l'impresa compie le seguenti operazioni:

21/12: riscosso un credito di 7.240 euro tramite bonifico bancario;

22/12: emessa fattura n. 748 sul cliente Ravasi srl per la vendita di merci di 38.760 euro, costi di trasporto addebitati forfetariamente 250 euro + IVA, pagamento con Ri.Ba. a 30 giorni;

23/12: presentata la Ri.Ba. all'incasso sbf; la banca accredita l'importo sul c/c e addebita la commissione d'incasso di 8,40 euro;

27/12: versato a mezzo c/c bancario l'acconto IVA di 4.140 euro;

29/12: ricevuta fattura n. 391 dal fornitore Raganin srl per acquisto di merci franco partenza per 13.484 euro + IVA, costi di trasporto addebitati forfetariamente 150 euro;

30/12: liquidate retribuzioni ai dipendenti per 6.240 euro; il pagamento avviene a mezzo c/c bancario al netto di ritenute sociali per 573 euro e ritenute fiscali per 1.380 euro;

30/12: liquidati oneri sociali a carico dell'impresa sulle retribuzioni dei dipendenti per 1.996 euro.

A fine esercizio si effettuano le seguenti scritture di assestamento:

**a.** calcolati ammortamenti del 20% sul software, del 3% sui fabbricati (il valore dell'edificio è di 180.000 euro), del 18% sugli impianti e macchinari, del 20% sulle attrezzature commerciali, del 15% sull'arredamento, del 20% sugli automezzi e sulle macchine d'ufficio;

**b.** deve essere emessa una fattura differita per merci già consegnate ai clienti con documento di trasporto per 2.800 euro + IVA;

**c.** si svaluta del 50% un credito verso un cliente di 8.600 euro e si adegua, per rischio generico di insolvenza, il fondo rischi su crediti al 5% dei crediti residui;

**d.** si capitalizzano interessi attivi lordi sul c/c bancario per 220 euro;

**e.** sul mutuo, contratto in data 01/05, maturano interessi al tasso 6% da corrispondere in via posticipata in data 01/05 e 01/11 di ogni anno;

**f.** si liquida l'IVA del mese di dicembre;

**g.** si valutano le rimanenze di merci in 52.500 euro;

**h.** nel conto Fitti passivi è compreso un canone trimestrale di locazione di 2.400 euro pagato anticipatamente in data 01/12;

**i.** si calcola in 5.750 euro la quota lorda di trattamento di fine rapporto di competenza dell'esercizio; ritenuta fiscale applicata sulla rivalutazione 120 euro;

**l.** si determinano le imposte di competenza dell'esercizio pari a 14.620 euro;

**m.** si girano i saldi di Intesa Sanpaolo c/c, IVA c/liquidazione e Istituti previdenziali ai rispettivi conti accesi ai debiti e ai crediti.

Presenta:

**1.** le scritture di esercizio;

**2.** le scritture di assestamento, di epilogo e di chiusura dei conti;

**3.** la situazione contabile finale suddivisa in Situazione patrimoniale e Situazione economica;

**4.** lo Stato patrimoniale e il Conto economico.

## Lezione 8 Le scritture di riapertura dei conti

### 90 Riapertura dei conti

Nella Situazione patrimoniale redatta dall'impresa Luciana Fasani al 31/12 dopo le scritture di assestamento figurano, tra gli altri, i seguenti conti:

| | | | |
|---|---|---|---|
| Merci | 67.520,50 | Banche c/interessi maturati | 684,00 |
| Materie di consumo | 2.480,30 | Debiti per ritenute da versare | 92,00 |
| Banche c/c attivi | 11.410,50 | Debiti per IVA | 2.850,20 |
| Banche c/c passivi | 13.680,20 | Debiti v/Istituti previdenziali | 7.420,20 |

Procedi alla riapertura dei conti e alle scritture in P.D. in data 01/03 tenendo presente quanto segue:

**a.** i conti correnti bancari con saldi a credito sono aperti presso Intesa Sanpaolo per 9.340 euro e UniCredit per 2.070,50 euro;

**b.** il conto corrente bancario con saldo a debito è aperto presso la Banca Carige.

## 91 Riapertura dei conti e operazioni di gestione

L'impresa Flavio Grassani presenta nella Situazione patrimoniale all'01/01, tra gli altri, i seguenti conti:

| | | | |
|---|---|---|---|
| Crediti v/clienti | 230.832 | Cambiali insolute | 12.200 |
| Crediti insoluti | 19.440 | Fondo svalutazione crediti | 14.232 |
| Cambiali attive | 26.880 | Fondo rischi su crediti | 11.820 |

Durante l'esercizio compie le seguenti operazioni:

10/01: vendute merci come da fattura n. 12 per 9.344 euro + IVA, regolamento a 30 giorni;

09/02: la fattura n. 12, emessa in data 10/01, risulta insoluta;

15/02: la cambiale insoluta di 12.200 euro (svalutata in precedenza per 6.200 euro) viene riscossa per 6.000 euro con assegno bancario; la parte residua risulta inesigibile;

08/03: un credito verso clienti di 5.250 euro, sorto nell'esercizio precedente, risulta inesigibile e viene stralciato;

18/04: la fattura n. 12 risulta totalmente inesigibile e viene stralciata;

16/05: un credito insoluto di 4.420 euro viene riscosso con assegno bancario per 3.000 euro, la parte residua risulta inesigibile e viene stralciata;

12/06: un credito verso clienti di 8.480 euro, sorto nel precedente esercizio, viene riscosso per 4.500 euro con bonifico bancario; la parte residua risulta inesigibile e viene stralciata;

19/07: un pagherò di 7.330 euro viene riscosso tramite c/c bancario.

Presenta le registrazioni in P.D. relative alla riapertura dei conti e alle operazioni di gestione.

## 92 Ratei e risconti

L'impresa Maurizio Banari ha compiuto durante l'esercizio le seguenti operazioni:

25/05: concesso in locazione un fabbricato al canone trimestrale anticipato 4.800 euro a partire dall'01/06, cauzione 3.200 euro;

01/06: riscossi tramite c/c bancario il canone di locazione e la cauzione;

01/09: ottenuto dalla Banca Nazionale del Lavoro un mutuo quinquennale di 120.000 euro al tasso 6%, gli interessi annuali sono da corrispondere in via posticipata; il piano di rimborso prevede una quota capitale di 24.000 euro.

Presenta le scritture in P.D. relative a quanto sopra indicato, le scritture di assestamento, epilogo, chiusura e riapertura dei conti movimentati, nelle ipotesi di storno immediato e differito dei ratei.

## 93 Ricostruzione di operazioni

Presenta le registrazioni contabili redatte dall'impresa Cecilia Farinesi da cui risultano i seguenti movimenti contabili:

| Denominazione dei conti | Eccedenza all'01/01 | Eccedenza al 12/01 |
|---|---|---|
| Merci | 15.980,00 | – |
| Materie di consumo | 4.560,80 | – |
| Fatture da emettere | 4.514,00 | – |
| Cambiali insolute | 3.400,00 | – |
| Fondo svalutazione crediti | 1.760,00 | – |
| Risconti attivi (su consulenze) | 150,00 | – |
| Sopravvenienze passive straordinarie | | 1.640,00 |

## 94 Riapertura dei conti

✓✓

Presenta le scritture in P.D. di riapertura dei conti dell'impresa Paolo Mandrile sulla base della seguente situazione contabile iniziale e tenendo presente che:

- l'impresa applica la procedura di storno immediato dei ratei;
- i ratei attivi sono relativi a interessi su crediti verso clienti;
- i risconti attivi sono relativi a premi di assicurazione;
- i ratei passivi sono relativi a interessi passivi su mutui;
- i risconti passivi sono relativi a fitti attivi;
- i c/c bancari presentano un saldo attivo presso Intesa Sanpaolo e un saldo passivo presso la Banca Popolare di Novara.

**Situazione patrimoniale all'01/01**

| | | | |
|---|---|---|---|
| Attrezzature commerciali | 247.000, 00 | Patrimonio netto | 364.000, 00 |
| Macchine d'ufficio | 91.000, 00 | Fondo amm.to attrezzature comm.li | 85.800, 00 |
| Arredamento | 107.900, 00 | Fondo amm.to macchine d'ufficio | 13.650, 00 |
| Merci | 99.320, 00 | Fondo ammortamento arredamento | 21.580, 00 |
| Materie di consumo | 4.667, 00 | Debiti per TFR | 78.000, 00 |
| Crediti v/clienti | 246.566, 00 | Fondo svalutazione crediti | 2.860, 00 |
| Fatture da emettere | 20.374, 00 | Fondo rischi su crediti | 1.105, 00 |
| Cambiali insolute | 3.213, 00 | Mutui passivi | 65.000, 00 |
| Banche c/c attivi | 21.190, 00 | Banche c/c passivi | 15.200, 00 |
| Denaro in cassa | 1.820, 00 | Banche c/interessi maturati | 790, 00 |
| Assegni | 2.080, 00 | Debiti v/fornitori | 177.270, 00 |
| Ratei attivi | 780, 00 | Cambiali passive | 3.510, 00 |
| Risconti attivi | 2.340, 00 | Debiti per ritenute da versare | 2.210, 00 |
| | | Debiti v/Istituti previdenziali | 8.970, 00 |
| | | Debiti per IVA | 3.770, 00 |
| | | Debiti per imposte | 2.000, 00 |
| | | Ratei passivi | 975, 00 |
| | | Risconti passivi | 1.560, 00 |
| Totale | 848.250, 00 | Totale | 848.250, 00 |

## 95 Ricostruzione di operazioni

✓

L'impresa Luisa Fossati presenta dopo le scritture di riapertura, tra gli altri, i seguenti conti di mastro:

| Conto | Dare | Avere |
|---|---|---|
| 04.04 MERCI | 18.340, 60 | |
| 05.11 CAMBIALI INSOLUTE | 4.800, 00 | |
| 05.20 F.DO RISCHI SU CRED. | | 2.450, 00 |
| 05.21 F.DO SVAL. CRED. | | 3.400, 00 |
| 09.02 RISCONTI ATTIVI | 1.200, 00 | |
| 13.20 BANCHE C/C PASSIVI | | 17.100, 00 |
| 13.21 BANCHE C/INTER. MAT. | | 758, 20 |
| 15.03 DEBITI PER IVA | | 6.978, 50 |
| 15.06 DEB. V/ISTIT. PREVID. | | 2.180, 40 |
| 16.01 RATEI PASSIVI | | 75, 00 |

Redigi le scritture in P.D. compilate dall'impresa in data 01/01, nei primi giorni dell'esercizio e in data 01/03 tenendo presente quanto segue:

- il risconto è relativo a costi pubblicitari;
- il rateo è relativo a interessi su mutui passivi;
- in data 10/01 si stralcia la cambiale insoluta di 4.800 euro svalutata indirettamente per 3.400 euro;
- il c/c bancario presenta un saldo passivo presso la Banca Popolare di Sondrio.

### 96 Ricostruzione di operazioni

L'impresa Giulio Bassaneri presenta dopo la riapertura dei conti accesi, tra gli altri, i seguenti conti:

| 04.01 MATERIE DI CONS. | |
|---|---|
| 8.568,40 | |

| 04.04 MERCI | |
|---|---|
| 78.750,00 | |

| 05.02 FATT. DA EMETTERE | |
|---|---|
| 4.270,00 | |

| 05.10 CREDITI INSOLUTI | |
|---|---|
| 6.440,50 | |

| 05.20 F.DO RISCHI SU CRED. | |
|---|---|
| | 2.360,00 |

| 05.21 F.DO SVAL. CRED. | |
|---|---|
| | 3.200,00 |

| 08.01 BANCHE C/C ATTIVI | |
|---|---|
| 15.430,00 | |

| 09.01 RATEI ATTIVI | |
|---|---|
| 240,00 | |

| 14.02 FATT. DA RICEVERE | |
|---|---|
| | 3.538,00 |

| 15.03 DEBITI PER IVA | |
|---|---|
| | 7.985,00 |

| 15.06 DEB. V/IST. PREVID. | |
|---|---|
| | 2.720,00 |

| 16.02 RISCONTI PASSIVI | |
|---|---|
| | 2.300,00 |

Presenta le registrazioni in P.D. redatte dall'impresa in data 01/01 e nei primi giorni dell'esercizio considerando quanto segue:

**a.** il rateo è relativo a interessi da clienti;

**b.** il risconto è relativo a fitti attivi;

**c.** in data 08/01 si riceve dal fornitore Vella fattura n. 12 per merci pervenute con documento di trasporto del 22/12; la fattura è registrata lo stesso giorno;

**d.** il 10/01 si invia al cliente Tessami fattura n. 8 per merci consegnate in data 23/12;

**e.** il 12/01 si riscuote il credito insoluto di 6.440,50 euro, svalutato indirettamente per 3.200 euro, ricevendo un assegno circolare di 1.500 euro.

### 97 Utilizzo dei fondi rischi e oneri

Nella situazione contabile finale dell'impresa Enrico Forneris figuravano, tra gli altri, al 31/12 i seguenti conti:

| | |
|---|---|
| Crediti v/clienti | 78.880,60 |
| Crediti insoluti | 6.770,00 |
| Fondo svalutazione crediti | 3.500,00 |
| Fondo rischi su crediti | 2.150,00 |
| Fondo manutenzioni programmate | 6.800,00 |
| Fondo responsabilità civile | 3.400,00 |

Presenta le scritture di riapertura dei conti e di esercizio considerando quanto di seguito indicato:

03/01: estinto il credito insoluto di 6.770 euro ricevendo un assegno bancario di 800 euro; il credito era stato svalutato per 3.000 euro;

04/01: stralciato un credito verso clienti di 10.680 euro sorto nell'esercizio precedente;

08/01: risarcito con assegno bancario di 4.400 euro un privato che è stato danneggiato per la rottura di un impianto aziendale non coperto da assicurazione;

09/01: ricevuta e pagata con assegno bancario fattura n. 12 della Manteni spa di 12.800 euro + IVA, relativa a costi di manutenzione programmati per i quali nell'esercizio precedente è stato istituito un fondo specifico.

### 98 Riapertura dei conti

La situazione contabile in data 01/01 dell'impresa Gaetano Fersetti dopo la riapertura dei conti presenta, tra gli altri, i seguenti importi:

| Denominazione dei conti | Eccedenza Dare | Eccedenza Avere |
|---|---|---|
| Merci | 118.270,00 | |
| Fatture da emettere | 6.710,00 | |
| Ratei attivi | 48,00 | |
| Mutui passivi | | 100.000,00 |
| Fatture da ricevere | | 9.516,00 |
| Ratei passivi | | 1.250,00 |
| Risconti passivi | | 7.700,00 |

Presenta le rilevazioni contabili effettuate all'inizio del periodo, considerando che l'impresa storna i ratei subito dopo la riapertura dei conti:

- il rateo attivo è relativo a interessi maturati sulla dilazione di 30 giorni del credito di 18.250 euro concesso all'impresa Gastaldi in data 15/12 sul quale maturano gli interessi posticipati al tasso 6%;
- il rateo passivo è relativo all'interesse maturato sul mutuo dall'01/10 al tasso 5%, gli interessi vengono corrisposti semestralmente in via posticipata in data 01/04 e 01/10;
- il risconto è relativo a un fitto annuale di 8.400 euro riscosso in data 01/12;
- in data 10/01 si riceve dal fornitore Gassini fattura differita n. 18 relativa alle merci pervenute in magazzino il 23/12; la fattura viene subito registrata;
- l'11/01 viene emessa fattura differita n. 14 relativa alle merci inviate al cliente Santini in data 29/12 con documento di trasporto n. 618.

### 99 Stato patrimoniale e riapertura dei conti

L'impresa Valerio Gasteni presenta nella Situazione patrimoniale finale i seguenti conti:

- Software 15.000 euro, Fondo ammortamento software 10.000 euro;
- Fabbricati 450.000 euro, Fondo ammortamento fabbricati 70.000 euro;
- Attrezzature commerciali 38.000 euro, Fondo ammortamento attrezzature commerciali 34.200 euro;
- Automezzi 70.000 euro, Fondo ammortamento automezzi 42.000 euro;
- Merci 79.480 euro, Materie di consumo 8.850 euro;
- Crediti v/clienti 84.782 euro, Cambiali attive 10.520 euro, Cambiali insolute 8.700 euro;
- Fondo svalutazione crediti 6.200 euro, Fondo rischi su crediti 3.200 euro;
- Banche c/c attivi 16.500 euro;
- Denaro in cassa 852 euro;
- Risconti attivi 2.400 euro;
- Ratei attivi 1.500 euro;
- Fatture da emettere 3.416 euro;
- Patrimonio netto ... (di cui Utile d'esercizio 31.075 euro);
- Banche c/c passivi 16.060 euro;
- Banche c/interessi maturati 840 euro;
- Mutui passivi 60.000 euro;
- Debiti per TFR 24.300 euro;
- Debiti v/fornitori 72.550 euro, Cambiali passive 9.600 euro;
- Fatture da ricevere 6.655 euro;
- Debiti per ritenute da versare 940 euro, Debiti per IVA 3.140 euro, Debiti v/Istituti previdenziali 1.680 euro;
- Debiti per imposte 2.860 euro;
- Ratei passivi 900 euro;
- Risconti passivi 3.800 euro.

Determina il Patrimonio netto e presenta:

1. lo Stato patrimoniale in forma abbreviata;
2. le scritture di riapertura dei conti tenendo presente quanto segue:
   - il risconto attivo è relativo a costi di pubblicità;
   - il rateo attivo è relativo a interessi per dilazioni di pagamento concesse;
   - il rateo passivo è relativo a interessi sul mutuo passivo;
   - il risconto passivo è relativo a fitti attivi;
   - l'impresa intrattiene rapporti di conto corrente attivi con la Banca Antonveneta e la Banca Sella che presentano rispettivamente saldi a credito per 6.500 euro e 10.000 euro;
   - l'impresa intrattiene rapporti di conto corrente passivi con la Banca Nazionale del Lavoro.

### 100 Stato patrimoniale e riapertura dei conti

La Situazione patrimoniale finale dell'impresa Franco Goveni presenta i contiriportati a pagina seguente:

| | | | |
|---|---|---|---|
| Fabbricati | 400.000 | Banche c/c attivi | 4.500 |
| Fondo ammortamento fabbricati | 75.000 | Denaro in cassa | 320 |
| Impianti e macchinari | 72.000 | Risconti attivi | 1.500 |
| Fondo ammortamento impianti e macchinari | 22.000 | Ratei attivi | 450 |
| Attrezzature commerciali | 45.000 | Patrimonio netto (di cui Utile d'esercizio 24.850) | ... |
| Fondo ammortamento attrezzature commerciali | 25.000 | Mutui passivi | 100.000 |
| Automezzi | 58.000 | Debiti per TFR | 25.200 |
| Fondo ammortamento automezzi | 24.000 | Debiti v/fornitori | 74.300 |
| Merci | 78.600 | Cambiali passive | 5.200 |
| Materie di consumo | 5.200 | Debiti per ritenute da versare | 580 |
| Crediti v/clienti | 85.200 | Debiti per IVA | 3.420 |
| Cambiali attive | 7.250 | Debiti v/Istituti previdenziali | 2.650 |
| Cambiali insolute | 3.400 | Debiti per imposte | 2.720 |
| Fondo svalutazione crediti | 8.200 | Ratei passivi | 1.500 |
| Fondo rischi su crediti | 3.000 | Risconti passivi | 3.000 |
| | | Fondo manutenzioni programmate | 5.800 |

Determina il patrimonio netto e presenta:

1. lo Stato patrimoniale nella forma prevista per le micro-imprese;
2. le scritture di riapertura dei conti tenendo presente quanto segue:
   - i risconti attivi sono relativi a fitti passivi;
   - i ratei attivi sono relativi a interessi da clienti;
   - i ratei passivi sono relativi a interessi sul mutuo;
   - i risconti passivi sono relativi a fitti attivi;
   - l'impresa intrattiene rapporti di conto corrente con banca Intesa Sanpaolo e Banca Nazionale del Lavoro, che presentano saldi a credito rispettivamente di 2.800 euro e 1.700 euro.

**101** ✔✔ **Riapertura dei conti e scritture d'esercizio**

L'impresa Aldo Salsani presenta al 31/12 la seguente Situazione patrimoniale:

**Situazione patrimoniale al 31/12**

| | | | |
|---|---|---|---|
| Software | 17.640, 00 | Fondo ammortamento software | 10.920, 00 |
| Brevetti | 25.760, 00 | Fondo ammortamento brevetti | 18.200, 00 |
| Fabbricati | 201.600, 00 | Fondo ammortamento fabbricati | 92.400, 00 |
| Impianti e macchinari | 42.000, 00 | Fondo amm.to impianti e macchinari | 15.120, 00 |
| Automezzi | 36.400, 00 | Fondo ammortamento automezzi | 20.160, 00 |
| Merci | 101.136, 00 | Debiti v/fornitori | 125.744, 00 |
| Materie di consumo | 10.080, 00 | Fatture da ricevere | 7.808, 00 |
| Crediti v/clienti | 145.600, 00 | Fondo rischi su crediti | 5.040, 00 |
| Cambiali attive | 7.280, 00 | Debiti per TFR | 72.800, 00 |
| Fatture da emettere | 4.026, 00 | Debiti per ritenute da versare | 3.248, 00 |
| Banche c/c attivi | 11.536, 00 | Debiti per IVA | 1.596, 00 |
| Denaro in cassa | 2.022, 00 | Debiti per imposte | 3.040, 00 |
| Ratei attivi | 756, 00 | Debiti v/Istituti previdenziali | 5.200, 00 |
| Risconti attivi | 1.904, 00 | Ratei passivi | 2.100, 00 |
| | | Risconti passivi | 3.444, 00 |
| | | Patrimonio netto | 220.920, 00 |
| Totale | 607.740, 00 | Totale | 607.740, 00 |

Procedi alla riapertura dei conti tenendo presente che:

- i ratei attivi sono relativi a interessi da clienti;
- i ratei passivi sono relativi a interessi a fornitori;
- i risconti attivi sono relativi a costi di pubblicità;

- i risconti passivi sono relativi a fitti attivi;
- i conti correnti bancari che presentano saldi a credito sono aperti presso la Banca Nazionale del Lavoro per 4.200 euro e Intesa Sanpaolo per 7.336 euro.

Successivamente presenta le registrazioni in P.D. relative alle seguenti operazioni:

04/01: sostituito un impianto del costo storico di 14.000 euro, ammortizzato per il 60%, con un nuovo impianto del costo di 25.000 euro + IVA. I vecchi impianti sono ceduti al prezzo di 3.000 euro + IVA; la differenza è regolata con bonifico ordinato alla Banca Nazionale del Lavoro per 12.000 euro e due Ri.Ba. di pari importo scadenti rispettivamente a 30 e 60 giorni, commissioni bancarie 3 euro;

05/01: ricevuta fattura n. 41 del fornitore francese Roger Depussì per l'acquisto di merci per 2.460 euro, costi di trasporto addebitati forfetariamente 175 euro; la fattura viene registrata lo stesso giorno, con l'annotazione dell'IVA;

09/01: emessa fattura n. 2 sul cliente Rossini 3.300 euro + IVA, relativa alle merci consegnate in data 27/12 con documento di trasporto n. 312;

10/01: ricevuta fattura n. 6 dal fornitore Martini 6.400 euro + IVA, relativa alle merci ricevute nel mese di dicembre; la fattura viene registrata lo stesso giorno;

13/01: ricevuta fattura n. 14 dal fornitore Frati per l'acquisto di merci per 14.686,40 euro + IVA, sconto per redistribuzione 15% + 10%, costi di trasporto addebitati forfetariamente 200 euro; pagamento metà con bonifico ordinato a Intesa Sanpaolo, metà con Ri.Ba. a 60 giorni, commissioni bancarie 3 euro;

14/01: stralciato credito verso il cliente Tassoni di 870 euro ritenuto inesigibile;

16/01: versati tramite Intesa Sanpaolo l'IVA, il debito verso gli istituti previdenziali e le ritenute fiscali;

17/01: concesso al cliente Zardi il rinnovo di un credito di 4.745 euro per 30 giorni; il cliente versa in contanti gli interessi al tasso 5%;

19/01: emessa fattura n. 2 sul cliente Veronesi per vendita di merci 7.218,50 euro + IVA, sconto incondizionato 5%, costi di trasporto addebitati forfetariamente 220 euro; regolamento con pagherò a fine mese prossimo;

20/01: ottenuto il rinnovo di un debito verso il fornitore Giuliani di 13.870 euro per 30 giorni al tasso 6%; gli interessi sono regolati in contanti.

### 102 Scritture di apertura dei conti e d'esercizio

✓✓✓

L'impresa Marcello Sergi presenta al 31/12 la seguente Situazione patrimoniale:

**Situazione patrimoniale al 31/12**

| | | | |
|---|---|---|---|
| Software | 10.000,00 | Fondo ammortamento software | 6.000,00 |
| Fabbricati | 300.000,00 | Fondo ammortamento fabbricati | 32.000,00 |
| Impianti e macchinari | 60.000,00 | Fondo ammortamento impianti e macchinari | 22.000,00 |
| Attrezzature commerciali | 18.000,00 | Fondo ammortamento attrezzature commerciali | 6.000,00 |
| Automezzi | 60.000,00 | Fondo ammortamento automezzi | 32.000,00 |
| Merci | 127.600,00 | Fondo responsabilità civile | 12.000,00 |
| Materie di consumo | 8.400,00 | Mutui passivi | 50.000,00 |
| Crediti v/clienti | 172.000,00 | Banche c/c passivi | 13.400,00 |
| Cambiali attive | 6.000,00 | Banche c/interessi maturati | 1.200,00 |
| Cambiali allo sconto | 2.800,00 | Debiti v/fornitori | 172.460,00 |
| Crediti insoluti | 3.800,00 | Debiti v/Istituti previdenziali | 6.200,00 |
| Fatture da emettere | 4.636,00 | Cambiali passive | 5.400,00 |
| Banche c/c attivi | 21.800,00 | Fondo rischi su crediti | 7.800,00 |
| Denaro in cassa | 1.524,00 | Fondo svalutazione crediti | 11.400,00 |
| Assegni | 2.700,00 | Debiti per TFR | 52.000,00 |
| Ratei attivi | 1.200,00 | Debiti per ritenute da versare | 4.800,00 |
| Risconti attivi | 1.000,00 | Debiti per IVA | 2.200,00 |
| | | Debiti per imposte | 3.800,00 |
| | | Ratei passivi | 2.500,00 |
| | | Risconti passivi | 3.600,00 |
| | | Patrimonio netto | 354.700,00 |
| Totale | 801.460,00 | Totale | 801.460,00 |

Procedi alla riapertura generale dei conti tenendo presenti le seguenti informazioni:

**a.** i ratei attivi sono relativi a interessi da clienti;

**b.** i ratei passivi sono relativi a interessi sul mutuo;

**c.** i risconti attivi sono relativi a canoni di leasing;

**d.** i risconti passivi sono relativi a fitti attivi;

**e.** i conti correnti bancari che presentano saldi a credito sono aperti presso UniCredit per 8.400 euro e Intesa Sanpaolo per 13.400 euro;

**f.** il conto corrente bancario con saldo a debito è aperto presso la Banca Nazionale del Lavoro.

Presenta, successivamente, le registrazioni in P.D. riguardanti le seguenti operazioni:

08/01: emessa fattura n. 1 sul cliente Barberis per 3.800 euro + IVA, relativa alle merci consegnate con documento di trasporto n. 319 in data 29/12;

10/01: a regolamento fattura n. 304 di 18.756,40 euro del fornitore Corvi srl si esegue un bonifico bancario di 18.750 euro ordinato alla banca Intesa Sanpaolo; commissioni bancarie 5 euro;

11/01: a regolamento nostra fattura n. 211 di 21.740,60 euro si riceve un pagherò di 5.000 euro con scadenza a fine mese, un assegno circolare di 8.000 euro e un assegno bancario di 8.740 euro;

15/01: ricevuta fattura n. 12 dal fornitore Verri spa per l'acquisto di merci per 22.700 euro + IVA, sconto per redistribuzione 8% + 2%, costi di trasporto addebitati forfetariamente 234 euro; pagamento ½ con bonifico bancario ordinato alla banca Intesa Sanpaolo, ½ con Ri.Ba. a 30 giorni; commissioni bancarie 5 euro;

16/01: versati tramite banca UniCredit l'IVA, quanto dovuto agli istituti previdenziali e le ritenute fiscali;

17/01: stralciati i crediti insoluti sorti nel precedente esercizio per i quali è stata effettuata una svalutazione specifica di 3.600 euro;

19/01: concesso rinnovo per 30 giorni di un pagherò di 3.000 euro; il nuovo effetto è maggiorato degli interessi al tasso 5%;

22/01: emessa fattura n. 2 sul cliente Calvani per vendita di merci per 8.400,00 euro + IVA, sconto incondizionato 3% + 2%, costi di trasporto addebitati forfetariamente 205 euro; regolamento con Ri.Ba. a fine mese prossimo;

24/01: depositati gli assegni sul conto corrente bancario aperto presso la Banca Nazionale del Lavoro;

27/01: liquidati salari e stipendi di 12.340 euro, oneri sociali di 4.130 euro; le retribuzioni sono pagate a mezzo Intesa Sanpaolo al netto di ritenute sociali di 1.134 euro e di ritenute fiscali di 1.320 euro;

28/01: regolata fattura n. 784 del fornitore Rossi spa di 12.460 euro girando tratta di 5.000 euro ed emettendo un pagherò per la parte residua;

29/01: ricevuta fattura n. 42 dalla Marketing srl per consulenza di 3.200 euro + IVA;

30/01: regolata con assegno bancario tratto su BNL fattura n. 42.

### 103 Situazione contabile iniziale e scritture di esercizio

All'inizio dell'esercizio il patrimonio dell'impresa Alessandra Schiavoni era formato dai seguenti elementi:

- Fabbricati 420.000 euro, Fondo ammortamento fabbricati 112.000 euro;
- Attrezzature commerciali 45.000 euro, Fondo ammortamento attrezzature commerciali 24.300 euro;
- Automezzi 60.000 euro, Fondo ammortamento automezzi 30.000 euro;
- Merci 88.640 euro, Materie di consumo 6.940 euro;
- Crediti v/clienti 96.350 euro, Cambiali attive 9.860 euro, Cambiali insolute 5.200 euro;
- Fondo svalutazione crediti 6.500 euro, Fondo rischi su crediti 2.200 euro;
- Banche c/c attivi 20.600 euro;
- Denaro in cassa 790 euro;

- Risconti attivi 240 euro;
- Ratei attivi 1.680 euro;
- Mutui passivi 90.000 euro;
- Debiti per TFR 33.600 euro;
- Debiti v/fornitori 81.550 euro, Cambiali passive 8.400 euro;
- Debiti per ritenute da versare 1.200 euro, Debiti per IVA 3.180 euro, Debiti v/Istituti previdenziali 2.380 euro;
- Debiti per imposte 2.240 euro;
- Ratei passivi 1.350 euro;
- Risconti passivi 4.400 euro.

Determina il Patrimonio netto e presenta:

1. la Situazione patrimoniale iniziale;
2. le scritture di riapertura dei conti tenendo presente quanto segue:
   - il risconto attivo è relativo all'assicurazione su furto e incendio;
   - il rateo attivo è relativo a interessi da clienti;
   - il rateo passivo è relativo a interessi sul mutuo;
   - il risconto passivo è relativo a fitti attivi;
   - l'impresa intrattiene rapporti di conto corrente con la Banca Nazionale del Lavoro e la Banca Monte dei Paschi di Siena, che presentano rispettivamente i seguenti saldi a credito: 12.800 euro e 7.800 euro;
3. le scritture di esercizio effettuate sulla base dei seguenti dati:

04/01: regolata fattura di 8.542,60 euro con assegno bancario tratto sulla Banca Nazionale del Lavoro di 8.540 euro;

05/01: sostituito automezzo del costo originario di 22.600 euro, ammortizzato dell'80%, con nuovo automezzo del costo di 34.600 euro + IVA; il vecchio automezzo è valutato 5.500 euro; regolata la differenza con assegno bancario di 8.000 euro tratto sulla Banca Monte dei Paschi di Siena e un pagherò a 60 giorni per la differenza;

08/01: sostenuti in contanti, in nome e per conto del cliente, costi di trasporto per 150 euro + IVA come da fattura n. 5 del vettore Veloce srl;

10/01: emessa fattura per vendita di merci 14.550 euro + IVA, addebitati ai clienti anche i costi documentati dalla fattura n. 5 del vettore Veloce srl;

12/01: emessa fattura per vendita di merce a un cliente americano per 13.650 dollari; la fattura viene registrata al cambio di 1,3861;

16/01: versato tramite c/c aperto presso la Banca Nazionale del Lavoro quanto dovuto per IVA, contributi previdenziali e ritenute fiscali;

17/01: riscossa tramite Banca Monte dei Paschi di Siena cambiale in scadenza di 4.580 euro; costi di incasso 5 euro;

18/01: stralciata la cambiale insoluta di 5.200 euro per la quale è stata prevista una svalutazione specifica del 90%;

22/01: saldata fattura di 16.235,40 euro con pagherò a fine mese prossimo di 5.600 euro e bonifico ordinato alla Banca Nazionale del Lavoro di 10.630 euro; la banca addebita 3,50 euro di commissioni;

27/01: liquidati salari e stipendi 10.932 euro, oneri sociali 3.550 euro;

27/01: pagate le retribuzioni tramite la Banca Monte dei Paschi di Siena al netto di ritenute sociali per 1.005 euro e di ritenute fiscali per 1.685 euro.

### 104 Scritture di assestamento, epilogo, chiusura dei conti e bilancio d'esercizio

La situazione contabile redatta al 31/12 prima delle scritture di assestamento dall'impresa mercantile Giuliano Arcani è presentata a pagina seguente.

**Situazione contabile al 31/12**

| | | | |
|---|---|---|---|
| Fabbricati | 346.000, 00 | Fondo ammortamento fabbricati | 86.400, 00 |
| Attrezzature commerciali | 144.000, 00 | F.do amm.to attrezzature commerciali | 64.800, 00 |
| Automezzi | 210.000, 00 | Fondo ammortamento automezzi | 126.000, 00 |
| Macchine d'ufficio | 76.000, 00 | Fondo ammortamento macchine d'ufficio | 15.200, 00 |
| Arredamento | 60.000, 00 | Fondo ammortamento arredamento | 21.600, 00 |
| Crediti v/clienti | 461.497, 00 | Fondo svalutazione crediti | 4.320, 00 |
| Cambiali attive | 85.464, 00 | Fondo rischi su crediti | 8.625, 00 |
| Imposte c/acconto | 3.000, 00 | Debiti per TFR | 114.805, 00 |
| Denaro in cassa | 8.665, 00 | Debiti v/fornitori | 291.692, 00 |
| C/c postali | 11.142, 00 | Cambiali passive | 29.642, 00 |
| Merci c/esistenze iniziali | 169.210, 00 | Intesa Sanpaolo c/c | 44.352, 00 |
| Resi su vendite | 8.784, 00 | Mutui passivi | 86.400, 00 |
| Merci c/acquisti | 1.717.388, 00 | IVA c/liquidazione | 16.643, 00 |
| Salari e stipendi | 233.280, 00 | Istituti previdenziali | 8.930, 00 |
| Oneri sociali | 74.336, 00 | Debiti per ritenute da versare | 7.181, 00 |
| Costi per energia | 32.470, 00 | Patrimonio netto | 549.500, 00 |
| Costi di trasporto | 19.200, 00 | Merci c/vendite | 2.262.067, 00 |
| Costi telefonici | 4.620, 00 | Resi su acquisti | 3.070, 00 |
| Consulenze | 32.472, 00 | Ribassi e abbuoni attivi | 1.617, 00 |
| Interessi passivi a fornitori | 4.896, 00 | Interessi attivi da clienti | 5.760, 00 |
| Fitti passivi | 17.280, 00 | | |
| Assicurazioni | 14.212, 00 | | |
| Interessi passivi su mutui | 14.688, 00 | | |
| Totale | 3.748.604, 00 | Totale | 3.748.604, 00 |

Al 31/12 l'impresa effettua le scritture di assestamento sulla base di quanto segue:

**a.** valutate le rimanenze di merci tenendo presente un costo di acquisto di 173.500 euro e un valore netto di realizzo di 171.600 euro;

**b.** capitalizzati gli interessi attivi postali lordi di 155 euro, maturati gli interessi passivi bancari per 2.880 euro che verranno addebitati sul conto corrente il giorno 01/03 dell'anno successivo;

**c.** stralciato per accertata inesigibilità un credito di 1.850 euro già svalutato del 70%;

**d.** svalutata del 60% una cambiale di 1.400 euro;

**e.** adeguato il Fondo rischi su crediti al 4% del presunto valore di realizzo specifico dei crediti commerciali;

**f.** incrementati i debiti per TFR (variazione indice dei prezzi ISTAT 2,2%);

**g.** ricevute merci per 23.780 euro per le quali non è ancora pervenuta la fattura (la fattura si riceve e si registra il 20/01);

**h.** maturati interessi sul mutuo passivo al tasso 6%, da corrispondere posticipatamente in data 01/04 e 01/10;

**i.** i fitti passivi si riferiscono alla locazione di un immobile adibito a ufficio sul quale è stato pagato un canone annuo anticipato in data 01/05;

**l.** nel conto Assicurazioni è compreso un premio annuo di 3.577 euro pagato il 20/11;

**m.** ammortizzati fabbricati del 4% (il valore dell'edificio è stimato 260.000 euro);

**n.** ammortizzate le attrezzature commerciali del 15%, gli automezzi del 20%, le macchine di ufficio del 20%, l'arredamento del 18%;

**o.** nel conto Interessi attivi da clienti sono compresi gli interessi al tasso 7% sul rinnovo di un credito di 6.205 euro scaduto il 20/10 e rinnovato per 120 giorni;

**p.** liquidate le imposte di competenza per 5.016 euro;

**q.** girati i saldi dei conti Intesa Sanpaolo c/c, Istituti previdenziali e IVA c/liquidazione ai rispettivi conti di debito o di credito.

Presenta:

**1.** le scritture di assestamento, di epilogo e di chiusura dei conti;

**2.** la situazione contabile finale suddivisa in Situazione patrimoniale e Situazione economica;

**3.** lo Stato patrimoniale e il Conto economico in forma abbreviata;

**4.** le scritture di riapertura dei conti.

**105** **Scritture di assestamento, epilogo, chiusura dei conti e bilancio d'esercizio**

La situazione contabile redatta al 31/12 prima delle scritture di assestamento dell'impresa Francesco Sordella è la seguente:

**Situazione contabile al 31/12**

| | | | | | |
|---|---|---|---|---|---|
| Fabbricati | 380.000, | 00 | Fondo ammortamento fabbricati | 142.600, | 00 |
| Attrezzature commerciali | 89.000, | 00 | F.do ammortamento attrezzature commerciali | 53.400, | 00 |
| Automezzi | 180.000, | 00 | Fondo ammortamento automezzi | 85.000, | 00 |
| Macchine d'ufficio | 45.000, | 00 | Fondo ammortamento macchine d'ufficio | 12.000, | 00 |
| Arredamento | 50.000, | 00 | Fondo ammortamento arredamento | 18.500, | 00 |
| Crediti v/clienti | 518.600, | 00 | Fondo svalutazione crediti | 8.600, | 00 |
| Cambiali attive | 22.500, | 00 | Fondo rischi su crediti | 10.400, | 00 |
| Imposte c/acconto | 3.000, | 00 | Debiti per TFR | 78.250, | 00 |
| Denaro in cassa | 3.800, | 00 | Debiti v/fornitori | 394.900, | 00 |
| C/c postali | 8.305, | 00 | Cambiali passive | 32.500, | 00 |
| Merci c/esistenze iniziali | 121.400, | 00 | Intesa Sanpaolo c/c | 52.200, | 00 |
| Resi su vendite | 5.800, | 00 | Mutui passivi | 110.000, | 00 |
| Merci c/acquisti | 1.728.000, | 00 | Debiti per IVA | 15.800, | 00 |
| Salari e stipendi | 247.995, | 00 | Debiti v/Istituti previdenziali | 9.400, | 00 |
| Oneri sociali | 92.700, | 00 | Debiti per ritenute da versare | 6.500, | 00 |
| Costi per energia | 35.600, | 00 | Patrimonio netto | 430.000, | 00 |
| Costi di trasporto | 22.100, | 00 | Merci c/vendite | 2.174.000, | 00 |
| Costi telefonici | 5.800, | 00 | Resi su acquisti | 3.050, | 00 |
| Consulenze | 38.500, | 00 | Ribassi e abbuoni attivi | 2.200, | 00 |
| Interessi passivi a fornitori | 5.800, | 00 | Interessi attivi da clienti | 6.100, | 00 |
| Fitti passivi | 21.000, | 00 | | | |
| Assicurazioni | 15.000, | 00 | | | |
| Interessi passivi su mutui | 5.500, | 00 | | | |
| Totale | 3.645.400, | 00 | Totale | 3.645.400, | 00 |

Al 31/12 l'impresa effettua le scritture di assestamento in base a quanto segue:

**a.** valutate le rimanenze di merci tenendo presente un costo di acquisto di 153.500 euro e un valore di mercato di 141.600 euro;

**b.** capitalizzati gli interessi attivi postali lordi di 120 euro; maturati gli interessi passivi bancari per 3.200 euro che verranno addebitati sul c/c il giorno 01/03 dell'anno successivo;

**c.** stralciato credito per accertata inesigibilità di 1.850 euro già svalutato del 60%;

**d.** adeguato il fondo rischi su crediti al 4% del presunto valore di realizzo specifico dei crediti di natura commerciale;

**e.** liquidato il TFR di competenza, variazione dell'indice dei prezzi ISTAT 1,8%; tutti i dipendenti mantengono il TFR in azienda;

**f.** ricevute merci per 26.840 euro (la fattura si riceve e si registra il 20/01);

**g.** maturati interessi al tasso 5% sul mutuo passivo da corrispondere in via posticipata in data 01/04 e 01/10;

**h.** i fitti passivi si riferiscono alla locazione di un immobile adibito a ufficio sul quale, in data 01/05, è stato pagato il canone annuo anticipato;

**i.** nel conto Assicurazione è compreso un premio annuo di 5.840 euro pagato il 15/10;

**l.** ammortizzati fabbricati del 4% (il valore dell'edificio è di 300.000 euro), le attrezzature commerciali del 15%, le macchine di ufficio del 20%, l'arredamento del 18% e gli automezzi del 20%;

**m.** nel conto Interessi attivi da clienti è compreso l'interesse al tasso 5% sul rinnovo di un credito di 2.920 euro scaduto il 10/11 e rinnovato per 120 giorni;

**n.** liquidate le imposte di competenza per 6.280 euro.

Presenta:

1. le scritture di assestamento, di epilogo e di chiusura dei conti;
2. la situazione contabile finale suddivisa in Situazione patrimoniale e Situazione economica;
3. lo Stato patrimoniale e il Conto economico nella forma prevista per le micro-imprese;
4. le scritture di riapertura dei conti.

# VERIFICA FINALE DELLE COMPETENZE

**SITUAZIONE OPERATIVA** Esamina la situazione proposta ed esegui quanto richiesto.

Marta Ugolini, designer grafica con esperienza pluriennale come dipendente di una società di comunicazione e pubblicità, esamina la possibilità di mettersi in proprio avviando un'attività di supporto alla comunicazione pubblicitaria delle imprese, anche sul web. In particolare, la sua impresa si occuperebbe dell'ideazione, impostazione grafica e produzione di materiale pubblicitario, compresa la stampa serigrafica su etichette autoadesive, penne a sfera, tessuti e altri materiali pubblicitari.

**Il contesto economico di riferimento**

La situazione economica nel momento in cui l'imprenditrice decide di intraprendere l'attività è caratterizzata da una fase di lieve ripresa, dopo alcuni anni di recessione che hanno determinato la caduta generalizzata dei consumi in buona parte dei Paesi Ue.

Molte imprese, soprattutto quelle che si rivolgono al mercato interno, si trovano ancora in difficoltà e faticano a conseguire risultati economici soddisfacenti. Migliore è invece la posizione delle imprese che si rivolgono ai mercati esteri, le quali, grazie al positivo andamento delle esportazioni, registrano un fatturato in progressivo aumento.

Con riferimento allo specifico contesto territoriale, uno studio della Camera di Commercio evidenzia che il sistema produttivo locale è caratterizzato dalla presenza di imprese di servizi, con punte di eccellenza per quanto concerne l'efficienza nel settore del trasporto. Tra le imprese industriali, spicca la netta prevalenza di piccole-medie imprese (PMI), localizzate nei distretti produttivi della ceramica e della meccanica. Riguardo al mercato pubblicitario in cui l'impresa intende operare, la concorrenza è prevalentemente focalizzata a soddisfare clienti locali, con scarsa attenzione al mercato nazionale e a quello internazionale.

**Le scelte imprenditoriali**

Assunte le informazioni sull'ambiente esterno, Marta Ugolini decide di distinguersi dalle imprese concorrenti, indirizzando la propria offerta in particolare a imprese che operano sui mercati nazionali e internazionali, offrendo anche servizi specializzati per la realizzazione di materiale pubblicitario destinato ai mercati esteri.

Per quanto riguarda il luogo in cui svolgere il processo produttivo, Marta Ugolini decide di insediarsi nel centro città del capoluogo di Regione, in cui hanno sede le principali imprese internazionali di medie dimensioni.

L'imprenditrice si occuperà in prima persona della parte di design grafico, mentre si affiderà a un copywriter con esperienza e capacità per la produzione dei testi e ad altri collaboratori per la realizzazione delle stampe sul materiale pubblicitario.

I materiali necessari possono essere acquistati a buon prezzo anche dai produttori locali e che la stampa serigrafica può essere svolta anche artigianalmente con un modesto impiego di manodopera.

| PUNTI DI FORZA E DI CRITICITÀ DELLA SCELTA | |
|---|---|
| **Punti di forza** | **Punti di criticità** |
| Diversificazione rispetto alla concorrenza locale nei prodotti (singole T-shirt o altri oggetti con scritte personalizzate) e nel servizio di consulenza. | La stampa su uno solo o pochissimi oggetti comporta l'utilizzo di macchinari "flessibili" che non rendano eccessivamente costosa l'operazione di stampa. |
| Relazioni già esistenti con i possibili clienti grazie alla buona reputazione di Marta come designer grafica. | Sviluppo contatti per l'estero. |
| Operare in mercato mondiale attraverso il web offre la possibilità di incrementare gli ordinativi di vendita. | Operare in un mercato mondiale comporta la conoscenza sia delle lingue sia della cultura (usanze, tradizioni) del Paese verso cui il prodotto serigrafico è diretto. |
| L'attività di stampa serigrafica può essere esercitata anche artigianalmente con modesti investimenti iniziali e con un limitato impiego di lavoratori. | Effettuare vendite on line di prodotti fisici comporta l'organizzazione di un efficiente servizio di logistica. |

**L'avvio dell'attività imprenditoriale**

Prima di prendere la decisione finale, Marta Ugolini valuta la fattibilità del progetto imprenditoriale, focalizzando l'attenzione sulle risorse tecniche e umane necessarie per svolgere il processo produttivo, sulle persone su cui può contare, sulla struttura organizzativa con cui operare, sui capitali di cui dispone personalmente e di quelli che eventualmente potrebbe prendere a prestito dalla banca.

| DATI TECNICI PER LA STAMPA SERIGRAFICA SU TESSUTI E ALTRI MATERIALI | |
|---|---|
| Risorse tecniche | Fabbricato, macchinari per la stampa, scaffali e altri arredi |
| Beni destinati al consumo immediato e/o a essere utilizzati nel processo produttivo | T-shirt, gadget, penne, calendari, tessuti su cui apporre le stampe, carta per preparare gli stencil, inchiostro, sostanze emulsionanti |
| Servizi | Trasporto – Stampe con tecniche diverse dalla serigrafia per locandine e brochure |
| Ciclo tecnico per lavorazioni artigianali: preparazione degli stencil, essicazione dell'inchiostro | Variabile a seconda dei materiali su cui apporre le stampe e degli inchiostri utilizzati. Mediamente non superiore a 24 ore |

Il processo produttivo di stampa serigrafica può essere svolto anche artigianalmente e, almeno nella fase iniziale di start-up, Marta Ugolini non reputa particolarmente conveniente decentrare il processo produttivo che può essere svolto completamente all'interno di una stessa azienda, senza dover effettuare investimenti di ingenti capitali.

Le risorse tecniche da acquisire sono prevalentemente costituite da macchinari in quanto Marta Ugolini dispone di un fabbricato di sua proprietà, mentre per le risorse umane decide di assumere tre dipendenti amici di vecchia data in cerca di occupazione:

- una copywriter addetta all'ideazione e alla progettazione dei testi scritti;
- un mediatore linguistico al quale affidare la gestione delle vendite e la supervisione delle scritte per il materiale ordinato dalle imprese italiane e dedicato ai mercati esteri, oltre che per gli ordinativi provenienti via web dai Paesi extra-Ue;
- un operaio addetto al processo produttivo, con mansioni diversificate anche nella funzione logistica.

Oltre a svolgere l'attività di designer grafico, Marta Ugolini cura la direzione generale, il marketing e le vendite sul mercato nazionale sono curati dall'imprenditrice stessa; la funzione contabilità e bilancio viene affidata a un dottore commercialista esterno incaricato di predisporre e gestire il sistema informativo contabile.

Infine, Marta Ugolini valuta il fabbisogno finanziario iniziale necessario per intraprendere l'attività. Considerando che le sue disponibilità monetarie non sono sufficienti per acquisire tutti i fattori produttivi necessari, si rivolge alla UBI Banca e, coadiuvata dal direttore della banca, analizza le caratteristiche di ciascuna tipologia di prestito, in modo da valutarne la convenienza.

Ciò fatto, decide di iniziare l'attività economica.

## L'organizzazione e la gestione dell'impresa

**1** **Descrivi gli elementi che caratterizzano il sistema produttivo locale della Regione in cui Marta Ugolini risiede.**

**2** **Completa l'organigramma dell'impresa Marta Ugolini.**

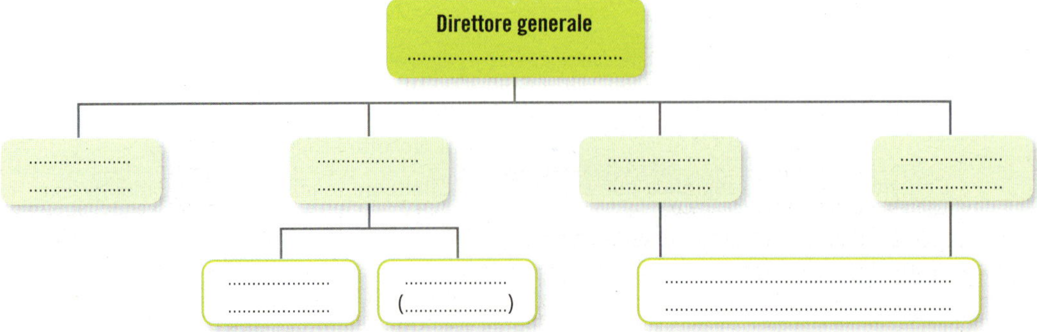

**3** **Rispondi alle domande.**

1. Quali scelte imprenditoriali ha dovuto compiere Marta Ugolini?
2. Quale decisione è stata fortemente influenzata dalle informazioni che descrivono il contesto macroeconomico?
3. Perché è importante affidare l'ideazione dei testi scritti a un mediatore linguistico?

## SITUAZIONE OPERATIVA

L'impresa Marta Ugolini, dopo aver adempiuto agli obblighi amministrativi e fiscali, viene iscritta nel Registro delle imprese in data 02/01/20... L'inventario di costituzione è il seguente.

**Inventario di costituzione**

| Attività | | Passività e netto | |
|---|---|---|---|
| Fabbricati | 50.000, 00 | Patrimonio netto | 70.000, 00 |
| UBI Banca c/c | 20.000, 00 | | |
| Totale attività | 70.000, 00 | Totale a pareggio | 70.000, 00 |

Il dottore commercialista Paolo Guarini, a cui Marta Ugolini ha affidato progettazione, realizzazione e gestione del sistema informativo contabile, tenuto conto delle dimensioni e del settore di attività dell'impresa, ha predisposto la tenuta delle registrazioni e dei documenti di seguito indicati:

- prima nota;
- scadenzario;
- contabilità con le banche;
- contabilità degli acquisti e delle vendite;
- contabilità IVA in regime semplificato;
- contabilità del personale;
- contabilità generale;
- libro degli inventari.

Successivamente invia la fattura per il servizio prestato, comprendente anche l'assistenza alla fase costitutiva.

**Fattura n. 56 – Dottore commercialista Paolo Guarini**

| | |
|---|---|
| Compenso per le consulenze prestate | 4.000,00 |
| Contributo 4% Cassa di previdenza | 160,00 |
| Imponibile | 4.160,00 |
| IVA 22% | 915,20 |
| Rimborso costi documentati (art. 15 DPR n. 633/1972) | 600,00 |
| Totale fattura | 5.675,20 |
| Ritenuta fiscale 20% | 800,00 |
| Netto da pagare | 4.875,20 |

Al termine del primo mese di attività, l'impresa riceve dalla UBI Banca, presso la quale Marta Ugolini ha aperto un conto corrente dedicato all'attività aziendale, l'estratto conto che documenta le operazioni di gestione compiute.

UBI Banca
Filiale ............

Impresa Marta Ugolini
c/c n. 54683/14

| Data | Descrizione operazioni | Movimenti Dare | Movimenti Avere |
|---|---|---|---|
| 05/01 | Bonifico da Marta Ugolini | | 20.000, 00 |
| 08/01 | Bonifico saldo fattura n. 56 dottor Paolo Guarini | 4.875, 20 | |
| 08/01 | Commissione bonifico | 3, 50 | |
| 12/01 | Bonifico saldo fattura n. 68 Gironella spa | 7.320, 00 | |
| 12/01 | Commissione bonifico | 3, 50 | |
| 22/01 | Bonifico da Giorgetti srl saldo fattura n. 1 | | 5.490, 00 |
| 25/01 | Assegno circolare a favore di TFT Transport srl | 488, 00 | |

## Sistema informativo aziendale

**1** **Illustra le finalità e i destinatari delle informazioni prodotte dall'azienda.**

**2** **Descrivi l'oggetto, le finalità, il metodo, il sistema e gli strumenti utilizzati per tenere la contabilità generale.**

**3** **Indica le regole di registrazione nei conti.**

| CONTI | DARE | AVERE |
|---|---|---|
| Conti accesi alle disponibilità liquide | | |
| Conti accesi ai crediti | | |
| Conti accesi ai debiti | | |
| Conti accesi ai valori economici | | |

**4** **Compila la scheda di c/c bancario utilizzando le informazioni contenute nell'estratto conto che l'impresa Marta Ugolini ha ricevuto dalla banca. Successivamente compila il conto di mastro intestato alla banca, calcolando il saldo e indicando il segno dell'eccedenza.**

**Scheda di c/c bancario**

**UBI Banca**

| Data | Operazioni | Dare | Avere | Saldo | |
|---|---|---|---|---|---|
| | | | | Segno | Importo |
| 05/01 | | ............ | | | ............ |
| 08/01 | | | ............ | | ............ |
| 08/01 | | | ............ | | ............ |
| 12/01 | | | ............ | | ............ |
| 12/01 | | | ............ | | ............ |
| 22/01 | | ............ | | | ............ |
| 25/01 | | | ............ | | ............ |

18.20 UBI BANCA C/C

| Dare | Avere |
|---|---|
| ............, ... | ............, ... |
| ............, ... | ............, ... |
| | ............, ... |
| | ............, ... |
| | ............, ... |

Saldo: ....................

Eccedenza: ......................

**5** **Completa le fatture di seguito riportate e annotale nei registri IVA. Le fatture si riferiscono a operazioni con l'estero compiute dall'impresa Marta Ugolini nel primo trimestre (ai fini IVA l'impresa ha la qualifica di esportatore abituale).**

**Fattura n. 12 sul cliente arabo Endroman**

| | |
|---|---|
| Locandine e brochure | 2.000, 00 |
| IVA | |
| Totale | ............, .... |

Consegna FMV

Non imponibile IVA art. ..., comma 1, lettera a), DPR n. 633/1972

**Fattura n. 131 da Trasporti International spa**

| | |
|---|---|
| Trasporto a Endroban | 110, 00 |
| IVA | |
| Totale | ............, .... |

................. IVA art. ..., ............................

**Fattura n. 78 da Cosmic Draft (Austria)**

| | |
|---|---|
| Tessuti per cartelloni pubblicitari e tovaglie | 3.000, 00 |
| IVA | |
| Totale | 3.000, 00 |

**Autofattura n. 1**

| | |
|---|---|
| Integrazione IVA fattura n. 78 | |
| Imponibile | 3.000, 00 |
| IVA 22% | ............, .... |
| Totale fattura | ............, .... |

**Fattura n. 13 sul cliente francese Levy**

| | |
|---|---|
| Importo | 2.700, 00 |
| Interessi | 50, 00 |
| IVA | |
| Totale | ..........., .... |
| Non imponibile IVA art. 41, DL n. .../1993 | |

**Registro IVA Fatture ricevute**

| Fattura | | Fornitore | Imponibile | Imponibile INTRA | IVA 22% | Operazioni non imponibili | Operazioni escluse | Totale |
|---|---|---|---|---|---|---|---|---|
| N. | Data | | | | | | | |
| ...... | | .................... | | | | .................... | | .................... |
| ...... | | .................... | | .................... | .................... | | | .................... |

**Registro IVA Fatture emesse**

| Fattura | | Cliente | Imponibile | Imponibile INTRA | IVA 22% | Operazioni non imponibili | Operazioni esenti | Totale |
|---|---|---|---|---|---|---|---|---|
| N. | Data | | | | | | | |
| ...... | | .................... | | | | .................... | | .................... |
| ...... | | .................... | | .................... | .................... | | | .................... |
| ...... | | .................... | | | | .................... | .................... | .................... |

**6** **Procedi alla liquidazione IVA del primo trimestre effettuata dall'impresa Marta Ugolini, sulla base dei dati di seguito riportati.**

Fatture emesse: 24.400 euro (IVA 22% inclusa)
Fatture ricevute: 14.640 euro (IVA 22% inclusa)

.............. : .............. = .............. : $x$; $x$ = ........................ IVA a debito
.............. : .............. = .............. : $x$; $x$ = ........................ IVA a credito

| | |
|---|---|
| IVA a debito | euro .............. |
| IVA a credito | euro .............. |
| IVA da versare | euro .............. |

## Rilevazione in P.D. delle operazioni di gestione

**1** **Rispondi alle domande.**

1. Quali tipi di apporti ha effettuato l'imprenditrice Marta Ugolini?
2. Qual è il contenuto dell'inventario di costituzione?
3. Qual è la natura dei costi documentati dalla fattura ricevuta dal dottore commercialista?

**2** **Utilizzando i dati della fattura ricevuta dal dottore commercialista Paolo Guarini e dell'estratto conto inviato dalla UBI Banca, rilava le registrazioni in P.D. sul quaderno.**

**3** **Utilizzando i dati delle fatture di acquisto e vendita con l'estero in precedenza annotate sui registri IVA, esegui sul tuo quaderno quanto richiesto.**

**a.** Rispondi alle domande.

1. Che cosa significa che Marta Ugolini è considerata ai fini IVA un esportatore abituale?
2. Nel caso di importazione, oltre alla fattura di acquisto indicata, Marta Ugolini può aver ricevuto altri documenti rilevanti ai fini IVA?
3. Per quale motivo Marta Ugolini deve emettere un'autofattura per l'acquisto dal fornitore austriaco?
4. Le operazioni con l'estero sono tutte assoggettate alla medesima normativa IVA?

**b.** Redigi le registrazioni in P.D.

Al termine del suo primo anno di attività l'impresa individuale Marta Ugolini, dopo aver redatto le scritture di assestamento, di epilogo e di chiusura redige la situazione contabile finale che, comprende, tra gli altri, i seguenti conti.

**Estratto della situazione contabile finale dell'impresa Marta Ugolini**

**Situazione patrimoniale**

| | | | |
|---|---|---|---|
| Costi di impianto | 4.760,00 | Fondo amm.to costi di impianto | 952,00 |
| Fabbricati | 50.000,00 | Fondo ammo.to fabbricati | 1.600,00 |
| Impianti e macchinari | 23.000,00 | Fondo amm.to impianti e macchin. | 3.138,08 |
| Materie | 17.000,00 | Fondo rischi su crediti | 109,80 |
| Crediti v/clienti | 21.960,00 | Mutui passivi | 45.000,00 |
| Crediti v/clienti esteri | 9.400,00 | Debiti per TFR | 6.465,33 |
| Banche c/c attivi | 14.650,00 | Ratei passivi | 1.125,00 |
| Risconti attivi | 600,00 | Patrimonio netto | 70.000,00 |
| Titolare c/ritenute subite | 24,00 | | |

**Situazione economica**

| | | | |
|---|---|---|---|
| Materie c/acquisti | 238.000,00 | Vendite on line | 1.190.000,00 |
| Ribassi e abbuoni passivi | 500,00 | Vendite estero | 80.000,00 |
| Costi di trasporto | 42.500,00 | Resi su acquisti | 4.500,00 |
| Assicurazioni | 1.800,00 | Interessi attivi bancari | 120,00 |
| Salari e stipendi | 93.600,00 | Materie c/rimanenze finali | 17.000,00 |
| Oneri sociali | 29.952,00 | | |
| TFR | 6.465,33 | | |
| Amm.to costi di impianto | 952,00 | | |
| Ammortamento fabbricati | 1.600,00 | | |
| Amm.to impianti e macchinari | 3.138,08 | | |
| Svalutazione crediti | 109,80 | | |
| Interessi passivi su mutui | 2.625,00 | | |

## Operazioni di assestamento, epilogo e chiusura generale dei conti

**1** **Rispondi alle domande.**

1. Perché alla chiusura dell'esercizio occorre redigere le scritture di assestamento?
2. Qual è la procedura contabile per ripartire i costi pluriennali negli esercizi di competenza?
3. Quando i costi e i ricavi sono considerati di competenza economica dell'esercizio?

**2** **Correla la definizione con il relativo gruppo di scritture.**

**a.** Rilevano costi e ricavi di competenza dell'esercizio che troveranno manifestazione finanziaria nell'esercizio futuro
**b.** Sospendono dal reddito dell'esercizio costi e ricavi che, pur essendo stati rilevati, sono di competenza dell'esercizio futuro
**c.** Determinano la competenza economica di costi pluriennali
**d.** Si riferiscono a operazioni interamente di competenza dell'esercizio la cui manifestazione finanziaria si verifica soltanto al termine dello stesso (31/12)

**1.** Scritture di completamento
**2.** Scritture di integrazione
**3.** Scritture di rettifica
**4.** Scritture di ammortamento

| | |
|---|---|
| a | |
| b | |
| c | |
| d | |

**3** **Individua i componenti di reddito che hanno determinato i ratei e i risconti iscritti nella Situazione patrimoniale finale, redigi le scritture in P.D. al 31/12 e completa la tabella di seguito riportata.**

| | | | | | |
|---|---|---|---|---|---|
| 31/12 | ........ | ............................................ | rateo su interessi su mutui | .............., ... | |
| 31/12 | ........ | ............................................ | rateo su interessi su mutui | | .............., ... |
| 31/12 | ........ | ............................................ | risconto su premio assicurativo | .............., ... | |
| 31/12 | ........ | ............................................ | risconto su premio assicurativo | | .............., ... |

| Conto | Natura | Scritture di integrazione | Scritture di rettifica |
|---|---|---|---|
| Ratei passivi | | | |
| Risconti attivi | | | |

**4** **Ricostruisci la scrittura in P.D. relativa alla rilevazione degli interessi attivi bancari (la liquidazione avviene con periodicità annuale), della differenza in cambi e della svalutazione dei crediti e rispondi alla domanda.**

A quale tipologia di svalutazione sono stati sottoposti i crediti?

## Bilancio d'esercizio e riapertura dei conti

**1** **Domande a risposta aperta.**

1. Con quale criterio sono classificate le voci dell'attivo e del passivo nello Stato patrimoniale?
2. In quale forma è redatto il prospetto del Conto economico e come vengono classificati i costi e i ricavi di competenza dell'esercizio?
3. Che cosa evidenzia lo Stato patrimoniale?
4. Che cosa evidenzia il Conto economico?

**2** **Utilizzando i dati della situazione contabile finale dell'impresa Marta Ugolini, elenca sul quaderno le voci di bilancio, distinguendo i valori iscritti nello Stato patrimoniale e i valori iscritti nel Conto ecnomico.**

**3** **Completa le registrazioni in P.D. relative agli storni iniziali effettuati in sede di riapertura dei conti.**

| | | | | | |
|---|---|---|---|---|---|
| 01/01 | ........ | ASSICURAZIONI | storno iniziale | .........., .... | |
| 01/01 | ........ | RISCONTI ATTIVI | storno iniziale | | .........., .... |
| 01/01 | ........ | MATERIE C/ESISTENZE INIZIALI | storno iniziale | .........., .... | |
| 01/01 | ........ | MATERIE | storno iniziale | | .........., .... |
| 01/01 | ........ | RATEI PASSIVI | storno immediato | .........., .... | |
| 01/01 | ........ | INTERESSI PASSIVI SU MUTUI | storno immediato | | .........., .... |

I materiali digitali di questa opera e i relativi aggiornamenti sono disponibili sul sito **www.rizzolieducation.it**

ISBN 978-88-233-5422-7



Prima edizione: gennaio 2018
Chiuso in redazione: dicembre 2017

Ristampe
2020 2021
5 6 7 8

Stampa: Centro Poligrafico Milano S.p.A., Casarile (MI)

**■ FONT biancoenero®**

Questo libro usa la font ad Alta Leggibilità *biancoenero®* di biancoenero edizioni, disegnata da Umberto Mischi. La font è gratuita per studenti e insegnanti.

Le mappe di apertura modulo e la sezione **Ripassa i concetti chiave** sono realizzate con **FONT biancoenero®**

Hanno collaborato alla realizzazione dell'opera:

| | |
|---|---|
| Redazione e prestampa: | Emmegi Group s.r.l., Milano |
| Progettazione copertina: | zampediverse s.r.l., Carate Brianza (MB) |
| Realizzazione copertina: | Studio Cappellato e Laurent s.r.l., Milano |
| Progetto grafico: | Editmedia, Omegna (VB) |
| Referenze iconografiche: | Getty Images |
| Traduzione: | Nadia Bertoli |
| Coordinamento redazionale: | Claudia Caimi |
| Coordinamento editoriale: | Anna Maria Massari |